本书获郑州大学中原历史文化一流学科经费资助

获河南省优势特色学科建设工程一期建设学科
“中原历史文化”特色学科群经费资助

“中原历史文化”研究丛书第 2-1-1 卷

# 宾组卜辞研究·分类卷

## （上册）

王建军　著

科学出版社
北　京

## 内 容 简 介

宾组卜辞的分类，始终坚持李学勤先生提出的“先分类、后断代”的研究理论以及史料的分类应以“通用性（泛用性）”最高的字形、字体属性为基础进行的观点，并重视林沄、黄天树先生提出并完善的“字体标准是一个比较理想的分类办法”的主张，在设定标准字体时充分考虑“字形结构、书体风格及用字习惯”等方面。为使所划分的类型比较切合宾组卜辞发展的实际情况，我们在吸收有关学术研究成果的基础上，提出了一个简单、直接又便于操作的“分级划类”的方法，设定“层级式”的分类标准，对《甲骨文合集》《甲骨文合集补编》《英国所藏甲骨集》《北京大学珍藏甲骨文字》等著录中所见的宾组卜辞材料做了较为全面、系统的分类整理与研究。

本书资料完备，论述精当，可供古文字学专业师生、学者及对古文字感兴趣的人群参考、阅读。

**图书在版编目（CIP）数据**

宾组卜辞研究：全2册. 分类卷 / 王建军著. —北京：科学出版社，2019.7

（中原历史文化研究丛书）

ISBN 978-7-03-061788-0

Ⅰ.①宾… Ⅱ.①王… Ⅲ.①甲骨文—研究 Ⅳ.①K877.14

中国版本图书馆CIP数据核字（2019）第133553号

责任编辑：张亚娜 闫广宇 / 责任校对：邹慧卿
责任印制：肖 兴 / 封面设计：张 放

科学出版社 出版
北京东黄城根北街16号
邮政编码：100717
http://www.sciencep.com

中国科学院印刷厂 印刷
科学出版社发行 各地新华书店经销
*
2019年7月第 一 版 开本：787×1092 1/16
2019年7月第一次印刷 印张：79
字数：1 823 000

**定价：480.00元（上、下册）**
（如有印装质量问题，我社负责调换）

# 自　序

认识甲骨文、感悟甲骨文，这是笔者研读甲骨文所产生的两种不同的意识反映。甲骨文既是浮现于人们视野之中的那种神奇和悬疑的“绝学”，也是一个落在我们先民生活家园可被后人解读的思想、情感与行为密码。殷墟甲骨文记录着商代后期社会生活的方方面面，承载着殷人诸多的诉求与祈愿。笔者曾想：甲骨文并非只为刻在甲骨而生，而是因为它把殷人的念想怀抱其中，才具有了生的永恒。甲骨只是殷人诉求的一种载体，而刻在甲骨上的卜辞才是殷人思想、情感与行为的写实。一条完整的甲骨卜辞主要由前辞、贞辞、占辞与验辞等组成，辞中记录的主要是商王（或贵族成员）针对商王国发生的某个重大事件或他们心中美好的愿景，向神灵询问的内容及占断的结果等。占卜者向神灵询问时，既表现出了虔诚之心，又凸显了对神权的敬畏。书刻者小心谨慎地在具有某种神力的龟甲或兽骨上刻字，以避免将文字覆盖在被称作“兆”的象形纹路上。总之，殷人通过占卜的各个细节，精心揣摩神灵给予的暗示，最终可以达到强化其行为意志的目的。对于贞询者来说，为实现人神之间的默契，对神灵做出自觉的奉献，这是应该付出的必要代价，唯其如此，才能真正推动殷商王权与神权的高度统一。

研读甲骨文的目的就是要感悟甲骨文，即充分利用13万片殷墟出土的甲骨资料窥探商代的历史。从某种角度上说，“认识”是一个知识积累的过程，而真正的“感悟”，是要努力揭示甲骨文中所蕴含的商代后期社会发展及其变化规律。今天，我们应站在前贤研究的基础上，做进一步的深度挖掘与系统整理，以便让甲骨文更能彰显出它独有的历史价值！

笔者从2003年3月开始做甲骨资料的基础整理工作，并对自己提出了三点期待：①目标明确，心无旁骛；②资料整理，尽量做到细化和量化；③充分吸收学界的最新研究成果。在整理过程中，除了每天不停地翻阅原材料外，笔者还仔细研读了学界有关甲骨分期、分组、分类与断代的重要论著，并留下十多本读契笔记和经过筛选归类建档的2600多片甲骨的分类信息。这为宾组卜辞的系统分类奠定了较好的基础。

2008年初，笔者开始撰写《宾组卜辞的字形特征与类型划分》，至2010年9月完成这篇博士学位论文。因为该文重点是对宾组甲骨依据字体进行分类的探讨，所以此次出版将其更名为《宾组卜辞研究·分类卷》，主要是为此后《宾组卜辞研究·卜事卷》以及《宾组卜辞研究·书风卷》的写作或出版而考虑。本书既是对学界甲骨分类与断代研究成果的回顾，也是本人从认识分类、感悟分类到实践分类的一个总结。在吸收有关学术研究成果的基础上，笔者提出了一个简单、直接又便于操作的“分级划类”方法。利用这种方法对现已著录的《甲骨文合集》《甲骨文合集补编》《英国所藏甲骨集》《北京大学珍藏甲骨文字》（以上合称“四部著录”，分别简称《合集》《合补》《英国》《北大》）中宾组卜辞的特征性字形分别予以比较和整理，并适当参考甲骨的出土坑位、称谓、方族、人物等材料，以期能够对宾组卜辞的类型划分有所裨益。

有关宾组卜辞的字形特征、类型划分及断代问题，学界曾提出过不少意见并就此做过深入探讨。笔者认为“分级划类”应坚持李学勤先生提出的“先分类、后断代”的研究理论以及史料的分类应以通用性（泛用性）最高的字形、字体属性为基础进行，并重视林沄、黄天树先生提出并完善的“字体标准是一个比较理想的分类办法”的主张，在设定标准字体时充分考虑字形结构、书体风格及用字习惯三个方面。为使所划分的类型比较切合宾组卜辞发展的实际情况，笔者构拟了一个“分级划类”的框架，设定了“层级式”的分类标准，并对“四部著录”中所见的宾组材料做了较为全面、系统的整理。在剔除非宾、梳理缀合及重片之后，统计出该组卜辞的数量为29328片，其中《合集》19388片、《合补》6431片、《英国》1685片、《北大》1824片，同时，依据所设定的字体标准，将该组卜辞划分为四个亚类，其中宾一类7253片、宾二类15114片、宾三类5696片、𠂤宾间类1265片。兹把本书绪论及各章内容大要介绍如下。

绪论部分主要对本书的选题意义及研究理论与方法做了简单说明，并提出对“宾组卜辞字形特征及类型划分”课题研究的六点展望。

第一章是对殷墟甲骨十五次科学发掘与宾组卜辞出土及著录情况进行的回顾与说明。

第二章是对殷墟甲骨卜辞的分期分类研究的概述。将百年来学界对殷墟卜辞分期分类的研究成果概括为四个阶段：20世纪初期殷墟卜辞分期分类的探索；20世纪30～50年代殷墟卜辞分期分组的研究；20世纪50～90年代殷墟卜辞分期分类研究的重大突破；近年来殷墟卜辞分期分类的大胆探索。同时也归纳了我们对殷墟卜辞组类划分的基本认识。

第三章是对殷墟卜辞分类理论与方法的探讨。首先，介绍了依据字体分类的探索阶段，对甲骨文“分类”进行了科学界定；其次，学界对依据字体分类性质的认识，包括对依据字体分类性质的探索、依据字体分类理论的提出与实践，重点回顾了明义士、董作宾及陈梦家等先生对依据字体分类性质认识的观点，探讨了李学勤、林沄等先生对甲骨分类所做出的重大贡献，介绍了依据字体分类理论的深入实践，对黄天树、彭裕商、杨郁彦、崎川隆等学者在字体分类理论方面的成就做了简述；再次，对依据字体分类提出了一些看法；最后，对依据字体的“分类方法”进行了探讨。

第四章着重讨论了宾组卜辞“分级划类”标准的设定问题。构拟了“分级划类”的框架，并提出“层级式”分类标准的概念，对宾组各类的主要特征字例做了解析。

第五章是对“宾组卜辞字形特征及类型划分”课题研究的归纳与总结。分别制作了“四部著录”中所见“宾组卜辞类型划分及其他类项一览表”，并尽量对每片甲骨过去的缀合、校重以及同版贞人、专家分类、非宾剔除、非占卜性记事刻辞、干支表、习刻、笔书等相关的资料进行了整理并标示于“宾组卜辞类别划分及其他类项一览表”中。

第六章是对宾组卜辞的综合考察与整理。其整理类项一部分见之于“宾组卜辞类别划分及其他类项一览表”，同时也对宾组各类的主要占卜内容以及文例、文法、卜法、契刻行款等进行了综合探讨。

另外，宾组卜辞中比较突出的内容有祭祀、战争、农业、田猎、天象、旬夕、疾幻、生育、人物、建筑以及书风等事类。本书共筛选了164片进行解读。

王建军

2018年6月18日

# 凡　例

1. 释文中，缺一字用“□”表示，缺两字用“□□”表示，缺三字及以上或所缺字数不明确者用“…”表示。凡残字，用“[ ]”符号表示，如“癸未卜，[贞]：旬亡𡆥（祸）”一辞中，“[贞]”表示该字残。根据卜辞文例补足的缺字，用“〔　〕”表示。如“癸未卜，〔贞〕：旬亡𡆥”一辞中，“〔贞〕”表示原版缺“贞”字，根据文例予以补足。

2. 释文通常采用严式。对于某些已经沿用多年或用法较为固定的通假字，不标注本字，统一用现行通用字，如“鼎”用表“贞”，本文径用“贞”。

3. 释文中的古体字和隶定字仅在各版第一次出现时标注出今字，如“征（延）”。第二次出现时径用古体字或隶定字，一般不再标注今字。引用原释文、原字时，亦与原文字保持一致。

4. 一般性文字陈述采用简体字、通行字。引用原释文或强调者除外。

5. 引用较多的著录书，在首次引用时用全称，其后使用简称。为使行文简洁，行文中的引书用“《合集》《合补》《英国》《北大》《甲编》《乙编》《屯南》”等形式，著录简称请参阅“甲骨著录及简称对照表”（但著录号前一律采用合 2689、合补 266、英 111、北大 626、甲 158、乙 967、屯 588 等形式，附录三除外）。

6. 重复性引文通常在第一次引用时用脚注形式标注其出处，其后不一一标注。对于一些学科基本常识或已被广泛接纳的成说，不一一表明其创说者及出处。

7. 图版的正面、反面与该版的标题相一致；为使图文对应清晰，图版下方一一标明正或反；摹本与照片等特殊情况亦标注于图版下方，如附录三第 175 页，《合集》6834 正（摹本）。

8. 本书在引用学界的缀合成果时，用“+”表示两版甲骨的缀合关系。凡兆序前，空两个字符，兆序之间空一个字符。

9. 其他需要提示或说明的内容，参阅脚注。

# 甲骨著录及简称对照表

《书契》《殷虚书契》，罗振玉，《国学丛刊》三期三卷石印本，1911年。

《菁华》《殷虚书契菁华》，罗振玉，影印本，1914年。

《后编》（上下）《殷虚书契后编》（上下），罗振玉，影印本，1916年。

《戬寿》《戬寿堂所藏殷虚文字》，姬佛陀，《艺术丛编》第3集石印本，1917年。

《龟甲》《龟甲兽骨文字》，林泰辅，日本商周遗文会影印本，1921年。

《簠室》《簠帝》《簠人》《簠室殷契征文》，王襄，天津博物院石印本，1925年。

《拾遗》《铁云藏龟拾遗》，叶玉森，影印本，1925年。

《存真》《殷虚文字存真》，关百益，河南省博物馆，1931年。

《殷契》《殷契卜辞》，容庚、瞿润缗，哈佛燕京学社石印本，1933年。

《通纂》《卜辞通纂》，郭沫若，日本东京文求堂石印本，1933年。

《续编》《殷虚书契续编》，罗振玉，影印本，1933年。

《佚存》《殷契佚存》，商承祚，金陵大学中国文化研究所影印本，1933年。

《邺初》《邺中片羽初集》，黄濬，北京尊古斋影印本，1935年。

《库方》《库方二氏所藏甲骨卜辞》，方法敛、白瑞华，商务印书馆，1935年。

《文录》《甲骨文录》，孙海波，河南通志馆，1938年。

《金璋》《金璋所藏甲骨卜辞》，方法敛、白瑞华，美国纽约影印本，1939年。

《遗珠》《殷契遗珠》，金祖同，上海中法出版委员会，1939年。

《双图》《双剑誃古器物图录》，于省吾，影印本，1940年。

《甲编》《殷虚文字甲编》，董作宾，商务印书馆，1948年。

《乙编》《殷虚文字乙编》，董作宾，商务印书馆，1948年上辑，1949年中辑，台湾“中研院”历史语言研究所，1953年下辑。

《宁沪》《战后宁沪新获甲骨集》，胡厚宣，北京来薰阁，1951年。

《掇一》《殷契拾掇》，郭若愚，上海出版公司，1951年。

《南北》《战后南北所见甲骨录》，胡厚宣，北京来薰阁线装三册，1951年。

《南坊》《战后南北所见甲骨录》之《南北坊间所见甲骨录》，胡厚宣，北京来薰阁线装三册，1951年。

《南明》《战后南北所见甲骨录》之《明义士旧藏甲骨文字》，胡厚宣，北京来薰阁线装三册，1951年。

《南师》《战后南北所见甲骨录》之《南北师友所见甲骨录》，胡厚宣，北京来薰阁线装三册，1951年。

《掇二》《殷契拾掇二编》，郭若愚，上海出版公司，1953年。

《京津》《战后京津所获甲骨集》，胡厚宣，群联出版社，1954年。

《续存》《甲骨续存》，胡厚宣，群联出版社，1955年。

《外编》《殷虚文字外编》，董作宾，艺文印书馆，1956 年。

《综述》《殷虚卜辞综述》，陈梦家，科学出版社，1956 年。

《丙编》《殷虚文字丙编》，张秉权，台湾“中研院”历史语言研究所，1957 年上辑一，1959 年上辑二，1962 年中辑一，1965 年中辑二，1967 年下辑一，1972 年下辑二。

《甲零》《甲骨文零拾》，陈邦怀，天津人民出版社，1959 年。

《甲释》《殷虚文字甲编考释（附图）》，屈万里，台湾“中研院”历史语言研究所，1961 年。

《安明》《明义士收藏甲骨文集》，许进雄，艺文印书馆，1972 年。

《明后》《殷墟卜辞后编》，许进雄，艺文印书馆，1972 年。

《缀新》《甲骨缀合新编》，严一萍，艺文印书馆，1975 年。

《怀特》《怀特氏等收藏甲骨文字》，许进雄，加拿大皇家安大略博物馆，1976 年。

《合集》《甲骨文合集》，郭沫若主编，中华书局，1978～1983 年。

《屯南》《小屯南地甲骨》，中国社会科学院历史研究所编，中华书局，1980 年。

《蔡》《甲骨文合集补遗、续（二、三）》，蔡哲茂，《大陆杂志》，1984～1987 年。

《严缀》《甲骨文合集缀合五版》，严一萍，《中国文字》新十期，1985 年。

《英国》《英国所藏甲骨集》，李学勤、齐文心、艾兰编，中华书局，1985 年。

《裘缀》《甲骨缀合拾遗》，裘锡圭，《古文字论集》，1986 年。

《天理》《（日本）天理大学附属天理馆所藏甲骨文字》，〔日〕伊藤道治，天理教道友社，1987 年。

《蔡续》《甲骨文合集补遗续（四～十五）》，蔡哲茂，《大陆杂志》，1988～1997 年。

《蔡缀》《甲骨新缀合三十三片及其考释》，蔡哲茂，淑明女子大学对于次甲骨学国际研讨会论文，1996 年。

《醉古集》《醉》《醉古集・甲骨的缀合与研究》，林宏明，台湾书房，2000 年。

《白简》《简论甲骨文合集》，白玉峥，《中国文字》新十四期，1990 年。

《合补》《甲骨文合集补编》，彭邦炯、谢济、马季凡编，语文出版社，1999 年。

《花东》《殷墟花园庄东地甲骨》，中国社会科学院历史研究所编，云南人民出版社，2003 年。

《北大》《北京大学珍藏甲骨文字》，〔韩〕李钟淑、葛英会，上海古籍出版社，2008 年。

《黄拼》《甲骨拼合集》（2010 年）、《甲骨拼合续集》（2011 年）、《甲骨拼合三集》（2013 年）、《甲骨拼合四集》（2016 年），黄天树主编，学苑出版社。

## 附：以下系未公开发表的部分馆藏和私人编著书目简称

《北图》　中国国家图书馆。

《历博》　中国国家博物馆。

《历博拓》　中国国家博物馆甲骨文拓。

《历拓》 中国社会科学院历史研究所藏拓本。
《南博拓》 南京博物院拓本。
《簠拓》《簠室甲骨拓本》，王襄。
《善斋》《善斋甲骨拓本》，刘体智。
《文捃》《甲骨文捃》，曾毅公。

# 目　　录

**自序**……i
**凡例**……iii
**甲骨著录及简称对照表**……v
**绪论**……1
第一节　宾组卜辞“分级划类”的意义……1
第二节　研究理论与方法……2
一、“字体”库的建立……3
二、“特征性字形”的设定……3
三、“层级式”分类标准的建立……3
四、宾组卜辞的“类型划分”……4
第三节　对宾组卜辞类型划分研究工作的展望……4
一、完善宾组甲骨材料的数据库……5
二、对不同出土单位的宾组甲骨数据分别整理……5
三、排谱系联各类卜辞……5
四、梳理非科学发掘的宾组甲骨……5
五、进一步整理与宾组具有交叉、并存关系组类的甲骨……5
六、重视计算机在宾组卜辞分类研究中的使用……5
**第一章　殷墟甲骨文的出土与宾组卜辞的著录**……6
第一节　十五次科学发掘之前甲骨文的基本情况（1899～1928年）……6
一、非科学发掘时期甲骨文的收藏与著录……6
二、甲骨文分类著录的兴起与创获……11
三、甲骨文的初步研究及其成果……12
第二节　十五次科学发掘甲骨文的简单回顾（1928～1937年）……15
一、十五次科学发掘过程……16
二、十五次科学发掘甲骨的著录……21
第三节　十五次科学发掘之后的继续发掘（1949年至今）……22
第四节　殷墟历次发掘甲骨文的统计情况……23
第五节　宾组甲骨的主要著录情况……25

一、宾组甲骨的主要发掘单位……25
二、宾组甲骨的主要著录……28
小结……29
**第二章　殷墟卜辞分期分类研究概述……30**
第一节　殷墟卜辞分期分类研究的简单回顾……30
一、20 世纪初期殷墟卜辞分期分类的探索……30
二、20 世纪 30 ～ 50 年代殷墟卜辞分期分组的研究……33
三、20 世纪 50 ～ 90 年代殷墟卜辞分期分类研究的重大突破……38
四、近年来殷墟卜辞分期分类的大胆探索……40
第二节　对殷墟卜辞组类划分的基本认识……41
小结……43
**第三章　殷墟卜辞的分类理论与方法……44**
第一节　依据字体分类的探索阶段……44
一、关于甲骨文“分类”的科学界定……44
二、对依据字体分类性质的认识……45
第二节　依据字体分类理论的深入实践……50
一、黄天树依据字体分类理论的实践……50
二、彭裕商依据字体分类理论的实践……51
三、杨郁彦、崎川隆依据字体分类理论的实践……52
第三节　对依据字体分类提出一些看法……52
一、“构形演变”对卜辞分类的作用……52
二、“构形演变”对卜辞分类的意义……56
第四节　依据字体“分类方法”的探讨……57
一、关于“分类方法”的科学界定……57
二、林沄关于“分类方法”的讨论与总结……57
三、对“分类方法”的认识……59
小结……60
**第四章　宾组卜辞“分级划类”标准的设定……61**
第一节　依据字体“分级划类”的标准……61
一、关于“分级划类”概念的界定……61
二、依据字体“分级划类”标准的设定……61
第二节　设定层级式的分类标准……63
一、层级式分类标准的设定……63
二、诸家所举的特征字例……66
第三节　贞人名字体对“分级划类”的影响……69

一、贞人名字体的特点 ……70
二、贞人名字体的作用 ……71
三、贞人名字体对"分级划类"的意义 ……72
第四节　"分级划类"中应注意的几种现象 ……73
一、特征性字形未同步变化的现象 ……73
二、特征字例不同的变化形式 ……74
三、特征字的设定与"分级划类"应避免的问题 ……74
小结 ……75
**第五章　宾组卜辞的字形特征及类型划分 ……76**
第一节　对宾组卜辞的"分级划类"的基本认识 ……76
第二节　宾组卜辞的各类特征字例及构形解析 ……76
第三节　宾组卜辞设定"分级划类"标准的理据 ……82
一、设定第一级分类标准的理据 ……82
二、设定第二级分类标准的理据 ……83
三、设定第三级分类标准的理据 ……84
第四节　宾组卜辞"分级划类"的作用与价值 ……85
第五节　解构式分析与描述的特殊作用 ……86
第六节　宾组卜辞"分级划类"中应注意的一些现象 ……87
小结 ……88
**第六章　宾组卜辞的综合考察与整理 ……89**
第一节　关于宾组材料的综合整理 ……89
第二节　宾组各类卜事及其他类项的综合整理 ……92
一、宾一类的综合整理 ……92
二、宾二类的综合整理 ……94
三、宾三类的综合整理 ……100
四、𠂤宾间类的综合整理 ……101
第三节　宾组卜辞各类时代的推定 ……105
第四节　宾组卜辞的缀合及校重 ……105
一、宾组卜辞的缀合及其成果 ……105
二、宾组卜辞的校重及其成果 ……106
第五节　宾组甲骨的非占卜性文辞、习刻等相关问题 ……107
一、甲骨署辞 ……107
二、干支表刻辞及习刻 ……109
第六节　宾组甲骨所见的笔书 ……110
小结 ……110

**参考文献**……111
**附录**……121
附录一　殷墟卜辞各组类演变及断代一览表……121
附录二　《史记·殷本纪》与甲骨文所见商王世系……122
附录三　宾组各类典型片占卜内容分项解读……123
附录四　宾组卜辞（《合补》部分）类型划分及其他类项一览表……274
附录五　宾组卜辞（《英国》部分）类型划分及其他类项一览表……479
附录六　宾组卜辞（《北大》部分）类型划分及其他类项一览表……531
附录七　宾组卜辞（《合集》部分）类型划分及其他类项一览表……595
**后记**……1229

# 绪　论

## 第一节　宾组卜辞“分级划类”的意义

依据字体特征对殷墟卜辞逐片进行类型划分，然后再根据断代的要求推定每一类甲骨的期别和时代，这是两个不同的步骤。这种被称作“先分类、后断代”的研究方法是由李学勤先生首先提出的[①]。林沄先生在谈到“划定𠂤组卜辞的另一基本标准是字体特征”时，特别在“字体特征”四字之后加注说明，即应包括“书体、字形结构和用字习惯三个方面”[②]。后来，林先生对甲骨分类的标准又提出了新的看法：“无论是有卜人名的卜辞还是无卜人名的卜辞，科学分类的唯一标准是字体。”[③]对此，黄天树先生评价说，林先生的这一意见是正确的，并强调了林文所说的字体应包括“书体风格、字形结构和用字习惯”三个方面的内容，同时又提出：“以字体为标准来分类，从理论上讲是不受任何局限的，也是完全可行的。”[④]通过分类的实践，黄先生还总结出“以字体划分出来的‘类’和以贞人划分出来的‘组’是两个系统。依据字体的分类由于不受局限，因此所划分出来的‘类’是一个完整的‘类’系统；依据贞人的分组由于受到很大的局限（如：不记贞人名或贞人名残缺等），因此所划分出的‘组’是一个残缺的‘组’系统”。对于陈梦家先生在《殷虚卜辞综述》中无法依据贞人系联成组的卜辞，黄先生认为“可以采用依字体等来附属于‘某组’的办法”，实际上是由“类”系统去统领。由此可以看出，黄先生是在整合两个“系统”的优势，从事甲骨分类研究工作的。正如他说：“对于宾组晚期和出组早期的部分卜辞，字体相同或非常接近，完全可以从字体上划作一类，那么这个字体类别可以分属于组系统中的宾组和出组。另外，在组系统中同一个组又可能包含着类系统中的几个类。”为了把字体和贞人这两个不同的分类标准区别开来，他还把依据字体系联出的一类卜辞叫作“类”，而把依据贞人系联出的贞人组仍叫作“组”，所以，在他的研究成果中，把过去称之为“组”的历组、无名组、黄组一律改称为历类、无名类、黄类。我们认为，黄先生的“组”与“类”两个系统兼用的操作方法不仅恰当，而且是可行的。

彭裕商先生在《殷墟甲骨断代》一书中曾提出：在整理卜辞时“应充分使用考古学的方法，先分类、再断代。分类的主要标准有字体和卜人，其中字体分类的尺度较窄，卜人分类的尺度较宽”[⑤]。由此可见，彭先生所说的“尺度”，是指字体分类的范围而言。据此标

---

① 李学勤：《殷墟甲骨两系说与历组卜辞》，《李学勤集——追溯·考据·古文明》，黑龙江教育出版社，1989年，第98～99页。

② 林沄：《小屯南地发掘与殷墟甲骨断代》，《古文字研究》（第九辑），中华书局，1984年，第102页。

③ 林沄：《无名组卜辞中父丁称谓的研究》，《古文字研究》（第十三辑），中华书局，1986年，第30～31页。后收入《林沄学术文集》，中国大百科全书出版社，1998年，第141～142页。

④ 黄天树：《殷墟王卜辞的分类与断代》，科学出版社，2007年，第3页。

⑤ 彭裕商：《殷墟甲骨断代》，中国社会科学出版社，1994年，第21页。

准，他将殷墟卜辞划分为𠂤组（武丁早期至武丁中期）、宾组（武丁中期至武丁晚期，可延至祖庚时期）、出组（祖庚时期、祖甲时期，上限可到武丁末期）、历组（武丁中期至祖甲早期）、𠂤宾间组（武丁中期偏早）、𠂤历间类（武丁中期）、非王卜辞（武丁中期）。此后，李学勤、彭裕商先生在合著的《殷墟甲骨分期研究》一书中，又对李先生提出的“两系说”[①]进行了全面总结和理论深化。该书将殷墟甲骨分作两个系统，并认为：“𠂤组卜辞村南、村北均有出土，是两系共同的起源，𠂤宾间组只出村北，𠂤历间组只出村南，才开始两系发展，往后宾组、出组、何组、黄组为村北系列，历组、无名组、无名黄间类为村南系列，无名黄间类以后，村南系列又融合于村北系列之中，黄组成为两系共同的归宿”，“在村北的占卜机构并未在一个时期内关闭或合并于村南，而是村北、村南两个系列自始至终并行发展”[②]。该书不仅从理论上而且从方法上都对“两系说”的体系进行了全面的阐述，此被称作“两系说”构筑断代新体系的经典之作。

应该说，两系演进的新方案，在殷墟卜辞的分类研究方面比过去的理论更加严密了。根据新方案，黄天树先生分出的宾组各类标准片约为826片，李学勤、彭裕商先生分出的宾组各类标准片约为222片。在参照两家分类标准的前提下，杨郁彦博士对《合集》中全部甲骨进行了分类，其中分出𠂤宾间类1227片、宾一类4972片、宾二类10781片、宾三类3848片；崎川隆博士对《合集》中的宾组甲骨亦做了分类[③]。这是近年来在殷墟卜辞分类研究方面所取得的一些新成果。

通过以上简单的回顾，我们了解到，从明确分类应该分两步走，到提出字体是适合分类的最理想标准，再到“两系说”的全面实践，这个过程不仅反映了对殷墟卜辞分类的艰辛探索，也推动了殷墟卜辞分类研究向纵深发展。不过，目前对占据殷墟甲骨文（约13万片[④]）大宗位置的宾组卜辞的分类研究工作，还有诸多不到位的地方。鉴于这种现状，我们认为应该努力探索切合宾组卜辞更为有效的分类方法。这就是本书选择“宾组卜辞字形特征及类型划分”研究的主要缘起。

## 第二节 研究理论与方法

1997年朱凤瀚先生在谈到“两系说”时，曾明确指出：“甲骨卜辞发展的‘两系说’，历组卜辞时代提前等新见解是建立在对卜辞内涵深入分析基础之上的，如果新说能够较好地解决董氏五期分法不好解释的一些现象，当然是可以改造旧说的。但目前甲骨卜辞的分类与断代工作要更深入一步，还须增强科学性，要有科学的理论根据。”[⑤]因此，利用新说加

---

① 李学勤、彭裕商：《殷墟甲骨分期新论》，《中原文物》1990年第3期。

② 李学勤、彭裕商：《殷墟甲骨分期研究》，上海古籍出版社，1996年，第305～307页。

③ 分别参见李学勤、彭裕商：《殷墟甲骨分期研究》，上海古籍出版社，1996年；黄天树：《殷墟王卜辞的分类与断代》，科学出版社，2007年；杨郁彦：《甲骨文合集分组分类总表》，艺文印书馆，2005年；〔日〕崎川隆：《宾组甲骨文字体分类研究》，吉林大学博士学位论文，2009年。

④ 孙亚冰：《百年来甲骨文材料统计》，《故宫博物院院刊》2006年第1期。

⑤ 朱凤瀚：《近百年来的殷墟甲骨文研究》，《历史研究》1997年第1期。

强对殷墟卜辞的分期分类研究，将有助于深化我们对商代后期社会发展及其变化的认识与理解。研究表明，甲骨卜辞分类的基础，实际上是对特征性字形设定的问题。从过去诸家设定的宾组特征字以及我们整理的字体来看，这些特征字大都存在着：构形变化、设定早晚、使用宽窄以及是否直接影响分类的现象，因而对宾组特征性字形进行全面考察与系统整理，便成为此次类型划分要着重解决的问题。无论是分期分组理论还是两系演进的新方案，在卜辞分类研究中，其目标都是非常明确的。宾组卜辞的字形特征与类型划分之间是一个有机的整体，对该组的“分类”应以“通用性（泛用性）”最高的字体、字形属性为基础进行[①]。在参照两系新方案的基础上，我们构拟了一个“分级划类”的框架，该框架包括四个方面的内容。

## 一、“字体”库的建立

在整理有关材料的基础上，建立一个“字体”库，以便更好地为设定宾组各类的特征性字形打下基础。在这个环节中，我们进行了以下整理。

（1）按已有的宾组各类划分标准，对现已著录的甲骨材料，筛选了2600余片分别归类建档；对已归类建档的清晰字形，按原字形剪切后，分类放入表格；分类考察主要特征字的字形结构、用字习惯以及书体风格等。

（2）宾组卜辞中的一些干支字、人名、物名等常用字的写法富有特征，此次整理选择了一部分作为典型字，为宾组卜辞的分类提供了判别标准。

（3）以往对宾组卜辞的分类，多局限于字形方面，并且利用的多为摹释字形，这就或多或少地存在着误摹、误释等一些不应有的失误。因此，此次整理各类的字形，都是利用原字形对有价值的材料加以分合调整，以此确保宾组卜辞特征性字形的设定以及类型划分的有序性与科学性。

## 二、“特征性字形”的设定

在释读原材料的基础上，通过对宾组字体的全面考察与梳理，在参照各家特征字表的基础上，重新设定了宾组各类的特征字，特征字都选自于现已出版的著录，以便在研究过程中查对；其基本构形清晰、“变构部件”突出；还特别注意到字体的流变以及书体风格等情况。

## 三、“层级式”分类标准的建立

通过整理，我们发现特征字大多具有较强的“变形能力”，其“变构部件”对卜辞的类型划分起到了关键作用，如宾组中的“𢦏”“穷”“爭”“贞”“雀”等都是“变形能力”较

---

① 本书所使用的“字体”，强调的是字的形体，亦即字的外在形式特征，如字体工整匀称，甲骨文字体等。“字形”强调的是字的基本构形，如可释字形，清晰字形，特殊字形等。古汉字在经过隶变、楷化之后，字形的显义功能已不太明显。“字形”有时也表述为字的形体，如字形大小、字形变化等。

强的特征字，通过这些字可以系联归类的卜辞数量很大。鉴于各特征字之间存在不同的层次，我们设定了一个“层级式”的分类标准，简述如下。

第一级，该标准的特征字具有“变形能力”强的特征，其“变构部件”十分突出（即“变构关系”）。字例如“子”“辰”“未”“申”“酉”“𢦏”“穷”“爭”“雀”“雨”“翌”“不”“叀”等。此标准是宾组卜辞类型划分的主要依据。

第二级，该标准的特征字是在署有贞人名的卜辞中，通过“特征性字形与习惯用字的组合关系”（即“组合关系”）而推定的，字例如“以”“冥（娩）”“取”“朕”“兄”等。此标准作为宾组卜辞类型划分的依据是科学的。

第三级，该标准的特征字是在习惯上不署贞人名的卜辞中，通过“特征性字形传递联系法”（即“传递关系”）而推定的，因此这些特征字作为类型划分的依据，也是比较合理的。字例如“出”“者”“酻”等。

## 四、宾组卜辞的“类型划分”

虽然“依据字体分类”的理论是科学的，但分类毕竟是一个实践行为，如何在研究中更为有效地按照所设定的标准对甲骨进行分类，这是每位研究者都在努力探讨的一个实际问题。我们按照所构拟的“分级划类”框架，以及“层级式”分类标准（即三级分类标准，也可以称作“三种关系”），将“四部著录”中的宾组卜辞划分为宾一类、宾二类、宾三类、𠂤宾间类等四个亚类，并对各类卜辞的数量进行了统计，详见表 0.1。

**表 0.1　宾组各类卜辞数量之统计**

| 类型划分 | 《合集》 | 《合补》 | 《英国》 | 《北大》 | 各类总数 | 各类所占比例 /% |
|---|---|---|---|---|---|---|
| 宾一类 | 5118 | 1453 | 328 | 354 | 7253 | 25 |
| 宾二类 | 9211 | 3737 | 1326 | 840 | 15114 | 52 |
| 宾三类 | 3955 | 1152 | 31 | 558 | 5696 | 19 |
| 𠂤宾间类 | 1104 | 89 | 0 | 72 | 1265 | 4 |
| 各部总计 | 19388 | 6431 | 1685 | 1824 | 29328 | 100 |
| 各部所占比例 /% | 66 | 22 | 6 | 6 | 100 | — |

应该说明的是，在相承递变的过程中，四个亚类之间在时段上的承续关系，并不是沿着一条直线发展和变化的，而是在某一时段内出现互相交错、互相重叠的现象，前后类之间的过渡变化，往往是当后者产生之时，前者并非立即消逝，而是在某一时段内与前者并存。

# 第三节　对宾组卜辞类型划分研究工作的展望

以上所构拟的“分级划类”框架，也只是理出了分类的大致思路，“层级式”的字体分类标准仍需进一步的严密和量化，以逐步完善该组类型划分的理论与实践。至于具体整理工作，可考虑如下几点。

## 一、完善宾组甲骨材料的数据库

建立起历次殷墟考古发掘出土的宾组甲骨材料的数据库。这方面既包括“四部著录”中的29328片宾组甲骨，尽可能以原所出灰坑、探方、墓葬等地层单位分别统计并建立资料库，也包括详细考察每个出土单位的地层关系，如区域、层次、坑内堆积及甲骨共存关系等情况，从而使之与甲骨数据互相配套。

## 二、对不同出土单位的宾组甲骨数据分别整理

分别对不同出土单位的宾组甲骨数据进行整理，尤其是对集中出土宾组甲骨的甲骨坑（如YH127）的内涵进行专门的整理，深入考察坑内的堆积、宾组甲骨埋藏特点及缘由、宾组甲骨的整治情况、宾组与其他组类以及其内部各类之间的共出关系等。

## 三、排谱系联各类卜辞

把不同出土单位的宾组甲骨数据再根据分类标准、地层关系及卜辞间的内在联系（如相关称谓、占卜事类以及人物）等因素，排谱统计出各类及相关类型之间的数量和出土情况，同时亦由此考察各类卜辞的时代和相互承续关系。

## 四、梳理非科学发掘的宾组甲骨

在上述工作的基础上，将现已著录的非科学发掘的宾组甲骨数据，尽可能地按既定分类标准归入相应的类型之中。

## 五、进一步整理与宾组具有交叉、并存关系组类的甲骨

进一步整理武丁时期与宾组甲骨具有交叉、并存关系的𠂤组、历组及非王卜辞的甲骨。尤其对宾组卜辞晚期与出组、何组早期的交叉关系进行排比考察，由此尝试解决宾组卜辞分类与断代中的一些难点。

## 六、重视计算机在宾组卜辞分类研究中的使用

21世纪以来，甲骨学研究技术与学术水平得到了快速发展，以创新理论、创新方法为基础的“分类与断代”研究也取得了巨大成就。面对新的资料、新的技术与方法，以及由此而带来的科研新成果，许多致力于宾组分类研究的学者深有体会，这些新成果中的大部分都是依靠计算机完成的。因此，对宾组卜辞原形字的剪切以及字体库的建立，校重、缀合、排谱线索的探寻，主要卜事及相关内容的排谱系联等，都需要借助计算机来检索、存储和归纳等。因此，重视计算机在宾组卜辞分类研究中的使用，具有极其重要的意义。

# 第一章　殷墟甲骨文的出土与宾组卜辞的著录

整理殷墟宾组卜辞的字体，并在此基础上对该组进行类型划分，这是本书研究的重点。由于甲骨文是出土资料，怎样才能把这些非科学发掘与科学发掘的地下遗物，还原成相对有研究价值的语料或史料，则是众多甲骨学者毕生致力的方向。在探讨与研究依据字体对宾组卜辞类型划分之前，我们先回顾百十年来甲骨文发掘出土的基本概况，这样更有利于对宾组卜辞早期的出土、流传、整理与著录有一个较为全面的了解。

从 1928 年 10 月至 1937 年 6 月，中央研究院历史语言研究所（以下简称“史语所”）[①]在殷墟[②]共进行了十五次大规模的发掘，发现了大量的殷代遗迹与遗物，共获得刻字甲骨 24918 片。此后又经过几十年，科学发掘的甲骨不断增加。今所见国内外公私机构所藏的约 13 万片（包括非科学发掘时期的）甲骨，实乃用文字来征信商代历史的珍贵资料。

## 第一节　十五次科学发掘之前甲骨文的基本情况（1899～1928 年）

十五次科学发掘之前甲骨文的收藏、整理与著录，为此后甲骨文的研究提供了非常珍贵的资料，下面分三个层次来介绍。

### 一、非科学发掘时期甲骨文的收藏与著录

1899 年，著名金石学家王懿荣先生对当时古董商贩售的有字甲骨首先做出鉴定[③]。此举

---

① 1928 年 5 月，中央研究院成立。中央研究院设自然科学和人文科学一些研究所。史语所筹备处设在广州，广州中山大学文学院教务长傅斯年被聘为代理所长。史语所聘任的特约研究员有蔡元培、胡适、俞大维、林语堂、容庚、朱希祖、冯友兰等 15 人；专任研究员有傅斯年、顾颉刚、陈寅恪、罗常培、李济等 6 人，兼任研究员有陈垣等 2 人。聘任的专任编辑员有董作宾、余永梁 2 人，特约编辑员有商承祚、容肇祖和黄仲琴 3 人。参见徐亮工：《徐中舒先生生平编年》，《徐中舒先生百年诞辰纪念文集》，巴蜀书社，1998 年，第 319 页。史语所成立之初，下设史学、敦煌材料、文籍考订、汉语、文字、民间文艺、考古学、人类学八组。至 1929 年 6 月，史语所迁入北海静心斋时才决议将以上八组归并为史学、语言学、考古学及人类学三个组。参见李光谟：《李济先生学行纪略》，《学术集林》第 10 卷，上海远东出版社，1997 年，第 40 页。

② “殷墟”一名始出《左传·定公四年》：“命以《康诰》，而封于殷虚。”文献记载周公分封诸侯时，把康叔分封到殷的旧地，即殷墟。另据《竹书纪年》载：“自盘庚徙殷，至纣之灭二百七十三年，更不徙都。”引自《史记·殷本纪正义》。殷墟于隋唐时，已成为墓地，墓葬“不下二十余处”。参见董作宾：《殷墟沿革》，《中央研究院历史语言研究所集刊》第二本第二分，1930 年。北宋时“殷墟”传为河亶甲城，亦常出土铜器。参见胡厚宣：《五十年甲骨文发现的总结》，商务印书馆，1951 年。这座荒废两千多年的故都，到明朝后期才有人聚居，始称小屯村。参见王宇信、杨升南：《甲骨学一百年》，社会科学文献出版社，1999 年，第 26 页。

③ 王汉章：《古董录》，《河北第一博物院通报》1933 年第 51、52 期。

被郭沫若先生誉为“在中国考古学史上是一件非常重大的事件”①。可以说，甲骨文的发现与确认为中国早期文明的研究打开了一扇新的窗口。

19世纪末至20世纪初，国内外一批知名学者在甲骨的收藏、整理与著录方面都做出了重要贡献。

### （一）国内对甲骨的收藏与著录

王懿荣、孟定生、王襄、刘鹗、孙诒让、罗振玉、王国维、黄濬、徐枋、刘体智、董作宾、郭沫若等一批国内著名学者，他们在甲骨文收藏、整理与著录方面的创获，为甲骨学的发展与研究奠定了坚实的基础②。

1898～1899年，古董商收购一些民间挖掘出土的甲骨，并将其作为一种有价商品带到京津等地出售，曾引起王懿荣、王襄等人的极大关注③。1899年，王懿荣先生在对有字甲骨做出鉴定后不久，便从商贩手中购得1400余片。王氏虽为收藏与鉴定甲骨的第一人，但他与甲骨之间的因缘关系却不到一年。1900年，王氏以国子监祭酒任京师团练大臣。八国联军犯入北京，王氏坠井壮烈殉国④。1902年，王氏次子王汉辅⑤先生因还债将家藏1000余片刻字甲骨转售于刘鹗先生。

刘鹗先生搜集甲骨的时间始于1901年。据有关资料记载，罗振玉先生曾在刘家看到墨本，故作而叹曰：“此刻辞中文字与传世古文或异，固汉以来小学家若张（敞）、杜（林）、

---

① 郭沫若：《中国古代社会研究·自序》，《中国古代社会研究》，人民出版社，1954年。

② 对于当时国内搜集甲骨的统计，可参见陈梦家：《殷虚卜辞综述》，科学出版社，1956年，第656页。

③ 有关王懿荣先生收藏甲骨的一些史料，因缺失他本人的记载，所以，我们今天只能从王氏之子王汉章先生的追记中了解当时的情况：“回忆光绪己亥、庚子间，潍县估人陈姓，闻河南汤阴县境小商屯地方（志称河亶甲城何三家城七村，总名小商屯）出有大宗商代铜器，至则已为他估席载以去，仅获残鳞腹甲，为之嗒然。乃亲赴发掘处查看，惟见古代牛骨龟版，山积其间，询之土人云：牛骨可椎以为肥田之用，龟版则药商购为药料耳，估取一稍大者，则文字行列整齐，非篆非籀，携归京师，为先公述之。先公案阅，细为考订，始知为商代卜骨，至其文字确在篆籀之前，乃畀以重金，嘱以悉数购归，仅至一批而庚子难作，先公殉国。后此类卜骨悉归刘君铁云……铁云故后，又为罗君叔蕴所有。”（参见王汉章：《古董录》，《河北第一博物院通报》1933年第51、52期）此段记载刊于1933年，乃为事后的追记。因此，陈梦家先生认为：“有将后来所已知者混入的，如说王懿荣一看就知道是商代卜骨。其所记也有错误的，如说刘铁云甲骨为罗振玉所得。王懿荣死难之时，王汉章才十岁，故一切所述皆从其父执故旧处听来，但此段记载有可取之处二：记王氏初获甲骨在己亥、庚子间，是正确的；二记王氏经范估而知甲骨，并没有从药材店买到之说，是正确的。所记出甲骨地点，一则说河亶甲城，当指安阳的小屯，又说在汤阴县境，是不一致的。有所谓小商屯，或是南小屯之误。”参见陈梦家：《殷虚卜辞综述》，科学出版社，1956年，第648页。

④ 对于王氏与甲骨不到一年的因缘关系，陈梦家先生经考证，述其“约在上半年的冬季，范估第一次在小屯买到少数的甲骨，乃于是年（己亥，即1899年）之秋试售于王懿荣，大得赏识。当时王氏为官北京，他素常收藏金石，对于文字考订颇为精深，因此一见了估人所谓的‘龟版’，便鉴定为有价值的古物。因此次年庚子的前半年，他又两次重价购取了范估、赵估的甲骨千余片”。1900年，王氏以国子监祭酒任京师团练大臣，八国联军犯入北京后，王氏坠井壮烈殉国。参见陈梦家：《殷虚卜辞综述》，科学出版社，1956年，第3页。

⑤ 王汉辅，王懿荣次子，名崇烈，字汉（翰）甫，一字火传，1870年8月11日（同治九年七月十五日）出生于北京。其兄王崇燕1892年（光绪十八年）参加壬辰科会试，二场、三场考出，咯血满地。翌年6月16日，王崇燕病逝于京宅。王懿荣对于长子的英年早逝，为他“哭之恸”。同年秋，王氏奉旨任河南省乡试主考时，因痛念爱子及亡妻之情，还撰写《汴闱秋夜即事有感》诗：“两行官烛夜帘垂，世业家风子细思。体格尚知攻轧茁，声情岂可误连雌？伤心病妇蓬头日，触目亡儿咯血时。祇有无私堪报国，精神差处万人知。”因此，因家庭变故，将家藏一部分甲骨售出的是王懿荣先生的次子王汉甫，而非长子王崇燕。参见吕伟达：《甲骨文之父——王懿荣》，山东画报出版社，1995年，第103页。

扬（雄）、许（慎）所不得见者也。”[①]1901～1903年，刘氏经估人之手共购得5000余片甲骨。后来，罗振玉先生又在上海见到了甲骨的原物，于是便劝刘氏从中选拓了1058片，并亲自为其书撰写序言。1903年，《铁云藏龟》[②]一书问世，这是殷墟甲骨文自发现以来的第一本著录书。至此，殷墟甲骨文字才广为世人所知。此书亦成为我国古史研究中的第一手宝贵资料。另外，关于刘氏收藏甲骨的过程，我们也可以从其日记或《铁云藏龟》自序中获知一些细节。1910年，刘鹗先生流死新疆，他所收藏的甲骨也先后分散，所幸大部分都已著录。

1899年，与王懿荣先生几乎同时收藏甲骨的还有王襄与孟定生先生。这一话题，曾引起学界的广泛关注。关于二氏早期与甲骨的关系，据史料可确定有以下实情：第一，1898年冬，甲骨出土不久即引起潍估范寿轩等人的注意，孟定生先生较早地推测其有古简之可能；第二，1899年秋，范寿轩携甲骨至天津求售，孟定生与王襄两位先生购取若干小片，其他较大之甲骨（包括一个整甲的上半）大部分为王懿荣先生购得；第三，1900年，范维卿去天津出售甲骨。此年孟定生先生“选其所藏之字精者抚摹之”[③]。应该说，王襄与孟定生先生“和王懿荣同时”发现与收藏甲骨的事实，不应该被学界所忽略。

在对此问题的讨论中，1951年胡厚宣先生曾撰文提出：“直到一八九九年，也就是清朝光绪二十五年，有一个山东福山人，名叫王懿荣的，才首先认识了甲骨所刻，乃是古代的文字”，“同时搜购甲骨的，还有王襄和孟定生。这件事，前人知道的不多”。胡氏引王襄题记全文后又指出：“这两段文章，都登在旧日的画报上，流传不多，所以我们特别把它全部抄录。据文中所说，孟定生在1898年就疑心这些东西，或是古简。但因没有见着原物，所以未能明确认识。不过孟王两氏的搜求甲骨，至少当和王懿荣同时。这一点很多学者都忽略了。”[④]因此，胡氏撰文说明王襄、孟定生二氏“至少当和王懿荣同时”发现与收藏甲骨的这些事实，应该给予足够的重视。

继王懿荣、王襄、刘鹗先生之后，搜集甲骨时间最长，数量亦最多的当推罗振玉先生。从1901年在刘家见到甲骨后，1906年罗氏往北京清廷学部做官，至1907年才开始收藏甲骨。罗氏的《集蓼编》云：“及予官京师，甲骨大出，都中人士无知其贵者，予乃竭吾力以

---

① 罗振玉：《殷虚书契前编》，《国学丛刊》1，1911年。

② 《铁云藏龟》所著录的1058片，是从刘鹗先生自购或购自王懿荣先生后人出售甲骨5000余片中选出的。在自序里，刘氏第一次将甲骨文称作“殷人刀笔文字”，并对甲骨文的干支、数字共40余单字进行了论述，其中无误者约有34个，这在当时已堪称不易。此书共六册于1903年10月由抱残守缺斋石印出版。

③ 1933年王襄先生在《河北第一博物院画报》第32期发表了《题所录贞卜文册》，文载：“前清光绪己亥年，河南安阳县出贞卜文。是年秋，潍贾是携来乡求售……惟孟定老世叔及予，知为古人之契刻也，可墨迹视之。”王氏又于1935年在该刊第85期上发表《题易檐园殷契拓册》（《簠室题跋》），文载：“当发现之时，村农收落花生果，偶于土中检（今注：捡）之，不知其贵也。潍贾范寿轩辈见而收，亦不知其贵也。范贾售古器物来余斋，座上松言所见，乡人孟定生闻之，意为古简，促其诣车访求，时则清光绪戊戌冬十月也。翌年秋，携来求售，名曰龟版。人世知有殷契至此始。甲骨之大者，字酬一金。孟氏与余皆困于力，为博收。有全甲之上半，珍贵逾他品，闻售诸福山王文敏公。”此二文说明王氏极有可能也是甲骨文最早的发现者之一。参见陈梦家：《殷虚卜辞综述》，科学出版社，1956年，第649页。王宇信先生在《甲骨学通论》第二章中亦有一些相关记载，可参。

④ 胡厚宣：《五十年甲骨文发现的总结》，商务印书馆，1951年。另，1961年3月、1965年8月、1978年6月，孟世凯先生在参编《甲骨文合集》和撰写《殷墟甲骨文简述》过程中，皆访问过胡厚宣先生。参见王宇信、杨升南：《甲骨学一百年》，社会科学文献出版社，1999年，第32页。

购之。”《殷墟古器物图录》自序云：“光绪戊申（1908年）予既访知贞卜文字出土之地为洹滨之小屯……”《殷商贞卜文字考》前言云：“又从估人之来至中州者，博观龟甲兽骨数千枚，购其尤殊者七百，并询知发现之地乃在安阳县西五里之小屯而非汤阴。”由此可知，当时罗氏是从估人口中探知了甲骨出土地，并收购了约700片甲骨[①]。

董作宾、胡厚宣先生的《甲骨年表》[②]亦记载，1909年小屯村民张学献因挖山药得甲骨甚多，此前只有山东估人来收购，此年“冬，京估亦来争购”（见《洹洛访古记》）[③]，该书已记罗之妇弟“范恒轩至彰德曾得若干，才仅取龟甲之字多者”。此为罗氏第一次派人至安阳就地收购甲骨。又据《前编》自序和《甲骨年表》所记，1910年罗氏曾通过估人或其弟罗振常至安阳收购甲骨约3000片，加上此前收购的为700余片，当时罗氏收藏的甲骨约为3700片。

另据《前编》《后编》《甲骨年表》所记，至1911年，罗氏已收藏甲骨约为17000片。1915年罗氏亲赴安阳，他在《五十日梦痕录》中也记载了此次旅程；阴历三月三十日“抵彰德……至小屯，其地在郡城之西北五里，东西北三面洹水环焉。《彰德府志》以此为河亶甲城，宋人《考古图》载古礼器之出于河亶甲城者不少，殆即此处，近十余年间龟甲兽骨悉出于此。询之士人，出甲骨之地约四十余亩，因覆其地，则甲骨之无字者，田中累累皆是。拾得古兽角一，甲骨盈掬（今注：掬）。其地种麦及棉，乡人每以刈棉后即事发掘，其穴深者二丈许，掘后即填之，复种植焉。所出之物，龟甲以外……古兽骨亦至多”。但罗氏此次亲赴小屯，是否收购甲骨以及所购甲骨的具体情况不详。

有关罗氏所藏甲骨的流传，陈梦家先生曾做过一些统计，他说：“罗氏所有甲骨，当他在日本时，曾有一部分流散出去。其他大部分甲骨都存在大连，也有售出的……罗氏所印《前》《后》《菁》三书大部分是他自己的甲骨，此三书共著录了3400片。其中，约有2000多片是他自己的，大约皆在国内。至于经他售出的小片，因未曾著录，无从查考。”[④]

关于端方及其同时甲骨收藏者的问题，陈梦家先生认为：“《甲骨年表》以为光绪二十五年范维卿为端方收购甲骨，每字二两半，遂以端方为收购甲骨的第一人，是不正确的。”[⑤]在查证史料的基础上，陈氏又提出：端方收购甲骨当在王（王懿荣）、刘（刘鹗）之后，与罗（罗振玉）同时或前后，即当光绪的末叶，但收藏数量不多，而且鉴别不精，颇多伪刻。和端方同时收藏甲骨的还有沈曾植（子培）、王瓘（孝禹）、盛昱（伯义）、黄仲慧、刘季瓔等（见高田忠周：《学古编学古发凡》）也曾或多或少地收藏过甲骨。

### （二）国外对甲骨文的收藏与著录

如上所言，1899～1928年，近三十年的甲骨出土，几乎都是民间私挖滥掘所为，其中

---

① 罗振玉：《集蓼编》，《贞松老人遗稿甲集》，1941年；《殷墟古器物图录》，1916年；《殷商贞卜文字考》，玉简斋，1910年。陈梦家：《殷虚卜辞综述》，科学出版社，1956年，第659页。

② 董作宾、胡厚宣：《甲骨年表》，《中央研究院历史语言研究所集刊》第二本第二分，1930年。

③ 罗振常：《洹洛访古记》，上海蟫隐庐，1930年。

④ 陈梦家：《殷虚卜辞综述》，科学出版社，1956年，第651页。

⑤ 陈梦家：《殷虚卜辞综述》，科学出版社，1956年，第651～652页。

较重要的约有九批。《甲骨年表》及董氏的《甲骨学五十年》[①] 曾记述，非科学发掘时期出土的甲骨，一部分被上述提到的学者和国内其他人士及政府部门收藏[②]；另一部分则被〔英〕库寿龄、〔美〕方法敛、〔日〕林泰辅、〔加〕明义士、〔英〕金璋等国外收藏者购得[③]。对于当时国外收藏甲骨的情况，我们略述如下。

在我国收购甲骨的欧美国家人士中，加拿大学者明义士先生是收购数量较多的一位。1910 年明义士先生来华，其身份是英国驻安阳长老会的牧师。1914 年他到安阳后，听说小屯村出带字"龙骨"，于是就前去调查，并多方收购。对于明义士先生在甲骨收藏与研究方面的用心，许进雄先生在《殷墟卜辞后编 • 编者的话》中说："明义士先生，是外国人当中收集和研究甲骨卜辞最著名的，他眼光的敏锐，是难以比拟的。他注意的问题，如贞人名、《周易》为卜辞所衍变、钻凿的不同形态，都证实了是甲骨学上的重要发现。如果他不是外国人士，以致研究中国的学问有很多不便的话，相信其成就更不可限量。"我们认为，许先生对明义士先生的这一看法，是比较符合实际的。明义士先生在华十余年间，经细心研究，并学会了甲骨辨伪。他自称收购甲骨约 50000 片，实际约有 35000 片。1917 年，他的《殷墟卜辞》（石印版）一书问世，此乃欧美学者中出版的第一部甲骨著录书。明义士先生收购的甲骨大部分留在中国国内，其余的被加拿大多伦多皇家安大略博物馆收藏[④]。

美国学者方法敛先生也是较早收购并出售甲骨的一个人。陈梦家先生曾说，凡经方法敛之手出售的甲骨，他都一一临摹。后来分别为《库》《七》《金》三书将其摹本印行[⑤]。在所出版的摹本中，杂有许多伪刻，《库》一书尤多。关于《库》书的伪刻部分，曾经郭沫若、胡光炜、董作宾、陈梦家、容庚等学者加以抉别，其意见略有不同[⑥]。另外，陈氏对库、方二氏所售出的甲骨制作了一个统计表[⑦]。从表中，我们也可以了解当时他们出售甲骨的数量及其他情况。

英国学者库寿龄先生购买甲骨始于 1900 年，此人是英国浸礼会驻山东青州的宣教士。

1903～1908 年，库寿龄先生与居于山东潍县的美国学者方法敛先生共同搜集一批甲骨。1908 年英国驻华外交官金璋先生也曾从方法敛先生手中购得甲骨。库、方二氏与金

---

① 董作宾、胡厚宣：《甲骨年表》，《中央研究院历史语言研究所集刊》第二本第二分，1930 年；胡厚宣：《殷墟发掘》，学习生活出版社，1955 年；董作宾：《甲骨学五十年》，艺文印书馆，1955 年。

② 有关甲骨流失在国外的统计，参见陈梦家：《殷虚卜辞综述》，科学出版社，1956 年，第 656～657 页。

③ 胡厚宣先生曾对 20 世纪 30～40 年代流入日本、现归日本公私收藏家所有的甲骨作过统计，约有 12400 片，见胡厚宣：《八十五年来甲骨文材料之再统计》，《史学月刊》1984 年第 5 期；另据日本学者松丸道雄先生估计，日本现藏甲骨实际约有 8200 片，参见王宇信：《甲骨学通论》，中国社会科学出版社，1989 年，第 261 页。

④ 许进雄先生曾将明义士先生旧藏而现保存于安大略博物馆的 3176 片甲骨编辑出版，见许进雄：《明义士收藏甲骨文字》，加拿大皇家安大略博物馆，1972 年。许先生又编辑出版了明义士先生所编的《殷墟卜辞后编》一书，该书收墨拓 2812 片（原甲骨藏故宫博物院），1972 年由艺文印书馆印行。安大略博物馆还收藏了怀履光（W.C. White）在开封购藏的甲骨，今收入《怀特氏等收藏甲骨文集》，安大略皇家博物馆影印出版，1979 年。又见胡厚宣：《关于刘体智、罗振玉、明义士三家旧藏甲骨现状的说明》，《殷都学刊》1985 年第 1 期。

⑤ 《库》即方法敛《库方二氏藏甲骨卜辞》，1935，L，D，1678。《七》即方法敛《甲骨卜辞七集》，1935，M，D，1678。《金》即方法敛《金璋所藏甲骨卜辞》，1959，M，D，484。参见陈梦家：《殷虚卜辞综述》，科学出版社，1956 年，第 671～673 页。

⑥ 陈梦家：《殷虚卜辞综述》，科学出版社，1956 年，第 652 页。

⑦ 陈梦家：《殷虚卜辞综述》，科学出版社，1956 年，第 657～658 页。

璋先生所搜集的甲骨，后来分别归于美、英的几家博物馆和图书馆，其中大部分已著录出版[①]。

另外，苏联、法国、瑞典、德国、瑞士、韩国、新加坡等国也分别藏有少量甲骨，且多数已著录出版[②]。

## 二、甲骨文分类著录的兴起与创获

非科学发掘时期，殷墟甲骨文的著录是与释字及内容分类等联系在一起的。孙诒让先生的《契文举例》，在学者中产生了重要影响。此后有不少学者投入到对甲骨的分类整理、著录与研究上来，尽管当时有些著录的分类不够清晰，但从中仍可看出，在“20年间对甲骨文的研究从单字、单词的考释分类，到罗王的考字正史至叶玉森的考字探史，作细致的分类全面研究，是在罗王已有的基础上又有所前进”[③]。可以说，自甲骨文发现之后，对非科学发掘甲骨文的整理与著录，一直是国内外学者共同努力的方向。据统计，1903～1936年，甲骨文著录书共出版了28部（种），著录甲骨文18157片，减去重片2536片，伪刻133片，实际著录15483（此数据应为15488）片[④]。1937～1945年，甲骨文著录书共出版了17部（种），其中有7部（种）是在国外出版的。这17部（种）书，著录甲骨文7268片，减去已著录过的重片1077片，伪刻23片，新增甲骨文为6168片。1948～1959年，国内外学者出版的甲骨文著录书共有17部（种），著录甲骨文19819片，减去重片3193片，伪刻1片，新增甲骨文为16625片。加上《甲编》和《乙编》著录的13047片，中国科学院考古所和河南省文物工作队在殷墟发掘出土的7片，这一时段甲骨文著录总数为29679片[⑤]。因此，甲骨文著录的出版，为全面、深入研究甲骨文与殷商文明提供了大量可靠的资料。也可以说，正是基于以上诸多著录资料，宾组卜辞的整理与分类研究才有可能更加系统与全面。

这里需要强调的是，在甲骨文资料的著录方面，胡厚宣先生是诸多出版著录者中，用

---

① 见《库方二氏藏甲骨卜辞》，此书著录甲骨1687片（其中有较多伪刻品），1935年由商务印书馆石印。这些甲骨后分售予英、美四家博物馆。库、方二氏的甲骨还有一部分转售于柏根（Bergen），著录于明义士编著的《柏根旧藏甲骨文字》，齐鲁大学国学研究所1935年出版。金璋收藏的甲骨著录于《金璋所藏甲骨卜辞》，1939年在美国纽约影印。另外，美国还有部分甲骨见于周鸿翔：《美国所藏甲骨录》，加利福尼亚大学，1976年。

② 这些国家收藏甲骨见于著录的主要出版物有胡厚宣：《苏德美日所见甲骨集》，四川辞书出版社，1988年，此书以摹本著录甲骨576片。李学勤、齐文心、艾兰：《瑞典斯德哥尔摩远东古物博物馆藏甲骨文字》，中华书局，1999年，此书以照片及摹本方式著录甲骨108片。雷焕章：《法国所藏甲骨录》，该书以照片著录59片，附有摹本，并用中、英、法三种文字作释文，1985年中华书局出版；雷焕章又于1997年出版《德瑞荷比所藏一些甲骨录》，著录德国（库恩）、瑞士（巴塞尔）、荷兰（来登）、比利时（布鲁塞尔、丽蒙）所藏甲骨225片（含照片、摹本），另有荷兰阿姆斯特丹所藏3块无字镂刻花纹之牛骨。释文兼用中、英两种文字。据该书《序》云：“本著录发表后，欧洲只剩下《威尔次博士旧藏》未刊布，威尔次博士于1909年在山东青岛购得280片甲骨。之后，他又陆续向其他古董商购买，最后携带总共711块甲骨返回德国。1912年6月，他将自己的所有收藏捐赠给柏林人种学博物馆。威尔次旧藏目前存放在该博物馆之远东部。”参见王蕴智：《中原文化大典・文物典・古文字》，中州古籍出版社，2008年，第39页。

③ 王宇信、杨升南：《甲骨学一百年》，社会科学文献出版社，1999年，第72页。

④ 孟世凯：《甲骨学小词典》附录九，上海辞书出版社，1987年。

⑤ 王宇信：《建国以来甲骨文研究》（1981年）以及濮茅左：《甲骨学与商史论著目录》（1991年）有关章目。又王宇信、杨升南：《甲骨学一百年》，社会科学文献出版社，1999年，第72页。

力最勤、出版著录数量最多的一位。20 世纪 30 年代，胡厚宣先生曾参加第十、十一、十二次殷墟的科学发掘，此后他曾协助董作宾先生对殷墟发掘出土的甲骨文进行整理与研究。他先后搜集流散在京、津、宁、沪等地区战时出土的甲骨文拓本、摹本上万片，之后编辑出版了《战后宁沪新获甲骨集》（1951 年）、《战后南北所见甲骨录》（1951 年）、《战后京津新获甲骨集》（1954 年）、《甲骨续存》（1955 年）共四部书，辑录有字甲骨达 13814 片，减去重片 2889 片，伪刻 1 片，新增 10924 片。此四书在编纂体例上采取了"先分期、再分类"的办法，这对后来与甲骨文相关的其他著录提供了借鉴的范例。继胡氏之后，自 20 世纪 50 年代以来，一些近世流传及新出土的甲骨也相继被学者整理刊布。其中较有代表性的有李亚农先生的《殷契摭佚续编》（1950 年），郭若愚先生的《殷契拾掇》（1951 年）、《殷契拾掇二编》（1953 年），郭若愚、曾毅公、李学勤等先生的《殷虚文字缀合》（1955 年），胡厚宣、董作宾先生的《殷虚文字外编》（1956 年），陈邦怀先生的《甲骨文零拾》（1959 年）等。此间出版的甲骨著录，公布了不少重要的甲骨文资料。

据目前所知，国内外以各种形式出版的甲骨文著录书 90 余种。其中包括一些较零散资料的著录、近几十年来的甲骨缀合成果以及 1949 年以来历次殷墟发掘所获甲骨。这些著录资料大都被后来出版的《合集》《合补》《英国》《北大》等收录。

## 三、甲骨文的初步研究及其成果

"殷墟文化在我国历史上具有承前启后的重要地位，其文化内涵极为丰富，既体现了中原商文化的特点，又含有中原以外其他文化的成分，而且还保存了某些地区新石器时代的文化因素。这些文化因素的存在，对研究中国古代文明的起源问题，无疑具有重要意义。"[①] 应该说，商王朝在"三代"社会中占有极其重要的地位，高度发达的青铜文明和社会政治、经济、军事与宗教文化等方面的深入发掘与开拓，不仅对中国国家形成的研究，而且对世界文明史的研究也颇具典型意义。然而，长期以来，由于第一手资料的缺乏，学者对商史以及商文化的研究颇感困惑。所以，殷墟甲骨文发现不久，学者在搜集、整理与著录的同时，便开始了初步研究工作。这里，我们首先述及的是两位具有开创性的学者以及他们的学术成果。

### （一）《契文举例》的学术地位

1904 年，孙诒让先生根据《铁云藏龟》所公布的资料，编成《契文举例》一书。孙氏在该书自序中，曾述其文字"大致与金文相近，篆画尤简省，形声多不具；又象形字颇多，不能尽识；所称人名号未有谥法多以甲乙为纪，皆在周以前之证"。此书被称作学界对甲骨文进行分类研究的第一部书。

该书将刘鹗先生在《铁云藏龟》中所著录的史料，按事类分为十章：日月第一、贞卜第二、卜事第三、鬼神第四、卜人第五、官式第六、方国第七、典礼第八、文字第九、杂例第十。但孙氏未见到此书出版就逝世了。直至 1916 年，王国维先生在上海出资购得原稿

① 郑振香：《殷墟的发现与研究 · 余论》，《殷墟的发现与研究》，科学出版社，2001 年，第 472 页。

并寄给罗振玉先生，罗氏遂将其列入《吉石庵丛书》，并于1917年出版[①]。

此书出版后，学界对其评价不一，从事甲骨学研究的一些专家认为，孙氏对甲骨文字的考释有部分释错，但对考释方法及首创之功皆予以认同。因从不同侧面认识此书的学术价值，故在学界也必然会出现不同的看法。罗振玉先生在评价此书时，谓其“未能洞析奥隐”[②]；王国维先生则称“其书实无可取”，又云：“惟此书数近百页，印费却不少，而其书却无可采，不如《古籀拾遗》远甚……上卷靠殷人制度以绝无条理，又多因所误释之字立说，遂觉全无是处。”[③]不过，罗王二氏又考虑到此书编撰时的条件所限，遂又较客观地评价说：“筚路椎轮，不得不推此矣。”[④]

此后，郭沫若、唐兰、邵子风、陈梦家、王宇信等学者，对此书的学术价值及其地位也分别做出了评价，他们认为，此书虽不免错误，但仍具开山之功[⑤]。齐文心先生则从该书的具体内容评价，并认为孙氏“主要采用与金文比较的方法认出了一百八十多个字，而且多为基本的常用字，这样就为识读甲骨卜辞奠定了初步的基础”。同时又指出：“孙氏的《契文举例》处于甲骨文草创时期，由于所见到的材料有限，卜辞未能通读，不能在卜辞的语句中求通字义，因而他做出的一些结论就难以成立了……虽然如此，孙氏的草创之功还是应该充分肯定的。”[⑥]这与上述各家的看法基本上是一致的。

裘锡圭先生也曾撰文指出：《契文举例》“在释字方面的贡献应该说是相当大的”，过去关于此书的评价，有些不够公允。“考虑到孙氏写书时在资料等方面所受的限制，他所做出的那些贡献就更加值得后人珍视了。孙氏在古文字和古文献方面的学力决不在罗王之下。”[⑦]

今从孙氏在书稿中已把释读《铁云藏龟》著录的甲骨文单字作为研究的主要视点，并结合相关的不同用例，初步尝试对甲骨卜辞占卜内容的分类与研究，尽管按事类划分的十章之间不乏重复之弊，但其中的“文字”与“卜人”对后来的分组分类都产生了一定的影响。因此，裘先生评价此书“是甲骨文研究方面一部有着重要价值的开创性著作”，应该是名副其实的。

### （二）《殷商贞卜文字考》及《殷虚书契考释》的学术价值

上文已经谈到，1901年罗振玉先生最初在刘鹗先生家接触到甲骨文。由于罗氏对出土甲骨文的敏锐观察以及远见卓识，自1906年起便开始收藏甲骨，他说“宝物幸存者有

---

① 《契文举例》上下卷十篇完成后，其书稿直至1913年才被王国维先生发现，1917年罗振玉先生在上海印出《吉石庵丛书本》。孙氏考释甲骨文有草创之功。他对大部分甲骨文干支字以及近百个重要的字词，包括“贞”“省”“若”“去”“乘”“叀”“易”“羌”“亘”“复”“射”等难度较大的字形有正确的释读，但书中亦多见稚拙谬误之处。

② 罗振玉：《殷商贞卜文字考》序，1910年。

③ 此为1916年12月20、28日王国维致罗振玉先生两信札。见刘寅生、袁英光编：《王国维全集·书信》，中华书局，1984年，第164、166页。

④ 赵万里：《王静安先生年谱》，《国学论丛》1927年第1卷3号；陈梦家：《殷虚卜辞综述》，科学出版社，1956年。

⑤ 郭沫若：《卜辞通纂》，日本东京文求堂，1933年，第3页；唐兰：《古文字学导论》，齐鲁书社，1981年，第65、183页；邵子风：《甲骨书录解题》，商务印书馆，1935年；又收入《甲骨学论著提要目录三种》，华世出版社，1975年；陈梦家：《殷虚卜辞综述》，科学出版社，1956年，第56页；王宇信：《建国以来甲骨文研究》，中国社会科学出版社，1981年，第14页。

⑥ 齐文心：《殷商史史料》，《中国古代史史料学》，北京出版社，1983年，第10页。

⑦ 裘锡圭：《古文字论集》，《谈谈孙诒让〈契文举例〉》，中华书局，1992年，第336～342页。

尽，又骨甲古脆，文字易灭”，“不汲汲搜求，则出土之日，即澌灭之期。矧所见未博，考释亦讵可自信，由此观之，则搜求之视考释，不尤急欤”[①]。故其早先主要致力于甲骨文的搜集，至于文字的释读则始于 1910 年。据陈梦家先生考证，1911～1919 年罗振玉先生研究甲骨文字的专著有以下几种：《殷商贞卜文字考》（手批删订未刊本，1912～1913 年）、《殷商贞卜文字》卷上（未刊手稿本，1913 年）、《殷虚书契考释》（初印本，王国维手写影印，1914 年 12 月）、《殷虚书契待问编》（蚕古丛编石印本，1916 年 6 月），前二书既是对《殷商贞卜文字考》的修删，又是对新增资料文字释读的分类排比。可以说，《殷商贞卜文字考》“实际上是《殷虚书契考释》的纲目与初草。”[②]

《殷虚书契考释》全书不分卷，主列八章：都邑、帝王、人名、地名、文字、卜辞、礼制以及卜法。都邑与卜法依据删订本，帝王、人名、地名与文字则依据手稿本，卜辞与礼制为新增内容。“帝王”章列先王先妣 45 位；“人名”章列举人名 78 位；“地名”章列举地名 193 个；“卜辞”章分八类通释甲骨卜辞 655 条；“文字”章共释读形声义皆可知者 485 字，仅知其形与义者 56 字，形声义不可知者而古彝器款识同者 25 字；其中可释的 485 字中，既包括了从手稿本所识 473 字中筛选出来的 409 字，也包括后来新补的 76 字。

罗氏考释甲骨文字，所运用的是“由许书以溯金文，由金文以窥书契，穷其蕃变，渐得指归”[③]的逆推法。此与孙诒让先生“略摭金文、龟甲文、石鼓文、贵州红岩石刻，与《说文》古籀互相勘校，楬（古同‘揭’）其歧异，以箸（古同‘著’）渻（古同‘省’）变之原，而会最比属，以寻古文、大小篆沿革之大例”的古文字构形比较以及偏旁分析法是不同的，但二者都为后来古文字的科学考释奠定了基础。

1927 年《殷虚书契考释》增订本（三卷二册）出版[④]。这不仅是初印本的增补，而且也是“罗氏在甲骨学上最后的总集”[⑤]。据罗琨、张永山先生统计，此书的增订本“帝王、人名都有增加；地名增至 17 类 230 个；考释形、音、义可知的 560 字；用今楷写出的可通读的卜辞 1196 条；较初印本增加了十分之四强……还尽量吸收了王国维氏在甲骨文研究方面的贡献”[⑥]。

关于《殷虚书契考释》在甲骨学史上的学术价值，王国维、陈梦家、郭沫若等甲骨学大家都给予了很高的评价[⑦]。另外，陈炜湛、曾宪通先生也充分肯定了罗氏“既参证《说文》以释甲骨文字，又不为《说文》所束缚，而能认出一批与《说文》字形不同的甲骨文，反

---

① 罗振玉：《殷虚书契 · 自序》，《国学丛刊》1，1911 年。

② 《殷商贞卜文字考》一书分考史、正名、卜法、余说四章，释读甲骨文字二三百个，手批本则在书眉上记了许多修改意见，如有的单字，书眉记有新考定语，有的记了“不敢臆断，愿与当世方闻之士共讨索之”等。而该书手稿本卷上，罗氏按名篇、物篇、事篇分类排比甲骨文字，除名篇中人名、地名不计外，又删除前书一些误释字，共释读出 473 字，在释字数量与质量上均有较大进展。参见罗振玉：《集蓼篇》，《贞松老人遗稿甲集》，1941 年。又见 1997 年宋镇豪先生访问日本京都碧光园所收集资料，杉村邦彦：《罗振玉在日本的研究生活及其交友关系》（中译本），《第三届中国书法史论国际研讨会论文集》，文物出版社，1998 年。

③ 罗振玉：《殷虚书契考释》（初印本），王国维手写影印，1914 年。

④ 罗振玉：《殷虚书契考释》（增订本），艺文印书馆翻印本，1968 年。

⑤ 陈梦家：《殷虚卜辞综述》，科学出版社，1956 年，第 59 页。

⑥ 罗琨、张永山：《罗振玉评传》，百花洲文艺出版社，1996 年，第 127 页。

⑦ 王国维先生认为“审释文字，自以罗氏为第一”，见王国维：《最近二三十年中中国新发见之学问》，《论衡》，1925 年；郭沫若、陈梦家先生的评价与王国维先生的看法基本一致，参见郭沫若：《卜辞中之古代社会》，《中国古代社会研究》，群益出版社，1950 年，第 35 页；陈梦家：《殷虚卜辞综述》，科学出版社，1956 年，第 59 页。

过来纠正《说文》的谬误，这就比前人大大高出了一筹”[①]。

王宇信、杨升南先生也曾评价：“《殷虚书契考释》初版本及增订本的问世，标志着甲骨学由初创时期进入了全面的文字审释时期。在百年甲骨文字考释的演进史中，这部书具有承上启下的划时代意义。”[②]

总之，在甲骨文发现之后的20余年间，以罗王为代表的一代学人运用“二重证据法”，分别在甲骨文释读及殷商王世、礼制、人名、地名的考定等方面取得了卓越的成就，罗王二氏也成为那个时代构筑甲骨文研究领域的奠基人[③]。由于二氏的发凡起例与躬亲努力，奠定了罗王“考订”之学的坚实基础，在罗王的影响下，后来的学人对甲骨文的认识进一步深化，从事搜集、整理与研究殷墟甲骨的有识之士也越来越多。随着20世纪20年代后期殷墟发掘工作的展开，甲骨文的考释、研究工作逐步走上了科学有序的轨道。从此，在传统国学领域，又增添了一门既古老又年轻的学问，这就是甲骨学。此正如董作宾先生20世纪60年代所说：“甲骨学成为一种学问，也是新近的事。五十年以前，不但世界上没有甲骨学，连甲骨两字也不曾放在一起过。”[④]

## 第二节 十五次科学发掘甲骨文的简单回顾（1928～1937年）

前文已经谈到，殷墟甲骨文被确认为商代文字后，殷墟的科学发掘工作也随之展开。1928年10月，史语所在河南安阳市西北的小屯村，开始对殷墟进行正式的发掘工作，此举标志着我国近代考古学的诞生[⑤]。

关于殷墟的发掘，当时史语所代理所长傅斯年先生曾有一种思考，他认为安阳殷墟自出土甲骨文以来，经罗氏及私自挖掘所得之龟甲，皆查无下落，而且“夫殷人卜辞藏地下者，宁有几许？经一度非科学搜罗，及减损一部之储积，且因搜求字骨，毁弃他器，紊乱地下情形，学术之损失尤大。而吾国之官厅及学人竟熟视无睹……近代的考古学更有其他重大之问题，不专注于文字彝器之端。”[⑥]同时他又认为：“就殷墟论，吾等已确知其年代，

---

① 陈炜湛、曾宪通：《论罗振玉和王国维在古文字领域内的地位和影响》，《古文字研究》（第四辑），中华书局，1980年。

② 王宇信、杨升南：《甲骨学一百年》，社会科学文献出版社，1999年，第95页。

③ 罗王“考订”之学的代表作除文中提到的罗振玉《殷虚书契考释》初印本、石印本及翻印本外，另有王国维的几部著述。参见王氏：《戬寿堂殷虚文字考释》，艺术丛编，1917年；《殷卜辞所见先公先王考》及《续考》1917年，后载入《观堂集林》卷九，中华书局，1959年；王国维根据《殷虚书契后编》上8.14版与《戬寿堂所藏殷虚文字》1.10版的缀合成果，发现了殷先公报乙、报丙、报丁的世次，并通过他的《殷卜辞所见先公先王考》《殷卜辞所见先公先王续考》，大体上证实和订正了《史记·殷本纪》的商王世系，他还利用甲骨文并结合传世文献去考证商代礼制、政治制度及都邑迁徙，从而开创了甲骨学与殷商史研究的学术领域。参见王蕴智：《中原文化大典·文物典·古文字》，中州古籍出版社，2008年，第38页。

④ 董作宾：《甲骨学六十年》，艺文印书馆，1965年，第1页。

⑤ “中国近代考古学，是中国传统学术与西方近代考古学方法相结合的产物。因此，从它一开始，就具有鲜明的中国特色。”参见王宇信、杨升南：《甲骨学一百年》，社会科学文献出版社，1999年，第44页。

⑥ 参见李光谟：《李济先生学行纪略》，《学术集林》第10卷，上海远东出版社，1997年，第40页。

同时并知其地铜器石器兼出，年来国内发掘古代方地每不能确定年代……如将此年代确知之墟中所出器物，为之审定，则其他陶片杂器，可以比较而得其先后，是殷墟知识不啻为其他古墟知识作度量也。又如商周生活状态，须先知其居室；商民族之人类学的意义，须先知其骨骼。兽骨何种，葬式何类。陶片与其他古代文化区有何关系，此皆前人所忽略，而为近代欧洲治史学古学者之重要问题。故吾人虽知河南省内弃置三十年从不过问之殷墟已有更无遗留之号，仍颇思一察其实在情形。”①

不难看出，当时傅氏有两个想法：其一，顾虑到殷墟的非科学发掘将会紊乱地层，对学术研究造成不可弥补的损失。其二，想要通过殷墟科学发掘出土的器物作为其他古墟出土器物的时代量尺，并推测出当时先民生活的模式。注意地层与共生陶器的关系，并以此作为断代的依据，这就是近代考古学的方法。考古学的基本理论与方法为地层学和类型学，而类型分析正是建立在地层学的基础之上。因每一件出土器物都有一定的地层关系，所以借由标准器的排比，再加上类型的分析，就可大致得出器物发展的走向。譬如在铜器的分期研究中，由于地层的关系，故可以利用共长的其他器物与铜器作比较研究，而经常与铜器共长的陶器无疑就是最好的比较对象。陶器数量多，形制变化快，更重要的是与铜器有着密切的关系，所以李济和郭宝钧先生都曾用这种方式来对铜器分期②。

对此，魏慈德先生认为这种方法同样可运用到甲骨学的分类上来，共生陶器的出土在甲骨学上的价值可经由器形、纹饰、胎质等属性的排比，将其分为若干类型，而根据这些类型，可以把与陶器共存的甲骨，作时代上的横向联系，如果再配合可作为甲骨断代的主张用字体来作为甲骨分类的标准，这从某种角度上来看，也是一种运用考古学对器物排比概念而来的一种型式学分析③。

甲骨文的学术价值得到确认之后，殷墟的发掘也随之进入了三个阶段：1928 年以前的私自挖掘；1928 年 10 月起至 1937 年抗战爆发，史语所先后组织的十五次科学发掘；中华人民共和国成立后组织的科学发掘。

## 一、十五次科学发掘过程

今对十五次科学发掘甲骨的经过，以时间为次略述如下④。

① 傅斯年：《本所发掘安阳殷墟之经过》，《安阳发掘报告》第 3 期，中央研究院历史语言研究所专刊之一，1931 年。魏慈德：《殷墟 YH 一二七坑甲骨卜辞研究》，台湾政治大学中国文学系博士学位论文，2001 年，第 11 页。

② 杨平：《对西周铜器分析方法的几点认识》，《文博》1996 年第 5 期。

③ 魏慈德：《殷墟 YH 一二七坑甲骨卜辞研究》，台湾政治大学中国文学系博士学位论文，2001 年，第 11～12 页。

④ 1928 年 10 月至 1937 年 6 月中央研究院历史语言研究所对殷墟的十五次发掘，以及河南博物馆（有的著述认为是“河南省图书馆”。辛亥革命后至 1949 年，大多数地方“图书”与“博物”为一个机关）在小屯村进行的两次发掘，不仅出土了 28575 片（史语所出土 24918 片、河南博物馆出土 3656 片）甲骨，还发现了商王朝后半期宫殿、宗庙、王陵和手工业作坊等遗址，出土了大量的商代及其他时代的遗物。本书所使用的殷墟考古发掘资料主要来源于董作宾先生的《安阳发掘报告》（《中央研究院历史语言研究所专刊》第 1～4 期，1929 年 12 月至 1933 年 6 月）和《甲骨学六十年》（艺文印书馆，1965 年单行本，《中国现代学术经典 · 董作宾卷》，河北教育出版社，1996 年收入此书）、胡厚宣先生的《殷墟发掘》（学习生活出版社，1955 年）、严一萍先生的《甲骨学》（艺文印书馆，1978 年）、王宇信先生的《甲骨学通论》（中国社会科学出版社，1989 年）以及王宇信先生与杨升南先生合著的《甲骨学一百年》（社会科学文献出版社，1999 年），另外，还参考了马如森先生的《殷墟甲骨文引论》（东北师范大学出版社，1993 年）等。

### 1. 第一次发掘

1928 年 10 月 13～30 日，董作宾先生在小屯村东北洹河之滨、村北以及村中主持试掘，参加试掘的有赵芝庭、李春昱、王湘、郭宝钧、张锡晋等考古工作者。出土甲骨 854 片（其中字甲 555 片、字骨 299 片）①，以及骨、蚌、铜、陶、玉、石等 10 余种古器物。

有关此次甲骨发掘之后的著录情况：此次发掘所获甲骨曾由董作宾先生发表《新获卜辞写本》，后又发表《新获卜辞写本后记》②。从此次以及第三次的大连坑发掘中，董氏认为这些甲骨都是出土于殷人的“存储”③，因其中包含了一、二、五期的甲骨，故推测“无疑的是在武丁时已用它存储甲骨卜辞了，到了祖庚、祖甲时继续使用，以后各王或者不在本坑存储，可是到了帝乙帝辛时，又把卜辞存入了”④。另外，关于第 9 坑所出甲骨的流传情况，据史料“证明 E9 坑是个翻掘多次的熟坑，并且 1904 年之后经库寿龄、方法敛之手卖到英国博物馆和金璋氏的甲骨，及库方二氏所收藏的甲骨都有这一坑的出土品”⑤。

### 2. 第二次发掘

1929 年 3 月 7 日至 5 月 10 日，李济先生在小屯村中、村南以及村北主持发掘，参加发掘的还有董作宾、董光忠、王庆昌、王湘、裴文中等考古工作者。出土甲骨 740 片（其中字甲 55 片、字骨 685 片），还有兽骨、陶片、石器以及青铜器等遗物。

此次发掘出土的甲 712（合 33313）与明后 3104 缀合，由此可证明义士先生在 1923 年收购的一批甲骨出自小屯村中张学献家菜地。另外，由合 8236（前 4 • 29 • 5、山东 581）与合 6065（明后 B1687、南明 146、历拓 4863）缀合⑥，亦可推知，所缀藏甲，亦有可能出土同一发掘单位。黄天树先生把合 8236 归入典型宾组，即宾二类；合 6065 亦当属宾二类卜辞。

### 3. 第三次发掘

1929 年，李济先生在小屯村北高地、村西北霸台分两阶段主持发掘，参加发掘的还有董作宾、董光忠、张蔚然、王湘等考古工作者。第一阶段是在 1929 年 10 月 17～21 日，出土甲骨 3012 片（其中字甲 2050 片、字骨 962 片），第二阶段是在 1929 年 11 月 15 日至 12 月 12 日，并未出土甲骨。此次发掘以横十三戊西头和大连坑出土甲骨最多。其中有著名的“大龟四版”、一个牛头骨刻辞、一个鹿头骨刻辞以及铜、石、白陶、雕花的骨器等物。还有供居住和储藏东西的方形、长方形、圆形窖穴 11 个，墓葬 24 座。在霸台发掘墓葬 6 座。

---

① 董作宾：《试掘小屯报告书》，《安阳发掘报告》第一期。

② 此二文皆刊于《安阳发掘报告》第一期。

③ 此次发掘在第 9 坑的西部第 16、17、18 等坑共出土带字甲骨 279 片，其中字甲 172 片、字骨 107 片。“在第 9 坑的西部第 16、17、18 等坑出土的甲骨，那是从前所挖的大坑，被挖碎的甲骨混入其中，而平复于坑中者，所以坑层已乱并且都是小碎块。因此把第 16、17、18 等坑出土的甲骨也附入 9 坑中。”参见石璋如：《丁编 • 遗址的发现与发掘》之第二章《第一次发掘》，《中国考古学报集》之二，台湾“中研院”历史语言研究所，1985 年，第 11 页。

④ 董作宾：《殷虚文字甲编》自序，1948 年。

⑤ 曾毅公：《论甲骨缀合》，《华学》（第三辑），2000 年，第 31 页。关于方法敛、库寿龄和金璋等欧美学者接触到研究甲骨文的经过。可参见汪涛：《甲骨学在欧美：1900～1950》，《甲骨文发现一百年学术研讨会论文集》，台湾“中研院”历史语言研究所，1998 年。魏慈德：《殷墟 YH 一二七坑甲骨卜辞研究》，台湾政治大学中国文学系博士学位论文，2001 年，第 13 页。

⑥ 蔡哲茂：《甲骨缀合集》，台湾乐学书局，1999 年。

另外，1930～1931年，在史语所第三次发掘甲骨的同时，当时的河南博物馆也在小屯村进行了两次发掘，第一次是从1929年10月21日开始，历经两个月；第二次是从1930年2月20日开始，至3月9日稍停，又从4月12日一直持续到4月底。河南博物馆两次发掘共获得甲骨3656片（其中字甲2673片、字骨983片），著录于《甲骨文录》和《殷虚文字存真》①。李学勤先生曾谈到这批甲骨与其他旧藏甲骨之间的关系，他说："这批甲骨中包括了大量的祖甲卜辞，它们很可能是集中出土的，但遗憾的是发掘时没有留下坑位和层次记录。这是现已发现的唯一整批的祖甲卜辞。此外刘体智旧藏甲骨中的一些祖甲卜辞，与此是相联系的。"②

此次出土甲骨与《殷契遗存》著录甲骨缀合例：佚986即合32385，为董作宾先生所缀③；该版又可加缀合35277，此为裘锡圭先生所缀④。

董作宾先生对史语所此次发掘所得的四块龟版深入研究之后，发表了《大龟四版考释》一文。在该文中董氏首次提出了著名的"贞人说"⑤。同时讨论的文章还有瞿润缗先生的《大龟四版考释商榷》等⑥。

**4. 第四次发掘**

1931年3月21日至5月11日，由李济先生主持在小屯村北分为A、B、C、D、E5个区发掘，参加发掘的还有董作宾、梁思永、郭宝钧、李光宇、刘屿霞、王湘、周英学、马元材、关百益、许敬参、冯进贤、石璋如、刘耀等考古工作者。出土甲骨782片（其中字甲751片、字骨31片，含在后冈发现的1片字骨），此次出土了1块鹿头骨刻辞，以及不少青铜器、骨器、陶器、石器、玉蚌器及虎、象、鲸等动物骨骼等；遗迹主要有窖穴居住址和宫室建筑。另外，梁思永等人还在四盘磨及后冈两地发掘。在后冈发现字骨1片，这是在小屯村以外第一次发现带字甲骨；同时又发现了小屯、龙山及仰韶文化相叠压的"三层文化"，从地层叠压关系上解决了三种文化时代的先后次序，这是考古学史上的一次重大发现，影响很大。梁思永先生是我国第一个受过西方近代考古学正式训练的学者。他参加殷墟发掘，使田野考古工作水平大大提高。

头骨刻辞，曾发表于董氏的《甲骨文断代研究例》以及郭沫若先生的《卜辞通纂》以及商承祚先生《殷契遗存》自序。

此外，本次发掘的E16坑所出甲骨是学界讨论的一个热点。董氏认为"第四次发掘的E16坑这是一个圆井，应该叫做窨（yin）的。井中只有一、二期的卜辞，深十公尺，下及水面；因为两丈以下，全是沙土，第二期祖甲时，此窨塌陷，也就废而不用了"⑦。董氏在

---

① 孙海波：《甲骨文录》，1938年。关百益（署名关葆谦）：《殷虚文字存真》（拓本，共八集八册），第一集1931年出版，第二至八集1935年出版。参见《考古社刊》（第二集），1935年。又董作宾、胡厚宣：《甲骨年表正续合编》，1976年。

② 李学勤：《殷代地理简论》，科学出版社，1959年，第67页。

③ 商承祚：《殷契佚存》（董作宾序），《金陵大学中国文化研究所丛刊》甲种，1933年。

④ 裘锡圭：《甲骨缀合拾遗》，《古文字论集》，中华书局，1992年，第236页。

⑤ 董作宾：《大龟四版考释》，《安阳发掘报告》，《中央研究院历史语言研究所专刊》之一，1937年。

⑥ 瞿润缗：《大龟四版考释商榷》，《燕京学报》1933年第14期。

⑦ 董作宾：《殷虚文字甲编·自序》，《殷虚文字甲编》，商务印书馆，1948年。

《殷虚文字乙编》自序中，结合第十三次发掘在B119及YH006坑所得的大批材料，对贞人加以分析，得到了新的认识，提出了要"揭穿文武丁之谜"，并认为𠂤组卜辞是文武丁时代卜辞，将此前认为第一期的若干贞人，改为第四期。足可透露出其坑位说和断代说的矛盾[①]。对于董氏的说法，由于前无所因，出现与今天认识的抵牾，我们不能苛求。

此次出土甲骨缀合例有曾毅公先生所缀的甲3004+吉282（吉卜生所编《上海亚洲文会博物馆藏甲骨卜辞》）[②]与郭若愚先生所缀的甲3020+甲3014（即合21903）[③]+吉283。另外，E16所出的贞人为𢓜的一类卜辞，或以为与子组贞人㣈是同一人，然两字的字体截然不同，似不能看作是同一人[④]。

**5. 第五次发掘**

1931年11月7日至12月19日，由董作宾先生主持，参加发掘的还有郭宝钧、王湘、刘屿霞、梁思永、石璋如、刘耀、张善、马元材、李伯英等考古工作者。在小屯村中及村北发掘，出土有字甲骨381片（其中字甲275片、字骨106片）。在村北发掘殷代建筑基址及黄土台，出土了陶、骨、蚌、石等器，还发现殷代晚期的版筑建筑遗址。另外，1931年11月10日至12月4日继续对后冈遗址发掘，发现了龙山文化时期的夯土墙。

**6. 第六次发掘**

1932年4月1日至5月31日，李济先生主持在小屯村北B、E区发掘，参加发掘的还有董作宾、王湘、吴金鼎、刘屿霞、李光宇、周学英、马元材、石璋如等考古工作者。发现了殷代王宫建筑、墓葬、陶片和字骨1片。另外，在侯家庄、高井台子、王裕口和霍家小庄发掘，出土遗物和遗迹比较多。

**7. 第七次发掘**

1932年10月19日至12月15日，董作宾先生主持在小屯村北A、B、C、E 4个区发掘，参加发掘的还有石璋如、李光宇、马元材等考古工作者。发现了版筑基址、窖穴、墓葬等遗迹，出土了陶、骨、石、蚌、龟、贝、玉及铜器等遗物。发现有字甲骨29片（其中字甲23片、字骨6片）。还发现有字陶片1块，上有墨书"祀"字，锋芒清晰，证明殷商时期已有毛笔之类的书写工具。

**8. 第八次发掘**

1933年10月20日至12月25日，郭宝钧先生主持在小屯村北D区发掘，参加发掘的还有李光宇、李景聃、马元材、石璋如、刘耀等考古工作者。出土有字甲骨257片（其中字甲256片、字骨1片）；发现东西2座建筑基址，东边的1座长30米，宽9米，有石柱

---

① 刘一曼：《考古发掘与卜辞断代》，《考古》1986年第6期。石璋如：《殷虚的穴窖坑层与甲骨断代二例》，《"中央研究院"历史语言研究所集刊》第59本——《李方桂先生纪念论文集》，1988年。

② 甲3004可缀甲3081，参见屈万里：《殷墟文字甲编考释》，第148号。又见魏慈德：《殷墟YH一二七坑甲骨卜辞研究》，台湾政治大学中国文学系博士学位论文，2001年，第17页。

③ 我们同意黄天树先生将甲3014（即合21903）划归𠂤组小字类的看法。

④ 李学勤：《关于𠂤组卜辞的一些问题》，《古文字研究》（第三辑），中华书局，1980年。

础和铜柱础 10 个；西边的 1 座长 20 米，宽 8 米。同时，继续对四盘磨、后冈进行发掘。1933 年 11 月 15 日至 1934 年 1 月 3 日，刘耀主持对后冈发掘，发现了有南北两条墓道的大墓 1 座，墓室呈亚字形，南北通长 38.6 米，东西 6.2 米。在未经扰动的四隅发现殉葬人头骨 28 个。从墓的规模来看，系奴隶主贵族墓葬。后冈大墓的发掘给考古工作者一个启示，认识到安阳不仅是殷都所在，而且王陵可能也在此地，于是便精心调查寻找。

9. **第九次发掘**

1934 年 3 月 9 日至 4 月 1 日，董作宾先生主持，在小屯村北 D、G 区进行发掘，参加发掘的还有李景聃、石璋如、刘耀、尹焕章、祁延霈、冯进贤等考古工作者。出土有字甲骨 441 片（其中字甲 438 片、字骨 3 片），发现殷代建筑基址、窖穴等遗迹。3 月 29 日，侯家庄村民侯新文在侯家庄南地掘得有字甲骨数十片，他去古董商店“求善价而沽之”。董先生获悉后，买下这些甲骨，并立即停止在小屯发掘。自 4 月 2 日至 5 月 31 日，董先生率全体工作人员赴侯家庄发掘，除发现墓葬等遗迹外，还出土了有字甲骨 15 片，内有著名的“大龟七版”（其中大腹甲 6 版、背甲 1 版），基本完整，满版皆是文字，同时出土字骨 8 片。为廪辛、康丁时史官的贞卜记录。此次两个阶段共出土甲骨 457 片（其中字甲 446 片、字骨 11 片）。

10. **第十次发掘**

1934 年 10 月 3 日至 1935 年 1 月 1 日，梁思永先生主持在侯家庄西北冈发掘，分东、西区发掘，此次未出土甲骨。在西区发现大墓 4 座（M1001、M1002、M1003、M1004）；东区发现小墓 63 座，发掘了其中的 32 座，小墓中埋有人头骨、无头肢体骨或全躯骨，墓坑中多数无殉葬品或很少。另外，梁先生还在同乐寨发掘，发现了仰韶、龙山、殷商（小屯）文化堆积层，出土了石、骨、蚌、陶和青铜器。

11. **第十一次发掘**

1935 年 3 月 15 日至 6 月 15 日，梁思永先生继续主持在侯家庄西北冈东、西区发掘，此次未出土甲骨。西区大墓均发掘到底，为研究其墓制及殉葬情况提供了丰富的资料。例如，M1004，墓室口部南北长 17.9 米，东西宽 15.9 米，底部 13.2 米 ×10.8 米，墓深 12 米；有 4 条墓道，南墓道长 31.4 米，北墓道长 14.1 米，东墓道长 15.2 米，西墓道长 13.8 米。另外，又在 M1002 西边发现 M1217，其墓室面积 330 平方米，加上 4 条墓道总面积达 1800 平方米，墓深 15 米以上。东西区共发掘 410 座小墓，内埋人头骨、全躯人体骨、车马及动物骨。出土的遗物有青铜器、白色大理石立体雕刻、骨器、玉器及绿松石制品等。

12. **第十二次发掘**

1935 年 9 月 5 日至 12 月 16 日，梁思永先生主持在侯家庄西北冈东、西区进行发掘，用工 500 名，为殷墟科学发掘以来，用工人数最多，规模最大的一次，但此次亦未出土甲骨。西区发掘 M1500、M1557、M1567 是没有葬人的假墓。东区发掘了大墓 2 座（M1400、M1443），小墓 785 座，M1400 东墓道出土了带铭文的铜器、铜面具及玉石制品等。同时，在范家庄北地和大司空村东南也进行了发掘。

第十至十二次发掘主要在侯家庄西北冈一带，大量的资料证实了此处为殷王陵区。

13. **第十三次发掘**

1936年3月18日至6月24日，郭宝钧、石璋如先生主持在小屯村北B、C区发掘，参加发掘的还有王湘、李景聃、尹焕章、祁延霈、高去寻、潘悫、孙文青等考古工作者。此次发掘，首先，是改变了过去的由“点”到“线”，扩展到小部分面的方法，采用全面的“平翻”，这样使地下遗迹的全貌展现在人们面前。其次，是对出土遗物如陶片等采用新方法处理。第三是YH127中储藏甲骨。H127坑口直径约1.8米，上口距地面1.2米，坑深约1米多（发现后从小屯运往南京室内进行清理），共有甲骨17804片（其中字甲17756片、字骨48片），此次发掘所获完整的或接近完整的有320多版，半完整的和接近半完整的有540多版，这是殷墟重要的发现。另外，还发现版筑基址4座，窖穴127个，墓葬181座。还有铜、陶、骨、蚌、石器。

14. **第十四次发掘**

1936年9月20日至12月31日，梁思永先生主持在小屯村北C区发掘，参加发掘的还有王湘、尹焕章、高去寻、王建勋、石伟、魏鸿纯、李永淦、王思睿等考古工作者。同时，1936年10月24日至12月10日在大司空村南进行发掘。发现建筑基址26处、窖穴122个、墓葬132座及水沟等遗迹，还发现铜、玉、石器等遗物及字甲2片。

15. **第十五次发掘**

1937年3月16日至6月19日，石璋如先生主持在小屯村北C区发掘，并向南扩展，参加发掘的还有王湘、尹焕章、高去寻、潘悫、王建勋、石伟、魏鸿纯、李永淦、张光毅等考古工作者。发现居住基址20处、窖穴220处、墓葬103座等及铜、石、陶、玉器等遗物，另出土有字甲骨599片（其中字甲549片、字骨50片）。

总之，从1928年10月至1937年6月，在殷墟进行的十五次发掘，不仅获得了大量商代晚期的遗迹和遗物，而且出土了24918片甲骨。更重要的是，这些发掘完全是中国学者自己主持进行的，因而是中国现代考古学诞生的标志。它既丰富了中国田野考古的经验和方法，又通过田野考古的实践，培养出一批考古学家，推动了中国考古学的发展。

殷墟发掘工作，由于日本对中国发动全面侵略战争而被迫停止。此后，小屯一带私人挖掘之风又起。1939年在武官村被盗掘的后母戊鼎，通高1.33米，横长1.1米，宽0.78米，重达875千克，器型庄重雄浑，纹饰细腻，是迄今为止出土青铜器中最大的一件，在世界上也是仅见的。另外，日本侵略者组织“调查团”和“研究班”，大量掠夺我国珍贵文物。“华北综合调查研究所”等机关，专程到河南盗掘文物。这一切，使殷墟又惨遭破坏。

## 二、十五次科学发掘甲骨的著录

综合十五次科学发掘，所获有字甲骨共24918片。其中第一至第九次的发掘获带字甲骨 6513 片（其中字甲 4411 片、字骨 2102 片）。董作宾先生从中选出字甲 2467 片、字骨 1399 片，共 3866 片，编成《小屯殷墟文字甲编》（1948 年由商务印书馆出版）；十三至十五次发掘字甲 18307 片、字骨 98 片，共 18405 片。其中重要部分董氏编为《小屯殷墟文字乙编》（收 9105 片）分上、中、下三辑（1948、1954 年两次出版），后张秉权先生将《乙编》残碎龟甲缀合，编为《殷墟文字丙编》分上、中、下六册（1957、1959、1967 年出版）。抗日战争全面爆发后，殷墟发掘被迫停止，不久安阳也沦陷，直至全国解放，甲骨虽仍不断有出土，但多被外国人掠夺，流散国外，其在京沪两地为各公私家购得者仅有 5000 余片。1928 年 10 月至 1937 年 6 月，中央研究院十五次发掘比起以前的盗掘乱挖来说是极大的进步，为中国考古学奠定了基础，但由于发掘工作与研究工作没有良好的配合与清楚的分工，发掘报告也未能及时加以整理公布，致使研究者无法利用这些新材料进行研究。中华人民共和国成立前夕这些珍贵资料全被带到台湾。

## 第三节　十五次科学发掘之后的继续发掘（1949 年至今）

中华人民共和国成立后，国家对殷墟考古发掘高度重视，从 1950 年春开始，在百业待举的情况下，对殷墟继续进行科学考古发掘[①]。

1950 年 4 月 12 日至 6 月 10 日，郭宝钧先生主持对殷墟进行发掘，发掘了武官村大墓，发现墓室底部中间有腰坑，内埋殉人和一把铜戈。墓室东侧殉葬男性 17 人，西侧殉葬女性 24 人，有的殉葬者有木棺或殉人和小兽，所殉之人的身份系墓主人生前亲信侍从。墓室四周共有人头骨 34 个、马坑及其他兽骨多架。大墓附近还发现 17 座殉葬坑，其中 16 座有无头人骨架。同时在洹河南四盘磨发掘出土字骨 1 片，上有 3 行 16 字，与一般卜辞的行款辞例不同。

1953～1954 年，中国科学院考古研究所在大司空村进行了十三次发掘，发现殷代房基址、灰坑、墓葬、车马坑和一把有明显使用痕迹的青铜铲。墓葬出土了 3 枚铜贝。车马坑的发现，为了解殷代的车制提供了实物资料。

1955 年秋，河南省文物工作队在小屯村东进行发掘。发现殷代房基、灰坑和墓葬等遗迹，出土大量陶片、骨料和骨器，在灰坑中发现字骨 1 片。

1957 年和 1958 年，河南文物工作队分别在薛家庄北地、南地和大司空村东南豫北棉纺品厂内发掘，发现殷代铸铜遗址、窑、灰坑和几十座墓葬，有的墓中出土了较多青铜器。

1958 年，考古所在小屯村西发掘出土字甲 1 片。

1958～1959 年，在孝民屯南地清理两座车马坑，坑中均埋有 1 车 2 马，车为两轮独辕，马置于车辕两侧。

1959 年，考古所在殷墟设立了工作站。

1959 年，考古所在苗圃北地发现规模大、范围广的铸铜遗址，面积 1 万平方米以上，出土数千计的各类陶范及大量坩埚残片等。同年在小屯村西发掘一条南北向，北接洹河，

① 王宇信、杨升南：《甲骨学一百年》，社会科学文献出版社，1999 年。

长 750 米、宽 7～21 米、深 5～10 米的沟，它应是王宫外的防卫设施。

1961～1964 年（除 1962 年秋季外），考古所对苗圃北地进行发掘，出土了大量的陶范、炉片和木炭，还发现了一排排地上建筑和许多长方形竖穴墓和无圹墓。

1969～1971 年，考古所在孝民屯村南白家坟发掘殷墓 250 余座，这些墓分区成组分布。

1971 年冬至 1973 年春，考古所在小屯村西发现堆在一起的 21 块卜骨，其中有字的 10 片。同时在殷文化层下发现了比其时代早的堆积。

1972 年秋，考古所在白家坟西发现了 3 段陶水管，有两段呈“T”形排列，相接处有 1 个 3 通水管连接。这是夯土建筑基址下的排水设施。

1973 年 3 月下旬至 8 月 10 日、10 月 4 日至 12 月 4 日，考古所在小屯村南进行了两次发掘，出土卜甲 70 片，卜骨 4959 片，牛肋骨 4 片，未加工骨料 8 片，共 5041 片。这批甲骨不仅内容丰富，并且地层明确，又与陶器共存，为甲骨文和商史研究提供了珍贵的资料。1975 年 10 月，考古所成立了小屯南地甲骨整理小组，编辑《小屯南地甲骨》，1980 年 10 月由中华书局出版。

1991 年 10 月，中国社会科学院考古研究所安阳工作队，在殷墟花园庄东地 H3 发掘出土了一大批甲骨。坑内共出甲骨 1583 片，其中有字甲骨 689 片。经刘一曼、曹定云等先生费十年之功、潜心整理与研究，于 2003 年由云南人民出版社出版。

## 第四节　殷墟历次发掘甲骨文的统计情况

自殷墟发现甲骨文以来，经历次科学发掘，共获甲骨 39321 片。其中在 1928～1937 年史语所的科学发掘中，有十二次出土带字甲骨，发掘的 24918 片甲骨文，都有明确的坑层记录，因此具有极高的学术研究价值。尤以 1936 年 3 月 18 日至 6 月 24 日第十三次发掘最为重要。故自来谈甲骨者，往往会述其 YH127 坑。此坑保存较为完好，坑口直径约 1.8 米，底径 1.4 米，坑深 7.7 米。共发现龟甲 17088 片、牛骨 8 片，总计 17096 片，其中完整的龟甲 300 余版，而且不少龟甲上刻满卜辞，且有一些朱书、墨书。此外，第三次发掘得大龟 4 版，第九次发掘得大龟 7 版，其间，当时的河南省政府也于 1929 年 10 月和 1930 年 2 月组织了两次发掘，共出土有字甲骨 3656 片。以上所及 28500 余片在抗日战争前发掘的有字甲骨，大都于 1949 年之前运到台湾。凡以上所述，依时间为次，表之如下（表 1.1）。[①]

① 此表以时间为序列举了殷墟科学考古获得的甲骨资料等，前 4 栏为当时的史语所和河南省博物馆发掘所获，后 33 栏为中国社科院考古所发掘所获。参见《安阳发掘简报》，《中央研究院历史语言研究所专刊》第 1～4 期，1929 年 12 月～1933 年 6 月。胡厚宣：《五十年甲骨文发现的总结》，1951 年；宋镇豪、段志宏：《甲骨文献集成》（四川大学出版社，2000 年）收入此文。胡厚宣：《殷墟发掘》，学习生活出版社，1955 年。胡厚宣：《甲骨学六十年》，艺文印书馆，1965 年；刘梦溪主编：《中国现代学术经典·董作宾卷》，河北教育出版社，1996 年，第 143～293 页。另参见严一萍：《甲骨学》，艺文印书馆，1978 年。王宇信：《甲骨学通论》，中国社会科学出版社，1989 年。王宇信、杨升南：《甲骨学一百年·殷墟发掘甲骨文简表》，社会科学文献出版社，1999 年，第 45～46 页。王蕴智：《中原文化大典·文物典·古文字》，中州古籍出版社，2008 年。

**表 1.1　殷墟科学考古发掘甲骨统计表**

| 发掘时间 / 年 | 发掘单位 | 发掘地点 | 字甲 / 片 | 无字卜甲 / 片 | 字骨 / 片 | 无字卜骨 / 片 | 共计 / 片 | 材料来源 |
|---|---|---|---|---|---|---|---|---|
| 1928～1937 | 史语所 | 小屯 | 22710 | | 2192 | | 24902 | 《甲编》1948 年、《乙编》1948～1953 年 |
| 1929～1930 | 河南省博物馆 | 小屯 | 2673 | | 983 | | 3656 | 《殷虚文字存真》1931 年、《甲骨文录》1938 年 |
| 1931 | 史语所 | 后冈 | | | 1 | | 1 | 《安阳发掘报告》1933 年第 4 期 |
| 1934 | 史语所 | 侯家庄 | 8 | | 8 | | 16 | 《甲编》1948 年、《乙编》1948～1953 年 |
| 1950 | 考古所 | 四盘磨 | | | 1 | 2 | 3 | 《考古学报》1951 年第 5 期 |
| 1953 | 考古所 | 大司空村 | 2 | 45 | | 15 | 62 | 《考古学报》1955 年第 9 期 |
| 1955 | 考古所 | 小屯村东南 | | | 1 | 9 | 10 | 《考古学报》1951 年第 3 期 |
| 1957 | 考古所 | 薛家庄南地 | 1 | | | 39 | 40 | 《文物参考资料》1958 年第 12 期，《考古》1963 年第 4 期 |
| 1958 | 考古所 | 白家坟东北王裕口西 | | 40 | | 49 | 89 | 《殷墟发掘报告》1987 年 |
| 1958 | 考古所 | 梅园庄 | | | | 1 | 1 | 《殷墟发掘报告》1987 年 |
| 1958 | 考古所 | 张家坟 | | 26 | | 64 | 90 | 《殷墟发掘报告》1987 年 |
| 1958～1959 | 考古所 | 小屯村西地 | 1 | 47 | | 187 | 235 | 《殷墟发掘报告》1987 年 |
| 1958～1961 | 考古所 | 孝民屯 | | 6 | | 14 | 20 | 《殷墟发掘报告》1987 年 |
| 1958～1961 | 考古所 | 苗圃北地 | 1 | 95 | 1 | 342 | 439 | 《殷墟发掘报告》1987 年 |
| 1958～1961 | 考古所 | 大司空村 | | 15 | 2 | 82 | 99 | 《殷墟发掘报告》1987 年 |
| 1959 | 考古所 | 北辛庄 | | | | 2 | 2 | 《殷墟发掘报告》1987 年 |
| 1960 | 考古所 | 白家坟西 | | 2 | | 5 | 7 | 《殷墟发掘报告》1987 年 |
| 1962～1964 | 考古所 | 苗圃北地 | | | 2 | | 2 | 《殷墟的发现与研究》1994 年 |
| 1967～1977 | 考古所 | 小屯村一带 | 4 | | 10 | | 14 | 《屯南》上册 1980 年 |
| 1969～1971 | 考古所 | 西区 | | | | 1 | 1 | 《考古学报》1979 年第 1 期 |
| 1971 | 考古所 | 小屯村西地 | | | 10 | 11 | 21 | 《考古》1972 年第 2 期 |
| 1971 | 考古所 | 后冈 | | | 1 | | 1 | 《考古》1972 年第 3 期 |
| 1972 | 考古所 | 小屯村西地 | 1 | | 3 | | 4 | 考古所安阳工作站资料 |
| 1973 | 考古所 | 小屯村南地 | 60 | 50 | 4761 | 2279 | 7150 | 《1973 年小屯南地发掘报告》，《屯南》上册 1980 年 |
| 1974 | 考古所 | 苗圃北地 | 1 | | | | 1 | 《殷墟的发现与研究》1994 年 |
| 1976～1985 | 考古所 | 小屯村西北地 | | | | 6 | 6 | 考古所安阳工作站资料 |
| 1982～1984 | 考古所 | 苗圃北地 | | 400 | | 50 | 450 | 《考古学报》1991 年第 1 期 |
| 1985 | 考古所 | 苗圃北地 | | | 1 | | 1 | 《殷墟的发现与研究》1994 年 |

续表

| 发掘时间 / 年 | 发掘单位 | 发掘地点 | 字甲 / 片 | 无字卜甲 / 片 | 字骨 / 片 | 无字卜骨 / 片 | 共计 / 片 | 材料来源 |
|---|---|---|---|---|---|---|---|---|
| 1985 | 考古所 | 小屯村西北地 | 2 | | | | 2 | 《殷墟的发现与研究》1994 年 |
| 1986 | 考古所 | 小屯村中 | | | 8 | | 8 | 《殷墟的发现与研究》1994 年 |
| 1986 | 考古所 | 大司空村 | | | | 1 | 1 | 《考古学报》1994 年第 4 期 |
| 1986～1987 | 考古所 | 花园庄南地 | | 3 | | 11 | 14 | 《考古学报》1992 年第 1 期 |
| 1989 | 考古所 | 小屯村中 | | | 294 | | 294 | 考古所安阳工作站资料 |
| 1990 | 考古所 | 王裕口南地 | | 1 | | 29 | 30 | 考古所安阳工作站资料 |
| 1991 | 考古所 | 花园庄东地 | 684 | 874 | 5 | 20 | 1583 | 《考古》1993 年第 6 期 |
| 1991 | 考古所 | 花园庄东地 | | 22 | 5 | 33 | 60 | 《考古学报》1992 年第 1 期 |
| 1991 | 考古所 | 后冈 | | 4 | | 2 | 6 | 考古所安阳站资料 |
| 总计 | | | 26148 | 1630 | 8289 | 3254 | 39321 | |

## 第五节　宾组甲骨的主要著录情况

宾组甲骨一部分出土于 1928 年科学发掘殷墟以前，另一部分是从 1928 年 10 月起至 1937 年抗日战争全面爆发止，当时的史语所在安阳小屯及附近地区十五次科学发掘所获。

### 一、宾组甲骨的主要发掘单位

《乙编》（下辑）重印后记中，对十五次科学发掘的刻辞甲骨也附列有甲、乙两编的拓本数号，现录之于下，以备参考（表 1.2）。

**表 1.2　殷墟《甲编》《乙编》的总拓号**

| 著录 | 分辑 | 分编（辑）总拓号 | 《甲编》《乙编》共著录拓号 |
|---|---|---|---|
| 《甲编》 | | 甲 1～3942 | 3942+9105=13047（内 5 号系兽骨刻辞，1 号系习契牛骨） |
| 《乙编》 | 上辑 | 乙 1～486 | |
| | 中辑 | 乙 487～6272 | |
| | 下辑 | 乙 6273～9105 | |

据统计（表 1.3），十五次科学发掘甲骨的总数为 24918 片，《甲编》《乙编》共著录拓号 13041 号，有字甲骨较多，无字或习契甲骨较少。但《甲编》《乙编》中，尚有少数的拓号不在统计之内，具体如下。

（1）甲 3939 牛头刻辞，甲 3941 鹿头刻辞，皆为第三次发掘大连坑出土；

（2）甲 3940 鹿头刻辞，第四次发掘 E10 坑出土；

（3）甲 3942 鹿角器刻辞，西北冈出土；

（4）乙 8688 牛距骨刻辞，第十三次发掘小屯北地 YH0006 南井出土；

（5）乙 9105 习契牛骨，第四次发掘后冈 H478 灰坑出土。

**表 1.3　十五次发掘次别、区别及甲骨片数**

<table>
<tr><th>发掘年季</th><th>次别</th><th>区别</th><th>龟甲数</th><th>牛骨数</th><th>著录拓号</th><th>登记总片数（字甲片数 + 字骨片数）/ 片</th></tr>
<tr><td>1928 年秋</td><td>一</td><td>A、E、F</td><td>甲 1～296</td><td>甲 297～447</td><td>447</td><td>854（555+299）</td></tr>
<tr><td>1929 年春</td><td>二</td><td>B、F</td><td>448～489</td><td>490～928</td><td>481</td><td>740（55+685）</td></tr>
<tr><td>1929 年秋</td><td>三</td><td>A、B、E</td><td>929～2238</td><td>2239～2940</td><td>2012</td><td>3012（2050+962）</td></tr>
<tr><td rowspan="5">1931 年春</td><td rowspan="5">四</td><td>E16</td><td>2941～3176</td><td>3329～3346</td><td rowspan="5">422</td><td rowspan="5">782（751+31）</td></tr>
<tr><td></td><td>3322</td><td>3361～3362</td></tr>
<tr><td></td><td>3324～3328</td><td></td></tr>
<tr><td>A、B、E</td><td>3177～3321</td><td>3347～3360</td></tr>
<tr><td></td><td>3323</td><td></td></tr>
<tr><td>1931 年秋</td><td>五</td><td>E、F</td><td>3363～3576</td><td>3577～3658</td><td>296</td><td>381（275+106）</td></tr>
<tr><td>1932 年春</td><td>六</td><td>B、E</td><td></td><td>3659</td><td>1</td><td>1</td></tr>
<tr><td>1933 年春</td><td>七</td><td>B、E</td><td>3660～3684</td><td>3685～3690</td><td>31</td><td>29（23+6）</td></tr>
<tr><td>1933 年秋</td><td>八</td><td>D</td><td>3691～3782</td><td>3783</td><td>93</td><td>257（256+1）</td></tr>
<tr><td rowspan="4">1934 年春</td><td rowspan="4">九</td><td rowspan="2">D</td><td>3784～3912</td><td rowspan="2">3930～3932</td><td rowspan="2">141</td><td rowspan="2">441（438+3）</td></tr>
<tr><td>3920～3928</td></tr>
<tr><td rowspan="2">侯家庄</td><td>3913～3919</td><td rowspan="2">3933～3938</td><td rowspan="2">14</td><td rowspan="2">16（8+8）</td></tr>
<tr><td>3929</td></tr>
<tr><td>1936 年春</td><td>十三</td><td>B、C</td><td>乙 1～8531</td><td>8638～8687</td><td>8687</td><td>17804（17756+48）</td></tr>
<tr><td>1936 年秋</td><td>十四</td><td>C</td><td>8689～8690</td><td></td><td>2</td><td>2</td></tr>
<tr><td>1937 年春</td><td>十五</td><td>C</td><td>8691～9052</td><td>9053～9104</td><td>414</td><td>599（549+50）</td></tr>
</table>

将此六号加入前记之数，则《甲编》《乙编》共著录 13047 号。

另外，整理者在后记又说明：上记拓号和登记片数与出土甲骨的实际数字，是不符合的。因为登记片号是根据出土时每一片定一号，而这些片往往是碎片，缀合后数片共有一拓号。凡甲骨背面有文字的，则一个甲或骨各占两个拓号[①]。

科学发掘时期有些甲骨是零星出土的，出土层位不详。

𠂤宾间类卜辞大多出土于科学发掘以前，因而没有地层方面的资料可供参考，第四次在村北张姓地 E 区 16 坑出土了此类卜辞。根据考古发掘所获的确切资料，黄天树先生曾将他所分的𠂤宾间 A 类排列一个简表[②]（表 1.4）。

① 中国科学院考古研究所：《殷虚文字 · 乙编 · 附记》（下辑），商务印书馆，1955 年。

② 黄天树：《殷墟王卜辞的分类与断代》，科学出版社，2007 年，第 291 页之注释（19）。

**表 1.4　𠂤宾间类考古发掘所获得的确切资料及出土地点一览表**

| 序号 | 《合集》著录号及来源 | 卜料 | 坑位名称 | 出土地点 |
|---|---|---|---|---|
| 1 | 合 2301＝甲 2123+3160 | 龟版 | E16 | 村北 |
| 2 | 合 12964＝甲 3121+3128 | 龟版 | E16 | 村北 |
| 3 | 合 10020＝甲 2999+3034 | 龟版 | E16 | 村北 |
| 4 | 合 17081＝甲 2996 | 龟版 | E16 | 村北 |
| 5 | 合 1029＝甲 3018 | 龟版 | E16 | 村北 |
| 6 | 合 6673＝甲 3066 | 龟版 | E16 | 村北 |
| 7 | 合 12819＝甲 3069 | 龟版 | E16 | 村北 |
| 8 | 合 3202＝甲 3072+3041 | 龟版 | E16 | 村北 |
| 9 | 合 8424＝甲 3115 | 龟版 | E16 | 村北 |
| 10 | 合 1093＝甲 3099 | 龟版 | E16 | 村北 |
| 11 | 合 7049＝甲 3104 | 龟版 | E16 | 村北 |
| 12 | 合 8311＝甲 936 | 龟版 | 纵二甲乙西支 | 村北 |
| 13 | 合 7063＝甲 3073 | 龟版 | E16 | 村北 |
| 14 | 合 1829＝乙 3453+8369 | 龟版 | H127 | 村北 |
| 15 | 合 117＝甲 3022+3070 | 龟版 | E16 | 村北 |
| 16 | 合 10514＝甲 3112+3113 | 龟版 | E16 | 村北 |
| 17 | 合 1026＝甲 3332 | 龟版 | E16 | 村北 |
| 18 | 合 6715＝甲 2924 | 龟版 | 横十四戊 | 村北 |

E 区 16 坑的最上层有两片可以缀合的宾组卜辞，即甲 2942、2943（缀合片见合 11994），其堆积下限约在武丁晚期。

科学发掘所获的宾组卜辞，主要出在下列单位中。

（1）YH127 坑　1936 年 3 月 18 日至 6 月 24 日的第十三次发掘，在 C113 的 M156 之下发现了一个未经扰乱满储龟甲的圆坑，即 YH127。此坑所出的龟甲当时一共编为 17088 号，绝大部分是宾组卜辞。乙 487～6277（拓本号）皆为此坑出土。该坑出宾组卜辞最多，可见其堆积的时候正是宾组卜辞盛行之时，因而其对探索宾组卜辞的时代关系意义重大。

（2）YH76 坑　该坑出土了宾组卜辞 1 片，即乙 483。该坑压在早期的乙五基址下，出土了陶罐 1 件，形近小屯南地 73H13：13 陶罐。

（3）横十三·五庚　该坑出土了宾组卜辞 2 片，即甲 1043、2891。

（4）YH006 坑　该坑出土了𠂤组卜辞较多，同出还有宾组卜辞 3 片，即乙 460、461、465。所出器物有陶缸 107B、陶盆 215F 等。

（5）YH126 坑　该坑出土了宾组卜辞 1 片，即乙 486。只有“二告”二字。该坑与 YH127 坑地层相同，即同在 YH117 和 YH121 之下。此外，该坑的西南隅和西北隅又分别被 YM164 上部的黄土和 YH120 打破，而 YH120 的形状也是殷墟早期常见的上圆下方形。

以上五个单位，其时代都应相当于武丁中期。

晚期的宾组卜辞出土于以下一些单位。

（1）E16 坑　该坑出土了 2 片可缀合的宾组卜辞，同出器物属武丁时期，其堆积下限可到武丁晚期。

（2）YH265 坑　该坑出土了宾组卜辞 1 片，即乙 8935；非王无名组 1 片，即乙 8936。同出土的陶罐 141R 和陶器盖 927M，后者形近 E16 坑出土的 927K。推测该坑的时代可能接近于 E16 坑，其堆积下限应在武丁晚期。

（3）YH38 坑　该坑出土了宾组卜辞 1 片，即乙 476；出组卜辞 1 片，即乙 475。该时代不会晚于殷墟二期。

以上三个单位，E16 和 YH265 时代相近，下限已至武丁晚期，YH38 坑压在乙五基址下，可知其时代至少不晚于祖甲时期。

## 二、宾组甲骨的主要著录

近百年来，研究甲骨文字的学者有两种倾向：其一，致力于甲骨文字的考释与研究；其二，在整理与研究的同时，或编著甲骨文的著录，或编纂字典、索引等之类的工具书。宾组甲骨著录数量较多者，今举其四部，兹综合录之（表 1.5）[①]。

**表 1.5　宾组甲骨的主要著录**

| 著录全称 | 编著者 | 出版社 | 出版时间 | 著录宾组数量及其他说明 |
|---|---|---|---|---|
| 《甲骨文合集》 | 郭沫若、胡厚宣 | 中华书局 | 自 1978 年至 20 世纪 80 年代初陆续出版，全书共 13 分册 | 此书著录宾组甲骨 19388 片。其体例按董作宾“五期”分法编排，从国内外 60 多种著录书和未刊拓片中精选著录甲骨 41956 片（实为 39476）片[②]。每期按内容分为 4 大类 21 小类，基本收入了当时甲骨文发现 80 多年来所见有价值的材料。1999 年又由中国社会科学出版社出版了《合集》一书的《释文》及《材料来源表》 |
| 《甲骨文合集补编》 | 彭邦炯、谢济、马季凡 | 语文出版社 | 1999 年 7 月 | 此书著录宾组甲骨 6431 片。其体例与《合集》相同。该书全 7 册，最新整理汇编殷墟甲骨 13450 片，基本囊括了近 20 年来海内外其他甲骨著录（《屯南》《英国》等书除外）和缀合成果以及《合集》所选剩下的过去诸种著录书刊所收录的甲骨[③] |

① 王蕴智：《中原文化大典 · 文物典 · 古文字》，中州古籍出版社，2008 年。
② 黄天树：《〈甲骨文合集〉校重》，《考古与文物》1995 年第 3 期。
③ 王蕴智：《字学论集》，河南美术出版社，2003 年，第 165～172 页。

续表

| 著录全称 | 编著者 | 出版社 | 出版时间 | 著录宾组数量及其他说明 |
| --- | --- | --- | --- | --- |
| 《英国所藏甲骨集》 | 李学勤、齐文心、艾兰 | 中华书局 | 1985 年 | 此书著录宾组甲骨 1685 片。该书共收入英国现藏全部甲骨资料 2674 片。全书分上、下两编，上编（两册）按董作宾先生的五期分法编排，其中包括库、方二氏与金璋旧藏甲骨的墨拓，而且收入了不少过去未曾著录的甲骨刻辞。最后的第 2674 片为“家谱刻辞”，拓本外附及正反两面彩色照片。下编有释文、甲骨来源表及相关附录 |
| 《北京大学珍藏甲骨文字》 | 〔韩〕李钟淑、葛英会 | 上海古籍出版社 | 2008 年 | 此书著录宾组甲骨 1824 片。该书根据占卜内容分为 12 类，不仅采用数码相机取得正面、反面刻辞的影像，并辅之以传统的棰拓、摹写以及位置对应的释文，为研究者提供了方便 |

以上四部，其著录宾组甲骨的数量与该书的内容、体例以及所收的单字字目，皆附于表 1.5“著录宾组数量及其他说明”一栏。此四部之立，皆由编著者集大成之所为。至于其影响，后学者必有所感，故综合一起，更显效果。

## 小　　结

回顾殷墟十五次科学发掘甲骨文的过程，旨在系统考察历次发掘甲骨的数量及著录情况，并对科学发掘时期宾组甲骨的出土单位及主要著录进行了整理。1936 年 3 月 18 日至 6 月 24 日第十三次发掘的 YH127 坑，是一个未经扰乱满储龟甲的圆坑，当时把此坑出土的龟甲共编为 17088 号，并据此推知，该坑堆积的年代正是宾组卜辞盛行之时，因此对考察宾组卜辞的时代关系意义重大。乙 487～6277（拓本号）皆是此坑出土的甲骨。另外，从我们对“四部著录”梳理的情况来看，宾组卜辞约有 29328 片，这一大宗实物材料，蕴含着十分丰富的商代占卜文化信息，也吸引了许多中外学者，从不同角度，运用不同方法对其进行整理与研究。

# 第二章　殷墟卜辞分期分类研究概述

## 第一节　殷墟卜辞分期分类研究的简单回顾

殷墟卜辞的分期分类是一项基础性很强的工作，必须先将所有甲骨资料根据一定的系联标准先划分出若干组类，再根据断代的要求推定每一类甲骨的期别和时代。“分类和分期的可靠与否，将直接关系到甲骨文资料的有效利用乃至影响有关学术研究的质量，所以该工作的意义不容低估。”[①] 下面对殷墟卜辞的分期分类成果进行简单回顾。

### 一、20 世纪初期殷墟卜辞分期分类的探索

殷墟卜辞的分期与分类，这两个皆与断代密切相关的问题，学界对其提出的时间、研究的层次以及深度却有所不同。“分期”概念明确提出之前，罗振玉、王国维、明义士等学者曾做过有价值的探索。

1910 年，罗振玉先生根据甲骨文和古文献考知河南安阳小屯村为商朝“武乙之墟”[②]。这不仅为其推断甲骨文乃“殷商贞卜文字”提供了有力的证据，而且对甲骨文的研究也起到了巨大的推动作用。1914 年，罗氏《殷虚书契考释》一书出版。该书分为都邑、帝王、人名、地名、文字、卜辞、礼制、卜法共八篇。对罗氏在甲骨方面的努力探寻，郭沫若先生曾说：“甲骨自出土后，其收集保存传播之功，罗氏当居第一，而考释之功亦深赖罗氏。罗氏于一九一〇年有《殷商贞卜文字考》一卷，此书仅属椎轮。一九一五年有《殷虚书契考释》(后增订本改为三卷)，则使甲骨文字之学蔚然成一巨观。谈甲骨者固不能不权舆于此，即谈中国古学者亦不能不权舆于此。”[③] 郭氏的评价显然是符合实际的。

继罗氏之后，1917 年王国维先生发表了著名的《殷卜辞中所见先公先王考》，此文曾

---

① 王蕴智：《对当前甲骨学基础研究工作的几点思考》，《古文字研究》(第 22 辑)，中华书局，2000 年，第 287 页。

② 此年，罗氏根据出土甲骨文与历史文献考知小屯村为晚商废都。罗氏认为，安阳小屯村“为武乙之墟。又于刻辞中的殷帝王名谥十余，乃恍然悟此卜辞者，实为殷室王朝之遗物。其文字虽简略，然可证史家之遗失，考小学之源流，求古代之卜法”。(参氏著《殷商贞卜文字考》，1910 年）这一看法，虽不全面，但为其推断甲骨文乃“殷商贞卜文字”提供了有力的证据，并且对甲骨文的研究也起到了巨大的推动作用。具体来说，其一，减少了甲骨资料的损失。罗氏派人直接去收购甲骨，在“虽龟屑不令遗”的思想指导下，不仅收得到许多片大字多者，而片小字少者亦在收购之列，“从而提供了不少‘有新异之字者’，减少了资料的损失”；其二，扩大了甲骨文的搜求，为甲骨学的研究提供了更多的资料。罗氏考知安阳小屯为甲骨文出土地后，曾派古董商去河南，“一岁所得，殆愈万”。又于 1911 年派罗振常、范恒斋去安阳小屯坐地收购“大小共得一万二千五百余块，可云大观”；其三，扩大了殷墟甲骨文以外的搜求。罗氏的亲属按其“即不知其名，苟确为古物而非近代之器，弟（按：即罗振玉弟罗振常）幸为我致之”的指令，搜得了殷墟所出古代器物。不仅抢救和积累了大量的考古学资料，而且为金石学研究向古器物学阶段的发展起了推动作用；此外，甲骨文出土地点小屯为殷墟的确定，为后来殷墟大规模的科学考古发掘奠定了基础，同时，也为殷商考古学的研究开了先河。参见王宇信、杨升南：《甲骨学一百年》，社会科学文献出版社，1999 年，第 131 页。

③ 郭沫若：《中国古代社会研究》，人民出版社，1954 年，第 213 页。

参考罗氏的见解，首先提出以“称谓”定王世的观点[①]，其云：

癸酉卜，贞：王宾（傧）父丁岁三牛暨兄己□□一牛，兄庚□□？（《后上》一九·一四）

癸亥卜，贞：兄庚…兄己…（《后上》七·七）

贞：兄庚…暨兄己其牛？（《后上》七·七）

考商时诸帝中，凡丁之子，无己庚二人相继在位者，惟武丁之子有孝己、有祖庚、有祖甲，则此条乃祖甲时所卜。父丁即武丁；兄己、兄庚即孝己及祖庚也。孝己未立，故不见于《世本》及《史记》，而其祀典乃与祖庚同。

又云：

卜辞曰：“父甲一牡？父庚一牡？父辛一牡？”此当为武丁时所卜。父甲、父庚、父辛即阳甲、盘庚、小辛，皆小乙之兄，而武丁之诸父也。

王氏利用卜辞中的父、兄等称谓，推定甲骨文的具体时代，并据此推断出属于武丁、祖甲二王的卜辞，当与罗振玉先生的引领与研讨有着一定的关系。正如陈梦家先生所云：“王国维首先用卜辞称谓定甲骨的年代，大约罗振玉也已有见于此。”[②]我们认为陈氏的这一看法是正确的。

加拿大著名学者明义士先生在甲骨的分期整理方面，也做出了积极的探索。据董作宾、胡厚宣先生《甲骨年表》记载：1924年“小屯村人因筑墙，发现一坑甲骨文字，为明义士所得，其中有极大者”[③]的一批。“此编原分装九大册，每页一片，前六册为藏甲，后三册为藏骨”[④]。经许进雄先生整理后，于1972年由艺文印书馆分上、下两册出版。1928年明义士先生在其编纂的《殷虚卜辞后编》序言（手稿）[⑤]中，曾对这批甲骨的整理做过说明，兹录如下：

一坑之集合[⑥]。

此屉之整理，先分二部分。一部分为田猎、游行之事，一部分为祭祀之事。此卷之所著录者，则为关于祭祀部分者也。

此一部分之已整理者，按时代之先后，区之为二，即甲屉与丙屉是也。其残余不联续之卜文，加在小四方孔中。

甲屉二（3051～3076）[⑦]，武丁时；武丁称小乙为父乙，母为母庚；羊甲为父

---

① 王国维先生认为，过去曾“颇疑《世本》及《史记》于有商一代帝系不无遗漏。今由种种研究，知卜辞中所未见之诸帝，或名亡而实存。至卜辞所有而史所无者，与夫父某、兄某等之史无其人以当之者，皆诸帝兄弟之未立而殂者，或诸帝之异名也”。参见王国维：《观堂集林》，中华书局，1999年，第430页。

② 陈梦家：《殷虚卜辞综述》，科学出版社，1956年，第135页。

③ 董作宾、胡厚宣：《甲骨年表》，《中央研究院历史语言研究所集刊》第二本第二分，1930年。

④ 许进雄：《殷墟卜辞后编·编者的话》，艺文印书馆，1972年。

⑤ 明氏此序未发表，此处转引自李学勤《小屯南地甲骨与甲骨分期》所附明义士《殷虚卜辞后编》序（载《文物》1981年第5期）。

⑥ 李学勤在《小屯南地甲骨与甲骨分期》（《文物》1985年第5期）一文中，对此曾注释：“指当时在明义士手中的一批材料，绝大多数是历组、无名组卜骨。”后来《殷墟甲骨分期研究》一书对该注释又略作修改“指当时在其手中的一批材料，即1924年村中所出，绝大多数是我们现在所说的历组、无名组卜骨”。参见李学勤、彭裕商：《殷墟甲骨分期研究》，上海古籍出版社，1996年，第2页。

⑦ 括号内皆为明义士《殷虚卜辞后编》之编号。

甲，般庚为父庚，小辛为父辛。此層诸骨，为武丁后半期所卜者。此时代以前之字体，在兽骨重要部分所得者，在一二集中。

甲層三（3077～3095）:

与甲層二同，但无直接提及父乙及字形之整理。

甲層四（3096～3126）:

与甲層二及三同。

甲層五（3127～3145）:

祖庚称武丁为父丁。

在此时代中之兽骨，未有称祖己为兄己者，其字形为大。小乙之所以称为小乙者，乃其孙之所称，因其先祖中已有祖乙之称在祖庙中也。予曾以长时间，疑此大字诸兽骨，或属于般庚，小辛及小乙之时代，彼等之称及祖丁，但此骨之有父丁及小乙者较之，可决属于祖庚时代。

甲層六（3146～3161）:

与甲層五同时，并不在祖庚时代以前，且无祖甲时王賓字体之特点。其字形大而粗草。

甲層七（3162～3187）:

与甲層五六同。

丙層一（3189～3219）:

同上。

丙層二（3220～3239）:

祖甲称武丁为父丁，孝己为兄己，祖庚为兄庚。此时代之字体，变为小而细整，尤以王賓等字，特用一种横笔。

丙層三（3240～3263）：祖甲时。

丙層四（3264～3293）：康祖丁时。

丙層五（3294～3329）：同上。

丙層六（3330～3354）：武祖乙时。

丙層七（3365～3381）：同上。

由此可以看出，明义士先生不仅采用称谓定时代，而且已注意到不同时代的字体特征。由称谓推定卜辞应在某王时代，这是甲骨断代研究的正确方法之一。不仅如此，明义士先生还敏锐地注意到不同时代的字体特征，这对后来卜辞的科学分类产生了一定的影响。对此，王宇信、杨升南先生认为："明义士是较早有意识地根据'称谓'进行甲骨划分时代工作的。此前，罗振玉、王国维虽已根据'称谓'判断甲骨的时代，但都是偶然为之，并没把这一闪耀的思想火花应用到划分甲骨文时代的具体整理甲骨中去。而明义士，应是据'称谓'判断甲骨时代，并运用到分期整理工作中的第一人，这就比罗振玉、王国维大大前进了一步。"[①] 李学勤、彭裕商先生亦认为："明义士在讨论这些卜辞时代的时候，从字体方

① 王宇信、杨升南：《甲骨学一百年》，社会科学文献出版社，1999 年，第 132 页。

面将其联系成若干群，这就比罗、王只单独就一两片卜辞而论进了一步，因为这里的称谓在一定程度上已是某群卜辞的集体称谓，这种称谓在判断年代上就比一两片卜辞上的称谓可靠得多。"他们又指出："罗、王及明义士等学者限于当时的条件，还不能对甲骨的时代进行全面的整理与研究，但他们已用称谓来推断卜辞的年代，明义士还注意到卜辞字体上的特征，这些有益的探索，都使后辈学者受到了很大的启发。"[①]

随着对甲骨文研究的不断深入，学者注意到两个方面的问题：其一，称谓虽是卜辞断代的重要标准，但称谓在多数卜辞中并不存在，且有异代同称之情况；其二，字体虽可用来作分类的标准，但标准有时不够明朗。在此情况下，这就需要再寻找一种涵盖性较强的分期分类标准，在这个关键问题的解决上，做出重大贡献的是董作宾先生。

## 二、20世纪30～50年代殷墟卜辞分期分组的研究

### （一）董作宾构建的"综合分期群"及其研究

所谓"综合分期群"，即董作宾先生1933年在《甲骨文断代研究例》中，根据"十项断代标准"，对殷墟全部甲骨按时代所分的五个分期，亦即现在甲骨学界通用的五期分法卜辞。鉴于每个期别都是董氏根据多项断代标准划分出来的，所以，我们将其称为"综合分期群"[②]。对于董氏的分期成果，李学勤先生曾给予很高的评价，他认为董氏不单单提出了五期分法，"并且讨论了分期的标准和各期卜辞的特征。五期分法是以当时的考古成果为基础的，很多方面今天看仍是对的，所以为学术界所接受，沿用至今已经五十年之久"[③]。关于董氏分期理论产生的动因，略述如下。

1928年史语所成立后的首要任务就是计划科学发掘殷墟遗址。董氏于当年秋天来到小屯，此为官方首次派人考察甲骨出土地。董氏的调查结果是殷墟甲骨挖掘未尽，于是由他着手规划，同年10月开始组织第一次发掘，从此结束了私人任意盗掘的局面。

从1928年10月至1937年抗日战争全面爆发，史语所先后对殷墟进行了十五次大规模发掘。其中在小屯发掘十二次，在侯家庄西北岗商王陵墓发掘三次，均有重大收获。董氏先后九次参加、主持或监察殷墟发掘工作。他根据发掘所得的资料，对甲骨卜辞进行了系统的研究。

1928年10月13日，董氏主持了第一次殷墟科学发掘工作。此次发掘分为三个地点：即在小屯村北的第一区（"靠近洹水南岸的朱姓地内"）和第二区（位于"朱姓的西南，刘姓地内"），第三区在小屯村中（张姓菜园里）[④]。就在此次发掘结束不久，董氏从所获784

---

① 李学勤、彭裕商：《殷墟甲骨分期研究》，上海古籍出版社，1996年，第4页。

② 通过分期分类基础材料的整理与研究，我们将董作宾先生根据十项断代标准所构建的"五期"分法，称之为"综合分期群"，以别于此后陈梦家先生通过卜辞中贞人（陈氏称为"卜人"）系联所构建的"贞人分组群"以及李学勤、裘锡圭、林沄、黄天树、彭裕商等学者依据字体所构建的"字体分类群"。"三大群"所指皆为甲骨组群，即今天我们在《合集》《合补》等著录中所看到的"五期"甲骨卜辞、在《殷虚卜辞综述》等著述中所看到的通过贞人所系联出的"分组"卜辞（此与李学勤先生依据"字体"所分出的组类性质不同）以及通过字体所归纳的"分类"卜辞。该提法意在理清甲骨分期、分组与分类三个概念之间的区别与联系，究竟是否合理？祈请学界给予指正。

③ 李学勤：《小屯南地甲骨与甲骨分期》，《文物》1985年第5期。

④ 关于出土甲骨文字的坑位及分区，董氏在《甲骨文断代研究例（四）·坑位》一文中逐一进行了论述。参见刘梦溪主编：《中国现代学术经典·董作宾卷》，河北教育出版社，1996年，第42～58页。

片甲骨中选出 381 片发表，并于 1928 年 11 月撰写了《新获卜辞写本》后记，一并见之于《安阳发掘报告》第一期上。作为此次考古工作的直接参加者，董氏在仔细观察了三个不同地域出土的甲骨文字后，认为“三区各自成为一组，各有特异之点”，如下：

（1）第一区第九坑出土许多规整小字，也有雄伟的大字；

（2）第二区第六坑没有一块小字的甲骨片，但有一种较为细弱的书体；

（3）第二十四坑，甲骨书体和第一、二两区大不相同。

正是“由于三个地方出土的甲骨文字的不同”，才给了董氏“一个很大的启示”，他认为这是时代的不同所致。为了“要找出一个可以判别卜辞时代的方法”[①]，他一直在苦思冥想。直至 1929 年秋第三次殷墟科学发掘时，在大连坑南段长方形坑内出土了著名的“大龟四版”。1931 年，董氏在深入研究了这四版卜甲之后，发表了《大龟四版考释》，并首创“贞人说”。从而“使甲骨文分期断代的解决始露端倪”[②]。

在此基础上，董氏初步提出了甲骨断代研究的八项标准，即坑位、同出器物、贞卜事类、所祀帝王、贞人、文体、用字、书法。1933 年，董氏又将其发展为十项标准，即世系、称谓、贞人、坑位、方国、人物、事类、文法、字形、书体[③]。据此，董氏把当时所著拓的殷墟甲骨文的时代分为五期，即第一期，武丁及其以前（盘庚、小辛、小乙）；第二期，祖庚、祖甲；第三期，廪辛、康丁；第四期，武乙、文丁；第五期，帝乙、帝辛。

董氏提出的“贞人说”，是对殷墟卜辞分期研究的一个重大发现。但是董氏后来由于集中精力研究殷历，对于贞人始终没有作彻底的系联与整理，然而由他所建立的五期划分学说，至今仍具有指导意义。后来董氏自己也认识到“贞人说”的确存在着一些问题，如第四期与第一期的卜辞重复较多。为了解决这些难题，他曾提出晚商“文武丁复古”之说，这一观点并未令学者信服。此外，董氏还把卜辞的分期与王世的推断对应起来，其实，问题并不这么简单。

对此，李学勤先生曾指出：“实践证明，五期分法有其缺点，重要的一点是把甲骨本身的分组和王世的推定混在一起了。单纯以王世来分期，实际是认为一个王世只能有一种类型的卜辞，一旦发现同一王世也有不同种类的卜辞时，便很难纳入五期的框架。”[④]“1937 年在小屯 YH127 坑出土的一万多片龟甲，已使董作宾本人遇到这种难题。YH127 坑和其他若干坑位蕴含着后来称为𠂤组、子组、㞢组等卜辞，与武丁时期的宾组卜辞共存，而字体文例及卜人与宾组不同。董作宾在《乙编》序言中把它们排到文丁时期，特称为‘文武丁卜辞’。这些卜辞有关人物、事项和所反映的制度风习，又是和宾组相接近的，因此他主张文丁‘复古’以为卜辞有新旧两派，在分期之外又提出‘分派’，引起甲骨学界长时间的争论。”李先生又认为：“自历史发展的观点看，‘复古’之说是不能成立的。历史上的‘复古’是政治制度和意识形态范围的现象，很难想象文丁‘复古’亦使文字的结构、占卜的事项，甚至妇、子、朝臣的名字，都恢复到和四代前的武丁时期相同。”同时李先生又说：

---

① 董作宾：《殷虚文字甲编 · 自序》，《殷虚文字甲编》，商务印书馆，1948 年。

② 王宇信：《甲骨学通论》，中国社会科学出版社，1989 年，第 161 页。

③ 董作宾：《大龟四版考释》，《安阳发掘报告》第 3 期，1931 年；董作宾：《甲骨文断代研究例》，《中央研究院历史语言研究所集刊》（外编第一种）——《庆祝蔡元培先生六十五岁论文集》（上册），1933 年。

④ 李学勤：《小屯南地甲骨与甲骨分期》，《文物》1985 年第 5 期。

"最早纠正'文武丁卜辞'之说的，在国内是陈梦家1951年发表的《甲骨断代学》[①]以发掘坑位和卜辞系联等大量证据，论证𠂤组等卜辞时属武丁，日本学者贝塚茂树、伊藤道治在1953年发表《甲骨文断代研究的再检讨》[②]，得到和陈氏大体相同的结论。"1957年，李先生认为，子组、𠂤组和另一些卜辞是非王卜辞，但由于发现𠂤组等和董作宾先生列为第四期的卜辞有联系，把它们排到晚期[③]。但到1960年之后，李先生又逐渐改正了这个错误意见。1963年，姚孝遂先生刊布了一片宾组、子组两种字体共存的胛骨[④]，这为确定前述几组卜辞的时代提供了有力证据。1964年，邹衡先生又从考古的层位关系上进一步推定这些卜辞相当于武丁时期[⑤]。至此，"文武丁卜辞"的争论告一段落。

不过，甲骨卜辞的"复古"问题依然没有完全解决。事实上，《甲骨文断代研究例》已经有第四期卜辞"复古"的观点，董氏称为第四期的卜辞，也就是李先生等学者称作历组的卜辞，从人名、事项到文字结构，也有着较早的特征。这种现象，使李先生考虑到历组的年代是否可以移前的问题。通过反复研究，1977年李先生提出"历组卜辞其实是武丁晚年到祖庚时期的卜辞"[⑥]的观点（明义士先生1928年起草的《殷虚卜辞后编序》已有类似见解，序稿未曾发表，李先生将其附于文末），很快引起学界的热烈讨论，当时多数学者不同意这一看法。1980年，裘锡圭先生在中国古文字研究会第三届年会上提交《论历组卜辞的时代》一文，支持并且大大发展了历组应属早期的观点。

这样，历组的年代问题就成了学界甲骨断代研究的主要视点。陈梦家先生对董氏的五期分法和"十项标准"曾加以补充和修正，并提出了分期断代的"三个标准"和"九期"分法，下面我们对其略作简述：第一标准，世系、称谓和贞人。从中不难看出，陈氏对董氏的所谓"直接标准"（世系、称谓、贞人和坑位）中的"坑位"存有不同的认识，并提出了五点看法[⑦]。很显然，在陈氏看来，"坑位"只能供给我们以有限度的断代启示，而在应用它断代时需要十分谨慎。第二标准，字体（包括字形的构造和书法、风格等）、词汇（包括常用词、术语、合文等）、文例（包括行款、卜辞形式、文法等），实际上，是董氏"十项

① 后收入陈梦家：《殷虚卜辞综述》，科学出版社，1956年。

② 〔日〕贝塚茂树、伊藤道治：《甲骨文断代研究的再检讨》，《东方学报》（京都）第二十三期，1953年。

③ 李学勤：《评陈梦家〈殷虚卜辞综述〉》，《考古学报》1957年第3期；李学勤：《非王卜辞》，《考古学报》1958年第2期；李学勤：《殷代地理简论》，科学出版社，1959年。

④ 姚孝遂：《吉林大学所藏甲骨选释》，《吉林大学社会科学学报》1964年第3期。

⑤ 邹衡：《试论殷墟文化分期》，《北京大学学报》（人文科学版）1964年第4、5期。

⑥ 李学勤：《论妇好墓的年代及有关问题》，《文物》1977年第11期。

⑦ 陈梦家先生对董氏"直接标准"中的"坑位"存有不同的认识，并提出了五点看法："第一，所谓坑位应该和"区"分别，A、B、C、D、E等区是为发掘与记录方便起见在地面上所作人为的分界，并非根据了地下遗物的构成年代而划分的。必须是某些独立的储积甲骨的窖穴才有可能定这个坑包含某个或某些朝代的卜辞；或者某一临近地带所发掘出来的甲骨，可能同属于某一段时期的卜辞。第二，即使如上所述，那些坑穴必须是属于有意的储藏或堆积甲骨所用的，才有作为断代的可能；然而也有限度，一个只包含武丁卜辞的坑穴最早是武丁时代的储积，也有可能是武丁以后的储积。第三，某坑若只出武丁卜辞，则同坑出土的其他实物不一定是武丁时代的，可能是以后的；因此，不可以某坑的甲骨年代来拘束同坑的其他实物的年代，反之其他实物的花纹形制足以决定此坑堆积中的实物的最晚时期，而不是堆积的最晚时限。第四，坑以外我们自得注意层次。第五，我们说某坑出土的甲骨属于某某期，必须根据了卜辞本身的断代标准，如卜人、称谓、字体、文例，等等；这些断代标准必须严格而准确，才能定出某坑甲骨的时期"（参见陈梦家：《殷虚卜辞综述》，科学出版社，1956年，第140～141页）。今天看来，陈梦家先生的这些看法，仍具有较高的学术价值。

标准”中的文字、书体、文法等项[①]。第三标准，则是董氏“十项标准”中的方国、人物、事类等项。董氏是把“十项标准”中的世系、称谓、贞人和坑位等项视为断代的“直接标准”以外，其余诸项都视为“间接标准”中分出“第二标准”，并强调其在断代中的作用，是符合甲骨文本身客观实际的，这是卜辞整理的深入和断代研究的发展。据此三个标准，陈氏将殷墟甲骨文分为九期，兹录如下：

| | | | | |
|---|---|---|---|---|
| 一、武丁卜辞 | | 1 | 一世 | 早期 |
| 二、庚、甲卜辞 | 祖庚卜辞 | 2 | 二世 | |
| | 祖甲卜辞 | 3 | | |
| 三、廩、康卜辞 | 廩辛卜辞 | 4 | 三世 | |
| | 康丁卜辞 | 5 | | 中期 |
| 四、武、文卜辞 | 武乙卜辞 | 6 | 四世 | |
| | 文丁卜辞 | 7 | 五世 | |
| 五、乙、辛卜辞 | 帝乙卜辞 | 8 | 六世 | 晚期 |
| | 帝辛卜辞 | 9 | 七世 | |

由此可以看出，陈氏的断代是符合董氏《甲骨文断代研究例》中所说的“本应以每一个帝王为一代”的初衷的。但陈氏也发现，这一初衷在整理全部卜辞并力图将其分在每一王世之下时，是行不通的。并且“在实际分辨时，常有困难”。应该说，“三个标准”和“九期”分法比董氏的“十项标准”和“五期”分法前进了一步，但“从内容和方法方面看，与董作宾的‘五期’说和‘十项标准’，并没有什么实质上的不同”[②]。

在甲骨的综合分期研究方面，胡厚宣先生也曾提出“先分期、再分类”的学术观点。自 1946 年《甲骨六录》出版以来，胡氏先后出版了《南北》《宁沪》《京津》《续存》等，此四书“共著录甲骨 13814 片，占殷墟所出全部十多万片甲骨的十分之一强”。他“不仅使甲骨拓本（或摹本）出版，扩大流传。而且还开创了甲骨著录编纂的新体制，为以后科学地编辑甲骨文著录作出了范例”[③]。胡氏在对甲骨进行“先分期、再分类”的整理时，采用了“四期”分法：即第一期，盘庚、小辛、小乙、武丁时期；第二期，祖庚、祖甲；第三期，廩辛、康丁、武乙、文丁；第四期，帝乙、帝辛。

从中可以看到，第三期包括廩辛、康丁、武乙、文丁三世四王，实际上是将《甲骨文断代研究例》五期说中的第三期与第四期合并，之所以如此，是第三期与第四期甲骨中，除有

① 对此，陈梦家先生比董氏更重视“字体、词汇和文例”这三项在断代研究中的作用。因为有关这些方面各时期不同的特征及变化确定后，就可成为对那些称谓、世系、贞人或事类不明卜辞进行断代处理，并且是甚为方便的标准。因为只要是卜辞，起码就应有文字，这第二标准就可派上用场了。由此看来，陈氏也已注意到字体在卜辞断代中的作用，但未明确如何在断代中发挥字体的作用。在此问题的解决上，李学勤先生于 1981 年撰文阐述了自己的观点，他强调把甲骨卜辞的分类与断代分开来做，并认为传统的“五期分法有其缺点，重要的一点是把甲骨本身的分组和王世的推定混在一起了，单纯以王世来分期，实际上认为一个王世只能有一种类型的卜辞。一旦发现有不同种类的卜辞时，便很难纳入五期的框架”（参见李学勤：《小屯南地甲骨与甲骨分期》，《文物》1981 年第 5 期）。后文还会谈及此问题。

② 王宇信：《甲骨学通论》，中国社会科学出版社，1989 年，第 183 页。

③ 王宇信：《建国以来甲骨文研究》，中国社会科学出版社，1981 年，第 13 页。

一部分根据称谓和贞人等标准划分，可以明确分到第三期与第四期之外，还有不少甲骨在进行分期整理时颇费斟酌。这批甲骨多出自村中或村北的大连坑附近。甲骨的字体严整，笔画首尾尖而中间粗。其书体既不同于第三期贞人名甲骨书体的“颓废”，也不同于第四期甲骨刻写文字的“劲峭”，因这批甲骨不具贞人名，故有的学者称之为“无名组”卜辞①。

从胡氏“四期”分法的实质看，仍是以董氏“五期”说为基础，在真正整理和著录甲骨分期实践中的一种变通。“四期”分法在实践中绕开了“五期”分法不好处理的矛盾，但正如陈梦家先生所指出的“所分的第三期包容了三世四王，究竟太长”，并认为“他将董氏的三、四两期合并为一，是不妥当的”②。

凡此种种，董作宾先生《甲骨文断代研究例》发表以后，学者对其“十项标准”和“五期”分法做了不少补充和修订。董氏的一些看法，诸如“文武丁卜辞”时间上做了重大调整。而一些时代不易判断的卜辞，如“无名组”已确认为康丁时代，这就使断代更为准确和精密。而“十项标准”，诸如贞人等，已得到大大的丰富和补充，从而更为系统化和理论化，因而也更便于在整理甲骨时的具体操作。可以说，断代研究的深入与分期的日臻精密，是百年来甲骨学研究的巨大成就③。

### （二）陈梦家等学者构建的不同性质的“贞人分组群”

“分组”概念是陈梦家先生提出来的。1951 年，陈氏根据“卜人”（即贞人）系联和字体特征，将所谓“文武丁卜辞”分为𠂤组、午组、子组等几组不同的卜辞，从发掘坑位和卜辞关系上论证了其时代应属武丁时期。他的论述为学界“文武丁之谜”的讨论做出了贡献。贝塚茂树也较早注意到了这个问题，并将其划分为武丁时代④。在参加有关卜辞断代争论和深入整理卜辞的基础上，李学勤先生发现“简单地用王世来划分甲骨卜辞殊嫌不够。陈梦家为此创造了用𠂤组、宾组等词（分组划分），这种办法显然比王世划分详密适用（得）多”。李先生根据他对全部甲骨的整理，创造性地发现了“殷墟甲骨主要可分为下列九组，每组借用一个卜人名作为组名，有一组全无卜人就叫做无名组”，并列表与董、陈二氏的看法相对照⑤，现兹录如下（表 2.1）。

**表 2.1 卜人名组对照表**

| 今名 | 董作宾 | 陈梦家 |
|---|---|---|
| 宾组 | 一期 | 宾组（武丁） |
| 𠂤组 | 四期（文武丁卜辞） | 𠂤组（武丁晚期） |
| 子组 | | 子组 |
| 亢组 | | 午组 |

① 李学勤：《小屯南地甲骨与甲骨分期》，《文物》1981 年第 5 期。

② 陈梦家：《殷虚卜辞综述》，科学出版社，1956 年，第 139 页。

③ 王宇信、杨升南：《甲骨学一百年》，社会科学文献出版社，1999 年，第 162 页。

④ 〔日〕贝塚茂树（小川茂树）：《中国古代史学的发展》，日本弘文堂，1946 年。

⑤ 王宇信、杨升南：《甲骨学一百年》，社会科学文献出版社，1999 年，第 177 页。

续表

| 今名 | 董作宾 | 陈梦家 |
| --- | --- | --- |
| 出组 | 二期 | 出组（庚、甲） |
| 历组 | 四期 | （文丁） |
| 无名组 | 三期 | （康丁） |
| 何组 |  | 何组（廩辛） |
| 黄组 | 五期 | （乙辛） |

### （三）李学勤等学者构建的“字体分类群”

虽然董作宾先生的“贞人集团”，演化为陈梦家先生的“贞人”组，将卜辞分“组”早已有之，但是李学勤先生的分“组”却与之名同实异，李先生曾说：“陈氏分组主要指卜人系联，与我们的观念有别。”[①]李说的坚决支持者林沄先生的《小屯南地发掘与殷墟甲骨断代》一文，对李氏“组”的划分及其特点进行了阐述。该文中的“类”，就是李学勤先生所说的“组”，即所谓“历组一类”“历组二类”“𠂤组”“𠂤历间组”“无名组”等。林先生认为：“有𠂤、扶、勺所卜之辞的字体特征（包括书体、字形结构和用字习惯三个主要方面），则是划定𠂤组卜辞的另一基本标准，不见卜人名之卜辞可根据字体特征而归于𠂤组，与𠂤、扶、勺三人没有同版关系的卜人之所以被确定为𠂤组卜人，也是由字体特征相同而建立联系的。宾组卜辞的划定也是一样。”而“历组卜辞”也“完全可以‘仅根据字体’而分为两个组，但不应该从称谓考虑而分成什么‘父丁类’、‘父乙类’”，并从理论上加以阐述：“由于字体演变比较快而且呈现一定的阶段性，所以从型式学观点来看无疑是分类的最好标准。其他如独立于卜辞内容之外的钻凿形式、甲骨整治形式、记事刻辞形式等，当然，在型式学上也有分类的意义，但都不如字体所能分的类细致。而且，在多数人只能据拓本来分类的情况下，字体最便于使用。”特别是“习惯上不署卜人名的一大批卜辞，堪称分类第一标准的，只是字体而已”[②]。而李先生在《殷墟甲骨分期新论》[③]等著作中，不断使他的理论日趋完善并系统化。

## 三、20世纪50～90年代殷墟卜辞分期分类研究的重大突破

正如前文所言，李学勤先生是较早涉足卜辞分期分类的学者之一，并在这方面做出了重要贡献。1957年，他提出：“卜辞的分类与断代是两个不同的步骤，我们应先根据字体、字形等特征分卜辞为若干类，然后分别判定各类所属时代。同一王世不见得只有一类卜辞，同一类卜辞也不见得属于一个王世。”[④]1981年，他又撰文阐述了自己的观点，强调把甲骨卜辞的分类与断代分开来做，他认为，传统的“五期分法有其缺点，重要的一点是把甲骨

① 李学勤：《小屯南地甲骨与甲骨分期》，《文物》1981年第5期。

② 林沄：《小屯南地发掘与殷墟甲骨断代》，《古文字研究》（第九辑），中华书局，1984年。

③ 李学勤：《殷墟甲骨分期新论》，《中原文物》1990年第3期。

④ 李学勤：《评陈梦家〈殷虚卜辞综述〉》，《考古学报》1957年第3期。

本身的分组和王世的推定混在一起了，单纯以王世来分期，实际上认为一个王世只能有一种类型的卜辞。一旦发现有不同种类的卜辞时，便很难纳入五期的框架”①。

在关于历组卜辞分期与断代的问题上，李先生提出了“历组卜辞其实是武丁晚年到祖庚时期的卜辞”的观点②。这一观点引起了学界普遍关注。此间，裘锡圭③、林沄④先生也撰文阐述了各自的意见。

此外，国内外一些甲骨学者在深入细致整理和分析原材料的基础上，对卜辞的分期与断代等有关问题，也展开了热烈的讨论⑤。

1986年，李学勤先生在第六届古文字讨论会上宣读了《殷墟甲骨分期的两系说》⑥一文。他通过对殷墟甲骨发现地点及甲骨占卜特征的考察，认为有的卜辞组类主要出土于小屯村北，有的组类主要出土于小屯村中和村南。殷墟甲骨的发展可能同时存在两个系统，一个系统是村北系列，另一个是村南系列。随后他和彭裕商先生又发表了《殷墟甲骨分期新论》一文，并出版了《殷墟甲骨分期研究》⑦，黄天树、彭裕商先生也各有著作阐述“两系说”⑧。“两系说”将殷墟王卜辞划分为七个大的组类，此即陈梦家先生所分出的𠂤组、宾组、出组、何组、黄组，再加上李先生提出来的历组和无名组。各甲骨分组的内部还可以再划分出小类，这些卜辞的分组都是甲骨组，不是卜人组，只是在命名上大多数的组借用了卜人集团中一个卜人的名字，如宾组、𠂤组等。历组只有一个卜人历，所以称为历组，意即历所卜的一组甲骨，并不是一人成为一组。无名组和非王无名组则全无卜人。“两系说”把𠂤组甲骨卜辞看成是两系的共同起源，黄组甲骨卜辞是两系的共同归宿。

“两系说”不论从理论上还是在实践上都大大推进了自董作宾先生以来的甲骨分期学说。它有助于把众多的卜辞按照分类的客观标准有机排比起来，因而使这方面的研究工作更加富有成效，符合客观实际。然而，“两系说”在当时也只是理出了大致的头绪和框架，还不够十分成熟，尚有待依靠基础整理工作的全面展开及新老出土资料的进一步检验，逐步严密其学说。

---

① 李学勤：《小屯南地甲骨与甲骨分期》，《文物》1981年第5期。

② 李学勤：《论“妇好”墓的年代有关问题》，《文物》1977第11期。

③ 裘锡圭：《论“历组卜辞”的时代》，《古文字研究》（第六辑），中华书局，1981年，第263～321页。

④ 林沄：《小屯南地发掘与殷墟甲骨断代》，《古文字研究》（第九辑），中华书局，1984年，第111～154页。

⑤〔日〕岛邦男著，温天河、李寿林译：《殷墟卜辞研究》，鼎文书局，1975年。肖楠：《安阳小屯南地发现的“𠂤组卜甲”》，《考古》1976年第4期。肖楠：《略论“午组卜辞”》，《考古》1979年第6期。〔日〕贝塚茂树、伊藤道治著，冯佐哲摘译：《关于甲骨文分期断代的几个问题》，中国社会科学出版社，1980年。张永山、罗琨：《论历组卜辞的时代》，《古文字研究》（第三辑），中华书局，1980年，第80～103页。谢济：《武丁时另种类型卜辞分期研究》，《古文字研究》（第六辑），中华书局，1981年，第322～344页。谢济：《试论历组卜辞的分期》，《甲骨探史录》，三联书店，1982年，第87～111页。郑振香、陈志达：《论妇好墓对殷墟文化和卜辞断代的意义》，《考古》1981年第6期。李先登：《关于小屯南地甲骨分期的一点意见》，《中原文物》1982年第2期。严一萍：《甲骨断代问题》，艺文印书馆，1982年。曹定云：《论武乙、文丁卜辞》，《考古》1983年第3期。陈炜湛：《“历组卜辞的讨论”与甲骨文断代研究》，《出土文献研究》，文物出版社，1985年，第1～21页。方述鑫：《殷虚卜辞断代研究》，文津出版社，1992年。

⑥ 李学勤：《殷墟甲骨分期的两系说》，《古文字研究》（第十八辑），中华书局，1992年，第26～30页。

⑦ 李学勤、彭裕商：《殷墟甲骨分期新论》，《中原文物》1990年第3期；李学勤、彭裕商：《殷墟甲骨分期研究》，上海古籍出版社，1996年。

⑧ 黄天树：《殷墟王卜辞的分类与断代》，科学出版社，2007年。彭裕商：《殷墟甲骨断代》，中国社会科学出版社，1994年。

1988 年，黄天树先生在其撰写的博士学位论文里，首先回顾了 20 世纪 70 年代后期李学勤先生在甲骨分期与断代方面的研究成果。他认为李先生主要是根据“字体、字形等特征”划分出历组和无名组，其也是根据字体等特征又划分出了黄组，因为所分的组的贞人黄、泳等“并不见于同版”[①]。在殷墟王卜辞的七个组里，宾、𠂤、出、何四组是李先生根据贞人系联而划分出来的；历、无名、黄三组则是李先生根据字体等特点划分出来的，它们的分组标准并不一致。林沄先生曾在 1982 年对甲骨文的分类标准也提出过自己的看法，他把贞人与字体并列为甲骨分类的标准，但到了 1984 年，林先生又提出了新的看法：“无论有卜人名的卜辞还是无卜人名的卜辞，科学分类的唯一标准是字体。”林先生注意到了同一卜人所卜之辞，在字体上可能是属于不同的类别，进而认为“细致的分类只能根据字体”[②]。这里所说的字体，黄天树先生又把它说为“字形结构、书体风格及用字习惯”。我们认为，把殷人的字体作为卜辞科学分类的唯一标准，自然会引起学界的争议，但把字体作为最适合卜辞分类的标准，则是目前在甲骨学研究领域所能找到的，比较贴近甲骨文实际的正确方法之一。

黄天树先生按照“两系说”把殷墟全部王卜辞分为 A、B 两系，共 20 类，并列出一个“殷墟王卜辞的分类及各类所占年代总表”，对于表内每一系统中有相承递变关系的类与类之间在时代上的相互接续关系，黄先生做出了这样的解释，他说：“我们没有以一条直线的演变序列来表示，主要基于下述理由：汇总各类卜辞资料对它们的嗣续、分化等进行综合研究之后，我们得出这样一个结论：即使是在有相承递变关系的每一系统的卜辞中，类与类、组与组之间在时代上的相互关系，也并不是简单地沿着一条直线序列嬗变的，往往出现相互参差、相互叠合等错综复杂的局面，新类与旧类的相互关系，并非都是新类产生之时，旧类立即消亡，往往是在新类产生之后，旧类在某一段时间内与新类并存，这种现象是普遍存在的。”[③] 他并以𠂤组为例，进一步说明：𠂤组卜辞很可能自𠂤组小字类开始，一部分以“𠂤组小字类→𠂤宾间类→典宾类→宾出类”的途径而逐渐演变下去；一部分𠂤组小字类继续存在，并一直延伸到武丁晚期，与𠂤宾间类、典宾类等并存。黄先生根据自己长期的分类实践，将殷墟王卜辞进一步细化，尤其是将多年来被笼统概括为宾组的这一大宗材料，根据字体特征有效地划分为𠂤宾间类、宾一类、典宾类、宾三类四种类型[④]，这为证明字体分类的科学性具有极其重要的意义。

## 四、近年来殷墟卜辞分期分类的大胆探索

近年来，在殷墟卜辞分期分类方面进行大胆探索的有杨郁彦、崎川隆博士等。2005 年，杨郁彦博士出版了《甲骨文合集分组分类总表》[⑤]，他以李学勤、彭裕商先生的《殷墟甲骨分期》与黄天树先生的《殷墟王卜辞的分类与断代》两书提出的分类标准为依据，对

---

① 黄天树：《殷墟王卜辞的分类与断代》，科学出版社，2007 年，第 2 页。
② 林沄：《无名组卜辞中父丁称谓的研究》，《古文字研究》（第十三辑），中华书局，1986 年，第 30～31 页。
③ 黄天树：《殷墟王卜辞的分类与断代》，科学出版社，2007 年，第 2 页。
④ 黄天树先生将𠂤宾间类置于宾组其他三类之后进行讨论，此次整理我们亦做了类似的安排。
⑤ 杨郁彦：《甲骨文合集分组分类总表》，艺文印书馆，2005 年。

《合集》中41956片甲骨逐一进行审视并尝试分类，仅以宾组为例就细分出：𠂤宾间类约1227片（包括𠂤宾间A和𠂤宾间B两小类）；宾一类4972片；典宾类10781片；宾三类3848片。但现在看来《甲骨文合集分组分类总表》还是存在着一些缺陷，对此，2009年，崎川隆在其博士学位论文《宾组甲骨文字体分类研究》中就指出了《甲骨文合集分组分类总表》在实际分类中所存在的几个问题：第一，重复片被归入不同类型；第二，缀合片被归入不同类型；第三，没有正确掌握黄、彭两位先生的分类标准①。我们认为，这些意见都是值得重视的。

另外，崎川隆博士又认为：甲骨卜辞之所以难以实现逐片分类，其主要原因有以下两点：其一，缺乏对单字形态的详细观察和描述；其二，特征性字体之间组合分析不足。为了解决这些问题，《宾组甲骨文字体分类研究》对单字形态特征进行了仔细观察和描述，以求实现其形态定义的严密化，同时在划分出类型时，又全面导入特征性字体之间的组合关系分析。但在对《合集》的全部甲骨片具体分类时，崎川隆博士强调说：我们同样有必要对不见特征性字体组合或完全没有出现特征性字体的片子进行归类判断，为了实现这些甲骨片的分类，除了导入林沄先生所提出的“特征性字体转递法”之外，还需引进字排方式和版面布局的分析方法。在参照黄、彭两位先生分类标准的框架下，《宾组甲骨文字体分类研究》将《合集》中所有的宾组卜辞归纳为四个典型类型，即典型𠂤宾间类、典型宾一类、典型典宾类、典型宾三类；三个过渡类型，即过渡①类、过渡②类、过渡③类。可以说，这三个过渡类型，是基于崎川隆博士对《合集》20000多片宾组甲骨穷尽性的探索和琢磨，以及在对每类特征性字体分析基础上所取得的一项最有价值的成果。崎川隆博士的这一大胆探索，必将对殷墟卜辞的科学分类产生积极的影响。

## 第二节　对殷墟卜辞组类划分的基本认识

随着新材料的不断出土，过去对甲骨文分期断代上的一些认识正在不断得到修正。甲骨文的分类和断代研究还需要进一步量化、谱系化。这方面的工作不仅要通过文字的书写风格来区分不同卜辞的组类，还需要通过称谓、贞人、文例、事类等卜辞的内容来相互印证，同时也应兼顾出土甲骨的地层、坑位及共存器物的时代。近年来，我们也曾尝试把所有现已著录的经科学和非经科学发掘的甲骨，尽可能从类型学的角度进行一些基础整理。

经过我们对经科学发掘以及非经科学发掘甲骨著录资料的统计，目前甲骨著录的总数约72000片，排除内容重复者及采纳合理的缀合片号，实际数量约70000片。从此次对《合集》《合补》《英国》以及近出《北大》的初步统计来看，村北系各组类的王卜辞著录约47077片，含𠂤组（包括𠂤大字附属类、𠂤小字类、𠂤历间类）近2706片，宾组（包括𠂤宾间类）29328片，出组4602片，何组约3408片，黄组7033片；村南系各组类的王卜辞数量约为10680片，含历组5270片，无名组5410片。其余3000余片为不同类型的非王卜辞。

① 〔日〕崎川隆：《宾组甲骨文字体分类研究》，吉林大学博士学位论文，2009年。

据今本《竹书纪年》载，盘庚、小辛、小乙在位时间分别是十四年、三年和十年。这一记载虽不一定准确，但也相差不远。今所见殷墟早于商王武丁的材料尚匮乏，可考者从武丁执政的早期晚段以后形成风气，从此直到商末未有间断。殷墟时期各类型甲骨卜辞的发展进程及所处时代，请参见附录一。

从甲骨占卜的性质上来区别，殷墟甲骨大致可划为王卜辞和非王卜辞两大部分。非王卜辞大都属于王室血缘相亲的家族首领人物的占卜记录，今见到的这一部分甲骨多出现于武丁中晚期。从占卜主体和占卜内容、刻辞风格上看，非王卜辞大致可划分出四种主要类型，即子组卜辞、非王无名组卜辞、午组卜辞以及花东子卜辞。

王卜辞乃是不同时期以商王为中心所作出的占卜记录，这是整个殷墟甲骨文的大宗。根据甲骨出土情况、卜法文例、书写风格及卜辞的内容等特征，整个王卜辞从自组甲骨开始，又大致可划分为两个发展系列。一个是小屯村北系列出土甲骨，该系列由自宾间类发展到宾组、出组、何组、黄组。另一个系统是小屯村南系列出土甲骨，该系列由自历间类发展到历组、无名组。黄组是整个殷墟甲骨的共同终结。在商王武丁至帝乙、帝辛的晚商200余年间，殷墟各类王卜辞的发展线索可简单概括如下（图2.1）：

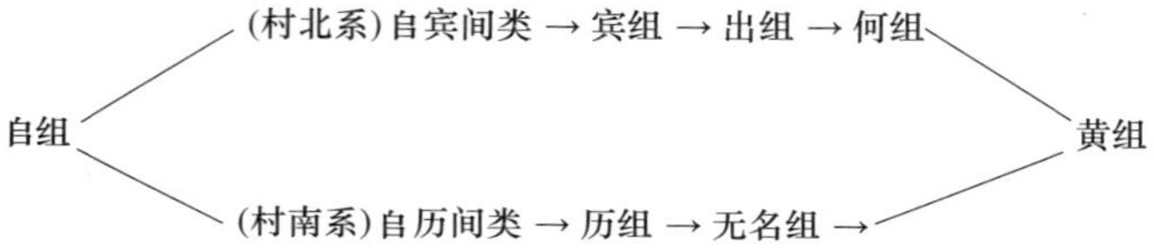


图 2.1　殷墟各类王卜辞发展线索图

同属于殷墟王卜辞的两系甲骨，它们之间所存在的差异是多方面的。首先如上所述，两系甲骨的出土地点彼此不同；其次，两系甲骨的数量不是平均的，村北系甲骨的著录数量目前已高于村南系三倍以上，仅宾组卜辞就占了殷墟卜辞总数量的一半还多，结合出土坑位情况，可以看出商王的占卜重心应是在小屯村北的宫殿、宗庙区一带。从卜料、卜法习惯上看，村北系一般龟骨并用，村南系则用胛骨。村北系甲骨的前辞文例中一般都署有贞人名，根据贞人的系联，村北系甲骨大致可划分为自组、宾组、出组、何组、黄组等五组。村南系的甲骨组主要是依据文字契刻风格及其相关的人物、事项、称谓、钻凿形态等内在关系划分出来。其中自组卜辞又可细分为自大字类、自小字类等；宾组卜辞则可细分为自宾间类、宾一类、宾二类、宾三类；出组可细分为出一类、出二类、出三类；何组可细分为何一类、何二类和何三类。

殷墟王卜辞的起点为自组大字类，宾组晚期与出组卜辞有一段交叉并存关系，甚至与较晚的何组卜辞也有一段并存的现象。历组向无名组发展时经历了历无名间类的过渡，无名组与黄组之间也经历了无名黄间类的过渡，无名组与较早的历组以及稍晚的黄组都有一段交叉并存期。总之，这两系七组殷墟王卜辞的发展，并不是简单地沿着一条线索序列发展的，彼此间往往有着相互参差、相互叠合等错综的现象。处于同一时期的两系甲骨，在书写特征、文例、占卜事类等方面则往往存在若干共同的特点。

# 小　结

以上简单回顾了百年来学术界对殷墟卜辞分期分类的研究过程，我们将这一过程大致分为四个阶段。其中董作宾先生对分期的研究，陈梦家先生对分组的研究，李学勤、裘锡圭、林沄、彭裕商、黄天树等学者对分类的研究，以及近年来杨郁彦、崎川隆博士等对分类的探索，他们的研究成果都是对殷墟卜辞分类与断代所做出的重要贡献。同时，也归纳了我们对殷墟卜辞组类划分的基本认识，并勾勒了宾组各类材料的整理与研究范围。

# 第三章　殷墟卜辞的分类理论与方法

## 第一节　依据字体分类的探索阶段

前两章我们已经回顾了殷墟甲骨文的十五次科学发掘过程以及百年来分期分类的研究成果，本章重点讨论殷墟卜辞的分类理论与方法等相关问题。

### 一、关于甲骨文“分类”的科学界定

“分类”是甲骨文研究中的一个重要课题。关于“分类”的概念，较早提出者是李学勤先生。1957年李先生在谈到《殷虚卜辞综述》用王名代替分类上的名称时，曾指出：“卜辞的分类与断代是两个不同的步骤，我们应先根据字体、字形等特征分卜辞为若干类，然后分别判定各类所属时代。同一王世不见得只有一类卜辞，同一类卜辞也不见得属于一个王世。”①1979年他又强调：“现在看来，甲骨分期问题比过去想象的要复杂一些，一个王世不仅有一种卜辞，一种卜辞也未必限于一个王世。”②

1992年，李先生又在谈论分类与断代之间的关系时认为，研究甲骨，只有通过分期或分类，才能更好地实现断代，于是他提出：“考古遗物的整理，必须进行分期，甲骨自不例外。”③后来，朱凤瀚先生也谈了对分类的认识，他说：“所谓分类是将甲骨卜辞按某一（或几项）标准划分为若干组类，然后在分类基础上确定每一类卜辞主要存在的时代，亦即断代。”④

黄天树先生对何谓“甲骨分类”亦提出自己的看法，他认为：“‘甲骨分类’是指根据字体等特征把殷墟甲骨划分为若干类。”⑤同时，他又提出“甲骨分类”与“确定年代”（即确定每类甲骨相当于什么王世）是甲骨断代研究的两个方面。

由此，我们在前贤讨论与界定的基础上，对“分类”的概念也做出了如下归纳：所谓“分类”，即主要以殷墟出土的甲骨文资料为研究对象，其出发点就是依据字体对甲骨卜辞进行组类的划分。研究表明，甲骨文分类体系中的字体因素，起关键作用的应是字形结构（构形）、书体风格及常用字的习惯写法等。

---

① 李学勤：《评陈梦家〈殷虚卜辞综述〉》，《考古学报》1957年第3期。
② 李学勤：《失落的文明》，上海文艺出版社，1997年，第29～30页。
③ 李学勤：《失落的文明》，上海文艺出版社，1997年，第35页。
④ 朱凤瀚：《近百年来的殷墟甲骨文研究》，《历史研究》1997年第1期。
⑤ 黄天树：《殷墟王卜辞的分类与断代》，科学出版社，2007年，第1页之注释②。

## 二、对依据字体分类性质的认识

有关卜辞依据字体分类的性质，这是分类研究中的一个极为重要的内容。对此，学界已达成共识，但在认识过程中经历了不同的探索阶段，概述如下。

### （一）对字体分类性质的探索

#### 1. 明义士曾注意到不同时代的字体特征

前文已谈到，在殷墟甲骨文发现后的最初的二三十年中，释字尚为学者的主要目标。1917年，王国维先生发表《殷卜辞所见先公先王考》及《殷卜辞所见先公先王续考》时，只是提出以称谓定王世的方法，对卜辞中的先公先王及世次进行考订，所以说王氏只是关注文字的释读，还没有考虑到运用字体对卜辞进行分类。到了1928年，明义士先生在研究中发现“祖甲称武丁为父丁，孝己为兄己，祖庚为兄庚。此时代之字体，变为小而细整，尤以王㞢等字，特用一种横笔”①。其后他将自己对不同时代字体特征的认识运用到了具体的研究之中，所以他的研究方法对后来的卜辞分类研究产生了较大的影响。

#### 2. 董作宾曾将字形、书体纳入到“十项标准”之中

董作宾先生主持并参加过八次殷墟的科学考古发掘工作，可以说，他是对出土甲骨上的文字审视较多的学者之一。1957年，董氏撰写了《为书道全集详论卜辞时期之区分》一文。他在文中述其：“二十年前，我第一次发掘殷墟时候……就开始注意到小屯村中、村北以及洹水南岸各地方出土的甲骨文字、书法、字形、文例都有显著的不同，我就感觉到这必有时代先后的问题。于是发奋（愤）从许多方面研究甲骨卜辞如何可以断代。”②很显然，董氏对甲骨文字体具有时代先后的问题颇为敏感。又经过四次发掘，到了1933年，《甲骨文断代研究例》一文发表，董氏在文中自叙其“五次的发掘，因坑位及出土的甲骨文字的差别，于是更有从文法、词句、书体、字形等方面区分时期的标准”③。因此，可以说这是董氏将字形、书体作为分期断代其中两项标准的主要原因。该文曾将《大龟四版考释》中的“用字”“书法”修正为十项断代标准中的“字形”与“书体”，直到今天我们仍在运用它进行分类。正如林沄先生所说：“在董作宾的断代体系中，早已经有了主要靠字体书风为依据而并无贞人的类别。只是在他那里字体书风的分类还比较粗疏，分类标准也还不够严密罢了。”④

---

① 明义士此序未发表，此处转引自李学勤：《小屯南地甲骨与甲骨分期》所附明义士《殷虚卜辞后编》序，《文物》1981年第5期。

② 董作宾：《为书道全集详论卜辞时期之区分》一文作于1957年，时作者受聘香港大学为荣誉史学教授。文刊《大陆杂志》第14卷第9期。1957年5月出版。后收入《平庐文存》，艺文印书馆1963年出版，又收入《董作宾先生全集》乙编第三册，艺文印书馆1977年出版。

③ 董作宾：《甲骨文断代研究例》，《中央研究院历史语言研究所集刊》（外编第一种）——《庆祝蔡元培先生六十五岁论文集》（上册），1933年。

④ 林沄：《甲骨断代商榷》，《出土文献研究续集》，文物出版社，1989年。后收入《林沄学术文集》，中国大百科全书出版社，1998年，第144页。

后来，由于董氏将更多的时间与精力投入到其他方面的研究，所以并没有将“字形”“书体”与分类联系起来更深入地探讨依据字体分类的性质问题。虽然董氏已将“字形”“书体”纳入到“十项标准”，并运用于五期分法之中，但由于他忽视了分期与王世的推定之间还存在一个非常重要的环节，即先依据字体分出不同种类的卜辞，然后才能进行断代。这不能不说是董氏在分期断代研究上的一个缺憾。

关于断代体系的评价，董氏曾在《甲骨文断代研究例》的文末谈到“这不是断代研究成功后的一篇结论，这乃是断代研究尝试中的几个例子。大体的轮廓是有了，一个研究甲骨文的新方案我已提供在这里。希望治此学者平心静气来批评这方案是否可用？是否完备？”对此，陈炜湛先生认为：“经过近五十年的检验，证明董氏提供的方案虽不完备，却是大体可用的。如果没有董氏提供的这个方案，甲骨文断代研究能否达到今天的水平，也很难预料。”①显然，陈炜湛先生的这一看法是符合实际的。

### 3. 陈梦家对未见卜人名的卜辞曾考虑到利用字体分类断代

陈梦家先生在《殷代卜人篇》之第四节《人物事类与字体文例》中说：“有些卜人，既无联系，又无人物事类可考，我们只得暂据出土坑位字体、文例暂定为武丁时代。”这说明在不见贞人的情况下，陈氏已初步考虑到运用字体等因素对卜辞进行断代。在分析何组及附属卜人早晚期的问题时，他也是依据字体分列的②。但陈氏在如何根据字体、文例将“其他十七位卜人”暂定为武丁时代，却没有给出具体的说明。这使他在依据字体分类的问题上，没有作进一步的深入思考，导致他在称引不能根据贞人系联进行分类时，仍以王名来命名这些卜辞。对此，李学勤先生曾指出：“卜辞的分类与断代是两个不同的步骤……《综述》没有分别这两个步骤，就造成一些错误。例如：《综述》所谓‘康丁卜辞’，便是用一个断代上的名称代替分类上的名称。”③今天看来，李先生的这些意见是十分正确的。

陈氏虽曾考虑到运用字体进行断代，但由于没有认识到该问题的核心，所以他对未见卜人名的卜辞虽暂据字体等划入武丁时代，也仅此而已。

但是，如果从另一个角度看，陈氏提出的“卜（贞）人”分组却极大地推动了甲骨文断代研究向纵深迈进，尤其是对记有卜人名的卜辞，陈氏的分析与研究都不乏真知灼见。他认为：“所谓同组卜人者，是指某些卜人在两种情形之下一同出现乃可定其为同时代的人：一是同版卜人，或同一甲或骨之上有若干条在不同卜辞内有几个不同的卜人名，此诸人是同时代的；二是并卜卜人，即在同一版同一卜辞内两个卜人同卜一件事。”他还谈道：“另有一种‘异卜同辞’的情形，即在不同版上不同的卜人在同一日或同卜一事，可推定此诸卜人乃属于同时代的。”并“由以上各法组成了某些组卜人，汇合某一组卜人见于不同版的称谓便成为某组卜人的称谓系统，由此系统可决定其时代”④。由此，陈氏依据甲骨贞人的系联，将武丁时期的卜辞分为宾组、午组、子组与自组，庚甲时期的为出组，廪辛时期

---

① 陈炜湛：《“历组卜辞”的讨论与甲骨文断代研究》，上海古籍出版社，2003年，第95页。

② 陈梦家：《殷代卜人篇·甲骨断代学丙编》，《考古学报》1957年第6期，后收入《殷虚卜辞综述》，科学出版社，1956年。

③ 李学勤：《评陈梦家〈殷虚卜辞综述〉》，《考古学报》1957年第3期。

④ 陈梦家：《殷虚卜辞综述》，科学出版社，1956年，第173～174页。

的为何组等。在此基础上，陈氏又对他认为某一组的贞人，尝试分别其时期早晚。对于无贞人的卜辞，陈氏则提出需要等待各组卜辞的字形、文例、制度等整理出体系之后，方可进行系联并考察它们的时代。陈氏的“贞人”分组得到了甲骨学界的普遍支持，特别是他关于午组、𠂤组与子组资料的整理与研究，为学界“文武丁之谜”的讨论做出了重要贡献。后来，李学勤先生将殷墟甲骨分为九组，并借鉴陈氏命名的方法，每组以其中一个卜人名作为组名，有一组全无卜人的就叫无名组。至此，更为合理的分类方法开始运用于甲骨研究的具体实践之中。

### （二）依据字体分类理论的提出与实践

李学勤、林沄等学者提出依据字体分类的理论，为今天的分类研究引领了正确的方向。

#### 1. 李学勤提出依据字体分类的理论与实践

李学勤先生是较早对甲骨分类进行探索的学者之一。自《甲骨文断代研究例》发表以来，学界对董氏的分期理论就提出了诸多修改或补充意见，尤其是对“文武丁卜辞”在断代上所作出的调整，并把“无名组卜辞”归入康丁、武乙和文丁时代，其直接原因是李先生以 1976 年殷墟妇好墓的发掘为契机，把董氏提出的“字形”“书体”与分类有机地结合起来，坚持“历组卜辞的时代也非前移不可”的观点。他认为从历组卜辞的字体、文例、人名及称谓等方面来考察，该组卜辞是早期的，并推定应属武丁时代①。李先生在对历组卜辞属第四期的传统说法提出不同意见的同时，还对其划归武丁时期的观点加以论证。随着讨论的进一步深入，至 1981 年，李先生又撰文阐明董氏“五期”分法中所存在的弊病，是“把甲骨本身的分组和王世的推定混在了一起了。单独以王世来分期，实际是认为一个王世只能有一种类型的卜辞。一旦发现同一王世有不同种类的卜辞时，便很难纳入五期的框架”。“陈梦家为此创造了用𠂤组、宾组等词（分组划分），这种办法显然比王世划分详密适用得多。”②这是非常科学、非常深刻的见解，无论在理论还是在实践上都具有重要的意义。同时，这也是甲骨文在分类理论研究上的一个重大突破。

李先生在分类与断代关系的问题上，曾非常明确地提出，分类与断代应区分开来，分出两个步骤来进行；分类要依据字体、字形等特征。他还主张，甲骨的研究应遵循考古学的方法，从分期分组入手③。在提出“五期”分法存在问题的同时，他又将殷墟甲骨分为九组，并用“两系”的概念引领学界，对卜辞的分类进行了新的诠释与研究。他的这些观点至今仍是我们分类的指导性原则。

李先生不仅在理论上提出利用字体、字形对卜辞进行分类，而且在《殷代地理简论》④中已进行了实践。正如林沄先生所说：“把陈梦家从‘文武丁卜辞’中分出的𠂤组卜辞，考定为武丁时代而且早于宾组卜辞。另一方面，则认为董氏‘四期卜辞’中有父乙称谓的，有一部分可根据字体划为独立的一类；郭沫若根据‘自上甲二十示’而定位文丁时代的粹

---

① 李学勤：《小屯南地甲骨与甲骨分期》，《文物》1981 年第 5 期。
② 李学勤：《小屯南地甲骨与甲骨分期》，《文物》1981 年第 5 期。
③ 李学勤：《李学勤自传》，《中国现代社会科学家传略》第 3 期，山西人民出版社，1993 年。
④ 李学勤：《殷代地理简论》，科学出版社，1959 年。

221、粹 222 及戬 1.9 ＝续 1.2.4 等片，据字体也可划出独立的一类……前一类是我首先分出的，后一类则比李学勤《殷代地理简论》中所分出‘四期 3 类’范围更窄。”[①] 裘锡圭先生在《论“历组卜辞”的时代》中也曾把粹 221 及佚 884 均划归“历自间组”，并认为就是李先生在《殷代地理简论》中所分的“四期 3 类”卜辞，并对该类字体特征做了较详细的说明[②]。李先生在《殷代地理简论》中运用字体对所谓“四期 3 类”卜辞的认识，以及他在《关于自组卜辞的一些问题》[③] 和《殷墟甲骨分期研究》[④] 中的分类理论与实践，都充分反映了他在分类与断代研究方面的丰硕成果。

### 2. 林沄对依据字体分类理论的完善与实践

林沄先生在依据字体分类理论的提出与研究方面，也是一位颇有建树的学者。1981 年，林先生撰写了《小屯南地甲骨与殷墟甲骨断代》一文，在讨论自组与宾组时代早晚的问题时，他意识到作为出土遗物的甲骨卜辞，也可以借用器物的分类方法。当时由于他对字体与分类之间的联系认识还不十分清晰，所以，对陈梦家先生提出的“自组卜辞的部分字体带有某些早期阶段的特点”[⑤] 的推测，仍颇感困惑。他认为这是根本无法据之以考定自组早于宾组的，甚至这种提法本身就难以成立。“如果我们先不能肯定自组早于宾组，宾组卜辞就是目前所知最早的甲骨文；显然，我们不能凭空推测比宾组卜辞更早的字体该是什么样，那么，又有什么根据来谈论自组卜辞的字体带有‘早期阶段’的特点呢？”[⑥]

在没有明确“先分类，后断代”的研究过程中，林先生提出“我之论证自组早于宾组，首先是以发现自组和宾组之间的无法否定的‘过渡’现象为出发基点的”。他又认为“区别自组卜辞和宾组卜辞的基本标准之一是卜人，而其核心是有同版关系的卜人，在自组卜辞是自、扶、𠂤三人；在宾组卜辞是宾、㱿、争、古、永、亘、箙等人。有自、扶、𠂤所卜之辞的字体特征（包括书体、字形结构和用字习惯三个主要方面），则是划定自组卜辞的另一基本标准，不见卜人名之卜辞可根据字体特征而归于自组，与自、扶、𠂤三人没有同版关系的卜人之所以被确定为自组卜人，也是由字体特征相同而建立联系的。宾组卜辞的划定也是一样”[⑦]。

不难看出，林先生旨在探索自组与宾组断代的标准问题。根据贞人与字体将宾组与自组区分为两组，而自组早于宾组首先是以发现自组和宾组之间的无法否定的“过渡”现象为出发基点的。但此时林先生对这个“无法否定的‘过渡’现象”虽未明确归纳，但接下来他所讨论的运用两项标准，即把贞人与字体并列为甲骨分类的标准来区分自组和宾组时，

---

① 林沄：《甲骨文断代中一个重要问题的再研究》，吉林大学硕士学位论文，1965 年。参见林氏《从武丁时代的几种“子卜辞”试论商代的家族形态》注释④。参见《林沄学术文集》，中国大百科全书出版社，1998 年，第 58 页。

② 裘锡圭：《论“历组卜辞”的时代》，《古文字研究》（第六辑），中华书局，1981 年，第 263～321 页。

③ 李学勤：《关于自组卜辞的一些问题》，《古文字研究》（第三辑），中华书局，1980 年。

④ 李学勤、彭裕商：《殷墟甲骨分期研究》，上海古籍出版社，1996 年。

⑤ 陈梦家：《甲骨断代与坑位——甲骨断代学丁编》，《考古学报》1951 年第 5 期。后收入陈梦家：《殷虚卜辞综述》，科学出版社，1956 年。

⑥ 林沄：《小屯南地发掘与殷墟甲骨断代》，《古文字研究》（第九辑），中华书局，1984 年。后收入《林沄学术文集》，中国大百科全书出版社，1998 年，第 101 页。

⑦ 林沄：《小屯南地发掘与殷墟甲骨断代》，《古文字研究》（第九辑），中华书局，1984 年。后收入《林沄学术文集》，中国大百科全书出版社，1998 年，第 101～102 页。

所遇到的两个问题都是关于𠂤组与宾组之间字体的过渡与嬗变现象。至此，问题的关键已被揭示出来。

在讨论过程中，林先生把陈梦家先生从“文武丁卜辞”中分出的𠂤组卜辞，考定为武丁时代并且早于宾组卜辞，这一观点也是很正确的。他还根据字体将甲骨分为独立的类别，这为后来的分类既创造了条件又提供了范例。只不过当时他对字体的重视程度，不像后来分类中那样果断而已。

事实上，林先生对于字体早晚的讨论，已经关乎断代的实质问题。但问题就在这里，虽然提到对字体的看法，但仍没有明确字体是否必须作为分类的依据。这是因为当时“先分类、后断代”的研究方法仍处在艰难的探索阶段。

1982 年林先生自己明确了对分类的看法，他把贞人与字体并列为甲骨分类的标准。但到了 1984 年，他又修正了自己的看法，并认为“无论有卜人名的卜辞还是无卜人名的卜辞，科学分类的唯一标准是字体”。林先生注意到了同一卜人所卜之辞，在字体上可能是属于不同的类别，进而认为“细致的分类只能根据字体”[①]，这是极为深刻的见解。也可以这样说，今天的分类理论，首先是由李学勤先生提出，经由林先生进一步地阐释才较为完善。我们在领悟分类实质的同时，也受到了诸多启发，并在整理原材料的基础上，尝试性地构拟一个依据字体“分级划类”的框架，并进行宾组卜辞的分类实践（参见第四章）。

在前引文章中，林先生还对李先生“组”的划分及其特点进行了系统阐述。他说，文中的“类”即李先生所说的“组”，亦即“历组一类”“历组二类”“𠂤组”“𠂤历间组”“无名组”等。而“历组卜辞”也“完全可以‘仅根据字体’而分为两个组，但不应该从称谓考虑而分成什么‘父丁类’、‘父乙类’”[②]。并从理论上加以阐述：“由于字体演变比较快而且呈现一定的阶段性，所以从型式学观点来看无疑是分类的最好标准。其他如独立于卜辞内容之外的钻凿形式、甲骨整治形式、记事刻辞形式，等等，当然，在型式学上也有分类的意义，但都不如字体所能分的类细致。而且，在多数人只能据拓本来分类的情况下，字体最便于使用。”[③] 特别是“习惯上不署卜人名的一大批卜辞，堪称分类第一标准的，只是字体而已”。对此，我们对林先生的阐释重新归纳为三点：

其一，界定李学勤先生所说的“组”，其实是区别于陈梦家先生贞人分组概念的，并强调字体分类中的关键是书体、字形结构和用字习惯等三个方面。这三个方面至今仍被研究分类的甲骨学者作为设定特征性字形的前提与条件。

其二，从型式学的观点来看，由于甲骨文的字体演变比较快，且呈现一定的阶段性，所以字体无疑是分类的最理想标准。

其三，其他如独立于卜辞内容之外的钻凿形式、甲骨整治形式、记事刻辞形式等，当然，在型式学上也有分类的意义，但都不如字体所能分出的类细致。

---

① 林沄：《无名组卜辞中父丁称谓的研究》，《古文字研究》（第十三辑），中华书局，1986 年。后收入《林沄学术文集》，中国大百科全书出版社，1998 年，第 141～142 页。

② 林沄：《小屯南地发掘与殷墟甲骨断代》，《古文字研究》（第九辑），中华书局，1984 年。后收入《林沄学术文集》，中国大百科全书出版社，1998 年，第 114～115 页。

③ 林沄：《小屯南地发掘与殷墟甲骨断代》，《古文字研究》（第九辑），中华书局，1984 年。后收入《林沄学术文集》，中国大百科全书出版社，1998 年，第 126 页。

这是林先生从认为“科学分类的唯一标准是字体”到“细致的分类只能根据字体”两个概念之间的变化。所以，我在一篇小文中曾提到“把殷人的字体作为卜辞科学分类的唯一标准，自然会引起学术界的争议，但把字体作为最适合卜辞分类的标准，则是目前在甲骨学研究领域所能找到的，比较贴近甲骨文实际的正确方法之一”[①]。这样既综合了林文的两种表述，又给我们的科学分类留下了进一步探索的空间。

## 第二节 依据字体分类理论的深入实践

### 一、黄天树依据字体分类理论的实践

黄天树先生不仅是李学勤、林沄先生分类学说的坚定支持者，而且也是较早的实践者之一。在《殷墟王卜辞的分类与断代》一书中，他认为李先生提出的“分类要依据字体、字形等特征”的观点是正确的，同时也肯定了林沄先生“无论有卜人名的卜辞还是无卜人名的卜辞，科学分类的唯一标准是字体”的分类主张。又把林先生提出的字体特征应包括“书体、字形结构和用字习惯”等三个方面的内容调整为“字形结构、书体风格及用字习惯”，这一看似细微的变化，实在是透露出黄先生对“字形结构”在分类中所起关键作用的认识。因而，他认为“以字体为标准来分类，从理论上讲是不受任何局限的，也是完全可行的”，为了把自己认为的“字体和贞人这两个不同的分类标准区别开来”，他把“依据字体系联而得到的一类卜辞称之为‘类’；把依据贞人系联而得到的贞人组仍称为‘组’”。据此，他又把学界习称为“组”的历组、无名组和黄组一律改称为历类、无名类和黄类。这一字之改，既分辨了“组”与“类”的不同性质，又强化了他对依据字体分类的信心，所以在王卜辞的分类实践中，他取得了惊人的成就。

黄先生按照“两系说”把全部殷墟王卜辞分为 A、B 两系，共 20 类，并列出一个“殷墟王卜辞的分类及各类所占年代总表”，对于表内每一系统中有相承递变关系的类与类之间在时代上的相互接续关系，也都做出了合理的解释[②]。他并以自组为例，进一步说明自组卜辞很可能自自组小字类开始，一部分沿着“自组小字类→自宾间类→典宾类→宾出类”的途径而逐渐演变下去；另一部分自组小字类继续存在，并一直延伸到武丁晚期，与自宾间类、典宾类等并存。现在看来，他的这一看法仍是十分正确的。

黄先生根据自己长期的分类实践，将殷墟王卜辞进一步细化，尤其是将多年来被笼统概括为宾组的这一大宗材料，根据字体特征将其划分为自宾间类、宾一类、典宾类、宾三类四种类型，这为证明字体分类的科学性具有极其重要的意义。另外，他还对各组类所列举的特征性字形进行解析，并提供了若干标准片供大家参考。

黄先生在分类方面的研究成果影响很大，杨郁彦、崎川隆等一批年轻学者在参照他的标准分类时，亦各有创获。

---

① 王建军：《殷墟甲骨卜辞分期分类研究综述》，《中州学刊》2010 年第 1 期。

② 黄天树：《殷墟王卜辞的分类与断代》，科学出版社，2007 年，第 2 页。

## 二、彭裕商依据字体分类理论的实践

1992年，彭裕商先生在《殷墟甲骨分期》中，明确支持了李学勤、林沄先生提出的甲骨分类理论。他强调甲骨分类要从“两个不同的步骤”和“先分类、后断代”的两条原则作为出发点进行研究。关于分类的标准，他对林沄先生提出的“排除以贞人为标准分类，只有字体才是科学分类的唯一标准”的看法提出了不同意见。他认为“卜人实际上具有第一种属性，他能指示某些卜辞在一定的范围内是同时的，因此应该是分类的标准”。同时他又认为“从分类的具体功用来看，它（指卜人）和字体还不完全相同。卜人分类的尺度较宽，而字体分类的尺度较窄。也就是说由卜人联系起来的卜辞比由字体联系起来的卜辞要多些。这是因为人名终身不变，而字体，即使一人所写，相隔数年也必有变化。因此，将同一卜人集团的卜辞再进一步划分为不同亚组，字体往往就起主要作用了”。由此，彭先生认为“字体与卜人只是分类尺度的不同，其根本性质是相同的”。另外，彭先生还强调“事实上，在没有充分运用字体进一步细分类别以前，卜人已经在分期研究中发挥了巨大作用”，并引证董作宾先生的说法，类别的划分就是根据卜人而不是字体。之后，彭先生对林沄先生提出的卜人之所以不是分类的标准，其原因是“同一卜人所卜之辞，在字体上可能分属于不同类别”的看法，认为“实际上这是极少数的例外现象”。

由上可以看出，彭先生提出的这些意见，旨在说明卜人（即卜人集团）也是他在分类中参考的重要标准。他认为，他们分出的“各卜人集团的卜辞在字体上都互相不混”[①]。

其实，在分类问题上，我们认为应首先弄清两个概念：其一，所谓“贞人组的分类”，即分组的操作行为，是通过贞人与贞人之间的系联，设定一个卜辞的组群，如自组、宾组、出组、何组等都是这样分出的。这是在甲骨文研究过程中，由陈梦家先生首先提出的。陈氏在分期的基础上，通过卜人的系联，划分出七个组群，此为“贞人”分组群。可以说，陈氏“分组”概念是非常明确、毫不含糊的。其二，所谓“字体的分类”，即通过字体对卜辞进行类型划分。这是由李学勤先生首先提出的。前面已经说过，依据贞人（或卜人）划分的“贞人组群”与依据字体划分的“字体类群”是两种不同的研究方法和研究结果，尽管结果相同之处颇多，但其性质是不同的。

事实上，彭先生在强调利用贞人分类的同时，也在利用字体分类，但如何运用字体进行分类，似乎没有给出比较明确的意见。

因此，彭先生对分类的认识，仍然是把两种不同的研究方法并在了一起。他是先根据贞人进行分组，然后在分组的框架下，再根据字体对各组进行分类。对不见贞人的卜辞，则更多地考虑了有关字体的特征，所以只要字体风格、书刻习惯基本一致，就可以归为一类了。在分类研究方面看来，彭先生是先考虑贞人而后才考虑字体的。

综上所述，“字体”和“贞人”都是作为卜辞所见的主要因素而存在，不同的是，一个表现为形式方面（字体），一个表现为内容方面（贞人）。运用不同的分析方法，一定会出现不同的研究结果。对于“类”与“组”的研究，由于设定标准的分析方法不同，所以分类的结果也必然会产生差异。

---

① 以上所引彭裕商先生的看法，皆出自李学勤、彭裕商：《殷墟甲骨分期研究》，上海古籍出版社，1996年，第18～19页。

## 三、杨郁彦、崎川隆依据字体分类理论的实践

2005年，杨郁彦博士出版了《甲骨文合集分组分类总表》[①]，《甲骨文合集分组分类总表》以李学勤、彭裕商先生的《殷墟甲骨分期研究》与黄天树先生的《殷墟王卜辞的分类与断代》两书提出的分类标准为依据，对《合集》中著录的41956片甲骨逐一进行分类。杨郁彦博士坚持黄天树先生的分类主张，把自宾间类分为两个细类，即自宾间A类和自宾间B类；宾二类仍称作典宾类。此次整理中，我们对《甲骨文合集分组分类总表》中宾组各类的划分结果进行了统计（参见第二章）。另外，《甲骨文合集分组分类总表》在分类中尚存在一些问题，对此，崎川隆博士也给予了指正。

2009年，崎川隆博士在依据字体对宾组卜辞分类研究时，曾谈到甲骨卜辞之所以难以实现逐片分类，其主要原因：缺乏对单字形态的详细观察和描述以及特征性字体之间的组合分析不足等。为解决这些问题，他运用林沄先生提出的"特征性字体转递法"，并引进字排方式和版面布局的分析方法。在参照黄、彭两位先生分类标准的框架下，将《合集》中的宾组卜辞划为四个典型类型，即典型自宾间类、典型宾一类、典型典宾类、典型宾三类；三个过渡类型，即过渡①类、过渡②类、过渡③类[②]。崎川隆博士对宾组字体分类的整理与研究，在诸多方面均有创获。

# 第三节　对依据字体分类提出一些看法

上文已经谈到，林沄、黄天树先生都曾强调字体特征应包括字形结构、书体风格与用字习惯。其中字形结构在演变中往往会呈现出不同的特征性字体，这些字体是分类的关键因素。

## 一、"构形演变"对卜辞分类的作用

殷墟甲骨文已是符号化程度很高的文字系统，尽管该系统力求以最简单的形体来记录语言，但由于甲骨文的单字形体在演变时，往往会出现一些较为复杂的现象，所以绝非"视而可识"。因而考察分类中所依据的特征性字体，也必须从单字"构形演变"的分析入手。

甲骨文中较为常见的164个部首，是构成甲骨文单字的基本部件[③]。同时，这些部件又是甲骨文4100多个单字的重要构形因素[④]。而甲骨文的"构形演变"，是促使甲骨文单字形体出现差异的根本原因。当然这些原因与刻手的书刻变化有直接的关系。正如林沄先生所说："甲骨刻辞之字体的连续过渡性的演变，很可能只是同一刻手早晚期书法和刀法的变

① 杨郁彦：《甲骨文合集分组分类总表》，艺文印书馆，2005年。
② 〔日〕崎川隆：《宾组甲骨文字体分类研究》，吉林大学博士学位论文，2009年。
③ 于省吾：《甲骨文字诂林》，中华书局，1996年；姚孝遂：《殷墟甲骨刻辞类纂》，中华书局，1989年。
④ 王蕴智：《试论商代文字的造字方式》，《字学论集》，河南美术出版社，2004年。

化；演变又呈现的阶段性，则多半是因为一位新手在刻意模仿业师的字迹时，又不能不表现出自己的风格和特点，由于字体演变比较快，而且呈现一定的阶段性，所以从型式学观点来看无疑是分类的最好标准。”[①] 因此，研究分类体系中的字体因素，必须把选择甲骨文单字的“构形演变”作为主要的研究对象，而不仅仅局限于对单个形体或个别构件进行研究。这是因为每个甲骨文单字的构形，都会蕴含在文字整体的变化之中。不同刻手的书刻风格以及对常用字的习惯写法等，亦应纳入到“构形演变”的整体系列一起来考察。下面，我们列举几组有关“构形演变”的字例，以此来探讨其对分类的影响。

### （一）“子”字的构形演变与类型划分

A 型——  该型主要见于𠂤大字类 （合 20381）、𠂤小字类 （合 19847），非王无名组 （合 22197），午组 （合 22067），子组 （合 21740），花东 （花 294）。

B 型——  该型主要见于𠂤小字类 （合 07258），非王无名组 （合 22276），宾一类 （合 536），出二类 （合 22708），何三（A）类 （合 27321）。

C 型——  该型主要见于历一类 （合 33129）、历二（A）类 （合 32508），无名三类 （屯 2388）。

以上三型，其构件具有繁简之别，这是“构形演变”的明显特征。A 型字结构多流行于𠂤组各类以及非王卜辞，其存在的时代大致为武丁早期至中期；B 型与 A 型字构件不同，相对来说，B 型字的符号化程度更高一些，主要流行于武丁中晚期；C 型字结构，在村南系的历一类、历二（A）类、无名三类中则比较普遍，其时代为武丁中晚期、祖甲早期至武乙中晚期。在殷墟卜辞中，上揭子字的构形都是作为地支第一个字的专名而使用的，与称谓“子”字的其他用法不相混淆。虽然这些形体与卜辞表子爵称谓字、生育幼子字以及借为地支巳的子 （合 3076 宾二类）、（合 16685 宾三类）、（合 33286 历一类）等取源不同，但它们最终还是合流于《说文》“子”字的字头之下，并与“子”字的古文、籀文相印合。从中亦可看出，该字的不同构形直接影响了对各组类卜辞的类型划分。

### （二）牲名“牝”字的构形演变与类型划分

A 型——  该型主要见于𠂤小字类 （合 19897）（合 21269）。

B 型——  该型主要见于宾三类 （合 6814 反），出二类 （合 23364）。

C 型——  该型主要见于历二类 （合 34079），妇女类 （合 22223）。

---

① 林沄：《小屯南地发掘与殷墟甲骨断代》，《古文字研究》（第九辑），中华书局，1984 年。后收入《林沄学术文集》，中国大百科全书出版社，1998 年，第 126 页。

D 型——  该型主要见于宾一类 （合 6653 正）、宾二类 （合 7399 反），出二类 （合 22945）。

E 型——  该型主要见于历二类 （屯 1094），无名类 （合 27584）（合 29474）。

上列诸字的构件大体相同，只是将所从的“匕”形做了上下或左右移动，有时正书，有时倒书或反书。正是由于所从“匕”形的位置不同，才造成了“牝”字诸多形体的差异。从该字的演化过程来看，形体的演变是不同类型划分的关键，同时也说明了相近组类之间存在着字体相互交叉与并存的关系。

（三）“吉”字的构形演变与类型划分

A 型——  该型主要见于宾一类 （合 734）、宾二类 （合 16）（合 5247 反）、宾三类 （合 5263）（合 5275）。

B 型——  该型主要见于宾一类 （合 5658）、宾三类 （合 5256），出二类 （合 26074）。

C 型——  该型主要见于历组 （屯 692）。

D 型——  该型主要见于无名组 （合 30057）。

E 型——  该型主要见于黄组 （合 35345）（合 36426）。

卜辞占辞常言吉、大吉或引吉，作为分类较为重要标准之一的“吉”字形体，其 A 型、B 型结构多见于宾组以及出组各类，突出𠙵形内部仐之构件，并与村南系历组、无名组作亼等构形有别。关于“吉”字的构形特征，王蕴智先生认为“在相当于商王武丁时期的甲骨卜辞中，吉字的上部构形皆作从仐状，象是一个直内而前锋尖锐的正面兵器形（与出土器物中的圭形或戈形相类），下部从𠙵（或从凵），表示盛纳圭状物于器中”[①]。事实上，约在出组（庚甲时期）和何组（廪康时期）卜辞中，“吉”字承袭宾组的主要构形特征，且将仐旁下部的方廓状改变为仝旁下部的三角状结构，至何组以后，刻手又逐渐将“吉”字的字头仐形变作亼、太形，亦作个或士形。这种书风在小屯南地出土的无名组卜辞中也得到了反映，进而又影响到乙辛时期的黄组字体。

因此，“吉”之字头从武丁时期的宾组作仐（圭形或戈形），历经 200 余年的流变，至乙辛时期的黄组作士形，已基本完成该字的构形。这些形体特征的变化，成为区分卜辞类型的重要前提。

（四）“其”的构形演变与类型划分

A 型——  该型主要见于𠂤小字类 （合 20912）（合 20076）（合 20408）。

① 王蕴智：《释甲骨文仐字》，《古文字研究》（第二十六辑），中华书局，2006 年。

B 型—— 该型主要见于自宾间类（合 20334），宾二类（合 3286）。

C 型—— 该型主要见于自宾间类（合 6846），宾一类（合 5057 甲）（合 6830）（合 6834 正）、宾二类（合 5209）（合 6674）（合 16013）（合 17055 正）（合 19504）。

D 型—— 该型主要见于历二类（合 31996 正）（合 32002），黄组（合 35981）（合 36115）（合 36909）（合 37133）。

（五）“翌”字构形演变与类型划分

A 型—— 该型主要见于自大字类（合 19945）、自历间类（合 33309）。

B 型—— 该型主要见于宾一类（合 9620）（合 12966）、宾二类（合 33）（合 154）（合 540）。

C 型—— 该型主要见于宾三类（合 324）合 1909）（合 12373），出一类（合 23717）（合 22741）。

D 型—— 该型主要见于历一类（合 33055），何二类（合 27086）。

E 型—— 该型主要见于何二类（合 27454）（合 27948）。

（六）“嗀”的构形演变与类型划分

A 型—— 该型主要见于宾一类（合 698 正）（合 6990 正乙）、宾二类（合 7330）。

B 型—— 该型主要见于宾一类（合 6641）（合 6642）、宾二类（合 6093 正）（合 6407）（合 13420）。

C 型—— 该型主要见于宾一类（合 15859）、宾三类（合 8712），何一类（合 30984）。

上举第四至六组字例的构形特征都较为突出，主要构件的变化能力很强。其作为“构形演变”的特征性构件，在分类中都发挥着重要作用。下面，分别对“其”“翌”“嗀”的构形特征，再加以分析考察。

“其”，象簸箕之形，A 型结构字主要见于𠂤小字类，箕口两侧的竖笔上部与箕口之中均不带横画；B 型结构字主要见于宾组与出组一些类型，箕口两侧的竖笔上部羡加饰横并出锋，箕口之中无横笔；C 型字主要流行于宾组各类，这是一种常见的写法；村南系的历组直到晚期的黄组一直流行 D 型写法，箕口内部用一横画装饰，箕口两侧的竖笔上部仍承袭宾组的构形。

“翌”，象鸟羽（或一些昆虫类翅膀）之形，初文是以它的写实性而得名。许慎在《说文解字 • 叙》里将此类象形字解释为“画成其物，随体诘诎”，这体现了造字者对物象的刻画比较生动细致。其中 A 型字主要见于𠂤组各类；B 型字是一种比较流行的写法，习见于宾组各类卜辞；C 型字主要流行于宾三类与出一类，也就是黄天树先生所分出的“宾出类”。历一类与何二类的构形，或追加“日”作为义符，或追加“立”作为声符，但至无名类“日”与原字分书的现象很少见。

“𣪘”，从収、从皀（象盛食的簋形），表双手奉簋中食品祭享之意。晚周以后𣪘字和丞字形近易混，其字形上部或追加艹旁，下部再加火旁，篆隶因异文而别出烝、蒸和𤇯字。A 型结构字，双手在簋形上部，该字的下部隙间或羡加短促的饰横，B 型字下部隙间无短横，二形体主要见于宾组各类；C 型字双手在簋形下部，上部隙间羡加饰横，该字形流行于宾组以及何组。

从上举字例的“构形演变”来看，依据字体不同的构形特征，可以将卜辞归入不同的类型，尤其是一些具有特征性的单字构形可以直接区分卜辞的类型。因而字体不同的构形特征是分类体系中不可或缺的因素。

## 二、“构形演变”对卜辞分类的意义

在分类过程中，重视甲骨文的字体因素，旨在强化字形变化在分类中的特殊作用。下面我们再来考察两组有关“构形演变”的字例。

### （一）贞人“㝐（賓）”字的构形演变与类型划分

A 型——　该型主要见于宾一类（合 4186）（合 6884）。

B 型——　该型主要见于宾二类（合 2955）（合 5509）。

C 型——　该型主要见于宾三类（合 1487）（合 12643）。

D 型——　该型主要见于花东（花 236）等。

由上所示，A 型结构字，字头作出锋的（隶作宀）形，该型主要流行于宾一类；B 型字的顶部羡余的部分消失，下部的亥形多数无短横；C 型与花东子卜辞所见的 D 型字，上部宀形构件亦出锋，下部亥形字头多数无短横，中竖亦不羡加短促的饰横。

### （二）否定词“不”字的构形演变与类型划分

A 型——　该型主要见于𠂤大字类（合 19903）、𠂤小字类（合 20468）（合

20572）、自宾间类（合 2510）（合 19900），宾一类（合 891 正）、宾二类（合 892 正）。

B 型——　该型主要见于自历间类（合 33308），宾一类（合 6834 正），出二类（合 24499）（合 33829），历一类（合补 38 正）、历二类（合 34015），花东（花 451）。

C 型——　该型主要见于黄组（合 35345）（合 36482）。

甲骨文“不”字的构形比较复杂。其“构形演变”主要有三种形体：A 型结构字，首部无横笔，用三条不规则的曲线结体而成，但此字的形源不明，该字形主要见于𠂤组以及𠂤宾间类、宾一类，个别亦见于宾二类；B 型结构字，首部羡加横笔，该字形始见于𠂤宾间类，但主要流行于宾二类以及村南系的历组，近出的花东子卜辞亦见此型字；C 型结构字主要流行于殷墟晚期的黄组。

由上所示，“构形演变”在卜辞类型划分中发挥着重要作用。因为字形总是由书刻者书写或契刻的，而在殷墟出土的不同遗物中，能够客观观察到的有形变化，其中就包括甲骨文的“构形演变”。对甲骨文分类的目的，就是为断代提供客观的参考依据，因此，研究甲骨文的分类，理应把研究的重心放在能够体现历史面貌的“构形演变”上来。

当然，分类也会进一步推动过去诸多存疑的思考与解决。仅以宾组为例，就有宾组与𠂤组、宾组与出组的一部分共时或交叉关系，自宾间类与宾一类、宾一类与宾二类或宾三类字形难以区分的现象等，都可以通过字形的分类排比，揭示出不同类型的卜辞，是如何在不同历史时段（或不同时期）被不同的刻手表现出来，或同一刻手在不同时段所创造出的单字形体、字形结构具有相同或相似的特点等。应该说，不同的特征性字形既能体现文字的演变规律，又能改变文字的发展趋势。因此，甲骨文的分类研究，往往要与“构形演变”来同步考察，只有这样，分类才能取得比较明显的效果。

# 第四节　依据字体“分类方法”的探讨

## 一、关于“分类方法”的科学界定

所谓“分类方法”，即在甲骨文研究过程中，以字体为标准进行分类的操作方式或方法。“分类”既要根据甲骨文研究所要达到的目的来确定，又要采用一些可供操作的程序或途径。在这方面，前贤已经归纳出各组类的特征性字形，林沄先生更是总结出了一种分类的有效方法。

## 二、林沄关于“分类方法”的讨论与总结

关于卜辞的“分类方法”问题，林沄先生曾指出：“单凭贞人及同版关系归纳出来的贞

人集团，是无法对全部卜辞进行分类的。这是因为有大量的甲骨卜辞中，并不出现贞人之名。但凡是卜辞总是由具体文字组成的，因此，势必要分析诸贞人集团的卜辞在字体书风上各自特点，从而才能把不出现贞人名的卜辞按字体书风的特点分别归类，经过这种方法而进行归类，便可以发现：有些字体书风自成一格的类别，是根本不见任何贞人名的；同一贞人所卜之辞，按字体书风来分析是应该分属于不同类别的。”因此，他又认为：“要使全部甲骨卜辞尽可能都得到精密的分类，按字体书风进行分类研究，势必逐渐取代按贞人集团对甲骨进行分类研究，而成为分类研究的主要手段。”① 在这里，林先生主要强调两点：其一，利用字体，能够实现比贞人组更加细致的分类；其二，与贞人分类相比，依据字体分类的范围更大，甚至可以对全部甲骨进行分类考察。

因此，可以说不管是否出现贞人名，每片甲骨都能够依据字体特征加以分类。在如何对不出现贞人名的卜辞进行分类方面，林先生也在实践中找到了比较合理的解决方法。他认为，对于不记贞人的卜辞进行分类，除字体外，应根据特征性字体的组合关系来解决。由于每片卜辞上的字数有限，特殊字形和用字习惯的组合关系是根据许多同版关系辗转联系而推定的，所以，他解释说：“比如 A、B、C、D 共见一版，A、B、C、E 共见一版，则可认为 A、B、C、D、E，都是共组的特征字体；如果 A、C、E、F、G 又共见一版，就可能 F、G 也归入该组的特征字体。这样推演下去，势必有一个把界限划定在何处的问题。”他又说：“我在推定‘自历间组’的特征字体时，是以梯形耳的贞字为核心，对于与其没有同版关系的特殊字形是否归属本组，采取相当审慎的态度，力求在扩大联系时，能保持书体风格较大的一致性。”②

以上林先生提出的这些分类方法，旨在强调：“要实现更加科学的字体分类，不仅要注重个别字体的特征，还要细致地研究探讨它们之间的组合关系，并且把这样基于特征性字形的组合关系、同版关系等的类型抽象出的方法命名为‘特征性字形传递联系法’，视为甲骨字体分类的基本方法。这种方法，也就是把反复出现组合关系视为类型的考古学类型划分方法应用到甲骨文的分类，在理论上可以说是很合理的。”③ 对于林先生提出的“特征性字形组合关系”，崎川隆博士是这样理解与实践的。他说，根据“以反复出现的组合关系看成‘组合’这一考古类型学的基本原则”。在划出类型时，他把特征性字形间的组合关系看作重要的标准。他还说，在分类时，应“首先根据‘组合表’查出经常有组合关系的一套特征性字形，再将其中代表性的组合在‘常见组合关系表’中列出。”④ 实际上，林先生依据字体的分类，是由这样几步组成的：其一，对于出现贞人的卜辞，可以凭借特征性字形进行分类。其二，对于不出现贞人的卜辞，就要凭借特征性字形与习惯用字之间特有的组合

---

① 林沄：《甲骨断代商榷》，《出土文献研究续集》，文物出版社，1989 年。后收入《林沄学术文集》，中国大百科全书出版社，1998 年，第 143 页。

② 林沄：《小屯南地发掘与殷墟甲骨断代》，《古文字研究》（第九辑），中华书局，1984 年。后收入《林沄学术文集》，中国大百科全书出版社，1998 年，第 113 页。

③ 林沄：《小屯南地发掘与殷墟甲骨断代》，《古文字研究》（第九辑），中华书局，1984 年。后收入《林沄学术文集》，中国大百科全书出版社，1998 年，第 126 页。又参见〔日〕崎川隆：《宾组甲骨文字体分类研究》，吉林大学博士学位论文，2009 年。

④ 〔日〕崎川隆：《宾组甲骨文字体分类研究》，吉林大学博士学位论文，2009 年。

关系进行分类，即必须通过特征性字形之间的传递联系才能分类（或称推演法）。其实，我们可以对林先生的第二步进行分解，即先设定“组合关系”中常出现的特征性字形，并将其放进崎川隆博士所谓的“常见组合关系表”，然后在下一步“组合”传递联系时，先参照“常见组合关系表”中的特征性字形，再进行归类。这样的传递联系持续进行下去，特征性字形的数量就会逐渐增多，分类也就不会失去所凭借特征性字体的科学性。因而，我们从中也可以进一步思考，这样的分类，在特征性字形的设定方面，其实是分层次的。由此，我们从“特征性字形之间的传递联系”中可以设定不同层级的字体标准，这些字体标准可以为下一步的传递联系提供参照。

## 三、对“分类方法”的认识

前面已经探讨了有关依据字体分类的理论与方法，但分类毕竟要通过实践来完成，如何在研究中更为有效地设定自己的标准，从而实现对甲骨卜辞的科学分类，这是每位甲骨分类学者都必须面临的极为艰难的选择。这里，我们重点先来探讨两个问题。

### （一）特征性字形的选择

在分类时，首先应解决的是特征性字形（特征字）的选择问题，有影响而又比较科学的各组类特征字表是黄天树、彭裕商先生拟定的。两位学者的分类成就都比较突出，这在前文已经述及，此不赘言。对此问题，我们有以下几点看法：

第一，对特征字的设定，必须考虑到“字形、字体的通用性最高”的属性问题。因为对卜辞的分类，不仅是指对个别组类的划分，而且应当适用于整个甲骨文系统的分类。

第二，对特征字的设定，必须建立在对每片甲骨文字释读的基础上，通过严格的比较而进行。

第三，所设定的特征字，不仅是指它的单个形体，而且是指多个形体甚至与其相关的其他单字的形体。

### （二）特征性字形之间的关系

在主要特征性字形确定之后，通过“特征性字形之间的传递联系”选择其他特征性字形。各组类特征字与特征字之间是互相关联、有机统一的整体，它们之间不存在互相排斥的现象（有时可能也会出现一些例外）。相互关联的特征字以及一些具有习惯性写法的常见字，彼此之间往往会构成一个字形链条，这就是分类所要依据的字体标准。有了这样一个依据客观标准而设定的字形链条，就可以通过同级中的“标准特征字”、“参考特征字”和“一般特征字”的构形认识来系联若干组甲骨，并分别构成不同的类型（具体分析，请参见第四章有关“分级划类”问题的探讨）。

对于每片甲骨来说，不管存留多少单字，只要在分类研究的范围之内，都可以凭借三个标准以及同级的三个层次来进行识别，并可归入不同的类型之中。有时标准特征字不够明显，参考特征字却比较突出，那么，就可以利用这些参考特征字以及与其相关的其他特征字的联系进行归类。在有效地归类之后，可能会发现参考片与标准片字形之间存在诸多相同（或相似）之处，如字体笔画的繁简、形体的方向、折角的变化以及部首或构件的位移等，这些相同或相似的部分，恰恰包含了同类字体的诸多特征。可以说，甲骨的分类，并非事先有所布局或规划，而是根据每片甲骨上的字体信息，并参照严格的标准进行整合与归类的结果。

## 小　　结

“字体”是卜辞分类的最理想标准，考察字体特征应从字形结构、书体风格以及用字习惯三个方面入手。由于字形结构的演变，往往会呈现出不同的特征性字体，这些字体正是分类的关键因素。

另外，在整理原材料的基础上，应充分考虑卜辞的分类方法，即首先选择一些特征性字形，并以此作为系联卜辞的依据，同时应加强特征性字形之间组合关系的分析，对不见特征性字形的甲骨则以组合关系中“特征性字形之间的传递联系”加以比较，然后归入相应的类型。卜辞分类方法的正确与否，将直接关系到一大批甲骨资料的科学利用，因此，对分类方法的选择与使用，是分类研究中一个不可或缺的步骤。

# 第四章　宾组卜辞“分级划类”标准的设定

## 第一节　依据字体“分级划类”的标准

在甲骨卜辞的分类实践中，我们注意到，对各组类特征性字形的设定从应用时间上看，存在早晚的问题；从应用范围上看，也存在宽与窄的现象。因此，对设定的特征性字形划定不同的层级标准，必定会有助于卜辞的类型划分。

### 一、关于“分级划类”概念的界定

所谓“分级划类”，是指依据不同的字体特征对甲骨文进行科学、系统的分层级划出类别。其中，对字体标准的设定是“分级划类”的关键。

### 二、依据字体“分级划类”标准的设定

张光直先生在谈到出土器物的分类标准时，曾明确指出：“所选择的标准概括程度越高，分类程度的水平也就越高。我们根据不同层次分出不同类别，将这些类别加以有机的组织，就构成了分类系统。”[①] 出土器物的分类如此，甲骨文的分类亦应重视这些问题。

（一）特征性字形的设定是“分级划类”的基础

“字体是分类的唯一标准”，自林沄先生提出这一分类观点时，就有学者提出质疑。“唯一”的提法尽管强调过严，但在强化“字体”作为分类的有效性方面，目的是为了制约其他的分类因素，对其他因素也并非完全排斥。因此，我们认为，字体应该是分类因素中最客观、最合理的标准之一。有关字体的内涵，林沄、黄天树两位先生的概括是非常精当的[②]。字形结构中“构形因素的动态变化”则反映了甲骨文在嬗变过程中的形体特征，唯有细致地考察这些特征，才能真正实现“分级划类”的目标。

（二）“分级划类”的动态分析

“分级划类”的具体对象是出土的每一片甲骨，当字体被确认为最理想的分类标准时，

---

① 张光直：《考古分类》，《考古学专题六讲》，文物出版社，1986年。参见钱益汇：《磨制石器类型学的分类原则与术语界定》，《中原文物》2010年第1期。

② 林沄：《小屯南地发掘与殷墟甲骨断代》，《古文字研究》（第九辑），中华书局，1984年，第102页；林沄：《无名组卜辞中父丁称谓的研究》，《古文字研究》（第十三辑），中华书局，1986年，第30～31页。后收入《林沄学术论文集》，中国大百科全书出版社，1998年，第141～142页。

面对的是 13 万余片刻辞甲骨字体复杂多变的构形[①]。怎样才能依据不同标准的字体特征，对宾组卜辞进行“分级划类”呢？首先，我们构拟了一个以宾组字体（构形特征）、标准设定（三个层级）、分级划类（四个亚类）以及结果验证四个因素的分类架构，以促使分类能够在客观、有序的实践中逐步向前推进。兹为认识起见，特以下图示之（图 4.1）。

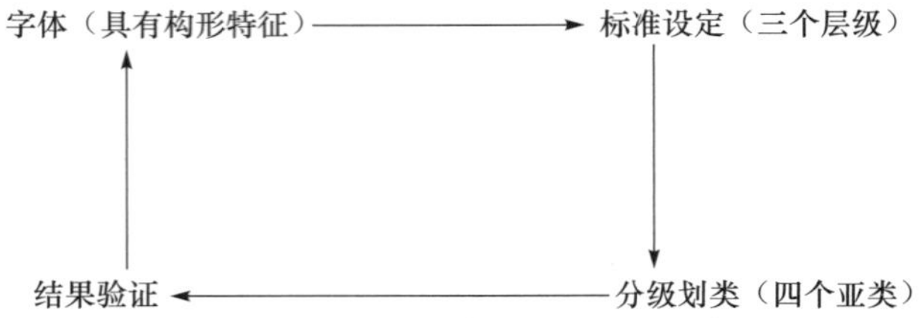


图 4.1　“分级划类”的动态分析图

“贞”字在甲骨文中的构形比较复杂，多数甲骨学家都将该字视作分类的标准，并且获得了很好的效果[②]。下面谨以“贞”字为例加以说明。

**1. “贞”字作为特征性字形的确认**

殷墟卜辞中较早的“贞”字构形见于𠂤大字类（合 21220）、圆体类（合 22231）以及午组（合 22086）等，初文为祭祀烹饪器物鼎的象形字，卜辞借“鼎”为“贞”。《花东》有一字写作（花 446），可证“贞”确实源于“鼎”字。

以“贞”字为特征性字体的分类对象，有一大批殷墟出土的甲骨资料，这是该框架中的第一个要素，即甲骨文字体。通过整理，我们剪切了 410 例“贞”字的原篆字形。其中𠂤组各类 32 例、宾组 258 例、出组 27 例、何组 7 例、黄组 8 例、历组 13 例、无名组 3 例、子组 15 例、午组 11 例、非王无名组 28 例、妇女类 1 例、圆体类 2 例、劣体类 1 例、花东 4 例。

从“贞”字的构形变化来看，该字体的特征尤为突出，具备通用性最高的属性。因而可以将其作为特征性字形。这个环节解决了“关于特征性字形考察与确认”的问题。

**2. 设定“贞”字的不同分类标准（以宾组为例）**

A 型——　该型主要见于𠂤宾间类（合 12980）（合 5810）。

其特征：该型的上部尖耳与扁耳互作，两侧竖笔垂直，框内两斜笔互不衔接。整体具有早期“矜持”的书风。

B 型——　该型主要见于宾一类（合 713）、宾二类（合 270）。

① 孙亚冰：《百年来甲骨文材料统计》，《故宫博物院院刊》2006 年第 1 期。

② 李学勤、彭裕商先生的《殷墟甲骨分期研究》以及黄天树先生的《殷墟王卜辞的分类与断代》在组类划分时，都曾把“贞”的不同构形作为分类的依据。

其特征："贞"字的上部多作尖耳，上、下部的结体多数较为均匀，两侧竖笔垂直，字形方正，框内两斜笔互不衔接。整体具有"朴拙"的书风。

C 型——　该型主要见于宾二类（合 860 正乙）（合 4058）（合 9951）（合补 531）。

其特征："贞"字上部尖耳与扁耳互作，上下部结体较为均匀，个别字形裆部较高，且两斜笔呈弧状，两侧竖笔垂直，框内两斜笔互不衔接。此字体具有"雄浑"的书风。

D 型——　该型主要见于宾三类（合 16685）（合 1520）（合 10071）（合补 95）。

其特征："贞"足略矮、耳形较尖，表鼎腹的两横笔平行并与外框相互抵触。整体具有"遒劲"的书风。

据上分析，根据宾组"贞"字具有"变形能力"的特点，可以把该字设定为标准特征字，并在保持书体一致的情况下，根据不同的构形特征，对该组卜辞进行类型划分。这种依据不同标准审视与设定特征性字形的方法，适用于各组类卜辞的划分。但如何根据字体的不同构形特征，使类型划分更加细密，更加周全呢？这里还有一个重要环节，即对不同构形特征的字体设定一个层级式的分类标准体系。

## 第二节　设定层级式的分类标准

为了实现宾组卜辞的科学分类，我们将所选择的特征性字形，设定为不同的层级标准，以此来达到系统的归类。兹将"层级式"分类标准的具体设定情况，叙之如下。

### 一、层级式分类标准的设定

#### （一）第一级分类标准

在审视与考察单字形体的基础上，先确认特征性字形，而后设定第一级分类标准。此类标准更加强调特征字的"变构能力"，且应具备"通用性"最高的属性[①]，该组中的"㱿""宊""爭""贞""不""雀""申""未""子（巳）"等都属于"变构能力"较强的特征字例。其中贞人名字形"㱿""宊""爭"作为第一级分类标准，其字体的"变构能力"对分类起到了关键作用。下面以"㱿""宊"为例，说明第一级分类标准特征字的"变构能力"

① 李学勤先生曾在《评陈梦家〈殷虚卜辞综述〉》（《考古学报》1957 年第 3 期）中，指出为了实现更加科学的断代，应该区别以性质为基础的史料分类（亦即"分类"）和以年代为基础的史料分类（亦即"编年"），强调首先要进行以性质为基础的分类，后做年代关系的考释，同时指出史料的分类应该以"通用性（泛用性）"最高的字形、字体属性为基础进行。李先生提出的这种分类理论，是考古学上的型式分类和编年方法论对古文字资料研究应用的产物，对于甲骨文这样富有考古遗物性质的考古资料，可以说是一种极其有效合理的方法论。参见〔日〕崎川隆：《宾组甲骨文字体分类研究》，吉林大学博士学位论文，2009 年。

（主要指“变构部件”）对分类的影响。

**1.“𣪕”字的构形**

A 型——　主要见于宾一类（合 734 正）（合 4121）（合 6641）。

B 型：

B 型Ⅰ式——　主要见于宾一类（合 15193 臼）（合补 577）（合 267 正）、宾二类（合 655 正）。

B 型Ⅱ式——　主要见于宾二类（合 270 正）（合 367 正）（合 628 正）（合 861）（合补 694）（合 1965）。

“𣪕”，是宾一、宾二类比较活跃的一位贞人，但到宾三类该贞人就销声匿迹了。

从“𣪕”字的构形上看，A 型主要见于宾一类，该字形所从表声旁的“南”字平肩且有突棱，其上部中竖上、下部位分别写作两斜笔，并于中竖衔接。

B 型Ⅱ式主要见于宾二类，该字形表声旁的部分，其上部中竖上、下部位分别写作两斜笔，并于中竖衔接，但肩部习作弧形状，笔意流畅之间有着较自然的“雄浑”风格。

通过辨析可知，B 型Ⅰ式是由宾一向宾二过渡时存在的一种字体，过渡字形在所从的“南”字构形上与两类皆有不同的变化，但在实际归类时，我们多将其划入宾二类。B 形Ⅱ式则是典型的宾二类字体。

由上看出，“𣪕”字作为宾组重要的贞人之一，一方面，其字形、字体具备“通用性”最高的属性，此字见于《合集》1310 例、《合补》449 例、《英国》126 例、《北大》67 例，共计 1952 例。另一方面，该字表声旁的“南”字构形，即为这个特征字的“变构部件”，据此，对卜辞的分类确实产生了很大的作用。

**2.“宊”字的构形**

A 型：

A 型Ⅰ式——　主要见于宾一类（合 6497）（合 18353）（合补 1625）（合补 4733）、宾二类（合 1402 反）。

A 型Ⅱ式——　主要见于宾一类（合 7851 正）（合 15179）、宾二类（合 1901 正）（合 17612）。

B 型：

B 型Ⅰ式——　主要见于宾二类（合 1581 臼）（合 4620 臼）（合补 837）。

B 型Ⅱ式——　主要见于宾一类（合 15196）、宾二类（合 32 正）（合 17531）。

B 型Ⅲ式——　主要见于宾一类（合 6498）、宾二类（合 1401）（合 1402）

（合 1657 正）（合 1924）（合 2341）（合 3058）（合 8536）（合 11177）（合 18928 正）（合 19718 正）。

C 型：

C 型Ⅰ式——　主要见于宾三类（合 832）（合 8183）（合 17444）（合 18812）。

C 型Ⅱ式——　主要见于宾三类（合 18042）（合 19037）（合 19109）（合 19563）。

“穷”与“㱿”一样，也是宾一、宾二类比较活跃的一位贞人，到宾三类不见了“㱿”，而“穷”仍然担任着贞人的角色。其字形、书体具备“通用性”最高的属性。

从构形上看，“穷”字的形体比较复杂。在宾组中大致分为三类：A 型Ⅰ式、A 型Ⅱ式二亚类主要见于宾一类，但在实际归类时，我们将二者各归其类；B 型Ⅰ式、B 型Ⅱ式、B 型Ⅲ式三个亚类，主要见于宾二类，亦即典宾类，在综合分类时，我们将三者各归其类；C 型Ⅰ式、C 型Ⅱ式二亚类主要见于宾三类，二者统称为宾三类。

从“穷”字的复杂构形中，亦可看出，上、下部构件皆可视作这个特征字的“变构部件”，正是由于“变构部件”的作用，才使卜辞的类型划分有所凭据。其他特征字，亦可作此解构与分析。

### （二）第二级分类标准

在署有贞人名的卜辞中，通过特征性字形与习惯用字的组合关系而推定，并注意选择与之保持较为密切关联的一批字形，作为分类的第二级标准。在所推定的卜辞中选择特征性字形，这样既可以通过单字的整体构形，也可以通过局部构形，甚至可以通过某些重要构件，来设定与之相关的特征性字形。例如，“隻”字，作为所选择的特征性字形，既可以通过该字的整体构形（包含上、下部构件），亦可以通过上、下两个部首的主要构件，来承担推定其他特征性字形的任务，并作为第二级的分类标准。

此类字形如《殷墟甲骨分期研究》所列举的自宾间组中有“氏（以）”“冥（娩）”“取”“朕”“兄”；宾一（A）类中的“隻”；宾二类中的“羌”等。《殷墟王卜辞的分类与断代》所列举的宾𠂤类中的“韋”，典宾类中的“人”“方”等亦属于第二级的特征字例。这些字例，因其多在组合关系的推定中所选择，因而仍具有分类标准的客观性。

### （三）第三级分类标准

在未署贞人名的卜辞中，通过“特征性字形传递联系法”而设定，亦可选择一些与之具有关联性的特征性字形，并作为分类的第三级标准。

事实上，由于传递式的推定可能无限进行下去，因此会使各类之间的界限不太明朗，除必须保持书体一致性作为限制之外，也可以在推定的卜辞中选择一些与之关联性较大的特征字，作为分类的第三级标准。例如，“出”“者”“酌”等，都可以作为该类的特征性字形。

## 二、诸家所举的特征字例

由于第二、第三级标准必须通过“特征性字形的组合关系”或“特征性字形传递联系法”来设定，加上版面所留存字形出现的各种情况，有时与第一级标准特征字也会出现并存的现象。实际上，各家在设定分类所依据的特征字，都存在以上分类标准的因素。下面谨列出各家所举的宾组特征字例及标准片著录号，试加以对照。

（一）《殷墟甲骨分期研究》列举的宾组各类特征字（摹释字形，请参该书第 106～111 页）

（1）𠂤宾间组特征字，共 30 例：戊、庚、辛、子、寅、卯、辰、子（巳）、午、未、申、酉、受、㞢（又）、其、氏（以）、翌、乍（作）、朕、冥（娩）、用、𡆥（祸）、兄、父、取、不、叀、隻（獲）、隹、子（人名）。

（2）宾一 A 类特征字，共 21 例：子、子（巳）、辰、未、申、酉、宊（宾）、𣪊、爭、受、㞢、其、翌、用、𡆥、不、叀、雀、隹、隻、子（人名）。

（3）宾一 B 类特征字，共 20 例：子、子（巳）、辰、未、申、酉、亥、宊、𣪊、受、㞢、其、翌、用、𡆥、不、叀、隹、隻、雀。

（4）宾二类特征字，共 19 例：子、丑、子（巳）、未、申、酉、亥、宊、贞、受、㞢、氏、翌、𡆥、不、叀、隹、隻、羌。

由此，《殷墟甲骨分期研究》将宾组划为上述四个亚类，该书所分的各组类标准片，参见表 4.1。

**表 4.1 《殷墟甲骨分期研究》所见宾组各类标准片著录号**

| 类型划分 | 各类标准片著录号 |
|---|---|
| 宾一（A）类 | 合 270、536、3186、3460、3516、4121、4209、4519、5159、5165、5233、5516、5758、5761、5785、5793、6570、6572、6578、6641、6862 、6892、6896、6905、6931、6937、6959、7137、9620、9621、10172、10349、10950、10964、12343、12974、13109、13140、14201、16884；合补 32、111、452、462、522、531、1246、1516、2031、2221、2331、2538、2561、4112、4130、4733、5107、5662 |
| 宾一（B）类 | 合 390、511、547、712、897、914、1162、1330、1594、2774、4051、5458、5749、6042、6163、6167、6169、6331、6399、7294、7295、7757、7777、7884、8070、8946、9768、9770、9862、10075、10076、10080、10236、10229、10406、10911、10935、10965、11157、11485、12966、13117、13307、13750、14006、14198、14369、14522、16650、16712、16791、16847、17080、17411；合补 1、4、38、51、60、61、84、134、184、225、287、332、363、434、495、516、521、523、1241、1244、1322、1538、1569、1573、1705、1726、1760、1763、1767、1768、1789、1804、1805、1828、1829、1830、1847、1852、1864、1874、1884、1964、1965、1966、1971、1981、2095、2096、2139、2299、2346、2489、2490、2491、2510、2511、2591、2596、2688、2794、2813、3770、3799、3800、3801、3930、4031、4833、4843、4844、4887、4923、4924、4925、4931、4945、4946、4949、4956、4980、5120、5121、5126、5276、5280、5512、5554；英 149 |

续表

| 类型划分 | 各类标准片著录号 |
|---|---|
| 宾二类 | 合 557、1251、1292、1424、1487、1520、1626、2543、2636、2799、3123、3755、4078、5250、5251、5359、5581、5393、6050、8093、9570、9572、12643、14375、14829、14851、16665、16685、16712；合补 95、184、2406、4939 |
| 𠂤宾间类 | 合 258、1022、2301、2510、2943、3091、3207、6773、6960、7024、7026、7049、9803、9816、10951、12980、13727、19933、33071；合补 95、161、288、449、3654 |

## （二）《殷墟王卜辞的分类与断代》列举的宾组各类特征字

（1）𠂤宾间 A 类特征字，共 10 例（与宾一类放在一起比较）：人（合 1022、3421）、伐（合 6559）、受（合 9803）、乍（合 7750、8421）、方（合 6773）、子（合 8421、13727）、辰（合 5517）、雀（合 7049）、隻（合 258）、未（合 53、13727）。

宾一类：人（合 6641）、伐（合 6931）、受（英 612、合 6886）、乍（合 6577）、方（合 6577、13514）、子（合 5758）、辰（合 6892）、雀（合 4122、8008）、隻（合 10412）、未（合 6885）。

𠂤宾间 B 类特征字，共 6 例：鹿、隹、㞢、申、不、允。

（2）典宾类特征字，共 12 例：穷、𣪊、翌、不、𡆥、隹、人、方、申、亥、子（巳）、酉。

（3）宾ᗡ类特征字，共 9 例（与典宾类放在一起比较）：韋（合 3695 正）、翌（合 423）、戌（合 11892 正）、酉（合 11923）、子（巳）（合 12446）、丙（合 1633）、丑（合 423）、不（合 12447）、子（合 2422）。

典宾类：韋（合 10229 正）、翌（合 511）、戌（合 13271）、酉（合 547）、子（巳）（合 369）、丙（合 11918）、丑（合 177）、不（合 511）、子（合 423、12447）[①]。

（4）宾一类特征字，共 10 例（与典宾类放在一起比较）：翌（合 13140）、穷（合 3186）、𣪊（合 5758、6904）、亥（合 13109）、𡆥（合 6887）、贞（合 6884）、丑（合 13109）、不（合 12437）、辛（合 6885、13140）、申（合 6887、13140）。

典宾类：翌（合 511）、穷（合 8884）、𣪊（合 1906）、亥（合 301、13307）、𡆥（合 17393）、贞（合 1906）、丑（合 177）、不（合 511）、辛（合 547）、申（合 369）。

（5）宾三类（宾组宾出类）特征字，共 9 例（与典宾类放在一起比较）：穷（合 280）、爭（合 5393）、子（合 3087）、隹（合 10303）、日（合 13308）、贞（合 1906）、翌（合 1626、12643）、亥（合 962）、丑（合 9570、13308）。

典宾类：穷（合 8884）、爭（合 177）、子（巳）（合 369）、隹（合 17393）、日（合 511）、贞（合 1906）、翌（合 511）、亥（合 301、962）、丑（合 177）。

据此，《殷墟王卜辞的分类与断代》将宾组的特征性字形，列出五个表格并与相互关联的组类进行比较。其中我们将该书所分出的宾ᗡ类与典宾类放在一起讨论。这样实际上该书将宾组卜辞划分为𠂤宾间（A、B）类、宾一类、典宾类（宾二类）以及宾三类等四个亚类。该书所分的宾组各类标准片，参见表 4.2。

---

① 香港中文大学的“汉达文库”漏释《合》423、12447 的该字形；姚孝遂《殷墟甲骨刻辞摹释总集》（上册，1988 年，第 15 页）将该字释作“宁（貯）”。

**表 4.2 《殷墟王卜辞的分类与断代》所见宾组各类标准片著录号**

| | |
|---|---|
| 宾一类 | 合 118、655 正甲、672 正反、697 正反、969、993 正反、2163、2211、2862、3175 正反、3186、3339、3340、3461、3688、3695 正反、3816、3912 正反、4138、4549、4550 正反、4551、4552、4583、4626、4628、4697、4699、4703、4915、5346、5418、5765、5883、6530 正反、6576、6592、6593、6594、6595、6596、6597 正反、6598、6800、6801、6834 正反、6858、6859、6881、6884、6886、6890、6940、6942、6947 正反、6954、6955、6956、6957、6958、6968、6981、6985、6986、6987、6988、6989、7192、7439、7775、7794 正反、7795、7913、8045、8115、8445、8591、9290、9291、9292、9314、9320、9321、9327、9528、10037、10182、10201、10202、10255、10342、10358、10378、10390、10569、10717、10743、10764、10859 正反、10870、10929、11196、11435 正反、11437 正反、11450、11582、11614、11845、12399、12401、12901、12972 正反、13075、13224、13458、13584 正反、13658 正反、13677 正反、13700、13706 正反、13713 正反、13821、13913、13921、14222 正反、14317、14333、14534、14660、14785 正反、14891、15435、15821、15884、16264、16612、16832、17081、19191；合补 6570；英 30 正反、52；北大 52、177、796、818、888、889 |
| 宾二类 | 合 94、137 正反、177、181、185、234 正反、261、301、318、369、386、387 正反、390 正反、456 正反、511、547、556 正反、559 正反、562 正反、584、595 正反、641 正反、643 正反、682 正臼、734 正反、800、802、826、896 正反、900 正反、903 正反、1075、1108 正反、1109 正反、1110 正反、1523 正反、1906 正、1950 反、2131、2362 正臼、2384、2422、2955、3090、3137、3152、3153、3156、3182、3273 正反、3664、3888、3952 正反、4031、4096 正反、4196、4286 正反、4341 正反、4354、4378、4444、4468 正反、4609、4679、4749、4904 正反、5204、5208、5209、5274、5404、5406、5455、5471 甲乙丙丁、5480 正反、5527 正反、5611 正反、5665、5713 正反、5762、5813、5864、5907、6002 正反、6011、6017 正反、6021、6176、6186、6306、6335、6412、6413、6433、6501、6508、6511、6512、6513、6515 正反、6516、6517、6524 正反臼、6613、6617 甲乙、6618 正反、6619、6656、6662、6667、6668 正反、6726、6802、6803、6805、6857 正反、6907、6912、6913、6914、6948 正反、6949 正反、6950、6951 正反、6952 正反、7211、7316、7394 正反、7395、7503、7634 正反、7733 正反、7734、7815、7951 正反、8189、8194、8377 正反、8507、8536、8544、8545、8550、8562、8802、8837 正反、8941、9059 正反、9286 正反、9287 正反、9301、9303、9305、9451 正反、9456 正反、9459 正反、9513、9523、9525 正反、9576、9592、9597、9686、9711、9756、9769、9903、9941、9973、10001 正反、10002 正反、10101 正反、10302 正反、10363、10420、10424、10425、10903、10942、10990、11420、11851 正反、11907、12056、12287、12389、12390、12400、12403、12440、12753、12861、12862 正反、13260 甲乙、13312、13370、13443 正臼、13467 正反、13596 正反、13601、13686、13688 正反、13694、13703、13712 正反、13888、13889、13907、13929 正反、13955、13959、13973、14012、14015 甲乙、14020、14072、14073、14074、14106、14322、14441、14709、14717、14760、14782、14812 正反、15758、15779、15963、16013、16623、16797、16803、16888、16947、17055 正反、17056、17057、17076、17077 正反、17078 正反、17080 正反、17099、17100、17272、17299、17393 正反、17575 正臼；合补 4648 正反；英 53、54、63、117 正反、118、137、177、181、234、236 正反、258、261 正反；北大 9、22、23、53、54 正臼、137、181、234、261、301、761、800、802、805、817、826、1022、1085 正反、1108、1109 正反、1110 正反、1170、1565 |
| 宾三类 | 合 6、22、23、30、52、63、236、277、280、293、294、326、339、383、557、637、805、962、1073、1144、1251、1291、1306、1487、1597、1599、1626、1654、1663、1667、1928、1950 正、2783、2784、2785、2799、2808、3077、3087、3088、3089、3099、3229、3314、3318、3336 正反、3337、3730、3930、3931、3932、3933、3934、4010、4037、4075、4187、4593、4629、4715、4747、4750、4809、4982、4983、4985、5207、5260、5263、5265、5266、5279、5280、5281、8383、5384、5451、5453、5575、5620、5664、5681、5711、5737、6010、6051、6612、6721、6722、6744、6804、6813、6814、6815、6816、6817、6820 正反、7935、8107、8374 正反、8382、9426 正反、9573、9574、9575、9577、9579、9591、10365、10881、10889、11123、11124、11438、11570、11655、11876、12596、12772、12924、12927、12933、12960、13062、 |

续表

| | |
|---|---|
| 宾三类 | 13093、13261、13832、13845、14070、14436、14866、15791、15881、16176、16553、16593、16647、16692正反、16696、16697、16708、16709、16770、17067、17082、17168、18787、18789、18790、18793、18814、19092、19220、19221、19222、19433；合补4985、5910；英22、23正反、94正反；北大16、30、63、225、236、239、304、309、326、339、870、1003、1029、1086、1093、1495、1523、2037、2122 |
| 自宾间类 | 合53、117、187、258、423、968、1022甲乙、1026、1029、1093、1202、1231、1633、1829、2140、2185、2300、2301、2510、2804、2806、2886、2943、3091、3138、3139、3202、3206、3207、3227、3231、3270、3357、3418、3420、3421、3493、4162、4731、5793、5794、6599、6601、6749、6787、6788、6789、6790、6791、6799、6835、6836、6837、6838、6839、6840、6841、6842、6843、6844、6845、6846、6847、6848、6849、6850、6851、6852、6853、6854、6963、6967、6970、6971、6973、6975、6977、6978、6979、7002、7008、7016、7029、8426、8681、9334、9363、9762、10028、10210、10467、12462、13831、13833、14068、14069、18031；合补6559、6560、6561、6562、6563、6564；北大296、854、1107、1515正反 |

### （三）我们所设定的宾组各类特征性字形

在参照《殷墟甲骨分期研究》《殷墟王卜辞的分类与断代》等所设定标准字形的基础上，我们对该组四类所设定的特征性字形，参见第五章第二节宾组卜辞的各类特征字例。

通观各家为分类所列出的宾组特征字表，足以说明过去在分类研究中，已经运用了以上所述的“分级划类”标准。无论是依据字体所包括的字形结构、用字习惯还是书刻风格，通过“分级划类”标准的科学设定，就能有效地实现对大多数宾组甲骨的类型划分（附录四～七）。

还要说明的是，以上所拟定的“分级划类”标准体系中，亦包含：各类特征字在甲骨文单字形体中的确认；具有变形特征的构件或部首的确认；对同一发掘单位所出甲骨文字体的比较；对具有同一卜事，且文例、文法等特征亦相似的辞例之间字体的比较等，都是在设定三级特征性字形时应着重注意的问题。

## 第三节　贞人名字体对“分级划类”的影响

1931年，董作宾先生在《大龟四版考释》一文中，首次提出由“贞人”可以推断甲骨文的时代[①]。1933年，董氏又在《甲骨文断代研究例》中把“贞人”列为“十项断代”标准之一[②]。陈梦家等学者则根据“卜人”（即贞人）的系联，对卜辞进行组类的划分[③]。由此可见，

① 董作宾：《大龟四版考释》，《安阳发掘报告》1931年第3期。

② 董作宾：《甲骨文断代研究例》，《中央研究院历史语言研究所集刊》（外编第一种）——《庆祝蔡元培先生六十五岁论文集》（上册），1933年。

③ 陈梦家：《殷虚卜辞综述》，科学出版社，1956年。林沄：《无名组卜辞中父丁称谓的研究》，《古文字研究》（第十三辑），中华书局，1986年，第30～31页。林沄：《小屯南地发掘与殷墟甲骨断代》，《古文字研究》（第九辑），中华书局，1984年，第111～154页。李学勤、彭裕商：《殷墟甲骨分期新论》，《中原文物》1990年第3期。李学勤、彭裕商：《殷墟甲骨分期研究》，上海古籍出版社，1996年。黄天树：《殷墟王卜辞的分类与断代》，文津出版社，1991年。方述鑫：《殷虚卜辞断代研究》，文津出版社，1992年。彭裕商：《殷墟甲骨断代》，中国社会科学出版社，1994年。杨郁彦：《甲骨文合集分组分类总表》，艺文印书馆，2005年。〔日〕崎川隆：《宾组甲骨文字体分类研究》，吉林大学博士学位论文，2009年。

学者利用“贞人”的特殊作用，在分期、分组与断代研究中，都取得了很好的效果。那么，作为贞人名的字体，能否在“分类”中产生更为有效的作用呢？下面就此问题进行探讨。

## 一、贞人名字体的特点

卜辞中有关贞人名的字体较多，仅宾组卜辞见于四部著录的主要贞人就有 28 位，其中较为常见的有 19 位，即㱿、宕、古、争、𠭰、内、亘、永、韦、𡧊、㱃、事、𠂤、𠂤、㪤、㸒、𡚖、𢀛、𠦪。我们曾对宾组各贞人名字形在四部著录中所出现的片数进行了统计（参前文）。对于贞人名的字体，学者列举的特征字中多有涉及，也各有不同的见解，此不复引。研究表明，见于刻辞中的贞人名字形，多置于前辞“干支卜”后，“贞”字之前，其他则多见于非占卜性记事刻辞中的签名或记录，也有一些处在贞卜内容之中。这些贞人名字形，较之其他形式的特征字体，其特点大致如下。

### （一）具有较突出的“构形特征”

上节我们已经对“宕”“㱿”的“构形特征”进行了解析，下面谨以“争”字的不同构形为例，探讨将此类字形设定为第一级标准，其在分类中的作用也各有不同[①]。

A 型：

A 型Ⅰ式—— 　主要见于𠂤宾间类 （合 5837），宾一类 （合 17407 正）、宾二类 （合 1853 臼）。

A 型Ⅱ式—— 　主要见于宾一类 （合 98 正）（合 5439）（合 13123）、宾二类 （合 11499 正）。

B 型：

B 型Ⅰ式—— 　主要见于宾二类 （合 682 臼）（合 2774 臼）（合 6446 臼）（合 17506 臼）（合 5234）。

B 型Ⅱ式—— 　主要见于宾二类 （合 116 反）（合 177）（合 137 正）（合 248）（合 1114 正）（合 3707）（合 4899）（合 6943）（合 7320）（合 7352）（合 11758）（合 11917）（合 12465）（合 13331）（合 15647）（合 16052）（合 17105）（合 17166 正）（合 19349）。

B 型Ⅲ式—— 　主要见于宾一类 （合 3715 正）、宾二类 （合 16646）（合 6552

---

① 将具有突出“构形特征”的部分贞人名字体，可直接设定为第一级分类标准，如“宕”“㱿”“争”等。亦可利用具有同版关系的贞人名字体，通过特征性字形与习惯用字之间的组合关系，进而推定其作为第二级分类标准的特征性字形（参前文）。

臼）、宾三类（合 6814）。

C 型：

C 型Ⅰ式——　主要见于宾三类（合 651）（合 14592）（合 16687）（合 19082）。

C 型Ⅱ式——　主要见于宾三类（合 7）（合 23）（合 26）。

上列所示，A 型主要见于自宾间类与宾一类。该字上下二又（手）之间习作向上开口的凵形笔画，多作尖底状。A 型Ⅰ式、A 型Ⅱ式皆表现为矜持、方整的书刻风格。

B 型Ⅰ式字形见于骨臼刻辞的较多，因材质问题，中部的构件多写作“凵”状；B 型Ⅱ式主要流行于宾二类，整体构架显示出“雄浑”，用笔富有弹性，线条自然流畅。该类字形在甲骨文字体中，范围较广，是字体史与书法史的主要研究对象。B 型Ⅲ式是一种过渡字形，见于宾组的主要类型，该字中部的构件多写作尖底状。

C 型Ⅰ式中部又写作“凵”状，可以说是沿用了 B 型Ⅰ式的笔法风格。C 型Ⅱ式多存留 B 型Ⅱ式的笔画姿态。

### （二）具备“通用性”最高的字形、字体属性

从以上对“爭”字不同构形特征的分析来看，该字作为“分级划类”的第一级标准能够系联的卜辞数量很大，而且具备“通用性”最高的字形、字体属性。

由于同版所见的不同贞人，其字形结构往往具有一致性，所以根据这些贞人字形的书刻特征，可以系联不同类型的甲骨卜辞。就上举的“穷”“㱿”“爭”字形而言，其作为特征性字形，能够系联出大批的卜辞，而且见于同版三位以上的贞人在宾组中占有一定的比例，因而依据此等贞人字形“分级划类”是非常合理的。另外，由于这些贞人名字体变化较快，使用范围广，据此所系联出的一组组甲骨群，很自然地就形成了一个相对明晰的类型。若将此类型，再依据其他非贞人名的特征性字形不断地推定下去，就构成了一个具有较多相似特点的卜辞类型格局。分类的格局基本形成之后，反过来就会产生出一个较为稳定的特征性字形链条，只要依据该链条上的特征性字形，再进一步分类也必然具有可信度。

## 二、贞人名字体的作用

贞人名字体在区分卜辞类型时发挥着极其重要的作用。例如，将“穷”“㱿”“爭”设定为宾一类的特征性字形，但凡归入本类的单字形体，其字形结构、书刻风格以及习惯用字等就具有相对的一致性。尽管本类存在字体大小的区别，但根据贞人名字体的不同构形特征，仍将其归入同一类型。宾一类与自宾间类字体虽有相似之处，如果细致观察可以发现自宾间类的书刻，刀法不够娴熟，个别字形重心不稳；而宾一类无论大、小字的书刻，线条几乎步步到位，不枝不蔓，虽有“朴拙”之感，但书风已成熟。另外，我们也发现，宾一类字体在保持谨严书风的基础上，一部分字体仍处在动态的嬗变之中。例如，贞人名“穷”字笔画的多寡、“㱿”字构件的位移、“爭”字中间构件折角的变化等，这些现象都充

分表明了当时文字的发展尽管不能完全摆脱束缚，但已表现出向自由舒展、雄浑张扬的风格转变。

上举贞人名字形在分出的类型中，只要其基本构形没有发生太大变化，虽有局部改造，仍可视为同一类型的特征字。实际上，早一点的字体与晚一点的字体，可能是由于书刻者刀法的不断磨炼所致，在处理局部形体时产生了一些变化，也可能存在一些审美的因素。但是，如果反映其特征的基本构形发生了变化，就必须将其视作不同类型的字体标准。为什么要强调这一点呢？因为强调字体的构形特征，旨在通过它来反映卜辞的分类问题。因此，在特征性字形没有根本改变的情况下，它所反映的卜辞分类，也应当没有本质的改变。明确这一点，对卜辞的实际分类操作也是非常重要的。如果只考察那些不断发生的局部变化，反而忽略了标准字体中的主要特征，那将是一个依据字体分类的误区。

## 三、贞人名字体对“分级划类”的意义

在严格的分类过程中，是不是只要注意到一些特征性字形就能够分类了？当然不是。有些特征性字形，在卜辞中比较明显，不但可以作为分类的标准，还可以作为系联本版相关字形的基础，借以传递出更多的富有特点的残片字形，并可以帮助复原当时较为完整的甲骨。要做到这一点，仅仅依靠特征性字形之间的组合关系和单字的书刻习惯难以达到目的，还需要引入“特征性字形传递联系法”的概念，即从标准特征字到推定的标准特征字之间的关系，通过不断推定的标准特征字来设法揭示当时甲骨的本来面貌。过去，我们非常注意特征性字形的考察与辨认，这是做甲骨分类的学者应该必备的基本功。

在分类实践中，有时也会非常不恰当地把不同结构的字形划为一类。例如，把宾一类的一些甲骨划进宾三类，相反一些宾三类的甲骨，也常被误入宾一类。当然自宾间与宾一类也有互混的现象。存在这种问题，主要还是缺乏仔细观察与比对。这些误分，大部分是未见特征性字形的甲骨。那么，在特征性字形组合缺失的情况下，仅凭对字体的感觉所作出的判断，往往是不牢固的。

在正确的标准字形设定之后，依据“特征性字形传递联系法”而划分的“字体类群”是有充分依据的。但在卜辞的分类中，如果要对大面积的宾组甲骨设定一个标准加以归类，也是有困难的。有时标准的确定难以取舍，做过甲骨分类的学者都知道，强行统一标准势必要出问题。因为甲骨的残片太多，残片上能够提供的分类信息却是有限的。比如，有些残片上仅存留记录占卜的序数，或者仅能辨识出一些变化不大的兆辞、用辞字形以及非占卜性记数字等，从中很难捕捉到能够帮助分类的基础和条件。

但我们同时也认识到，每片出土甲骨，都是当时占卜信息的载体，是历史的见证，所以，不管是全还是残，我们对上面遗存的信息或多或少地都会有所感知。这就要求我们，要注意考察甲骨上同时存在的信息，有些不一定在分类方面用得上，但很可能对其他课题的研究起到作用。而这些课题之间往往彼此互相关联，这样就间接地推动了分类的进一步深入。尽管有些课题与分类相隔较远，但即便如此，分类的研究与其他甲骨学课题的研讨不能完全割裂，但我们着重强调的还是“分类研究的主要依据在字体”，这一点丝毫不能动摇。否则，分类的根本就会丧失。

# 第四节　“分级划类”中应注意的几种现象

随着分类工作的持续展开与不断深入，各层级不同的特征字与卜辞之间就会建立一个有机的联系，多数情况下，所确定的同一类别的特征性字形，其发展变化也是同步的，但也有一些与前一类保持着交叉与并存的关系，仍未与多数字形同步变化。

下面，我们着重对未同步变化的特征性字形进行考察。

## 一、特征性字形未同步变化的现象

在分类中，我们看到，相互关联的特征性字形得到确认之后，还有一些字形却未同步变化，仍保持前一类的字体形态。以宾组字形为例，如：

### 1.“㞢”字的构形变化

（1）自宾间类：（合 7049）。

（2）宾一类：（合 4519）（合 536）（合 776）。

（3）宾二类：（合 6167）（合 897）。

“㞢”字的构形，在自宾间类中竖基本不出头。宾一类中竖出头者多，不出头者少。随着字体的流变，至宾二类绝大多数字体的中竖都出头，但仍有一小部分字形的中竖承袭前两类不出头的特征。

### 2. 地支“子（巳）”字的构形变化

（1）自宾间类：（合 5874）。

（2）宾一类：（合 747）（合 734）（合 2940）（合 6570）（合 3197）。

（3）宾二类：（合 13929 正）（合 137）（合 3076）（合 10405）。

（4）宾三类：（合 3251）（合 3068）。

地支“子（巳）”在自宾间类流行曲臂。宾一类多将曲臂改成斜直的线条。宾二类又将宾一类斜直的线条拉成平直。宾三类承袭前两类的构形，写作一笔处理的斜直线条。

### 3. 地支“亥”字的构形变化

（1）自宾间类：（合 2301）（合 5390）。

（2）宾一类：（合 10964）（合 12343）。

（3）宾二类：（合 6083）（合 11883）（合 897）（合 3223）（合 7629）。

（4）宾三类：（合补 95）。

地支“亥”，自宾间类普遍流行中部的横笔，用短促竖划装饰的字形。宾一类中部多用两斜笔来处理，也有写作短横的字形。宾二类多数字形的中部只用一斜笔处理。宾三类又承袭自宾间类与宾一类的特征，且字体显得遒劲有力。

另外，还有“不”“𣪊”“叀”等，诸如此类的字体对分类制造不少麻烦，在界定时，有时不能很准确地判断其所属类型。在分类实践中，学界只能考虑用过渡类型来解释，如宾一与宾二难以区分时，就用宾一／二来表述，但我们尽量将这些卜辞重新整合并划分到相对接近的类型之中。其他亦如此类。

特征性字形不能同步嬗变的现象，可能是一位书刻者从不成熟到成熟的表现，也有可能是其对他人作品的效法与模仿。然而，字体变化出现不同步的现象，亦有可能因为书刻者之间的更替。因此，重视对已处于变化阶段的字体进行整理很有必要。当然，由于不能完全确定是同一书刻者风格的变化，还是不同书刻者新旧之间的更替，这样，分类也只能根据所观察到的变化现象进行确认。虽然有些变化是局部的，比如某一构件或部首，但也可以取得确认另一类型的直接证据。

## 二、特征字例不同的变化形式

上列几组特征字例的变化形式，又可分为以下两类：其一，从字体变化的范围上可分为整体变化与局部变化（个别构件）。其二，从字体变化的时间上可分为连续性变化与阶段性变化等。由此，特征字的不同变化形式，不仅证实了字体特征是由嬗变引起的，并可作为分类的依据，同时也证实了在字形嬗变未完成之前，依据字体的“分级划类”必然会出现困难的局面。

## 三、特征字的设定与“分级划类”应避免的问题

### （一）设定特征字应避免的问题

在选择与设定特征性字形时，有时显得客观性不足，主要存在以下几个方面的问题。

第一，初期分类时，在考察字体方面，由于受到卜辞范围的局限，所能关注的字例不够全面，因此，对一些特征性字形的设定不够严格。这样就导致在参照所设定的特征性字形分类时，出现犹豫不决、左右为难的现象。现在看来，凡是甲骨误分比较多的类型，问题大多出在这里。

第二，分类过程中，后面的特征性字形设定与前面已分类型之间的字体出现矛盾。这就说明，前面所设定的可能还存在其他异构现象，对于诸如此类的问题，应给予合理的归纳。否则，将导致使用过多的过渡类型来解决。但分类的宗旨，在于强化分类的精确性，如果过渡类型太多，势必会影响分类的效果。因此，只有对特征字的构形有比较明确的把

握，才能促使其分类的实现。

第三,一些常见字的写法很有特色，常被作为分类的依据，前面已举出若干字例。从过去的一些特征字表中，也可以看到，因为有些不是典型的常见字，所以其作为分类的意义就不大，即使在系联其他字形时，也不会提供更为有效的分类信息，因此，在运用这样的特征字例时，应特别小心。

以上几种不当的特征性字形设定，往往也会涉及其他相关问题，并导致分类可靠性依据的不足。从理论上讲，依据字体分类的标准毋庸置疑，但还需对“分级划类”中常出现的问题深入思考。

### （二）“分级划类”中应注意的其他问题

不可否认，对有些甲骨的分类确实带有一定的主观性，因为在特征字无法对其确认的情况下，通过非特征字之间的关系进行对比，往往会出现似曾相识之感，所以这种分类就非常危险。如果通过“特征性字形传递联系法”就能找到诸多分类的依据。

对不见特征字的甲骨，因版面缺乏一级、二级甚至三级分类标准时，似乎已经没有归类的可能，之所以还能对其分类，主要是基于对单字构形的仔细观察。如一些残片上，卜事非常重要，但未发现特征性字形，在进行分类时，主要是根据其他版面的已知特征字与该版习惯用字（常见字）之间组合关系的传递形式来推定的，并在保持书体一致的前提下确认其类型。

此外，我们还注意到类型与类型、甚至各层级之间所出现的不确定因素。这种现象曾给过去的分类蒙上一层阴影，致使不少甲骨得不到更合理的归类。如宾一与宾三之间，前面已经分析“穷”这个特征性字形，由于标准确定不当，所以分类中就出现不少麻烦，现已做出调整（附录四～七）。低矮的“貞”字，多数曾被归入宾二，其实这个字形并不具备耳、裆都用弧笔表现的特征。再如，一些高裆的“貞”字，也多被划进宾三，其中有误分现象。

综上，过去的分类存在一些问题，有不少误分现象，此次分类对过去的误分进行了重新整合与界定，其中，必然存在着合理解释的证据，这或许会使我们进一步认识到依据字体“分级划类”的客观性与必要性。

## 小　　结

在探讨依据字体特征对卜辞进行类型划分过程中，我们构拟了一个以甲骨文字体、标准设定、分级划类以及结果验证四个方面的“分级划类”框架。但在实际分类时，则强调对存在特征性字形的卜辞可以直接进行归类；对署有贞人名的卜辞，可以通过特征字与习惯用字之间的组合关系而设定的标准进行归类；对于不署贞人名的卜辞，如果依据“特征性字形传递联系法”而设定的标准，也可以对其进行类型划分。

# 第五章　宾组卜辞的字形特征及类型划分

宾组卜辞的字形特征与类型划分之间是一个有机的整体，该组“分类”是以“通用性”最高的字体、字形属性为基础进行的。所要选择的特征字都具有一定的“变形能力”（除了文字自身的变化外，与刻手的书刻也有关系）[①]，其“变构部件”有时决定卜辞的类型。因此，注重对宾组特征性字体的观察与描述，准确把握特征字与习惯用字之间的组合关系，对不见贞人的卜辞通过“特征性字形传递联系法”来推定，这些对该组的“分级划类”都具有极其重要的意义。

## 第一节　对宾组卜辞的“分级划类”的基本认识

在宾组卜辞的“分级划类”中，掌握一批不同标准的特征性字形是十分必要的。无论字体出自哪位书刻者之手，“分级划类”不同标准的设定，都需要根据单字构形特征的识别来完成。所以，只有从审视与考察宾组卜辞的单字入手，才能获取更多“分级划类”的信息或证据。近年来，学界在这方面已取得不少成果。学者从甲骨文单字的形体特征进行探寻，发现字体可以作为分类的主要依据，并且明确了特征性字形是字体分类的关键因素。因此，“先设定特征性字形，后进行类型划分”的两个步骤是实现“分级划类”的正确途径。

## 第二节　宾组卜辞的各类特征字例及构形解析

在上述讨论中，我们应该注意宾组各类特征性字形的设定有两种情况：一是存在早与晚的现象，二是存在宽与窄的问题。这样，如果对特征性字形设定不同的层级标准，就能够使类型划分工作做得更加细致。

下面，我们在参照黄天树、彭裕商等甲骨学者提供的分类标准（包括标准片、特征字表以及对特征性字形的描述与解析等）基础上，对《合集》《合补》《英国》《北大》等已著录的宾组资料进行全面梳理，并从中扩大特征性字形的选择范围。现表述如下。

---

① 黄天树先生认为“现代笔迹学研究的成果告诉我们：一个人在不同时期留下的笔迹虽有差异，但基本特征是不会变的，仍保持自身的书写习惯。这种书写习惯具有以固有的书写方式重复再现的特点。它对于书写人的主观意念有着相对的独立性，必须会在笔迹中顽强地流露出来。笔迹绝不是书写人随心所欲的产物。因此，从笔迹学的角度来说，依据字体对甲骨刻辞进行分类是切实可行的”。见黄天树：《殷墟王卜辞的分类与断代》，科学出版社，2007 年，第 3 页。

## （一）宾一类特征字例

宾一类有两种不同风格的字体，一种是刻在骨版上的，字形稍大，笔画方整，直笔较多；另一种是刻在龟版上的，字形略小，笔画纤细，折角钩曲普遍。其特征字例如下：

丙（合 4519）、丁（合 3186）、庚（合 536）、壬（合 7137）、癸（合 16562）、子（合 13140）、丑（合 13109）、寅（16562）、卯（合 16562）、辰（合 4121）、子（即巳）（合 2940）、午（合 1027）、未（合 13140）、申（合 13140）、酉（合 6570）、戌（合 7137）、亥（合 7137）、穷（宾）（合 4121）、𣪊（合 4121）、爭（合 776）、内（合 13109）、贞（合 2940）、王（合 6641）、㞢（合 776）、𡆥（合 16562）、且（祖）（合 1623）、告（合 9620）、吉（合 734）、雀（合 4121）、羌（合 1027）、乍（作）（合 6570）、以（合 5658）、方（合 6570）、我（合 6570）、自（合 6571）、叀（合 10950）、不（合 6460）、彡（合 536）、伐（合 6937）、来（合 7137）、翌（合 13109）、弓（合 536）、亡（合 16562）、河（合 536）。

上揭例字中，丙字两外侧竖笔垂直，框内两斜笔上部与中竖互相抵触，下部分别与两侧竖笔衔接；丁习作四边封闭性线条，外形平直方正；庚字写作平肩状，字形中竖较两侧竖笔偏长，内部笔画作一横笔；壬字中竖垂直，上下两端分别写作一短横；癸字交叉的笔画四边不出头；表地支名的子字两侧竖笔挺直，内部两横笔平行与竖立的侧笔相接，字头的竖笔垂直于内部上端的横笔之上；丑字上部二爪向下钩曲，而下爪又反向朝上部钩曲；寅字突出表矢器尖锐的部分，尾部较为短促；卯字二中竖外侧呈对称尖角状；辰字上部无短横饰笔，中部写作平行的两短横、首尾下拉的笔画作较长的竖笔；子（巳）表幼子躯干的笔画下部略倾，表左右臂部的斜横，贯穿躯干；午字表丝圈的构件，呈现出折角状；未字上部中竖两侧用弧笔，下部用直笔且短；申字曲折的主笔两侧上、下各附有一短斜笔，而不作钩曲状；酉字颈部写作两斜笔，下部皆作尖底形，并于颈腹部之间用一横笔贯穿两侧；戌字刃部作直笔状，所从的戈旁柲部作直笔，底端作与之垂直的短横笔；亥字形中部无短横；穷（宾）字上部所从的宀旁顶端上突，下部所从的豖旁颈部写作横、斜各一笔；𣪊字所从的南字平肩且有突棱，其上部中竖上下部位分别写作两斜笔，并于中竖衔接；爭字上下二手之间习作向上开口的凵形笔画，并作尖底状；内字习作两侧竖笔垂直，框内两斜笔与向下的短竖笔相触，并分别与两侧垂直线条互相衔接；贞字的上部尖耳，两侧竖笔垂直，字形方正，框内两斜笔互不衔接；王字上部无横笔饰画；㞢字中竖出头且短促；𡆥字封闭型的四边上窄下宽，中部上下构件不连；且（祖）字中间写作两短横；告字上方中竖两侧两斜笔折而向上，中竖与下方的“口”形相连；吉字上部构件如圭形器，与下部“口”

形的横笔不连；雀字字形上方所从的小旁写作分散的三短竖，分布于隹旁顶部及左右两侧，下部所从的隹，字头表嘴喙的部分写作平直的横笔；羌字侧立人形的颈部无装饰笔画；乍（作）字字形的尾部向上钩曲，中部无饰笔；以字侧立人形手臂表物体的部分用封闭型圆圈处理；方字的上部横笔两端用短竖装饰，中间的线条近于直笔；我字表戈柲的竖笔上下两端皆有短横与之垂直；自字形中部短横两端向上斜出两斜笔；叀字所从的纺砖底部未刻写表示纺砖底座的圈状笔画；不字由三条不规则曲线组成；酌字表酒器的下部皆作尖底形，外侧写作三小点；伐字所从的人旁臂部首部相连；来字字头无饰笔；翌字字形外部用不规则的线条封闭，有一短横与斜线相互交叉于中部；弓字表弓弦的隙间写作两竖点；亡字下拉笔画的尾部呈弧状；河字表水流的构件写作折状笔画。

宾一类的代表片，如合 122、203、267、506、536、728、776、787、1027、1623、2269、2270、2271、2272、2282、2283、2284、2286、2287、2288、3186、3516、3550、4121、4209、4519、5159、5165、5221、5516、5758、5776、5784、6571、6570、6572、6578、6641、6648、6664、6834、6862、6892、6896、6926、6931、6937、6947、6959、7076、7137、9620、9621、9776、9791、10125、10172、10184、10185、10186、10187、10188、10345、10349、10948、10950、10964、11018、11892、12343、12766、12974、13109、13140、13338、13624、13933、14019、14034、14037、14195、14201、14209、14295、14335、14733、16884；合补 43、61、100、453、454、455、457、460、467、468、476、524、2221、2538、2561、4733、5107、5662；英 26、27、71、72、114、119、143、145、146、147 正反、253；北大 21、47、145、332、824、825、855 等。

（二）宾二类特征字例

宾二类与宾组其他亚类所见的字形相比，大多数版面上书风雄健整饬，字形较大，笔画劲挺，用笔宽阔疏朗，中空放松，布局开合有度；但也有少量卜辞的字体体现出遒劲俊美，布局整齐，字形大小适中的书风。其特征字例如下：

丙（合补 2491）、丁（合补 449）、戊（合 559 正）、庚（合补 2491）、辛（合 6174）、癸（合 2496）、子（合 559 正）、丑（合 1965 乙）、辰（合 559 正）、子（即巳，合 559 正）、午（合 177）、未（合 6174）、申（合 11482）、酉（合 302）、戌（合 13271）、亥（合 12814）、亥（合 12814）、方（合 14294）、不（合补 449）、亘（合补 4）、亘（英 149）、㱿（合 1965）、穷（合 11423）、隹（合补 1516）、王（合 559 正）、其（合 1965 乙）、才（合 10406 正）、㞢（合 175）、来（合 5445 正）、宜（俎）（合 15888）、宰（合 779）、以（合 8985 正）、酌（合 14345）、旬（合 7139）、旬（合 559 正）、叀（合 10080）、羌（合 185）、翌（合 175）、固（合 6057）、贞（合补 449）、命或令（合 175）、

雨（合 14575）、隻（合 185）、雀（合 4108）、告（合 559 正）、若（合 559 正）、月（合 559）、夕（合 2164）、我（合 6057）、自（合 6057）、伐（合 6174）、爭（合 7139）、帝（合 14198 正）、乍（合补 1516）、弓（合补 1516）。

上揭例字中，丙字习作两外侧竖笔垂直，框内两斜笔于上部互相抵触，下部分别与两侧竖笔衔接；丁写作四边封闭性线条，外形方正；戊字所从的戈旁柲部作直笔，底端作与之垂直的短横笔；庚字写作平肩状，字形中竖较长，内部笔画作一横笔；辛字头无短横饰笔；癸字四边不出头；子字头的竖笔较长，垂直于内部上端的横笔之上；丑字上、中爪向下钩曲，而下爪未向上部钩曲；辰字字头无横笔；子（巳）字写作方首、斜横臂、躯干垂直；午字表丝圈的构件，呈现出折角状，字头竖笔较长；未字头皆写作折而向上的笔画；申字中间曲线两侧分别写作上下两折笔；酉字颈部写作两斜笔，下部皆作尖底形，字形于颈腹部之间用一横笔贯穿两侧；戌字刃部作直笔状，所从的戈旁柲部作直笔，底端作与之垂直的短横笔；亥字竖行的主笔略弯，前一字形右侧附有一短斜笔，后一字形中部短横与一短竖笔相抵；方字形上部短横的两端，增加了两短竖笔作为装饰笔画；不字有上横，写法与宾三类大体一致，异于宾一类，两侧的弧笔自然流畅，中竖未贯穿中部；亘字字头有无短横互见；殸字表声旁的部分，其上部中竖上下部位分别写作两斜笔，并于中竖衔接，肩部习作弧形状，笔意流畅自然。㝌字所从的宀旁顶部不出头，两侧写作弧形线条，下方所从的豕旁颈部写作一横笔；隹写作首部后倾、直尾；王字写作直刃；其字两侧笔画的上部无短横；才（在）字中竖较长，两侧的斜笔分别与上横和中竖相抵；㞢字中竖出头；来字头无饰笔；宜（俎）字形中间写作一短横；宰字外框两侧的笔画至下部而内折；以字表物体的部分写作圆状；酌酒器的左侧写作三点或四点；旬字尾部皆呈钩曲状，字头部分或出头或不出头二形互见；叀字所从的纺锤形无底座；羌字侧立人形的颈部无装饰笔画；翌字外部用不规则的线条封闭，有两短横与竖线相互交叉于中部；固字封闭型的四边上窄下宽，中部上下构件不连；贞字的上部尖耳，两侧竖笔垂直，框内两斜笔互不衔接；命、令字下部表跽跪的构件写作弧形状。雨字字头不带横笔；隻字字头的隹字表嘴喙的部分写作一斜笔；雀字字形上方所从的小旁写作分散的三短竖，分布于隹旁顶部及左右两侧，下部隹字表嘴喙的部分写作一斜笔；告字上方中竖两侧两斜笔折而向上，中竖与下方的“口”形相连；若字表跽肢的部分写作折形笔画；月字中部无点；夕字中部写作一短竖；我字表戈柲的竖笔上下两端皆有短横与之垂直；自字中部短横两端向上斜出两斜笔；伐字所从的人旁臂部首部相连；爭字上下二手之间习作向上开口的凵形笔画，并作尖底状；帝字字头无横笔，中间横笔的两端写作两短竖；乍字的尾部向上钩曲，中部无饰笔；弓字点状笔画略长，表弓擎部分的上端向下钩曲。

宾二类卜辞的典型片另可见：合 1、32、137、248、300、301、302、358、376、390、438、511、522、547、559、584、614、629、780、897、914、1051、1248、1592、2164、2863、3187、3280、3522、3946、4444、4494、5445、5458、5749、6042、6057、6087、6163、6167、6169、6270、6331、6354、6366、6399、6543、6567、6655、6945、6948、6987、7294、7295、7757、7761、7884、7943、8070、8806、9525、9551、9612、9766、

9767、9770、9862、9950、10075、10076、10080、10137、10222、10229、10236、10307、10405、10406、10911、10965、11177、11482、11484、11485、11497、11506、13117、13307、13630、13648、13711、14001、14002、14006、14008、14129、14198、14225、14340、14360、14369、14522、16655、16783、17080、17411；合补1、4、38、46、60、85、134、225、286、332、363、434、495、518、521、522、523、531、1241、1244、1246、1320、1538、1569、1573、1705、1726、1760、1763、1767、1768、1789、1804、1805、1828、1829、1831、1847、1852、1864、1874、1884、1964、1965、1966、1971、1981、2095、2096、2139、2299、2346、2489、2490、2491、2510、2591、2596、2688、2794、2813、3770、3799、3800、3801、3928、4031、4833、4841、4845、4887、4923、4925、4928、4930、4945、4954、4964、4980、5119、5121、5126、5276、5279、5512、5554；英149、200、201、202、203、212、214、219、264；北大20、53、153、168、169、252、253、777、778等。

### （三）宾三类特征字例

宾三类的字形比宾二类略小，刻写稍嫌拘谨。其书体风格大致可归为两种情形：一种是龟骨并用，字形稍大，笔锋锐利，凸显棱角，个别字迹略显草率。另一种主要用龟，极少用骨，字形略小，笔画工整。以上两种字形时常见于同版，甚至有同卜一事之例，因此，两者的关系比较密切。宾三类的特征字例如下揭所示：

丙（合12643）、丁（合12643）、戊（合9572）、庚（合2031）、癸（合16685）、子（合9572）、丑（合557）、子（即巳，合2543）、午（合12643）、未（合12643）、酉（合1626）、戌（合1520）、戌（合1520）、亥（合557）、以（合14851）、弓（合1251）、叀（合14375）、不（合557）、牛（合1520）、自（合557）、㞢（合9572）、隹（合557）、吉（合5251）、命或令（合6049）、穷（合1487）、且（合1520）、翌（合9570）、贞（合16685）、王（合1251）、旬（合16685）、允（合9572）、用（合12643）。

上揭例字中，丙字写作两外侧竖笔垂直，框内两斜笔于短竖相接。丁写作四边封闭性线条；戊字的所从的戈旁柲部作直笔，底端作与之垂直的短横笔；庚字平肩，字形中竖不出头，内部写作一横笔；癸字交叉形笔画的四边不出头；表地支名的子字中部两短横平行，字头的竖笔较长；丑字中部及上部二爪向下钩曲较甚，下爪未朝上部钩曲；假借为巳的子写作方首斜臂；午字表丝圈的构件，下部呈现折角状；未字头写作折而向上的笔画；酉字表酒器轮廓的颈部写作斜笔，下部皆作尖底状，并于颈腹部之间用一横笔贯穿两侧，并突出到字形之外；戌像鑮部，前一字形柲形部分的上下两端分别写作短横，后一字形柲形的底部无短横，二字形的刃部皆作直刃状；亥字中部皆有短横，短横外侧多附着一短竖作为装饰笔画；以字于本类皆作繁体，未见省化侧立人状的字形，与𠂤组大字类所见之不同在

于本类字头写作一直立的竖笔，而自组大字类字头的竖笔则显得短促；㢆字点状笔画略长而离弓形较远，表弓擎部分的上端向下钩曲；叀字表纺砖部分的下部无纺砖底座；不字有上横，写法与宾二类大体一致，异于宾一类，两侧的弧笔自然流畅，中竖未贯穿中部；牛字上部的弧形线条向中间收拢，左右结构不对称；自字中部写作两短横；㞢字中竖宾组大多数出头，宾一、二类较为短促，而本类比较突出；隹字的鸟首后仰而膺部写作圆弧形；吉字下部的“口”形上下横画粘连；命（令）字上下部分隙间较大，表跽肢的部分写作折笔；㝐字在本类异体较多，宀旁顶部不出头，两侧写作弧形线条，所从的亥旁中部有无短横互见；且（祖）字头较尖，中部写作一短横；翌字下部较尖，字形外围转折处，突出折棱；贞足略矮、耳形较尖，表鼎腹的两横笔平行并与外框相互抵触；王字头无横笔；旬字尾部钩曲，字头斜出；允字所从的人旁直立，字头出现折笔；用字中间习作一斜笔。

宾三类卜辞的代表片还可见：合 6、102、293、557、806、1251、1255、1258、1268、1291、1292、1293、1294、1299、1306、1487、1520、1591、1626、2543、2799、3123、3124、3125、3126、3127、3128、3129、3823、3824、3833、4078、4079、4080、5250、5251、5371、5581、5607、6049、6050、6816、6822、8093、9500、9570、9572、10111、10167、10529、12643、13737、14375、14380、14829、14851、14881、15685、16665、16685、16712、16718、17450；合补 95、184、186、187、188、189、190、452、2420、4153、4939、4946；英 19、22、46 正反、57、94 正反、992、1003；北大 30、172、229、230、231、281、313、314、315、322、326 等。

（四）自宾间类特征字例

自宾间类的书体风格，多数显得朴拙。该类字形窄长，笔道开合较为适度；另有少数字形已表现出方整、工饬的书刻风格。其特征字例如下。

丙（合 5810）、丁（合 2510）、戊（合 7055）、辛（合 7026）、子（合 6960）、丑（合 7026）、卯（合 1022）、辰（合 33071）、午（合 10951）、申（合 117）、酉（合 7015）、亥（合 6846）、令或命（合 6960）贞（合 53）、其（合 6999）、宰（合 2943）、㞢（合 7049）、羌（合 187）、不（合 2510）、雨（合 12980）。

上揭例字中，丙字两外侧竖笔垂直，框内两斜笔于上部多数互不抵触，下部两斜笔分别与两侧竖笔相衔接；丁写作四边封闭性线条；戊字所从的戈旁柲部作直笔，底端作与之垂直的短横笔，上端别出短促的横笔；辛字头无短横装饰；子字头的竖笔较长，垂直于内部上端的横笔之上；丑字上、中两指爪向下钩曲，而下爪未作钩曲状；卯字外侧突出其折笔；辰字上部无饰横；午字表丝圈的构件，很少出现折角，字头竖笔较长；申字中间曲线两侧分别写作上下两直笔；酉字颈部写作两斜笔，下部皆作尖底形，字形于颈腹部之间用一笔横贯两侧；亥字竖笔微弯，并附有一短斜笔，中部短横与竖笔相抵；令（命）字下部表跽跪的构件写作弧形状；贞字的上部多扁耳，两侧竖笔垂直，框内两斜笔互不衔接；其

字两侧笔画的上部饰短横；宰字外框两侧的笔画至下部而内折；虫字中竖不出头；羌字侧立人形的颈部无装饰笔画；不字写作三条不规则的曲线，字头不饰横笔；雨字字头亦不饰横笔。

自宾间类的代表片还可见：合 117、313、1026、1029、1093、1513、1829、2301、3202、6715、6846、7049、7063、8424、9816、10020、10024、10410、10514、10951、12819、14020 等。

# 第三节　宾组卜辞设定“分级划类”标准的理据

上举宾组各类特征字例，由于它们的性质与作用不同，所以在分类中存在着层级的区别。过去该组的特征字表，虽将它们都视作分类的特征字体，实际上，这种笼统的认识给具体操作带来诸多不便。对此前文已就有关问题进行了探讨。下面再就本组“分级划类”的设定标准做进一步地说明。

## 一、设定第一级分类标准的理据

宾组第一级分类标准设定的理据，着重强调特征字的属性，且具有“变形能力”强、能够直接通过该标准对卜辞进行归类等特点。例如，该组中的“𣪊”“穷”“贞”“不”“申”“未”“子（巳）”等，都属于“变形能力”强，对卜辞可以直接归类的特征字。

例如，从前述的“𣪊”宾一类（合 4121）、（合补 577），宾二类（合 628 正）；“穷”宾一类（合 6884），宾二类（合 5509），宾三类（合 12643）等不同字例的构形特征来看，这些作为第一级分类标准的字体，对分类都产生了较大影响。下面再以“雀”字为例，进一步说明这种字体作为第一级分类标准的重要性。

“雀”字的构形特征，简述如下。

A 型——　该型主要见于自宾间类（合 585 反）（合 4158）（合 5793）（合 8984）。

B 型：

B 型Ⅰ式——　该型主要见于宾一类（合 10567）（合 4121）（合 4165）（合 6981）。

B 型Ⅱ式——　该型主要见于宾一类（合 6959）（合 4139）。

C 型：

C 型Ⅰ式——　该型主要见于宾一类（合 8008）、宾二类（合 6952 正）。

C 型Ⅱ式——　该型主要见于宾二类（合 4108）（合 6949 正）。

前文已述，“雀”在自宾间类、宾一类、宾二类中，是一位比较重要的部族族长名（地名或国名），但到宾三类则比较少见。黄、彭两位先生的特征字表，也都只将该字形列入宾一或宾二类。

从构形上看，A 型主要见于自宾间类，该字形上方所从的小旁，两边写作分散的两斜笔，分布于隹旁顶部及左右两侧，中间写作一短竖，并于下部的构件垂直相接，下部所从的隹，表嘴喙的部分写作平直的横笔，爪部用曲线表示。B 型Ⅰ式见于宾一类，该字形上方所从的小旁多写作分散的三短竖，分布于隹旁顶部及左右两侧，下部所从的隹，表嘴喙的部分写作一横笔，爪部曲线、直线并用。B 型Ⅱ式属宾一类的常见字形，该字形上方所从的小旁多写作分散的三短竖，分布于隹旁顶部及左右两侧，下部所从的隹，表嘴喙的部分写作一斜笔，爪部多用直线表示。C 型主要见于宾二类，该字形上方所从的小旁写作分散的三短竖，分布于隹旁顶部及左右两侧，下部所从的隹，表嘴喙的部分写作一斜笔，爪部用直线表示。

综上所述，“殻”字的构形由宾一向宾二存在一种过渡现象，过渡字形主要是在所从的南字构形部件上，与其他两类具有明显的变化。从中不难看出，表声旁的南字构件，即为这个特征字的“变构部件”。“宂”字的“变构部件”则表现为上、下两部分。上部∩形是否出头，下部亥字构形的变化特征，是判断宾一与宾二类的关键，而宾三类除书体表现为遒劲之外，下部的主笔别出的斜画较为强劲，而且竖笔之上不饰短横，这是区别前两类的主要标志。“雀”字的“变构部件”亦表现为上、下两部分。上部所从的小旁，下部表嘴喙的部分以及爪形则是类型划分的主要字体因素。

由此可以看出，正是“殻”“宂”“雀”等字形“变构部件”的强力作用，对宾组卜辞的“分级划类”产生了重大影响。其他特征字亦可作此解构与分析。

## 二、设定第二级分类标准的理据

作为第二级分类标准的特征性字形，是通过特征性字形与习惯用字之间的组合关系而推定的。在署有贞人名的卜辞中，可利用具有同版关系的贞人名，作为归纳这种特有组合关系的依据，由于传递式的推定无限进行下去，必然会使各类之间漫无界限，因此保持书体的一致性，在分类上具有重要意义。同时，这种传递式的推定应有一个选择起点的问题。所以此类与第一级标准相比有三点区别：①体现特征的“变构部件”，其变化能力不如第一级强烈；②能够系联的卜辞数量有限；③因为必须通过同版关系作为归纳的依据，所以只能表现为字体分类的第二步骤。下面我们以“宰”字为例，说明此类字体作为第二级分类标准的意义。

“宰”字的构形特征，简述如下。

A 型：

A 型Ⅰ式——　该型主要见于自宾间类（合 1513）（合 2558）（合 15057），宾一类（合 728）（合 1509）（合 14559）。

A 型Ⅱ式——　该型主要见于宾二类（合 712）（合 924 正）。

B 型：

B 型Ⅰ式——　该型主要见于宾二类（合 896）（合 897）。

B 型Ⅱ式——　该型主要见于宾二类（合 378）（合 779）（合 1661 反）（合 14984 反）（合 15602）。

C 型——　该型主要见于宾三类（合 14834）。

“宰”是在各组类较为常见的祭祀毛（物）牲，《殷墟甲骨分期研究》与《殷墟王卜辞的分类与断代》皆未将此字形列入特征字表，我们将该字形作为第二级的分类标准。

从构形上看，“宰”字的主体主要由两部分构成。A 型Ⅰ式主要见于自宾间类以及宾一类早段，字形外框两侧的笔画内折不甚明显，甚至有些直接用一笔表示；A 型Ⅱ式是典型的宾一类形体，多数外框两侧的笔画至下部而内折。B 型Ⅰ式主要见于宾二类，字形外框两侧的笔画内折不明，但线条自然流畅；B 型Ⅱ式是典型的宾二类形体，多数外框两侧的笔画至下部内折较为明显。C 型主要见于宾三类，字形外框两侧的笔画与前两类有所不同，其构形多呈不规则状。

综上，“宰”字的构形外框内部所从的“羊”字变化不大，由宾一向宾二亦存在一种过渡现象，过渡字的构形主要是在所从的外框构件上，宾三类的外框构形不规则，与其他两类具有明显的变化。从中不难看出，该字的外框构件，即为这个特征字的“变构部件”。如果在推定的卜辞中，注意该字形的外框“变构部件”的主要变化形式，将有助于宾组卜辞的“分级划类”，其他所推定出来的特征性字形，也应具有类似的作用。

## 三、设定第三级分类标准的理据

通过“特征性字形传递联系法”，亦可选择一些与之具有关联性的特征性字形，作为分类的第三级标准。对于习惯上不署贞人名的卜辞来说，这种特有组合关系是通过该组同版关系传递联系法而推定的，所以此类与前两类标准相比：①其字体是在次续传递联系中推定的，不是直接设定的；②使用范围亦有一定的局限性；③无论是构形还是书风都不如前两者的特征明显，而字体的变化多表现在笔画的多寡、构件的位移以及字形的方向等方面。下面以“歸”字为例加以分析。

A 型——　该型主要见于自宾间类（合 7049）。

B 型——　该型主要见于宾二类（合 722 正）（合 5191）。

C 型——　该型主要见于宾二类（合 5193 正）（合 5231）（合 10043）（合 13644）（合 2281）（合 10719）。

D 型——　该型主要见于宾三类（合 4079 正）。

“歸”字的初文是由两个构件结体而成，一个是所从的“𠂤”形，呈纵向环抱状的两峰对峙状，用以表高丘之地，乃“隹”（堆）字的本字；另一个是所从的“帚”形，象箒帚之形。

从“歸”字的构形特征来看，A 型字主要见于自宾间类，该字形所从的“自”形，多出现折状线条；而“帚”形中间无短横装饰。B 型字主要见于宾二类（此乃宾一类向宾二类的过渡片，现归宾二类），该字形所从的“自”形，已用弧状笔画表示；而“帚”形中间短横的两端又饰加两竖笔。C 型字主要见于宾二类，该字形所从的“帚”形中间基本不饰加短横，而“自”形构件笔画圆润流畅。D 型多流行于宾三类，“帚”字构件有时出现缺笔的现象。

由上可以看出，“歸”字所从的“帚”形即为这个特征字的主要“变构部件”，该构件中间是否用短横装饰以及短横两端是否又羡加饰竖，是类型划分的关键因素。因此，重视次续传递联系推定出来的特征性字形，在分类中可增加更多的字体依据。

以上所分析的该组三级标准字体中，亦应包含如下内容：各级特征字在单字形体中的确认；具有特征性的变形部件在字体构件或部首中的确认；对同一发掘单位所出单字形体的比较；对具有同一卜事，且文例、文法相似辞例之间的字形、字体相互比较等。

## 第四节　宾组卜辞“分级划类”的作用与价值

以上所讨论的“分级划类”，其对象即为宾组卜辞，现已确认最客观的判断标准就是字体。在字体因素中，起关键作用的是字形结构，还有书刻风格以及用字习惯等特征。《殷墟甲骨分期研究》《殷墟王卜辞的分类与断代》曾将这些因素纳入分类研究的范畴，但对具体的操作途径未做进一步说明。黄天树先生曾提出：“以字体为标准来分类，从理论上讲是不受任何局限的，也是完全可行的。”甲骨文字体是一种书刻符号。利用字体对宾组卜辞进行分类，并在此基础上考察其刻写时代具有极其重要的意义。因此，依据字体所分出的宾组甲骨“类群”应该是科学合理的。

事实上，“分级划类”的概念虽然明确得较晚，但在过去的分类研究中已广泛应用，只不过对分级性质的认识还不够明确而已。通观各家所列出的特征字表，其中的特征字例具有不同的分类作用，实际上存在着“层级”的问题。以上所列举的“𢦏”“穷”“雀”以及大多数干支字形，作为宾组的第一级分类标准，是非常合适的。因此，从分级角度来看，依据所设定的标准进行分类，然后再对其刻写时代进行推定。可以说，这是一种对宾组卜辞最好的诠释与研究方法。

以上我们总结了“分级划类”的标准与方法，并通过对每片甲骨的辨析与释读，从中梳理出了为进一步分类提供的特征字例。此外，我们也注意到对同一发掘单位所出土的甲骨文的字体进行梳理，从中能够获得一些重要的分类资料。例如，对 YH127 坑或花东 H3 坑所出字体进行系统研究，可能还会发现更多的字体分类信息。研究表明，在较晚的地层中也出土了一些被认为是早期的字形，这说明字体在文字嬗变过程中具有很大的保守性（指不可改变的文字基因构形）与传承性。但是，这些早、晚期具有依赖与继承关系的字体，不会影响对特征性字形的确认，相反会使从事分类研究的学者更加注意到确认特征性字形的重要价值。

据上分析，依据字体对宾组甲骨进行分类的作用与价值，集中表现在特征性字形的选择与细致考察方面。早期研究的局限性，主要表现在字体虽被不断地提及，但实际上都没有被充分运用，究其原因，一方面是缺乏对原篆字形的系统整理，因此就不可能确认一批具有分类信息的特征性字形；另一方面是对字体进行“解构式”分析不够。分类的目的旨在强调把每片甲骨科学地归入每个“字体类群”，并带动对其刻写时代的相关考察，在此基础上力求还原一段当时的历史，一旦“分级划类”的标准设定比较客观而明确，那么，相关内容的系联必然会得到进一步加强，分类的成果也将会更加突出。

## 第五节　解构式分析与描述的特殊作用

所谓解构式分析与描述，就是对甲骨文单字形体的部首、构件拆分后进行解析和描述。对于宾组的字体来说，具有“分级划类”意义的字形，需要对其特征性的构件进行深入观察与解析。因此，一个字形重在关注一个或两个部件，这些构件具有一定的变形能力，我们将这样的局部变形称之为“变构部件”。“变构部件”集中反映了文字嬗变过程中的一些特点。

从本组自宾间类到宾三类的字体发展来看，不仅体现在“变构部件”的嬗变方面，同时也为分类提供了一个可供参考的依据，如果捕捉到其中的关键，依据字体的分类就会更加富有成效。

研究表明，通过对特征字体“变构部件”的解构式分析与描述，可以把相互具有关联性的卜辞归在一起，形成不同的“字体类群”或更加细化的“字体分类亚群”。另外，对其他单字形体以及通过组合关系推定出来的特征字，也需要解构式分析与描述，并进而归纳总结这些字形作为分类依据的可靠性与有效性。

解构式分析与描述的对象，主要包括特征字的整体结构、局部结构以及结体中的不同构件。

宾组卜辞中的各亚类字体，从自宾间类到宾三类，其构形的变化异常复杂，尤其是作为“分级划类”特征性字形的“变构部件”，又往往决定着卜辞的类型划分，因而给从事分类研究的学者进行分级标准字体的辨识、科学归类的探索以及对信息复杂甲骨类型的判断，都会留下诸多问题。

具有较强变形能力的“变构部件”，主要包括以下三个方面：其一是指结体中的笔画多寡问题。例如，“辰”“辛”“不”“王”的字头是否羡加横笔；“庚”“申”“亥”“用”“翌”“雨”“月”的笔画繁简等。其二是指部首或偏旁的位移现象。例如，“𡔷”所从表声旁的南字，“歸”所从的“𠂤”，“爭”字所从的上下二手等。其三是指字形的书刻方向不定。例如，“人”“方”“羌”“隹”“以”“丑”等字体的书刻方向可以向左或向右。同时还值得注意的是，这些特征字的书刻风格，从自宾间类一直变化到宾三类，常常先从一个主要构件变起，到宾一、宾二类时，多数字形从朴拙、矜持发展到雄浑阶段，而宾三类的刻写则比较硬劲，有时显得较为草率，这足见特征性字形也是由不成熟到成熟发展变化的。

# 第六节　宾组卜辞“分级划类”中应注意的一些现象

随着宾组卜辞分类工作的次续展开与不断深入，当认识到不同特征性字形各层级标准的作用之后，各类字形之间存在的继承关系也引起了我们进一步思考，并在实际操作中加强了对每片甲骨的科学判断。

我们知道，各类甲骨之间都存在着类型划分的纠葛，比如自宾间与宾一、宾一与宾三、宾二与宾三以及宾一与宾二之间在字形发展上都有交叉或并存现象。这就要求我们务必找到更科学、更严密的分类标准，才能达到能够说明它们之间先后关系的证据，尤其在我们注意到同类中多数特征性字形虽已变化，但仍有个别字形尚处在未同步变化的现象，如“不”“虫”“其”“亥”等，这些字形往往会对分类造成麻烦。另外，类与类之间存在较多的过渡字形，这些字形却不是我们通常所说的特征性字形之间的同步嬗变，因此我们在理解与界定时，使其与特征性字形有别，其目的是为了强化特征性字形作为判断标准的权威性。

以上所述宾组各层级之间特征字例的差异，其具体表现又可以通过构形与书刻风格两个方面来进行认识。

（1）特征字构形的变化现象，包括：①特征字的组成构件不同，即单字形体与偏旁的不同。例如，“用”“叀”“隹”“㱿”“穷”等。②特征字的构件布局不同，往往出现上下或左右的移动。例如，“韋”“伐”“受”“酌”“歸”等。③特征字的笔画繁简不同。例如，“庚”“辛”“翌”“不”“酉”等。

（2）特征字书刻风格的变化，包括：①特征字的笔画移动轨迹不同，即使用方折或圆转线条的差别。例如，“牢”或“宰”的外框、“爭”字双手中间的部分以及“㱿”字所从的南字构件等。②特征字的点画姿态与数量不同。例如，“雀”上部的三短竖，有时写作三小点分布于隹旁顶部及左右两侧；“酌”表酒器部分外侧的三斜点，有时写作四点或五点，且点状笔画较酒器部分有时偏低，有时偏高；“雨”表天幕落雨之状的三点，有时写作三短竖。③特征字的书刻材料不同，刻在龟甲与刻在胛骨上的字迹不同，同时在腹甲与在背甲、在骨扇与在骨臼契刻的文字也会因材质不同，而出现风格不同的字体。④特征字的书刻习惯不同，如时段（或时代）、刻手不同，会出现书风的较大差别[①]。

宾组各类特征字例的变化也可以分为：单字整体的变化、单字局部的变化、构件整体的变化、构件局部的变化等。这不仅证实了字形特征是由嬗变引起的，并可作为分类的依据，同时也证实了在字形嬗变未完成之前，类型划分必然会出现困难的局面。

不过，也不可否认，在宾组甲骨的类型划分中，由于一些特征性字形是推定的，因此，有时分类就会出现逻辑上不够谨严的问题。具体表现在：利用特征字无法对卜辞进行归类时，于是就利用似乎关联的特征字作为标准，这种分类结果就比较危险。如果我们采用“特征性字形传递联系法”找到字形与字形，也就是特征性字形与常见字形之间的相互关联

---

①　参见启功：《古代字体论稿》，文物出版社，1964年，第4页；又见启功：《启功全集·古代字体论稿》第二卷，北京师范大学出版社，2009年。

（比如同文卜辞、成套卜辞、残辞互补等）时，这样的分类就比较科学与合理。

对不见特征字信息的一部分甲骨，因缺乏各层级分类标准的依据，因此归类的信心看似不大，之所以还能找到分类的依据，主要是基于对单字形态以及单字构形的深入观察与仔细对比。另外，我们还注意到，在类型与类型之间，甚至各层级之间确实存在一些不确定因素。这种现象曾给过去的分类制造了不少麻烦，致使一些已归类的甲骨得不到合理的解释，此种现象在宾组各类之间几乎都有。请注意“翌”（合 9570）字，这是典型宾三类的特征性字形，据此可以系联一批宾三类的卜辞，但过去曾对其与自组的（合 19945）、（合 33309）以及宾二类的（合 540）之间的构形辨识不清；又如，过去曾把低矮的貞（合 2940）字，视为宾二类的特征性字形，其实这个字形并不具备耳、裆都用弧笔表现的特征，此字具有宾一类的书刻风格。之所以存在一些误分现象，还是对不同特征性字形之间的根本差异未加深究，即便是结构的形态、书体风格近似，也需要对基本构件进行仔细的观察与辨识，尤其是要关注局部的核心构件，正是这些核心构件，给分类提供了必要的且可对比的参照标准。

## 小　　结

宾组卜辞的分类实践，是在坚持李学勤先生提出的分类应以通用性最高的字形、字体属性为前提而进行的，构拟“分级划类”的框架，旨在将分类所依据的字体分为三个不同的层级标准。通过该标准，对四部著录中的宾组卜辞进行了分类整理。依据第一级标准所设定的特征字，可以对具有特征性字形的卜辞进行归类；依据“特征性字形与习惯用字之间的同版关系”而设定的第二级标准，可以对署有贞人名的卜辞进行归类；依据“特征性字形传递联系法”而设定的第三级标准，可以对不署贞人名的卜辞进行归类。由此可以看出，“分级划类”标准的设定，已促使我们充分认识到，依据字体分类的操作过程是可行的。三个层级的标准相互参照，并提供必要的分类信息，使得类型划分的依据更加系统、更加科学。

# 第六章　宾组卜辞的综合考察与整理

## 第一节　关于宾组材料的综合整理

宾组甲骨主要是商王武丁中后期的遗物，该组卜辞在殷墟王卜辞中占有极其重要的地位。从此次整理的情况来看，宾组甲骨的总数为 29328 片。其中《合集》19388 片、《合补》6431 片、《英国》1685 片以及近出《北大》1824 片。

从殷墟科学发掘著录的情况来看，宾组甲骨主要出土于小屯村北，出土层位翔实的有第一、第四、第十三次等发掘纪录，如第一次在村北朱姓地里发掘的 A 区 26 坑、第四次在村北张姓地中发掘的 E 区 16 坑、第十三次在村北 B 区 119 坑均出土有宾组卜辞。在第十三次发掘的殷墟 C 区 YH127 大圆坑内，9/10 出土的是宾组卜辞（详见第一章）。

宾组卜辞的跨度时间较长，占问的内容非常丰富。对此，我们归纳了以下 16 种：祭祀、战争、农业、田猎、天象、旬夕、疾幻、生育、人物（包括国族）、建筑（包括作邑）、鬼神、贡纳、城郭宗室、兵制刑狱、教育传习以及书风等。

依据“分级划类”的标准，并在参照文字契刻风格及相关人物、事项、称谓、钻凿形态等内在关系的前提下，宾组卜辞可再划分为自宾间类、宾一类、宾二类、宾三类四个亚类。从卜辞类型的发展轨迹来看，宾一类卜辞接近自宾间类，后来的部分宾三与出一类卜辞相互衔接。此次整理，我们对四部著录中各类卜辞的数量进行了统计（表 6.1；图 6.1）[①]。

**表 6.1　宾组各类卜辞的数量之统计**

| 类型划分 | 《合集》 | 《合补》 | 《英国》 | 《北大》 | 各类总数 | 各类所占比例 |
|---|---|---|---|---|---|---|
| 宾一类 | 5118 | 1453 | 328 | 354 | 7253 | 25% |
| 宾二类 | 9211 | 3737 | 1326 | 840 | 15114 | 52% |
| 宾三类 | 3955 | 1152 | 31 | 558 | 5696 | 19% |
| 自宾间类 | 1104 | 89 | 0 | 72 | 1265 | 4% |
| 各部总计 | 19388 | 6431 | 1685 | 1824 | 29328 | 100% |
| 各部所占比例 | 66% | 22% | 6% | 6% | 100% | — |

宾组卜辞龟骨并用，在学者已梳理的《合集》材料中，用龟约 12203 版，用骨约 6226 版[②]。宾组卜辞所见甲骨大版和长辞较多，过去多有研究，此不赘述。

---

① 此表已在本书《绪论》部分有所介绍，为便于说明问题，我们将其移录于此。

② 〔日〕崎川隆：《宾组甲骨文字体分类研究》，吉林大学博士学位论文，2009 年。

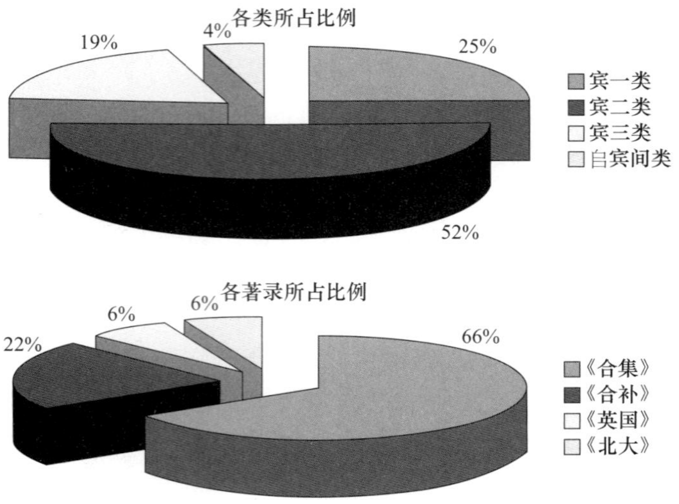


图 6.1　各类及各著录卜辞所占比例

宾组卜辞的主要称谓有祖乙、父甲、父庚、父辛、父乙、兄丁、母庚等。父乙、母庚是时王武丁对先父小乙及已故母亲的尊称。自组卜辞常见的阳甲（合 19908）、盤庚（合 19798）称谓，在宾组中多称父甲、父庚。习见于自组的兄丁（合 19907）、兄戊（合 19761）在本组也比较常见。另外，宾组各类所见的代表性称谓，也略有不同。例如，自宾间类常见的重要称谓有祖乙、祖丁、祖辛、父甲、父庚、父乙、父戊、兄丁、兄戊、妣庚、妣癸、母庚等。宾一类常见的有祖乙、父辛、父乙、兄丁、母庚等，其中又以父乙、母庚、兄丁较为多见。宾二类卜辞的主要称谓有祖乙、祖辛、祖丁、父乙、兄丁和母庚，其中以父乙、祖丁较为多见。宾三类早段的称谓是父乙、母庚，但未见父丁称谓，晚段出现了“丁”称谓，此时妇好（合 8093）也成了致祭对象。

宾组卜辞的贞人较多，见于四部著录的主要有 28 位，其中最常见的有 19 位，即𡧊、㱿、古、爭、吕、內、亘、永、韋、箙、光、事、㕡、旬、郱、㞢、収、𡿺、㱿。贞人名字一般出现在前辞中，但经常也可以在非占卜性记事刻辞上看到。下面我们对各贞人在四部著录中所卜的片数进行了统计（表 6.2）。

**表 6.2　宾组卜辞各贞人名字形所出现的片数之统计**

| 贞人名字形 | 《合集》 | 《合补》 | 《英国》 | 《北大》 | 总和 | 各贞人所占比例 |
|---|---|---|---|---|---|---|
| 㱿 | 1310 | 449 | 125 | 67 | 1951 | 29.79% |
| 𡧊 | 996 | 232 | 58 | 69 | 1355 | 20.69% |
| 光 | 37 | 9 | 1 | 8 | 55 | 0.84% |
| 爭 | 836 | 263 | 64 | 54 | 1217 | 18.58% |
| 古 | 264 | 68 | 8 | 27 | 367 | 5.60% |
| 吕 | 101 | 41 | 10 | 12 | 164 | 2.50% |

续表

| 贞人名字形 | 《合集》 | 《合补》 | 《英国》 | 《北大》 | 总和 | 各贞人所占比例 |
|---|---|---|---|---|---|---|
| 㱿 | 6 | 0 | 0 | 3 | 9 | 0.14% |
| 王 | 237 | 49 | 26 | 15 | 327 | 4.99% |
| 𠯑 | 14 | 0 | 0 | 0 | 14 | 0.21% |
| 亘 | 298 | 99 | 21 | 17 | 435 | 6.64% |
| 事 | 109 | 46 | 2 | 19 | 176 | 2.69% |
| 永 | 86 | 33 | 8 | 5 | 132 | 2.02% |
| 内 | 90 | 29 | 3 | 1 | 123 | 1.88% |
| 韋 | 97 | 27 | 8 | 9 | 141 | 2.15% |
| 箙 | 29 | 5 | 0 | 0 | 34 | 0.52% |
| [illegible] | 1 | 0 | 0 | 0 | 1 | 0.02% |
| [illegible] | 1 | 0 | 0 | 0 | 1 | 0.02% |
| 沐 | 2 | 0 | 0 | 0 | 2 | 0.03% |
| [illegible] | 14 | 2 | 0 | 0 | 16 | 0.24% |
| 屰 | 4 | 0 | 0 | 0 | 4 | 0.06% |
| [illegible] | 1 | 0 | 0 | 0 | 1 | 0.02% |
| 征 | 2 | 0 | 0 | 0 | 2 | 0.03% |
| 卣 | 1 | 0 | 0 | 0 | 1 | 0.02% |
| 耳 | 3 | 1 | 0 | 0 | 4 | 0.06% |
| [illegible] | 4 | 0 | 0 | 0 | 4 | 0.06% |
| 卯 | 7 | 1 | 0 | 0 | 8 | 0.12% |
| [illegible] | 2 | 0 | 0 | 0 | 2 | 0.03% |
| [illegible] | 3 | 0 | 0 | 0 | 3 | 0.05% |
| 各著录总计 | 4555 | 1354 | 334 | 306 | 6549 | 100% |

宾组卜辞除在龟甲、兽骨的显著位置契刻卜辞外，还在龟甲、兽骨的其他部位上，契刻一些记事刻辞。宾二类在卜骨上开始出现骨臼刻辞，到了宾三类，还产生了骨面刻辞（参见附录四～七中“其他说明”一栏）。另外，宾组卜辞的兆辞也有变化。例如，𠂤宾间类多作“不𠂤”，宾一类也多作“不𠂤”，宾二类记作“不𠂤黽”，宾三类已不见此类兆辞。“王固曰”的占辞和甲尾中部的刻辞“不可”，目前也只发现于宾二类，宾组的其他两类未见此语。

从宾组卜辞所见人物来看，宾一类的人物多同于𠂤宾间类，有些还见于𠂤小字类，如子䰜、雀、弜、白𡨦、妇鼠等。宾二类与𠂤宾间类、𠂤小字类也有不少相同的人物，如弜、雀、甫、妇鼠、妇娘等，但主要与宾三类相同。宾三类提到的人物也多见于出一类。

宾组各类内部及与相关组类之间的时代交叉关系为：

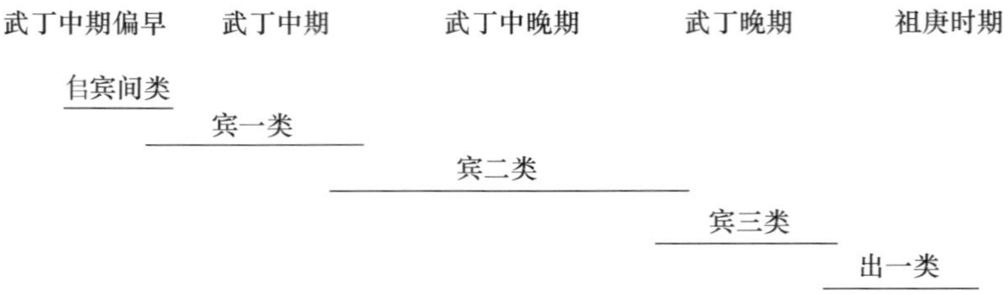


# 第二节　宾组各类卜事及其他类项的综合整理

## 一、宾一类的综合整理

宾一类卜辞发掘单位主要在小屯村北。本类卜辞的著录主要有《合集》5118片、《合补》1453片、《英国》328片、《北大》354片，合计7253片，占四部各类总数29328片的约25%。宾一类与武丁中期偏早时的𠂤宾间类有一段并存期，其下限与武丁中晚期的宾二类也有一段交叉时期。

宾一类的贞人是较早出现于武丁中期王室占卜集团的成员，其中最主要的有宂、𡧊、争、内、亘、古、永、㕦、韦等。宾一类卜辞的前辞形式有“干支卜，某贞”。此种前辞形式，在宾一类中非常普遍，当时供职于商王室贞人集团的主要成员，几乎都反映在了这种前辞形式中。还有“干支卜，某”（合3186等），这种形式中有一种现象，如类似合10950片的可以与亘、内、宂、争等贞人一样，处于前辞形式之中。除此之外，另有“干支卜，贞”（合10184）、“贞”等前辞形式。宾一类贞人同版占卜的现象非常普遍，如内、争、𡧊（合536），宂、𡧊（合4121），𡧊、内（合6577），宂、亘（合6477），争、内（合6572），𣎳、𡧊（合6578），王、𡧊、争（合6947），王、争、内（合2940）等贞人，都经常在同一版甲骨上主持占卜。

宾一类提到的人物可分为诸子、诸妇、部族族长等。其中见于宾一类卜辞的诸子较多，如子齹（合536、2940），子𡛚（合3186、728），子卯（合536），子𢀛（合5758），〔子〕畫（合6648反），子𢼄（合13109），子汏（合5758），子效（英138、139）等。以上诸版所见的子齹、子畫、子𢀛、子𡛚等，为当时的王室要人，其地位比较显贵，作为商王同姓家族中的宗族首领，在宾一类卜辞中，主要是参与商王室的重大活动，他们无论居于王室之外还是居于王室之中，都同样享有祀神祭祖的权利与义务。多子族的族长们，一般拥有自己的属地，对商王朝有出兵、贡纳的义务。商王武丁对多子族族长们的事情也非常关心，经常会为他们占卜。

宾一类卜辞所见的王妇有“帚（妇）鼠”（英174正＝合40854正）、“帚娘”（合2786、2787）等。王妇在商王朝具有很高的地位，她们也常常听命于商王，从事王室的活动。在卜辞中，王妇的生育与健康是商王关注较多的两件大事。妇鼠是较早见于卜辞的商王配偶之一，她出现在𠂤组小字类、𠂤宾间类卜辞中，常见商王为其卜“贞冥（娩）”之事，然而，宾一类不见问其贞娩的例子，却常见是否“来”的卜问。在村南系历一类卜辞中，出现有“帚鼠亡囚”（屯3847）的卜问，这个阶段商王不断关心妇鼠的健康，并为此进行占卜。宾三类有两个卜问“丧帚鼠”于某地的例子。联系有关卜辞，妇鼠曾出现于𠂤组小字类，其生存阶段要比宾组常见的妇嫀、妇好、妇妌早一些。典籍也记载商王武丁在位59年，盖妇鼠于武丁早中期之际生育，又于武丁晚期去世。宾一类的妇婞，亦见有商王为其贞娩的辞例（合6905）。宾一类未见商王为妇嬣贞娩，然常见为其禳灾（合2787）。

宾一类卜辞部族首领名常见的有雀（合4121），弅化𫞞（合6648正），畫（合6648反），采弅（合4209），奠（合151反），沚〔戠〕、𠷎（合6937），𢧀（合13675正），𠷎（合5758），甫（合10349），旃（合10964正），𡲢（合13750正）等。

宾一类卜辞中常见的方国、部族或地名有马方（合6664），基方（合6571），缶（合6834），𢍏（合10171正），戈（合6959），亘（合6959），壴（合6959），𦣞（合6959），桑（合6959），瀧（合3755），𦮃、𥫔（合9741正），林（合9741正），𠷎（合9810正），犬（合9793），龍囿（合9552），羊（合9792），龐（合9771）等。这个时期殷商王国的劲敌主要是马方（合6664），基方（合6571），缶（合6834），尸（夷）方[①]（合6460正），下危（合6498），𢀛方（合6641），𤞷（合6931）等。宾一类的侯伯见有昜白（伯）、侯告（合6460正）等。卜辞中所见地名、族名和首领名往往是重合的，对于具体含义的认识，一般还需要结合具体辞例进行理解。

宾一类的战争卜辞比较多，这一方面表现为商王武丁不断地向外扩张势力范围，另一方面也受敌对方国的侵扰。这个时期记载的征伐对象主要是马方、基方、𢀛方、缶、𠭯、衛、𢍏、𢦏、𤞷等，经过多次战争，一些方国俯首称臣，商王国的政权逐渐巩固并强大起来。

商王对𤞷方的战事所涉及的部族首领有雀、𠷎和沚，商王接连卜问是自己亲自前往讨伐𤞷方，还是派其他将领指挥作战（合6931、6937、6926）。对基方作战的主要人物既有子𠦪，又有雀，战事发生在四、五月。雀这位部族首领还指挥了对亘和𦣞的战争（合6959）。宾一类所记对𢍏的战事，指挥作战的将领是弅化𫞞，此辞卜问对𢍏的战争是否会重创对方（合10171正）。商王国对缶和𠭯的战争有更多的材料可以排谱系联，这些战事至少可分为两组。第一组，如合6860～6867。第二组，如合6830、6834、1027、6989。上两组卜辞的记月、干支不能相合，涉及的人物也有不同，故知属于不同的年份。第一组卜辞只涉及商王朝的敌对方国缶。从第二组可以看到雀与缶发生战事，合6887、6894、6896有“一月”，合6889、6891有“十二月”，故知战事大致发生在十二月至一月之间。

宾一类卜辞记载的祭祀对象多为自然神祇、远世先祖和直系先王等。自然神祇中的帝、土其实就是被当作天、地来祭拜的。远世先祖虽未被列入世谱，但商王武丁还是对传说中的始祖夒以及季、王亘、王亥等，举行隆重的祭祀。直系先王是指上甲以降商王的先祖，直至武丁的先父小乙均见被祭祀。宾一类卜辞在祀神祭祖时，最有代表性的称谓是父辛（合2163），父乙（合969、2211、2940、3186），兄丁（合2163、3186、10344正反），母庚（合2546、2547）等，其中又以父乙、母庚、兄丁最为常见，父乙、母庚是时王武丁对先父小乙及已故母亲的尊称，兄丁则是时王武丁对同辈兄长的称谓。

宾一类卜辞向祭祀对象入祭的牺牲品类繁多。该类所见的人牲有羌（指羌俘、羌奴）、

---

① 原字形隶作“尸”，读为“人”，今作“夷”，卜辞所见“人方”即“夷方”。

小臣、小妾等，其他牺牲有牛、羊、豕、牢、宰等。宾一类祭祀先王多见用羌（合 267 正反）、宰、牛（合 6572），其中宰、牛较多，用羌入祭先王的现象，在宾一类中比较普遍。此外，祭祀已故的王妇有时也用人牲。殷人祭祀自然神祇，也有用人牲作祭品的例子。卜辞酉报牺牲或人牲的数目有时相当大。

宾一类卜辞中所见的农业卜辞较多，商王经常关注四土（东、南、西、北）的受年情况，往往举行一系列祭祀活动，希望能够求得神的保佑。例如，本类关于四土受年的例子有东土（合 9735）、南土（合 9738）、西土（合 9742 正）、北土（合 9745），这些占卜多由㱿、亘、穷等贞人主持，主要用正反对卜的形式，卜问庄稼是否能获得丰收。除四土之外，本类卜辞也见其他农业区域的受年，这些农业地名是我、奠（合 9768），㪤、奔（合 9791 正），啬（合 9810 正）等。宾一类多见卜受年、降熯以及求雨的辞例，这是村北系农业卜辞的特点。从卜辞反映的情况来看，商王为农作物收成每每向河、岳、社神以及商族的先公先祖举行祭祀。

宾一类常见田猎卜辞，如合 10345 正贞问"王夢"，"王其逐麋，冓（遘）"，"王步"等相关内容，本版大意：先卜商王做了一个梦，是否会给他带来灾殃；接着问商王逐猎，是否能遇上麋鹿；再问商王外出巡行之事。从本辞来看，商王的行猎和出行是相互关联的两件事，此即表明殷商时期的田猎之事可发生在军旅活动中。另，合 3243 商王为多子逐鹿之事而卜。

宾一类有为数不少的卜旬、卜夕辞。宾一类卜旬辞繁简不一，字数少的仅 6 字（干支贞：旬亡祸），甚至 4 字（干支贞：旬）。宾一类常见的卜夕辞，命辞的语辞形式大体相同，只是各辞的干支有所变化，多数作"今夕亡囚"。本类还常见成套卜夕辞，如合 16569 辞末记载的卜序皆为"一"，可见此版为成套卜夕辞的第一版；合补 4733 版的卜序皆为"二"，是成套卜夕辞的第二版。

宾一类在卜辞辞式上，常见有一事数贞，正反对卜，同事异问者。商王往往在甲骨上反复贞问某一件事，如合 9735，这是一版有贞人㱿主持的占卜，"受年"与"不其受年"，一事数贞，正反对卜，其兆旁一至七的数字为序数，是指灼龟时的占卜次序。YH127 曾出现一组"改制背甲"的现象，可参见合 118、1144、3461、8492、8591、9733 正反、13759 正反、14707、14488 等。

宾一类卜辞常见的甲尾刻辞有"某入""某来"。甲桥刻辞有"某入"，如雀入（合 587）。宾一类有"小告"（合 10488）。

根据宾组甲骨的字体、出土坑位以及同出器物可推测旨宾间类卜辞的时代应在武丁中期偏早段，而宾组其他三类的时代应在武丁中期中段至武丁晚期，下限可延至祖庚时期，部分可延至祖甲之初。

## 二、宾二类的综合整理

宾二类卜辞主要出土于小屯村北，龟骨并用而以龟卜为多。本类卜辞的著录主要有《合集》9211 片、《合补》3737 片、《英国》1326 片、《北大》840 片，合计 15114 片，占四部各类总数 29328 片的 52%。宾二类与宾一类有一段并存时期，其下限与武丁晚期的宾三类也有一段交叉。宾二类卜辞的前辞多数写作"干支卜，某贞"，也有的写作"干支卜”“干支卜，贞”，只用“贞”者也比较常见。“干支贞”的例子，极少。“干支卜，贞”基本上不见于本类。本类卜辞中，有时把“干支卜某”的前辞单刻在龟甲背面，其契刻位置，往往与刻在正面的有关命辞相照应。宾二类在甲骨的整治方面，有削（截）锯甲桥的例子，如合2002正反等。宾二类有甲桥、背甲、骨臼、骨面等署辞。其中以甲桥、骨臼刻辞较为常见。右甲桥一般作“某来若干”“某入若干”“某以若干”。左甲桥一般作“某示若干”并附记署名者。骨臼刻辞一般作“干支，某示若干屯。某”，个别省去干支。示者多见署妇名，如妇姘、妇竇、妇㛸、妇𡚱等，其他署名者常见㝉、爭、㱿、亘、古、𠮡、韋、永、内、㝨、箙、史、㗊、岳等。本类多见占辞“王固曰”。本类也常见有“用辞”。宾二类的兆辞有“小告”“二告”，偶尔亦见“三告”。自宾间类与宾一类常见的兆辞“不𰁜”，宾二类写作“不𰁜黽”。宾二类卜辞的主要记月形式写作“某月”。

宾二类多见异日异时的同事占卜例，如合1051，卜问雀对祭（此指方国或部族）的战事是否能够获胜，所署记的月份皆为“三月”，在同一个月份，壬辰与壬寅两个卜日，前后相隔十一天，贞人㱿一连数日在同一块骨版上占卜同一战事。殷人的甲骨占卜，除了反复贞问一事于同一甲骨上之外，还同时利用数块甲骨反复占卜同一事，甲骨上每署以相同的数目字，即同次卜用甲骨的序数，此可称之为成套卜辞。这种卜法与上述同块甲骨上一至七的所谓序数，性质并不一样。

宾二类卜辞所见的贞人有㝉（合6169）、爭（合914正）、㱿（合511）、亘（合511）、古（合10594）、𠮡（合712）、韋（合10229正）、永（合17080正）、内（合418正）、㗊（合16847）、箙（合511）等。殷墟第十三次发掘的YH127坑出了17000多版武丁卜甲，其中所见较多的就是以爭、㝉、古、㱿、亘、内、韋、永、𠮡等贞人主持占卜的宾二类卜辞。宾一类的㱿、㝉、爭、内、古等贞人，在宾二类中仍然比较活跃，到了宾三类，㝉、爭、古、㝨、事等人在行占卜之职，而㱿这位卜官却不见了。宾组各类中的宾、爭两人供职的时间最长。㱿、内两人供职的时间偏早，㝨、史等人供职的时间偏晚。宾二类贞人可谓武丁在位时乃至整个殷墟时期最具活力的一个王朝占卜集团。

宾二类祭祀卜辞较多，商王朝的统治者崇拜的神鬼主要有上帝这个至上神，有日、月、风、雨、云、雷、河、岳等自然神，也有先公、先王、先妣等祖先神。商王及王室贵族对以上诸神进行着频繁的祭祀。宾二类祭祀卜辞常见的先人称谓有父乙（合712、英149正），下乙（合897），祖辛（合14198正），羌甲（合补2491），祖丁（合9862），兄（合14198正），黄尹（合补523正），南庚（合补2491）。其中以父乙、祖丁在本类卜辞中最为常见。宾二类所见的人神除有高祖、先公、先王、先妣等祖先神之外，还见有与时王同辈的兄丁以及功勋旧臣等。

宾二类所记载的战争卜辞与各组类相比是比较多的。指挥战事的将领、作战的对象、手段、时间、出征人数以及是否胜利等，都是商王占卜的主题。宾二类对敌作战的将领除了见于宾一类的雀、𠷎、𢍏化𫝀、妇姘等人之外，此时出现较多的人物还有妇好、𠂤、沚𢦔、𠤎、望乘、侯虎、侯告、𠂤等。征伐的方国有𢀛方、土方、巴方、下危、虎方、湔方、興方、𡿨方、𢆶方、周、龍、马方，此外，还有羌、尸（夷）等。对𢆶方、𡿨方、𢀛方的作战，有许多商王亲征的记载，如“王伐𢆶方”“王伐𡿨”（合6543），“王往伐𢀛”（合补522），可见这些敌国很重要。与其作战的商王臣僚有𠔁（合

6342）、𠂤（合 6292）、沚 戠、妇姘、𢀛以及自般（合补 522）、多僕（合 540）、多臣（合补 1828）等。合 537～562 诸版（其中合 553～557 为非宾二类）贞人𡧊反复卜问商王是否命令多僕伐𢀛方。对土方的作战，也有不少商王亲征的记录，合 6409 记载商王召集五千人讨伐土方，可见其为殷之劲敌。除王外，对土方作战的主要人物是沚 戠。有关土方的战争卜辞有不少与𢀛方同见一版（合 6057）。除沚 戠 外，对土方作战的人物还有 𢀛（合 6452）、妇好（合 6412），另外，商王还曾卜问是否命令“五百僕”征伐土方，但比较少见。对羌的作战，未见商王亲征的记载。卜问内容主要是获羌、執羌、追羌、以羌、来羌等，涉及的人物有射、𢀛、𠂤、光、戈、𠂤、𢀛、子𡧊、𢀛等。此外，也有少数卜伐羌卜辞“其隻征羌”（合 6608），人物有多臣、众、多冒，占卜获羌的卜辞以𢀛最多见。对下危、巴、尸（夷）的作战，也有商王亲自参与征伐的记载。涉及的商王臣属，征伐下危的是望乘；伐巴的主要是沚 戠，还有妇好等人；伐尸（夷）的有妇好、侯告。有一组卜辞记载了商王及其臣属与这三个方国之间的战事，可知对这三个方国的征伐大致在同一时期。宾二类所见商王国有时要同时与两个敌对方国发生战争，如合 6427 有“今者王伐土方，受㞢又”和“今者王叀下危伐，受㞢又”两辞，前者卜问当前商王是否讨伐土方，后者卜问是否讨伐下危，可知商王当时众敌环伺的处境以及力图征服天下的雄心。

宾二类卜辞常见的人物或部族族长较多。多子族的成员见有子渔、子央、子𡧊、子畫，为当时王室要人，地位显贵，其中“子”当是商王同姓家族中的宗族首领。“子渔”一名见于本类比宾一类多，其身份与地位非常显赫。宾二类常见的部族族长主要有光（合 94），𢀛（合 270 反），唐（合 892 反），竹（合 902 反），邑（合 2895），行（合 8985 正），𢀛（合 6342），𠂤（合 263 正），我（合 5480），犬祉（合补 1246），𢀛（合补 1322 甲），望乘（合 6482），𠂤般（合补 1246），𢀛（合 270），𢀛（合 177），射𢀛（合 5749），沚戠（合 6163 正），攸侯（合 3330），侯豹（合 10080），甫（合 13505），𢀛（合 9055），𢀛（合 13505），𡧊（合 13505），𢀛（合 6987 正）等。商王经常会为各部族首领的安危以及是否来朝进行卜问，如合 914 版的正面卜问 戠 这个部族首领往来之间是否会遭到灾殃，同版还卜问食这个部族首领是否来。

本类有时同版所卜涉及几位部族首领，如合 177 版涉及三项卜事，多为正反对贞。从卜序看，此版当为成套卜辞的第四版，先卜问𢀛这个人是否勤理王事，再卜问是否命令𠂤这个人先行向河神致禦祭和燎祭，最后又卜问𢀛这个人是否能够抓获羌人。作为部族首领的𢀛在宾一类卜辞和本类卜辞中皆多见参与军事活动。本类卜辞中的望乘、沚戠这两个人物多见于征伐卜辞，但望乘已不如宾一类多见。

宾二类卜辞所见诸妇有妇媟（合 2777），妇姘（合 14008 正），妇好（合 14006），妇寶（合 6451），妇𢀛（合 9671 反），妇𢀛（合 6177），妇喜（合 390 臼），妇𢀛（合补 1804 臼），妇良（英 172）等人。

宾二类卜辞有关“帚（婦）某冥（娩）”的记载较多，在诸多王妇中，商王武丁仅占卜妇好娩的卜辞就有六例，分别见于合 154、6948、14001、14002、14003、14005，其中“甲寅冥（娩）妫（嘉）”“壬申冥妫”“癸巳冥妫”的结果都是“不冥妫隹（唯）女”。上述生育卜辞中的三例出于著名的 YH127 坑。今知妇好的生育与当时征亘方有同版关系，在商王征服亘方后，亘方首领来朝供职，为武丁时的重要贞人。

经我们排谱考察，宾二类卜辞中商王对妇嫊有过三次关于生育的占卜[①]。妇嫊是武丁时期比较常见的诸妇名之一，为莱地宗族之女而许配于王室者，她应是迄今有文字可考的最早的莱族人。与武丁的几位重要王妇相比，她在卜辞中反映的较之妇鼠、妇娘稍晚而略早于妇好、妇妌（至少有一段与妇好、妇妌同时）。如"贞：帚今㝀？二月。/庚申冥，不㝀？/帚嫊…/王固曰：冥…"（合717正），此例包含有记时日期，并附记有武丁在她临产前的视兆占断之辞，故可初步推知妇嫊大概于某年的二月庚申日前后生下了由此卜辞所记录下来的第一胎。

宾二类卜辞还明确记录有妇嫊的另外两次生育，所见字形属宾二类，亦带有一些宾一类的特征。从时间上讲，它们与合717正辞中有关妇嫊第一次生育时的贞娩彼此较为接近，相隔不会太长。根据合2777、合14019正（宾一／二类）[②]诸版的卜问内容，可知武丁在妇嫊分娩之前，曾计划向母庚（武丁父小乙之配）、唐（商汤大乙）、兄戊（武丁之兄）和父庚（盘庚）等先人分别施用禦祭，借以禳除妇嫊在临产时可能出现的不测之祸。从字形特征、占卜习惯以及辞例所反映出来的记时差别诸方面来考察，我们还可以把这一部分卜辞再梳理成两组。一组为从四月丙午到四月甲子日的占卜；另一组为从七月丙戌至庚子日的占卜。其中在庚子日所占卜龟版的反面，还刻写有武丁占断妇嫊分娩的具体时间，即认为在四天以后的甲辰日生育最为吉祥。就所用占卜材料来说，在四月卜的这一组主要使用的是牛胛骨版，并且上举合7860、合7859正的两版还出自一套同文卜辞；在七月卜的这一组则主要使用龟腹甲。这两组甲骨很可能就是妇嫊在第二和第三次生育时的占卜遗存。

与上揭辞例具有同版关系的还有一些其他的卜辞，它们从不同侧面可大约反映出当年在为妇嫊贞娩期间所发生的有关事类。例如，与四月占卜有同版关系的背景资料有合7854正"㱿贞：洹其乍（作）兹（兹）邑囚（祸）？/洹弗乍兹邑囚？"合7859正"洹弗乍兹邑囚？/其乍兹邑囚？四月。"合7860"弗乍兹邑囚？/其乍兹邑囚？四月。"上揭三版卜辞分别与合7854正、合7860、合7859正同版的所卜事类都是关于洹水是否危害"兹邑"的对贞。辞中的兹邑当是指"大邑商"，即殷都和王室的所在地。这里反复贞问洹水作祸的问题，显然是与水灾有关。故殷人在妇嫊四月临产前贞娩的同时，亦反复记下了这一系列向神灵告急的祷词。我们知道，卜辞中的九月、十月称春[③]，从十月至来年的一、二、三月均出现过打雷这种在春分之后和仲秋之前才会有的气象记载[④]。由此推算，殷人的三、四、五月应属一年中的秋天，四月乃为仲秋时节。根据上揭四月卜辞的内容来分析，看来洹水的秋汛还没有过去，当时似仍处在水患之中。

宾二类出现过的地名有束（合861），冓、罗（合9774正），陮（合9783正），名（合

---

① 王蕴智：《说"業"》，《吉林大学古籍所建所十五周年论文集》，吉林大学出版社，1998年；《甲金文所见商代莱族及其有关史迹》，纪念甲骨文发现一百周年国际学术研讨会论文（安阳，1999年8月），又名《商代莱族考》，载《华夏考古》2003年第1期。

② 此为宾一／二类的过渡片，但考虑到字体与宾一类更为接近，故归入宾一类。

③ 如"壬子…贞：今屯（春）受年？九月"（合9652），细审拓片，该版字形皆系反书。又"戊寅卜，爭贞：今屯众有工？十月"（合18）。结合其他辞例，卜辞常见有春秋，但尚未见到有明确冬夏的记载。如此可以认为，殷历的三至八月为秋季，九至来年的二月为春季。卜辞有十三月，此乃年终置闰。

④ 如"…雨雷？十月"（合13406）；又"帝其及今十三月令雷？"（合14127正）；"癸未卜，爭贞：生一月帝其弘令雷？"（合14128正）；"贞：及今二月雷？"（合14129正）；"大采各云自北，西单雷…三月"（合11501）等。

9503），宜（合 9537），𧾷（合 6347），𣲵（合 6131 正），𡆧（合 9536），臺、陮（合 9783 正）等，ᑫ（合 9807），𢍘（合 9770），龍（合 10075 正），義京（合 390 正），㚘（合 6131 正），彽（合 9055），甫、产、㚸（合 13505），𢼸伯（合补 1246）。另外，还见有雩、歸、通、戎、𢍜、異、𡕱、征、衜、逆、陟等地。

宾二类常见的职官中有称侯或伯的人物，如侯豹、侯虎、侯告、杞侯、伯或。其中有的侯、伯名又见于𠂤组，历组或宾组一、三类。除上举侯、伯名之外，还见有其他臣僚名，商王的辅助大臣有“多尹”（合 5611）。承担农业生产的“眾人”，归“小眾人臣”（合 5597）管理，“小眾人臣”又称“小臣”（合 12，宾三类）。主管收割的农官被称作“小刈臣”①。畜牧生产劳动者被称作“刍”（合 142），“刍正”（合 141 正）是负责畜牧者的职官。总管畜牧之官被称作“牧”②（合 493）。负责军事的职官有“射”（合 5749）、“多马亚”（合 564 正）、“多马羌”（合 6761）、“史”（合 914）、“犬”（合 5665）等。

宾二类所见与农事有关的祭祀有㞢、𠂤、宜（俎）、燎、侑、禘、告、禦等祭礼。致祭的对象有自然神祈、远公高祖以及先王旧臣等。该类卜辞亦习见与农事有关的“立黍”“某来牛”“告麦”的占卜，还有关于商王对农情的巡视和设置负责管理仓廪的官员等卜事。

宾二类卜辞常见的田猎形式为狩、畋（田）并用。狩一般用于商王的田猎活动，且往往附记田猎所获禽兽的数目和品种。田则一般为商王命其臣属田于某地，均不记所获。商王举行田猎的日期，早晚期也有不同之处。大体说来，早期卜辞于日期无所侧重，每日均可田猎。宾二类卜辞的田猎日无定期，这与此后较有规律的现象有所不同。商王田猎活动的地名，前后也有所变化，一些早期的田猎地名，到了晚期逐渐被其他一些地名所替代。可知商王的猎区是随着时代而有所转移的。

宾二类田猎卜辞记载猎取的走兽飞禽主要有麋、狐、兕、𢊁、虎、豹、象、兔、牛、羊、豕、燕、雉等。从合 10222 残存的内容来看，主要是卜问能否捕获大象。商王的田猎活动，有时比较关注天气的变化。本版另外卜问是否降雨，验辞记载当天晚上果然下雨。合 10307 也是一块残版，就现有内容看，该辞为丁卯日所卜，卜问田猎活动中是否能够有所擒获。辞末为验辞，记录此次田猎所获猎物的品种、数量等，其中有 162 只鹿，接着捕获的猎物及数量残缺，又记载有 10 头野猪等。合 10386 卜问多子族的成员逐猎麑鹿，是否会有所擒获。合 10500 先卜问是否擒获猎物，验辞记录此次猎获 10 只燕鸟、一头野猪和一只麑鹿，接着卜问是否前去𣪊地逐猎燕鸟。合 10903 卜问商王是否命令臣属从西、北、东、南的哪一个方向出猎。合 10921 卜问商王外出田猎，是否从𩰬京之地出发；验辞记载果然捕获麑鹿两头，雉鸡 17 只。合 10939 版卜问商王是否举行禘祭，占卜是否举行禘祭可能与商王的外出打猎有关，接着重复卜问商王打猎是否不要从𦣻地出发。合 10965 版为贞人𣪊所卜，卜问商王当日是否在盜地田猎；接着丙戌日贞人古所卜，卜问是否向岳神致燎祭。合 10970 正面两辞为正反对贞，卜问第二天丁卯日商王去敝地的山麓打猎，是否会有所擒获。除此之外，宾二类卜辞还记载有商王的“渔猎”（合 10475）活动，商都濒临洹水，洹

① 裘锡圭：《甲骨文所见的商代农业》，《全国商史学术讨论会论文集》，殷都学刊（增刊），1985 年。此文修改后载于《农史研究》1989 年第 8 辑，后载入《古文字论集》，中华书局，1992 年。

② 裘锡圭：《甲骨文所见“田”、“牧”、“卫”等职官研究》，《文史》（第 19 辑），中华书局，1983 年。

水流域的水产资源也为商王提供了得天独厚的便利条件。

宾二类卜辞中有“壬申夕月食”（合 11482）、“癸未夕月食”（合 11483）、“甲午夕月食”（合 11484 正）、“乙酉夕月食”（合 11485）、“己未夕皿[1] 庚申夕月食”（合 40610 反）等五次关于月食记录，长期以来甲骨学者先后对其进行研究。关于这些月食发生的年代，近年完成的《夏商周断代工程 1996～2000 年阶段成果概要》在《商代后期的年代学研究》中说明“宾组卜辞五次月食的时间依序定为癸未（1201BC）、甲午（1198BC）、己未夕皿庚申（1192BC）、壬申（1189BC）和乙酉（1181BC）”[2]。

宾二类卜辞还记载其他天象资料如风、雨、雷、电、云、虹、霜、雪以及朝夕星辰等，可以说这是先民 3000 多年前对宇宙奥秘探索和认识的可靠记录。卜辞有“各云”“三啬（穑）云”“四云”“六云”[3] 等。云神不仅能致雨，还能致雷、致大风、致晴启等。在商人的信仰观念中，虹的气象现象，也被赋予神灵之性。在本类中，见有“出虹”、虹“饮于河”（合 10405 反）的记录。虹饮于河，类于《释名》所言的“啜饮东方之水气”。商代也有视虹有预示年成丰收的神性，如合 13443（宾一类）记载“庚寅卜，古贞：虹不隹（唯）年？ ／庚寅卜，古贞：虹隹（唯）年？”可见在商人心目中虹的神性。

宾二类还见有“新大星”“四方风神”名。合 14138 卜问帝是否命雨，合 14294 较为完整地记录了四方神名和四方风神名。“贞：舌方不亦出？方其亦出？贞：舌方不出？贞：雨？”（合补 1829）本版先卜问舌方是否出动，接着卜问是否下雨。可知舌方是否入侵与当时的雨情有关。另外，卜辞还见殷人对一日内的时间所进行的划分，出现有如旦、食日、中日、昃、郭兮、暮、埶等时段专称。

宾二类疾患卜辞较多，疾患卜辞所涉及的对象有商王本人、王妇、子息以及其他商族贵族成员。卜辞多见对商王武丁所患疾病进行占卜，且多言“疒某”，患病的部位与宾一类大多相似。例如，合 440 正首先卜问商王舌头有恙是否有灾殃降临，接着卜问“母庚受”与“㞢受”。前后辞内容相关，“母庚受”与“㞢受”卜问商王是否能得到母庚或㞢的佑助。再卜问是否以羌俘为祭牲向妣庚行侑祭。类似的疾病还见有“疒耳”（合 13630）、“疒自”（合 11506 正）、“疒目”（合 13628）、“疒舌”（合 13634 正）、“疒疋”（合 13693）、“疒止（趾）”（合 13689）等。

宾二类还见商王为诸王妇、子息疾患行占卜之事。如“帚好肩，隹出疒”（合 13633），卜问妇好身体上是否出现疾病。本类在卜疾时，还时常举行禳疾的钔（禦）祭。

宾二类所见的卜旬辞多而辞式雷同，有的省刻了贞人名，有的或附记占辞和验辞，辞末有的记月。还有一些胛骨骨面卜旬辞，习惯在命辞后面再长辞记述一旬之内所发生的事情，而且屡屡密集实录含有“其有来艱”之类不吉祥习惯语的占辞和验辞。例如，合 7139 卜问来旬是否有灾祸。商王视兆占断会有灾咎到来。商王的将帅沚戠向商王报告了某事。癸丑日贞人爭卜问下一旬是否有灾祸。商王视兆占断道：将有灾殃和艰苦之事发生。此后

① 裘锡圭：《裘锡圭学术文集·甲骨文卷》，复旦大学出版社，2012 年，第 398～399 页。“己未夕皿庚申”之“皿”，裘先生认为应释作“皿”，读为“向”。此指乙未日即将结束庚申日即将开始之时。

② 夏商周断代工程专家组：《夏商周断代工程 1996～2000 年阶段成果概要》，《文物》2000 年第 12 期。

③ 见合 10405、13399、13401（宾一类）、13404。

的第九天辛酉发生了某事。最后一辞为一旬之后的癸亥日贞人争所卜，卜问来旬是否有灾祸。商王视兆占断将会发生祸患和艰难的事情。

## 三、宾三类的综合整理

宾三类卜辞主要出于小屯村北，占卜材料龟骨并用，所见残版较多。本类卜辞的著录主要有《合集》3955片、《合补》1152片、《英国》31片、《北大》558片，合计5696片，占四部各类总数29328片的19%。宾三类上承宾二类，并与其有一段交叉并存现象，下限与出一类、何一类亦有一些交叉并存的情况。宾三类卜辞前辞常见有两种形式，即“干支卜，某贞”，“干支卜，贞”。此类卜辞最常见的贞人有争、穷、古、事、㳄等。新见有贞人㳄（合1251）、事（合1251）。关于贞人事的卜辞，有一部分与出组、何组早期一些贞人的卜辞在字形、事类上也有联系。本类又出现了不少王贞卜辞，这种情况也说明了一部分卜辞与出组早期有一段占卜共存关系。

宾三类卜辞常见有“二告”，未见有“小告”，这种现象与基本不用“不𢍰鼄”的情况大体一致。本类已不见占辞。用验辞的现象则不少（合9572），用辞的位置都刻于辞末，从不单刻（合293、326、16223正）[①]，用辞与贞辞之间常有月名将两者隔开。本类的署辞有甲桥刻辞、骨面刻辞与骨臼刻辞。

宾三类卜辞中所见的祭祀对象包括上帝、天地间自然神祇和祖先神三大系统，与宾组前两类类似，本类卜辞所见的上帝具有超自然神的色彩。先公、先王先妣是商王祭祀的主要对象。宾三类祭祀卜辞中最有代表性的先王先妣称谓有祖乙（合1626）、唐（大乙）（合557、1292，合补95）、大甲（合补95）、大庚（合1487）、母庚（合2543）、上甲（合8093）、六元示（合14829）、大示至于多毓[②]（合14851）、小示（合补184正），商王武丁的法定配偶之一的“帚好”，此时已成为致祭的对象。宾三类祭祀卜辞入祭的牺牲先王用宰（合1487）、牢（合557）、牛（合12643）牲较多。用羌入祭的现象在此类中比较少见。另外，宾三类极少看到有关父某的卜辞，仅有一例是祭祀“父乙”的卜辞（合1487）。

在本类卜辞中，“大乙”多称为“唐”，“丁”也是本类最为常见的祭祀对象，此二称名是宾三类祭祀卜辞的一个显著特征。对“丁”的祭祀有“异组同卜”的现象，如合15838（宾三类）、合22580（出一类）为一组，两版卜日、祭日的干支都相同，很显然两位卜人分别在同一日为祭祀“丁”进行占卜。又如：合1928（宾三类）、合23059（出一类）为一组，两版的卜日都是“乙亥”选卜祭祀“丁”究竟用牛还是用宰牲。以上两组卜辞证明宾三类与出一类所祭祀的“丁”系同一人，应是指商王武丁[③]，此时商王武丁已经过世。

宾三类有不少卜辞与历、出、何组卜辞之间存在着密切的联系。如有一组关于贞人

---

① 用辞是指刻于贞辞、占辞之后，或刻于兆侧的，诸如“用”“不用”“兹（兹）用”等之类的词语。

② “甲文中百余例‘毓’及金文之数例毓字多用表君王义，‘毓’为君王之专称，一般限于特指距时王最近的先王，兼含最近的先妣，而时王、父王以及远祖皆不称‘毓’。由此言之，毓应是时王对近祖先王的尊亲之称。如卜辞曾出现‘毓且（祖）乙’、‘毓且丁’、‘毓妣辛’、‘毓妣己’等称呼。”参见王蕴智：《殷周古文同源分化现象探索》，吉林人民出版社，1996年，第68～69页。

③ 黄天树：《殷墟王卜辞的分类与断代》，科学出版社，2007年，第80～82页。

"事"连卜"𡧊叀吉"的例子（合5250～5281[1]、15829～15831等），这些卜辞多数与卜雨有关。同样的卜事还见于村北系的何一类，有彘、何等贞人的卜辞中，如合27830之"壬辰卜，何贞：王𡧊叀吉？"和"贞：王𡧊叀吉，不冓雨？"。另外，本类卜商王"多宁"（合4818）、登鬯祭先王的卜辞亦见于历二类（合32113、32115、32114＋屯3673）。

宾三类的卜旬辞在内容上较显单一，除了卜旬外，很少带上占辞、验辞、用辞，一般也不附记地名，多数有记月。同版卜旬辞行款大都较为整齐，如合16665版，本版干支接续（癸未、癸巳、癸卯、癸丑、癸亥、癸酉），皆由贞人宾主持占卜，命辞均写作"旬亡𡆥"。该类另见有一连数月卜旬的辞例（合11545）。

宾三类卜辞中除方与周外，其他方国名比较少见。与早期征伐"方"的情况不同，宾三类多见的"方"已经归顺商王国，卜辞反映"方"常受商王之命从事与王室有关的活动，如"弖（勿）令方歸"（合6769），"令鸣眔方"（合6768）等。本类有一组"𦨶周"的卜辞，如"令多子族比犬侯𦨶周，叶王事？"（合6812、6813），"令𢓊以多子族𦨶周，叶王事"（合6814、6815）。𦨶，唐兰先生释作"璞"。此读如戦，击也。《诗经·小雅·六月》"薄伐猃狁，以奏肤公"，《虢季子白盘》铭文"博伐厰𢪋，于洛之阳"，薄、博应即此戦字[2]。由此可见，在武丁晚期，周也是商王国的劲敌。此外，该类还见羌（合377）等。

宾三类卜辞中的人物可大致分为子名、职官名、部族首领名、侯伯名等。其中宾三类卜辞中见有的子名如子（合14375）、子央（合6051）、子雝（合3123）、（子）𠱓（合6051）等。

宾三类卜辞所见商王室的职官有小臣（合5581）、小耤臣（合5603）、多马（合5712）、大史（合24）以及自（合36）等。宾三类卜辞中的侯名有犬侯、㠱（侯）、𢀛侯等。

宾三类卜辞中所见的部族首领名如㐱（合557）、𨸏（合4078）、𡰥（合557）、龏（合6816）、㫗（合12643）、㚇（合补184正）、井（合1339）等。另外，本类还提到奠、戠、邑、并、犬、𢦏、光、戈、夀等部族名。

宾三类卜辞中所见的王妇不多，妇妊是其中之一例。宾三类卜辞中所出现过的地名有𨸏（合557）、㠱（合9570）、沚（合9572）、𡠂（合14375）等。

## 四、自宾间类的综合整理

"自宾间组"的概念是由林沄先生首先提出的。李学勤、彭裕商先生沿用此名，黄天树先生以"类"取代"组"之称名，将"自宾间组"改称"自宾间类"，并细分为A、B两个亚类。关于此类卜辞的所属类型，黄天树先生将其单列一章，并置于宾组之后讨论。贝塚茂树、裘锡圭[3]、林沄、李学勤、彭裕商等甲骨学者曾将其归入宾组加以探讨，这是充分考虑到，其在字形上前后衔接自小字类与宾组卜辞的特点，又因占卜内容多与宾组卜辞相互关联，为了较系统地整理与研究宾组卜辞，本书将其归入宾组，不再细分，并置于宾三类之后讨论。

---

① 其中合5252为自宾间类，合5274为宾二类。

② 李学勤、彭裕商：《殷墟甲骨分期研究》，上海古籍出版社，1996年，第352～353页。

③〔日〕贝塚茂树：《甲骨文字研究·正文篇》，第78页；裘锡圭：《论"历组卜辞"的时代》，《古文字研究》（第六辑），中华书局，1981年，第318页之注释11及第319页之注释27；黄天树：《殷墟王卜辞的分类与断代》，科学出版社，2007年，第291页之注释18。

本类卜辞见于著录的主要有《合集》1104 片、《合补》89 片、《英国》0 片、《北大》72 片，合计 1265 片，占四部各类总数 29328 片的 4%。本类卜辞用龟远多于用骨。大多卜辞系残版碎片，占卜内容不完整者居多，有些辞例不好理解。

本类的前辞多作“干支卜”“干支卜，贞”，亦见有“干支卜，王”和“干支卜，王贞”等。贞人除“王”外，只见有“𠧵”（合 3357、10514），未见𠂤组其他的贞人。

本类常见的署辞有甲尾刻辞与甲桥刻辞，主要记述龟甲的来源，其中甲桥刻辞见有 19 版，甲尾刻辞见有 30 版，多数作“某入”，如“㫚”（合 9352）、“弜入”（合 117、合 9348）、“叀入”（合 9338）、“𢆶入”（合 2886、6852）、“攸入”（合 10514）等。另有“某某入”，如“章紟入”（合 9381），“某入若干”等形式，如“弜入二百廿五”（合 9334）。其中“弜入”和“𢆶入”常见于𠂤小字类。龟甲的来源对象主要有風、𣪊、竝、㬪、弜、吹、吅、雀、畫、𢆶、𠦪、春、叀、㕣、㫚、貯、攸、㽙等。

本类卜辞有常见于𠂤小字类的语气词“乎”（合 10514）。本类兆辞有“二告”（合 53、6708）、“不𢀛”（合 1424、5945 正、9758 正）。但“不𢀛鼄”这种在宾一、宾二类常见的兆辞[①]，于本类基本不用。又偶见占辞“吉”（合 15422）。用辞多为“用”（合 1616）。

𠂤宾间类卜辞中见有一种特殊语词“叀𡧊吉”（合 12523）。此种语词主要见于何组及花东子卜辞。本类有“之夕𣅀丁酉”（合 12908）的用法。

𠂤宾间类的占卜内容主要包括：祭祀、战争、农业、田猎、气象、生育以及旬夕辞。除此之外，还有大量有关疾患、吉凶休咎类的卜辞。有关卜“受年”的辞例，如：“我受年”（合 585 正）、“戈受年”（合 8984）、“萑受年”（合 9758 正）、“雀受年”（合 9760）、“吅受年”（合 9803）、“萬受年”（合 9812）、“邑受年”（合 9813）、“受黍年”（合 9963）、“我受黍年”（合 10024 正）、“弜受黍年”（合 10029）；有关卜“休咎”的辞例，如：“不𡆥”（合 3122）、“弜其㞢𡆥”（合 4331）、“㞢咎”（合 7257）、“疋疒耳”（合 13631）、“不隹死”（合 17059）、“其隹𡆥”（合 17461）等。商王朝在这一时期的敌对方国较多，比较常见的有畀（合 6960）、𢀛（合 6559）、𠙵（合 7024）、羌（合 187）、𡿧（合 6835）、刃（合 6659）、𢍏（合 7002）等，其中“𠙵”还见于𠂤大字附属类等。

𠂤宾间类的主要称谓有远祖先王：大甲（合 8425）、大乙（合 4325）、羌甲（合 8984）、祖乙（合 1575）、祖丁（合 1829）、祖辛（合 7026）等；近世父王：父甲（合 4324）、父庚（合 12980）、父乙（合 21065）、父戊（合 2300）等；母妣有：妣庚（合 2473）等。同辈的兄丁（合 3202）、兄戊（合 40829）等也在受祭之列。其中父庚（合 12980）、父乙（合 968、2185）、父戊（合 2301）、母庚（英 1765 = 合 40853）、兄丁（合 2510）是本类占卜主体致祭较多的祭祀对象。从以上称谓系统可以推定本类是商王武丁中期偏早段的卜辞。

𠂤宾间类的重要人物有沚（蔡缀 98 = 合 6995 + 合 6996、合 6999、合 7001）、弜（合 10557）、雀（合 53 = 合 19191、4170、5793、6960、9763）、白𢀛（或称𢀛）（合 3418、3421、6845、6846、6848、6849、6851）、妇鼠（合 14020）、子𩡧（合 2943）、子效（合

① 分见合 5159、10935 正（宾一类）；合 10229 正、14198 正、英 149 正（宾二类）。

3091）、子衠（合 3206、3207）、子𠨘（合 3231）、豕（合 6562、6563、6564、8429、10471、10472）等。

以上所引卜辞中的人物亦多见于其他组类，如子效又见于宾一类（合 10977）以及历一类（合 32782）。子𪏭又常见于宾一类（合 536、2940），亦见于历一类（合 20027）等。

另外，黄天树先生还指出，在卜骨正面的边缘上有时记有一种由“子𦎫”“子安”等来主持祭祀的记事刻辞，其中“子”字写作“”的见于本类的有三片，即合 3138、3139、14938；写作“”的主要见于宾二类，可举以下诸片：合 3137、3152、3153、3156、3182 等。在同一类记事刻辞中，“子”字的两种写法并存，反映出本类与宾二类的关系较为密切。因此，从本类的字体、前辞、署辞、人物等方面来看，本类刻写时代主要在武丁中期偏早段。

本类有关弜的卜辞共有 56 片，其活动内容有祭祀、田猎、受年等。其中合 4325 卜弜身患疾病，是否用“五宰”向大乙、大甲两位先祖祭祀。此外，有关休咎的语辞还有“不隹死”“其㞢𡆥”“不其𡆥”“𢀛弜于且乙”等。合 10028、10029 卜“弜受黍〔年〕”。弜多次参与讨伐方、羌与𢀛的战争。合 7026 卜“𢀛其𢦏弜”，弜不仅攻打敌方同时也会受到敌方的攻击。合 53+ 合 19193 此系遥缀片，该片卜弜是否会“喪衆”。“喪衆”指战争的结果，即士兵损失状况。另外，“己亥卜，貞：𢀛不喪衆？ / 其喪衆？”（合 61）；“〔己〕亥卜，貞：𢀛不喪衆？”（合 62）此为同文卜辞，都是卜“𢀛不喪衆”。

本类与雀有关的卜辞有 70 余片，其相关卜事有战争、祭祀、田猎、受年、疾病等。征伐的对象主要有𢀛（合 6960）、邑等，所见战争方式有伐、𢦏、克、征等。例如，“壬子卜，王：令雀、𢀛伐𢀛？ 十月”（合 6960），此为王亲卜之辞，卜是否令雀与𢀛联合征伐𢀛方，辞末记有“十月”。

𠂤宾间类中与豕相关的卜辞有 33 片，所涉及的卜事多为战争与田猎。豕征伐的对象主要是“𢀛”，作战方式见有征、伐、𢦏等。未见记月的辞例。合 6564 中记有豕伐𢀛方获胜的验辞。

𠂤宾间类的祭祀卜辞约有 147 片。本类卜辞的祭祀内容较为单一。受祭对象主要有高祖王亥、大甲、大乙、羌甲、祖乙、中丁、祖丁、祖辛、成（合 1348）、父甲、父庚、父乙、父戊、妣庚、妣癸、母庚、母萑（合 3227）、兄丁、兄戊等；自然神有河（合 12853）、岳、云等。祭祀方式（含祭名、祭法）较为常见的有㞢祭、酉祭、𢀛（禦）祭、伐祭、尞（燎）祭、卯祭、𢀛祭、歲祭、𠦪祭、酌祭；较复杂的祭仪有酌𢀛歲、㞢𢀛歲等组合祭名[①]。祭牲种类较少，其中毛牲有宰、牛、羊、犬等，人牲有𢀛、羌等。用牲数量较其他几类而言相对较少。除了王贞以外未见其他贞人。

本类卜辞中见有两组同文卜辞。第一组：“㞢于且丁一牛？”（合 1828）；“丁亥卜：今日㞢于且丁？ / 㞢于且丁一牛？ / 㞢于且丁一牛？ / 二牛？ / 三牛？”（合 1829）此组各条卜辞的卜序皆为“一”。第二组：“乙未㞢𢀛歲且乙？”（合 1574 反）；“乙未㞢𢀛歲且乙？”

① 甲骨文祭祀卜辞中常见有几个祭名连用的情况，学界多有讨论。针对三个祭名直接连用的组合形式，我们将其称为“组合祭名”。该名称首次在郑州大学“中原文化传承与软实力提升”协同创新中心 2015 年年会暨中原历史文化学术研讨会上提出。参见王建军：《关于“组合祭名”的一些看法》（参会论文）。

（合 1575）以上所举第二组的祭仪较为复杂，“㞢彳歲”连祭的方式在本类共有 8 片，此种祭仪亦见于其他组类，如𠂤小字类见有 1 版，有时祭仪有所变化，连祭方式为“㞢歲”或“彳歲”。本类的“㞢祭”卜辞中“㞢＋于＋祭祀对象”的辞序，则比较固定。

𠂤宾间类中战争卜辞的数量较多，约有 244 片。攻伐的方国主要有𢀛（合 4170、6960），𢀜（合 53＝合 19191、7014、7015、7017、7018、7020），𦎫（合 186、187、6994、6997、6998、6999、7002、7003、7004、7005、7017、7020）①，𢀛方（合6558、6559、6562、6563、8425、8429），刃方（合 6659、6660）②，𢀛（合 7025）等。这些方国并非一直与商王朝为敌，有的方国曾归顺于商王朝，作为一个部族存在。最为重要的方国是方、𢀛方、羌，这三个方国一直是商王朝的劲敌。𢀛方与羌不仅是商王朝征讨的对象，往往其战俘也是人祭的重要来源，如：“壬辰卜：酉𢀛方大甲？一／壬〔辰〕卜：〔酉〕𢀛方大〔甲〕？”（合 8425）；“辛亥卜…䚻用百〔羌〕、□牢□？用”（合 15427）。

本类有关“方”的卜辞有 72 片，主要卜事有“方不亦𡆥”（合 6683）、“今者方其大出”（合 6691）、“今者方其出”（合 6709）、“方其來”（合 6727）、“方其出于唐”（合 6715）、“方不出于唐”（合 6716）、“隻𡆥方”（合 6749）、“方其𦎫”（合 6793）、“方其𦎫見何”（合 6789）、“方其㞢東”（合 11467）、“取方”（合 6754）等。有关“方”的卜事较为简单，同版中不见其他相关的内容，多是从正反对贞问卜。未见占辞与验辞，有记月。兆辞见有“二告”。同文卜辞见有合 6715 与合 6716。“方”攻打的区域地名见有“周”（合 6782）、“大邑”（合 6783）、“何”（合 6789）、“兹邑”（合 6678）等。“方𦎫見何”的卜辞完整的有 5 片，仅见于𠂤宾间类。

本类与战争相关的动词有出、來、至、及、步、伐、𢦏、取、隻等。本类所见的区域地名有“周”（合 6782）、“大邑”（合 6783）、“何”（合 6789）、“兹邑”（合 6678）、“𡵂”（合 6842）、“望乘邑”（合 7071）、“襄”（合 8268）、“萬”（合 9812）、“□邑”（合 9813）等。

本类所见的田猎卜辞约有 141 片，其语辞格式多有变化，但一般不与其他卜辞同版，个别情况下会卜问天气，如“辛酉〔卜〕:〔翌〕壬弜〔田〕，攺？〔允〕”（合 10556）。其中验辞在本类卜辞中较为常见，主要记录田猎活动是否有收获以及捕获猎物的种类和数量，其辞例形式有“允隻某某”（合 10230）、“允隻”（合 10340）、“允攺”（合 10556）、“允𠬪”（合 10951）等。田猎地名比较少见。具体狩猎方式有𠬪（合 6979）、网（合 10514）、射（合 10694）等。所见的猎物有豕（合 10230）、𧰨（合 6979）、狐（合 10253）、麋（合 10374）、兕（合 10433）、雉（合 10514）等。

通过以上内容可以看出，田猎活动所获猎物除了“豕”以外其他都不用于祭祀，这说明祭祀卜辞中所用毛牲多为豢养。参与田猎活动的除商王外还有其他人物雀（合 6979）、弜（合 10242）、畗（合 10433）、豙（合 10471）、㡊（合 1022 甲）等。“令㡊以人田于𧰨”（合 1022 乙），其意是令㡊率领众人出猎，“人”即指“众人”，此为集合名称。

① 从上举本类的重要人物雀、沚、𢀛以及𦎫等所见的辞例来看，这些所谓的首领，也有可能是指方国名。

② “刃”字，裘锡圭先生释作刃，黄天树先生从其说。参见裘锡圭：《评〈殷墟甲骨刻辞类纂〉》（上），《书品》1990 年第 1 期；黄天树：《殷墟王卜辞的分类与断代》，科学出版社，2007 年，第 111 页之注释②。

# 第三节　宾组卜辞各类时代的推定

科学发掘时期有些甲骨是零星出土的，出土层位不详。𠂤宾间类卜辞大多出土于科学发掘以前，因而没有地层方面的资料可供参考。第四次在村北张姓地 E 区 16 坑出土了此类卜辞。

根据考古发掘所获得的确切资料，黄天树先生曾将他所分的𠂤宾间类 A 类排列一个简表（参见第一章）。该坑的最上层出土了两片宾组卜辞，即甲 2942、2943，缀后见合 11994，据字体可判断为宾二类，其堆积下限约在武丁晚期。

科学发掘所获的宾一、二类卜辞，主要出在下列一些单位中：YH127 坑所出的龟甲当时一共编为 17088 号，9/10 是宾组卜辞，乙 487～6277（拓本号）都是此坑出土，该坑所出的多为宾二类卜辞。YH76 坑出土了宾二类一片，即乙 483。横十三・五庚坑出宾二类两片，即甲 1043、2891。YH006 坑出𠂤组小字类较多，同出还有宾二类三片，即乙 460、461、465。YH126 坑出土了宾二类一片，即乙 486。只有“二告”两字。以上五个单位，其时代都应相当于武丁晚期。

宾三类卜辞主要出于以下一些单位：E16 坑出土了两片可缀合的宾组卜辞，其堆积下限可到武丁晚期。YH265 坑出土了宾三类一片，即乙 8935；非王无名组一片，即乙 8936。推测该坑的时代可能接近 E16 坑，其堆积下限在武丁晚期。YH38 出土了宾三类一片，即乙 476；出一类一片，即乙 475。该时代不会晚于殷墟二期。以上三个单位，E16 和 YH265 时代相近，下限已至武丁晚期，YH38 坑压在乙五基址下，可知其时代至少不晚于祖甲。

综上，从殷墟宾组各类卜辞的字体、前辞、署辞、人物、卜事以及出土情况来看，各类时代的推定简述如下。

𠂤宾间类卜辞主要是武丁中期偏早段之物，其部分早期卜辞与𠂤小字类有一段交叉并存时期。宾一类主要存在于武丁中期，其晚期部分卜辞与宾二类有一段并存时期，但时间可能较短。宾二类主要是武丁中、晚期之物（主要是晚期），其下限有一少部分延至祖庚时期。宾三类主要存在于武丁晚期至祖庚时期，其下限有可能延至祖甲之初。

# 第四节　宾组卜辞的缀合及校重

## 一、宾组卜辞的缀合及其成果

殷墟甲骨的残片较多，研究者多重视甲骨的缀合及其成果。1917 年，王国维先生通过对罗振玉先生所藏与戬寿堂所藏两片甲骨的缀合，发现了甲骨文中所载的商代世系，从而证明《史记・殷本纪》为信史，也订正了《史记・殷本纪》商代世系的次序[①]。关于甲骨的

① 王国维：《殷卜辞中所见先公先王续考》，《观堂集林》卷九，中华书局，1959 年，第 439～440 页。

缀合方法，董作宾、曾毅公、郭若愚、李学勤、严一萍、白玉峥、张秉权、陈炜湛、黄天树、蔡哲茂、林宏明等甲骨学者都曾做过有价值的探讨，并取得了缀合的丰硕成果[①]。近年来，一批新崛起的年轻学者，也在缀合方法上进行了有益的探索，其新缀成果，引起了学界的广泛关注。此次关于宾组甲骨的缀合成果整理，请参见附录四～七“缀合”一栏。[②]同时，谨就四部著录中缀合片也做了统计，见表 6.3。

**表 6.3　宾组各著录缀合片之统计**

| 著录 / 缀合 | 《合集》 | 《合补》 | 《英国》 | 《北大》 | 总计 |
|---|---|---|---|---|---|
| 缀合片数 | 1806 | 474 | 62 | 11 | 2353 |
| 所占比例 | 76.8% | 20.1% | 2.6% | 0.5% | 100% |

## 二、宾组卜辞的校重及其成果

宾组卜辞的校重，即指对著录中重复出现的甲骨片进行校对，亦指对拓本及著录书中的重片进行校对。经过对重复著录或未著录的拓本比较，选择较完整、较清楚的资料使用，这是研究甲骨分类必须经过的途径之一。对《合集》中的甲骨校重始终是学界的一项艰巨工作，在成书之前便对各种所见甲骨资料进行大量的对重、去重的工作。即便如此，《合集》中著录片相互重出者仍有 500 组。《合补》著录甲骨 13450 片，其中宾组各类有 6431 片。近年学界对《合补》的校勘投入了较大精力。据统计，《合补》中自重或与《合集》《英国》等著录书相重者计约有 761 组。《英国》中自重或与《合集》《合补》等著录书相重者约有 465 组。近出的《北大》中自重或与《合集》《合补》《英国》等著录书相重者约有 787 组。此次整理中，我们又校出三组重片：即《北大》1628=《北大》1669、《北大》1628=《合补》3421、《北大》1638=《合补》3417。关于宾组甲骨的校重成果整理，请参附录四～七中“重片”一栏。同时，谨就四部著录中重片也作了统计，参见表 6.4。

---

① 董作宾、曾毅公：《甲骨缀存》，1939 年；曾毅公：《甲骨缀合编》，1950 年；又曾毅公、郭若愚、李学勤：《殷虚文字缀合》，1955 年。严一萍：《经过三十年缀合的一版大腹甲》，又见《甲骨文献集成》第 19 册，第 503～507 页；又严一萍著，白玉峥整理：《殷虚第十三次发掘所得卜甲缀合集》，艺文印书馆，1989 年；白玉峥：《读甲骨缀合新编暨补编略论甲骨缀合》，《中国文字》1980 年新 1 期。又见白玉峥：《近三十年之甲骨缀合》，《中国文字》1995 年新 20 期。两篇均又见于《甲骨文献集成》第 19 册，第 543 页。张秉权：《殷墟文字丙编》（上、中、下），“中研院”历史语言研究所，1957～1972 年。陈炜湛：《甲骨文简论》，上海古籍出版社，1987 年，第 185 页。林宏明：《林宏明近年甲骨缀合号码简表》，2007 年 8 月 1 日，http://www.xianqin.org/xr_html/articles/xkzht/440.html。

② 《宾组卜辞类型划分及其他类项一览表》“缀合”一栏资料主要来自蔡哲茂先生的《甲骨缀合集》（乐学书局，1999 年）、《甲骨缀合续集》（文津出版社有限公司，2004 年）、《甲骨缀合汇编（图版篇）》（花木兰文化出版社，2011 年）；林宏明先生的《醉古集 • 甲骨的缀合与研究》（台湾书房，2000 年）、《契合集》（万卷楼出版社，2013 年）；宋镇豪、段志洪先生主编的《甲骨文献集成》《甲骨研究 • 校订缀合》（四川大学出版社，2000 年）以及其他学者发布、出版的甲骨缀合成果。尤其指出的是我们也收录了近出黄天树先生主编的《甲骨拼合集》（学苑出版社，2010 年）、《甲骨拼合续集》（学苑出版社，2011 年）、《甲骨拼合三集》（学苑出版社，2013 年）、《甲骨拼合四集》（学苑出版社，2016 年）。附录四～七中“缀合”一栏，我们将黄先生的四部缀合集合并称作《黄拼》，其他学者的缀合论著皆用简称。对漏收的缀合成果，一并表示歉意！

表 6.4　宾组各著录重片之统计

| 著录<br>缀合 | 《合集》 | 《合补》 | 《英国》 | 《北大》 | 总计 |
|---|---|---|---|---|---|
| 缀合片数 | 500 | 761 | 465 | 787 | 2513 |
| 所占比例 | 20% | 30% | 19% | 31% | 100% |

## 第五节　宾组甲骨的非占卜性文辞、习刻等相关问题

此次整理的《合集》《合补》《英国》《北大》著录的宾组甲骨中，除绝大多数为“卜辞”外，也有少数的非占卜性的记事、习刻文辞。非占卜性的文辞在内容、文例、书刻风格等方面都与卜辞不同。陈梦家先生曾将甲骨上非占卜性的刻辞分为“卜事刻辞”（包括甲桥、背甲、甲尾、骨臼、骨面刻辞）、“记事刻辞”和“表谱刻辞”等三种类型①。本书主要对四部著录中的300余版甲骨署辞及习刻文辞进行了考察（附录四～七中“其他说明”一栏）：

### 一、甲骨署辞

署辞，即殷人在甲骨上刻写的与卜事有关的记事文辞。过去胡厚宣先生曾对武丁时期的五种记事刻辞进行过考察。今知殷墟时期各组类甲骨上皆有署辞，据刻写位置，又可分为：中甲刻辞、甲尾刻辞、甲桥刻辞、背甲刻辞、骨臼刻辞和骨面刻辞。署辞及同版上的卜辞都与占卜活动有关，但二者的功用是不一样的。署辞是有关卜用甲骨贡纳、征取、整治及收存手续的记录，具有神职人员“备案”的性质；卜辞则是王室贵族日常占卜活动的记录。署辞所记录的事情是曾经发生过的；卜辞记录的主要是“问”，所记录的事情未必都要发生。在卜用甲骨上，卜辞是书写的主体，通常占据重要位置；署辞是从属的，通常书刻于较偏僻的位置，如甲尾、甲桥、背甲等处。署辞未经钻凿，也无卜兆；卜辞则必定有自己专属的钻凿及兆坼。

#### （一）甲桥署辞

“甲桥”指龟腹甲中部两侧的外突部分，是连接龟腹甲、龟背甲的骨骼，这两部分被分离之后，甲桥常被保留下来，与腹甲相连。书刻于左右甲桥的署辞称为“甲桥署辞”。此类署辞的数量较大，且多见于宾组早期的卜辞。

此次整理，对《合集》中较重要的29版宾组甲桥署辞进行了考察。其文例常见有以下形式：“某入若干”，如“雀入卅”（合190反）、“竹入十”（合902反）；此类例子又见合267反、371反、376反等。“某以若干”，如“我以千”（合116反），“以”表贡纳、致送之意；此类例子又见合9012反、9013反、10935反等。“某来若干”，多刻于龟

① 陈梦家：《殷虚卜辞综述》，科学出版社，1956年，第43～44页。

腹甲反面的右侧甲桥上，如“我来卅”（合 248 反），“来”即指“使之来”，表征取贡纳之意；此类例子又如合 1027 反、1727 反、14135 反、795 反等。“某乞（迄）[①]自某若干”或“自某地乞”，如“东乞自□”（合 4769 反）、“自啇乞”（合 1711 反），此类例子又如合 5734 反、7732 反、16506 反等。上举四种形式的署辞多刻于龟腹甲背面的右侧甲桥上。“某示若干。贞人名”，如“帚（妇）井示卅。爭”（合 116 反）、“帚閇示十。㱿”（合 656 反）、“帚井示十。㱿”（合 1248 反）。此种署辞形式中，第一个称名多为王妇，第二个称名多为贞人或其他卜官。此类的例子又如合 116 反、656 反、838 反、938 反、1248 反等。此种署辞多刻于龟腹甲背面的左侧甲桥，有时与前四种中的某一种同见于同一龟腹甲，即“某来若干”“某入若干”。其中“某来若干”或“某以若干”居于右侧，“某示若干”居于左侧，前者的数目大于后者。因为前者表示的是属臣贡纳若干甲骨（未经加工），后者表示的是负责对贡纳来的部分甲骨进行整治。如合 116 反，右侧为“我以千”，指“我”这个部族首领向商王贡纳一千版龟甲，左侧是“帚井示卅。爭”，指妇井负责对其中三十版龟甲进行整治（妇井未必亲自动手操作，她只是负责管理、督察），贞人爭检视并署名。此类例子又如合 838 反，右侧甲桥上的署辞是“我以千”，左侧是“帚井示卅。宊”，大意同于上一例，只是署名的是另一个贞人“宊”。值得注意的是，有少量甲桥署辞是用毛笔书写的，如合 14208 反、合 1114 反、合 5046 反、合 18905 反、合 14206 反、合 9783 反等。

### （二）龟背甲署辞

龟背甲因表面凹凸不平，不便书写，多从中缝剖开，分为两半。书刻于背甲中缝边缘处的署辞称为“背甲署辞”。此类署辞的数量较少，仅见于宾组。

此次整理，对《合集》《合补》中的 8 版龟背甲署辞重点进行了考察。其文例形式主要有“干支某示若干屯”，如合 17582 反、17583、17589 反，“屯”用为“纯”，《仪礼 • 乡射礼》：“二算为一纯。”甲骨卜辞中，“纯”用表龟甲的数量，是“一对”的意思。有时同版兼有两种署辞，如合 9274 反既有“鳳入三”，又有“帚示。㱿”，如合 17598 既有“戋入六十。才□”，又有“丙寅示四屯”。前者指臣属向商王贡纳未经加工的甲骨，后者指近臣对这批甲骨中的一部分进行加工和攻治。

### （三）骨臼署辞

署辞不仅刻于龟甲上，而且常见刻于卜骨上。书刻于骨臼部位的署辞称为“骨臼署辞”。此类署辞的数量较大，仅见于宾组。

此次整理，我们着重对《合集》《合补》中的 182 版进行了考察。文例多作“某示若干屯。贞人”，指卜骨是“某”负责整治，贞人某负责检视并签名。或作“乞自某地若干屯。贞人”，指胛骨是从某地贡纳、致送来的。例如，“帚姘示十屯。爭”（合 7287 臼），或作“干支某示若干屯。贞人。自某地乞”，兼具前二者的内容，指某人整治的这些卜骨是

① “乞”，与“气”同源，古文中用为“迄”。《说文》无“乞”字，按《广韵》“乞，求也”。甲骨文中，“乞”有“征取”之义。参见王蕴智：《字学论集》，河南美术出版社，2004 年，第 104 页。

从某地贡纳来的。如“乙酉[illegible]示二屯。古。自㽙乞”（合17629臼），其意是：[illegible]负责整治的两对卜骨，是从㽙地进贡来的，并由贞人古签名。“某屯”多见于龟背甲署辞和卜骨上的署辞，因为它们是左右两版成对的。骨臼署辞的用例较多，其文例又可见合564臼、5717臼、6233臼、7147臼、7161臼、7287臼、7322臼、7381臼、17532臼、17542臼等版。

（四）骨面署辞

卜骨上的署辞除了刻于骨臼处之外，还习见刻于骨面之上。宾组的骨面署辞较少。此次整理，我们着重对《合集》《合补》中的7版进行了重点考察。骨面署辞的文例习作“乞自某地若干屯。某示。贞人或其他职官”形式，如“□乞自[illegible]（嚴）廿屯，小臣中示。𢆶”（合5574），其意是此二十版卜骨是由[illegible]（嚴）地贡纳的，小臣中负责整治，𢆶检视并签名。类似的例子又如合17599反、17600反、17601反等。宾一类有甲桥署辞，宾二类既有甲桥署辞又有骨臼署辞，宾三类有骨臼和骨面署辞，但未见甲桥署辞。

## 二、干支表刻辞及习刻

现已著录的殷墟甲骨干支表刻辞及习刻总数约600版，其中村北系的材料较为零散[①]。

干支表属于殷人表谱刻辞的一个主要内容，同时干支表又大多具有习刻的性质。殷墟甲骨文各组类中均有干支表的书刻。此次整理，主要对合11730、11731（宾三类，习刻）、11732、11733（宾二类，习刻）、11734（宾三类，习刻）、11735～11738（宾二类，习刻）以及合18946正、反（宾二类，习刻）等十版干支表刻辞进行了重点考察，这些干支表刻辞大多依序罗列六十甲子，字体不整，多为习刻之作。

殷墟出土的干支表以外的习刻约有270版。习刻间处于卜辞中，著录情况较为复杂。宾组甲骨的习刻如合11730～11738、合17849～17863、17866、17870反等。从对合18941正臼（宾二类）、18942（待考）、18943正反、18944正反（宾二类）、18945正反（宾一类）、18946正反、18947（宾二类）、18948正反（待考）等八版习刻干支表的字体特征来分析，诸版应分属于以上不同的类型。

殷人习刻选用的材料主要有骨版、龟版（合7771、10751，合补6912、6913）、肋骨共三种。骨版数量较多，龟版与肋骨则较为少见。习刻用料性质：一种是不经占卜的，即未见钻、凿、灼痕的。书刻表现为幼稚与成熟两种不同的书风。从一版“四方风名”（合14294，宾二类）的刻辞字体来看，其刀法比较熟练，严格地说此版已不在“习刻”的范畴了。另一种是经过占卜的，其习刻多在卜骨的“空白处”。习刻在骨版上的具体位置有在卜辞附近，以骨面为多；在卜骨的背面，此类见于宾组的，如合1142反、合补3373反、3393反、4092反、6679反、6682反、6923反、6954反、10222反等版；在肩胛骨的侧面，此类较少。总之，殷人习刻的内容较为广泛，几乎涵盖了卜事的多项内容，如祭祀、战争、田猎、卜旬等。

---

① 如合11730～11738片就分别选自《殷墟书契》《簠室殷契征文》《殷契遗珠》《殷契粹编》《善斋甲骨拓本》《殷虚文字甲编》等书，其来源复杂，且缺乏详尽的出土记录。

# 第六节　宾组甲骨所见的笔书

宾组甲骨上常见有朱、墨书，亦称笔书。此次整理，我们对170版笔书文辞进行了考察（参见附录四～七中“其他说明”一栏）：

宾组甲骨中，朱书明显多于墨书[①]。一般来说，字形都略大于同版上的契刻文字。按书写材料的不同可分两类：其一书于卜骨上，多倒书，内容繁杂，与同版卜辞多无关涉。其二是书于龟甲上的笔书，时代多属武丁时期，宾组各类居多。龟甲上的书辞多正书，内容或近于署辞，或是同版卜辞的重要组成部分，书辞与刻辞的时间基本上是同时的[②]。有些甲骨上的笔书和契刻文字在内容、书风、字形上比较相近，如合9775反、973反、13333反、201反等。有的同时兼用书、契两种书写方式，如合1285反、合734反等。由此可知，当时的刻手有可能既精于笔书、又长于契刻。该组见于著录卜甲的笔书较多，如合93反、合98反、合201反、合376反、合419反、合488反、合734反、合973反、合1285反、合1385反、合1780反、合5046反、合6475反、合6476、合6468反、合7103反、合8796反、合9177反、合9775反、合9783反、合11892、合11903、合13333反、13506反、合14129反、合14208反、合14468反、合14542反、合15563反、合17301反、合18899反、合18900、合18902、合18903、合18904、合18905反、合18906、合18907、合18908、合18909等。上举笔书皆书于卜甲之反面，均为正书，与同版刻辞方向一致。

# 小　结

经此次整理，我们对四部著录中过去被称作第一期的宾组卜辞，在剔除非宾资料后，据统计约有29328片。其中《合集》19388片、《合补》6431片、《英国》1685片以及近出《北大》1824片。该组的贞人较多，占卜的内容十分丰富。该组卜辞中见于四部著录的贞人主要有28位，除商王亲卜有327例外，其他贞人在宾组所卜的次数，我们也都做了量化，其中㱿1952例、争1103例、穷997例、亘435例、古368例、事176例、𠭯166例、韦141例、内123例、永132例。在对祭祀、战争、人物、农业、生育、天象、田猎、疾幻等卜事资料进行考察时，我们一直都比较重视排谱系联的整理工作，鉴于此选题着重是探讨宾组卜辞的字形特征及类型划分问题，所以诸多讨论未能在本书中充分展开。

---

① 合15683可与合34360缀合，字体属历二类；合15743属𠂤小字类。此三片都是掺杂于宾组的其他类卜辞。另外，合18909书于骨面，因其漫漶，故所属类型亦无法判明。

② 刘一曼：《试论殷墟甲骨书辞》，《考古》1991年第2期。

# 参考文献

## 一、工具书、著作、文集类


[1] 〔日〕贝塚茂树：《中国古代史学的发展》，日本弘文堂，1946 年。

[2] 〔日〕崎川隆：《宾组甲骨文分类研究》，上海：上海人民出版社，2011 年。

[3] 白于蓝：《殷墟甲骨刻辞摹释总集校订》，福州：福建人民出版社，2004 年。

[4] 蔡哲茂：《甲骨缀合汇编》（图版篇），新北：花木兰文化出版社，2011 年。

[5] 蔡哲茂：《甲骨缀合集》，台北：台湾乐学书局，1999 年。

[6] 蔡哲茂：《甲骨缀合续集》，台北：台湾文津出版社，2004 年。

[7] 常耀华：《殷墟非王卜辞研究》，北京：线装书局，2006 年。

[8] 常玉芝：《商代周祭制度》，北京：中国社会科学出版社，1987 年。

[9] 常玉芝：《殷商历法研究》，长春：吉林文史出版社，1998 年。

[10] 常宗豪等：《第二届国际中国古文字研讨会论文集》，香港：香港中文大学中国语文及文学系，1993 年。

[11] 陈剑：《甲骨金文考释论集》，北京：线装书局，2007 年。

[12] 陈梦家：《殷虚卜辞综述》，北京：科学出版社，1956 年。

[13] 陈年福：《甲骨文词义论稿》，上海：上海古籍出版社，2007 年。

[14] 陈胜长等：《第二届国际中国古文字研讨会论文集》（续编），香港：香港中文大学中国语文及文学系，1995 年。

[15] 陈炜湛：《甲骨文论集》，上海：上海古籍出版社，2003 年。

[16] 陈炜湛：《甲骨文田猎刻辞研究》，南宁：广西教育出版社，1995 年。

[17] 陈新雄：《甲骨上钻凿形态的研究》，台北：艺文印书馆，1973 年。

[18] 董作宾：《董作宾先生全集甲编》，台北：艺文印书馆，1977 年。

[19] 董作宾：《甲骨学六十年》，台北：艺文印书馆，1965 年。

[20] 董作宾：《甲骨学五十年》，台北：艺文印书馆，1955 年。

[21] 杜金鹏等：《偃师二里头——1959 年～1978 年考古发掘报告》，北京：中国大百科全书出版社，1999 年。

[22] 郭沫若：《卜辞通纂》，北京：科学出版社，1983 年。

[23] 郭沫若：《卜辞中之古代社会》，《中国古代社会研究》，上海：群益出版社，1950 年。

[24] 郭沫若：《两周金文辞大系图录考释》，北京：科学出版社，1957 年。

[25] 何琳仪：《战国文字通论》（订补），南京：江苏教育出版社，2003 年。

[26] 河南省文化局文物工作队：《郑州二里冈》，北京：科学出版社，1959 年。

[27] 河南省文物考古研究所：《舞阳贾湖》，北京：科学出版社，1999 年。

[28] 河南省文物考古研究所：《郑州商城》，北京：文物出版社，2001 年。

［29］ 胡厚宣：《甲骨学商史论丛》，台北：台湾大通书局，1972 年。
［30］ 胡厚宣：《殷墟发掘》，北京：学习生活出版社，1955 年。
［31］ 黄德宽：《古文字学》，上海：上海古籍出版社，2015 年。
［32］ 黄德宽：《汉字理论丛稿》，北京：商务印书馆，2006 年。
［33］ 黄侃：《文字声韵训诂笔记》，上海：上海古籍出版社，1983 年。
［34］ 黄天树：《古文字论集》，北京：学苑出版社，2006 年。
［35］ 黄天树：《甲骨拼合集》，北京：学苑出版社，2010 年。
［36］ 黄天树：《甲骨拼合三集》，北京：学苑出版社，2013 年。
［37］ 黄天树：《甲骨拼合四集》，北京：学苑出版社，2016 年。
［38］ 黄天树：《甲骨拼合续集》，北京：学苑出版社. 2011 年。
［39］ 黄天树：《殷墟王卜辞的分类与断代》，北京：科学出版社，2007 年。
［40］ 黄锡全：《古文字与古货币文集》，北京：文物出版社，2009 年。
［41］ 吉林大学古文字研究室：《于省吾教授百年诞辰纪念文集》，长春：吉林大学出版社，1996 年。
［42］ 蒋玉斌：《殷墟子卜辞的整理与研究》，吉林大学博士学位论文，2006 年。
［43］ 李光谟：《李济先生学行纪略》，《学术集林》（第 10 卷），上海：上海远东出版社，1997 年。
［44］ 李济：《殷墟器物甲编：陶器》（上辑），台北："中研院"历史语言研究所，1956 年。
［45］ 李学勤、彭裕商：《殷墟甲骨分期研究》，上海：上海古籍出版社，1996 年。
［46］ 李学勤：《失落的文明》，上海：上海文艺出版社，1997 年。
［47］ 李学勤：《殷代地理简论》，北京：科学出版社，1959 年。
［48］ 林宏明：《契合集》，台北：万卷楼，2013 年。
［49］ 林宏明：《小屯南地甲骨研究》，台湾政治大学博士学位论文，2003 年。
［50］ 林宏明：《醉古集・甲骨的缀合与研究》，台北：万卷楼，2011 年。
［51］ 林沄：《林沄学术文集》，北京：中国大百科全书出版社，1998 年。
［52］ 刘风华：《殷墟村南系列甲骨卜辞的整理与研究》，郑州大学博士学位论文，2007 年。
［53］ 刘梦溪：《中国现代学术经典・董作宾卷》，石家庄：河北教育出版社，1996 年。
［54］ 刘渊临：《卜用甲骨上攻治技术的痕迹之研究》，台北：台湾编译馆、中华丛书编审委员会，1984 年。
［55］ 刘钊、洪飏、张新俊：《新甲骨文编》，福州：福建人民出版社，2006 年。
［56］ 刘钊：《古文字构形学》，福州：福建人民出版社，2006 年。
［57］ 陆宗达、王宁：《训诂与训诂学》，太原：山西教育出版社，1994 年。
［58］ 罗琨、张永山：《罗振玉评传》，南昌：百花洲文艺出版社，1996 年。
［59］ 罗振玉：《殷虚书契前编》，《国学丛刊》1911 年第 1 期。
［60］ 吕伟达：《甲骨文之父——王懿荣》，济南：山东画报出版社，1995 年。
［61］ 门艺：《黄组甲骨文的整理与研究》，郑州大学博士学位论文，2008 年。
［62］ 孟世凯：《甲骨学小辞典》，上海：上海辞书出版社，1987 年。
［63］ 彭裕商：《殷墟甲骨断代》，北京：中国社会科学出版社，1995 年。

［64］ 齐航福：《殷墟甲骨文宾语语序研究》，上海：中西书局，2015 年。
［65］ 齐文心：《殷商史史料》，《中国古代史史料学》，北京：北京出版社，1983 年。
［66］ 裘锡圭：《 裘锡圭学术文集》，上海：复旦大学出版社，2012 年。
［67］ 裘锡圭：《古文字论集》，北京：中华书局，1992 年。
［68］ 裘锡圭：《文字学概要》，上海：商务印书馆，1988 年。
［69］ 饶宗颐：《殷代贞卜人物通考》，香港：香港大学出版社，1959 年。
［70］ 沈建华、曹锦炎：《新编甲骨文字形总表》，香港：香港中文大学出版社，2001 年。
［71］ 沈培：《殷墟卜辞断代研究》，台北：文津出版社，1992 年。
［72］ 沈之瑜：《甲骨文研究》，上海：上海书店出版社，2002 年。
［73］ 石璋如：《丁编・遗址的发现与发掘之第二章〈第一次发掘〉》，《中国考古学报集》（之二），台北："中研院"历史语言研究所，1985 年。
［74］ 宋镇豪：《百年甲骨学论著目》，北京：语文出版社，1999 年。
［75］ 宋镇豪：《夏商社会生活史》，北京：中国社会科学出版社，1994 年。
［76］ 孙海波：《甲骨文编》，北京：中华书局，1965 年。
［77］ 唐兰：《殷墟文字记》，北京：中华书局，1981 年。
［78］ 王国维：《观堂集林》，北京：中华书局，1959 年。
［79］ 王辉：《古文字通假释例》，台北：艺文印书馆，1990 年。
［80］ 王辉：《古文字通假字典》，北京：中华书局，2008 年。
［81］ 王星光：《生态环境的变迁与夏代的兴起探索》，北京：科学出版社，2005 年。
［82］ 王宇信、宋镇豪、孟宪武：《2004 年安阳殷商文明国际学术研讨会论文集》，北京：社会科学文献出版社，2004 年。
［83］ 王宇信、宋镇豪：《纪念殷墟甲骨文发现一百周年国际学术研讨会论文集》，北京：社会科学文献出版社，2003 年。
［84］ 王宇信、杨升南：《甲骨学一百年》，北京：社会科学文献出版社，1999 年。
［85］ 王宇信：《甲骨学通论》，北京：中国社会科学出版社，1989 年。
［86］ 王宇信：《建国以来甲骨文研究》，北京：中国社会科学出版社，1981 年。
［87］ 王蕴智：《首届许慎文化国际学术研讨会论文集》，北京：中国文艺出版社，2006 年。
［88］ 王蕴智：《殷商甲骨文研究》，北京：科学出版社，2010 年。
［89］ 王蕴智：《殷周古文同源分化现象探索》，长春：吉林人民出版社，1996 年。
［90］ 王蕴智：《中原文化大典・文物典・古文字》，郑州：中州古籍出版社，2008 年。
［91］ 王蕴智：《字学论集》，郑州：河南美术出版社，2004 年。
［92］ 魏慈德：《殷墟 YH127 坑甲骨卜辞研究》，台湾政治大学中国文学系博士学位论文，2001 年。
［93］ 魏慈德：《殷墟花园庄东地甲骨卜辞研究》，台北：台湾古籍出版社，2006 年。
［94］ 温少峰、袁庭栋：《殷墟卜辞研究——科学技术篇》，成都：四川社会科学院出版社，1983 年。
［95］ 吴振武：《〈古玺文编〉校订》，北京：人民美术出版社，2011 年。

[96]　徐亮工：《徐中舒先生生平编年》，《徐中舒先生百年诞辰纪念文集》，成都：巴蜀书社，1998 年。
[97]　徐明波：《殷墟黄组卜辞断代研究》，四川大学博士学位论文，2007 年。
[98]　徐中舒：《甲骨文字典》，成都：四川辞书出版社，1989 年。
[99]　许进雄：《甲骨上钻凿形态的研究》，台北：艺文印书馆，1979 年。
[100]　严一萍：《甲骨学》，台北：艺文印书馆，1978 年。
[101]　杨宝成：《殷墟文化研究》，武汉：武汉大学出版社，2002 年。
[102]　杨升南：《商代经济史》，贵阳：贵州人民出版社，1992 年。
[103]　杨树达：《杨树达文集：积微居甲文说 · 耐林庼甲文说 · 卜辞琐记 · 卜辞求义》，上海：上海古籍出版社，1986 年。
[104]　杨天宇：《礼记译注》，上海：上海古籍出版社，1997 年。
[105]　杨郁彦：《甲骨文合集分组分类总表》，台北：艺文印书馆，2005 年。
[106]　杨育彬、袁广阔：《20 世纪河南考古发现与研究》，郑州：中州古籍出版社，1997 年。
[107]　杨育彬：《河南考古》，郑州：中州古籍出版社，1985 年。
[108]　姚孝遂、肖丁：《小屯南地甲骨考释》，北京：中华书局，1985 年。
[109]　姚孝遂：《殷墟甲骨刻辞类纂》，北京：中华书局，1989 年。
[110]　姚孝遂：《殷墟甲骨刻辞摹释总集》，北京：中华书局，1988 年。
[111]　姚孝遂：《中国文字学史》，长春：吉林教育出版社，1995 年。
[112]　姚萱：《殷墟花园庄东地甲骨卜辞的初步研究》，北京：线装书局，2006 年。
[113]　于省吾：《甲骨文字诂林》，北京：中华书局，1996 年。
[114]　于省吾：《甲骨文字释林》，北京：中华书局，1979 年。
[115]　詹鄞鑫：《汉字说略》，沈阳：辽宁教育出版社，1991 年。
[116]　张光裕等：《第三届国际中国古文字研讨会论文集》，香港：香港中文大学中国文化研究所，1997 年。
[117]　张国硕：《文明起源与夏商周文明研究》，北京：线装书局，2006 年。
[118]　张懋镕等：《追寻中华古代文明的踪迹——李学勤先生学术活动五十周年纪念论文集》，上海：复旦大学出版社，2002 年。
[119]　张世超：《殷墟甲骨字迹研究》，长春：东北师范大学出版社，2002 年。
[120]　张新俊、张胜波：《葛陵楚简文字编》，成都：巴蜀书社，2008 年。
[121]　张永山：《胡厚宣先生纪念文集》，北京：科学出版社，1998 年。
[122]　张永山等：《揖芬集——张政烺先生九十华诞纪念文集》，北京：社会科学文献出版社，2002 年。
[123]　张玉金：《甲骨文虚词词典》，北京：中华书局，1994 年。
[124]　张玉金：《甲骨文语法学》，上海：学林出版社，2001 年。
[125]　郑慧生：《古代天文历法研究》，开封：河南大学出版社，1995 年。
[126]　郑杰祥：《商代地理概论》，郑州：中州古籍出版社，1994 年。
[127]　中国社会科学院考古研究所：《殷墟的发现与研究》，北京：科学出版社，2001 年。
[128]　中国社会科学院考古研究所：《殷墟妇好墓》，北京：文物出版社，1980 年。

[129] 中山大学等:《商承祚教授百年诞辰纪念文集》,北京:文物出版社,2003年。
[130] 钟柏生:《殷商卜辞地理论丛》,台北:艺文印书馆,1989年。
[131] 朱凤瀚:《商周家族形态研究》(增订本),天津:天津古籍出版社,2004年。
[132] 朱歧祥:《甲骨文研究》,台北:里仁书局,1998年。
[133] 朱歧祥:《甲骨学论丛》,台北:台湾学生书局,1992年。

## 二、论文类

[1] 蔡运章:《筮数易卦研究》,中国第三届西周文明国际学术研讨会论文,1996年。
[2] 蔡哲茂:《甲骨文合集补遗续》(四~十五),《大陆杂志》1988~1997年。
[3] 蔡哲茂:《甲骨新缀合三十三片及其考释》,韩国汉城淑明女子大学国际甲骨学学术讨论会论文,1996年。
[4] 蔡哲茂:《伊尹传说的研究》,《中国神话与传说学术研讨会论文集》(抽印本),台湾汉学研究中心,1996年。
[5] 曹定云:《论安阳殷墟发现的“易卦”卜甲》,《殷都学刊》1993年第4期。
[6] 曹定云:《殷墟甲骨文研究百年回顾与展望》,《社会科学战线》1997年第5期。
[7] 曹定云:《殷墟四盘磨“易卦”卜骨研究》,《考古》1989年第7期。
[8] 曹建敦:《周代用牲礼制考略》,《文博》2008年第3期。
[9] 曹锦炎:《中甲刻辞——武丁时代的另一种记事刻辞》,《东南文化》1999年第5期。
[10] 常耀华:《YH251、330卜辞研究》,《中国文字》1997年第23期。
[11] 陈邦怀:《记商小臣艅玉》,《天津社会科学》1984年第1期。
[12] 陈剑:《甲骨文“𢦏”字的补释》,《古文字研究》(第二十五辑),2006年。
[13] 陈梦家:《甲骨断代学》,《燕京学报》1951年第40期。
[14] 陈梦家:《解放后甲骨的新资料和整理研究》,《文物参考资料》1954年第5期。
[15] 陈炜湛、曾宪通:《论罗振玉和王国维在古文字领域内的地位和影响》,《古文字研究》(第四辑),北京:中华书局,1980年。
[16] 陈炜湛:《“历组卜辞”的讨论与甲骨文断代研究》,《出土文献研究》,北京:文物出版社,1985年。
[17] 董作宾、胡厚宣:《甲骨年表》,《中央研究院历史语言研究所集刊》(2),1930年。
[18] 董作宾:《大龟四版考释》,《安阳发掘报告》,1931年。
[19] 董作宾:《甲骨文断代研究例》,《纪念蔡元培先生六十五岁纪念论文集》,1933年。
[20] 董作宾:《商代龟卜之推测》,《安阳发掘报告》,1929年。
[21] 董作宾:《殷虚文字甲编自序》,北京:商务印书馆,1948年。
[22] 范毓周:《甲骨文研究的历史、现状与未来展望》,《史学月刊》1999年第1、2期。
[23] 范毓周:《试论何组卜辞的时代与分期》,《胡厚宣先生纪念文集》,北京:科学出版社,1998年。
[24] 高广仁、邵望平:《中国史前时代的龟灵与犬牲》,《中国考古学研究》,北京:文物出版社,1986年。
[25] 郭宝钧:《1950年安阳四盘磨SP11出土字骨拓文》,《中国考古学报》1951年第5期。

[26] 郭沫若：《安阳新出土的牛胛骨及其刻辞》，《考古》1992 年第 2 期。
[27] 郭振禄：《“干支”记事刻辞及其有关问题》，《华夏考古》1993 年第 3 期。
[28] 寒峰：《甲骨文所见的商代军制数则》，《甲骨探史录》，北京：读书·生活·新知三联书店，1982 年。
[29] 郝本性：《河南温县东周盟誓遗址发掘与整理情况》，《新出简帛研究》，北京：文物出版社，2008 年。
[30] 河北省文物管理处台西考古队：《河北藁城县台西村商代遗址发掘简报》，《文物》1979 年第 6 期。
[31] 河南省博物馆：《郑州南关外商代遗址的发掘》，《考古学报》1973 年第 1 期。
[32] 河南省文物考古研究所、郑州大学文博学院考古系、南开大学历史系博物馆学专业：《1995 年郑州小双桥遗址的发掘》，《华夏考古》1996 年第 3 期。
[33] 河南省文物考古研究所：《河南舞阳贾湖新石器时代遗址第二至第六次发掘简报》，《文物》1989 年第 1 期。
[34] 河南省文物考古研究所：《郑州小双桥遗址出土陶器上的朱书》，《文物》2003 年第 5 期。
[35] 胡厚宣：《八十五年来甲骨文材料之再统计》，《史学月刊》1984 年第 5 期。
[36] 胡厚宣：《卜辞同文例》，《历史语言研究所集刊》（9），1947 年。
[37] 胡厚宣：《关于刘体智、罗振玉、明义士旧藏甲骨现状的说明》，《殷都学刊》1985 年第 1 期。
[38] 胡厚宣：《释殷代求年于四方和四方风的祭祀》，《复旦学报》1956 年第 1 期。
[39] 胡厚宣：《殷卜辞中的上帝和王帝》（下），《历史研究》1959 年第 10 期。
[40] 胡厚宣：《殷代卜龟之来源》，《甲骨学商史论丛》，台北：台湾大通书局，1972 年。
[41] 黄天树：《妇女卜辞》，《中国古文字研究》（1），长春：吉林大学出版社，1999 年。
[42] 黄天树：《关于非王卜辞的一些问题》，《陕西师大学报》（哲学社会科学版）1995 年第 4 期。
[43] 黄天树：《甲骨文合集校重》，《考古与文物》1995 年第 3 期。
[44] 黄天树：《殷墟甲骨文验辞中的气象记录》，《“中研院”历史语言研究所会议论文集之七》，《古文字与古代文明》（第一辑），2007 年。
[45] 黄锡全：《甲骨文“㞢”字试探》，《古文字研究》（第六辑），北京：中华书局，1981 年。
[46] 季云：《藁城台西商代遗址发现的陶器文字》，《文物》1974 年第 8 期。
[47] 冀小军：《说甲骨金文中表祈求义的字》，《湖北大学学报》1999 年第 1 期。
[48] 贾连敏、姜涛：《虢国墓地出土商代王伯玉器及相关问题》，《文物》1999 年第 7 期。
[49] 姜涛、贾连敏：《虢国墓地出土商代小臣玉器铭文考释及相关问题》，《文物》1998 年第 12 期。
[50] 李健民：《论陶寺遗址出土的朱书“文”字扁壶及相关问题》，《中国书法》2000 年第 10 期。
[51] 李维明：《郑州出土商代牛肋骨刻辞新识》，《中国文物报》2003 年 6 月 13 日。
[52] 李学勤、彭裕商：《殷墟甲骨分期新论》，《中原文物》1990 年第 3 期。
[53] 李学勤：《关于自组卜辞的一些问题》，《古文字研究》（第三辑），北京：中华书局，1980 年。
[54] 李学勤：《甲骨学一百年的回顾与前瞻》，《文物》1998 年第 1 期。
[55] 李学勤：《论“妇好”墓的年代有关问题》，《文物》1977 年第 11 期。
[56] 李学勤：《论帝乙时代的非王卜辞》，《考古》1958 年第 1 期。
[57] 李学勤：《评陈梦家〈殷虚卜辞综述〉》，《考古学报》1957 年第 3 期。

[58] 李学勤:《谈安阳小屯以外出土的有字甲骨》,《文物参考数据》1956年第11期。

[59] 李学勤:《小屯南地甲骨与甲骨分期》,《文物》1981年第5期。

[60] 李学勤:《殷墟甲骨分期的两系说》,《古文字研究》(第十八辑),北京:中华书局,1992年。

[61] 李学勤:《郑州二里岗字骨的研究》,《中国社会科学院历史研究所学刊》,北京:社会科学文献出版社,2001年。

[62] 李学勤:《中方鼎与周易》,《文物研究》,合肥:黄山书社,1990年。

[63] 李棪:《早周骨甲所刻易卦筮符综说》,《第二届国际中国古文字学研讨会论文及续编》,香港:香港中文大学,1995年。

[64] 林宏明:《殷墟甲骨文字缀合新例》,《古文字研究》(第二十六辑),北京:中华书局,2006年。

[65] 林沄:《从武丁时代的几种"子卜辞"试论商代的家族形态》,《古文字研究》(第一辑),北京:中华书局,1979年。

[66] 林沄:《花东子卜辞所见人物研究》,《第一届古文字与古代史学术讨论会论文集》,台北:"中研院"历史语言研究所,2006年。

[67] 林沄:《甲骨断代商榷》,《出土文献研究续集》,文物出版社,1989年;后收入《林沄学术文集》,北京:中国大百科全书出版社,1998年。

[68] 林沄:《无名组卜辞中父丁称谓的研究》,《古文字研究》(第十三辑),北京:中华书局,1986年。

[69] 林沄:《小屯南地发掘与殷墟甲骨断代》,《古文字研究》(第九辑),北京:中华书局,1984年。

[70] 刘一曼:《试论殷墟甲骨书辞》,《考古》1991年第2期。

[71] 刘一曼:《殷墟花园庄东地甲骨坑的发现及主要收获》,《甲骨文发现一百周年学术研讨会论文集》,台北:文史出版社,1998年。

[72] 刘一曼:《殷墟兽骨刻辞初探》,《殷墟博物苑苑刊》1989年第1期。

[73] 孟宪武、李贵昌:《殷墟出土的玉璋朱书文字》,《华夏考古》1997年第2期。

[74] 乃俊廷:《论殷墟花园庄东地甲骨卜辞与非王卜辞的亲属称谓关系》,《花园庄东地甲骨论丛》,台北:圣环图书股份有限公司,2006年。

[75] 裴明相:《略谈郑州商代前期的骨刻文字》,《全国商史学术讨论会论文集》,《殷都学刊》(增刊),1985年。

[76] 彭裕商:《非王卜辞研究》,《古文字研究》(第十三辑),北京:中华书局,1986年。

[77] 彭裕商:《殷代卜法初探》,《夏商文明研究》,郑州:中州古籍出版社,1995年。

[78] 齐航福:《〈殷墟花园庄东地甲骨·释文〉求疵》,《中州学刊》2006年第2期。

[79] 齐航福:《花园庄东地甲骨刻辞中新见字的初步整理》,中国文字学会第四届学术年会交流论文,陕西师范大学,2007年。

[80] 崎川隆、杨郁彦:《甲骨文合集分组分类总表》,《东洋学报》(第90卷第2号,东洋文库),2008年。

[81] 崎川隆:《殷墟出土大字骨版刻字的史料性质》,《东方考古》(第4集),北京:科学出版社,2008年。

[82] 裘锡圭:《甲骨卜辞中所见的"田"、"牧"、"卫"等职官的研究——兼论"侯"、"甸"、"男"、"卫"等几种诸侯的起源》,《古代文史研究新探》,南京:江苏古籍出版社,2000年。

[83] 裘锡圭：《甲骨缀合拾遗》，《古文字论集》，北京：中华书局，1992 年。

[84] 裘锡圭：《论“历组卜辞”的时代》，《古文字研究》（第六辑），北京：中华书局，1981 年。

[85] 裘锡圭：《说殷墟卜辞的“奠”——试论商人处置服属者的一种方法》，《“中央研究院”历史语言研究所集刊》（64），1993 年。

[86] 屈万里：《殷墟文字甲编考释》，《中国考古报告集》（之二），台北：“中研院”历史语言研究所，1961 年。

[87] 饶宗颐：《殷代易卦及有关占卜诸问题》，《文史》（二十），北京：中华书局，1983 年。

[88] 商承祚：《殷契佚存》，《金陵大学中国文化研究所丛刊》，1933 年。

[89] 沈建华：《甲骨文释文二则》，《古文字研究》（第六辑），北京：中华书局，1981 年。

[90] 沈培：《卜辞雉众补释》，《语言学论丛》（第 26 辑），上海：商务印书馆，2006 年。

[91] 沈之瑜、濮茅左：《卜辞的辞式与辞序》，《古文字研究》（第十八辑），北京：中华书局，1992 年。

[92] 石璋如：《殷墟最近之发现附论小屯地层》，《中国考古学报》1947 年第 2 期。

[93] 宋国定：《1985～1992 年郑州商城考古发现综述》，《郑州商城考古新发现与研究》，郑州：中州古籍出版社，1993 年。

[94] 宋镇豪：《论古代甲骨占卜的“三卜”制》，《殷墟博物苑苑刊》（创刊号），北京：中国社会科学出版社，1989 年。

[95] 宋镇豪：《夏商法律制度研究》，《夏文化研究论集》，北京：中华书局，1996 年。

[96] 宋镇豪：《殷代“习卜”和有关占卜制度的研究》，《中国史研究》1987 年第 4 期。

[97] 孙亚冰：《百年来甲骨文材料统计》，《故宫博物院院刊》2006 年第 1 期。

[98] 唐兰：《在甲金文中所见的一种已经遗失的中国古代文字》，《考古学报》1957 年第 2 期。

[99] 汪涛：《甲骨学在欧美——1900～1950》，《甲骨文发现一百周年学术研讨会论文集》，台北：文史哲出版社有限公司，1998 年。

[100] 王贵民：《试释甲骨文的乍口、多口、殉、葬和诞字》，《古文字研究》（第二十一辑），北京：中华书局，2001 年。

[101] 王辉：《殷墟玉璋朱书字解》，《于省吾教授百年诞辰纪念文集》，长春：吉林大学出版社，1996 年。

[102] 王建军：《甫族、甫地卜辞的农耕文化》，《农业考古》2009 年第 4 期。

[103] 王建军：《“鼎（贞）”字构形及对宾组“分类”的意义》，《鼎与中华文明学术研讨会论文集》，郑州：大象出版社，2016 年。

[104] 王建军：《“省化”——殷周古文中一种特殊的造字现象》，《殷都学刊》2009 年第 3 期。

[105] 王建军：《“中”字构形与早期的涵义》，《中华之源与嵩山文明研究》（第一辑），北京：科学出版社，2013 年。

[106] 王建军：《宾组甲骨文“分级划类”问题研究》，《殷都学刊》2014 年第 3 期。

[107] 王建军：《关于花东卜辞的刻写时代问题》，《中原文物》2017 年第 1 期。

[108] 王建军：《花东子卜辞所见“𢼄”祭材料的整理与研究》，《中原文物》2010 年第 2 期。

[109] 王建军：《商代甲骨文所反映的“水灾”研究》，《中原文化研究》2013 年第 6 期。

[110] 王建军：《殷商时期的“旱灾”及其相关问题》，《四川文物》2017 年第 2 期。

[111] 王建军:《殷墟甲骨卜辞分期分类研究综述》,《中州学刊》2010 年第 1 期。

[112] 王建军:《殷周时期的“举族”及其相关问题》,《考古与文物》2010 年第 1 期。

[113] 王建军:《贞人名字体在宾组分类中的作用与价值》,《殷都学刊》2012 年第 4 期。

[114] 王建军:《周原有字甲骨的内容分项整理与研究》,《中国考古学第十六届学术研讨会论文集》,北京:文物出版社,2015 年。

[115] 王宇信:《代表当代甲骨学研究水平的著录书——殷墟花园庄东地甲骨》,《中国图书评论》2004 年第 6 期。

[116] 王蕴智:《“典”、“册”考源》,《殷都学刊》1994 年第 4 期。

[117] 王蕴智:《“益”、“易”同源嬗变探析》,《说文解字研究》,开封:河南大学出版社,1991 年。

[118] 王蕴智:《“毓”、“后”考辨》,《郑州大学学报》1991 年第 5 期。

[119] 王蕴智:《创建一座富有中华文明特色的文字博物馆》,《郑州大学学报》(哲学社会科学版)2005 年第 5 期。

[120] 王蕴智:《对当前甲骨学基础研究工作的几点思考》,《古文字研究》(第二十二辑),北京:中华书局,2000 年。

[121] 王蕴智:《商代甫族、甫地考》,《郑州大学学报》2000 年第 2 期。

[122] 王蕴智:《商代㭊族考》,《华夏考古》2003 年第 1 期。

[123] 王蕴智:《史前陶器符号的发现与汉字起源的探索》,《华夏考古》1994 年第 3 期。

[124] 王蕴智:《试论商代文字的造字方式》,《字学论集》,郑州:河南美术出版社,2004 年。

[125] 王蕴智:《释[illegible]、[illegible]及与其同源的几个字》,《中国文字》(廿四),台北:艺文印书馆,1998 年。

[126] 王蕴智:《释甲骨文[illegible]字》,《古文字研究》(第二十六辑),北京:中华书局,2006 年。

[127] 王蕴智:《殷商箕族渊源考订》,《高敏先生七十华诞纪念文集》,郑州:中州古籍出版社,2001 年。

[128] 王蕴智:《殷墟甲骨刻辞摹释总集释字订补》(上),《古文字研究》(第二十四辑),北京:中华书局,2002 年。

[129] 王蕴智:《殷周古文同源分化与说文同源字的初步整理》,许慎与《说文》学国际学术研讨会论文,漯河,1991 年。

[130] 王蕴智:《赢字探源》,《追寻中华古代文明的踪迹——李学勤先生学术活动五十年纪念文集》,上海:复旦大学出版社,2002 年。

[131] 吴振武:《古文字中的借笔字》,《古文字研究》(第二十辑),北京:中华书局,2000 年。

[132] 伍献文:《武丁大龟之腹甲》,《中央研究院动植物研究所集刊》,1943 年。

[133] 肖楠:《安阳殷墟发现“易卦”卜甲》,《考古》1989 年第 1 期。

[134] 肖楠:《论武乙、文丁卜辞》,《古文字研究》(第三辑),北京:中华书局,1980 年。

[135] 肖楠:《略论“午组卜辞”》,《考古》1979 年第 6 期。

[136] 谢济:《武丁时另种类型卜辞分期研究》,《古文字研究》(第六辑),北京:中华书局,1981 年。

[137] 许进雄:《从长凿的配置试分第三与第四期的卜骨》,《中国文字》(四十八),台北:艺文印书馆,1973 年。

［138］ 许进雄：《凿钻研究述略》，《屈万里先生七秩荣庆论文集》，台北：联经出版事业公司，1978 年。

［139］ 杨升南：《殷墟花东 H3 卜辞“子”的主人是武丁太子孝己》，《2004 年安阳殷商文明国际学术研讨会论文集》，北京：社会科学文献出版社，2004 年。

［140］ 杨泽生：《甲骨文“蚑”字考释》，《第七届两岸中山大学中国文学学术研讨会论文》，高雄，2005 年。

［141］ 姚孝遂：《吉林大学所藏甲骨选释》，《吉林大学社会科学学报》1964 年第 3 期。

［142］ 张秉权：《卜辞腹甲的序数》，《历史语言研究所集刊》（二十八：上册）1956～1957 年。

［143］ 张秉权：《小屯殷虚出土龟甲上所黏附的纺织品》，《“中研院”国际汉学会议论文集 • 历史考古组：上册》，1981 年。

［144］ 张居中：《舞阳贾湖遗址出土的龟甲和骨笛》，《华夏考古》1991 年第 2 期。

［145］ 张军涛：《卜辞所见农业灾害研究》，郑州大学博士学位论文，2016 年。

［146］ 张亚初、刘雨：《从商周八卦数字符号谈筮法的几个问题》，《考古》1981 年第 2 期。

［147］ 张永山、罗琨：《论历组卜辞的时代》，《古文字研究》（第三辑），北京：中华书局，1980 年。

［148］ 张政烺：《试释周初青铜器铭文中的易卦》，《考古学报》1980 年第 4 期。

［149］ 张政烺：《殷墟甲骨文中所见的一种筮卦》，《文史》（二十四），北京：中华书局，1985 年。

［150］ 章秀霞：《〈北京大学珍藏甲骨文字〉著录片校重》，《殷都学刊》2009 年第 4 期。

［151］ 赵平安：《续释甲骨文中的“乇”、“𠯑”、“𥘅”》，《华学》（第四辑），北京：紫禁城出版社，2000 年。

［152］ 郑振香：《甲骨文的发现与殷墟发掘世纪回眸》，《殷都学刊》1999 年第 2 期。

［153］ 中国社会科学院考古研究所：《1973 年安阳小屯南地发掘简报》，《考古》1975 年第 1 期。

［154］ 中国社会科学院考古研究所：《1991 年安阳花园庄东地、南地发掘简报》，《考古》1993 年第 6 期。

［155］ 中国社会科学院考古研究所：《安阳小屯村北的两座殷代墓》，《考古学报》1981 年第 4 期。

［156］ 中国社会科学院考古研究所安阳工作队：《1973 年小屯南地发掘报告》，《考古学集刊》（九），北京：科学出版社，1995 年。

［157］ 中国社会科学院考古研究所安阳工作队：《1980～1982 年安阳苗圃北地遗址发掘简报》，《考古》1986 年第 2 期。

［158］ 中国社会科学院考古研究所洛阳发掘队：《河南偃师二里头发掘简报》，《考古》1965 年第 5 期。

［159］ 钟柏生：《帚妌卜辞及其相关问题的探讨》，《“中研院”历史语言研究所集刊》（56），1985 年。

［160］ 朱凤瀚：《近百年来的殷墟甲骨文研究》，《历史研究》1997 年第 1 期。

［161］ 竺可桢：《中国近五千年来气候变迁的初步研究》，《考古学报》1972 年第 1 期。

［162］ 邹衡：《试论殷墟文化分期》，《北京大学学报》（人文科学版）1964 年第 4、5 期。

# 附录一　殷墟卜辞各组类演变及断代一览表①

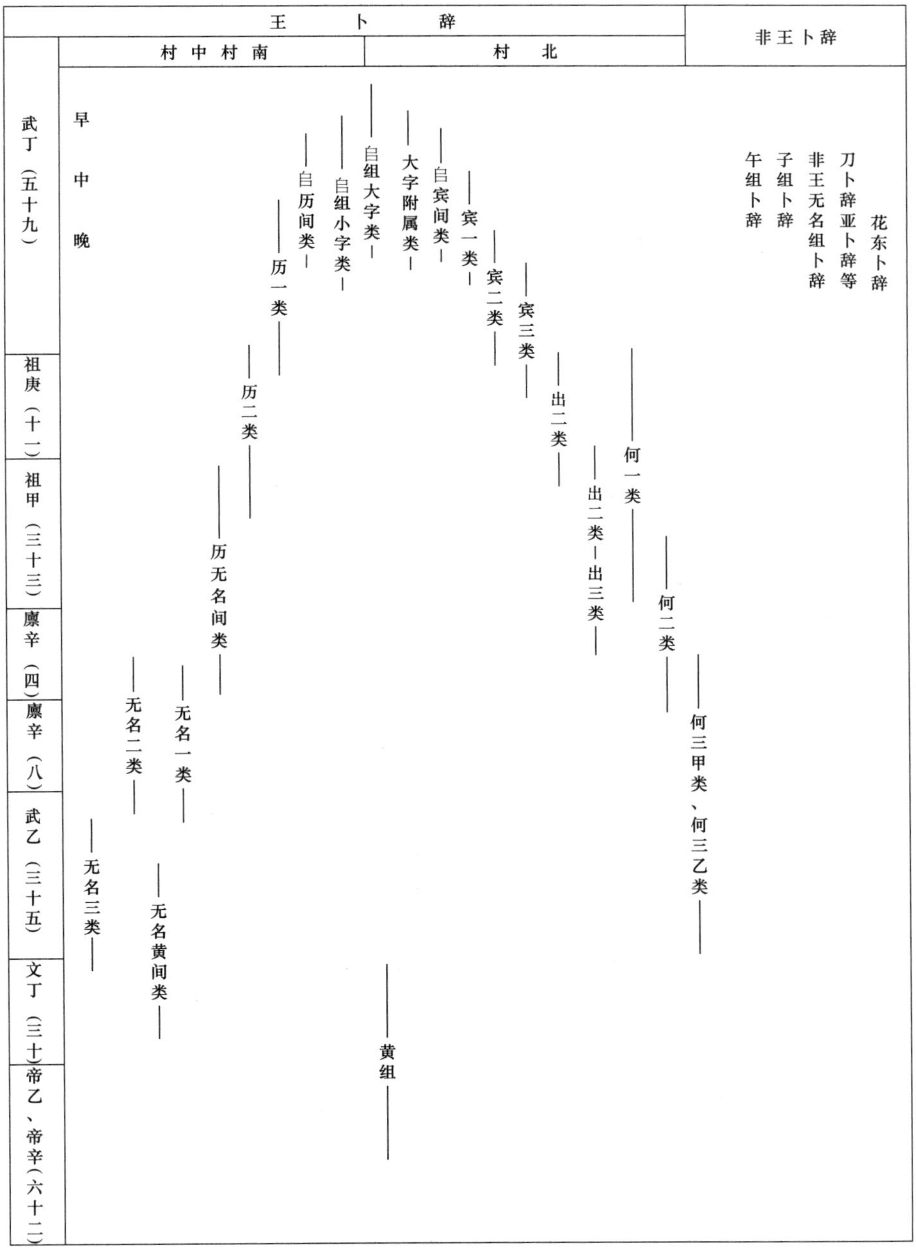


① “殷墟王卜辞各组类的演变与断代”参见黄天树：《殷墟王卜辞的分类与断代》，科学出版社，2007年，第9页。

# 附录二 《史记·殷本纪》与甲骨文所见商王世系[①]

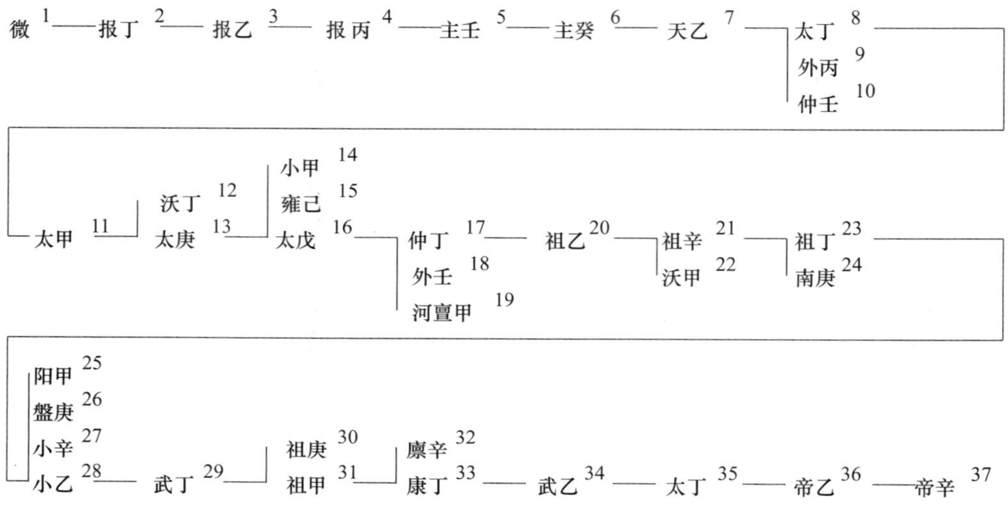


## 甲骨文商王世系

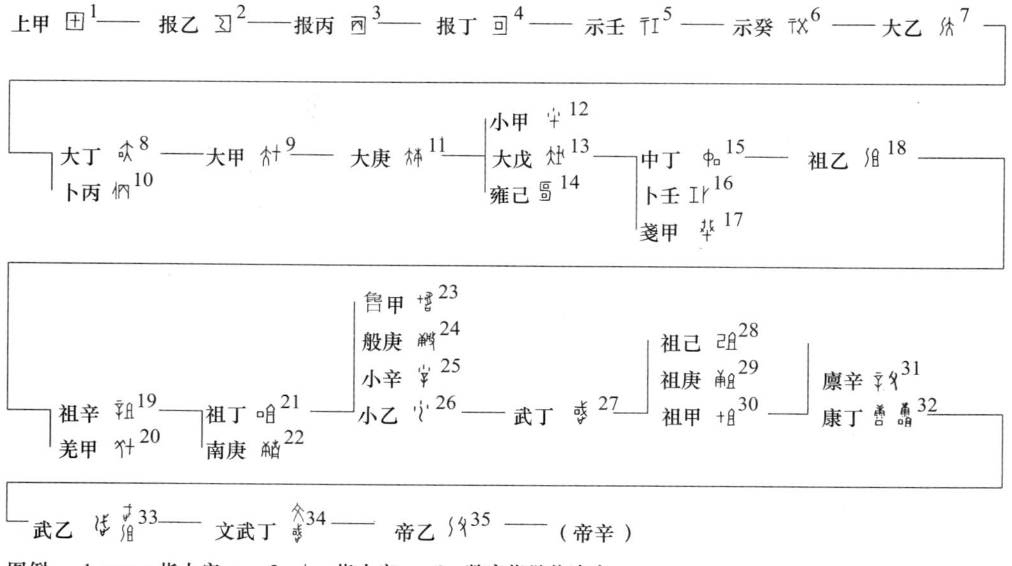


图例：1. —— 指大宗；2. | 指小宗；3. 数字指继位次序

---

① 王蕴智：《殷商甲骨文研究》，科学出版社，2010年，第580页。

# 附录三　宾组各类典型片占卜内容分项解读

殷墟甲骨文中的宾组卜辞，依据字体可分为宾一、宾二、宾三及𠂤宾间四个亚类。该组主要是武丁时期的甲骨卜辞。据文献记载，武丁在位59年，这个时段的甲骨数量较多，在13册的《合集》中就占了7册以上（第13册亦有宾组的部分摹本）。另据我们对《合集》《合补》《英国》《北大》等著录的系统整理情况来看，这组卜辞在以上四部著录中总数达29328片，按占卜内容可分为21项。由此可以看出，殷商王朝的生活，凡事皆由占卜来决定，利用占卜方法来传达上帝、鬼神和祖先的旨意，所以古书中说："殷人尊神，率民以事神，先鬼而后礼。"（《礼记·表记》）此与推行礼乐制度、敬天、明德、慎罚的周代有所不同。殷商统治者的天命观念非常重，他们无论做什么事，或遇到什么自以为怪异的现象，都要精心占卜一番。这尤使甲骨卜辞的内容显得极为丰富，涉及的范围亦非常广泛，其中卜辞记载内容较多的是祭祀与战争两个方面。

祭祀在殷商社会生活中占有极其重要的地位，祭祀不仅重要而且相当频繁，它贯穿殷商社会生活的方方面面。所以说，若不了解祭祀就无以知晓中国古代的殷商社会。据整理与研究所知，在武丁执政时期，卜辞所记载的祭礼形式多种多样，内容丰富多彩，规格也不尽相同。从上举四个亚类中，我们已梳理出103个祭名祭法，其中较为重要的有：㞢（侑）、钔（禦）、尞（燎）、𠦪、告、酌、聂（取）、卯、宜（俎）、𠬝、歲（岁）、伐、爯、𠳫（登）、壴、刿、征（延）、帝（禘）、劓、𠙵（埋）、沈（沉）、卬、𥚝、萛、𠯈（祰/乇）、衣、祝、陟、匚、口（祊）、𠭰、𣪊、翌、攺、舞、𡧊、埶（蓺）、𠳋、𥁑、升、彡、𠬛、𦼮、盟、汎、𧇫、宁、祏、餗、𤼷、逆、乍（作）等。在释读祭祀卜辞时，我们除重点把握祭名、祭法外，还对致祭对象（包括帝、祖先、重臣及自然神灵等），祭祀时间（白天、晚上各时段皆有专称），祭祀地点、宗庙场所，入祭牺牲的品种、数量、性别、毛色，以及祭品的贡纳者等都做了进一步的整理与研究。

另外，在宾组中另一重要事类是战争卜辞。商王武丁当时众敌环伺的处境和他力图征服天下的雄心，导致了战事频发。通过对该组卜辞的整理与释读，现已归纳出在武丁执政时期商王国曾与50多个方国（或部族）发生过战争，其所攻打的主要对象有羌、𢀛、缶、基、巴、土、下危、夷、𠭯、龍、亘、湔、虎、祭、陟、周、𢦏、豊、甫、沚、壴、方、畀、桑、鼠、先、戊、𠂔、马等；商王委派的指挥将领有雀、沚𢦔、望乘、帚好、帚妌、子商、我史、多臣、㐭、敖、侯專、侯告、豖、旲、子效、亩、光、𠂤般、旨、車等。对于战争卜辞，我们除关注实力较强的征伐对象与出征将领外，还重点对征伐的时间、地点，作战的方式、手段，以及战争的结果等，也做了较为系统的整理。宾组所记载的大量战争卜辞，均反映了商王对一些重大军事活动的参与和高度关注，同时也反映了在武丁执政时期，商王国与其他方国部族之间开始处于比较紧张的敌对状态，经过一段时间军事的角力，逐渐出现缓和、友好的局面，甚至有一些方国还与商王国最终走向了统一。下面我们谨根据祭祀、战争、农业、田猎、天象、旬夕、疾幻、生育、人物、建筑以及书风十一个方面，对宾组各类典型片依据占卜内容的分类情况进行释读[①]。

# 第一部分　祭　　祀

《左传·成公十三年》云："国之大事，在祀与戎。"祀即祭祀，戎谓军事征伐。祭祀方面的卜辞在当时占有很大的比例，祭祀的名目繁多，且多杀牲、用人（包括奴隶、俘虏）等。

武丁时期的致祭对象，主要包括自然神祇、远世先祖和直系先王三方面。自然神祇中有帝、土、日、月、星、云、风、雨、雷及山、河等。帝和土当时是作为天、地自然神祇来崇拜的。远世先祖是指未列入世谱的夒、季、王亘、王亥等祖神；在卜辞中所称上甲以降的大示，皆为商王室的直系先公先王，在武丁时期都受到了隆重的祭祀。到了商王祖庚、祖甲时期，祭礼发生了一些变化，对自然神祇和远世先祖的祭祀越来越少，对自上甲以下的先公先王的祭祀则越来越频繁，而且形成循环性的"周祭——翌、祭、壹、彡、咎"[②]。商王室在各个时期的祭祀制度都有差异，祭祀的对象也不尽相同。即使是各时期通用的祀典，其具体内容（辞例）也有明显的变化，并非前后雷同。

通观殷商时期的祭礼，往往因祭祀主体的地位不同，举行的地点或场所也会迥异。殷王室建立了一套严格的宗庙制度，如王卜辞所建的宗庙：大乙宗、唐宗、成宗、大丁宗、大甲宗、大戊宗、大庚宗、中丁宗、祖乙宗、祖辛宗、祖丁宗、小乙宗、武丁宗、祖甲宗、康丁宗、武乙宗和文丁宗等。另外，宗庙以外的祭祀场所，卜辞常见的有父母升、祖妣升，还有□（祊）、宗□（祊）、升□（祊）以及廷、室、家、寝、坛、官和祼等。其中寝、官、祼等祭所名，都是从其他用途的称名转化过来的，所以并不是严格意义的祭所之称。卜辞中的寝主要还是活人住的地方，如商王的住所叫王寝，诸妇的住所叫妇寝，另外，王室里还有东寝、西寝等其他居处。卜辞中所见的祖先寝很可能是以死人比活人，将先王的陵墓当作寝，并在那里举行祭祀活动。同样，官的本义应该是治事之所，因商王的祭祖亦为国之大事，所以有时就把官府也变成了举行祭祀的场所。

1.《合集》1027 正

【资料来源及其他说明】该龟甲的著拓号：《乙》5058 +（正）5228 +（反），选定号：《丙》124（正）125（反），拼合号：[ 5157 + 5227 + 5393 ]（正）[ 5085 + 5157 + 5393 ]（反）。原龟甲拓藏：台湾"中研院"历史语言研究所[③]。

【分类与断代】本版为宾一类，该类主要是武丁中期的卜辞，其与自宾间类有一段并存

---

① 按著录《合集》《合补》，并依据宾一、宾二、宾三以及自宾间的分类顺序依次解读。文中描述用《合集》《合补》等，括注中则使用合、合补等简称。

② 常玉芝：《商代周祭制度》，中国社会科学出版社，1987 年。

③ 本书中《合集》的材料来源见胡厚宣主编，肖良琼、谢济、顾潮、牛继斌编：《甲骨文合集材料来源表》，中国社会科学出版社，1998 年。另"原骨拓藏"一栏中的简称均改为全称；若该片为龟甲，则以"原龟甲拓藏"表示。

《合集》1027 正

期，下限与武丁中晚期的宾二类也有交叉现象。下同。

【释文】

（1）癸卯卜，㱿：㞢（侑）于河三羌，卯三牛，尞（燎）一牛？　一

（2）癸卯卜，㱿：尞河一牛，㞢三羌，卯三牛？　一

（3）癸卯卜，王：㞢于且乙二牛？用。　一

（4）癸卯卜，王：𠦪于大甲？　一

（5）［癸］…用？

（6）癸…　一

（7）丁子（巳）[①] 卜，爭貞：降𦎫千牛？　一 二告 二

（8）不其降𦎫千牛、千人？　一 二

（9）丁□卜…　二

（10）不…降…　二

① 本书中假借为地支“巳”的“子”，释文中第一次出现时采用括注的形式，以下径用“巳”。

（11）戊午卜，㱿貞：我其乎（呼）[?]甾𢦏？　一二
（12）戊午卜，㱿：我[?]甾𢦏？　一二
（13）己未卜，㱿貞：缶其䵼我旅？
（14）己未卜，㱿貞：缶不我䵼旅？一月。
（15）己未卜，㱿貞：缶其來見王？一月。　一二
（16）己未卜，㱿貞：缶不其來見王？　一二
（17）己未卜，㱿貞：王夢蠱，隹（唯）𡆥（祸）？　一
（18）己未卜，㱿貞：王夢蠱，不隹？　一二告
【释文】《合集》1027 反（未录拓片[①]）
（1）我來十。

【解读】这是一版武丁时期的宾一类卜辞。第（1）辞之“㞢”，黄锡全先生从“㞢”字的偏旁分析出发，并结合当时的实际，他认为“㞢”字就是牛头的象形字[②]。姚孝遂先生在《甲骨文字诂林》的按语中认为，“㞢”，卜辞为“再又”之“又”，“有无”之“有”，“福佑”之“佑”。“㞢”亦为祭名“侑”[③]。至于其造字之源，则各家说法不一，迄难定论[④]。此辞㞢祭的对象为河，关于河究竟具有怎样的神性，学界争议较多，主要有两种看法：一是认为河为自然神，二是认为河为祖先神。我们认为，河多为自然神，于卜辞或作黄河之名，或作黄河之神[⑤]。此辞之“卯”，郭沫若先生认为“因卯之字形取义，盖言对剖也。”卯的用牲法，也即周代礼书所言的解牲分为左右两胖（pàn）。此辞之“寮”，甲骨初文同尞，后追加火旁以别之，从火尞声。

第（7）辞之“酉”，多用作祭牲法。于省吾先生读“酉”为“删”，相当于今天所说的“砍”。据卜辞，所“酉”者多为“牛”“羊”“牢”“宰”之类的毛（物）牲，所“酉”之人牲则有“人”“羌”“㞷”“㚔”等。该版第（7）（8）辞正反对贞，卜问是否用砍千头牛还是用砍千头牛和千个人牲的仪典来祭祀神灵。可见其所卜用的牺牲数量甚大，不难猜想，如果商王真的采信了这一方案，当时的祭祀规格是如此之高，规模是如此之大，场面是如此之隆重。

第（7）（18）辞署有“二告”，告辞之意，即经过再次占卜，人神之间的交流已完全通达。

第（14）（15）辞，所署的时间是一月。

第（15）（16）辞，己未日由㱿贞问，缶会来觐见商王吗？武丁时期缶方与商关系时好时坏，缶方曾经叛乱，商王亲自率兵征伐，并获得胜利。此后缶即朝见商王并供应殷商军旅所需的粮草等。该版卜辞是研究殷商王朝与其他方国关系的重要文献资料。

该版反面的记事刻辞“我來十”，意即我族首领向商王贡纳了十块龟甲。

---

① 为系统理解该版所记载的内容，未录正或反（背）面的拓片或图版，文中有时将其释文收录，以做参考。下同。
② 黄锡全：《甲骨文“㞢”字试探》，《古文字研究》（第六辑），中华书局，1981 年，第 196～204 页。
③ 于省吾主编：《甲骨文字诂林》，中华书局，1996 年，第 3423 页。
④ 对卜辞中一些问题的解读，若各家说法不一，迄难定论者，本书择取部分以证，其他概不赘述，文末则附以“参考文献”，个别遗漏者，敬请读者谅解。
⑤ 王建军：《宾组甲骨文所反映的水灾研究》，《中原历史文化》2013 年第 6 期。

2.《合集》10125 正

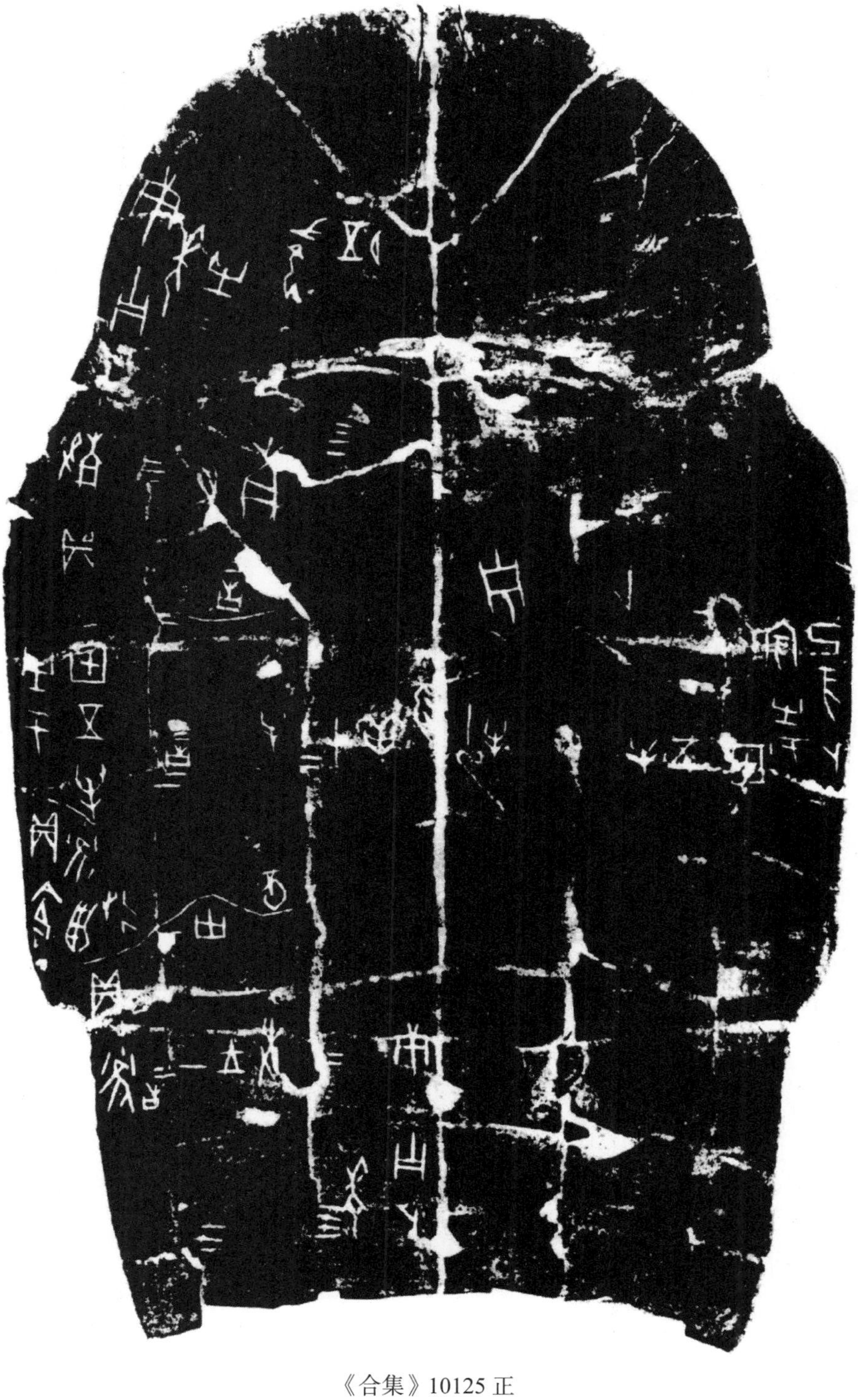

《合集》10125 正

【资料来源及其他说明】该龟甲著拓号：《双图》下 33.2，《历拓》1150，《六双》1，《京》648。原龟甲拓藏：中国国家博物馆[①]。

【分类与断代】宾一类

【释文】

（1）己亥卜，㝐（賓）：㞢于上甲五牛？　一

（2）㞢于上甲五牛？　一 二告

（3）十牛？

（4）弜（勿）𤰈十牛？

（5）庚子卜，㱿貞：年㞢𡆥（害）？五月。　一 二 三 二告 四

（6）庚子卜…年…　一 二 三 四

（7）貞：令雀西，䢓（延）羸？　一 二

（8）貞：雀叶王史（事）？　一 二告

（9）宁。

（10）南。

【解读】本版第（1）～（4）辞内容相关，卜问向上甲致侑祭并卜选用牲的数量。第（5）（6）辞，卜问年成。第（5）辞所署的时间是五月。第（7）（8）辞卜问商王重臣雀的情况。其中第（7）辞之“羸”，甲文亦作 （合 6482 正）、（合 21805）等。羸字本作蟠螭之形，其形体来源并不是龙，但又与龙形一样，都是先民在文明发展进程中所创造出来的神异之物。所谓蟠螭，即为龙属的蛇状神怪之物，是一种没有角的早期龙，对此学界有两种说法，一种是指黄色的无角龙，另一种是指雌性的龙，在《汉书 · 司马相如传》中就有“赤螭，雌龙也”的注释。从上举“羸”字构形看，卜辞繁简互作。繁文习作双钩其蜷尾呈鳞节状的身躯，突出张口状的首部，或于脊背处再勾勒出表鬣毛的笔画；字又可线化简省写作 、 诸形。疑乃豸（古螭字）之本字。晚周以后受“能”之字形的同化而发生讹变，使原形的口喙处写作从肉，其与鬣毛的部分笔画一并写在了字的下部；表螭首和身躯的结构则叠置在了字形的上部，遂失古形。

从第（7）（8）两辞所反映的占卜内容看，商王卜问此次是否命令雀到西部某地，而䢓（延）缓去羸地勤劳王事。可见辞中之“羸”用作族地名。

另外，该版贞人宾（賓）写作、，象人在房屋下，可隶作㝐；否定词、可隶作弜（勿）。𡆥（𡴂）读如“害”。

该版第（9）（10）辞为非卜辞内容，仅刻写“宁”“南”两字，其书风与同版卜辞迥别。

3.《合集》14209 正反

【资料来源及其他说明】该龟甲于 1936 年小屯村北出土（编号 13.0.15116～13.0.15118、13.0.15255）。著拓号：《乙》7171（正）7172（反），《丙》71（正）72（反）。原龟甲拓藏：台湾“中研院”历史语言研究所。

【分类与断代】宾一类

① 《甲骨文合集材料来源表》中“原骨拓藏”一栏中“历博”，现改为“中国国家博物馆”，下同。

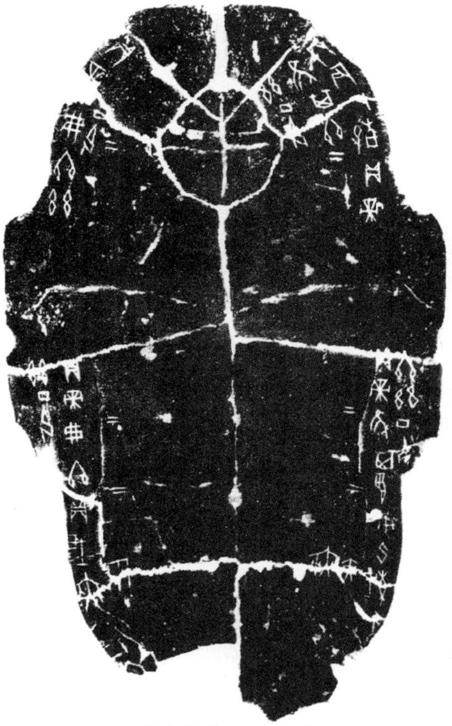

《合集》14209正

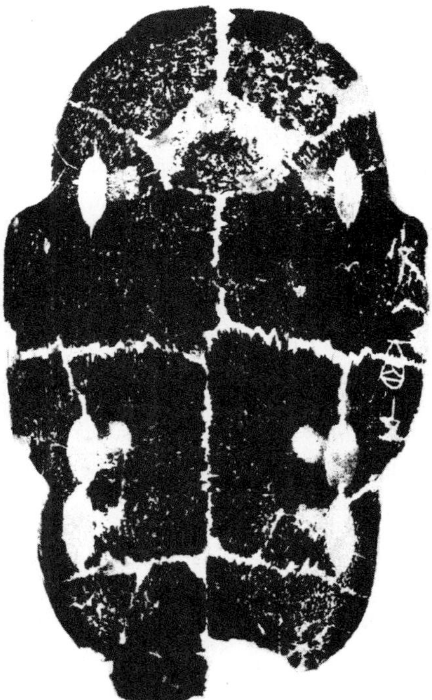

《合集》14209反

【释文】《合集》14209 正

（1）丙辰卜，𣪊貞：帝隹其冬（終）𢆶（兹）邑？　二

（2）貞：帝弗冬𢆶邑？　二

（3）貞：帝隹其冬𢆶邑？　二

（4）貞：帝弗冬𢆶邑？　二

（5）翌庚申𢦏（剛）于黃奭？　二

（6）貞：我無（舞）雨？　二

【释文】《合集》14209 反

（1）雀入百五十。

【解读】本版（1）～（4）辞系丙辰日皆由贞人𣪊所卜，反复贞问上帝是否终结某城邑。在殷人的心目中，天帝有无所不摧的神能，终邑和疾邑是殷人赋予上帝诸神性中的一种。

第（5）辞卜问来日庚申这天是否向黄尹（商先臣伊尹的别称）的配偶黄奭施𢦏祭。陈梦家先生认为“卜辞中的黄尹、黄奭即《诗・颂》之阿衡、保衡”[①]，其实在古代文献中并不见对黄尹的记载。《管子・国准》云：“殷人之王，诸侯无牛马之牢，不利其器。”由此可看出殷商时代王权是高度集中的。黄尹为商王旧臣，商王对其进行祭祀体现了对他的高度重视。有学者认为，黄多子为黄尹后人，但却不能直接对黄尹进行祭祀，而是要通过商王

① 陈梦家：《殷虚卜辞综述》，中华书局，1988 年。

的批准才能对自己的先人进行祭祀[①]，这也无不体现了殷商时期是一个神权与王权高度集中的时代，商王正是这一切的掌控者，祭祀权力也同样集中在商王手中。因此，刘源先生认为：“商王祭祀黄尹，是已经将其族吸纳到商人共同体中，但在祭祀时，仍然将其族区别看待，让其本族贡纳牺牲，不使之与同姓贵族混淆。据此可以推断贡纳牺牲祭祀王室祖先的贵族，确是商王同姓贵族，是从世代较远的先王家族中分蘖出来的。”[②]

第（6）辞卜问商王是否举行舞仪以祈雨。以舞求雨之人，除了商王之外，大都是女巫。此同《说文》对巫的解释可相互证。《说文》：“巫，巫祝也，女能事舞形以舞降神者也。”至于为什么在祈雨中主要用女巫而不是觋，王晖先生的解释颇为精妙，至于雩舞求雨用女巫，这实际上是同性相斥、异性相吸的阴阳交感巫术。古人认为旱是阳，阴雨是阴，女呼舞，以女为牺牲，便能以阴灭阳，女巫代表阴，降雨的天神为阳，赤裸的女巫以“无形”之体翩翩起舞，便与阳性的天神产生交感，于是就会降雨[③]。

该版反面甲桥上有署辞，记录雀这个部族首领向商王贡纳了 150 版龟甲。该龟甲是殷人成套占卜的第二版。

4.《合集》14295

【资料来源及其他说明】该龟甲著拓号：《乙》4548 +，拼合号：[ 4794 + 4872 + 4876 + 4883 + 4924 + 5161 + 6533 +《北图》5252 +《掇二》6（《京》428）]（《丙》216）。原龟甲拓藏：台湾“中研院”历史语言研究所。

【分类与断代】宾一类

【释文】

（1）辛亥卜，内貞：今一月帝令雨？四日甲寅夕𢀛乙卯，帝允令雨。 一 二 三 四

（2）辛亥卜，内貞：今一月〔帝〕不其令雨？ 一 二告 二 三 四

（3）貞：隹（唯）尤？ 一

（4）隹尤？ 一 二

（5）其㞢若？一月。 一 二 三 四

（6）貞：其㞢不若？一月。 一 二 三 四

（7）辛亥卜，内貞：帝于北方曰勹（伏），風曰㱿，𠦪〔年〕？ 一 二 三 二告 四

（8）辛亥卜，内貞：帝于南方曰岀，風〔曰〕尸，𠦪年？ 一 二 三 四

（9）貞：帝于東方曰析，風曰劦，𠦪年？ 一 二 三 四

（10）貞：帝于西方曰彝，風曰朿，𠦪年？一月。 一 二 三 四

（11）…（戠），㞢聖[④]？ 一 二 三〔四〕

（12）…，亡其聖？ 一 二三 四

（13）王其坒逐兔于，〔其隻（獲）〕？ 一 二 三

① 常新枝：《殷商时期的宗教信仰》，郑州大学硕士学位论文，2005 年。

② 刘源：《商周祭祖礼研究》，商务印书馆，2007 年，第 318 页。

③ 王晖：《商周文化比较研究》，人民出版社，2000 年，第 121～122 页。

④《说文》：汝颍间谓致力于地曰圣。《扬子 · 方言》：圣圣，致力无余功貌。意即做事不浪费功力。辞中“㞢聖”“亡聖”，此与军事活动有无战果相关。

《合集》14295

（14）王其𡆥逐兔于，不其隻？　一 二 三

（15）癸□〔卜〕，内貞：亡不若？　一 二 三 四

【解读】这是一块大龟腹甲占卜“祭风求雨”的祈年辞。其中第（1）（2）辞从正反卜问在当下一月份的甲寅夜晚到乙卯之间帝能否命令下雨。另有四条是卜问祈年于四方及四方风神，能否行禘祭。所署的时间是一月。胡厚宣先生首先揭示这个神祇系统与《山海经》所载合若符节，其后杨树达、陈梦家、曹锦炎、陈汉平等学者续有发明，四方及四方风神的研究更加深入。商人祭祀风神的目的大致有二：一是求风、来风，有时兼及求雨；二是宁风，有时也兼求息雨。风神的祭礼虽无定法，但也用牲。求风、来风的祭牲牛、羊、豕、犬等，不一而足；宁风的祭牲则多是犬。如同日神一样，岛邦男先生也否定风神的存在[①]。

第（5）（6）辞之“若”，顺也。在此有佑助之义。“不若”即不顺。卜辞从正反两方面

① 王建军：《殷墟甲骨文所见“旱灾”研究》，《四川文物》2017 年第 2 期。

占卜是否上帝保佑商王顺利。据卜辞，在殷人的心目中，上帝左右着商王的祸福安危。另外，第（11）（12）辞中之“𢦏”，隶作“𢦏”不确，当释作“𢦔”。

5.《合集》14335

【资料来源及其他说明】该胛骨著拓号：《后上》28.5，重见情况：《通》770。

《合集》14335

【分类与断代】宾一类

（1）壬申卜，貞：㞢于東母、西母，若？　二 三

（2）□□〔卜〕，貞：…𢼄…牢…

（3）貞：于東母㞢匚（報）？

（4）貞：…

【解读】本版在分类方面，学界分歧较大。崎川隆博士将其分在典型宾三，杨郁彦博士将其分在宾一[①]；笔者依据字体，认为其当属宾一类卜辞。第（1）辞是贞问侑祭东母、西母，是否顺利。东母、西母是殷人崇拜的神灵。陈梦家先生认为，东母、西母大约指日月之神；赤塚忠先生谓可能是司太阳出入的女性神；宋镇豪先生认为，东母可能为生命之神，西母为死亡之神。卜辞中，对东母的祭祀较为隆重[②]。第（2）辞所见之“𢼄”本为杀牲之法，指对牲体肢解而言，又由杀牲之法转化为祭名[③]。

6.《合集》14733

《合集》14733

【资料来源及其他说明】该胛骨著拓号：《后上》23.16（不全），选定号：《历拓》

① 〔日〕崎川隆：《宾组甲骨文分类研究》，上海人民出版社，2011 年，第 612 页。杨郁彦：《甲骨文分类合集分组分类总表》，艺文印书馆，2005 年，第 190 页。

② 宋镇豪：《夏商社会生活史》，中国社会科学出版社，1994 年，第 476 页。

③ 王建军：《花东子卜辞所见𢼄祭材料的整理与研究》，《中原文物》2010 年第 2 期。

7102，重见情况：《通》321（不全）。原骨拓藏：山东博物馆。

【分类与断代】宾一类

【释文】

（1）甲辰卜，𣪊貞：來辛亥𡨦于王亥卅牛？二月。　五

【解读】本版是武丁时期的宾一类卜辞，内容是甲辰日占卜，贞人𣪊卜问未来的辛亥日用三十牛燎祭王亥。辞中之“燎”当与“柴”和“焚”近似，皆可归为火祭[①]之列，都是焚烧牺牲，或将其烧成灰烬，或只将其烤熟，以便用于宴饗。“燎祭”主要用于祈雨以及祭祀岳神、云神、先公、旧臣等神灵的祀典。王亥是殷人祭祀中受祭最多的远祖，卜辞中“亥”字或从隹从亥，商族以鸟为图腾，而卜辞将鸟图腾加在王亥之名的亥字上，可见王亥在商人心目中地位非常之高。《史记·殷本纪》：“冥卒，子振立。”[②]振即王亥，甲骨文中称“高且（祖）亥”“王亥”“高且（祖）王亥”。

另外，辞中所署的时间是二月。

7.《合补》61

《合补》61

① 王辉：《殷人火祭说》，《一粟集》，艺文印书馆，2003年。焦智勤：《卜辞燎祭的演变》，《殷都学刊》2001年第1期。

② （汉）司马迁：《史记》，中华书局，1959年，第92页。

【资料来源及其他说明】该胛骨著拓号：《蔡缀》24（部分）=《合集》4916 +《合集》1243 +《合集》15812 +《合集》14879，重见号：《蔡续》5.1（部分）[①]。

【分类与断代】宾一类

【释文】

（1）庚子卜：尊？七月。　一

（2）庚［子］卜：尊？　三

（3）庚子卜：𠦪自上甲？七月。　一

（4）庚子卜：𠦪自上甲？七月。　二

（5）庚子卜，貞：㞢于成？七月。　一

（6）庚子卜，貞：㞢于成？七月。

（7）□子卜，…于大…

（8）自…

（9）壬寅…

（10）丙寅卜，貞：令逆比盡于𠭯（叕）？［六］月。

【解读】本版是武丁时期的宾一类卜辞。第（1）（2）辞之“尊”，甲骨文从酉，从収，双手奉酒之意，金文或从酋，从収，秦国文字省左手，加一饰笔成寸，以寸为声符，酒器也；后有追加阜旁者，阜有高意，为尊卑之尊的初文。《说文》：“尊，酒器也。”《周礼》六尊：牺尊、象尊、着尊、壶尊、太尊、山尊，以待祭祀宾客之礼。第（3）（4）辞的内容是庚子日占卜，卜问是否举行𠦪祭的仪式以致祭商先公上甲微。第（5）（6）辞卜问是否举行侑祭的仪典以致祭商先王成唐（汤，庙号为大乙）。第（3）～（6）诸辞所署的时间是七月。

8.《合补》100 正

【资料来源及其他说明】该龟甲著拓号：《胡缀》1 正反 =《合集》672 正 +《故宫新》74177。

【分类与断代】宾一类

【释文】《合补》100 正

（1）甲午卜，爭貞：貯其㞢（有）𡆥？　一

（2）貞：貯亡（無）𡆥？一

（3）甲午［卜］，□貞：于…匚？　三

（4）乙未卜，㱿貞：酚疋？

（5）貞：酚疋？　三

（6）弜（勿）酚疋？

（7）乙未卜，㱿貞：疋？

（8）乙未卜，㱿貞：其㞢來𡛥（艱）？　二

① 本书中《合补》的材料来源见彭邦炯、谢济、马季凡编著：《甲骨文合集补编 • 材料来源表》，语文出版社，1999 年。

《合补》100 正

（9）貞：亡嬄？ 二
（10）翌［乙］未□成□宰用？
（11）貞：翌乙未酌成？ 三
（12）貞：翌丁酉延（延）虫于大丁？ 三
（13）翌丁酉弜虫于大丁？ 三
（14）癸卯卜，㱿貞：翌甲辰酌大甲？ 二
（15）貞：甲辰弜酌大甲？ 二
（16）貞：翌癸卯帝令鳳（風）？
（17）翌癸卯帝令鳳，夕霍？ 一
（18）乙巳卜，㱿：弜衣？
（19）翌辛亥虫于王亥卌牛？ 二
（20）來辛亥尞于王亥？ 二
（21）五十牛于王亥？
（22）貞：酌王亥？ 一
（23）虫于王亥女？ 二
（24）貞：翌乙卯酌子汰？
（25）翌乙卯子汰酌？ 三

（26）貞：乎子汏祝一牛，乎父甲？　二
（27）翌乙卯酚子[illegible]斲？
（28）…父甲？
（29）酚河五十牛？　二
（30）酚河卅牛以我女？　二
（31）貞：酚于河匚？　一
（32）貞：乎雀酚于河，五十…　二
（33）酚五十牛于河？　二
（34）弜五十牛于河？
（35）㞢于河我女？
（36）貞：…　一
（37）𡆥雨于上甲宰？　二
（38）于上甲牛？　二告
（39）貞：𡆥年于大甲十宰，且乙十宰？
（40）貞：叀（音义近“唯”[①]）王卿（饗）？　二告
（41）㞢于成、大丁、大甲、大庚、大戊、中丁、且乙、且辛、且丁一牛…二告
（42）斲宔？
（43）彡夕二羊二豕宜三羊三豕？　二
（44）彡夕一羊一豕，二羊二豕？　二
（45）貞：斲祀今龜彡？　二告
（46）貞：…其…　二
（47）貞：…　二
（48）自成…
（49）貞：子㞢？　二

【释文】《合补》100反（《胡缀》1反，字不清）。

【解读】这是一版占卜内容较多的武丁时期的宾一类卜辞。其中第（32）辞卜问是否呼（召唤）雀（受商王国管辖的部族）向黄河之神行酚祭[②]，所进献的牺牲只有五十，而牺牲的品种尚未留存。第（41）辞（含缀合部分），贞人问是否举行侑祭的仪式以致祭自成唐至祖丁的九位直系商先王。第（27）（45）辞之“斲”，祭名，具体祭仪不详。

此片正面为《合集》672正（《丙》117）与《合集》1403（《历拓》4704）缀合；反面为《合集》672反（《丙》118）。

9.《合补》524

【资料来源及其他说明】该胛骨著拓号：《怀》899。

---

① 裘锡圭：《殷墟甲骨文字考释（七篇）》，《裘锡圭学术文集·甲骨文卷》，复旦大学出版社，2012年，第356页。

② 朱凤瀚：《论酚祭》，《古文字研究》（第二十四辑），中华书局，2002年。马如森：《酒、酚辨》，《纪念甲骨文发现一百周年国际学术研讨会论文集》，社会科学文献出版社，2003年。李立新：《甲骨文“酚”字新释》，《中原文物》2011年第1期。王永昌：《甲骨文“酚”字构形再思考》，《殷都学刊》2015年第4期。

《合补》524

【分类与断代】宾一类

【释文】

（1）叀丁卯酌？　一

（2）叀黄？　一

（3）酌黄尹？　一

（4）叀丁酉六牛？　二

（5）丁亥卜，𠦪黄尹𡆥二豕，二羊，卯六牛？五月。　二

（6）𡆥黄尹三豕，卯六牛？　一

【解读】本版为宾一类卜辞。第（5）（6）辞卜问为商王国旧臣黄尹举行𠦪祭，是烧燎两头去势公猪、两只羊，对剖六头牛，还是烧燎三头去势公猪，对剖六头牛的规格。所署的时间是五月。值得注意的是，该版卜选是否行"酌祭"的日期，皆为丁日。

10.《合集》300

【资料来源及其他说明】该胛骨著拓号：《簠帝》26＋，选定号：《历拓》10150，重见情况：《续》1.10.7、《佚》873，拼合号：《簠人》5（《续》1.10.7、《佚》873）。原骨拓藏：天津博物馆。

【分类与断代】本版为宾二类，该类主要是武丁中晚期的卜辞，其与宾一类有并存现象，下限与武丁晚期至祖庚之世的宾三类也有交叉。下同。

【释文】

（1）貞：钔（禦）自唐、大甲、大丁、且乙百羌、百宰？　三　二告

（2）貞：钔，叀牛三百？　三

（3）从妄？　四

【解读】本版属武丁时期宾二类卜辞。第（1）辞之"钔（禦）"，禳除灾祸曰禦。初文

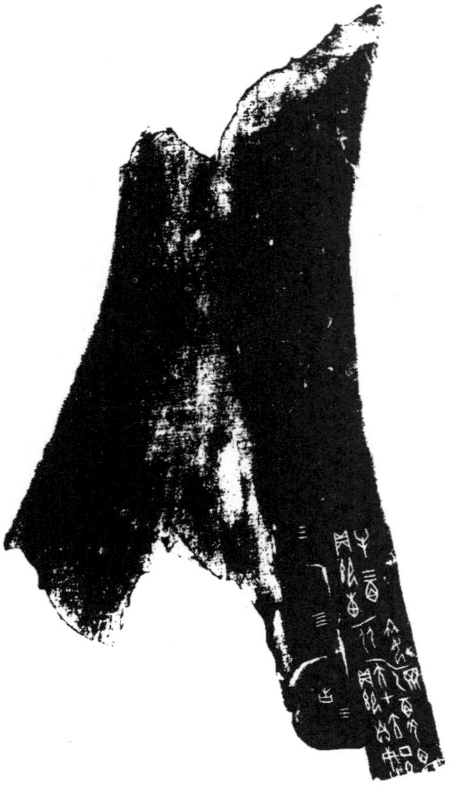

《合集》300

从卩（人跪跽状）、午声作⿰午卩，甲骨文或累加示旁，篆隶习作禦。古⿰午卩字另追加彳旁为御，追加止旁则别为卸字。《说文》："禦，祀也。从示，御声。"此辞的内容是占卜举行禦祭[1]唐（大乙）、大甲、大丁、祖乙用百个羌人、百只羊，还是用三百头牛祭祀。

《合集》301

11.《合集》301

【资料来源及其他说明】该胛骨著拓号：《后上》28.3，重见情况：《通》168。

【分类与断代】宾二类

【释文】

（1）丁亥卜，㱿貞：昔乙酉箙旋（旋）⿰午卩（禦）…［丁］大甲、且（祖）乙，百⿱吅巳、百羌、卯三百…

【解读】《合集》301、《合集》302 为同文卜辞，由贞人㱿主持占卜，卜问

① 张玉金：《论商代的御祭》，《文史》（第六十四辑），中华书局，2003 年；张玉金：《释甲骨文中的"御"》，《古文字研究》第二十四辑，中华书局，2002 年，第 72 页。郑慧生：《商代的御祭》，《纪念殷墟甲骨文发现一百周年国际学术研讨会论文集》，社会科学文献出版社，2003 年。陈年福：《卜辞"御"字句型试析》，《古汉语研究》1996 年第 2 期。

向“□丁”、大甲和祖乙等先王致祭，为簸旋禳灾，该祭祀的祭品为一百单位的鬯酒、一百个羌俘（人牲），并用对剖的方法杀牲三百（毛牲）。辞中之“钔”表禳灾、祓祸。鬯，是用秬（一种黑黍）酿造的酒。秬鬯调和郁金之汁，有芬芳的香味，称之为“郁鬯”。

12.《合集》302

《合集》302

【资料来源及其他说明】该胛骨著拓号：《佚》543，选定号：《北图》527、《文捃》520，原骨拓藏：中国国家图书馆[①]。

【分类与断代】宾二类

【释文】

（1）…貞：昔乙酉簸旋［钔］…乙百鬯百羌，卯三百宰…

【解读】参见《合集》301。

13.《合集》358

《合集》358

【资料来源及其他说明】该胛骨著拓号：《续》1.2.1、《历拓》5534。原骨拓藏：北京大学。

【分类与断代】宾二类

【释文】

（1）貞：［𡨦］于［王］亥…

（2）貞：𡨦九牛？

（3）貞：𢽍（登）王亥羌？

（4）貞：九羌、卯九牛？

【解读】本版为选贞卜辞。其中第（1）辞卜问是否向先祖王亥燎献牛牲。第（2）辞承第（1）辞卜问燎祭所用牛牲的数量。第（3）辞卜问是否向王亥进献人牲羌。第（4）辞卜问是否用九羌和对剖九牛的规格用以致祭。

14.《合集》438 正反

【资料来源及其他说明】该龟甲于1936年小屯村北出土（编号13.0.1750、13.0.14122、13.0.14153）。著拓号：《乙》907＋（正）6747，选定号：《丙》360正、361（反），拼合号：6746＋6768（不全）。原龟甲拓藏：台湾“中研院”历史语言研究所。

【分类与断代】宾二类

【释文】《合集》438正

（1）戊辰卜，爭貞：攺羌自匕（妣）庚？　一　二

（2）貞：攺羌自高匕己？　一　二

（3）貞：册…　一　二　三

（4）…册？　一　二　三

① 《甲骨文合集材料来源表》中“原骨拓藏”一栏中“北图”，现改为“中国国家图书馆”，下同。

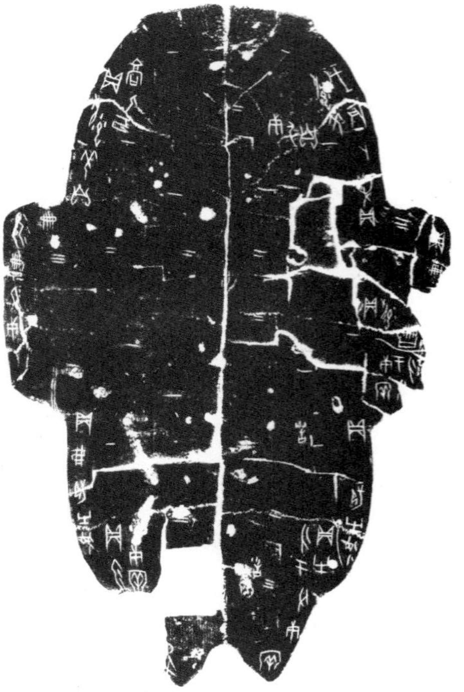
《合集》438正

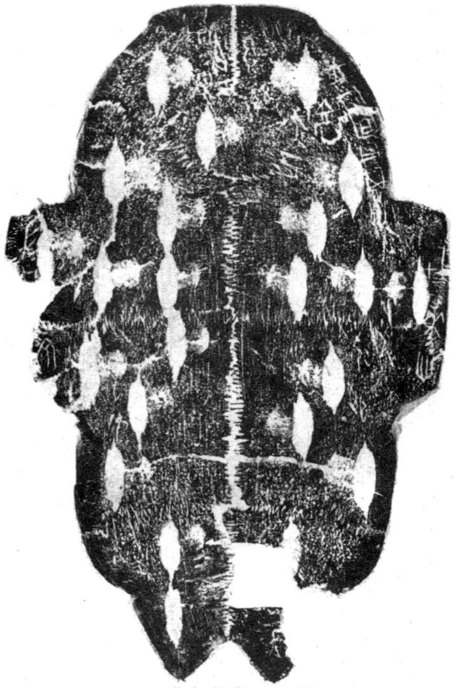
《合集》438反

（5）貞：𢼄𣍘… 一 二
（6）弜𣍘匕庚？ 一 二
（7）貞：辟㞢（侑）循？ 一 小告
（8）貞：弗辟㞢循？ 一
（9）貞：㞢彳（升）于父庚宰？ 一 二 小告 三
（10）貞：弜…庚宰？ 一 二
（11）…彳于父庚宰？ 一 二
【释文】《合集》438 反
（1）王固（占）曰：其自高匕己。
（2）钔（禦）？
（3）弜钔？
（4）𢼄羌？
（5）弜𢼄羌？
（6）戔來冊。
（7）帚…穷。

【解读】本版正面第（1）（2）辞是由贞人争主持，卜问是向妣庚还是向高妣己举行𢼄羌之祭，反面第（1）辞为占辞，从此辞来看，商王最终决定选用后一占卜结果。第（9）～（11）辞卜问是否向父庚即盘庚举行侑升之祭，祭牲为一只圈养的羊。反面第（6）（7）辞为甲桥刻辞，前者记有贡龟记录。甲骨占卜中，有"王占曰"，其他虽然不记"王占曰”，但是不管进行占卜的贞人是谁，所有占卜吉凶的决断权皆在商王手中。商代的宗教占卜实际上是由商王所垄断和操纵的，这充分体现了王权控制着神权，神权是为世俗王权服务的宗教本质。

15.《合集》522 正反

《合集》522正

《合集》522反

【资料来源及其他说明】该胛骨著拓号：《甲》2399 +（正）2400 +（反），拼合号：2414（正）2415（反）。原骨拓藏：台湾“中研院”历史语言研究所。

【分类与断代】宾二类

【释文】《合集》522 正

（1）癸卯卜，永貞：旬亡囚？

（2）癸亥卜，永貞：旬亡囚？

（3）癸酉卜，永貞：旬亡囚？

（4）癸未。一

（5）癸巳。三 二告

（6）癸卯。一 二告

（7）…貞…

（8）□未卜，永貞：□亡囚？〔王固（占）〕曰：㞢（有）求（咎）。四日…甗伂晵…

（9）一

（10）一

【释文】《合集》522反 +《合集》7150反（据李爱辉增补）

（1）…卯㞢…𢍰，庚申亦㞢嗀（设），㞢鳴［鳥］，疛圉羌戓。

（2）…隹丙不？

（3）…卯㞢嗀…允㞢（有）來…乃丝（兹）㞢求（咎），其…

【解读】本版的正面是武丁时期宾二类的“贞旬辞”，由贞人永所卜。反面是关于鸟鸣叫而占卜吉凶的记录。反面第（1）辞所见之“嗀”，于省吾先生释作“设”，此字在甲骨文中指自然界的兆象。殷人认为，自然界的兆象，甚至鸟鸣，都预示着吉凶祸福。该版卜辞大意是庚申日也有兆象，有鸣叫的鸟，结果是囚禁的羌人发生暴乱了。《左传》记载：“鸟鸣于亳社，如曰：‘譆譆。’甲午，宋大灾。”宋为殷人之后，可见以鸟鸣为不祥之兆的观念，渊源已久。

《合集》629

16.《合集》629

【资料来源及其他说明】该龟甲著拓号：《历拓》6649。原龟甲拓藏：山东博物馆。

【分类与断代】宾二类

【释文】

（1）貞：今庚辰夕用甗（献）小臣卅、小妾卅于帚（婦）？九月。

（2）…钔…

【解读】这是一版武丁时期的宾二类卜辞。第（1）辞的内容是贞问今日庚辰晚是否以三十小臣、小妾三十献祭于妇。辞中之小臣、妾是对用作祭品人牲的称呼，其身份可能是奴隶。辞中所署的时间是“九月”。

17.《合集》780

【资料来源及其他说明】该胛骨著拓号：《前》1.24.3，重见情况：《通》334。

【分类与断代】宾二类

【释文】

（1）貞：［二］𣎆（叕）？

（2）貞：㞢豕于父甲？

（3）貞：尞于土三小宰，卯一牛，沈（沉）十牛？

（4）丙辰卜，爭貞：自㞢（侑）刴？

（5）貞：奠于丘剢（剢）？

《合集》780

【解读】本版属于武丁时期的卜辞，是有关祭祀父甲、社神、奠祭的占卜。其中第（3）辞祭社神用了三只圈养的小羊牲，对剖割解了一头牛，沉于河中十头牛。尞（燎），此字似积薪燔烧之形，字周围或有星点状，表火焰和火星之形，义为燔烧，卜辞中指焚烧祭品的祭法，通常用于祭祀社、岳神、先公以及祈雨等祀典。土即社，社神。宰，专门牧养以供祭祀的羊牲。沉，甲骨文有多种形体，或从牛，或从羊，意思是把牺牲沉于水中，通常用于祭祀河神的祀典，偶见用于祭社神。奠，置祭之义，指将祭品置于地上祭祀。该版卜辞对于研究殷商社神的祭礼具有重要的参考价值。

18.《合集》1051 正反

《合集》1051正

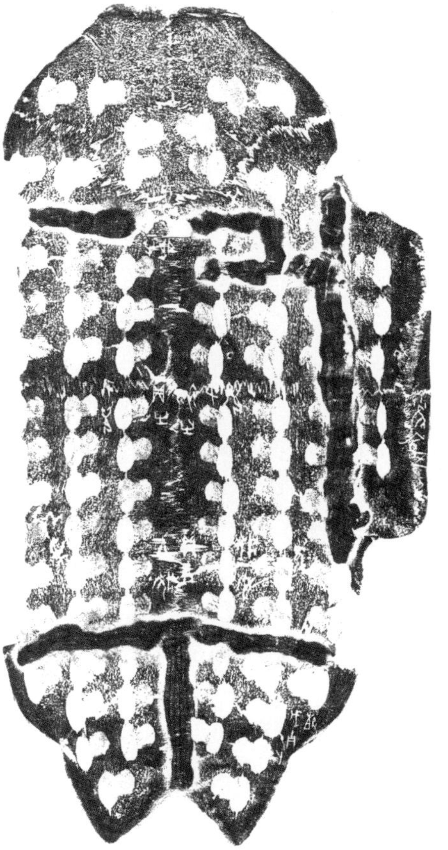

《合集》1051反

【资料来源及其他说明】该龟甲于 1936 年小屯村北出土（编号 13.0.11896）。著拓号：《乙》5317（正）、5318（反）。原龟甲拓藏：台湾“中研院”历史语言研究所。

【分类与断代】宾二类

【释文】

（1）己丑卜，爭貞：亦乎（呼）雀奠于云犬？　一 二

（2）貞：弓乎雀奠于云犬？　一 二告 二

（3）乎雀用三牛？　一 二

（4）二牛？　三 二告

（5）翌庚寅不其雨？　一 二 二告 三

（6）貞：翌庚寅王告（祰）？　一

（7）貞：王聑（聽）隹母告？　一 二告
（8）貞：王于甲午告？　一
（9）㞢于父乙？　一
（10）㞢于昌卅人？　一
（11）貞：㞢于昌十人？
（12）㞢王夨伐一、卯宰？　一 二
（13）㞢王夨伐三、卯宰？　一 二 三
（14）㞢王夨伐五、卯宰？　一 二
（15）貞：于王夨？　一 二 二告
（16）壬辰卜，㱿貞：于王夨？　一
（17）𢦏于黄奭？　一
（18）□□卜，爭貞：翌壬令雀？　一 二 三 四
（19）壬辰卜，㱿貞：雀𢦔祭？　一 二 三
（20）壬辰卜，㱿貞：雀弗其𢦔祭？三月。　一 二 二告
（21）…𢦔？三月。　一 二
（22）壬寅卜，㱿：雀弗其𢦔祭？三月。
（23）貞：于涉？　一 二 三
（24）弓于涉？　一 二 三

【解读】本版主要卜问祭祀，也涉及战事。第（1）～（4）辞其内容相关，卜问是否命令雀用犬牲向云神致以燎祭，并卜选三头牛或两头牛为祭牲。第（6）辞就武丁的听力疾患向先母致祰祭，第（7）（8）辞卜问是否在庚寅日或甲午日举行祰祭。第（9）辞卜问是否向父乙致侑祭。第（10）（11）辞卜问是用三十人还是十人为祭牲向“昌”这位神灵致祭。第（12）～（16）辞内容相关，卜问有关向王夨致侑祭之事，其中，第（12）～（14）辞卜问对王夨的用牲情况。

第（17）辞卜问是否向黄尹的配偶黄奭致祭。

该版第（18）～（24）辞还涉及战事。如第（18）辞卜问拟在来日壬向雀这个部族首领授令，第（19）～（21）辞卜问雀这个将帅是否能够打败祭这个部族。

该版反面另刻有贞梦和祭祀先公的卜辞，甲桥刻有“雀入三”署辞。

19.《合集》1248 正反

【资料来源及其他说明】该龟甲于 1936 年小屯村北出土（编号 13.0.6216、13.0.6231、13.0.6236、13.0.7042、13.0.8938、13.0.8978、13.0.9021、13.0.15669～13.0.15684、13.0.15706～13.0.15709、13.0.15921～13.0.15925、13.0.6246 + 无号碎甲）。著拓号：《乙》2925 +（正）3298 +（反），选定号：《丙》392（正）、393（反），拼合号：[2932 + 3297 + 3977 + 4006 + 7430 + 7438 + 7520]（正）、[7431 + 7439 + 7521（2925 + 2932 + 3977 + 4006）]（反）。原龟甲拓藏：台湾“中研院”历史语言研究所。

【分类与断代】宾二类

【释文】

《合集》1248正

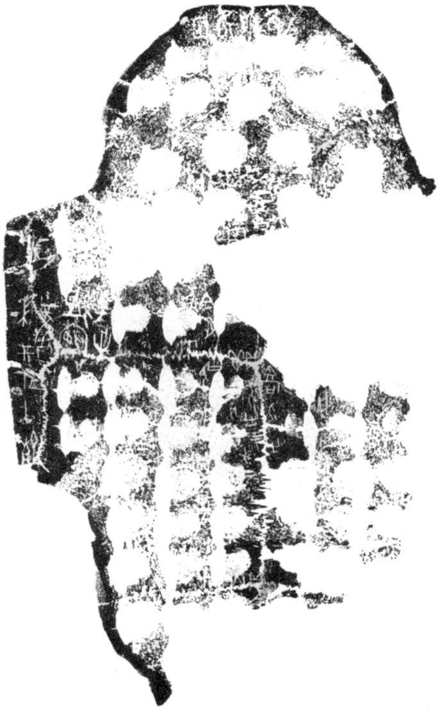

《合集》1248反

（1）癸未卜，𣪕貞：翌甲申王𡧊（儐）上甲日？王固曰：吉。𡧊。允𡧊。　一

（2）貞：翌甲申王弜𡧊上甲日？　一

（3）癸未卜，𣪕貞：告于匕己眔（暨）匕庚？　一

（4）貞：弜告于匕己眔匕庚？　一

（5）貞：不雨？　一

（6）甲午卜，爭貞：王𡧊成日？　一

（7）貞：乎取（娶）[illegible]任于冤？　一 二 三 二告

（8）貞：禘于父甲，曰矈不鼎？　二

（9）貞：用？

（10）貞：父甲弗其用王？　一 二

（11）貞：今日汝不其冥（娩）？　一 二告 二

（12）貞：[illegible]㚔（執）？

（13）辛［酉］卜，［亘］貞：□昌□［疒］？

（14）貞：子□其［疒（疾）］？

（15）一 一 二 小告 一 二 小告 一 二 一 小告 二 一 二

【解读】本版正面所卜主要包括祭祀、天气、征战、婚娶、生育等五个方面的内容。祭祀类的包括10辞，其中第（1）（2）辞卜问商王是否配享对上甲的日祭，命辞后附记有占辞；第（6）辞卜问是否配享对成（大乙）的日祭；第（3）（4）辞对贞卜问是否向妣己和妣庚致祰祭；第（8）辞卜问向父甲致禘祭之事；第（9）（10）辞卜问祭父甲之事；第（13）（14）辞残，其中有昌神和“疒”，此与祛除疾病有关。据他辞推测，昌或即子昌。第（15）辞小告，即初告，亦即第一次告神就完全默契。

20.《合集》2164

《合集》2164

【资料来源及其他说明】该胛骨著拓号：《前》1.27.4（不全），选定号：《历拓》6779。原骨拓藏：山东博物馆。

【分类与断代】宾二类

【释文】

（1）貞：夕㞢于匕甲？

（2）貞：弗其受（授）㞢（有）又（佑）？

（3）受㞢又？

（4）不隹我㞢乍（作）囚？

（5）隹我㞢乍囚？

（6）不隹多介蚩王？

（7）父辛不蚩？

【解读】本版卜辞是武丁时期的祭祀占卜记录。其中提到多介是否害王，父辛（小辛）会害王吗？多介，指庶子，在此应指死去的庶出王室人员。商人认为，死去的人均会对活人造成危害。

21.《合集》3280

【资料来源及其他说明】该胛骨著拓号：《历拓》9957。原骨拓藏：天津博物馆。

【分类与断代】宾二类

【释文】

（1）甲…卿（饗）？　一一

（2）乙卯。　一

（3）貞：叀邑子乎卿醂？　一

【解读】这是一版武丁时期的卜辞。第（3）辞内容是贞问是否召唤邑子参加宴飨礼，并有缩酒仪式。殷商飨礼的目的在于促进贵族集团内部人际关系的和谐，协调上下秩序和进行感情联络，具有明显的政治色彩。商代饮食礼仪并非是仅仅满足口腹之欲，而是承载了政治功能。

邑子，乃主管一邑事务的官员。醂，此字像以束茅滤酒之形，盖表缩酒之义的字，或即茜字。《说文》释“茜”云：“礼祭，束茅加于裸圭，而灌鬯酒，是为茜，象神歆之也。”该版甲骨为了解殷商宴饮礼提供了资料。

关于该版卜辞的分类，学界尚有争议，崎川隆博士认

《合集》3280

为其属于典宾类，而杨郁彦博士认为其属于宾三类。据字体，我们将其分在宾二类。

22.《合集》10405 正

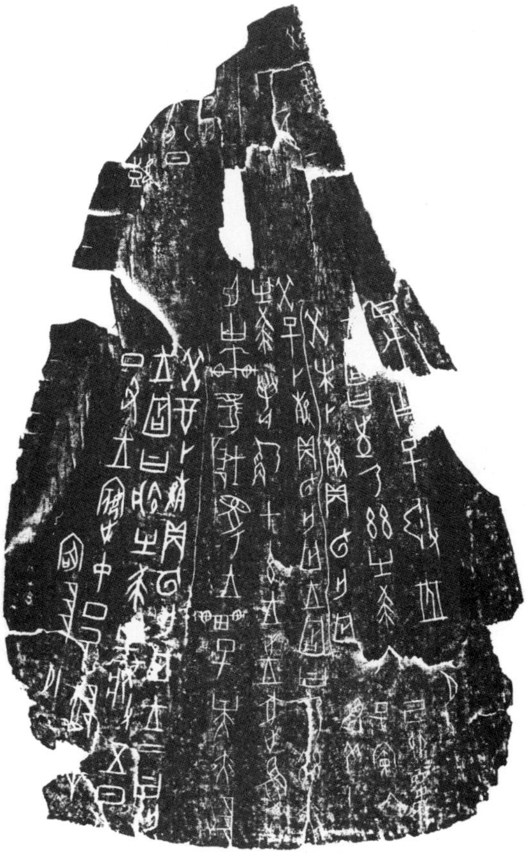

《合集》10405 正

【资料来源及其他说明】该胛骨著拓号：《菁》3.1（正，不全）、4.1（反，不全），选定号：《历博》正反，重见情况：《传》2.8（正，缩小，不全）、2.7（反，缩小，不全），《通》735（正，缩小，不全）、426（反，缩小）。原骨拓藏：中国国家博物馆。

【分类与断代】宾二类

【释文】《合集》10405 正

（1）癸酉卜，㱿貞：旬亡𡆥？王二曰：匄。王固曰：㪕，㞢求㞢夢。五日丁丑王賓中丁，𠂤（厥）阩才𠆸阜。十月。

（2）己卯媟子寅入宜（俎）羌十？

（3）癸未卜，㱿貞：旬亡𡆥？王固曰：𡉚，乃茲㞢求。六日戊子子弢。一月。

（4）癸巳卜，㱿貞：旬亡𡆥？王固曰：乃茲亦㞢求，若偁。甲午王𡉚逐兕，小臣叶車馬硪𡧊王車，子央亦墜。

（5）癸巳。一月。　一

（6）□□〔卜〕，□〔貞〕：旬亡〔𡆥？〕…〔㞢求〕…八日…來（艱）。

【解读】本版的正面属卜旬辞，占辞中附记有发生在旬内一些有关祭祀（王窒中丁）、田猎的事情。其中第（4）辞末尾记录了商王行猎活动中发生的一次“车祸”：癸未这天，照例卜问下一旬是否有灾祸，商王认为兆象不佳。下一旬首日，甲午这天，商王外出逐猎兕，小臣为商王驾驭车，车轴突然断裂，连人带马翻了车。

第（1）辞“王二曰”，即商王又把胛骨拿出来再作占断[①]。

23.《合集》11484 正

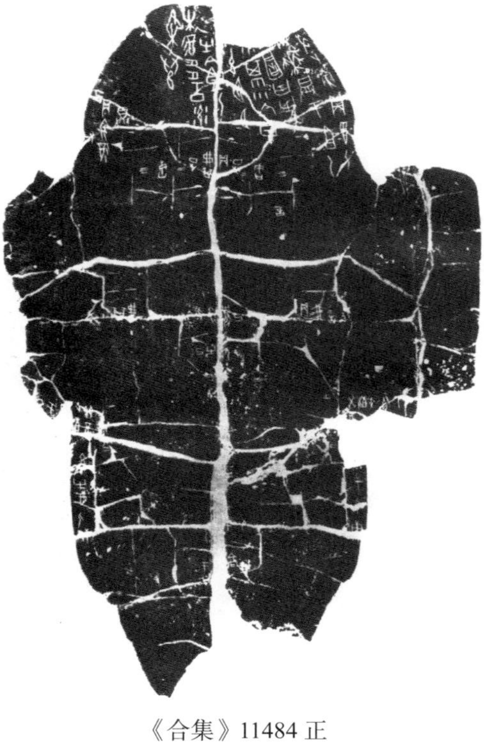

《合集》11484 正

【资料来源及其他说明】该龟甲著拓号：《乙》3317 +（正）3318 +（反），选定号：《丙》57（正）58（反），拼合号：3435（正）（3435）（反）。原龟甲拓藏：台湾“中研院”历史语言研究所。

【分类与断代】宾二类

【释文】《合集》11484 正

（1）□丑卜，穷貞：翌乙〔未酌〕黍𫝊于且乙□？〔王〕固曰：㞢求，□□〔不〕其雨。六日〔甲〕午夕，月㞢食。乙未酌，多工率[illegible]𣅀（条遣）。　一

① 黄天树：《殷墟甲骨文验辞中的气象记录》，见《“中央研究院”历史语言研究所会议论文集之七》，又《古文字与古代文明》（第一辑），2007 年，第 60 页。

（2）己〔丑〕卜，〔穷〕貞：弜酌？　一
（3）貞：正唐？　二 三 二告
（4）弗其正唐。　二 三
（5）于高匕己。
（6）弜于。　一
（7）㞢（侑）㞋匕己庀。
（8）弜㞢匕己。　一
（9）貞：龛？　一 二告
（10）弗其龛。　一
（11）癸〔酉卜〕，㱿〔貞〕：〔于〕匕〔己㞢〕遏十？　一　二
（12）癸酉卜，㱿〔貞〕：〔弜〕于〔匕己㞢遏〕？　一　二
（13）〔貞〕：㞢于匕庚？　一
（14）弜㞢于匕庚。　一
【释文】《合集》11484 反
（1）王〔固〕曰：叀庚…
（2）豕入□。（甲桥刻辞）
【解读】这是一版武丁时期的宾二类卜辞。月食刻辞刻于该版腹甲的甲首部位，但由于甲首右上角残掉，故前辞、验辞的天干日和命辞的地支日不明，兹据学者研究而补。另据卜辞，商王卜问是否有祸殃发生，结果六天后发生了月食。可见，在殷人的意念中，已将月食的发生认为是祸患。由此而知，后世月食救护礼制渊源甚古。

24.《合集》14198 正

【资料来源及其他说明】该龟甲于 1936 年小屯村北出土（编号 13.0.12591、13.0.12746、13.0.747）。著拓号：《乙》5786 +（正）5897 +（反），选定号：《丙编》237、（正）238（反），拼合号：5896（正）（5786）（反）。原龟甲拓藏：台湾“中研院”历史语言研究所。
【分类与断代】宾二类
【释文】《合集》14198 正
（1）貞…雨…　一 一 二
（2）其…　一 一 二
（3）翌辛弜㞢且（祖）辛？　一 一 二 三 四 一 二 三
（4）辛丑卜，㱿貞：帝若王？　一 二告 一 二 三 四 五 六 七 八二告
（5）貞：帝弗若王？　一 一 二 三 四［五］二告 六 七 八 二告
（6）辛丑卜，㱿貞：乎比來取㞢兄以？　一 二 三 四
（7）辛…以？　一 二 三 四
【释文】《合集》14198 反
（1）王比冥涉于河？
（2）弜祉于冥王…
【解读】本版第（3）辞卜问是否不向商先王祖辛致侑祭。第（4）（5）辞为正反对贞，

《合集》14198 正

卜问上帝是否“若”王，即上帝是否保佑商王顺利。若，顺，在此有佑助之义。据卜辞，在殷人的心目中，上帝左右着商王的祸福安危。可见，帝若（诺）王是殷人赋予上帝诸神性中的一种。卜辞中的帝又称作上帝，是后世周人心目中的那个拥有无限权威性、至高无上的天帝形象的前身。关于帝在商代的权能，也就是他的神性统辖范围，陈梦家先生早年根据殷墟出土的甲骨文资料，一共归纳为16种。今稽诸殷卜辞，对陈说逐加核实修订，兹将上帝权能归纳为如下13种：令雨；令风；令雷；降莫（熯）；降祸、作祸；降摧；降永；降若；帝若（诺）；受（授）又（佑）；受年和害年；终邑和疾邑；左（佐）王、咎王。

《合集》14225

25.《合集》14225

【资料来源及其他说明】该胛骨著拓号：《通》398，重见情况：《珠》935，[《通别二》6.3]。原骨拓藏：日本东京大学。

【分类与断代】宾二类

【释文】

（1）…于帝史凬二犬。

【解读】这是一版宾二类的残辞。辞中之“帝史”，即帝使，亦即上帝的使臣。该辞卜问是否用两只犬来祭祀上帝的使臣风。其他辞例中也有以燎祭祀帝史风的记载（如合 14226）。在殷人的信仰里，风是神灵，来风即为上帝所令，如合 672 正等。

26.《合集》14340

《合集》14340

【资料来源及其他说明】该胛骨著拓号：《契》12。原骨拓藏：北京大学。

【分类与断代】宾二类

【释文】

（1）己丑卜，亘貞：翌…

（2）貞：尞于東母三［豕］…

【解读】本版为宾二类的卜辞。第（1）辞是贞人亘所卜，作为亘方的部族首领，其与商王的关系比较复杂。据梳理卜辞可知，在武丁执政早期或中期偏早段的𠂤组、午组以及宾一类卜辞中，亘一直与商为敌。亘与商王国发生战争之前，二者没有主从关系，只是在经过战争失败且臣服之后，才被商王重用，并使其成为王室贞卜集团中的一员。第（2）辞中的“东母”是致祭对象，指居于东方的女性神祇。该类亦见祭祀“西母”的辞例，如合 14335 等。此辞卜问是否用三头豕为祭牲向东母致燎祭。

27.《合集》14360

《合集》14360（摹本）

《合集》14360

【资料来源及其他说明】该胛骨著拓号：《前》4.17.5，重见情况：《通》772。原骨拓藏：中国国家图书馆。又《合集》14360 +《英国》1225，见《缀合集》168。

【分类与断代】宾二类

【释文】

（1）貞：方帝？七月。

（2）貞：帝鳥一羊、一豕、一犬？

（3）貞：帝鳥三羊、三豕、三犬？

（4）丁巳卜，貞：帝鳥？

（5）…弜…七月。　一

【解读】这是一版武丁时期禘祭鸟的卜辞。帝即禘祭，具体祭祀方式不详。第（2）（3）辞占问用一只羊、一头去势的公猪、一条犬，还是用三只羊、三头去势的公猪、三条犬禘祭鸟。商人以玄鸟为图腾，人们崇拜鸟，对之存有敬畏之情，此辞充分体现了殷人对鸟的崇拜。第（5）辞所署的时间是“七月”。

28.《合补》521

【资料来源及其他说明】该胛骨著拓号：《蔡缀》9=《合集》13250 +《合集》563。

《合补》521

【分类与断代】宾二类

【释文】

（1）貞：弜令王？

（2）貞：令王隹黃？

（3）𢦏僕？

（4）貞：來丁酉㞢于黃尹？

（5）貞：㞢于黃尹二羌？

（6）貞：永？

（7）貞：永？

（8）［乙］未卜：…翌丙申用？　一

（9）貞：翌庚子昜日？　一 二告 一 二

【解读】这是一版武丁时期侑祭黄尹的卜辞。从该版占卜的内容看，应是𢦏僕，而侑于黄尹。卜辞表明商王不仅祭祀自己的先祖，而且祭祀外族之人，其目的是通过对外族首领的祭祀来团结子姓家族以外的部族，从而强化异族对中央王朝的向心力。另有卜辞记载“㞢疒（疾）止，隹（唯）黃尹壱？”（合 13682，宾二类），此辞的黄尹已是旧臣的神灵，其如上帝、自然以及祖先的神性一样能降下灾咎致病。陈梦家先生认为：“卜辞旧臣伊尹、黄尹即后世所传伊尹和阿衡、保衡，都是师保之官。”① 可以说，殷商时期的政教合一的体制确为伊尹、黄尹等旧臣神灵佑助社会的方方面面提供了便利。

29.《合补》522

【资料来源及其他说明】该胛骨著拓号：《蔡续》7.9=《合集》6209 +《合集》7260。

【分类与断代】宾二类

【释文】

（1）貞：叀子妻（畫）乎伐？

（2）貞：叀自般乎伐？

（3）貞：叀弘乎伐𢀛？

（4）貞：叀王坒伐𢀛？

（5）貞：弜𠦪于黃尹？

（6）貞：𠦪于黃尹？

（7）貞：徝㞢于黃尹？

（8）乙巳卜，亘貞：弜徝㞢于黃尹？

《合补》522

① 陈梦家：《殷虚卜辞综述》，中华书局，1988 年，第 518 页。

【解读】本版为武丁时期的宾二类卜辞。第（5）（6）辞之“𡎫”，在卜辞中用为祭名，有祈求之义。卜辞常见“𡎫雨”“𡎫禾”“𡎫年”“𡎫生”的占卜。其中“𡎫雨”即祈求风调雨顺以保证禾稼能有好的收成；“𡎫禾”与“𡎫年”分别是小屯村南与村北出土的甲骨文中记载的商王室两个不同占卜集团祈求年成的恒语；“𡎫生”是祈求某妇顺利生育产子的卜辞。孙海波先生较早谈及：“𡎫，实乃祈求之祭。”[①] 对此，姚孝遂、肖丁先生做了进一步解释：“‘𡎫’为祈求之义，亦为祭名。多用于‘𡎫年’、‘𡎫禾’、‘𡎫雨’，皆为祈求丰收之事。但言‘𡎫’而无具体祈求之内容者多为单纯之祭名。”[②] 𡎫祭的对象范围比较广，包括自然神和祖先神。𡎫祭虽没有一个特殊的祭祀群体，但其中“𡎫雨”“𡎫禾”“𡎫年”等卜辞的祭祀对象比较多的是土、河、岳，主要是向这类神祇举行𡎫祭以祈求年成，看来在殷人的世界观中，这类神祇可以掌控庄稼收获的好坏。但也可能是因为这类神祇掌管着雨水等自然天象，对农业收成有着不可忽视的影响。𡎫祭的祭品主要是毛牲，不见或很少见人牲，并且很大一部分卜辞是没有祭品的，只是单纯地进行𡎫祭。

30.《合补》523 正反

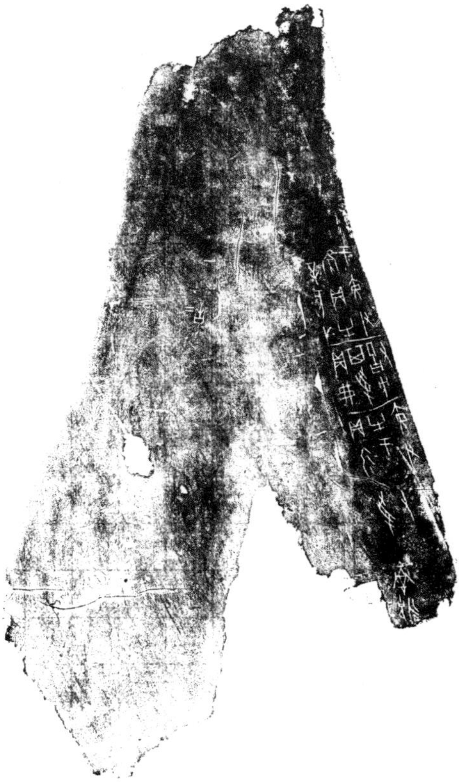

《合补》523正

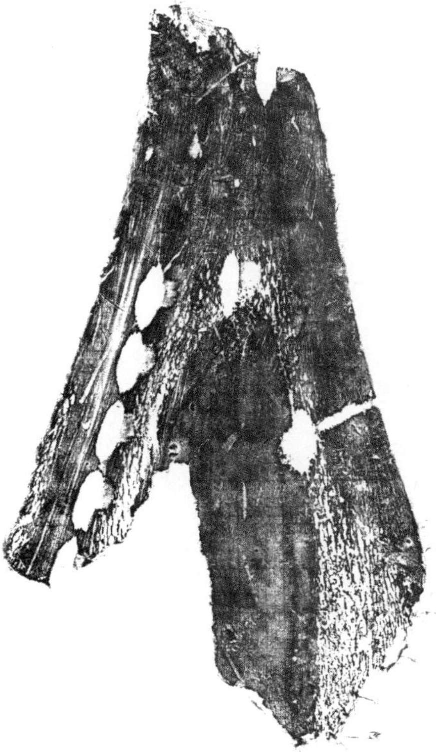

《合补》523反

【资料来源及其他说明】该胛骨著拓号：《川博》1 正反。

① 孙海波：《甲骨文编》，中华书局，1982 年，第 426 页。

② 姚孝遂、肖丁：《小屯南地甲骨考释》，中华书局，1985 年，第 10 页。

【分类与断代】宾二类

【释文】《合补》523 正

（1）辛亥卜，㱿貞：㞢于黃尹？　一一二告

（2）貞：弜㞢于黃尹？　一

（3）貞：弗其受舌方又（佑）？　一

（4）受又？　一

（5）𡆥（執）𢀛…　一

【释文】《合补》523 反

（1）弜立？

【解读】该版侑祭的对象是旧臣黄尹。第（1）（2）辞正反对贞，卜问是否对黄尹致侑祭。有学者认为，“黄尹”即村南系列、子组卜辞及传世文献中所称的“伊尹”①。卜辞中伊尹以先臣身份入祭，是求年、祈雨的对象。晚期卜辞中有“伊宾”之卜，即卜问其是否配享于对先王的诸祭。其配偶又称“伊奭”。第（1）（2）辞被第（3）辞间隔开，成为相间刻辞，这种作风习见于本类的胛骨占卜。

31.《合补》531

《合补》531

【资料来源及其他说明】该胛骨著拓号：《文捃》379 正反 =《合集》5468 正 +《英国》1276 正（《合集》40521），重见号：5468（缺反）。

【分类与断代】宾二类

【释文】《合补》531 正

（1）貞：翌己巳弜宜？

（2）貞：翌巳弜宜？

（3）貞：翌己巳宜？

（4）貞：翌己巳宜？　一二二告

（5）㞢𡆥？

（6）貞：亡𡆥？

（7）貞：亡𡆥？　一不𢀛鼄

（8）貞：亡𡆥？　一二告

（9）癸酉卜，古貞：𠂤般叶王事？　三［四］五

（10）…弜…

【释文】《合补》531 反（文捃 379 反）=《合》5468 反 +《英》1276 反

（11）戊辰卜，永？

（12）戊辰卜，亘？

（13）王固曰：亡𡆥？

① 蔡哲茂：《伊尹传说的研究》，《中国神话与传说学术研讨会论文集》，台湾汉学研究中心，1996 年，第 262 页。

（14）王固曰…

【解读】本版之“宜”，与“俎”同源，此乃用牲法，为割解牲体以祭。又，宜乃出兵祭社之名。《尔雅·释天》：“起大事，动大众，必先有事乎社而后出，谓之宜。”亡夛，或指无灾咎之义。殷商晚期的作册般甗（铭图 7·03347，集成 3·944）载“王宜人方，无敄。咸。王商（赏）作册般贝，用作父己障（尊）。来册”。此甗又名服作父乙甗、王宜人甗、般甗等。铭文大意是，商王征伐人方举行祭社之礼，结果大吉。祭社完毕，商王赏赐作册般贝。作册般用来铸造祭祀父己的甗。此器记载了商末征伐人方以及伐前宜祭礼仪，这是研究商史非常可信的凭据。

该版第（7）辞末“不𢍰鼄”，李学勤、彭裕商先生读为“不许黾”，此为宾二类常见之兆侧刻辞。

32.《合补》1760

【资料来源及其他说明】该胛骨著拓号：《东大》388 正反 =《合集》6063 +《东大》338ab。

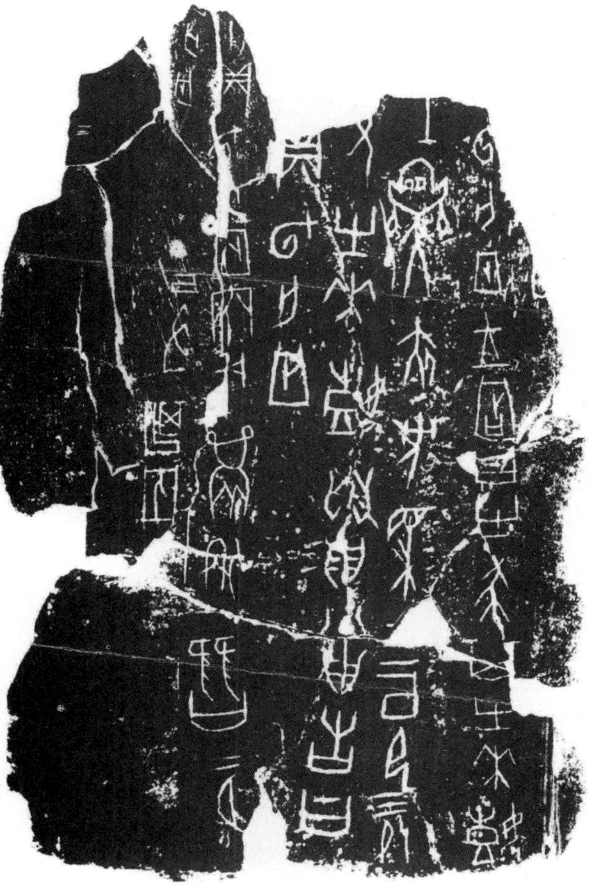

《合补》1760

【分类与断代】宾二类

【释文】《合补》1760 正

（1）…旬亡囚？王固曰：㞢求，其㞢來娃…

（2）…貞：旬亡囚？…允㞢來艱自西，弅告曰：…［戋］、夾、方、杲四邑。十三月。

（3）…貞：旬亡囚？丙戌𤮊㑰㬜，二月己丑匩因。

（4）…旬亡囚？　三

【释文】《合补》1760 反（东大 388 反）

（1）…來艱自𣪊友唐，𠯑方𧿍…戋弅示昜，戊申亦㞢來［艱］自西，告牛家…

（2）辛未㞢酘新晶。

【解读】这是一版宾二类的卜辞。其主要占卜内容为“㞢來艱”，即受商王国管辖的、夾、方、杲四邑被敌方侵扰。遭遇此类事件，卜辞常称“㞢來艱”。《释名》：“邑，…邑人聚会之称也。”邑的原字形写作，象在邑形的口旁附加了一个跪坐的人形，意在强调邑为住人之所。邑在古汉语中常指古代无先君宗庙的都城。《左传 · 庄公二十八年》：“凡邑有宗庙先君之主曰都，无曰邑。”有城墙的城市可以称邑，无城墙的村落也可以称邑。

该版反面的“告牛家…”，“告（祰）”，祭名。卜辞所见之“家”，即室家，与宗、室义同。

33.《合补》1804

《合补》1804

【资料来源及其他说明】该胛骨著拓号：《历博》1.2 正反臼。

【分类与断代】宾二类

【释文】《合补》1804 正

（1）丁巳卜，亘貞：正（征）？

（2）貞：王固曰：正？

（3）庚申卜，爭貞：乎伐𢀛，受㞢又？一月。 一

（4）壬戌卜，㱿貞：乞令我事（史）步伐𢀛方，受［㞢又］？

（5）貞：弜令我事步？ 一 不𬂚鼄

（6）乞令我事步？ 一

（7）貞：正？ 二 二告

（8）貞：戉陟戉學求？ 一 二告

（9）貞：乎何求員？ 一

（10）貞：何弗其員？ 二

（11）貞：正？ 一 二告

（12）貞：匕癸允求？ 小告 二告 二告

【释文】《合补》1804 反（历博 1.2 反）

（1）丁巳卜：韋？

（2）己未卜：亘？王固曰：吉，正。

（3）弜乎伐𢀛？

【释文】《合补》1804 臼（历博 1.2 臼）

（1）丁巳帚（婦）皆示。亘。

【释文】本版所见“我事（史）”，为职官。“步”，本象二止前后交错状，表行步，甲骨文或累加行旁而繁化。本版多是围绕与𢀛方的战事所卜。臼处是由亘签名的非占卜性记事刻辞；示者为帚皆（卜辞的示者多为妇某）。

34.《合补》1852 正乙

【资料来源及其他说明】该胛骨著拓号：《蔡续》13.4，拼合号：《合集》6402 +《合集》6087。

【分类与断代】宾二类

【释文】《合补》1852 正乙

（1）壬子卜，㱿貞：𢀛方出，隹我㞢乍𡆥？

（2）壬子卜，㱿貞：𢀛方出，不隹我㞢乍𡆥？五月。

（3）乙卯卜，爭貞：沚戠爯冊，王比伐土方，受㞢又？

（4）貞：王弜比沚戠？ 二

（5）…𠁁？

【释文】《合补》1852 反乙（《蔡续》13.4）

（1）…曰：庚其有酘，吉，受又，其隹壬不吉。

《合补》1852 正乙

【解读】本版第（3）辞所见“爯冊”之辞，皆与军情战事有关。“爯冊”，即将边情书册上呈商王[①]。其中第（3）辞的大意：乙卯日占卜，爭问：沚戠（诸侯或方国首领），将异族入侵边境之事书册上呈商王，王率领商军联合沚戠的方国兵员一起征讨土方，能受到神灵的保佑吗？

该版为《合集》6402 与《合集》6087（《续》3 • 10 • 2）遥缀。本书未录《合补》1852 正甲（即《合集》6402）。

《合补》2346

35.《合补》2346

【资料来源及其他说明】该胛骨著拓号:《蔡缀》30=《合集》3754 +《合集》16271；>《补编》0996。

【分类与断代】宾二类

【释文】

（1）戊寅卜，亘貞：乎取寇牛于…

（2）壬子卜，爭貞：舌…　小告

【解读】本版第（1）辞卜问是否征取在寇地田猎所获的牛牲奉献于神灵。第（2）辞可能是占卜与舌方有关的战事。

36.《合补》2596

【资料来源及其他说明】该胛骨著拓号:《蔡缀》3=《合集》10965 +《合集》40125。

① 钟柏生:《卜辞中所见殷代的军政之一 ——战争启动的过程及其准备工作》,《中国文字》1991 年第 14 期。下引凡出自此文者，不再另注。

【分类与断代】宾二类

【释文】

（1）丙戌卜，古貞：𡩁于岳？

（2）□寅卜，𣪊貞：今日我其獸盜…

（3）…［今］日我其獸盜…允𠬪（擒）隻兕十一，鹿七十又四，豕四，兔七十又四。

（4）…漁㞢（侑）一牛于父［乙］？

（5）…乙弜㞢一牛于父乙？

（6）□告

【解读】这是一版宾二类卜辞。第（1）辞“𡩁（燎）于岳”，即卜问是否燎祭嵩岳[①]之神。第（3）辞是田猎卜辞。验辞表明此辞狩猎捕获了 11 头犀牛、74 只鹿、4 头野猪、74 只野兔。第（4）（5）是关于侑祭父乙的占卜。

37.《合补》4923 正

《合补》2596

《合补》4923 正

① 彭裕商先生认为：卜辞中的“岳”似当指嵩山。并举“贞：勿辛未酌岳？”（《合集》8843 宾二类）以及“叀岳先酌，雨？”（《合集》34221 历二类）等为例加以说明。他指出：嵩山在今河南省中部，距殷都安阳不远。在殷代当为内地，常为殷人所瞻视，故以为群山之首而名为岳……周因于殷礼，西周也以之为岳。以上为求雨之祭，岳能兴雨，故对之求雨。《礼记·祭法》：“山林川谷丘陵能出云，为风雨，见怪物，皆曰神。”《公羊传》僖公三十一年：“不崇朝而遍雨乎天下者唯泰山尔。”见彭裕商：《卜辞中的“土”“河”“岳”》，《四川大学学报丛刊》（第十辑），1982 年。

【资料来源及其他说明】该胛骨著拓号：《蔡缀》1，拼合号：《合集》583 正反 +《合集》7139 正。

【分类与断代】宾二类

【释文】《合补》4923 正

（1）癸亥卜，爭貞：旬亡囚？王固曰：㞢求…戊辰允㞢來娡，沚戫乎告曰…

（2）癸酉卜，爭貞：旬亡囚？旬壬午允㞢來…亥趾暨，甲子𡍨。

（3）癸丑卜，爭貞：旬亡囚…㞢求娡。九日辛［亥］…

（4）癸亥卜，爭貞：旬亡囚…娡五日丁卯王狩…亦奴才［車］…

（5）□□［卜］，爭［貞］：旬［亡］囚？　二二告二二二

【释文】《合补》4923 反

（1）王固曰：㞢求，𡿺光其㞢來娡，乞至六日戊戌允㞢…㞢僕才叟，宰才…𤕤，亦焚亩三。十一月。

（2）王固曰：㞢求，其㞢來娡。

（3）癸酉。

【解读】本版是刻于骨扇上的贞旬辞，正反两面附刻占辞和验辞。正面三辞比较完整。在骨的左面和上面有卜兆和兆序的残留。该版兆序多为二，似是成套刻辞之第二版。反面亦三辞，第（1）辞旬内有"六日戊戌"，应是戊戌日所卜；第（3）辞是癸酉日卜。

38.《合补》4980 正

《合补》4980 正

【资料来源及其他说明】该胛骨著拓号：《蔡续》4.1，拼合号：《合集》14431 +《合集》1506。

【分类与断代】宾二类

【释文】《合补》4980 正

（1）丙午卜，穷貞：㝵𢀛？

（2）貞：弜龏㝵𢀛？

（3）貞：㝵𢀛㞢豕？

（4）丁未卜，㱿貞：㞢…自…

（5）貞：㞢于且…

（6）貞：㞢于且乙十白豕？

（7）戊申卜，㱿貞：亡囚？　一

（8）貞：王㝛今六月入？

（9）貞：弜㝛今六月入？

（10）癸丑卜，穷貞：𡍨于岳？

（11）貞：于土𡍨？

（12）貞：于河𡍨？

【释文】《合补》4980 反（蔡续 4.1）

（1）戊申卜，㱿…

（2）王固曰：隹虫囚？

【解读】本版是商王卜问是否向先王祖乙以及岳、土（社）、河自然神举行祭祀。卜问“某入”以及有无灾祸之事。其中第（6）辞“貞：虫于且乙十白豕？”此次占卜是否进献十头“白豕”向祖乙致侑祭。此片可证“殷人尚白”之说，白豕应该是比较珍贵的祭品。

39.《合集》293

《合集》293

【资料来源及其他说明】该胛骨著拓号：《契》245，选定号：《历拓》6200。原骨拓藏：北京大学。

【分类与断代】宾三类，该类主要是武丁晚期至祖庚之世的卜辞（部分延至祖甲之初），其上承宾二类，并与宾二类有一段交叉并存现象，下限与出一类、何一类亦有一些交叉并存的情况。下同。

【释文】

（1）戊子卜，穷貞：叀今夕用三白（百）羌于丁？用。［十二月］。

【解读】这是一版宾组卜辞，大意是戊子日占卜，贞人穷卜问今晚是否用三百羌人祭祀丁。用辞已表明，祭祀实施了这一方案，由此亦可见，殷商时期祭祀使用人牲的规模比较庞大。

40.《合集》806

【资料来源及其他说明】该胛骨著拓号：《虚》239，选定号：《南博拓》971。原骨拓藏：南京博物院。

【分类与断代】宾三类

【释文】

（1）貞：告執于南室三宰？

《合集》806

（2）戊…

《怀特》1262 释文（增补）：

（1）己卯卜，大貞：帚富冥，妫？

（2）貞：帚富［不］其…

（3）貞：帚富不其妫？

（4）己亥卜，大貞：今歲受年？二月。

（5）丁未……貞：告…于南室…

（6）戊申。一

（7）貞：告執于南室三宰？

【解读】这是一版宾三类（宾出类）卜辞。内容涉及“贞娩”、“受年”以及战后告庙礼。南室，当为宗庙中的一个室屋，其中当有祖先神主。该卜辞贞问在南室是否用三只羊牲向先祖举行告祭，以感谢先祖的保佑之功。

41.《合集》1182

《合集》1182

【资料来源及其他说明】该胛骨著拓号：《甲释》214。原骨拓藏：台湾“中研院”历史语言研究所。

【分类与断代】宾三类

【释文】

（1）丁丑。

（2）貞：叀上甲日斫？

（3）燎于河、王亥、上甲十牛，卯十宰？五月。

（4）丁丑卜，㝬貞：叀河日斫？

（5）弓乎？

【解读】本版为宾三类，该类主要是武丁晚期的卜辞，内容是在五月燎祭河、王亥、上甲，用十头牛，对剖十头羊牲。燎祭应是在河、王亥、上甲的宗庙内举行。斫，祭名，具体情况不详。

42.《合集》1591

【资料来源及其他说明】该龟甲著拓号：《真》5.18 + 5.19（《录》281），选定号：《录》536，重见情况：《录》536。原龟甲拓藏：台湾历史博物馆。

【分类与断代】宾三类

【释文】

（1）辛酉卜，爭貞：取（掫）彡集？　二

（2）貞：弓取彡集？九月。　二

（3）辛酉卜，貞：叀且乙取集？

（4）貞：弓令？九月。

（5）□□卜，貞：取…

【解读】本版第（1）（2）辞对贞卜问是否举行𩂣（槱）[①]、彡、集（指用田猎所获奉献于祖神）之祭？第（3）辞卜问是否向祖乙致槱祭和集祭。

殷人的周祭五种祀典为"翌""祭""壹""彡""魯"。可见"彡"是五种祀典之一。在五种祀典中，翌祭很少与其他的祭法连用，具体的祭仪、祭品已不可知。从翌字的本形为羽，一些学者认为是"宗庙祭祀，习用羽舞"，为羽舞之祭。"翌"是周祭的祀首。祭，指用肉作为祭品的一种祭祀形式。壹，于省吾先生认为是"按祭祀需要设食以享鬼神"。魯，作为祭祀法，其具体的祭仪、祭品不详。彡，罗振玉先生以为此字为"肜日之本字"，肜，商代祭名，是祭之明日又祭的一种祭祀。也有学者认为"彡与鼓有关"，"彡之义殆为鼓声……伐鼓而祭，即谓之彡矣"。

《合集》1591

43.《合集》10111

【资料来源及其他说明】该胛骨于1929年小屯村北横十三、五丁坑出土（编号3.2.0876）。著拓号：《甲》2905。原骨拓藏：台湾"中研院"历史语言研究所。

【分类与断代】宾三类

【释文】

（1）癸亥卜，古貞：𠦪年自上甲至于多毓？九月。

（2）甲子卜，古貞：其𠦪年自上甲？九月。

（3）己巳卜，古貞：其□年于上甲，𡕆（燎）？九月。

① 于省吾：《释取》，《甲骨文字释林》，中华书局，1979年，第159页。

（4）…貞：大示牛？九月。

（5）丁酉卜，古貞：大示五牛？九月。

（6）…古貞：大示三宰？九月。

（7）…貞：來乙亥𠂤其餗，王若？九月。

《合集》10111

【解读】本版前 3 辞皆与求年有关，第（1）辞卜问求年的对象是否从上甲到“多毓”（多位近祖的合称），第（2）辞仅仅卜问求年的对象是否从上甲开始，没有划定其下限。第（3）辞是甲子之后的第六日，卜问向上甲致求年之祭，是否举行燎祭。第（4）～（6）辞卜问向大示（直系先祖）行祭的用牲情况，所用祭牲分别是牛、五牛和三宰。卜辞中，大示祖先的权能比较广泛而重要，职掌战争胜负、农业生产的丰歉、疾病、都邑建筑、祸福等。而小示祖先的神权范围则较小，地位不如大示重要。大示与小示的隆杀之别还体现在祭礼上，如大示可以标出具体的庙号，小示则不行。祭祀大示的祭典较为隆重，而祭祀小示，却限定使用某些祭典。例如，周祭祀典就只能用于大示。大示可以与自己的配偶一起受祭，小示的配偶则没有这种礼遇。在用牲上也体现大示、小示的尊卑关系，大示多用牛，小示多用羊。再者，大示在大宗受祭，小示则在小宗受祭。第（7）辞大意是，命贵族𠂤主持餗祭，商王是否嘉许。

该版诸辞都是九月的占卜，卜辞的刻写是先从中间开刻，之后向右行，右侧空间填满之后，接着向左刻。但左侧的卜辞似乎并非依次左行，而是穿插刻写。

44.《合集》14375

《合集》14375

【资料来源及其他说明】该胛骨著拓号：《珠》19。原骨拓藏：日本东京大学。

【分类与断代】宾三类

【释文】

（1）貞：翌丁卯弓㞢戠？

（2）貞：圭于夒㞢（有）从雨？

（3）貞：翌丁卯乎子㞢于丁三牢？

（4）貞：叀辛巳酌？

【解读】本版第（1）辞卜问翌日丁卯是否不举行侑祭、戠祭。第（2）辞卜问向先公夒致祭，是否会求得和风顺雨。“往”用为“禳”，“从”用为“顺”[①]。第（3）辞卜问翌日丁卯是否命令“子”（指某一位贵族）用三头圈养的牛向“丁”致侑祭。第（4）辞卜问是否在辛巳这天举行酌祭。

45.《合集》14881

【资料来源及其他说明】该胛骨著拓号：《掇二》166，重见情况：《续存下》191，原骨拓藏：浙江省博物馆。

【分类与断代】宾三类

【释文】

（1）乙丑〔卜〕：𠦪自大乙至丁祖九示？

《合集》14881

① 于省吾：《释生、正》，《甲骨文字释林》，中华书局，1979年。

（2）…白…

【解读】本版所见“丁祖”，即祖丁。此辞贞问是否𠦪祭从大乙至祖丁的九示祖先。九示应包括大乙、大丁、大甲、大庚、大戊、中丁、祖乙、祖辛、祖丁九世直系先王。

46.《合补》95

《合补》95

【资料来源及其他说明】该胛骨著拓号：《严再评》2，拼合号：《合集》1293 +《合集》1294 +《合集》1473。

【分类与断代】宾三类

【释文】

（1）乙亥卜，王貞：我槱（取）唐，集祖乙？

（2）乙亥卜，王貞：我槱唐，集大甲，其𡆥（害）我…

（3）乙亥卜，王貞：我槱唐，集大甲，不𡆥保…

（4）乙亥卜，貞：槱［唐］…

【解读】本版第（1）辞卜问是否向唐致取祭，向祖乙致集祭。集祭指用田猎所获奉献于祖神。第（2）（3）辞义相反，卜问向唐致取祭、向大甲致集祭是否有害或无害。

47.《合补》184 正臼

【资料来源及其他说明】该胛骨著拓号：《蔡续》13.6=《合集》1961 正 +《合集》14835。

【分类与断代】宾三类

【释文】《合补》184 正

（1）…五…　二

（2）不其叶？　二

（3）小示卯叀羊？

（4）大示卯一牛？　二

（5）翌辛𡧊𠂤令？

（6）乙酉卜，穷貞：翌丁亥𠦪于丁？　二

（7）己丑卜，穷貞：翌庚［寅］令入步？

【释文】《合补》184 臼

（1）甲申乞自雩十屯。

【解读】卜辞中有大示、小示等称呼。关于大示，一种看法是指大乙以来的所有直系先王，另一种看法是只包括上甲、大乙、大丁、大甲、大庚、大戊六位直系先公先王。据卜辞分析，“大示”应该是用来指直系先祖的集合庙主，“小示”用来指旁系先祖的集合庙主。

《合补》184 正臼

此片为《合集》1961正（《山东》912）与《合集》14835（《契》6）遥缀。

48.《合补》452

《合补》452

【资料来源及其他说明】该胛骨著拓号：《东大》264=《合集》3018 +《合集》15417，重见号：《合集》3018（不全）。

【分类与断代】宾三类

【释文】

（1）貞：…

（2）貞：弜用？十二月。

（3）甲午卜，貞：梦亡匄？十二月。

（4）丙申卜，貞：翌丁酉用子央歲于丁？

【解读】该版第（3）辞“梦亡匄”，可能类似于后世的禳梦。《周礼·春官·占梦》云：“季冬，聘王梦……乃舍萌于四方，以赠恶梦，遂令始难欧（假借为敺，即驱）疫。”占梦者负责问王所梦，然后以菜行祭来禳送恶梦。可见，商人将噩梦与人事吉凶联系在一起。

“丁”是庚甲对商王武丁的称呼，其他卜辞亦见“帝丁”。从庚甲开始，死去的先王可称“帝”，这体现了先祖神地位和权能的上升，商王通过对提升祖先神的地位来达到集中王权的目的。也有学者认为“帝丁”应读为嫡丁[①]。

49.《合集》313

《合集》313

【资料来源及其他说明】该胛骨著拓号：《北图》5011；重见情况：《文捃》683，《蔡》1.74=《合集》4325 +《合集》4324。

【分类与断代】本版为𠂤宾间类，该类主要是武丁中期偏早段的卜辞，其与𠂤小字类关系密切，下限与宾一类卜辞也有联系。

【释文】

（1）辛…

（2）己亥卜：于大乙大甲𢆶弜五宰？ 一 一 三

（3）己亥卜：𢆶弜大乙宰？

（4）己亥卜：𢆶弜大甲宰？

（5）壬寅卜：㞢父甲？ 二 二

（6）□寅［卜］：㞢［父］甲？

（7）…生二月[②]寿不其𢦏？ 二 三 四

① 裘锡圭：《“花东子卜辞”和“子组卜辞”中指称武丁的“丁”可能应该读为“帝”》，《裘锡圭学术文集·甲骨文卷》，复旦大学出版社，2012年，第516～522页。

② 此时所在的时间当为殷历的一月份，而“生二月”指一月之后的二月份。参见裘锡圭：《释“木月”“林月”》，《裘锡圭学术文集·甲骨文卷》，复旦大学出版社，2012年，第338～343页。

【解读】本版第（2）辞卜问对商王国重臣弜禳灾祈福是否向大乙、大甲行禦祭，并进献五宰的牲品。第（3）（4）辞卜选究竟向大乙还是向大甲行禦祭，并进献宰牲。第（5）（6）辞卜问是否向父甲行侑祭。第（7）辞卜问下个月的二月份夛（将领）指挥的战争不能获胜吗？

《合集》1513

50.《合集》1513

【资料来源及其他说明】该龟甲著拓号：《历拓》6840。原龟甲拓藏：山东博物馆。

【分类与断代】自宾间类

【释文】

（1）甲申卜：乙酉㞢且乙三宰，酉卅牛？　一

（2）丙戌…　一

【解读】本版第（1）辞中的"酉"用作祭牲法。该版大意是，甲申占卜，第二天乙酉日是否用三只圈养的羊牲，砍三十头野牛侑祭祖乙。卜辞侑祭的对象主要有自然神河、岳、东母、西母等，祖先神包括高祖王亥，先王祖乙、祖丁、父乙、父辛，先妣妣庚等，可见，其祭祀对象范围比较广。但据卜辞，次数最多的是对祖乙的祭祀，曾有学者提出商王对祖乙的祭祀，只用"宰"而不用"牢"[①]。其次是对父乙的祭祀。由此可见，侑祭的对象虽多，但也有所偏重，主要是对男性近亲神灵的祭祀。一方面，可能是因为对近亲感情相对深厚；另一方面，在这个阶段商王已更加看重对家族内男性近亲神灵的祭祀，而不是之前对至上神帝或自然神土（社）、河、岳的祭祀。

# 第二部分　战　　争

前文已述"国之大事，在祀与戎"（《左传 • 成公十三年》）。战争即"戎"，也属国之大事，是商王经常占卜的内容。

从历史的角度来看，除征伐对商王国财富与奴隶进行掠夺的敌对方国或部族外，为扩大自己的疆土，商王国的统治者同样向外不断地发动一些战争。宾组各类卜辞中不乏这方面的记载。在武丁时期，对方国的战争相当频繁，在商王都北面和西北有𢀛、土、鬼、羌方，东面有夷方，南和西南有虎、巴方等，其中有 50 多个方国部族与商王朝发生过战争，尤其是与𢀛、土、羌方的战争次数最多、规模最大。例如，卜辞有"𢅻（登）人五千伐𢀛方"，"登人五千伐土方""𢅻人三千伐巴方"的占卜，目前知道最多的一次是征召一万三千人伐羌方。到了商末帝乙、帝辛时期，父子两人先后集中兵力征伐淮河流域的人（夷）方，史书载帝辛将人方征服后，商就灭亡了。通过宾组各类的征伐卜辞，我们可以考察在商王武丁执政时期商王朝的疆域范围、商王朝与诸侯方国之间的关系等。

① 常玉芝：《商代宗教祭祀》，中国社会科学出版社，2010 年，第 267 页。

1.《合集》203 正

《合集》203 正

【资料来源及其他说明】该龟甲于 1936 年小屯村北出土（编号 13.0.1656）。著拓号：《乙》865（正）866（反）。原龟甲拓藏：台湾“中研院”历史语言研究所。

【分类与断代】宾一类

【释文】

（1）乙巳卜，穷貞：臭隻（獲）羌？一月。 一

（2）乙巳卜，穷貞：臭不其隻羌？ 一

（3）貞：臭隻羌？ 一 二 三 四

（4）貞：臭不其隻羌？ 一 二 三 四

【解读】本版是两组同一内容的正反对贞，宾组多见“某隻羌”的卜辞。殷商晚期羌人是人牲的主要来源之一。第（1）辞所署的时间是一月。

2.《合集》506 正

【资料来源及其他说明】该龟甲著拓号：《乙》1148 +（正）1149 +（反），选定号：《丙》132（正）133（反），拼合号：[ 1150 + 2962 + 2972 + 3017 + 4073 + 0 ]（正）[ 2963 +（1150 + 2972 + 3017 + 4073 + 0）]（反）。原龟甲拓藏：台湾“中研院”历史语言研究所。

【分类与断代】宾一类

《合集》506 正

【释文】《合集》506 正

（1）□寅卜，㱿貞：[般] 不若，不𡍮羌？

（2）貞：[龍亡] 不若，不𡍮羌？

（3）貞：般亡不若，不𡍮羌？

（4）貞：龍亡不若，不𡍮 [羌]？

（5）貞：般亡不若，[不𡍮羌]？

（6）貞：龍亡不若，不𡍮羌？

（7）般其㱿羌？

（8）龍其㱿？

（9）其𡍮？

（10）其𡍮？

【释文】《合集》506 反

（1）王固…

（2）奠來十。

【解读】这是一版占问以𡍮羌作为人牲祭祀先祖的宾一类卜辞。羌，此指战争俘虏，甲骨文中往往作为祭祀杀戮的对象。殷墟祭祀坑中的许多人牲，不少即战争所获俘虏。

该版所见的龙方是侯伯子男以外较为偏远的方国部族。孙亚冰和林欢近出的《商代地理与方国》一书，在第三章“王畿区和四土地名考订举例”中，结合卜辞的内容，认为龙方应与殷西北的羌、彭、耳等地接近①。尽管如此，商王对龙方发生的一些事件给予关注，

① 孙亚冰、林欢：《商代地理与方国》，中国社会科学出版社，2014 年，第 69 页。

在一定程度上，说明了当时商王朝与龙方之间存在着友好关系。但“王叀龙方伐”（合 6583 宾一类）、“弜（勿）呼妇姘伐龙方”（合 6585 宾一类）二例显示出，当龙方对商王朝怀有敌意或不友好时，商王对其是亲伐，还是委派妇姘征讨龙方进行选择性占卜。这正反映了商王武丁对较为偏远方国部族的一种复杂心态。

3.《合集》536

【资料来源及其他说明】该龟甲著拓号：《乙》4737 +，选定号：《丙》264，拼合号：4739 + 5071 + 5605 + 5606。原龟甲拓藏：台湾“中研院”历史语言研究所。

【分类与断代】宾一类

【释文】

（1）辛卯卜，爭：弜乎取奠女子？　一 二 二告

（2）辛卯卜，爭：乎取奠女子？　一 二

（3）…取奠女子？　一　二 三 四

（4）辛卯卜，爭貞：甲酌㚔？　一 二 三 四

（5）辛卯卜，内貞：王㞢乍囚？　一 二 三 四 五 六 七 八 二告

（6）辛卯卜，爭貞：王㞢乍囚？　一 二 三

（7）庚子卜，㱿貞：令子䇂（商）先涉羌于河？　一 二 三 四 五 六 七 八

（8）庚子卜，㱿貞：弜令子䇂先涉羌于河？　一 二 三 四 二告 五 六 七 八

（9）辛丑卜，爭貞：取子㚰？　一 二 三

（10）辛丑卜，爭貞：弜取子㚰？　一 二 三

（11）…七月。 一 二

《合集》536

（12）…　一二

【解读】本版第（1）～（3）和（9）（10）辞内容相类。前者系辛卯日所卜，卜问商王是否迎娶奠（古“鄭”字，今简化作“郑”）地的女子。后二者为对贞卜辞，系十天之后的辛丑日所卜，卜问是否迎娶子𡧊。

4.《合集》6571 正

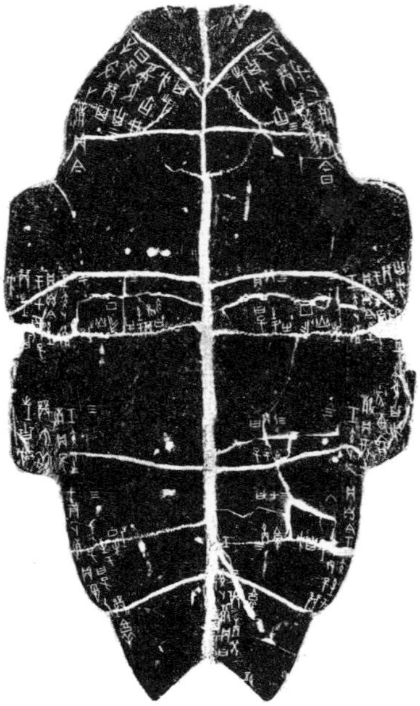

《合集》6571 正

【资料来源及其他说明】该龟甲于 1936 年小屯村北出土（编号 13.0.4492、13.0.14071、13.0.14371～13.0.14377）。著拓号：《乙》2218 +（正）6693 +（反），选定号：《丙编》302（正）303（反），拼合号：6692（正）2218（反）。原龟甲拓藏：台湾“中研院”历史语言研究所。

【分类与断代】宾一类

【释文】《合集》6571 正

（1）辛丑卜，㱿貞：今日子𠷎其𡨦基方、缶，𢦏[①]？五月。　三

（2）辛丑卜，㱿貞：今日子𠷎其𡨦基方、缶，弗其𢦏？　三

（3）壬寅卜，㱿貞：自今至于甲辰［子］𠷎弗其［𢦏］基方？　三

（4）壬寅卜，㱿貞：自今至于甲辰子𠷎𢦏基方？　三

（5）壬寅卜，㱿貞：尊雀叀亩𡨦基方？　三

（6）壬寅卜，㱿貞：子𠷎不𦮘𢦏基方？　三

（7）壬寅卜，㱿貞：曰，子𠷎𠔿癸𦎫（敦）？五月。　三

① 用表重创、打败并获得大捷之意。

（8）曰子𦎫于乙𦎫？　三

（9）曰𠀠甲𦎫？　三

（10）貞：自今壬寅至于甲辰子𦎫𢦏基方？　三

（11）甲辰卜，𣪊貞：翌乙巳曰子𦎫𦎫，至于丁未𢦏？　三

（12）貞：曰子𦎫至于丁㞢乍火，𢦏？　三

（13）弜（勿）曰子𦎫至于丁㞢乍火，𢦏？　三

【释文】《合集》6571 反

（1）我來□。貯。冎。（甲桥刻辞）

【解读】本版由贞人𣪊主持占卜，主题是征讨、打击基方和缶人。第（1）（2）辞拟派子𦎫用"𡨦"的战术重创对方。第（5）辞提出拟派雀和亯两个部族首领讨伐基方。第（3）～（11）辞卜问内容相似，卜选子𦎫攻击敌方的时间。第（7）（9）辞中的"𠀠"字是介词，其后跟"癸""甲"日干名。

5.《合集》6648 正

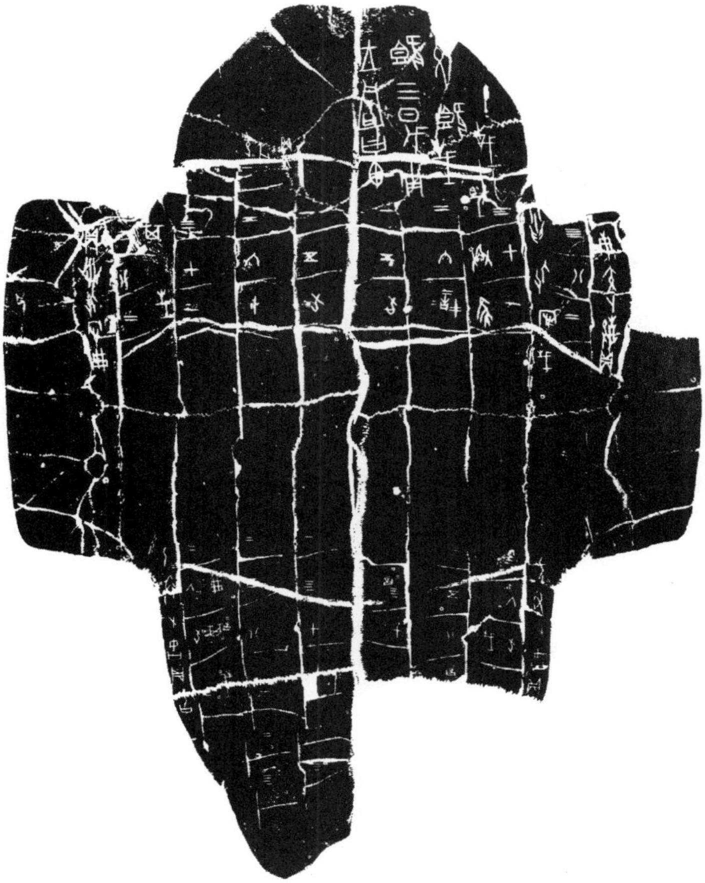

《合集》6648 正

【资料来源及其他说明】该龟甲著拓号:《乙》4701 +（正）4702 +（反），选定号：《丙》134（正）135（反），拼合号：5106（正）5107（反）。原龟甲拓藏：台湾“中研院”历史语言研究所。

【分类与断代】宾一类

【释文】《合集》6648 正

（1）乙丑卜，古貞：〔旨其〕𢦏？　一 二 三 四 二告 五 六 七 八 九〔十〕〔一〕二告〔二〕

（2）乙丑卜，古貞：旨弗其𢦏？　一 二 三 四 五 六 七 八 九 二告 十 一 二

（3）王固曰：叀既。三日戊子允既，𢦏方。

（4）庚寅卜，㱿貞：犬化𤴓𢦏㚔、䧹？　一 二 三 四 五 六 七 八 九 十 二告 一 二

（5）貞：犬化𤴓弗其𢦏？　一 二 三 四 五 六 七 八 九 十 一 二

（6）貞：王亡𡆥？　一

【释文】《合集》6648 反

（1）王固曰：叀既。

（2）王固曰：叀既。

（3）我㚸來。

（4）弜（勿）𣥂尸。（尾甲刻辞）

（5）𡚴（畫）來二十。（甲桥刻辞）

【解读】本版由贞人古主持占卜。第（1）（2）辞卜问旨这个部族首领是否能打败某方国或部族之事。第（4）（5）辞卜问犬化𤴓这个部族首领攻打㚔、䧹两部族之事。其中委命犬化𤴓攻打㚔的战争一直是商王武丁高度关注的焦点，相关的占卜频频见于宾一类卜辞。

6.《合集》6834 正

【资料来源及其他说明】该龟甲于 1936 年小屯村北出土（编号 13.0.3986、13.0.4149、13.0.4737、13.0.4774、13.0.4892、13.0.6928、13.0.7164、13.0.5527、13.0.14079、13.0.15297～13.0.15316、13.0.16388）。著拓号:《乙》1915 +（正）2359 +（反），选定号:《丙编》1（正）2（反），拼合号：[2000 + 2358 + 2388 + 2434 + 2696 + 3377 + 7795]（正）[7796 +（1915 + 2000 + 2388 + 2434 + 2696 + 3377）]（反）。原龟甲拓藏：台湾“中研院”历史语言研究所。

【分类与断代】宾一类

【释文】《合集》6834 正

（1）壬子卜，爭貞：自今日我𢦏𠂤？

（2）貞：自五日我弗其𢦏𠂤？

（3）癸丑卜，〔爭〕貞：自今至于丁巳我𢦏𠂤？王固曰：丁巳我母（毋）其𢦏，于來甲子𢦏，旬㞢（又）一日癸亥𨊥（車）弗𢦏。之夕𢆶甲子，允𢦏。　一 二

（4）癸丑卜，爭貞：自今至于丁巳我弗其𢦏𠂤？　一 二

（5）庚申卜，王貞：余伐不？三月。　一

（6）庚［申卜］，王貞：余弜伐不？　一 二告

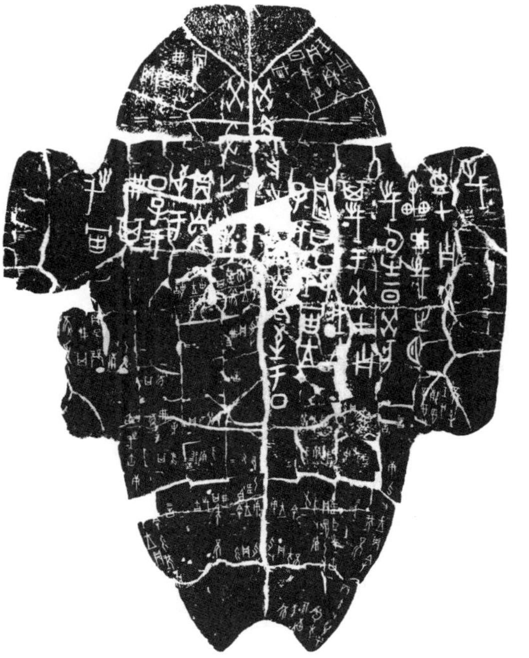

《合集》6834正

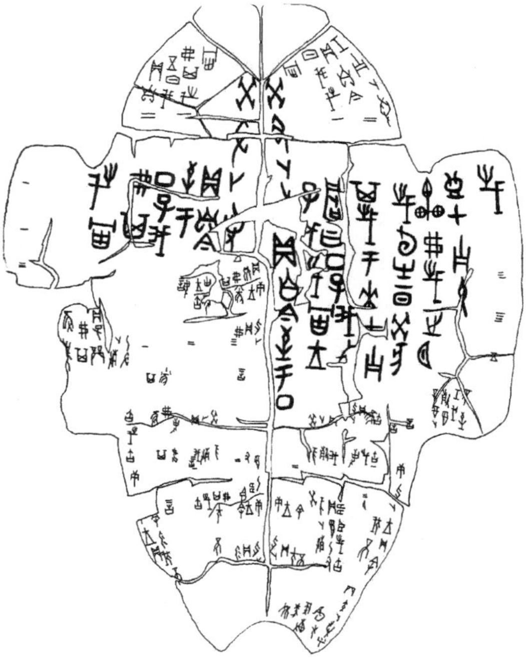

《合集》6834正（摹本）

（7）庚申卜，王貞：余伐不？ 一

（8）庚申卜，王貞：余弓伐不？ 一

（9）［庚］申卜，［王］貞：隻缶？ 二告

（10）庚申卜，王貞：雀弗［其］隻缶？ 一

（11）雀弗其隻缶？ 一

（12）辛酉卜，㱿：翌壬戌不至？ 一 二告

（13）癸亥卜，㱿貞：我史𢦏缶？ 一 二 二告

（14）癸亥卜，㱿貞：我史女（毋）其𢦏缶？ 一 二 二告

（15）癸亥卜，㱿貞：翌乙丑多臣𢦏缶？ 一 二

（16）翌乙丑多臣弗其𢦏缶？ 一 二

（17）乙丑卜，㱿貞：子𦎫弗其隻先？ 一 二 三 二告

（18）丙寅卜，爭：乎龏、敖侯、專求（咎）權？ 一 二

（19）貞：𢎣弗其叶王史（事）？ 二告

【释文】《合集》6834 反

（1）辛酉卜，㱿貞：我亡（無）□？

（2）辛酉卜，㱿貞… 一

（3）㱿。

【解读】本版卜辞皆与战争有关。第（1）（2）辞卜问从当日开始，商王的军队是否五天之后能够打败缶方。第（3）（4）辞卜问从当天癸丑到来日丁巳是否能够打败缶。第（3）辞辞末的占辞和验辞内容很长，占辞为商王所作的占断，大意是：从当天癸丑到丁巳不能

打败敌人，在未来的甲子日能够打败敌人。验辞表明在此后一旬的癸亥日，商王的军队没有取胜，但当天晚上到次日甲子，真的打败了𢀛方。此辞为大字涂朱，表明是商王特别授意而作，以示纪念。

该版第（5）～（19）辞分别由商王、㱿、争等人主持占卜，讨伐对象涉及“不”（亦作𣏟）、“缶”和“先”，拟委派参战者有弜、史、多臣、子𩰤、𠭯、敖侯、専、雀等将领。

《合集》6926

7.《合集》6926

【资料来源及其他说明】该胛骨著拓号：《前》7.18.2（不全），选定号：《善》5260，重见情况：《通》563（不全）。原骨拓藏：中国国家图书馆。

【分类与断代】宾一类

【释文】

（1）乙丑卜，王貞：余伐𤞷（猷）？

【解读】这是一版宾组卜辞，内容是商王亲自贞问是否征伐猷方。甲骨占卜中，有“王固曰”，其他虽然不用“王固曰”（如本辞），但是不管进行占卜的贞人是谁，所有占卜吉凶的决断权皆由商王掌控。

8.《合集》6947 正

【资料来源及其他说明】该龟甲著拓号：《乙》5303 +（正）5304 +（反），选定号：《丙》304（正）305（反），拼合号：5726（正）5726（反）。原龟甲拓藏：台湾“中研院”历史语言研究所。

【分类与断代】宾一类

【释文】《合集》6947 正

（1）辛亥卜，爭貞：翌乙卯雨？乙卯允雨。 一 二

（2）貞：翌乙卯不其雨？ 一 二告 二

（3）丁巳卜，爭貞：戠亡囚？ 二

（4）戊午卜，爭貞：乎雀𢦔戠？ 一 二

（5）貞：勿乎雀𢦔戠？ 一 二

（6）戊午卜，㱿貞：雀追亘… 一

（7）戊午卜，㱿貞：雀追亘，㞢隻？ 一

（8）貞：亘不𣚍隹執？ 一

（9）貞：亘其𣚍隹執？ 一

（10）戊午卜，爭貞：𩁹𢦏𤞷？ 一 二

（11）貞：〔𩁹〕弗其𢦏𤞷？ 一 二

（12）己未卜，㱿：令𦎫𡍷𦥑？ 一 二告

《合集》6947 正

（13）己未卜，㱿：勿令芡圭沚？　一
（14）辛酉卜，爭貞：今日㞢于下乙一牛，𠕋十勿宰？　一
（15）貞：㞢于下乙〔宰〕，𠕋十勿宰？　一
（16）㞢下乙一牛？　二
（17）于上甲、咸、大丁、大甲、下乙？　一 二告
（18）貞：雀以成？　一
（19）雀不其以成？　一
（20）貞：妥以羊？　二
（21）妥以鸝？　二
（22）庚午卜，爭貞：亘卒？　一 二
（23）庚午卜，爭貞：亘不其卒？　一 二
（24）貞：亘不其卒？　一 二
（25）貞：亘卒？　一 二
（26）貞…　一 二
【释文】《合集》6947 反
（1）己未卜，王。
（2）㞢保𡆥。

（3）亡保其囚。

（4）自之。（甲桥刻辞）

【解读】这是一版武丁执政时期的宾一类卜辞，第（6）（7）辞内容是，戊午日贞问，命令雀族追亘方，能否擒获亘方的部族首领。可见，此时亘方与商王国是敌对关系。

关于亘方与商王国的关系，传统的观点认为，亘方虽是商之属地，但时常反叛，于是商王便出兵讨伐。关于亘方的族属问题，在双方频繁发生战争前，亘方有可能不是商的臣属方国。据研究，有关商与亘方发生战争的卜辞，宾一类居多，而宾二类却屡见亘贞卜辞（此当为商伐亘之后的占卜记录）。在宾二类亘贞辞例中经常提到的子𩠹、妇姘、𢀛方、望乘、下危、奚、巴、吕等人物或方国，将之与妇好生活的年代相参照，可知此类占卜的年代相当于武丁晚期，而商征服亘当在武丁中期，所以可进一步证明亘是在被征服之后成为贞人的。因此，亘方与商王国在发生战争之前应该是没有主从关系的，只是在经过战争失败且臣服之后，才受商王重用，并成为王室贞卜集团中重要一员的①。

第（10）（11）辞内容是贞问商王是否委派𠭯征伐𤞷方。

9.《合集》6959

【资料来源及其他说明】该龟甲著拓号：《乙》4380 +，选定号：《丙》119，拼合号：4919 + 5163 + 5177 + 5193。原龟甲拓藏：台湾“中研院”历史语言研究所。

【分类与断代】宾一类

【释文】

（1）辛巳卜，㱿貞：乎雀𦎫桑？　二

（2）辛巳卜，㱿貞：乎雀𦎫〔壴〕？〔二〕

（3）辛巳卜，㱿貞：雀㝵亘、我？　二

（4）辛巳卜，㱿貞：雀弗其㝵（得）亘、我？〔二〕

（5）辛巳卜，㱿貞：勿乎雀伐䍙？　二

（6）辛巳卜，㱿貞：乎雀伐䍙？　二

（7）辛巳卜…　二

（8）〔乙〕未〔卜〕，㱿〔貞〕：𧰼戈？　二

【解读】本版皆为“㱿貞”的宾二类卜辞。第（1）～（7）辞为辛巳日所卜。其中第（1）（2）辞卜雀屯兵驻守桑与壴地之事；第（3）（4）辞的内容是辛巳日正反卜问，是否命令雀擒获亘、我部族的首领。值得注意的是，此辞的“㝵”应为擒获、抓捕之义。第（5）（6）

---

① 关于亘方的地望，陈梦家先生认为：“卜辞亘即《汉书・地理志》之垣，今垣曲县西廿里……春秋时代的赤狄即殷代的鬼方，垣之附近在春秋为赤狄皋落氏之都，可能此本为鬼方盘踞之地。”张亚初先生同意此说，并进一步认为亘方为鬼方民族的一个分支方国，武丁伐亘应该是“伐鬼方，三年克之”的“总的斗争的一部分”。而钟柏生、岛邦男先生等认为亘方在今山西与陕西的交界地带。1984 年，考古工作者在山西垣曲县发现了一座始建于二里岗下层时期，延用至二里岗上层时期，与郑州商城、偃师商城年代大体相当的商代早期城址。《垣曲商城》的编写者佟伟华先生提出此城可能是亘方之都，有学者根据一件传世的有铭文为“亘”的商早期青铜鬲推测商代早期就已存在亘方，因而垣曲商城就是亘都。关于亘方的性质，除了上述陈梦家、张亚初认为的亘为鬼方民族的分支，还有一种观点主张亘为商灭夏之后，为加强商王国边界防御所专设的军事城邑。此可备一说。

辞卜问是否委派雀攻伐𢀛方。据卜序可知，该龟甲是殷人成套占卜的第二版。

《合集》6959

10.《合集》7076 正

【资料来源及其他说明】该龟甲著拓号：《乙》4765 +（正）4771 +（反），选定号：《丙》621（正）622（反），拼合号：[4768 + 4770 + 4815 + 4869 + 6670]（《丙》259 + 0）（正）[4816 + 4870 + 6671]（《丙》260 + 0）（反）。原龟甲拓藏：台湾"中研院"历史语言研究所。

【分类与断代】宾一类

【释文】《合集》7076 正

（1）貞：今辛㞢于上甲？　一二

（2）今辛亥𢎗㞢于上甲？　一

（3）今辛亥㞢于上甲？〔用〕？　一

（4）癸丑〔卜，𡧊〕貞：〔兕〕其隻𢀛？隹…隻…執…　一

（5）癸丑卜，𡧊〔貞〕：兕〔不〕其隻？　一

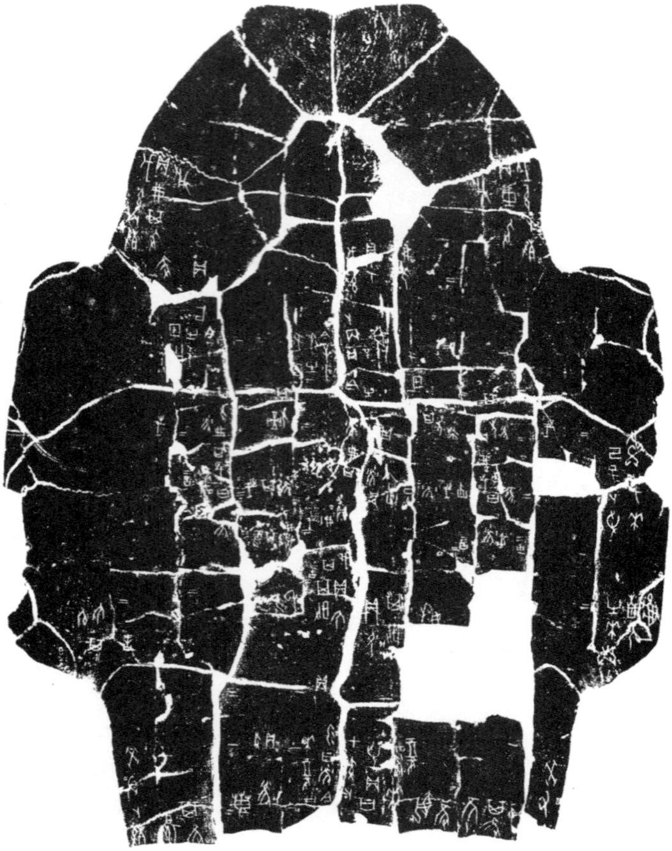

《合集》7076正

（6）甲寅卜，爭貞：曰雀來复？　一

（7）貞：弜曰雀來复？　一

（8）貞：雀𠬝龔？　一 二

（9）其先雀𢦏？　一

（10）其先弗雀𢦏？　一

（11）〔貞：〕雀克入𠧢邑？　二告

（12）雀弗其克入？

（13）雀𢦏𠧢？　二 二告

（14）雀弗其𢦏？　二

（15）曰雀勿伐？　一 二告 二 二告

（16）曰雀伐？

（17）貞：我𢦏埶？　一 二

（18）弗其𢦏埶？

（19）貞：我弗其𪓰？　一 二告

（20）獝其埶？　二

（21）戊午卜：㱿貞：戋受？　一
（22）戊午卜：㱿貞：弗其受？　一
（23）戊午卜：内貞：乎射弗羌？　一
（24）貞：亘隻？　一
（25）己巳卜，爭：（晝）乎來？　二
（26）其先祉？　二 二告
（27）其先胞？　一 二
（28）貞：允其敀妹？
（29）貞：不其敀妹？
（30）㞢來自南以龜？一　二
（31）不其以？二　二告
（32）今…子…
【释文】《合集》7076 反
（1）甲子卜，㱿。
（2）翌甲申其雨？
（3）不雨？
（4）我𢦔？
（5）令𦎫𢦔？
（6）𤠬不其𢦔？
（7）今壬弓𠦪？
（8）癸丑…

【解读】本版为武丁时期宾二类的卜辞，诸辞涉及商王委派雀讨伐敌国之事，多由贞人㱿主持占卜，主题是征讨和打击羌、𤠬、戋、𢀛等部族或方国。第（30）辞卜问“㞢（有）來自南以龜”，据统计，殷商出土甲骨文约有 13 万片，这些卜用甲骨究竟来自何处？胡厚宣先生曾依据甲骨卜辞及先秦资料，指出“殷代之卜龟，盖由南方西方之长江流域而来，尤以来自南方者为多”。并认为“殷代与南方西方之长江流域或更以南，必已有繁盛之交通……乃广取龟甲而用之”①。殷墟卜辞，尤其是非占卜性记事刻辞多记载龟甲的入贡来源、数量及龟甲的种类。由此看来，有关龟的产地或来源，来自南方与西方皆已明指。

11.《合集》32 正

【资料来源及其他说明】该龟甲著拓号：《乙》1873 +（正），选定号：《丙》22（正）23（反），拼合号：1884 + 1925 + 1986 + 2615 + 2616 + 6859 + 6888 + 7237 + 7275 + 7486。原龟甲拓藏：台湾“中研院”历史语言研究所。
【分类与断代】宾二类
【释文】《合集》32 正

① 胡厚宣：《殷代卜龟之来源》，《甲骨学商史论丛》初编第四册，成都齐鲁大学国学研究所专刊，1994 年。

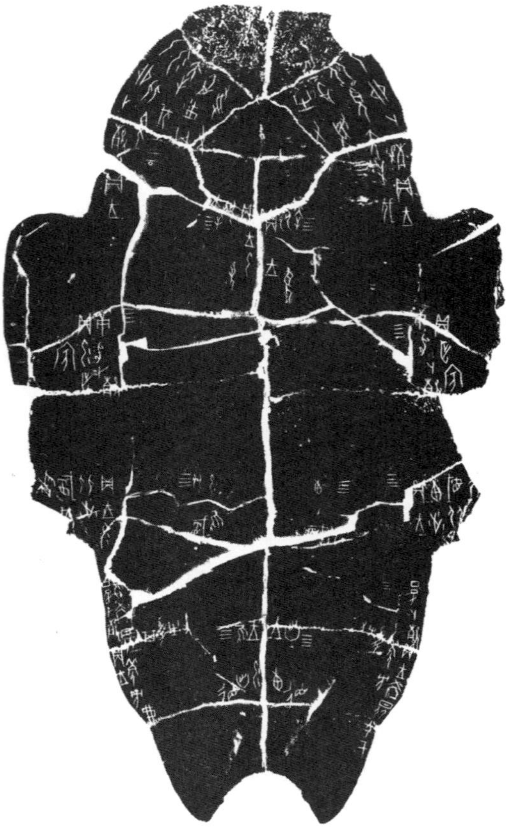

《合集》32 正

（1）乙卯卜，㱿貞：王比望乘伐下危，受㞢又？　四
（2）乙卯卜，㱿貞：王弜比望乘伐下危，弗其受又？　四
（3）貞：王比望乘？　四
（4）貞：王弜比望乘？　四
（5）貞：王叀沚戠比［伐］…　四
（6）貞：王弜比沚戠伐巴？　四
（7）叀戠比？　四
（8）弜隹比戠？　四
（9）丁巳卜，㱿貞：王爻（學）衆伐于𢀛方，受㞢又？　四
（10）丁巳卜，㱿貞：王弜爻衆伐于𢀛方，弗其受㞢又？
（11）王叀出循？　四
（12）王弜隹出循？　四
（13）庚申卜，㱿貞：乍（作）宊（賓）？　四
（14）庚申卜，㱿貞：弜乍宊？　四

【释文】《合集》32 反

（1）我…

【解读】这是一版武丁时期的宾二类卜辞，为贞人㱿所卜。辞中所见之“比”，即亲近、联合之意。《周礼·夏官·形方氏》云：“大国比小国。”郑玄注：“比，犹亲也。”望、沚、兂、巴皆为方国、部族名，望乘、沚戓系方国首领。“受㞢又”即“受有佑”，亦即受到神灵的保佑。𡆧（學），意为教。《尚书·盘庚》云：“盘庚敩于民，由乃在位。”“弓𡆧（學）衆”即教令晓谕众人之意。“徝”，读为循，意为巡视。《礼记·月令》云：“循行国邑。”“穷”，祭名。《礼记·礼运》云：“山川所以傧鬼神也。”

其中第（1）～（4）辞反复卜问商王是否联合望乘的军队征伐下危，望乘虽臣属于商王国，但依然是拥有独立的部族武装，可受商王指派攻打某敌对方国，也会联合商王率领的中央军队共同行动。第（5）～（8）辞反复卜问商王是否联合沚戓的军队征伐巴方。第（9）（10）辞卜问商王是否教令众人伐兂方。第（11）（12）辞卜问商王是否外出巡视。第（13）（14）辞卜问商王是否傧祭鬼神。

该版兆序为“四”，说明本版属殷人成套的第四版卜辞。

12.《合集》248 正

《合集》248 正

【资料来源及其他说明】该龟甲著拓号：《乙》2139 +（正）2140 +（反），选定号：《丙》41（正）42（反），拼合号：［6719 + 7016 + 7201 + 7509］（正）［6720 + 7202 +

7510 +（7016）]（反）。原龟甲拓藏：台湾“中研院”历史语言研究所。

【分类与断代】宾二类

【释文】《合集》248 正

（1）弓智于䖵（悖）？　一 二 三 四

（2）貞：収（登）人乎伐䍃？　三

（3）弓乎伐䍃？　三

（4）壬戌卜，爭貞：旨伐䍃，𢦏？　一 二告 二 三

（5）貞：弗其𢦏？　一 二 二告 三

（6）丙子卜，𣪊貞：今來羌率用？　一

（7）丙子卜，𣪊貞：今來羌弓用？　二告

（8）貞：今來羌率用？　二

（9）今來羌率用？　三

（10）貞：且乙䏌王？　一 二 三

（11）貞：且乙弗其䏌王？　一 二 □

（12）貞：且乙䏌王？　四　五

（13）貞：且乙弗其䏌王？　四　五

（14）貞：或允㞢王？　一 二 三 四

（15）貞：或弗㞢王？　一 二 三 四

（16）翌乙酉㞢伐自成，若？　二

（17）翌乙酉伐于五示：上甲、成、大丁、大甲、且乙？　二

（18）戊寅卜，古貞：我永？　一 二

（19）貞：我永？

（20）㞢于匕己？　二

（21）弓㞢于匕己？　二

【释文】《合集》248 反

（1）王固（占）曰：吉。

（2）我允其來。

（3）㞢于母庚？

（4）弓取？

（5）王固（占）曰：吉。𢦏，隹甲，不叀丁。

（6）我來卅。

【解读】第（2）～（5）辞反复卜问商王是否委派旨伐䍃。第（6）～（9）辞卜问商王是否“今來羌率用”的问题，即当日是否将全部被俘的羌人用以祭祀。第（10）～（21）辞都是有关祭祀的问卜。

13.《合集》614、《合补》1828

【资料来源及其他说明】《补编》1828 著拓号：《蔡续》8.3，拼合号：《合集》613 +

《合补》1828

《合集》614

《英藏》557),《簠征》5 +《库方》1574,《簠拓》779,《合集》613(现藏天津博物馆),《英国》557(现藏英国不列颠图书馆)。《合集》614 著拓号:《历拓》5858，原骨拓藏：北京大学。

【分类与断代】宾二类

【释文】《合补》1828

(1)乙巳卜，爭貞：乎多臣伐𢀛方，受[㞢(有)]□?

(2)貞：乎多臣伐𢀛方?

(3)貞：乎多臣伐𢀛方?

(4)貞：叀王𡳿伐𢀛方?　五(此片左上三辞为伪刻)

【释文】《合集》614

(1)貞：叀王𡳿伐𢀛?　四

(2)貞：叀王𡳿伐𢀛方?

(3)乎多臣伐𢀛方?

(4)貞：弜隹王𡳿伐𢀛方?

【解读】上文两版字形风格、行款、契刻内容相近，是同时所卜的异版非同文卜辞。此二版皆卜问两个主题：第一，商王是否亲往讨伐𢀛方。第二，是否命多臣前往。《合补》1828 版的兆序为“五”,《合集》614 的为“四”，说明它们分属不同的成套卜辞，由此可知，商王就讨𢀛之事做了大量占卜。

14.《合集》5445 正反

《合集》5445正

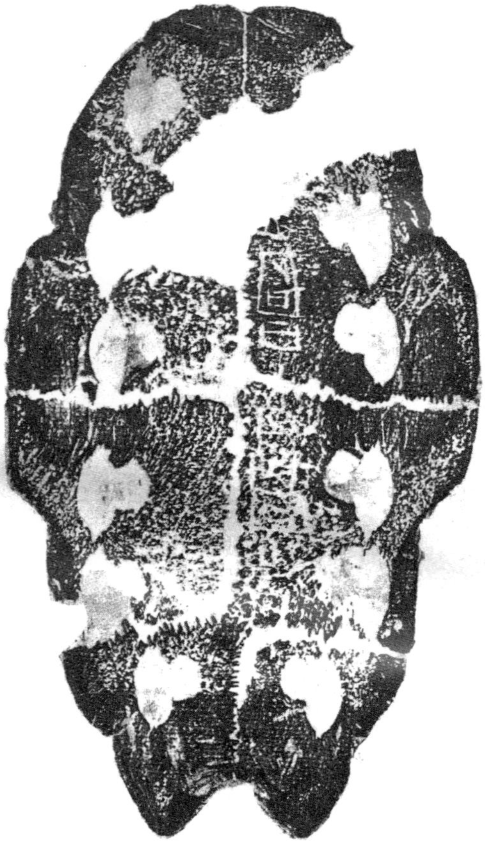

《合集》5445反

【资料来源及其他说明】该龟甲于 1936 年小屯村北出土（编号 13.0.11285、13.0.11292、13.0.11600、13.0.12824、13.0.13283、13.0.13394、13.0.1168、13.0.11567、13.0.11596、13.0.11955、13.0.13461）。著拓号：《乙》4923 +（正）5101 +（反），选定号：《丙编》583（正）584（反），拼合号：[5100 + 5955 + 6230 + 6315]（正）[6316 +（4923 等）]（反）。原龟甲拓藏：台湾“中研院”历史语言研究所。

【分类与断代】宾二类

【释文】

（1）丁酉卜，亘貞：舌叶王事？　一 二 三 四 五 六 七

（2）貞：王曰，舌來？　一 二 二告 三 四 五 六

【解读】本版第（1）辞卜问舌人是否勤劳王事，第（2）辞卜问舌人是否前来。宾组卜辞中舌多见为商王的敌对方，本版所记披露出舌人与商王朝非战争的一面。

15.《合集》6167

【资料来源及其他说明】该胛骨著拓号：《续编》1.13.5，选定号：《历拓》4685，原骨

拓藏：北京故宫博物院。

【分类与断代】宾二类

【释文】

（1）貞：翌甲午弜㞢于且［乙］？

（2）貞：翌甲午㞢于且乙？

（3）貞：翌甲午㞢于且乙？

（4）貞：𢀛方亡（無）聞？

（5）貞：㥯人五千乎視𢀛方？

（6）［貞］：弜［㥯］人五千…

【解读】第（5）（6）辞为正反对贞，卜问是否征集五千人众觇视𢀛方。五千人是个较大的数目，卜辞中对𢀛方的卜问较多，参与对𢀛作战的将帅为数亦众，说明𢀛方为商王的劲敌。

《合集》6167

16.《合集》6270 正臼

【资料来源及其他说明】该胛骨著拓号：《粹》1073 甲、乙，选定号：《善》14216 正、臼。原骨拓藏：中国国家图书馆。

【分类与断代】宾二类

【释文】

（1）辛亥卜，㱿貞：伐𢀛方，帝受（授）〔我㞢（佑）〕？

（2）貞：帝〔不其受我㞢〕？ 一

《合集》6270正

《合集》6270臼

【解读】本版为武丁时期的宾二类卜辞。第（1）（2）辛亥日占卜，从正反两方面占卜征伐𢀛方，上帝是否保佑。关于卜辞中上帝的权能，陈梦家先生曾系统地总结为十六个方面：①令雨；②令风；③令𬸚（云霞之气）；④降艰；⑤降祸；⑥降潦；⑦降食；⑧降若（顺、祥）；⑨若（允若）；⑩授佑；⑪授年、害年；⑫咎王；⑬佐王；⑭与邑；⑮官（忧）；⑯帝令。

17.《合集》6354 正

《合集》6354 正

【资料来源及其他说明】该胛骨著拓号：《簠地》59（正）+《簠典》36（反），选定号：《簠拓》838（正）839（反），重见情况：《续》3.10.1（正）5.9.2（反），拼合号：《簠游》3（《续》3.10.1）。原骨拓藏：天津博物馆。

【分类与断代】宾二类

【释文】《合集》6354 正

（1）壬辰卜，㱿貞：今者王𢓊（循）土方，受㞢〔又〕？

（2）癸巳卜，㱿貞：今者王𢓊土方，受㞢〔又〕？

（3）辛丑卜，爭貞曰：𢀛方凡𠂤于土…其𦎫𠂤？允其𦎫。四月。

【释文】《合集》6354 反

（1）〔王固〕曰：其𢓊于黄示。

（2）王固曰：其㞢𣪊。其隹丙不〔吉〕，其隹壬亦不〔吉〕。

【解读】这是一版典型的宾二类卜辞。第（1）（2）辞卜问商王武丁出巡土方，是否会受到神灵的保佑。第（3）辞的问卜事项不太明确，所署的时间是四月。

18.《合集》6366

《合集》6366

【资料来源及其他说明】该胛骨著拓号：《北图》5046，重见情况：《文捃》628。原骨拓藏：中国国家图书馆。

【分类与断代】宾二类

【释文】

（1）㱿𢦏？

（2）𢀛方其𢦏㱿？

（3）…方…

【解读】本版所见之㱿和𢀛为交战的两个邦族。第（2）辞卜问㱿族是否可重创𢀛方。

19.《合集》6543

《合集》6543

【资料来源及其他说明】该胛骨著拓号：《续存》上627（不全），选定号：《历拓》10333。原骨拓藏：天津博物馆。

【分类与断代】宾二类

【释文】

（1）壬寅卜，爭貞：今者王伐𢀛方受㞢（有）又（佑）？十三月。

（2）□午卜，殻貞：王伐𢀛，帝受（授）我［又］？［一］月。

【解读】第（1）辞卜问壬寅当日商王讨伐𢀛方，是否会受到祖灵的保佑。第（2）辞为□午日卜问商王征伐𢀛方，是否能够受上帝护佑。此二辞月份相邻近，武丁时期，多见商王同时对数方敌人开战。

20.《合集》6567

《合集》6567

【资料来源及其他说明】该胛骨著拓号：《北图》2335 +，重见情况：《文捃》1024，拼合号：2532。原骨拓藏：中国国家图书馆。

【分类与断代】宾二类

【释文】

（1）一 一 小告 一 二告 二 二告 三 小告

（2）丙戌卜，𣪊貞：其用正（征）？
（3）丁亥卜，亘貞：乎取吕？
（4）貞：弜（勿）乎取吕？王固曰：吉，其取。
（5）〔丁亥卜〕，□貞：受王？
（6）□□〔卜〕，〔亘〕貞：戊其伐𡧊方，𢦏？
（7）貞：戊弗其𢦏𡧊〔方〕？　一 二 三 二告

【解读】第（2）辞𣪊卜问可否征伐。第（3）（4）辞卜问商王可否亲自出征讨伐吕方。从卜辞可以看出，商王采取攻城战略，旨在捕获吕方的首领。关于吕方地望因与舌方及𩰫方相距不远，当在今山西中北部一带。

21.《合集》6655 正

《合集》6655 正

【资料来源及其他说明】该龟甲于 1936 年小屯村北出土（编号 13.0.14996～13.0.15020）。著拓号：《乙》7150（正）7151（反）。原龟甲拓藏：台湾“中研院”历史语言研究所。
【分类与断代】宾二类
【释文】《合集》6655 正
（1）□丑卜，穷貞：𢍏（其）［𢦏斧］𤕌化？　一 二 三 四 五 六 七
（2）…斧𤕌化弗𢦏𢍏？　一 二 三 四 五 六
（3）庚午卜，古貞：王夢隹𡧊（摧）？　一 二 三 四
（4）貞：王夢不隹𡧊？　一 二 三 四

（5）貞：奔疋［化］來？ 一 二 三 四 二告 五

（6）貞：奔疋化來？ 一 二 三 四 五

【释文】《合集》6655 反

（1）王固曰：其㞢䝱小。

（2）王固曰：隹☐。

（3）帚☐女來。

【解读】本版是武丁时期的宾二类卜辞。第（1）辞由贞人穷主持占卜，卜问奔疋化这个部族首领攻打㚔部族之事。本版所载商王拟委派的作战将领是“奔疋化”，而《合集》6648 正所载商王拟委派的作战将领是“奔化疋”，二者是否为同一人？待考。

22.《合集》6945

《合集》6945

【资料来源及其他说明】该龟甲于 1936 年小屯村北出土（编号 13.0.10854、13.0.10855、13.0.13071）。著拓号：《乙》4684 +，选定号：《丙》177，拼合号：6111 +《北图》5238（《考文》39）。原龟甲拓藏：台湾“中研院”历史语言研究所。

【分类与断代】宾二类

【释文】

（1）壬午卜，㱿貞：亘允其𢦏鼓？八月。 一

（2）壬午卜，㱿貞：亘弗𢦏鼓？ 一

（3）壬午卜，㱿貞：亘允其𢦏鼓？ 二

（4）壬午卜，㱿貞：亘弗𢦏鼓？　二
（5）兄丁壵王？　一
（6）貞：□丁□壵□？
（7）兄丁壵亘？　一
（8）兄□弗壵亘？　一
（9）弜乎我人先于𦅫？　一
（10）乎我人先于𦅫？　一
（11）不隹丁入𩡧（悖）？　一
（12）癸未卜，㱿：𡵨黄尹一豕、一羊，卯一牛，𠟭五十牛？二
（13）壬寅卜，爭…　二
（14）乙巳卜，㱿貞：㞢于且（祖）乙一牛？用。　二

【解读】本版（1）～（4）辞为战争类卜辞，皆为壬午日所卜。第（1）（3）辞卜问亘这个部族首领能否打败鼓部族。第（2）（4）辞与第（1）（3）辞相对，卜问亘不能打败鼓。“𢦏”用为动词，表示重创、击败。

23.《合补》1805 甲、乙

《合补》1805 甲、乙

【资料来源及其他说明】该胛骨著拓号：《蔡续》11.10，拼合号：《合集》545 +《英国》554 +《合集》540，《合集》545、540 现藏天津博物馆，《英国》554 现藏英国剑桥大学图书馆。

【分类与断代】宾二类

【释文】

（1）甲子卜，𣪊貞：𢎗乎多僕伐𢀛方，弗其受㞢又（佑）？　三

（2）貞：𢎗乎伐𢀛方，弗其受㞢又？　三

（3）貞：弗其正（征）？

（4）□辰卜，𣪊貞：翌辛未令伐𢀛方，受㞢又？一月。

（5）□□卜，𣪊貞：乎多僕伐𢀛方，受㞢又？

（6）癸酉卜，𣪊貞：乎多僕伐𢀛方，受㞢□？

（7）三

（8）三

【解读】本版主要卜问征讨𢀛方之事。“多僕”是商王属下的隶役。商王自甲子日至癸酉日的十天之内，就出征之事反复占卜，本版为成套卜辞的第三版。由此可知，商王对带领“多僕”征伐𢀛方之事非常慎重。

24.《合集》6

【资料来源及其他说明】该龟甲著拓号：《甲》3510 +，选定号：《甲释》208，拼合号：3517 +《邺初下》29.2（《京》1681）。原龟甲拓藏：台湾“中研院”历史语言研究所。

【分类与断代】宾三类

【释文】

（1）己酉卜，宂貞：王心不…

（2）貞：其㞢祉？四月。

（3）甲戌卜，宂貞：翌乙亥㞢于且乙？用。五月。

（4）翌…

（5）…五月。

（6）丁丑卜，宂貞：㞢于丁，𢎗䶅，宰用？　一

（7）辛卯卜，宂貞：以子徠壴，不𡆥？六月。

（8）辛卯卜，宂貞：子徠㞢疒？

（9）貞：□其㞢□？

（10）癸巳卜，宂貞：令衆人肄入絴方𡌯田？　一

（11）貞：𢎗令衆人？六月。　一

（12）甲午卜，宂貞：取剮于□？

（13）貞：𢎗取？六月。　一

（14）甲午卜：翌乙未…

（15）丁酉卜，宂貞：令甫取□白□及？　一

（16）貞：令𧰼保甫？六月。

《合集》6

（17）丁酉卜，穷貞：叀戉木令比[illegible]王？　一
（18）貞：叀戉祉令比[illegible]王？六月。　一
（19）癸卯卜，穷貞：令亳兹在京奠？
（20）貞：弓…奠？六月。
（21）癸亥卜，穷貞：令冝侯求正壴？　一
（22）貞：弓冝侯？七月。
（23）…令□侯□正壴？
（24）貞：弓冝□？
（25）乙丑卜，穷貞：㞢匚于保？
（26）辛未卜…王奏…
（27）戊寅卜，充貞：王弗疒㞢囚？　一
（28）貞：其疒？七月。　一
（29）癸未卜，穷貞：馬方其正？在□
（30）貞：不正？在［沚］。
（31）癸未卜，穷貞：馬［方］其正？在沚。
（32）貞：馬［方不］正？

（33）庚寅卜，貞：翌辛卯王[illegible]不雨？八月。　一

（34）辛卯卜，貞：今日其雨？八月。　一

【解读】这是一版宾三类卜辞。第（6）辞侑祭的对象为“丁”，即为刚过世不久的殷商雄主武丁。尤其值得注意的是，作为殷商王朝的功勋老臣“穷”，在商王武丁过世后，仍在村北占卜集团任职，黄天树先生将宾三类称作“宾出类”，又分为“宾组宾出类”与“出组宾出类”，此为两组具有诸多共性的卜辞。本版“穷”贞问近三十次，足见这位功勋老臣为商王国已是殚精竭虑。

《合集》6049

25.《合集》6049

【资料来源及其他说明】该胛骨著拓号：《北图》2398，重见情况：《文捃》1007。原骨拓藏：中国国家图书馆。

【分类与断代】宾三类

【释文】

（1）□戌卜，穷貞：令［達］…

（2）□□卜，穷貞：令㚘達[illegible]（[illegible]）？

（3）…穷貞：令𢦏西子宁？八月。

【解读】宾组、历组类的战争卜辞中，多见卜问令某将帅“達”另一将帅的卜辞。達字甲骨文写作[illegible]、[illegible]、[illegible]、[illegible]，本字从[illegible]（害字初文）、从止。周以后，止旁演化为辵旁；所从[illegible]旁或讹作[illegible]（师寰簋）形，秦简作[illegible]（睡虎地《日书》甲6），篆文则演为从大、从羊之[illegible]，遂为篆隶達字所本。甲骨文另有从彳（或从辵）、从大、大亦为声之达字，与《说文》達字或体相合。

26.《合集》6816

【资料来源及其他说明】该胛骨著拓号：《前》7.31.4，重见情况：《通》535。

【分类与断代】宾三类

【释文】

（1）…貞：令旃比倉侯璞（戭）周？

（2）…[illegible]貞：令龔[illegible]𢍰（執）？

【解读】第（1）辞卜问是否令部族首领旃和倉侯协同前去征讨周。“周”是后来周朝的前身。战争类卜辞中，“比”用于表示两支军事力量的比并、联手。“璞（戭）”字借用表示扑击、杀伐[1]。第（2）辞卜问是否命“龔[illegible]”去抓捕（某人或某方）。

《合集》6816

27.《合集》6822

【资料来源及其他说明】该胛骨著拓号：《后下》37.4，重见情况：《通》536。

① 李学勤、彭裕商：《殷墟甲骨分期研究》，上海古籍出版社，1996年，第352～353页。

【分类与断代】宾三类

【释文】

（1）貞：叀（唯）𢀛令比璞（戬）周?

（2）貞：隹（唯）火？五月。

（3）…五月。　一

【解读】第（1）辞卜问是否命令“𢀛”这个部族首领相协助，前去打击周这个方国。第（2）辞中“火”字通“祸”。可见，当时的周族是商王国攻击的敌国。

《合集》6822

28.《合集》6846

《合集》6846

【资料来源及其他说明】该胛骨著拓号：《簠典》102，选定号：《历拓》10120。原骨拓藏：天津博物馆。

【分类与断代】𠂤宾间类

【释文】

（1）丁亥卜：㝬其𦎫𡨧？五月。二

【解读】此辞卜问㝬这个侯伯是否攻打𡨧这个部族。《合集》6845版内容与本版相同。

# 第三部分　农　　业

商王朝处于中国奴隶制发展的重要阶段，社会生产力比之前有了更大的发展。甲骨卜辞中有关农业方面的内容比较多，这是因为农业收成的好坏是商王朝整个社会生活的大事，商王经常要向河、岳、土（社）诸自然神及商族的先祖先公先王举行祭祀，卜问受年之事。

1.《合集》787

《合集》787

【资料来源及其他说明】该龟甲于1936年小屯村北出土（编号13.0.16336）。著拓号：《乙》7750。原龟甲拓藏：台湾“中研院”历史语言研究所。

【分类与断代】宾一类

【释文】

（1）壬戌卜，爭貞：叀王自㞢（往）𠚤？　一

（2）貞：叀多子乎㞢？

（3）癸亥卜，爭貞：我粟[①]受㞢年？一月。　一三

（4）貞：弜﨟粟受㞢年？弗其受㞢年？　二

（5）貞：㞢于匕甲𡕥（叕）𠬝，卯宰？

① 参于省吾：《商代的谷类作物》，《东北人民大学人文科学学报》1957年第1期；于省吾主编：《甲骨文字诂林》，中华书局，1999年，第1446～1448页；宋镇豪：《五谷、六谷与九谷》，《中国历史研究》2002年第2期；彭邦炯：《商代农业新探》，《农业考古》1988年第2期；沈志忠：《甲骨文“稷”字再认识》，《中国农史》1998年第3期；王贵民：《商代农业概述》，《农业考古》1985年第2期。

（6）貞：弜䀻？用。

（7）于女子？　一

（8）于女子？　二

（9）貞：祝于且辛？　一

（10）祝于且辛？　二

【解读】本版是由贞人爭主持占卜。第（1）（2）辞是田猎卜辞，卜问是商王自己去还是命令多子前去，用设陷阱的方法捕猎麇鹿。第（3）（4）辞中之“粟”字，有学者释作“黍”，不确。该辞卜问粟这种庄稼是否会有好的收成，卜辞“年”表示“年成”。第（5）～（10）辞与祭祀有关，卜问向妣甲和祖辛致祭之事。

2.《合集》9776

《合集》9776

【资料来源及其他说明】该胛骨著拓号：《历拓》7119。原骨拓藏：山东博物馆。

【分类与断代】宾一类

【释文】

（1）貞：𩁹（悖）不其受年？　一 二 三 二告

（2）貞：䜌受年？　一 二 三

【解读】本版两辞，卜问悖、䜌两地是否会有好的收成。

3.《合集》9791 正反

【资料来源及其他说明】该龟甲于1936年小屯村北出土（编号13.0.10797、13.0.10799、13.0.10800、13.0.10803、13.0.10805、13.0.10806、13.0.10809、13.0.10813、13.0.10821、13.0.10822、13.0.10824、13.0.10825、13.0.10827、13.0.10832、13.0.10880、13.0.10903、13.0.10910）。著拓号：《乙》4658（正）4659（反），选定号：《丙》373（正）374（反）。原龟甲拓藏：台湾“中研院”历史语言研究所。

《合集》9791正

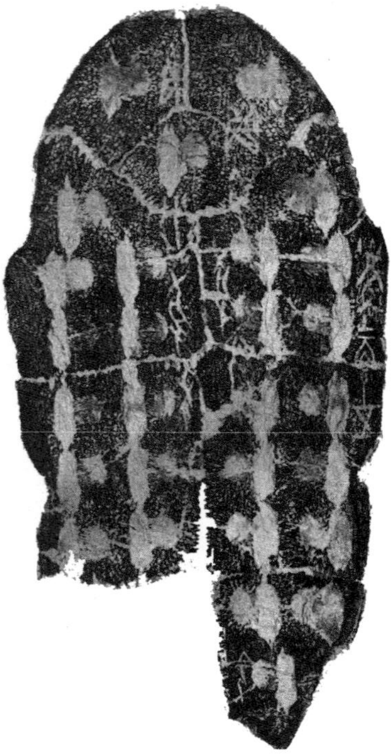
《合集》9791反

【分类与断代】宾一类

【释文】《合集》9791 正

（1）貞：𡧊不其受年？　一 二 二告 三 四 五 六 七 八

（2）貞：弅不其受年？　一 二 三 四 五 六 七 二告 八

（3）一 二 三 四 五 六 七 一 二 三 四 五 六

【释文】《合集》9791 反

（1）貞：𡧊受年？

（2）貞：弅受年？

（3）…年？

（4）辛巳卜：穷。（朱书）

（5）雀入二百五十。

【解读】本版正面第（1）（2）辞卜问𡧊和弅地是否会有好的收成。卜辞中的族名、部族首领名和地名往往互见，“𡧊”和“弅”又是卜辞中常见的族长名。反面第（1）～（3）辞亦卜问年成。第（5）辞为署辞，记录雀这个人贡纳占卜所用的龟甲二百五十块。商王武丁关注各地年成，除𡧊和弅地外，还多次对隹（合 9783）、𦎫（合 9783）、𠷎（合 9810）等地卜问受年。

4.《合集》10184

【资料来源及其他说明】该龟甲著拓号：《乙》2443 +，选定号：《丙》370，拼合号：6698 + 0。原龟甲拓藏：台湾“中研院”历史语言研究所。

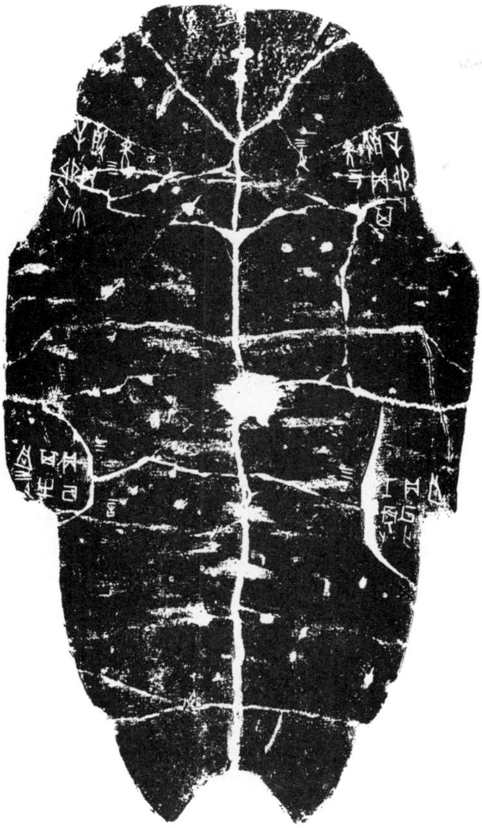

《合集》10184

【分类与断代】宾一类

【释文】

（1）辛卯卜，㱿貞：其𦰩？三月。　四

（2）辛卯卜，㱿貞：不𦰩？　四

（3）壬辰卜，貞：亘亡囚？　三

（4）貞：亘其㞢囚？三月。　三 二告

【解读】第（1）（2）辞是有关旱情的卜问。结合第（3）（4）辞，可能是亘方（地）出现了干旱，正严重威胁农作物的收成。第（1）（4）辞所署的时间是三月。

5.《合补》2538

【资料来源及其他说明】该胛骨著拓号：《蔡》1.81=《合集》9620 +《合集》9625。

【分类与断代】宾一类

【释文】

（1）［甲］午卜，宕：…㞢（侑）告麦？　一

（2）乙未…麦…　一

（3）□□卜，宕［貞］：翌庚子㞢告麦？允㞢告麦。　一

《合补》2538

（4）庚子卜，穷：翌辛丑㞢告麦？

（5）翌辛丑亡其告麦？　二告

（6）□□卜：…丙…告麦？

【解读】殷墟甲骨文中有较多“告麦”的卜辞，如：《合集》9620、9621、9622、9623、9624、9625、9626，以及《屯南》3678等。如此多的“告麦”卜辞，显示商人对麦这种农作物品种的高度重视。据卜辞推知，“告麦”有两层含义：其一，报告麦子熟了；其二，报告麦子的收获情况。中原地区的麦熟是重要的物候特征，对确立殷历岁首的具体时间极具参考意义[①]。从该版“告麦”的诸辞中，可以看到，商王非常关注“告麦”的具体日期。当推测“告麦”的时间一旦应验，即以验辞“允有告麦”的形式及时记录下来。这是用麦熟物候特征来检验星象时间的具体表现。

6.《合集》1

【资料来源及其他说明】该胛骨著拓号：《簠岁》5，选定号：《簠拓》85，重见情况：《续》2.28.5。原骨拓藏：天津博物馆。

【分类与断代】宾二类

【释文】

（1）…[王]大令衆人曰：劦田，其受年？十一月。

（2）…[受]年？

附缀合版黄拼《合集》1 +《合补》657（=《合补》624）释文：

① 张军涛：《卜辞所见农业灾害研究》，郑州大学博士学位论文，2016年。

《合集》1

《合集》1（照片）

（1）…[王]大令衆人曰：叠田，其受年？十一月。

（2）□□卜，𣪘貞：不其受年？

【解读】第（1）辞所见“叠田”，即众人合力耕作之意。该辞的占卜时间“十一月”，可能正值耕耘播种之时。“叠”字多作 ，像三耒共耕之形，叠即劦，后追加十为协。“此 字正像三耒并陈之状，三耒并陈于田，而命众人共作业焉，斯得其受年矣。是故劦字原始之初义为三耒并陈之象形。”①“‘协’字下部的凵、凵等是沟渠横断面的象形。‘协’字就是用耒来开挖田间沟洫的意思。”②我们认为，作为农业实际活动的“叠田”，很可能是对农田作区、开沟、作垄等农事活动。殷历十月、十一月、十二月，对农田作区、开沟、作垄，其工序紧连农作物的播种，合于传统农事安排的时间顺序。

7.《合集》9525 正

【资料来源及其他说明】该龟甲于1936年小屯村北出土（编号13.0.4491、13.0.4493、13.0.14613）。著拓号：《乙》2217 +（正）6965（反），选定号：《丙》81（正）82（反），拼合号：6964。原龟甲拓藏：台湾“中研院”历史语言研究所。

【分类与断代】宾二类

【释文】

（1）庚戌卜，𣪘貞：王立黍，受年？

（2）貞：王弓立黍，弗其受年？

（3）貞：王立黍，受年？一月。　二

（4）…立黍，弗其受年？　二

（5）貞：㚔（晝）來牛？

（6）貞：㚔弗其來牛？

① 于省吾：《甲骨文字诂林》（第一册），中华书局，1999年，第717页。

② 陈文华：《中国农业通史·夏商西周春秋卷》，中国农业出版社，2007年，第87页。

《合集》9525 正

（7）貞：婁來牛？　二

（8）弗其來牛？　二 二告

【解读】第（1）～（4）辞卜问“立黍”（种植黍）和是否“受年”（有好年成）。第（5）～（8）辞卜问婁这个人是否“來牛”（向商王贡纳牛）。该卜甲是成套占卜的第二版。

另外，卜辞有商王亲自参与种黍的记录（合 9525 正）。殷历一月种黍，又如“贞：叀小臣令众黍？一月”（合 12）。辞中之“黍”用作动词，即种黍。“众”是商代介于贵族和奴隶之间的劳动大众①，“小臣”可对“众”下达命令，可见其“社会身份较高，为商王的官吏”②。辞中之“立”，“为动词，义为种”③。此外，卜辞亦有“黍侯”之卜问，如“癸卯卜，古贞：王于黍侯，受黍年？十三月”（合 9934 正）。“侯”，即时候、时节④。此辞卜问商王在适令的季节种黍能否会有好收成，附记的时间为殷历十三月。该辞明言殷历十三月为种黍的时节。一年有“十三月”，此为殷历年终置闰的反映。

8.《合集》9551

【资料来源及其他说明】该胛骨著拓号：《京人》2311。原骨拓藏：《京人》。

【分类与断代】宾二类

① 王宇信、徐义华：《商代史 · 商代国家与社会》，中国社会科学出版社，2011 年，第 258 ～ 295 页。

② 王宇信、徐义华：《商代国家与社会》，中国社会科学出版社，2011 年，第 234 页。

③ 陈梦家：《殷虚卜辞综述》，中华书局，1988 年，第 534 页。

④ 于省吾：《甲骨文字释林》，中华书局，1979 年，第 243、244 页。

《合集》9551

【释文】

（1）己丑卜，〔貞〕：酱（菽）于□亯？二月。

【解读】此辞中的"亯（享）"为地名，地望当在今河南中部[①]。该辞贞问二月在亯地种菽之事。种菽是否及时与其品质和产量关系重大。《吕氏春秋·审时》载："得时之菽：长茎而短足，其荚二七以为族；多枝数节，竞叶蕃实；大菽则圆，小菽则抟以芳，称之重，食之息以香；如此者不虫。先时者：必长以蔓；浮叶疏节，小荚不实。后时者：短茎疏节，本虚不实。"[②]这就是说，播种适时的豆子，分枝长而总干短，豆荚二七成为一簇。分枝多，举节密，叶子繁茂，籽实盛多，大豆籽粒滚圆，小豆籽粒鼓胀，而且有香气，称起来重，吃起来有嚼头，而且很香。这样的豆子不易生虫。播种过早的豆子，一定长得过长而且爬蔓，叶子虚弱，茎节稀疏，豆荚小又不长粒。播种过晚的豆子，分枝短，茎节稀，根子弱，不长粒。殷历二月，种菽合于后世中原地区传统农时。《氾胜之书》载："种大豆，夏至后二十日尚可种。"[③]《齐民要术》云："（大豆）岁宜晚者，五、六月亦得。"[④]

9.《合集》9612

《合集》9612

【资料来源及其他说明】该胛骨著拓号：《契》492，选定号：《历拓》6266。原骨拓藏：北京大学。

【分类与断代】宾二类

【释文】

（1）貞：王弜（勿）坐省黍？

（2）貞：不…

① 彭邦炯：《甲骨文农业资料考辨与研究》，吉林文史出版社，1997年，第572、605、606页；孙亚冰、林欢：《商代地理与方国》，中国社会科学出版社，2010年，第184页。

② 夏纬瑛：《吕氏春秋上农等四篇校释》，农业出版社，1956年，第107～109页。

③ 万国鼎：《氾胜之书辑释》，农业出版社，1980年，第129页。

④ 缪启愉、缪桂龙：《齐民要术译注》，上海古籍出版社，2009年，第91页。

【解读】此为商王视察农情的一版卜辞。“省”有“视察之义”[①],“省黍”义为视察黍的生长情况。商王亲自视察黍田，就可以了解到黍的长势及其生产管理情况，进而督促黍的田间管理。在黍的生长期商王亲自视察黍的生长情况，亦见《合集》9612、9613 正甲、正乙等其他辞例。

10.《合集》9950 正

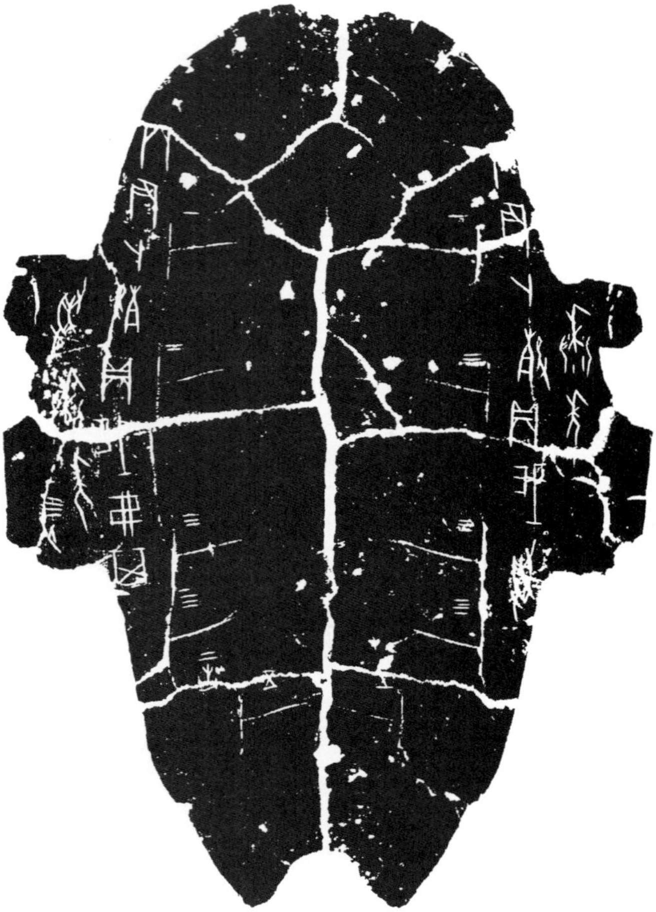

《合集》9950 正

【资料来源及其他说明】该龟甲著拓号：《乙》6725（正）6726（反），选定号：《丙》8（正）9（反）。原龟甲拓藏：台湾“中研院”历史语言研究所。

【分类与断代】宾二类

【释文】《合集》9950 正

（1）丙辰卜，𣪊貞：我受黍年？ 一 二 三 四 五

（2）丙辰卜，𣪊貞：我弗其受黍年？四月。 一 二 三 四 二告 五

① 徐中舒：《甲骨文字典》，四川辞书出版社，2003 年，第 376 页。

【释文】《合集》9950 反

（1）王固曰：吉。受㞢年？

【解读】本版为商王武丁执政时期的卜辞。第（1）（2）辞正反对贞卜问我地（商王国管辖的区域）黍子能否获得丰收。结合其他辞例，可以看出商王对黍作非常重视，并亲自参与黍作管理，为黍祈年，以黍为祭品祭祀神祇，为黍卜问雨情等。由此说明，商代已熟练掌握了关于黍子播种、田间管理以及收获等农事技术。

11.《合集》10137 正

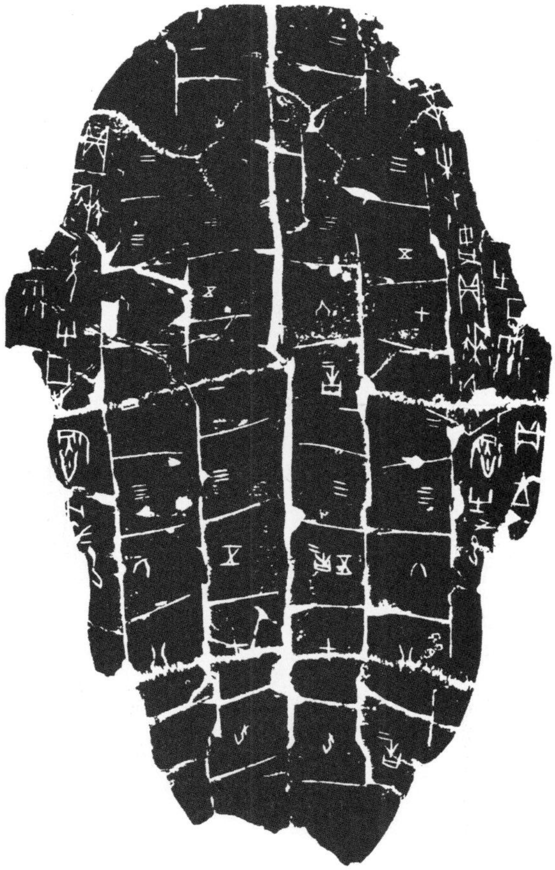

《合集》10137 正

【资料来源及其他说明】该龟甲著拓号：《乙》3285 +（正）3286 +（反），选定号：《丙》280（正）281（反），拼合号：3319（正）3320（反）。原龟甲拓藏：台湾“中研院”历史语言研究所。

【分类与断代】宾二类

【释文】《合集》10137 正

（1）辛未卜，古貞：黍年㞢（有）正雨？ 一 二 三 四 五 六 二告 七

（2）貞：黍年㞢正雨？ 一 二 三 四 五 六

（3）貞：王歙㞢蚩？　一 二 三 二告 四 五 六 七 八 二告 九

（4）〔貞〕:〔王〕歙㞢蚩。　一 二 三 四 五 六 七 八 九

【释文】《合集》10137 反

（1）王固曰：吉。隹丁，不叀□。

（2）帚娘來。

（3）爭。（甲桥刻辞）

（4）宁…（甲桥刻辞）

【解读】本版是几近完整的一版龟腹甲，其上仅有四条卜辞，而占卜的次数不下 31 卜。其中，卜问雨水是否适量充足而影响黍的收成问题，至少占卜了 13 次；卜问黍的收成是否影响到商王的祭祀、宴饮等所使用的酒水占卜了 18 次。如此，不厌其烦，多次反复贞问，足见商王非常担心黍的收成不好，进而会严重影响到祭祀、宴饮等所用酒的酿造。

12.《合集》11177

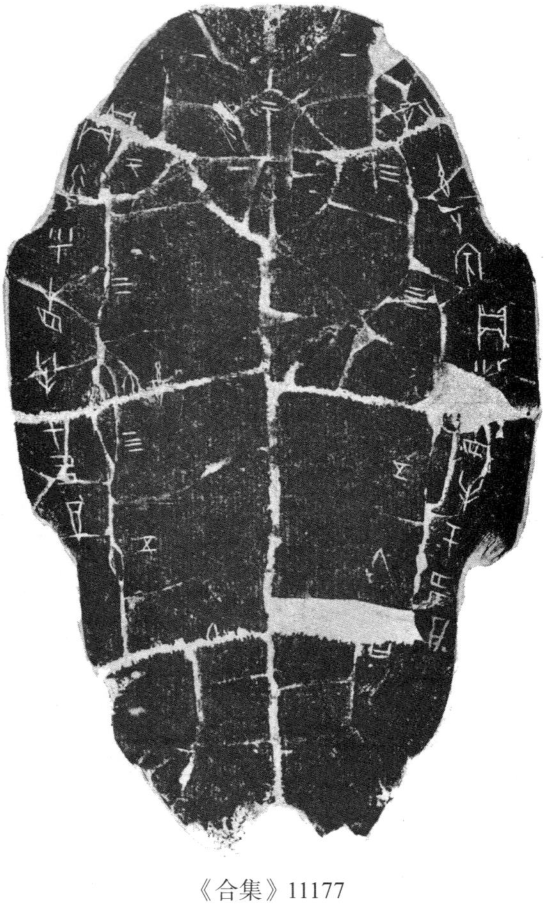

《合集》11177

【资料来源及其他说明】该龟甲于 1936 年小屯村北出土（编号 13.0.17595、13.0.17347）。著拓号:《乙》8461，选定号:《丙》353。原龟甲拓藏：台湾“中研院”历史语言研究所。

【分类与断代】宾二类

【释文】

（1）丙午卜，穷貞：［乎省］牛于多奠（甸）？　一 二 三 四 五 六［二告］

（2）貞：弓乎省牛于多奠？　一 二 三 四 五 六

【解读】本版两辞正反对贞，卜问是否派人去省视多奠（甸）的牛。此辞反映商王对省牛的重视，除派人外，还亲自去某地省牛，如《合补》2688 卜问商王是否前往省视䡅地的牛。

商代的“奠”是一种职官名，盖为商王派驻在商都以外某地从事农垦的职官，其为“商王征伐方国时所依靠的极为重要的力量，其地位与侯伯相当”[1]。

13.《合集》9500

【资料来源及其他说明】该胛骨著拓号：《后下》28.16，重见情况：《通》455。

【分类与断代】宾三类

【释文】

（1）庚子卜，貞：王其萑（觀）耤，叀生。十二月。

《合集》9500

【解读】殷卜辞记载的观耤活动，表明商王对农田耕作十分重视。在农田进行大规模耕作之际，商王要亲往“观耤”。“耤”写作，像执耒耜发土，“观耤”乃商王所行的耤田之礼。此辞记载，殷历十二月，商王举行耤田礼。在文献记载中耤田礼专名“耤”，是天子亲耕的典礼，其意义在于重农、劝农，天子以亲耕为表率，显示“纪农协功”“恪恭于农”而和于民之意[2]。《礼记·月令》载：“是月也（孟春之月）……天子亲载耒耜，措之于参保介之御间，帅三公、九卿、诸侯、大夫躬耕帝籍。天子三推，三公五推，卿、诸侯九推。”[3] 殷历十二月，是农事要进行大规模翻耕之季，在该月举行耤田礼，其重农、劝农之意尤显。

14.《合集》10167

【资料来源及其他说明】该胛骨著拓号：《综述》21.4，选定号：北大藏拓。

【分类与断代】宾三类

【释文】

（1）貞：帝不降大莫（熯）？九月。　二

（2）…九月。

（3）貞：勿㱿（禣）？　三

（4）貞：［其］㞢？　二

【解读】熯即旱，卜辞贞问上帝是否降下大旱。九月，雨季早已过去（汛期主要集中在

① 裘锡圭：《甲骨卜辞中所见的“田”、“牧”、“衛”等职官的研究——兼论“侯”、“甸”、“男”、“衛”等几种诸侯的起源》，《古代文史研究新探》，江苏古籍出版社，2000 年。

② 宋镇豪：《夏商社会生活史》（增订本），中国社会科学院出版社，2005 年，第 639 ～ 642 页。

③ （清）阮元：《十三经注疏》，中华书局，1980 年，第 1356 页。

《合集》10167

殷历的四五月份），此时正是农作物的播种时期，所以商王非常关心此时上帝会不会降旱。卜辞中，上帝有令风、令雨、令雹、令云等权能，他主宰着自然界的气象变化。上帝既有降福，也有降灾的权能。

此"熯"字，早期是一个写作的正面人形。则是在原字形的基础上别加口符的黑字人形，而又是在字下部叠加火旁而表意。很显然，作为表"旱灾"的本字，在构形上逐步出现了繁化倾向。此字今作"旱"。《说文》卷十："熯，干貌，从火漢声。诗曰，我孔汉矣。"《说文》卷七："旱，不雨也，从日干声。"从文字发展的过程来看，"熯"是先出现的古字，而"旱"出现较晚，但二者所表达的皆为"久旱不雨"之义。古"熯"字，主要出现在武丁时期的𠂤组、宾组（包括历一类），自武丁之后，经庚甲、廪康直至武乙、文丁时期的无名组以及乙辛时期的黄组仍常见到这个字。甲骨占卜资料作为华夏文明早期的重要载体，势必会为学界研究商代的旱灾等问题提供可靠的凭据①。

《合集》15685

15.《合集》15685

【资料来源及其他说明】该龟甲著拓号：《历拓》7560。原龟甲拓藏：山东博物馆。

【分类与断代】宾三类

【释文】

（1）…其焣（樶）萶于示。二

【解读】这是一版武丁晚期宾三类的卜辞。此种之"取"即樶（取），为祭祀名称，"示"为殷人的先祖。此辞卜问是否以萩为祭品对先祖行取祭。

① 王建军：《殷墟甲骨文所见"旱灾"研究》，《四川文物》2017年第2期。

16.《合集》9816 正

【资料来源及其他说明】该胛骨著拓号：《北图》2104 正，《文捃》1406 正。原骨拓藏：中国国家图书馆。

【分类与断代】自宾间类

【释文】

（1）己亥卜：示受（授）年？　十

【解读】此辞卜问过世的先祖是否会保佑商王国获得好年成。

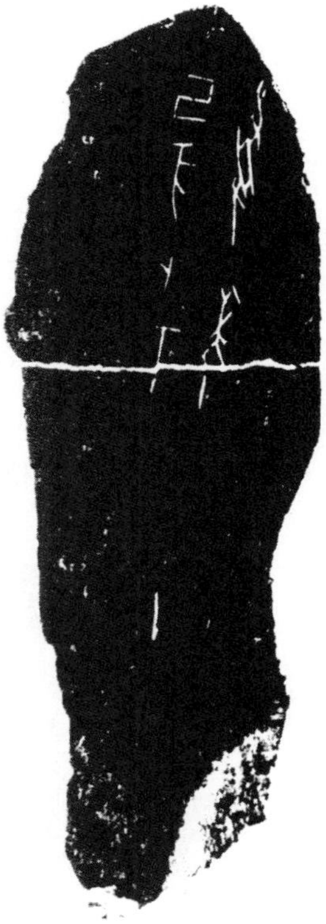

《合集》9816 正

17.《合集》10024 正

【资料来源及其他说明】该胛骨著拓号：《前》3.30.3（正，不全），选定号：《北图》2359 正、反，重见情况：《通》440（正，不全）。原骨拓藏：北京图书馆。

【分类与断代】自宾间类

【释文】《合集》10024 正

（1）庚申卜，貞：我受粟年。三月。

【释文】《合集》10024 反

（1）壬戌。

【解读】卜辞习见“受粟年”和以粟为祭品祭祖的辞例，加之商王亲自参与种粟，说明商王室对粟作亦相当看重。甲骨文中粟仅次于黍和稻，是商代主要的粮食作物之一。辞中所署的时间为三月。

《合集》10024 正

# 第四部分 田 猎

田猎在商朝社会中是农业和畜牧业经济的一种补充。当时有许多尚未开发的土地，且河流纵横、沼泽湖泊遍布，到处是森林和草地，蕃息着各种野兽、飞禽和鱼类。

商王朝有许多田猎区，从卜辞中看，一般距离商王都比较近，只有几天的路程（也有较远的）。甲骨文中的田猎资料很多，尤其是晚期卜辞中有关农业方面的内容减少，田猎的内容增多，《尚书》《史记》《竹书纪年》等文献中都有关于商王好田猎的记载。

1.《合集》10345 正反

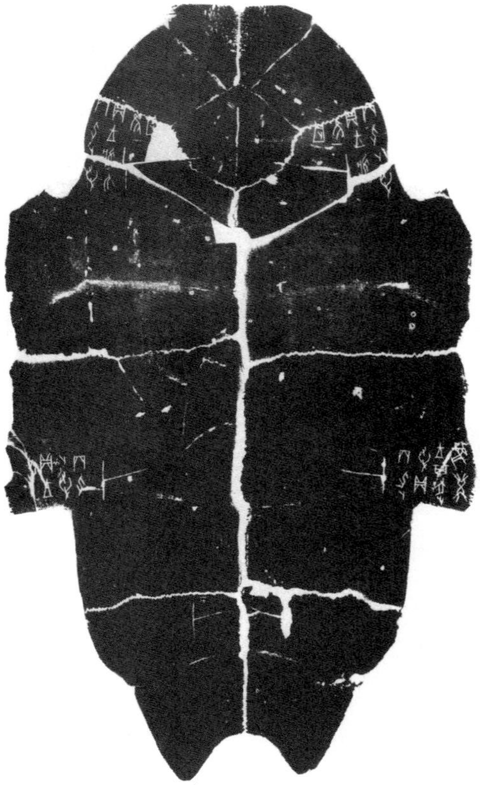

《合集》10345正

《合集》10345反

【资料来源及其他说明】该龟甲于 1936 年小屯村北出土（编号 13.0.10272、13.0.11051）。著拓号：《乙》4372 +（正）4809 +（反），选定号：《丙》88（正）89（反），拼合号：4808（正）（4372）（反）。原龟甲拓藏：台湾“中研院”历史语言研究所。

【分类与断代】宾一类

【释文】《合集》10345 正

（1）丙申卜，爭貞：王夢，隹囚？　一
（2）丙申卜，爭貞：王夢，不隹囚？　一
（3）丙申卜，爭貞：王其逐麋，冓（遘）？　一
（4）丙申卜，爭貞：王步？　一
【释文】《合集》10345反
（1）奠來五。
（2）貞：亡壵？
（3）王㞢壵？
【解读】第（1）（2）辞说商王做了一个梦，卜问这件事是否会给他带来灾殃。第（3）辞，卜问商王逐猎，是否能遇上麋鹿。第（4）辞卜问商王出行之事。商王的行猎和出行是相关联的两件事，即田猎可发生在军旅活动中。

2.《合集》10349

《合集》10349

【资料来源及其他说明】该龟甲著拓号：《前》4.4.2（不全），选定号：《历拓》6516（1），重见情况：《通》23。原龟甲拓藏：山东博物馆。
【分类与断代】宾一类
【释文】
（1）甲子卜，㱿貞：王疒齒，隹…易…
（2）壬申卜，㱿貞：甫毕（擒）麋？丙子䍙，允毕二百㞢九。一［月］。
【解读】第（1）辞为商王的牙疾而卜。第（2）辞卜问甫这个人是否能够擒获麋鹿，验辞记四天之后的丙子日，设陷阱捕猎，捕获了209头麋鹿。

3.《合集》10950

【资料来源及其他说明】该龟甲于1936年小屯村北出土（编号13.0.1634～13.0.1638、13.0.1644、13.0.1645、13.0.1651、13.0.1883、13.0.1893、13.0.2244、13.0.2249、13.0.2257、13.0.2259、13.0.2581、13.0.2582、13.0.2587、13.0.2588、13.0.2583、13.0.2584～13.0.2586、13.0.3383、13.0.3411、13.0.3417、13.0.3437、13.0.3397、13.0.3444、13.0.3802、13.0.1316、13.0.1317、13.0.1319、13.0.1320、13.0.1322～13.0.1324、13.0.3178、13.0.3181、13.0.3185、13.0.3207）。著拓号：《乙》861＋，选定号：《丙》323，拼合号：989 + 1138 + 1240 + 1241 + 1242 + 1243 + 1585 + 1599 + 1809。原龟甲拓藏：台湾“中研院”历史语言研究所。
【分类与断代】宾一类
【释文】
（1）甲…鹿，隻（獲）？允隻十。蚀。二月。
（2）甲子卜：王不其隻鹿？　一

《合集》10950

（3）乙丑卜：王其逐鹿，隻，不坐？　二
（4）乙丑卜：王不其隻鹿，不坐？　二
（5）［乙］丑［卜：王］其逐鹿，隻？
（6）乙丑卜：王不其隻鹿？　二告
（7）…其隻…
（8）戊辰卜：王…
（9）戊［辰］…隻…　一
（10）［己］［巳］卜：王隻才（在）枼兕？允隻。
（11）己巳卜：王弗其隻才枼兕？二月。　一
（12）癸酉卜：王其逐鹿…
（13）癸酉卜：王不其逐鹿？　一 二告 二

（14）我隻［鹿］？

（15）我不其隻鹿？　一

（16）丙戌卜，王：我其逐鹿，隻？允隻十。　一

（17）丙戌卜，王：不其隻鹿？　一

（18）丁亥卜，王：我叀卅鹿逐？允逐隻十六。一月。　一

（19）我叀七鹿逐，七鹿不𢊁？

【解读】本版由商王亲自主持占卜逐猎之事，卜问的日期是某年二月，具体时日包括甲子、乙丑、戊辰、己巳、癸酉、丙戌、丁亥日。捕猎的对象包括鹿和兕，其中第（10）辞末的验辞说明商王抓获了兕。第（16）辞末的验辞说明商王抓获了10只鹿。第（18）辞的验辞说明商王捕获了16只鹿。

4.《合集》10222正反

《合集》10222

【资料来源及其他说明】该胛骨著拓号：《前》3.31.3，重见情况：《通》377。

【分类与断代】宾二类

【释文】

（1）…隻象？

（2）…今日其雨？

（3）…其雨？之夕允不雨。

【解读】本版残，第（1）辞是有关捕获大象的占卜。甲骨文“為”字即作手执象状，卜辞和文献都有商王捕获和豢养大象的记载，殷墟考古发掘曾出土象骨骸、象胛骨卜辞，这些都反映出殷商时期中原一带所存在的人与大象的生态关系，参见下列《合集》13758正反：

《合集》13758正

《合集》13758反

5.《合集》10307

【资料来源及其他说明】该龟甲著拓号：《后下》1.4，重见情况：《通》20。

《合集》10307

【分类与断代】宾二类

【释文】

（1）丁卯…獸（狩）正□□毕？隻□□鹿百六十二，□百十四，豕十，旨一…

（2）癸…

【解读】第（1）辞卜问田猎是否有所擒获。辞末验辞记录此次田猎所获猎物：162 只鹿，数百（数目残缺）又十四某种动物，10 头野猪，辞中之“旨”亦有可能是一动物名。

《合集》10529

6.《合集》10529

【资料来源及其他说明】该龟甲著拓号：《北图》2105，重见情况：《文捃》1117。原龟甲拓藏：中国国家图书馆。

【分类与断代】宾三类

【释文】

（1）壬寅卜，古貞：王坐于田，亡（無）巛（災）？十月。

（2）。

【解读】第（1）辞卜问商王前往田猎是否顺遂无灾殃。

7.《合集》10951

【资料来源及其他说明】该龟甲于 1936 年小屯村北出土（编号 13.0.6837、13.0.6840、13.0.6841、13.0.6857、13.0.6859～13.0.6862、13.0.6864、13.0.6865、13.0.16222～13.0.16227）。著拓号：《乙》3208，拼合号：3214 + 7680 +《考文》7 + 12 + 17 + 18 + 32。原龟甲拓藏：台湾“中研院”历史语言研究所。

【分类与断代】𠂤宾间类

【释文】

（1）壬午卜：王其逐才（在）萬［鹿］隻？允隻五。　一 二 二告

（2）壬午卜：王弗其隻才萬鹿？　一

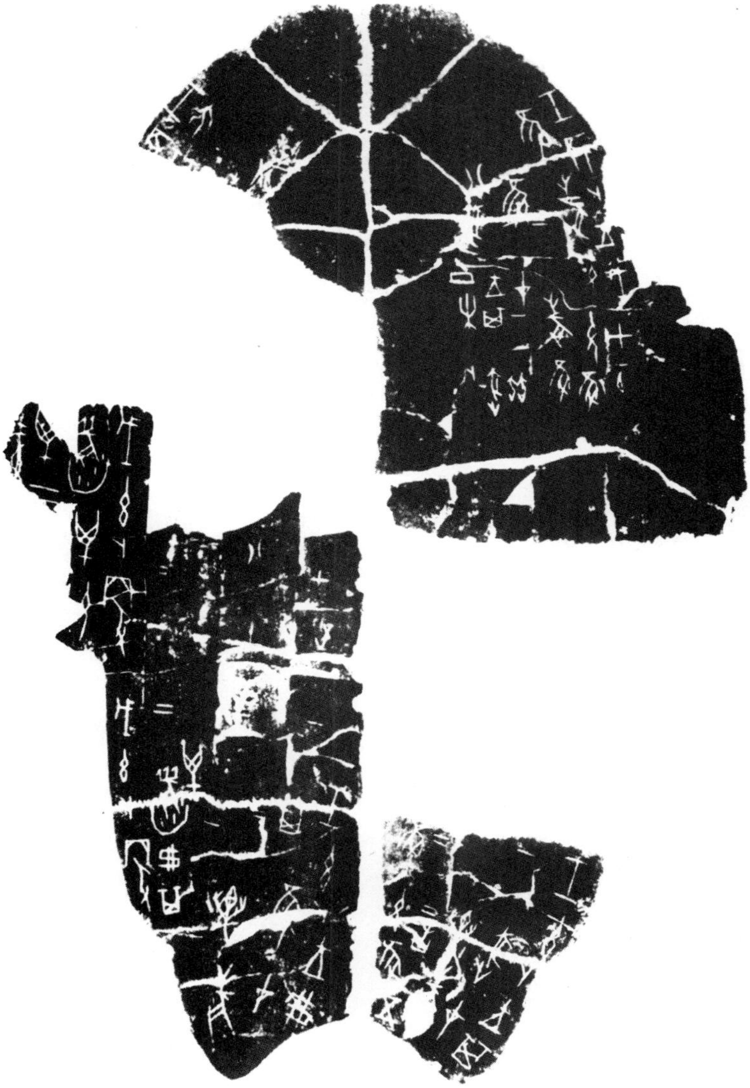

《合集》10951

（3）壬辰卜，王：我隻鹿？允隻八豕。 一

（4）壬辰…不其…

（5）丁未卜：王其逐，才蚰鹿隻？允隻七。一月。 一

（6）戊午卜：更凷畢？允畢二…二月。［一］二［三］［四］五［六］七 八

（7）戊午卜：更凷弗其畢？ 一 二

【解读】本版皆与田猎之事有关。所涉猎物为鹿和豕，狩猎方法包括逐、凷（设陷阱）两种，所涉田猎地名有萬和蚰，参与田猎的除了商王之外，另有部族首领更。本版的田猎时间从第（1）（2）辞的“壬午”、第（3）辞的“壬辰”、第（5）辞的“丁未”到第（6）（7）辞的“戊午”，历时36日。

# 第五部分　天　　象

卜辞中反映天文气象的资料也较多，如有关日食、月食、风雨雷电及朝夕星辰等的记载，可以说这是先民 3000 多年前对自然奥秘探索和认识的写照。今见有大量卜雨刻辞，它既反映了商王对农业、田猎的关注，希望风调雨顺、国力强大，又说明商王笃信鬼神，将宇宙间的自然变化看作是人间灾异的象征。商王经常亲自占卜贞问，并事后命卜官将观察结果记录下来。殷人善用干支名记日。卜辞还记载殷人对一日内的时间进行分段划分，并各有专称。另外，《合集》14294（宾二类）则较为完整地记录了四方神名和四方风神名。

1.《合集》11892 正反

《合集》11892正

《合集》11892反

【资料来源及其他说明】该龟甲于 1936 年小屯村北出土（编号 13.0.1668、13.0.1689、13.0.1690、13.0.1702、13.0.1705、13.0.1713、13.0.1722、13.0.1728、13.0.1729、13.0.1677、13.0.1952、13.0.1978、13.0.2000、13.0.1955、13.0.1982、13.0.14157、13.0.14159、

13.0.14901、13.0.15931、13.0.15932、13.0.15936、13.0.1682、13.0.2001、13.0.4273、13.0.9068）。著拓号：《乙》878 +（正）6773 +（反），选定号：《丙》527（正）528（反），拼合号：[885 + 1024 + 1025 + 1032 + 6772 + 7104 + 7525]（正）[(878)]（反）。原龟甲拓藏：台湾"中研院"历史语言研究所。

【分类与断代】宾一类

【释文】

（1）乙未卜，韋貞：雨？　一二三

（2）貞：不其雨？　[一]二三

（3）丁酉，貞：其雨？　一二三

（4）丁酉，貞：不其雨？　一二三

（5）戊戌，貞：其雨？　一二三

（6）其雨？　[一]二三

（7）己酉卜，韋貞：其雨？　一二三

（8）不其雨？　一二三

（9）庚戌卜，韋：其雨？　一二三

（10）不其雨？　一二三

（11）辛亥卜，韋：其〔雨〕？　一二三

（12）壬子卜：其雨？　一二三一二一

（13）壬子卜：不雨？　一二一二

【解读】本版内容皆为卜雨辞。左右两侧相对称的位置上，是对贞卜辞。

2.《合集》12766

《合集》12766

【资料来源及其他说明】该龟甲于1936年小屯村北出土（编号13.0.11084）。著拓号：

《乙》4829。原龟甲拓藏：台湾“中研院”历史语言研究所。

【分类与断代】宾一类

【释文】

（1）貞：征（延）雨？　一 二 三 四

（2）不其征雨？　一 二 三 四 一 二 一 一 二

【解读】本版两辞，对贞卜问降雨是否延续。

3.《合集》13140

《合集》13140

【资料来源及其他说明】该胛骨著拓号：《续存下》76，选定号：《历拓》7100。原骨拓藏：山东博物馆。

【分类与断代】宾一类

【释文】

（1）甲子卜，内：翌乙丑…乙丑…　一

（2）乙丑卜，内：翌［丙］寅攺（啟）？丙允攺。　一

（3）丁卯卜，内：翌戊辰攺？　二告 一

（4）辛未卜，内：翌壬申攺？壬冬（終）日雺。　一 二告

（5）翌□申不其攺？　二

（6）壬…翌癸…攺？　一

【解读】第（2）～（5）辞卜问天是否放晴。其中第（2）辞末的验辞说：丙这天果然大晴。命辞中漏刻了丙字。第（4）辞末的验辞说：壬申这一天有雾。

4.《合集》13338 正反

【资料来源及其他说明】该龟甲于1936年小屯村北出土（编号13.0.14936）。著拓号：《乙》7126（正）7127（反）。原龟甲拓藏：台湾“中研院”历史语言研究所。

【分类与断代】宾一类

【释文】《合集》13338 正

（1）□戌卜，永貞：今日其夕風？　三 不𡆥黽 四 五 二告 六 七

（2）貞：今日不夕風？　二 小告 三 四 五 不𡆥黽 六

【释文】《合集》13338 正反

（1）𡗗入五十。

（2）帚□示十。爭。

【解读】本版系贞人永所卜，正反卜问当晚是否刮风。反面两侧的甲桥上有两署辞，记录𡗗向商王的贡纳和某妇对卜甲的检视情况，辞末是贞人爭的署名。

5.《合集》10405 正反

【资料来源及其他说明】该胛骨著拓号：《菁》3.1（正，不全）4.1（反，不全），选定号：《历博》正，重见情况：《传》2.8（正，缩小，不全）2.7（反，缩小，不全），《通》735（正，缩小，不全）426（反，缩小）。原骨拓藏：中国国家博物馆。

（4）王固曰：吉。其雷。（朱书）

《合集》14129正

《合集》14129反

（5）［庚午卜，古］貞：乎攸王女（毋）來？（书而后刻，朱痕尚存）
（6）王固曰：吉。其乎。（朱书）
（7）貞：庚午。
（8）貞：王弜㞢从之？
（9）貞：㞢𠂇于龐？（书而后刻，朱痕尚存）
（10）［𡆥］入二，才䆃。
（11）殻。

【解读】本版为龟背甲的右半部，正反面多有对贞卜辞，如正面第（1）辞和反面第（1）辞，正反卜问上帝是否命令下雨。正面第（2）辞和反面第（2）辞卜问当年的二月份

《合集》13338正

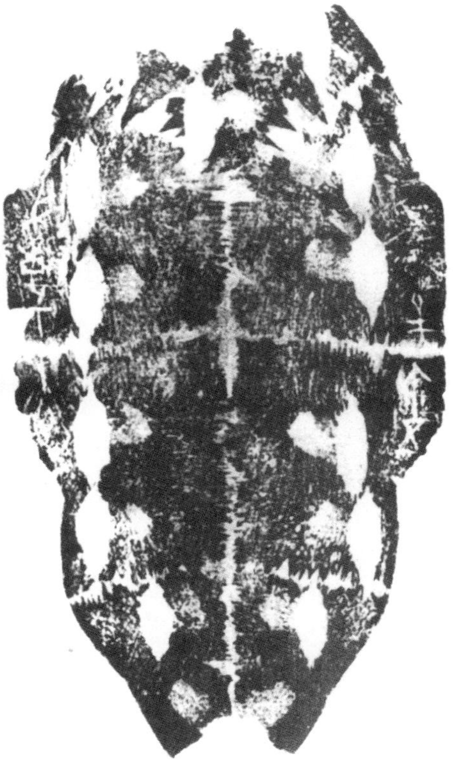

《合集》13338反

【分类与断代】宾二类

【释文】《合集》10405 反

（1）癸亥卜，𣪊貞：旬亡𡆥？王固…其亦㞢來嬉。五日丁卯子[illegible]。[illegible]（毋龜）。不𡆥。

（2）王固曰：㞢求。八日庚戌㞢各云自東[illegible]母，昃亦㞢出虹，自北㱃于河。□月。

（3）王固曰：乃若偁。

【解读】这是一版武丁时期的甲骨。该版的反面第（2）辞为某辞的占辞和验辞。验辞记录了一则天象。大意是：在八天后庚戌日，有彩云从东方女神处飘来，下午人影偏斜的时候，有彩虹从北方驾临河边饮水。虹字作桥梁之形。此辞中虹饮于河，后世文献如刘熙《释名》："啜饮东方之水气。"《黄帝占军诀》亦云："有虹从外南方入饮城中者。"从该版卜辞将有灾咎与出虹联系，可知商人将虹的出现与凶兆联系在一起。后世虹大多被视为妖祥，故有涉及虹的禁忌。此外，甲骨卜辞中又有出虹是否对年成造成危害的记录（参合 13441、13443 等），可见商人认为虹又关系着年成的休咎。

6.《合集》11482 反正

【资料来源及其他说明】该胛骨著拓号：《簠杂》30（正）《簠天》2（反），选定号：《簠拓》1（正）2（反）。原骨拓藏：天津博物馆。

【分类与断代】宾二类

《合集》10405 反

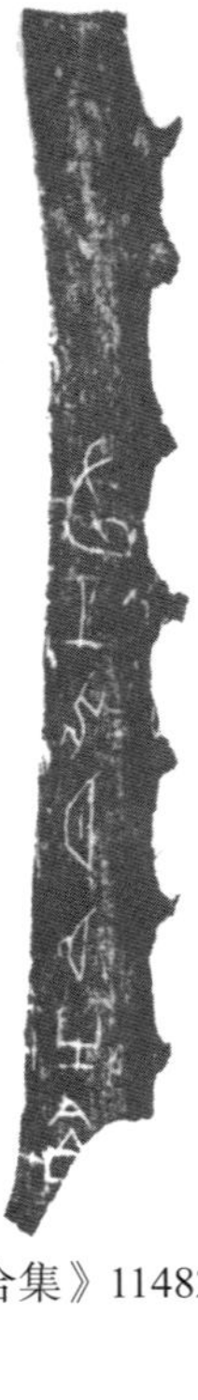

《合集》11482反

《合集》11482正

【释文】《合集》11482 反

（1）旬壬申夕，月㞢（有）[食]。

【释文】《合集》11482 正

（1）癸…旬…

（2）辛卯。

（3）癸丑貞：旬亡囚？

（4）癸亥貞：旬亡囚？

（5）癸酉貞：旬亡囚？

（6）癸卯貞：旬亡囚？

【解读】本版正面为卜旬辞。反面刻写有验辞，此辞大意是：到壬申这天的晚上，发生了月食的现象。这是一条珍贵的月食纪录。今知宾二类卜辞中除此辞之外还有“癸未夕月食”（合 11483），“甲午夕月食”（合 11484 正），“乙酉夕月食”（合 11485），“己未夕皿庚申夕月食”（合 40610 正反）等发生月食的记录。

7.《合集》11485

《合集》11485

《合集》11485（摹本）

【资料来源及其他说明】该龟甲于 1929 年小屯村北横十三、二五乙、大连坑出土（编号 3.0.0431、3.0.0475、3.0.0672、3.0.1408、3.0.1468）。著拓号：《甲》1114 +，拼合号：1156 + 1289 + 1749 + 1801。原龟甲拓藏：台湾“中研院”历史语言研究所。

【分类与断代】宾二类

【释文】

（1）癸亥卜，爭貞：旬亡囚？一月。 三
（2）癸未卜，爭貞：旬亡囚？二月。 三
（3）癸卯卜：旬亡囚？ 二月。
（4）□卯□，□貞：□亡□？ 五月。
（5）癸未卜，爭貞：旬亡囚？ 三日乙酉夕月㞢食，聞。八月。
（6）□未卜…旬□囚？ 三

【解读】本版为成套卜旬辞的第三版，辞末的记月持续时间较长。第（5）辞末附有验辞，大意是：占卜的当日癸未日之后第三天，即乙酉这天，发生了月食现象。占卜时间是当年的八月。

8.《合集》11497 正反

《合集》11497正

《合集》11497反

【资料来源及其他说明】该龟甲于1936年小屯村北出土（编号13.0.14047）。著拓号：《乙》6664（正）6665（反），选定号：《丙》207（正）208（反）。原龟甲拓藏：台湾“中研院”历史语言研究所。

【分类与断代】宾二类

【释文】

（1）丁亥卜，𣪊貞：翌庚寅□于大庚？　一

（2）貞：翌辛卯㞢于且辛？

（3）丙申卜，𣪊貞：來乙巳酌下乙？王固曰：酌，隹㞢求，其㞢𣪘。乙巳酌，朝雨；伐，既雨；咸伐，亦雨；𢼄卯鳥，星（晴）。　一

（4）丙午卜，爭貞：來甲寅酌大甲？　一

（5）于上甲？　一

【解读】上揭诸辞本为祭祀祖灵而卜，第（3）辞末的验辞中记录了一则天象资料。该辞大意是：丙申这天卜问是否在乙巳日向祖乙致酌祭。商王占断认为，即使举行该祭祀也会有灾咎，可能是"𣪘"灾。验辞大意是：乙巳这天致酌祭后，早晨就开始下雨。杀伐祭牲之后，雨停了。又对大乙施伐祭，却又开始下雨。举行割裂、剖解牲体的仪式之后，鸟星[①]出现，天气忽又大晴。

该版是成套卜甲的第一套卜甲，第二套卜甲参见《合集》11498。

9.《合集》14129 正反

【资料来源及其他说明】该龟甲于 1936 年小屯村北出土（编号 13.0.739、13.0.14048）。著拓号：《乙》529 +（正）530 +（反），选定号：《丙》65（正）66（反），拼合号：6666（正）6667（反）。原龟甲拓藏：台湾"中研院"历史语言研究所。

【分类与断代】宾二类

【释文】《合集》14129 正

（1）壬申卜，古貞：帝令雨…　一 二告 二 三 四 五 六 七 八 九　一 二 三 二告 四 五 六 七　一 二 三 四 五 六 二告 七 八 九

（2）貞：及今二月雷？　一 二 三 四　一 二 三 四 二告 二告

（3）一 二 三 四 五 六 七

（4）…卜，韋貞：王㞢从之？　一 二 三 四 五

（5）貞：王弜㞢𠂤□？　一 二 三 四 五 六 七　一 二 三 四 五 六 七

【释文】《合集》14129 反

（1）貞…帝不其令…（朱书）

（2）貞：弗其今二月雷？（朱书）

（3）王固曰：帝隹今［二］月令［雷］。其隹丙不［吉］，羽隹庚吉。（书而后刻，朱痕尚存。后一"吉"字书而未刻）

---

① 李学勤先生认为，此辞多年来被认为是关于鸟星的天象记录。中国天文学史整理研究小组在《中国天文学史》中，把它列为"肯定或基本肯定"的恒星记录。李先生还认为，杨树达先生在 1945 年写的一篇"释星"已提出正确的解答。此文收入他的《积微居甲文说》，陈梦家《殷墟卜辞综述》采用了杨氏的提法。杨先生指出，这一类辞（未引用"鸟星"辞）中的"星""若释为星辰之星，殊无文理"，他征引《诗经》郑笺、《韩非子》与《说苑》等文献，说明"星"应读为后世的"晴"一字，真是一语破的。卜辞"食日大星"，就是至食日而大晴；"施、卯鸟星"，就是至施、卯时而晴，文通字顺。

（上帝）是否令雷公打雷，反面第（4）辞占断为吉祥，天要打雷（占辞用毛笔朱色书写）。正面第（4）辞和反面第（8）辞卜问商王是否应从当地出行。正面第（5）辞卜问商王是否不屯兵某地。正面各辞下皆布满兆序，一事多卜。

10.《合集》12819

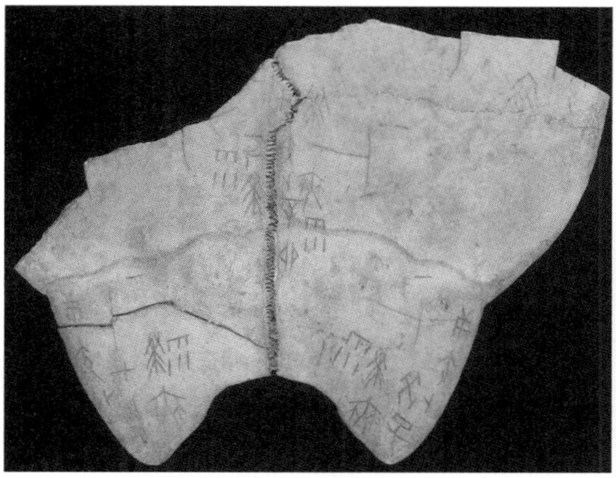

《合集》12819（照片）

《合集》12819（拓片）

【资料来源及其他说明】该龟甲于1931年小屯村北E16出土（编号4.0.0135）。著拓号：《甲》3069。原龟甲拓藏：台湾“中研院”历史语言研究所。

【分类与断代】自宾间类

【释文】

（1）庚寅卜：辛卯𠦪，舞雨？　一

（2）…壬辰𠦪□雨？

（3）庚寅卜：癸巳𠦪，舞雨？　一

（4）庚寅卜：甲午𠦪，舞雨？　一

（5）…𠦪…乙…六羊𡈼？

【解读】第（1）～（4）辞内容相类，是庚寅日连续卜选在辛卯、壬辰、癸巳、甲午四日中的哪一天举行𠦪求之祭、行舞以求雨。舞雩求雨或奏舞求雨在卜辞中都是常见的。“舞”字在甲骨文中作一人拿着牛尾一类的舞具，正在跳舞之状。此字后来被借用为“無”，便在本字加上一对脚以显明跳舞的动作。《墨子・明鬼》引《汤之官刑》曰：“恒舞于宫，谓之巫风。”陈梦家先生说：“巫之所事乃舞号以降神求雨，名其舞者曰巫，名其动作曰舞，名其救雨之祭祀行为曰雩。”[①] 此说非常全面。“雩”在殷墟卜辞中作“乎”（呼），呼与雩古音均在鱼部，是同源字。奏舞是一边奏乐一边跳舞[②]。第（5）辞残，卜问举行上述祭典所需的祭牲。其中“六羊𡈼”指六头公羊。

① 陈梦家：《殷虚卜辞综述》，中华书局，1988年，第600页。

② 王晖：《商周文化比较研究》，人民出版社，2000年，第119页。

# 第六部分　旬　　夕

商王在每个旬末都要贞问下一旬的吉凶，有时白天还要占卜晚上是否安全无祸，故甲骨文中这类卜辞也很多，并且在辞例上多种多样，繁简不一。繁者详记一旬内所发生的事情，简者仅6字“干支贞：旬亡祸”，或者仅用4字“干支贞：旬”。此外，还常为诸事的安危凶吉反复贞问，希望趋吉避凶。

1.《合补》4733

《合补》4733

【资料来源及其他说明】该胛骨著拓号：《蔡》1.23，拼合号：《合集》16561 +《合集》16562 +《合集》16563，各部现分藏于天津博物馆、山东博物馆、三井旧藏。

【分类与断代】宾一类

【释文】

（1）辛□□，穷□：□夕□□？　二
（2）癸卯卜，穷貞：今夕亡（無）囚？　二
（3）甲辰卜，穷貞：今夕亡囚？　二
（4）乙巳卜，穷貞：今夕亡囚？　二告 二
（5）丙午卜，穷貞：今夕亡囚？　二
（6）己酉卜，穷貞：今夕亡囚？　二
（7）庚戌卜，穷貞：今夕［亡囚］？　二
（8）辛亥卜，穷貞：今夕亡囚？　二告 二（“穷”字缺刻）
（9）壬寅卜，穷貞：今夕亡囚？　二
（10）乙□□，穷□：今□亡□？　二
（11）丁巳卜，穷貞：今夕亡囚？　二

【解读】本版为成套卜夕辞的第二版，卜问当晚是否没有灾祸。卜夕辞语辞形式大体相同，只是各辞的干支有变化。该版由《合集》16561、16562、16563三片缀合。

2.《合集》137正反

《合集》137正

《合集》137反

【资料来源及其他说明】该胛骨著拓号：《菁》5.1（正）6.1（反），选定号：《历博拓

片》179 正反，重见情况：《通》430（缩小）（正）513（缩小）（反）。原骨拓藏：中国国家博物馆。

【分类与断代】宾二类

【释文】《合集》137 正

（1）癸卯卜，爭貞：旬亡𡆥？甲辰，…大掫（骤）风，之夕㿝乙巳…㚔□五人。五月在□。

（2）癸丑卜，爭貞：旬亡𡆥？王固曰：［㞢（有）］求（咎），㞢夢。甲寅，允㞢來嬄。左告曰：㞢壴芻自□十人㞢二。

（3）癸丑卜，爭貞：旬亡［𡆥］？三日乙卯…㞢嬄。單丁人□参于录…丁巳，㲋子□参…鬼亦㝵（得）疒。

（4）□□卜，□貞：□亡𡆥？

（5）二告 小告 三 三 三 三 三

【释文】《合集》137 反

（1）四日庚申，亦㞢來嬄自北。子［□］告曰：昔甲辰，方𢓊于㚸，俘（俘）人［十㞢］五人。五日戊申，方亦𢓊，俘人十㞢六人。六月才（在）…

（2）甲子，允㞢来自东…亡于夸。

（3）…𡆥？王固曰：㞢求，㞢夢。其㞢來嬄。七日己丑，允㞢來嬄［自］…止戈化乎□：方俘于我…

【解读】本版是刻于骨扇上的贞旬辞，正反两面附刻占辞和验辞。正面三辞比较完整，中间以竖线为界隔开。在骨的左面和上面有卜兆和兆序的残留。本版兆序多为三，似是成套刻辞之第三版。反面亦三辞，第（3）辞旬内有“七日己丑”，应是癸未日所卜。第（2）辞是癸亥日卜。第（1）辞见有“五日戊申”，应是癸卯日贞卜的验辞。

3.《合集》584 正甲、反甲

【资料来源及其他说明】该胛骨著拓号：《簠地》31 +（正甲）33 +（反甲），选定号：《簠拓》774 + 809（正甲）775 + 810（反甲）《龟》1.21.1（反乙），重见情况：《续》5.10.1（正甲）5.3.1[5.5.1]（反甲），《佚》983（反甲），拼合号：［《簠地》58（《续》4.33.1）+《簠游》122（《续》3.40.2，《佚》980）］（正甲）［《簠杂》60（《续》5.12.1）+《簠杂》68（《续》5.3.1，《佚》983）］（反甲）。原骨拓藏：天津博物馆。

【分类与断代】宾二类

【释文】《合集》584 正甲

（1）□亥卜，㱿貞：旬亡𡆥？王固□…丁卯王獸（狩）敝，𧰨□…□才（在）車㲋馬亦…

（2）癸未卜，㱿貞：旬亡…求（咎）其㞢來嬄，气（迄）［至七日］允㞢來嬄自西，𢦏戈…告曰：𢀛方𢓊（征）于我奠…

（3）□亥卜，□［貞］：旬亡…

【释文】《合集》584 反甲

（1）…［壬］辰亦㞢來自［西］，［㚔乎］（呼）…𢓊我奠，𢦔四…

《合集》584正甲

《合集》584反甲

（2）[王]固曰：㞢求。八日庚子戈奉[羌]…人昣，㞢𡆥二人。

（3）…亦焚亩（廪）三。

（4）王固曰：㞢求，㞢见…

（5）…□固曰：娷。其隹丙…

（6）…㞢…

【解读】宾二类的一些骨面卜旬辞习惯附记较长的占辞和验辞，并且多用带有“其㞢來娷”的熟语附记不吉祥的事情。正面第（1）辞验辞大意是：丁卯这天商王在敝地打猎，一个部族首领𠀠所驾的车发生事故，另一部族首领𠂤所乘的馬也出现问题。第（2）辞的占辞残，大意是：商王认为会有不吉利的事。七天之后来自西方的𢼸戈报告说，𢀛方侵扰了商王的“奠”（商王设在外地的据点）。反面多为占辞，其中第（1）辞与正面第（2）辞皆有“𤕫（征）我奠”。第（3）辞有焚亩（廪）的记录。该版有关癸日卜旬纪录可与下一版卜旬辞相互参照。

4.《合集》6057 正反

【资料来源及其他说明】该胛骨著拓号：《菁》1.1（正）2.1（反）。原骨拓藏：中国国家博物馆。

【分类与断代】宾二类

【释文】《合集》6057 正

（1）王固曰：㞢求，其㞢來娷。气（迄）至七日己巳，允㞢來娷自西。𢼸友角告曰：𢀛方出，𢽄（侵）我示𣕣田七十人五。

（2）癸未卜，𡧊〔貞：旬亡𡆥〕？ 一

《合集》6057正

《合集》6057反

（3）癸巳卜，㱿貞：旬亡囚？王固曰：㞢〔求〕，其㞢來嬉。乞至五日丁酉，允㞢來〔嬉自〕西。沚㦰告曰：土方𡦹于我東啚（鄙），〔𢦏〕二邑。𢀛方亦𢓊我西啚田。

（4）癸卯卜，㱿貞：旬亡囚？王固曰：㞢求，其㞢來嬉。五日丁未允㞢（有）來嬉，[illegible]卬（御），〔奉〕自㠯圉六〔人〕… 一

（5）□□卜，□〔貞：旬亡囚〕？五月。

【释文】《合集》6057反

（1）王固曰：㞢求，其㞢來嬉。乞至九日辛卯允㞢来嬉自北。𡥼妻妾告曰：土方𢦚我田十人。

（2）…㞢來［嬉］…㞢［來嬉］…乎…东啚，𢦏二邑。王步自𩡧于𨙵后…夕[illegible]壬寅王亦冬（終）夕[illegible]。

【解读】本版是一牛肩胛骨的骨扇部分。最早著录于罗振玉的《菁华》一书，在《合集》6057中著录了完整的拓片。本版为贞旬卜辞，命辞后多附占辞和验辞（反面也刻有占辞和验辞）。从本版内容来看，商王正逢多事之秋，其中的验辞主要反映了商王朝与土方和𢀛方之间的冲突。

第（1）辞中己巳日有𢾊友角这个部族首领来报告，说𢀛方出动，侵犯商王国的“示𥫗田”，掳掠走七十五人。第（3）辞中，沚㦰这个部族首领来报告，说土方侵犯沚地（属商王国管辖）的东部边界，侵占了两个邑落；𢀛方亦同时出动，侵犯了西部边界的农田。第（4）辞中，丁未这天，㠯地牢狱中有六人逃亡，商王委派[illegible]这个部族首领加以防御。

5.《合集》16712

【资料来源及其他说明】该胛骨著拓号：《南师》2.129，选定号：《外》84，重见情况：《外》84。

【分类与断代】宾三类

《合集》16712

【释文】

（1）癸亥卜，貞：旬亡囚？七月。　三 □告

（2）癸酉卜，穷貞：旬亡囚？　三

（3）癸［未］…貞：□亡囚？　三

（4）三

（5）三

【解读】本版语辞格式不统一，如有的署贞人名，有的不署，字体和行款亦不甚整齐。本版是从上向下刻写的。

6.《合补》4946

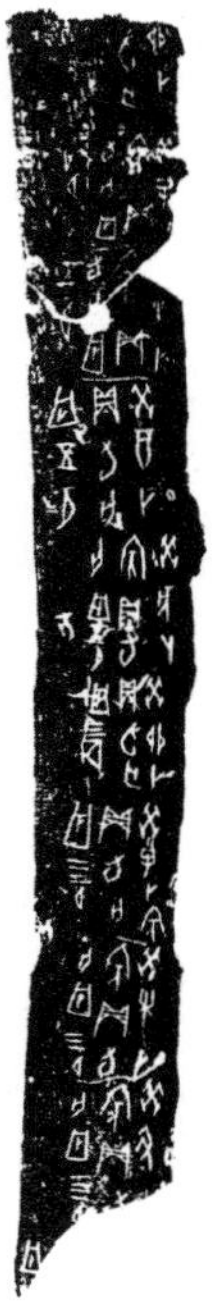

《合补》4946

【资料来源及其他说明】该胛骨著拓号：《常缀》10，拼合号：《合集》16665+《合集》16693。

【分类与断代】宾三类

【释文】

（1）…囚？

（2）癸丑［卜］，穷貞：旬亡囚？四月。

（3）癸未卜，穷貞：旬亡囚？三月。

（4）癸巳卜，穷貞：旬亡囚？四月。

（5）癸卯卜，穷：旬亡囚？四月。

（6）癸亥卜，穷貞：旬亡囚？五月。　二

（7）癸酉卜，穷：旬亡囚？五月。　二

（8）［癸］未卜，穷貞：旬亡囚？五月。

（9）癸巳卜，穷貞：旬亡囚？六月。

（10）［癸］卯卜，［穷貞］：旬亡［囚］？

【解读】本版均为贞人宾三至六月的卜旬辞，卜问下一旬商王国是否没有灾祸。此片为《合集》16665与《合集》16693两片之缀合。

# 第七部分　疾　　幻

卜辞常见有关疾幻的占卜，且多言“疒（疾）某”，这是卜问商王或贵族成员身体某部位出现了病症是否降灾、有祸等。患病的部位涉及身体的各种器官，统计起来有以下种类：疾鼻、疾口、疾齿、疾舌、疾言、疾首、疾目、疾耳、疾止、疾骨、疾胸、疾腹、疾手、疾肘、疾胫等。例如，《合集》440 贞问时王咽喉患病，是否要降下灾祸？《合集》11506 卜问商王鼻子有病，会不会出现灾祸？《合集》13675 时王亲自卜问，自己胸腔内部患了病，举行祀典，御祭妣癸，以求免去疾病。另外，卜辞还记载妇女生子日期及生产是否顺利的卜问。对于商人有关疾病的认识，如果套用现代医学分类的话，商人在口腔科、牙科、眼科、耳鼻喉科、骨科、胸科、妇产科以及脑神经科等方面已具备相当多的知识。卜辞有“小疒（疾）臣”的官名，可能是管理医疗事务的官吏。总之，殷人对疾病十分迷信：一方面，把发生疾病的原因归咎为天神所降，或人鬼作祟，在得了疾病以后，往往祈求鬼神祛疾赐愈；另一方面，又采取较为原始的诊治方法，尽量使疾病得到控制或痊愈。除此之外，殷人还往往将梦幻与疾病联系起来，有时以为疾病由梦幻中的神灵所致。

1.《合集》122

《合集》122

【资料来源及其他说明】该龟甲于1936年小屯村北出土（编号13.0.11804）。著拓号：《乙》5224。原龟甲拓藏：台湾“中研院”历史语言研究所。

【分类与断代】宾一类

【释文】

（1）貞：王夢启，隹𡆥？ 一

（2）王夢启，不隹𡆥？ 一 二

（3）貞：隹𡆥？ 一

（4）貞：㲺（執）𨾔芻？ 二

（5）㲺𨾔芻？ 三

（6）[貞]：㲺𨾔芻？ 四

（7）貞：弜㲺𨾔芻？ 三 四 五

【解读】第（1）～（3）辞内容相关，占卜商王梦到天气放晴，是否会有祸患。第（4）～（7）辞反复卜问是否“㲺𨾔芻”，即抓捕𨾔地的芻者（从事畜牧业的劳动者）。

2.《合集》776 正反

《合集》776正

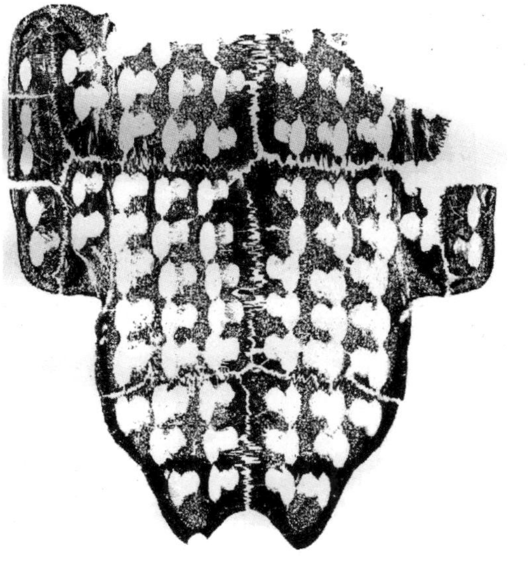

《合集》776反

【资料来源及其他说明】该龟甲于1936年小屯村北出土（编号13.0.11842、13.0.13194）。著拓号：《乙》5265＋（正）5266＋（反），选定号：《丙》203（正）204（反），拼合号：6190（正）6190（反）。原龟甲拓藏：台湾“中研院”历史语言研究所。

【分类与断代】宾一类

【释文】

（1）己丑卜，𣪊貞：王夢，隹且乙？ 一

（2）貞：王夢，不隹且乙？ 一

（3）己丑卜，㱿貞：王夢，隹且乙？　一
（4）貞：王夢，不隹且乙？　一
（5）己丑卜，㱿貞：𢦏于丘商？四月。　一
（6）貞：弜𠦪𢦏于丘商？　一
（7）翌辛卯㞢于且辛？　一
（8）貞：㞢于且辛三宰？　一
（9）翌辛㞢于且辛一牛？　一
（10）一牛于且辛？　一
（11）㞢于且辛宰？　一
（12）貞：于且辛㞢？　一
（13）㞢于且乙？　一 二 二告
（14）㞢于示壬二牛？　一
（15）壬辰卜，㱿：㞢于示壬宰？　一 二
（16）□午□，㱿□：㞢□三𢆶？
（17）□午□，㱿□：弜…
（18）甲午卜，爭：于河？　一 二 三 四 五
（19）甲午卜，爭：弜于河？　一 二
（20）壬寅卜，㱿貞：河䖵王？　一 □ 三 四
（21）壬寅卜，㱿貞：河弗䖵王？　一 二 三 四
（22）壬寅卜，㱿貞：不雨，隹𢆶商㞢乍囚？　一 二 三 四 五 六
（23）貞：不雨，不隹𢆶商㞢乍囚？　一 二 三 四 五
（24）癸卯卜，㱿：翌甲辰㞢于上甲十牛？　一 二

【解读】第（1）～（4）辞反映出商王受梦事惊扰，卜问是否因先王祖乙降害所致。第（5）（6）辞卜问是否于丘商举行𢦏祭。第（7）～（12）辞卜问向祖辛致侑祭。第（8）～（11）辞卜问选用何种祭牲。第（13）辞卜问是否向祖乙致侑祭。第（14）（15）辞卜问向先王示壬致侑祭所用祭牲种类。第（24）辞卜问翌日甲辰是否用十头牛向上甲致侑祭。以上诸辞的卜问规律是某个特定的日子向某位先王致侑祭，辛日祭祀祖辛，壬日祭祀示壬，甲日祭祀上甲。第（18）～（21）辞卜问是否向河神致祭，并卜问河神是否施害于王。

3.《合集》11018 正反

【资料来源及其他说明】该龟甲于 1936 年小屯村北出土（编号 13.0.6019～13.0.6021、13.0.6023、13.0.6025～13.0.6027、13.0.6030、13.0.6032、13.0.6035、13.0.6041、13.0.6042、13.0.6051、13.0.6052、13.0.6714、13.0.6716、13.0.6719、13.0.6020、13.0.6724、13.0.6725、13.0.6728、13.0.6729、13.0.6731、13.0.6734、13.0.6738～13.0.6740、13.0.8665、13.0.8667、13.0.9227、13.0.9230、13.0.9232～13.0.9236、13.0.9238～13.0.9240、13.0.9242、13.0.9243、13.0.9247～13.0.9254、13.0.9256～13.0.9262、13.0.9265～13.0.9269、13.0.9271、13.0.9272、13.0.9275、13.0.9277、13.0.9278、13.0.9281、13.0.8062、13.0.9282）。著拓号：《乙》2844 +（正）2845 +（反），重见情况：《丙》201（正，不全）202（反），拼合号：[3134 + 3888 +

《合集》11018正

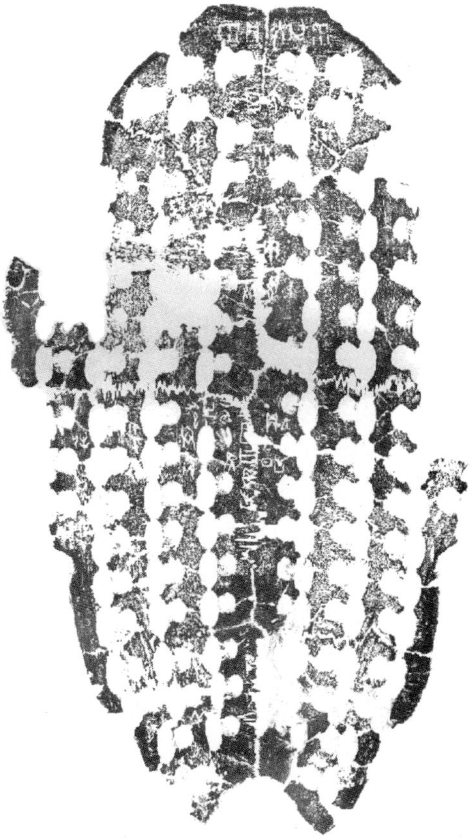

《合集》11018反

3889 + 4080 + 4084]（正）[4081 +（3134 + 3888 + 3889）]（《丙》202）（反）。原龟甲拓藏：台湾“中研院”历史语言研究所。

【分类与断代】宾一类

【释文】《合集》11018 正

（1）貞：我馬㞢虎，隹𡆥？　一 二 三 四

（2）貞：我馬㞢虎不隹〔𡆥〕？　一 二 三 四

（3）尞于土宰，方帝（禘）？　一 二

（4）王肘隹㞢𧊒？　一 二

（5）乎丩肘？　一

（6）王㞢（有）夢隹𡆥？　一

（7）貞：王㞢夢不隹𡆥？　一

（8）〔貞〕：其㞢…隹我…　一 二告 二 三〔四〕五 六 二告 七 八 二告

（9）貞：王目𡆥？　一

（10）叀孜人？　一

（11）隹娥？ 一
（12）不隹？ 一
（13）貞：王聑（聽）隹𡆥？ 一二
（14）貞：聑不隹𡆥？
（15）令𠂤取大以？ 一
（16）〔弗〕其〔以〕？ 一
（17）乎取大？ 一
（18）乎伐取？ 一
（19）…伐取？ 一
（20）貞：㞢于大甲？ 一
（21）貞：今日㞢于且丁？ 一
（22）弜㞢且丁？ 一二告
（23）貞：𠂤以大？ 一二三
（24）𠂤弗其以大？ 一二二告 三
（25）己巳卜，爭貞：方女于𦎫？ 一二三
（26）貞：方女弜于𦎫？ 一二三
（27）…𢀛（禦）㚔［于㞢］匕？ 一二三
（28）弜㚔于㞢匕？ 一二三

【解读】第（4）辞是为商王的肘疾而卜。第（9）辞是为商王的眼疾而卜。第（13）（14）辞卜问商王的听力是否有祸殃。以上诸辞系与商王的疾患有关。

4.《合集》13624 正反

【资料来源及其他说明】该龟甲于 1936 年小屯村北出土（编号 13.0.6638、13.0.6641、13.0.10917、13.0.10919、13.0.10921、13.0.16875、13.0.16877）。著拓号：《乙》3087 +（正）4721 +（反），选定号：《丙》599（正）600（反），拼合号：[3089 + 4720 + 8081]（正）[（3087 等）]（反）。原龟甲拓藏：台湾“中研院”历史语言研究所。

【分类与断代】宾一类

【释文】

（1）乎舞（無）于𦎫？ 一二告
（2）弜乎無于𦎫？ 一
（3）于車無？ 一
（4）王其㞢（有）夢？ 一
（5）于示壬？ 一
（6）貞：𠭯（取）岳？ 一
（7）貞：于成？
（8）𢀛王目于匕己？ 一
（9）宰于匕己？ 一
（10）…旬［㞢（又）］二［日］… 一二一一一

《合集》13624正

《合集》13624反

【解读】第（1）～（3）辞卜问是否在𦎫、䡞地举行舞祭。第（5）（7）辞卜选向先公示壬还是先王"成"（即大乙）致祭。第（6）辞卜问是否向岳神致㯹（燔柴）之祭。第（8）辞卜问是否向妣己致祭，以祛除商王的眼疾，第（9）辞进一步卜问是否用一只圈养的羊向妣己致祭。

5.《合集》376 正

【资料来源及其他说明】该龟甲于1936年小屯村北出土（编号13.0.2681～13.0.2684、13.0.2691、13.0.2692、13.0.2694～13.0.2697、13.0.3975、13.0.9171～13.0.9174、13.9179～13.0.9181、13.0.9185、13.0.9187～13.0.9193、13.0.9195、13.0.9196、13.0.9200、13.0.9201、13.0.9203～13.0.9209、13.0.9211～13.0.9213、13.0.9216～13.0.9218、13.0.9221～13.0.9223、13.0.14383～13.0.14397、13.0.16485、13.0.16820、13.0.16821、13.0.5573）。著拓号:《乙》1277 +（正）1278 +（反），选定号:《丙》96（正）97（反），拼合号:[1905 + 4071 + 6879 + 7834 + 8063]（正）[1906 + 4072 + 6880 +（7834 + 8063）]（反）。原龟甲拓藏：台湾"中研院"历史语言研究所。

【分类与断代】宾二类

【释文】

（1）乙丑卜，㱿貞：甲子𡆥乙丑王夢牧石麋，不隹𡆥，隹又（佑）？　一二告

（2）貞：甲［子］𡆥乙丑王夢牧石麋，不隹𡆥，隹又？三月。　二

（3）王隹㞢不若？　一

《合集》376 正

（4）王不隹㞢不若？　一
（5）貞：王其疒㐭？　一 二 三 四 五
（6）貞：□□夢，乎余卬㐭？　一 二
（7）貞：王㞢夢，不隹乎余卬㐭？　一 二
（8）貞：今般取于𡰪，王用，若？　一
（9）貞：我受黍年？　一
（10）不其受黍年？　二
（11）貞：于來乙巳𠦪？　一

（12）弜于來乙巳𠦪？　一

（13）庚申卜，古貞：王使人于陝，若？王固曰：吉，若。　一 二 三 四 五 六

（14）貞：使人于陝，不若？　二告

（15）貞：乎（呼）烝入人？　一 二

（16）貞：王又（侑）三羌于俎，不又（有）若？　一 二

（17）貞：王有三羌于俎，不又若？　二

（18）庚子卜，㱿：帚嫊冥（娩），妫（嘉）？　一 二 三

（19）貞：帚嫊冥，不其妫？　一 二 三

（20）翌乙亥攸？　一 二告

（21）翌乙亥不其攸？　一

（22）來乙未弜𠦪？　一 二告

（23）乎竝□？

（24）弜乎竝斧？

（25）乙巳卜，㱿貞：㞢疒身，不其龐？　一 二告 二 三 四 五

（26）乙巳卜，㱿貞：㞢□身，龐？　一 二 二告 三 四 五

（27）王固曰：其言肨，隹辛令。

（28）一 一 二告 一 一 二 一 一 一 一 二 一 二 一 二 一 一 一 一 一

（29）一 一 二告 一 一

【解读】本版内容头绪繁多，大体包括如下占卜主题：①为梦幻解忧，见第（1）（2）（6）（7）辞；②卜问祸福，见第（3）（4）辞；③发布王命，见第（8）（13）（14）（15）（23）（24）（27）辞；④卜问年成，见第（9）（10）辞；⑤祭祀，见第（7）（16）（17）（22）辞；⑥妇嫊生育，见第（18）（19）辞；⑦天气变化，见第（20）（21）辞；⑧疾患，见第（5）（25）（26）辞。

卜问商王做梦的有四辞，其中第（1）（2）辞为重复卜问，后者省刻了部分前辞，其大意是，在甲子和乙丑之间的一个时间段商王做了一场有关打猎的梦，卜问这预示着灾祸还是预示着祖灵给予的保佑。第（6）（7）辞亦为卜梦，商王试图禳除自己的疾患。

6.《合集》11506 正

【资料来源及其他说明】该龟甲于1936年小屯村北出土（编号13.0.13510）。著拓号：《乙》6385（正）6386（反）。原龟甲拓藏：台湾“中研院”历史语言研究所。

【分类与断代】宾二类

【释文】

（1）一 二 三 一 二 二告 三 一 二 三

（2）甲寅卜，㱿貞：翌乙卯易日？　一

（3）貞：翌乙卯不其易？　一

（4）貞：㞢（有）疒自（鼻），隹㞢蚩？　一 二〔三〕四

（5）貞：㞢疒自，不隹㞢蚩？　一 二 三 四

【释文】11506 反

《合集》11506正

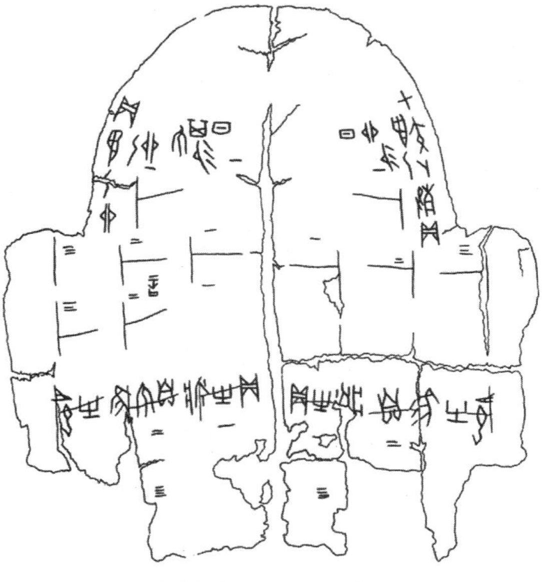

《合集》11506正（摹本）

（1）王固曰：之日弓雨。乙卯允朝雇，气㞢食日大曐。

（2）王固曰：

（3）王臣固曰：□達首，若。

【解读】本版正面第（2）（3）辞为正反对贞，卜问翌日乙卯是否变天。本版反面还有关于当日天气的朱书占辞，占辞已漫漶不清。正面第（4）（5）辞卜问鼻子有疾患。“自”字本象鼻子之形，许慎《说文》释自云“鼻也”。字本意亦为“鼻子”。本版正面“疒自”一语可证“自”字本意的确是“鼻子”。

7.《合集》13630

《合集》13630

【资料来源及其他说明】该胛骨著拓号：《珠》271。原骨拓藏：日本东京大学。

【分类与断代】宾二类

【释文】

（1）貞：疒耳，隹㞢壵？　二

（2）不㐅鼄（蛛）二

【解读】第（1）辞卜问耳疾是否会有祸害。本类还见有对目（合 13628）、舌（合 13634）、疋（合 13639）、尻（臀）（合 13750）等部位疾病的卜问。商人多认为人的疾病是由神灵降祸所致，常在有疾患时祈求神灵祛病禳灾。

8.《合集》13648 正反

【资料来源及其他说明】该龟甲于 1936 年小屯村北出土（编号 13.0.10535）。著拓号：《乙》4511（正）4512（反）。原龟甲拓藏：台湾“中研院”历史语言研究所。

《合集》13648正

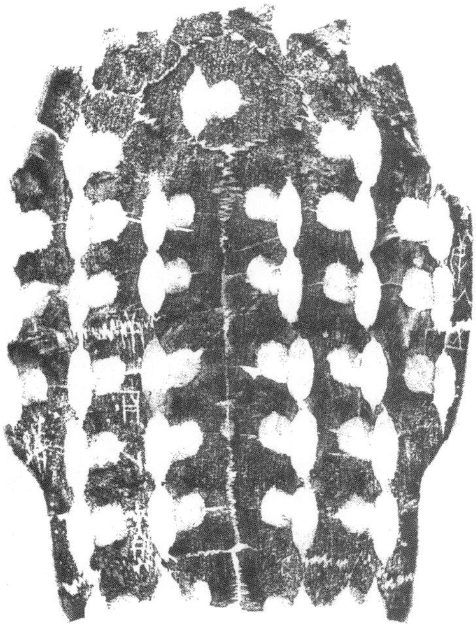
《合集》13648反

【分类与断代】宾二类

【释文】

（1）貞：來庚寅其雨？　一

（2）不其雨？　一

（3）貞：疒齒…　一 二 三 四 五 六 七

（4）貞：疒齒，不隹父乙𡆥？　一 二 三 四 五 六 七

（5）貞：疒齒，隹南…　一 二 三 四 五 六 七 八 九

（6）貞：疒齒，不隹…　小告 一 二 小告 三 四 五 小告 六 七 八 九

【解读】第（1）（2）辞卜问来日庚寅是否下雨。第（3）～（6）辞卜问有关“疒齒”即牙齿生病的事情。第（3）（5）（6）辞残，根据常见文例，推知第（3）（4）辞和（5）（6）辞为两组对贞，分别卜问牙疾是否为父乙和南庚所害。

《合集》13711

9.《合集》13711

【资料来源及其他说明】该胛骨著拓号：《后下》11.8。

【分类与断代】宾二类

【释文】

（1）貞：帚好不祉（延）𤸰？（“疒”和“身”字的合文）

【解读】此辞卜问妇好身体上的疾病是否不再延续。

10.《合集》17411

【资料来源及其他说明】该龟甲于1936年小屯村北出土（编号13.0.7277）。著拓号：《乙》3475。原龟甲拓藏：台湾“中研院”历史语言研究所。

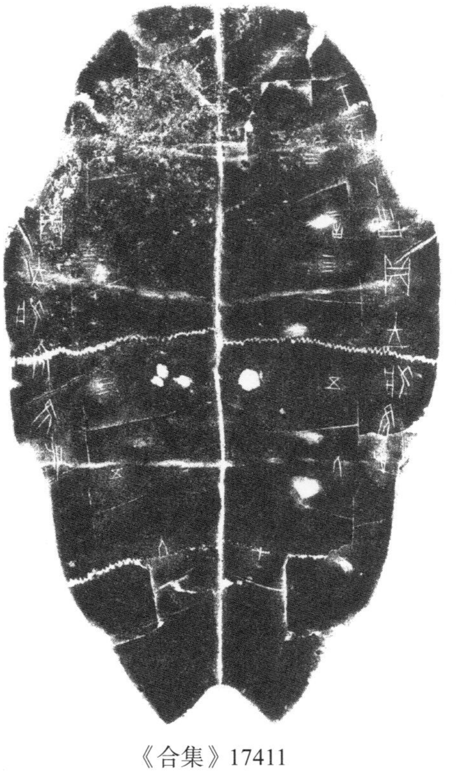

《合集》17411

【分类与断代】宾二类

【释文】

（1）壬戌卜，古貞：王夢隹之？ 三 二告 四 五 六 七

（2）貞：王夢不隹之？ 三 四 五 六

【解读】本版两辞为正反对贞，是由贞人古主持占卜，为武丁解梦。

《合集》13737

11.《合集》13737

【资料来源及其他说明】该胛骨著拓号：《龟》2.26.13，重见情况：《珠》269。原骨拓藏：日本东京大学。

【分类与断代】宾三类

【释文】

（1）癸未。

（2）今㲋（秋）其㞢降㪿（摧）？

（3）貞：奚祉㞢疒？

【解读】第（2）辞卜问当年秋天（神灵）是否会降下“摧”祸。第（3）辞卜问奚这个贵族的疾病是否绵延下去。奚是村北系宾组卜辞、村南系历组卜辞多见的人物。

《合集》17450

12.《合集》17450

【资料来源及其他说明】该胛骨著拓号：《簠杂》65（不全），选定号：《簠拓》948。原骨拓藏：天津博物馆。

【分类与断代】宾三类

【释文】

（1）貞：多鬼夢，叀□［見］？ 一

（2）貞：多鬼夢，叀言見？ 一

（3）庚辰卜，貞：多鬼夢，叀疒見？

（4）辛巳卜，貞：今夕亡囗？

【解读】本版（1）～（3）辞因商王武丁梦幻到“多鬼”之事而占卜，卜问是否会出现某种疾病。辞中“疒（疾）”“言”对文，推测“言”或指某种疾病。《论衡·解除篇》谓：“病人困笃，见鬼之至。”据卜辞，殷商时期商人已将梦幻与疾病联系在一起。第（4）辞为卜夕辞，卜问当晚是否有灾祸。

# 第八部分 生　育

卜辞中关于妇女生育方面的记载比较多。胡厚宣先生统计的妇名有62个，岛邦男先生统计的有80个，孟世凯先生统计的有67个，王宇信、杨升南先生从卜辞中整理出称“妇某”的有95个。诸妇，生时参与朝政，死后列入祀典。历代商王对诸妇生育如此关切，这是与商

王的继承制度密不可分的。据卜辞来看，王位以子继为常，子继又以兄之子为主。所以妇某是否生育，以及生育的是子是女，都是商王问卜的大事。有时也会出现生子则嘉、生女则不嘉的验辞。卜辞常言大示、小示，由此可知，直系、旁系已判然有别，同时，嫡、庶的概念，正是商代存在宗法制的具体表现。武丁诸妇中问卜生育者，有见于𠂤组小字类和𠂤宾间类的妇鼠、妇媠等，也有见于宾一类、宾二类的妇嫀、妇好和妇姘等。家族是以姻缘关系结合的社会单位，大家族包含若干被分离出去的小家族。卜辞有“子某”“王子某”的记载，这些“子”对诸妇而言是其子，对王而言当然就是王子了；但“某子某”或“某子”中的“子”就不一定是王子，可能是封爵之称。

1.《合集》13933 正反

《合集》13933正

《合集》13933反

【资料来源及其他说明】该胛骨著拓号：《前》3.33.8（不全），选定号：《历拓》6757正、反。原骨拓藏：山东博物馆。

【分类与断代】宾一类

【释文】

（1）貞：帚嫀㞢（有）子？

【解读】此辞卜问妇嫀是否有孩子（指怀有身孕）。

2.《合集》14019 正

【资料来源及其他说明】该龟甲著拓号：《乙》4480 +（正），选定号：《历拓》1149 正、

《合集》14019 正

反，重见情况：《双图下》32.2（反），拼合号：4630。原龟甲拓藏：中国国家博物馆。

【分类与断代】宾一类

【释文】

（1）丙戌卜，爭貞：帚嫊冥（娩），妫？七月。

（2）貞：帚嫊冥，不其妫。七月？

（3）貞：帚嫊冥，妫，隹卒？　一 二 三 二告 四

（4）㞢兄戊？　一

（5）弜㞢？　一

（6）㞢父庚？　一

（7）弜㞢？　二 二告 三 二 三 四

【解读】通过考察本版的特征字，可知此为宾一类向宾二类过渡的标准片，我们将其划入宾一类。该版由贞人"爭"为妇嫊占卜分娩。与武丁的几位重要王妇相比，妇嫊在卜辞中反映为较之妇鼠、妇娘等稍晚而稍早于妇好、妇妌。武丁执政时期的宾组卜辞今见有"帚枼""帚嫊"之称40多例。"嫊"为族名之"枼"（葉字初文）的女化字。枼（葉）族之女妇嫊为商王武丁所宠幸的王妇之一，当时曾有三次关于她生育的占卜记录。其中使用龟甲进行的占卜记录，多见于1936年出土的YH127坑卜辞，此即为其中的一版卜甲。另外，还有一部分是利用卜骨进行的占卜，其内容盖可与YH127坑所见妇嫊分娩卜辞相系联。根据对这些著录材料的排谱整理，可知妇嫊分娩的时间大致是武丁在位中期的某年二月、某年四月和某年七月。甲骨文中所见到的妇嫊，应是迄今有文字可考的最早的葉族人[①]。

① 王蕴智：《甲金文所见商代葉族及其有关史迹》，纪念甲骨文发现一百周年国际学术研讨会论文（安阳，1999年8月）；又名《商代葉族考》，《华夏考古》2003年第1期。

3.《合集》14034 正反

《合集》14034正

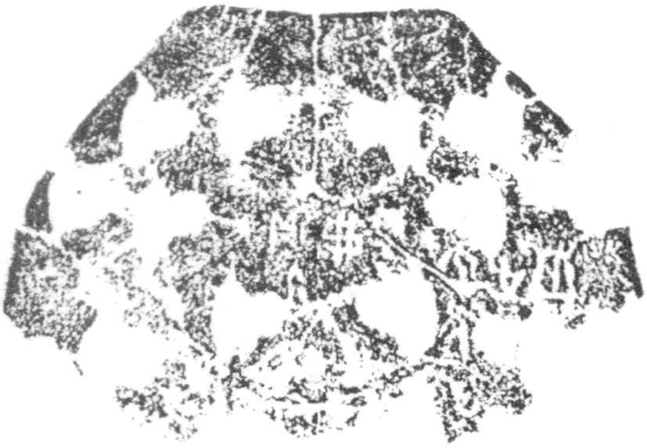

《合集》14034反

【资料来源及其他说明】该龟甲于 1936 年小屯村北出土（编号 13.0.6603、13.0.6610）。著拓号：《乙》3069（正）3070（反）。原龟甲拓藏：台湾“中研院”历史语言研究所。

【分类与断代】宾一类

【释文】《合集》14034 正

（1）庚午卜，㱿貞：子目冥（娩），妿（嘉）？　一 二

（2）貞：子目冥，不其妿？王固曰：隹妐…妿。　一 二

（3）王其弋？　一 二

（4）二告 一 二

【释文】《合集》14034 反

（1）貞：弜…

（2）弗…

（3）不隹…之…𡆥？

【解读】本版正面第（1）辞卜问“子目”分娩是否顺利，由此可知，其为女性，“子”在卜辞中不仅可指有身份的男性，亦可指贵族女子。

《合集》14037

4.《合集》14037

【资料来源及其他说明】该龟甲著拓号：《南坊》5.46，选定号：《历拓》526，重见情况：《掇二》478。

【分类与断代】宾一类

【释文】

（1）辛丑卜，爭貞：小臣冥（娩），妿？　二

（2）甲辰卜…　一

【解读】本版第（1）辞卜问小臣生育是否“嘉”，即顺

利。如果此辞没有省刻、误刻的话，则似可推知此辞中的“小臣”是女性。《屯南》附 22 为武丁时期卜辞，版残，该版也有类似的卜问。

5.《合集》6948 正反

《合集》6948正

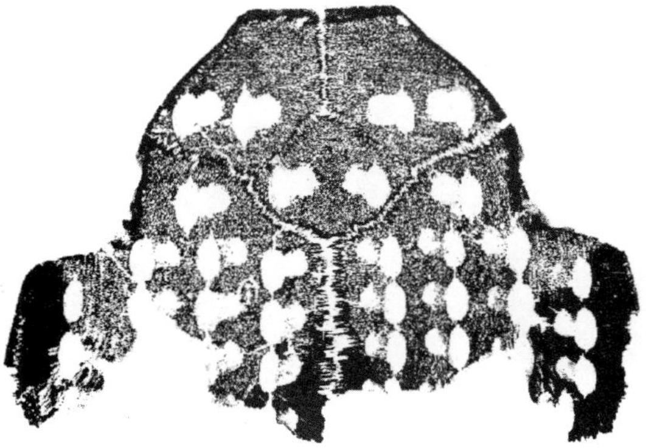

《合集》6948反

【资料来源及其他说明】该龟甲于 1936 年小屯村北出土（编号 13.0.4692、13.0.13382）。著拓号：《乙》2333 +（正）6311 +（反），选定号：《丙》249（正）250（反），拼合号：6310（正）（2333）（反）。原龟甲拓藏：台湾“中研院”历史语言研究所。

【分类与断代】宾二类

【释文】

（1）辛丑卜，㱿貞：王夢㕡隹又？　一

（2）壬寅卜，㱿貞：帚（婦）好冥（娩），妫？壬辰㞢癸巳冥，隹女。　一

（3）貞：帚好冥，不其妫？　一

（4）癸卯卜，㱿貞：乎雀衔伐亘，𢦏？十二月。　一 二 三 四

（5）弓乎雀衔伐亘，弗其𢦏？　一 二

（6）弓…雀…　一

（7）貞：翌丁未王步？ 一 二告 二
（8）丁未卜，㱿…日𠦪于…且乙… 一
（9）弜…于… 一
（10）于…庚㞢？
（11）辛亥卜，㱿貞：鼓以？ 一
（12）辛…貞…先？ 一

【解读】本版第（1）辞卜问商王做梦梦到“㚇”，是否得神灵保佑。第（2）（3）辞为对贞卜问妇好生育是否顺利。第（2）辞末有占辞，大意是：壬辰到癸巳生育，是个女婴。第（4）（5）辞为正反对贞，卜问是否命令将帅雀衜征讨亘方，此举是否能够打败它。第（7）辞卜问翌日丁未商王是否行军。

6.《合集》14001 正反

《合集》14001正

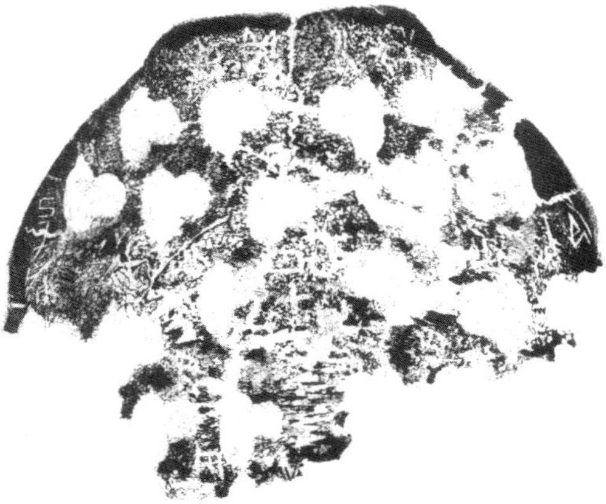
《合集》14001反

【资料来源及其他说明】该龟甲于1936年小屯村北出土（编号13.0.10939）。著拓号：《乙》4729（正）4730（反）。原龟甲拓藏：台湾“中研院”历史语言研究所。

【分类与断代】宾二类

【释文】

（1）壬寅卜，㱿貞：帚□冥（娩），妿？王固曰：其隹□申冥，吉、妿；其隹甲寅冥，不吉，𡆥隹女。 一

（2）壬寅卜，㱿貞：帚好冥不其妿？王固曰：卂不妿；其妿不吉，于𠂤若，丝廼囚。 一
（3）一 二 一 一 二 一 二告 二

【解读】本版围绕妇好的一次分娩进行占卜，刻辞位于首甲两侧，由外向内做正反对贞。两辞末皆记有商王武丁所做的占辞，这样的做法是不多见的，这也说明商王对妇好的分娩非常关心。前一占辞的大意是：妇好在某申日分娩是吉利，在甲寅日分娩不吉利，因为这天会生个女婴。后者占辞的大意是：此次生育可能不顺利，或者顺利但不吉祥，生出的孩子可能会遭殃。商王武丁曾有六次占卜妇好分娩的卜辞，即《合集》154、6948、

14001、14002、14003、14005[①]。其中以《合集》6948时间最早，其他皆为典型的宾二类卜辞，此是其中的一例。

7.《合集》14002 正反

《合集》14002正

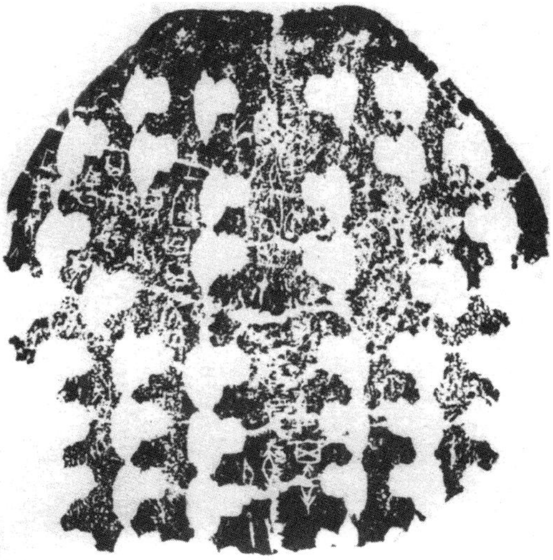
《合集》14002反

【资料来源及其他说明】该龟甲于1929年小屯村北出土（编号13.0.16249、13.0.16307、13.0.16395）。著拓号：《乙》7691 +（正）7692 +（反），选定号：《丙》247（正）248（反），拼合号：7731（正）7732（反）。原龟甲拓藏：台湾“中研院”历史语言研究所。

【分类与断代】宾二类

【释文】《合集》14002 正

（1）甲申卜，㱿貞：帚好冥（娩），㚼？王固曰：其隹丁冥，㚼；其隹庚冥引吉。三旬㞢（又）一日甲寅冥，不㚼隹女。 一

（2）甲申卜，㱿貞：帚好冥，不其㚼？三旬㞢一日甲寅冥，允不㚼，隹女。 一 一 二告 二 三 四 五 六 二告 一 二 三 四 五

【释文】《合集》14002 反

（1）其㞢不…

（2）王曰：其隹丁冥㚼，其庚引吉，其隹壬戌不吉。

（3）弗其㚔（執）？

（4）母庚㚔臣十？

【解读】从考察本版正面一些特征字可知，这是一版由宾一类向宾二类过渡的典型片，但考虑到所卜内容等因素，我们倾向将其归入宾二类。该版正面第（1）（2）辞正反卜问妇好分娩是否顺利。前者占辞的大意是，妇好在丁日分娩会是顺利的，在庚日分娩更好。此

① 魏慈德：《殷墟YH一二七坑甲骨卜辞研究》，台湾政治大学中国文学系博士学位论文，2001年，第209页。

二辞的验辞相同，大意是，此后第 31 天为甲寅日，妇好产下一个女婴，不嘉。反面第（2）辞亦为占辞，大意是，商王占断道：丁日分娩顺美，庚日更好，不过壬戌这天不好。其与正面第（1）辞的占辞相似而略有差别。

8.《合集》14008 正

《合集》14008 正

【资料来源及其他说明】该胛骨著拓号：《历拓》7062 正、反、臼。原龟甲拓藏：山东博物馆。

【分类与断代】宾二类

【释文】《合集》14008 正

（1）丁未卜，韦貞：帚姘冥（娩），幼？ 一

（2）貞：疒…隹…

（3）不𠫤鼄 一 不𠫤鼄 一

【解读】正面第（1）辞卜问妇姘分娩是否顺利。

9.《合补》4153

《合补》4153

【资料来源及其他说明】该龟甲著拓号：《怀》71。

【分类与断代】宾三类

【释文】

（1）□巳卜，爭貞：令王族比亩，𠂤叶王事？六□。

（2）□□卜，爭［貞］：𠦪王生于匕庚，于匕丙？二月。

【解读】本版第（1）辞卜问是否命令商王的同姓部族协同亩地的部族首领出征，并卜问𠂤地的部族首领是否勤劳王事。第（2）辞卜问是否为商王的生育之事向先妣妣庚、妣丙举行祈拜之祭。

10.《合集》14020

《合集》14020

【资料来源及其他说明】该胛骨著拓号:《前》7.14.4（不全），选定号:《历拓》7293，重见情况:《通》435（不全）。原龟甲拓藏：山东博物馆。

【分类与断代】㠯宾间类

【释文】

（1）[貞]：帚鼠冥（娩），妫？五月。

（2）…[乙]卯夕𣅀丙辰帚鼠…

（3）…亡（無）囚（禍）？

【解读】本版第（1）辞卜问妇鼠生育是否顺利。第（2）辞卜问妇鼠分娩的时辰：乙卯夜晚到丙辰。

# 第九部分　人　　物

卜辞所见的商王国人物系统较为复杂，具体表现在职官、部族首领、侯伯、王妇、子等诸名方面，或为集合称名，或为独立称名。

卜辞所见的商代职官，可能正如周人所描述的已具备“两服”[①]系统，即“殷正百辟”（内服——百僚庶尹、亚、服、宗工、百姓、里居）和“殷边侯甸”（外服——侯、甸、男、卫、邦伯），当然也包括社会其他阶层的职官。卜辞所载的内服职官，套用今天的官职类别，可分为：政务官（商王辅臣）、事务官（主管农业、畜牧业、田猎等）、军事官（主管军队、率众出征）、文化宗教官（主持占卜、司理典册等）。外服职官，依据封爵制可分为：公、

① 详参《尚书·酒诰》《大盂鼎》。

侯、伯、子、男五个级别。但常见于卜辞的侯、伯、子三类较多，而公、男两类则相对较少。

卜辞所载方国部族的首领，既包括商王国政治、经济和文化中心的王都、王畿的方国首领，同时也包括除王都、王畿以外，商人各种活动地理范围内邦族的首领。卜辞中既有关于内服（卿事、大史、方、小臣等）和外服（侯、伯、子、男）的记载，也有不少对商王国四方与四土的记载。具体记载方国名的有近百个，千余个地名中，虽然有的不用方来称名，但多数甲骨学者认为，这些地名或是方国名，或是方国首领名；或是部族名，或是部族首长名。面积大小不等的千余部族，或早已臣服于商王朝，或是商王朝属地中的农牧区、狩猎区，或是通过商王武丁到商末乙辛所进行的多次征伐战争而归顺的，商王朝的劲敌方国主要有：商王都北面和西北面的𢀛方、土方、鬼方、羌方、龍方，东面的人（夷）方，南面和西南面的虎方、巴方等，不少卜辞也充分反映了劲敌方国首领的军事等活动。商王国往往在征伐获胜的同时，不仅对这些被降服、归顺的方国首领进行利用，同时还对这些地区进行大力开发，尤其是对北方和西北地区。从今天的地理方位来看，当时商王朝统治的中心仍然是黄河中下游的中原地区，但其诸侯方国所达到的地域范围却东起辽宁、山东，西至四川、陕西及甘肃南部，北自内蒙古自治区南部和河北北部，南抵江淮流域。因此，卜辞所见商王国的人物活动范围也比较广。

1.《合集》10964 正反

《合集》10964正

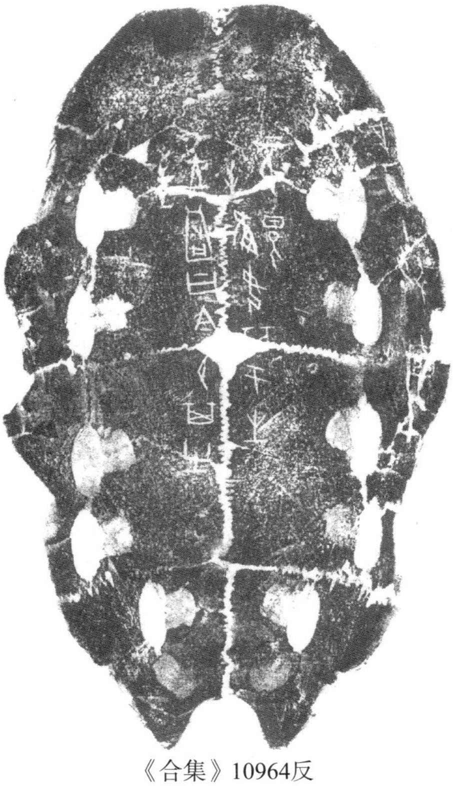

《合集》10964反

【资料来源及其他说明】该龟甲于1936年小屯村北出土（编号13.0.15342～13.0.15359）。著拓号：《乙》7288（正）7289（反）。原龟甲拓藏：台湾“中研院”历史语言研究所。

【分类与断代】宾一类

【释文】

（1）辛亥卜，内貞：今一月弇芷化其㞢（有）至？ 一 二 三

（2）貞：弇芷化其于生二月㞢至？ 一 二 三

（3）貞：令旃田于皿？ 一

（4）弓令旃田于皿？ 一

【解读】本版第（1）（2）辞卜问弇芷化这个人到来的时间，备选日期是第（1）辞的“今一月（指问卜之日所属的那个一月）”和第（2）辞的“生二月（此与“今一月”相邻，即问卜所在月份之后的二月份）”。有学者将“生二月”释作“生一月”，不确。因其作为备选日期的“今一月”与“生一月”时间相距较远，不大可能是两个备选日期。第（3）（4）辞为正反对贞，卜问是否命令旃人到皿地田猎。

2.《合集》3187

《合集》3187

【资料来源及其他说明】该龟甲著拓号：《续存下》224，选定号：《历拓》1166。原龟甲拓藏：中国国家博物馆。

【分类与断代】宾二类

【释文】

（1）丁□卜，𣪊貞：弓钔子𡚬…王固（占）曰：吉。𡚬亡…

（2）貞：禘于母庚羸？

（3）于匕己禘子𡚬？ 一

（4）于母… 一 二告

【解读】本版第（1）辞卜问为子𡚬举行禳灾之祭，祭祀对象有母庚和妣己，辞末有商王所做的占辞。“子𡚬”是与商王同姓的贵族族长之一，有关情况可与《花东》子卜辞和殷

《合集》3522 正

墟铜器铭文等资料相为参证。

3.《合集》3522 正

【资料来源及其他说明】该胛骨著拓号：《前》4.15.4（正），选定号：《历拓》10647 正反。原骨拓藏：吉林博物馆。

【分类与断代】宾二类

【释文】《合集》3522 正

（1）貞：我家舊⿸疒瞽臣亡壵我?

【释文】《合集》3522 反

（1）□入十才□。

【解读】本版所见之“⿸疒瞽”，从瞽[①]从疒，此乃殷商王朝的旧老臣（一般指前代先王的老臣），或为过去的宗教司职者。旧臣不仅阅历丰富，还因德高望重，功烈卓著，而被殷人所尊崇。卜辞贞问旧老臣是否害我，可见在商代人心目中，旧臣的地位之高，且具有为害作祟的神性权能。

4.《合集》3946 正

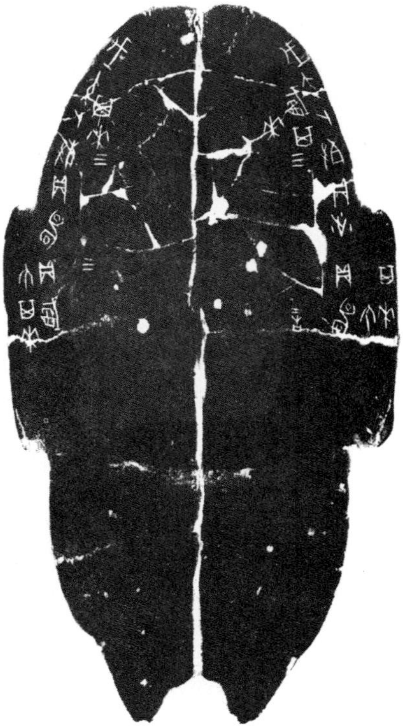

《合集》3946 正

【资料来源及其他说明】该龟甲于 1936 年小屯村北出土（编号 13.0.14378～14382）。

① 裘锡圭：《关于殷墟卜辞的“瞽”》,《裘锡圭学术文集 · 甲骨文卷》，复旦大学出版社，2012 年，第 510～515 页。

著拓号：《乙》6877（正）6878（反），选定号：《丙》28（正）29（反）。原龟甲拓藏：台湾“中研院”历史语言研究所。

【分类与断代】宾二类

【释文】《合集》3946正

（1）戊寅卜，𡿧貞：沚戓其來？　三

（2）貞：戓不其來？　三

（3）戊寅卜，𡿧貞：雷其來？　三

（4）貞：雷不其來？　三

【释文】《合集》3946反

（1）王固曰：雷其出。其隹丁，不出。其㞢疒，弗其凡。

（2）王固曰：戓其出，叀庚。其先戓至。

【解读】本版由贞人𡿧主持占卜，卜问部族首领“雷（即雷翟）”和“沚戓”是否“来”。本版各辞兆序为三，与《合集》3945正和反、3947正和反诸内容近同，同属一套卜甲。这三版卜甲反面的占辞也完全一致，皆为商王武丁对卜甲正面命辞进行占断，占辞断定雷（又称“雷翟”）将于丁日来，沚戓将于庚日前来面君受事。

5.《合集》4444

《合集》4444

【资料来源及其他说明】该胛骨著拓号：《前》6.21.6，选定号：《吉博》20。原骨拓藏：吉林博物馆。

【分类与断代】宾二类

【释文】

（1）貞：𠓛[1]不其乎來？

【解读】此辞卜问是否命令“𠓛”来见商王。“𠓛”是卜辞中较多见的部族名。今所见铸有商代“𠓛”族铭文的青铜器280余件，当年“𠓛”族人与商王室建立有密切的关系。

6.《合集》6987正

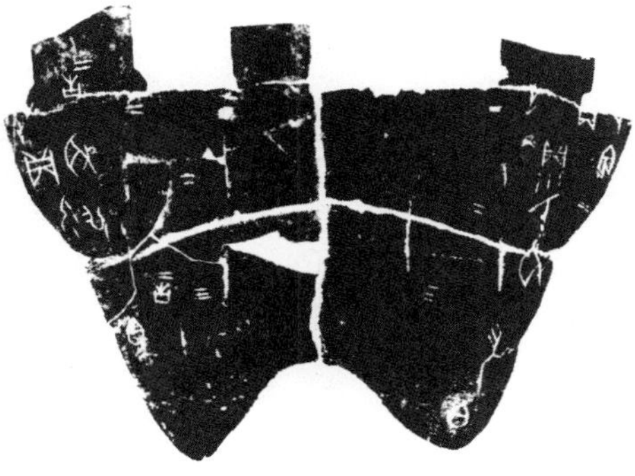

《合集》6987正

① 王建军：《殷周时期的“举族”及其相关问题》，《考古与文物》2010年第1期。

【资料来源及其他说明】该龟甲于 1936 年小屯村北出土（编号 13.0.4351、13.0.4404、13.0.4483）。著拓号：《乙》2127 +（正）2212（反），拼合号：2156 + 2211。原龟甲拓藏：台湾"中研院"历史语言研究所。

【分类与断代】宾二类

【释文】

（1）□□卜，穷［貞］：…步… 二

（2）…步？ 二二告

（3）貞：乎取㝨（微）白（伯）？ 一二三

（4）貞：弜取㝨白？ 一二三二告

【解读】第（3）（4）辞对贞卜问是否"呼取"即唤取微方的伯长。

7.《合集》7884

《合集》7884

【资料来源及其他说明】该胛骨著拓号：《文捃》1081。原骨拓藏：中国社会科学院历史研究所。

【分类与断代】宾二类

【释文】

（1）貞：弜﨑（遣）才（在）南奠（甸）？

（2）﨑？

【解读】本版两辞为对贞卜辞，卜问是否派遣驻守南地的甸官。辞中的"才（在）南"为介词宾语结构，作"奠（甸）"的定语。这样的构词方式与"才南廩"（设置于南地的粮仓，合 5708、9636），"才潐犬"（驻守潐地的犬官，合 27901）、"才盂犬"（合 28899），"才陪衛"（驻守某地的衛官，合 28009）、"才尋衛"（合 28060），"才爿牧"（驻守爿地的牧官，合 2320）等语相类。

8.《合集》10080

《合集》10080

【资料来源及其他说明】该胛骨著拓号：《佚》375，重见情况：《邺初下》35.2。原骨拓藏：清华大学。

【分类与断代】宾二类

【释文】

（1）貞：弜隹沚戠比？

（2）貞：㭬年于岳？

（3）貞：叀沚戠比？

（4）于河㭬年？

（5）貞：弜隹矦豹比？

（6）弜㭬？

（7）貞：叀矦豹比？

【解读】第（1）（3）和第（5）（7）辞为两组对贞卜辞，卜问是否协同将帅沚戠、侯豹出征。第（2）（4）辞卜选向岳神还是向河神求年。第（6）辞卜问是否不举行求年之祭。这两方面内容交错分布，属相间刻辞。

# 第十部分　建　　筑

殷墟甲骨文所反映的商代建筑业比较发达。主要包括居室、宫殿以及宗庙建筑等。关于居室、宫殿、宗庙等建筑，在安阳殷墟小屯东北地区已发现54座。在小屯村南、西以及北部发现了普通民居建筑[①]。关于宫殿、宗庙建筑形式，《考工记·匠人》云："殷人重屋，堂修七寻，堂崇三尺，四阿重屋。"甲骨文中有"𩫖"字，原字形写作（合13514正）、（合29794），从两亯，象重屋或城郭之形，甲文或作四亯相绕。此乃"𩫖（墉）"字。金文或于字形中部口形之中乘隙羡加点状或口形，如（师寰鼎），即《说文》所谓"从回"。《说文》以为"两亭相对"，不确。卜辞有"基方乍（作）𩫖"（合13514）的记载。商代建筑业的活动被称为"乍（作）"。张秉权先生在《甲骨文与甲骨学》一书中列举了十类有关建筑物的名称：宗、寝、室、宫、𠊊（廳）、门、户、宣、邑、京[②]。另外，卜辞亦见𩫖（墉）、家、门塾、廪、圂、坛台、𡎺等。

据研究，商代建筑仪式多用人兽作祭品，王邑、方国邑、诸侯属邑、一般邑聚均有所发现，除贵族的宫室外，一般平民的居室，甚至一些手工业作坊址，营建过程中往往也用人兽致祭。最具代表性的，是殷商时期的建筑仪礼，包括相地之宜、卜宅、择令工官、正位、奠基、置础、安宅（安门）、落成、迁宅等一系列的仪式，用活人、活畜量之多空前绝后，社会财富聚敛规模和王权政治的强化，可谓最鲜明不过。

殷王室建立有一套严格的宗庙制度，如王卜辞所建的宗庙有大乙宗、唐宗、成宗、大丁宗、大甲宗、大戊宗、大庚宗、中丁宗、祖乙宗、祖辛宗、祖丁宗、小乙宗、武丁宗、祖甲宗、康丁宗、武乙宗和文丁宗等。另外，宗庙以外的祭祀场所，卜辞常见的有父母升、祖妣升，还有□（祊，音bēng）、宗□（祊）、升□（祊）以及廷、室、家、寝、坛和官等。这些宗庙祭祀场所是殷人建筑的主要组成部分。

另外，殷墟甲骨文中有"乍（作）亚"（《屯南》1347）、"乍（作）多亚"（合21705、21707）的记载。孙海波先生认为，卜辞"言某某亚，犹言某某宫"[③]。李孝定先生认为，"亚"字象有四条墓道的王陵[④]。则"乍（作）亚"当是建造王陵。

1.《合集》14201

【资料来源及其他说明】该龟甲于1936年小屯村北出土（编号13.0.4060～13.0.4062、13.0.4064、13.0.4065、13.0.14125）。著拓号：《乙》1947＋，选定号：《丙》93，拼合号：

① 中国社会科学院考古研究所：《殷墟的发现与研究》，科学出版社，1994年，第51～80页。
② 张秉权：《甲骨文与甲骨学》，台北编译馆，1988年，第252页。
③ 孙海波：《甲骨文录》，河南通志馆，1937年，第23页下。
④ 李孝定：《甲骨文字集释》，《中央研究院史语所专刊》之五十，1970年。

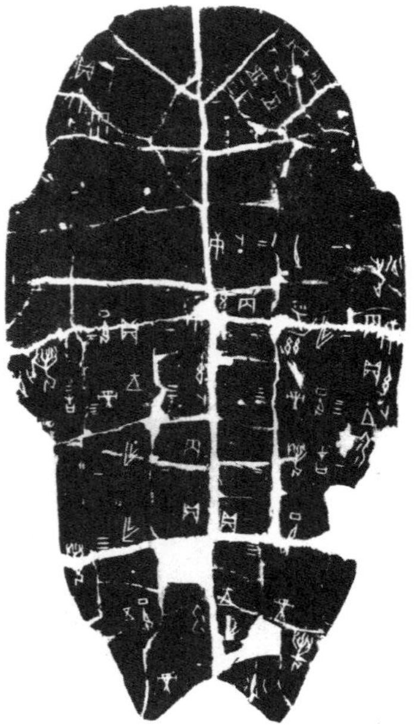

《合集》14201

《合集》14201（摹本）

6750。原龟甲拓藏：台湾“中研院”历史语言研究所。

【分类与断代】宾一类

《合补》1246

【释文】

（1）戊辰卜，爭貞：其雨？ 一

（2）貞：不雨？ 一

（3）庚午卜，内：屯乎步？八月。 一 二

（4）庚午卜，内貞：王乍邑，帝若？八月。 一 二 三 四 二告

（5）庚午卜，内貞：王弜乍邑𢀛兹，帝若？ 一 二 三 四

（6）貞：王乍邑，帝若？八月。 一 二 三

（7）貞：弜乍邑，帝若？ 一 二 三［四］五

【解读】第（4）～（7）辞系庚午日贞人内所卜，卜问商王武丁营造城邑，是否会得到上帝的嘉许，“帝若”（诺）王是殷人赋予上帝诸神性中的一种。由庚午卜辞兆序可知，营造城邑之事在该版被反复占卜。

2.《合补》1246

【资料来源及其他说明】该胛骨著拓号：《蔡续》4.2，拼合号：《合集》13598 +《怀》956，各部现分藏于山东博物馆、加拿大皇家安大略博物馆。

【分类与断代】宾二类

【释文】

（1）貞：于甲令？
（2）貞：于乙門令？
（3）貞：于乙門令？
（4）貞：弜（勿）于乙門令？
（5）貞：弜于乙門令？
（6）今日𡍬于𦎫（敦）？
（7）貞：犬征其𠙵工？
（8）己巳卜，㱿貞：犬征亡其工？六月。 一 二 三 四
（9）貞：告于…？
（10）丁巳卜，㱿貞：乎自般𡍬𡵂（㠱）？ 一

【解读】第（2）～（5）辞所见之“乙门”，是一种建筑物。第（7）（8）辞的工事字初文作，象夯土工具之形。周金文将字形简化，作工（虢季子白盘）形，遂为篆隶所本。《说文》以为“象人有规矩也”，似非。

第（1）～（5）辞分别卜问发布命令的时间和地点。第（6）辞卜问是否当日前往𦎫地。第（7）（8）辞对贞卜问将帅犬征行“工”事。第（9）辞卜问是否向“大示”（即直系先王）举行祰祭。第（10）辞卜问是否命令自般这个人前往微地。卜辞中的地名、部族、部族首领名通常互用。本版的“犬征”“自般”是宾组、历组卜辞中多见的军事将领。

# 第十一部分　书　　风

一幅甲骨文书法作品，其实是由技艺精湛的书家或刻手独立完成的。不同组类的字形和书体，究竟是哪位刻手所为，鉴于材料所限，仍无法准确推定。董作宾先生所谓“卜辞中书名的贞人，也就是一个卜辞的书契者”，这种贞人、史官、书家三位一体的认识很可能缺乏证据。试想卜辞中有那么多“王卜贞”之辞难道都是商王自己所刻吗？况且，卜辞中常见的异史同版、贞卜异事而书刻风格一致者也不乏其例，《合集》14314就是一个最好的例证。

有关甲骨文字形的书刻问题，我们可先从董作宾先生在1929年所写《商代龟卜之推测》一文得到了解，董氏谓：细如毛发之字以刀尖“单锋”刻划而成，“双锋”则两面皆有刻划（两次运刀）之痕，大字以“平锋”而字画之底似凿成者；笔顺盖先直而后横，斜笔则同于直且一次书成。“卜辞有仅用毛笔书写而未刻的，又有全体仅刻直画的，可见是先书后刻。”陈梦家先生对甲骨文先书后刻的说法持否定意见，他指出：“书写的字既然较刻辞为粗大，且常与刻辞相倒，所以书辞并非为刻辞而作的，更不是写了忘记刻的。刻辞有小如蝇头的，不容易先书后刻，况且卜辞所常用的字并不多，刻习惯了自然先直后横，本无须乎先写了作底子。”[①]

① 陈梦家：《殷墟卜辞综述》，科学出版社，1956年，第15页。

通过两家的争辩，至少使我们了解了甲骨文书法方面的单锋、双锋、平锋等概念，足可见刻手入刀和收刀的技艺当精湛无比。

甲骨文字体前后有发展变化，各类字形亦有差异，据此可以作为断代的依据。此外，每一时期的书法和笔迹特征也比较简便又准确。无论全辞或残辞，也无论有无其他条件，确可据以断代，尤其是了解一些卜辞常用字形的变化和书法特点，对辨别卜辞时代很有实用价值。

就字形来说，有些字早中晚期有明显的不同，它们或增损笔画，或改变结构、增加偏旁。

1.《合集》728

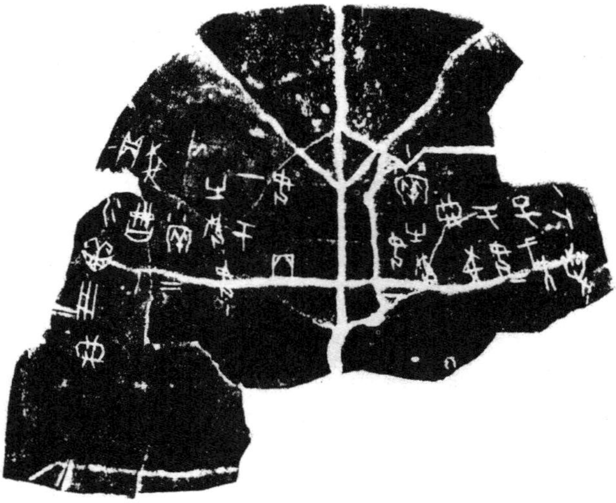

《合集》728

【资料来源及其他说明】该龟甲于 1936 年小屯村北出土（编号 13.0.3532、13.0.4077、13.0.4536）。著拓号：《乙》1670 +，选定号：《丙》512，拼合号：1957 + 2249。原龟甲拓藏：台湾“中研院”历史语言研究所。

【分类与断代】宾一类

【释文】

（1）…卜，爭：…子𡥈于女𢀛㷉小宰㞢㞋女一?

（2）貞：弜䖒用𢀛㷉㬜小宰二㞢㞋女一于女丙?

【解读】本版行款布局工整，结构谨饬。其中子字方首、斜臂、躯干略弯。争字中部的凵形笔画作尖底状。㞢字的中竖出头较少。贞字耳形瘦尖，两足较高。本版由贞人爭主持占卜祭祀事。

2.《合集》1623 正

【资料来源及其他说明】该龟甲于 1936 年小屯村北出土（编号 13.0.11381、13.0.11386、13.0.12507、13.0.12508、13.0.12509、13.0.12574、13.0.12448、13.0.12580、13.0.12587、

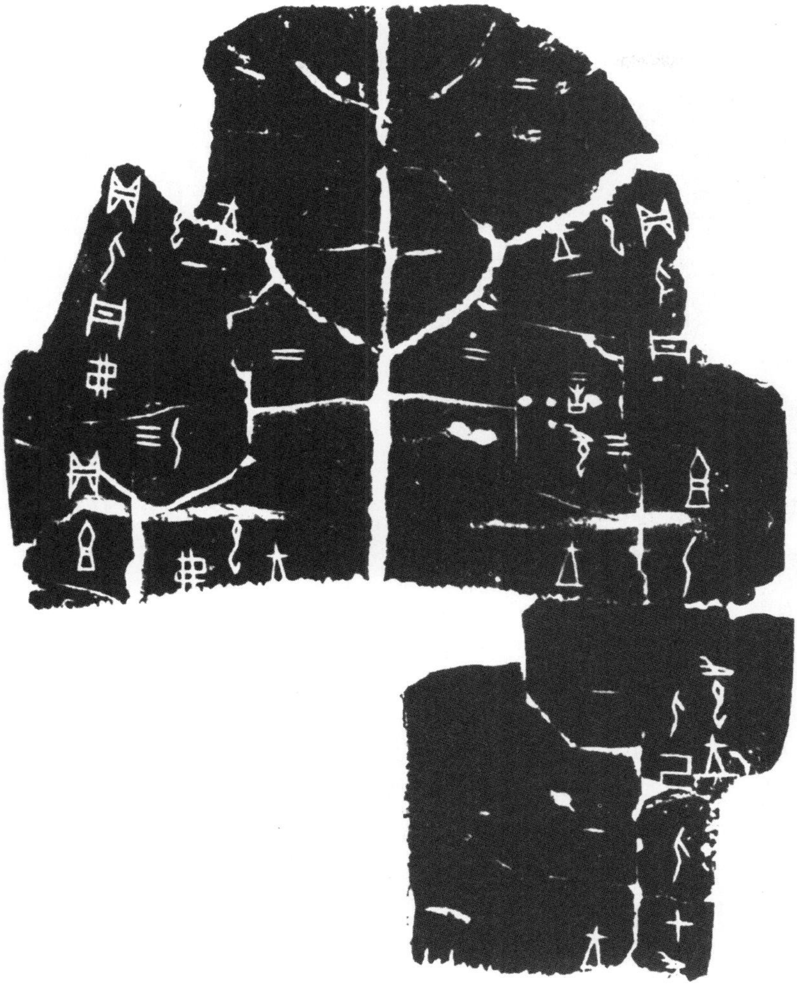

《合集》1623 正

13.0.13593、13.0.13615、13.0.13601、13.0.13611、13.0.13784）。著拓号：《乙》4968 +（正）5695 +（反），选定号：《丙》483（正）484（反），拼合号：[5736 + 6451 + 6460]（正）[（4968 等）]（反）。原龟甲拓藏：台湾"中研院"历史语言研究所。

【分类与断代】宾一类

【释文】

（1）貞：匕丹盅王？ 一

（2）貞：匕丹弗盅王？ 一

（3）且乙盅王？ 一 二 二告 三

（4）貞：且乙弗盅王？ 一 二 三

（5）匕己盅王？ 一

（6）匕甲王？ 一

【解读】本版笔画严谨，书风整饬。卜问妣丹、祖乙、妣己、妣甲是否为害于商王。

3.《合集》6664 正反

《合集》6664正

《合集》6664反

【资料来源及其他说明】该龟甲于 1936 年小屯村北出土（编号 13.0.12006、13.0.12470、13.0.12494）。著拓号：《乙》5408 +（正）5409 +（反），选定号：《丙》114（正）115（反），拼合号：[5713 + 5728]（正）[（5713 + 5728）]（反）。原龟甲拓藏：台湾“中研院”历史语言研究所。

【分类与断代】宾一类

【释文】

（1）甲申卜，□貞：隹□乙□齒？ 一 二

（2）□□卜，㱿貞：不隹□乙□齒？ 一 二

（3）乙酉卜，爭貞：隹父乙降囚？ 一 二告 一 二 三

（4）貞：不隹父乙降囚？ 一 二

（5）辛亥卜，王貞：酉父乙百宰？ 十一月。 三

（6）戊午卜，爭貞：叀王自𡉚𢀛？ 十二月。 一 二 二告〔三〕四

（7）…不…隻…二告

（8）甲辰卜，爭貞：我伐馬方，帝受我又？ 一月。 一 二 三 四 二告

（9）貞：㞢（侑）于上甲三宰，告我匚（報）衛？ 一 二

（10）貞：一宰于上甲告我匚衛？ 一 二

（11）十豭于上甲？ 一 二

（12）㞢于示壬？ 一

【解读】本版书风严谨，笔画简洁清秀。该版第（5）辞由商王亲自主持占卜，第（3）（4）（6）（7）（8）等辞由贞人爭主持占卜，第（1）（2）（12）等辞由贞人㱿主持占卜。

4.《合集》559 正反

《合集》559正

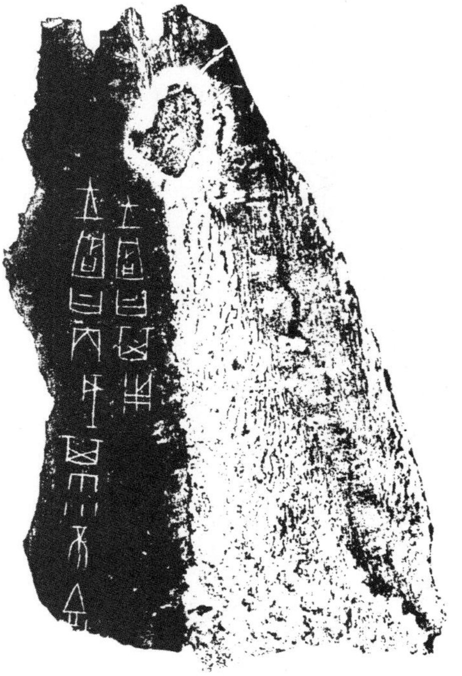

《合集》559反（局部）

【资料来源及其他说明】该胛骨著拓号：《前》7.9.2 +（正），选定号：《历拓》10334 正，反，重见情况：《通》27（正），拼合号：《京》1255（正）1256（反）。原骨拓藏：天津博物馆。

【分类与断代】宾二类

【释文】《合集》559 正

（1）□子卜，㱿貞：五百僕□？

（2）貞：五百僕弜用？

（3）□丑卜，㱿貞：五百…

（4）癸丑卜，㱿貞：五百僕用？旬壬戌㞢用僕百。三月。

（5）甲子卜，㱿貞：告，若？

（6）戊辰卜，㱿貞：王徝（循）土方？

（7）癸巳卜，亘貞：𢦔？七月。

（8）癸巳卜，亘貞：曰…

（9）小告

【释文】《合集》559 反

（1）王固曰：其用。

（2）王固曰：丙戌其雨，不［吉］。

【解读】本版诸辞直书下行，书风雄伟劲健，用笔舒展流畅，可谓本类卜辞书风的代表之作。例如，贞、𣪘、旬、辰、巳（子）、地支子字、丑、戊和戌等皆为宾二类特征字形。

根据本版各条卜辞内容的联系，可知贞人𣪘反复卜问商王是否命令“五百僕”征伐土方。另见《合集》537～562诸版卜问是否命令多僕征伐𢀛方。

《合集》2863

5.《合集》2863

【资料来源及其他说明】该胛骨著拓号：《历拓》6538。原骨拓藏：山东博物馆。

【分类与断代】宾二类

【释文】貞：唐弗爵竹妾？

（1）…［竹］妾？

【解读】本版字体属宾二类书风，字体优美，书刻自然流畅。第（1）辞卜问唐是否对竹方来的贵妇竹妾加以爵赏。

6.《合集》7943

【资料来源及其他说明】该胛骨著拓号：《簠游》13 +，选定号：《簠拓》586，拼合号：20。原骨拓藏：天津博物馆。

【分类与断代】宾二类

【释文】

（1）貞：王㞢出于䇂？

（2）貞：王弜㞢出于䇂？

【解读】本版用笔刚柔并济，字形端庄秀丽，结构开阔疏朗，收放自如，是典型的宾二类风格。该版典型字，如贞字高足，两耳隙间较大。往、出二字所从的止旁均用弧笔。弜字所从的点状笔画距弓形较近，且斜出的方向一致。该版两辞为正反对贞卜辞，卜问商王是否出巡于䇂地。

《合集》7943

7.《合集》8806

【资料来源及其他说明】该胛骨著拓号：《前》3.30.4，选定号：《历拓》6587。原骨拓藏：山东博物馆。

【分类与断代】宾二类

【释文】

（1）貞：弜乎取牛？

（2）貞：我不其受年？

（3）□：乎□牛□𡚤？

【解读】本版字形方正而俊美，笔力刚健，结构匀称，为典型的宾二类风格。该版有典

《合集》8806

型字，如取、受字所从的又旁由弧笔写就。乎字上方诸短竖笔略长，排列整齐，下方的中竖较直。不字有上横，字形中部作三角形。该版第（1）辞卜问是否命人征取牛牲。第（2）辞卜问“我”是否能够获得好的年成。

8.《合集》102

【资料来源及其他说明】该胛骨著拓号：《前》7.32.4，重见情况：《通》466。

【分类与断代】宾三类

【释文】

（1）□戌卜，貞：翌乙亥㞢于且宰㞢（又）一…

（2）□戌卜，貞：𠂤見（獻）百牛，𠘧用自上示？

（3）…貞：翌□酌，隻丁朝歳（劌）？一月。

（4）…來芻陟于西示？

《合集》102

【解读】本版属于宾三类书风，其中的典型字如戌字柲部笔直，刃部作三角形。贞字宽体、尖耳，中部两横笔间距较近。亥字中竖笔直，内侧的斜笔较短且位置较低。于字上方两横笔平置，中竖取直笔，或较短。且字较矮而宽。第（1）辞卜问次日乙亥向祖乙致侑祭之事。第（2）辞卜问是否用𠂤人贡纳的一百头牛向直系先王施以血祭。

9.《合集》557

【资料来源及其他说明】该龟甲于1929年小屯村北大连南、大连南井出土（出土编号3.0.1815、3.0.1818、3.0.1820、3.0.1821、3.0.1822、3.0.1825、3.0.1827、3.0.1862）。著拓号：《佚》389＋，选定号：《历拓》2958，重见情况：《邺初下》36.1，拼合号：《甲》2092＋2094＋2095＋2096＋2097＋2099＋2100＋2123。原龟甲拓藏：清华大学。

【分类与断代】宾三类

【释文】

（1）癸酉卜，貞：其自𠂤㞢來媘？　一

（2）貞：不自𠂤㞢來媘？十一月。　一

（3）癸酉卜，貞：商再（稱）瞀？

（4）貞：弜商𢦏𠂤？

（5）甲戌卜：翌乙亥㞢于且乙？　一

（6）貞：其㞢于且乙牢？　一

（7）貞：卅牢？　一

（8）貞：五十牢？　一

（9）戊…貞…㞢…　一

（10）貞：自唐㞢？　一

《合集》557

（11）…亡（無）疒？十二月。

（12）…一人。

（13）甲子卜，［宊］貞：杋（蓺）求雨娥于［河］？

（14）…雨娥？一月。

（15）癸未卜，貞：翌戊子王㞢逐垂？

（16）貞：弓㞢？　一

（17）癸未卜，貞：弓隹叄令？一月。

（18）…一月。

（19）丁未，貞：王坒于田亡［巛（災）］？

（20）［甲］午卜，貞：退翌于甲寅酌？ 一

（21）貞：弓退酌？［一］月。 一

（22）乙未卜，貞：乎先取僕于… 一

（23）貞：弓乎？ 一

（24）弓乎？ 一

（25）庚子卜，貞：㞢匚（報）于南室？ 一

（26）貞：弓㞢？ 一

（27）庚子卜，貞：其攺丁用于癸卯…酌？ 一

（28）丁未卜，貞：王夕深隹㞢由？ 一

（29）貞：不隹㞢由？二月。 一

（30）丁未卜，貞：不隹？二月。 一

（31）癸丑卜，貞：小示㞢羌？ 一

（32）貞：弓㞢羌？二月。 一

（33）貞：弓令用𠂤來羌？

（34）丁未…貞…乎… 一

（35）貞：乎王女興于…

（36）癸丑卜，貞：弓乎多□興？二月。 一

（37）貞：令□取僕于若？

（38）貞：弓令？ 一

（39）…卜，貞…用… 一

（40）貞：其于一人囚？ 一

【解读】本版属典型的宾三类风格，当为成套卜辞的第一版。多数字体用笔富有力度。其占卜内容较多，主要涉及祭祀、田猎、征战、疾病、贡纳等。

10.《合集》1520

【资料来源及其他说明】该胛骨著拓号：《甲零》30，选定号：《历拓》10273。原骨拓藏：天津博物馆。

【分类与断代】宾三类

【释文】

（1）甲戌卜，貞：翌乙亥㞢于且乙三牛，𠦪見人（夷）牛？十三月。

（2）甲戌。

（3）丁丑。

（4）己卯。

【解读】本版字形较小，诸字形结构精巧、紧凑。第（1）辞卜问翌

《合集》1520

日乙亥是否用三头牛为祭牲向祖乙致侑祭，所用的祭牲是𠂤这个部族首领贡纳的人（夷）地之牛。

《合集》5251

11.《合集》5251

【资料来源及其他说明】该龟甲著拓号：《安明》289。原龟甲拓藏：加拿大皇家安大略博物馆。

【分类与断代】宾三类

【释文】

（1）戊寅卜，事（史）貞：王𠂤叀吉？

【解读】本版字体隽秀，如同工笔小字。“王𠂤叀吉”，这句卜辞恒语及本版贞人又多见于何一类卜辞。本版是宾三类和何一类卜辞时代相近之证。

12.《合集》9572

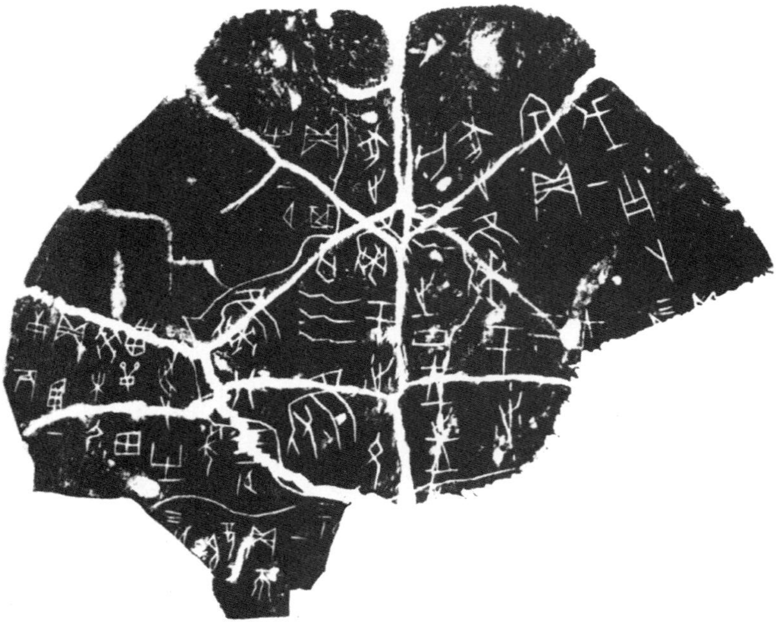

《合集》9572

【资料来源及其他说明】该龟甲著拓号：《续存下》166，选定号：《历拓》1151。原龟甲拓藏：旅顺博物馆。

【分类与断代】宾三类

【释文】

（1）貞：不𣌭？十三月。一

（2）庚辰□，貞：翌癸未𢀛西單田，受㞢年？十三月。一

（3）戊子卜，穷貞：王逐雉于沚，亡𢦏（災）？之日王𡴊逐雉于沚，允亡𢦏，隻雉八。一 二

（4）貞…［十］三月。

（5）…十三［月］。

（6）貞：其㞢？二月。

【解读】本版諸字用笔纤细，字形呈方势，结构稍疏散凌乱。该版第（2）辞中有一字写作“[illegible]”形，隶作“⿸厂少”，或读为“屎”，像人拉屎之形。胡厚宣认为卜辞中“屎田”就是粪田，即给农田施用粪肥①，这种说法为诸多学者所赞同②。但也有不同见解，如何景成先生就认为，胡厚宣先生将此字读为“屎”，把“屎田”解释为粪田，恐有问题。何先生在充分理解裘锡圭与李家浩先生观点的基础上，又进一步认为，裘先生直接将此字释为“沙”字，从读音上看是对的，但字形表意上难以理解，因此不宜直接释“沙”。正如李家浩先生所说当按《说文》用为“徙”。故“徙田”即为“沙田”。第（3）辞卜问商王在沚地逐猎雝鸟，是否有灾咎。辞后段为验辞，大意是：这天商王前往沚地捕猎雝鸟，果然没有灾祸，且抓获了八只。

13.《合集》16665

《合集》16665

【资料来源及其他说明】该胛骨著拓号：《珠》198。原骨拓藏：日本东京大学。

【分类与断代】宾三类

【释文】

（1）…𡆥？

（2）癸未卜，穷貞：旬亡𡆥？三月。

（3）癸巳卜，穷貞：旬亡𡆥？四月。

（4）癸卯卜，穷貞：旬亡𡆥？四月。

（5）癸丑□，穷貞：旬亡𡆥？四月。

（6）癸亥卜，穷貞：旬亡𡆥？五月。

（7）癸酉卜，穷：旬亡𡆥？五月。

（8）□未卜，□貞：□□𡆥？□月。

【解读】本版属于宾三类风格，字形多为蝇头小字，笔画工整。诸辞皆卜旬，其干支较少缺项，辞末的记月连贯。此版胛骨上记录着老臣贞人穷，在三个月内一直牵挂着商王国的安危。因为宾三类既有武丁晚期的卜辞，也有武丁下世之后的卜辞，所以我们仅从该版的“贞旬辞”中，无法判断究竟是哪个时段。但至少我们可以推知，此时商王国的命运正处在新旧交替的历史转折关头。

14.《合集》10410 正

【资料来源及其他说明】该胛骨著拓号：《前》7.13.2 +（正），选定号：《北图》2113

---

① 胡厚宣：《殷代农作施肥说》，《历史研究》1955 年第 1 期；《殷代农作施肥说补正》，《文物》1963 年第 5 期；《再论殷代农作施肥问题》，《社会科学战线》1981 年第 1 期。

② 参见温少峰、袁庭栋：《殷墟卜辞研究——科学技术篇》，四川省社会科学院出版社，1983 年，第 215～218 页；彭邦炯：《甲骨文农业资料考辨与研究》，吉林文史出版社，1997 年，第 561、562 页等。

《合集》10410 正

正 +《历拓》9545 正，重见情况：《摭续》8（反），拼合号：7.41.1 +《戬》41.3（《续》3.41.5）《合集》39828，现分藏于中国国家图书馆、上海博物馆。

【分类与断代】自宾间类

【释文】

（1）[庚]午卜，王：□兕？允□。才（在）大䆓。二月。 三

（2）辛未卜，王：隻？允隻兕一，豕。 三

（3）甲戌卜，王：隻？允隻鹿五。

（4）庚辰卜，王…

（5）辛巳卜，王：隻鹿？允隻五。

（6）壬午卜，王…

（7）甲申卜，王：隻？

（8）丙戌卜，王：隻？

（9）□□［卜］，王：隻兕？允隻一。

（10）…逐兕？

（11）…［兕］。

（12）庚辰。　三

（13）辛巳。　三

（14）壬午。　三

【解读】本版当为成套卜辞的第三版，多数卜辞由商王卜问田狩事。其中的典型字如申字主干笔画上下方附着的短画写作直笔而不勾曲。巳（子）字方首、两臂连写为斜直笔。戌字作直刃、直柲、平鐏之形。鹿字用笔简练，前蹄稍扬，角形省写为一枝而非左右的两枝。

# 附录四　宾组卜辞（《合补》部分）类型划分及其他类项一览表

| 著录号 | 缀合 | 重片 | 类型划分 | 贞人 | 专家分类 | 其他说明 |
|---|---|---|---|---|---|---|
| 1 | 合 338+ 京人 971、1065 | | 宾二类 | 𡧊 | | 缀后补一贞人，辞例似有不同 |
| 2 | | | 宾二类 | 𡧊 | | 贞人名尽量用隶定字，其他描述用通行字 |
| 3 | | | 宾二类 | | | |
| 4 正反 | 合 14513+ 珠 1401、正（东文 207） | 反 =5515 | 宾二类 | | | |
| 5 | | | 宾二类 | | | |
| 6 | | | 𠂤宾间类 | | | |
| 7 | | | 宾二类 | | | |
| 8 | 黄拼 8+502+ 合 1471+ 合 3308 | 合 3309 | 宾三类 | | | |
| 9 | | < 合 19765 | 𠂤历间类 | | 黄𠂤历间 B | 非宾[①] |
| 10 | | 合 291 | 宾三类 | | | |
| 11 | | | 宾三类 | | | |
| 12 正反 | | 合 305 | 宾二类 | 𡧊 | | |
| 13 | | 合 320 | 宾三类 | | | |
| 14 | | | 宾二类 | | | |
| 15 | | | 宾一类 | | | |
| 16 正反 | | 合 327 | 宾三类 | | | |
| 17 | | 合 22565 | 出一类 | | | 非宾 |
| 18 | | | 宾二类 | | | |
| 19 | | 合 388 | 宾二类 | | | |
| 20 | | | 宾三类 | | | |
| 21 | | | 宾二类 | | | |
| 22 | | | 宾二类 | | | |
| 23 正反 | | | 宾二类 | | | |
| 24 正反 | 裘缀 26 正反 = 合 249 正反 + 合 232 正反 | | 宾二类 | | | |

① 专家分类栏中的专家名一律用简称，如：黄即黄天树；李彭即李学勤、彭裕商；崎川即崎川隆；蒋即蒋玉斌。

续表

| 著录号 | 缀合 | 重片 | 类型划分 | 贞人 | 专家分类 | 其他说明 |
|---|---|---|---|---|---|---|
| 25 | | 852 | 宾三类 | 穷 | | 裘缀正反分 |
| 26 | | | 宾二类 | | | |
| 27 | | | 宾二类 | | | |
| 28 | | | 宾二类 | | | |
| 29 | | | 宾三类 | | | |
| 30 | | | 宾一类 | | | |
| 31 | 合 11571+甲 4.0.0151=合补 2860 | 2860 | 宾二类 | | | |
| 32 | 蔡续 10.2=合 80+合 68 | | 宾二类 | | | |
| 33 | | | 宾三类 | | | |
| 34 | | | 宾三类 | | | |
| 35 | | 合 77 | 宾二类 | | | |
| 36 | | ＜合 41 | 宾二类 | | | |
| 37 | | | 宾一类 | | | |
| 38 正反臼 | 蔡续 10.5 正 =合 595 正 + 合 6000 正 | | 宾二类 | 亘 | | |
| 39 | 黄拼 39+ 合 3782+ 合 3397 | ＞合 11571 | 宾二类 | | | 蔡缀 25= 合 4203+合 1078 |
| 40 正反 | 黄缀一 .4= 合 1095+合 18707 | | 宾二类 | | | |
| 41 | | | 自宾间类 | | | |
| 42 | | | 宾三类 | | | |
| 43 正反 | 黄拼 43 正反 + 合 17139 | 合 17096 | 宾一类 | | | |
| 44 | | | 宾三类 | | | |
| 45 | | 合 825 | 宾一类 | | | |
| 46 | | 合 6024 | 宾二类 | 永 | | |
| 47 | | | 宾三类 | | | |
| 48 | | | 宾一类 | | | |
| 49 | | | 宾一类 | | | |
| 50 | | | 宾二类 | | | |
| 51 甲乙 | 蔡续 8.1= 合 39514 | | 宾三类 | 穷 | 黄宾三 | |
| 52 | | | 宾三类 | | | |
| 53 | | 合 107 | 宾二类 | | | |
| 54 | | | 宾三类 | | | |
| 55 | | | 宾一类 | | | |

续表

| 著录号 | 缀合 | 重片 | 类型划分 | 贞人 | 专家分类 | 其他说明 |
|---|---|---|---|---|---|---|
| 56 | | | 宾一类 | | | |
| 57 | | | 宾一类 | | | |
| 58 甲乙臼 | 黄拼 58 乙（合 850）+ 上博（812 页）46464 | 甲臼 = 合 849 正臼 乙 = 合 850 | 宾二类 | | | |
| 59 | | | 宾三类 | | | |
| 60 正甲乙反甲 | 严评 7 正 = 合 1248 正 + 乙 3367 正 | | 宾二类 | 㱿、争、亘 | 李彭宾一 A | |
| 61 | 蔡缀 24 部分 = 合 4916+ 合 1243+ 合 15812 | | 宾一类 | | | |
| 62 | 缀新 619= 合 32341+ 合 20260 | | 宾一类 | | | 左上多伪刻 |
| 63 | | 合 13580 | 宾一类 | | | |
| 64 | | | 宾三类 | | | |
| 65 | | | 宾一类 | | | |
| 66 | | 合 19809 | 𠂤大字类 | | | 非宾 |
| 67 正反 | | | 宾三类 | 争 | | |
| 68 | | 合 11011 | 宾三类 | | | |
| 69 正反 | | | 宾三类 | 争 | | |
| 70 | | | 宾一类 | | | |
| 71 | | | 宾三类 | | | |
| 72 | | | 宾三类 | | | |
| 73 | | 合 4608 | 宾二类 | | | 并与合 16432+ 合 19359 缀合同文 |
| 74 | | 合 1221 | 宾三类 | | | |
| 75 | | | 宾一类 | | | |
| 76 | | | 宾三类 | | | |
| 77 | | 合 13548 | 宾二类 | | | |
| 78 | | | 宾三类 | | | |
| 79 | | | 宾二类 | | | |
| 80 | | < 合 27061 | 无名类 | | | 非宾 |
| 81 | | | 宾三类 | 㝉 | | |
| 82 | | | 宾三类 | 争 | | |
| 83 | | | 宾三类 | | | |
| 84 | 蔡续 4.5= 合 1298+ 合 5808 | | 宾一类 | 㝉 | | |

续表

| 著录号 | 缀合 | 重片 | 类型划分 | 贞人 | 专家分类 | 其他说明 |
|---|---|---|---|---|---|---|
| 85 | 黄拼 85+<br>上博 2426.1343 | > 合 1272 | 宾二类 | 㱿、永 | | |
| 86 | | | 宾三类 | | | |
| 87 | | | 宾三类 | | | |
| 88 | | | 宾三类 | | | |
| 89 | | | 宾二类 | | | |
| 90 正反 | | < 合 1351 正乙<br>反乙 | 宾二类 | | | |
| 91 | | | 宾二类 | | | |
| 92 正反 | | | 宾二类 | | | |
| 93 | 甲释 11= 合 22167+<br>甲 1.0.0528 | 6815 ><br>合 22167 | 劣体类 | | 黄劣体类 | 非宾 |
| 94 正反 | | < 合 6463 | 宾一类 | | | |
| 95 | 严再评 2= 合 1293+<br>合 1294+ 合 1473 | | 宾三类 | 王 | | |
| 96 | | | 宾一类 | | | |
| 97 | | | 宾一类 | | | |
| 98 | | | 宾一类 | | | |
| 99 | | 合 1438 | 𠂤宾间类 | | | |
| 100 正反 | 胡缀 1 正 = 合 1403+<br>合 672 正 | | 宾一类 | 㱿、争 | 黄宾一 | |
| 101 | | 合 10302 正丙 | 宾二类 | | | |
| 102 | | 合 1430 乙 | 宾一类 | | | |
| 103 | | | 宾一类 | | | |
| 104 | | 合 18408 | 宾二类 | | | |
| 105 | | < 合 22823 | 出一类 | | | 非宾 |
| 106 | | | 待考 | | | |
| 107 | | 合 35672 | 待考 | | | |
| 108 | | 合 35670 | 待考 | | | |
| 109 | 黄拼 109 + 合 8065<br>（合 15586） | | 宾一类 | | | |
| 110 | | | 宾二类 | | | |
| 111 正反<br>臼 | | | 宾二类 | 争 | | |
| 112 | 合 1802+ 合 1658 | | 宾三类 | | | |

续表

| 著录号 | 缀合 | 重片 | 类型划分 | 贞人 | 专家分类 | 其他说明 |
|---|---|---|---|---|---|---|
| 113 | | | 出一类 | | | 非宾 |
| 114 | | | 出一类 | | | 非宾 |
| 115 | | | 出三类 | | | 非宾 |
| 116 | | | 宾二类 | | | |
| 117 | | | 宾二类 | | | |
| 118 | | | 宾三类 | 宾 | | |
| 119 | | | 宾三类 | | | |
| 120 | | | 宾三类 | 争 | | |
| 121 | | 合 1584 乙 | 宾二类 | | | |
| 122 | | < 合 1567 | 宾三类 | | | |
| 123 | | 合 2055 | 宾一类 | | | |
| 124 | | | 宾三类 | 穷 | | |
| 125 | | | 宾三类 | | | |
| 126 | | | 宾三类 | | | |
| 127 | | | 宾三类 | | | |
| 128 | | 合 1573 | 宾二类 | | | |
| 129 | | | 宾一类 | | | |
| 130 | | | 宾一类 | 内 | | |
| 131 | | | 宾一类 | | | |
| 132 | | | 宾一类 | | | |
| 133 正反 | | | 宾二类 | | | |
| 134 正臼 | | | 宾二类 | 争、古 | | 臼：罟 |
| 135 | | | 宾二类 | | | |
| 136 | | | 宾二类 | | | |
| 137 正反 | | | 宾二类 | | | |
| 138 | | | 宾二类 | 穷 | | |
| 139 正反 | | | 宾二类 | | | |
| 140 | | | 宾二类 | | | |
| 141 | | | 宾二类 | | | |
| 142 | | | 宾二类 | | | |
| 143 | | 合 2041 | 宾二类 | | | |
| 144 | | | 宾二类 | | | |
| 145 | | | 宾二类 | | | |
| 146 | | | 宾二类 | | | |

续表

| 著录号 | 缀合 | 重片 | 类型划分 | 贞人 | 专家分类 | 其他说明 |
|---|---|---|---|---|---|---|
| 147 | | | 宾二类 | | | |
| 148 | | | 宾一类 | | | |
| 149 | | | 宾三类 | | | |
| 150 | | | 宾三类 | | | |
| 151 | | | 宾一类 | | | |
| 152 | | 合 8333 | 宾二类 | 争 | | 臼：㱿 |
| 153 正反 | | | 宾一类 | | | |
| 154 正反 | | >合 1789 | 宾二类 | | | |
| 155 | | 合 1790 | 宾二类 | | | |
| 156 | | | 宾二类 | | | |
| 157 正反 | | | 宾三类 | | | |
| 158 | | | 宾一类 | | | |
| 159 | | | 宾二类 | | | |
| 160 | | | 宾二类 | | | |
| 161 | | | 宾二类 | | | |
| 162 正反 | | | 宾一类 | | | |
| 163 | | | 宾一类 | | | |
| 164 正反 | | | 自宾间类 | | | |
| 165 正反 | | | 宾一类 | | | |
| 166 | | 合 39633 | 宾二类 | | | |
| 167 正反 | | | 宾二类 | | | |
| 168 | | | 宾二类 | | | |
| 169 | | | 宾二类 | | | |
| 170 | | | 宾二类 | | | |
| 171 | | | 宾三类 | | | |
| 172 | | | 宾二类 | | | |
| 173 正反 | 正<合 965 正；<br>反＝合 965 反 | | 宾一类 | | | |
| 174 正反 | | | 宾二类 | | | |
| 175 | | | 宾一类 | 争 | | |
| 176 | | | 宾二类 | | | |
| 177 正反 | | | 宾二类 | | | |
| 178 | | | 宾三类 | | | |
| 179 | | | 宾三类 | 古 | | |

续表

| 著录号 | 缀合 | 重片 | 类型划分 | 贞人 | 专家分类 | 其他说明 |
|---|---|---|---|---|---|---|
| 180 | | | 宾三类 | | | |
| 181 | | | 宾三类 | | | |
| 182 | | ＞合 11265 | 宾二类 | | | |
| 183 | | | 宾二类 | | | |
| 184 正臼 | | | 宾三类 | 穷 | | |
| 185 | | | 宾三类 | | | |
| 186 | | | 宾三类 | 穷 | | |
| 187 | | | 宾三类 | | | |
| 188 | | | 宾三类 | | | |
| 189 | | | 宾三类 | | | |
| 190 | | | 宾三类 | | | |
| 191 | | | 宾二类 | | | |
| 192 | | | 宾三类 | | | |
| 193 | | | 宾二类 | 争 | | |
| 194 | | | 宾二类 | | | |
| 195 正反 | | | 宾二类 | 㱿 | | |
| 196 正反 | | | 宾二类 | | | |
| 197 | | | 宾三类 | | | |
| 198 | | | 宾三类 | | | |
| 199 | | | 宾一类 | | | |
| 200 | | 合 2057 | 宾一类 | | | |
| 201 | | | 宾一类 | | | |
| 202 | | | 宾一类 | | | |
| 203 | | | 宾一类 | | | |
| 204 | | | 宾二类 | 穷 | | |
| 205 | | | 宾二类 | | | |
| 206 | | | 宾一类 | | | |
| 207 | | | 宾一类 | | | |
| 208 | | | 宾一类 | | | |
| 209 | | | 宾二类 | 㱿 | | |
| 210 | | | 宾二类 | 争 | | |
| 211 正反 | | 反＝合 1575 | 𠂤宾间类 | | | |
| 212 | | | 宾二类 | | | |
| 213 | | | 宾一类 | | | |

续表

| 著录号 | 缀合 | 重片 | 类型划分 | 贞人 | 专家分类 | 其他说明 |
|---|---|---|---|---|---|---|
| 214 | | | 宾二类 | | | |
| 215 | | | 宾二类 | | | |
| 216 | | | 宾三类 | | | |
| 217 | 黄拼 217+ | | 宾一类 | | | 林《醉古集》380 |
| 218 | | | 宾二类 | | | |
| 219 | | | 宾二类 | | | |
| 220 | | | 宾二类 | | | |
| 221 正反 | | | 宾二类 | | | |
| 222 | | | 宾二类 | | | |
| 223 | | | 𠂤小字类 | | | 非宾 |
| 224 | 蔡 1.63= 合 2371 正 + 合 2359 | | 宾一类 | | | |
| 225 | 黄拼 225+ 合 33124 | | 宾二类 | | | 蔡 1.73 = 合 2380+ 合 2381 |
| 226 | | | 宾一类 | 王 | | |
| 227 | | | 宾一类 | | | |
| 228 | | | 宾一类 | | | |
| 229 正反 | | 合 2675 照片 | 宾二类 | | | |
| 230 | | | 宾二类 | | | |
| 231 | | | 宾一类 | 王 | | |
| 232 | | 合 2446 | 宾一类 | | | |
| 233 甲乙 | 蔡 1.34= 合 1248 遥缀合 2146 | | 宾一类 | 爭 | | |
| 234 | | | 宾三类 | | | |
| 235 正臼 | | | 宾二类 | | | |
| 236 正反 | | 正 < 合 2484 正 反 =2484 反 | 宾二类 | | | |
| 237 正反 | | 正 < 合 2389 正 反 = 合 2389 反 | 宾一类 | | | |
| 238 正反 | 黄拼 238 正反 + 1751 正反 | | 宾二类 | 爭 | | |
| 239 | | | 宾一类 | | | |
| 240 正反 | | | 宾二类 | | | |

续表

| 著录号 | 缀合 | 重片 | 类型划分 | 贞人 | 专家分类 | 其他说明 |
|---|---|---|---|---|---|---|
| 241 | | | 宾一类 | | | |
| 242 | | | 宾一类 | | | |
| 243 | | 合 2492 | 自小字类 | | | 非宾 |
| 244 | | 合 820 | 自宾间类 | | | |
| 245 | | | 宾二类 | | | |
| 246 | | | 宾一类 | | | |
| 247 | | | 宾二类 | | | |
| 248 | | 合 2513 | 宾二类 | | | |
| 249 正反 | | | 宾二类 | | | |
| 250 正反 | | | 宾二类 | | | |
| 251 | | | 宾二类 | | | |
| 252 | | | 宾二类 | | | |
| 253 甲乙 | 蔡续 6.10= 合 2122+ 合 2124 | | 宾二类 | | | |
| 254 | | | 宾二类 | | | |
| 255 正反 | | | 宾一类 | | | |
| 256 | | | 宾一类 | | | |
| 257 | | | 宾一类 | | | |
| 258 | | | 宾一类 | | | |
| 259 | | | 宾三类 | | | |
| 260 | | | 宾二类 | | | |
| 261 | | | 宾二类 | | | |
| 262 | | 合 2105 | 宾二类 | | | |
| 263 正甲 正乙反甲 | 缀新 364= 合 2110+ 合 2107 | | 宾二类 | | | 合补正文图版下，误标为“363 反甲” |
| 264 正反 | | | 宾一类 | | | |
| 265 | | | 宾二类 | | | |
| 266 | | | 宾二类 | | | |
| 267 正反 | | 合 2224 | 宾一类 | | | 反：亘 |
| 268 | | | 宾二类 | | | |
| 269 正反 | | 合 2271 | 宾一类 | | | |
| 270 | | | 自宾间类 | | | |
| 271 正反 | | | 宾一类 | | | |
| 272 正反 | | | 宾一类 | | | |

续表

| 著录号 | 缀合 | 重片 | 类型划分 | 贞人 | 专家分类 | 其他说明 |
|---|---|---|---|---|---|---|
| 273 | | | 宾二类 | | | |
| 274 | | 合 2291 | 宾二类 | | | |
| 275 | | | 宾二类 | | | |
| 276 正反 | | 正 < 合 13579 正反 = 合 13579 反 | 宾一类 | | | |
| 277 正反 | | | 宾二类 | | | |
| 278 正反 | | | 宾二类 | | | |
| 279 | | 合 2233 | 宾三类 | | | |
| 280 | | | 宾一类 | 穷 | | |
| 281 正反 | | | 宾二类 | | | |
| 282 | | | 宾二类 | | | |
| 283 | 黄拼 283+2664 | | 宾三类 | | | |
| 284 | | | 宾三类 | 爭 | | |
| 285 正反 | | 正 = 合 2275 反 = 合 17701 | 宾三类 | | | |
| 286 | | | 宾二类 | | | |
| 287 正反 | | | 宾三类 | | | |
| 288 | | | 𠂤宾间类 | | | |
| 289 | | | 宾二类 | | | |
| 290 | | | 宾二类 | | | |
| 291 | | | 宾一类 | | | |
| 292 | | 合 2150 | 宾二类 | | | |
| 293 | | | 宾一类 | 亘 | | |
| 294 | | | 宾三类 | | | |
| 295 正反 | | | 宾三类 | | | |
| 296 | | | 宾三类 | | | |
| 297 | | | 宾三类 | | | |
| 298 | | | 宾三类 | | | |
| 299 | | > 合 2339 | 宾二类 | | | |
| 300 | | | 宾二类 | | | |
| 301 正反 | | | 宾二类 | | | |
| 302 | | | 宾二类 | | | |
| 303 | | | 宾二类 | | | |
| 304 | | | 宾二类 | | | |

续表

| 著录号 | 缀合 | 重片 | 类型划分 | 贞人 | 专家分类 | 其他说明 |
|---|---|---|---|---|---|---|
| 305 | | | 宾二类 | | | |
| 306 正反 | | | 宾三类 | 穷 | | |
| 307 正反 | | | 宾三类 | | | |
| 308 正反 | | | 宾二类 | | | |
| 309 | | 合 27496 | 无名类 | | | 非宾 |
| 310 | | | 宾二类 | | | |
| 311 正反 | | | 宾一类 | | | |
| 312 | | | 宾二类 | | | |
| 313 | 蔡 1.74= 合 4325+ 合 4324 | | 自宾间类 | | 李彭自宾间 | |
| 314 正反 | | | 宾二类 | | | |
| 315 | | | 宾二类 | | | |
| 316 正反 | | < 合 13728 正反 | 宾一类 | | | |
| 317 正反 | | | 宾二类 | | | |
| 318 正反 | | | 宾二类 | | | |
| 319 | 蔡 1.92= 合 2558+ 合 13349+ 合 15147+ 合 22237 | | 宾一类 | | | |
| 320 | | | 宾三类 | | | |
| 321 | | 合 23461 | 出一类 | | | 非宾 |
| 322 正反 | | | 宾二类 | | | |
| 323 | | | 宾一类 | | | |
| 324 | | | 宾二类 | | | |
| 325 | | | 宾一类 | | | |
| 326 | | | 宾一类 | | | |
| 327 | | | 宾三类 | | | |
| 328 正反 | | | 宾二类 | | | |
| 329 | | < 合 2644 | 宾二类 | | | |
| 330 | | 合 2695 | 宾二类 | | | |
| 331 | | 合 2586 | 宾二类 | | | |
| 332 | 白简 11= 合 6459 + 合 6459 | | 宾二类 | 穷 | | 右无切角 |
| 333 | | 合 13947 正 | 宾一类 | | | |
| 334 正反 | | 合 2715 正反 | 宾一类 | | | |
| 335 | | | 宾二类 | | | |

续表

| 著录号 | 缀合 | 重片 | 类型划分 | 贞人 | 专家分类 | 其他说明 |
|---|---|---|---|---|---|---|
| 336 | 缀新 349= 合 14004+合 12397 正 | 正反 = 3634 | 宾一类 | 争 | | |
| 337 正反 | | | 宾二类 | | | |
| 338 | | | 宾二类 | | | |
| 339 | | | 宾二类 | 㱿 | | |
| 340 | | | 宾二类 | | | |
| 341 | | | 宾二类 | | | |
| 342 | | | 宾二类 | | | |
| 343 | | | 宾二类 | | | |
| 344 正反 | | | 宾二类 | | | |
| 345 | | | 宾二类 | | | |
| 346 | | | 宾二类 | | | |
| 347 | | | 宾二类 | 㱿 | | |
| 348 | | | 宾二类 | 永 | | |
| 349 正反 | | | 宾二类 | | | |
| 350 | | | 宾二类 | | | |
| 351 正反 | | | 宾二类 | | | |
| 352 | | | 宾二类 | 亘 | | |
| 353 | | | 宾二类 | | | |
| 354 | | <合 2653 | 宾二类 | | | |
| 355 | | 合 2679 | 宾二类 | | | |
| 356 | | | 宾三类 | | | |
| 357 | | 合 2696 | 宾二类 | | | |
| 358 正反 | | | 宾二类 | | | |
| 359 | | | 宾二类 | | | |
| 360 | | | 宾二类 | 㱿 | | |
| 361 正反 | | | 宾二类 | | | |
| 362 | | | 宾二类 | | | |
| 363 甲乙 | 缀新 275=合 2677 遥缀冬 121 正 | | 宾二类 | | | 笔书 |
| 364 | | | 宾三类 | | | |
| 365 | | | 宾二类 | | | 笔书 |
| 366 | | | 宾三类 | | | |
| 367 | | | 宾一类 | | | |
| 368 正反 | | | 宾三类 | 㱿 | | |

续表

| 著录号 | 缀合 | 重片 | 类型划分 | 贞人 | 专家分类 | 其他说明 |
|---|---|---|---|---|---|---|
| 369 正反 | | | 宾二类 | 穷 | | |
| 370 正反 | | 合 2712 | 宾二类 | | | |
| 371 正臼 | | ＞合 2616 | 宾二类 | | | 臼：宾 |
| 372 | | | 宾二类 | 穷、争 | | |
| 373 | | | 宾二类 | | | |
| 374 | | 合 2743 | 宾二类 | | | |
| 375 | | | 宾二类 | | | |
| 376 | | | 宾二类 | | | |
| 377 正反 | | | 宾二类 | | | |
| 378 | | 合 2755 | 宾二类 | | | |
| 379 | | | 宾二类 | | | |
| 380 正反 | | | 宾二类 | | | |
| 381 | | | 宾二类 | | | |
| 382 | | | 宾二类 | | | |
| 383 | | | 宾二类 | | | |
| 384 | | | 宾二类 | | | |
| 385 正反 | | | 宾二类 | | | |
| 386 正反 | | | 宾二类 | | | |
| 387 正反 | | | 宾二类 | | | |
| 388 | | | 宾二类 | | | |
| 389 | | | 宾二类 | | | |
| 390 | | | 宾二类 | | | |
| 391 | | | 宾二类 | | | |
| 392 | | | 宾二类 | | | |
| 393 正反 | | | 宾二类 | | | |
| 394 正反 | | | 宾二类 | | | |
| 395 | | | 宾二类 | | | |
| 396 | | | 宾二类 | 㱿 | | |
| 397 正反 | | | 宾二类 | | | |
| 398 | | | 宾二类 | | | |
| 399 正臼 | | | 宾二类 | 穷 | | 臼：争 |
| 400 | | | 宾二类 | | | |
| 401 正臼 | | | 宾二类 | | | |
| 402 正反 | | | 宾二类 | | | |

续表

| 著录号 | 缀合 | 重片 | 类型划分 | 贞人 | 专家分类 | 其他说明 |
|---|---|---|---|---|---|---|
| 403 | | | 宾二类 | | | |
| 404 | 黄拼 404+ 乙 8792+<br>乙补 7385+ 乙补 7344 | | 妇女类 | | 黄李彭<br>妇女类 | 黄缀一 .10= 合 22248+<br>合 21553，非宾 |
| 405 | | 合 2797 | 宾二类 | | | |
| 406 | | 438 正 | 宾二类 | | | |
| 407 | | | 宾二类 | | | |
| 408 正反 | | | 宾二类 | 𣪊 | | |
| 409 | | | 宾二类 | | | |
| 410 | | | 宾二类 | 穷、爭 | | |
| 411 | | <6558 乙 | 妇女类 | | 黄妇女类 | 非宾 |
| 412 | | | 宾一类 | | | 签名：亘 |
| 413 正反 | | | 宾二类 | | | |
| 414 正反 | | | 宾二类 | | | |
| 415 | 黄拼 415+ 合 2752+<br>合 2733+ 戬朱 9.6 | | 宾二类 | | | |
| 416 | | | 宾二类 | | | |
| 417 | | | 宾一类 | | | |
| 418 甲乙 | 蔡 1.6= 合 19742+<br>珠 1009 | | 宾二类 | | | |
| 419 | | 4037<<br>合 13952 | 宾二类 | | | |
| 420 | | | 宾一类 | | | |
| 421 | | | 宾一类 | | | |
| 422 | | | 宾二类 | | | |
| 423 正反 | | | 宾二类 | | | |
| 424 正反 | | | 宾二类 | 爭 | | |
| 425 正反 | | | 宾二类 | | | |
| 426 | | | 宾一类 | | | |
| 427 | | | 宾一类 | 爭 | | |
| 428 正反 | | | 宾一类 | | | |
| 429 | | | 宾一类 | | | |
| 430 | | | 宾三类 | | | |
| 431 正反 | | | 宾三类 | | | |
| 432 | | | 宾三类 | | | |

续表

| 著录号 | 缀合 | 重片 | 类型划分 | 贞人 | 专家分类 | 其他说明 |
|---|---|---|---|---|---|---|
| 433 正反 | | | 宾三类 | 亘 | | |
| 434 正甲正乙反甲反乙 | 蔡 1.67= 合 7294 正反 + 合 7295 正反 | | 宾二类 | 㱿 | | |
| 435 正反 | | | 宾二类 | 爭 | | |
| 436 | | | 宾二类 | 㱿 | | |
| 437 正反 | | | 宾二类 | 韋 | | |
| 438 正反 | | 406 | 宾二类 | | | |
| 439 正反 | | | 宾二类 | | | |
| 440 正反 | | | 宾三类 | 事 | | |
| 441 | | | 宾二类 | | | |
| 442 | | | 宾一类 | | | |
| 443 | | | 宾三类 | | | |
| 444 正反 | | | 宾一类 | | | |
| 445 | | | 宾二类 | | | |
| 446 | | 合 2870 | 自宾间类 | | | |
| 447 | | | 宾一类 | | | |
| 448 正反 | | 正<合2891 正；反=合 2891 反 | 宾一类 | | | |
| 449 | | | 宾二类 | | | |
| 450 | | | 宾一类 | | | |
| 451 | | 合 7954 | 宾二类 | | | |
| 452 | | ＞合 3018；＞合 15417 | 宾三类 | | | |
| 453 正反 | | 合 3008 | 宾一类 | | | |
| 454 | | | 宾一类 | | | |
| 455 正反 | | | 宾一类 | | | |
| 456 | | | 宾二类 | | | |
| 457 | 蔡续 11.2= 合 3102+ 合 3103 | | 宾一类 | | | |
| 458 | | | 宾二类 | | | |
| 459 | | 合 5530 甲 | 宾一类 | | | |
| 460 正反 | | | 宾一类 | | | |
| 461 | | 合 2964 | 宾二类 | | | |

续表

| 著录号 | 缀合 | 重片 | 类型划分 | 贞人 | 专家分类 | 其他说明 |
|---|---|---|---|---|---|---|
| 462 甲乙 | 蔡续 8.14 = 合 7363 + 合 7364；黄拼 462 + 合 11482 正 | | 宾二类 | 永 | | 遥缀位置不确，下左移 |
| 463 正反 | | 10323 | 宾二类 | 穷 | | |
| 464 | | | 宾一类 | 穷 | | |
| 465 正反 | 黄拼 465 正 + 合 13158 | 正 = 合 3652；反 > 合 3132 | 宾二类 | 穷 | | |
| 466 | | 合 3251 | 宾三类 | | | |
| 467 正反 | | | 宾一类 | | | |
| 468 | | | 宾一类 | | | |
| 469 | | | 宾二类 | | | |
| 470 | | | 自宾间类 | | | |
| 471 | | | 宾一类 | | | |
| 472 | | | 宾二类 | | | |
| 473 | | | 宾二类 | | | |
| 474 | | | 宾二类 | | | |
| 475 | | | 宾一类 | | | |
| 476 正反 | | 合 14035 正乙 | 宾一类 | | | |
| 477 | | | 宾一类 | | | |
| 478 正反 | | | 宾一类 | | | |
| 479 | | | 宾一类 | | | |
| 480 | | | 宾一类 | | | |
| 481 | | | 自宾间类 | | | |
| 482 正反 | | | 宾二类 | | | |
| 483 | | | 宾一类 | | | |
| 484 | | | 宾一类 | | | |
| 485 | | | 宾一类 | 殸 | | |
| 486 | | | 宾二类 | | | |
| 487 正反 | | | 宾二类 | 置 | | |
| 488 | | | 宾二类 | | | |
| 489 | | | 宾二类 | 亘 | | |
| 490 | | | 宾二类 | | | |
| 491 | | | 宾二类 | | | |
| 492 | | | 宾三类 | | | |
| 493 | | | 宾二类 | | | |

续表

| 著录号 | 缀合 | 重片 | 类型划分 | 贞人 | 专家分类 | 其他说明 |
|---|---|---|---|---|---|---|
| 494 | | | 宾二类 | 亘 | | 签名：㱿 |
| 495 正臼 | 缀新 271= 合 4570+ 续存上 667 | | 宾二类 | 㕚 | | |
| 496 | 蔡新 10.6= 合 3290+ 合 39698 | | 宾三类 | | | |
| 497 | | | 宾一类 | | | |
| 498 正反 | | ＞合 3354 | 宾三类 | 争 | | |
| 499 | | | 宾三类 | | | |
| 500 | | | 宾一类 | | | |
| 501 | | | 宾一类 | | | |
| 502 | 黄拼 502 + 8（合 3309）+ 合 1471+ 合 3308 | | 宾三类 | | | |
| 503 | | | 宾一类 | | | |
| 504 | | 合 3352 | 宾三类 | | | |
| 505 | | | 宾一类 | | | |
| 506 正反 | | | 宾一类 | 王 | | |
| 507 | | | 𠂤宾间类 | | | |
| 508 | | | 宾一类 | | | |
| 509 | | | 宾一类 | | | |
| 510 | | | 宾一类 | | | |
| 511 | | | 宾一类 | | | |
| 512 | | | 宾一类 | | | |
| 513 | | | 宾三类 | | | |
| 514 | | | 宾一类 | 争 | | |
| 515 | | | 宾一类 | | | |
| 516 | 蔡续 8.5 = 合 18481 + 英 198 | | 宾一类 | | | |
| 517 | | | 宾一类 | | | |
| 518 | | 合 3464 | 宾二类 | | | |
| 519 | | | 宾二类 | | | |
| 520 正反 | 黄拼 520+5415+ 合 3662 | | 宾二类 | 亘 | | |
| 521 | 蔡缀 9 = 合 13250 + 合 563 | | 宾二类 | 穷 | | |

续表

| 著录号 | 缀合 | 重片 | 类型划分 | 贞人 | 专家分类 | 其他说明 |
|---|---|---|---|---|---|---|
| 522 | 蔡续 7.9＝合 6209+合 7260 | | 宾二类 | | | |
| 523 正反 | | | 宾二类 | | | |
| 524 | 黄拼 524+合 11073+合 3475+合 14361 | | 宾一类 | | | |
| 525 正反 | | | 宾二类 | | | |
| 526 正反 | | 合 4304 | 宾二类 | 争 | | |
| 527 | | | 宾一类 | | | |
| 528 | | 合 3495 | 宾二类 | | | |
| 529 正反 | | | 宾二类 | 亘、永 | | |
| 530 正反（照片） | | 3245 拓本 | 宾二类 | | | |
| 531 正反 | 正＝合 5468 正＋合 40521（英 1276 正）；反＝合 5468 反＋英 1276 反 | | 宾二类 | 㱿 | | |
| 532 甲乙 | 蔡缀 7=合 16185+合 19561+合 5618 | | 宾三类 | 㱿 | | 此缀上下两残版不密合 |
| 533 | | | 宾一类 | 㱿 | | |
| 534 | | | 宾一类 | 㱿 | | |
| 535 | | | 宾二类 | 㱿 | | |
| 536 | | | 宾一类 | 㱿 | | |
| 537 | | | 宾二类 | 㱿 | | |
| 538 | | | 宾二类 | 㱿 | | |
| 539 正反 | | | 宾二类 | 㱿 | | |
| 540 | | | 宾二类 | 㱿 | | |
| 541 | | | 宾二类 | 㱿 | | |
| 542 正反 | | | 宾二类 | 㱿 | | |
| 543 | 黄拼 543+3338（合 13281 正乙）+合 7780 | | 宾二类 | 㱿 | | |
| 544 正反 | | | 宾一类 | 㱿 | | |
| 545 | | | 宾二类 | 㱿 | | |
| 546 | | | 宾一类 | 㱿 | | |
| 547 正反 | | | 宾二类 | 㱿 | | |
| 548 | | | 宾一类 | 㱿 | | |
| 549 | | | 宾一类 | 㱿 | | |
| 550 正反 | | | 宾二类 | 㱿 | | |

续表

| 著录号 | 缀合 | 重片 | 类型划分 | 贞人 | 专家分类 | 其他说明 |
|---|---|---|---|---|---|---|
| 551 | | | 宾二类 | 𡧊 | | |
| 552 | | | 宾二类 | 𡧊 | | |
| 553 | | | 宾二类 | 𡧊 | | |
| 554 | | | 宾二类 | 𡧊 | | |
| 555 | | | 宾二类 | 𡧊 | | |
| 556 | | | 宾二类 | 𡧊 | | |
| 557 正反 | | | 宾二类 | 𡧊 | | |
| 558 正反 | | | 宾二类 | 𡧊 | | |
| 559 | | | 宾一类 | 𡧊 | | |
| 560 | | | 宾一类 | 𡧊 | | |
| 561 | | | 宾二类 | 𡧊 | | |
| 562 | 黄拼 562+ 合 6173 | | 宾二类 | 𡧊 | | |
| 563 | | | 宾二类 | 𡧊 | | |
| 564 正反 | | | 宾二类 | 𡧊 | | |
| 565 | 黄拼 565+ 合 7782 | | 宾一类 | 𡧊 | | |
| 566 | | | 宾一类 | 𡧊 | | |
| 567 | | | 宾二类 | 𡧊 | | |
| 568 | | | 宾二类 | 𡧊 | | |
| 569 | | | 宾二类 | 𡧊 | | |
| 570 | | | 宾二类 | 𡧊 | | |
| 571 | | | 宾一类 | 𡧊 | | |
| 572 | | | 宾二类 | 𡧊 | | |
| 573 | | | 宾一类 | 𡧊 | | |
| 574 | | | 宾二类 | 𡧊 | | |
| 575 | | | 宾一类 | 𡧊 | | |
| 576 正反 | 黄拼 576 正反 +7757 正反 | | 宾二类 | 𡧊 | | |
| 577 | 黄拼 577+ 善斋藏契卷 7 | | 宾一类 | 𡧊 | | |
| 578 正反 | | | 宾二类 | 𡧊 | | |
| 579 | 黄拼 579+6533+<br>东文研 1234 | | 宾一类 | 𡧊 | | |
| 580 | 黄拼 580+2776 部分 | 合 13498 | 宾一类 | 𡧊 | | |
| 581 | | | 宾二类 | 𡧊 | | |
| 582 | | | 宾二类 | 𡧊 | | |
| 583 | | | 宾二类 | 𡧊 | | |

续表

| 著录号 | 缀合 | 重片 | 类型划分 | 贞人 | 专家分类 | 其他说明 |
|---|---|---|---|---|---|---|
| 584 | | | 宾二类 | 㱿 | | |
| 585 | | | 宾一类 | 㱿 | | |
| 586 | | | 宾二类 | 㱿 | | |
| 587 正反 | | 合 3538 正反 | 宾二类 | 㱿 | | |
| 588 | | | 宾一类 | 㱿 | | |
| 589 | | | 宾二类 | 㱿 | | |
| 590 正反 | | | 宾一类 | 㱿 | | |
| 591 | | | 宾一类 | 㱿 | | |
| 592 | | 合 16235 | 宾二类 | 㱿 | | |
| 593 | | | 宾一类 | 㱿 | | |
| 594 正反 | | | 宾一类 | 㱿 | | |
| 595 | 黄拼 595+ | | 宾二类 | 㱿 | | 林《醉古集》299 |
| 596 正反 | 黄拼 596 正反 +<br>合 7718 正反 | | 宾二类 | 㱿 | | |
| 597 | | 680 | 宾二类 | 㱿 | | |
| 598 | | | 宾二类 | 㱿 | | |
| 599 | | | 宾一类 | 㱿 | | |
| 600 正反 | | | 宾二类 | 㱿 | | |
| 601 | | | 宾一类 | 㱿 | | |
| 602 | 黄拼 602+ 合 9529+<br>合 40117（英 813） | | 宾二类 | 㱿 | | |
| 603 | | | 宾二类 | 㱿 | | |
| 604 | | | 宾二类 | 㱿 | | |
| 605 | | | 宾二类 | 㱿 | | |
| 606 | | | 宾二类 | 㱿 | | |
| 607 正反 | | | 宾一类 | 㱿 | | |
| 608 | 乙 1386+ 合 1351 正乙<br>（乙 7276） | | 宾二类 | 㱿 | | |
| 609 | | | 宾二类 | 㱿 | | |
| 610 | | | 宾二类 | 㱿 | | |
| 611 | | | 宾二类 | 㱿 | | |
| 612 | | | 宾一类 | 㱿 | | |
| 613 | | | 宾一类 | 㱿 | | |
| 614 正反 | | | 宾二类 | 㱿 | | |
| 615 | | | 宾二类 | 㱿 | | |

续表

| 著录号 | 缀合 | 重片 | 类型划分 | 贞人 | 专家分类 | 其他说明 |
|---|---|---|---|---|---|---|
| 616 | | | 宾二类 | 㱿 | | |
| 617 正反 | | | 宾二类 | 㱿 | | |
| 618 | | | 宾一类 | 㱿 | | |
| 619 | | | 宾二类 | 㱿 | | |
| 620 正反 | | | 宾二类 | 㱿 | | |
| 621 | | 672 | 宾一类 | 㱿 | | |
| 622 | | | 宾二类 | 㱿 | | |
| 623 | | 651 | 宾二类 | 㱿 | | |
| 624 | 黄拼 624+ 合 1 | 657 | 宾二类 | 㱿 | | |
| 625 | | | 宾一类 | 㱿 | | |
| 626 | | | 宾一类 | 㱿 | | |
| 627 正反 | | | 宾二类 | 㱿 | | |
| 628 | | ＜5570 | 宾二类 | 㱿 | | |
| 629 | | | 宾二类 | 㱿 | | |
| 630 正反 | | 668 | 宾二类 | 㱿 | | |
| 631 | | | 宾二类 | 㱿 | | |
| 632 | | | 宾一类 | 㱿 | | |
| 633 | | 合 3541 | 宾一类 | 㱿 | | |
| 634 | | | 宾二类 | 㱿 | | |
| 635 正反 | | | 宾二类 | 㱿 | | |
| 636 | | | 宾二类 | 㱿 | | |
| 637 | | | 宾二类 | 㱿 | | |
| 638 | | | 宾二类 | 㱿 | | |
| 639 | | | 宾一类 | 㱿 | | |
| 640 | | | 宾二类 | 㱿 | | |
| 641 | | | 宾二类 | 㱿 | | |
| 642 | | | 宾二类 | 㱿 | | |
| 643 正反 | | | 宾二类 | 㱿 | | |
| 644 | | | 宾二类 | 㱿 | | |
| 645 | | | 宾二类 | 㱿 | | |
| 646 | | 676 | 宾二类 | 㱿 | | |
| 647 | | | 宾二类 | 㱿 | | |
| 648 | | | 宾一类 | 㱿 | | |
| 649 | | | 宾二类 | 㱿 | | |

续表

| 著录号 | 缀合 | 重片 | 类型划分 | 贞人 | 专家分类 | 其他说明 |
|---|---|---|---|---|---|---|
| 650 | | | 宾二类 | 㱿 | | |
| 651 | | 623 | 宾二类 | 㱿 | | |
| 652 | | 771 | 宾二类 | 㱿 | | |
| 653 | | | 宾一类 | 㱿 | | |
| 654 | | | 宾二类 | 㱿 | | |
| 655 | | | 宾二类 | 㱿 | | |
| 656 | | | 宾二类 | 㱿 | | |
| 657 | 黄拼 657+ 合 1 | 624 | 宾二类 | 㱿 | | |
| 658 | | | 宾二类 | 㱿 | | |
| 659 | | | 宾一类 | 㱿 | | |
| 660 | | | 宾二类 | 㱿 | | |
| 661 | | | 宾二类 | 㱿 | | |
| 662 | | | 宾一类 | 㱿 | | |
| 663 | | 合 19724 正 | 宾二类 | 㱿 | | |
| 664 | | | 宾二类 | 㱿 | | |
| 665 | | | 宾二类 | 㱿 | | |
| 666 | | | 宾二类 | 㱿 | | |
| 667 | | 1386 正 | 宾二类 | 㱿 | | |
| 668 | | 630 正 | 宾二类 | 㱿 | | |
| 669 | | | 宾二类 | 㱿 | | |
| 670 | | | 宾二类 | 㱿 | | |
| 671 | | | 宾二类 | 㱿 | | |
| 672 | | 621 | 宾一类 | 㱿 | | |
| 673 | | | 宾二类 | 㱿 | | |
| 674 | | | 宾二类 | 㱿 | | |
| 675 | | | 宾二类 | 㱿 | | |
| 676 | | 646 | 宾二类 | 㱿 | | |
| 677 | | | 宾二类 | 㱿 | | |
| 678 | | | 宾一类 | 㱿 | | |
| 679 | | | 宾二类 | 㱿 | | |
| 680 | | | 宾二类 | 㱿 | | |
| 681 正反 | | | 宾二类 | 㱿 | | |

续表

| 著录号 | 缀合 | 重片 | 类型划分 | 贞人 | 专家分类 | 其他说明 |
|---|---|---|---|---|---|---|
| 682 | 乙 5014+ 合 1231（乙 5267）；黄拼 682+ | | 宾一类 | 𡧊 | | 林《醉古集》37 |
| 683 | | | 宾二类 | 𡧊 | | |
| 684 | | | 宾一类 | 𡧊 | | |
| 685 | | | 宾二类 | 𡧊 | | |
| 686 | | | 宾二类 | 𡧊 | | |
| 687 | 黄拼 687+ 合 3578 | | 宾二类 | 𡧊 | | |
| 688 | | | 宾二类 | 𡧊 | | |
| 689 正反 | | | 宾二类 | 𡧊 | | |
| 690 | | | 宾二类 | 𡧊 | | |
| 691 正反 | | | 宾二类 | 𡧊 | | |
| 692 | | | 宾二类 | 𡧊 | | |
| 693 | | | 宾二类 | 𡧊 | | |
| 694 | 合 5399 | | 宾二类 | 𡧊 | | |
| 695 正反 | | | 宾二类 | 𡧊 | | |
| 696 | | | 宾二类 | 𡧊 | | |
| 697 | | | 宾二类 | 𡧊 | | |
| 698 | | | 宾二类 | 𡧊 | | |
| 699 | | | 宾二类 | 𡧊 | | |
| 700 | | | 宾一类 | 𡧊 | | |
| 701 正反 | | | 宾二类 | 𡧊 | | |
| 702 | | | 宾二类 | 𡧊 | | |
| 703 | | | 宾二类 | 𡧊 | | |
| 704 | | | 宾二类 | 𡧊 | | |
| 705 | | | 宾二类 | 𡧊 | | |
| 706 | | | 宾二类 | 𡧊 | | |
| 707 正反 | | | 宾一类 | 𡧊 | | |
| 708 | | | 宾二类 | 𡧊 | | |
| 709 | | | 宾二类 | 𡧊 | | |
| 710 | | | 宾二类 | 𡧊 | | |
| 711 | | | 宾二类 | 𡧊 | | |
| 712 | | | 宾二类 | 𡧊 | | |
| 713 正反 | | | 宾二类 | 𡧊 | | |

续表

| 著录号 | 缀合 | 重片 | 类型划分 | 贞人 | 专家分类 | 其他说明 |
|---|---|---|---|---|---|---|
| 714 | 黄拼 714+ 合 15193 | | 宾一类 | 㱿 | | 合 15193+ 合补 714（合 15194 同文） |
| 715 | | | 宾二类 | 㱿 | | |
| 716 正反 | | | 宾二类 | 㱿 | | |
| 717 | | | 宾二类 | 㱿 | | |
| 718 | | | 宾二类 | 㱿 | | |
| 719 | | | 宾二类 | 㱿 | | |
| 720 | | | 宾二类 | 㱿 | | |
| 721 正反 | | | 宾二类 | 㱿 | | |
| 722 | | < 合 15182 | 宾一类 | 㱿 | | |
| 723 | 黄拼 723+ 合 12241 正 | | 宾二类 | 㱿 | | 缀后与合 11917 同文 |
| 724 | | | 宾一类 | 㱿 | | |
| 725 | | | 宾一类 | 㱿 | | |
| 726 | | | 宾二类 | 㱿 | | |
| 727 | | | 宾二类 | 㱿 | | |
| 728 | | | 宾二类 | 㱿 | | |
| 729 正反 | | | 宾二类 | 㱿 | | |
| 730 正反 | | | 宾二类 | 㱿 | | |
| 731 | | | 宾二类 | 㱿 | | |
| 732 正反 | | | 宾二类 | 㱿 | | |
| 733 | | | 宾二类 | 㱿 | | |
| 734 | | | 宾二类 | 㱿 | | |
| 735 | | | 宾二类 | 㱿 | | |
| 736 | | | 宾二类 | 㱿 | | |
| 737 | | | 宾二类 | 㱿 | | |
| 738 | | | 宾二类 | 㱿 | | |
| 739 | | | 宾二类 | 㱿 | | |
| 740 正反 | | | 宾二类 | 㱿 | | |
| 741 正反 | | | 宾二类 | 㱿 | | |
| 742 正反 | | | 宾二类 | 㱿 | | |
| 743 | | | 宾二类 | 㱿 | | |
| 744 | | | 宾二类 | 㱿 | | |
| 745 | | | 宾二类 | 㱿、争 | | |
| 746 正反 | | | 宾二类 | 㱿 | | |

续表

| 著录号 | 缀合 | 重片 | 类型划分 | 贞人 | 专家分类 | 其他说明 |
|---|---|---|---|---|---|---|
| 747 | 黄拼 747+908 |  | 宾二类 | 㱿 |  |  |
| 748 正反 |  |  | 宾一类 | 㱿 |  |  |
| 749 | 黄拼 749+ 合 4135+ 合 4209 |  | 宾一类 | 㱿 |  |  |
| 750 |  |  | 宾一类 | 㱿 |  |  |
| 751 |  |  | 宾一类 | 㱿 |  |  |
| 752 | 黄拼 752+1305 |  | 宾二类 | 㱿 |  |  |
| 753 正反 |  |  | 宾二类 | 㱿 |  |  |
| 754 |  |  | 宾一类 | 㱿 |  |  |
| 755 |  |  | 宾二类 | 宾、㱿、亘 |  |  |
| 756 |  |  | 宾二类 | 㱿 |  |  |
| 757 |  |  | 宾二类 | 㱿 |  |  |
| 758 |  |  | 宾一类 | 㱿 |  |  |
| 759 正反 | 黄拼 759 反 + 合 17276 反；黄拼 759 正 + 合 17276 正 + 合 6217 |  | 宾二类 | 㱿 |  |  |
| 760 正反 |  |  | 宾二类 | 㱿 |  |  |
| 761 正反 |  |  | 宾二类 | 㱿 |  |  |
| 762 |  |  | 宾二类 | 㱿 |  |  |
| 763 |  |  | 宾一类 | 㱿 |  |  |
| 764 |  |  | 宾一类 | 㱿 |  |  |
| 765 |  |  | 宾二类 | 㱿 |  |  |
| 766 |  |  | 宾二类 | 㱿 |  |  |
| 767 正反 |  | 合 2705 | 宾二类 | 㱿 |  |  |
| 768 正反 |  |  | 宾二类 | 㱿 |  |  |
| 769 | 黄拼 769+ 合 7862 | 合 39727 | 宾二类 | 㱿 |  |  |
| 770 |  |  | 宾一类 | 㱿 |  |  |
| 771 |  | 652 | 宾二类 | 㱿 |  |  |
| 772 |  |  | 宾二类 | 㱿 |  |  |
| 773 正反 |  |  | 宾二类 | 㱿 |  |  |
| 774 |  |  | 宾二类 | 㱿 |  |  |
| 775 |  |  | 宾一类 | 宾 |  |  |
| 776 正反 |  |  | 宾一类 | 宾 |  |  |
| 777 |  |  | 宾一类 | 宾 |  |  |

续表

| 著录号 | 缀合 | 重片 | 类型划分 | 贞人 | 专家分类 | 其他说明 |
|---|---|---|---|---|---|---|
| 778 正反 | | | 宾一类 | 宁 | | |
| 779 正反 | | | 宾一类 | 宁 | | |
| 780 | | | 宾一类 | 宁 | | |
| 781 | | | 宾二类 | 宁 | | |
| 782 | | | 宾二类 | 宁 | | |
| 783 正反 | | | 宾二类 | 宁 | | |
| 784 | | | 宾一类 | 宁 | | |
| 785 正反 | | | 宾二类 | 宁 | | |
| 786 正反 | | | 宾一类 | 宁 | | |
| 787 | | | 宾一类 | 宁 | | |
| 788 | | | 宾二类 | 宁 | | |
| 789 | | | 宾二类 | 宁 | | |
| 790 | | | 宾二类 | 宁 | | |
| 791 正反 | | | 宾二类 | 㱿 | | |
| 792 | | | 宾一类 | 宁 | | |
| 793 | | | 宾二类 | 宁 | | |
| 794 | | | 宾三类 | 宁 | | |
| 795 | | 816 | 宾二类 | 宁 | | |
| 796 正反 | | | 宾二类 | 宁 | | |
| 797 | | | 宾一类 | 宁 | | |
| 798 | | | 宾二类 | 宁 | | |
| 799 正反 | | | 宾二类 | 宁 | | |
| 800 | | | 宾二类 | 宁 | | |
| 801 正反 | | | 宾二类 | 宁 | | |
| 802 | | | 宾二类 | 宁 | | |
| 803 | | | 宾二类 | 宁 | | |
| 804 正反 | | | 宾二类 | 宁 | | |
| 805 | | | 宾三类 | 宁 | | |
| 806 | | | 宾二类 | 宁 | | |
| 807 | | | 宾二类 | 宁 | | |
| 808 | | 4205 | 宾二类 | 宁 | | |
| 809 | | | 宾二类 | 宁 | | |
| 810 | | | 宾二类 | 宁 | | |
| 811 | | | 宾二类 | 宁 | | |

续表

| 著录号 | 缀合 | 重片 | 类型划分 | 贞人 | 专家分类 | 其他说明 |
|---|---|---|---|---|---|---|
| 812 | | | 宾二类 | 宁 | | |
| 813 | | | 宾二类 | 宁 | | |
| 814 | | | 宾三类 | 宁 | | |
| 815 | | 832 | 宾三类 | 宁 | | |
| 816 | | 795 | 宾二类 | 宁 | | |
| 817 | | | 宾二类 | 宁 | | |
| 818 | | 合 15261 | 宾二类 | 宁 | | |
| 819 正臼 | | | 宾二类 | 宁、古 | | |
| 820 | | | 宾三类 | 宁 | | |
| 821 | | | 宾三类 | 宁 | | |
| 822 | | | 宾二类 | 宁 | | |
| 823 | | | 宾二类 | 宁 | | |
| 824 | | | 宾二类 | 宁 | | |
| 825 | | | 宾三类 | 宁 | | |
| 826 | | | 宾二类 | 宁 | | |
| 827 | | | 宾二类 | 宁 | | |
| 828 正反 | | | 宾二类 | 宁 | | |
| 829 正反 | 黄拼 829+ 合 11403 正 + 安明 624 | | 宾二类 | 宁 | | |
| 830 | | | 宾一类 | 宁 | | |
| 831 正反 | | | 宾二类 | 宁 | | |
| 832 | | 815 | 宾三类 | 宁 | | |
| 833 | 黄拼 833+ 合 7230 | | 宾二类 | 宁 | | |
| 834 正反 | | | 宾二类 | 宁 | | |
| 835 | 黄拼 835+ 合 4037 | | 宾二类 | 宁 | | 同文见英 834= 合 40075= 金 569 |
| 836 | | | 宾二类 | 宁 | | |
| 837 | | | 宾二类 | 宁 | | |
| 838 | | | 宾二类 | 宁 | | |
| 839 | | | 宾二类 | 宁 | | |
| 840 | | | 宾二类 | 宁 | | |
| 841 | | < 合 3649 | 宾一类 | 宁 | | |
| 842 正反 | | | 宾二类 | 宁 | | |
| 843 | | 合 16218 | 宾二类 | 宁 | | |

续表

| 著录号 | 缀合 | 重片 | 类型划分 | 贞人 | 专家分类 | 其他说明 |
|---|---|---|---|---|---|---|
| 844 | | | 宾一类 | 㱿 | | |
| 845 正反 | | | 宾二类 | 㱿 | | |
| 846 正反 | | | 宾二类 | 㱿 | | |
| 847 | | 合 17612 | 宾二类 | 㱿 | | |
| 848 | | | 宾二类 | 㱿 | | |
| 849 正反 | | | 宾二类 | 㱿 | | |
| 850 | | | 宾二类 | 㱿 | | |
| 851 正反 | | | 宾二类 | 㱿 | | |
| 852 | | 25 | 宾三类 | 㱿 | | |
| 853 正反 | | | 宾三类 | 㱿 | | |
| 854 | | | 宾一类 | 㱿 | | |
| 855 | | | 宾二类 | 㱿 | | |
| 856 | | | 宾三类 | 㱿 | | |
| 857 | | | 宾二类 | 㱿 | | |
| 858 | | | 宾三类 | 㱿 | | |
| 859 | | | 宾二类 | 㱿 | | |
| 860 | | | 宾二类 | 㱿 | | |
| 861 | | | 宾二类 | 㱿 | | |
| 862 | | | 宾二类 | 㱿 | | |
| 863 | | | 宾二类 | 㱿 | | |
| 864 | | | 宾三类 | 㱿 | | |
| 865 | 黄拼 865+ 合 2091 | | 宾二类 | 㱿 | | 笔书 |
| 866 | | | 宾二类 | 㱿 | | |
| 867 | 黄拼 867+ 合 14009 正 + 史购 116 | | 宾二类 | 㱿 | | |
| 868 | | | 宾二类 | 㱿 | | |
| 869 | | | 宾二类 | 㱿 | | |
| 870 | | | 宾二类 | 㱿 | | |
| 871 正反 | | | 宾二类 | 㱿 | | |
| 872 | | | 宾三类 | 㱿 | | |
| 873 | | | 宾二类 | 㱿 | | |
| 874 正反 | | | 宾二类 | 争、㞢 | | |
| 875 | | | 宾二类 | 争 | | |
| 876 | | | 宾三类 | 争 | | |
| 877 | | | 宾二类 | 争 | | |

续表

| 著录号 | 缀合 | 重片 | 类型划分 | 贞人 | 专家分类 | 其他说明 |
|---|---|---|---|---|---|---|
| 878 | | | 宾二类 | 爭 | | |
| 879 | | | 宾二类 | 爭 | | |
| 880 | | 958 | 宾一类 | 爭 | | |
| 881 | | | 宾二类 | 爭 | | |
| 882 | | | 宾三类 | 爭 | | |
| 883 | | | 宾二类 | 爭 | | |
| 884 | | | 宾二类 | 爭 | | |
| 885 | | | 宾二类 | 爭 | | |
| 886 | | | 宾三类 | 爭 | | |
| 887 | | | 宾一类 | 爭 | | |
| 888 正反 | | | 宾一类 | 爭 | | |
| 889 | | | 宾一类 | 爭 | | |
| 890 | | | 宾二类 | 爭 | | |
| 891 | | | 宾二类 | 爭 | | |
| 892 | | | 宾二类 | 爭 | | |
| 893 正反 | | | 宾一类 | 爭 | | |
| 894 | | | 宾二类 | 爭 | | |
| 895 | | | 宾一类 | 爭 | | |
| 896 | | | 宾二类 | 爭 | | |
| 897 | | | 宾一类 | 爭 | | |
| 898 | | | 宾二类 | 爭 | | |
| 899 | | | 宾一类 | 爭 | | |
| 900 | | | 宾二类 | 爭 | | |
| 901 甲乙 | 缀新 288= 合 7244+ 合 7245 | | 宾二类 | 爭 | | |
| 902 | | | 宾一类 | 爭 | | |
| 903 | | | 宾二类 | 爭 | | |
| 904 | | | 宾一类 | 爭 | | |
| 905 | | | 宾二类 | 爭 | | |
| 906 正反 | | 正 = 合 17363<br>反 = 合 4457 | 宾二类 | 爭 | | |
| 907 | | | 宾二类 | 爭 | | |
| 908 正反 | 黄拼 908+747 | | 宾二类 | 𣪊、爭 | | |
| 909 正反 | | | 宾二类 | 爭 | | |

续表

| 著录号 | 缀合 | 重片 | 类型划分 | 贞人 | 专家分类 | 其他说明 |
|---|---|---|---|---|---|---|
| 910 | | | 宾三类 | 爭 | | |
| 911 正反 | | | 宾二类 | 爭 | | |
| 912 正反 | | | 宾二类 | 爭 | | |
| 913 | | | 宾三类 | 爭 | | |
| 914 | | | 宾二类 | 爭 | | |
| 915 | | | 宾三类 | 爭 | | |
| 916 正反 | | | 宾三类 | 爭 | | |
| 917 | | | 宾二类 | 爭 | | |
| 918 正反 | | | 宾一类 | 爭 | | |
| 919 | | | 宾一类 | 爭 | | |
| 920 正反 | | | 宾一类 | 爭 | | |
| 921 | | | 宾一类 | 㱿、爭 | | |
| 922 正反 | | | 宾二类 | 爭 | | |
| 923 | | | 宾二类 | 爭 | | |
| 924 | | | 宾二类 | 爭 | | |
| 925 | | | 宾一类 | 爭 | | |
| 926 | | | 宾二类 | 爭 | | |
| 927 | | | 宾一类 | 爭 | | |
| 928 | | | 宾一类 | 爭 | | |
| 929 | | | 宾一类 | 爭 | | |
| 930 | | | 宾一类 | 爭 | | |
| 931 | | | 宾二类 | 爭 | | |
| 932 | | | 宾二类 | 爭 | | |
| 933 | 黄拼 933 + 英 543 + 京人 777 | | 宾二类 | 爭 | | |
| 934 | | | 宾一类 | 爭 | | |
| 935 | | | 宾二类 | 爭 | | |
| 936 | | | 宾二类 | 爭 | | |
| 937 | | | 宾一类 | 古、爭 | | |
| 938 | | | 宾二类 | 爭 | | |
| 939 | | < 合 14614 | 宾二类 | 爭 | | |
| 940 | | | 宾二类 | 爭 | | |
| 941 正反 | | | 宾二类 | 爭 | | |
| 942 | | | 宾二类 | 爭 | | |

续表

| 著录号 | 缀合 | 重片 | 类型划分 | 贞人 | 专家分类 | 其他说明 |
|---|---|---|---|---|---|---|
| 943 正反 | | | 宾三类 | 争 | | |
| 944 | | | 宾二类 | 争 | | |
| 945 | | | 宾一类 | 争 | | |
| 946 | | | 宾二类 | 争 | | |
| 947 | | | 宾二类 | 争 | | |
| 948 | 黄拼 948 + 合 2723 | | 宾三类 | 争 | | |
| 949 | | | 宾三类 | 争 | | |
| 950 | | | 宾二类 | 争 | | |
| 951 | | | 宾二类 | 争 | | |
| 952 | | | 宾一类 | 争 | | |
| 953 正反 | | | 宾一类 | 争 | | |
| 954 | | | 宾二类 | 争 | | |
| 955 | | | 宾二类 | 争 | | |
| 956 | | | 宾一类 | 争 | | |
| 957 | | | 宾二类 | 争 | | |
| 958 | | 880 | 宾一类 | 争 | | |
| 959 | | | 宾二类 | 争 | | |
| 960 | | | 宾二类 | 争 | | |
| 961 | | | 宾一类 | 争 | | |
| 962 | | | 宾二类 | 争 | | |
| 963 正反 | | | 宾一类 | 争 | | |
| 964 正反 | | | 宾二类 | 争 | | |
| 965 正反 | | | 宾二类 | 争 | | |
| 966 | | | 宾一类 | 争 | | |
| 967 正反 | | | 宾一类 | 争 | | |
| 968 | | | 宾一类 | 争 | | |
| 969 正反 | | | 宾一类 | 争 | | |
| 970 | | | 宾二类 | 争 | | |
| 971 | 黄拼 971 + 合 7530 + 合 3709 | | 宾二类 | 争 | | |
| 972 | | | 宾二类 | 争 | | |
| 973 | | < 合 7288 | 宾二类 | 争 | | |
| 974 | | | 宾二类 | 争 | | |
| 975 | | | 宾一类 | 争 | | |

续表

| 著录号 | 缀合 | 重片 | 类型划分 | 贞人 | 专家分类 | 其他说明 |
|---|---|---|---|---|---|---|
| 976 | | | 宾二类 | 争 | | |
| 977 | | | 宾二类 | 争 | | |
| 978 | | | 宾二类 | 争 | | |
| 979 正反 | | | 宾二类 | 争 | | |
| 980 | | | 宾三类 | 争 | | |
| 981 正反 | | | 宾二类 | 争 | | |
| 982 | 黄拼 982 + 1430 + 合 7529 | | 宾二类 | | | |
| 983 | | | 宾二类 | 争 | | |
| 984 | | | 宾二类 | 争 | | |
| 985 正反 | | | 宾二类 | 争 | | |
| 986 | | | 宾二类 | 争 | | |
| 987 | | | 宾三类 | 争 | | |
| 988 | 黄拼 988+ | | 宾一类 | 争 | | 林《醉古集》150 |
| 989 | | | 宾二类 | 争 | | |
| 990 | | | 宾三类 | 争 | | |
| 991 | | | 宾二类 | 争 | | |
| 992 | | | 宾三类 | 争 | | |
| 993 | | | 宾三类 | 争 | | |
| 994 | | | 宾二类 | 争 | | |
| 995 | | | 宾二类 | 争 | | |
| 996 | | < 合 3754；<br><2346 | 宾二类 | 争 | | |
| 997 | | | 宾二类 | 亘 | | |
| 998 | | | 宾二类 | 亘 | | |
| 999 | | 合 3767 | 宾二类 | 亘 | | |
| 1000 正反 | | | 宾二类 | 亘 | | |
| 1001 | | | 宾二类 | 亘 | | |
| 1002 | | | 宾二类 | 亘 | | |
| 1003 | | | 宾二类 | 亘 | | |
| 1004 | | 1027 | 宾二类 | 亘 | | |
| 1005 | | | 宾二类 | 亘 | | |
| 1006 | | | 宾一类 | 亘 | | |
| 1007 | | | 宾一类 | 亘 | | |
| 1008 | 黄拼 1008 + 合 14042 | | 宾二类 | 亘 | | |

续表

| 著录号 | 缀合 | 重片 | 类型划分 | 贞人 | 专家分类 | 其他说明 |
|---|---|---|---|---|---|---|
| 1009 | | | 宾一类 | 亘 | | |
| 1010 | | | 宾一类 | 亘 | | |
| 1011 | | | 宾一类 | 亘 | | |
| 1012 | | | 宾一类 | 亘 | | |
| 1013 | | | 宾一类 | 亘 | | |
| 1014 | 黄拼 1014+1083 | | 宾二类 | 亘 | | |
| 1015 | | | 宾一类 | 亘 | | |
| 1016 | | | 宾一类 | 亘 | | |
| 1017 | | | 宾一类 | 亘 | | |
| 1018 | | | 宾二类 | 亘 | | |
| 1019 | | | 宾一类 | 亘 | | |
| 1020 | | | 宾二类 | 亘 | | |
| 1021 正反 | | | 宾一类 | 亘 | | |
| 1022 | | | 宾二类 | 亘 | | |
| 1023 | | | 宾二类 | 亘 | | |
| 1024 | | | 宾二类 | 亘 | | |
| 1025 | | | 宾二类 | 亘 | | |
| 1026 | | | 宾二类 | 亘 | | |
| 1027 | | 1004 | 宾二类 | 亘 | | |
| 1028 | | | 宾一类 | 亘 | | |
| 1029 | | | 宾二类 | 亘 | | |
| 1030 | | | 宾二类 | 亘 | | |
| 1031 | | | 宾二类 | 亘 | | |
| 1032 | | | 宾二类 | 亘 | | |
| 1033 | | | 宾二类 | 亘 | | |
| 1034 正反 | | | 宾二类 | 亘 | | |
| 1035 | | | 宾二类 | 亘 | | |
| 1036 | | | 宾二类 | 亘 | | |
| 1037 正反 | | | 宾二类 | 亘 | | |
| 1038 | | | 宾二类 | 亘 | | |
| 1039 | | | 宾一类 | 亘 | | |
| 1040 | | | 宾二类 | 亘 | | |
| 1041 | | | 宾二类 | 亘 | | |
| 1042 正反 | | | 宾三类 | 亘 | | |

续表

| 著录号 | 缀合 | 重片 | 类型划分 | 贞人 | 专家分类 | 其他说明 |
|---|---|---|---|---|---|---|
| 1043 | | | 宾二类 | 宾、亘 | | |
| 1044 | | | 宾二类 | 亘 | | |
| 1045 正反 | | | 宾二类 | 亘 | | |
| 1046 | | | 宾二类 | 㱿、亘 | | |
| 1047 正反 | | | 宾二类 | 亘 | | |
| 1048 | | | 宾二类 | 亘 | | |
| 1049 | | | 宾二类 | 宕、亘 | | |
| 1050 | | | 宾二类 | 古 | | |
| 1051 | | | 宾二类 | 古 | | |
| 1052 | | | 宾二类 | 古 | | |
| 1053 | | | 宾二类 | 古 | | |
| 1054 | | | 宾二类 | 古 | | |
| 1055 | | | 宾二类 | 古 | | |
| 1056 | | | 宾二类 | 古 | | |
| 1057 正反 | | | 宾三类 | 古 | | |
| 1058 正反 | | | 宾二类 | 古 | | |
| 1059 | | | 宾二类 | 古 | | |
| 1060 | | | 宾二类 | 古 | | |
| 1061 | | | 宾二类 | 古 | | |
| 1062 正反 | | | 宾三类 | 古 | | |
| 1063 | | | 宾三类 | 古 | | |
| 1064 | | | 宾三类 | 古 | | |
| 1065 | | | 宾二类 | 古 | | |
| 1066 | | | 宾二类 | 古 | | |
| 1067 正反 | | | 宾二类 | 古 | | |
| 1068 | | | 宾二类 | 古 | | |
| 1069 正反 | | | 宾三类 | 古 | | |
| 1070 正臼 | | 合 3822 | 宾二类 | 古 | | 臼：事岳 |
| 1071 | | | 宾三类 | 古 | | |
| 1072 正反 | | 合 3836 | 宾二类 | 古 | | |
| 1073 | | | 宾二类 | 古 | | |
| 1074 | 黄拼 1074+ 合 12066 | | 宾二类 | 古 | | |
| 1075 | | | 宾三类 | 古、充 | | |
| 1076 | | | 宾二类 | 古 | | |

续表

| 著录号 | 缀合 | 重片 | 类型划分 | 贞人 | 专家分类 | 其他说明 |
|---|---|---|---|---|---|---|
| 1077 | | | 宾二类 | 古 | | |
| 1078 | | | 宾二类 | 古 | | |
| 1079 | | | 宾二类 | 古 | | |
| 1080 | | | 宾二类 | 古 | | |
| 1081 正反 | | | 宾二类 | 古 | | |
| 1082 | | | 宾二类 | 古 | | |
| 1083 | 黄拼 1083+1014 | | 宾二类 | 古 | | |
| 1084 | | | 宾二类 | 古 | | |
| 1085 正反 | | | 宾一类 | 𠷎 | | |
| 1086 | | | 宾二类 | 𠷎 | | |
| 1087 正反 | | | 宾二类 | 𠷎 | | |
| 1088 | | | 宾二类 | 𠷎 | | |
| 1089 | | | 宾二类 | 𠷎 | | |
| 1090 | | | 宾二类 | 𠷎 | | |
| 1091 正反 | | | 宾二类 | 𠷎 | | |
| 1092 | | | 宾二类 | 𠷎 | | |
| 1093 | | | 宾二类 | 𠷎、永 | | |
| 1094 | | | 宾二类 | 𠷎 | | |
| 1095 | | 合 3865 | 宾二类 | 𠷎 | | |
| 1096 | | | 宾二类 | 𠷎 | | |
| 1097 | | | 宾二类 | 𠷎 | | |
| 1098 | | | 宾二类 | 𠷎 | | |
| 1099 | | | 宾二类 | 𠷎 | | |
| 1100 正反 | | | 宾二类 | 𠷎 | | |
| 1101 正反 | | | 宾二类 | 𠷎 | | |
| 1102 | | | 宾二类 | 𠷎 | | |
| 1103 | | | 宾二类 | 𠷎 | | |
| 1104 | | | 宾二类 | 韋 | | |
| 1105 正反 | | | 宾二类 | 韋 | | |
| 1106 | | | 宾二类 | 韋 | | |
| 1107 正反 | | | 宾二类 | 韋 | | |
| 1108 | | | 宾二类 | 韋 | | |
| 1109 | | | 宾二类 | 韋 | | |
| 1110 | | | 宾二类 | 韋 | | |

续表

| 著录号 | 缀合 | 重片 | 类型划分 | 贞人 | 专家分类 | 其他说明 |
|---|---|---|---|---|---|---|
| 1111 | | | 宾二类 | 韋 | | |
| 1112 | | | 宾二类 | 韋 | | |
| 1113 正反 | 1113 反 +5165 | | 宾二类 | 韋 | | |
| 1114 | | | 宾二类 | 韋 | | |
| 1115 | | | 宾二类 | 韋 | | |
| 1116 | | | 宾一类 | 韋 | | |
| 1117 | | | 宾一类 | 韋 | | |
| 1118 | | | 宾二类 | 韋 | | |
| 1119 | | | 宾二类 | 韋 | | |
| 1120 | | 合 3892 | 宾二类 | 韋 | | |
| 1121 | | | 宾一类 | 待考 | | 贞人名释“孚”不妥 |
| 1122 正反 | | | 宾二类 | 永 | | |
| 1123 | | | 宾二类 | 永 | | |
| 1124 正反 | | | 宾二类 | 永 | | |
| 1125 | | | 宾二类 | 永 | | |
| 1126 | | | 宾二类 | 永 | | |
| 1127 | | | 宾二类 | 永 | | |
| 1128 | | | 宾二类 | 永 | | |
| 1129 正反 | | | 宾二类 | 永 | | |
| 1130 | | | 宾二类 | 永 | | |
| 1131 | | | 宾二类 | 永 | | |
| 1132 | | | 宾二类 | 永 | | |
| 1133 | | | 宾一类 | 永 | | |
| 1134 正反 | | | 宾二类 | 永 | | |
| 1135 | | | 宾二类 | 永 | | |
| 1136 正反 | | | 宾三类 | 事 | | |
| 1137 | | | 宾三类 | 事 | | |
| 1138 | | | 宾三类 | 事 | | |
| 1139 | | | 宾三类 | 事 | | |
| 1140 | | | 宾三类 | 事 | | |
| 1141 | | | 宾三类 | 事 | | |
| 1142 | | 合 3885 正 | 宾三类 | 事 | | |
| 1143 | | | 宾三类 | 事 | | |
| 1144 | | 合 3811 | 宾一类 | 事 | | |

续表

| 著录号 | 缀合 | 重片 | 类型划分 | 贞人 | 专家分类 | 其他说明 |
|---|---|---|---|---|---|---|
| 1145 | | | 宾一类 | 内 | | |
| 1146 | | | 宾一类 | 内 | | |
| 1147 正反 | | 1149 | 宾一类 | 内 | | |
| 1148 | | | 宾一类 | 内 | | |
| 1149 | | 1147 正 | 宾一类 | 内 | | |
| 1150 | | | 宾二类 | 内 | | |
| 1151 | | | 宾一类 | 内 | | |
| 1152 | | | 宾一类 | 内 | | |
| 1153 | | | 宾一类 | 内 | | |
| 1154 | 1154+ 东大 1115 | | 宾一类 | 内 | | |
| 1155 正反 | | | 宾一类 | 内 | | |
| 1156 | | | 宾一类 | 内 | | |
| 1157 | | | 宾一类 | 内 | | |
| 1158 | | | 宾一类 | 内 | | |
| 1159 | | | 宾一类 | 𣪊 | | |
| 1160 | | | 宾二类 | 𣪊 | | |
| 1161 | | | 宾二类 | 𣪊 | | |
| 1162 | | | 宾二类 | 𣪊 | | |
| 1163 | | | 宾二类 | 𣪊 | | |
| 1164 | | | 宾三类 | 專 | | |
| 1165 | | | 宾三类 | 專 | | |
| 1166 | 甲释 136= 合 4975+ 甲 3.2.0816 | > 合 4975 | 宾二类 | 專 | | |
| 1167 | | | 宾三类 | 專 | | |
| 1168 正反 | | | 宾三类 | 專 | | |
| 1169 | | | 宾三类 | 專 | | |
| 1170 | | | 宾三类 | 專 | | |
| 1171 | | | 宾三类 | 專 | | |
| 1172 | | | 宾三类 | 壴 | | |
| 1173 正臼 | 黄拼 1173+ 臼 + 合 4415 臼；黄拼 1173+ 正 + 合 4415 正 | | 宾三类 | 兊 | | 黄配有骨臼的彩色图版 |
| 1174 | | | 出三类 | 冎 | | 非宾 |
| 1175 | | 合 5325 | 宾一类 | 王 | | |
| 1176 | | | 自宾间类 | 王 | | |

续表

| 著录号 | 缀合 | 重片 | 类型划分 | 贞人 | 专家分类 | 其他说明 |
|---|---|---|---|---|---|---|
| 1177 | | | 𠂤宾间类 | 王 | | |
| 1178 | | | 𠂤宾间类 | 王 | | |
| 1179 | | | 𠂤宾间类 | 王 | | |
| 1180 | | | 𠂤宾间类 | 王 | | |
| 1181 | | | 𠂤宾间类 | 王 | | |
| 1182 | | | 宾一类 | 王 | | |
| 1183 | | | 宾一类 | 王 | | |
| 1184 | | 合 7683 | 宾二类 | 王 | | |
| 1185 | | | 宾三类 | | | |
| 1186 正反 | | | 宾三类 | | | |
| 1187 | | | 宾三类 | | | |
| 1188 | | | 宾三类 | | | |
| 1189 | | | 宾三类 | | | |
| 1190 | | | 宾三类 | | | |
| 1191 | | | 宾三类 | | | |
| 1192 正反 | | 反 9222 | 宾一类 | 穷 | | |
| 1193 | | 合 4004 | 宾三类 | | | |
| 1194 正反 | | | 宾三类 | | | |
| 1195 正反 | | | 宾三类 | | | |
| 1196 正反 | | 合 4018 | 宾三类 | | | |
| 1197 | | | 宾二类 | | | |
| 1198 | | | 宾二类 | 永 | | |
| 1199 | | | 宾二类 | 𡧊 | | |
| 1200 | | | 宾三类 | | | |
| 1201 | | | 宾二类 | 穷 | | |
| 1202 | | | 宾二类 | 𡧊 | | |
| 1203 | | | 宾二类 | | | |
| 1204 | | 合 8390 | 宾一类 | | | |
| 1205 | 4719 | | 宾三类 | | | |
| 1206 | | | 宾二类 | | | |
| 1207 | | | 宾二类 | | | |
| 1208 | | | 宾二类 | | | |
| 1209 | | | 宾二类 | 争 | | |
| 1210 | | ＜合 6050 | 宾三类 | | 李彭宾二 | |

续表

| 著录号 | 缀合 | 重片 | 类型划分 | 贞人 | 专家分类 | 其他说明 |
|---|---|---|---|---|---|---|
| 1211 | | | 宾二类 | | | |
| 1212 | | | 宾二类 | | | |
| 1213 | | | 宾二类 | | | |
| 1214 | | | 宾二类 | | | |
| 1215 | | | 宾二类 | | | |
| 1216 | | | 宾二类 | | | |
| 1217 | | | 宾二类 | | | |
| 1218 | | | 宾二类 | | | |
| 1219 | | | 宾二类 | | | |
| 1220 | | | 宾二类 | | | |
| 1221 | | | 宾二类 | | | |
| 1222 | | | 宾二类 | | | |
| 1223 | 黄拼 1223+ 合 4415 正 | | 宾二类 | | | |
| 1224 | | | 宾二类 | | | |
| 1225 | | | 宾二类 | | | |
| 1226 | | | 宾二类 | | | |
| 1227 | | | 宾二类 | | | |
| 1228 | | | 宾二类 | | | |
| 1229 | | | 宾二类 | | | |
| 1230 正反 | | | 宾二类 | | | |
| 1231 | | | 宾二类 | | | |
| 1232 正反 | | | 宾二类 | | | |
| 1233 | | | 宾二类 | | | |
| 1234 | | 13229（照片）、合 3042（照片） | 宾一类 | | | |
| 1235 | | | 宾一类 | | | |
| 1236 | | | 宾一类 | | | |
| 1237 | | | 宾一类 | | | |
| 1238 甲乙 | 蔡续 5.8 = 合 4387 遥缀合 4394 | | 宾二类 | | | |
| 1239 正反 | 黄拼 1239 正反 + 北大 925 正反 | | 宾二类 | | | |
| 1240 | | 合 4242 | 宾二类 | | | |
| 1241 | 蔡 1.71= 合 2896 + 合 4467 | | 宾二类 | | | |

续表

| 著录号 | 缀合 | 重片 | 类型划分 | 贞人 | 专家分类 | 其他说明 |
|---|---|---|---|---|---|---|
| 1242 | | | 宾三类 | | | |
| 1243 | | | 自小字类 | 王 | | 非宾 |
| 1244 正甲正乙臼 | 蔡续 4.3＝合 4632 正遥缀合 13599 | | 宾二类 | 㱿 | | 臼：岳 |
| 1245 | 宋缀 2＝合 40076+ 合 4037 | | 宾二类 | 穷 | | |
| 1246 | 黄拼 1246+3643 | | 宾二类 | 㱿 | | 蔡续 4.2＝合 13598＋怀 956 |
| 1247 正反 | 蔡缀 29 正＝合 15515 正反＋合 15383 正反 | | 宾三类 | 穷、争、古 | 李彭宾二 | 反：𡿨 |
| 1248 甲乙丙 | 裘缀 25＝合 4509＋合 4510＋合 4511＋乙 4048 | | 宾一类 | | | |
| 1249 | | | 宾三类 | | | |
| 1250 | | 合 19148 | 宾二类 | | | |
| 1251 | | 合 7744 | 宾二类 | | | |
| 1252 | 罗缀 1= 河北大 77+河北大 205 | | 宾二类 | | | |
| 1253 正反 | | | 宾二类 | | | |
| 1254 | | | 宾二类 | | | |
| 1255 正反 | | | 自宾间类 | | | |
| 1256 | | | 自宾间类 | | | |
| 1257 | | | 自宾间类 | | | |
| 1258 | 蔡补 10＝合 19407＋合 4848 | | 自宾间类 | | | |
| 1259 | | | 自宾间类 | | | |
| 1260 | | ＜合 6563 | 自宾间类 | | 黄自宾间 A | |
| 1261 | | | 宾一类 | | | |
| 1262 | | | 宾一类 | | | |
| 1263 | | | 宾二类 | | | |
| 1264 正反 | | 合 8343 | 宾二类 | | | |
| 1265 | 严缀 1266（甲 233）＋甲 217 | | 宾一类 | | | 此片取自甲 208，严一萍将其与甲 233 即合补 1266、甲 217 缀合 |
| 1266 | | | 宾一类 | | | |
| 1267 | | | 宾二类 | | | |
| 1268 | | | 宾二类 | | | |
| 1269 | | 合 5770 丁 | 宾二类 | | | |

续表

| 著录号 | 缀合 | 重片 | 类型划分 | 贞人 | 专家分类 | 其他说明 |
|---|---|---|---|---|---|---|
| 1270 正反 | | | 宾二类 | 亘 | | |
| 1271 | | < 合 8548 | 宾二类 | | | |
| 1272 | | | 宾二类 | | | |
| 1273 | | | 宾二类 | | | |
| 1274 | | | 宾三类 | | | |
| 1275 | | | 宾一类 | | | |
| 1276 | | | 宾一类 | | | |
| 1277 | | | 宾一类 | | | |
| 1278 正反 | | | 宾一类 | | | |
| 1279 | | 合 4996 | 自宾间类 | | | 非宾 |
| 1280 | | 合 10300 | 宾一类 | | | |
| 1281 | | | 宾一类 | | | |
| 1282 | | | 宾一类 | | | |
| 1283 | | | 宾一类 | | | |
| 1284 | | | 宾一类 | | | |
| 1285 | | | 宾一类 | | | |
| 1286 | | | 宾一类 | | | |
| 1287 正反 | | | 宾一类 | | | |
| 1288 | | | 宾三类 | | | |
| 1289 | | | 宾二类 | 争 | | |
| 1290 正反 | | | 宾一类 | | | |
| 1291 | | | 宾一类 | | | |
| 1292 正反 | | 正反 < 合 5381 正反 | 宾一类 | | | |
| 1293 正反 | | | 宾一类 | | | |
| 1294 正反 | | | 宾二类 | 㱿 | | |
| 1295 | | | 宾二类 | | | |
| 1296 正反 | | | 宾二类 | | | |
| 1297 | | | 宾二类 | | | |
| 1298 | | | 宾二类 | | | |
| 1299 | | | 宾二类 | | | |
| 1300 | | | 宾二类 | | | |
| 1301 | | | 宾二类 | | | |
| 1302 | | | 宾二类 | 争 | | |
| 1303 | | | 宾二类 | | | |

续表

| 著录号 | 缀合 | 重片 | 类型划分 | 贞人 | 专家分类 | 其他说明 |
|---|---|---|---|---|---|---|
| 1304 | | | 宾二类 | | | |
| 1305 | 黄拼 1305+752 | | 宾二类 | | | |
| 1306 | 黄拼 1306+ 合 18150（合 8687/ 合 10917/ 合 18259） | | 宾二类 | 㱿 | | |
| 1307 | | | 宾二类 | 㱿 | | |
| 1308 正反 | | | 宾二类 | | | |
| 1309 | | | 宾二类 | | | |
| 1310 正反 | | | 宾二类 | | | |
| 1311 | 黄拼 1311+ 合 15995 | | 宾二类 | | 黄宾一 | 与合 15996、合 15997、合 15998 同文 |
| 1312 | 黄拼 1312+ 合 14156+ 乙 8002 | | 宾二类 | | | |
| 1313 | | 合 19104 | 宾二类 | | | |
| 1314 | | | 宾二类 | | | |
| 1315 | | | 宾三类 | | | |
| 1316 | | | 宾二类 | | | |
| 1317 | | | 宾二类 | | | |
| 1318 | | | 宾二类 | | | |
| 1319 | | | 宾二类 | | | |
| 1320 | | | 宾二类 | | | |
| 1321 | | | 宾三类 | | | |
| 1322 甲乙 | 蔡续 11.5= 合 5044+ 合 5045+ 合 39812+ 合 19106 | | 宾二类 | 㱿 | | |
| 1323 | | 合 19102 | 宾三类 | | | |
| 1324 | | | 宾三类 | | | |
| 1325 | | | 宾三类 | | | |
| 1326 | | | 宾三类 | | | |
| 1327 | | | 宾二类 | 穷 | | |
| 1328 | | | 宾三类 | | | |
| 1329 | | | 宾三类 | | | |
| 1330 | 黄拼 1330+13178 | | 宾二类 | | | |
| 1331 | | | 宾二类 | 穷 | | |
| 1332 | | | 宾三类 | | | |
| 1333 | | | 宾三类 | | | |

续表

| 著录号 | 缀合 | 重片 | 类型划分 | 贞人 | 专家分类 | 其他说明 |
|---|---|---|---|---|---|---|
| 1334 | | | 宾三类 | | | |
| 1335 | | | 宾三类 | | | |
| 1336 | | 合 4395 | 宾三类 | | | |
| 1337 | | 合 19109 | 宾三类 | | | |
| 1338 | | 合 7061 反 | 宾二类 | | | |
| 1339 | | | 宾二类 | | | |
| 1340 | 黄拼 1340+ 合 3539 | | 宾二类 | | | |
| 1341 | | | 宾三类 | | | |
| 1342 | | | 宾二类 | | | |
| 1343 正反 | | | 宾二类 | | | |
| 1344 正反 | 黄拼 1344+ 合 7420 | | 宾三类 | | | |
| 1345 | | | 宾二类 | | | |
| 1346 正反 | | | 宾二类 | | | |
| 1347 | | | 宾三类 | | | |
| 1348 | | | 宾三类 | | | |
| 1349 | | | 宾三类 | | | |
| 1350 正反 | | 6534 正 =<br>合 19117；<br>反 =6534 反 | 宾一类 | | | |
| 1351 | | | 宾二类 | 爭 | | |
| 1352 | | | 宾二类 | | | |
| 1353 | | | 宾三类 | 爭 | | |
| 1354 | | | 宾一类 | | | |
| 1355 | | | 宾二类 | | | |
| 1356 | | | 宾三类 | | | |
| 1357 | | | 宾二类 | | | |
| 1358 | | | 宾二类 | | | |
| 1359 | | | 宾二类 | | | |
| 1360 正反 | 黄拼 1360 正反 +<br>合 6163+ 山东 1177 | | 宾二类 | | | |
| 1361 | | | 宾二类 | | | |
| 1362 | | | 宾二类 | | | |
| 1363 | | | 宾二类 | | | |
| 1364 正反 | | | 宾二类 | 爭 | | |
| 1365 | | | 宾二类 | | | |

续表

| 著录号 | 缀合 | 重片 | 类型划分 | 贞人 | 专家分类 | 其他说明 |
|---|---|---|---|---|---|---|
| 1366 | | | 宾二类 | 亘 | | |
| 1367 正反 | | | 宾二类 | | | |
| 1368 | | | 宾二类 | | | |
| 1369 | | | 宾二类 | 㱿 | | |
| 1370 | | 合 3607 | 宾二类 | | | |
| 1371 | | | 宾二类 | | | |
| 1372 | | | 宾二类 | 㱿 | | |
| 1373 | | | 宾二类 | | | |
| 1374 | | | 宾二类 | | | |
| 1375 | | | 宾二类 | | | |
| 1376 正反 | | | 宾二类 | | | |
| 1377 | | | 宾二类 | | | |
| 1378 | | | 宾二类 | | | |
| 1379 | | | 宾二类 | 争 | | |
| 1380 正反 | | | 宾二类 | | | |
| 1381 正反 | | | 宾二类 | | | |
| 1382 | | | 宾二类 | 亘 | | |
| 1383 | | | 宾二类 | | | |
| 1384 | | | 宾二类 | | | |
| 1385 | | | 宾二类 | 𡧊 | | |
| 1386 正反 | | 667 | 宾二类 | | | |
| 1387 正反 | | | 宾一类 | 㱿、亘 | | |
| 1388 | | | 宾一类 | | | |
| 1389 | | | 宾一类 | | | |
| 1390 | | | 宾二类 | | | |
| 1391 | | 合 19668 | 宾二类 | | | |
| 1392 | | | 宾一类 | | | |
| 1393 | | | 宾一类 | | | |
| 1394 | | | 宾一类 | | | |
| 1395 | | | 宾一类 | | | |
| 1396 正反 | | 正 < 合 8648<br>反 < 合 8648 反 | 宾二类 | | | |
| 1397 | | | 宾二类 | 㱿 | | |
| 1398 | | | 宾二类 | 㱿 | | |

续表

| 著录号 | 缀合 | 重片 | 类型划分 | 贞人 | 专家分类 | 其他说明 |
|---|---|---|---|---|---|---|
| 1399 正反 | | | 宾二类 | 内 | | |
| 1400 正反 | | | 宾二类 | | | |
| 1401 | | | 宾三类 | 王 | | |
| 1402 正反 | | | 宾三类 | | | |
| 1403 | | | 宾二类 | | | |
| 1404 | | | 宾三类 | | | |
| 1405 正反 | | | 宾三类 | 争 | | |
| 1406 | | | 宾三类 | | | |
| 1407 | | | 宾三类 | | | |
| 1408 | | | 宾三类 | | | |
| 1409 | | | 宾三类 | | | |
| 1410 | | | 宾三类 | | | |
| 1411 正反 | | | 宾三类 | | | |
| 1412 | | | 宾三类 | | | |
| 1413 正反 | | | 宾三类 | | | |
| 1414 | | | 宾二类 | 宐 | | |
| 1415 | | | 宾二类 | | | |
| 1416 正反 | | | 宾二类 | | | |
| 1417 | | | 宾二类 | | | |
| 1418 | | | 宾二类 | | | |
| 1419 | | | 宾二类 | | | |
| 1420 | 黄拼 1420+ 英 457 | | 宾二类 | 争 | | |
| 1421 | | | 宾二类 | | | |
| 1422 | | | 宾二类 | | | |
| 1423 | | | 宾二类 | | | |
| 1424 正反 | | | 宾二类 | | | |
| 1425 | | | 宾三类 | | | |
| 1426 | | | 宾二类 | | | |
| 1427 | | | 宾二类 | | | |
| 1428 正反 | | | 宾三类 | | | |
| 1429 | 黄拼 1429+ | | 宾三类 | | | 林《醉古集》341 |
| 1430 | 黄拼 1430+982+ 合 3539 | | 宾二类 | | | |
| 1431 | | | 宾三类 | | | |
| 1432 | 白简 3= 合 5115+ 合 8301 | | 宾二类 | | | |

续表

| 著录号 | 缀合 | 重片 | 类型划分 | 贞人 | 专家分类 | 其他说明 |
|---|---|---|---|---|---|---|
| 1433 | | | 宾三类 | | | |
| 1434 | | | 宾二类 | | | |
| 1435 正反 | | 反 8003 | 宾二类 | | | |
| 1436 | | | 宾二类 | | | |
| 1437 | | | 宾三类 | | | |
| 1438 | | | 宾二类 | | | |
| 1439 | | | 宾二类 | 㱿 | | |
| 1440 | | | 宾二类 | | | |
| 1441 正反 | | | 宾一类 | | | |
| 1442 | | | 宾二类 | | | |
| 1443 | | | 宾二类 | | | |
| 1444 | | | 宾二类 | | | |
| 1445 | | | 宾一类 | | | |
| 1446 正反 | | | 宾二类 | | | |
| 1447 | | | 宾二类 | | | |
| 1448 | | | 宾二类 | | | |
| 1449 | | | 宾二类 | | | |
| 1450 | | | 宾二类 | | | |
| 1451 正反 | | 合 5082 | 宾二类 | | | |
| 1452 | | | 宾二类 | | | |
| 1453 | | | 宾三类 | | | |
| 1454 正反 | | | 宾二类 | | | |
| 1455 正反 | | | 宾一类 | | | |
| 1456 | | | 宾三类 | | | |
| 1457 | | | 宾三类 | | | |
| 1458 甲乙 | 合 11001+ 合 15889 | | 宾二类 | 穷、亘、古 | | 笔书 |
| 1459 | | 合 19255 | 宾二类 | | | |
| 1460 | | | 宾二类 | | | |
| 1461 | | | 宾二类 | | | |
| 1462 | | | 宾二类 | | | |
| 1463 | | | 宾二类 | | | |
| 1464 | | | 宾二类 | | | |
| 1465 | | 合 19259 | 宾二类 | | | |

续表

| 著录号 | 缀合 | 重片 | 类型划分 | 贞人 | 专家分类 | 其他说明 |
|---|---|---|---|---|---|---|
| 1466 | | | 宾二类 | | | |
| 1467 | | | 宾二类 | | | |
| 1468 | | | 宾二类 | | | |
| 1469 | | | 宾三类 | | | |
| 1470 | | 合 19246 | 宾二类 | | | |
| 1471 | | | 宾二类 | | | |
| 1472 | | | 宾二类 | 㱿 | | |
| 1473 | | | 宾二类 | | | |
| 1474 | | | 宾一类 | | | |
| 1475 | | 合 19271 | 宾一类 | | | |
| 1476 | | | 宾一类 | | | |
| 1477 | | | 宾一类 | | | |
| 1478 | | | 宾一类 | | | |
| 1479 | | | 宾一类 | | | |
| 1480 正反 | | | 宾二类 | | | |
| 1481 | | | 宾二类 | | | |
| 1482 | | | 宾二类 | | | |
| 1483 正反 | | | 宾二类 | | | |
| 1484 | | | 宾二类 | | | |
| 1485 正反 | | | 宾一类 | | | |
| 1486 正反 | | | 宾二类 | | | |
| 1487 | | | 宾三类 | | | |
| 1488 | | | 宾三类 | | | |
| 1489 正反 | | | 宾三类 | | | |
| 1490 | | | 宾三类 | | | |
| 1491 | | | 宾三类 | | | |
| 1492 | | | 宾三类 | | | |
| 1493 | | | 宾三类 | | | |
| 1494 | | | 宾三类 | | | |
| 1495 正反 | | | 宾三类 | | | |
| 1496 | | | 宾二类 | | | |
| 1497 正反 | | | 宾二类 | | | |
| 1498 | | | 宾二类 | | | |
| 1499 | | | 宾二类 | | | |

续表

| 著录号 | 缀合 | 重片 | 类型划分 | 贞人 | 专家分类 | 其他说明 |
|---|---|---|---|---|---|---|
| 1500 | | | 宾二类 | | | |
| 1501 | | | 宾二类 | | | |
| 1502 | | | 宾一类 | | | |
| 1503 正反 | | | 宾二类 | | | |
| 1504 | | | 宾二类 | | | |
| 1505 | 黄拼 1505+ 合 3650 正 | < 合 5054 | 宾二类 | | | |
| 1506 | | | 宾三类 | | | |
| 1507 | | | 宾三类 | | | |
| 1508 正反 | | | 宾二类 | | | |
| 1509 | | | 宾二类 | | | |
| 1510 正反 | | | 宾二类 | | | |
| 1511 | | | 宾二类 | | | |
| 1512 | | | 宾三类 | | | |
| 1513 正反 | | | 宾二类 | | | |
| 1514 | | | 宾三类 | | | |
| 1515 | 黄拼 1515+ 合 12814 反 | | 宾二类 | | | |
| 1516 正反 | | 合 14223 照片 | 宾二类 | 爭 | | |
| 1517 | | 合 19335 | 宾三类 | | | |
| 1518 | | | 宾三类 | | | |
| 1519 | | | 宾三类 | | | |
| 1520 | | 合 7206 | 宾二类 | | | |
| 1521 | | | 宾二类 | 㱿、爭 | | |
| 1522 | | | 宾二类 | | | |
| 1523 | | | 宾三类 | 爭 | | |
| 1524 | | | 𠂤小字类 | | | 非宾 |
| 1525 | | | 宾一类 | | | |
| 1526 | | 合 5191 | 宾二类 | | | |
| 1527 | | | 宾一类 | | | |
| 1528 | | | 宾一类 | | | |
| 1529 | | | 宾一类 | | | |
| 1530 | | < 合 5198 甲 | 宾二类 | | | |
| 1531 | | | 宾一类 | | | |
| 1532 | | | 宾一类 | | | |
| 1533 | | | 宾二类 | | | |

续表

| 著录号 | 缀合 | 重片 | 类型划分 | 贞人 | 专家分类 | 其他说明 |
|---|---|---|---|---|---|---|
| 1534 | | 2948 | 宾二类 | | | |
| 1535 正反 | | | 宾二类 | | | |
| 1536 正反 | | | 宾二类 | | | |
| 1537 | | < 合 7226 | 宾一类 | | | |
| 1538 正反 | 蔡缀 13 正 = 合 7570 正 + 合 11529 正 | | 宾二类 | 㱿 | | |
| 1539 | 蔡 1.62= 合 7259+ 合 7263 | | 宾一类 | | | |
| 1540 | | | 宾二类 | | | |
| 1541 | | | 宾二类 | | | |
| 1542 | | | 宾一类 | | | |
| 1543 | | | 宾一类 | | | |
| 1544 | | | 宾二类 | | | |
| 1545 正反 | | | 自宾间类 | | | |
| 1546 | | | 宾一类 | | | |
| 1547 | | | 宾二类 | | | |
| 1548 | | | 宾一类 | | | |
| 1549 | | | 宾一类 | | | |
| 1550 正反 | 黄拼 1550+ | | 宾二类 | | | 林《醉古集》165 |
| 1551 正反 | | | 宾二类 | | | |
| 1552 正反 | | | 宾二类 | | | |
| 1553 | | | 宾二类 | | | |
| 1554 | | | 宾二类 | 宁 | | |
| 1555 | 严再评 1= 合 11569+ 合 11657 | > 2854= 合 11569 | 宾二类 | 古 | | |
| 1556 | | | 宾二类 | | | |
| 1557 | | | 宾二类 | | | |
| 1558 | | | 宾二类 | 宁 | | |
| 1559 | | | 宾二类 | | | |
| 1560 | 缀新 671= 合 5161+ 合 7781（误） | | 宾一类 | 㱿 | | 疑合 7781 与合 5161 不能缀合 |
| 1561 | | 合 8162 | 宾三类 | | | |
| 1562 | | | 宾一类 | | | |
| 1563 | | | 宾一类 | | | |
| 1564 | | | 宾一类 | | | |
| 1565 | | | 宾一类 | | | |

续表

| 著录号 | 缀合 | 重片 | 类型划分 | 贞人 | 专家分类 | 其他说明 |
|---|---|---|---|---|---|---|
| 1566 | | | 宾一类 | | | |
| 1567 甲乙 | 缀新 392=合 5244+合 5245 | | 宾二类 | | | |
| 1568 | | ＜合 27321 | 何三类 | | | 非宾 |
| 1569 | | | 宾二类 | | | |
| 1570 | | | 宾三类 | | | |
| 1571 | | | 宾二类 | | | |
| 1572 | | | 宾二类 | | | |
| 1573 | 蔡续 9.8=合 7861+合 5129 | | 宾二类 | 㱿 | | 合 7861 与合 5129 不误缀 |
| 1574 正反 | | ＞合 19665 | 出一类 | | | 非宾 |
| 1575 | | | 宾一类 | | | |
| 1576 | | | 宾一类 | | | |
| 1577 | | | 宾一类 | | | |
| 1578 | | | 宾二类 | | | |
| 1579 正反 | | | 宾二类 | | | |
| 1580 | | | 宾一类 | | | |
| 1581 | | | 宾二类 | 㱿 | | |
| 1582 正反 | | | 宾二类 | | | |
| 1583 | | | 宾一类 | 内 | | |
| 1584 正反 | | | 宾二类 | | | |
| 1585 | | | 宾二类 | | | |
| 1586 | | | 宾二类 | | | |
| 1587 正反 | | | 宾二类 | | | |
| 1588 | | | 宾二类 | | | |
| 1589 | | | 宾一类 | | | |
| 1590 | | | 宾二类 | | | |
| 1591 | | | 宾二类 | | | |
| 1592 | | | 宾一类 | 㱿 | | |
| 1593 | | | 宾二类 | | | |
| 1594 | | | 宾二类 | | | |
| 1595 正反 | | | 宾一类 | | | |
| 1596 | | | 宾二类 | | | |
| 1597 正反 | | | 宾二类 | | | |
| 1598 | | | 宾二类 | | | |
| 1599 | | | 𠂤宾间类 | | | |

续表

| 著录号 | 缀合 | 重片 | 类型划分 | 贞人 | 专家分类 | 其他说明 |
|---|---|---|---|---|---|---|
| 1600 | | | 宾一类 | | | |
| 1601 | | | 宾一类 | | | |
| 1602 | 黄拼 1602+ 合 4793 | | 宾三类 | | | |
| 1603 | | | 𠂤宾间类 | | | |
| 1604 | | | 宾一类 | | | |
| 1605 | | | 宾一类 | | | |
| 1606 | | | 宾二类 | | | |
| 1607 | | | 宾二类 | | | |
| 1608 | | | 宾三类 | | | |
| 1609 正反 | | | 宾三类 | | | |
| 1610 正反 | | | 宾二类 | | | |
| 1611 正反 | | | 宾一类 | | | |
| 1612 | | | 宾一类 | 㱿 | | |
| 1613 | | | 宾一类 | 王 | | |
| 1614 | | | 宾一类 | | | |
| 1615 | | | 宾一类 | | | |
| 1616 | | | 宾一类 | 内 | | |
| 1617 | | | 宾一类 | | | |
| 1618 | | | 𠂤宾间类 | 王 | | |
| 1619 | | | 宾二类 | | | |
| 1620 正反 | | | 宾二类 | 㱿 | | |
| 1621 | | | 宾三类 | 𡆥 | | |
| 1622 | | | 宾二类 | | | |
| 1623 | | | 宾三类 | 宾 | | |
| 1624 | | | 宾三类 | 宾 | | |
| 1625 | | | 宾一类 | 宾 | | |
| 1626 正反 | | | 宾二类 | 㱿 | | |
| 1627 | | | 宾二类 | | | |
| 1628 正反 | | | 宾二类 | | | |
| 1629 | | | 宾一类 | | | |
| 1630 | | | 宾二类 | | | |
| 1631 | | | 宾二类 | | | |
| 1632 正反 | | | 宾二类 | 宾 | | |
| 1633 正反 | | | 宾二类 | | | |

续表

| 著录号 | 缀合 | 重片 | 类型划分 | 贞人 | 专家分类 | 其他说明 |
|---|---|---|---|---|---|---|
| 1634 | | | 宾二类 | 宁 | | |
| 1635 正反 | | | 宾二类 | | | |
| 1636 | | | 宾三类 | | | |
| 1637 | | | 宾二类 | | | |
| 1638 | | | 宾一类 | 王 | | |
| 1639 正反 | | 合 3705 | 宾一类 | 爭 | | |
| 1640 | | | 宾一类 | | | |
| 1641 | | | 宾二类 | | | |
| 1642 | | | 宾二类 | | | |
| 1643 | | | 宾一类 | | | |
| 1644 | | | 宾一类 | | | |
| 1645 | 黄拼 1645+2380+2408 | | 宾一类 | | | |
| 1646 | | | 宾一类 | 王 | | |
| 1647 | | | 宾一类 | | | |
| 1648 | | | 宾一类 | | | |
| 1649 | | | 宾二类 | | | |
| 1650 | | | 宾二类 | | | |
| 1651 | | | 宾二类 | | | |
| 1652 正反 | | | 宾二类 | | | |
| 1653 | | | 宾二类 | | | 本片（历藏 18628 正反）来源表中为 1653 正反，释文中只有 1653 |
| 1654 | | | 宾二类 | 王 | | |
| 1655 正反 | | | 宾二类 | | | |
| 1656 | | | 宾二类 | | | |
| 1657 正反 | 黄拼 1657+4133 | | 宾一类 | | | |
| 1658 | | | 宾二类 | | | |
| 1659 | | | 宾二类 | | | |
| 1660 | | | 宾二类 | | | |
| 1661 | | | 宾一类 | | | |
| 1662 | | | 宾一类 | | | |
| 1663 | | | 宾一类 | | | |
| 1664 | | | 宾一类 | | | |
| 1665 | | | 宾三类 | | | |
| 1666 正反 | | | 宾二类 | | | |

续表

| 著录号 | 缀合 | 重片 | 类型划分 | 贞人 | 专家分类 | 其他说明 |
|---|---|---|---|---|---|---|
| 1667 | | | 宾二类 | | | |
| 1668 正反 | | | 宾二类 | | | |
| 1669 | | | 宾二类 | | | |
| 1670 | | | 宾二类 | | | |
| 1671 | | | 宾二类 | | | |
| 1672 | | | 宾二类 | | | |
| 1673 | | | 宾三类 | | | |
| 1674 正反 | | | 宾二类 | | | |
| 1675 | | | 宾三类 | 穷 | | |
| 1676 | | | 𠂤宾间类 | 王 | | |
| 1677 | | | 宾三类 | 王 | | |
| 1678 | | | 宾一类 | 王 | | |
| 1679 | | | 宾二类 | | | |
| 1680 | 黄拼 1680+ 合 7078 | | 宾二类 | 爭 | | |
| 1681 | | | 宾二类 | | | 本片（历藏 14504 正臼）来源表中为 1681 正臼，释文为 1681 |
| 1682 正反 | | | 宾二类 | | | |
| 1683 正反 | | | 宾一类 | 爭 | | |
| 1684 | | | 宾二类 | | | |
| 1685 | | | 宾二类 | | | |
| 1686 | | | 宾二类 | | | |
| 1687 正反 | | | 宾二类 | | | |
| 1688 | | | 宾二类 | | | |
| 1689 | | | 宾二类 | 𡧊 | | |
| 1690 | | | 宾二类 | | | |
| 1691 | | | 宾二类 | | | |
| 1692 正反 | | | 宾二类 | | | |
| 1693 正反 | | | 宾二类 | | | |
| 1694 正反 | | | 宾二类 | | | |
| 1695 | | | 宾一类 | | | |
| 1696 | | | 宾一类 | | | |
| 1697 | | | 𠂤宾间类 | | | |
| 1698 | | | 𠂤宾间类 | | | |

续表

| 著录号 | 缀合 | 重片 | 类型划分 | 贞人 | 专家分类 | 其他说明 |
|---|---|---|---|---|---|---|
| 1699 正甲正乙臼 | 蔡续 13.7= 合 5510 遥缀合 7059 | | 宾二类 | 亘 | | |
| 1700 正反 | | < 合 5454 | 宾二类 | 宂 | | 裘缀 29，乃合 5573（京 263）与京 2109 之缀，缺正，今据补拼 6（历藏 13851+ 历藏 24048）补 |
| 1701 | | | 宾二类 | | | |
| 1702 正反 | | | 宾二类 | | | |
| 1703 | | | 宾二类 | | | |
| 1704 | | | 宾二类 | | | |
| 1705 | 黄拼 1705+ 合 14474 正 | | 宾二类 | | | |
| 1706 | | 合 27886 | 无名类 | | | 非宾 |
| 1707 正反 | | 反 > 合 5573 | 宾二类 | | | |
| 1708 | | | 宾一类 | | | |
| 1709 | | | 宾二类 | | | |
| 1710 | | | 宾二类 | | | |
| 1711 正臼 | 裘缀 30= 合 5709 正 + 合 4366 | | 宾二类 | | | |
| 1712 | | 合 161 | 宾三类 | | | |
| 1713 | | 合 5635 乙 | 宾三类 | | | |
| 1714 | 安明拼 1= 合 5733+ 合 15388、合 13563 | | 宾三类 | 宂、爭 | | |
| 1715 | | | 宾三类 | | | |
| 1716 | | | 宾二类 | 宂 | | |
| 1717 | | | 宾二类 | | | |
| 1718 | | | 宾二类 | | | |
| 1719 正反 | | | 宾二类 | | | |
| 1720 正反 | | | 宾二类 | | | |
| 1721 | | | 宾二类 | | | |
| 1722 | | | 宾二类 | | | |
| 1723 | | | 宾二类 | | | |
| 1724 | | 合 69 | 宾三类 | | | |
| 1725 正甲正乙反乙 | 疑缀误合 5751 遥缀合 5752 | | 宾二类 | 宂 | | |
| 1726 | | | 宾二类 | | | |

续表

| 著录号 | 缀合 | 重片 | 类型划分 | 贞人 | 专家分类 | 其他说明 |
|---|---|---|---|---|---|---|
| 1727 正反 | | 合 5770 丙 | 宾二类 | | | |
| 1728 | | 合 5770 戊 | 宾二类 | | | |
| 1729 | | 合 5705 | 宾三类 | | | |
| 1730 | | | 宾一类 | | | |
| 1731 | | | 宾一类 | | | |
| 1732 正反 | | | 宾一类 | | | |
| 1733 | | 合 5678 | 宾三类 | | | |
| 1734 | | | 宾二类 | | | |
| 1735 | | 合 5850、合 848 乙 | 宾二类 | | | |
| 1736 | | | 宾一类 | 亘 | | |
| 1737 | | | 宾一类 | | | |
| 1738 正反 | 黄拼 1738 正反 + | | 宾一类 | | | 林《醉古集》23 |
| 1739 | | <合 5834 | 宾二类 | | | |
| 1740 | | | 宾二类 | | | |
| 1741 正反 | | | 宾二类 | | | |
| 1742 正反 | | | 宾一类 | | | |
| 1743 | | | 宾一类 | | | |
| 1744 | | 合 5961 | 宾三类 | | | |
| 1745 | | | 宾三类 | | | |
| 1746 正反 | | | 宾二类 | | | |
| 1747 | | | 宾二类 | | | |
| 1748 | | 合 5914 | 宾二类 | | | |
| 1749 | | | 宾二类 | | | |
| 1750 | | | 宾二类 | | | |
| 1751 正反 | 黄拼 1751 正反 +238 正反 | | 宾二类 | | | |
| 1752 | | | 宾二类 | | | |
| 1753 | | | 宾二类 | | | |
| 1754 | | 合 856 | 宾一类 | | | |
| 1755 | | | 宾二类 | | | |
| 1756 | | | 宾二类 | | | |
| 1757 | | 合 6125 | 宾二类 | | | |
| 1758 | | | 宾二类 | | | |
| 1759 | | | 宾二类 | | | |

续表

| 著录号 | 缀合 | 重片 | 类型划分 | 贞人 | 专家分类 | 其他说明 |
|---|---|---|---|---|---|---|
| 1760 正反 | 合 6063= 东大 338 | | 宾二类 | | | |
| 1761 正反 | | | 宾二类 | | | |
| 1762 正反 | | | 宾二类 | | | |
| 1763 | 蔡续 9.7= 合 39872+ 英 1002 | >13220（摹本） | 宾二类 | 𣪊 | | |
| 1764 | | 合 3950 | 宾二类 | | | |
| 1765 | | | 宾二类 | 𣪊、亘 | | |
| 1766 | 蔡缀 32= 合 543+ 京人 720 | | 宾二类 | | | 疑误缀 |
| 1767 | 蔡缀 18= 合 8236+ 合 6065 | | 宾二类 | 永 | | 笔书 |
| 1768 | | | 宾二类 | 宂 | | |
| 1769 | | | 宾二类 | 宂 | | |
| 1770 | 蔡 1.20= 合 6104+ 合 6105 | > 1777 | 宾二类 | | | |
| 1771 正臼 | | 正臼 = 合 39870 正臼 | 宾二类 | | | |
| 1772 | | 合 8553 | 宾二类 | | | |
| 1773 | 黄拼 1773+ 合 7219 | | 宾二类 | 𣪊 | | 蔡缀 31= 合 19693+ 合 6176 |
| 1774 | | | 宾二类 | | | |
| 1775 正反 | | | 宾二类 | | | |
| 1776 | | | 宾二类 | | | |
| 1777 | | 合 6105<1770 | 宾二类 | | | 本片（历藏 5774）= 合 6105、合补 01770（局部） |
| 1778 | | | 宾二类 | | | |
| 1779 | | | 宾二类 | | | |
| 1780 | | | 宾二类 | | | |
| 1781 | 蔡续 4.12= 合 6189+ 合 2988 | | 宾二类 | | | |
| 1782 | | | 宾二类 | | | |
| 1783 正反 | | | 宾二类 | | | |
| 1784 | | | 宾二类 | | | |
| 1785 正反 | | | 宾三类 | | | |
| 1786 | | | 宾三类 | | | |
| 1787 | 黄拼 1787+ 合 9814 | | 宾二类 | | | |
| 1788 | 蔡 1.12= 合 8587+ 合 8578 | | 宾二类 | | | |

续表

| 著录号 | 缀合 | 重片 | 类型划分 | 贞人 | 专家分类 | 其他说明 |
|---|---|---|---|---|---|---|
| 1789 | 白简 8= 合 6137+ 合 6147 | | 宾二类 | | | |
| 1790 | | | 宾二类 | | | |
| 1791 | | | 宾二类 | | | |
| 1792 | | | 宾二类 | | | |
| 1793 | | 1796 | 宾二类 | | | |
| 1794 | | | 宾二类 | | | |
| 1795 正反 | | 合 8539 | 宾二类 | | | |
| 1796 | | 1793 正反 | 宾二类 | | | |
| 1797 | | | 宾二类 | | | |
| 1798 | | 合 8524 | 宾二类 | | | |
| 1799 | | | 宾二类 | | | |
| 1800 | | < 合 6226 | 宾二类 | 亘 | | |
| 1801 | 黄拼 1801+ 合 6371 | 合 6308 | 宾二类 | | | |
| 1802 | | 合 8524 | 宾二类 | | | |
| 1803 | 缀新 263= 合 6130 正 + 18377 正 | | 宾二类 | 㱿 | | |
| 1804 | | | 宾二类 | 㱿、争、亘、韋 | | 臼：亘 |
| 1805 正反 | 蔡续 11.10= 合 545、合 540+ 英 554 | | 宾二类 | 㱿 | | |
| 1806 | 白录四 .1= 合 40082+ 合 40825 | | 𠂤宾间类 | 王 | | 此片右上部多字系伪刻 |
| 1807 | 蔡 1.79= 合 5636+ 合 6085 | | 宾二类 | | | |
| 1808 | | | 宾二类 | | | |
| 1809 | | | 宾二类 | | | |
| 1810 | | | 宾二类 | | | |
| 1811 | | | 宾二类 | 穷 | | |
| 1812 正反 | | 合 13112 | 宾二类 | 争 | | |
| 1813 | | | 宾二类 | 㱿 | | |
| 1814 | | | 宾二类 | | | |
| 1815 | | | 宾二类 | 㱿 | | |
| 1816 | | | 宾二类 | | | |
| 1817 正反 | | | 宾二类 | | | |
| 1818 | | | 宾二类 | | | |

续表

| 著录号 | 缀合 | 重片 | 类型划分 | 贞人 | 专家分类 | 其他说明 |
|---|---|---|---|---|---|---|
| 1819 正反 | 蔡缀 17 正 = 合 6067+ 合 7866 正 | 反 =7866 反 | 宾二类 | | | |
| 1820 | | | 宾二类 | | | |
| 1821 | | | 宾二类 | | | |
| 1822 | | | 宾二类 | | | |
| 1823 | | 合 6276 | 宾二类 | | | |
| 1824 正反 | 裘缀 22= 合 1855 正反 + 合 2073 正反 | | 宾一类 | | | |
| 1825 | | | 宾二类 | | | |
| 1826 | | | 宾二类 | 永 | | |
| 1827 | | | 宾二类 | 古 | | |
| 1828 | 蔡续 8.3= 合 613+ 英 557 | | 宾二类 | 爭 | | 此片左上三辞系伪刻 |
| 1829 | 蔡 1.16= 合 6116+ 合 6120 | | 宾二类 | | | |
| 1830 | 蔡 1.117= 合 5536+ 合 6079 | | 宾三类 | 事 | | |
| 1831 | | | 宾二类 | | | |
| 1832 | | | 宾二类 | | | |
| 1833 | | | 宾三类 | 穷 | | |
| 1834 | | | 宾二类 | 韋 | | |
| 1835 | | | 宾二类 | | | |
| 1836 正反 | 蔡续 7.5= 合 39858+ 苏德 226 | | 宾二类 | | | |
| 1837 | | | 宾二类 | | | |
| 1838 | | 合 6295 | 宾二类 | | | |
| 1839 | | | 宾二类 | | | |
| 1840 正反 | | | 宾二类 | | | |
| 1841 | | | 宾二类 | | | |
| 1842 | | | 宾二类 | | | |
| 1843 | | | 宾二类 | | | |
| 1844 | | < 合 8529 | 宾二类 | | | |
| 1845 | 蔡续 9.2= 合 39868+ 合 39878 | | 宾二类 | 穷 | | |
| 1846 | 黄拼 1846+ 合 1224 | 合 6149 | 宾二类 | | | |
| 1847 甲乙丙臼反乙 | 蔡续 9.11= 合 17632 遥缀合 6132、合 17360、合 6136 正 | 反= 合 6131 反；臼= 合 17360 | 宾二类 | 㱿、亘、吕 | | |

续表

| 著录号 | 缀合 | 重片 | 类型划分 | 贞人 | 专家分类 | 其他说明 |
|---|---|---|---|---|---|---|
| 1848 | | 合 6431 | 宾二类 | | | |
| 1849 | | | 宾二类 | | | |
| 1850 正反 | | | 宾二类 | | | |
| 1851 | | | 宾二类 | | | |
| 1852 正甲正乙反乙 | 蔡续 13.4= 合 6402 遥缀合 6087 | | 宾二类 | 㱿、争 | | |
| 1853 甲乙 | 蔡续 11.6= 合 6198+ 合 39856 | | 宾二类 | 㱿 | | |
| 1854 | | | 宾一类 | 㱿 | | |
| 1855 | | 合 8556 | 宾二类 | | | |
| 1856 正反 | | | 宾二类 | | | |
| 1857 正臼 | | | 宾二类 | | | 臼：㱿 |
| 1858 | | 合 6229 | 宾二类 | | | |
| 1859 正反 | | | 宾二类 | | | |
| 1860 | 黄拼 1860+ 合 6370+ 合 6310 | | 宾二类 | | | |
| 1861 | | | 宾二类 | | | |
| 1862 正反 | | | 宾二类 | | | |
| 1863 | | | 宾二类 | | | |
| 1864 | 蔡续 10.4= 合 6399+ 合 6430 | ＞1875= 合 6399 | 宾二类 | 㱿 | | |
| 1865 | | 合 6449 | 宾二类 | | | |
| 1866 | | | 宾一类 | | | |
| 1867 | 蔡 1.64= 合 6393+ 合 6396 | | 宾二类 | | | |
| 1868 | | 4119=14306 | 宾三类 | | | |
| 1869 | | 合 6444 | 宾二类 | | | |
| 1870 | 合 5435+ 英 582 | ＞13197 摹本（英 582） | 宾二类 | 㱿 | | |
| 1871 | | | 宾二类 | | | |
| 1872 | | | 宾二类 | | | |
| 1873 | | 合 8487 | 宾二类 | | | |
| 1874 | 白简 9= 合 6384+ 合 6387 | | 宾二类 | | | |
| 1875 正臼 | | 合 6399<1864 臼 = 合 17561 | 宾二类 | | | 臼：岳内 |
| 1876 正臼 | | 正 = 合 6398 臼 =17562 | 宾二类 | | | 臼：岳内 |

续表

| 著录号 | 缀合 | 重片 | 类型划分 | 贞人 | 专家分类 | 其他说明 |
|---|---|---|---|---|---|---|
| 1877 | | 合 8491 | 宾一类 | | | |
| 1878 | | | 宾二类 | | | |
| 1879 | 蔡续 12.2= 合 3527+ 合 6392 | | 宾二类 | | | |
| 1880 | | | 宾二类 | | | |
| 1881 | 黄拼 1881+ 合 7497 | | 宾二类 | | | 缀合版切角形态与合 14004 接近合 7497+ 合补 1881（合 6424 同文） |
| 1882 | | | 宾一类 | | | |
| 1883 | | | 宾一类 | | | |
| 1884 | 蔡 1.50= 合 6518+ 合 6529 | | 宾二类 | 㱿 | | 右未切角 |
| 1885 | 蔡缀 16= 合 6507+ 合 6511 | | 宾二类 | 㱿 | | |
| 1886 | | | 宾二类 | | | |
| 1887 | | | 宾二类 | | | |
| 1888 | | 合 8681 | 自宾间类 | | | |
| 1889 | | | 宾二类 | | | |
| 1890 | | | 宾二类 | | | |
| 1891 正反 | | | 宾二类 | | | |
| 1892 | | | 自历间类 | 王 | | 非宾 |
| 1893 | | | 宾二类 | | | |
| 1894 | | | 宾一类 | | | |
| 1895 | 黄拼缀三 .3= 合 11535+ 合 6697 | | 宾一类 | | | |
| 1896 | | 合 6676 | 宾一类 | | | |
| 1897 | | | 宾一类 | | | |
| 1898 正反 | | | 宾一类 | | | |
| 1899 | | | 宾一类 | | | |
| 1900 | | | 宾一类 | | | |
| 1901 正臼 | 蔡缀 11= 合 6768+ 合 15221 | | 宾三类 | 宊 | | |
| 1902 | | | 宾一类 | | | |
| 1903 正反 | | | 宾一类 | | | |
| 1904 正臼 | 蔡缀 12= 合 6769+ 合 6702+ 合 1522 | | 宾三类 | 宊 | | |
| 1905 | | | 宾三类 | | | |
| 1906 | | | 宾二类 | | | |

续表

| 著录号 | 缀合 | 重片 | 类型划分 | 贞人 | 专家分类 | 其他说明 |
|---|---|---|---|---|---|---|
| 1907 正反 | 合 5247 正反 +<br>合 7372 正反 | ＞4471<br>（＜合 5247） | 宾二类 | 㱿 | | 笔书 |
| 1908 | | | 宾二类 | | | |
| 1909 | | 合 6707 | 𠂤宾间类 | | | |
| 1910 正反 | | | 宾二类 | | | |
| 1911 | | 合 8434 | 宾二类 | | | |
| 1912 | | | 宾二类 | | | |
| 1913 正臼 | | | 宾二类 | 争 | | |
| 1914 | | | 宾一类 | | | |
| 1915 | | 合 8663 | 宾一类 | | | |
| 1916 | | | 宾一类 | | | |
| 1917 | | | 宾一类 | | | |
| 1918 | | | 宾二类 | | | |
| 1919 | | | 宾二类 | | | |
| 1920 | | | 宾二类 | | | |
| 1921 | 黄拼 1921+ 2140+<br>合 12812+ 合 8554 | | 宾三类 | | | |
| 1922 | | | 宾二类 | | | |
| 1923 | | | 宾二类 | | | |
| 1924 正反 | | 合 8700 | 宾二类 | | | |
| 1925 | | | 宾二类 | | | |
| 1926 | | 1942 | 宾二类 | | | |
| 1927 | | | 宾二类 | | | |
| 1928 | | | 宾一类 | | | |
| 1929 | | | 宾二类 | | | |
| 1930 | | | 宾二类 | | | |
| 1931 | | | 宾二类 | | | |
| 1932 | | | 宾一类 | | | |
| 1933 | | | 宾一类 | | | |
| 1934 | | | 宾二类 | | | |
| 1935 | | | 宾二类 | | | |
| 1936 | | 合 3661 | 宾二类 | 穷 | | |
| 1937 | | 合 6793 | 𠂤宾间类 | | | |
| 1938 | 黄拼 1938+ 英 1133 正 | | 宾二类 | | | 蔡缀 27= 合 6746+<br>合 19129 |

续表

| 著录号 | 缀合 | 重片 | 类型划分 | 贞人 | 专家分类 | 其他说明 |
|---|---|---|---|---|---|---|
| 1939 正反 | | | 宾二类 | | | |
| 1940 | | | 宾一类 | 王 | | |
| 1941 | | | 宾一类 | 爭 | | |
| 1942 | | 1926 | 宾二类 | | | |
| 1943 | | | 宾二类 | | | |
| 1944 正反 | | | 宾二类 | | | |
| 1945 | | 合 6752 | 𠂤宾间类 | | | |
| 1946 正反 | | | 宾二类 | | | 签名：岳 |
| 1947 正反 | | 合 6694 | 𠂤宾间类 | | | |
| 1948 | | | 宾一类 | | | |
| 1949 | | | 𠂤小字类 | | | 非宾 |
| 1950 | | | 宾一类 | | | |
| 1951 | | 合 6785 | 𠂤宾间类 | | | |
| 1952 | | 合 6811 | 宾二类 | | | |
| 1953 | | | 宾二类 | | | |
| 1954 | | | 𠂤宾间类 | | | |
| 1955 正反 | | | 宾二类 | | | |
| 1956 | | | 宾二类 | | | |
| 1957 | | | 宾二类 | | | |
| 1958 正反 | | | 宾二类 | | | |
| 1959 | | 合 4273 照片 | 宾二类 | | | |
| 1960 | 黄拼 1960+ 合 4811+ 合 7699 | 合 7687 | 宾三类 | | | |
| 1961 | 黄拼 1961+ 合 4274 | | 宾二类 | | | |
| 1962 | | 合 4289 | 宾二类 | | | |
| 1963 | | | 宾二类 | | | |
| 1964 | 补拼 17= 合 7701+ 合 7703 | | 宾二类 | 𣪊、爭 | | |
| 1965 甲乙 | 蔡续 7.2= 合 174 遥缀合 175 | | 宾二类 | 𣪊 | | |
| 1966 | 蔡续 13.1= 合 586+ 合 4240 | | 宾二类 | 穷、𣪊、韋 | | |
| 1967 | | | 宾二类 | | | |
| 1968 | | | 宾二类 | | | |
| 1969 | | | 宾二类 | | | |
| 1970 | | 合 176 | 宾二类 | | | |

续表

| 著录号 | 缀合 | 重片 | 类型划分 | 贞人 | 专家分类 | 其他说明 |
|---|---|---|---|---|---|---|
| 1971 | 蔡 1.21= 合 5316+ 合 4722 | | 宾二类 | 㱿 | | |
| 1972 | | 合 8534 | 宾二类 | | | |
| 1973 | | < 合 7684 | 宾二类 | | | |
| 1974 | | | 宾二类 | 争 | | |
| 1975 | | 合 9045 | 宾二类 | | | |
| 1976 | 黄拼 1976+ 合 6148 | | 宾二类 | | | |
| 1977 | | 合 6370 | 宾二类 | | | |
| 1978 正反 | | 合 4292 | 宾二类 | | | |
| 1979 | | 合 7100 | 宾二类 | | | |
| 1980 正反 | | > 合 7696 | 宾二类 | 争 | | 来源表为“1980 正臼” |
| 1981 | 蔡续 11.3= 合 6532 正 + 合 6533 | | 宾二类 | 宂 | | |
| 1982 | | 合 6931 | 宾一类 | | | |
| 1983 正反 | | 合 6624 | 宾二类 | 争 | | |
| 1984 | 蔡续 7.3= 合 7035+ 合 7036 | | 宾一类 | | | |
| 1985 甲乙 | 蔡续 7.7= 合 7010+ 合 14701 遥缀 7009 | | 𠂤宾间类 | | | |
| 1986 | | 合 8419 | 宾二类 | | | |
| 1987 | | | 宾二类 | | | |
| 1988 正反 | | 正 = 合 13695 正乙 反 < 合 13965 反乙 | 宾一类 | | | |
| 1989 | | | 宾三类 | 𠷎 | | |
| 1990 | | 合 20501 | 𠂤小字类 | | 黄𠂤小字 | 非宾 |
| 1991 | 黄拼 1991+ 合 18032+ 合 7015（国博 076）+ 合 4326 | 合 8434 | 𠂤宾间类 | | | |
| 1992 正反 | | 合 6611 | 宾一类 | | | |
| 1993 | | 2775 | 宾三类 | | | |
| 1994 | | | 宾二类 | | | |
| 1995 | | | 宾一类 | 㱿 | | |
| 1996 | | | 宾二类 | | | |
| 1997 | 黄拼 1997+ 合 39863 | | 宾二类 | | | 合补 1997 与合 6172、合 6173、合 6174、合 39864 同文 |

续表

| 著录号 | 缀合 | 重片 | 类型划分 | 贞人 | 专家分类 | 其他说明 |
|---|---|---|---|---|---|---|
| 1998 正反 | | | 宾二类 | | | |
| 1999 | 蔡缀 26= 合 7321+ 京人 922 | | 宾二类 | 㱿 | | |
| 2000 | 蔡续 4.11= 合 13421+ 合 7320 | | 宾二类 | 㱿、争 | | |
| 2001 | | | 宾二类 | | | |
| 2002 正反 | | | 宾一类 | | | |
| 2003 正反 | | | 宾二类 | | | |
| 2004 | | | 宾一类 | | | |
| 2005 | | | 宾二类 | | | |
| 2006 正反 | | | 宾二类 | | | |
| 2007 | | | 宾二类 | | | |
| 2008 | | | 宾一类 | | | |
| 2009 | | | 宾一类 | 㱿 | | |
| 2010 | | | 宾二类 | | | |
| 2011 | | | 宾二类 | 㱿 | | |
| 2012 | 黄拼 2012+ 东文研 228 | | 宾二类 | | | |
| 2013 | | | 宾一类 | | | |
| 2014 正反 | | | 宾二类 | | | |
| 2015 | | | 宾二类 | | | |
| 2016 正反 | | | 宾二类 | | | |
| 2017 | | 合 7538 | 宾二类 | | | |
| 2018 | | | 宾二类 | | | |
| 2019 正反 | 黄拼 2019+ 合 3010 正 | 合 7540< 2043 正 = 合7540反 =7201 | 宾二类 | | | |
| 2020 | | | 宾二类 | | | |
| 2021 | 蔡 1.46= 合 7486+ 合 7515 | | 宾二类 | | | |
| 2022 | 黄拼 2022+ 合 18917 | | 宾二类 | | | 蔡 1.42= 合 6510+ 合 6508 |
| 2023 | | | 宾二类 | | | |
| 2024 | | | 宾二类 | 㱿 | | |
| 2025 | | 合 7489 | 宾二类 | | | |
| 2026 正反 | | 反 = 合 6188 | 宾二类 | 争 | | |

续表

| 著录号 | 缀合 | 重片 | 类型划分 | 贞人 | 专家分类 | 其他说明 |
|---|---|---|---|---|---|---|
| 2027 正反 | | | 宾二类 | | | |
| 2028 | | | 宾二类 | | | |
| 2029 | | | 宾二类 | | | |
| 2030 | | | 宾二类 | | | |
| 2031 正反 | 裘缀 12= 合 2281 正 + 合 2304 | | 宾二类 | | | |
| 2032 | | | 宾二类 | | | |
| 2033 | | | 宾二类 | | | |
| 2034 | | | 宾二类 | | | |
| 2035 正反 | | 合 3989 | 宾二类 | | | |
| 2036 | | | 宾二类 | | | |
| 2037 | | | 宾二类 | | | |
| 2038 | | | 宾二类 | | | |
| 2039 | | | 宾二类 | | | |
| 2040 | 缀新 336= 合 6135+ 合 6139 | | 宾二类 | | | 疑误缀 |
| 2041 | | | 宾二类 | | | |
| 2042 | | | 宾二类 | | | |
| 2043 | 黄拼 2043+ 合 3010 | > 2019= 合 7540 | 宾二类 | | | 蔡 1.43= 合 7504+ 合 7540 |
| 2044 正反 | | 合 3973 | 宾三类 | | | |
| 2045 | | < 合 5857 | 宾二类 | | | |
| 2046 | | | 宾二类 | | | |
| 2047 | | | 宾二类 | | | |
| 2048 正反臼 | | 正 > 合 7463 臼 = 合 17638 | 宾二类 | | | |
| 2049 | | | 宾二类 | | | |
| 2050 | | 合 3974 | 宾三类 | | | |
| 2051 | 黄拼 2051+ 合 14262 | | 宾二类 | | | 缀合版与合 3958 同文 |
| 2052 | | | 宾二类 | | | |
| 2053 | | | 宾二类 | | | |
| 2054 | | | 宾二类 | | | |
| 2055 | | | 宾二类 | | | |
| 2056 | | | 宾二类 | | | |

续表

| 著录号 | 缀合 | 重片 | 类型划分 | 贞人 | 专家分类 | 其他说明 |
|---|---|---|---|---|---|---|
| 2057 | | 合 71 | 宾二类 | | | |
| 2058 | | | 宾二类 | | | |
| 2059 | | | 宾二类 | | | |
| 2060 | | | 宾二类 | | | |
| 2061 | | | 宾二类 | 㱿 | | |
| 2062 | | | 宾二类 | | | |
| 2063 | | | 宾二类 | | | |
| 2064 | | | 宾二类 | | | |
| 2065 | | | 宾二类 | | | |
| 2066 | | | 宾二类 | | | |
| 2067 | | | 宾二类 | | | |
| 2068 | | | 宾二类 | | | |
| 2069 | 白简 14= 合 7493+ 合 4001 正 | | 宾二类 | 㱿 | | |
| 2070 | | | 宾二类 | | | |
| 2071 | | | 宾二类 | | | |
| 2072 | | | 宾二类 | 㱿 | | |
| 2073 | | 合 7522、合 39961、合 39972 摹本 | 宾二类 | | | |
| 2074 | | | 宾二类 | | | |
| 2075 | | | 宾二类 | | | |
| 2076 | 黄拼 2076+4362 | | 宾二类 | | | |
| 2077 | | | 宾二类 | 宂 | | |
| 2078 | | | 宾一类 | | | |
| 2079 | | | 宾一类 | | | |
| 2080 | | | 宾二类 | | | |
| 2081 | | | 宾二类 | | | |
| 2082 | | | 宾二类 | | | |
| 2083 | | | 宾二类 | | | |
| 2084 | | | 宾二类 | | | |
| 2085 | | | 宾二类 | | | |
| 2086 | | | 宾二类 | | | |
| 2087 | | 合 7507 | 宾二类 | | | |
| 2088 | 蔡续 4.7= 合 15228+ 怀 938 | | 宾三类 | | | |

续表

| 著录号 | 缀合 | 重片 | 类型划分 | 贞人 | 专家分类 | 其他说明 |
|---|---|---|---|---|---|---|
| 2089 | | | 宾二类 | | | |
| 2090 正反 | | | 宾二类 | | | |
| 2091 | | | 宾二类 | 𡧊 | | |
| 2092 | | | 宾二类 | | | |
| 2093 正反 | | | 宾二类 | | | |
| 2094 | | | 宾二类 | | | |
| 2095 | 蔡 1.69= 合 5540+ 合 7474 | | 宾二类 | | | |
| 2096 | 蔡 1.38= 合 5541+ 合 7540 | | 宾二类 | | | |
| 2097 | | | 宾二类 | | | |
| 2098 | | | 宾二类 | | | |
| 2099 正反 | | | 宾二类 | | | |
| 2100 正反 | | | 宾二类 | | | |
| 2101 | | | 宾二类 | | | |
| 2102 正反 | | 正 < 合 6471 正反 < 合 6471 反 | 宾二类 | | | |
| 2103 | | < 合 7392 | 宾二类 | | | |
| 2104 正反 | | 正反 = 合 7407 正乙反甲 | 宾二类 | | | |
| 2105 | 黄拼 2105+ 合 3572 | | 宾二类 | | | |
| 2106 | | 合 7432 | 宾二类 | | | |
| 2107 正反 | | | 宾二类 | | | |
| 2108 | | | 宾二类 | | | |
| 2109 | | | 宾二类 | | | |
| 2110 | | < 合 7392 | 宾二类 | | | |
| 2111 | | | 宾二类 | | | |
| 2112 | | | 宾二类 | | | |
| 2113 正反 | | | 宾一类 | | | |
| 2114 | | | 宾二类 | | | |
| 2115 | | | 宾二类 | | | |
| 2116 正反 | 黄拼 2116 正反 + 东文库 57 正反 | | 宾二类 | | | |
| 2117 | 黄拼 2117+ 4064 | | 宾二类 | | | |
| 2118 | | 合 6422 | 宾二类 | | | |

续表

| 著录号 | 缀合 | 重片 | 类型划分 | 贞人 | 专家分类 | 其他说明 |
|---|---|---|---|---|---|---|
| 2119 正反 | | | 宾二类 | 㱿 | | |
| 2120 | | | 宾二类 | | | |
| 2121 | | | 宾二类 | | | |
| 2122 | | | 宾一类 | 内 | | |
| 2123 | | | 宾二类 | | | |
| 2124 | | | 宾一类 | | | |
| 2125 正反 | | | 宾二类 | | | |
| 2126 | | 合 7607 | 宾二类 | | | |
| 2127 | | | 宾一类 | 㱿 | | |
| 2128 | | | 宾二类 | | | |
| 2129 | | 合 6216 | 宾二类 | | | |
| 2130 | | 合 538 乙 | 宾二类 | | | |
| 2131 | | | 宾二类 | | | |
| 2132 | | | 宾二类 | | | |
| 2133 | | | 宾二类 | | | |
| 2134 | | | 宾二类 | | | |
| 2135 | | | 宾二类 | | | |
| 2136 正反 | 黄拼 2136 正 + 合 2778+ 合 19724 正；黄拼 2136 反 + 合 19724 反 | | 宾二类 | 㱿 | | |
| 2137 | | | 宾一类 | | | |
| 2138 | | | 宾二类 | | | |
| 2139 正甲正乙臼 | 蔡续 11.9 正 = 合 8402 遥缀珠 458 | | 宾二类 | 穷 | | 臼：㪤 |
| 2140 | 黄拼 2140+ 合 12812+ 合 8554+ 1921 | | 宾三类 | | | |
| 2141 | | | 宾二类 | | | |
| 2142 正反 | | | 宾二类 | | | |
| 2143 | | | 宾一类 | | | |
| 2144 | | | 宾一类 | | | |
| 2145 正反 | | | 宾一类 | | | |
| 2146 正反 | | | 宾一类 | | | |
| 2147 | | | 宾一类 | | | |
| 2148 正反 | | | 宾一类 | | | |
| 2149 | | | 宾一类 | | | |

续表

| 著录号 | 缀合 | 重片 | 类型划分 | 贞人 | 专家分类 | 其他说明 |
|---|---|---|---|---|---|---|
| 2150 | | | 宾一类 | | | |
| 2151 | | | 宾一类 | | | |
| 2152 | | | 宾二类 | | | |
| 2153 | | | 宾一类 | | | |
| 2154 正反 | | | 宾一类 | | | |
| 2155 | | | 宾一类 | | | |
| 2156 | | 合 6993 | 自宾间类 | | | |
| 2157 | | | 宾一类 | | | |
| 2158 正反 | | | 宾二类 | | | |
| 2159 正反 | 黄拼 2159 正反 + 7964 正反 | | 宾二类 | | | |
| 2160 正反 | | 合 17685 | 宾二类 | | | |
| 2161 | | | 宾二类 | | | |
| 2162 | | | 宾二类 | | | |
| 2163 正反 | 黄拼 2163 反 + 合 14976 反；黄拼 2163 正 + 合 14976 正 | | 宾二类 | | | |
| 2164 | 黄拼 2164+ 明后 S0875 | | 宾二类 | | | |
| 2165 正反 | | | 宾二类 | 内 | | |
| 2166 | | | 宾二类 | | | |
| 2167 正反 | | | 宾三类 | | | |
| 2168 | | | 宾三类 | | | |
| 2169 正反 | | | 宾三类 | | | |
| 2170 | | | 宾三类 | | | |
| 2171 | | | 宾一类 | 内 | | |
| 2172 | 黄拼缀三 .2= 合 22477+ 合 22476 | | 午组 | | | 非宾 |
| 2173 | | | 宾二类 | 宁 | | |
| 2174 正反 | | | 待考 | | | 此片正反面均有习刻字 |
| 2175 | | | 宾二类 | 㱿 | | |
| 2176 | | | 宾二类 | | | |
| 2177 | | 合 9084 | 自宾间类 | | | |
| 2178 | | | 宾一类 | | | |
| 2179 | | | 宾一类 | | | |

续表

| 著录号 | 缀合 | 重片 | 类型划分 | 贞人 | 专家分类 | 其他说明 |
|---|---|---|---|---|---|---|
| 2180 | | | 宾一类 | | | |
| 2181 | | | 宾一类 | | | |
| 2182 | | | 宾一类 | | | |
| 2183 | | | 宾一类 | | | |
| 2184 | 黄拼 2184+ 合 19617 | | 宾二类 | | | |
| 2185 | | | 宾一类 | | | |
| 2186 | | | 宾一类 | | | |
| 2187 甲乙 | 蔡 1.98= 合 6995<br>遥缀合 6996 | | 𠂤宾间类 | | | |
| 2188 | | | 宾一类 | | | |
| 2189 | | | 宾一类 | | | |
| 2190 正反 | | 合 6992 | 𠂤宾间类 | | | |
| 2191 | | | 宾二类 | | | |
| 2192 | | | 宾一类 | | | |
| 2193 正反 | | 合 7223 | 宾一类 | | | |
| 2194 | | | 宾二类 | | | |
| 2195 | | | 宾二类 | | | |
| 2196 正反 | | | 宾二类 | | | |
| 2197 | | | 宾三类 | | | |
| 2198 | | | 宾二类 | | | |
| 2199 正反 | 蔡缀 19 正 = 合 11703 正 +<br>合 7149 正 | | 宾二类 | 永 | | |
| 2200 | 黄拼 2200+ 北大 1798 | | 宾一类 | | | |
| 2201 | | | 宾一类 | | | |
| 2202 | | | 宾二类 | | | 笔书 |
| 2203 正反 | | | 宾二类 | | | |
| 2204 | | | 宾二类 | | | 笔书 |
| 2205 | | | 宾二类 | 爭 | | |
| 2206 | | | 宾二类 | 穷 | | |
| 2207 | 蔡 1.102= 合 19248+<br>合 19249 | | 宾二类 | 㱿 | | |
| 2208 | 黄拼 2208+ 合 36447+<br>35436 | | 宾三类 | | | |
| 2209 | | < 合 7819 | 宾三类 | | 黄宾三 | |

续表

| 著录号 | 缀合 | 重片 | 类型划分 | 贞人 | 专家分类 | 其他说明 |
|---|---|---|---|---|---|---|
| 2210 正反 | | 正 <<br>合 6987 正反 =<br>合 6987 反 | 宾一类 | | | |
| 2211 | | 合 7830 | 宾一类 | | | |
| 2212 | | | 宾二类 | | | |
| 2213 正反 | | | 宾一类 | | | |
| 2214 | | | 宾一类 | 㱿 | | |
| 2215 | | | 宾一类 | | | |
| 2216 甲乙 | 黄拼 2216+ 合 7795 | 乙 = 合 39990 | 宾一类 | 㱿 | | 蔡续 9.4= 合 7779 遥缀<br>英 716（合 39990） |
| 2217 | | 2235= 合 7828 | 宾二类 | | | |
| 2218 | | | 宾一类 | | | |
| 2219 | | 合 4187 | 宾三类 | | | |
| 2220 | | | 宾三类 | | | |
| 2221 | 缀新 636= 合 10138+<br>合 7795+ 合 14890+<br>合 40450 摹本<br>（英 1241） | | 宾一类 | 㱿 | | 此版之缀单片合 7795、<br>合 10138 应删除 |
| 2222 | | < 合 4671 | 宾三类 | | | |
| 2223 | | 合 7833 | 宾一类 | | | |
| 2224 | | | 宾一类 | | | |
| 2225 | | | 宾三类 | | | |
| 2226 正反 | | | 宾三类 | | | |
| 2227 | | | 宾三类 | | | |
| 2228 正反 | | | 宾三类 | | | |
| 2229 正反 | | | 宾三类 | | | |
| 2230 正反 | | | 宾三类 | | | |
| 2231 | | | 宾三类 | | | |
| 2232 正反 | | | 宾二类 | 爭 | | |
| 2233 | | | 宾二类 | | | |
| 2234 | | | 宾二类 | | | |
| 2235 | | 2217= 合 7828 | 宾二类 | | | |
| 2236 | | 合 15124 | 宾三类 | | | |
| 2237 正反 | | | 宾二类 | | | |
| 2238 正反 | | | 宾二类 | | | |

续表

| 著录号 | 缀合 | 重片 | 类型划分 | 贞人 | 专家分类 | 其他说明 |
|---|---|---|---|---|---|---|
| 2239 | | | 宾二类 | | | |
| 2240 | | | 宾一类 | 王 | | |
| 2241 正反 | | | 宾二类 | | | |
| 2242 | | | 宾二类 | 𣪊 | | |
| 2243 | | | 宾一类 | | | |
| 2244 | | | 宾一类 | | | |
| 2245 | | | 宾一类 | 爭 | | |
| 2246 | | 合 6825 | 宾三类 | | | |
| 2247 | | > 合 7671 | 𠂤宾间类 | | | |
| 2248 | | | 宾一类 | | | |
| 2249 | | | 宾一类 | | | |
| 2250 | | | 宾一类 | | | |
| 2251 | | | 宾一类 | | | |
| 2252 | | | 宾二类 | 𣪊 | | |
| 2253 | | | 宾一类 | | | |
| 2254 | | | 宾一类 | | | |
| 2255 | | | 宾一类 | | | |
| 2256 | | | 宾一类 | | | |
| 2257 | | 合 4131 | 宾一类 | | | |
| 2258 | | 合 4129 | 宾一类 | | | |
| 2259 | | | 宾一类 | | | |
| 2260 | | | 宾一类 | 王 | | |
| 2261 正反 | | | 宾一类 | | | |
| 2262 | | | 宾一类 | | | |
| 2263 正反 | | | 宾一类 | 王 | | |
| 2264 | | | 宾一类 | | | |
| 2265 | | | 宾一类 | | | |
| 2266 | | | 宾一类 | | | |
| 2267 | | | 宾一类 | 王 | | |
| 2268 正反 | | | 宾一类 | | | |
| 2269 | | 合 19139 甲 | 宾二类 | | | |
| 2270 | | | 宾一类 | | | |
| 2271 正反 | | | 宾一类 | | | |
| 2272 | | | 宾一类 | | | |

续表

| 著录号 | 缀合 | 重片 | 类型划分 | 贞人 | 专家分类 | 其他说明 |
|---|---|---|---|---|---|---|
| 2273 | | | 𠂤宾间类 | | | |
| 2274 | | | 宾一类 | | | |
| 2275 | | | 宾一类 | | | |
| 2276 | | | 宾一类 | | | |
| 2277 | | | 宾一类 | | | |
| 2278 | | | 宾一类 | | | |
| 2279 | | | 宾一类 | | | |
| 2280 | 白简 19= 合 8162+ 合 6780 | | 宾三类 | | | |
| 2281 | | | 宾一类 | | | |
| 2282 | | | 宾一类 | | | |
| 2283 | | | 宾一类 | | | |
| 2284 | 黄拼 2284+ 合 12080 | 合 4820 | 宾二类 | | | |
| 2285 | | | 宾一类 | | | |
| 2286 | | | 宾一类 | | | |
| 2287 | | 合 4481 | 宾二类 | | | |
| 2288 | | 合 8416 | 宾二类 | | | |
| 2289 | | | 宾一类 | | | |
| 2290 | | | 宾三类 | | | |
| 2291 | | | 宾二类 | | | |
| 2292 | | | 宾二类 | | | |
| 2293 | | 合 19673 | 宾二类 | | | |
| 2294 | 黄拼 2294（合 7962+17947）+ 合 13377+ 合 18792+ 合 18795 | | 宾二类 | | | 白简 17= 合 7962+ 合 17946 |
| 2295 正反 | | 正 = 合 19614 反 = 合 7965 | 宾二类 | | | |
| 2296 | | 合 8078 | 宾二类 | | | |
| 2297 | | | 宾三类 | 爭 | | |
| 2298 甲乙 | 缀新 295= 合 6717+ 前 6.35.4 | | 宾二类 | | | |
| 2299 | | | 宾二类 | 㱿 | | |
| 2300 | | | 宾二类 | | | |
| 2301 | | 合 4877 | 宾三类 | | | |

续表

| 著录号 | 缀合 | 重片 | 类型划分 | 贞人 | 专家分类 | 其他说明 |
|---|---|---|---|---|---|---|
| 2302 | | <合 9636 | 宾三类 | | | |
| 2303 | | 合 9591 | 宾三类 | | | |
| 2304 正反 | | | 宾三类 | | | |
| 2305 | | | 宾一类 | | | |
| 2306 | 蔡续 13.3= 合 19298+ 英 731 | | 宾二类 | 㱿 | | |
| 2307 正反 | | 反 = 合 7921 | 宾二类 | | | |
| 2308 正反 | | 正 = 合 8332 正<br>反 = 合 8332 反 | 宾二类 | | | |
| 2309 | | | 宾二类 | | | |
| 2310 | | 合 1135 | 宾二类 | | | |
| 2311 | | | 宾二类 | | | |
| 2312 | | | 宾二类 | | | |
| 2313 | 蔡 1.100= 合 8346+ 合 8345 | | 宾二类 | 穷 | | |
| 2314 | | | 宾二类 | | | |
| 2315 | | | 宾二类 | | | |
| 2316 正反 | | | 宾二类 | | | |
| 2317 | | | 宾二类 | | | |
| 2318 | | | 宾二类 | | | |
| 2319 | 缀新 279= 合 8725+ 合 8726 | | 宾一类 | | | |
| 2320 正反 | 2310 反当改为 2320 反 | | 宾二类 | | | |
| 2321 | | | 宾二类 | 争 | | |
| 2322 正反 | | | 宾二类 | | | |
| 2323 | | | 宾二类 | 㱿 | | |
| 2324 正反 | | | 宾二类 | | | |
| 2325 | | | 宾二类 | | | |
| 2326 | | | 宾二类 | 穷 | | |
| 2327 | | | 宾二类 | | | |
| 2328 | | 合 9631 | 宾三类 | | | |
| 2329 | | | 宾二类 | | | |
| 2330 甲乙 | 蔡补 6= 合 5860 遥缀 合 7055 | | 自宾间类 | | | |
| 2331 | | | 宾二类 | | | |

续表

| 著录号 | 缀合 | 重片 | 类型划分 | 贞人 | 专家分类 | 其他说明 |
|---|---|---|---|---|---|---|
| 2332 | | | 宾二类 | | | |
| 2333 正反 | | 合 7123 | 𠂤宾间类 | | | |
| 2334 | | | 宾二类 | | | |
| 2335 | | | 宾二类 | 宊 | | |
| 2336 正反 | | | 宾二类 | | | |
| 2337 | | 合 8202 | 宾二类 | | | |
| 2338 | | | 宾二类 | 㱿 | | |
| 2339 | | | 宾二类 | | | |
| 2340 正反 | | 正反 =<br>合 8819 正反 | 宾二类 | 㱿 | | |
| 2341 | 缀误 2341+2342 | 合 8827 | 宾一类 | | | |
| 2342 | | | 宾二类 | | | |
| 2343 正反 | | | 宾二类 | | | |
| 2344 | | | 宾三类 | | | |
| 2345 | | 合 8822 | 宾一类 | | | |
| 2346 | 蔡缀 30= 合 3754+<br>合 16271 | ＞996<br>（＜合 3754） | 宾二类 | 爭、亘 | | |
| 2347 | | | 宾二类 | | | |
| 2348 | | | 宾二类 | | | |
| 2349 | | | 宾二类 | | | |
| 2350 正反 | | | 宾二类 | | | |
| 2351 | | 合 4954 | 宾二类 | | | |
| 2352 | | | 宾二类 | 宊 | | |
| 2353 | | | 宾二类 | 永 | | |
| 2354 | | | 宾二类 | | | |
| 2355 | | | 宾二类 | | | |
| 2356 正反 | | | 宾三类 | | | |
| 2357 | | | 宾一类 | | | |
| 2358 正反 | | | 宾一类 | | | |
| 2359 | | | 宾三类 | | | |
| 2360 | | | 宾一类 | | | |
| 2361 | | | 宾一类 | | | |
| 2362 正反 | | | 宾二类 | | | |
| 2363 | | | 宾二类 | | | |

续表

| 著录号 | 缀合 | 重片 | 类型划分 | 贞人 | 专家分类 | 其他说明 |
|---|---|---|---|---|---|---|
| 2364 | | | 宾二类 | | | |
| 2365 | | | 宾一类 | | | |
| 2366 | | | 宾一类 | | | |
| 2367 | | 合 8972 | 宾二类 | | | |
| 2368 | | | 宾二类 | | | |
| 2369 | | | 宾一类 | | | |
| 2370 正反 | | | 宾二类 | | | |
| 2371 | | | 宾一类 | | | |
| 2372 正反 | | | 宾二类 | | | |
| 2373 | | | 宾二类 | | | |
| 2374 | 蔡续 6.6=合 8973+怀 909 | | 宾二类 | | | |
| 2375 | | | 自宾间类 | | | |
| 2376 正反 | | 合 9095 | 宾二类 | | | |
| 2377 正反 | | | 宾二类 | 亘 | | |
| 2378 | | | 宾二类 | | | |
| 2379 正反 | | | 宾二类 | | | |
| 2380 | 黄拼 2380+1645+2408 | | 宾一类 | | | |
| 2381 | | | 宾一类 | | | |
| 2382 正反 | | | 宾一类 | | | |
| 2383 正反 | | | 宾二类 | 穷 | | |
| 2384 | | | 宾一类 | | | |
| 2385 | | | 宾一类 | | | |
| 2386 | | 合 9157 | 宾二类 | | | |
| 2387 | | | 宾二类 | | | |
| 2388 正反 | | | 宾二类 | | | |
| 2389 | | | 宾二类 | | | |
| 2390 | | | 宾二类 | | | |
| 2391 | | | 宾三类 | | | |
| 2392 | | | 宾二类 | | | |
| 2393 | 白简 1=合 1034+合 9103 | | 自宾间类 | | | |
| 2394 正反 | | 正反 > 合 9131 正乙反乙 | 宾一类 | | | |
| 2395 正反 | | | 宾一类 | | | |
| 2396 正反 | | | 宾二类 | | | |

续表

| 著录号 | 缀合 | 重片 | 类型划分 | 贞人 | 专家分类 | 其他说明 |
|---|---|---|---|---|---|---|
| 2397 | | 合 8741 | 宾二类 | | | |
| 2398 | | | 宾二类 | 㱿 | | |
| 2399 | | | 宾二类 | | | |
| 2400 正反 | | | 宾二类 | | | |
| 2401 正反 | | | 宾二类 | | | |
| 2402 | | | 宾二类 | 㱿 | | |
| 2403 | | | 宾二类 | | | |
| 2404 | | | 宾二类 | | | |
| 2405 正反 | | | 宾二类 | | | |
| 2406 | | | 宾二类 | | | |
| 2407 | | | 宾二类 | 王 | | |
| 2408 | 黄拼 2408+1645+ 2380 | | 宾二类 | 王 | | |
| 2409 | | | 宾三类 | 壴 | | |
| 2410 | | | 宾二类 | | | |
| 2411 正反 | | | 宾二类 | 㱿 | | |
| 2412 | | | 宾二类 | | | |
| 2413 甲乙 | 白录六 .1= 合 1091+合 1090 | | 自宾间类 | | | |
| 2414 正反 | | 正反 = 合 9141 正反 | 宾二类 | | | |
| 2415 正反 | | | 宾二类 | | | |
| 2416 正反 | | | 宾二类 | | | |
| 2417 | 白简 20= 合 9037+合 9038 | > 2419=合 9038 | 宾二类 | | | |
| 2418 正反 | | | 宾二类 | | | |
| 2419 | | 合 9038<2417 | 宾二类 | | | |
| 2420 正反 | | 合 17201 | 宾三类 | | | |
| 2421 正反 | | | 宾二类 | | | |
| 2422 | | | 宾二类 | | | |
| 2423 正反 | | | 宾二类 | | | |
| 2424 正反 | | | 宾二类 | | | |
| 2425 正反 | 2425+2427 | | 宾三类 | | | 可与合补 2425 正缀合 |
| 2426 | | 合 8948 | 宾二类 | | | |

续表

| 著录号 | 缀合 | 重片 | 类型划分 | 贞人 | 专家分类 | 其他说明 |
|---|---|---|---|---|---|---|
| 2427 | | | 宾三类 | | | |
| 2428 正反 | | | 宾二类 | | | |
| 2429 | | | 宾二类 | | | |
| 2430 正反 | | | 宾二类 | | | |
| 2431 | | < 合 7309 | 宾一类 | | | |
| 2432 | 裘缀 24= 合 19437+ 合 19207 | | 宾三类 | | | |
| 2433 | | | 宾二类 | | | |
| 2434 | | | 宾二类 | | | |
| 2435 | | | 宾二类 | | | |
| 2436 | | | 宾二类 | | | |
| 2437 正反 | | | 宾二类 | 𣪊 | | |
| 2438 | | | 宾二类 | | | |
| 2439 正反 | | | 宾二类 | | | |
| 2440 | | | 宾二类 | | | |
| 2441 | | | 宾二类 | | | |
| 2442 | | | 宾二类 | | | |
| 2443 正反 | | | 宾二类 | | | |
| 2444 | | | 宾二类 | 𣪊 | | |
| 2445 正反 | | | 宾二类 | | | |
| 2446 正反 | | | 宾二类 | | | |
| 2447 正反 | 黄拼 2447 正反 + 合 15777 正反 | | 宾二类 | | | |
| 2448 正反 | | | 宾一类 | | | |
| 2449 正反 | | | 宾二类 | 𣪊 | | |
| 2450 正反 | | | 宾二类 | | | |
| 2451 正反 | | | 宾二类 | | | |
| 2452 正反 | | | 宾二类 | | | |
| 2453 正反 | | 正 < 合 4349 正甲 反 = 合 4349 反甲 | 宾二类 | | | |
| 2454 正反 | | 正 < 合 14328 正 反 = 合 14328 反 | 宾二类 | | | |
| 2455 正反 | | | 宾二类 | | | |

续表

| 著录号 | 缀合 | 重片 | 类型划分 | 贞人 | 专家分类 | 其他说明 |
|---|---|---|---|---|---|---|
| 2456 正反 | | 合 9223 | 宾一类 | | | |
| 2457 正反 | | | 宾二类 | | | |
| 2458 | | 合 9342 | 𠂤宾间类 | | 黄𠂤宾间 A | |
| 2459 正反 | | | 宾二类 | | | |
| 2460 | | 2779 | 宾二类 | | | |
| 2461 | | | 宾二类 | | | |
| 2462 | | | 宾二类 | | | |
| 2463 正反 | | | 宾二类 | | | |
| 2464 正反 | | | 宾二类 | 㱿 | | |
| 2465 正反 | | | 宾二类 | | | |
| 2466 正反 | | | 宾二类 | | | |
| 2467 | | | 宾二类 | | | |
| 2468 正反 | | | 宾二类 | | | |
| 2469 | | | 宾二类 | | | |
| 2470 | | | 宾二类 | | | |
| 2471 正臼 | | | 宾一类 | 争 | | |
| 2472 | | | 𠂤大字类 | | | 非宾 |
| 2473 | | | 宾一类 | | | |
| 2474 | 裘缀 27= 合 9450+ 合 9475 | | 宾一类 | | | |
| 2475 | | | 宾一类 | | | |
| 2476 | | | 宾一类 | | | |
| 2477 | | | 宾一类 | | | |
| 2478 | | | 宾一类 | | | |
| 2479 | | | 宾一类 | | | |
| 2480 | | | 宾一类 | | | |
| 2481 | | | 宾三类 | | | |
| 2482 | | | 宾二类 | | | |
| 2483 | | | 宾二类 | | | |
| 2484 | | 合 9683 | 宾二类 | | | |
| 2485 | | 合 9686 | 宾二类 | | | |
| 2486 | | < 合 6506 | 宾二类 | | | |
| 2487 正反 | | | 宾二类 | | | |
| 2488 | | | 宾一类 | | | |

续表

| 著录号 | 缀合 | 重片 | 类型划分 | 贞人 | 专家分类 | 其他说明 |
|---|---|---|---|---|---|---|
| 2489 | | | 宾二类 | | | |
| 2490 | 蔡 1.82= 合 9856+<br>合 9965 | | 宾二类 | 𡆥 | | |
| 2491 | 蔡续 7.1= 合 40059+<br>合 40093 | | 宾二类 | 穷 | | 笔书 |
| 2492 | | | 宾二类 | | | |
| 2493 | | | 宾二类 | | | |
| 2494 | | | 宾二类 | 王 | | |
| 2495 | | | 宾二类 | | | |
| 2496 正反 | 黄拼 2496+ 合 15580 | | 宾二类 | 𠂤 | | |
| 2497 | | | 宾一类 | | | |
| 2498 | | | 宾二类 | | | |
| 2499 正反 | 白录四 .2= 合 40095+<br>合 39815 | | 宾二类 | | | |
| 2500 | | ＞合 9821 | 宾二类 | 𡆥 | | |
| 2501 | 蔡缀 23= 合 1452+<br>合 5764 | | 宾二类 | | | |
| 2502 | | | 宾一类 | | | |
| 2503 | | | 宾二类 | 𡆥 | | |
| 2504 | | ＜合 9757 | 宾二类 | | | |
| 2505 | | 合 9843 | 宾二类 | | | |
| 2506 | 黄拼缀三 .4=<br>合 24432 正 + 合 34654 | | 出一类 | | 黄出一 | 非宾 |
| 2507 | | 合 9996 | 宾二类 | | | |
| 2508 | | | 宾二类 | | | |
| 2509 | | | 宾二类 | | | |
| 2510 正反<br>臼 | | 臼 = 合 17572 | 宾二类 | 穷、亘、<br>𡆥 | | 臼：𣪊 |
| 2511 | 蔡 1.33= 合 9644+<br>合 10047 | | 宾三类 | 爭 | 黄宾三 | |
| 2512 正反 | | 正＜合 9613<br>正甲 反 =<br>合 9613 反 | 宾二类 | | | |
| 2513 | | | 宾二类 | | | |
| 2514 | | ＜合 9946 正乙 | 宾一类 | | | |

续表

| 著录号 | 缀合 | 重片 | 类型划分 | 贞人 | 专家分类 | 其他说明 |
|---|---|---|---|---|---|---|
| 2515 | | 合 10009 | 宾二类 | | | 合补 2515 图版部分漏标序号 |
| 2516 | | | 宾二类 | | | |
| 2517 | | 合 9613 正乙 | 宾一类 | | | |
| 2518 正反 | | 合 10012 | 宾二类 | | | |
| 2519 正反 | | | 宾二类 | | | |
| 2520 | | | 宾二类 | | | |
| 2521 | | | 宾二类 | | | |
| 2522 正反 | | 正 < 合 9946 正乙 反 = 合 9946 反 | 宾一类 | | | |
| 2523 | | | 宾一类 | | | |
| 2524 | | 合 10086 | 宾二类 | | | |
| 2525 正反 | | | 宾二类 | 爭 | | |
| 2526 | | 10110 | 宾一类 | | | |
| 2527 | | | 宾三类 | 爭 | | |
| 2528 | | | 宾二类 | | | |
| 2529 | | | 宾二类 | | | |
| 2530 | | | 宾二类 | | | |
| 2531 正反 | | | 宾一类 | | | |
| 2532 | | | 宾一类 | | | |
| 2533 | | | 宾一类 | | | |
| 2534 正反 | | | 宾一类 | 㝅 | | |
| 2535 | | 6138 | 宾一类 | | | |
| 2536 | | | 宾一类 | | | |
| 2537 | | | 宾一类 | 爭 | | |
| 2538 | 蔡 1.81= 合 9620+ 合 9625 | | 宾一类 | 㝅 | 黄宾一 | |
| 2539 | | | 宾三类 | | | |
| 2540 | | | 宾一类 | | | |
| 2541 甲乙 | 蔡续 6.11= 合 14990 宾 2 遥缀合 9576 | | 宾二类 | | | |
| 2542 | 蔡 1.122= 合 9580+ 合 9582 正 | | 宾二类 | 㱿 | | |
| 2543 | | | 宾二类 | | | |

续表

| 著录号 | 缀合 | 重片 | 类型划分 | 贞人 | 专家分类 | 其他说明 |
|---|---|---|---|---|---|---|
| 2544 | | | 宾二类 | | | |
| 2545 | | | 宾二类 | | | |
| 2546 | | | 宾二类 | | | |
| 2547 | | | 宾三类 | 宂 | | |
| 2548 | | | 宾一类 | | | |
| 2549 | | 合 10959 | 宾一类 | | | |
| 2550 | | | 宾二类 | | | |
| 2551 | | | 宾二类 | | | |
| 2552 | | 合 9911 | 宾一类 | | | |
| 2553 | | | 宾三类 | 宂 | | |
| 2554 | | | 宾三类 | | | |
| 2555 | | | 宾三类 | | | |
| 2556 | | | 宾三类 | | | |
| 2557 | | | 宾三类 | | | |
| 2558 | | | 宾一类 | | | |
| 2559 | | | 宾一类 | | | |
| 2560 | | | 宾一类 | | | |
| 2561 | 蔡续 5.4= 合 8593+ 合 10558 | | 宾一类 | 𣪊 | | 缺刻 |
| 2562 | | | 𠂤宾间类 | | | |
| 2563 正反 | | | 宾一类 | | | |
| 2564 正反 | | | 宾一类 | | | |
| 2565 | | | 宾二类 | 争 | | |
| 2566 | | | 宾二类 | | | |
| 2567 | | | 宾二类 | | | |
| 2568 正反 | | 合 10585 | 宾二类 | | | |
| 2569 | | 合 10582 | 宾二类 | | | |
| 2570 | | | 宾二类 | 𣪊 | | |
| 2571 正反 | | | 宾二类 | | | |
| 2572 | | 合 10944 | 宾二类 | | | |
| 2573 | | | 宾二类 | 宂 | | |
| 2574 | | | 宾二类 | | | |
| 2575 | | | 宾二类 | 争 | | |
| 2576 | | | 宾二类 | | | |

续表

| 著录号 | 缀合 | 重片 | 类型划分 | 贞人 | 专家分类 | 其他说明 |
|---|---|---|---|---|---|---|
| 2577 正反 | | | 宾二类 | | | |
| 2578 | | | 宾一类 | | | |
| 2579 | | | 宾二类 | | | |
| 2580 正反 | | | 宾二类 | | | |
| 2581 正反 | | | 宾二类 | | | |
| 2582 | | | 宾二类 | | | |
| 2583 正反 | | | 宾二类 | | | |
| 2584 | | | 宾二类 | | | |
| 2585 | 蔡缀 33 正 = 合 10896 正 + 合 5674 | | 宾二类 | | | 笔书 |
| 2586 正反 | | | 宾二类 | | | |
| 2587 | | | 宾二类 | | | |
| 2588 | | | 宾二类 | | | |
| 2589 正反 | | | 宾二类 | | | |
| 2590 | 合 10410 正 + 合 10202（合 39828）+ 合 10411 | | 宾一类 | | | |
| 2591 | 蔡缀 2= 合 10308+ 合 13331 | | 宾二类 | 㱿、㱿、争、古 | | |
| 2592 | | | 宾三类 | | | |
| 2593 | | | 宾三类 | | | |
| 2594 | | | 宾一类 | | | |
| 2595 | | | 宾一类 | | | |
| 2596 | 蔡缀 3= 合 10965+ 合 40125 | | 宾二类 | 㱿、古 | | |
| 2597 | | | 宾二类 | | | |
| 2598 正反 | | | 宾二类 | | | |
| 2599 | | | 宾一类 | | | |
| 2600 | | | 宾一类 | | | |
| 2601 | | | 宾一类 | | | |
| 2602 | | | 宾一类 | | | |
| 2603 | | | 宾二类 | | | |
| 2604 正反 | | | 宾二类 | | | |
| 2605 | | | 宾一类 | | | |
| 2606 | | | 宾一类 | | | |

续表

| 著录号 | 缀合 | 重片 | 类型划分 | 贞人 | 专家分类 | 其他说明 |
|---|---|---|---|---|---|---|
| 2607 | | | 宾二类 | | | |
| 2608 | | | 宾一类 | | | |
| 2609 | | | 宾一类 | | | |
| 2610 | | | 宾二类 | | | |
| 2611 | | | 宾一类 | | | |
| 2612 | | | 宾二类 | | | |
| 2613 | | | 宾一类 | | | |
| 2614 | | | 宾二类 | | | |
| 2615 | | | 宾二类 | | | |
| 2616 | | | 宾二类 | | | |
| 2617 | 黄拼 2617+4314 | | 宾三类 | | | |
| 2618 | | | 宾二类 | | | |
| 2619 | | | 宾二类 | | | |
| 2620 | | | 宾二类 | | | |
| 2621 正反 | | 合 10793 | 宾二类 | | | |
| 2622 | | | 宾二类 | | | |
| 2623 | | | 宾二类 | | | |
| 2624 | | | 宾二类 | | | |
| 2625 | | | 宾二类 | | | |
| 2626 | 合 10612+ 天 79 | ＞2648（＜合 10612） | 宾一类 | | | |
| 2627 | | | 宾一类 | | | |
| 2628 | | | 宾一类 | | | |
| 2629 | | | 宾三类 | | | |
| 2630 正反 | 黄拼 2630 正反 + 合 10362 | 合 10749 | 宾二类 | | | |
| 2631 | | | 宾二类 | | | |
| 2632 | | 合 10966 | 宾二类 | | | |
| 2633 | | | 宾二类 | | | |
| 2634 | | | 宾三类 | | | |
| 2635 | | | 宾三类 | 穷 | | |
| 2636 正反 | | | 宾三类 | | | |
| 2637 | | | 宾三类 | | | |
| 2638 正反 | | | 宾二类 | 凹 | | |

续表

| 著录号 | 缀合 | 重片 | 类型划分 | 贞人 | 专家分类 | 其他说明 |
|---|---|---|---|---|---|---|
| 2639 正反 | | | 宾一类 | | | |
| 2640 正反 | | | 宾二类 | | | 笔书 |
| 2641 | | | 宾二类 | | | |
| 2642 | | | 宾一类 | | | |
| 2643 正反 | | ＞合 10348 | 宾一类 | | | |
| 2644 | | 合 10400 | 宾二类 | | | |
| 2645 | | | 宾二类 | | | |
| 2646 正反 | | 合 10702 | 宾二类 | | | 笔书 |
| 2647 | | | 自宾间类 | | | |
| 2648 | | ＜合 10612）＜2626 | 宾一类 | | | |
| 2649 | | 合 10270 | 宾一类 | | | |
| 2650 | | 合 10704 | 宾二类 | | | |
| 2651 | 黄拼 2651+ 合 10729 | | 宾二类 | 亘 | | 蔡 1.32=合 10727+合 10730 |
| 2652 | | | 宾二类 | | | |
| 2653 | 黄拼 2653+ 合 13642+合 1248+ 乙 1617+乙 3367+ 乙 2934 | | 宾二类 | | | |
| 2654 | | | 宾二类 | | | |
| 2655 | | | 宾二类 | 㱿 | | |
| 2656 | | | 宾三类 | | | |
| 2657 | | 合 18146 | 宾一类 | | | |
| 2658 | | | 宾一类 | | | |
| 2659 | | | 宾一类 | | | |
| 2660 | | | 宾一类 | | | |
| 2661 正反 | | | 宾一类 | | | |
| 2662 | | | 宾一类 | | | |
| 2663 正反 | | | 宾一类 | | | |
| 2664 | 黄拼 2664+283 | | 宾二类 | | | |
| 2665 正反 | | | 宾一类 | | | |
| 2666 | | | 宾二类 | | | |
| 2667 正反 | | | 宾二类 | | | |
| 2668 | | | 宾二类 | | | |

续表

| 著录号 | 缀合 | 重片 | 类型划分 | 贞人 | 专家分类 | 其他说明 |
|---|---|---|---|---|---|---|
| 2669 | | | 宾二类 | | | |
| 2670 | | | 宾一类 | | | |
| 2671 | | | 宾三类 | | | |
| 2672 | | | 宾二类 | | | |
| 2673 | | | 宾三类 | | | |
| 2674 | | | 宾二类 | | | |
| 2675 | | | 宾二类 | | | |
| 2676 | | | 宾一类 | | | |
| 2677 | | | 宾一类 | | | |
| 2678 正反 | | | 宾一类 | | | |
| 2679 | 黄拼 2679+ | | 宾一类 | | | 林《醉古集》8 |
| 2680 | | | 宾一类 | | | |
| 2681 | | | 宾一类 | | | |
| 2682 | | | 出一类 | | | 非宾 |
| 2683 | | | 自小字类 | | | 非宾 |
| 2684 | | | 自小字类 | | | 非宾 |
| 2685 | | | 自小字类 | | | 非宾 |
| 2686 | | | 自小字类 | | | 非宾 |
| 2687 | | | 自小字类 | | | 非宾 |
| 2688 正臼 | 蔡 1.44= 合 11171+ 合 11176 | | 宾二类 | | | |
| 2689 | | 合 33595 | 历二类 | | | 非宾 |
| 2690 | | | 宾二类 | | | |
| 2691 | | 合 15213 | 宾一类 | | | |
| 2692 | | | 宾二类 | | | |
| 2693 | | | 宾二类 | | | |
| 2694 | | 合 15625 正 | 宾二类 | | | |
| 2695 | | | 宾一类 | | | |
| 2696 | | | 宾一类 | | | |
| 2697 | | | 宾一类 | | | |
| 2698 | | | 宾一类 | | | |
| 2699 | | ＜合 15061 | 宾一类 | | | |
| 2700 | | | 宾一类 | | | |
| 2701 | | | 宾一类 | | | |

续表

| 著录号 | 缀合 | 重片 | 类型划分 | 贞人 | 专家分类 | 其他说明 |
|---|---|---|---|---|---|---|
| 2702 | | | 宾三类 | | | |
| 2703 | | | 宾三类 | | | |
| 2704 | | | 宾二类 | | | |
| 2705 | | 合 15083 | 宾二类 | | | |
| 2706 | | | 宾三类 | | | |
| 2707 | | 合 15701 | 宾三类 | | | |
| 2708 正反 | | | 宾三类 | | | |
| 2709 | | 合 15662 | 宾三类 | | | |
| 2710 | | 合 936 | 宾二类 | | | |
| 2711 正反 | | | 宾一类 | | | 签名：岳 |
| 2712 | | | 宾一类 | | | |
| 2713 | | 合 11360 | 宾三类 | | | |
| 2714 | | | 宾二类 | | | |
| 2715 | | | 宾一类 | | | |
| 2716 | | | 宾二类 | | | |
| 2717 | | < 合 1826 | 宾三类 | | | |
| 2718 | | | 宾三类 | 㱿 | | |
| 2719 | | | 宾三类 | | | |
| 2720 | | | 宾三类 | | | |
| 2721 | | | 宾三类 | | | |
| 2722 | | | 宾三类 | | | |
| 2723 | | 合 15639 乙 | 宾二类 | | | |
| 2724 | | | 宾三类 | | | |
| 2725 正反 | | | 宾三类 | | | |
| 2726 | 白录一 .16= 乙 8707+ 乙 8729、8891 | | 宾三类 | | | |
| 2727 | 缀新 204= 合 15069+ 甲 3.0.1847 | | 宾一类 | | | |
| 2728 | | | 宾一类 | | | |
| 2729 | | | 宾二类 | | | |
| 2730 | | | 宾二类 | | | |
| 2731 正反 | | | 宾二类 | | | |
| 2732 | | | 宾一类 | | | |
| 2733 | | 合 11246 | 宾一类 | | | |

续表

| 著录号 | 缀合 | 重片 | 类型划分 | 贞人 | 专家分类 | 其他说明 |
|---|---|---|---|---|---|---|
| 2734 | | | 宾一类 | | | |
| 2735 | | 合 11227 | 𠂤宾间类 | | | |
| 2736 | | | 宾三类 | 争 | | |
| 2737 | | 合 15072 | 宾二类 | | | |
| 2738 | | | 出一类 | | | 非宾 |
| 2739 | | 合 11205 | 宾三类 | | | |
| 2740 | | | 宾三类 | | | |
| 2741 | | 合 11346 | 宾三类 | | | |
| 2742 | | | 宾三类 | | | |
| 2743 | 安明拼 3= 合 11203+<br>安明 942 | > 合 11203 | 宾三类 | | | |
| 2744 | | | 宾三类 | | | |
| 2745 | | | 宾三类 | | | |
| 2746 正反 | | | 宾二类 | | | |
| 2747 | 裘缀 11= 合 3020+<br>合 11048 | | 宾三类 | 争 | | |
| 2748 | 黄拼 2748+2749 | 合 40178 摹本 | 宾二类 | | | |
| 2749 | 黄拼 2749+2748<br>（合 40178 摹本） | | 宾二类 | | | |
| 2750 | | < 合 10912 | 宾二类 | | | |
| 2751 | | 合 10357 | 宾一类 | | | |
| 2752 | | | 宾二类 | | | |
| 2753 | | | 宾二类 | | | |
| 2754 | | | 宾二类 | | | |
| 2755 正反 | | | 出二类 | | | 非宾 |
| 2756 | | | 宾一类 | | | |
| 2757 正反 | | 合 103789 | 𠂤宾间类 | 王 | | |
| 2758 | | < 合 10269 | 宾二类 | | | |
| 2759 正反 | | | 宾二类 | | | |
| 2760 | | | 宾二类 | | | |
| 2761 | | | 宾二类 | | | |
| 2762 | | | 宾二类 | | | |
| 2763 | | | 宾二类 | | | |
| 2764 | | | 宾二类 | | | |
| 2765 | | | 宾三类 | | | |

续表

| 著录号 | 缀合 | 重片 | 类型划分 | 贞人 | 专家分类 | 其他说明 |
|---|---|---|---|---|---|---|
| 2766 | | | 宾二类 | | | |
| 2767 | | | 宾二类 | | | |
| 2768 正反 | | 合 10394 | 宾二类 | | | |
| 2769 正反 | | | 宾二类 | | | |
| 2770 | | 合 10205 | 宾三类 | | | |
| 2771 | | | 宾三类 | | | |
| 2772 | | | 宾三类 | | | |
| 2773 | | | 宾二类 | | | |
| 2774 | | | 宾二类 | | | |
| 2775 | | 1993 | 宾三类 | | | |
| 2776 | 黄拼 2776+580 | < 合 13498 | 宾一类 | | | |
| 2777 | | | 宾一类 | 爭 | | |
| 2778 | | | 𠂤小字类 | | | 非宾 |
| 2779 | | 2460 | 宾二类 | | | |
| 2780 正反 | | | 宾一类 | | | |
| 2781 | | | 宾一类 | 穷 | | |
| 2782 | 黄拼 2782+4067 | | 宾一类 | | | |
| 2783 | | | 宾一类 | | | |
| 2784 | | 合 7857 | 宾一类 | | | |
| 2785 | | | 宾一类 | | | |
| 2786 | | 合 15191 | 宾一类 | | | |
| 2787 | | | 宾二类 | | | |
| 2788 | | | 宾二类 | | | |
| 2789 | | | 宾三类 | | | |
| 2790 | | 合 4812 | 宾一类 | | | |
| 2791 正反 | | | 宾三类 | | | |
| 2792 | | | 宾三类 | | | |
| 2793 | 黄拼 2793+ 合 4173+ 北大 2341 | | 宾一类 | | | |
| 2794 | 缀新 630= 英 1107 | | 宾二类 | | | 此片有伪刻 |
| 2795 | | | 宾一类 | | | |
| 2796 | | < 合 11460 正乙 | 宾一类 | | | |
| 2797 | | | 宾二类 | | | |
| 2798 正反 | | | 出二类 | | | 非宾 |

续表

| 著录号 | 缀合 | 重片 | 类型划分 | 贞人 | 专家分类 | 其他说明 |
|---|---|---|---|---|---|---|
| 2799 | | | 宾一类 | | | |
| 2800 | | 合 3919 | 宾二类 | | | |
| 2801 | | | 宾一类 | | | |
| 2802 | | 合 4693 | 宾一类 | | | |
| 2803 | | | 宾一类 | | | |
| 2804 正反 | | | 宾一类 | | | |
| 2805 | | | 宾一类 | | | |
| 2806 | | | 宾二类 | | | |
| 2807 正反 | | | 宾二类 | | | |
| 2808 正反 | | | 宾二类 | | | |
| 2809 甲乙 | 缀新 287= 合 8999+ 合 9000 | | 宾二类 | | | |
| 2810 甲乙 | | | 宾二类 | | | |
| 2811 | 蔡 1.116= 合 11447+ 合 11449 | | 宾二类 | | | |
| 2812 正反 | | | 宾二类 | | | |
| 2813 | 蔡缀 21= 合 11501+ 合 11726 | | 宾二类 | | | |
| 2814 正反 | | 正 < 合 6470 正 反 = 合 6470 反 | 宾二类 | | | |
| 2815 | | | 宾一类 | | | |
| 2816 正反 | | | 宾一类 | | | |
| 2817 | | | 宾一类 | | | |
| 2818 正反 | | | 宾一类 | 爭 | | |
| 2819 | 黄拼 2819+5876 | | 宾二类 | 㱿 | | |
| 2820 正反 | | | 宾二类 | | | |
| 2821 | | | 宾二类 | 韋 | | |
| 2822 | | | 宾二类 | 㱿 | | |
| 2823 | | | 宾三类 | | | |
| 2824 | | | 宾三类 | 韋 | | |
| 2825 | | | 宾一类 | | | |
| 2826 | | | 宾三类 | 事 | | |
| 2827 | | | 宾三类 | | | |
| 2828 | | | 宾三类 | | | |

续表

| 著录号 | 缀合 | 重片 | 类型划分 | 贞人 | 专家分类 | 其他说明 |
|---|---|---|---|---|---|---|
| 2829 正反 | | | 宾二类 | | | |
| 2830 | | | 宾二类 | | | |
| 2831 | | | 宾二类 | | | |
| 2832 正反 | | | 宾三类 | 穷 | | |
| 2833 | | | 宾三类 | | | |
| 2834 | | | 宾三类 | 王 | | |
| 2835 | | | 宾三类 | | | |
| 2836 | | | 宾二类 | | | |
| 2837 | | | 宾三类 | | | |
| 2838 | | | 宾三类 | | | |
| 2839 | | | 宾三类 | | | |
| 2840 | | | 宾三类 | | | |
| 2841 | | | 宾三类 | | | |
| 2842 | | | 宾三类 | | | |
| 2843 | | | 宾三类 | | | |
| 2844 | | | 宾三类 | | | |
| 2845 正反 | | | 宾二类 | | | |
| 2846 | | | 宾二类 | 穷 | | |
| 2847 | | | 宾三类 | | | |
| 2848 | | | 宾二类 | | | |
| 2849 | | | 宾三类 | | | |
| 2850 | | | 自小字类 | | | 非宾 |
| 2851 | | | 宾三类 | | | |
| 2852 | | | 宾二类 | 爭 | | |
| 2853 | | | 宾二类 | | | |
| 2854 | | 合 11569<1555 | 宾二类 | | | 笔书 |
| 2855 | | 合 16340 | 宾二类 | | | |
| 2856 | | 合 19452 | 宾二类 | | | |
| 2857 正反 | | | 宾二类 | | | |
| 2858 | | | 宾三类 | | | |
| 2859 正反 | | | 宾二类 | 爭 | | |
| 2860 | 缀新 236= 合 11571+ 甲 4.0.0151=2860 | 31 | 宾二类 | | | |
| 2861 | | | 宾三类 | | | |

续表

| 著录号 | 缀合 | 重片 | 类型划分 | 贞人 | 专家分类 | 其他说明 |
|---|---|---|---|---|---|---|
| 2862 | | | 宾三类 | | | |
| 2863 | | | 宾一类 | | | |
| 2864 | | | 宾二类 | | | |
| 2865 正反 | | | 宾二类 | | | |
| 2866 | | | 宾三类 | | | |
| 2867 | | | 宾三类 | | | |
| 2868 | | | 宾三类 | | | |
| 2869 | | | 宾二类 | | | |
| 2870 正反 | | | 宾二类 | | | |
| 2871 | | | 宾二类 | | | |
| 2872 | | | 宾二类 | | | |
| 2873 | 黄拼 2873＋合 6185 | | 宾二类 | | | |
| 2874 | | | 宾一类 | | | |
| 2875 正反 | | | 宾一类 | | | |
| 2876 | | | 宾二类 | | | |
| 2877 | | | 宾二类 | | | |
| 2878 正反 | | | 宾二类 | | | |
| 2879 | | | 宾三类 | | | |
| 2880 | | | 宾三类 | | | |
| 2881 | | | 𠂤小字类 | | | 非宾 |
| 2882 正反 | | | 宾二类 | | | |
| 2883 | | 合 18283 | 宾二类 | | | |
| 2884 | | | 宾三类 | | | |
| 2885 | | | 宾一类 | | | |
| 2886 | | | 宾一类 | 古 | | |
| 2887 | | | 宾一类 | | | |
| 2888 | | | 宾一类 | | | |
| 2889 正反 | | 合 11579 | 宾一类 | | | |
| 2890 | | | 宾三类 | | | |
| 2891 | | | 宾三类 | | | |
| 2892 | | | 宾三类 | | | |
| 2893 | | | 宾三类 | | | |
| 2894 | | | 宾三类 | | | |
| 2895 | | 合 11580 | 宾一类 | | | |

续表

| 著录号 | 缀合 | 重片 | 类型划分 | 贞人 | 专家分类 | 其他说明 |
|---|---|---|---|---|---|---|
| 2896 | | | 宾二类 | | | |
| 2897 | | | 宾二类 | | | |
| 2898 | | | 宾三类 | | | |
| 2899 | | | 宾三类 | | | |
| 2900 | | | 宾三类 | | | |
| 2901 | | | 宾二类 | | | |
| 2902 | | | 宾一类 | 内 | | |
| 2903 | | | 宾二类 | | | |
| 2904 正反 | | | 宾二类 | | | |
| 2905 | 黄拼 2905+ 东文研 273 | | 宾三类 | | | |
| 2906 正反 | | | 宾二类 | | | |
| 2907 正反 | 黄拼 2907+ 合 19721 | | 宾二类 | | | |
| 2908 | | | 宾二类 | | | |
| 2909 | | | 宾二类 | | | |
| 2910 | | | 宾二类 | | | |
| 2911 | | | 宾三类 | | | |
| 2912 | | | 宾二类 | | | |
| 2913 | | | 宾二类 | | | |
| 2914 | | | 宾二类 | | | |
| 2915 | | | 宾二类 | | | |
| 2916 | | | 宾二类 | 穷 | | 笔书 |
| 2917 | | | 宾二类 | | | |
| 2918 | | | 宾二类 | | | |
| 2919 | | | 宾二类 | | | |
| 2920 | | | 宾二类 | | | |
| 2921 正反 | | | 宾二类 | | | |
| 2922 | | | 宾二类 | | | |
| 2923 | | 合 11590 | 宾二类 | | | |
| 2924 正反 | | | 宾一类 | | | |
| 2925 | | 合 5163 | 宾一类 | | | |
| 2926 | | | 宾二类 | | | |
| 2927 | | | 宾三类 | | | |
| 2928 | | | 宾三类 | | | |
| 2929 | | | 宾三类 | | | |

续表

| 著录号 | 缀合 | 重片 | 类型划分 | 贞人 | 专家分类 | 其他说明 |
|---|---|---|---|---|---|---|
| 2930 | 2930+4286 | ＜合 14745 | 宾一类 | | | 缀合片与合 14745 重 |
| 2931 | | | 宾三类 | | | |
| 2932 | | | 宾三类 | | | |
| 2933 | | | 宾三类 | | | |
| 2934 正反 | | | 宾三类 | | | 笔书 |
| 2935 | | | 宾三类 | | | |
| 2936 | | | 宾三类 | | | |
| 2937 | | | 宾二类 | | | |
| 2938 | | | 宾一类 | | | |
| 2939 | | | 宾二类 | | | |
| 2940 | | | 宾三类 | | | |
| 2941 | | | 宾一类 | | | |
| 2942 | | | 宾三类 | | | |
| 2943 | | | 宾二类 | | | |
| 2944 | | | 宾二类 | | | |
| 2945 | | | 宾二类 | | | |
| 2946 | | | 宾二类 | | | |
| 2947 | | | 宾二类 | | | |
| 2948 | | 1534 | 宾二类 | | | |
| 2949 | | | 宾二类 | | | |
| 2950 | | | 宾二类 | | | |
| 2951 | | | 宾三类 | | | |
| 2952 | | | 宾三类 | | | |
| 2953 | | | 宾三类 | | | |
| 2954 | | | 宾二类 | | | |
| 2955 | | | 宾二类 | | | |
| 2956 | | | 宾一类 | | | |
| 2957 | | | 宾三类 | | | |
| 2958 | | | 宾三类 | | | |
| 2959 | | | 宾三类 | 事 | | |
| 2960 | | | 宾三类 | | | |
| 2961 | | | 宾三类 | | | |
| 2962 | | | 宾二类 | | | |
| 2963 | | | 宾三类 | | | |

续表

| 著录号 | 缀合 | 重片 | 类型划分 | 贞人 | 专家分类 | 其他说明 |
|---|---|---|---|---|---|---|
| 2964 | | | 宾三类 | | | |
| 2965 | | | 宾二类 | | | |
| 2966 | | | 宾二类 | | | |
| 2967 | | | 宾二类 | | | |
| 2968 | | | 宾三类 | | | |
| 2969 | | | 宾二类 | | | |
| 2970 | | | 宾二类 | | | |
| 2971 | | | 宾一类 | | | |
| 2972 | | | 宾二类 | | | |
| 2973 | | | 宾一类 | | | |
| 2974 | | | 宾二类 | | | |
| 2975 | | | 宾一类 | | | |
| 2976 | | | 宾三类 | | | |
| 2977 | | | 宾二类 | | | |
| 2978 正反 | | | 宾二类 | | | |
| 2979 | | | 宾二类 | | | |
| 2980 | | | 宾二类 | | | |
| 2981 | | | 宾二类 | | | |
| 2982 | | | 宾二类 | | | |
| 2983 | | | 宾二类 | | | |
| 2984 | | | 宾二类 | | | |
| 2985 | | | 宾二类 | | | |
| 2986 正反 | | | 宾二类 | | | |
| 2987 | | | 宾三类 | | | |
| 2988 | | | 宾二类 | | | |
| 2989 | | | 宾三类 | | | |
| 2990 | | | 宾三类 | | | |
| 2991 | | | 宾二类 | | | |
| 2992 | | | 宾二类 | | | |
| 2993 | | | 宾二类 | | | |
| 2994 | | | 宾三类 | | | |
| 2995 | | | 宾一类 | | | |
| 2996 | | | 宾一类 | | | |
| 2997 | | | 宾一类 | | | |

续表

| 著录号 | 缀合 | 重片 | 类型划分 | 贞人 | 专家分类 | 其他说明 |
|---|---|---|---|---|---|---|
| 3395 | | | 宾二类 | | | |
| 3396 | | | 宾二类 | | | |
| 3397 | 黄拼 3397+<br>上博 2426.645 | | 宾二类 | | | |
| 3398 | | | 宾二类 | | | |
| 3399 正反 | | | 宾二类 | | | |
| 3400 | | | 宾二类 | | | |
| 3401 | | | 宾一类 | | | |
| 3402 | | | 宾二类 | | | |
| 3403 | 黄拼 3403+ 英 848 | 6320 | 宾二类 | | | |
| 3404 正反 | | | 宾二类 | | | |
| 3405 | | | 宾二类 | | | |
| 3406 正反 | | | 宾二类 | | | |
| 3407 | | | 宾一类 | | | |
| 3408 正反 | | | 宾二类 | | | |
| 3409 | | | 宾三类 | | | |
| 3410 正反 | | | 宾二类 | | | |
| 3411 | | | 宾三类 | | | |
| 3412 | 黄拼 3412+ 英 970<br>（合 40229） | | 宾二类 | | | |
| 3413 正反 | | | 𠂤宾间类 | | | |
| 3414 | | | 宾二类 | | | |
| 3415 | | | 宾二类 | | | |
| 3416 | | | 宾二类 | | | |
| 3417 | | | 宾二类 | | | |
| 3418 | | | 宾二类 | | | |
| 3419 | | | 宾二类 | | | |
| 3420 | | | 宾二类 | 穷 | | |
| 3421 | | 3331 | 宾一类 | | | |
| 3422 | | | 宾二类 | | | |
| 3423 | | | 宾二类 | | | |
| 3424 正反 | | | 宾二类 | | | |
| 3425 | | | 宾二类 | | | |
| 3426 | | | 宾二类 | | | |

续表

| 著录号 | 缀合 | 重片 | 类型划分 | 贞人 | 专家分类 | 其他说明 |
|---|---|---|---|---|---|---|
| 2998 | | | 宾一类 | | | |
| 2999 | | | 宾一类 | | | |
| 3000 | | | 宾一类 | | | |
| 3001 正反 | | | 宾三类 | | | |
| 3002 | | | 宾一类 | | | |
| 3003 | | | 宾一类 | | | |
| 3004 | | | 宾三类 | | | |
| 3005 | | | 宾三类 | | | |
| 3006 | | | 宾三类 | | | |
| 3007 | | | 宾三类 | | | |
| 3008 | | | 宾二类 | | | |
| 3009 | | | 宾二类 | | | |
| 3010 | | | 宾二类 | | | |
| 3011 | | | 宾二类 | | | |
| 3012 | | | 宾二类 | | | |
| 3013 | | | 宾三类 | | | |
| 3014 | 黄拼 3014+ | | 宾三类 | 事 | | 林《醉古集》251 |
| 3015 | 缀新 175= 补 04842、补 04874 | 4872=4874 | 宾三类 | | | |
| 3016 | 黄拼 3016+ 合 9144 | | 宾二类 | | | |
| 3017 | | | 宾二类 | | | |
| 3018 | | | 宾二类 | | | |
| 3019 | | | 宾二类 | | | |
| 3020 | | | 宾二类 | | | |
| 3021 | | | 宾三类 | | | |
| 3022 | | | 宾三类 | | | |
| 3023 | | | 宾二类 | | | |
| 3024 | | | 宾二类 | | | |
| 3025 | | | 宾二类 | | | |
| 3026 | | | 宾二类 | | | |
| 3027 | | | 宾二类 | | | |
| 3028 | | | 宾三类 | | | |
| 3029 甲乙丙 | 缀新 331= 合 3723 遥缀合 3523 遥缀英 1186（合 39720） | 丙 = 合 39720（英 1186） | 宾二类 | 爭 | | 笔书 |

续表

| 著录号 | 缀合 | 重片 | 类型划分 | 贞人 | 专家分类 | 其他说明 |
|---|---|---|---|---|---|---|
| 3030 | | | 宾二类 | | | 笔书 |
| 3031 正反 | | | 宾二类 | | | 笔书 |
| 3032 | | | 宾二类 | | | 笔书 |
| 3033 | | | 宾二类 | | | |
| 3034 正反 | | | 宾二类 | | | 笔书 |
| 3035 | | | 宾二类 | | | |
| 3036 | | | 宾二类 | | | |
| 3037 | | | 宾二类 | | | |
| 3038 | | | 宾二类 | | | |
| 3039 | | | 宾三类 | | | |
| 3040 | | | 宾一类 | | | |
| 3041 正反 | | | 宾一类 | | | |
| 3042 | | | 宾二类 | | | |
| 3043 | | | 宾二类 | 㱿 | | |
| 3044 | | | 宾一类 | | | |
| 3045 | | | 宾三类 | | | |
| 3046 | | | 宾三类 | 𡧊 | | |
| 3047 正反 | | | 宾二类 | | | |
| 3048 | | | 宾二类 | | | |
| 3049 正反 | | | 宾二类 | | | |
| 3050 | | | 宾二类 | | | |
| 3051 | | | 宾三类 | | | |
| 3052 | | | 宾三类 | | | |
| 3053 | | | 宾三类 | 充 | | |
| 3054 | | | 宾二类 | | | |
| 3055 正反 | | 正 < 合 9526 正 反 = 9526 反 | 宾一类 | | | |
| 3056 | | | 宾二类 | 爭 | | |
| 3057 正反 | | | 宾二类 | | | |
| 3058 | | | 宾一类 | | | |
| 3059 正反 | | | 宾二类 | | | |
| 3060 | | | 宾一类 | 古 | | |
| 3061 | | | 宾一类 | | | |
| 3062 | | | 宾二类 | | | |

续表

| 著录号 | 缀合 | 重片 | 类型划分 | 贞人 | 专家分类 | 其他说明 |
|---|---|---|---|---|---|---|
| 3063 | | | 宾二类 | | | |
| 3064 | | | 宾二类 | | | |
| 3065 | | | 宾一类 | | | |
| 3066 | | | 宾一类 | | | |
| 3067 | 黄拼 3067+ 合 16572 | | 宾三类 | | | |
| 3068 | | | 宾一类 | | | |
| 3069 | | | 宾三类 | | | |
| 3070 | | | 宾三类 | 充 | | |
| 3071 | | | 宾三类 | 𠳋 | | |
| 3072 | | | 宾三类 | | | |
| 3073 正反 | | 反 = 合 11834 | 宾一类 | | | |
| 3074 | | | 宾三类 | 事 | | |
| 3075 | | | 宾三类 | 盧 | | |
| 3076 | | | 宾二类 | | | |
| 3077 | | | 宾二类 | | | |
| 3078 | 黄拼 3078+ 合 13062 | | 宾三类 | | | |
| 3079 | | | 宾二类 | | | |
| 3080 | | | 宾三类 | | | |
| 3081 | | | 宾三类 | | | |
| 3082 | | | 宾三类 | | | |
| 3083 | | | 宾三类 | | | |
| 3084 正反 | | | 宾二类 | | | |
| 3085 | | | 宾二类 | 事 | | |
| 3086 | | | 宾二类 | | | |
| 3087 | | | 宾二类 | | | |
| 3088 | | | 宾二类 | | | |
| 3089 | | | 宾二类 | | | |
| 3090 | | | 宾三类 | | | |
| 3091 | | | 宾三类 | | | |
| 3092 | | | 宾三类 | | | |
| 3093 | | | 宾三类 | | | 笔书 |
| 3094 | | | 宾三类 | | | |
| 3095 | | | 宾三类 | | | |
| 3096 | | | 宾三类 | | | |

续表

| 著录号 | 缀合 | 重片 | 类型划分 | 贞人 | 专家分类 | 其他说明 |
|---|---|---|---|---|---|---|
| 3097 | | | 宾二类 | | | |
| 3098 | | | 宾三类 | | | |
| 3099 | | | 宾三类 | | | |
| 3100 | | | 宾三类 | | | |
| 3101 | | | 宾一类 | | | |
| 3102 | | | 宾一类 | | | |
| 3103 正反 | | | 宾一类 | | | 笔书 |
| 3104 | | | 宾一类 | 争 | | |
| 3105 | | | 宾一类 | | | |
| 3106 | | | 宾三类 | | | |
| 3107 正反 | | | 宾三类 | | | |
| 3108 | | | 宾三类 | | | |
| 3109 | | | 宾三类 | | | |
| 3110 | | | 宾三类 | | | |
| 3111 正反 | | | 宾二类 | 穷 | | |
| 3112 | | | 宾三类 | | | |
| 3113 | | | 宾一类 | | | |
| 3114 | | | 宾二类 | 穷 | | |
| 3115 | | | 宾一类 | 穷 | | |
| 3116 | | | 宾一类 | 㱿 | | |
| 3117 正反 | | | 宾一类 | | | |
| 3118 | | | 宾二类 | | | |
| 3119 正反 | | | 宾二类 | | | |
| 3120 正反 | | | 宾二类 | | | |
| 3121 | 黄拼 3121+ | | 宾二类 | | | 林《醉古集》371 |
| 3122 正反 | | | 宾二类 | | | |
| 3123 | | | 宾二类 | | | |
| 3124 | | | 宾三类 | | | |
| 3125 | | | 宾二类 | | | |
| 3126 | | | 宾二类 | | | |
| 3127 | | ＜合 7942 | 宾一类 | | | |
| 3128 正反 | 蔡续 10.1= 合 870 正 + 合 6232 | 反 = 合 870 反 | 宾二类 | 穷 | | |
| 3129 | | | 宾一类 | | | |
| 3130 | | | 宾二类 | | | |

续表

| 著录号 | 缀合 | 重片 | 类型划分 | 贞人 | 专家分类 | 其他说明 |
|---|---|---|---|---|---|---|
| 3131 | | | 宾二类 | | | 笔书 |
| 3132 | | | 宾二类 | | | |
| 3133 | | | 宾二类 | | | |
| 3134 正反 | | | 宾一类 | | | |
| 3135 | | | 宾二类 | | | |
| 3136 | | | 宾二类 | | | |
| 3137 正反 | | | 宾一类 | | | |
| 3138 | | | 宾一类 | | | |
| 3139 | | | 宾一类 | | | |
| 3140 | | | 宾二类 | 㱿 | | |
| 3141 | | | 宾二类 | 内 | | |
| 3142 | | | 宾二类 | 㱿、爭 | | |
| 3143 正反 | | | 宾二类 | 㱿 | | |
| 3144 | | | 宾三类 | | | |
| 3145 正反 | | | 宾二类 | 爭 | | |
| 3146 | | | 宾二类 | | | |
| 3147 | | | 𠂤小字类 | | | 非宾 |
| 3148 | | | 宾三类 | | | |
| 3149 | | | 宾二类 | | | |
| 3150 | | | 宾三类 | 穷 | | |
| 3151 正反 | | 正 < 合 16162 正 反 = 16162 反 | 宾二类 | | | |
| 3152 | | | 宾二类 | | | |
| 3153 | 黄拼 3153+ 合 22802 | | 出一类 | | | 非宾 |
| 3154 正反 | | | 宾二类 | 㱿 | | |
| 3155 | | | 宾三类 | 爭 | | |
| 3156 | | | 宾二类 | 㱿 | | |
| 3157 正反 | | | 宾二类 | 爭 | | |
| 3158 | | | 宾一类 | | | |
| 3159 | | | 宾二类 | | | |
| 3160 | | | 宾三类 | | | |
| 3161 | | | 宾二类 | 穷 | | |
| 3162 | | | 宾二类 | 穷 | | |

续表

| 著录号 | 缀合 | 重片 | 类型划分 | 贞人 | 专家分类 | 其他说明 |
|---|---|---|---|---|---|---|
| 3163 | | | 宾二类 | 亘 | | |
| 3164 正反 | | | 宾二类 | 𡧊、穷 | | |
| 3165 | | | 宾二类 | | | |
| 3166 | 黄拼 3166+ 合 43+<br>合 16116+25974 | | 宾三类 | 争 | | |
| 3167 | | | 宾二类 | 充 | | |
| 3168 | | | 宾二类 | 争 | | |
| 3169 | | | 宾二类 | 争 | | |
| 3170 | | | 宾二类 | | | |
| 3171 正反 | | | 宾二类 | | | |
| 3172 | | | 宾一类 | | | |
| 3173 | | | 宾二类 | | | |
| 3174 正反 | | | 宾三类 | | | |
| 3175 | | | 宾一类 | | | |
| 3176 | | | 宾一类 | | | |
| 3177 | | | 宾二类 | | | |
| 3178 | | | 宾二类 | 𡧊 | | |
| 3179 | | | 宾一类 | | | |
| 3180 | | | 宾一类 | | | |
| 3181 | | | 宾二类 | | | |
| 3182 | | | 宾一类 | 王 | | |
| 3183 正反 | | | 宾一类 | | | 笔书 |
| 3184 | | | 宾一类 | | | |
| 3185 | | | 宾一类 | | | |
| 3186 | | | 宾二类 | | | |
| 3187 | | | 宾三类 | | | |
| 3188 | | | 宾二类 | 争 | | |
| 3189 | | | 宾一类 | | | |
| 3190 | | | 宾一类 | | | |
| 3191 | | | 宾三类 | | | |
| 3192 正反 | | | 宾二类 | | | |
| 3193 | | | 宾二类 | | | |
| 3194 | | | 宾二类 | | | |
| 3195 正反 | | | 宾二类 | 亘 | | |

续表

| 著录号 | 缀合 | 重片 | 类型划分 | 贞人 | 专家分类 | 其他说明 |
|---|---|---|---|---|---|---|
| 3196 | | | 宾二类 | | | |
| 3197 | | | 宾一类 | 㱿 | | |
| 3198 | | | 宾二类 | | | |
| 3199 | | | 宾一类 | 㱿 | | |
| 3200 | | | 宾一类 | | | |
| 3201 正反 | | | 宾二类 | | | |
| 3202 | | | 宾二类 | 穷 | | |
| 3203 正反 | | | 宾二类 | | | |
| 3204 | | | 宾二类 | | | |
| 3205 正臼 | | | 宾二类 | 㱿 | | |
| 3206 正反 | | | 宾二类 | | | |
| 3207 | | | 宾一类 | | | |
| 3208 正反 | | | 宾一类 | | | 笔书 |
| 3209 正反 | | | 宾二类 | | | |
| 3210 | | | 宾二类 | | | |
| 3211 | | | 宾一类 | | | |
| 3212 正反 | | | 宾二类 | | | 笔书 |
| 3213 | | | 宾三类 | | | |
| 3214 正反 | | | 宾一类 | | | |
| 3215 | 黄拼 3215+ 合 5071 | | 宾二类 | | | |
| 3216 正反 | | | 宾一类 | | | |
| 3217 | | | 宾一类 | | | |
| 3218 | | | 宾二类 | | | |
| 3219 | | | 宾一类 | | | |
| 3220 | 黄拼 3220+ | | 宾一类 | | | 林《醉古集》153 |
| 3221 | 乙 7620= 乙 7618、乙 7619 | | 宾二类 | 争 | | |
| 3222 | | | 宾一类 | | | |
| 3223 | | | 宾二类 | 古 | | |
| 3224 | | | 宾二类 | | | |
| 3225 | 黄拼 3225+ 山东 721 | | 宾一类 | 㱿 | | |
| 3226 | | | 宾一类 | 内 | | |
| 3227 | | | 宾一类 | | | |
| 3228 | | | 宾一类 | | | |

续表

| 著录号 | 缀合 | 重片 | 类型划分 | 贞人 | 专家分类 | 其他说明 |
|---|---|---|---|---|---|---|
| 3622 | | | 宾三类 | 事 | | |
| 3623 | | | 宾二类 | | | |
| 3624 | | | 宾二类 | | | |
| 3625 | | | 宾二类 | | | |
| 3626 | | | 宾三类 | | | |
| 3627 | | | 宾三类 | | | |
| 3628 | | | 宾二类 | | | |
| 3629 | | | 宾三类 | | | |
| 3630 | | | 宾二类 | 𡆥 | | |
| 3631 | | | 宾二类 | | | |
| 3632 | 缀新 350= 合 12391+ 遗宝 12 | | 宾二类 | | | |
| 3633 | | | 宾三类 | | | |
| 3634 | | 336 | 宾二类 | | | |
| 3635 正反 | 郑缀 12 正 = 合 3898+ 合 12417 遥缀合 14620 | > 3678< 合 12417 | 宾二类 | 永 | | |
| 3636 | | | 宾一类 | | | |
| 3637 | | 合 12352 | 宾三类 | | | |
| 3638 | | | 宾二类 | | | |
| 3639 | | | 宾二类 | | | |
| 3640 正反 | 蔡续 11.1 正反 = 合 11851 反 + 合 11896 正 = 合 11851+ 珠 1404 | > 3641= 合 11896 | 宾二类 | 𣪊 | | |
| 3641 正反 | | 合 11896 <3640 正反 | 宾二类 | | | |
| 3642 | | | 宾二类 | | | |
| 3643 正反 | 黄拼 3643+1246 | | 宾二类 | 𣪊 | | 蔡缀 4= 合 12813+ 合 3529 |
| 3644 | 郑缀 10= 合 2478+ 乙 4103 | | 宾二类 | 古 | | |
| 3645 | | | 宾二类 | | | |
| 3646 | | | 宾二类 | | | |
| 3647 | | | 宾二类 | | | |
| 3648 | | | 宾三类 | | | |
| 3649 | | | 宾三类 | | | |

续表

| 著录号 | 缀合 | 重片 | 类型划分 | 贞人 | 专家分类 | 其他说明 |
|---|---|---|---|---|---|---|
| 3229 正反 | | | 宾一类 | | | |
| 3230 | | | 宾三类 | | | |
| 3231 | | | 宾二类 | | | |
| 3232 | | | 宾二类 | | | |
| 3233 | | | 宾二类 | 㱿 | | |
| 3234 | | | 宾一类 | 爭 | | |
| 3235 | | | 宾二类 | 爭 | | |
| 3236 | | | 宾二类 | | | |
| 3237 | | | 宾二类 | | | |
| 3238 | | | 宾二类 | | | |
| 3239 | | | 宾二类 | | | |
| 3240 | | | 宾二类 | | | |
| 3241 | | | 宾一类 | | | |
| 3242 正反 | | | 宾一类 | 亘 | | |
| 3243 | | | 宾二类 | | | |
| 3244 | | | 宾二类 | | | |
| 3245 | | 530 照片 | 宾二类 | | | |
| 3246 | | | 宾一类 | | | |
| 3247 | | | 宾一类 | | | |
| 3248 | | | 宾三类 | | | |
| 3249 | | | 宾二类 | | | |
| 3250 | | | 宾二类 | | | |
| 3251 | | | 宾二类 | | | |
| 3252 | | | 宾二类 | | | |
| 3253 正反 | | | 宾一类 | | | |
| 3254 | | | 宾一类 | | | |
| 3255 正反 | | | 宾二类 | | | |
| 3256 | | | 宾二类 | | | |
| 3257 | | | 宾一类 | | | |
| 3258 | | | 宾二类 | | | |
| 3259 | | | 宾二类 | | | |
| 3260 | | | 宾一类 | | | |
| 3261 正反 | | | 宾一类 | | | |
| 3262 正反 | | | 自小字类 | | | 非宾 |

续表

| 著录号 | 缀合 | 重片 | 类型划分 | 贞人 | 专家分类 | 其他说明 |
|---|---|---|---|---|---|---|
| 3263 | 黄拼 3263+ 合 2033 | | 宾二类 | 穷 | | |
| 3264 正反 | | | 宾二类 | | | |
| 3265 | | | 宾二类 | 争 | | |
| 3266 正反 | | | 宾二类 | | | |
| 3267 正反 | | | 宾二类 | 㱿 | | |
| 3268 | | | 宾一类 | | | |
| 3269 | | | 宾二类 | 㱿 | | |
| 3270 | | | 宾三类 | | | |
| 3271 | | | 宾三类 | | | |
| 3272 | | | 宾一类 | | | |
| 3273 正反 | | | 宾一类 | | | |
| 3274 | | | 宾二类 | | | |
| 3275 正反 | 黄拼 3275 反 + 合 10863 反 | | 宾一类 | | | 林《醉古集》150 |
| 3276 | | 合 13260 乙 | 宾二类 | | | |
| 3277 | | | 宾一类 | 古 | | |
| 3278 正反 | | 合 12417<3635 | 宾二类 | | | |
| 3279 | | | 宾二类 | | | |
| 3280 正反 | | | 宾二类 | | | |
| 3281 | | | 宾二类 | | | |
| 3282 | | | 宾一类 | | | |
| 3283 | | | 宾二类 | | | |
| 3284 | | | 宾二类 | | | |
| 3285 正反 | | | 宾二类 | | | |
| 3286 | | | 宾二类 | 㱿 | | |
| 3287 | | | 宾一类 | | | |
| 3288 正反 | | | 宾二类 | | | |
| 3289 | | | 宾二类 | | | |
| 3290 正反 | | | 宾二类 | | | |
| 3291 | | | 宾一类 | | | |
| 3292 正反 | | | 宾一类 | | | |
| 3293 | | | 宾二类 | | | |
| 3294 正反 | | | 宾二类 | | | |

续表

| 著录号 | 缀合 | 重片 | 类型划分 | 贞人 | 专家分类 | 其他说明 |
|---|---|---|---|---|---|---|
| 3295 | | | 宾一类 | | | |
| 3296 正反 | | | 宾二类 | | | |
| 3297 | | | 宾二类 | | | |
| 3298 正反 | | | 宾二类 | | | |
| 3299 | | | 宾二类 | | | |
| 3300 正反 | | | 宾二类 | | | |
| 3301 | | | 宾二类 | 㱿 | | |
| 3302 | | | 宾三类 | | | |
| 3303 | | | 宾二类 | 爭 | | |
| 3304 | | | 宾二类 | | | |
| 3305 | | | 宾一类 | | | |
| 3306 正反 | | | 宾一类 | | | |
| 3307 | | | 宾一类 | 爭 | | |
| 3308 | | | 宾一类 | | | |
| 3309 | | | 宾二类 | | | |
| 3310 | | | 宾二类 | 永 | | |
| 3311 | | | 宾二类 | | | |
| 3312 正反 | | | 宾二类 | | | |
| 3313 | | | 宾二类 | | | |
| 3314 | | | 宾二类 | | | |
| 3315 正反 | | | 宾二类 | | | |
| 3316 | | | 宾二类 | | | 笔书 |
| 3317 正反 | | | 宾二类 | | | |
| 3318 | | | 宾二类 | | | |
| 3319 正反 | | | 宾一类 | | | |
| 3320 | | | 宾二类 | | | 笔书 |
| 3321 正反 | | | 宾二类 | | | 笔书 |
| 3322 | | | 宾二类 | | | 笔书 |
| 3323 | | | 宾一类 | | | |
| 3324 | | | 宾三类 | | | |
| 3325 | | | 宾二类 | 爭 | | |
| 3326 | | | 宾二类 | | | |
| 3327 | | | 宾二类 | | | |
| 3328 | | | 宾二类 | | | |

续表

| 著录号 | 缀合 | 重片 | 类型划分 | 贞人 | 专家分类 | 其他说明 |
|---|---|---|---|---|---|---|
| 3329 | | | 宾一类 | 争 | | |
| 3330 | | | 宾一类 | | | |
| 3331 | | 3421 | 宾一类 | | | |
| 3332 | | | 宾三类 | | | |
| 3333 | | | 宾一类 | | | |
| 3334 | | | 宾三类 | | | |
| 3335 | | | 宾一类 | | | |
| 3336 | | 3349、3454 | 宾三类 | | | |
| 3337 | | | 宾一类 | | | |
| 3338 | 黄拼 3338+543+合 7780 | 合 13281 正乙 | 宾一类 | | | |
| 3339 | | | 宾一类 | | | |
| 3340 正反 | | | 宾三类 | | | |
| 3341 | | | 宾一类 | | | |
| 3342 | | | 宾一类 | | | |
| 3343 | | | 宾一类 | | | |
| 3344 正反 | | | 宾二类 | 㱿 | | |
| 3345 | | | 宾二类 | 㱿 | | |
| 3346 | | | 宾二类 | | | |
| 3347 正反 | | | 宾二类 | | | |
| 3348 | | | 宾二类 | | | |
| 3349 | | 3336、3454 | 宾三类 | | | |
| 3350 正反 | | | 宾三类 | | | |
| 3351 | | | 宾二类 | | | |
| 3352 | | | 宾二类 | | | |
| 3353 正反 | | | 宾二类 | 亘 | | |
| 3354 | | | 宾一类 | | | |
| 3355 | | | 宾二类 | | | |
| 3356 | | | 宾一类 | | | |
| 3357 | | | 宾一类 | | | |
| 3358 | | 4372 | 宾一类 | | | |
| 3359 | | | 宾一类 | | | |
| 3360 | | | 𠂤宾间类 | | | |
| 3361 | | | 宾一类 | | | |
| 3362 | | | 宾一类 | | | |

续表

| 著录号 | 缀合 | 重片 | 类型划分 | 贞人 | 专家分类 | 其他说明 |
|---|---|---|---|---|---|---|
| 3363 | | | 宾一类 | | | |
| 3364 | | | 宾一类 | | | |
| 3365 正臼 | | | 宾一类 | | | |
| 3366 | | | 宾一类 | | | |
| 3367 正反 | | 反 < 合 14161 反 | 宾二类 | | | |
| 3368 | | | 宾二类 | | | |
| 3369 | | | 宾三类 | | | |
| 3370 正反 | | | 宾三类 | | | |
| 3371 照片 | | 13242 摹本 | 宾二类 | 永 | | |
| 3372 正反 | | | 宾一类 | | | |
| 3373 正反 | | | 宾一类 | | | |
| 3374 | | | 宾二类 | | | |
| 3375 | | | 宾二类 | | | |
| 3376 | | | 宾二类 | | | |
| 3377 | | | 宾二类 | | | |
| 3378 | | | 宾三类 | | | |
| 3379 | | | 宾一类 | | | |
| 3380 | 黄拼 3380+ 屯 2680+ 屯 2249 | | 宾一类 | | | |
| 3381 | | | 宾一类 | | | |
| 3382 | | | 宾一类 | | | |
| 3383 正反 | | | 宾一类 | | | |
| 3384 | | | 宾一类 | | | |
| 3385 正反 | | | 宾二类 | 韋 | | |
| 3386 | | | 宾一类 | | | |
| 3387 正反 | | | 宾二类 | 㱿 | | |
| 3388 | | | 宾二类 | | | |
| 3389 | | | 宾二类 | | | |
| 3390 | | | 宾二类 | | | |
| 3391 | | | 宾二类 | | | |
| 3392 | | | 宾二类 | | | |
| 3393 正反 | | | 宾二类 | | | 此片正、反颠倒 |
| 3394 | | | 宾二类 | | | |

续表

| 著录号 | 缀合 | 重片 | 类型划分 | 贞人 | 专家分类 | 其他说明 |
|---|---|---|---|---|---|---|
| 3427 | | | 宾二类 | | | |
| 3428 | | | 宾二类 | | | |
| 3429 | | | 宾二类 | | | |
| 3430 | | | 宾一类 | | | |
| 3431 正反 | | | 宾二类 | | | |
| 3432 | | | 宾二类 | | | |
| 3433 | | | 宾二类 | | | |
| 3434 | | | 宾二类 | | | |
| 3435 | | | 宾二类 | | | |
| 3436 | | | 宾二类 | | | |
| 3437 | | | 宾三类 | | | |
| 3438 | | | 宾二类 | | | |
| 3439 | | | 宾二类 | | | |
| 3440 | | | 宾二类 | | | |
| 3441 | | | 宾一类 | | | |
| 3442 正反 | | | 宾二类 | 㱿 | | |
| 3443 正反 | | 合 13471（合 10399 反） | 宾二类 | 㱿 | | |
| 3444 | | | 宾一类 | | | |
| 3445 正反 | | | 宾二类 | | | |
| 3446 | 黄拼 3446+ 合 17028 | | 宾二类 | | | |
| 3447 正反 | | | 宾二类 | 㱿 | | |
| 3448 正反 | | | 待考 | | | |
| 3449 正反 | | | 待考 | | | |
| 3450 | | | 宾一类 | | | |
| 3451 正反 | | | 待考 | | | |
| 3452 正反 | | | 宾一类 | | | |
| 3453 | | | 宾一类 | | | |
| 3454 | | 3336=3349 | 宾三类 | | | |
| 3455 正反 | | | 待考 | | | |
| 3456 正反 | | 正 < 合 675 正<br>反 = 合 675 反 | 宾一类 | | | |
| 3457 正反 | | | 宾一类 | | | |
| 3458 正反 | | | 待考 | | | |

续表

| 著录号 | 缀合 | 重片 | 类型划分 | 贞人 | 专家分类 | 其他说明 |
|---|---|---|---|---|---|---|
| 3459 正反 | | | 待考 | | | |
| 3460 正反 | | | 待考 | | | |
| 3461 正反 | | | 宾一类 | | | |
| 3462 | | | 宾一类 | | | |
| 3463 正反 | | | 宾一类 | | | |
| 3464 正反 | | | 宾一类 | | | |
| 3465 | | | 宾一类 | | | |
| 3466 正反 | | | 宾一类 | | | |
| 3467 正反 | | | 待考 | | | |
| 3468 正反 | | | 宾一类 | | | |
| 3469 | | | 待考 | | | |
| 3470 | | | 待考 | | | |
| 3471 | | | 待考 | | | |
| 3472 | | | 待考 | | | |
| 3473 | | | 待考 | | | |
| 3474 | | | 待考 | | | |
| 3475 | | | 宾一类 | | | |
| 3476 | | | 宾一类 | | | |
| 3477 | 黄拼 3477+ 合 479 | | 宾二类 | | | |
| 3478 | | | 宾二类 | | | |
| 3479 | | | 宾一类 | | | |
| 3480 | | | 宾一类 | | | |
| 3481 正反 | | | 宾二类 | | | |
| 3482 | | | 宾二类 | | | |
| 3483 正反 | | | 宾一类 | | | |
| 3484 | | | 宾一类 | | | |
| 3485 | | 合 12861 | 宾二类 | | | |
| 3486 | | 合 18792 | 宾三类 | | | |
| 3487 | | 合 12855 | 自宾间类 | | | |
| 3488 | 蔡续 6.8= 合 19564+ 怀 922 | | 宾三类 | | | |
| 3489 | | < 合 34112 | 自历间类 | | | 非宾 |
| 3490 | | | 宾一类 | | | |

续表

| 著录号 | 缀合 | 重片 | 类型划分 | 贞人 | 专家分类 | 其他说明 |
|---|---|---|---|---|---|---|
| 3491 | | | 宾一类 | | | |
| 3492 | | | 宾三类 | | | |
| 3493 | | | 宾三类 | | | |
| 3494 正反 | | | 宾三类 | | | |
| 3495 | | | 宾三类 | | | |
| 3496 | | | 宾三类 | | | |
| 3497 正反 | | | 宾一类 | | | |
| 3498 | | | 宾三类 | | | |
| 3499 | | | 宾一类 | | | |
| 3500 | | | 宾三类 | | | |
| 3501 | | | 宾一类 | | | |
| 3502 | | | 宾一类 | | | |
| 3503 | | | 宾三类 | | | |
| 3504 | | | 宾三类 | | | |
| 3505 | | | 宾三类 | | | |
| 3506 | | | 宾三类 | 事 | | |
| 3507 | | | 宾三类 | | | |
| 3508 | | | 宾三类 | | | |
| 3509 | | | 宾一类 | | | |
| 3510 | | | 宾一类 | | | |
| 3511 | | | 宾一类 | | | |
| 3512 | | | 宾三类 | | | |
| 3513 | | | 宾三类 | 事 | | |
| 3514 | | | 宾一类 | | | |
| 3515 | | | 宾三类 | | | |
| 3516 | | | 宾三类 | | | |
| 3517 | | | 宾一类 | | | |
| 3518 正反 | | | 宾一类 | | | |
| 3519 | | | 宾一类 | | | |
| 3520 | | | 宾三类 | | | |
| 3521 | | | 宾三类 | | | |
| 3522 | | | 宾三类 | 充 | | |
| 3523 | | | 宾一类 | | | |
| 3524 正反 | | 合 778 | 宾二类 | | | |

续表

| 著录号 | 缀合 | 重片 | 类型划分 | 贞人 | 专家分类 | 其他说明 |
|---|---|---|---|---|---|---|
| 3525 | | | 宾三类 | | | |
| 3526 正反 | | | 宾二类 | | | 笔书 |
| 3527 | | | 宾三类 | | | |
| 3528 | | | 宾一类 | | | |
| 3529 | | 合 12037 | 宾三类 | | | |
| 3530 正反 | | > 合 12004 | 宾二类 | 㱿、𡆥 | | |
| 3531 | | 合 12054 | 宾二类 | | | |
| 3532 | | | 宾二类 | | | |
| 3533 | | | 宾三类 | | | |
| 3534 | | | 宾二类 | | | |
| 3535 | | | 宾一类 | | | |
| 3536 正反 | 蔡 1.7 正 = 东大 321 正 + 合 12321 | | 宾一类 | | | |
| 3537 | | | 宾一类 | | | |
| 3538 正反 | | 合 12330 | 宾二类 | | | |
| 3539 正反 | | 正反 = 合 12315 正乙反乙 | 宾二类 | | | |
| 3540 | | 正反 < 合 12315 正乙反乙 | 宾二类 | | | |
| 3541 | | | 宾一类 | 穷 | | |
| 3542 | | | 宾一类 | | | |
| 3543 | | 合 12329 | 宾三类 | | | |
| 3544 | | | 宾三类 | | | |
| 3545 | | | 宾三类 | | | |
| 3546 | | | 宾二类 | | | |
| 3547 | 黄拼 3547+6516 | | 宾三类 | | | |
| 3548 | | | 宾二类 | | | |
| 3549 正反 | | | 宾三类 | | | |
| 3550 | | | 宾三类 | | | |
| 3551 | | 合 12140 | 宾一类 | | | |
| 3552 | | | 宾三类 | | | |
| 3553 正反 | | | 宾三类 | | | |
| 3554 | | | 宾二类 | | | |

续表

| 著录号 | 缀合 | 重片 | 类型划分 | 贞人 | 专家分类 | 其他说明 |
|---|---|---|---|---|---|---|
| 3555 | | | 宾二类 | | | |
| 3556 | | | 宾三类 | | | |
| 3557 | | | 宾二类 | | | |
| 3558 | | | 宾一类 | | | |
| 3559 | | | 宾一类 | | | |
| 3560 | | | 宾一类 | | | |
| 3561 | | | 宾二类 | | | |
| 3562 | | | 宾二类 | | | |
| 3563 | | | 宾二类 | | | |
| 3564 | | | 宾二类 | | | |
| 3565 | | | 宾二类 | | | |
| 3566 | | | 宾二类 | | | |
| 3567 | | | 宾二类 | | | |
| 3568 | | | 宾三类 | | | |
| 3569 | | | 宾三类 | | | |
| 3570 | | | 宾二类 | | | |
| 3571 | | | 宾二类 | | | |
| 3572 | | | 宾二类 | | | |
| 3573 | | | 宾二类 | | | |
| 3574 | | | 宾二类 | | | |
| 3575 | | | 宾二类 | | | |
| 3576 | | | 宾二类 | | | |
| 3577 正反 | | | 宾一类 | | | |
| 3578 | | | 宾二类 | | | |
| 3579 | | | 宾二类 | | | |
| 3580 | | | 宾二类 | | | |
| 3581 | | | 宾二类 | | | |
| 3582 | | | 宾三类 | | | |
| 3583 | | | 宾三类 | | | |
| 3584 | | | 宾二类 | | | |
| 3585 | | | 宾二类 | | | |
| 3586 | | | 宾二类 | | | |
| 3587 | | | 宾二类 | | | |
| 3588 | | | 宾二类 | | | |

续表

| 著录号 | 缀合 | 重片 | 类型划分 | 贞人 | 专家分类 | 其他说明 |
|---|---|---|---|---|---|---|
| 3589 | | | 宾二类 | | | |
| 3590 | | | 宾二类 | 古 | | |
| 3591 | | | 宾二类 | | | |
| 3592 | | | 宾二类 | | | |
| 3593 | | | 宾二类 | | | |
| 3594 | | | 宾三类 | | | |
| 3595 | | | 宾二类 | | | |
| 3596 | | | 宾三类 | | | |
| 3597 | | | 宾三类 | | | |
| 3598 | | | 宾二类 | | | |
| 3599 | | | 宾三类 | 穷 | | |
| 3600 | | | 宾二类 | | | |
| 3601 | | | 宾二类 | | | |
| 3602 | | | 宾一类 | | | |
| 3603 | | | 宾一类 | | | |
| 3604 | | | 宾二类 | | | |
| 3605 | | | 宾二类 | | | |
| 3606 | | | 宾二类 | | | |
| 3607 | | | 宾一类 | | | |
| 3608 | | | 宾二类 | | | |
| 3609 | | | 宾二类 | | | |
| 3610 | | | 宾三类 | | | |
| 3611 | | | 宾三类 | | | |
| 3612 正反 | | | 宾二类 | | | |
| 3613 | | | 宾三类 | | | |
| 3614 | | | 宾三类 | | | |
| 3615 | | 合 12271 | 宾二类 | | | |
| 3616 | | | 宾一类 | | | |
| 3617 | | | 宾二类 | | | |
| 3618 | | | 宾二类 | | | |
| 3619 | | | 宾三类 | | | |
| 3620 正反 | 甲释 205= 合 12616+ 甲 5.0.0113+ 甲 3448 | 4796 | 宾三类 | 事 | | |
| 3621 | | | 宾三类 | | | |

续表

| 著录号 | 缀合 | 重片 | 类型划分 | 贞人 | 专家分类 | 其他说明 |
|---|---|---|---|---|---|---|
| 3650 | | | 宾三类 | | | |
| 3651 | | | 宾二类 | | | |
| 3652 | | | 宾二类 | | | |
| 3653 | | | 宾二类 | | | |
| 3654 | 蔡 1.15= 合 13003+<br>合 13004 | | 宾一类 | | | |
| 3655 | | | 宾二类 | | | |
| 3656 | | | 宾二类 | 爭 | | |
| 3657 | 黄拼 3657+ | | 宾一类 | | | 林《醉古集》284 |
| 3658 | | | 宾一类 | | | |
| 3659 | | | 宾一类 | | | |
| 3660 | | 合 12448 乙 | 宾一类 | | 黄宾ᑫ | |
| 3661 | | | 宾二类 | | | |
| 3662 | | | 宾二类 | | | |
| 3663 | | | 宾二类 | | | |
| 3664 | | 合 11870 | 宾三类 | | | |
| 3665 | | | 宾三类 | | | |
| 3666 | | | 宾一类 | | | |
| 3667 | | | 宾一类 | | | |
| 3668 | | | 宾一类 | | | |
| 3669 | | | 宾一类 | | | |
| 3670 | | 合 11916 正 | 宾二类 | | | 笔书 |
| 3671 | | | 宾一类 | | | |
| 3672 | | | 宾一类 | 内 | | |
| 3673 | | | 宾一类 | | | |
| 3674 | | | 宾二类 | | | |
| 3675 | | | 宾二类 | | | |
| 3676 正反 | | | 宾二类 | | | |
| 3677 | | | 宾二类 | | | |
| 3678 | | | 宾二类 | | | |
| 3679 | | | 宾二类 | | | |
| 3680 | | | 宾二类 | | | |
| 3681 | | | 宾二类 | | | |
| 3682 | | | 宾二类 | | | |

续表

| 著录号 | 缀合 | 重片 | 类型划分 | 贞人 | 专家分类 | 其他说明 |
|---|---|---|---|---|---|---|
| 3683 | | | 宾一类 | | | |
| 3684 | | | 宾二类 | | | |
| 3685 正反 | | | 宾二类 | | | |
| 3686 | | | 宾二类 | | | |
| 3687 | | | 宾二类 | | | |
| 3688 | | | 宾二类 | | | |
| 3689 | | 合 11920 | 宾二类 | | | |
| 3690 | | | 宾三类 | | | |
| 3691 正反 | | | 宾三类 | | | |
| 3692 | | | 宾二类 | | | |
| 3693 正反 | | | 宾二类 | 古 | | |
| 3694 | 黄拼 3694+ 合 12049 | | 宾三类 | 卯 | | |
| 3695 | | | 宾一类 | | | |
| 3696 | | | 宾一类 | | | |
| 3697 | | | 宾一类 | | | |
| 3698 | | | 宾一类 | | | |
| 3699 | | | 宾一类 | | | |
| 3700 | | | 宾一类 | | | |
| 3701 | | | 宾二类 | | | |
| 3702 | | | 宾二类 | | | |
| 3703 | | | 宾一类 | | | |
| 3704 | | | 宾一类 | 㱿 | | |
| 3705 | | | 宾二类 | | | |
| 3706 | | | 宾一类 | | | |
| 3707 | | | 宾二类 | | | |
| 3708 | | | 宾一类 | | | |
| 3709 | | 合 11752 | 宾一类 | | | |
| 3710 正反 | | | 宾二类 | | | |
| 3711 | | | 宾一类 | | | |
| 3712 | | | 宾二类 | | | |
| 3713 | | | 宾二类 | | | |
| 3714 | | | 宾二类 | | | |
| 3715 | | | 宾一类 | | | |
| 3716 | | | 宾一类 | | | |

续表

| 著录号 | 缀合 | 重片 | 类型划分 | 贞人 | 专家分类 | 其他说明 |
|---|---|---|---|---|---|---|
| 3717 | | | 宾二类 | | | |
| 3718 | | | 宾二类 | | | |
| 3719 | | | 宾二类 | | | |
| 3720 | | | 宾一类 | | | |
| 3721 | | 合 12394 | 宾二类 | | | |
| 3722 | | | 宾二类 | | | |
| 3723 | | | 宾二类 | | | |
| 3724 | | | 宾二类 | | | |
| 3725 | | 合 12026 | 宾三类 | | | |
| 3726 | | | 宾二类 | | | |
| 3727 | | | 宾二类 | 㱿 | | |
| 3728 | | | 宾一类 | | | |
| 3729 | | | 宾二类 | | | |
| 3730 | | | 宾二类 | | | |
| 3731 | | | 宾一类 | | | |
| 3732 | | | 宾一类 | | | |
| 3733 | | 合 13446<<br>合 13227 | 宾一类 | | | |
| 3734 | | | 宾一类 | | | |
| 3735 | | | 宾二类 | | | |
| 3736 | | | 宾二类 | | | |
| 3737 | | | 宾二类 | | | |
| 3738 | | | 宾三类 | | | |
| 3739 | | | 宾三类 | | | |
| 3740 | | | 宾二类 | | | |
| 3741 | | | 宾一类 | | | |
| 3742 | | | 宾二类 | | | |
| 3743 | | | 宾一类 | | | |
| 3744 | | | 宾三类 | | | |
| 3745 正反 | | | 宾二类 | | | |
| 3746 | | | 宾三类 | | | |
| 3747 | | 合 11795 | 宾二类 | | | |
| 3748 正反 | | | 宾二类 | | | |
| 3749 | | | 宾三类 | | | |

续表

| 著录号 | 缀合 | 重片 | 类型划分 | 贞人 | 专家分类 | 其他说明 |
|---|---|---|---|---|---|---|
| 3750 | | | 宾三类 | | | |
| 3751 | 黄拼 3751+ 合 11804+ 上博 496.537 | | 宾二类 | | | |
| 3752 | | | 宾二类 | | | |
| 3753 | | | 宾二类 | | | |
| 3754 | | | 宾三类 | 穷 | | |
| 3755 | | | 宾三类 | | | |
| 3756 | | | 宾一类 | | | |
| 3757 | | | 宾二类 | | | |
| 3758 正反 | | | 宾一类 | | | |
| 3759 | | | 宾三类 | | | |
| 3760 | | 合 11941 | 宾二类 | | | |
| 3761 | | | 宾二类 | | | |
| 3762 | 黄拼 3762+ | | 宾一类 | | | 林《醉古集》56 |
| 3763 | | | 宾一类 | | | |
| 3764 | | | 宾二类 | | | |
| 3765 | | | 宾二类 | | | |
| 3766 | | | 宾二类 | | | |
| 3767 | | | 宾三类 | | | |
| 3768 | | | 宾二类 | | | |
| 3769 | | | 宾一类 | | | |
| 3770 | 蔡缀 28= 合 12425+ 珠 766 | | 宾二类 | | | |
| 3771 | | 合 12424 | 宾二类 | | | |
| 3772 | | | 宾一类 | | | |
| 3773 | | | 宾一类 | | | |
| 3774 | | 合 11981 | 宾一类 | | | |
| 3775 | | | 宾二类 | | | |
| 3776 | | | 宾一类 | | | |
| 3777 | | 3797 | 宾三类 | | | |
| 3778 | | | 宾三类 | | | |
| 3779 | | | 宾三类 | | | |
| 3780 正反 | | | 宾二类 | | | |
| 3781 | | 合 12778 | 宾三类 | | | |

续表

| 著录号 | 缀合 | 重片 | 类型划分 | 贞人 | 专家分类 | 其他说明 |
|---|---|---|---|---|---|---|
| 3782 | | | 宾三类 | | | |
| 3783 | | | 待考 | | | |
| 3784 | | 合 30166 | 无名类 | | | 非宾 |
| 3785 | | | 无名类 | | | 非宾 |
| 3786 | | 合 13018 | 宾三类 | | | |
| 3787 | | 合 12803 | 宾二类 | | | |
| 3788 | | | 宾一类 | | | |
| 3789 | | | 宾二类 | | | |
| 3790 | | | 宾二类 | | | |
| 3791 | | | 宾二类 | | | |
| 3792 | 黄拼 3792+ 合 12762 | | 宾二类 | | | |
| 3793 | | | 宾二类 | | | |
| 3794 | | | 宾二类 | | | |
| 3795 | | | 宾一类 | | | |
| 3796 | | | 宾一类 | | | |
| 3797 | | 3777 | 宾三类 | | | |
| 3798 | | | 宾一类 | | | |
| 3799 | 黄拼缀三 .1= 合 1137+ 合 15674 | | 宾二类 | | | |
| 3800 | 蔡续 4.8= 合 14479+ 合 14494 | | 宾二类 | | | |
| 3801 | | | 宾二类 | | | |
| 3802 | | | 宾二类 | | | |
| 3803 | | | 宾二类 | | | |
| 3804 | | | 宾二类 | | | |
| 3805 | | | 宾二类 | | | |
| 3806 正反 | | | 宾二类 | | | |
| 3807 | | 合 12665 | 宾二类 | | | |
| 3808 正反 | | 合 12621 | 自宾间类 | | | |
| 3809 正反 | | | 宾二类 | | | |
| 3810 | | | 宾一类 | | | |
| 3811 | | | 宾二类 | | | |
| 3812 | | | 宾一类 | | | |
| 3813 | | | 宾一类 | | | |

续表

| 著录号 | 缀合 | 重片 | 类型划分 | 贞人 | 专家分类 | 其他说明 |
|---|---|---|---|---|---|---|
| 3814 正反 | | | 宾二类 | | | |
| 3815 | | | 宾一类 | | | |
| 3816 | | | 宾三类 | | | |
| 3817 正反 | | | 宾三类 | | | |
| 3818 | | | 宾三类 | | | |
| 3819 | | | 宾二类 | 韋 | | |
| 3820 正反 | | | 宾一类 | | | |
| 3821 | | | 宾一类 | | | |
| 3822 | | | 宾二类 | | | |
| 3823 | | | 宾二类 | 爭 | | |
| 3824 | | | 宾三类 | | | |
| 3825 正反 | | | 宾二类 | | | 笔书 |
| 3826 正反 | | | 宾二类 | | | |
| 3827 | | | 宾一类 | | | |
| 3828 | | | 宾二类 | | | |
| 3829 | | | 宾一类 | | | |
| 3830 | | | 宾一类 | | | |
| 3831 | | 合 13015 | 宾一类 | | | |
| 3832 | | | 宾二类 | | | |
| 3833 | 黄拼 3833+ | | 宾一类 | | | 林《醉古集》56 |
| 3834 正反 | | | 宾二类 | | | |
| 3835 | | | 宾二类 | | | |
| 3836 | | | 宾一类 | 亘 | | |
| 3837 | | | 宾一类 | | | |
| 3838 | | | 宾一类 | | | |
| 3839 | | | 宾三类 | | | |
| 3840 正反 | | | 宾二类 | | | |
| 3841 | | | 宾二类 | | | 笔书 |
| 3842 正反 | | | 宾二类 | | | |
| 3843 | | | 宾二类 | | | |
| 3844 正反 | | | 宾二类 | | | |
| 3945 | | | 宾三类 | | | |
| 3846 正反 | | | 宾一类 | 㱿 | | |
| 3847 | | | 宾一类 | | | |

续表

| 著录号 | 缀合 | 重片 | 类型划分 | 贞人 | 专家分类 | 其他说明 |
|---|---|---|---|---|---|---|
| 3848 | | | 宾三类 | | | |
| 3849 | | | 宾三类 | | | |
| 3850 | | | 宾三类 | | | |
| 3851 | | | 宾二类 | | | |
| 3852 正反 | | 合 12871 | 宾一类 | | | |
| 3853 | | | 宾一类 | | | |
| 3854 | | 合 40238 摹本 | 宾二类 | | | |
| 3855 | | | 宾二类 | | | |
| 3856 | | | 宾二类 | | | |
| 3857 | | | 宾二类 | | | |
| 3858 正反 | | | 自小字类 | | | 非宾 |
| 3859 | 黄拼 3859+ 合 7027 | | 自宾间类 | | | |
| 3860 | | | 宾一类 | | | |
| 3861 | | | 宾一类 | | | |
| 3862 | | | 宾一类 | | | |
| 3863 | | | 宾一类 | | | |
| 3864 | | | 宾一类 | | | |
| 3865 | | | 出二类 | | | 非宾 |
| 3866 正反 | | | 宾二类 | | | |
| 3867 | | | 宾二类 | | | |
| 3868 | | | 宾一类 | | | |
| 3869 | | | 宾一类 | | | |
| 3870 | | | 宾一类 | | | |
| 3871 | | | 宾一类 | | | |
| 3872 正反 | | | 宾二类 | | | |
| 3873 正反 | | | 宾二类 | | | |
| 3874 | | | 宾二类 | | | |
| 3875 | | | 宾二类 | 㱿 | | |
| 3876 正反 | | | 宾一类 | | | |
| 3877 | | | 宾一类 | | | |
| 3878 | | | 宾一类 | | | |
| 3879 正反 | | | 宾一类 | | | |
| 3880 | | | 宾二类 | | | |
| 3881 | | 合 11756 | 宾二类 | 穷 | | |

续表

| 著录号 | 缀合 | 重片 | 类型划分 | 贞人 | 专家分类 | 其他说明 |
|---|---|---|---|---|---|---|
| 3882 | | | 宾三类 | | | |
| 3883 | | | 宾三类 | | | |
| 3884 | | | 宾三类 | | | |
| 3885 | | | 宾三类 | | | |
| 3886 | | | 宾三类 | | | |
| 3887 | | | 宾三类 | | | |
| 3888 | | | 宾二类 | | | |
| 3889 | | | 宾二类 | | | |
| 3890 正反 | | | 宾二类 | 㱿 | | |
| 3891 | | | 宾二类 | | | |
| 3892 | | | 宾三类 | | | |
| 3893 | | | 宾二类 | | | |
| 3894 | | | 宾一类 | | | |
| 3895 | | | 宾二类 | | | |
| 3896 | | | 宾二类 | | | |
| 3897 正反 | | | 宾二类 | | | |
| 3898 | | | 宾二类 | | | |
| 3899 | | | 宾二类 | | | |
| 3900 正反 | | | 宾二类 | | | |
| 3901 | | | 宾二类 | | | |
| 3902 | | | 宾二类 | | | |
| 3903 正反 | | | 宾一类 | | | |
| 3904 | | | 𠂤宾间类 | | | |
| 3905 | | | 宾一类 | | | |
| 3906 | | | 宾一类 | | | |
| 3907 | | | 宾二类 | | | |
| 3908 | | | 宾一类 | | | |
| 3909 | | 合 13107 | 宾一类 | | | |
| 3910 正反 | | | 宾一类 | | | |
| 3911 | | | 宾一类 | | | |
| 3912 正反 | 蔡续 6.7= 合 13115+ 合 13118 | | 宾一类 | | | 此正面系合 13115 与 13118 缀 原合 13115 无反（参蔡续 6.7） |
| 3913 | | | 宾一类 | | | |

续表

| 著录号 | 缀合 | 重片 | 类型划分 | 贞人 | 专家分类 | 其他说明 |
|---|---|---|---|---|---|---|
| 3914 | | 合 30201 | 宾二类 | | | |
| 3915 | | | 宾二类 | 亘 | | |
| 3916 | | | 宾二类 | | | |
| 3917 | | | 宾二类 | | | |
| 3918 | | | 宾三类 | | | |
| 3919 | | | 宾三类 | | | |
| 3920 | | | 宾一类 | | | |
| 3921 | | | 宾二类 | | | |
| 3922 | | | 宾一类 | 㱿 | | |
| 3923 | | | 宾一类 | | | |
| 3924 | | | 宾二类 | | | |
| 3925 正反 | 黄拼 3925 正 + 合 8512 | | 宾二类 | | | |
| 3926 | | | 宾二类 | | | |
| 3927 | | | 宾二类 | | | |
| 3928 正反 | | | 宾二类 | | | |
| 3929 | | | 宾三类 | | | |
| 3930 | 蔡续 4.4= 合 13155+ 合 13194 | | 宾三类 | | | |
| 3931 甲乙 | 蔡续 4.14= 合 6190+ 美 52 | | 宾二类 | | | |
| 3932 正甲正乙反甲 | 蔡续 4.13= 合 2987+ 6191+ 合 13305；反 =6191 反 | | 宾二类 | | | 此正面系合 2987、合 6191、合 13305 三片之缀，此片反系合 6191 之反，其他两片无反拓 |
| 3933 | | 合 13202 | 宾一类 | | | |
| 3934 | | | 宾一类 | | | |
| 3935 | | | 宾一类 | | | |
| 3936 正反 | | | 宾二类 | | | |
| 3937 | 补拼 8= 合 13156+ 合 13309 | | 宾二类 | | | |
| 3938 | | | 宾三类 | | | |
| 3939 | | | 宾二类 | | | |
| 3940 | | | 宾二类 | | | |

续表

| 著录号 | 缀合 | 重片 | 类型划分 | 贞人 | 专家分类 | 其他说明 |
|---|---|---|---|---|---|---|
| 3941 | | | 宾二类 | 㱿 | | |
| 3942 正反 | | | 宾三类 | 永 | | |
| 3943 | | | 宾二类 | | | |
| 3944 | | 3958 | 宾一类 | | | |
| 3945 | | | 宾二类 | | | |
| 3946 | | | 宾二类 | 古 | | |
| 3947 | | 合 13176 | 宾三类 | | | |
| 3948 | | 合 13234 | 宾一类 | | | |
| 3949 | | 合 13192 | 宾一类 | | | |
| 3950 | | | 宾一类 | | | |
| 3951 | | | 宾一类 | | | |
| 3952 | | | 宾一类 | | | |
| 3953 | | | 宾二类 | | | |
| 3954 | | | 宾三类 | | | |
| 3955 正反 | | 合 13150 | 宾二类 | 㱿 | | |
| 3956 | | | 宾一类 | | | |
| 3957 | | 合 13281 正丙 | 宾一类 | | | |
| 3958 | | 3944 | 宾一类 | | | |
| 3959 | | | 宾二类 | | | |
| 3960 | | | 宾二类 | | | |
| 3961 | | | 宾二类 | 㱿 | | |
| 3962 | | | 宾一类 | | | |
| 3963 | | 合 13352 | 宾一类 | | | |
| 3964 | | | 宾一类 | | | |
| 3965 | | | 宾一类 | | | |
| 3966 | | | 宾二类 | | | |
| 3967 | | | 宾二类 | 㱿 | | |
| 3968 | | | 宾二类 | | | |
| 3969 正反 | | 合 19521 | 宾二类 | | | |
| 3970 | 黄拼 3970+ | | 宾二类 | | | 林《醉古集》372 |
| 3971 | | | 宾二类 | | | |
| 3972 | | | 宾三类 | | | |
| 3973 | | | 宾二类 | | | |
| 3974 | | | 宾二类 | | | |

续表

| 著录号 | 缀合 | 重片 | 类型划分 | 贞人 | 专家分类 | 其他说明 |
|---|---|---|---|---|---|---|
| 3975 | | | 宾二类 | | | |
| 3976 | | | 宾二类 | 㱿 | | |
| 3977 | | | 宾二类 | | | |
| 3978 | | | 宾二类 | | | |
| 3979 | | | 宾二类 | | | |
| 3980 | | 合 13777 | 宾二类 | | | |
| 3981 | | | 宾二类 | | | |
| 3982 | | | 宾二类 | | | |
| 3983 | | | 宾二类 | | | |
| 3984 | 黄拼 3984+ 合 22221+ 合 19895+ 乙补 7394+ 乙 8774；白录一 .14= 合 22394（局部）+ 合 21511 | 局部 =6915 | 𠂤小字类 | | | 非宾，此缀亦不完整 |
| 3985 | 缀新 420= 合 13722 遥缀合 13723 | | 宾二类 | | | |
| 3986 | | | 宾二类 | | | |
| 3987 甲乙 | 缀新 290= 合 10349+ 合 13643 | | 宾一类 | 㱿 | 黄宾二 | |
| 3988 正反 | | 合 13706 | 宾一类 | | | |
| 3989 正反 | | | 宾一类 | | | |
| 3990 | | | 宾一类 | | | |
| 3991 正反 | | 正 < 合 13656 正 反 = 合 13656 反 | 宾一类 | | | |
| 3992 正甲正乙反甲 | 郑缀 24= 合 13646 遥缀合 13649 | | 宾二类 | 古 | | 合 13649 原缺反 |
| 3993 | | | 宾一类 | | | |
| 3994 | | | 宾一类 | | | |
| 3995 | | 合 13683 | 宾二类 | | | |
| 3996 | | | 宾二类 | | | |
| 3997 | | 合 13808 | 宾一类 | | | |
| 3998 | | 合 13744 | 宾二类 | | | |
| 3999 | | | 宾二类 | | | |
| 4000 正反 | | 正 = 合 13766 | 宾二类 | | | 此正面系合 13766，缺反，今据东 1070 补 |

续表

| 著录号 | 缀合 | 重片 | 类型划分 | 贞人 | 专家分类 | 其他说明 |
|---|---|---|---|---|---|---|
| 4001 | | | 宾二类 | | | |
| 4002 正反 | 黄拼 4002 正反 + | | 宾二类 | | | 林《醉古集》257 |
| 4003 正反 | | | 宾二类 | | | |
| 4004 | | | 宾一类 | | | |
| 4005 | 黄拼 4005+ 合 13909 | | 宾二类 | | | |
| 4006 | | | 宾二类 | 穷 | | |
| 4007 | | | 宾一类 | | | |
| 4008 | | | 宾一类 | | | |
| 4009 | | | 宾二类 | | | |
| 4010 | | | 宾一类 | | | |
| 4011 | | | 宾一类 | | | |
| 4012 | | | 宾一类 | | | |
| 4013 | | 合 13781 | 宾二类 | | | |
| 4014 | | | 宾一类 | | | |
| 4015 正反 | | | 宾二类 | | | |
| 4016 | | | 宾二类 | | | |
| 4017 正臼 | | 合 17262 正臼、合 17491 正臼 | 宾二类 | 穷 | | |
| 4018 | | | 宾二类 | | | |
| 4019 正臼 | | 合 13880 正臼、合 17514 正臼 | 宾二类 | 穷 | | 此正面与合 13880 系同骨，但此片缺臼，今依东大 422 补 |
| 4020 | | | 宾一类 | | | |
| 4021 正反 | | 合 13905 | 宾二类 | 穷 | | |
| 4022 正反 | | 合 13904 | 宾一类 | | | |
| 4023 | | | 宾一类 | 𠱄 | | |
| 4024 | 罗缀 = 河北大 71+ 河北大 181 | | 宾一类 | | | |
| 4025 | | | 宾一类 | | | |
| 4026 | | | 宾一类 | | | |
| 4027 | | | 宾一类 | 穷 | | |
| 4028 | | | 宾二类 | | | |
| 4029 正反 | | 正反 = 合 13874 正乙反乙 | 宾二类 | | | |

续表

| 著录号 | 缀合 | 重片 | 类型划分 | 贞人 | 专家分类 | 其他说明 |
|---|---|---|---|---|---|---|
| 4030 | | | 宾二类 | 㱿 | | 笔书 |
| 4031 正反 | 合 13949+ 合 13967+ 合 14087 | | 宾二类 | 㱿 | | 笔书 |
| 4032 | | | 宾一类 | | | 笔书 |
| 4033 | | | 宾二类 | | | |
| 4034 | | | 宾二类 | | | |
| 4035 | | | 宾二类 | | | |
| 4036 | | | 宾二类 | | | |
| 4037 | | 419= 合 13952 | 宾二类 | | | 笔书 |
| 4038 | | | 宾二类 | 亘 | | 笔书 |
| 4039 | | | 宾二类 | | | 笔书 |
| 4040 | | < 合 14035 正丙 | 宾一类 | | | |
| 4041 正反 | | | 宾二类 | | | |
| 4042 | 蔡 1.17= 合 14051+ 合 14111 | | 宾二类 | | | |
| 4043 | | > 合 14048 | 宾二类 | | | |
| 4044 | | | 宾二类 | | | |
| 4045 | | | 宾二类 | | | |
| 4046 | | | 宾二类 | | | |
| 4047 正反 | | | 宾二类 | | | |
| 4048 | | | 宾一类 | | | |
| 4049 正反 | | | 宾一类 | | | |
| 4050 | | | 宾一类 | | | |
| 4051 正反 | | | 宾二类 | 㱿 | | |
| 4052 | | | 宾二类 | | | |
| 4053 正反 | | | 宾二类 | | | |
| 4054 | | | 宾二类 | | | |
| 4055 | | | 宾二类 | | | |
| 4056 | | | 宾二类 | | | |
| 4057 | | | 宾二类 | 古 | | |
| 4058 | | | 宾二类 | | | |
| 4059 正反 | | | 宾一类 | | | |
| 4060 | | | 宾一类 | | | |
| 4061 正反 | | 合 13964 | 宾二类 | | | 笔书 |

续表

| 著录号 | 缀合 | 重片 | 类型划分 | 贞人 | 专家分类 | 其他说明 |
|---|---|---|---|---|---|---|
| 4062 | | 合 14225 | 宾二类 | | | |
| 4063 | 蔡缀 10= 合 6735+<br>合 14187 | | 宾二类 | | | |
| 4064 | 黄拼 4064+ 2117 | | 宾二类 | | | |
| 4065 | | | 宾二类 | | | |
| 4066 | | | 宾二类 | 古 | | |
| 4067 | 黄拼 4067+ 2782 | | 宾二类 | | | |
| 4068 | | | 宾二类 | | | |
| 4069 | | | 宾二类 | | | |
| 4070 | | | 宾一类 | | | |
| 4071 | | | 宾一类 | 古 | | |
| 4072 | | | 宾一类 | 𣪊 | | |
| 4073 | | | 宾二类 | | | |
| 4074 | | | 宾一类 | | | |
| 4075 正反 | | | 宾一类 | | | |
| 4076 | | | 宾二类 | 爭 | | |
| 4077 | | | 宾二类 | | | |
| 4078 | | | 宾二类 | | | |
| 4079 | | | 宾二类 | | | |
| 4080 | | | 宾三类 | | | |
| 4081 | | | 宾三类 | | | |
| 4082 正反 | | | 宾三类 | 穷 | | |
| 4083 | | | 宾三类 | | | |
| 4084 | | | 宾三类 | | | |
| 4085 正反 | | | 宾三类 | | | |
| 4086 正反 | | | 待考 | | | |
| 4087 正臼 | | 合 10093 | 宾二类 | 亘 | | |
| 4088 | | 合 14541 | 宾一类 | | | |
| 4089 正反 | | | 宾二类 | 爭 | | |
| 4090 | | | 宾二类 | | | |
| 4091 | | | 宾二类 | | | |
| 4092 正反 | | | 宾二类 | | | |
| 4093 正反 | | | 宾二类 | | | |
| 4094 | | | 宾二类 | | | |

续表

| 著录号 | 缀合 | 重片 | 类型划分 | 贞人 | 专家分类 | 其他说明 |
|---|---|---|---|---|---|---|
| 4095 | | 合 14370 乙 | 宾三类 | | | |
| 4096 | | | 宾三类 | | | |
| 4097 | | 合 9627 | 宾一类 | | | |
| 4098 | | | 宾二类 | 𡆥 | | |
| 4099 正反 | | 合 14441 | 宾二类 | | | |
| 4100 | | 合 14502 | 宾三类 | | | |
| 4101 | | 合 6097 | 宾二类 | 𡆥 | | |
| 4102 | | | 宾二类 | | | |
| 4103 | 蔡续 13.8= 合 12691+<br>合 40416（英 1152） | | 宾三类 | | | |
| 4104 | | 合 14446 | 宾一类 | 爭 | | |
| 4105 | | | 宾一类 | | | |
| 4106 | | | 宾三类 | 爭 | | |
| 4107 | | | 待考 | | | |
| 4108 | | | 宾三类 | | | |
| 4109 正反 | | | 宾二类 | | | |
| 4110 | 蔡 1.109= 合 14343+<br>合 14344 | | 宾二类 | | | |
| 4111 | | 合 14336 | 宾一类 | | | |
| 4112 | 蔡续 4.16= 合 2194+<br>合 14339 | | 宾二类 | | | |
| 4113 | | | 宾一类 | | | |
| 4114 | | | 宾三类 | | | |
| 4115 | | | 宾二类 | 永 | | |
| 4116 | | | 宾三类 | | | |
| 4117 | | 合 14653 | 宾一类 | | | |
| 4118 | | | 宾三类 | | | |
| 4119 | | 1868=<br>合 14306 | 宾一类 | | | |
| 4120 | | | 宾二类 | | | |
| 4121 正反 | | | 宾二类 | | | |
| 4122 | | ＜合 808 正 | 宾一类 | | | |
| 4123 | | | 宾二类 | | | |
| 4124 | | | 宾二类 | | | |
| 4125 正反 | | | 宾二类 | | | |

续表

| 著录号 | 缀合 | 重片 | 类型划分 | 贞人 | 专家分类 | 其他说明 |
|---|---|---|---|---|---|---|
| 4126 正反 | | | 宾二类 | | | |
| 4127 | | | 宾二类 | | | |
| 4128 | | | 宾二类 | 穷 | | |
| 4129 | | | 宾二类 | 爭 | | |
| 4130 | 蔡缀 22= 合 349+ 合 358 | | 宾二类 | | | |
| 4131 正反 | | 合 40433 | 宾二类 | | | |
| 4132 | | | 宾一类 | | | |
| 4133 | 黄拼 4133+1657 | | 宾一类 | | | |
| 4134 正反 | | | 宾二类 | | | |
| 4135 | | 合 34096 | 历二类 | | | 非宾 |
| 4136 | | | 宾一类 | | | |
| 4137 | | <合 13967 正乙 | 宾二类 | | | |
| 4138 | 裘缀 10= 合 1159 + 合 14825 | | 宾三类 | | | |
| 4139 | 裘缀 9= 合 14354+ 合 14822、合 14824 | | 出一类 | | | 非宾 |
| 4140 | | 合 14876 | 宾二类 | | | |
| 4141 | | | 宾一类 | | | |
| 4142 | | 合 14907 | 宾二类 | | | |
| 4143 | | | 宾二类 | | | |
| 4144 正反 | | 合 1115 | 宾二类 | | | |
| 4145 | | | 宾一类 | 穷 | | |
| 4146 | | | 宾二类 | | | |
| 4147 | 蔡续 8.10= 合 13539+ 合 19356 | | 宾二类 | 穷 | | |
| 4148 | | 合 19286 | 宾三类 | | | |
| 4149 | | | 宾二类 | | | |
| 4150 | | 合 14920 | 宾一类 | | | |
| 4151 | | | 宾二类 | 爭 | | |
| 4152 | | | 宾三类 | 充 | | |
| 4153 | | | 宾三类 | 爭 | | |
| 4154 | | | 宾三类 | | | |
| 4155 | | | 宾三类 | | | |
| 4156 | | | 宾二类 | | | |

续表

| 著录号 | 缀合 | 重片 | 类型划分 | 贞人 | 专家分类 | 其他说明 |
|---|---|---|---|---|---|---|
| 4157 | | | 宾二类 | 穷 | | |
| 4158 | | | 宾一类 | | | |
| 4159 | | | 宾一类 | | | |
| 4160 正反 | | | 宾二类 | | | |
| 4161 | | | 宾二类 | 㱿 | | |
| 4162 | | | 宾二类 | 㱿 | | |
| 4163 正反 | | | 宾一类 | | | |
| 4164 | | | 宾二类 | | | |
| 4165 | | | 宾二类 | | | |
| 4166 | 蔡缀 = 合 4241（苏德美日 147）+ 苏德美日 133 | | 宾一类 | 爭 | | |
| 4167 | | | 宾一类 | | | |
| 4168 | | | 宾二类 | | | |
| 4169 | | | 宾三类 | 𠷎 | | |
| 4170 | | | 宾二类 | | | |
| 4171 正反 | | | 宾二类 | | | |
| 4172 | | 4232 | 宾三类 | 穷 | | |
| 4173 | | | 宾三类 | 穷 | | |
| 4174 | | | 宾二类 | 爭 | | |
| 4175 正反 | | | 宾二类 | | | |
| 4176 正反 | | | 宾二类 | | | |
| 4177 | | | 宾二类 | | | |
| 4178 | | | 宾一类 | 㱿 | | |
| 4179 | | | 宾二类 | | | |
| 4180 | 黄拼 4180+ 合 11725 正 | | 宾二类 | | | 笔书 |
| 4181 | | | 宾二类 | | | |
| 4182 | | | 宾二类 | | | |
| 4183 正反 | | | 宾二类 | | | 笔书 |
| 4184 | | | 宾二类 | | | |
| 4185 | | 合 14981 | 宾二类 | | | |
| 4186 | | | 宾三类 | | | |
| 4187 | | | 宾二类 | | | |
| 4188 | 黄拼 4188+ | | 宾二类 | | | 林《醉古集》308 |

续表

| 著录号 | 缀合 | 重片 | 类型划分 | 贞人 | 专家分类 | 其他说明 |
|---|---|---|---|---|---|---|
| 4189 正反 | | | 宾二类 | | | |
| 4190 正反 | | | 宾一类 | | | |
| 4191 | | | 宾一类 | | | |
| 4192 | | | 宾一类 | 古 | | |
| 4193 | | | 宾一类 | | | |
| 4194 | | | 宾二类 | | | |
| 4195 正反 | | | 宾一类 | | | |
| 4196 | | | 宾二类 | | | |
| 4197 | | | 宾一类 | | | |
| 4198 正反 | | | 宾二类 | | | |
| 4199 | | | 宾二类 | | | |
| 4200 正反 | | | 宾二类 | | | |
| 4201 | | | 宾一类 | | | |
| 4202 | | | 宾二类 | | | |
| 4203 | | | 宾二类 | | | |
| 4204 | | | 宾二类 | | | |
| 4205 | | 808 | 宾二类 | | | |
| 4206 | | | 自小字类 | | | 非宾 |
| 4207 正反 | | | 宾一类 | | | |
| 4208 | | | 宾一类 | | | |
| 4209 | | | 宾一类 | | | |
| 4210 | | | 宾一类 | | | |
| 4211 正反 | | | 宾二类 | | | |
| 4212 | | | 宾三类 | 穷 | | |
| 4213 | | | 宾二类 | | | |
| 4214 正反 | | | 宾二类 | | | |
| 4215 | | | 宾一类 | | | |
| 4216 | | | 宾二类 | | | |
| 4217 | | | 宾二类 | | | |
| 4218 | | | 宾二类 | | | |
| 4219 | | | 宾二类 | | | |
| 4220 正反 | | | 宾二类 | | | |
| 4221 | | | 宾三类 | | | |
| 4222 正反 | | | 宾三类 | | | |

续表

| 著录号 | 缀合 | 重片 | 类型划分 | 贞人 | 专家分类 | 其他说明 |
|---|---|---|---|---|---|---|
| 4223 | | | 宾一类 | | | |
| 4224 | | | 宾三类 | | | |
| 4225 | | | 宾三类 | 宕 | | |
| 4226 | | 合 15017 | 宾三类 | | | |
| 4227 | | | 宾三类 | | | |
| 4228 | | | 宾二类 | | | |
| 4229 正反 | | | 宾二类 | 𡧊 | | |
| 4230 | | | 宾二类 | | | |
| 4231 正反 | | | 宾二类 | | | |
| 4232 | | 4172 | 宾三类 | | | |
| 4233 | | | 宾三类 | | | |
| 4234 | | | 宾二类 | | | 签名：亘 |
| 4235 正反 | | | 宾二类 | 𡧊 | | |
| 4236 | | | 宾一类 | | | |
| 4237 | | | 宾二类 | | | |
| 4238 | | | 宾一类 | | | |
| 4239 | | | 宾一类 | | | |
| 4240 正反 | | | 宾一类 | | | |
| 4241 | | | 宾二类 | | | |
| 4242 | | | 宾二类 | | | |
| 4243 | | | 宾二类 | | | |
| 4244 | | | 宾二类 | | | |
| 4245 | | | 宾三类 | | | |
| 4246 正反 | | | 宾二类 | | | |
| 4247 | | | 宾二类 | | | |
| 4248 | | | 宾二类 | | | |
| 4249 | | | 宾一类 | | | |
| 4250 正反 | | | 宾二类 | | | |
| 4251 | | | 宾一类 | | | |
| 4252 正反 | | | 宾二类 | | | |
| 4253 | | | 宾三类 | | | |
| 4254 正反 | | | 宾二类 | | | |
| 4255 正反 | | | 宾二类 | | | |
| 4256 | | | 宾二类 | | | |

续表

| 著录号 | 缀合 | 重片 | 类型划分 | 贞人 | 专家分类 | 其他说明 |
|---|---|---|---|---|---|---|
| 4257 | | | 宾二类 | | | |
| 4258 | | | 宾二类 | | | |
| 4259 | | | 宾二类 | | | |
| 4260 正反 | | | 宾二类 | | | |
| 4261 | | | 宾二类 | | | |
| 4262 | | | 宾二类 | 𣪕 | | |
| 4263 | | | 宾二类 | | | |
| 4264 正反 | | | 宾二类 | | | |
| 4265 | | | 宾二类 | | | |
| 4266 | | | 宾二类 | 𣪕 | | |
| 4267 | | | 宾二类 | | | |
| 4268 正反 | | | 宾二类 | | | |
| 4269 | | | 宾二类 | | | |
| 4270 正反 | | | 宾二类 | | | |
| 4271 | | | 宾二类 | | | |
| 4272 | | 3358 | 宾二类 | | | |
| 4273 正反 | | 合 3600 | 宾二类 | 𣪕、争 | | |
| 4274 | | 合 15580 | 宾二类 | | | |
| 4275 正反 | | 正＜合 13874 正甲 反＝合 13874 反甲 | 宾二类 | | | |
| 4276 | | 合 15654 | 𠂤宾间类 | | | |
| 4277 | 黄拼 4277+ 合 1452+ 合 5764 | | 宾二类 | | | |
| 4278 | | | 宾二类 | | | |
| 4279 | | | 宾三类 | 争 | | |
| 4280 正反 | | | 宾二类 | | | |
| 4281 | | 合 15581 | 宾二类 | | | |
| 4282 | | | 宾一类 | | | |
| 4283 | | ＜合 1472 | 宾二类 | | | |
| 4284 | | | 宾一类 | 争 | | |
| 4285 | | | 宾一类 | | | |
| 4286 | | ＜合 14745 | 宾一类 | | | |
| 4287 | | 合 15534 | 宾二类 | | | |
| 4288 | | | 宾二类 | | | |

续表

| 著录号 | 缀合 | 重片 | 类型划分 | 贞人 | 专家分类 | 其他说明 |
|---|---|---|---|---|---|---|
| 4289 正反 | | | 宾二类 | | | |
| 4290 | | | 宾三类 | | | |
| 4291 | | | 宾三类 | | | |
| 4292 | | | 宾二类 | | | |
| 4293 正反 | | | 宾二类 | 𡧊 | | |
| 4294 正反 | | | 宾二类 | | | |
| 4295 正反 | | | 宾二类 | | | |
| 4296 | | | 宾三类 | | | |
| 4297 | | | 宾二类 | | | |
| 4298 | | | 宾二类 | 𡧊 | | |
| 4299 | | | 宾二类 | | | |
| 4300 | | | 宾二类 | | | |
| 4301 | | 合 15101 | 宾三类 | | | |
| 4302 | | | 宾二类 | 穷、亘 | | |
| 4303 | | | 宾二类 | | | |
| 4304 正反 | | | 宾二类 | | | |
| 4305 | | | 宾二类 | | | |
| 4306 正反 | | | 宾二类 | 争 | | |
| 4307 | | | 宾二类 | | | |
| 4308 正反 | | | 宾三类 | | | |
| 4309 | | 合 5562 | 宾三类 | | | |
| 4310 | | | 宾二类 | | | |
| 4311 | | | 宾二类 | | | |
| 4312 | | 合 5182 | 自小字类 | | | 非宾 |
| 4313 | | | 宾二类 | | | |
| 4314 | 黄拼 4314+2617 | | 宾三类 | 争 | | |
| 4315 正反 | | | 宾三类 | | | |
| 4316 | | | 宾三类 | | | |
| 4317 | | | 宾三类 | | | |
| 4318 | | 合 2589 | 自宾间类 | | | |
| 4319 | | | 宾二类 | | | |
| 4320 | | | 宾二类 | | | |
| 4321 正反 | | 5977 正反 | 宾二类 | | | |
| 4322 | | | 宾二类 | | | |

续表

| 著录号 | 缀合 | 重片 | 类型划分 | 贞人 | 专家分类 | 其他说明 |
|---|---|---|---|---|---|---|
| 4323 正反 | | 反 = 合 15136 | 宾三类 | 亘 | | |
| 4324 | | | 宾一类 | 㱿 | | |
| 4325 | | | 宾一类 | | | |
| 4326 | | | 宾一类 | | | |
| 4327 正反 | | | 宾一类 | | | |
| 4328 | | | 宾一类 | | | |
| 4329 | | | 宾一类 | | | |
| 4330 | | | 宾三类 | 穷 | | |
| 4331 | | | 宾一类 | | | |
| 4332 | | | 宾一类 | | | |
| 4333 | | | 宾一类 | | | |
| 4334 | | | 宾二类 | 爭 | | |
| 4335 正反 | | | 宾二类 | | | |
| 4336 | | | 宾二类 | | | |
| 4337 | | | 宾二类 | | | |
| 4338 | | | 待考 | | | |
| 4339 | | 合 15272 | 宾二类 | | | |
| 4340 | | | 宾二类 | 爭 | | |
| 4341 | | | 宾二类 | | | |
| 4342 | | | 宾二类 | | | |
| 4343 | | | 宾二类 | | | |
| 4344 | | | 宾二类 | | | |
| 4345 | | 合 10302 正乙 | 宾二类 | | 黄宾一 /<br>典宾 | 㱿，10302 正反 |
| 4346 正反 | | | 宾一类 | | | |
| 4347 | | | 宾一类 | | | |
| 4348 | | | 宾二类 | | | |
| 4349 | | | 宾二类 | | | |
| 4350 | | | 宾二类 | 爭 | | |
| 4351 正反 | 郑缀 6= 合 2273 正反 +<br>合 2832 正反 + 乙 2299+<br>乙 2379 | | 宾二类 | 穷、爭 | | |
| 4352 | | | 宾三类 | | | |
| 4353 | | | 宾三类 | | | |
| 4354 | | | 宾二类 | 㱿 | | |

续表

| 著录号 | 缀合 | 重片 | 类型划分 | 贞人 | 专家分类 | 其他说明 |
|---|---|---|---|---|---|---|
| 4355 | | | 宾三类 | 古 | | |
| 4356 | | 合 15715 | 宾二类 | 亘 | | |
| 4357 | | | 宾三类 | 爭 | | |
| 4358 | | | 宾三类 | | | |
| 4359 | 黄拼 4359+ 合 11682（911） | | 宾二类 | 爭 | | |
| 4360 | | | 宾二类 | 古 | | |
| 4361 | | 合 15291 | 宾二类 | | | |
| 4362 | 黄拼 4362+2076 | | 宾二类 | | | |
| 4363 正反 | | 合 15760 | 宾二类 | | | |
| 4364 | | | 宾三类 | | | |
| 4365 | | | 宾三类 | | | |
| 4366 | | 合 25954 | 出二类 | | | 非宾 |
| 4367 | | | 宾三类 | | | |
| 4368 | | | 宾三类 | | | |
| 4369 | | 合 15210 | 宾三类 | | | |
| 4370 正反 | | | 宾三类 | | | |
| 4371 | | | 宾三类 | | | |
| 4372 | | | 宾一类 | | | |
| 4373 正反 | | | 宾三类 | | | |
| 4374 | | | 宾三类 | | | |
| 4375 | | | 宾三类 | | | |
| 4376 | | | 宾三类 | | | |
| 4377 | | | 宾三类 | | | |
| 4378 | | | 宾三类 | | | |
| 4379 | | | 宾三类 | 爭 | | |
| 4380 | | | 宾三类 | | | |
| 4381 | | | 宾二类 | | | |
| 4382 | | | 宾二类 | | | |
| 4383 | | 合 5548 | 宾二类 | | | |
| 4384 | | 合 773 乙 | 宾一类 | | | |
| 4385 | | | 宾三类 | | | |
| 4386 | | | 宾二类 | | | |
| 4387 | | | 宾二类 | | | |
| 4388 | | | 宾二类 | | | |

续表

| 著录号 | 缀合 | 重片 | 类型划分 | 贞人 | 专家分类 | 其他说明 |
|---|---|---|---|---|---|---|
| 4389 正反 | | | 待考 | | | |
| 4390 | | | 宾二类 | | | |
| 4391 | | | 宾二类 | | | |
| 4392 | | | 宾二类 | | | |
| 4393 | | | 宾二类 | | | |
| 4394 | | | 宾一类 | | | |
| 4395 | | | 宾二类 | | | |
| 4396 | | | 宾二类 | 宁、㱿 | | |
| 4397 | 蔡 1.128= 合 15830+ 合 15831 | | 宾三类 | 𡆥 | 李彭宾二 | |
| 4398 | | | 宾三类 | | | |
| 4399 | | | 宾三类 | | | |
| 4400 | | | 宾三类 | | | |
| 4401 | | | 宾三类 | 事 | | |
| 4402 | | | 宾三类 | | | |
| 4403 | | | 宾三类 | | | |
| 4404 | | | 宾三类 | 争 | | |
| 4405 正反 | | | 宾二类 | | | |
| 4406 正反 | | | 宾二类 | | | |
| 4407 | | 合 14943 | 𠂤宾间类 | | | |
| 4408 | | | 宾三类 | | | |
| 4409 | | | 宾三类 | | | |
| 4410 | | 合 15465 | 宾三类 | | | |
| 4411 | | | 宾二类 | | | |
| 4412 | | | 待考 | | | |
| 4413 正反 | | 合 15967 | 宾二类 | | | |
| 4414 | | | 宾三类 | | | |
| 4415 正反 | | 合 15976 | 宾三类 | | | |
| 4416 | | | 宾三类 | | | |
| 4417 | | | 宾二类 | | | |
| 4418 正反 | | | 宾一类 | | | |
| 4419 | | | 宾一类 | 争 | | |
| 4420 | | | 宾二类 | | | |
| 4421 | | | 宾二类 | 宁 | | |

续表

| 著录号 | 缀合 | 重片 | 类型划分 | 贞人 | 专家分类 | 其他说明 |
|---|---|---|---|---|---|---|
| 4422 | | | 宾二类 | | | |
| 4423 正反 | | 合 3782 | 宾二类 | 亘 | | |
| 4424 正反 | | 合 15891 | 宾二类 | 爭 | | |
| 4425 正反 | | | 宾二类 | | | |
| 4426 正反 | | 合 15904 | 宾二类 | | | |
| 4427 | | | 宾二类 | | | |
| 4428 | | | 宾三类 | | | |
| 4429 | | | 宾三类 | 穷 | | |
| 4430 | | | 宾三类 | | | |
| 4431 | 白录一 .11= 合 20049+乙 8772 | | 无名类 | | | 非宾 |
| 4432 | | | 宾二类 | | | |
| 4433 | | | 宾二类 | | | |
| 4434 | | | 宾二类 | | | |
| 4435 | | | 宾二类 | | | |
| 4436 | | | 宾二类 | | | |
| 4437 | | | 宾二类 | 㱿 | | |
| 4438 | | | 宾二类 | | | |
| 4439 | | | 宾二类 | | | |
| 4440 | | | 宾二类 | 㱿 | | |
| 4441 | | | 宾三类 | | | |
| 4442 | | | 宾三类 | | | |
| 4443 | | | 出一类 | | | 非宾 |
| 4444 | | 合 16060 | 宾三类 | | | |
| 4445 | | | 宾三类 | | | |
| 4446 | | | 宾三类 | | | |
| 4447 | | | 宾三类 | | | |
| 4448 | | | 宾三类 | | | |
| 4449 | | | 宾三类 | 爭 | | |
| 4450 | | | 出一类 | | | 非宾 |
| 4451 | | | 出一类 | | | 非宾 |
| 4452 | | | 宾二类 | | | |
| 4453 | 白简 23= 合 15229+合 15415 | | 宾二类 | | | |

续表

| 著录号 | 缀合 | 重片 | 类型划分 | 贞人 | 专家分类 | 其他说明 |
|---|---|---|---|---|---|---|
| 4454 | | | 出一类 | | | 非宾 |
| 4455 | 蔡续 4.9= 合 15392+ 合 17667 | | 出一类 | | | 非宾 |
| 4456 | | 合 16018 | 宾二类 | | | |
| 4457 | | 合 16030 | 宾一类 | | | |
| 4458 | | | 自宾间类 | | | |
| 4459 | | | 自宾间类 | | | |
| 4460 | | | 自宾间类 | | | |
| 4461 | | | 宾二类 | | | |
| 4462 | | | 宾一类 | | | |
| 4463 | | | 宾一类 | | | |
| 4464 | | 合 15819 | 宾三类 | | | |
| 4465 | | | 宾二类 | | | 笔书 |
| 4466 正反 | | | 宾二类 | | | |
| 4467 | | | 宾二类 | | | |
| 4468 | | | 宾二类 | | | |
| 4469 | | | 宾三类 | | | |
| 4470 | | | 宾三类 | 穷 | | |
| 4471 正反 | | < 合 5247< 1907 | 宾二类 | 彀 | | |
| 4472 | | 合 7905 | 宾一类 | | | |
| 4473 | | 合 15399 | 宾三类 | | | |
| 4474 | | | 宾二类 | | | |
| 4475 正反 | | 正 < 合 13881 甲乙 | 宾一类 | | | |
| 4476 正反 | 缀新 654= 合 16048 正 + 合 16048 反 | < 6993 | 宾二类 | | | |
| 4477 正反 | | | 宾二类 | | | |
| 4478 | | | 宾三类 | | | |
| 4479 | | | 宾二类 | | | |
| 4480 | | 合 15283 | 宾一类 | | | |
| 4481 | 黄拼 4481+ 合 12573+ 合 23679（合 24878） | | 宾三类 | | | |
| 4482 | | | 宾一类 | | | |
| 4483 正反 | | | 宾三类 | | | |

续表

| 著录号 | 缀合 | 重片 | 类型划分 | 贞人 | 专家分类 | 其他说明 |
|---|---|---|---|---|---|---|
| 4484 | | | 宾二类 | 穷 | | |
| 4485 | | | 出一类 | | | 非宾 |
| 4486 正反 | | | 宾二类 | | | |
| 4487 | | | 宾二类 | | | |
| 4488 | | | 宾二类 | | | |
| 4489 | | 合 7881 | 宾一类 | | | |
| 4490 | | | 宾一类 | | | |
| 4491 | | | 宾一类 | | | |
| 4492 | | | 宾一类 | | | |
| 4493 | | 合 1004 乙 | 宾一类 | | | |
| 4494 正反 | | | 宾二类 | | | |
| 4495 | | | 宾二类 | | | |
| 4496 | | | 宾二类 | | | |
| 4497 | 黄拼 4497+ | | 宾二类 | | | 林《醉古集》338 |
| 4498 | | | 宾二类 | | | |
| 4499 | | | 宾二类 | | | |
| 4500 | | | 宾二类 | | | |
| 4501 | | | 宾二类 | | | |
| 4502 | | | 宾二类 | | | |
| 4503 | | | 宾二类 | | | |
| 4504 | | | 宾二类 | | | |
| 4505 | | | 宾二类 | | | |
| 4506 | | | 宾二类 | | | |
| 4507 | 黄拼 4507+ 合 6249 | | 宾二类 | | | |
| 4508 | | | 宾一类 | | | |
| 4509 正反 | | | 宾二类 | | | |
| 4510 正反 | | | 宾一类 | | | |
| 4511 | | | 宾一类 | | | |
| 4512 | | | 宾二类 | | | |
| 4513 | | 合 8520（合 8647） | 宾二类 | | | |
| 4514 | | | 宾一类 | | | |
| 4515 | | | 宾二类 | | | |
| 4516 | | | 宾二类 | | | |

续表

| 著录号 | 缀合 | 重片 | 类型划分 | 贞人 | 专家分类 | 其他说明 |
|---|---|---|---|---|---|---|
| 4517 | | | 宾二类 | 古 | | |
| 4518 | | | 宾二类 | | | |
| 4519 | | | 宾二类 | 㱿 | | |
| 4520 正反 | | | 宾二类 | | | |
| 4521 | | | 宾二类 | | | |
| 4522 | | | 宾一类 | | | |
| 4523 | | 合 4928 乙 | 宾一类 | | | |
| 4524 | 黄拼 4524+ 英 792 | 怀 918 | 宾二类 | | | |
| 4525 | | | 宾二类 | | | |
| 4526 | | | 宾一类 | | | |
| 4527 | | | 宾一类 | 内 | | |
| 4528 | | | 宾一类 | | | |
| 4529 | | | 宾一类 | | | |
| 4530 | | | 宾二类 | | | |
| 4531 | | | 宾二类 | | | |
| 4532 | | | 宾二类 | | | |
| 4533 | | | 宾二类 | | | |
| 4534 正反 | | | 宾一类 | | | |
| 4535 | | | 宾一类 | | | |
| 4536 | 黄拼 4536+ 北大 2184 | | 宾二类 | | | |
| 4537 | | | 宾一类 | | | |
| 4538 | | 合 16433（合 3786） | 宾二类 | | | |
| 4539 | | | 宾二类 | | | |
| 4540 | | | 宾二类 | | | |
| 4541 正反 | | | 宾二类 | 韋 | | |
| 4542 | | | 宾一类 | 爭 | | |
| 4543 正反 | | | 宾一类 | | | |
| 4544 正反 | | | 宾一类 | | | |
| 4545 正反 | | | 宾一类 | | | |
| 4546 正反 | | | 宾二类 | | | |
| 4547 正反 | | | 宾二类 | | | |
| 4548 正反 | | | 宾二类 | | | |
| 4549 | | | 宾二类 | | | |

续表

| 著录号 | 缀合 | 重片 | 类型划分 | 贞人 | 专家分类 | 其他说明 |
|---|---|---|---|---|---|---|
| 4550 | | | 宾二类 | | | |
| 4551 正反 | | | 宾二类 | | | |
| 4552 | | | 宾二类 | | | |
| 4553 正反 | | 反 = 合 16312 | 宾二类 | | | |
| 4554 | | | 宾二类 | | | |
| 4555 正反 | | | 宾二类 | | | |
| 4556 | | | 宾三类 | | | |
| 4557 | | | 宾三类 | | | |
| 4558 | | | 宾三类 | 事 | | |
| 4559 | | | 宾三类 | 事 | | |
| 4560 | | | 宾三类 | 事 | | |
| 4561 | | | 宾三类 | | | |
| 4562 | | | 宾三类 | | | |
| 4563 | | | 宾三类 | | | |
| 4564 | | | 宾三类 | | | |
| 4565 | 黄拼 4565+ 合 6203 | | 宾二类 | | | |
| 4566 | | | 宾二类 | | | |
| 4567 正反 | | | 宾二类 | | | |
| 4568 | | | 宾二类 | | | |
| 4569 | | | 宾二类 | | | |
| 4570 | | | 宾二类 | | | |
| 4571 正反 | | | 宾二类 | | | |
| 4572 正反 | 黄拼 4572 正反 + | | 宾二类 | | | 林《醉古集》254，林又加乙补 109 |
| 4573 | | < 合 14206 正 | 宾二类 | 爭 | | |
| 4574 | | 合 8565 | 宾二类 | | | |
| 4575 正反 | | | 宾二类 | | | |
| 4576 正反 | | | 宾二类 | | | |
| 4577 | | | 宾二类 | | | |
| 4578 | | | 宾二类 | | | |
| 4579 正反 | | 正 < 合 271 正<br>反 < 合 271 反 | 宾二类 | | | |
| 4580 | | | 宾二类 | | | |
| 4581 正甲<br>正乙反乙 | | | 宾二类 | | | |

续表

| 著录号 | 缀合 | 重片 | 类型划分 | 贞人 | 专家分类 | 其他说明 |
|---|---|---|---|---|---|---|
| 4582 | | 合 8340 | 宾二类 | | | |
| 4583 正反 | | 正反 = 合 8437 正乙反乙 | 宾二类 | | | |
| 4584 | | | 宾二类 | 㱿 | | |
| 4585 | | | 宾三类 | | | |
| 4586 | | | 宾三类 | | | |
| 4587 | | | 宾三类 | | | |
| 4588 正反 | | | 宾二类 | | | |
| 4589 正反 | 黄拼 4589+ 合 1706 | | 宾二类 | | | |
| 4590 | | | 宾二类 | | | |
| 4591 | | | 宾二类 | 㱿 | | |
| 4592 | | | 宾二类 | | | |
| 4593 | | | 宾二类 | | | |
| 4594 | | | 宾三类 | | | |
| 4595 | | | 宾二类 | | | |
| 4596 | | | 宾二类 | | | |
| 4597 | | | 宾二类 | | | |
| 4598 | | < 合 15713 | 𠂤小字类 | | | 非宾 |
| 4599 | 蔡续 15.8= 合 16473+ 续补 5.141. 2 | | 宾二类 | | | |
| 4600 | | | 宾一类 | | | |
| 4601 | | | 宾二类 | | | |
| 4602 正反 | | | 宾二类 | | | |
| 4603 | | | 宾二类 | | | |
| 4604 | | | 宾二类 | | | |
| 4605 | | | 宾二类 | | | |
| 4606 | | | 宾二类 | | | |
| 4607 | | | 宾一类 | | | |
| 4608 | | | 宾一类 | | | |
| 4609 | 黄拼 4609+ 合 12887 | | 宾一类 | | | |
| 4610 | | | 宾一类 | | | |
| 4611 | | | 宾一类 | | | |
| 4612 | | | 宾一类 | | | |
| 4613 | | 合 16436 | 𠂤宾间类 | | | |

续表

| 著录号 | 缀合 | 重片 | 类型划分 | 贞人 | 专家分类 | 其他说明 |
|---|---|---|---|---|---|---|
| 4614 | | 合 16458 乙 | 宾一类 | | | |
| 4615 | 黄拼 4615+ 合 6690 | | 𠂤宾间类 | | | 蔡 1.85=合 16438+合 16478 |
| 4616 | | | 宾三类 | | | |
| 4617 | | | 宾一类 | 穷 | | |
| 4618 | | | 宾三类 | 事 | | |
| 4619 | | | 宾三类 | | | |
| 4620 正反 | | | 宾三类 | 事 | | |
| 4621 | | | 宾三类 | | | |
| 4622 | | | 宾二类 | | | |
| 4623 | | | 宾三类 | | | |
| 4624 正反 | | | 宾二类 | | | |
| 4625 | | | 宾二类 | | | |
| 4626 | | | 宾二类 | | | |
| 4627 | | | 宾三类 | | | |
| 4628 | | | 宾二类 | | | |
| 4629 正反 | | | 宾二类 | | | |
| 4630 | | | 宾一类 | | | |
| 4631 | | | 宾三类 | | | |
| 4632 | | | 宾二类 | | | |
| 4633 | | | 宾一类 | | | |
| 4634 | | | 宾三类 | | | |
| 4635 正反 | | | 宾二类 | | | |
| 4636 | | | 宾一类 | | | |
| 4637 | | | 宾二类 | | | |
| 4638 | | | 宾一类 | | | |
| 4639 | | | 宾二类 | | | |
| 4640 | | | 宾二类 | | | |
| 4641 | | | 宾二类 | 穷 | | |
| 4642 | | | 宾三类 | | | |
| 4643 | | | 宾三类 | | | |
| 4644 | | | 宾三类 | 事 | | |
| 4645 | | | 宾三类 | 爭 | | |

续表

| 著录号 | 缀合 | 重片 | 类型划分 | 贞人 | 专家分类 | 其他说明 |
|---|---|---|---|---|---|---|
| 4646 | | | 宾三类 | | | |
| 4647 | | | 宾二类 | 㱿 | | |
| 4648 正反 | | 合 4640 | 宾二类 | | 黄宾三 | |
| 4649 | | 合 16845 | 宾三类 | | | |
| 4650 | | | 宾二类 | 古 | | |
| 4651 | | | 宾二类 | | | |
| 4652 正反 | | | 宾二类 | | | |
| 4653 | | | 宾二类 | | | |
| 4654 | | | 宾三类 | | | |
| 4655 | | | 宾一类 | | | |
| 4656 | | | 宾一类 | | | |
| 4657 | | | 宾二类 | | | |
| 4658 | | | 宾三类 | 穷 | | |
| 4659 | | | 宾三类 | | | |
| 4660 | | | 宾三类 | 事 | | |
| 4661 | | | 宾二类 | | | |
| 4662 | | | 宾二类 | | | |
| 4663 | | | 宾三类 | | | |
| 4664 | | | 宾三类 | | | |
| 4665 | | | 宾三类 | 穷 | | |
| 4666 | | | 宾三类 | 王 | | |
| 4667 | | | 宾三类 | 爭 | | |
| 4668 | | | 宾三类 | | | |
| 4669 | | | 宾三类 | 事 | | |
| 4670 | | | 宾三类 | | | |
| 4671 | | | 宾三类 | | | |
| 4672 | | | 宾三类 | | | |
| 4673 | | | 宾三类 | | | |
| 4674 | | | 宾一类 | | | |
| 4675 | | | 宾三类 | | | |
| 4676 | | | 宾三类 | 穷 | | |
| 4677 | | | 宾二类 | | | |
| 4678 | 白录一 .17= 乙 8737+ 乙 8757 | | 宾二类 | | | |

续表

| 著录号 | 缀合 | 重片 | 类型划分 | 贞人 | 专家分类 | 其他说明 |
|---|---|---|---|---|---|---|
| 4679 | | | 宾二类 | | | |
| 4680 | 黄拼 4680 + 4747 | | 宾三类 | | | |
| 4681 | | | 宾二类 | | | |
| 4682 | | | 自宾间类 | | | |
| 4683 | | | 宾三类 | 事 | | |
| 4684 | | | 宾三类 | | | |
| 4685 | | | 宾三类 | | | |
| 4686 正反 | | | 宾三类 | | | |
| 4687 | | | 宾三类 | 事 | | |
| 4688 | | | 宾三类 | | | |
| 4689 | | | 宾三类 | | | |
| 4690 | | | 宾三类 | | | |
| 4691 | | | 宾三类 | | | |
| 4692 正反 | | | 宾三类 | | | |
| 4693 | | | 宾二类 | | | |
| 4694 | | | 宾三类 | 事 | | |
| 4695 | | | 宾三类 | | | |
| 4696 | | | 宾三类 | | | |
| 4697 | | | 宾三类 | | | |
| 4698 | | | 宾三类 | | | |
| 4699 | | | 宾三类 | | | |
| 4700 | | | 宾三类 | | | |
| 4701 正反 | | | 宾一类 | | | |
| 4702 | | | 宾一类 | | | |
| 4703 | 黄拼 4703+ | | 宾一类 | | | 林《醉古集》305 |
| 4704 | | | 宾二类 | | | |
| 4705 | | 合 16460 | 宾三类 | | | |
| 4706 | | | 宾二类 | | | |
| 4707 | | | 宾二类 | | | |
| 4708 正反 | | | 宾二类 | | | |
| 4709 | | | 宾一类 | 㱿 | | |
| 4710 | | | 宾二类 | | | |
| 4711 正反 | | | 宾二类 | | | |
| 4712 | | 合 4331 | 自宾间类 | | | |

续表

| 著录号 | 缀合 | 重片 | 类型划分 | 贞人 | 专家分类 | 其他说明 |
|---|---|---|---|---|---|---|
| 4713 | | | 宾二类 | 古 | | |
| 4714 正反 | | | 宾二类 | | | |
| 4715 | | | 宾二类 | | | |
| 4716 | | | 宾三类 | | | |
| 4717 | | | 宾三类 | 㱿 | | |
| 4718 | | | 宾三类 | | | |
| 4719 | | | 宾三类 | 事 | | |
| 4720 | | | 宾三类 | | | |
| 4721 | | | 宾三类 | 事 | | |
| 4722 | | | 宾三类 | | | |
| 4723 | | | 宾三类 | | | |
| 4724 | | | 宾三类 | 事 | | |
| 4725 | | | 宾三类 | | | |
| 4726 | | | 宾三类 | | | |
| 4727 | | | 宾三类 | | | |
| 4728 | | | 宾三类 | | | |
| 4729 | | | 宾三类 | | | |
| 4730 | | | 宾三类 | | | |
| 4731 | | | 宾三类 | | | |
| 4732 | | | 宾三类 | | | |
| 4733 | 蔡 1.23= 合 16561 + 合 16562+ 合 16563 | | 宾一类 | 宁 | | |
| 4734 | | | 宾一类 | | | |
| 4735 | | | 宾三类 | | | |
| 4736 | | | 宾三类 | | | |
| 4737 | | | 宾三类 | | | |
| 4738 | | | 宾一类 | | | |
| 4739 | | | 宾三类 | | | |
| 4740 | | | 自小字类 | | | 非宾 |
| 4741 | | | 宾一类 | | | |
| 4742 正反 | | | 宾三类 | | | |
| 4743 | | | 宾三类 | | | |
| 4744 | | | 宾三类 | 事 | | |
| 4745 | | | 宾三类 | | | |

续表

| 著录号 | 缀合 | 重片 | 类型划分 | 贞人 | 专家分类 | 其他说明 |
|---|---|---|---|---|---|---|
| 4746 | | | 宾三类 | | | |
| 4747 | 黄拼 4747 +4680 | | 宾三类 | 事 | | |
| 4748 | | | 宾三类 | | | |
| 4749 | | | 宾三类 | 事 | | |
| 4750 | | | 宾三类 | | | |
| 4751 | | | 宾三类 | 穷 | | |
| 4752 | | | 宾三类 | | | |
| 4753 | | | 宾三类 | | | |
| 4754 | | | 宾三类 | | | |
| 4755 正反 | | | 宾三类 | | | |
| 4756 | | | 宾三类 | 古 | | |
| 4757 | | | 宾三类 | | | |
| 4758 | | | 宾一类 | | | |
| 4759 | 黄拼 4759+ 合 12476+ 合 13447（合 12926） | | 宾三类 | | | |
| 4760 | | | 宾三类 | 事 | | |
| 4761 | | | 宾三类 | | | |
| 4762 | | | 宾三类 | | | |
| 4763 | | | 宾三类 | | | |
| 4764 | | 4810 | 宾二类 | | | |
| 4765 | | | 宾三类 | | | |
| 4766 | | | 宾三类 | | | |
| 4767 | | | 宾三类 | | | |
| 4768 | | | 宾二类 | | | |
| 4769 | | | 宾二类 | | | |
| 4770 | | | 宾一类 | | | |
| 4771 | | | 宾二类 | | | |
| 4772 | | | 宾一类 | | | |
| 4773 正反 | | | 宾三类 | 穷 | | |
| 4774 | | | 宾三类 | 穷 | | |
| 4775 | | | 宾三类 | 事 | | |
| 4776 | | | 宾三类 | | | |
| 4777 | | | 宾三类 | 事 | | |
| 4778 | | | 宾三类 | | | |

续表

| 著录号 | 缀合 | 重片 | 类型划分 | 贞人 | 专家分类 | 其他说明 |
|---|---|---|---|---|---|---|
| 4779 | | | 宾三类 | 事 | | |
| 4780 | | 合 23668 | 宾三类 | 穷、㱿 | | |
| 4781 | | | 出二类 | | | 非宾 |
| 4782 | | | 宾三类 | | | |
| 4783 | | | 宾三类 | | | |
| 4784 | | | 宾三类 | | | |
| 4785 | | | 宾三类 | 穷 | | |
| 4786 | | | 宾三类 | | | |
| 4787 | | | 宾三类 | | | |
| 4788 | | | 宾三类 | | | |
| 4789 | | 4808 | 宾三类 | | | |
| 4790 | | | 宾三类 | | | |
| 4791 | | | 宾三类 | | | |
| 4792 | | | 宾三类 | 王 | | |
| 4793 | | | 宾三类 | | | |
| 4794 | | | 宾三类 | | | |
| 4795 | | | 宾三类 | | | |
| 4796 | 缀新 256= 合 12616+<br>甲 5.0.0113+ 甲 3448 | 3620 | 宾三类 | | | |
| 4797 | | | 宾三类 | | | |
| 4798 | | | 宾三类 | | | |
| 4799 | | | 宾三类 | | | |
| 4800 | | | 宾三类 | | | |
| 4801 | | | 宾三类 | | | |
| 4802 | | 合 3883 | 宾三类 | | | |
| 4803 正反 | 蔡续 8.6= 合 16575 正反 +<br>合 16575 正反 | | 宾三类 | | | |
| 4804 甲乙 | 蔡 1.76= 合 3937<br>遥缀合 3948+ 合 3940 | | 宾三类 | | | 其中后两片密合，与前者系遥缀 |
| 4805 | | | 宾三类 | 穷 | | |
| 4806 | | | 宾三类 | | | |
| 4807 | | | 宾三类 | | | |
| 4808 | | 4789 | 宾三类 | | | |
| 4809 | | | 宾三类 | | | |
| 4810 | | 4764 | 宾二类 | | | |

续表

| 著录号 | 缀合 | 重片 | 类型划分 | 贞人 | 专家分类 | 其他说明 |
|---|---|---|---|---|---|---|
| 4811 | | | 宾二类 | | | |
| 4812 | | | 宾三类 | | | |
| 4813 | | | 宾二类 | | | |
| 4814 | | | 宾二类 | | | |
| 4815 正反 | | | 宾二类 | 𣪘 | | |
| 4816 | | | 宾二类 | 韋 | | |
| 4817 | | | 宾三类 | | | |
| 4818 | | | 宾三类 | | | |
| 4819 | | | 宾三类 | 𣪘、𡆥 | | |
| 4820 | | | 宾三类 | | | |
| 4821 | | | 宾三类 | | | |
| 4822 | | | 宾三类 | | | |
| 4823 | | | 宾三类 | 王 | | |
| 4824 | | | 宾三类 | | | |
| 4825 | | | 宾三类 | | | |
| 4826 | | | 宾三类 | 古 | | |
| 4827 | | | 宾三类 | | | |
| 4828 | 蔡 1.3= 合 16743+合 16744 | | 宾二类 | | | |
| 4829 正反 | | < 合 17299 | 宾二类 | | 黄典宾 | |
| 4830 | | | 宾二类 | | | |
| 4831 | | | 宾二类 | | | |
| 4832 | | | 宾二类 | | | |
| 4833 | | 合 16814 | 宾二类 | | | |
| 4834 | | | 宾二类 | | | |
| 4835 | | | 宾三类 | | | |
| 4836 | 常缀 7= 合 16641+合 16760 | | 宾三类 | | | |
| 4837 | | | 宾三类 | | | |
| 4838 正反 | 黄拼 4838 正反 +合 7159 正反 +合 17697 正反 | | 宾二类 | | | |
| 4839 | | | 宾二类 | | | |
| 4840 | | | 宾一类 | | | |
| 4841 正反 | | < 合 16724 | 宾二类 | | | |

续表

| 著录号 | 缀合 | 重片 | 类型划分 | 贞人 | 专家分类 | 其他说明 |
|---|---|---|---|---|---|---|
| 4842 | 甲释 53= 合 19744+ 甲 3.0.0362 | 3015=4874 | 宾三类 | | | |
| 4843 | 严缀 3= 合 16645+ 合 16659+ 合 16864+ 合 16770+ | | 宾三类 | | | |
| 4844 | 严缀 1= 合 16650+ 合 16699 | | 宾三类 | | | |
| 4845 | 黄拼 4845+ 合 16901 | | 宾二类 | | | |
| 4846 | | 4929 | 自历间类 | | | 非宾 |
| 4847 | | | 宾三类 | | | |
| 4848 | | 合 16737 | 宾三类 | | | |
| 4849 | | 合 16850 | 宾二类 | | | |
| 4850 | | | 宾三类 | | | |
| 4851 | | | 宾二类 | | | |
| 4852 | | | 宾三类 | 永 | | |
| 4853 | | | 宾二类 | | | |
| 4854 | | | 宾三类 | | | |
| 4855 | | | 宾三类 | 㱿 | | |
| 4856 | | | 宾二类 | 王 | | |
| 4857 | | 4964 | 宾二类 | | | |
| 4858 | | | 宾二类 | | | |
| 4859 | | | 宾一类 | | | |
| 4860 | | | 宾三类 | | | |
| 4861 | | | 宾三类 | | | |
| 4862 | | < 10036 | 宾三类 | | | |
| 4863 | | | 宾三类 | | | |
| 4864 | | | 宾三类 | | | |
| 4865 | | | 宾二类 | | | |
| 4866 | | | 宾三类 | | | |
| 4867 | | | 宾二类 | | | |
| 4868 | | | 宾一类 | | | |
| 4869 | | | 宾二类 | | | |
| 4870 | | | 宾三类 | | | |
| 4871 | | | 宾三类 | | | |
| 4872 | | | 宾三类 | | | |

续表

| 著录号 | 缀合 | 重片 | 类型划分 | 贞人 | 专家分类 | 其他说明 |
|---|---|---|---|---|---|---|
| 4873 | | | 宾三类 | | | |
| 4874 | 缀新 185= 合 19744+甲 3.0.0362 | 3015=4842 | 宾三类 | | | |
| 4875 | | | 待考 | | | |
| 4876 正反 | | | 宾三类 | | | |
| 4877 | | | 宾二类 | 㱿 | | |
| 4878 | | | 宾三类 | | | |
| 4879 | | | 宾二类 | | | |
| 4880 | | 4950 | 宾三类 | | | |
| 4881 | | | 宾一类 | | | |
| 4882 | | | 宾二类 | 㱿 | | |
| 4883 | | | 宾二类 | | | |
| 4884 | | | 宾三类 | | | |
| 4885 | | | 宾三类 | | | |
| 4886 | | | 宾三类 | 爭 | | |
| 4887 正反 | | | 宾二类 | | | |
| 4888 | | | 宾二类 | | | |
| 4889 | | 合 16830 | 宾二类 | | | |
| 4890 | | | 宾三类 | | | |
| 4891 | | | 宾三类 | | | |
| 4892 | | | 宾二类 | | | |
| 4893 | | | 宾二类 | | | |
| 4894 | | | 宾二类 | | | |
| 4895 | | | 宾二类 | | | |
| 4896 | | | 宾三类 | | | |
| 4897 | | | 宾二类 | | | |
| 4898 正反 | | | 宾二类 | | | |
| 4899 | | | 宾二类 | | | |
| 4900 | | | 宾二类 | | | |
| 4901 | | | 宾二类 | | | |
| 4902 | | | 宾二类 | | | |
| 4903 | | | 宾二类 | | | |
| 4904 | | | 宾二类 | | | |
| 4905 | | | 宾二类 | | | |

续表

| 著录号 | 缀合 | 重片 | 类型划分 | 贞人 | 专家分类 | 其他说明 |
|---|---|---|---|---|---|---|
| 4906 | | | 宾三类 | | | |
| 4907 | | | 宾二类 | | | |
| 4908 | | 合 16924 | 宾二类 | | | |
| 4909 | | | 宾二类 | | | |
| 4910 | | | 宾二类 | | | |
| 4911 | | | 宾二类 | | | |
| 4912 | | | 宾三类 | | | |
| 4913 | | | 宾三类 | | | |
| 4914 | | | 宾三类 | | | |
| 4915 | | | 宾三类 | | | |
| 4916 | | | 宾三类 | | | |
| 4917 | | | 宾二类 | | | |
| 4918 | | | 宾二类 | | | |
| 4919 | | | 宾三类 | | | |
| 4920 | | | 宾三类 | | | |
| 4921 | | | 宾二类 | | | |
| 4922 | | | 宾二类 | | | |
| 4923 正反 | 蔡缀 1= 合 583 正 + 合 7139 | | 宾二类 | | | 合 7139 无反，故附合 583 反 |
| 4924 | 蔡 1.27= 合 16678+ 合 16679 | | 宾三类 | | | |
| 4925 | 蔡 1.18= 合 16721+ 合 16725+ 合 16752 | <4956 | 宾二类 | | | |
| 4926 | | | 待考 | | | |
| 4927 | | | 宾三类 | | | |
| 4928 | | | 宾二类 | | | |
| 4929 | | 4846 | 𠂤历间类 | | | 非宾 |
| 4930 | | | 宾二类 | | | |
| 4931 | 蔡 1.34= 合 11545+ 合 16685 | | 宾三类 | | | |
| 4932 | | | 宾三类 | | | |
| 4933 | | | 宾三类 | | | |
| 4934 | | | 宾二类 | | | |
| 4935 | | | 宾二类 | | | |
| 4936 | | | 宾二类 | | | |

续表

| 著录号 | 缀合 | 重片 | 类型划分 | 贞人 | 专家分类 | 其他说明 |
|---|---|---|---|---|---|---|
| 5123 | | | 宾二类 | 爭 | | |
| 5124 正反 | 郑缀 26= 合 974 正 + 合 17481 | | 宾二类 | | | |
| 5125 | | | 宾二类 | | | |
| 5126 | | 合 17421 | 宾二类 | | | |
| 5127 正反 | | | 宾一类 | | | |
| 5128 | | | 宾一类 | | | |
| 5129 | | | 宾二类 | | | |
| 5130 | | | 宾二类 | | | |
| 5131 | | | 宾二类 | | | |
| 5132 正反 | 郑缀 3= 合 1463 正甲乙 + 合 14199 正 | | 宾一类 | 穷 | | |
| 5133 正反 | | | 宾二类 | | | |
| 5134 正反 | | 合 17381 | 宾二类 | | | |
| 5135 | | | 宾二类 | | | |
| 5136 正反 | 白简 28= 合 17264+ 合 17420 | | 宾二类 | 㱿 | | 原合 17264 缺反，故反面下部缺 |
| 5137 | | | 宾三类 | | | |
| 5138 | | | 宾二类 | | | |
| 5139 | | | 宾二类 | | | |
| 5140 | | | 宾二类 | | | |
| 5141 正反 | | | 宾二类 | | | |
| 5142 | | | 宾三类 | | | |
| 5143 | | | 宾一类 | | | |
| 5144 | | | 宾二类 | | | |
| 5145 正反 | | | 宾三类 | | | |
| 5146 | | | 宾二类 | | | |
| 5147 | | | 宾二类 | | | |
| 5148 正反 | | | 宾三类 | | | |
| 5149 | | | 宾三类 | | | |
| 5150 正反 | | | 宾二类 | | | |
| 5151 | | | 宾三类 | | | |
| 5152 | | | 宾二类 | | | |
| 5153 | | | 宾一类 | | | |
| 5154 | | | 宾二类 | | | |

续表

| 著录号 | 缀合 | 重片 | 类型划分 | 贞人 | 专家分类 | 其他说明 |
|---|---|---|---|---|---|---|
| 4937 | | | 宾二类 | | | |
| 4938 | | | 宾二类 | | | |
| 4939 | 蔡 1.4= 合 16644+ 合 16649+ 合 16660 | | 宾三类 | | | |
| 4940 | | | 宾三类 | | | |
| 4941 | | | 宾三类 | | | |
| 4942 | | | 宾三类 | | | |
| 4943 | | | 宾三类 | | | |
| 4944 | | | 宾三类 | | | |
| 4945 | 蔡 1.28= 合 16858+ 合 16782 | ＞4949（＜合 16782） | 宾二类 | | | 白、蔡二氏均有缀合 |
| 4946 | 常缀 10= 合 16665+ 合 16693 | | 宾三类 | | | |
| 4947 正反 | | | 宾三类 | | | |
| 4948 | 黄拼 4948+ 上博（138 页）760 | | 宾三类 | | | |
| 4949 | 缀新 261= 续存（上）959 与续存（上） | ＜合（16782）＜4945 | 宾二类 | | | |
| 4950 | | 4880 | 宾二类 | | | |
| 4951 | | | 宾三类 | | | |
| 4952 | | | 宾三类 | | | |
| 4953 | | | 宾三类 | | | |
| 4954 | | | 宾二类 | | | |
| 4955 | | | 宾三类 | | | |
| 4956 | 常缀 13= 合 16721+ 合 16725、合 16752、合 16676、合 18933 | ＞4925 | 宾三类 | | | 蔡氏认为合 16676 与合 18933 不能密合，常氏认为可以密合，合 16721 与合 16676 系遥缀，今用常氏缀 |
| 4957 | | | 宾三类 | | | |
| 4958 | | | 宾三类 | | | |
| 4959 | | | 宾三类 | | | |
| 4960 | 黄拼 4960+ 中历藏 1253 | | 宾三类 | | | |
| 4961 | | | 宾三类 | | | |
| 4962 | | | 宾三类 | | | |
| 4963 | | | 宾三类 | | | |

续表

| 著录号 | 缀合 | 重片 | 类型划分 | 贞人 | 专家分类 | 其他说明 |
|---|---|---|---|---|---|---|
| 4964 | | 4857 | 宾二类 | | | |
| 4965 | | | 宾三类 | | | |
| 4966 | | | 宾三类 | | | |
| 4967 | | | 宾二类 | | | |
| 4968 | | | 宾二类 | | | |
| 4969 | | | 宾二类 | | | |
| 4970 | | | 宾三类 | | | |
| 4971 | | | 宾二类 | | | |
| 4972 正反 | | | 宾一类 | | | |
| 4973 | 补拼 9= 怀 927+ 怀 928 | | 宾三类 | | | |
| 4974 | | | 宾三类 | | | |
| 4975 | | | 宾三类 | | | |
| 4976 正反 | | | 宾二类 | | | |
| 4977 | | | 宾三类 | | | |
| 4978 正反 | | | 宾二类 | | | |
| 4979 | | | 宾三类 | | | |
| 4980 正反 | 黄拼 4980 正反 + 合 1305 正反 | | 宾二类 | | | |
| 4981 正反 | 黄拼 4981+ 合 4595 | 合 16184 | 宾二类 | | | |
| 4982 正反 | | | 宾二类 | | | |
| 4983 | | 合 16997 | 宾二类 | | | |
| 4984 | | | 宾二类 | | | |
| 4985 | | < 合 16994 | 宾三类 | | 黄宾三 | |
| 4986 | | 合 17050 | 宾三类 | | | |
| 4987 | | | 宾一类 | | | |
| 4988 | | 合 17003 | 宾二类 | | | |
| 4989 | | | 宾二类 | | | |
| 4990 | | 合 17027 | 宾三类 | | | |
| 4991 正反 | | | 宾二类 | | | |
| 4992 正反 | | 合 17039 正照片（合 5002） | 宾一类 | | | |
| 4993 正反 | | | 宾二类 | | | |
| 4994 | | | 宾一类 | | | |
| 4995 | | | 宾二类 | | | |

续表

| 著录号 | 缀合 | 重片 | 类型划分 | 贞人 | 专家分类 | 其他说明 |
|---|---|---|---|---|---|---|
| 4996 | | | 宾三类 | | | |
| 4997 | | | 宾二类 | | | |
| 4998 正反 | | | 宾三类 | | | |
| 4999 正反 | | 合 17009 | 宾三类 | | | |
| 5000 | | | 宾三类 | | | |
| 5001 | | | 宾一类 | | | |
| 5002 | | | 宾二类 | | | |
| 5003 | | | 宾二类 | | | |
| 5004 | | | 宾二类 | | | |
| 5005 | | | 宾二类 | | | |
| 5006 正反 | | | 宾一类 | | | |
| 5007 | | | 宾二类 | | | |
| 5008 正反 | | | 宾二类 | | | 笔书 |
| 5009 | | | 宾二类 | | | |
| 5010 | | | 宾二类 | | | |
| 5011 | | | 宾二类 | | | |
| 5012 正反 | | | 宾二类 | | | |
| 5013 | | | 宾二类 | | | |
| 5014 正反 | | | 宾二类 | | | |
| 5015 正反 | | | 宾二类 | | | |
| 5016 正反 | | | 宾二类 | | | |
| 5017 正反 | | | 宾二类 | | | |
| 5018 | | | 宾二类 | | | |
| 5019 正反 | | | 宾二类 | | | |
| 5020 正反 | | | 宾二类 | | | |
| 5021 正反 | | | 宾二类 | | | |
| 5022 | | | 宾二类 | | | |
| 5023 | | | 宾一类 | | | |
| 5024 | | 合 4980 | 宾三类 | | | |
| 5025 | | | 宾三类 | | | |
| 5026 | | | 宾二类 | | | |
| 5027 正反 | | | 宾二类 | | | |
| 5028 | | | 宾三类 | | | |
| 5029 | | 合 16971 | 宾一类 | | | |

续表

| 著录号 | 缀合 | 重片 | 类型划分 | 贞人 | 专家分类 | 其他说明 |
|---|---|---|---|---|---|---|
| 5030 | | | 宾二类 | | | |
| 5031 | | | 宾二类 | | | |
| 5032 | | | 宾二类 | | | |
| 5033 | | | 宾二类 | | | |
| 5034 正反 | | | 宾二类 | | | |
| 5035 | | | 自小字类 | | | 非宾 |
| 5036 | | | 宾二类 | | | |
| 5037 正反 | | | 宾二类 | | | 笔书 |
| 5038 | | | 宾二类 | | | |
| 5039 | | | 宾二类 | | | |
| 5040 | | | 宾二类 | | | |
| 5041 正反 | | | 宾二类 | | | |
| 5042 | | 合 17131 | 宾二类 | | | |
| 5043 | | 合 17154 | 宾三类 | | | |
| 5044 | | | 宾二类 | | | |
| 5045 | | | 宾三类 | | | |
| 5046 | 黄拼 5046+ 辑佚 274 | 合 16952 | 宾三类 | | | |
| 5047 | | 合 17703、合 6566 反（局部） | 宾二类 | | | |
| 5048 正反 | | | 宾二类 | | | |
| 5049 | | | 宾二类 | | | |
| 5050 正反 | | | 宾二类 | | | |
| 5051 | | | 宾二类 | | | |
| 5052 | | | 宾三类 | | | |
| 5053 正反 | | | 宾二类 | | | |
| 5054 | | | 宾二类 | | | |
| 5055 | | | 宾二类 | | | |
| 5056 | | | 宾二类 | | | |
| 5057 | | | 宾二类 | | | |
| 5058 | | | 宾二类 | | | |
| 5059 | | | 宾二类 | | | |
| 5060 | | | 宾二类 | | | |
| 5061 | | | 宾三类 | | | |

续表

| 著录号 | 缀合 | 重片 | 类型划分 | 贞人 | 专家分类 | 其他说明 |
|---|---|---|---|---|---|---|
| 5062 | | | 宾三类 | | | |
| 5063 | | | 宾三类 | | | |
| 5064 | | | 宾三类 | | | |
| 5065 | | | 宾三类 | | | |
| 5066 | 黄拼 5066+ 合 13868 | | 宾三类 | | | |
| 5067 | | | 宾二类 | | | |
| 5068 | | | 宾二类 | | | |
| 5069 | | | 宾一类 | | | |
| 5070 | | | 宾一类 | | | |
| 5071 | | 合 7119 | 宾一类 | | | |
| 5072 | 蔡 1.118= 合 7135+ 合 7140 | | 宾一类 | | | |
| 5073 | 蔡 1.110= 合 7092+ 合 7118 | | 宾一类 | | | |
| 5074 | | | 宾一类 | | | |
| 5075 | | | 宾二类 | | | |
| 5076 正反 | | | 宾二类 | | | |
| 5077 正反 | | 反 = 合 7202 | 宾二类 | | | |
| 5078 | | 合 7196 | 宾二类 | | | |
| 5079 | | | 宾二类 | | | |
| 5080 正反 | | | 宾二类 | | | |
| 5081 | | | 宾二类 | | | |
| 5082 正反 | | | 宾二类 | | | |
| 5083 | | 合 19390 | 宾二类 | | | |
| 5084 | | | 宾二类 | | | |
| 5085 | | | 宾二类 | | | |
| 5086 | | | 宾二类 | | | |
| 5087 | | | 宾二类 | | | |
| 5088 正反 | | | 宾二类 | | | |
| 5089 正反 | | | 宾二类 | | | |
| 5090 | | | 宾二类 | | | |
| 5091 正反 | | 合 17350 | 宾二类 | | | |
| 5092 正反 | 蔡缀 14 反 = 合 3050 反 = 合 17277 | | 宾二类 | | | |
| 5093 | | 合 17281 | 宾二类 | | | |

续表

| 著录号 | 缀合 | 重片 | 类型划分 | 贞人 | 专家分类 | 其他说明 |
|---|---|---|---|---|---|---|
| 5094 正反 | | | 宾二类 | | | |
| 5095 | | | 宾二类 | | | |
| 5096 | | | 宾二类 | | | |
| 5097 | | | 宾一类 | | | |
| 5098 | | | 宾一类 | | | |
| 5099 | | | 宾一类 | | | |
| 5100 | | | 宾一类 | | | |
| 5101 正甲正乙正丙反乙 | 蔡续 12.7= 合 17056 遥缀 17681 正 + 合 18799 | 反 = 合 17681 反 | 宾三类 | | | |
| 5102 | | | 宾二类 | | | |
| 5103 | | | 宾二类 | | | |
| 5104 | | | 宾二类 | | | |
| 5105 | | | 宾二类 | | | |
| 5106 | | | 宾三类 | | | |
| 5107 正反 | | 合 16347 | 宾一类 | | | |
| 5108 正反 | | 合 40630 | 宾二类 | 争 | | 笔书 |
| 5109 | | | 宾三类 | 穷 | | |
| 5110 | | | 宾三类 | | | |
| 5111 | | | 宾三类 | | | |
| 5112 | | | 宾三类 | | | |
| 5113 | | | 宾三类 | | | |
| 5114 正反 | | | 宾二类 | | | |
| 5115 正反 | | | 宾二类 | | | |
| 5116 | | | 宾二类 | | | |
| 5117 | | | 宾二类 | | | |
| 5118 | | | 宾二类 | | | |
| 5119 | | | 宾二类 | | | |
| 5120 | 郑缀 21= 合 11018+ 乙 4084 | | 宾一类 | 争 | | |
| 5121 正反 | 郑缀 16=6948 正反 + 6949 正反 | | 宾二类 | 穷、㱿、争 | | |
| 5122 正反 | | 正 < 合 17390 正乙 反 < 合 17390 反乙 | 宾一类 | | | |

续表

| 著录号 | 缀合 | 重片 | 类型划分 | 贞人 | 专家分类 | 其他说明 |
|---|---|---|---|---|---|---|
| 5155 正反 | | | 宾二类 | | | |
| 5156 | | | 宾二类 | | | |
| 5157 | | | 宾二类 | | | |
| 5158 | | | 宾二类 | | | |
| 5159 正反 | | | 宾二类 | | | |
| 5160 正反 | | > 合 17783 | 宾二类 | | | |
| 5161 | | | 宾二类 | | | |
| 5162 | | | 宾二类 | | | |
| 5163 正反 | | | 宾二类 | | | |
| 5164 | | | 宾二类 | | | |
| 5165 正反 | 松丸道雄 5165 正反 + 1113 正反 | | 宾二类 | | | |
| 5166 | | | 宾二类 | | | |
| 5167 正反 | | | 宾二类 | | | |
| 5168 | | | 宾三类 | | | |
| 5169 | | | 宾三类 | | | |
| 5170 正反 | | | 宾三类 | | | |
| 5171 正反 | | | 宾二类 | | | |
| 5172 | | | 宾二类 | | | |
| 5173 | | | 宾二类 | | | |
| 5174 | | | 宾二类 | | | |
| 5175 | | | 宾二类 | | | |
| 5176 | | | 宾三类 | | | |
| 5177 | | | 宾二类 | | | |
| 5178 | | 合 40654 摹本 | 宾二类 | | | |
| 5179 正反 | | | 宾二类 | | | |
| 5180 正反 | | | 宾二类 | | | |
| 5181 | | | 宾二类 | | | |
| 5182 | | | 宾二类 | | | |
| 5183 正反 | | | 宾二类 | | | |
| 5184 | | | 宾二类 | | | |
| 5185 | | | 宾二类 | | | |
| 5186 | | | 宾二类 | | | |
| 5187 正反 | | | 宾二类 | | | |

续表

| 著录号 | 缀合 | 重片 | 类型划分 | 贞人 | 专家分类 | 其他说明 |
|---|---|---|---|---|---|---|
| 5188 | | | 宾三类 | | | |
| 5189 正反 | | | 宾二类 | | | |
| 5190 正反 | | | 宾二类 | | | |
| 5191 正反 | | | 宾三类 | | | |
| 5192 正反 | | | 宾三类 | | | |
| 5193 正反 | | | 宾二类 | | | |
| 5194 正反 | | 合 17786 | 宾二类 | | | |
| 5195 | | | 宾二类 | | | |
| 5196 | | | 宾一类 | | | |
| 5197 | | | 宾二类 | | | |
| 5198 | | | 宾二类 | | | |
| 5199 正反 | | | 宾二类 | | | |
| 5200 | | | 宾一类 | | | |
| 5201 正反 | | | 宾三类 | | | |
| 5202 | | | 宾二类 | | | |
| 5203 | | | 宾二类 | | | |
| 5204 正反 | | | 宾二类 | | | |
| 5205 | | | 宾二类 | | | |
| 5206 | | | 宾二类 | | | |
| 5207 | | | 宾三类 | | | |
| 5208 | | | 宾二类 | | | |
| 5209 | 黄拼 5209＋合 3728+甲释 143+甲 3320 | | 宾二类 | | | 缀新 64=甲 2953+甲 2954 |
| 5210 正反 | | | 宾一类 | | | |
| 5211 | | | 宾二类 | | | |
| 5212 正反 | | | 宾三类 | | | |
| 5213 | | | 宾二类 | | | |
| 5214 | | | 宾二类 | | | |
| 5215 正反 | | | 宾二类 | | | |
| 5216 | | | 宾二类 | | | |
| 5217 | | | 宾二类 | | | |
| 5218 | | | 宾二类 | | | |
| 5219 正反 | | | 宾二类 | | | |
| 5220 | | | 宾二类 | | | |

续表

| 著录号 | 缀合 | 重片 | 类型划分 | 贞人 | 专家分类 | 其他说明 |
|---|---|---|---|---|---|---|
| 5221 正反 | | | 宾二类 | | | |
| 5222 | | | 宾二类 | | | |
| 5223 | | 合 7903 | 宾二类 | | | |
| 5224 | | | 宾二类 | | | |
| 5225 | | | 宾二类 | | | |
| 5226 正反 | | | 宾二类 | | | |
| 5227 | | | 宾二类 | | | |
| 5228 | | | 宾二类 | | | |
| 5229 正反 | | | 宾一类 | | | |
| 5230 | | | 宾二类 | | | |
| 5231 | | | 宾二类 | | | |
| 5232 正反 | | | 宾二类 | | | |
| 5233 | | | 宾二类 | | | |
| 5234 正反 | | | 宾二类 | | | |
| 5235 | | | 宾二类 | | | |
| 5236 正反 | | | 宾二类 | | | |
| 5237 正反 | | | 宾二类 | | | |
| 5238 正反 | | | 宾三类 | | | |
| 5239 | | | 宾二类 | | | |
| 5240 | | | 宾二类 | | | |
| 5241 | | | 宾二类 | | | |
| 5242 | | | 宾三类 | | | |
| 5243 | | | 宾二类 | | | |
| 5244 | | | 宾三类 | | | |
| 5245 | | | 宾二类 | | | |
| 5246 | | | 宾二类 | | | |
| 5247 | | | 宾二类 | | | |
| 5248 正反 | | | 宾二类 | | | |
| 5249 | | | 宾二类 | | | |
| 5250 | | | 宾二类 | 㱿 | | |
| 5251 | | | 宾二类 | | | |
| 5252 | | | 宾二类 | | | |
| 5253 | | | 宾二类 | | | |
| 5254 正反 | | | 宾三类 | | | |

续表

| 著录号 | 缀合 | 重片 | 类型划分 | 贞人 | 专家分类 | 其他说明 |
|---|---|---|---|---|---|---|
| 5255 | | | 宾二类 | | | |
| 5256 | | | 宾三类 | | | |
| 5257 | | | 宾二类 | | | |
| 5258 正反 | | | 宾二类 | | | |
| 5259 | | | 宾三类 | | | |
| 5260 正反 | | | 宾二类 | | | |
| 5261 | | | 宾一类 | | | |
| 5262 正反 | | | 宾二类 | | | |
| 5263 正反 | | | 宾二类 | | | |
| 5264 | | | 宾三类 | | | |
| 5265 | | | 宾三类 | | | |
| 5266 | | | 宾三类 | | | |
| 5267 正反 | | | 宾二类 | | | |
| 5268 | | | 宾二类 | | | |
| 5269 正反 | | | 宾一类 | | | |
| 5270 正反 | | | 宾三类 | | | |
| 5271 | | | 宾三类 | | | |
| 5272 | | | 宾三类 | | | |
| 5273 | | | 宾一类 | | | |
| 5274 正反 | | | 宾一类 | | | |
| 5275 | | | 宾一类 | | | |
| 5276 正反 | | 反 = 合 14078 | 宾二类 | | | |
| 5277 正反 | | | 宾二类 | | | |
| 5278 正反 | | | 宾三类 | | | |
| 5279 | | | 宾二类 | | | |
| 5280 正反 | 蔡续 14.3= 合 4344+ 合 7348 | | 宾三类 | | | |
| 5281 正反 | | | 宾三类 | | | |
| 5282 正反 | | | 宾三类 | | | |
| 5283 正反 | | | 宾二类 | | | |
| 5284 正反 | | | 宾一类 | | | |
| 5285 | | | 宾三类 | | | |
| 5286 | | | 宾三类 | | | |
| 5287 正反 | | | 宾二类 | | | |

续表

| 著录号 | 缀合 | 重片 | 类型划分 | 贞人 | 专家分类 | 其他说明 |
|---|---|---|---|---|---|---|
| 5288 正反 | | | 宾二类 | | | |
| 5289 | | | 宾二类 | | | |
| 5290 正反 | | | 宾二类 | | | |
| 5291 | | | 宾二类 | | | |
| 5292 | | | 宾二类 | | | |
| 5293 正反 | | | 宾二类 | | | |
| 5294 正反 | | | 宾二类 | | | |
| 5295 | | | 宾一类 | | | |
| 5296 | | | 宾一类 | 亘 | | |
| 5297 | | | 宾二类 | | | |
| 5298 正反 | | | 宾二类 | | | |
| 5299 正反 | | | 宾二类 | | | |
| 5300 正反 | | | 宾二类 | | | |
| 5301 | | | 宾二类 | | | |
| 5302 | | | 宾二类 | | | |
| 5303 正反 | | | 宾二类 | | | |
| 5304 | 缀新 221= 甲 2834+ 甲 3.2.0493 | | 宾二类 | | | |
| 5305 正反 | | | 宾一类 | | | |
| 5306 | | | 宾一类 | | | |
| 5307 | | 合 17813 | 宾二类 | | | |
| 5308 | 黄拼 5308+ 合 9722 | | 宾二类 | | | |
| 5309 正反 | | | 宾二类 | | | |
| 5310 | | | 宾二类 | | | |
| 5311 正反 | | | 宾一类 | | | |
| 5312 正反 | | | 宾二类 | | | |
| 5313 正反 | | | 宾二类 | | | |
| 5314 正反 | | | 宾二类 | | | |
| 5315 正反 | | | 宾二类 | | | |
| 5316 | | | 宾二类 | | | |
| 5317 正反 | | | 宾二类 | | | |
| 5318 正反 | | | 宾三类 | | | |
| 5319 | | | 宾二类 | | | |
| 5320 | | | 宾二类 | | | |

续表

| 著录号 | 缀合 | 重片 | 类型划分 | 贞人 | 专家分类 | 其他说明 |
|---|---|---|---|---|---|---|
| 5707 | | | 宾三类 | | | |
| 5708 | | | 宾一类 | | | |
| 5709 | | | 宾三类 | | | |
| 5710 | | | 何一类 | | | 非宾 |
| 5711 正反 | | | 宾二类 | 王、㱿 | | |
| 5712 | | | 宾一类 | | | |
| 5713 | | | 宾一类 | | | |
| 5714 | | | 宾一类 | | | |
| 5715 正反 | | | 宾一类 | | | |
| 5716 | | | 宾二类 | | | |
| 5717 | 黄拼 5717+5691 | | 宾二类 | | | |
| 5718 | | | 宾二类 | | | |
| 5719 | | | 宾一类 | | | |
| 5720 | 黄拼 5720+ 合 40602 | | 宾一类 | | | |
| 5721 | | | 宾一类 | | | |
| 5722 | | | 宾三类 | | | |
| 5723 | | | 宾一类 | 内 | | |
| 5724 | | | 宾二类 | | | |
| 5725 正反 | | | 宾二类 | | | |
| 5726 | | | 宾二类 | | | |
| 5727 | | | 宾三类 | | | |
| 5728 | | | 宾三类 | | | |
| 5729 | | | 宾三类 | | | |
| 5730 | | | 自宾间类 | | | |
| 5731 | | | 宾三类 | | | |
| 5732 | | | 宾一类 | | | |
| 5733 | | | 宾一类 | | | |
| 5734 | | | 宾一类 | | | |
| 5735 | | | 宾二类 | | | |
| 5736 | | | 宾一类 | | | |
| 5737 | | | 宾一类 | | | |
| 5738 | | | 自宾间类 | | | |
| 5739 正反 | | | 宾二类 | | | |
| 5740 | | | 宾一类 | | | |

续表

| 著录号 | 缀合 | 重片 | 类型划分 | 贞人 | 专家分类 | 其他说明 |
|---|---|---|---|---|---|---|
| 5321 正反 | | | 宾二类 | | | |
| 5322 正反 | | | 宾二类 | | | |
| 5323 | | | 宾二类 | | | |
| 5324 正反 | | | 宾二类 | | | |
| 5325 | | | 宾二类 | | | |
| 5326 正反 | | | 宾二类 | | | |
| 5327 正反 | | | 宾一类 | | | |
| 5328 | | | 宾一类 | | | |
| 5329 正反 | | | 宾一类 | | | |
| 5330 正反 | | | 宾二类 | | | |
| 5331 | | | 宾二类 | | | |
| 5332 正反 | | | 宾二类 | | | |
| 5333 正反 | | | 宾二类 | | | |
| 5334 | | | 宾二类 | | | |
| 5335 正反 | | | 宾二类 | | | |
| 5336 正反 | | | 宾二类 | | | |
| 5337 | | | 宾二类 | | | |
| 5338 | | | 宾二类 | | | |
| 5339 正反 | | | 宾二类 | | | |
| 5340 正反 | | | 宾一类 | | | |
| 5341 | | | 宾一类 | | | |
| 5342 正反 | | | 宾一类 | | | |
| 5343 正反 | | | 宾二类 | | | |
| 5344 | | | 宾二类 | | | |
| 5345 正反 | | | 宾二类 | | | |
| 5346 | | | 宾二类 | | | |
| 5347 正反 | | | 宾三类 | | | |
| 5348 正反 | | | 宾二类 | | | |
| 5349 | | | 宾二类 | | | |
| 5350 | | | 宾二类 | | | |
| 5351 正反 | | | 宾二类 | | | |
| 5352 | | | 宾二类 | | | |
| 5353 正反 | | | 宾一类 | | | |
| 5354 正反 | | 合 11047 | 宾二类 | | | |

续表

| 著录号 | 缀合 | 重片 | 类型划分 | 贞人 | 专家分类 | 其他说明 |
|---|---|---|---|---|---|---|
| 5355 | | | 宾二类 | | | |
| 5356 | 黄拼 5356+ 合 6501+ 合 6914 | | 宾二类 | | | |
| 5357 | | | 宾二类 | | | |
| 5358 正反 | | | 宾二类 | | | |
| 5359 | | | 宾二类 | | | |
| 5360 正反 | | | 宾一类 | | | |
| 5361 正反 | | | 宾二类 | | | |
| 5362 正反 | | | 宾二类 | | | |
| 5363 正反 | | | 宾二类 | | | |
| 5364 | | | 宾二类 | | | |
| 5365 | | | 宾二类 | | | |
| 5366 正反 | | | 宾一类 | | | |
| 5367 正反 | | | 宾一类 | | | |
| 5368 | | | 宾一类 | | | |
| 5369 | | | 宾一类 | | | |
| 5370 正反 | | | 宾二类 | | | |
| 5371 正反 | | | 宾二类 | | | |
| 5372 正反 | | | 宾二类 | | | |
| 5373 正反 | | | 宾二类 | | | |
| 5374 正反 | | | 宾二类 | | | |
| 5375 | | | 宾二类 | | | |
| 5376 正反 | | | 宾一类 | | | |
| 5377 | | | 宾一类 | | | |
| 5378 | | | 宾二类 | | | |
| 5379 正反 | | | 宾二类 | | | |
| 5380 | | | 宾一类 | | | |
| 5381 正反 | | | 宾二类 | | | |
| 5382 | | | 宾一类 | | | |
| 5383 | | | 宾二类 | | | |
| 5384 正反 | | | 宾二类 | | | |
| 5385 正反 | | | 宾二类 | | | |
| 5386 | | | 宾二类 | | | |
| 5387 | | | 宾二类 | | | |

续表

| 著录号 | 缀合 | 重片 | 类型划分 | 贞人 | 专家分类 | 其他说明 |
|---|---|---|---|---|---|---|
| 5388 正反 | | | 宾二类 | | | |
| 5389 | | | 宾二类 | | | |
| 5390 | | | 宾二类 | | | |
| 5391 正反 | | | 宾二类 | | | |
| 5392 | | | 宾一类 | | | |
| 5393 正反 | | | 宾二类 | | | |
| 5394 正反 | | | 宾二类 | | | |
| 5395 | | | 宾二类 | | | |
| 5396 | | | 宾一类 | | | |
| 5397 | | | 宾一类 | | | |
| 5398 | | | 宾二类 | | | |
| 5399 | | | 宾一类 | | | |
| 5400 | | | 宾一类 | | | |
| 5401 | | | 宾一类 | | | |
| 5402 | | | 宾二类 | | | |
| 5403 正反 | | | 宾二类 | | | |
| 5404 | | | 宾二类 | | | |
| 5405 正反 | | | 宾一类 | | | |
| 5406 | | | 宾一类 | | | |
| 5407 | | 合 17830 | 宾三类 | | | |
| 5408 正反 | | 合 15292 | 宾三类 | | | |
| 5409 | | | 宾三类 | | | |
| 5410 正反 | | | 宾三类 | | | |
| 5411 正反 | | | 宾三类 | | | |
| 5412 | | | 宾二类 | | | |
| 5413 正反 | | | 宾三类 | | | |
| 5414 正反 | | | 宾三类 | | | |
| 5415 正反 | 黄拼 5415 正 + 合 3662<br>黄拼 5415 反 +520 反 | | 宾二类 | 㱿 | | |
| 5416 正反 | | | 宾一类 | | | |
| 5417 正反 | | | 宾三类 | | | |
| 5418 | | | 宾二类 | | | |
| 5419 正反 | | | 宾二类 | | | |
| 5420 正反 | | | 宾二类 | | | |

续表

| 著录号 | 缀合 | 重片 | 类型划分 | 贞人 | 专家分类 | 其他说明 |
|---|---|---|---|---|---|---|
| 5421 正反 | | | 宾二类 | | | |
| 5422 | | | 宾二类 | | | |
| 5423 正反 | | | 宾二类 | | | |
| 5424 正反 | | | 宾一类 | | | |
| 5425 | | | 宾二类 | | | |
| 5426 | | | 宾二类 | | | |
| 5427 正反 | | | 宾二类 | | | |
| 5428 | | | 宾二类 | | | |
| 5429 | | | 宾二类 | | | |
| 5430 | | | 宾二类 | | | |
| 5431 正反 | | | 宾二类 | | | |
| 5432 正反 | | | 宾二类 | | | |
| 5433 正反 | | | 宾二类 | | | |
| 5434 正反 | | | 宾二类 | | | |
| 5435 正反 | | | 宾二类 | | | |
| 5436 | | | 宾一类 | | | |
| 5437 正反 | | | 宾二类 | | | |
| 5438 正反 | | | 宾二类 | | | |
| 5439 正反 | | | 宾二类 | | | |
| 5440 | | | 宾二类 | | | |
| 5441 正反 | | | 宾二类 | | | |
| 5442 正反 | | 正 < 合 13281 正甲反 = 合 13281 反甲 | 宾一类 | | | |
| 5443 正反 | | | 宾三类 | | | |
| 5444 正反 | | | 宾三类 | | | |
| 5445 | | | 宾三类 | | | |
| 5446 正反 | | | 宾二类 | | | |
| 5447 正反 | | | 宾二类 | | | |
| 5448 | | | 宾二类 | | | |
| 5449 正反 | | | 宾二类 | | | |
| 5450 正反 | | | 宾三类 | | | |
| 5451 正反 | | | 宾二类 | | | |

续表

| 著录号 | 缀合 | 重片 | 类型划分 | 贞人 | 专家分类 | 其他说明 |
|---|---|---|---|---|---|---|
| 5452 正反 | | | 宾二类 | | | |
| 5453 | | | 宾二类 | | | |
| 5454 正反 | | | 宾二类 | | | |
| 5455 正反 | | | 宾二类 | | | |
| 5456 正反 | | | 宾二类 | | | |
| 5457 | | | 宾二类 | | | |
| 5458 正反 | | | 宾二类 | | | |
| 5459 正反 | | | 宾二类 | | | |
| 5460 正反 | | | 宾一类 | | | |
| 5461 | | | 宾一类 | | | |
| 5462 正反 | | | 宾一类 | | | |
| 5463 | | | 宾一类 | | | |
| 5464 正反 | | | 宾一类 | | | |
| 5465 正反 | | | 宾一类 | | | |
| 5466 正反 | | | 宾二类 | | | |
| 5467 正反 | | | 宾二类 | | | |
| 5468 | | | 宾二类 | | | |
| 5469 | | | 宾二类 | | | |
| 5470 | | | 宾二类 | | | |
| 5471 | | | 宾一类 | | | |
| 5472 正反 | | | 宾一类 | | | |
| 5473 | | | 宾三类 | | | |
| 5474 正反 | | | 宾三类 | | | |
| 5475 | | | 宾二类 | | | |
| 5476 | | | 宾二类 | | | |
| 5477 正反 | | | 宾二类 | | | |
| 5478 | | | 宾二类 | | | |
| 5479 | | | 宾二类 | | | |
| 5480 正反 | | | 宾一类 | | | |
| 5481 正反 | | | 宾三类 | | | |
| 5482 正反 | | | 宾一类 | | | |
| 5483 正反 | | | 宾二类 | | | |
| 5484 正反 | | | 宾二类 | | | |
| 5485 | | | 宾一类 | | | |

续表

| 著录号 | 缀合 | 重片 | 类型划分 | 贞人 | 专家分类 | 其他说明 |
|---|---|---|---|---|---|---|
| 5486 正反 | | | 宾一类 | | | |
| 5487 | | | 宾一类 | | | |
| 5488 正反 | | | 宾一类 | | | |
| 5489 | | | 宾一类 | | | |
| 5490 正反 | | | 宾一类 | | | |
| 5491 正反 | | | 宾二类 | | | |
| 5492 正反 | | | 宾二类 | | | |
| 5493 正反 | | | 宾一类 | | | |
| 5494 正反 | | | 宾二类 | | | |
| 5495 | | | 宾二类 | 𡧊 | | |
| 5496 正反 | | | 宾二类 | | | |
| 5497 | | | 宾二类 | | | |
| 5498 | | | 宾二类 | 穷 | | |
| 5499 正反 | | | 宾二类 | | | |
| 5500 正反 | | 正 < 合 1364 正<br>反 = 合 1364 反 | 宾二类 | 穷 | | |
| 5501 | 黄拼 5501+ 合 552 反 + 7150 反 | | 宾二类 | | | 笔书 |
| 5502 | | | 宾二类 | 穷 | | |
| 5503 正反 | | 反 = 合 18194 | 宾二类 | | | |
| 5504 | | | 宾二类 | | | |
| 5505 | | | 宾二类 | | | |
| 5506 | | | 宾二类 | | | |
| 5507 正反 | | | 宾一类 | | | |
| 5508 | | | 宾一类 | | | |
| 5509 | | | 宾一类 | | | |
| 5510 | | | 宾二类 | | | |
| 5511 正反 | | | 宾一类 | 𡧊 | | |
| 5512 正反 | 蔡续 14.6 正 = 合 424+ 续补 5.147.1；<br>反 = 合 424 反 + 续补 5.147.2 | | 宾二类 | | | |
| 5513 正反 | | 合 4475 | 宾二类 | | | |
| 5514 正反 | | | 宾一类 | 亘 | | |

续表

| 著录号 | 缀合 | 重片 | 类型划分 | 贞人 | 专家分类 | 其他说明 |
|---|---|---|---|---|---|---|
| 5515 | | 4反 | 宾二类 | | | |
| 5516 | | | 宾二类 | | | |
| 5517 | | | 宾二类 | | | |
| 5518 | | | 宾一类 | | | |
| 5519 正反 | | | 宾二类 | | | |
| 5520 正反 | | | 宾二类 | | | |
| 5521 正反 | | | 待考 | | | |
| 5522 | | | 宾二类 | | | |
| 5523 正反 | | | 宾二类 | 㱿 | | |
| 5524 正反 | | | 宾三类 | | | |
| 5525 | | | 宾二类 | | | |
| 5526 | | | 宾三类 | | | |
| 5527 正反 | | | 宾二类 | | | |
| 5528 正反 | | | 宾二类 | | | |
| 5529 正反 | 黄拼 5529+合 6491 | | 宾二类 | | | 合补 5529+合 6491（与合 6492 同文） |
| 5530 | 黄拼 5530+合 11919 | | 宾二类 | | | |
| 5531 | | | 宾二类 | | | |
| 5532 正反 | | | 宾二类 | 𡆥 | | |
| 5533 | | | 宾二类 | | | 笔书 |
| 5534 正反 | | | 宾二类 | | | |
| 5535 | | | 宾二类 | | | 笔书 |
| 5536 正反 | | | 宾一类 | | | |
| 5537 | | 5542=合 4186 | 宾二类 | | | |
| 5538 正反 | | | 宾二类 | 㱿 | | |
| 5539 正反 | | | 宾二类 | | | |
| 5540 正反 | | | 宾二类 | | | |
| 5541 | | 合 17105 正乙 | 宾二类 | | | |
| 5542 | | 5537=合 4186 | 宾二类 | | | |
| 5543 | | | 宾二类 | | | |
| 5544 正反 | | | 宾二类 | | | |
| 5545 | | | 宾二类 | 㱿 | | |
| 5546 正反 | | | 宾二类 | | | |
| 5547 | | | 宾二类 | | | |

续表

| 著录号 | 缀合 | 重片 | 类型划分 | 贞人 | 专家分类 | 其他说明 |
|---|---|---|---|---|---|---|
| 5548 正反 | | 合 15903 | 宾二类 | | | |
| 5549 | | | 宾一类 | | | |
| 5550 正反 | | 正反 < 合 13584 正甲反甲 | 宾一类 | | | |
| 5551 正反 | | | 宾二类 | | | |
| 5552 正反 | | | 宾二类 | | | |
| 5553 正反 | | | 宾二类 | | | |
| 5554 正反 | | | 宾二类 | 穷 | | |
| 5555 正反 | | | 宾二类 | | | |
| 5556 正反 | | | 宾二类 | 亘 | | 笔书 |
| 5557 正反 | | | 宾二类 | | | |
| 5558 正反 | | | 宾二类 | | | 笔书 |
| 5559 正反 | | 正<合17717 正 反=合17717 反 | 宾二类 | | | 笔书 |
| 5560 正反 | | | 宾二类 | | | |
| 5561 正反 | | | 宾二类 | | | |
| 5562 | | | 宾二类 | | | 笔书 |
| 5563 正反 | | | 宾二类 | | | |
| 5564 | | | 宾二类 | | | 笔书 |
| 5565 | | | 宾二类 | | | |
| 5566 正反 | | | 宾三类 | | | |
| 5567 正反 | | | 宾二类 | | | |
| 5568 | | | 宾二类 | | | 笔书 |
| 5569 正反 | | | 宾二类 | | | 笔书 |
| 5570 | 补拼 10= 珠 1418+ 珠 1425 | > 628 | 宾二类 | 㱿 | | 蔡氏认为“由贞字放大显然是不同两片”，不可缀 |
| 5571 正反 | | | 宾一类 | | | |
| 5572 正反 | | | 宾二类 | | | 笔书 |
| 5573 | | | 宾二类 | | | |
| 5574 正反 | | | 宾二类 | | | |
| 5575 | | | 宾二类 | | | |
| 5576 | | | 宾三类 | | | |
| 5577 正反 | | | 宾二类 | | | |

续表

| 著录号 | 缀合 | 重片 | 类型划分 | 贞人 | 专家分类 | 其他说明 |
|---|---|---|---|---|---|---|
| 5578 正反 | | | 宾二类 | 爭 | | |
| 5579 | | | 宾二类 | | | |
| 5580 正反 | | 正<合4174正甲<br>反=合4174反甲 | 宾二类 | | | |
| 5581 正反 | | | 宾一类 | | | |
| 5582 正反 | | | 宾二类 | 永 | | |
| 5583 正反 | | | 宾二类 | | | |
| 5584 正反 | | | 宾二类 | | | |
| 5585 | | | 宾二类 | | | 笔书 |
| 5586 正反 | | | 宾二类 | | | |
| 5587 正反 | | | 宾二类 | 𣪊 | | |
| 5588 | | | 宾一类 | | | |
| 5589 正反 | | 合 3825 | 宾一类 | 古 | | |
| 5590 正反 | | | 宾二类 | | | |
| 5591 | | | 宾二类 | | | |
| 5592 | | | 宾一类 | | | |
| 5593 正反 | | | 宾二类 | | | |
| 5594 正反 | | | 宾二类 | | | |
| 5595 正反 | | | 宾二类 | | | |
| 5596 正反 | 黄拼 5596+ 合 17810 | | 宾二类 | | | |
| 5597 | 黄拼 5597+（萧合 584 正反 + 合 9498 正反）+7143 正反 + 东大类 0571 | | 宾二类 | | | 笔书 |
| 5598 正反 | | | 宾一类 | | | |
| 5599 正反 | | | 宾二类 | | | |
| 5600 正反 | | | 宾二类 | 古 | | |
| 5601 正反 | | | 宾二类 | 𣪊 | | |
| 5602 正反 | | | 宾二类 | 𣪊 | | |
| 5603 正反 | | | 宾二类 | 𣪊 | | |
| 5604 正反 | | | 宾二类 | | | |
| 5605 | | | 宾二类 | | | |
| 5606 正反 | | | 宾二类 | | | |
| 5607 正反 | | | 宾二类 | | | |

续表

| 著录号 | 缀合 | 重片 | 类型划分 | 贞人 | 专家分类 | 其他说明 |
|---|---|---|---|---|---|---|
| 5608 | | | 宾一类 | | | |
| 5609 正反 | | | 宾二类 | | | |
| 5610 正反 | | | 宾二类 | 亘 | | |
| 5611 | | | 宾二类 | | | |
| 5612 正反 | | | 宾二类 | | | 笔书 |
| 5613 正反 | | | 宾二类 | | | |
| 5614 正反 | | | 宾二类 | | | |
| 5615 正反 | | | 宾二类 | | | |
| 5616 正反 | | | 宾二类 | | | 笔书 |
| 5617 | | | 宾二类 | | | |
| 5618 正反 | | | 宾二类 | | | |
| 5619 正反 | | | 宾三类 | | | |
| 5620 正反 | | | 宾三类 | | | |
| 5621 | | 合 21402 | 𠂤小字类 | | | 非宾 |
| 5622 | | | 宾二类 | | | 笔书 |
| 5623 正反 | | | 宾二类 | | | 笔书 |
| 5624 正反 | | | 宾一类 | | | |
| 5625 正反 | | | 宾一类 | | | |
| 5626 | | | 宾二类 | | | |
| 5627 | | | 宾二类 | | | |
| 5628 | | | 宾二类 | | | |
| 5629 | | | 宾二类 | | | |
| 5630 | | | 宾二类 | | | |
| 5631 | | | 宾二类 | | | |
| 5632 | | | 宾一类 | | | |
| 5633 | | | 𠂤宾间类 | | | |
| 5634 | | | 宾三类 | | | |
| 5635 | | | 宾二类 | | | |
| 5636 | | | 宾二类 | 㱿 | | |
| 5637 | | | 宾二类 | | | |
| 5638 | 黄拼 5638+ 乙补 3399+ 合 22309+ 合 22212+ 合 22091 甲乙 + 乙补 6106+ 乙补 3400+ 合 22124+ 合 22410+ 合 22418+ 乙 8557 | | 宾二类 | | | |

续表

| 著录号 | 缀合 | 重片 | 类型划分 | 贞人 | 专家分类 | 其他说明 |
|---|---|---|---|---|---|---|
| 5639 | | | 宾二类 | | | |
| 5640 | | | 宾二类 | | | |
| 5641 | | | 宾三类 | | | |
| 5642 | | | 宾三类 | | | |
| 5643 | | | 宾三类 | | | |
| 5644 | | | 宾二类 | | | |
| 5645 | | | 宾二类 | | | |
| 5646 | | | 宾三类 | | | |
| 5647 | | | 宾三类 | | | |
| 5648 | | | 宾二类 | | | |
| 5649 | | | 宾二类 | | | |
| 5650 | | | 宾二类 | | | |
| 5651 | | | 无名类 | | | 非宾 |
| 5652 | | | 宾一类 | | | |
| 5653 | | | 宾一类 | 王 | | |
| 5654 | | | 宾二类 | 亘 | | |
| 5655 | | | 宾二类 | | | |
| 5656 正反 | | | 宾二类 | | | |
| 5657 | | 合 19058 | 宾一类 | | | |
| 5658 | 黄拼 5658+ 合 10029 | | 𠂤宾间类 | 王 | | |
| 5659 | | | 宾三类 | | | |
| 5660 | | | 宾二类 | 亘 | | |
| 5661 | | | 宾三类 | | | |
| 5662 | | <合 16901 | 宾一类 | 宁、争 | | |
| 5663 | 黄拼 5663+5664 | | 宾一类 | | | |
| 5664 | 黄拼 5664+5663 | | 宾一类 | | | |
| 5665 正反 | | | 宾二类 | | | |
| 5666 | | | 宾一类 | | | |
| 5667 | | | 宾一类 | | | |
| 5668 | | | 宾一类 | | | |
| 5669 | | | 宾一类 | | | |
| 5670 | 黄拼 5670+ 合 7386 | | 宾二类 | | | |
| 5671 | | | 宾一类 | | | |
| 5672 | | | 宾二类 | | | |

续表

| 著录号 | 缀合 | 重片 | 类型划分 | 贞人 | 专家分类 | 其他说明 |
|---|---|---|---|---|---|---|
| 5673 | | | 宾一类 | | | |
| 5674 | | | 宾一类 | | | |
| 5675 | | | 宾一类 | | | |
| 5676 | | | 宾一类 | | | |
| 5677 正反 | | | 宾二类 | 亘 | | |
| 5678 | | | 宾二类 | 王 | | |
| 5679 | | | 宾二类 | | | |
| 5680 正反 | | | 宾二类 | | | |
| 5681 正反 | | | 宾二类 | | | |
| 5682 | | | 宾三类 | | | |
| 5683 | | | 宾三类 | | | |
| 5684 正反 | | | 宾二类 | | | |
| 5685 | | | 宾二类 | | | |
| 5686 | | | 宾一类 | | | |
| 5687 | | | 宾二类 | | | |
| 5688 | | | 宾二类 | | | |
| 5689 | | | 宾一类 | | | |
| 5690 | | | 宾二类 | | | |
| 5691 | 黄拼 5691+5717 | | 宾二类 | | | |
| 5692 | | | 宾二类 | | | |
| 5693 | | | 宾二类 | | | |
| 5694 | | | 宾三类 | | | |
| 5695 | | | 宾三类 | | | |
| 5696 | | | 宾三类 | | | |
| 5697 | | | 宾三类 | | | |
| 5698 | | | 宾三类 | | | |
| 5699 | | | 宾一类 | | | |
| 5700 | | | 宾一类 | | | |
| 5701 | | | 宾一类 | 㱿 | | |
| 5702 | | | 宾二类 | | | |
| 5703 正反 | | | 宾二类 | | | |
| 5704 | | 合 7938 | 宾一类 | | | |
| 5705 | | | 宾一类 | | | |
| 5706 正反 | | | 𠂤宾间类 | | | |

续表

| 著录号 | 缀合 | 重片 | 类型划分 | 贞人 | 专家分类 | 其他说明 |
|---|---|---|---|---|---|---|
| 5741 | | | 宾一类 | | | |
| 5742 | | | 宾一类 | | | |
| 5743 | | | 宾一类 | | | |
| 5744 | 黄拼 5744+ 合 19283 | | 宾一类 | | | |
| 5745 | | | 宾一类 | | | |
| 5746 | | | 自宾间类 | | | |
| 5747 | | | 宾一类 | | | |
| 5748 | | | 出一类 | | | 非宾 |
| 5749 | | | 宾三类 | | | |
| 5750 | | | 宾一类 | | | |
| 5751 | | | 宾一类 | | | |
| 5752 | | | 自小字类 | | | 非宾 |
| 5753 | | | 宾三类 | | | |
| 5754 正反 | | | 宾二类 | | | |
| 5755 | | | 宾一类 | 争 | | |
| 5756 | | | 宾二类 | 穷 | | |
| 5757 | | | 宾二类 | | | |
| 5758 正反 | | | 宾三类 | | | |
| 5759 | | | 宾一类 | | | |
| 5760 | | | 宾二类 | | | |
| 5761 正反 | | | 宾二类 | 㱿 | | |
| 5762 | | | 宾二类 | | | |
| 5763 正反 | | | 宾二类 | | | |
| 5764 | | | 宾三类 | | | |
| 5765 | | | 宾三类 | | | |
| 5766 | | | 宾三类 | | | |
| 5767 | | | 宾三类 | | | |
| 5768 正反 | | | 宾三类 | | | |
| 5769 | | | 宾三类 | | | |
| 5770 | | | 宾三类 | 争 | | |
| 5771 正反 | | | 宾二类 | 㱿 | | |
| 5772 正反 | | | 宾二类 | | | |
| 5773 | | | 宾二类 | | | |

续表

| 著录号 | 缀合 | 重片 | 类型划分 | 贞人 | 专家分类 | 其他说明 |
|---|---|---|---|---|---|---|
| 5774 正反 | | | 宾一类 | | | |
| 5775 | | | 宾一类 | 王 | | |
| 5776 正反 | | | 宾一类 | | | |
| 5777 正反 | | | 宾一类 | | | |
| 5778 | | | 宾二类 | | | |
| 5779 | | | 宾二类 | | | |
| 5780 | | | 宾一类 | 内 | | |
| 5781 | | | 宾二类 | | | |
| 5782 正反 | | | 宾二类 | | | |
| 5783 | | | 宾二类 | 王 | | |
| 5784 | | 合 10330 | 宾一类 | | | |
| 5785 | | | 宾二类 | | | |
| 5786 | | | 宾一类 | | | |
| 5787 | | | 宾一类 | | | |
| 5788 | | | 𠂤宾间类 | 王 | | |
| 5789 | | | 宾二类 | | | |
| 5790 | | <合 19817 | 𠂤小字类 | | | 非宾 |
| 5791 | | | 宾一类 | | | |
| 5792 正反 | | | 宾二类 | | | |
| 5793 | | | 宾二类 | | | |
| 5794 | | | 宾二类 | | | |
| 5795 正反 | | | 宾二类 | | | |
| 5796 | | | 宾二类 | | | |
| 5797 正反 | | | 宾一类 | | | |
| 5798 正反 | | | 宾一类 | 内 | | |
| 5799 | | | 宾二类 | | | |
| 5800 正反 | | | 宾三类 | | | |
| 5801 正反 | | | 宾三类 | | | |
| 5802 | | | 宾三类 | | | |
| 5803 正反 | | | 无名类 | | | 非宾 |
| 5804 正反 | | | 宾二类 | | | |
| 5805 | | | 宾二类 | | | |
| 5806 | | | 宾二类 | | | |
| 5807 正反 | | | 宾三类 | | | |

续表

| 著录号 | 缀合 | 重片 | 类型划分 | 贞人 | 专家分类 | 其他说明 |
|---|---|---|---|---|---|---|
| 5808 正反 | | | 宾二类 | | | |
| 5809 | | | 宾一类 | | | |
| 5810 | | | 宾一类 | | | |
| 5811 | | | 宾二类 | | | |
| 5812 | | | 宾二类 | | | |
| 5813 正反 | | | 宾二类 | | | |
| 5814 正反 | | | 宾二类 | | | |
| 5815 | | | 宾一类 | | | |
| 5816 | | | 宾一类 | | | |
| 5817 | | | 宾一类 | | | |
| 5818 正反 | | | 宾二类 | 𣪊 | | |
| 5819 | | | 宾三类 | | | |
| 5820 正反 | | | 宾二类 | | | |
| 5821 | | | 宾一类 | | | |
| 5822 正反 | | | 宾二类 | | | |
| 5823 正反 | | | 宾二类 | | | |
| 5824 | | | 宾二类 | | | |
| 5825 | | | 宾一类 | | | |
| 5826 | | | 宾一类 | | | |
| 5827 | | | 宾一类 | | | |
| 5828 | | | 宾二类 | | | |
| 5829 | | | 宾三类 | | | |
| 5830 | | | 宾三类 | | | |
| 5831 | | | 宾二类 | | | |
| 5832 | | | 宾三类 | | | |
| 5833 | | | 宾二类 | | | |
| 5834 正反 | | | 宾二类 | | | |
| 5835 正反 | | | 宾一类 | | | |
| 5836 | | | 宾一类 | | | |
| 5837 正反 | | | 宾二类 | | | |
| 5838 | | 合 16149 | 宾二类 | | | |
| 5839 | | | 宾三类 | 事 | | |
| 5840 | | | 宾二类 | | | |
| 5841 | | | 宾一类 | | | |

续表

| 著录号 | 缀合 | 重片 | 类型划分 | 贞人 | 专家分类 | 其他说明 |
| --- | --- | --- | --- | --- | --- | --- |
| 5842 | | 合 2593 | 宾三类 | | | |
| 5843 | | | 宾三类 | 穷 | | |
| 5844 | | | 宾一类 | | | |
| 5845 | | | 自小字类 | | | 非宾 |
| 5846 | | | 宾二类 | | | |
| 5847 | | | 宾三类 | | | |
| 5848 | | | 宾一类 | | | |
| 5849 | | | 宾二类 | | | |
| 5850 | | | 宾三类 | | | |
| 5851 | 黄拼 5851+ 合 16887 | | 宾二类 | | | |
| 5852 正反 | | | 宾二类 | | | |
| 5853 正反 | | | 宾二类 | | | |
| 5854 | 黄拼 5854+ 合 18919 | | 宾二类 | | | |
| 5855 | | | 宾二类 | | | |
| 5856 | | | 宾一类 | | | |
| 5857 | | | 宾一类 | | | |
| 5858 | | | 宾二类 | | | |
| 5859 | | | 宾一类 | | | |
| 5860 | | | 宾一类 | | | |
| 5861 | | | 自小字类 | | | 非宾 |
| 5862 | | | 宾二类 | | | |
| 5863 | | | 宾二类 | | | |
| 5864 | | | 宾二类 | | | |
| 5865 | | | 宾三类 | | | |
| 5866 | | | 宾二类 | | | |
| 5867 | | 合 4266 | 宾三类 | | | |
| 5868 | | 合 17896 | 宾三类 | | | |
| 5869 | | | 宾三类 | | | |
| 5870 | | | 出一类 | | | 非宾 |
| 5871 | | | 宾三类 | | | |
| 5872 | | | 自小字 | | | 非宾 |
| 5873 | | | 自小字 | | | 非宾 |
| 5874 | | | 宾三类 | | | |
| 5875 | | | 自历间类 | | | 非宾 |

续表

| 著录号 | 缀合 | 重片 | 类型划分 | 贞人 | 专家分类 | 其他说明 |
|---|---|---|---|---|---|---|
| 5876 | 黄拼 5876+2819 | | 宾二类 | | | |
| 5877 | | | 宾三类 | | | |
| 5878 | | | 出一类 | | | 非宾 |
| 5879 | | | 宾三类 | | | |
| 5880 | | | 𠂤小字类 | | | 非宾 |
| 5881 | | | 宾一类 | | | |
| 5882 | | | 宾二类 | | | |
| 5883 | | | 宾二类 | | | |
| 5884 | | | 𠂤历间类 | | | 非宾 |
| 5885 | | | 宾二类 | | | |
| 5886 | | 合 1443 | 宾一类 | | | |
| 5887 | | | 𠂤小字类 | | | 非宾 |
| 5888 | | | 𠂤宾间类 | | | |
| 5889 | | | 宾三类 | | | |
| 5890 正反 | | | 宾二类 | | | |
| 5891 | | | 宾三类 | | | |
| 5892 | | | 宾一类 | | | |
| 5893 | | | 宾二类 | 穷 | | |
| 5894 | | | 宾二类 | | | |
| 5895 | | | 宾一类 | 㱿 | | |
| 5896 | | | 宾一类 | | | |
| 5897 | | | 宾一类 | | | |
| 5898 | | | 宾一类 | | | |
| 5899 | | | 宾一类 | | | |
| 5900 | | | 宾三类 | | | |
| 5901 正反 | | | 宾三类 | | | |
| 5902 | | | 宾一类 | | | |
| 5903 | | 合 7996 乙 | 宾一类 | | | |
| 5904 | | | 宾三类 | | | |
| 5905 | | | 宾三类 | | | |
| 5906 | | | 宾一类 | | | |
| 5907 | | | 宾二类 | | | |
| 5908 | | | 宾一类 | | | |
| 5909 | | | 宾一类 | | | |

续表

| 著录号 | 缀合 | 重片 | 类型划分 | 贞人 | 专家分类 | 其他说明 |
|---|---|---|---|---|---|---|
| 5910 | | 合 20 | 宾三类 | | 黄宾三 | |
| 5911 | | | 宾三类 | | | |
| 5912 | 黄拼 5912+ | | 宾一类 | | | 林《醉合集》8 |
| 5913 | | | 宾二类 | | | |
| 5914 | | 合 16977 | 宾一类 | | | |
| 5915 | | | 宾一类 | | | |
| 5916 | | 合 5009 | 宾一类 | | | |
| 5917 正反 | | | 宾二类 | | | |
| 5918 | | | 宾一类 | | | |
| 5919 | | | 宾二类 | | | |
| 5920 | | | 宾二类 | | | |
| 5921 | | | 宾一类 | | | |
| 5922 | | | 宾一类 | | | |
| 5923 | | | 宾一类 | | | |
| 5924 正反 | | | 宾二类 | | | |
| 5925 | | | 宾一类 | | | |
| 5926 正反 | | | 宾二类 | | | |
| 5927 | | | 宾二类 | | | |
| 5928 | | | 宾二类 | | | |
| 5929 | | | 宾二类 | | | |
| 5930 正反 | | | 宾二类 | | | |
| 5931 | | | 宾一类 | | | |
| 5932 | | | 宾一类 | | | |
| 5933 | | | 宾二类 | | | |
| 5934 | | | 宾二类 | | | |
| 5935 | | | 宾一类 | | | |
| 5936 | | | 宾一类 | | | |
| 5937 正反 | | | 宾二类 | | | |
| 5938 | | | 宾二类 | | | |
| 5939 正反 | | | 宾二类 | | | |
| 5940 | | | 宾一类 | | | |
| 5941 | | <合 1742 | 宾二类 | | | |
| 5942 | | 合 972 | 宾一类 | | | |
| 5943 | | | 宾一类 | | | |

续表

| 著录号 | 缀合 | 重片 | 类型划分 | 贞人 | 专家分类 | 其他说明 |
|---|---|---|---|---|---|---|
| 5944 | | | 宾三类 | | | |
| 5945 | | | 宾二类 | | | |
| 5946 | | <合 13266 | 宾二类 | | | |
| 5947 | | | 宾三类 | | | |
| 5948 | | | 宾一类 | | | |
| 5949 | | | 宾一类 | 㱿 | | |
| 5950 | | | 宾二类 | | | |
| 5951 正反 | | | 宾二类 | | | |
| 5952 | | | 宾三类 | | | |
| 5953 | | | 宾一类 | | | |
| 5954 | | | 宾一类 | | | |
| 5955 | | | 宾二类 | | | |
| 5956 正反 | | | 宾二类 | | | |
| 5957 | | | 宾一类 | | | |
| 5958 | | | 宾三类 | | | |
| 5959 | | | 宾一类 | | | |
| 5960 正反 | | | 宾二类 | 爭 | | |
| 5961 正反 | | | 宾二类 | | | |
| 5962 | | | 宾一类 | | | |
| 5963 | | | 宾二类 | | | |
| 5964 正反 | | 合 13582 | 宾二类 | | | |
| 5965 | | | 宾一类 | | | |
| 5966 | | | 宾二类 | | | |
| 5967 | | | 宾一类 | | | |
| 5968 | | | 宾一类 | | | |
| 5969 | | 合 5369 | 宾一类 | | | |
| 5970 正反 | | | 宾二类 | | | |
| 5971 | | | 宾二类 | | | |
| 5972 | | | 宾三类 | | | |
| 5973 正反 | | | 宾一类 | | | |
| 5974 | | | 宾一类 | | | |
| 5975 | | | 宾二类 | | | |
| 5976 | | | 宾一类 | | | |
| 5977 正反 | | 4321 | 宾二类 | | | |

续表

| 著录号 | 缀合 | 重片 | 类型划分 | 贞人 | 专家分类 | 其他说明 |
|---|---|---|---|---|---|---|
| 5978 | | <合 6226 | 宾二类 | | | |
| 5979 | | | 宾三类 | | | |
| 5980 | | | 宾二类 | | | |
| 5981 | | >合 4926 | 宾二类 | | | |
| 5982 | | | 宾一类 | | | |
| 5983 | | | 宾一类 | | | |
| 5984 正反臼 | | | 宾一类 | | | |
| 5985 正反 | | | 宾一类 | | | |
| 5986 | | | 宾二类 | | | |
| 5987 正反 | | | 宾二类 | | | |
| 5988 正反 | | | 宾二类 | | | |
| 5989 正反 | | | 宾二类 | | | |
| 5990 | | | 宾二类 | | | |
| 5991 正反 | | | 宾二类 | | | |
| 5992 | | | 宾二类 | | | |
| 5993 | | | 宾二类 | | | |
| 5994 | | | 宾二类 | | | |
| 5995 正反 | | | 宾二类 | | | |
| 5996 正反 | | | 宾二类 | | | |
| 5997 正反 | | | 宾二类 | | | |
| 5998 | | | 宾二类 | 永 | | |
| 5999 正反 | | | 宾二类 | | | |
| 6000 | | | 宾三类 | | | |
| 6001 | | | 宾三类 | | | |
| 6002 | | <合 3826 | 宾二类 | | | |
| 6003 正反 | | | 宾二类 | | | |
| 6004 | | | 宾二类 | | | |
| 6005 正反 | | | 宾二类 | | | |
| 6006 正反 | | | 宾二类 | | | |
| 6007 | | | 宾二类 | | | |
| 6008 正反 | | | 宾二类 | | | |
| 6009 正反 | | | 宾二类 | | | |
| 6010 | | | 宾二类 | | | |

续表

| 著录号 | 缀合 | 重片 | 类型划分 | 贞人 | 专家分类 | 其他说明 |
|---|---|---|---|---|---|---|
| 6011 正反 | | | 宾二类 | | | |
| 6012 正反 | | | 宾二类 | | | |
| 6013 | | | 宾二类 | | | |
| 6014 正反 | | | 宾二类 | | | |
| 6015 正反 | | | 宾一类 | | | |
| 6016 | | | 宾一类 | | | |
| 6017 | | | 宾二类 | | | |
| 6018 正反 | | | 宾二类 | | | |
| 6019 | | | 宾三类 | | | |
| 6020 | | | 宾二类 | 爭 | | |
| 6021 | | | 宾二类 | | | |
| 6022 正反 | | | 宾二类 | | | |
| 6023 正反 | | | 宾二类 | | | |
| 6024 | | | 宾二类 | | | |
| 6025 正臼 | | | 宾二类 | | | |
| 6026 | | | 宾二类 | | | |
| 6027 正臼 | | | 宾二类 | | | |
| 6028 正反 | | | 宾二类 | | | |
| 6029 | | | 宾二类 | | | |
| 6030 | | | 宾二类 | | | |
| 6031 正反 | | | 宾二类 | | | |
| 6032 正反 | | | 宾二类 | | | |
| 6033 | | | 宾二类 | | | |
| 6034 正反 | | | 宾二类 | | | |
| 6035 | | | 宾二类 | | | |
| 6036 正反 | 黄拼 6036 正 +6342 | | 宾二类 | | | |
| 6037 正反 | | | 宾二类 | | | |
| 6038 正反 | 黄拼 6038+ 合 1203 | | 宾二类 | 爭 | | |
| 6039 正反 | | | 宾二类 | | | |
| 6040 | | | 宾二类 | 爭 | | |
| 6041 正反 | | | 宾二类 | | | |
| 6042 | | | 宾二类 | | | |
| 6043 正反 | | | 宾二类 | | | |
| 6044 | | | 宾二类 | | | |

续表

| 著录号 | 缀合 | 重片 | 类型划分 | 贞人 | 专家分类 | 其他说明 |
|---|---|---|---|---|---|---|
| 6045 | | | 宾二类 | | | |
| 6046 | | | 宾一类 | | | |
| 6047 正反 | | | 宾一类 | | | |
| 6048 | | | 宾二类 | | | |
| 6049 | | | 自小字类 | | | 非宾 |
| 6050 | | | 宾二类 | | | |
| 6051 正反 | | | 宾一类 | | | |
| 6052 | | | 宾二类 | | | |
| 6053 | | | 宾二类 | 爭 | | |
| 6054 正反 | | | 宾二类 | | | |
| 6055 | | | 宾二类 | | | |
| 6056 正反 | | | 宾一类 | | | |
| 6057 正反 | | | 宾二类 | | | |
| 6058 | | | 宾二类 | | | |
| 6059 | | | 宾二类 | | | |
| 6060 | | | 宾二类 | | | |
| 6061 | | | 宾二类 | | | |
| 6062 正反 | | | 宾二类 | | | |
| 6063 正反 | | | 宾一类 | | | |
| 6064 | | | 宾一类 | | | |
| 6065 | | | 宾二类 | | | |
| 6066 | | | 宾二类 | | | |
| 6067 | | | 宾二类 | | | |
| 6068 | | | 宾二类 | | | |
| 6069 | | 6157 | 宾二类 | | | |
| 6070 正反 | | | 宾二类 | | | |
| 6071 正反 | | | 宾二类 | | | |
| 6072 | | | 自小字类 | | | 非宾 |
| 6073 | | | 自小字类 | | | 非宾 |
| 6074 | | | 宾二类 | | | |
| 6075 | | | 宾二类 | | | |
| 6076 正反 | | | 宾二类 | | | |
| 6077 | | 合 18616 | 宾一类 | | | |
| 6078 正反 | | | 宾二类 | | | |

续表

| 著录号 | 缀合 | 重片 | 类型划分 | 贞人 | 专家分类 | 其他说明 |
|---|---|---|---|---|---|---|
| 6079 | | | 宾一类 | | | |
| 6080 | | | 宾二类 | | | |
| 6081 | | | 宾二类 | | | |
| 6082 | | | 宾一类 | | | |
| 6083 | | 合 15825 | 宾二类 | | | |
| 6084 正反 | | | 宾二类 | | | |
| 6085 | | | 宾二类 | | | |
| 6086 正反 | | | 宾二类 | | | |
| 6087 | | | 宾二类 | | | |
| 6088 | | | 宾二类 | | | |
| 6089 | | | 宾二类 | | | |
| 6090 | | | 宾二类 | | | |
| 6091 | | | 宾二类 | | | |
| 6092 正反 | | | 宾二类 | | | |
| 6093 正反 | | | 宾二类 | | | |
| 6094 | | 合 18712 | 宾三类 | | | |
| 6095 正反 | | | 宾一类 | | | |
| 6096 正反 | | | 宾二类 | | | |
| 6097 | | | 宾二类 | | | |
| 6098 | | | 𠂤小字类 | | | 非宾 |
| 6099 正反 | | | 宾二类 | | | |
| 6100 正反 | | | 宾二类 | | | |
| 6101 | | | 宾二类 | | | |
| 6102 | | | 宾一类 | | | |
| 6103 正反 | | | 宾二类 | | | |
| 6104 正反 | | | 宾一类 | | | |
| 6105 | | | 宾一类 | | | |
| 6106 | | | 宾一类 | | | |
| 6107 | | | 宾二类 | | | |
| 6108 正反 | | | 宾二类 | | | |
| 6109 正反 | | | 宾二类 | | | |
| 6110 | | | 𠂤大字类 | | | 非宾 |
| 6111 正反 | | | 宾二类 | | | |
| 6112 | | | 出一类 | | | 非宾 |

续表

| 著录号 | 缀合 | 重片 | 类型划分 | 贞人 | 专家分类 | 其他说明 |
|---|---|---|---|---|---|---|
| 6113 正反 | 黄拼 6113+ 合 10584 | | 宾二类 | 亘 | | |
| 6114 正反 | | | 宾一类 | | | |
| 6115 | | | 宾一类 | | | |
| 6116 | | | 宾二类 | | | |
| 6117 正反 | | | 宾一类 | | | |
| 6118 正反 | | | 宾二类 | | | |
| 6119 | | | 宾二类 | | | |
| 6120 正反 | | | 宾二类 | | | |
| 6121 | | | 宾二类 | | | |
| 6122 | | | 宾二类 | | | |
| 6123 | | 合 8081 正 | 宾二类 | | | |
| 6124 | | | 宾一类 | | | |
| 6125 | | | 宾二类 | | | |
| 6126 | | | 宾三类 | | | |
| 6127 | | 8630 | 宾一类 | | | |
| 6128 | | | 宾一类 | | | |
| 6129 正反 | | | 宾二类 | | | |
| 6130 正反 | | 合 8690 | 宾二类 | | | |
| 6131 正反 | | | 宾二类 | | | |
| 6132 正反 | | | 宾一类 | | | |
| 6133 | | | 宾二类 | | | 笔书 |
| 6134 | | | 宾一类 | | | |
| 6135 | | | 宾一类 | | | |
| 6136 | | | 宾二类 | | | |
| 6137 | | | 宾二类 | | | |
| 6138 | | 2535 | 宾一类 | | | |
| 6139 | | | 宾二类 | | | |
| 6140 | | | 宾二类 | | | |
| 6141 | | | 宾二类 | | | |
| 6142 | | | 宾二类 | | | |
| 6143 | | | 宾一类 | | | |
| 6144 正反 | | | 宾二类 | | | |
| 6145 正反 | | | 宾二类 | | | |
| 6146 正反 | | | 宾二类 | | | |

续表

| 著录号 | 缀合 | 重片 | 类型划分 | 贞人 | 专家分类 | 其他说明 |
|---|---|---|---|---|---|---|
| 6147 正反 | | | 宾二类 | | | |
| 6148 | | | 宾二类 | | | |
| 6149 正反 | | | 宾二类 | | | |
| 6150 | | | 宾一类 | | | |
| 6151 | | | 宾二类 | | | |
| 6152 | | | 宾二类 | | | |
| 6153 | | | 宾二类 | | | |
| 6154 正反 | | | 宾一类 | | | |
| 6155 正反 | | | 宾一类 | | | |
| 6156 | | | 宾一类 | | | |
| 6157 | | 6069 | 宾二类 | | | |
| 6158 | | | 宾三类 | | | |
| 6159 正反 | | | 宾二类 | | | |
| 6160 | | | 宾二类 | | | |
| 6161 | | | 宾二类 | | | |
| 6162 正反 | | | 宾二类 | | | |
| 6163 | | | 宾二类 | | | |
| 6164 | | | 宾二类 | | | |
| 6165 | | | 宾一类 | | | |
| 6166 | | | 宾一类 | | | |
| 6167 | | | 宾一类 | | | |
| 6168 | | <合 14959 | 宾二类 | | | |
| 6169 | | | 宾二类 | | | |
| 6170 | | | 宾二类 | | | |
| 6171 | | | 宾二类 | | | |
| 6172 | | | 宾二类 | | | |
| 6173 正反 | | 合 4627 | 宾三类 | | | |
| 6174 | | 合 7978、合 40626 摹本 | 宾一类 | | | |
| 6175 | | | 宾二类 | | | |
| 6176 正反 | | | 宾三类 | | | |
| 6177 | | | 宾二类 | | | |
| 6178 | | | 宾二类 | | | |
| 6179 | | | 宾二类 | | | |

续表

| 著录号 | 缀合 | 重片 | 类型划分 | 贞人 | 专家分类 | 其他说明 |
|---|---|---|---|---|---|---|
| 6180 | | | 宾三类 | | | |
| 6181 正反 | | | 宾二类 | | | |
| 6182 | | | 宾二类 | | | |
| 6183 | | <合 4550 正乙 | 宾一类 | | | |
| 6184 | | | 宾三类 | | | |
| 6185 | | | 出一类 | | | 非宾 |
| 6186 | | | 宾三类 | | | |
| 6187 | | | 宾三类 | | | |
| 6188 | | | 宾三类 | | | |
| 6189 | | | 宾二类 | | | |
| 6190 | | | 宾二类 | | | |
| 6191 正反 | 黄拼 6191 正 + 合 5411 | | 宾一类 | | | 笔书 |
| 6192 正反 | | | 宾二类 | | | |
| 6193 | | | 宾二类 | | | |
| 6194 | | | 宾一类 | | | |
| 6195 | | | 宾一类 | | | |
| 6196 | | | 宾二类 | | | |
| 6197 正反 | | | 宾一类 | | | |
| 6198 | | 合 129 | 宾一类 | | | |
| 6199 | | | 宾一类 | | | |
| 6200 | | | 宾一类 | | | |
| 6201 | | 合 4651 | 宾二类 | | | |
| 6202 | 明后 1683= 合 8144+ 合 3328 | | 宾二类 | | | |
| 6203 | | 合 20806 | 自小字类 | | | 非宾 |
| 6204 | | | 宾一类 | | | |
| 6205 | | 合 6663 | 宾三类 | | | |
| 6206 | | | 宾二类 | | | |
| 6207 | | | 宾三类 | | | |
| 6208 | | | 宾二类 | | | |
| 6209 | | | 宾二类 | | | |
| 6210 正反 | | | 宾二类 | | | |
| 6211 | | | 宾二类 | | | |
| 6212 | | | 宾一类 | | | |

续表

| 著录号 | 缀合 | 重片 | 类型划分 | 贞人 | 专家分类 | 其他说明 |
|---|---|---|---|---|---|---|
| 6213 正反 | | | 宾二类 | | | |
| 6214 | | | 宾一类 | | | |
| 6215 | | | 宾一类 | | | |
| 6216 | | | 宾二类 | | | |
| 6217 | | 合 10860 | 宾一类 | | | |
| 6218 | | | 宾一类 | | | |
| 6219 | | | 宾三类 | | | |
| 6220 正反 | | | 宾三类 | | | |
| 6221 | | | 宾二类 | | | |
| 6222 | | | 宾二类 | | | |
| 6223 | | | 宾二类 | | | |
| 6224 | | | 宾一类 | | | |
| 6225 | | | 宾二类 | | | |
| 6226 | | | 宾一类 | | | |
| 6227 | | | 宾一类 | | | |
| 6228 正反 | | | 宾一类 | | | |
| 6229 | | | 宾一类 | | | |
| 6230 | | | 宾三类 | | | |
| 6231 | | | 宾三类 | | | |
| 6232 | | | 宾二类 | | | |
| 6233 | | | 宾三类 | | | |
| 6234 | | | 宾二类 | | | |
| 6235 | | | 宾一类 | | | |
| 6236 | | | 宾二类 | | | |
| 6237 | | | 宾二类 | | | |
| 6238 | | | 宾二类 | | | |
| 6239 | | | 宾二类 | | | |
| 6240 | | | 宾二类 | | | |
| 6241 | | | 宾二类 | | | |
| 6242 | | | 宾二类 | | | |
| 6243 | | | 宾二类 | | | |
| 6244 | | | 宾一类 | | | |
| 6245 | | | 宾一类 | | | |
| 6246 | | | 宾一类 | | | |

续表

| 著录号 | 缀合 | 重片 | 类型划分 | 贞人 | 专家分类 | 其他说明 |
|---|---|---|---|---|---|---|
| 6247 | | | 宾二类 | | | |
| 6248 | | | 宾二类 | | | |
| 6249 | | | 宾二类 | | | |
| 6250 | | | 宾二类 | | | |
| 6251 | | | 宾二类 | | | |
| 6252 | | | 宾二类 | | | |
| 6253 | | | 宾二类 | | | |
| 6254 | | | 宾二类 | | | |
| 6255 | | | 宾二类 | | | |
| 6256 | | | 宾二类 | | | |
| 6257 | | | 待考 | | | |
| 6258 | | | 宾二类 | | | |
| 6259 | | | 宾二类 | | | |
| 6260 正反 | | | 宾二类 | | | |
| 6261 | 黄拼 6261+ | | 宾二类 | | | 林《醉古集》100 |
| 6262 | | 合 9778 | 宾一类 | | | |
| 6263 | | | 宾一类 | | | |
| 6264 正反 | | | 宾二类 | | | |
| 6265 | | | 宾二类 | | | |
| 6266 | | 合 452 | 宾三类 | | | |
| 6267 正反 | | | 宾二类 | | | |
| 6268 | | | 宾二类 | | | |
| 6269 正反 | | | 宾二类 | | | |
| 6270 | | | 宾二类 | | | |
| 6271 | | | 宾一类 | | | |
| 6272 | | | 宾二类 | | | |
| 6273 | | | 宾二类 | | | |
| 6274 | | | 宾二类 | | | |
| 6275 | | | 宾二类 | | | |
| 6276 | | | 宾二类 | | | |
| 6277 | | | 宾三类 | | | |
| 6278 正反 | | | 宾二类 | | | |
| 6279 | | | 宾二类 | | | |
| 6280 | | | 宾二类 | | | |

续表

| 著录号 | 缀合 | 重片 | 类型划分 | 贞人 | 专家分类 | 其他说明 |
|---|---|---|---|---|---|---|
| 6281 | | | 宾二类 | | | |
| 6282 正反 | | | 宾二类 | | | |
| 6283 | | | 宾二类 | | | |
| 6284 | | | 宾二类 | | | |
| 6285 | | | 宾一类 | | | |
| 6286 | | | 宾一类 | | | |
| 6287 | | | 宾三类 | | | |
| 6288 | | | 宾二类 | | | |
| 6289 正反 | | | 宾二类 | | | |
| 6290 | | | 宾一类 | | | |
| 6291 | | | 宾一类 | | | |
| 6292 | 黄拼 6292+ | | 宾一类 | | | 林《醉古集》102 |
| 6293 | | 6452 | 宾二类 | | | |
| 6294 | | 合 16041 | 宾一类 | | | |
| 6295 | | | 宾二类 | | | |
| 6296 | | | 宾二类 | | | |
| 6297 | | | 宾一类 | | | |
| 6298 | | | 宾三类 | | | |
| 6299 | | | 宾三类 | | | |
| 6300 正反 | | | 宾一类 | | | |
| 6301 | | | 宾三类 | | | |
| 6302 | | | 宾三类 | | | |
| 6303 | | | 宾三类 | | | |
| 6304 正反 | | | 宾三类 | | | |
| 6305 | | | 宾一类 | | | |
| 6306 | | | 自宾间类 | | | |
| 6307 | | | 宾二类 | | | |
| 6308 | | | 宾一类 | | | |
| 6309 | | | 宾一类 | | | |
| 6310 | | | 宾一类 | | | |
| 6311 正反 | | | 宾二类 | | | |
| 6312 正反 | | | 宾二类 | | | |
| 6313 正反 | | | 宾一类 | | | |
| 6314 | | | 宾一类 | | | |

续表

| 著录号 | 缀合 | 重片 | 类型划分 | 贞人 | 专家分类 | 其他说明 |
|---|---|---|---|---|---|---|
| 6315 正反 | | | 宾二类 | | | |
| 6316 | | | 宾三类 | | | |
| 6317 | | | 宾二类 | | | |
| 6318 正反 | | | 宾二类 | | | |
| 6319 | | | 宾三类 | | | |
| 6320 | 黄拼 6320+ 英 848 | 3403 | 宾二类 | | | |
| 6321 正反 | | | 宾二类 | | | |
| 6322 正反 | | | 宾二类 | | | |
| 6323 | | | 𠂤大字类 | | | 非宾 |
| 6324 | | | 宾二类 | | | |
| 6325 | | | 宾二类 | | | |
| 6326 | | | 宾一类 | | | |
| 6327 | | | 宾一类 | | | |
| 6328 | | | 宾一类 | | | |
| 6329 正反 | | | 宾二类 | | | |
| 6330 正反 | | | 宾三类 | | | |
| 6331 | | | 宾三类 | | | |
| 6332 | | | 宾三类 | | | |
| 6333 | | | 宾二类 | | | |
| 6334 | | | 宾二类 | | | |
| 6335 | | | 宾二类 | | | |
| 6336 | | | 宾一类 | | | |
| 6337 正反 | | | 宾三类 | | | |
| 6338 | | | 宾二类 | | | |
| 6339 正反 | | | 宾二类 | | | |
| 6340 正反 | | | 宾二类 | 𣪊 | | |
| 6341 | | | 宾二类 | 宊 | | |
| 6342 | 黄拼 6342+6036 正 | | 宾二类 | | | |
| 6343 | | | 宾二类 | | | |
| 6344 | | | 宾三类 | | | |
| 6345 | | | 宾二类 | | | |
| 6346 | | | 宾二类 | | | |
| 6347 | | | 宾一类 | | | |
| 6348 | | | 宾一类 | | | |

续表

| 著录号 | 缀合 | 重片 | 类型划分 | 贞人 | 专家分类 | 其他说明 |
|---|---|---|---|---|---|---|
| 6349 | | | 宾一类 | | | |
| 6350 | | | 宾一类 | | | |
| 6351 正反 | | ＞合 17336 | 宾二类 | | | |
| 6352 正反 | | | 宾二类 | | | |
| 6353 | | | 宾二类 | | | |
| 6354 | | | 宾二类 | | | |
| 6355 | | | 宾二类 | | | |
| 6356 | | | 宾二类 | | | |
| 6357 | | | 宾二类 | | | |
| 6358 | | | 宾三类 | 王 | | |
| 6359 正反 | | | 宾二类 | | | 笔书 |
| 6360 | | | 宾二类 | | | |
| 6361 | | | 宾一类 | | | |
| 6362 | | | 宾二类 | | | |
| 6363 | | | 宾二类 | | | |
| 6364 | | | 宾一类 | | | |
| 6365 | | | 宾二类 | | | |
| 6366 正反 | | | 宾二类 | | | |
| 6367 正反 | 黄拼 6367 正反 + 北大 2187 正反 | | 宾二类 | | | |
| 6368 正反 | | | 宾二类 | | | |
| 6369 正反 | | | 宾二类 | | | |
| 6370 | | | 宾二类 | | | |
| 6371 | | | 宾二类 | | | |
| 6372 正反 | | | 宾二类 | 爭、古 | | |
| 6373 正反 | | | 宾二类 | | | |
| 6374 | | | 宾三类 | | | |
| 6375 正反 | | | 宾二类 | | | |
| 6376 正反 | | | 宾三类 | | | |
| 6377 | | | 宾一类 | | | |
| 6378 | | | 宾二类 | | | |
| 6379 正反 | | | 宾二类 | | | |
| 6380 正反 | | | 宾三类 | | | |
| 6381 | | | 宾二类 | 爭 | | |

续表

| 著录号 | 缀合 | 重片 | 类型划分 | 贞人 | 专家分类 | 其他说明 |
|---|---|---|---|---|---|---|
| 6382 | | | 宾二类 | | | |
| 6383 | | | 宾一类 | | | |
| 6384 | | | 宾一类 | | | |
| 6385 | | | 宾一类 | | | |
| 6386 | | | 自宾间类 | | | |
| 6387 正反 | | | 待考 | 耳 | | |
| 6388 正反 | | | 宾三类 | | | |
| 6389 | | | 宾三类 | | | |
| 6390 | | | 宾二类 | | | |
| 6391 正反 | | | 宾二类 | | | |
| 6392 | | <合 14047（合 11723） | 宾二类 | | | |
| 6393 正反 | | | 宾二类 | | | |
| 6394 正反 | | | 宾二类 | | | |
| 6395 | | | 宾二类 | | | |
| 6396 | | | 宾二类 | | | |
| 6397 | | | 宾三类 | | | |
| 6398 | | | 宾一类 | | | |
| 6399 | | | 宾二类 | | | |
| 6400 | | | 宾二类 | | | |
| 6401 | | <6540=合 11917、合 3156 照片 | 宾二类 | | | |
| 6402 正反 | | | 宾二类 | | | |
| 6403 正反 | | | 宾二类 | | | |
| 6404 | | | 宾二类 | | | |
| 6405 | | | 宾二类 | | | |
| 6406 | | | 宾三类 | 穷、事 | | |
| 6407 | | | 宾二类 | | | |
| 6408 正反 | | | 宾二类 | | | |
| 6409 | | | 宾二类 | | | |
| 6410 | | | 宾二类 | | | |
| 6411 | | | 宾二类 | | | |
| 6412 正反 | | | 宾二类 | | | |
| 6413 | | | 宾二类 | | | |

续表

| 著录号 | 缀合 | 重片 | 类型划分 | 贞人 | 专家分类 | 其他说明 |
|---|---|---|---|---|---|---|
| 6414 | | | 宾二类 | | | |
| 6415 | | | 宾二类 | | | |
| 6416 | | | 宾一类 | | | |
| 6417 | | | 宾一类 | | | |
| 6418 | | | 宾一类 | | | |
| 6419 | | | 宾一类 | | | |
| 6420 | | | 宾一类 | | | |
| 6421 正反 | | | 宾二类 | | | |
| 6422 | | | 宾二类 | | | |
| 6423 | | | 宾二类 | | | |
| 6424 正反 | | 反 = 合 18644 | 宾二类 | | | |
| 6425 | | 合 4560 | 宾二类 | | | |
| 6426 | | | 宾二类 | | | |
| 6427 正反 | | | 宾二类 | | | |
| 6428 | | | 宾一类 | | | |
| 6429 正反 | | | 宾一类 | | | |
| 6430 | | | 宾一类 | | | |
| 6431 正反 | | | 宾一类 | | | |
| 6432 | | | 𠂤小字类 | | | 非宾 |
| 6433 | | | 宾二类 | | | |
| 6434 正反 | | | 宾二类 | | | |
| 6435 | | | 宾二类 | | | |
| 6436 | | | 𠂤宾间类 | | | |
| 6437 | | | 宾二类 | | | |
| 6438 | 黄拼 6438+ 合 6062 | | 宾二类 | | | 笔书 |
| 6439 | | | 宾二类 | | | |
| 6440 正反 | | | 宾二类 | | | |
| 6441 正反 | | | 宾二类 | | | |
| 6442 正反 | | | 宾二类 | | | |
| 6443 | 黄拼 6443+ 合 11173 | | 宾二类 | | | 笔书 |
| 6444 | | | 宾二类 | | | |
| 6445 | | | 宾二类 | | | |
| 6446 | | | 宾二类 | | | |
| 6447 | | | 宾二类 | | | |

续表

| 著录号 | 缀合 | 重片 | 类型划分 | 贞人 | 专家分类 | 其他说明 |
|---|---|---|---|---|---|---|
| 6448 | | | 宾二类 | | | |
| 6449 | | | 宾二类 | | | |
| 6450 | | | 宾二类 | | | |
| 6451 | | | 宾二类 | | | |
| 6452 | | | 宾二类 | | | |
| 6453 | | | 宾二类 | | | |
| 6454 | | | 宾二类 | | | |
| 6455 | | | 宾二类 | 穷 | | |
| 6456 正反 | | | 待考 | | | |
| 6457 | | | 待考 | | | |
| 6458 | | | 宾一类 | | | |
| 6459 | | | 宾二类 | | | |
| 6460 | | | 宾二类 | | | |
| 6461 | | 合 9441 | 宾一类 | | | |
| 6462 正反 | | | 宾二类 | | | |
| 6463 | | | 宾二类 | | | |
| 6464 | | | 宾二类 | | | |
| 6465 正反 | | | 宾三类 | | | |
| 6466 | | | 待考 | | | |
| 6467 正反 | | | 宾二类 | | | |
| 6468 | | | 宾一类 | | | |
| 6469 正反 | | | 自宾间类 | | | |
| 6470 | | | 宾一类 | | | |
| 6471 | | | 宾二类 | | | |
| 6472 | | | 宾一类 | | | |
| 6473 | | | 自小字类 | | | 非宾 |
| 6474 | | | 宾一类 | | | |
| 6475 | | 合 8250 正 | 宾二类 | | | |
| 6476 正反 | | | 宾三类 | | | |
| 6477 | | | 宾二类 | | | |
| 6478 | | | 宾二类 | | | |
| 6479 | | | 宾二类 | | | |
| 6480 | | | 宾一类 | | | |
| 6481 | | | 宾一类 | | | |

续表

| 著录号 | 缀合 | 重片 | 类型划分 | 贞人 | 专家分类 | 其他说明 |
|---|---|---|---|---|---|---|
| 6482 | | | 宾一类 | | | |
| 6483 正反 | | | 宾一类 | | | |
| 6484 | | | 宾二类 | | | |
| 6485 | | | 宾二类 | | | |
| 6486 | | | 宾一类 | | | |
| 6487 | | | 宾二类 | | | |
| 6488 正反 | | | 宾二类 | | | |
| 6489 | | | 宾二类 | | | |
| 6490 | | | 宾二类 | | | |
| 6491 正反 | | | 宾二类 | | | |
| 6492 | | | 宾一类 | | | |
| 6493 正反 | | | 宾一类 | | | |
| 6494 正反 | | | 宾二类 | | | |
| 6495 正反 | | | 宾二类 | | | |
| 6496 | | | 宾二类 | | | |
| 6497 | | | 宾一类 | | | |
| 6498 正反 | | | 宾二类 | | | |
| 6499 正反 | | | 宾二类 | | | |
| 6500 | | 合 15220 正 | 宾一类 | | | |
| 6501 | | 合 2957 | 宾二类 | | | |
| 6502 | | | 宾一类 | | | |
| 6503 | | | 宾三类 | | | |
| 6504 正反 | | | 宾三类 | | | |
| 6505 正反 | | | 宾二类 | | | |
| 6506 | | | 宾二类 | | | |
| 6507 正反 | | | 宾三类 | | | |
| 6508 | | | 宾二类 | | | |
| 6509 | | | 宾一类 | | | |
| 6510 | | | 宾一类 | | | |
| 6511 甲乙 | 蔡续 6.12= 合 8672<br>遥缀合 8564 | 合 8672=<br>6511 甲；<br>合8564=6511乙 | 宾二类 | | | |
| 6512 | 黄拼 6512+ 英 476 | | 宾二类 | 㱿 | | 蔡缀 15=<br>合 7572+ 合 17869 |
| 6513 | | | 宾三类 | 㱿 | | |

续表

| 著录号 | 缀合 | 重片 | 类型划分 | 贞人 | 专家分类 | 其他说明 |
|---|---|---|---|---|---|---|
| 6514 | | | 宾三类 | | | |
| 6515 | | | 宾三类 | 事 | | |
| 6516 正反 | 黄拼 6516 正反 +3547 | | 宾三类 | 事 | | |
| 6517 | | | 宾二类 | | | |
| 6518 | | | 宾二类 | | | |
| 6519 | | | 宾二类 | | | |
| 6520 | | | 宾三类 | | | |
| 6521 | | | 宾二类 | | | |
| 6522 | | | 宾三类 | | | |
| 6523 正反 | 黄拼 6523 正反（＝东大类 0571 类）+ 萧（合 584+ 合 9498）+ 合 7143 | | 宾二类 | | | 笔书 |
| 6524 | | | 宾二类 | | | |
| 6525 | | | 宾三类 | | | |
| 6526 正反 | | | 宾二类 | | | |
| 6527 正反 | | | 宾二类 | | | |
| 6528 | | 合 11750 | 宾二类 | | | |
| 6529 正反 | | | 宾二类 | | | 笔书 |
| 6530 正反 | | | 宾二类 | | | 笔书 |
| 6531 | | | 宾二类 | | | |
| 6532 | | 合 19531 | 宾一类 | | | |
| 6533 | 黄拼 6533+579+ 东文研 1234 | | 宾二类 | | | |
| 6534 正反 | | 1350 正 = 合 19117 | 宾一类 | | | |
| 6535 | | | 宾二类 | | | |
| 6536 正反 | | | 宾二类 | | | |
| 6537 | | | 宾二类 | | | |
| 6538 | | | 宾三类 | | | |
| 6539 | | | 宾一类 | | | |
| 6540 | | ＞6401= 合 3156 | 宾二类 | | | |
| 6541 | | | 宾二类 | | | |

续表

| 著录号 | 缀合 | 重片 | 类型划分 | 贞人 | 专家分类 | 其他说明 |
|---|---|---|---|---|---|---|
| 6542 正反 | | | 宾二类 | | | |
| 6543 | | | 历草类 | | | 非宾 |
| 6544 | | 10423=合 32282 | 宾二类 | | | |
| 6545 | | | 宾二类 | | | |
| 6546 | | | 待考 | | | |
| 6547 | | | 宾三类 | | | |
| 6548（照片） | | 合 13265 | 宾三类 | | | |
| 6549 | | <合 5711 | 宾三类 | | | |
| 6550 | | | 宾三类 | | | |
| 6551 | | | 宾二类 | | | |

# 附录五　宾组卜辞（《英国》部分）类型划分及其他类项一览表

| 著录号 | 缀合 | 重片 | 类型划分 | 贞人 | 专家分类 | 其他说明 |
|---|---|---|---|---|---|---|
| 19 | | | 宾三类 | | | |
| 22 | | | 宾三类 | 争、𠱓 | | |
| 26 | | | 宾一类 | 争 | | |
| 27 | | | 宾一类 | 争 | | |
| 38 | 黄拼 38+ 合 8996 | 合 39500 | 宾二类 | | | |
| 39 | 黄拼 39+ 合 13225 | 合 39588 | 宾二类 | | | |
| 46 | | | 宾三类 | 古、𠱓 | | |
| 57 | | | 宾三类 | | | |
| 71 | | | 宾一类 | 𣪊 | | |
| 72 | | | 宾一类 | | | |
| 82 | 黄拼 82+ 合 17354 | | 宾三类 | 宾 | | |
| 83 | | 合 39620 | 宾二类 | | | |
| 84 | | | 宾二类 | | | |
| 85 | | 合 39560 正反 | 宾二类 | | | |
| 86 正反 | | | 宾二类 | | | |
| 87 | | | 宾二类 | 亘 | | |
| 88 | | | 宾二类 | | | |
| 89 | | | 宾一类 | | | |
| 90 | | | 宾二类 | | | |
| 91 | | | 宾二类 | | | |
| 92 | | | 宾二类 | | | |
| 93 | | | 宾二类 | | | |
| 94 正反 | | | 宾三类 | | 黄宾三 | |
| 95 | | | 宾二类 | | | |
| 96 | | 合 39627 | 宾二类 | | | |
| 97 正反 | | 合 40372 正 | 宾二类 | | | |
| 98 | | 合 39637 | 宾二类 | | | |
| 99 | | | 宾二类 | | | |

续表

| 著录号 | 缀合 | 重片 | 类型划分 | 贞人 | 专家分类 | 其他说明 |
| --- | --- | --- | --- | --- | --- | --- |
| 100 正反 | | | 宾二类 | | | |
| 101 | | | 宾二类 | | | |
| 102 | | 合 39640 | 宾一类 | | 李彭宾一 A | |
| 103 | | | 宾二类 | | | |
| 104 | | 合 39641 | 宾二类 | | | 笔书 |
| 105 正反 | | | 宾二类 | | | |
| 106 | | 合 39629 | 宾二类 | | | |
| 107 正反 | | | 宾二类 | | | |
| 108 | | | 宾二类 | | | |
| 109 | | | 宾二类 | | | |
| 110 正反 | | 合 40997 正 | 宾二类 | | | |
| 111 正反 | | 合 39643 正 | 宾二类 | | | |
| 112 正反 | | | 宾二类 | | | |
| 113 | | 合 39650 | 宾二类 | | | |
| 114 | | | 宾一类 | | | |
| 115 | | | 宾二类 | | | |
| 116 | | 合 39677 | 宾二类 | | | |
| 117 正反 | | 合 39678 正反 | 宾二类 | | 黄典宾<br>李彭宾一 B | |
| 118 | | | 宾二类 | | 黄典宾 | |
| 119 | | | 宾一类 | | | |
| 120 | | 合 39679 | 宾二类 | | | |
| 121 | | | 宾二类 | | | |
| 122 | | 合 39681 | 宾二类 | | | |
| 123 | | | 宾二类 | | | |
| 124 正反 | | | 宾二类 | | | |
| 125 正反 | 黄拼英 125 正 + 合 14074+ 合 663+ 东文库 111 正倒 | 合 40384 正 | 宾一类 | 穷 | | |
| 126 | | 合 39680 | 宾二类 | 穷、亘 | | |
| 127 正反 | | | 宾二类 | | | 笔书 |
| 128 | | | 宾二类 | | | |
| 129 | | 合 40524 | 宾二类 | | | |
| 130 | | | 宾二类 | | | |
| 131 | | 合 40380 | 宾一类 | | | |

续表

| 著录号 | 缀合 | 重片 | 类型划分 | 贞人 | 专家分类 | 其他说明 |
|---|---|---|---|---|---|---|
| 132 | | 合 39689 | 宾二类 | | | |
| 133 | | 合 39688 | 宾二类 | | | |
| 134 | | | 宾二类 | | | 笔书 |
| 135 | | | 宾二类 | 争 | | |
| 136 | | 合 40762 | 宾二类 | 㱿 | | |
| 137 | | | 宾二类 | | 黄典宾<br>李彭宾一 B | |
| 138 | | | 宾二类 | | | |
| 139 | | | 宾二类 | | | |
| 140 | | 合 39687 | 宾二类 | | | |
| 141 | | | 宾二类 | | | |
| 142 | | 41008 | 出一类 | | | 非宾 |
| 143 | | | 宾一类 | | | |
| 144 | | | 宾一类 | | | |
| 145 正反 | | | 宾一类 | 宕 | | |
| 146 | | | 宾一类 | | | |
| 147 正反 | | | 宾一类 | | | 笔书 |
| 148 正反 | | 合 39694 正反 | 宾二类 | 㱿 | | |
| 149 正反 | | 合 39521 正反 | 宾二类 | 争、亘 | | |
| 150 正反 | | 合 39902 正反 | 宾二类 | | | |
| 151 | | 合 39953 | 宾二类 | 争 | 李彭宾一 B | |
| 152 | | 合 39986 | 宾二类 | | | |
| 153 正反 | | 合 39652 正反 | 宾二类 | | | |
| 154 正反臼 | | | 宾二类 | 宕 | | |
| 155 | | 合 39653 | 宾二类 | | | |
| 156 | | | 宾二类 | | | |
| 157 | | | 宾二类 | | | |
| 158 | | | 宾二类 | 宕 | | |
| 159 | | | 宾二类 | | | |
| 160 | 黄拼 160+ 天理 81 | 合 39665 | 宾二类 | | | |
| 161 | | 合 39657 | 宾二类 | | | |
| 162 正反 | | 合 39655 正反 | 宾二类 | 㱿、争 | | |

续表

| 著录号 | 缀合 | 重片 | 类型划分 | 贞人 | 专家分类 | 其他说明 |
|---|---|---|---|---|---|---|
| 163 | 2770+ 合 8991 | 合 39663 | 宾二类 | | | |
| 164 | | 合 40383 | 宾二类 | 亘 | | |
| 165 | | 合 39656 | 宾二类 | | | |
| 166 | | | 宾二类 | | | |
| 167 | | | 宾二类 | 𣪊 | | |
| 168 正反 | | | 宾二类 | | | |
| 169 正反 | | | 宾二类 | 𣪊 | | |
| 170 | | 合 39667 | 宾二类 | | | |
| 171 | | | 宾二类 | 𣪊 | | |
| 172 | | 合 39670 | 宾二类 | | | |
| 173 正反 | | 合 39671 正 | 宾二类 | | | |
| 174 正反 | | 合 40854 正反 | 宾一类 | 内 | | |
| 175 | | | 宾二类 | | | |
| 176 | | | 宾二类 | 𣪊 | | |
| 177 | | 合 39672 | 宾二类 | | 黄典宾<br>李彭宾一 B | |
| 178 | | | 宾二类 | | | |
| 179 正反 | | 合 40512 正反 | 宾二类 | 𣪊 | | |
| 180 | | 合 40515 | 宾二类 | 𣪊 | | |
| 181 | | 合 39676 | 宾二类 | | 黄典宾 | |
| 182 | | | 宾二类 | | | |
| 183 | | | 宾二类 | | | |
| 184 | | 合 39698 | 宾一、二类 | | | 据字体倾向分在宾三类 |
| 185 正反 | | | 宾二类 | 亘 | | |
| 186 | | 合 39073 | 宾三类 | 王 | | |
| 187 | | 合 39700 | 宾一类 | 王 | | |
| 188 | 黄拼 188+ 合 7278 | 合 39701 | 宾二类 | | | |
| 189 | | 合 39708 | 宾二类 | | | |
| 190 | | | 宾二类 | | | |
| 191 | | 合 39482 | 宾二类 | | | |
| 192 | | | 宾二类 | | | |
| 193 正反 | | 合 39705 正反 | 宾二类 | 穷 | | |
| 194 | | | 宾二类 | | | |
| 195 | | | 宾二类 | | | |

续表

| 著录号 | 缀合 | 重片 | 类型划分 | 贞人 | 专家分类 | 其他说明 |
|---|---|---|---|---|---|---|
| 196 | | | 宾二类 | | | |
| 197 | | 合 39711 | 宾一类 | 㱿 | | |
| 198 | | | 宾一类 | 爭 | | |
| 199 正反 | | 合 39713 正反 | 宾二类 | 爭、永 | | |
| 200 | | | 宾二类 | 穷、永 | | |
| 201 | | | 宾二类 | 穷、㱿 | 李彭宾一 B | |
| 202 | | | 宾二类 | 㱿、爭 | | |
| 203 | | | 宾二类 | 㱿、爭 | | |
| 204 | | | 宾一类 | 㱿 | | |
| 205 | | | 宾一类 | 㱿 | | |
| 206 | | | 宾一类 | 㱿 | | |
| 207 正反 | 黄拼 207 反 +492（合补 13185） | | 宾二类 | 㱿 | | |
| 208 | | | 宾二类 | 㱿 | | |
| 209 | | | 宾二类 | 㱿 | | |
| 210 | | | 宾二类 | 㱿 | | |
| 211 正臼 | | | 宾二类 | 㱿 | | |
| 212 | | | 宾二类 | 㱿 | | |
| 213 | | | 宾二类 | 㱿 | | |
| 214 | | | 宾二类 | 㱿 | | |
| 215 正反 | | 合 39725 正反 | 宾二类 | 㱿 | | |
| 216 | | | 宾二类 | 㱿 | | |
| 217 | | | 宾二类 | 㱿 | | |
| 218 | | 合 40470 | 宾二类 | 㱿 | | |
| 219 | | | 宾二类 | 㱿、亘 | | |
| 220 | | | 宾二类 | 㱿 | | |
| 221 | | | 宾二类 | 㱿 | | |
| 222 | | | 宾二类 | 㱿 | | |
| 223 | | | 宾二类 | 㱿 | | |
| 224 | | | 宾二类 | 㱿 | | |
| 225 | | | 宾二类 | 㱿 | | |
| 226 | | | 宾二类 | 㱿 | | |
| 227 | | | 宾二类 | 㱿 | | |
| 228 | | | 宾二类 | 㱿 | | |

续表

| 著录号 | 缀合 | 重片 | 类型划分 | 贞人 | 专家分类 | 其他说明 |
|---|---|---|---|---|---|---|
| 229 | | | 宾二类 | 㱿 | | |
| 230 | | | 宾二类 | 㱿 | | |
| 231 | | | 宾二类 | 㱿 | | |
| 232 | 黄拼 232 +246 | | 宾二类 | 㱿 | | |
| 233 | | | 宾二类 | 㱿 | | |
| 234 | | | 宾二类 | 㱿 | 黄典宾 | |
| 235 | | | 宾二类 | 㱿 | | |
| 236 正反 | | | 宾二类 | 㱿 | 黄典宾 | |
| 237 | | | 宾二类 | 㱿 | | |
| 238 | | | 宾二类 | 㱿 | 李彭宾一 B | |
| 239 | | | 宾二类 | 㱿 | 李彭宾一 B | |
| 240 | | | 宾二类 | 㱿 | | |
| 241 | | | 宾二类 | 㱿 | | |
| 242 | | | 宾二类 | 㱿 | | |
| 243 | | | 宾二类 | 㱿 | | |
| 244 | | | 宾二类 | 㱿 | | |
| 245 | | | 宾二类 | 㱿 | | |
| 246 | 黄拼 246+232 | | 宾二类 | 㱿 | | |
| 247 | | | 宾二类 | 㱿 | | |
| 248 | | | 宾二类 | 㱿 | | |
| 249 正反 | | 合 39729 正反 | 宾一类 | | | |
| 250 | | | 宾一类 | 㱿 | | |
| 251 正反 | | 合 39730 正 | 宾二类 | | | 笔书 |
| 252 正反 | | | 宾二类 | | | |
| 253 | | | 宾一类 | 穷、争 | | |
| 254 | | | 宾一类 | 穷 | | |
| 255 | | | 宾一类 | 穷 | | |
| 256 | | | 宾二类 | 穷 | | |
| 257 正反 | | | 宾二类 | 穷 | | |
| 258 | | | 宾二类 | 穷 | 黄典宾 | |
| 259 | | | 宾二类 | 穷 | | |
| 260 | | | 宾二类 | 穷 | | |
| 261 正反 | | | 宾二类 | 穷 | 黄典宾 | |
| 262 | | | 宾二类 | 穷 | | |

续表

| 著录号 | 缀合 | 重片 | 类型划分 | 贞人 | 专家分类 | 其他说明 |
|---|---|---|---|---|---|---|
| 263 | | | 宾二类 | 穷 | | |
| 264 | | | 宾二类 | 穷 | | |
| 265 | | | 宾二类 | | | |
| 266 | | | 宾二类 | | | |
| 267 | | | 宾二类 | 爭 | | |
| 268 | | | 宾二类 | 爭 | | |
| 269 | | | 宾一类 | 爭 | | |
| 270 | | | 宾一类 | 爭 | | |
| 271 | | | 宾一类 | 爭 | | |
| 272 | | | 宾二类 | 爭 | | 笔书 |
| 273 | | | 宾二类 | 爭 | | |
| 274 正反 | | | 宾二类 | 爭 | | 笔书 |
| 275 | | | 宾一类 | 爭 | | |
| 276 | | | 宾一类 | 爭 | | |
| 277 | | | 宾二类 | 爭 | 黄典宾<br>李彭宾一 B | |
| 278 | | | 宾一类 | 爭 | | |
| 279 | | | 宾一类 | 爭 | | |
| 280 | | | 宾一类 | 爭 | 黄典宾<br>李彭宾一 B | |
| 281 | | | 宾一类 | 爭 | | |
| 282 | | | 宾一类 | 爭 | | |
| 283 | | | 宾一类 | 爭 | | |
| 284 | | | 宾二类 | 亘 | | |
| 285 | | | 宾二类 | | | |
| 286 | | | 宾二类 | | | |
| 287 | | | 宾二类 | | | |
| 288 | | | 宾二类 | | | |
| 289 | | | 宾二类 | | | |
| 290 | | | 宾二类 | | | |
| 291 正反 | | | 宾二类 | | | |
| 292 | | | 宾二类 | | | |
| 293 | | | 宾二类 | | 黄典宾<br>李彭宾一 B | |
| 294 | | | 宾二类 | 古 | 黄典宾 | |

续表

| 著录号 | 缀合 | 重片 | 类型划分 | 贞人 | 专家分类 | 其他说明 |
|---|---|---|---|---|---|---|
| 295 | | | 宾二类 | 古 | 李彭宾一B | |
| 296 | | | 宾二类 | 古 | | |
| 297 | | | 宾二类 | 古 | | |
| 298正反 | | | 宾二类 | 𠭰 | | 笔书 |
| 299正反 | | | 宾二类 | 𠭰 | | |
| 300正反 | | | 宾二类 | 𠭰 | | |
| 301 | | | 宾二类 | 𠭰 | | |
| 302 | | | 宾二类 | 𠭰 | | |
| 303 | | | 宾二类 | 韋 | | |
| 304 | 黄拼304+1133 | | 宾二类 | 韋 | | |
| 305 | | | 宾二类 | 韋 | | |
| 306正反 | | | 宾二类 | 穷、韋 | | |
| 307 | | | 宾二类 | 韋 | | |
| 308 | | | 宾二类 | 永 | | |
| 309 | | | 宾二类 | 永 | | |
| 310 | | | 宾二类 | 内 | | |
| 311 | | | 宾二类 | | | |
| 312 | | 41507 | 宾二类 | | | |
| 313 | | | 宾二类 | | | |
| 314 | | | 宾二类 | | | |
| 315 | | | 宾二类 | | | |
| 316 | | 合39838 | 宾二类 | | | |
| 317 | | | 宾一类 | | | |
| 318 | | | 宾一类 | | 黄宾一 | |
| 319 | | | 宾二类 | 㱿 | | |
| 320 | | 合40784 | 宾一类 | | | |
| 321 | | 合39441 | 宾一类 | | | |
| 322 | | | 宾一类 | | | |
| 323 | | | 宾二类 | | | |
| 324 | | 合39745 | 宾二类 | 㱿 | | |
| 325 | | | 宾一类 | | | |
| 326 | | | 宾一类 | | 黄宾一 | |
| 327 | | | 宾一类 | | | |

续表

| 著录号 | 缀合 | 重片 | 类型划分 | 贞人 | 专家分类 | 其他说明 |
|---|---|---|---|---|---|---|
| 328 | | | 宾一类 | | | |
| 329 | | | 宾一类 | 𡧊 | | |
| 330 | | 合 39788 | 宾二类 | | | |
| 331 | | | 宾二类 | | | |
| 332 | | | 宾二类 | | | |
| 333 | 黄拼 333+354 | | 宾二类 | | | |
| 334 | | | 宾二类 | 古 | | |
| 335 | | 合 40734 | 宾一类 | | | |
| 336 正反 | | | 宾二类 | | | |
| 337 | | | 宾二类 | 宁 | | |
| 338 | | 合 39797 | 宾二类 | | | |
| 339 | | 合 40571 | 宾二类 | | 黄典宾 | |
| 340 | | | 宾二类 | | | |
| 341 | | 蔡合 5457 | 宾二类 | | | 此为蔡氏校重，下同 |
| 342 | | | 宾二类 | | | |
| 343 | | | 宾一类 | 爭 | | |
| 344 | | 合 39998 | 宾一类 | | | |
| 345 | | | 宾二类 | | | |
| 346 | | 合 39673 | 宾一类 | 爭 | | |
| 347 | | | 宾一类 | | | |
| 348 | | 合 39764 | 宾二类 | | | |
| 349 | | 合 39762 | 宾二类 | | | |
| 350 | | 合 39648 | 宾二类 | | | |
| 351 | | | 宾二类 | | | |
| 352 | | | 宾一类 | | | |
| 353 | | 合 39781 | 宾二类 | 𡧊 | | |
| 354 正反 | 黄拼 354+333 | | 宾二类 | 𡧊 | | |
| 355 | | 合 40049 | 宾二类 | 𡧊 | | |
| 356 | | | 宾一类 | | 李彭宾一 A | |
| 357 | | | 宾二类 | | | |
| 358 | | 合 40050 | 宾二类 | | | |
| 359 正反 | | 合 40717 正 | 宾二类 | | | |
| 360 | | | 宾二类 | | | |
| 361 正反 | | 合 40737 正反 | 宾二类 | | | |

续表

| 著录号 | 缀合 | 重片 | 类型划分 | 贞人 | 专家分类 | 其他说明 |
|---|---|---|---|---|---|---|
| 362 正反 | | 合 39773 正反 | 宾二类 | 穷 | | |
| 363 | | 合 39775 | 宾二类 | | | |
| 364 正反 | | | 宾一类 | | | |
| 365 | | | 宾一类 | | | |
| 366 | | | 宾一类 | | | |
| 367 | | | 宾二类 | | 李彭宾一 B | |
| 368 正反 | | | 宾二类 | | | |
| 369 | | | 宾二类 | | 黄典宾 | |
| 370 | | | 宾二类 | | | |
| 371 | | | 宾二类 | | | |
| 372 | | | 宾一类 | | | |
| 373 | | | 宾一类 | | | |
| 374 | | 合 39782 | 宾一类 | 㱿 | | |
| 375 | | | 宾一类 | | | |
| 376 | | | 宾一类 | 㱿 | | |
| 377 | | | 宾二类 | | | |
| 378 | | 合 39、合 401 | 宾二类 | | | |
| 379 | | | 宾二类 | | | |
| 380 正反 | | | 宾二类 | | | |
| 381 | | | 宾二类 | | | |
| 382 | | | 宾二类 | | | |
| 383 | 黄拼 383+ 合 26491+ 合 26484 | | 宾一类 | | 黄宾一 | |
| 384 | | 合 39755 | 宾二类 | | | |
| 385 正反 | | | 宾一类 | | | |
| 386 | | | 宾一类 | | 黄宾一 | |
| 387 | | | 宾一类 | | 黄宾一 | |
| 388 | | | 宾二类 | | | |
| 389 | | | 宾一类 | | | |
| 390 | | | 宾二类 | 争 | 黄典宾 | |
| 391 | | | 宾一类 | | | |
| 392 正反 | | 合 39526 正 | 宾二类 | 㱿 | | |
| 393 | | 合 40757 | 宾二类 | | | |
| 394 正反 | | | 宾二类 | | | |

续表

| 著录号 | 缀合 | 重片 | 类型划分 | 贞人 | 专家分类 | 其他说明 |
|---|---|---|---|---|---|---|
| 395 | | | 宾二类 | | | |
| 396 | | | 宾二类 | | | |
| 397 | | | 宾一类 | | | |
| 398 | | 合 40081 | 宾一类 | | | |
| 399 | | | 宾一类 | | | |
| 400 | | | 宾一类 | | | |
| 401 正反 | | | 宾一类 | | | |
| 402 | | | 宾一类 | | | |
| 403 正臼 | | 合 39776 正臼 | 宾二类 | 㱿 | | 笔书 |
| 404 | | 合 39777 | 宾二类 | | | |
| 405 | | | 宾二类 | 㱿 | | |
| 406 | | 合 40765 | 宾二类 | | | |
| 407 | | | 宾二类 | | | |
| 408 | | 合 39538 | 宾二类 | | | |
| 409 | | 合 39811 | 宾二类 | | | |
| 410 | | | 宾二类 | | | |
| 411 | | | 宾一类 | | | |
| 412 | | | 宾一类 | 爭 | | |
| 413 | | | 宾一类 | | | |
| 414 正反臼 | | 合 40059 正臼 | 宾二类 | 穷 | | 笔书 |
| 415 | | | 宾二类 | | | |
| 416 | | 合 40763 | 宾二类 | | | |
| 417 | | 合 40622 | 宾二类 | 亘 | | |
| 418 | 英 418+ 英 1073= 库 261 | 合 40306 | 宾二类 | | | |
| 419 | | | 宾二类 | | | |
| 420 | | | 宾二类 | | | |
| 421 | | | 宾二类 | | | |
| 422 | | | 宾二类 | | | |
| 423 正反 | | | 宾二类 | | 黄典宾 | |
| 424 | | 合 39966 | 宾一类 | | | |
| 425 | | 合 49680 | 宾二类 | | | |
| 426 | | 合 40687 | 宾二类 | | | |
| 427 | | 合 40688 | 宾二类 | | | |

续表

| 著录号 | 缀合 | 重片 | 类型划分 | 贞人 | 专家分类 | 其他说明 |
|---|---|---|---|---|---|---|
| 428 | | | 宾二类 | | | |
| 429 | | | 宾二类 | | | |
| 430 | | | 宾二类 | | | |
| 431 | | 合 40682 | 宾二类 | | | |
| 432 | | 合 40689 | 宾二类 | | | |
| 433 | | | 宾二类 | | | 笔书 |
| 434 | | | 宾二类 | 㱿 | | |
| 435 | | 合 39815 | 宾二类 | | | |
| 436 | 蔡 436+（合 5044+合 5045+合 19106）+合 11584 | 合 39812 | 宾二类 | | | |
| 437 | | | 宾二类 | | | |
| 438 | | | 宾二类 | | | |
| 439 | | | 宾二类 | | | |
| 440 | | | 宾二类 | | | |
| 441 | | | 宾二类 | | | |
| 442 | | | 宾二类 | | | |
| 443 | | | 宾二类 | 㱿 | | |
| 444 | | | 宾二类 | | | |
| 445 | | | 宾二类 | | | |
| 446 正反 | | | 宾二类 | | | |
| 447 | | | 宾二类 | | | |
| 448 | | | 宾一类 | | | |
| 449 | | | 宾一类 | | | |
| 450 | | | 宾一类 | | | |
| 451 | | | 宾二类 | | | |
| 452 | | | 宾二类 | 亘 | | |
| 453 | | | 宾二类 | | | |
| 454 | | | 宾二类 | 㱿 | | |
| 455 | | | 宾二类 | | | |
| 456 | | | 宾二类 | | 黄典宾 | |
| 457 | 黄拼 457+合补 1420 | | 宾二类 | 争 | | |
| 458 | | | 宾二类 | | | |
| 459 | | 合 40181 | 宾二类 | | | |

续表

| 著录号 | 缀合 | 重片 | 类型划分 | 贞人 | 专家分类 | 其他说明 |
|---|---|---|---|---|---|---|
| 460 | | 合 40418（上部） | 宾二类 | | | |
| 461 | | 合 39976（下部） | 宾二类 | | | |
| 462 | | 合 39721 | 宾二类 | 穷 | | |
| 463 | | | 宾二类 | 㱿 | | |
| 464 正反 | | | 宾二类 | | | |
| 465 | | | 宾二类 | | | |
| 466 | | 合 39816 | 宾二类 | 㱿 | | |
| 467 | | | 宾二类 | | | |
| 468 | | | 宾二类 | | | |
| 469 | | | 宾一类 | 王 | | |
| 470 | | | 宾一类 | 王 | | |
| 471 | | | 宾一类 | 王 | | |
| 472 | | | 宾一类 | 王 | | |
| 473 | | | 宾一类 | 王 | | |
| 474 | | | 宾一类 | 王 | | |
| 475 | | | 宾一类 | 王 | | |
| 476 | 黄拼 476+ 合补 6512 | | 宾二类 | 王 | | |
| 477 | 黄拼 477+ 合 7325 | | 宾二类 | 爭 | | |
| 478 正反 | | | 宾二类 | | | |
| 479 正反 | | | 宾二类 | 爭 | | |
| 480 正反 | | | 宾二类 | 穷 | | |
| 481 正反 | | 合 40666 正反 | 宾二类 | | | |
| 482 | | | 宾二类 | 㱿 | | |
| 483 正反 | | | 宾二类 | | 李彭宾一 B | 笔书 |
| 484 正反 | | 合 40632 正反（下部） | 宾二类 | 爭 | | 笔书 |
| 485 正反 | | | 宾二类 | | | |
| 486 | | | 宾二类 | | | 笔书 |
| 487 正反 | | | 宾二类 | 㱿 | | |
| 488 | | | 宾二类 | | | |
| 489 正反 | | | 宾二类 | | | |
| 490 正反 | | | 宾二类 | | | |

续表

| 著录号 | 缀合 | 重片 | 类型划分 | 贞人 | 专家分类 | 其他说明 |
|---|---|---|---|---|---|---|
| 491 正反 | | 合 40629 正 | 宾二类 | | | |
| 492 | 黄拼 492+207 反 | 合补 13185 | 宾二类 | | | |
| 493 | | | 宾二类 | | | |
| 494 正反 | | | 宾二类 | 𡧊 | | |
| 495 | | | 宾二类 | | | |
| 496 | | | 宾二类 | | | |
| 497 正反 | | | 宾二类 | | | 反：笔书 |
| 498 | | | 宾二类 | | | |
| 499 | | | 宾二类 | | | |
| 500 | | | 宾二类 | | | |
| 501 正反 | | 合 40632 正反（上部） | 宾二类 | | | |
| 502 | | | 宾二类 | 王 | | |
| 503 | | | 宾二类 | | | |
| 504 | | 合 40738 | 宾二类 | | | |
| 505 | | | 宾二类 | | | |
| 506 | | | 宾一类 | 王 | | |
| 507 | | | 宾一类 | | | |
| 508 | | | 宾二类 | | | |
| 509 | | | 宾二类 | | | 英 515 与英 888 为一骨之折 |
| 510 | | | 宾二类 | | | |
| 511 | | | 宾二类 | | 黄典宾 | |
| 512 | | | 宾二类 | | | |
| 513 | | | 宾二类 | | | |
| 514 | | | 宾二类 | | | |
| 515 | | | 宾二类 | 𡧊 | | |
| 516 | | | 宾二类 | | | |
| 517 | | | 宾二类 | 韋 | | |
| 518 | | | 宾二类 | | | |
| 519 正反 | | | 宾二类 | | | |
| 520 | | | 宾二类 | | | |
| 521 | | 合 39516 | 宾二类 | | | |
| 522 | | | 宾二类 | | | |

续表

| 著录号 | 缀合 | 重片 | 类型划分 | 贞人 | 专家分类 | 其他说明 |
|---|---|---|---|---|---|---|
| 523 | | | 宾二类 | 穷 | | |
| 524 | | | 宾二类 | | | |
| 525 | | 合 40157 | 宾二类 | | | |
| 526 | | 合 39834 | 宾二类 | 王 | | |
| 527 | | 413 合 40 | 宾二类 | | | |
| 528 | | 合 39835 | 宾一类 | | | |
| 529 | | | 宾一、二类 | 穷 | | 据字体倾向分在宾三类 |
| 530 | | 合 39836 | 宾二类 | | | |
| 531 | | 合 39837 | 宾二类 | | | |
| 532 正反 | | | 宾二类 | 亘 | | |
| 533 | | 合 39524 | 宾二类 | | | |
| 534 | | 合 39846 | 宾二类 | | | |
| 535 | | 合 39845 | 宾一类 | | | |
| 536 | | | 宾二类 | | 李彭宾一 B | |
| 537 | | | 宾二类 | | | 笔书 |
| 538 正反 | | | 宾二类 | | | |
| 539 正反 | | 合 39530 正 | 宾二类 | 争 | | |
| 540 | | 合 39529+<br>合 39528 | 宾二类 | | | |
| 541 | | | 宾二类 | | | |
| 542 | | 合 39851 | 宾二类 | | | |
| 543 | 黄拼 543+<br>京人 777+ 合补 933 | 合 39854 | 宾二类 | 争 | | |
| 544 正反 | | 合 39621 正反 | 宾二类 | | | |
| 545 正反 | | 合 39853 正反 | 宾二类 | 㱿、争 | | |
| 546 正臼 | | 合 39857 正臼 | 宾二类 | 㱿 | | |
| 547 正反 | | 合 39858 正 | 宾二类 | | 黄典宾 | |
| 548 | | 合 39860 | 宾二类 | 穷 | | |
| 549 | | 合 40029 | 宾二类 | | | |
| 550 | | 合 39862 | 宾二类 | | | |
| 551 | | 合 40032 | 宾二类 | | | |
| 552 | | | 宾二类 | | | |
| 553 正反 | | 合 40402=<br>合 40 正反、<br>合 402 正反 | 宾二类 | | | |

续表

| 著录号 | 缀合 | 重片 | 类型划分 | 贞人 | 专家分类 | 其他说明 |
|---|---|---|---|---|---|---|
| 554 | | | 宾二类 | 㱿 | | |
| 555 | | 合 39856 | 宾二类 | | | |
| 556 | | | 宾二类 | | 黄 | |
| 557 | 蔡缀合 613+ 英 557 | | 宾二类 | | 黄典宾<br>李彭宾一 B | 缀后与合 625+ 合 6286+ 辑佚 118 同文 |
| 558 | | 合 39861 | 宾二类 | | 李彭宾一 B | |
| 559 | | 合 39864 | 宾二类 | 㱿 | 黄典宾 | |
| 560 | | 合 39869 | 宾二类 | | | |
| 561 | | 合 39872 | 宾二类 | | | |
| 562 | 黄拼 562+ 京人 892 | | 宾二类 | | 黄典宾 | |
| 563 | | | 宾二类 | | | |
| 564 正臼 | 黄拼 564+569+ 合 5785 | 合 39868 正臼 | 宾二类 | 宕 | | |
| 565 | | | 宾二类 | | | |
| 566 | | 合 39874 | 宾二类 | 㱿 | | |
| 567 | | | 宾二类 | | | |
| 568 | | | 宾二类 | | | |
| 569 | 黄拼 569+564+ 合 5785 | 合 39878 | 宾二类 | | | |
| 570 | 黄拼 570+ 合 6369 | | 宾二类 | | | |
| 571 | | 合 39877 | 宾二类 | | | |
| 572 | | | 宾二类 | | | |
| 573 | | 合 40028 | 宾二类 | | | |
| 574 正反 | | | 宾二类 | 㱿 | | |
| 575 | | | 宾二类 | | | |
| 576 | | | 宾二类 | | | 笔书 |
| 577 | | | 宾二类 | | | |
| 578 | | 合 39881 | 宾二类 | 宕、爭 | | |
| 579 | | 合 39882 | 宾二类 | 爭 | | |
| 580 | | 合 39880 | 宾二类 | | | |
| 581 | | 合 39887 | 宾二类 | 㱿 | | |
| 582 | | | 宾二类 | | | |
| 583 | | 合 39889 | 宾二类 | 㱿 | | |
| 584 | | 合 39883 | 宾二类 | | 黄典宾<br>李彭宾一 B | |

续表

| 著录号 | 缀合 | 重片 | 类型划分 | 贞人 | 专家分类 | 其他说明 |
|---|---|---|---|---|---|---|
| 585 | | | 宾二类 | | | |
| 586 | | | 宾二类 | 㱿 | | |
| 587 | | 合 39897+<br>合 39896 | 宾二类 | | | |
| 588 正反 | 英 588+ 英 1005 | 合 39895 正反 | 宾二类 | | | |
| 589 正反 | | 合 39893 正反 | 宾二类 | | | |
| 590 | | 合 39891 | 宾二类 | | | |
| 591 | | | 宾二类 | | | |
| 592 | | | 宾二类 | | | |
| 593 | | 合 39967+<br>合 39968 | 宾一类 | | | |
| 594 正反 | | 合 39492 正反 | 宾二类 | | | |
| 595 | | 合 39494 | 宾三类 | | 黄宾三 | |
| 596 | | 合 39903 | 宾三类 | | | |
| 597 正反 | | 合 39493 正 | 宾二类 | 㱿 | | |
| 598 | | 合 39489 | 宾二类 | | | |
| 599 | | | 宾二类 | | | |
| 600 | | 合 40643 | 宾二类 | | | |
| 601 | | | 宾一类 | | | |
| 602 | | 合 39930 | 宾一类 | 㱿 | | |
| 603 | | 合 39931 | 宾一类 | | | |
| 604 | | 合 39929 | 宾一类 | 亘 | | |
| 605 | | 合 39899 | 宾一类 | 㱿 | | |
| 606 | | 合 39937 | 宾二类 | 㱿 | | |
| 607 | | 合 39477 | 宾二类 | 争 | | |
| 608 正臼 | | 合 39514 正臼 | 宾二类 | 亘 | | |
| 609 | | 合 39515 | 宾二类 | 宾 | | |
| 610 正反 | | 合 39513 正反 | 宾二类 | 亘 | | |
| 611 | | 合 39843 | 宾二类 | | | |
| 612 | | 合 39926 | 宾一类 | 㱿 | | |
| 613 | | 合 39925 | 宾一类 | 㱿 | | |
| 614 | | 合 39927 | 宾一类 | | | |
| 615 | | | 宾一类 | | | |
| 616 | | 合 39934 | 宾一类 | 㱿 | | |

续表

| 著录号 | 缀合 | 重片 | 类型划分 | 贞人 | 专家分类 | 其他说明 |
|---|---|---|---|---|---|---|
| 617 | | 合 39922 | 宾一类 | | | |
| 618 | | 合 39941 | 宾一类 | | | |
| 619 | | 合 40319 | 宾一类 | | | |
| 620 | | 合 39918 | 宾一类 | | | |
| 621 | | 合 39917 | 宾一类 | | | |
| 622 | | 合 39537 | 宾一类 | | | |
| 623 | 黄拼 623 + 合 6703 | 合 39906 | 宾一类 | | | |
| 624 正反 | | 合 39491 正反 | 宾二类 | | | |
| 625 | | 合 39910 | 宾一类 | | | |
| 626 正反 | | 合 39908 正反 | 宾二类 | 㱿 | | |
| 627 | | | 宾一类 | | | |
| 628 | | | 宾二类 | | | |
| 629 | | | 宾二类 | | | |
| 630 | | | 宾二类 | | | |
| 631 正反 | | | 宾二类 | | | |
| 632 | | | 宾二类 | | | |
| 633 | | | 宾二类 | | | |
| 634 | | 合 40605 | 宾二类 | 穷 | | |
| 635 正反 | | 合 39947 正反 | 宾二类 | | | |
| 636 正反 | | | 宾二类 | | | |
| 637 正反 | | 合 39944 正 | 宾二类 | | 黄典宾<br>李彭宾一 B | 笔书 |
| 638 正反 | | 合 39950 正反 | 宾二类 | | | |
| 639 | | | 宾二类 | | | |
| 640 正反 | | 合 40662 正反 | 宾二类 | | | |
| 641 | | 合 40037 | 宾二类 | | 黄典宾 | |
| 642 | | | 宾二类 | | | |
| 643 | | 合 40228 | 宾二类 | 穷 | 黄典宾 | |
| 644 | | | 宾二类 | | | 笔书 |
| 645 | | | 宾二类 | | | |
| 646 正反 | | 合 39949 正反 | 宾二类 | | | |
| 647 | | | 宾二类 | | | |
| 648 | | | 宾二类 | | | |
| 649 | | 合 39945 | 宾二类 | 穷 | | |

续表

| 著录号 | 缀合 | 重片 | 类型划分 | 贞人 | 专家分类 | 其他说明 |
|---|---|---|---|---|---|---|
| 650 正反 | | | 宾二类 | | | |
| 651 正反 | | | 宾二类 | | | 笔书 |
| 652 正反 | | | 宾二类 | | | |
| 653 | | | 宾二类 | | | |
| 654 | | | 宾二类 | | | |
| 655 | | | 宾二类 | | 黄典宾 | |
| 656 | | | 宾二类 | | | |
| 657 | | 合 39952 | 宾二类 | | | |
| 658 | | 合 39955 | 宾二类 | 亘 | | |
| 659 | | 合 39954 | 宾二类 | | | |
| 660 | | 合 39589 | 宾二类 | | | |
| 661 | | | 宾二类 | | | |
| 662 | | | 宾二类 | | | |
| 663 | | | 宾二类 | | | |
| 664 | | 合 39958 | 宾二类 | | | |
| 665 | | 合 39963 | 宾二类 | | | |
| 666 | | | 宾二类 | | | |
| 667 | 黄拼 667 + 合 6554 + 合 7549 | | 宾二类 | | | |
| 668 | | 合 39962 | 宾二类 | | | |
| 669 | 黄拼 669+ 合 6553+ 合 7543 | 合 39706 | 宾二类 | | | |
| 670 正反 | | 合 39959 正反 | 宾二类 | | | |
| 671 | | | 宾二类 | 㕯 | | |
| 672 | | 合 39964 | 宾二类 | | 黄典宾 | |
| 673 | | 合 39976（上部） | 宾二类 | | | |
| 674 正反 | | | 宾二类 | | | |
| 675 | | 合 40003 | 宾二类 | | | |
| 676 | | 合 39790 | 宾一类 | | | |
| 677 | | 合 39081 | 宾一类 | 穷 | | |
| 678 | | | 宾二类 | | | |
| 679 | | | 宾二类 | | | |

续表

| 著录号 | 缀合 | 重片 | 类型划分 | 贞人 | 专家分类 | 其他说明 |
|---|---|---|---|---|---|---|
| 680 | | 合 40345 | 宾二类 | 爭 | | |
| 681 | 黄拼 681 + 合 8745 | 合 39981 | 宾二类 | 爭 | | |
| 682 | | 合 39867 | 宾二类 | | 黄典宾 | |
| 683 | | | 宾一类 | | | |
| 684 | | | 宾一类 | | | |
| 685 | | | 宾二类 | 㱿 | | |
| 686 | 黄拼 686+ 合 7593 | 合 39975 | 宾二类 | 㱿 | | |
| 687 | | | 宾一类 | | | |
| 688 | | | 宾二类 | | | |
| 689 | | | 宾二类 | | | |
| 690 | | 合 39978 | 宾二类 | | | |
| 691 | | | 宾二类 | | | |
| 692 | | | 宾二类 | | | |
| 693 | | 合 40007 | 宾二类 | | | |
| 694 正反 | | | 宾二类 | | | |
| 695 | | | 宾二类 | | | |
| 696 | | | 宾二类 | | | |
| 697 | | | 宾二类 | | 黄典宾 | |
| 698 | | | 宾二类 | 㱿 | | |
| 699 | | | 宾二类 | | | |
| 700 | | 合 39820 | 宾二类 | 㱿 | | |
| 701 | | | 宾二类 | | | |
| 702 | | | 宾二类 | | | 尾甲 |
| 703 | | | 宾二类 | | | |
| 704 正反 | | | 宾二类 | 爭 | | |
| 705 | | | 宾二类 | | | |
| 706 | | | 宾二类 | 㱿 | | |
| 707 | | | 宾二类 | | | |
| 708 | | | 宾二类 | | | |
| 709 正反 | | 合 40012 正反 | 宾二类 | | | |
| 710 正反 | 蔡缀 716+ 合 7799+ 黄拼合 7795 | 合 39996 正反 | 宾二类 | 穷 | | |

续表

| 著录号 | 缀合 | 重片 | 类型划分 | 贞人 | 专家分类 | 其他说明 |
|---|---|---|---|---|---|---|
| 711 | | | 宾二类 | | | |
| 712 正反 | | 合 40794 正 | 宾二类 | | | |
| 713 | | 合 40795 | 宾二类 | | | |
| 714 | | | 宾二类 | | | |
| 715 | | 合 39770 | 宾二类 | | | |
| 716 | | 合 39990 | 宾一类 | 㱿 | | |
| 717 | | | 宾二类 | | | |
| 718 | | 合 40633 | 宾二类 | | | |
| 719 | | 合 39994 | 宾二类 | | | |
| 720 | | 合 39992 | 宾二类 | | | |
| 721 | | 合 39992 | 宾二类 | 王 | | |
| 722 正反 | | 合 40013 正反 | 宾二类 | | | 笔书 |
| 723 正反 | | 合 40006 正 | 宾二类 | 穷、亘 | | |
| 724 | | 合 40360 | 宾二类 | | | |
| 725 正反 | | 合 40303 正反 | 宾二类 | 亘 | | |
| 726 正反 | | | 宾二类 | | | |
| 727 | | | 宾二类 | | | |
| 728 | | | 宾二类 | | | |
| 729 正反 | | 合 40205 正 | 宾二类 | | | |
| 730 | 黄拼 730+<br>合 1111 正 | | 宾二类 | | | |
| 731 | | | 宾二类 | | | |
| 732 | | 合 39527 | 宾二类 | | | |
| 733 | | | 宾一类 | | | |
| 734 | | | 宾一类 | | 黄宾一 | |
| 735 | | 合 40026 | 宾一类 | | | |
| 736 | | | 宾一类 | | | |
| 737 | | | 宾二类 | | | |
| 738 | | | 宾二类 | | | |
| 739 | | | 宾二类 | | | |
| 740 | | | 宾一类 | | | |
| 741 | | | 宾二类 | | | |
| 742 | | | 宾二类 | 㱿 | | |

续表

| 著录号 | 缀合 | 重片 | 类型划分 | 贞人 | 专家分类 | 其他说明 |
|---|---|---|---|---|---|---|
| 743 | | | 宾二类 | | | |
| 744 | | 合 40021 | 宾二类 | | | |
| 745 | | | 宾一类 | | | |
| 746 | | 合 39823 | 宾二类 | | | |
| 747 | | | 宾二类 | | | |
| 748 | | | 宾二类 | | | |
| 749 | | | 宾二类 | | | |
| 750 | | | 宾二类 | | | |
| 751 | | 合 40764 | 宾二类 | | | |
| 752 | | | 宾二类 | | | |
| 753 | | 合 40000 | 宾二类 | | | |
| 754 | | 合 40557 | 宾二类 | | | |
| 755 | | 合 40733 | 宾二类 | | | |
| 756 正反 | | 合 39496 正反 | 宾二类 | | | |
| 757 | | | 宾二类 | 亘 | | |
| 758 | | 合 40061 | 宾一类 | | | |
| 759 | | 合 40060 | 宾一类 | 爭 | | |
| 760 | | | 宾二类 | | | |
| 761 正反 | | | 宾二类 | | | |
| 762 | | | 宾二类 | | | |
| 763 | | | 宾二类 | | | |
| 764 | | | 宾二类 | | | |
| 765 | | | 宾二类 | | | |
| 766 | | | 宾二类 | | | |
| 767 | | | 宾二类 | | | 笔书 |
| 768 正反 | | | 宾二类 | | | |
| 769 正反 | | 合 40471 正反 | 宾二类 | | | |
| 770 正反 | | | 宾二类 | | | |
| 771 正反 | | 合 40071 正反 | 宾二类 | | | |
| 772 正反 | | 合 39484 正反 | 宾二类 | | | |
| 773 | | | 宾二类 | | | |
| 774 正反 | | 合 40052 正 | 宾二类 | | | |
| 775 | | 合 40054 | 宾二类 | | | |
| 776 正反 | | 合 39485 正反 | 宾二类 | | 李彭宾一 B | |

续表

| 著录号 | 缀合 | 重片 | 类型划分 | 贞人 | 专家分类 | 其他说明 |
|---|---|---|---|---|---|---|
| 777 正反 | | | 宾二类 | | | |
| 778 正反 | | | 宾二类 | | | |
| 779 正反 | | | 宾二类 | | | |
| 780 正反 | | 合 40116 正反 | 宾二类 | | | |
| 781 正反 | | | 宾二类 | | | |
| 782 正反 | | 合 40503 正反 | 宾二类 | | | |
| 783 正反 | | 合 40057 正反 | 宾二类 | | | |
| 784 正反 | | 合 40527 正反 | 宾一类 | | | |
| 785 | | | 宾二类 | | | |
| 786 | | | 宾二类 | | | |
| 787 | | 合 40074 | 宾二类 | | | |
| 788 | | 合 40115 | 宾二类 | | | |
| 789 | | 合 40107 | 宾二类 | | | |
| 790 | | 合 40108 | 宾二类 | | | |
| 791 正反 | | 合 40109 正反 | 宾二类 | | | |
| 792 | 黄拼 792+<br>合补 4524（怀 918） | | 宾二类 | | | |
| 793 | 黄拼 793+1160 | 合 40111 | 宾二类 | | | |
| 794 | | | 宾二类 | | | |
| 795 | | | 宾二类 | | | |
| 796 正反 | | 合 40086 正 | 宾二类 | 㕯 | | |
| 797 | | 合 40087 | 宾二类 | 爭 | | |
| 798 | | 合 40095 | 宾二类 | | | |
| 799 | | | 宾二类 | | | |
| 800 | | | 宾二类 | | 黄典宾 | |
| 801 | | | 宾二类 | | | |
| 802 | | | 宾二类 | 𡧊 | 黄典宾 | |
| 803 | | 合 40094 | 宾二类 | | | |
| 804 | 黄拼 804+ 合 9693 | | 宾二类 | | | |
| 805 | | | 宾一类 | | 黄宾一 | |
| 806 正反 | | 合 40099 正 | 宾一类 | | | |
| 807 | | 合 40092 | 宾一类 | | | |
| 808 | | 合 40090 | 宾一类 | | | |
| 809 正反 | | | 宾二类 | 宂 | | 笔书 |

续表

| 著录号 | 缀合 | 重片 | 类型划分 | 贞人 | 专家分类 | 其他说明 |
|---|---|---|---|---|---|---|
| 810 正反 | | 合 40079 正反 | 宾二类 | 亘 | | 笔书 |
| 811 正反 | | 合 40102 正反 | 宾二类 | | | |
| 812 正反 | | 合 40097 正 | 宾二类 | | | |
| 813 | 黄拼 813+<br>合补 602+ 合 9529 | 合 40117 | 宾二类 | | | |
| 814 | | | 宾二类 | | | |
| 815 | | 合 40103 | 宾二类 | | | |
| 816 | | 合 40100 | 宾二类 | | | |
| 817 | | | 宾二类 | | | |
| 818 | | 合 40077 | 宾二类 | | | |
| 819 | | 合 40118 | 宾二类 | | | |
| 820 | | 合 40119 | 宾二类 | | | |
| 821 | | | 宾二类 | | | |
| 822 | | 合 40105 | 宾二类 | 古 | | |
| 823 正反 | | 合 40104 正反 | 宾二类 | | | |
| 824 | 黄拼 824+<br>合 10042+ 合 9941 | 合 40106 | 宾二类 | | | |
| 825 | | | 宾二类 | | | |
| 826 | | | 宾二类 | | 黄典宾 | |
| 827 | | 合 40122 | 宾二类 | | | |
| 828 | | | 宾二类 | | | |
| 829 | | 合 40286 | 宾二类 | | | |
| 830 | | | 宾二类 | | | |
| 831 | | | 宾二类 | | | |
| 832 | | 合 40158 | 宾二类 | 㱿 | | |
| 833 | | | 宾二类 | | | |
| 834 | | 合 40075 | 宾三类 | | | |
| 835 | | 合 40076 | 宾三类 | 穷 | | |
| 836 | | 合 40156 | 宾三类 | | | |
| 837 | | 合 40159 | 宾三类 | | | |
| 838 | | 合 40164 | 宾二类 | | 李彭宾一 B | |
| 839 | | | 宾二类 | 亘 | | |
| 840 正反 | | 合 40161 正反 | 宾二类 | 争 | | |
| 841 | | 合 40163 | 宾二类 | | | |

续表

| 著录号 | 缀合 | 重片 | 类型划分 | 贞人 | 专家分类 | 其他说明 |
|---|---|---|---|---|---|---|
| 842 | | 合 40162 | 宾二类 | | | |
| 843 正反 | | 合 39487 正 | 宾二类 | | | |
| 844 | | 合 39486 | 宾二类 | | | |
| 845 | | | 宾二类 | | | |
| 846 | | | 宾二类 | | | |
| 847 | | | 宾二类 | | | |
| 848 | 黄拼 848+ 合补 3403（合补 6320） | | 宾二类 | | | |
| 849 正反 | | 合 40133 正反 | 宾二类 | | | |
| 850 | | 合 40142 | 宾二类 | | | |
| 851 | | | 宾二类 | | | |
| 852 | | 合 40173 | 宾二类 | | | |
| 853 | | | 宾二类 | | | |
| 854 | | 合 39761 | 宾二类 | | | |
| 855 | | | 宾二类 | | | |
| 856 | | | 宾二类 | 爭 | | |
| 857 | | | 宾一类 | | | |
| 858 | | | 宾一类 | 爭 | | |
| 859 | | 合 39753 | 宾一类 | | | |
| 860 | | 合 39728 | 宾一类 | 㱿 | | |
| 861 | | | 宾一类 | | | |
| 862 | | 合 40127 | 宾一类 | | | |
| 863 | | 合 40137 | 宾一类 | | | |
| 864 | | | 宾一类 | | | |
| 865 | | | 宾一类 | | | |
| 866 | | | 宾一类 | | | |
| 867 | | | 宾一类 | | | |
| 868 | | | 宾一类 | | | |
| 869 | | | 宾一类 | | | |
| 870 | | | 宾一类 | | | |
| 871 | | | 宾一类 | | | |
| 872 | | | 宾一类 | | | |
| 873 | | 合 40199 | 宾一类 | | | |
| 874 | | | 宾一类 | | | |

续表

| 著录号 | 缀合 | 重片 | 类型划分 | 贞人 | 专家分类 | 其他说明 |
|---|---|---|---|---|---|---|
| 875 | | | 宾一类 | | | |
| 876 | | | 宾一类 | | | |
| 877 | | | 宾一类 | | | |
| 878 | | | 宾一类 | | | |
| 879 | | | 宾一类 | | | |
| 880 | | | 宾一类 | | 李彭宾一 A | |
| 881 | | | 宾一类 | | | |
| 882 | | | 宾一类 | | | |
| 883 | | | 宾一类 | | | |
| 884 | | | 宾一类 | | | |
| 885 正反 | | 合 40204 正反 | 宾一类 | | | 笔书 |
| 886 正反 | | 合 40610 正反 | 宾二类 | 爭 | | 笔书 |
| 887 | | 合 40206 | 宾二类 | | | |
| 888 | 英 515+ 英 888 | | 宾二类 | | | |
| 889 | | | 宾二类 | | | |
| 890 | | | 宾二类 | | | |
| 891 | | | 宾一类 | 㱿 | | |
| 892 | | | 宾一类 | | | |
| 893 | | | 宾一类 | | | |
| 894 | | | 宾二类 | | | |
| 895 | | | 宾一类 | | | |
| 896 | | | 宾一类 | | 黄典宾 | |
| 897 | | | 宾二类 | | | |
| 898 | | | 宾二类 | | | |
| 899 | | | 宾二类 | | 黄典宾 | |
| 900 | | | 宾二类 | | 黄典宾 | |
| 901 | | | 宾二类 | | | |
| 902 | | | 宾二类 | | | |
| 903 | | | 宾二类 | | | |
| 904 | | | 宾二类 | | | |
| 905 | | | 宾二类 | | | |
| 906 正反 | | | 宾二类 | | | |
| 907 | | | 宾二类 | | | |

续表

| 著录号 | 缀合 | 重片 | 类型划分 | 贞人 | 专家分类 | 其他说明 |
|---|---|---|---|---|---|---|
| 908 | | | 宾二类 | | | |
| 909 正反 | | | 宾二类 | | | |
| 910 | | | 宾二类 | | | |
| 911 | | | 宾二类 | | | |
| 912 | | | 宾二类 | | | |
| 913 | | | 宾二类 | | | |
| 914 | | | 宾二类 | | | |
| 915 | | | 宾二类 | | | |
| 916 | | | 宾二类 | | | |
| 917 | | | 宾二类 | | | |
| 918 | | | 宾二类 | | | |
| 919 | | | 宾二类 | | | |
| 920 | | | 宾二类 | | | |
| 921 | 921+1037 | | 宾二类 | 爭 | | |
| 922 | | | 宾二类 | | | 笔书 |
| 923 | | 合 40337 | 宾二类 | | | |
| 924 | | 合 40321 | 宾二类 | | | |
| 925 | | | 宾二类 | | | |
| 926 | | | 宾二类 | | | |
| 927 | | | 宾二类 | | | |
| 928 | | | 宾二类 | | | |
| 929 | | | 宾二类 | | | |
| 930 | | | 宾二类 | | | 笔书 |
| 931 | | | 宾二类 | | | |
| 932 | | | 宾二类 | | | |
| 933 | | | 宾二类 | | | |
| 934 | | | 宾二类 | | | |
| 935 正反 | | | 宾二类 | | | 反：<br>甲桥刻辞 |
| 936 正反 | | | 宾二类 | | | |
| 937 正反 | | | 宾二类 | | | |
| 938 | | | 宾二类 | | | |
| 939 | | | 宾二类 | | | |
| 940 | | | 宾二类 | | | |

续表

| 著录号 | 缀合 | 重片 | 类型划分 | 贞人 | 专家分类 | 其他说明 |
|---|---|---|---|---|---|---|
| 941 | | | 宾二类 | | | |
| 942 正反 | | | 宾二类 | | | |
| 943 | | | 宾二类 | | | |
| 944 | | | 宾二类 | | | |
| 945 | | | 宾二类 | | | |
| 946 | | | 宾二类 | | | |
| 947 | | | 宾一类 | | | |
| 948 | | | 宾一类 | | | |
| 949 | | | 宾二类 | | | |
| 950 | | | 宾一类 | | | |
| 951 | | | 宾一类 | | | |
| 952 | | | 宾一类 | | | |
| 953 | | | 宾一类 | | | |
| 954 | | | 宾二类 | | | |
| 955 | | | 宾二类 | | | |
| 956 | | | 宾二类 | | | |
| 957 | | | 宾二类 | | | |
| 958 | | | 宾二类 | | | |
| 959 | | | 宾二类 | | | |
| 960 | | | 宾二类 | | | |
| 961 | | | 宾二类 | | | |
| 962 | | | 宾二类 | | 黄典宾 | |
| 963 | | | 宾一类 | | | |
| 964 | | | 宾一类 | | 黄宾一 | |
| 965 | | | 宾二类 | | | |
| 966 | | | 宾二类 | | | |
| 967 | | | 宾二类 | | | |
| 968 | | | 宾二类 | | 黄典宾 | |
| 969 | | | 宾二类 | | 黄典宾 | |
| 970 | 黄拼 970+<br>合补 3412 | 合 40229 | 宾二类 | | | 干支表 |
| 971 | | | 宾二类 | | | |
| 972 | | | 宾二类 | | | |
| 973 | | | 宾二类 | | | |

续表

| 著录号 | 缀合 | 重片 | 类型划分 | 贞人 | 专家分类 | 其他说明 |
|---|---|---|---|---|---|---|
| 974 | | | 宾二类 | | | |
| 975 | | | 宾一类 | | | |
| 976 | | | 宾一类 | | | |
| 977 | | | 宾一类 | | | |
| 978 | | | 宾二类 | | | 甲桥刻辞 |
| 979 | | | 宾二类 | | | |
| 980 | | | 宾二类 | | | |
| 981 | | | 宾二类 | | | |
| 982 | | | 宾二类 | | | |
| 983 | | | 宾二类 | | | |
| 984 | | | 宾二类 | | | |
| 985 | | | 宾二类 | | | |
| 986 | | | 宾二类 | | | |
| 987 | | | 宾二类 | | | |
| 988 | | | 宾二类 | | | |
| 989 | | | 宾二类 | | | |
| 990 | | | 宾一类 | | | |
| 991 | | | 宾一类 | | | |
| 992 | | | 宾三类 | | | |
| 993 | | | 宾二类 | | | |
| 994 | | | 宾二类 | | | |
| 995 | | 合 40042 | 宾一类 | | | |
| 996 | | 合 40429 | 宾二类 | | | 笔书 |
| 997 | | 合 40297 | 宾二类 | | | |
| 998 | | | 宾二类 | | | |
| 999 | | 合 40256 | 宾二类 | 𡧊 | | |
| 1000 正反 | | 合 40257 正反 | 宾二类 | 争 | | |
| 1001 | | | 宾二类 | | | |
| 1002 | | | 宾二类 | 㱿 | | |
| 1003 | | | 宾三类 | | | |
| 1004 | | | 宾一类 | | | |
| 1005 | 董英 588+ 英 1005+ 黄拼合 16297 | 合 40264 | 宾二类 | | | |
| 1006 | | | 宾二类 | | | |

续表

| 著录号 | 缀合 | 重片 | 类型划分 | 贞人 | 专家分类 | 其他说明 |
|---|---|---|---|---|---|---|
| 1007 | | | 宾二类 | | | |
| 1008 | | 合 40260 | 宾一类 | | | |
| 1009 | | | 宾一类 | | | |
| 1010 | | | 宾二类 | | | 尾甲 |
| 1011 正反 | | 合 40302 正反 | 宾二类 | | | 笔书 |
| 1012 | | | 宾一类 | | | |
| 1013 | | 41605 | 宾一类 | | | |
| 1014 | | 合 40783 | 宾二类 | | | |
| 1015 | | | 宾二类 | | | |
| 1016 | | | 宾一类 | | | |
| 1017 | 蔡续英 1017+<br>合 12456 | | 宾一类 | 内 | | |
| 1018 正反 | | | 宾二类 | | | |
| 1019 | | | 宾二类 | | | |
| 1020 | | | 宾一类 | 㱿 | | |
| 1021 | | | 宾二类 | | | |
| 1022 | | | 宾二类 | | 黄典宾<br>李彭宾一 B | |
| 1023 | | 合 40277 | 宾一类 | | | |
| 1024 | | 合 402、合 39 | 宾一类 | | | |
| 1025 | | | 宾二类 | 𠬝 | | |
| 1026 | | | 宾二类 | | | |
| 1027 | | | 宾二类 | | | |
| 1028 | | | 宾一类 | | | |
| 1029 | | | 宾一类 | | 黄宾一 | |
| 1030 正反 | | 合 40285 正反 | 宾二类 | | | 笔书 |
| 1031 | | | 宾二类 | | | |
| 1032 | | | 宾二类 | | | |
| 1033 | | | 宾二类 | | | |
| 1034 | | | 宾二类 | | | |
| 1035 | | | 宾二类 | | | |
| 1036 | | 合 40287 | 宾二类 | | | |
| 1037 | 英 1037+ 英 921 | | 宾二类 | 爭 | | 尾甲 |

续表

| 著录号 | 缀合 | 重片 | 类型划分 | 贞人 | 专家分类 | 其他说明 |
|---|---|---|---|---|---|---|
| 1038 | | 合 40253 | 宾二类 | | | |
| 1039 正反 | | | 宾二类 | | | |
| 1040 | | | 宾二类 | | | |
| 1041 | | | 宾二类 | | | |
| 1042 | | | 宾二类 | | | |
| 1043 | | | 宾二类 | | | 笔书 |
| 1044 | | | 宾一类 | | | |
| 1045 | | | 宾一类 | | | |
| 1046 | | | 宾二类 | | | |
| 1047 | | | 宾二类 | | | |
| 1048 | | | 宾二类 | | | |
| 1049 | | | 宾二类 | | | |
| 1050 | | | 宾二类 | | | |
| 1051 | | | 宾二类 | | | |
| 1052 | | 合 40266 | 宾二类 | | | |
| 1053 | | | 宾一类 | | | |
| 1054 | | | 宾二类 | 爭 | | |
| 1055 | | 合 40276 | 宾二类 | | | |
| 1056 | | | 宾二类 | | | |
| 1057 | | | 宾二类 | | | |
| 1058 | | | 宾二类 | | | |
| 1059 | | | 宾二类 | | | |
| 1060 | | | 宾二类 | | | |
| 1061 | | | 宾三类 | | | |
| 1062 | | | 宾二类 | | | |
| 1063 | | | 宾一类 | | | |
| 1064 | | | 宾二类 | | | 笔书 |
| 1065 | | | 宾一类 | | | |
| 1066 | | | 宾二类 | | | |
| 1067 | | 合 40243 | 宾二类 | | | |
| 1068 | | 合 402、合 40 | 宾二类 | | | |
| 1069 | | | 宾二类 | | | |
| 1070 | | | 宾二类 | | | |
| 1071 | | 合 40304 | 宾二类 | | | 笔书 |

续表

| 著录号 | 缀合 | 重片 | 类型划分 | 贞人 | 专家分类 | 其他说明 |
|---|---|---|---|---|---|---|
| 1072 | | | 宾一类 | | | |
| 1073 | 英 1073+ 英 418=库 261 | | 宾一类 | | 黄宾一 | |
| 1074 | | 合 40595 | 宾二类 | | | |
| 1075 | | | 宾二类 | | 黄典宾 | |
| 1076 | | 合 40780 | 宾二类 | | | |
| 1077 | | 41107 | 宾二类 | | | |
| 1078 | | 合 40329 | 宾一类 | | | |
| 1079 正反 | 黄拼 1079+合 13216 | 合 40326 正反 | 宾二类 | | | |
| 1080 | | 合 40328 | 宾二类 | 㱿 | | |
| 1081 | | 合 40327 | 宾二类 | | | |
| 1082 正反 | | 合 40332 正反 | 宾二类 | | | 反：甲桥刻辞 |
| 1083 | | | 宾二类 | | | |
| 1084 | | | 宾二类 | | | |
| 1085 | | | 宾二类 | | | |
| 1086 | | | 宾二类 | | | |
| 1087 | | | 宾二类 | | | |
| 1088 | | | 宾一类 | | | |
| 1089 | | | 宾一类 | | | |
| 1090 | | | 宾一类 | | | |
| 1091 | | 合 40317 | 宾一类 | | | |
| 1092 | | | 宾二类 | | | |
| 1093 | | | 宾二类 | | 黄典宾 | |
| 1094 | | | 宾二类 | | | |
| 1095 | | | 宾二类 | | | |
| 1096 | | 合 40348 | 宾二类 | | | |
| 1097 | | | 宾二类 | | | 笔书 |
| 1098 | | | 宾二类 | | | |
| 1099 | | 合 40347 | 宾二类 | | | |
| 1100 | | 合 40344 | 宾一类 | | | |
| 1101 | 黄拼 1101+ 合 993 | 合 40341 | 宾一类 | | | |
| 1102 | | 合 40342 | 宾一类 | | | |
| 1103 | | 合 40123 | 宾二类 | | | |

续表

| 著录号 | 缀合 | 重片 | 类型划分 | 贞人 | 专家分类 | 其他说明 |
|---|---|---|---|---|---|---|
| 1104 | | | 宾二类 | | | |
| 1105 正反 | | 合 40353 正反 | 宾二类 | 宕 | | |
| 1106 | 黄拼 1106+ 合 7854 | 合 40352 | 宾二类 | | | |
| 1107 | | 合 40361 | 宾一类 | | | |
| 1108 | | 合 40、合 397 | 宾二类 | | 黄典宾 | |
| 1109 | | | 宾二类 | | 黄典宾 | |
| 1110 | | | 宾二类 | | 黄典宾 | |
| 1111 | | 合 40356 | 宾三类 | | | 尾甲 |
| 1112 | | 合 40357 | 宾三类 | 宕 | | 尾甲 |
| 1113 | | | 宾二类 | | | |
| 1114 | | 41293 | 宾二类 | | | |
| 1115 | | | 宾二类 | | | |
| 1116 | | 合 40359 | 宾二类 | | | |
| 1117 正反 | | 合 39498 正反 | 宾一类 | | | |
| 1118 | | | 宾二类 | | | |
| 1119 | | | 宾一类 | | | |
| 1120 | | | 宾一类 | | | |
| 1121 | | | 宾一类 | | | |
| 1122 正反 | | 合 40369 正反 | 宾二类 | | | 反：<br>甲桥刻辞 |
| 1123 | | 合 40368 | 宾二类 | | | |
| 1124 | | 合 40373 | 宾二类 | | | |
| 1125 | | | 宾二类 | | | |
| 1126 | | 合 40378 | 宾二类 | | | |
| 1127 | | | 宾二类 | 爭 | | |
| 1128 | | 合 40791 | 宾三类 | | | |
| 1129 正反 | | | 宾三类 | | | |
| 1130 | | | 宾三类 | | | |
| 1131 | | | 宾三类 | | | |
| 1132 | | | 宾三类 | | | |
| 1133 正反 | 黄拼 1133 正 +<br>合补 1938 | 合 39912 正 | 宾二类 | | | |
| 1134 | | | 宾二类 | | | |
| 1135 | | 合 40、合 398 | 宾二类 | | | |
| 1136 | | 合 39849 | 宾二类 | 㱿、爭 | | |

续表

| 著录号 | 缀合 | 重片 | 类型划分 | 贞人 | 专家分类 | 其他说明 |
|---|---|---|---|---|---|---|
| 1137 | | | 宾二类 | | | |
| 1138 | | 合 40、合 393 | 宾二类 | | | |
| 1139 | | 合 40、合 391 | 宾二类 | 㱿 | | |
| 1140 | | | 宾二类 | | 李彭宾一 B | |
| 1141 | | 合 40、合 395 | 宾二类 | | 李彭宾一 B | |
| 1142 | | 合 40、合 394 | 宾二类 | | | |
| 1143 | | | 宾二类 | | | |
| 1144 | | | 宾二类 | 穷 | 黄典宾 | |
| 1145 | | 合 40421 | 宾二类 | | | |
| 1146 正反 | | 合 40419 正反 | 宾二类 | | | |
| 1147 | | 合 40420 | 宾二类 | | | |
| 1148 | | 合 40425 | 宾二类 | | | |
| 1149 | 黄拼 1149+<br>合 16037 | | 宾二类 | | | 此片缀合疑误 |
| 1150 | | 合 40428 | 宾二类 | | | |
| 1151 | | 合 40417 | 宾二类 | 穷、爭 | | |
| 1152 | | 合 40416 | 宾二类 | | | |
| 1153 正反 | | 合 40422 正 | 宾二类 | | | |
| 1154 | | | 宾二类 | 㱿 | | |
| 1155 | | | 宾二类 | | | |
| 1156 | | 合 40411 | 宾二类 | | | |
| 1157 | | 合 40410 | 宾二类 | 韋 | | |
| 1158 | | 合 40 合 409 | 宾一类 | | | |
| 1159 | | 合 39565 | 宾二类 | | | |
| 1160 正反 | 黄拼 1160+793 | 合 40112 正反 | 宾二类 | 穷、爭 | | |
| 1161 正反 | | | 宾一类 | | | |
| 1162 | | 合 40、合 403 | 宾二类 | | | |
| 1163 | | | 宾二类 | | | |
| 1164 | | | 宾二类 | | | |
| 1165 | | 合 40415 | 宾二类 | 㱿 | | |
| 1166 | | | 宾二类 | | | |
| 1167 | | | 宾二类 | 穷 | | |
| 1168 正反 | | | 宾二类 | | | |
| 1169 | | | 宾二类 | | | |

续表

| 著录号 | 缀合 | 重片 | 类型划分 | 贞人 | 专家分类 | 其他说明 |
|---|---|---|---|---|---|---|
| 1170 正反 | | 合 39503 正反 | 宾二类 | | | |
| 1171 正反 | | | 宾一类 | | | |
| 1172 | | 合 40441 | 宾二类 | | | |
| 1173 正反 | | 合 40435 正反 | 宾二类 | | | |
| 1174 正反 | | 合 40432 正反 | 宾二类 | | | |
| 1175 | 1175+ 合 360 | 合 40430 | 宾二类 | | | |
| 1176 | | | 宾二类 | | | |
| 1177 正反 | | 合 40437 正反 | 宾二类 | 亘 | | |
| 1178 | | 41833 | 宾二类 | | | |
| 1179 正反臼 | | 合 39873 正臼 | 宾二类 | 㱿 | | |
| 1180 | | 合 40438 | 宾二类 | | | |
| 1181 | | | 宾二类 | | | |
| 1182 | | 合 40513 | 宾二类 | | | |
| 1183 | | 合 40460 | 宾二类 | | | |
| 1184 | | | 宾二类 | | | |
| 1185 正反 | | 合 40444 正 | 宾一类 | | | |
| 1186 | | 合 39720 | 宾二类 | | | 笔书 |
| 1187 | 黄拼 1187+合 39723 | 合 39716 | 宾二类 | 㱿 | | |
| 1188 | 黄拼 1188+1189 | 合 39717 | 宾二类 | | | |
| 1189 正反 | 黄拼 1189+1188 | 合 40534 正反 | 宾三类 | | | |
| 1190 | | | 宾二类 | | | |
| 1191 | | 合 39904 | 宾二类 | | | |
| 1192 | | | 宾二类 | | | |
| 1193 | | | 宾一类 | | | |
| 1194 | | 合 39533 | 宾二类 | | | |
| 1195 | | | 宾二类 | | | 记事刻辞 |
| 1196 | | | 宾二类 | | | 记事刻辞 |
| 1197 | | 合 40451 | 宾二类 | | | |
| 1198 | | | 宾二类 | | | |
| 1199 | | | 宾二类 | | | |
| 1200 | | | 宾二类 | | | |
| 1201 正反 | | | 宾二类 | | | |

续表

| 著录号 | 缀合 | 重片 | 类型划分 | 贞人 | 专家分类 | 其他说明 |
|---|---|---|---|---|---|---|
| 1202 | | | 宾二类 | | 黄典宾<br>李彭宾一 B | |
| 1203 | | | 宾二类 | | | |
| 1204 | | | 宾一类 | | | |
| 1205 | | | 宾一类 | | | |
| 1206 | | | 宾一类 | | | |
| 1207 | | | 宾二类 | | | |
| 1208 | | | 宾二类 | | | |
| 1209 | | 合 40452 | 宾二类 | 穷 | | |
| 1210 正反 | | | 宾二类 | 㱿 | | |
| 1211 | | | 宾二类 | | | |
| 1212 | | | 宾二类 | | | |
| 1213 | | | 宾二类 | | | |
| 1214 | | | 宾二类 | | | |
| 1215 正反 | | | 宾二类 | | | |
| 1216 | | | 宾二类 | 㱿 | | |
| 1217 | | | 宾二类 | | | |
| 1218 正反 | | | 宾二类 | | | |
| 1219 | | | 宾一类 | 㱿 | | |
| 1220 正反 | | | 宾二类 | | | |
| 1221 | | | 宾二类 | 穷 | | |
| 1222 | | | 宾一类 | | | |
| 1223 | | | 宾一类 | | | |
| 1224 | | 合 40486 | 宾一类 | | | |
| 1225 | | | 宾一类 | | | |
| 1226 | | 合 40487 | 宾一类 | | | |
| 1227 | | 合 40488 | 宾一类 | | | |
| 1228 | | | 宾一类 | | | |
| 1229 正反 | | 合 40617 正 | 宾二类 | | | |
| 1230 | | | 宾二类 | | | |
| 1231 | | 合 40530 | 宾一类 | | 黄典宾 | |
| 1232 | | | 宾一类 | | | |
| 1233 | | | 宾一类 | | | |
| 1234 | | | 宾一类 | | | |

续表

| 著录号 | 缀合 | 重片 | 类型划分 | 贞人 | 专家分类 | 其他说明 |
|---|---|---|---|---|---|---|
| 1235 | | | 宾二类 | | | |
| 1236 | | 合 40824 | 宾二类 | | | |
| 1237 | | | 宾二类 | | | |
| 1238 | | | 宾二类 | | | |
| 1239 | | 合 40447 | 宾二类 | | | |
| 1240 | | 合 39531 | 宾二类 | | | |
| 1241 | | 合 40450 | 宾一类 | | | |
| 1242 | | | 宾一类 | | | |
| 1243 | | | 宾一类 | | | |
| 1244 | | | 宾二类 | | | |
| 1245 | | | 宾一类 | | | |
| 1246 | | | 宾一类 | | | |
| 1247 正反 | | | 宾一类 | | | |
| 1248 | | | 宾一类 | | 李彭宾一 A | |
| 1249 | | | 宾一类 | | | 笔书 |
| 1250 正反 | | 合 40514 正反 | 宾一类 | 爭、亘 | | |
| 1251 正反 | | 合 40427 正反 | 宾二类 | 㱿 | 黄典宾 | |
| 1252 | | | 宾二类 | | | |
| 1253 | | 合 39、合 395 | 宾一类 | 宁 | | |
| 1254 正反 | | | 宾二类 | | | |
| 1255 | | | 宾二类 | | | |
| 1256 | | 合 40507 | 宾二类 | | | |
| 1257 | | | 宾二类 | | | |
| 1258 | | 合 40505 | 宾二类 | | | |
| 1259 | | | 宾二类 | | | |
| 1260 | | | 宾二类 | | | |
| 1261 | | | 宾二类 | | | |
| 1262 | | | 宾二类 | | | |
| 1263 | | 合 40517 | 宾二类 | | | |
| 1264 正反 | | 合 40053 正反 | 宾二类 | | | |
| 1265 | | 合 39646 | 宾二类 | | | |
| 1266 | | | 宾二类 | | | |
| 1267 | | | 宾二类 | | | |
| 1268 | | | 宾二类 | | | |

续表

| 著录号 | 缀合 | 重片 | 类型划分 | 贞人 | 专家分类 | 其他说明 |
|---|---|---|---|---|---|---|
| 1269 | | | 宾二类 | | | |
| 1270 | | | 宾二类 | | | |
| 1271 | | | 宾二类 | | | |
| 1272 | | | 宾二类 | | | |
| 1273 | | 合 40520 | 宾二类 | | | |
| 1274 | | | 宾二类 | | | |
| 1275 正反 | | 合 40522 正 | 宾二类 | | | |
| 1276 正反 | 英 1276+ 合 5468 | 合 40521 正反 | 宾二类 | 永 | | |
| 1277 | | | 宾二类 | | | |
| 1278 | | | 宾二类 | | | |
| 1279 | | | 宾二类 | | | |
| 1280 | | 合 39585 | 宾二类 | | | |
| 1281 | | | 宾二类 | | | |
| 1282 | | 合 40525 | 宾二类 | | | |
| 1283 | | | 宾二类 | | | |
| 1284 | | | 宾二类 | | | |
| 1285 | | 合 40528 | 宾二类 | | | |
| 1286 | | | 宾二类 | | | |
| 1287 | | | 宾二类 | | | |
| 1288 | | 合 40550 | 宾二类 | | | |
| 1289 | | | 宾二类 | 穷 | | |
| 1290 | | 合 39501 | 宾二类 | 韋 | | |
| 1291 | | 合 40510 | 宾二类 | | 黄典宾<br>李彭宾一 A | |
| 1292 正反 | | | 宾二类 | | 李彭宾一 A | 反：<br>甲桥刻辞 |
| 1293 | | 合 40541 | 宾二类 | | | |
| 1294 | | 合 39、合 405 | 宾二类 | | | |
| 1295 | | | 宾二类 | | | |
| 1296 | | 合 39497 | 宾二类 | | | |
| 1297 | | | 宾二类 | | | |
| 1298 | | | 宾二类 | | | |
| 1299 | | | 宾二类 | | | |
| 1300 | | | 宾二类 | | | |

续表

| 著录号 | 缀合 | 重片 | 类型划分 | 贞人 | 专家分类 | 其他说明 |
|---|---|---|---|---|---|---|
| 1301 | | | 宾二类 | | | |
| 1302 | | | 宾二类 | | | |
| 1303 | | | 宾二类 | | | |
| 1304 正反 | | | 宾二类 | | | |
| 1305 正反 | | | 宾二类 | | | |
| 1306 | | | 宾二类 | | | |
| 1307 | | | 宾二类 | | | |
| 1308 | | | 宾二类 | | | |
| 1309 | | | 宾二类 | | | |
| 1310 | | | 宾二类 | | | |
| 1311 | | | 宾二类 | | | |
| 1312 | | | 宾二类 | | | |
| 1313 | | | 宾二类 | | | |
| 1314 | | | 宾二类 | | | |
| 1315 | | | 宾二类 | | | |
| 1316 | | | 宾一类 | | | |
| 1317 | | | 宾一类 | | | |
| 1318 | | | 宾一类 | | | |
| 1319 | | | 宾二类 | | | |
| 1320 | | | 宾二类 | | | |
| 1321 | | | 宾二类 | | | |
| 1322 | | | 宾二类 | | | |
| 1323 | | | 宾一类 | | | |
| 1324 | | | 宾二类 | | | |
| 1325 | | | 宾二类 | | | 笔书 |
| 1326 | | | 宾二类 | | | |
| 1327 | | | 宾二类 | | | |
| 1328 | | | 宾二类 | | | |
| 1329 | | | 宾二类 | | | |
| 1330 | | | 宾二类 | | | |
| 1331 | | | 宾二类 | | | |
| 1332 | | | 宾二类 | | | |
| 1333 | | | 宾二类 | | | |
| 1334 | | | 宾二类 | | | |

续表

| 著录号 | 缀合 | 重片 | 类型划分 | 贞人 | 专家分类 | 其他说明 |
|---|---|---|---|---|---|---|
| 1335 | | | 宾二类 | | | |
| 1336 | | | 宾二类 | | | |
| 1337 | | | 宾二类 | | | |
| 1338 | | | 宾二类 | | | |
| 1339 | | | 宾二类 | | | |
| 1340 | | | 宾二类 | | | |
| 1341 | | | 宾二类 | | | |
| 1342 | | 合 39574 | 宾二类 | | | |
| 1343 | | | 宾二类 | | | |
| 1344 | | | 宾二类 | | | |
| 1345 | | | 宾二类 | | | |
| 1346 正反 | | | 宾二类 | | | |
| 1347 | | | 宾二类 | | | |
| 1348 | | | 宾二类 | | | |
| 1349 | | | 宾二类 | | | |
| 1350 | | | 宾二类 | | | |
| 1351 | | | 宾二类 | | | |
| 1352 正反 | 黄拼 1352 正反 +<br>合 6143 正反 | | 宾二类 | | | |
| 1353 | | | 宾二类 | | | |
| 1354 | | | 宾二类 | | | |
| 1355 | | | 宾三类 | | | |
| 1356 | | | 宾一类 | | | |
| 1357 | | | 宾三类 | | | |
| 1358 | | | 宾一类 | | | |
| 1359 | | | 宾二类 | | | |
| 1360 | | | 宾二类 | | | |
| 1361 | | | 宾一类 | | | |
| 1362 | | | 宾二类 | | | |
| 1363 | | | 宾二类 | | | |
| 1364 | | 合 40759 | 宾二类 | | | |
| 1365 正反 | | | 宾二类 | | | |
| 1366 | | | 宾二类 | | | |
| 1367 | | | 宾二类 | | | |

续表

| 著录号 | 缀合 | 重片 | 类型划分 | 贞人 | 专家分类 | 其他说明 |
|---|---|---|---|---|---|---|
| 1368 | | | 宾二类 | | | |
| 1369 | | | 宾二类 | | | |
| 1370 | | | 宾二类 | | | |
| 1371 | | | 宾二类 | | | |
| 1372 | | | 宾二类 | | | |
| 1373 | | | 宾二类 | | | |
| 1374 | | | 宾二类 | | | |
| 1375 | | | 宾三类 | | | |
| 1376 | | | 宾二类 | | | |
| 1377 | | | 宾二类 | | | |
| 1378 | | | 宾二类 | | | |
| 1379 | | | 宾二类 | | | |
| 1380 | | | 宾二类 | | | |
| 1381 | | | 宾二类 | | | |
| 1382 | | | 宾二类 | | | |
| 1383 | | | 宾一类 | | | |
| 1384 | | | 宾二类 | | | |
| 1385 | | | 宾二类 | | | |
| 1386 | | | 宾二类 | | | |
| 1387 | | | 宾二类 | | | |
| 1388 | | | 宾二类 | | | |
| 1389 | | | 宾二类 | | | |
| 1390 | | | 宾二类 | | | |
| 1391 | | | 宾二类 | | | |
| 1392 | | | 宾二类 | | | |
| 1393 | | | 宾二类 | | | |
| 1394 | | | 宾二类 | | | |
| 1395 | | | 宾一类 | | | |
| 1396 | | | 宾一类 | | | |
| 1397 | | | 宾一类 | | | |
| 1398 | | | 宾一类 | | | |
| 1399 | 黄拼 1399+<br>合 13540 | 合 40748 | 宾二类 | | | |
| 1400 | | | 宾一类 | | | |

续表

| 著录号 | 缀合 | 重片 | 类型划分 | 贞人 | 专家分类 | 其他说明 |
|---|---|---|---|---|---|---|
| 1401 | | | 宾一类 | | | |
| 1402 正反 | | | 宾二类 | | | |
| 1403 | | | 宾二类 | | | |
| 1404 | | | 宾二类 | | | |
| 1405 | | | 宾二类 | | | |
| 1406 | | | 宾一类 | | | |
| 1407 | | | 宾一类 | | | |
| 1408 | | | 宾一类 | | | |
| 1409 | | | 宾一类 | | | |
| 1410 | | | 宾一类 | | | |
| 1411 | | | 宾二类 | | | |
| 1412 正反 | | | 宾二类 | | | 反：<br>甲桥刻辞 |
| 1413 | | | 宾一类 | | | |
| 1414 | | | 宾二类 | | | |
| 1415 | | | 宾一类 | | | |
| 1416 | | | 宾二类 | | | |
| 1417 | | | 宾二类 | | | |
| 1418 | | | 宾一类 | | | |
| 1419 | | | 宾一类 | | | |
| 1420 | | | 宾二类 | | | 笔书 |
| 1421 | | | 宾二类 | | | |
| 1422 | | | 宾一类 | | | |
| 1423 | | | 宾一类 | | | |
| 1424 | | | 宾一类 | | 李彭宾一 A | |
| 1425 正反 | | | 宾二类 | | | |
| 1426 | | | 宾二类 | | | |
| 1427 | | | 宾二类 | | | |
| 1428 | | | 宾二类 | | | |
| 1429 | | | 宾二类 | | | |
| 1430 | | | 宾二类 | | | |
| 1431 | | | 宾二类 | | | |
| 1432 | | | 宾二类 | | | |
| 1433 | | | 宾二类 | | | |

续表

| 著录号 | 缀合 | 重片 | 类型划分 | 贞人 | 专家分类 | 其他说明 |
|---|---|---|---|---|---|---|
| 1434 | | | 宾二类 | | | |
| 1435 | | | 宾二类 | | | |
| 1436 | | | 宾二类 | | | |
| 1437 | | | 宾二类 | | | |
| 1438 | | | 宾二类 | | | |
| 1439 | | 合 40646 | 宾二类 | | | |
| 1440 | | | 宾二类 | | | |
| 1441 | | | 宾二类 | | | |
| 1442 | | | 宾二类 | | | |
| 1443 | | | 宾二类 | | | |
| 1444 | | | 宾二类 | | | |
| 1445 | | | 宾二类 | | | |
| 1446 | | | 宾二类 | | | |
| 1447 正反 | | | 宾二类 | | | |
| 1448 | | | 宾二类 | | | |
| 1449 | | | 宾二类 | | | |
| 1450 | | | 宾二类 | | | |
| 1451 | | | 宾二类 | | | |
| 1452 | | | 宾二类 | | | 反：<br>甲桥刻辞 |
| 1453 | | | 宾二类 | | | |
| 1454 | | | 宾一类 | | | |
| 1455 | | | 宾二类 | | | 笔书 |
| 1456 正反 | | | 宾二类 | | | |
| 1457 | | | 宾二类 | | | |
| 1458 | | | 宾二类 | | | |
| 1459 | | | 宾二类 | | | |
| 1460 | | | 宾二类 | | | |
| 1461 | | | 宾二类 | | | |
| 1462 | | | 宾二类 | | | |
| 1463 | | | 宾二类 | | | |
| 1464 | | | 宾二类 | | | |
| 1465 | | | 宾二类 | | | |
| 1466 | | | 宾二类 | | | |

续表

| 著录号 | 缀合 | 重片 | 类型划分 | 贞人 | 专家分类 | 其他说明 |
|---|---|---|---|---|---|---|
| 1467 | | | 宾二类 | | | |
| 1468 | | | 宾二类 | | | |
| 1469 | | | 宾二类 | | | |
| 1470 | | | 宾二类 | | | |
| 1471 | | | 宾二类 | | | |
| 1472 | | | 宾二类 | | | |
| 1473 | | | 宾二类 | | | |
| 1474 | | | 宾二类 | | | |
| 1475 | | | 宾二类 | | | |
| 1476 | | | 宾二类 | | | |
| 1477 | | | 宾二类 | | | |
| 1478 | | | 宾二类 | | | |
| 1479 | | | 宾二类 | | | |
| 1480 | | | 宾二类 | | | 笔书 |
| 1481 | | | 宾二类 | | | |
| 1482 | | | 宾一类 | | | |
| 1483 | | | 宾二类 | | | |
| 1484 | | | 宾二类 | | | |
| 1485 | | | 宾二类 | | | |
| 1486 | | | 宾二类 | | | |
| 1487 | | | 宾二类 | | | |
| 1488 | | | 宾二类 | | | |
| 1489 | | | 宾二类 | | | |
| 1490 | | | 宾二类 | | | |
| 1491 | | | 宾二类 | | | |
| 1492 | | | 宾二类 | | | |
| 1493 | | | 宾二类 | | | |
| 1494 正反 | | | 宾二类 | | | |
| 1495 | | | 宾二类 | | | |
| 1496 | | | 宾二类 | | | |
| 1497 | | | 宾二类 | | | |
| 1498 正反 | | | 宾一类 | | | |
| 1499 | | | 宾二类 | | | |
| 1500 正反 | | | 宾二类 | | | |

续表

| 著录号 | 缀合 | 重片 | 类型划分 | 贞人 | 专家分类 | 其他说明 |
|---|---|---|---|---|---|---|
| 1501 | | | 宾二类 | | | |
| 1502 正反 | | | 宾二类 | | | |
| 1503 | | | 宾二类 | | | |
| 1504 | | | 宾二类 | | | |
| 1505 | | | 宾一类 | | | |
| 1506 正反 | | | 宾二类 | | | |
| 1507 | | | 宾二类 | | | |
| 1508 | | | 宾二类 | | | |
| 1509 | | | 宾二类 | | | |
| 1510 正反 | | | 宾二类 | | | |
| 1511 | | | 宾二类 | | | |
| 1512 | | | 宾二类 | | | |
| 1513 正反 | | | 宾二类 | | | |
| 1514 | | | 宾二类 | | | |
| 1515 | | | 宾二类 | | | |
| 1516 | | | 宾二类 | | | |
| 1517 | | | 宾二类 | | | |
| 1518 | | | 宾二类 | | | |
| 1519 | | | 宾二类 | | | |
| 1520 | | | 宾二类 | | 李彭宾一 B | |
| 1521 | | | 宾二类 | | | |
| 1522 | | | 宾二类 | | | |
| 1523 | | | 宾一类 | | 黄宾一 | |
| 1524 正反 | | | 宾二类 | | | |
| 1525 | | | 宾二类 | | | 笔书 |
| 1526 | | | 宾二类 | | | |
| 1527 | | | 宾一类 | | | |
| 1528 | | | 宾二类 | | | |
| 1529 | | | 宾二类 | | | |
| 1530 | | | 宾二类 | | | |
| 1531 | | | 宾二类 | | | |
| 1532 | | | 宾二类 | | | |
| 1533 | | | 宾二类 | | 李彭宾一 B | |
| 1534 正反 | | | 宾二类 | | | |

续表

| 著录号 | 缀合 | 重片 | 类型划分 | 贞人 | 专家分类 | 其他说明 |
| --- | --- | --- | --- | --- | --- | --- |
| 1535 | | | 宾二类 | | | |
| 1536 正反 | | | 宾二类 | | | |
| 1537 | | | 宾二类 | | | |
| 1538 | | | 宾二类 | | | |
| 1539 | | | 宾二类 | | | |
| 1540 | | | 宾二类 | | | |
| 1541 | | | 宾一类 | | | |
| 1542 | | | 宾二类 | | | |
| 1543 | | | 宾二类 | | | |
| 1544 | | | 宾二类 | | | |
| 1545 正反 | | | 宾二类 | | | |
| 1546 | | | 宾二类 | | | |
| 1547 | | | 宾二类 | | | |
| 1548 | | | 宾二类 | | | |
| 1549 | | 合 40565 | 宾二类 | | | |
| 1550 | | | 宾二类 | | | |
| 1551 | | | 宾二类 | | | |
| 1552 | | | 宾二类 | | | |
| 1553 正反 | | | 宾二类 | | | |
| 1554 | | 合 40338 | 宾一类 | | | |
| 1555 | | 合 39768 | 宾二类 | 永 | | |
| 1556 | | | 宾二类 | | | |
| 1557 | | 合 39805 | 宾一类 | | | |
| 1558 正反 | | | 宾二类 | | | 反：<br>甲桥刻辞 |
| 1559 | | | 宾二类 | | | |
| 1560 | | | 宾二类 | | | |
| 1561 | | 合 40613 | 宾二类 | | | |
| 1562 | | | 宾三类 | | | |
| 1563 | | | 宾一类 | | | |
| 1564 | | | 宾二类 | | | |
| 1565 | | | 宾二类 | | 黄典宾 | |
| 1566 | | | 宾一类 | | | |
| 1567 | | | 宾一类 | | | |

续表

| 著录号 | 缀合 | 重片 | 类型划分 | 贞人 | 专家分类 | 其他说明 |
|---|---|---|---|---|---|---|
| 1568 | | | 宾一类 | | | |
| 1569 | | 合 40624 | 宾二类 | | | |
| 1570 | | 合 40631 | 宾一类 | | | |
| 1571 | | | 宾一类 | | | |
| 1572 | | | 宾一类 | | | |
| 1573 | | | 宾一类 | | | |
| 1574 | | | 宾一类 | | | |
| 1575 | | | 宾一类 | | | |
| 1576 | | 合 40623 | 宾一类 | | | |
| 1577 | | | 宾二类 | | | |
| 1578 | | | 何一类 | | | |
| 1579 | | | 何一类 | | | |
| 1580 | | | 宾一类 | | | |
| 1581 | | | 宾三类 | | | |
| 1582 | | 合 40609 | 宾一类 | | | |
| 1583 | | | 宾一类 | | | |
| 1584 | | | 宾一类 | | | |
| 1585 正反 | | | 宾二类 | 𡧊 | | |
| 1586 | | 合 40604 | 宾二类 | 爭 | | |
| 1587 | | | 宾一类 | 爭 | | |
| 1588 | | 合 40597 | 宾二类 | 爭 | | |
| 1589 | | | 宾二类 | 爭 | | |
| 1590 正反 | | | 宾二类 | 爭 | | |
| 1591 | | | 宾二类 | 古 | | |
| 1592 正反 | | | 宾二类 | | | |
| 1593 | | | 宾二类 | 穷 | | |
| 1594 | | 合 40742 | 宾三类 | 事 | | |
| 1595 | | 合 40599 | 宾三类 | 事 | | |
| 1596 | | 合 39865 | 宾二类 | 永 | | |
| 1597 | | | 宾二类 | | 黄典宾<br>李彭宾一 B | |
| 1598 | | | 宾二类 | 穷 | | |
| 1599 | | | 宾二类 | | 黄典宾 | |
| 1600 | | | 宾二类 | | | |

续表

| 著录号 | 缀合 | 重片 | 类型划分 | 贞人 | 专家分类 | 其他说明 |
|---|---|---|---|---|---|---|
| 1601 | | | 宾二类 | | | |
| 1602 | | | 宾二类 | | | |
| 1603 | | | 宾二类 | | | |
| 1604 | | | 宾二类 | | | |
| 1605 | | | 宾二类 | | | |
| 1606 | | | 宾二类 | | | 笔书 |
| 1607 | | | 宾二类 | | | |
| 1608 | | | 宾二类 | | | |
| 1609 | | 合 40354 | 宾二类 | | | |
| 1610 正反 | | 合 40574 正反 | 宾二类 | | | |
| 1611 | | 合 40179 | 宾二类 | | | |
| 1612 | | 合 40760 | 宾一类 | | | |
| 1613 正反 | | | 宾二类 | | | |
| 1614 | | | 宾二类 | | | |
| 1615 | | | 宾二类 | | | |
| 1616 正反 | | 合 40638 正反 | 宾二类 | | 黄典宾 | 反：<br>甲桥刻辞 |
| 1617 | | 合 40563 | 宾二类 | 𡧊 | | |
| 1618 正反 | | | 宾二类 | | | |
| 1619 | | | 宾二类 | | | |
| 1620 | | 合 406 合 39 | 宾二类 | | | |
| 1621 | | | 宾一类 | | | |
| 1622 | | | 宾二类 | | | 笔书 |
| 1623 | | | 宾二类 | | | 笔书 |
| 1624 | | | 宾二类 | | | |
| 1625 | | | 宾二类 | | | |
| 1626 正反 | | | 宾二类 | | 黄典宾 | |
| 1627 | | | 宾二类 | | | |
| 1628 | | | 宾二类 | | | |
| 1629 | | | 宾二类 | | | |
| 1630 | | | 宾二类 | | | |
| 1631 | | | 宾二类 | | | |
| 1632 | | | 宾二类 | | | |
| 1633 | | | 宾二类 | | 黄典宾 | |

续表

| 著录号 | 缀合 | 重片 | 类型划分 | 贞人 | 专家分类 | 其他说明 |
|---|---|---|---|---|---|---|
| 1634 | | | 宾二类 | | | |
| 1635 | | | 宾二类 | | | |
| 1636 | | | 宾二类 | | | |
| 1637 | | | 宾二类 | | | |
| 1638 | | | 宾二类 | | | |
| 1639 | | | 宾二类 | | | |
| 1640 | | | 宾二类 | | | |
| 1641 | | | 宾二类 | | | |
| 1642 | | 合 40698 | 宾二类 | | | |
| 1643 | | 合 40697 | 宾二类 | | | |
| 1644 | | | 宾二类 | | | 笔书 |
| 1645 | | | 宾二类 | | | |
| 1646 | | | 宾二类 | | | |
| 1647 | | | 宾二类 | | | |
| 1648 | | | 宾二类 | | | |
| 1649 | | | 宾一类 | | | |
| 1650 | | | 宾一类 | | | |
| 1651 | | | 宾一类 | | | |
| 1652 | | | 宾一类 | | | |
| 1653 | | | 宾一类 | | | |
| 1654 | | | 宾二类 | | 黄典宾 | |
| 1655 | | | 宾二类 | | | |
| 1656 | | | 宾一类 | | | |
| 1657 | | 合 40641 | 宾二类 | | | |
| 1658 | | | 宾一类 | | | |
| 1659 | | | 宾一类 | | | |
| 1660 | | | 宾一类 | | | |
| 1661 | | | 宾一类 | | | |
| 1662 | | 合 39537 | 宾一类 | | | |
| 1663 | | | 宾一类 | | 黄宾一 | |
| 1664 | | | 宾一类 | | | |
| 1665 | | | 宾一类 | | | |
| 1666 正反 | | | 宾二类 | | | |
| 1667 | | | 宾二类 | | 黄典宾 | |

续表

| 著录号 | 缀合 | 重片 | 类型划分 | 贞人 | 专家分类 | 其他说明 |
|---|---|---|---|---|---|---|
| 1668 | | | 宾二类 | | | |
| 1669 | | | 宾二类 | | | |
| 1670 | | | 宾二类 | | | 笔书 |
| 1671 | | | 宾二类 | | | |
| 1672 | | | 宾一类 | | | |
| 1673 | | | 宾一类 | | | |
| 1674 | | | 宾二类 | | | |
| 1675 | | | 宾二类 | | | 笔书 |
| 1676 | | | 宾二类 | | | |
| 1677 正反 | | | 宾二类 | | | |
| 1678 | | | 宾二类 | | | |
| 1679 正反 | | 合 40121 正反 | 宾二类 | | | 反：<br>记事刻辞 |
| 1680 | | | 宾二类 | | | |
| 1681 | | 合 40810 | 宾二类 | | | |
| 1682 | | | 宾二类 | | | |
| 1683 | | | 宾二类 | | | |
| 1684 | | | 宾二类 | | | |
| 1685 | | | 宾二类 | | | |
| 1686 | | | 宾二类 | | | |
| 1687 | | | 宾二类 | | | 笔书 |
| 1688 | | | 宾二类 | | | |
| 1689 | | | 宾一类 | | | |
| 1690 | | | 宾二类 | | | |
| 1691 | | | 宾二类 | | | |
| 1692 | | | 宾二类 | | | 笔书 |
| 1693 | | | 宾二类 | | | |
| 1694 | | 合 40773 | 宾二类 | | | |
| 1695 | | | 宾二类 | | | |
| 1696 | | | 宾二类 | | | |
| 1697 | | | 宾二类 | | | |
| 1698 | | | 宾二类 | | | |
| 1699 | | | 宾二类 | | | |
| 1700 | | | 宾二类 | | | |

续表

| 著录号 | 缀合 | 重片 | 类型划分 | 贞人 | 专家分类 | 其他说明 |
|---|---|---|---|---|---|---|
| 1701 | | | 宾二类 | | | |
| 1702 | | | 宾一类 | | | |
| 1703 | | | 宾一类 | | | |
| 1704 | | | 宾二类 | | | |
| 1705 | | | 宾一类 | | | |
| 1706 | | | 宾二类 | | | |
| 1707 | | 合 40483 | 宾二类 | | | |
| 1708 | | 合 40482 | 宾二类 | | | |
| 1709 | | | 宾二类 | | | |
| 1710 | | | 宾二类 | | | |
| 1711 | | | 宾二类 | | | |
| 1712 | | | 宾二类 | | | |
| 1713 | | | 宾二类 | | | |
| 1714 | | 合 40711 | 宾一类 | | | |
| 1715 | | | 宾二类 | | | |
| 1716 正反 | | | 宾二类 | | | |
| 1717 | | | 宾二类 | | | |
| 1718 | | | 宾二类 | | | |
| 1719 | | | 宾二类 | | | |
| 1720 | | | 宾二类 | | | |
| 1721 | | | 宾二类 | | | |
| 1722 | | | 宾二类 | | | |
| 1723 | | | 宾二类 | | | |
| 1724 | | | 宾二类 | | | |
| 1725 | | | 宾二类 | | | 笔书 |
| 1726 | | | 宾二类 | | | |
| 1727 | | | 宾二类 | | | |
| 1728 | | | 宾二类 | | | |
| 1729 | | | 宾二类 | | | |
| 1730 | | | 宾二类 | | | |
| 1731 | | | 宾二类 | | | |
| 1732 | | | 宾二类 | | | |
| 1733 | | | 宾二类 | | | |
| 1734 | | | 宾二类 | | | |

续表

| 著录号 | 缀合 | 重片 | 类型划分 | 贞人 | 专家分类 | 其他说明 |
|---|---|---|---|---|---|---|
| 1735 | | | 宾二类 | 宁 | | |
| 1736 正反 | | | 宾二类 | | | |
| 1737 | | | 宾二类 | | | |
| 1738 | | | 宾一类 | | | |
| 1739 | | | 宾一类 | | | |
| 1740 | 黄拼 1740+<br>合 12333 正 | | 宾一类 | | | |
| 1741 | | | 宾二类 | | | |
| 1742 | | | 宾一类 | | | |
| 1743 | | | 宾二类 | | | |
| 1744 | | | 宾一类 | | | |
| 1745 | | | 宾二类 | | | |
| 1746 | | | 宾一类 | | | |
| 1747 | | | 宾一类 | | | |
| 1748 | | | 宾一类 | | | |
| 1749 | | | 宾一类 | | | |
| 1750 | | | 宾一类 | | | |
| 1751 | | | 宾一类 | | | |
| 1752 | | | 待考 | | | |
| 1753 | | | 宾二类 | | | |
| 1754 | | | 宾一类 | | | |
| 1755 | | | 宾二类 | | | |
| 1756 | | | 宾二类 | | | |

# 附录六　宾组卜辞（《北大》部分）类型划分及其他类项一览表

| 著录号 | 缀合 | 重片 | 类型划分 | 贞人 | 专家分类 | 其他说明 |
|---|---|---|---|---|---|---|
| 1 正反 | | 合 9612 正反 | 宾二类 | | | |
| 2 | | 合 13 | 宾三类 | 宂 | | |
| 3 | | 合 9590 | 宾三类 | | | |
| 4 | | 合 9601 | 宾二类 | | | |
| 5 | | 合 9661 | 宾三类 | 爭 | | |
| 6 | | 合 9967 | 宾二类 | 韋 | | |
| 7 | | 合 12677 | 宾二类 | | | |
| 8 | | 合 9962 | 宾二类 | | | |
| 9 | | 合 9694 | 宾二类 | 宂 | 黄典宾 | |
| 10 | | 合 9670 | 宾二类 | 㱿 | | |
| 11 正反 | | 合 9684 正反 | 宾二类 | 㱿 | | |
| 12 | | 合 10143 | 宾二类 | | | |
| 13 | | 合 9532 | 宾二类 | | | |
| 14 | | 合 9974 | 宾二类 | | | |
| 15 正反 | | 合 10132 正反 | 宾二类 | 古 | | |
| 16 | <蔡缀合 9644+合 10047 | 合 9644 | 宾三类 | 爭 | 黄宾三 | “重见表”中仅标合 9644 |
| 17 | | 合 9993、合 22345 | 宾二类 | | | |
| 18 | | 合 7330 | 宾二类 | | 李彭宾一 B | |
| 19 | | 合 9800 | 宾一类 | | | |
| 20 | | | 宾二类 | 王 | | |
| 21 | | | 宾一类 | | | |
| 22 | | 合 9890 | 宾二类 | | 黄典宾 | |
| 23 | | 合 16274 | 宾二类 | | 黄典宾 | |
| 24 正反 | | 合 10130 正反 | 宾二类 | | | |
| 25 正反 | | 合 10075 正反 | 宾二类 | 亘 | | |

续表

| 著录号 | 缀合 | 重片 | 类型划分 | 贞人 | 专家分类 | 其他说明 |
|---|---|---|---|---|---|---|
| 26 正反 | | 合 10077 正反 | 宾二类 | 㱿 | | |
| 27 | | 合 10106 | 宾二类 | 穷 | | |
| 28 | | 合 10117 | 宾三类 | | | |
| 29 | | 合 10102 | 宾二类 | | | |
| 30 | | | 宾三类 | | 黄宾三 | |
| 31 | | 合 9912 | 宾三类 | | | |
| 32 | | 合 5608 | 宾二类 | | 李彭宾一 B | |
| 33 | | | 宾二类 | | | |
| 34 | | 合 9571 | 宾三类 | | | |
| 35 | | 合 9579 | 宾三类 | | | |
| 36 | | 合 9473 | 宾三类 | 穷 | | |
| 37 | | 合 9630 | 宾一类 | | | |
| 38 | | 合 19537 | 宾三类 | | | |
| 39 | | 合 9569 | 宾三类 | | | |
| 40 | | 合 9623 | 宾一类 | | | |
| 41 | | 合 24439 | 出二类 | | | 非宾 |
| 42 | | 合 28282 | 无名类 | | | 非宾 |
| 43 | | 合 10545 | 宾一类 | | | |
| 44 | | 合 10525 | 宾二类 | | | |
| 45 | | 合 10527 | 宾三类 | | | |
| 46 | | 合 10919 | 宾二类 | | | |
| 47 | | | 宾一类 | 㱿 | | |
| 48 | | | 无名类 | | | 非宾 |
| 49 | | | 无名类 | | | 非宾 |
| 50 | | | 待考 | | | |
| 51 | | 合 10568 | 自小字类 | | | 非宾 |
| 52 | | 合 10572 | 宾一类 | | 黄宾一 | 非宾 |
| 53 | | | 宾二类 | | 黄典宾 | |
| 54 正臼 | | 合 10199 正臼 | 宾二类 | 穷、古 | 黄典宾<br>李彭宾一 B | 臼：永 |
| 55 | | 合 10977 | 宾一类 | 㱿 | | |
| 56 | | 合 3159 | 宾三类 | | | |
| 57 | | 合 253 | 宾三类 | 穷 | | |
| 58 | | 合 10215 | 宾三类 | | | |

续表

| 著录号 | 缀合 | 重片 | 类型划分 | 贞人 | 专家分类 | 其他说明 |
|---|---|---|---|---|---|---|
| 59 | | 合 10888 | 宾三类 | | | |
| 60 | | 合 10856 | 𠂤宾间类 | | | |
| 61 正反 | | 章合 10692 正反 | 宾二类 | | | |
| 62 | | 合 10726 | 宾三类 | | 方宾三 | |
| 63 | | 合 4761 | 宾三类 | | 黄宾三 | |
| 64 | | 合 10713 | 宾一类 | | | |
| 65 | | 合 10735 | 宾三类 | | | |
| 66 | | 合 10757 | 宾三类 | | | |
| 67 | | 合 10350 | 宾三类 | | | |
| 68 | | 合 224 | 宾二类 | 亘 | | |
| 69 正反 | | 合 19479 正反 | 宾一类 | 古 | | |
| 70 | | 合 19485 | 宾一类 | | | |
| 71 | | 合 18477 | 宾一类 | | | |
| 72 | | 合 10588 | 宾二类 | | | |
| 73 | | 合 10594 | 宾二类 | 穷、古 | | |
| 74 | | 合 10939 | 宾二类 | | | |
| 75 | | 合 10996 | 宾一类 | | | |
| 76 | | 合 8833 | 宾一类 | | | |
| 77 | | 章合 10343 | 宾三类 | | | |
| 78 正反 | | 合 10927 正反 | 宾二类 | | | |
| 79 | | 合 10987 | 宾二类 | | | |
| 80 | | 合 10637 | 宾三类 | | | |
| 81 | | 合 11009 | 宾三类 | | | |
| 82 | | | 待考 | | | |
| 83 | | | 待考 | | | |
| 84 | | 合 10676 | 宾三类 | | | |
| 94 | | 合 11002 | 宾三类 | | 黄宾三 | 北大分期误，当为宾三类 |
| 136 | | 合 15714 | 宾一类 | | | |
| 137 | | 合 14418 | 宾二类 | | 黄典宾 李彭宾一 B | |
| 138 | | 合 14511 | 宾二类 | 𡧊 | | |
| 139 | | 合 14390 | 宾二类 | 爭 | | |
| 140 | | 合 1145 | 宾一类 | 爭 | | |

续表

| 著录号 | 缀合 | 重片 | 类型划分 | 贞人 | 专家分类 | 其他说明 |
|---|---|---|---|---|---|---|
| 141 | | 合 15456 | 宾三类 | | | |
| 142 | | 合 4917 | 宾一类 | | | |
| 143 | | | 宾二类 | | | |
| 144 | | 合 1832 正 = 章合 39592 | 宾二类 | | | |
| 145 | | | 宾一类 | 争 | | |
| 146 | | 合 1565 | 𠂤小字类 | | | 非宾 |
| 147 | | 合 2003 | 宾二类 | 亘、古 | | “重见表”中误作 20033 |
| 148 | | 合 2033 | 宾二类 | | | |
| 149 | | 合 3470 | 宾二类 | 争 | | |
| 150 | | 合 3467 | 宾二类 | 𣪊 | | |
| 151 | | 合 3472 | 宾二类 | | 李彭宾一 B | |
| 152 | | 合 3462 | 宾一类 | | | |
| 153 | | | 宾二类 | | | |
| 154 | | 合 2375 | 宾二类 | | | |
| 155 | | | 宾二类 | | | |
| 156 | | 合 19962 | 𠂤小字类 | 王 | | 非宾 |
| 157 | | 合 2455 | 宾一类 | | | |
| 158 正反 | | 合 2410 正反 | 宾二类 | | | |
| 159 | | 合 1942 | 宾三类 | | | |
| 160 | | 合 15032 | 宾二类 | | | |
| 161 | | 合 1909 | 宾三类 | 宊 | | 反：中 |
| 162 正反 | | 合 4049 正反 | 宾三类 | | | |
| 163 | | 章合 17997 | 宾二类 | | | |
| 164 | | | 宾二类 | | | |
| 165 | | 合 15028 | 宾三类 | | | |
| 166 | | 合 2829 | 宾三类 | | | |
| 167 | | 合 15092 | 宾二类 | | | |
| 168 | | 合 4641 | 宾二类 | | | |
| 169 | | | 宾二类 | | | |
| 170 | | | 宾二类 | | | |
| 171 | | | 宾二类 | | | |
| 172 | | | 宾三类 | 争 | | |
| 173 | | | 宾二类 | | | |

续表

| 著录号 | 缀合 | 重片 | 类型划分 | 贞人 | 专家分类 | 其他说明 |
|---|---|---|---|---|---|---|
| 174 | | 合 1343 | 𠂤宾间类 | | | |
| 175 | | 合 22543 | 出一类 | | 李彭出一 | 非宾 |
| 176 | | 合 2061 | 宾三类 | | | |
| 177 | | 合 15197 | 宾一类 | | 黄宾一<br>李彭宾一 B | |
| 178 | | 合 14935 | 宾二类 | 爭 | | |
| 179 | | | 宾二类 | | | |
| 180 | | 合 1944 | 宾三类 | | | |
| 181 | | | 宾二类 | | 黄典宾 | |
| 182 正反 | | 合 15396 正反 | 宾二类 | 㝩、𡆥、<br>㕯 | | |
| 183 | | 合 7919 | 宾二类 | | | |
| 184 | | 合 14340 | 宾二类 | 亘 | | |
| 185 | | 合 14400 | 宾二类 | | | |
| 186 | | 合 14671 | 宾二类 | | | |
| 187 | | 合 358 | 宾二类 | | | |
| 188 正反 | | 合 3480 正反 | 宾二类 | 㝩、韋 | | |
| 189 | | 合 22434 | 子组 | | | 非宾 |
| 190 正反 | | 合 14313 正反 | 宾二类 | | | |
| 191 | | 合 15605 | 宾三类 | | | |
| 192 | | 合 15584 | 宾二类 | | | |
| 193 | | 合 15596 | 宾二类 | 韋 | | |
| 194 | | 合 1969 | 宾三类 | | | |
| 195 | | 章合 15587 | 宾二类 | | | |
| 196 | | 章合 15661 | 宾二类 | | | |
| 197 | | 合 15698 | 宾二类 | | | |
| 198 | | 合 15544 | 宾二类 | | | |
| 199 | | 合 15545 | 宾一类 | | | |
| 200 | | | 宾二类 | | | |
| 201 | | 合 16263 | 宾一类 | | 李彭宾一 A | |
| 202 | | | 宾二类 | | | |
| 203 | | 合 4758 | 宾三类 | | | |
| 204 | | 合 17184 | 宾二类 | 爭 | | |
| 205 | | | 宾二类 | | | |
| 206 | | 合 2963 | 宾二类 | | | |

续表

| 著录号 | 缀合 | 重片 | 类型划分 | 贞人 | 专家分类 | 其他说明 |
|---|---|---|---|---|---|---|
| 207 | | 合 331 | 宾三类 | | | |
| 208 | | 合 6612 | 宾三类 | | | |
| 209 | | 合 6035 | 宾一类 | | | |
| 210 | | 合 1164 | 宾三类 | | | |
| 211 | | 合 2941 | 宾一类 | | | |
| 212 | | | 宾二类 | | | |
| 213 | | | 宾二类 | | | |
| 214 | | 合 1794 | 宾二类 | | | |
| 215 正反 | | 合 15098 正反 | 宾二类 | 穷 | | |
| 216 | | 章合 15518 | 宾二类 | | | |
| 217 | | 合 15518=<br>章合 40475 | 宾二类 | | | |
| 218 正反 | | 合 2199 正反 | 宾一类 | | | |
| 219 | | | 宾二类 | | | |
| 220 | | | 宾二类 | | | |
| 221 | | | 宾二类 | | | |
| 222 | | | 宾二类 | | | |
| 223 | | | 宾二类 | 㱿 | | |
| 224 | | 章合 2590 | 宾二类 | | | |
| 225 | | 合 805 | 宾三类 | 争 | 黄宾三 | |
| 226 | | | 宾三类 | | | |
| 227 | | 合 17996 | 宾二类 | 亢 | | |
| 228 | | 合 14882 | 宾一类 | | | |
| 229 | | | 宾三类 | | | |
| 230 | | | 宾三类 | | | |
| 231 | | | 宾三类 | | | |
| 232 | | 合 1487 | 宾三类 | | | |
| 233 正反 | | 合 3459 正反 | 宾二类 | | | |
| 234 | | 合 6137 | 宾二类 | | 黄典宾 | |
| 235 正反 | | 合 15241 正反 | 宾二类 | | | 反：甲桥刻辞 |
| 236 | | 合 15223 | 宾三类 | 争 | 黄宾三 | |
| 237 | | | 宾三类 | | | |
| 238 | | 合 421 | 宾三类 | | | |
| 239 | | 合 1073 | 宾三类 | 争 | 黄宾三 | |

续表

| 著录号 | 缀合 | 重片 | 类型划分 | 贞人 | 专家分类 | 其他说明 |
|---|---|---|---|---|---|---|
| 240 正反 | | 合 15483 正反 | 宾二类 | | | |
| 241 | | 章合 15468 | 宾三类 | 争 | | |
| 242 | | 合 1864 | 宾二类 | | | |
| 243 | | 合 15705 | 宾三类 | | | |
| 244 | | | 宾三类 | 争 | | |
| 245 | | 合 21573 | 子组 | | 方子组 | 非宾 |
| 246 | | | 宾二类 | | | |
| 247 | | 合 15431、合 15517 | 宾三类 | | | |
| 248 | | 合 1371 | 宾三类 | | | |
| 249 | | 合 15745 | 宾二类 | | | |
| 250 | | | 宾二类 | | | |
| 251 | | 合 15770 | 宾三类 | | | |
| 252 | | | 宾二类 | | | |
| 253 | | | 宾二类 | | | |
| 254 正臼 | | 合 11452 正臼 | 宾二类 | 𡧊、吕 | | |
| 255 | | 合 14582 | 宾三类 | | | |
| 256 | | 合 1298 | 宾一类 | | | |
| 257 | | 合 8869 | 宾二类 | | | |
| 258 | | 合 6754 | 𠂤宾间类 | | | |
| 259 | | 合 15917 | 宾二类 | | | |
| 260 | | 合 1590 | 宾三类 | | | |
| 261 | | 合 15812 | 宾二类 | | 黄典宾 | |
| 262 | | 合 15814 | 宾二类 | 王 | | |
| 263 | | 合 15836 | 宾二类 | | | |
| 264 甲乙 | | 合 6976 甲乙 | 𠂤宾间类 | | | |
| 265 | | | 出三类 | 冎 | | 非宾 |
| 266 | | | 出一类 | | | 非宾 |
| 267 | | 合 15898 | 宾二类 | | | |
| 268 | | 合 15692 | 宾二类 | | | |
| 269 | | 合 14548 | 宾三类 | | | |
| 270 | | 271<章合 8425 = 合 20622 | 𠂤宾间类 | | | |

续表

| 著录号 | 缀合 | 重片 | 类型划分 | 贞人 | 专家分类 | 其他说明 |
|---|---|---|---|---|---|---|
| 271 | | 270<章合 8425 = 合 20622 | 𠂤宾间类 | | | |
| 272 | | 合 7835 | 宾一类 | | | |
| 273 | | 合 25747 | 出二类 | | | 非宾 |
| 274 正反 | | 合 20467 正反 | 𠂤小字类 | | | 非宾 |
| 275 | | 合 22178 | 午组 | | | 非宾 |
| 276 | | 合 15524 | 宾三类 | | | |
| 277 | | 合 984= 合 39536 | 宾三类 | | | |
| 278 | | | 宾三类 | | | |
| 279 | | 合 15508 | 宾三类 | | | |
| 280 | | 合 15971 | 宾一类 | | | |
| 281 | | | 宾三类 | | | |
| 282 | | 合 14773 | 宾三类 | 古 | | |
| 283 | | 合 11293 | 宾一类 | | | |
| 284 | | 合 7424 | 宾三类 | | | |
| 285 | | 合 15300 | 宾一类 | | | |
| 286 | | 合 15327 | 宾二类 | | | |
| 287 | | 合 16016 | 宾三类 | | | |
| 288 | | 章合 16139 | 宾三类 | | | |
| 289 | | 合 18024 | 宾三类 | | | |
| 290 | | 合 16052 | 宾三类 | 争 | | |
| 291 | | 合 16055 | 宾三类 | | | |
| 292 | | 合 4104 | 宾三类 | | | |
| 293 | | >合 3383 | 宾二类 | | | |
| 294 | | 合 18324 | 宾三类 | | | |
| 295 | | 合 3426 | 𠂤宾间类 | | | |
| 296 | | 合 14756 | 𠂤宾间类 | | 黄𠂤宾间 B | |
| 297 | | 合 14718 | 宾二类 | | | |
| 298 | | 合 1411 | 宾三类 | 王 | | |
| 299 | | 合 1462 | 宾二类 | | | |
| 300 | | 合 4323 | 𠂤宾间类 | | | |
| 301 | | 合 1672 | 宾二类 | | 黄典宾 | |

续表

| 著录号 | 缀合 | 重片 | 类型划分 | 贞人 | 专家分类 | 其他说明 |
|---|---|---|---|---|---|---|
| 302 | | 合 14835 | 宾三类 | | | |
| 303 | | 合 1206 | 宾一类 | | | |
| 304 | | 合 277 | 宾三类 | 穷 | 黄宾三<br>李彭宾二 | |
| 305 | | 合 314 | 宾三类 | | | |
| 306 | | 合 1987 | 宾三类 | | | |
| 307 | | 合 1981 | 宾三类 | | | |
| 308 | | 合 8973 | 宾二类 | | | |
| 309 | | 合 236 | 宾三类 | 穷 | 黄宾三 | |
| 310 | | 合 4261 | 宾三类 | 穷 | | |
| 311 | | 合 15443 | 宾三类 | | | |
| 312 | | 合 391 | 宾二类 | | | |
| 313 | | | 宾三类 | | | |
| 314 | | | 宾三类 | | | |
| 315 | | | 宾三类 | | | |
| 316 | | 合 347 | 宾三类 | | | |
| 317 | | 合 396 | 宾二类 | | | |
| 318 | | 合 4005 | 宾一类 | | | |
| 319 | | 合 15435 | 宾一类 | | | |
| 320 | | 合 937 | 宾二类 | | | |
| 321 | | | 宾三类 | | | |
| 322 | | | 宾三类 | | | |
| 323 | | | 宾三类 | | | |
| 324 | | | 宾三类 | | | |
| 325 | | | 宾三类 | | | |
| 326 | | | 宾三类 | | 黄宾三 | |
| 327 | | | 宾三类 | | | |
| 328 | | 合 11165 | 宾三类 | | | |
| 329 | | 合 17358 | 宾二类 | | | |
| 330 | | 合 15428 | 𠂤宾间类 | 王 | | |
| 331 | | 合 11200 | 宾二类 | | | |
| 332 | | 合 16179、<br>合 40546 | 宾一类 | 争 | | |
| 333 | | 合 16172 | 宾三类 | | | |

续表

| 著录号 | 缀合 | 重片 | 类型划分 | 贞人 | 专家分类 | 其他说明 |
|---|---|---|---|---|---|---|
| 334 | | 合 11152 | 宾三类 | | | |
| 339 | | 合 428 | 宾三类 | | 黄宾三 | 北大分期误，当为宾三类 |
| 433 | | 合 18131 | 宾一类 | | | 北大分期误，当为宾一类 |
| 453 | | 合 15264 | 宾三类 | | | 北大分期误，当为宾三类 |
| 761 | | 合 5760 | 宾二类 | 𡧊、𠱐、永 | 黄典宾 | |
| 762 | | 章 < 合 7330 | 宾二类 | 𡧊 | | |
| 763 | | 合 6168 | 宾二类 | | | |
| 764 | | 合 7589 | 宾二类 | 韋 | | |
| 765 | | 合 7298 | 宾二类 | | | |
| 766 | | 合 4593 | 宾三类 | | | |
| 767 | | 合 6761 | 宾二类 | 𡧊 | | |
| 768 | | 合 6762 | 宾二类 | | | |
| 769 | | 合 5737 | 宾三类 | | | |
| 770 | | 章补 1723 | 宾二类 | | | |
| 771 | | 5742 | 宾二类 | | | |
| 772 | | 章合 6147 | 宾一类 | | | |
| 773 | | 合 8546 | 宾二类 | 亘 | | |
| 774 | | 合 6143 | 宾二类 | | | |
| 775 | | 合 8502 | 宾二类 | | | |
| 776 正反 | | 合 6120 正反 | 宾二类 | | | |
| 777 | | | 宾二类 | | | |
| 778 | | | 宾二类 | | | |
| 779 | | 合 7209 | 宾二类 | | | |
| 780 | | 合 614 | 宾二类 | | | |
| 781 | | 合 543 | 宾二类 | | | |
| 782 | | 章合 6129 | 宾二类 | 㱿 | | |
| 783 | | | 宾二类 | | | |
| 784 | | 合 6244 | 宾二类 | | | |
| 785 | | 合 8532 | 宾二类 | 𡧊 | | |
| 786 | | 合 1774 正反 | 宾二类 | | | |
| 787 | | | 宾二类 | | | |
| 788 | | 合 7577 | 宾二类 | | | |
| 789 | | 合 14389 | 宾三类 | | | |

续表

| 著录号 | 缀合 | 重片 | 类型划分 | 贞人 | 专家分类 | 其他说明 |
|---|---|---|---|---|---|---|
| 790 | | 合 6304 | 宾二类 | | | |
| 791 | | 合 6060 正反 | 宾二类 | | | |
| 792 | | 合 6196 | 宾二类 | | | |
| 793 | | 合 6328 | 宾二类 | | | |
| 794 | | 合 1960 | 宾三类 | | | |
| 795 | | 合 6140 | 宾二类 | | | |
| 796 | | 合 8583 | 宾一类 | | 黄宾一 | |
| 797 | | 合 8564 | 宾三类 | | | |
| 798 | | | 宾二类 | | | |
| 799 | | | 宾二类 | | | |
| 800 | | 合 6331 | 宾二类 | 穷 | 黄典宾 | |
| 801 | | 合 8588 | 宾三类 | 爭 | | |
| 802 | | 合 15944=合 40036 | 宾二类 | | 黄典宾 | |
| 803 | | | 宾二类 | | | |
| 804 | | | 宾二类 | | | |
| 805 | | 合 8708 | 宾二类 | | 黄典宾 | |
| 806 | | | 宾二类 | | | |
| 807 | | 合 6436 | 宾二类 | 爭 | | |
| 808 | | 章合 6441 | 宾二类 | 𡧊 | | |
| 809 | | 合 6413 | 宾二类 | 穷 | | |
| 810 | | 合 6448 | 宾二类 | | | |
| 811 | | 合 7082 | 宾一类 | | | |
| 812 | | 合 8794 | 宾二类 | | | |
| 813 | | | 宾二类 | 𡧊 | | |
| 814 | | 合 7585 | 宾二类 | | | |
| 815 | | 合 16277 | 宾二类 | | | |
| 816 | | 合 11520 | 宾一类 | | | |
| 817 | | 合 6549 | 宾二类 | 穷 | 黄典宾 | |
| 818 | | 合 6862 | 宾一类 | 𡧊 | 黄宾一 | |
| 819 | | 合 5128 | 宾二类 | | | |
| 820 | | 合 6817 | 宾三类 | | | |
| 821 | | 合 7981 | 𠂤小字类 | | | 非宾 |
| 822 | | 合 6606 | 𠂤宾间类 | | | |

续表

| 著录号 | 缀合 | 重片 | 类型划分 | 贞人 | 专家分类 | 其他说明 |
|---|---|---|---|---|---|---|
| 823 | | 合 6100 | 宾一类 | | | |
| 824 | | | 宾一类 | | | |
| 825 | | | 宾一类 | | | |
| 826 | | 合 16261 | 宾二类 | | 黄典宾 | |
| 827 | | 合 7621 | 宾二类 | | | |
| 828 | | | 宾二类 | | | |
| 829 | | 合 7617 | 𠂤宾间类 | | | |
| 830 正臼 | | 合 7832 正臼 | 宾二类 | 㱿 | | |
| 831 | | 合 7459 | 宾二类 | | | |
| 832 | | 合 7474 | 宾二类 | | | |
| 833 | | 合 7454 | 宾二类 | | | |
| 834 | | 合 7499 | 宾一类 | 王 | | |
| 835 | | 合 6996 | 𠂤宾间类 | | | |
| 836 | | 合 6047 | 宾三类 | | | |
| 837 | | | 宾二类 | | 李彭宾一 B | |
| 838 | | 章合 7481 | 宾二类 | | | |
| 839 | | | 宾二类 | | | |
| 840 | | | 宾二类 | | | |
| 841 | | 合 6158 | 宾二类 | | | |
| 842 | | 章合补 2039 | 宾二类 | | | |
| 843 | | 合 5792 | 𠂤宾间类 | | | |
| 844 | | 合 4862 | 宾三类 | | | |
| 845 | | 合 6057<<br>章合补 1885 | 宾二类 | 㱿 | | |
| 846 | | 合 7533 | 宾二类 | | | |
| 847 | | 合 3994 | 宾二类 | | | |
| 848 | | 章合 7557 | 宾二类 | | | |
| 849 | | 合 6511 | 宾二类 | | | |
| 850 | | | 宾二类 | | | |
| 851 | | | 宾二类 | 㱿 | | |
| 852 | | 合 3380 | 宾二类 | 㱿 | | |
| 853 | | 合 6774 | 𠂤宾间类 | | | |
| 854 | | 合 6845 | 𠂤宾间类 | | 黄𠂤宾间 A | |
| 855 | | | 宾一类 | | | |

续表

| 著录号 | 缀合 | 重片 | 类型划分 | 贞人 | 专家分类 | 其他说明 |
|---|---|---|---|---|---|---|
| 856 | | 合 7730 | 宾二类 | | | |
| 857 | | | 宾二类 | | | |
| 858 | | | 宾二类 | | | |
| 859 | | 合 7705 | 宾二类 | | | |
| 860 | | 合 4491 | 宾二类 | | | |
| 861 | | 合 6788 | 宾二类 | | | |
| 862 | | 合 6549 | 宾二类 | | | |
| 863 | | 合 7044 | 宾二类 | | | |
| 864 | | | 自宾间类 | | | |
| 865 正反 | | 合 7569 正反 | 宾三类 | | | |
| 866 | | 合 7564 | 宾三类 | 穷 | | |
| 867 | | 合 6594 | 宾二类 | | | 合 6594 误作 6494 |
| 868 | | 合 492 | 宾二类 | | | |
| 869 正反 | | 合 870 正反 | 宾二类 | | | |
| 870 | | 合 4630 | 宾三类 | | 黄宾三 | |
| 871 | | 合 5670 | 宾三类 | | | |
| 872 | | 合 19636 | 宾三类 | | | |
| 881 | | 合 19263 | 宾一类 | 亘、古 | | |
| 882 | | 合 17214 | 宾三类 | | | |
| 883 | | | 宾一类 | 啚 | | |
| 884 | | | 宾一类 | | | |
| 885 | | 合 38 | 宾三类 | | | |
| 886 | | 章 > 合补 2299 | 宾二类 | 㱿 | | |
| 887 正反 | | 合 3416 正反 | 宾二类 | | | |
| 888 | | 合 6881 | 宾一类 | 㱿 | 黄典宾<br>李彭宾一 B | |
| 889 | | 合 6900 | 宾一类 | | 黄典宾<br>李彭宾一 B | |
| 890 | | | 宾一类 | | | |
| 891 | | | 宾一类 | | | |
| 892 | | 章 < 合 7227 | 宾二类 | | | |
| 893 | | 合 7268 | 宾一类 | | | |
| 894 | | 合 7249 | 宾二类 | | | |
| 895 | | 合 7244 | 宾二类 | 爭 | | |

续表

| 著录号 | 缀合 | 重片 | 类型划分 | 贞人 | 专家分类 | 其他说明 |
|---|---|---|---|---|---|---|
| 921 | | 合 5929 | 宾二类 | | | |
| 922 | | 合 7055 | 宾二类 | | | |
| 923 | | | 宾二类 | | | |
| 924 | | 合 20380 | 𠂤小字类 | | 黄𠂤小字 | 非宾 |
| 925 | 黄拼 925 正反 + 合补 1239 正反 | | 宾二类 | | | |
| 926 | | | 宾二类 | | | |
| 927 | | | 宾二类 | | | |
| 928 | | 合 817 | 宾三类 | 穷 | | |
| 929 | | 合 573 | 宾二类 | 𡧊 | | |
| 930 | | 合 5927 | 宾二类 | | | |
| 931 | | 合 6008 | 宾二类 | | | |
| 932 | | 合 17115 | 宾三类 | | | |
| 933 | | 合 17173 | 宾三类 | 爭 | | |
| 934 | | | 宾二类 | | | |
| 935 正反 | | 合 8986 | 宾二类 | 穷 | | |
| 936 | | 合 9051 | 宾二类 | | | |
| 937 正反 | | 合 9089 正反 | 宾二类 | | | |
| 938 | | 合 8176 | 宾二类 | | | |
| 939 | | | 宾二类 | | | |
| 940 | | | 宾三类 | | | |
| 941 | | 合 9169 | 宾三类 | | | |
| 942 | | | 宾三类 | | | |
| 943 | | 合 9124 | 宾三类 | | | |
| 944 正反 | | 合 9021 正反 | 宾三类 | | | |
| 945 | | 合 6988 | 宾一类 | | | |
| 946 | | 合 3358 | 宾三类 | | | |
| 947 | | 合 8823 | 宾一类 | | | |
| 948 | | 合 8846 | 宾一类 | | | |
| 949 正臼 | | 合 5647 正臼 | 宾二类 | 亘 | | |
| 950 正反 | | 合 4575 正反 | 宾二类 | | | |
| 951 | | 合 9430 | 宾三类 | | | |
| 952 | | | 宾三类 | | | |
| 953 | | 合 8930 | 宾三类 | | | |

续表

| 著录号 | 缀合 | 重片 | 类型划分 | 贞人 | 专家分类 | 其他说明 |
|---|---|---|---|---|---|---|
| 954 | | 合 238 | 宾三类 | | | |
| 955 | | 合 20368 | 𠂤小字类 | | | 非宾 |
| 956 | | 合 668 | 宾三类 | | | |
| 957 | | 合 824 | 宾三类 | 宁 | | |
| 958 | | 合 7088 | 宾三类 | | | |
| 959 | | 合 6726 | 宾二类 | | | |
| 960 | | | 宾一类 | | | |
| 961 正反 | | 合 9298 正反 | 宾二类 | | | |
| 962 正反 | | 合 106 正反 | 𠂤宾间类 | | | |
| 963 正反 | | 合 16568 正反 | 宾一类 | 王 | | |
| 964 | | | 宾一类 | 㱿 | | |
| 965 | | | 宾一类 | | | |
| 966 | | | 宾三类 | | | |
| 967 | | | 宾三类 | | | |
| 968 | | | 宾三类 | | | |
| 969 | | 合 26396 | 出二类 | | | 非宾 |
| 970 | | | 宾三类 | | | |
| 971 | | 合 16584 | 宾三类 | 事 | | |
| 972 | | 章合 16578 | 宾二类 | 充 | | |
| 973 | | | 宾三类 | | | |
| 974 | | | 宾三类 | 事 | | |
| 975 | | 合 16621 | 宾三类 | | | |
| 976 | | 合 16573 | 宾三类 | 㞢 | | |
| 977 | | | 宾三类 | | | |
| 978 | | 合 16606 | 宾二类 | | | |
| 979 | | | 宾三类 | | | |
| 980 | | | 宾三类 | | | |
| 981 | | | 宾三类 | 充 | | |
| 982 | | | 宾三类 | | | |
| 983 | | | 宾三类 | | | |
| 984 | | | 宾三类 | | | |
| 985 | | | 宾三类 | | | |
| 986 | | | 宾三类 | | | |
| 987 | | | 宾三类 | | | |

续表

| 著录号 | 缀合 | 重片 | 类型划分 | 贞人 | 专家分类 | 其他说明 |
|---|---|---|---|---|---|---|
| 988 | | | 宾三类 | | | |
| 989 正反 | | 合 1066 正反 | 宾二类 | | | |
| 990 | | 合 16666 | 宾三类 | 古 | | |
| 991 | | 合 16781 | 宾二类 | | | |
| 992 | | 合 16834 | 宾二类 | 穷 | | |
| 993 | | | 子组 | 子 | | 非宾 |
| 994 | | | 宾二类 | 𣪊 | | |
| 995 正反 | | 合 16895 正反 | 宾三类 | 古 | | |
| 996 | | | 宾三类 | | | |
| 997 | | | 宾二类 | | | |
| 998 | | | 宾一类 | 右 | | |
| 999 | | 合 16883 | 宾一类 | 穷 | | |
| 1000 | | 合 16851 | 宾三类 | 事 | | |
| 1001 | | 合 16843 | 宾三类 | 古 | | |
| 1002 | | 合 16767 | 宾三类 | 穷 | | |
| 1003 | | 合 16694 | 宾三类 | 事 | 黄宾三 | |
| 1004 | | 合 16719 | 宾三类 | 事 | | |
| 1005 | | | 宾三类 | 古 | | |
| 1006 | | | 宾二类 | | | |
| 1007 | | | 宾二类 | 専 | | |
| 1008 | | | 宾二类 | | | |
| 1009 | | 合 16655 | 宾二类 | 古 | | |
| 1010 | | 合 16887 | 宾二类 | 穷 | | |
| 1011 | | | 宾二类 | 事 | | |
| 1012 | | 合 16641 | 宾三类 | 争 | | |
| 1013 | | | 宾二类 | | | |
| 1014 | | | 宾二类 | | | |
| 1015 | | | 宾二类 | | | |
| 1016 | | | 宾二类 | | | 签名：彭？ |
| 1017 | | | 宾二类 | | | |
| 1018 | | | 宾二类 | | | |
| 1019 | | | 宾二类 | | | |
| 1020 | | | 宾二类 | 事 | | |
| 1021 | | | 宾二类 | | | |

续表

| 著录号 | 缀合 | 重片 | 类型划分 | 贞人 | 专家分类 | 其他说明 |
|---|---|---|---|---|---|---|
| 1022 | | | 宾二类 | | 黄典宾<br>李彭宾一 A | |
| 1023 | | | 宾二类 | | | |
| 1024 | | | 出一类 | | | 非宾 |
| 1025 | | 合 16590 | 宾一类 | 古 | | |
| 1026 | | | 宾三类 | | | |
| 1027 | | | 宾三类 | | | |
| 1028 | | | 宾三类 | | | |
| 1029 | | | 宾三类 | 事 | 黄宾三 | |
| 1030 | | | 宾三类 | 収 | | |
| 1031 | | | 宾三类 | 古 | | |
| 1032 | | | 宾三类 | | | |
| 1033 | | | 宾三类 | | | |
| 1034 | | | 宾三类 | | | |
| 1035 | | | 宾三类 | | | |
| 1036 | | | 宾三类 | | | |
| 1037 | | | 宾三类 | | | |
| 1038 | | 合 16927 | 宾二类 | | | |
| 1039 | | 章合 4282 | 宾三类 | 穷 | | |
| 1040 | | 合 16535 | 宾三类 | 穷 | | |
| 1041 | | 合 4077 | 宾三类 | | | |
| 1042 | | 合 17194 | 宾三类 | 穷 | | |
| 1043 | | | 宾三类 | | | |
| 1044 | | | 宾三类 | | | |
| 1045 | | | 宾三类 | | | |
| 1046 | | | 宾三类 | 穷 | | |
| 1047 | | 章合 19747 | 宾三类 | 事 | | |
| 1048 | | | 宾三类 | | | |
| 1049 | | | 宾三类 | | | |
| 1050 | | | 宾三类 | 事 | | |
| 1051 | | | 宾三类 | | | |
| 1052 | | | 宾三类 | | | |
| 1053 | | | 宾三类 | 罒 | | |
| 1054 | | | 宾三类 | | | |

续表

| 著录号 | 缀合 | 重片 | 类型划分 | 贞人 | 专家分类 | 其他说明 |
|---|---|---|---|---|---|---|
| 1055 | | | 宾三类 | | | |
| 1056 | | | 宾三类 | 事 | | |
| 1057 | | | 宾三类 | | | |
| 1058 | | 合 13869 残 | 宾一类 | | | |
| 1059 | | 合 13754 | 𠂤宾间类 | | | |
| 1060 | | 合 13746 | 宾二类 | | | |
| 1061 | | 合 15664 | 宾三类 | 穷、争 | | |
| 1062 | | 章合 13896 | 宾三类 | | | |
| 1063 | | | 宾二类 | | | |
| 1064 | | 合 13792 | 宾二类 | | | |
| 1065 | | 合 12674 | 宾二类 | | | |
| 1066 | | 合 13788 | 宾二类 | 争 | | |
| 1067 正反 | | 合 13806 正反 | 宾一类 | | | |
| 1068 正反 | | 合 13790 正反 | 宾三类 | | | |
| 1069 | | | 宾三类 | | | |
| 1070 | | 合 13618 | 宾二类 | | | |
| 1071 | | 章合 17466 | 宾三类 | 争、事 | | |
| 1072 | | 合 17471 | 宾三类 | 穷 | | |
| 1073 | | | 宾二类 | 㱿 | | |
| 1074 | | 合 17179 | 宾三类 | | | |
| 1075 | | 合 17461 | 𠂤宾间类 | | | |
| 1076 正反 | | 合 16443 正反 | 宾二类 | | | |
| 1077 | | 合 17417 | 宾二类 | | | |
| 1078 | | 合 17415 | 宾二类 | 㱿 | | |
| 1079 | | 合 17418 | 宾二类 | 㱿 | | |
| 1080 | | 合 17379 | 宾二类 | | | |
| 1081 | | 合 17398 | 宾三类 | | | |
| 1082 | | | 宾一类 | | | |
| 1083 | | | 宾一类 | | | |
| 1084 | | 合 17456 | 宾一类 | | | |
| 1085 正反 | | 合 3273 正反 | 宾二类 | 㱿、永 | 黄典宾 | |
| 1086 | | 合 1663 | 宾三类 | 争 | 黄宾三 | |
| 1087 | | 合 4015 | 宾二类 | | | |
| 1088 | | 合 1737 | 宾三类 | | | |

续表

| 著录号 | 缀合 | 重片 | 类型划分 | 贞人 | 专家分类 | 其他说明 |
|---|---|---|---|---|---|---|
| 1089 | | 合 3044 | 宾二类 | | | |
| 1090 | | | 宾二类 | | | |
| 1091 | | | 宾二类 | | | |
| 1092 | | | 宾二类 | | | |
| 1093 | | | 宾二类 | | 黄典宾 | |
| 1094 | | 合 14213 | 宾二类 | | | |
| 1095 | | 章合 24992 | 出二类 | | | 非宾 |
| 1096 正反 | | 合 14217 正反 | 宾二类 | | | |
| 1097 | | 合 20327 | 𠂤小字类 | | | 非宾 |
| 1098 | | | 宾三类 | | | |
| 1099 | | 合 14025 | 宾一类 | | | |
| 1100 正反 | | 合 14046 正反 | 宾二类 | | | |
| 1101 | | 合 14030 | 宾二类 | | | |
| 1102 | | 合 13942 | 宾二类 | | | |
| 1103 | | 合 14089 | 宾二类 | | | |
| 1104 | | | 宾二类 | | | |
| 1105 | | 合 13947 | 宾一类 | | | |
| 1106 | | 合 2642 | 宾二类 | | | |
| 1107 | | 合 4726 | 𠂤宾间类 | 王 | 黄𠂤宾间 A | |
| 1108 | | 章 < 合 14009 | 宾二类 | | 黄典宾 | |
| 1109 正反 | | 章合 2751 正反 | 宾二类 | | 黄典宾 | |
| 1110 正反 | | 合 2659 正反 | 宾二类 | 亘 | 黄典宾 | |
| 1111 | | 合 2645 | 宾二类 | | | |
| 1112 | | | 宾二类 | | | |
| 1113 | | | 宾二类 | | | |
| 1114 正反 | | 合 2820 正反 | 宾二类 | | | |
| 1115 正反 | | 合 8180 正反 | 宾二类 | | | |
| 1116 | | 合 4067 | 宾三类 | | | |
| 1117 | | 合 4065 | 宾三类 | | | |
| 1118 | | 合 44 | 宾三类 | | | |
| 1119 | | 合 36 | 宾三类 | | | |
| 1120 | | 合 4226 | 宾二类 | | | |
| 1121 | | 合 5812 | 宾二类 | | | |

续表

| 著录号 | 缀合 | 重片 | 类型划分 | 贞人 | 专家分类 | 其他说明 |
|---|---|---|---|---|---|---|
| 1122 | | 合 5813 | 宾二类 | | | |
| 1123 | | 合 4925 | 宾二类 | | | |
| 1124 | | 合 5034 | 宾二类 | | | |
| 1125 | | 合 5064 | 宾一类 | 韦 | | |
| 1126 | | 合 5100 | 宾二类 | 亘 | | |
| 1127 正反 | | 合 19317 正反 | 宾二类 | | | |
| 1128 | | 合 21616 | 子组 | 徜 | | 非宾 |
| 1129 | | 合 14397 | 出一类 | 祝 | | 非宾 |
| 1130 | | 合 5107 | 宾二类 | | | |
| 1131 | | | 宾一类 | | | |
| 1132 | | 合 5465 | 宾一类 | | | |
| 1133 | | 合 8754 | 宾二类 | 古 | | |
| 1134 | | 合 8756 | 宾二类 | 亘 | | |
| 1135 | | 合 8763 | 宾二类 | | | |
| 1136 | | 合 8738 | 宾一类 | 穷 | | |
| 1137 | | 合 7782 | 宾一类 | 彀 | | |
| 1138 | | 合 5168 | 宾一类 | | | |
| 1139 | | 章合 5161（下部） | 宾三类 | | | |
| 1140 | | 章合 5168（左部） | 宾一类 | | | |
| 1141 | | 合 19729 | 宾二类 | | | |
| 1142 | | 合 7783 | 宾一类 | 争 | | |
| 1143 正反 | | 合 5193 正反 | 宾二类 | 穷 | | |
| 1144 正反 | | 合 5195 正反 | 宾二类 | 彀 | | |
| 1145 | | 合 21656 | 子组 | | | 非宾 |
| 1146 | | 合 19157 | 宾一类 | 穷 | | |
| 1147 | | | 宾一类 | | | |
| 1148 正反 | | 合 16966 正反 | 宾二类 | | | |
| 1149 正反 | | 15266 正反白 | 宾二类 | 彀 | | |
| 1150 正反 | | | 宾二类 | | | |
| 1151 | | | 宾二类 | | | |
| 1152 | | 合 9814 | 宾二类 | | | |

续表

| 著录号 | 缀合 | 重片 | 类型划分 | 贞人 | 专家分类 | 其他说明 |
|---|---|---|---|---|---|---|
| 1153 | | | 宾二类 | | | |
| 1154 | 黄拼 1154+1748+合 14257+合 14258 | | 宾二类 | | | |
| 1155 | | 合 4692 | 宾一类 | | | |
| 1156 | | | 宾三类 | | | |
| 1157 | | 合 17351 | 宾二类 | | | |
| 1158 | | 合 54 | 自小字类 | 王 | 黄李彭自小 | 非宾 |
| 1159 | | 合 17331 | 宾三类 | | | |
| 1160 | | 合 65 | 宾三类 | | | |
| 1161 | | 合 21305 | 自大字类 | | | 非宾 |
| 1162 | | 章合 6976 乙 | 自宾间类 | | | |
| 1163 | | 合 20232 | 自小字类 | 王 | 黄自小字 | 非宾 |
| 1164 | | 合 13494 | 宾二类 | 㱿 | | |
| 1165 | | 合 13501 | 宾二类 | 㱿 | | |
| 1166 | | | 宾二类 | | | |
| 1167 | | 合 7859 残 | 宾二类 | | | |
| 1168 | | 合 13601 | 宾二类 | | | |
| 1169 | | 合 13569 | 宾二类 | | | |
| 1170 | | 合 7860 残 | 宾二类 | | 黄典宾 | |
| 1171 | | 合 16464 | 宾三类 | | | |
| 1436 正反 | | 合 13399 正反 | 宾二类 | 永 | | |
| 1437 | | 合 3928 | 宾三类 | | | 签名：盧 |
| 1438 | | | 宾三类 | 充 | | |
| 1439 正反 | | 合 12299 正反 | 宾二类 | | | |
| 1440 正反 | | 合 12830 正反 | 自宾间类 | | | |
| 1441 | | 合 12178 | 宾三类 | | | |
| 1442 | | 合 12584 | 宾三类 | 事 | | |
| 1443 | | | 宾三类 | | | |
| 1444 | | | 宾三类 | | | |
| 1445 | | 合 12110 | 宾一类 | | | |
| 1446 | | 合 12607 | 宾三类 | 充 | | |
| 1447 | | 合 12533 | 宾二类 | | | |
| 1448 | | | 宾三类 | | | |
| 1449 | | | 宾三类 | | | |

续表

| 著录号 | 缀合 | 重片 | 类型划分 | 贞人 | 专家分类 | 其他说明 |
|---|---|---|---|---|---|---|
| 1450 | | 合 12498 | 宾三类 | | | |
| 1451 | | | 宾三类 | | | |
| 1452 | | | 宾三类 | | | |
| 1453 正反 | | 合 12495 正反 | 宾二类 | 亘 | | |
| 1454 | | 合 12531 | 宾二类 | | | |
| 1455 | | 合 12789 | 宾三类 | | | |
| 1456 | | 合 12622 | 𠂤宾间类 | | | |
| 1457 | | | 宾二类 | | | |
| 1458 | | | 宾二类 | | | |
| 1459 | | | 宾二类 | | | |
| 1460 | | 合 12187 | 宾三类 | | | |
| 1461 | | 合 12304 | 宾三类 | | | |
| 1462 | | | 宾三类 | | | |
| 1463 | | | 宾三类 | | | |
| 1464 | | 合 12518 | 宾三类 | | | |
| 1465 | | 合 12307 | 宾三类 | | | |
| 1466 | | 合 12239 | 宾三类 | | | |
| 1467 | | 合 12293 | 宾三类 | | | |
| 1468 | | 合 40296 | 宾二类 | | | |
| 1469 | | | 宾二类 | | | |
| 1470 | | 合 12201 | 宾三类 | | | |
| 1471 | | | 宾三类 | | | |
| 1472 | | 合 12153 | 宾三类 | | | |
| 1473 | | | 宾三类 | | | |
| 1474 | | | 宾三类 | | | |
| 1475 正反 | | 合 12807 正反 | 宾一类 | 永 | | |
| 1476 正反 | | 合 17680 正反 | 宾二类 | | | |
| 1477 | | 合 13393 | 宾三类 | | | |
| 1478 | | 合 12058 | 宾二类 | 亘 | | |
| 1479 | | 合 12582 | 宾三类 | 㱿 | | |
| 1480 | | 合 12770 | 宾二类 | | | |
| 1481 | | 合 11998 | 宾三类 | | | |
| 1482 | | | 宾二类 | | | |
| 1483 | | 合 11997 | 宾三类 | | | |

续表

| 著录号 | 缀合 | 重片 | 类型划分 | 贞人 | 专家分类 | 其他说明 |
|---|---|---|---|---|---|---|
| 1484 | | 合 12035、合 40280 | 宾二类 | | | |
| 1485 | | | 宾二类 | | | |
| 1486 | | 合 12097 | 宾三类 | | | |
| 1487 | | | 宾三类 | 爭 | | |
| 1488 | | 合 12936 | 宾三类 | | | |
| 1489 | | 合 12942 | 宾二类 | | | |
| 1490 | | 合 13044 | 宾一类 | 王 | | |
| 1491 | | 合 12430 | 宾二类 | | | |
| 1492 | | 合 12373 | 宾三类 | 㱿 | | |
| 1493 | | 合 12503 | 宾三类 | | | |
| 1494 | | | 宾三类 | 事 | 黄宾三 | |
| 1495 | | 合 13020 | 宾三类 | | | |
| 1496 | | 合 12452 | 宾二类 | 㱿 | | |
| 1497 | | 合 12570 | 宾三类 | | | |
| 1498 | | 合 12733 | 宾三类 | | | |
| 1499 | | 合 12732 | 宾三类 | | | |
| 1500 | | | 宾三类 | | | |
| 1501 | | | 宾二类 | | | |
| 1502 | | | 宾二类 | | | |
| 1503 | | 合 12040 | 宾三类 | | | |
| 1504 | | | 宾二类 | | | |
| 1505 | | 合 12724 | 宾二类 | | | |
| 1506 | | 合 12676 | 宾二类 | | | |
| 1507 | | 合 12680 | 宾一类 | | | |
| 1508 | | | 宾二类 | | | |
| 1509 | | 合 13030 | 宾三类 | | | |
| 1510 | | | 宾三类 | | | |
| 1511 | | | 宾三类 | | | |
| 1512 | | | 宾二类 | | | |
| 1513 | | | 宾三类 | | | |
| 1514 | | 合 11780 | 宾三类 | | | |
| 1515 正反 | | 合 20149 正反 | 𠂤小字类 | 叶 | 黄正：𠂤小<br>反：𠂤宾间 | 非宾 |

续表

| 著录号 | 缀合 | 重片 | 类型划分 | 贞人 | 专家分类 | 其他说明 |
|---|---|---|---|---|---|---|
| 1516 正反 | | 合 12802 正反 | 宾一类 | | | |
| 1517 | | 合 12803 | 宾一类 | | | |
| 1518 正反 | | 合 11886 正反 | 宾一类 | | | |
| 1519 | | 章合 12518 | 宾三类 | | | |
| 1520 正反 | | 合 11821 正反 | 宾二类 | | | |
| 1521 | | | 宾二类 | | | |
| 1522 | | | 宾二类 | | | |
| 1523 | | 合 12082 | 宾三类 | | 黄宾三 | |
| 1524 | | 合 12513 | 宾一类 | | | |
| 1525 | | | 宾二类 | | | |
| 1526 | | | 宾二类 | | | |
| 1527 | | | 宾二类 | | | |
| 1528 | | 合 24681 | 出二类 | | | 非宾 |
| 1529 | | | 宾二类 | | | |
| 1530 | | 合 11885 | 宾二类 | | | |
| 1531 | | 合 2249 | 宾二类 | | | |
| 1532 | | 合 11818 | 宾一类 | | | |
| 1533 | | | 宾二类 | | | |
| 1534 | | 章合 10533 | 宾三类 | | | |
| 1535 | | 合 11957 | 宾一类 | | | |
| 1536 正反 | | 合 12873 正反 | 宾一类 | | | |
| 1537 | | | 宾二类 | | | |
| 1538 | | | 宾二类 | | | |
| 1539 | | | 宾二类 | | | |
| 1540 | | | 宾一类 | | | |
| 1541 | | | 宾一类 | 㱿 | | |
| 1542 | | | 宾一类 | | | |
| 1543 | | 合 12901 | 宾一类 | 㱿 | | |
| 1544 | | | 宾一类 | | | |
| 1545 | | | 宾一类 | | | |
| 1546 | | | 宾三类 | | | |
| 1547 | | | 宾二类 | | | |
| 1548 | | | 宾二类 | | | |
| 1549 | | | 宾三类 | | | |

续表

| 著录号 | 缀合 | 重片 | 类型划分 | 贞人 | 专家分类 | 其他说明 |
|---|---|---|---|---|---|---|
| 1550 | | | 宾三类 | | | |
| 1551 | | | 宾三类 | | | |
| 1552 | | | 宾一类 | | | |
| 1553 | | | 宾一类 | | | |
| 1554 | | | 宾三类 | | | |
| 1555 | | 合 12601 | 宾二类 | | | |
| 1556 | | | 宾二类 | | | |
| 1557 | | | 宾二类 | | | |
| 1558 | | | 宾一类 | | | |
| 1559 | | | 宾一类 | | | |
| 1560 | | | 宾二类 | | | |
| 1561 | | | 宾二类 | | | |
| 1562 | | | 宾二类 | | | |
| 1563 | | | 宾二类 | | | |
| 1564 | | | 宾二类 | | | |
| 1565 | | | 宾二类 | | 黄典宾 | |
| 1566 | | | 宾二类 | | | |
| 1567 | | | 宾二类 | | | |
| 1568 正反 | | 合 13203 正反 | 宾二类 | | | |
| 1569 正反 | | 合 11519 正反 | 宾二类 | 争 | | |
| 1570 | | 合 13295 | 宾一类 | | | |
| 1571 | | 合 13261 | 宾三类 | 争 | | |
| 1572 | | 章合 1407 | 宾二类 | | | |
| 1573 | | 合 13168 | 宾二类 | | | |
| 1574 | | | 宾二类 | | | |
| 1575 正反 | | 合 13159 正反 | 宾二类 | | | |
| 1576 | | | 宾三类 | | | |
| 1577 | | 章合 13177 | 宾三类 | | | |
| 1578 | | | 宾二类 | | | |
| 1579 | | | 宾二类 | | | |
| 1580 | | 合 13109 | 宾一类 | 内 | | |
| 1581 | | 合 13090 | 宾三类 | | | |
| 1582 | | 章合 32269 | 宾三类 | | | |
| 1583 | | 章合 8254 | 宾二类 | | | |

续表

| 著录号 | 缀合 | 重片 | 类型划分 | 贞人 | 专家分类 | 其他说明 |
|---|---|---|---|---|---|---|
| 1584 | 黄拼 1584+2544 | 合 18661 | 宾一类 | | | |
| 1585 | | 合 13134 | 宾三类 | | | |
| 1586 | | | 宾三类 | | | |
| 1587 | | 合 13061=<br>章合补 11535 | 宾三类 | | | |
| 1588 | | 合 13063 | 宾三类 | | | |
| 1589 | | 合 13085 | 宾三类 | | | |
| 1590 | | 合 13372 | 宾三类 | 爭 | | |
| 1602 | | 合 13327 | 宾三类 | | | |
| 1628 | | 王合补 3421 | 宾二类 | | | |
| 1629 | | | 宾三类 | | | |
| 1630 | | 合 40001 | 宾二类 | | | |
| 1631 | | | 宾三类 | | | |
| 1632 | | | 宾三类 | | | |
| 1633 | | | 宾二类 | | | |
| 1634 | | | 宾一类 | | | |
| 1635 | | | 宾三类 | 爭 | | |
| 1636 | | | 宾三类 | | | |
| 1637 | | 合 11694 | 宾三类 | | | |
| 1638 | | | 宾三类 | 穷 | | |
| 1639 | | 王合补 3417 | 宾三类 | | | |
| 1640 | | | 自宾间类 | | | |
| 1641 | | | 宾二类 | | | |
| 1642 | | | 宾三类 | | | |
| 1643 | | | 自大字类 | | | 非宾 |
| 1644 | | | 宾二类 | | | |
| 1645 | | | 宾三类 | | | |
| 1646 | | | 宾三类 | | | |
| 1647 | | | 宾三类 | | | |
| 1648 | | | 宾三类 | | | |
| 1649 | | | 宾一类 | | | |
| 1650 | | | 宾一类 | | | |
| 1651 | | | 宾二类 | 㱿 | | |
| 1652 | | | 宾二类 | | | |

续表

| 著录号 | 缀合 | 重片 | 类型划分 | 贞人 | 专家分类 | 其他说明 |
|---|---|---|---|---|---|---|
| 1653 | | | 宾二类 | | | |
| 1654 | | | 宾一类 | | | |
| 1655 | | | 宾一类 | | | |
| 1656 | | | 宾三类 | | | |
| 1657 | | | 宾三类 | | | |
| 1658 | | | 宾三类 | | | |
| 1659 | | | 宾二类 | | | |
| 1660 | | 王 1669 | 宾二类 | 爭 | | |
| 1661 | | | 宾三类 | | | |
| 1662 | | | 宾三类 | | | |
| 1663 | | | 待考 | | | 习刻 干支 |
| 1664 | | | 宾二类 | | | |
| 1665 | | | 宾三类 | | | |
| 1666 | | | 宾三类 | | | |
| 1667 | | | 宾三类 | | | |
| 1668 | | | 宾二类 | 王 | | |
| 1669 | | 合 18881 | 宾一类 | | | |
| 1670 | | 合 18880 | 宾一类 | | | |
| 1671 | | | 宾二类 | | | |
| 1672 | | | 宾三类 | | | |
| 1673 | | | 宾三类 | | | |
| 1674 | | | 宾三类 | | | |
| 1675 | | | 宾一类 | | | |
| 1676 | | | 宾一类 | | | |
| 1677 | | | 宾二类 | | | |
| 1678 | | | 宾一类 | | | |
| 1679 | | | 宾一类 | | | |
| 1680 | | | 宾一类 | | | |
| 1681 | | | 宾一类 | | | |
| 1682 | | | 宾一类 | | | |
| 1683 | | | 宾一类 | | | |
| 1684 | | | 宾一类 | | | |

续表

| 著录号 | 缀合 | 重片 | 类型划分 | 贞人 | 专家分类 | 其他说明 |
|---|---|---|---|---|---|---|
| 1685 | | | 宾二类 | | | |
| 1686 | | | 宾三类 | | | |
| 1687 | | | 宾二类 | | | |
| 1688 | | | 宾二类 | | | |
| 1689 | | | 待考 | | | |
| 1690 | | | 待考 | | | |
| 1691 | | | 宾二类 | | | |
| 1692 | | | 宾二类 | | | |
| 1693 | | | 待考 | | | |
| 1694 | | | 宾一类 | | | |
| 1695 | | | 宾二类 | | | |
| 1696 | | | 宾二类 | 亘 | | |
| 1697 | | | 宾二类 | | | |
| 1698 | | | 宾三类 | | | |
| 1699 | | | 宾二类 | | | |
| 1700 | | | 宾三类 | | | |
| 1701 | | | 宾三类 | | | |
| 1702 | | | 宾三类 | | | |
| 1703 | | | 宾三类 | | | |
| 1704 | | | 宾二类 | | | |
| 1705 | | 合 292 | 宾二类 | | | |
| 1706 | | | 宾二类 | | | |
| 1707 | | | 𠂤大字类 | | | 非宾 |
| 1708 | | | 宾二类 | | | |
| 1709 | | | 宾二类 | | | |
| 1710 | | | 宾一类 | | | |
| 1711 | | | 出三类 | 旅 | | 非宾 |
| 1712 | | | 宾一类 | | | |
| 1713 | | | 宾一类 | | | |
| 1714 | | | 宾一类 | | | |
| 1715 | | | 宾二类 | | | |
| 1716 | | | 宾二类 | | | |
| 1717 | | | 宾二类 | | | |
| 1718 | | | 宾二类 | | | |

续表

| 著录号 | 缀合 | 重片 | 类型划分 | 贞人 | 专家分类 | 其他说明 |
|---|---|---|---|---|---|---|
| 1719 | | | 宾二类 | | | |
| 1720 | | | 宾二类 | | | |
| 1721 | | | 宾二类 | | | |
| 1722 | | | 宾二类 | | | |
| 1723 | | | 宾二类 | | | |
| 1724 | | | 待考 | | | |
| 1725 | | | 宾二类 | | | |
| 1726 | | | 宾二类 | | | |
| 1727 | | | 宾二类 | | | |
| 1728 | | | 宾二类 | | | |
| 1729 | | | 宾二类 | 穷 | | |
| 1730 | | | 宾二类 | 㱿 | | |
| 1731 正反 | | 合 11728 正反 | 宾一类 | | | |
| 1732 | | | 自宾间类 | | | |
| 1733 | | | 自宾间类 | | | |
| 1734 | | | 自宾间类 | | | |
| 1735 | | | 宾二类 | | | |
| 1736 | | | 宾二类 | | | |
| 1737 | | | 自宾间类 | | | |
| 1738 | | 合 3875 | 宾三类 | 充 | | |
| 1739 | | | 宾三类 | | | |
| 1740 | | | 自宾间类 | | | |
| 1741 | | | 宾一类 | | | |
| 1742 | | | 宾一类 | | | |
| 1743 | | | 宾一类 | | | |
| 1744 | | | 宾二类 | | | |
| 1745 | | | 宾二类 | | | |
| 1746 | | | 宾一类 | 古 | | |
| 1747 | | | 宾二类 | | | |
| 1748 | | | 宾二类 | | | |
| 1749 | | | 宾二类 | | | |
| 1750 | | | 宾三类 | | | |
| 1751 | | | 宾三类 | | | |
| 1752 | | | 自宾间类 | | | |

续表

| 著录号 | 缀合 | 重片 | 类型划分 | 贞人 | 专家分类 | 其他说明 |
|---|---|---|---|---|---|---|
| 1753 | | | 宾三类 | | | |
| 1754 | | | 待考 | | | |
| 1755 | | | 宾三类 | | | |
| 1756 | | | 𠂤宾间类 | | | |
| 1757 | | | 𠂤宾间类 | | | |
| 1758 | | | 宾一类 | | | |
| 1759 | | | 宾二类 | | | |
| 1760 | | | 宾一类 | | | |
| 1761 | | | 宾一类 | | | |
| 1762 | | | 宾二类 | | | |
| 1763 | | | 宾二类 | | | |
| 1764 | | | 𠂤宾间类 | | | |
| 1765 | | | 宾一类 | | | |
| 1766 | | 合 11707 | 宾二类 | | | |
| 1767 | | | 宾二类 | | | |
| 1768 正反 | | 合 8088 正反 | 宾二类 | | | |
| 1769 | | 合 19449 | 宾一类 | | | |
| 1770 | | | 宾二类 | | | |
| 1771 | | 合 11649 | 宾二类 | 㱿 | | |
| 1772 | | | 宾一类 | | | |
| 1773 | | | 宾三类 | | | |
| 1774 | | 合 24935 | 出二类 | | | 非宾 |
| 1775 正反 | | 合 19733 正反 | 宾一类 | | | |
| 1776 | | | 𠂤大字类 | | | 非宾 |
| 1777 | | | 宾三类 | | | |
| 1778 | | | 宾三类 | | | |
| 1779 | | | 𠂤宾间类 | | | |
| 1780 | | | 宾三类 | | | |
| 1781 | | | 宾三类 | | | |
| 1782 | | | 何二类 | | | 非宾 |
| 1783 | | | 宾三类 | | | |
| 1784 | | | 宾三类 | | | |
| 1785 | | | 出二类 | | | 非宾 |
| 1786 | | | 宾三类 | | | |

续表

| 著录号 | 缀合 | 重片 | 类型划分 | 贞人 | 专家分类 | 其他说明 |
|---|---|---|---|---|---|---|
| 1787 | | 合 4386 | 宾三类 | | | |
| 1788 | | 合 41595 | 无名类 | | | 非宾 |
| 1789 | | | 宾三类 | 㱿 | | |
| 1790 | | | 宾三类 | | | |
| 1791 | | | 宾三类 | | | |
| 1792 | | | 何二类 | | | 非宾 |
| 1793 | | | 宾三类 | | | |
| 1794 | | | 宾三类 | | | |
| 1795 | | | 出二类 | | | 非宾 |
| 1796 | | | 何二类 | | | 非宾 |
| 1797 正反 | | 合 3849 正反 | 宾二类 | 韋 | | |
| 1798 | 黄拼 1798+合补 2200 | | 宾一类 | | | |
| 1799 | | 合 8214 | 宾二类 | | | |
| 1800 | | 合 19031 | 宾三类 | | | |
| 1801 | | | 宾二类 | | | |
| 1802 | | | 宾二类 | | | |
| 1803 | | | 宾三类 | | | |
| 1804 | | | 宾三类 | | | |
| 1805 | | | 宾一类 | | | |
| 1806 | | | 待考 | | | |
| 1807 | | | 宾三类 | | | |
| 1808 | | | 宾三类 | | | |
| 1809 | | | 宾二类 | | | |
| 1810 | | | 宾二类 | | | |
| 1811 | | | 待考 | | | |
| 1812 | | | 待考 | | | |
| 1813 | | | 待考 | | | |
| 1814 | | | 待考 | | | |
| 1815 | | | 待考 | | | |
| 1816 | | | 待考 | | | |
| 1817 | | | 待考 | | | |
| 1818 | | | 待考 | | | |
| 1819 | | 合 17884 | 待考 | | | |

续表

| 著录号 | 缀合 | 重片 | 类型划分 | 贞人 | 专家分类 | 其他说明 |
|---|---|---|---|---|---|---|
| 1820 | | | 待考 | | | |
| 1821 | | | 待考 | | | |
| 1822 | | | 待考 | | | |
| 1823 | | | 待考 | | | |
| 1824 | | | 待考 | | | |
| 1825 | | | 待考 | | | |
| 1826 | | | 待考 | | | |
| 1827 | | | 待考 | | | |
| 1828 | | | 待考 | | | |
| 1829 | | | 待考 | | | |
| 1830 | | | 待考 | | | |
| 1831 | | | 待考 | | | |
| 1832 | | | 待考 | | | |
| 1833 | | | 待考 | | | |
| 1834 | | | 待考 | | | |
| 1835 | | | 待考 | | | |
| 1836 | | | 待考 | | | |
| 1837 | | | 待考 | | | |
| 1838 | | | 待考 | | | |
| 1839 | | | 待考 | | | |
| 1840 | | | 待考 | | | |
| 1841 | | | 待考 | | | |
| 1842 | | | 待考 | | | |
| 1843 | | | 待考 | | | |
| 1844 | | | 待考 | | | |
| 1887 | | 合 17496 | 宾二类 | | | |
| 1888 | | 合 17600 | 宾三类 | | | |
| 1889 | | 合 17489 | 宾三类 | | | |
| 1890 正反 | | 合 5579 正反 | 宾三类 | 事 | | |
| 1891 正臼 | | 合 17458 正臼 | 宾二类 | 古 | | 臼：㱿 |
| 1892 臼 | | 合 17568 臼 | 宾二类 | | | 臼：㲋 |
| 1893 正臼 | | 合 2285 正臼 | 宾二类 | | | |
| 1894 | | | 宾二类 | | | |
| 1895 | | | 宾二类 | | | |

续表

| 著录号 | 缀合 | 重片 | 类型划分 | 贞人 | 专家分类 | 其他说明 |
|---|---|---|---|---|---|---|
| 1896 | | | 宾二类 | | | |
| 1897 | | | 宾二类 | | | |
| 1898 | | | 宾二类 | | | |
| 1899 | | | 宾二类 | | | |
| 1900 正臼 | | 合 17792 正臼 | 宾三类 | | | |
| 1901 | | | 宾二类 | | | |
| 1902 正臼 | | 合 17772 正臼 | 宾二类 | | | |
| 1903 | | | 待考 | | | |
| 1904 | | | 宾二类 | | | |
| 1905 | | | 宾二类 | | | |
| 1906 | | | 宾二类 | | | |
| 1907 | | | 待考 | | | |
| 1908 | | 合 17774 | 宾二类 | | | |
| 1909 | | 合 17760 | 宾二类 | | | |
| 1910 | | | 宾三类 | | | |
| 1911 | | | 宾二类 | | | |
| 1912 | | | 宾二类 | | | |
| 1913 | | | 宾二类 | | | |
| 1914 | | | 宾二类 | | | |
| 1915 | | | 宾二类 | | | |
| 1916 | | 合 8953 | 宾二类 | | | |
| 1917 | | | 宾二类 | | | |
| 1918 | | | 宾二类 | | | |
| 1919 | | | 宾二类 | | | |
| 1920 | | | 宾二类 | | | |
| 1921 正反 | | 合 2184 正反 | 宾一类 | | | |
| 1922 | | | 宾一类 | | | |
| 1923 | | | 宾一类 | | | |
| 1924 | | | 宾三类 | | | |
| 1925 | | | 宾三类 | | | |
| 1926 | | | 宾二类 | | | |
| 1927 | | | 宾二类 | | | |
| 1928 | | | 宾二类 | | | |
| 1929 | | | 宾二类 | | | |

续表

| 著录号 | 缀合 | 重片 | 类型划分 | 贞人 | 专家分类 | 其他说明 |
|---|---|---|---|---|---|---|
| 1930 | | | 宾二类 | | | |
| 1931 | | | 宾二类 | | | |
| 1932 | | | 宾二类 | | | |
| 1933 | | | 宾二类 | | | |
| 1934 | | | 宾二类 | | | |
| 1935 | | | 宾二类 | | | |
| 1936 | | | 宾二类 | | | |
| 1937 | | 合 17779 | 宾二类 | | | |
| 1938 | | | 宾二类 | | | |
| 1939 | | | 宾二类 | | | |
| 1940 | | | 宾一类 | | | |
| 1941 | | | 宾二类 | | | |
| 1942 | | | 宾一类 | | | |
| 1943 | | | 宾一类 | | | |
| 1944 | | | 宾二类 | | | |
| 1945 | | | 宾一类 | | | |
| 1946 | | | 宾三类 | | | |
| 1947 | | | 宾一类 | | | |
| 1948 | | | 宾二类 | | | |
| 1949 | | | 宾三类 | | | |
| 1950 | | | 宾二类 | | | |
| 1951 | | | 待考 | | | |
| 1952 | | | 待考 | | | |
| 1953 | | | 宾二类 | | | |
| 1954 | | | 待考 | | | |
| 1955 | | | 待考 | | | |
| 1956 | | | 待考 | | | |
| 1957 | | 合 17790 | 宾一类 | | | |
| 1958 | | | 宾二类 | | | |
| 1959 正反 | | 合 676 正反 | 宾一类 | | | |
| 1960 | | | 宾二类 | | | |
| 1961 | | | 待考 | | | |
| 1962 | | | 待考 | | | |
| 1963 | | | 待考 | | | |

续表

| 著录号 | 缀合 | 重片 | 类型划分 | 贞人 | 专家分类 | 其他说明 |
|---|---|---|---|---|---|---|
| 1964 | | | 待考 | | | |
| 1965 | | | 待考 | | | |
| 1966 | | | 待考 | | | |
| 1967 | | | 待考 | | | |
| 1968 | | | 待考 | | | |
| 1969 | | | 待考 | | | |
| 1970 | | | 待考 | | | |
| 1971 | | | 待考 | | | |
| 1972 | | | 待考 | | | |
| 1973 | | | 待考 | | | |
| 1974 | | | 待考 | | | |
| 1975 正反 | | 合 19062 正反 | 宾一类 | | | |
| 1976 | | | 待考 | | | |
| 1977 | | | 待考 | | | |
| 1978 | | | 待考 | | | |
| 1979 | | | 待考 | | | |
| 1980 | | | 待考 | | | |
| 1981 | | | 待考 | | | |
| 1982 | | | 待考 | | | |
| 1983 | | | 待考 | | | |
| 1984 | | | 待考 | | | |
| 1985 | | | 宾一类 | | | |
| 1986 | | | 待考 | | | |
| 1987 | | | 待考 | | | |
| 1988 | | | 待考 | | | |
| 1989 | | | 宾二类 | | | |
| 1990 | | | 待考 | | | |
| 1991 | | | 待考 | | | |
| 1992 | | | 待考 | | | |
| 1993 | | | 待考 | | | |
| 1994 | | | 待考 | | | |
| 1995 | | | 待考 | | | |
| 1996 | | | 待考 | | | |
| 1997 | | | 待考 | | | |

续表

| 著录号 | 缀合 | 重片 | 类型划分 | 贞人 | 专家分类 | 其他说明 |
|---|---|---|---|---|---|---|
| 1998 | | | 待考 | | | |
| 1999 | | | 待考 | | | |
| 2000 | | | 待考 | | | |
| 2001 | | | 待考 | | | |
| 2002 | | | 待考 | | | |
| 2003 | | | 待考 | | | |
| 2004 | | | 待考 | | | |
| 2005 | | | 待考 | | | |
| 2006 | | | 待考 | | | |
| 2007 | | | 待考 | | | |
| 2008 | | | 待考 | | | |
| 2009 | | | 待考 | | | |
| 2010 | | | 待考 | | | |
| 2011 | | | 待考 | | | |
| 2012 | | | 待考 | | | |
| 2013 | | | 待考 | | | |
| 2014 | | | 待考 | | | |
| 2015 | | | 待考 | | | |
| 2016 | | | 待考 | | | |
| 2017 | | | 待考 | | | |
| 2018 | | 合 17714 | 宾二类 | | | |
| 2019 | | | 宾二类 | 㱿 | | |
| 2020 正反 | | 合 4037 正反 | 宾二类 | 㱿 | | |
| 2021 正反 | | 合 11722 正反 | 宾二类 | 爭 | | |
| 2022 | | 合 2315 | 宾二类 | | | |
| 2023 | | | 宾二类 | | | |
| 2024 | | | 待考 | | | |
| 2025 | | | 待考 | | | |
| 2026 | | | 待考 | | | |
| 2027 | | 合 5275 | 宾三类 | | | |
| 2028 | | 合 16383 | 宾一类 | 亘 | | |
| 2029 | | 合 17678 | 宾二类 | | | |
| 2030 | | 合 16380 | 宾二类 | 亘 | | |
| 2031 | | 合 8304 | 宾一类 | 㱿 | | |

续表

| 著录号 | 缀合 | 重片 | 类型划分 | 贞人 | 专家分类 | 其他说明 |
|---|---|---|---|---|---|---|
| 2032 | | | 宾三类 | | | |
| 2033 | | 合 16399 | 宾二类 | 宾 | | |
| 2034 | | | 宾三类 | | | |
| 2035 | | | 待考 | | | |
| 2036 | | 合 5250 | 宾三类 | | | |
| 2037 | | 合 5280 | 宾三类 | 事 | 黄宾三 | |
| 2038 | | 合 5252 | 宾三类 | | | |
| 2039 | | | 宾三类 | | | |
| 2040 | | | 宾三类 | | | |
| 2041 | | 合 5267 | 宾三类 | | | |
| 2042 | | 章合 139（上部） | 宾二类 | | | |
| 2043 | | 合 16942 | 宾二类 | 爭 | | |
| 2044 正反 | | 合 17305 正反 | 宾二类 | 𡧊 | | |
| 2045 | | 合 7198 | 宾三类 | 穷 | | |
| 2046 正反 | | 合 7162 正反 | 宾二类 | | | |
| 2047 | | | 宾三类 | | | |
| 2048 | | 合 24212 | 出二类 | | | 非宾 |
| 2049 正反 | | 合 7187 正反 | 宾三类 | 穷 | | |
| 2050 | | 合 7193 | 宾二类 | | | |
| 2051 正反 | | 合 7097 正反 | 宾二类 | | | |
| 2052 正反 | | 合 3531 正反 | 宾二类 | 𡧊 | | |
| 2053 | | | 宾二类 | 𡧊 | | |
| 2054 | | | 宾二类 | 𡧊 | | |
| 2055 | | | 宾二类 | 𡧊 | | |
| 2056 | | | 宾二类 | 𡧊 | | |
| 2057 | | | 宾一类 | 𡧊 | | |
| 2058 | | 合 16066 | 宾一类 | 𡧊 | | |
| 2059 | | | 宾一类 | 𡧊 | | |
| 2060 | | | 宾一类 | 𡧊 | | |
| 2061 | | | 宾二类 | 𡧊 | | |
| 2062 | | 合 3628 | 宾一类 | 𡧊 | | |
| 2063 | | | 宾二类 | 𡧊 | | |
| 2064 | | | 宾二类 | 𡧊 | | |

续表

| 著录号 | 缀合 | 重片 | 类型划分 | 贞人 | 专家分类 | 其他说明 |
|---|---|---|---|---|---|---|
| 2065 | | 合 3614 | 宾一类 | 𡧊 | | |
| 2066 | | | 宾一类 | 𡧊 | | |
| 2067 | | | 宾二类 | 𡧊 | | |
| 2068 | | | 宾二类 | 𡧊 | | |
| 2069 | | | 宾二类 | 𡧊 | | |
| 2070 | | | 宾二类 | 𡧊 | | |
| 2071 | | | 宾二类 | 𡧊 | | |
| 2072 | | | 宾二类 | 𡧊 | | |
| 2073 | | | 宾二类 | 𡧊 | | |
| 2074 | | 合 4577 | 宾二类 | 爭 | | |
| 2075 | | | 宾二类 | 爭 | | |
| 2076 | | | 宾二类 | 爭 | | |
| 2077 正反 | | 合 3605 正反 | 宾二类 | 𡧊、爭 | | |
| 2078 正反 | | 合 3053 正反 | 宾二类 | 爭 | | |
| 2079 | | | 宾二类 | 爭 | | |
| 2080 | | | 宾三类 | 爭 | | |
| 2081 | | | 宾二类 | 爭 | | |
| 2082 | | | 宾二类 | 爭 | | |
| 2083 | | 合 5487 | 宾三类 | 爭 | | |
| 2084 | | | 宾二类 | 爭 | | |
| 2085 | | 合 4381 | 宾三类 | 爭 | | |
| 2086 | | | 宾二类 | 爭 | | |
| 2087 | | | 宾二类 | 爭 | | |
| 2088 | | | 宾二类 | 爭 | | |
| 2089 | | 合 3647 | 宾二类 | 穷 | | |
| 2090 正臼 | | 合 13545 正臼 | 宾二类 | 穷 | | 臼：𡧊 |
| 2091 | | | 宾二类 | 宾、爭 | | |
| 2092 | | | 宾二类 | 穷 | | |
| 2093 | | | 宾二类 | 穷 | | |
| 2094 | | | 宾三类 | 穷 | | |
| 2095 | | | 宾二类 | 穷 | | |
| 2096 | | | 宾二类 | 穷 | | |
| 2097 | | | 宾二类 | 穷 | | |
| 2098 | | | 宾二类 | 穷 | | |

续表

| 著录号 | 缀合 | 重片 | 类型划分 | 贞人 | 专家分类 | 其他说明 |
|---|---|---|---|---|---|---|
| 2099 | | | 宾二类 | 宎 | | |
| 2100 | | | 宾二类 | 宎 | | |
| 2101 | | | 宾二类 | 宎 | | |
| 2102 | | | 宾二类 | 宎 | | |
| 2103 | | 合 18186 | 宾三类 | 宎 | | |
| 2104 | | 合 5546 | 宾二类 | 宎 | | |
| 2105 | | 合 4939 | 宾一类 | 宎 | | |
| 2106 | | | 宾二类 | 宎 | | |
| 2107 | | | 宾一类 | 宎 | | |
| 2108 | | | 宾二类 | 宎 | | |
| 2109 | | 合 3828 | 宾一类 | 古 | | |
| 2110 正反 | | 合 4274 正反 | 宾三类 | 古 | | |
| 2111 | | | 宾二类 | 古 | | |
| 2112 | | | 宾二类 | 古 | | |
| 2113 | | | 宾二类 | 古 | | |
| 2114 | | | 宾二类 | 古 | | |
| 2115 | | | 宾二类 | 古 | | |
| 2116 | | | 宾二类 | 古 | | |
| 2117 | | | 宾三类 | 𠳋 | | |
| 2118 | | | 宾二类 | 𠳋 | | |
| 2119 | | | 宾二类 | 𠳋 | | |
| 2120 | | | 宾二类 | 𠳋 | | |
| 2121 正反 | | 合 3872 正反 | 宾二类 | 𠳋 | | |
| 2122 | | 黄合 16311 | 宾三类 | 事 | 黄宾三 | |
| 2123 | | 合 20103 | 𠂤小字类 | | | 非宾 |
| 2124 正反 | | 合 3886 正反 | 宾二类 | 永 | | |
| 2125 正反 | | 合 18663 正反 | 宾二类 | 韋 | | |
| 2126 | | | 宾二类 | 韋 | | |
| 2127 | | 合 8325 | 宾三类 | | | |
| 2128 | | | 宾二类 | | | |
| 2129 | | | 宾二类 | | | |
| 2130 | | | 待考 | | | |
| 2131 | | | 宾三类 | | | |
| 2132 | | | 宾二类 | | | |

续表

| 著录号 | 缀合 | 重片 | 类型划分 | 贞人 | 专家分类 | 其他说明 |
|---|---|---|---|---|---|---|
| 2133 | | | 宾二类 | | | |
| 2134 | | | 宾二类 | | | |
| 2135 | | | 宾二类 | | | |
| 2136 | | | 宾二类 | | | |
| 2137 | | 合 14477 | 宾三类 | | | |
| 2138 | | | 宾一类 | 岳 | | |
| 2139 | | | 宾一类 | 亘 | | |
| 2140 | | | 宾一类 | 亘 | | |
| 2141 | | | 宾一类 | 㱿 | | |
| 2142 | | | 宾一类 | 㱿 | | |
| 2143 | | | 宾一类 | 㱿 | | |
| 2144 | | 合 19882 | 自小字类 | | | 非宾 |
| 2145 | | | 自小字类 | | | 非宾 |
| 2146 | | | 宾一类 | | | |
| 2147 | | 合 600 | 宾一类 | | | |
| 2148 | | 合 11526 | 宾一类 | | | |
| 2149 | | 章合 16060 | 宾三类 | 事 | | |
| 2150 正反 | | 合 3668 正反 | 宾二类 | 穷 | | |
| 2151 | | 合 19404 | 宾二类 | | | |
| 2152 | | | 宾二类 | | | |
| 2153 | | 合 19409 | 宾二类 | | | |
| 2154 | | | 宾二类 | | | |
| 2155 | | | 宾一类 | | | |
| 2156 | | | 宾三类 | 事 | | |
| 2157 | | | 宾三类 | 穷 | | |
| 2158 正反 | | 合 14976 正反 | 宾二类 | | | |
| 2159 | | | 宾二类 | | | |
| 2160 正反 | | 合 13585 正反 | 宾一类 | | | |
| 2161 正反 | | 合 17870 正反 | 宾二类 | | | |
| 2162 | | | 宾二类 | | | |
| 2163 | | | 宾二类 | | | |
| 2164 | | | 宾二类 | 㱿 | | |
| 2165 | | 合 8307 | 宾三类 | | | |
| 2166 | | | 宾三类 | | | |

续表

| 著录号 | 缀合 | 重片 | 类型划分 | 贞人 | 专家分类 | 其他说明 |
|---|---|---|---|---|---|---|
| 2167 | | | 宾二类 | | | |
| 2168 | | | 宾三类 | 宁、古 | | |
| 2169 | | 合 15075 | 宾一类 | | | |
| 2170 | | | 宾三类 | | | |
| 2171 | | | 宾三类 | | | |
| 2172 | | | 宾三类 | | | |
| 2173 | | | 宾二类 | | | |
| 2174 | | | 宾二类 | | | |
| 2175 | | | 宾二类 | | | |
| 2176 | | | 宾二类 | | | |
| 2177 | | | 宾二类 | | | |
| 2178 | | | 宾二类 | | | |
| 2179 | | | 宾二类 | | | |
| 2180 | | | 宾二类 | | | |
| 2181 | | | 宾二类 | | | |
| 2182 | | | 宾二类 | | | |
| 2183 | | | 宾二类 | | | |
| 2184 | 黄拼 2184+<br>合补 4536 | | 宾二类 | | | |
| 2185 | | | 宾二类 | | | |
| 2186 | | | 宾二类 | | | |
| 2187 | 黄拼 2187 正反 +<br>合补 6367 正反 | | 宾二类 | | | |
| 2188 | | | 待考 | | | |
| 2189 | | | 宾三类 | | | |
| 2190 | | | 宾三类 | | | |
| 2191 | | | 宾二类 | | | |
| 2192 | | | 宾二类 | | | |
| 2193 | | | 宾二类 | | | |
| 2194 | | | 宾二类 | | | |
| 2195 | | | 宾二类 | | | |
| 2196 | | | 宾二类 | | | |
| 2197 | | | 宾二类 | | | |
| 2198 | | | 宾二类 | | | |

续表

| 著录号 | 缀合 | 重片 | 类型划分 | 贞人 | 专家分类 | 其他说明 |
|---|---|---|---|---|---|---|
| 2199 正反 | | 合 1318 正反 | 宾三类 | | | |
| 2200 | | 合 3155 | 宾二类 | | | |
| 2201 | | 合 19558 | 宾三类 | | | |
| 2202 | | 合 5990 | 宾三类 | | | |
| 2203 正臼 | | 合 18348 正臼 | 宾二类 | 韋 | | 签名：箙 |
| 2204 | | 合 11051 | 宾三类 | | | |
| 2205 | | | 待考 | | | |
| 2206 | | | 待考 | | | |
| 2207 | | 合 19561 | 宾三类 | | | |
| 2208 | | 合 6591 | 宾一类 | | | |
| 2209 | | 合 21462 | 𠂤小字类 | | | 非宾 |
| 2210 | | | 宾一类 | | | |
| 2211 | | 合 14499 | 宾三类 | | | |
| 2212 | | 合 16099 | 宾一类 | | | |
| 2213 | | | 宾一类 | | | |
| 2214 | | 合 7892、王合 40067 | 宾一类 | | | |
| 2215 | | 合 3050 | 宾三类 | | | |
| 2216 | | 合 18405 | 宾二类 | | | |
| 2217 | | | 宾三类 | | | |
| 2218 | | | 宾三类 | | | |
| 2219 | | | 宾三类 | | | |
| 2220 | | 合 17960 | 宾一类 | | | |
| 2221 | | | 宾二类 | | | |
| 2222 | | | 宾二类 | | | |
| 2223 | | 章合 7676 | 宾二类 | | | |
| 2224 | | | 宾三类 | | | |
| 2225 | | | 宾二类 | | | |
| 2226 | | 合 36385、合 41897 | 黄组 | | | 非宾 |
| 2227 | | | 宾一类 | | | |
| 2228 | | | 宾一类 | | | |
| 2229 | | | 宾一类 | | | |
| 2230 | | | 宾一类 | | | |

续表

| 著录号 | 缀合 | 重片 | 类型划分 | 贞人 | 专家分类 | 其他说明 |
|---|---|---|---|---|---|---|
| 2231 | | | 宾一类 | | | |
| 2232 | | | 宾一类 | | | |
| 2233 | | | 宾一类 | | | |
| 2234 | | | 宾一类 | | | |
| 2235 | | | 宾一类 | | | |
| 2236 | | | 宾一类 | | | |
| 2237 | | | 宾一类 | | | |
| 2238 | | | 自宾间类 | | | 签名：㲋 |
| 2239 | | | 自宾间类 | | | 签名：㲋 |
| 2240 | | | 自宾间类 | | | 签名：㲋 |
| 2241 | | | 自宾间类 | | | 签名：㲋 |
| 2242 | | | 自宾间类 | | | 签名：犬 |
| 2243 | | 合 18310 | 宾三类 | | | 签名：㲋 |
| 2244 | | | 宾一类 | | | |
| 2245 | | | 宾一类 | | | |
| 2246 | | | 宾一类 | | | |
| 2247 | | | 自小字类 | | | 非宾 |
| 2248 | | | 自小字类 | | | 非宾 |
| 2249 | | | 自小字类 | | | 非宾 |
| 2250 | | | 自宾间类 | | | |
| 2251 | | | 自宾间类 | | | |
| 2252 | | 章 < 合 24245 | 自宾间类 | | | |
| 2253 | | | 自宾间类 | | | |
| 2254 | | | 自大字类 | | | 非宾 |
| 2255 | | 合 22166 | 劣体类 | | | 非宾 |
| 2256 | | | 自宾间类 | | | |
| 2257 | | | 自宾间类 | | | |
| 2258 | | | 自宾间类 | | | |
| 2259 | | | 自宾间类 | | | |
| 2260 | | 合 4432 | 自宾间类 | | | |
| 2261 | | | 自宾间类 | | | |
| 2262 | | | 宾一类 | | | |
| 2263 | | | 宾一类 | | | |
| 2264 | | | 宾一类 | | | |

续表

| 著录号 | 缀合 | 重片 | 类型划分 | 贞人 | 专家分类 | 其他说明 |
|---|---|---|---|---|---|---|
| 2265 | | 合 8062 | 宾一类 | | | |
| 2266 | | | 宾一类 | | | |
| 2267 | | | 宾二类 | | | |
| 2268 | | | 宾一类 | | | |
| 2269 | | | 宾一类 | | | |
| 2270 | | | 宾一类 | | | |
| 2271 | | | 宾二类 | | | |
| 2272 | | | 宾一类 | | | |
| 2273 | | | 宾三类 | | | |
| 2274 | | 合 11613 | 宾三类 | | | |
| 2275 | | 合 4396 | 宾三类 | | | |
| 2276 | | | 宾三类 | | | |
| 2277 | | | 宾三类 | | | |
| 2278 | | | 宾三类 | | | |
| 2279 | | | 宾三类 | | | |
| 2280 | | | 宾二类 | | | |
| 2281 | | 合 4709 | 宾三类 | | | |
| 2282 | | | 宾一类 | | | |
| 2283 | | | 待考 | | | |
| 2284 | | | 待考 | | | |
| 2285 | | | 待考 | | | |
| 2286 | | | 待考 | | | |
| 2287 | | | 待考 | | | |
| 2288 | | | 待考 | | | |
| 2289 | | | 宾三类 | | | |
| 2290 | | | 待考 | | | |
| 2291 正反 | | 合 2790 正反 | 宾一类 | | | |
| 2292 | | | 宾二类 | 㱿 | | |
| 2293 | | | 宾二类 | | | |
| 2294 | | 合 7746 | 宾二类 | | | |
| 2295 | | | 宾一类 | | | |
| 2296 | | | 宾三类 | | | |
| 2297 | | 合 15296 | 宾三类 | | | |
| 2298 | | | 宾三类 | | | |

续表

| 著录号 | 缀合 | 重片 | 类型划分 | 贞人 | 专家分类 | 其他说明 |
|---|---|---|---|---|---|---|
| 2299 | | | 宾三类 | | | |
| 2300 | | 合 18976 | 宾一类 | | | |
| 2301 | | 合 1062 | 宾三类 | | | |
| 2302 正反 | | 章合 19619 正反 | 宾一类 | | | |
| 2303 | | | 宾二类 | | | |
| 2304 | | 合 8719 | 宾三类 | | | |
| 2305 | | | 宾二类 | | | |
| 2306 | | | 宾二类 | | | |
| 2307 | | | 宾一类 | | | |
| 2308 | | | 宾一类 | | | |
| 2309 | | | 自小字类 | | | 非宾 |
| 2310 | | | 宾一类 | | | |
| 2311 | | | 宾一类 | | | |
| 2312 | | | 宾三类 | 専 | | |
| 2313 | | | 宾一类 | 㱿 | | |
| 2314 | | | 宾三类 | | | |
| 2315 | | | 宾三类 | | | |
| 2316 | | | 宾二类 | | | |
| 2317 | | 章合 19301 | 宾一类 | | | |
| 2318 | | 合 5080 | 宾二类 | 㱿 | | |
| 2319 | | | 宾一类 | | | |
| 2320 | | | 宾一类 | | | |
| 2321 | | 合 19291 | 宾三类 | | | |
| 2322 | | 合 5084 | 宾三类 | | | |
| 2323 | | | 宾一类 | | | |
| 2324 | | | 宾二类 | | | |
| 2325 | | | 宾二类 | | | |
| 2326 | | | 宾二类 | | | |
| 2327 | | | 宾二类 | | | |
| 2328 | | | 宾二类 | | | |
| 2329 | | | 宾二类 | | | |
| 2330 | | | 宾二类 | | | |
| 2331 | | | 宾二类 | | | |

续表

| 著录号 | 缀合 | 重片 | 类型划分 | 贞人 | 专家分类 | 其他说明 |
|---|---|---|---|---|---|---|
| 2332 | | | 宾二类 | | | |
| 2333 | | | 宾一类 | | | |
| 2334 | | 合 3029、合 4531 | 宾三类 | | | |
| 2335 | | | 宾二类 | | | |
| 2336 | | 章合 265 | 宾三类 | | | |
| 2337 | | | 宾二类 | | | |
| 2338 | | 合 35252 | 宾三类 | | | |
| 2339 | | 合 3371 | 宾三类 | | | |
| 2340 | | 章 < 合 3346 | 宾一类 | 王 | | |
| 2341 | 黄拼 2341+ 合 4173+ 合补 2793 | | 宾一类 | | | |
| 2342 | | | 宾一类 | | | |
| 2343 | | | 宾二类 | 𡆥 | | |
| 2344 | | | 宾二类 | | | |
| 2345 | | | 宾二类 | | | |
| 2346 | | | 宾三类 | | | |
| 2347 | | | 宾二类 | | | |
| 2348 | | | 宾三类 | | | |
| 2349 | | | 宾二类 | | | |
| 2350 | | | 宾三类 | | | |
| 2351 | | | 出一类 | | | 非宾 |
| 2352 | | | 宾三类 | | | |
| 2353 | | | 宾一类 | | | |
| 2354 | | | 待考 | | | |
| 2355 | | | 待考 | | | |
| 2356 | | | 宾一类 | | | |
| 2357 | | | 宾一类 | | | |
| 2358 | | | 宾二类 | | | |
| 2359 | | | 宾二类 | | | |
| 2360 | | | 宾二类 | | | |
| 2361 | | | 宾二类 | | | |
| 2362 | | | 宾二类 | | | |
| 2363 | | 合 15378 | 宾一类 | | | |

续表

| 著录号 | 缀合 | 重片 | 类型划分 | 贞人 | 专家分类 | 其他说明 |
|---|---|---|---|---|---|---|
| 2364 | | | 宾二类 | | | |
| 2365 正反 | | 合 16480 正反 | 宾三类 | | | |
| 2366 | | | 宾二类 | | | |
| 2367 | | 合 19116、合 40770 | 宾三类 | | | |
| 2368 | | | 宾三类 | | | |
| 2369 | | | 宾二类 | | | |
| 2370 | | | 宾三类 | | | |
| 2371 | | | 宾三类 | | | |
| 2372 | | | 宾三类 | | | |
| 2373 | | 合 16061 | 宾二类 | 爭 | | |
| 2374 | | 合 19691 正反 | 宾二类 | | | |
| 2375 | | 合 18592 | 宾二类 | | | |
| 2376 | | | 宾一类 | | | |
| 2377 | | | 宾二类 | | | |
| 2378 | | | 宾三类 | | | |
| 2379 | | | 宾三类 | | | |
| 2380 | | | 宾二类 | | | |
| 2381 | | | 宾三类 | | | |
| 2382 | | | 宾三类 | | | |
| 2383 | | | 宾三类 | | | |
| 2384 | | | 宾一类 | | | |
| 2385 | | | 宾一类 | | | |
| 2386 | | 合 18506 | 宾一类 | | | |
| 2387 | | 合 14925 | 宾二类 | | | |
| 2388 正反 | | 合 1628 正反 | 宾二类 | | | |
| 2389 | | 合 21141 | 𠂤大字类 | 王 | | 非宾 |
| 2390 | | | 宾三类 | | | |
| 2391 | | | 宾二类 | | | |
| 2392 | | | 宾二类 | | | |
| 2393 | | 章合 18970 | 宾三类 | | | |
| 2394 | | | 宾二类 | | | |
| 2395 | | | 宾二类 | | | |
| 2396 | | 合 20033 | 𠂤小字类 | | | 非宾 |

续表

| 著录号 | 缀合 | 重片 | 类型划分 | 贞人 | 专家分类 | 其他说明 |
|---|---|---|---|---|---|---|
| 2397 | | | 宾三类 | | | |
| 2398 | | | 宾三类 | | | |
| 2399 | | 章 < 合 16434 | 宾一类 | | | |
| 2400 | | | 宾三类 | | | |
| 2401 | | | 宾三类 | | | |
| 2402 | | 合 19204 | 宾一类 | | | |
| 2403 | | | 宾一类 | | | |
| 2404 | | | 宾三类 | | | |
| 2405 | | 合 8014、合 40016 | 宾一类 | | | |
| 2406 | | | 宾一类 | | | |
| 2407 | | | 宾一类 | | | |
| 2408 | | | 宾三类 | | | |
| 2409 | | | 宾二类 | | | |
| 2410 | | 合 18339 | 宾二类 | | | |
| 2411 | | | 宾二类 | | | |
| 2412 | | | 宾二类 | | | |
| 2413 正反 | | 合 18241 正反 | 宾一类 | | | |
| 2414 | | | 宾三类 | | | |
| 2415 | | | 宾一类 | | | |
| 2416 | | 合 18337 | 宾三类 | | | |
| 2417 | | | 宾二类 | | | |
| 2418 | | | 宾一类 | | | |
| 2419 | | | 宾三类 | | | |
| 2420 | | 合 22586 | 出二类 | | | 非宾 |
| 2421 | | | 宾一类 | | | |
| 2422 | | | 宾一类 | | | |
| 2423 | | | 出二类 | | | 非宾 |
| 2424 | | | 待考 | | | |
| 2425 | | | 宾二类 | | | |
| 2426 | | | 宾二类 | | | |
| 2427 | | | 宾三类 | | | |
| 2428 | | 合 11486 | 宾三类 | | | |
| 2429 | | | 宾二类 | | | |

续表

| 著录号 | 缀合 | 重片 | 类型划分 | 贞人 | 专家分类 | 其他说明 |
|---|---|---|---|---|---|---|
| 2430 | | | 宾三类 | | | |
| 2431 | | 合 2576 | 宾三类 | | | |
| 2432 | | 合 666 | 宾二类 | | | |
| 2433 | | 合 18049 | 宾一类 | | | |
| 2434 | | | 宾二类 | | | |
| 2435 | | | 宾三类 | | | |
| 2436 | | | 宾二类 | | | |
| 2437 | | 合 8745 | 宾二类 | | | |
| 2438 | | | 宾二类 | | | |
| 2439 | | | 宾三类 | | | |
| 2440 | | | 宾三类 | | | |
| 2441 | 黄拼 2441+<br>合 13420 | 合 4867 | 宾二类 | | | |
| 2442 正反 | | 合 8289 正反 | 宾三类 | | | |
| 2443 | | | 宾二类 | | | |
| 2444 | | 合 19161 | 宾二类 | | | |
| 2445 正反 | | 合 2814 正反 | 宾二类 | | | |
| 2446 | | | 宾二类 | | | |
| 2447 | | | 宾三类 | | | |
| 2448 | | 合 4302 | 宾三类 | 争 | | |
| 2449 | | 合 17169 | 宾三类 | 穷 | | |
| 2450 | | 合 18621 | 宾二类 | | | |
| 2451 | | | 宾三类 | | | |
| 2452 | | | 宾三类 | | | |
| 2453 | | | 宾三类 | | | |
| 2454 | | | 宾三类 | | | |
| 2455 | 黄拼 2455+<br>合 18611（1584） | | 宾一类 | | | |
| 2456 | | 合 4602 | 宾三类 | 争 | | |
| 2457 | | | 宾三类 | | | |
| 2458 | | | 宾二类 | | | |
| 2459 | | | 宾二类 | | | |
| 2460 | | | 宾三类 | | | |
| 2461 | | | 宾三类 | | | |

续表

| 著录号 | 缀合 | 重片 | 类型划分 | 贞人 | 专家分类 | 其他说明 |
|---|---|---|---|---|---|---|
| 2462 | | 合 4629 | 宾三类 | | | |
| 2463 | | | 宾一类 | | | |
| 2464 | | | 宾一类 | | | |
| 2465 | | | 宾一类 | | | |
| 2466 | | | 宾一类 | 王 | | |
| 2467 | | | 宾一类 | | | |
| 2468 | | | 待考 | | | |
| 2469 | | 合 20132 | 𠂤小字类 | | | 非宾 |
| 2470 | | | 待考 | | | |
| 2471 | | | 宾一类 | | | |
| 2472 | | | 𠂤宾间类 | | | |
| 2473 | | | 出一类 | | | 非宾 |
| 2474 | | 章合 20320 | 𠂤小字类 | | 黄𠂤小字 | 非宾 |
| 2475 | | 合 36758 | 黄组 | | | |
| 2476 | | | 何二类 | | | 非宾 |
| 2477 | | | 宾二类 | | | |
| 2478 | | 章合 7276 | 宾二类 | | | |
| 2479 | | 合 20004 | 𠂤宾间类 | | | |
| 2480 | | | 待考 | | | |
| 2481 | | 合 18996 | 宾二类 | | | |
| 2482 正反 | | 合 8138 正反 | 宾二类 | | | |
| 2483 | | 合 18875 | 宾二类 | | | |
| 2484 | | 合 14623 | 宾三类 | | | |
| 2485 | | | 宾二类 | | | |
| 2486 | | | 宾二类 | | | |
| 2487 | | | 宾二类 | | | |
| 2488 | | | 宾二类 | | | |
| 2489 | | | 宾三类 | | | |
| 2490 | | | 宾三类 | | | |
| 2491 | | | 宾三类 | | | |
| 2492 | | | 宾二类 | | | |
| 2493 | | | 宾三类 | | | |
| 2494 | | | 宾二类 | | | |
| 2495 | | | 宾二类 | | | |

续表

| 著录号 | 缀合 | 重片 | 类型划分 | 贞人 | 专家分类 | 其他说明 |
|---|---|---|---|---|---|---|
| 2496 | | | 宾三类 | | | |
| 2497 | | | 宾三类 | | | |
| 2498 | | | 宾三类 | | | |
| 2499 | | | 宾三类 | | | |
| 2500 | | | 宾二类 | 古 | | |
| 2501 | | | 宾二类 | | | |
| 2502 | | | 宾二类 | | | |
| 2503 | | | 宾三类 | | | |
| 2504 | | 合 18474 | 宾二类 | | | |
| 2505 | | 合 14687 | 宾二类 | | | |
| 2506 | | 合 7742 | 宾二类 | | | |
| 2507 | | | 宾一类 | | | |
| 2508 | | | 宾二类 | | | |
| 2509 | | | 宾三类 | | | |
| 2510 | | 合 2272 | 宾一类 | | | |
| 2511 | | | 宾二类 | | | |
| 2512 | | 合 3176 | 宾三类 | | | |
| 2513 | | | 宾二类 | | | |
| 2514 | | | 宾一类 | | | |
| 2515 | | | 宾一类 | | | |
| 2516 | | | 宾一类 | | | |
| 2517 | | | 宾二类 | | | |
| 2518 | | | 宾二类 | | | |
| 2519 | | | 宾二类 | | | |
| 2520 | | | 宾二类 | | | |
| 2521 | | | 宾三类 | | | |
| 2522 | | | 宾三类 | | | |
| 2523 | | | 宾一类 | | | |
| 2524 | | | 宾一类 | | | |
| 2525 | | | 宾一类 | | | |
| 2526 | | | 宾一类 | | | |
| 2527 | | | 宾二类 | | | |
| 2528 | | | 宾三类 | | | |
| 2529 | | | 宾三类 | | | |

续表

| 著录号 | 缀合 | 重片 | 类型划分 | 贞人 | 专家分类 | 其他说明 |
|---|---|---|---|---|---|---|
| 2530 | | | 宾三类 | | | 签名：陟 |
| 2531 | | | 宾三类 | | | |
| 2532 | | | 宾二类 | | | |
| 2533 | | | 宾三类 | | | |
| 2534 | | | 宾三类 | | | |
| 2535 | | | 宾二类 | | | |
| 2536 | | | 宾三类 | | | |
| 2537 | | | 宾三类 | | | |
| 2538 | | | 宾三类 | | | |
| 2539 | | | 宾二类 | | | |
| 2540 | | | 宾二类 | | | |
| 2541 | | | 宾二类 | | | |
| 2542 | | | 宾二类 | | | |
| 2543 | | | 宾二类 | | | |
| 2544 | | 合 18952、合 40724 | 宾二类 | | | |
| 2545 | | | 宾三类 | | | |
| 2546 | | | 宾三类 | | | |
| 2547 | | | 宾三类 | | | |
| 2548 | | | 宾二类 | | | |
| 2549 | | | 何二类 | | | 非宾 |
| 2550 | | | 何二类 | | | 非宾 |
| 2551 | | | 何二类 | | | 非宾 |
| 2552 | | | 宾二类 | | | |
| 2553 | | | 何二类 | | | 非宾 |
| 2554 | | | 何二类 | | | 非宾 |
| 2555 | | | 何二类 | | | 非宾 |
| 2556 | | | 何二类 | | | |
| 2557 | | | 何二类 | | | 非宾 |
| 2558 | | | 何二类 | | | 非宾 |
| 2559 | | | 宾三类 | | | |
| 2560 | | | 宾三类 | | | |
| 2561 | | | 宾二类 | | | |
| 2562 | | 合 3680 | 宾三类 | | | |

续表

| 著录号 | 缀合 | 重片 | 类型划分 | 贞人 | 专家分类 | 其他说明 |
| --- | --- | --- | --- | --- | --- | --- |
| 2563 | | | 宾三类 | | | |
| 2564 | | | 宾二类 | | | |
| 2565 | | | 宾二类 | | | |
| 2566 | | 合 14275 | 宾一类 | | | |
| 2567 | | | 宾二类 | | | |
| 2568 | | | 宾一类 | | | |
| 2569 | | | 宾三类 | | | |
| 2570 | | | 宾三类 | | | |
| 2571 | | | 宾三类 | | | |
| 2572 | | | 出一类 | | | 非宾 |
| 2573 | | | 出一类 | | | 非宾 |
| 2574 | | | 出一类 | | | 非宾 |
| 2575 | | 合 8788 | 宾二类 | | | |
| 2576 | | | 宾三类 | 穷 | | |
| 2577 | | | 宾三类 | | | |
| 2578 | | | 宾三类 | | | |
| 2579 | | | 待考 | | | |
| 2580 | | | 宾二类 | | | |
| 2581 | | | 宾一类 | | | |
| 2582 | | | 宾一类 | | | |
| 2583 | | | 待考 | | | |
| 2584 | | 合 20052 | 㠯小字类 | | | 非宾 |
| 2585 | | 合 19889 | 㠯小字类 | | | 非宾 |
| 2586 | | | 宾二类 | | | |
| 2587 | | | 宾二类 | | | |
| 2588 | | | 宾三类 | | | |
| 2589 | | | 宾三类 | | | |
| 2590 | | | 宾二类 | | | |
| 2591 | | | 宾二类 | | | |
| 2592 | | | 宾二类 | | | |
| 2593 | | | 宾二类 | | | |
| 2594 | | 合 8077 | 宾一类 | | | |
| 2595 | | | 宾二类 | | | |
| 2596 | | | 宾二类 | | | |

续表

| 著录号 | 缀合 | 重片 | 类型划分 | 贞人 | 专家分类 | 其他说明 |
|---|---|---|---|---|---|---|
| 2597 | | | 宾一类 | | | |
| 2598 | | 合 17844 | 宾三类 | | | |
| 2599 | | | 宾二类 | | | |
| 2600 | | | 宾二类 | | | |
| 2601 | | | 宾三类 | | | |
| 2602 | | | 宾三类 | | | |
| 2603 | | | 待考 | | | |
| 2604 | | | 待考 | | | |
| 2605 | | | 待考 | | | |
| 2606 | | | 待考 | | | |
| 2607 | | | 待考 | | | |
| 2608 | | | 待考 | | | |
| 2609 | | 合 21773 | 子组 | | | 非宾 |
| 2610 | | | 宾三类 | | | |
| 2611 | | | 宾二类 | | | |
| 2612 | | | 宾二类 | | | |
| 2613 | | | 出二类 | | | 非宾 |
| 2614 | | | 何三类 | | | 非宾 |
| 2615 | | 合 15923 | 宾一类 | | | |
| 2616 | | | 宾一类 | | | |
| 2617 正反 | | 合 883 正反 | 宾一类 | | | |
| 2618 | | | 宾二类 | | | |
| 2619 | | | 宾二类 | | | |
| 2620 | | | 待考 | | | |
| 2621 | | | 待考 | | | |
| 2622 | | | 待考 | | | |
| 2623 | | | 待考 | | | |
| 2624 | | | 待考 | | | |
| 2625 | | | 待考 | | | |
| 2626 | | | 待考 | | | |
| 2627 | | | 待考 | | | |
| 2628 | | | 待考 | | | |
| 2629 | | | 待考 | | | |
| 2630 | | | 宾二类 | | | |

续表

| 著录号 | 缀合 | 重片 | 类型划分 | 贞人 | 专家分类 | 其他说明 |
|---|---|---|---|---|---|---|
| 2631 | | | 宾二类 | | | |
| 2632 | | | 待考 | | | |
| 2633 | | | 宾一类 | | | |
| 2634 | | | 宾二类 | | | |
| 2635 | | | 宾二类 | | | |
| 2636 | | | 宾二类 | | | |
| 2637 | | | 宾一类 | | | |
| 2638 | | | 宾二类 | | | |
| 2639 | | | 宾二类 | | | |
| 2640 | | | 宾三类 | | | |
| 2641 | | | 宾三类 | | | |
| 2642 | | 合 15400 | 宾二类 | | | |
| 2643 | | 合 18151 | 宾一类 | | | |
| 2644 正反 | | 合 16253 正反 | 宾二类 | | | |
| 2645 | | | 宾二类 | | | |
| 2646 | | | 宾一类 | | | |
| 2647 | | | 宾一类 | | | |
| 2648 | | | 宾二类 | | | |
| 2649 | | | 待考 | | | |
| 2650 | | | 宾二类 | | | |
| 2651 | | | 宾三类 | | | |
| 2652 | | | 宾一类 | | | |
| 2653 | | | 宾二类 | | | |
| 2654 | | | 宾一类 | | | |
| 2655 | | | 宾二类 | | | |
| 2656 | | | 何二类 | | | 非宾 |
| 2657 | | | 宾二类 | | | |
| 2658 | | | 宾二类 | | | |
| 2659 | | | 宾二类 | | | |
| 2660 | | | 宾二类 | | | |
| 2661 | | | 宾二类 | | | |
| 2662 | | | 宾二类 | | | |
| 2663 | | | 宾三类 | | | |
| 2664 | | | 宾三类 | | | |

续表

| 著录号 | 缀合 | 重片 | 类型划分 | 贞人 | 专家分类 | 其他说明 |
|---|---|---|---|---|---|---|
| 2665 | | | 宾三类 | | | |
| 2666 | | | 宾一类 | | | |
| 2667 | | | 宾一类 | | | |
| 2668 | | | 宾三类 | | | |
| 2669 | | | 宾三类 | | | |
| 2670 | | | 宾一类 | | | |
| 2671 | | | 宾三类 | | | |
| 2672 | | | 宾二类 | | | |
| 2673 | | | 宾三类 | | | |
| 2674 | | | 宾二类 | | | |
| 2675 | | | 宾二类 | | | |
| 2676 | | | 出二类 | | | 非宾 |
| 2677 | | | 出二类 | | | 非宾 |
| 2678 | | | 宾三类 | | | |
| 2679 | | | 宾一类 | | | |
| 2680 | | 合 10773 | 自宾间类 | | | |
| 2681 | | | 宾一类 | | | |
| 2682 | | | 宾一类 | | | |
| 2683 | | | 宾三类 | | | |
| 2684 | | 合 19488 | 宾一类 | | | |
| 2685 | | | 宾二类 | | | |
| 2686 | | | 宾二类 | | | |
| 2687 | | | 宾二类 | | | |
| 2688 | | | 宾二类 | | | |
| 2689 | | | 宾二类 | | | |
| 2690 | | | 宾二类 | | | |
| 2691 | | | 宾二类 | | | |
| 2692 | | | 出二类 | | | 非宾 |
| 2693 | | | 宾二类 | | | |
| 2694 | | | 宾三类 | | | |
| 2695 | | | 宾三类 | | | |
| 2696 | | 合 11809 | 宾三类 | | | |
| 2697 | | | 宾三类 | | | |
| 2698 | | | 宾三类 | | | |

续表

| 著录号 | 缀合 | 重片 | 类型划分 | 贞人 | 专家分类 | 其他说明 |
|---|---|---|---|---|---|---|
| 2699 | | | 宾三类 | | | |
| 2700 | | | 宾二类 | | | |
| 2701 | | | 宾二类 | | | |
| 2702 | | | 宾二类 | | | |
| 2703 | | | 宾二类 | | | |
| 2704 | | | 宾二类 | | | |
| 2705 | | | 宾二类 | | | |
| 2706 | | | 宾三类 | | | |
| 2707 | | | 宾二类 | | | |
| 2708 | | | 𠂤大字类 | | | 非宾 |
| 2709 | | | 宾一类 | | | |
| 2710 | | | 宾一类 | | | |
| 2711 | | | 宾一类 | | | |
| 2712 | | | 宾一类 | | | |
| 2713 | | | 宾三类 | | | |
| 2714 | | | 宾一类 | | | |
| 2715 | | | 宾三类 | | | |
| 2716 | | | 宾三类 | | | |
| 2717 | | | 宾二类 | | | |
| 2718 | | | 宾二类 | | | |
| 2719 | | | 宾一类 | | | |
| 2720 | | | 宾三类 | | | |
| 2721 | | | 宾一类 | | | |
| 2722 | | | 宾一类 | | | |
| 2723 | | | 宾三类 | | | |
| 2724 | | | 宾三类 | | | |
| 2725 | | | 宾一类 | | | |
| 2726 | | | 宾一类 | | | |
| 2727 | | | 宾二类 | | | |
| 2728 | | | 宾三类 | | | |
| 2729 | | | 宾三类 | | | |
| 2730 | | | 宾三类 | | | |
| 2731 | | | 宾二类 | | | |
| 2732 | | | 宾二类 | | | |

续表

| 著录号 | 缀合 | 重片 | 类型划分 | 贞人 | 专家分类 | 其他说明 |
|---|---|---|---|---|---|---|
| 2733 | | | 宾三类 | | | |
| 2734 | | | 宾三类 | | | |
| 2735 | | | 宾二类 | | | |
| 2736 | | | 宾三类 | | | |
| 2737 | | | 宾二类 | | | |
| 2738 | | | 宾二类 | | | |
| 2739 | | | 宾二类 | | | |
| 2740 | | | 宾二类 | | | |
| 2741 | | | 宾一类 | | | |
| 2742 | | | 宾一类 | | | |
| 2743 | | | 宾二类 | | | |
| 2744 | | | 宾二类 | | | |
| 2745 | | | 宾二类 | | | |
| 2746 | | | 宾一类 | | | |
| 2747 | | | 宾一类 | | | |
| 2748 | | | 宾二类 | | | |
| 2749 | | | 宾二类 | | | |
| 2750 | | | 宾三类 | | | |
| 2751 | | | 宾二类 | | | |
| 2752 | | | 宾一类 | | | |
| 2753 | | | 宾一类 | | | |
| 2754 | | 合 18740 | 宾二类 | | | |
| 2755 | | | 宾二类 | | | |
| 2756 | | | 宾二类 | | | |
| 2757 | | | 宾二类 | | | |
| 2758 | | | 宾二类 | | | |
| 2759 | | | 宾二类 | | | |
| 2760 | | | 宾二类 | | | |
| 2761 | | | 宾二类 | | | |
| 2762 | | | 宾二类 | | | |
| 2763 | | | 宾二类 | | | |
| 2764 | | | 宾二类 | | | |
| 2765 | | | 待考 | | | |
| 2766 | | | 宾二类 | 爭 | | |

续表

| 著录号 | 缀合 | 重片 | 类型划分 | 贞人 | 专家分类 | 其他说明 |
|---|---|---|---|---|---|---|
| 2767 | | | 宾二类 | | | |
| 2768 | | | 待考 | | | |
| 2769 | | | 何一类 | | | 非宾 |
| 2770 | | | 宾二类 | | | |
| 2771 | | 合 1217 | 宾一类 | 𣪊 | | |
| 2772 | | | 宾一类 | | | |
| 2773 | | 合 807 | 宾二类 | | | |
| 2774 | | | 宾三类 | | | |
| 2775 | | | 宾三类 | | | |
| 2776 | | | 宾三类 | | | |
| 2777 | | | 宾二类 | | | |
| 2778 | | | 待考 | | | |
| 2779 | | | 待考 | | | |
| 2780 | | | 宾一类 | | | |
| 2781 | | | 宾一类 | | | |
| 2782 | | | 宾二类 | | | |
| 2783 | | | 待考 | | | |
| 2784 | | | 待考 | | | |
| 2785 | | | 待考 | | | |
| 2786 | | | 待考 | | | |
| 2787 | | | 待考 | | | |
| 2788 | | 合 18694 | 宾三类 | | | |
| 2789 | | | 宾三类 | | | |
| 2790 | | | 宾二类 | | | |
| 2791 | | | 待考 | | | |
| 2792 | | | 待考 | | | |
| 2793 | | | 宾三类 | | | |
| 2794 | | | 待考 | | | |
| 2795 | | | 待考 | | | |
| 2796 | | | 待考 | | | |
| 2797 | | | 待考 | | | |
| 2798 | | | 待考 | | | |
| 2799 | | | 待考 | | | |
| 2800 | | | 宾三类 | | | |

续表

| 著录号 | 缀合 | 重片 | 类型划分 | 贞人 | 专家分类 | 其他说明 |
|---|---|---|---|---|---|---|
| 2801 | | | 待考 | | | |
| 2802 | | | 宾一类 | | | |
| 2815 | | | 宾二类 | | | |
| 2816 | | | 宾二类 | | | |
| 2817 | | 章合 4382 | 宾三类 | | | |
| 2818 | | | 宾二类 | | | |
| 2819 | | | 宾二类 | | | |
| 2820 | | | 𠂤宾间类 | | | |
| 2821 | | 合 23583 | 宾二类 | | | |
| 2822 | | 合 24253、合 41071 | 宾一类 | | | |
| 2823 | | 合 23792 | 宾一类 | | | |
| 2824 | | | 宾一类 | | | |
| 2825 | | | 宾一类 | | | |
| 2826 | | | 宾一类 | | | |
| 2827 | | | 宾一类 | | | |
| 2828 | | | 宾一类 | | | |
| 2829 | | | 宾一类 | | | |
| 2830 | | | 宾二类 | | | |
| 2831 | | | 宾二类 | | | |
| 2832 | | | 宾二类 | | | |
| 2833 | | | 宾二类 | | | |
| 2834 | | | 宾一类 | | | |
| 2835 | | | 宾二类 | | | |
| 2836 | | | 宾二类 | | | |
| 2837 | | | 宾二类 | | | |
| 2838 | | 合 26789 | 宾二类 | | | |
| 2839 | | | 宾一类 | | | |
| 2840 | | | 宾一类 | | | |
| 2841 | | | 宾二类 | | | |
| 2842 | | | 宾二类 | | | |
| 2843 | | | 宾三类 | | | |
| 2844 | | | 宾一类 | | | |
| 2845 | | 合 29746 | 宾一类 | | | |

续表

| 著录号 | 缀合 | 重片 | 类型划分 | 贞人 | 专家分类 | 其他说明 |
|---|---|---|---|---|---|---|
| 2846 | | | 宾二类 | | | |
| 2847 | | 合 27165 | 宾一类 | | | |
| 2848 | | | 宾一类 | | | |
| 2849 | | 合 27775 | 宾二类 | | | |
| 2850 | | | 宾二类 | | | |
| 2851 | | | 宾二类 | | | |
| 2852 | | | 宾一类 | | | |
| 2853 | | | 宾一类 | | | |
| 2854 | | | 宾一类 | | | |
| 2855 | | 合 32188 | 宾一类 | | | |
| 2856 | | 合 31808 | 𠂤宾间类 | | | |
| 2857 | | | 宾三类 | | | |
| 2858 | | | 宾一类 | | | |
| 2859 | | | 𠂤历间类 | | | 非宾 |
| 2860 | | | 宾一类 | | | |
| 2861 | | | 宾一类 | | | |
| 2862 | | | 宾二类 | | | |
| 2863 | | | 𠂤宾间类 | | | |
| 2864 | | | 宾一类 | | | |
| 2865 | | | 宾二类 | | | |
| 2866 | | | 𠂤宾间类 | | | |
| 2867 | | | 宾一类 | | | |
| 2868 | | | 宾二类 | | | |
| 2869 | | | 宾二类 | | | |
| 2870 | | | 宾二类 | | | |
| 2871 | | | 宾一类 | | | |
| 2872 | | | 宾一类 | | | |
| 2873 | | | 宾二类 | | | |
| 2874 | | | 宾一类 | | | |
| 2875 | | | 宾一类 | | | |
| 2876 | | | 宾二类 | | | |
| 2877 | | | 宾二类 | | | |
| 2878 | | | 宾一类 | | | |
| 2879 | | | 宾三类 | | | |

续表

| 著录号 | 缀合 | 重片 | 类型划分 | 贞人 | 专家分类 | 其他说明 |
|---|---|---|---|---|---|---|
| 2880 | | | 宾三类 | | | |
| 2881 | | | 宾一类 | | | |
| 2882 | | | 宾一类 | | | |
| 2883 | | | 宾一类 | | | |
| 2884 | | | 宾三类 | | | |
| 2885 | | | 宾三类 | | | |
| 2886 | | | 宾一类 | | | |
| 2887 | | | 宾一类 | | | |
| 2888 | | | 宾一类 | | | |
| 2889 | | | 宾一类 | | | |
| 2890 | | | 宾一类 | | | |
| 2891 | | | 宾三类 | | | |
| 2892 | | | 宾二类 | | | |
| 2893 | | 合 37530 | 宾一类 | | | |
| 2894 | | | 自宾间类 | | | |
| 2895 | | | 宾三类 | | | |
| 2896 | | 合 36449 | 宾二类 | | | |
| 2897 | | | 宾二类 | | | |
| 2898 | | | 宾三类 | | | |
| 2899 | | | 宾一类 | | | |
| 2900 | | 合 36538 | 宾一类 | | | |
| 2901 | | | 宾一类 | | | |
| 2902 | | | 宾二类 | | | |
| 2903 | | | 宾一类 | | | |
| 2904 | | | 宾二类 | | | |
| 2905 | | | 宾一类 | | | |
| 2906 | | | 自宾间类 | | | |
| 2907 | | | 宾二类 | | | |
| 2908 | | | 自宾间类 | | | |
| 2909 | | | 宾三类 | | | |
| 2910 | | | 宾一类 | | | |
| 2911 | | | 宾一类 | | | |
| 2912 | | | 宾一类 | | | |
| 2913 | | | 自宾间类 | | | |

续表

| 著录号 | 缀合 | 重片 | 类型划分 | 贞人 | 专家分类 | 其他说明 |
|---|---|---|---|---|---|---|
| 2914 | | | 宾三类 | | | |
| 2915 | | | 宾二类 | | | |
| 2916 | | | 宾二类 | | | |
| 2917 | | | 自宾间类 | | | |
| 2918 | | | 自宾间类 | | | |
| 2919 | | | 自宾间类 | | | |
| 2920 | | | 自宾间类 | | | |
| 2921 | | | 自宾间类 | | | |
| 2922 | | | 宾一类 | | | |
| 2923 | | | 宾一类 | | | |
| 2924 | | | 自宾间类 | | | |
| 2925 | | | 宾一类 | | | |
| 2926 | | | 自宾间类 | | | |
| 2927 | | | 自宾间类 | | | |
| 2928 | | | 自宾间类 | | | |
| 2929 | | | 自宾间类 | | | |

本书获郑州大学中原历史文化一流学科经费资助

获河南省优势特色学科建设工程一期建设学科
“中原历史文化”特色学科群经费资助

“中原历史文化”研究丛书第 2-1-1 卷

# 宾组卜辞研究·分类卷

## （下册）

王建军　著

科学出版社
北京

## 内 容 简 介

宾组卜辞的分类，始终坚持李学勤先生提出的“先分类、后断代”的研究理论以及史料的分类应以“通用性（泛用性）”最高的字形、字体属性为基础进行的观点，并重视林沄、黄天树先生提出并完善的“字体标准是一个比较理想的分类办法”的主张，在设定标准字体时充分考虑“字形结构、书体风格及用字习惯”等方面。为使所划分的类型比较切合宾组卜辞发展的实际情况，我们在吸收有关学术研究成果的基础上，提出了一个简单、直接又便于操作的“分级划类”的方法，设定“层级式”的分类标准，对《甲骨文合集》《甲骨文合集补编》《英国所藏甲骨集》《北京大学珍藏甲骨文字》等著录中所见的宾组卜辞材料做了较为全面、系统的分类整理与研究。

本书资料完备，论述精当，可供古文字学专业师生、学者及对古文字感兴趣的人群参考、阅读。

**图书在版编目（CIP）数据**

宾组卜辞研究：全2册. 分类卷 / 王建军著. —北京：科学出版社，2019.7

（中原历史文化研究丛书）

ISBN 978-7-03-061788-0

Ⅰ. ①宾…　Ⅱ. ①王…　Ⅲ. ①甲骨文—研究　Ⅳ. ① K877.14

中国版本图书馆 CIP 数据核字（2019）第 133553 号

责任编辑：张亚娜　闫广宇 / 责任校对：邹慧卿

责任印制：肖　兴 / 封面设计：张　放

科学出版社 出版

北京东黄城根北街16号

邮政编码：100717

http://www.sciencep.com

中国科学院印刷厂 印刷

科学出版社发行　各地新华书店经销

*

2019年7月第　一　版　开本：787×1092　1/16

2019年7月第一次印刷　印张：79

字数：1 823 000

**定价：480.00 元（上、下册）**

（如有印装质量问题，我社负责调换）

# 自　序

认识甲骨文、感悟甲骨文，这是笔者研读甲骨文所产生的两种不同的意识反映。甲骨文既是浮现于人们视野之中的那种神奇和悬疑的“绝学”，也是一个落在我们先民生活家园可被后人解读的思想、情感与行为密码。殷墟甲骨文记录着商代后期社会生活的方方面面，承载着殷人诸多的诉求与祈愿。笔者曾想：甲骨文并非只为刻在甲骨而生，而是因为它把殷人的念想怀抱其中，才具有了生的永恒。甲骨只是殷人诉求的一种载体，而刻在甲骨上的卜辞才是殷人思想、情感与行为的写实。一条完整的甲骨卜辞主要由前辞、贞辞、占辞与验辞等组成，辞中记录的主要是商王（或贵族成员）针对商王国发生的某个重大事件或他们心中美好的愿景，向神灵询问的内容及占断的结果等。占卜者向神灵询问时，既表现出了虔诚之心，又凸显了对神权的敬畏。书刻者小心谨慎地在具有某种神力的龟甲或兽骨上刻字，以避免将文字覆盖在被称作“兆”的象形纹路上。总之，殷人通过占卜的各个细节，精心揣摩神灵给予的暗示，最终可以达到强化其行为意志的目的。对于贞询者来说，为实现人神之间的默契，对神灵做出自觉的奉献，这是应该付出的必要代价，唯其如此，才能真正推动殷商王权与神权的高度统一。

研读甲骨文的目的就是要感悟甲骨文，即充分利用13万片殷墟出土的甲骨资料窥探商代的历史。从某种角度上说，“认识”是一个知识积累的过程，而真正的“感悟”，是要努力揭示甲骨文中所蕴含的商代后期社会发展及其变化规律。今天，我们应站在前贤研究的基础上，做进一步的深度挖掘与系统整理，以便让甲骨文更能彰显出它独有的历史价值!

笔者从2003年3月开始做甲骨资料的基础整理工作，并对自己提出了三点期待：①目标明确，心无旁骛；②资料整理，尽量做到细化和量化；③充分吸收学界的最新研究成果。在整理过程中，除了每天不停地翻阅原材料外，笔者还仔细研读了学界有关甲骨分期、分组、分类与断代的重要论著，并留下十多本读契笔记和经过筛选归类建档的2600多片甲骨的分类信息。这为宾组卜辞的系统分类奠定了较好的基础。

2008年初，笔者开始撰写《宾组卜辞的字形特征与类型划分》，至2010年9月完成这篇博士学位论文。因为该文重点是对宾组甲骨依据字体进行分类的探讨，所以此次出版将其更名为《宾组卜辞研究·分类卷》，主要是为此后《宾组卜辞研究·卜事卷》以及《宾组卜辞研究·书风卷》的写作或出版而考虑。本书既是对学界甲骨分类与断代研究成果的回顾，也是本人从认识分类、感悟分类到实践分类的一个总结。在吸收有关学术研究成果的基础上，笔者提出了一个简单、直接又便于操作的“分级划类”方法。利用这种方法对现已著录的《甲骨文合集》《甲骨文合集补编》《英国所藏甲骨集》《北京大学珍藏甲骨文字》（以上合称“四部著录”，分别简称《合集》《合补》《英国》《北大》）中宾组卜辞的特征性字形分别予以比较和整理，并适当参考甲骨的出土坑位、称谓、方族、人物等材料，以期能够对宾组卜辞的类型划分有所裨益。

有关宾组卜辞的字形特征、类型划分及断代问题，学界曾提出过不少意见并就此做过深入探讨。笔者认为"分级划类"应坚持李学勤先生提出的"先分类、后断代"的研究理论以及史料的分类应以通用性（泛用性）最高的字形、字体属性为基础进行，并重视林沄、黄天树先生提出并完善的"字体标准是一个比较理想的分类办法"的主张，在设定标准字体时充分考虑字形结构、书体风格及用字习惯三个方面。为使所划分的类型比较切合宾组卜辞发展的实际情况，笔者构拟了一个"分级划类"的框架，设定了"层级式"的分类标准，并对"四部著录"中所见的宾组材料做了较为全面、系统的整理。在剔除非宾、梳理缀合及重片之后，统计出该组卜辞的数量为 29328 片，其中《合集》19388 片、《合补》6431 片、《英国》1685 片、《北大》1824 片，同时，依据所设定的字体标准，将该组卜辞划分为四个亚类，其中宾一类 7253 片、宾二类 15114 片、宾三类 5696 片、𠂤宾间类 1265 片。兹把本书绪论及各章内容大要介绍如下。

绪论部分主要对本书的选题意义及研究理论与方法做了简单说明，并提出对"宾组卜辞字形特征及类型划分"课题研究的六点展望。

第一章是对殷墟甲骨十五次科学发掘与宾组卜辞出土及著录情况进行的回顾与说明。

第二章是对殷墟甲骨卜辞的分期分类研究的概述。将百年来学界对殷墟卜辞分期分类的研究成果概括为四个阶段：20 世纪初期殷墟卜辞分期分类的探索；20 世纪 30～50 年代殷墟卜辞分期分组的研究；20 世纪 50～90 年代殷墟卜辞分期分类研究的重大突破；近年来殷墟卜辞分期分类的大胆探索。同时也归纳了我们对殷墟卜辞组类划分的基本认识。

第三章是对殷墟卜辞分类理论与方法的探讨。首先，介绍了依据字体分类的探索阶段，对甲骨文"分类"进行了科学界定；其次，学界对依据字体分类性质的认识，包括对依据字体分类性质的探索、依据字体分类理论的提出与实践，重点回顾了明义士、董作宾及陈梦家等先生对依据字体分类性质认识的观点，探讨了李学勤、林沄等先生对甲骨分类所做出的重大贡献，介绍了依据字体分类理论的深入实践，对黄天树、彭裕商、杨郁彦、崎川隆等学者在字体分类理论方面的成就做了简述；再次，对依据字体分类提出了一些看法；最后，对依据字体的"分类方法"进行了探讨。

第四章着重讨论了宾组卜辞"分级划类"标准的设定问题。构拟了"分级划类"的框架，并提出"层级式"分类标准的概念，对宾组各类的主要特征字例做了解析。

第五章是对"宾组卜辞字形特征及类型划分"课题研究的归纳与总结。分别制作了"四部著录"中所见"宾组卜辞类型划分及其他类项一览表"，并尽量对每片甲骨过去的缀合、校重以及同版贞人、专家分类、非宾剔除、非占卜性记事刻辞、干支表、习刻、笔书等相关的资料进行了整理并标示于"宾组卜辞类别划分及其他类项一览表"中。

第六章是对宾组卜辞的综合考察与整理。其整理类项一部分见之于"宾组卜辞类别划分及其他类项一览表"，同时也对宾组各类的主要占卜内容以及文例、文法、卜法、契刻行款等进行了综合探讨。

另外，宾组卜辞中比较突出的内容有祭祀、战争、农业、田猎、天象、旬夕、疾幻、生育、人物、建筑以及书风等事类。本书共筛选了 164 片进行解读。

王建军

2018 年 6 月 18 日

# 凡　例

1. 释文中，缺一字用“□”表示，缺两字用“□□”表示，缺三字及以上或所缺字数不明确者用“…”表示。凡残字，用“[ ]”符号表示，如“癸未卜，[贞]：旬亡囚（祸）”一辞中，“[贞]”表示该字残。根据卜辞文例补足的缺字，用“〔　〕”表示。如“癸未卜，〔贞〕：旬亡冎”一辞中，“〔贞〕”表示原版缺“贞”字，根据文例予以补足。

2. 释文通常采用严式。对于某些已经沿用多年或用法较为固定的通假字，不标注本字，统一用现行通用字，如“鼎”用表“贞”，本文径用“贞”。

3. 释文中的古体字和隶定字仅在各版第一次出现时标注出今字，如“祉（延）”。第二次出现时径用古体字或隶定字，一般不再标注今字。引用原释文、原字时，亦与原文字保持一致。

4. 一般性文字陈述采用简体字、通行字。引用原释文或强调者除外。

5. 引用较多的著录书，在首次引用时用全称，其后使用简称。为使行文简洁，行文中的引书用“《合集》《合补》《英国》《北大》《甲编》《乙编》《屯南》”等形式，著录简称请参阅“甲骨著录及简称对照表”（但著录号前一律采用合 2689、合补 266、英 111、北大 626、甲 158、乙 967、屯 588 等形式，附录三除外）。

6. 重复性引文通常在第一次引用时用脚注形式标注其出处，其后不一一标注。对于一些学科基本常识或已被广泛接纳的成说，不一一表明其创说者及出处。

7. 图版的正面、反面与该版的标题相一致；为使图文对应清晰，图版下方一一标明正或反；摹本与照片等特殊情况亦标注于图版下方，如附录三第 175 页，《合集》6834 正（摹本）。

8. 本书在引用学界的缀合成果时，用“+”表示两版甲骨的缀合关系。凡兆序前，空两个字符，兆序之间空一个字符。

9. 其他需要提示或说明的内容，参阅脚注。

# 甲骨著录及简称对照表

《书契》《殷虚书契》，罗振玉，《国学丛刊》三期三卷石印本，1911 年。

《菁华》《殷虚书契菁华》，罗振玉，影印本，1914 年。

《后编》(上下)《殷虚书契后编》(上下)，罗振玉，影印本，1916 年。

《戬寿》《戬寿堂所藏殷虚文字》，姬佛陀，《艺术丛编》第 3 集石印本，1917 年。

《龟甲》《龟甲兽骨文字》，林泰辅，日本商周遗文会影印本，1921 年。

《簠室》《簠帝》《簠人》《簠室殷契征文》，王襄，天津博物院石印本，1925 年。

《拾遗》《铁云藏龟拾遗》，叶玉森，影印本，1925 年。

《存真》《殷虚文字存真》，关百益，河南省博物馆，1931 年。

《殷契》《殷契卜辞》，容庚、瞿润缗，哈佛燕京学社石印本，1933 年。

《通纂》《卜辞通纂》，郭沫若，日本东京文求堂石印本，1933 年。

《续编》《殷虚书契续编》，罗振玉，影印本，1933 年。

《佚存》《殷契佚存》，商承祚，金陵大学中国文化研究所影印本，1933 年。

《邺初》《邺中片羽初集》，黄濬，北京尊古斋影印本，1935 年。

《库方》《库方二氏所藏甲骨卜辞》，方法敛、白瑞华，商务印书馆，1935 年。

《文录》《甲骨文录》，孙海波，河南通志馆，1938 年。

《金璋》《金璋所藏甲骨卜辞》，方法敛、白瑞华，美国纽约影印本，1939 年。

《遗珠》《殷契遗珠》，金祖同，上海中法出版委员会，1939 年。

《双图》《双剑誃古器物图录》，于省吾，影印本，1940 年。

《甲编》《殷虚文字甲编》，董作宾，商务印书馆，1948 年。

《乙编》《殷虚文字乙编》，董作宾，商务印书馆，1948 年上辑，1949 年中辑，台湾“中研院”历史语言研究所，1953 年下辑。

《宁沪》《战后宁沪新获甲骨集》，胡厚宣，北京来薰阁，1951 年。

《掇一》《殷契拾掇》，郭若愚，上海出版公司，1951 年。

《南北》《战后南北所见甲骨录》，胡厚宣，北京来薰阁线装三册，1951 年。

《南坊》《战后南北所见甲骨录》之《南北坊间所见甲骨录》，胡厚宣，北京来薰阁线装三册，1951 年。

《南明》《战后南北所见甲骨录》之《明义士旧藏甲骨文字》，胡厚宣，北京来薰阁线装三册，1951 年。

《南师》《战后南北所见甲骨录》之《南北师友所见甲骨录》，胡厚宣，北京来薰阁线装三册，1951 年。

《掇二》《殷契拾掇二编》，郭若愚，上海出版公司，1953 年。

《京津》《战后京津所获甲骨集》，胡厚宣，群联出版社，1954 年。

《续存》《甲骨续存》，胡厚宣，群联出版社，1955 年。

《外编》《殷虚文字外编》，董作宾，艺文印书馆，1956 年。

《综述》《殷虚卜辞综述》，陈梦家，科学出版社，1956 年。

《丙编》《殷虚文字丙编》，张秉权，台湾“中研院”历史语言研究所，1957 年上辑一，1959 年上辑二，1962 年中辑一，1965 年中辑二，1967 年下辑一，1972 年下辑二。

《甲零》《甲骨文零拾》，陈邦怀，天津人民出版社，1959 年。

《甲释》《殷虚文字甲编考释（附图）》，屈万里，台湾“中研院”历史语言研究所，1961 年。

《安明》《明义士收藏甲骨文集》，许进雄，艺文印书馆，1972 年。

《明后》《殷墟卜辞后编》，许进雄，艺文印书馆，1972 年。

《缀新》《甲骨缀合新编》，严一萍，艺文印书馆，1975 年。

《怀特》《怀特氏等收藏甲骨文字》，许进雄，加拿大皇家安大略博物馆，1976 年。

《合集》《甲骨文合集》，郭沫若主编，中华书局，1978～1983 年。

《屯南》《小屯南地甲骨》，中国社会科学院历史研究所编，中华书局，1980 年。

《蔡》《甲骨文合集补遗、续（二、三）》，蔡哲茂，《大陆杂志》，1984～1987 年。

《严缀》《甲骨文合集缀合五版》，严一萍，《中国文字》新十期，1985 年。

《英国》《英国所藏甲骨集》，李学勤、齐文心、艾兰编，中华书局，1985 年。

《裘缀》《甲骨缀合拾遗》，裘锡圭，《古文字论集》，1986 年。

《天理》《（日本）天理大学附属天理馆所藏甲骨文字》，〔日〕伊藤道治，天理教道友社，1987 年。

《蔡续》《甲骨文合集补遗续（四～十五）》，蔡哲茂，《大陆杂志》，1988～1997 年。

《蔡缀》《甲骨新缀合三十三片及其考释》，蔡哲茂，淑明女子大学对于次甲骨学国际研讨会论文，1996 年。

《醉古集》《醉》《醉古集·甲骨的缀合与研究》，林宏明，台湾书房，2000 年。

《白简》《简论甲骨文合集》，白玉峥，《中国文字》新十四期，1990 年。

《合补》《甲骨文合集补编》，彭邦炯、谢济、马季凡编，语文出版社，1999 年。

《花东》《殷墟花园庄东地甲骨》，中国社会科学院历史研究所编，云南人民出版社，2003 年。

《北大》《北京大学珍藏甲骨文字》，〔韩〕李钟淑、葛英会，上海古籍出版社，2008 年。

《黄拼》《甲骨拼合集》（2010 年）、《甲骨拼合续集》（2011 年）、《甲骨拼合三集》（2013 年）、《甲骨拼合四集》（2016 年），黄天树主编，学苑出版社。

## 附：以下系未公开发表的部分馆藏和私人编著书目简称

《北图》 中国国家图书馆。

《历博》 中国国家博物馆。

《历博拓》 中国国家博物馆甲骨文拓。

《历拓》 中国社会科学院历史研究所藏拓本。
《南博拓》 南京博物院拓本。
《簠拓》《簠室甲骨拓本》，王襄。
《善斋》《善斋甲骨拓本》，刘体智。
《文捃》《甲骨文捃》，曾毅公。

# 目　录


自序…………………………………………………………………………i
凡例…………………………………………………………………………iii
甲骨著录及简称对照表……………………………………………………v
绪论…………………………………………………………………………1
　第一节　宾组卜辞“分级划类”的意义……………………………1
　第二节　研究理论与方法……………………………………………2
　　一、“字体”库的建立………………………………………………3
　　二、“特征性字形”的设定…………………………………………3
　　三、“层级式”分类标准的建立……………………………………3
　　四、宾组卜辞的“类型划分”………………………………………4
　第三节　对宾组卜辞类型划分研究工作的展望……………………4
　　一、完善宾组甲骨材料的数据库……………………………………5
　　二、对不同出土单位的宾组甲骨数据分别整理……………………5
　　三、排谱系联各类卜辞………………………………………………5
　　四、梳理非科学发掘的宾组甲骨……………………………………5
　　五、进一步整理与宾组具有交叉、并存关系组类的甲骨…………5
　　六、重视计算机在宾组卜辞分类研究中的使用……………………5
第一章　殷墟甲骨文的出土与宾组卜辞的著录…………………………6
　第一节　十五次科学发掘之前甲骨文的基本情况（1899～1928年）……6
　　一、非科学发掘时期甲骨文的收藏与著录…………………………6
　　二、甲骨文分类著录的兴起与创获…………………………………11
　　三、甲骨文的初步研究及其成果……………………………………12
　第二节　十五次科学发掘甲骨文的简单回顾（1928～1937年）………15
　　一、十五次科学发掘过程……………………………………………16
　　二、十五次科学发掘甲骨的著录……………………………………21
　第三节　十五次科学发掘之后的继续发掘（1949年至今）…………22
　第四节　殷墟历次发掘甲骨文的统计情况…………………………23
　第五节　宾组甲骨的主要著录情况…………………………………25

一、宾组甲骨的主要发掘单位 …… 25
二、宾组甲骨的主要著录 …… 28
小结 …… 29
**第二章　殷墟卜辞分期分类研究概述** …… 30
第一节　殷墟卜辞分期分类研究的简单回顾 …… 30
一、20 世纪初期殷墟卜辞分期分类的探索 …… 30
二、20 世纪 30 ~ 50 年代殷墟卜辞分期分组的研究 …… 33
三、20 世纪 50 ~ 90 年代殷墟卜辞分期分类研究的重大突破 …… 38
四、近年来殷墟卜辞分期分类的大胆探索 …… 40
第二节　对殷墟卜辞组类划分的基本认识 …… 41
小结 …… 43
**第三章　殷墟卜辞的分类理论与方法** …… 44
第一节　依据字体分类的探索阶段 …… 44
一、关于甲骨文“分类”的科学界定 …… 44
二、对依据字体分类性质的认识 …… 45
第二节　依据字体分类理论的深入实践 …… 50
一、黄天树依据字体分类理论的实践 …… 50
二、彭裕商依据字体分类理论的实践 …… 51
三、杨郁彦、崎川隆依据字体分类理论的实践 …… 52
第三节　对依据字体分类提出一些看法 …… 52
一、“构形演变”对卜辞分类的作用 …… 52
二、“构形演变”对卜辞分类的意义 …… 56
第四节　依据字体“分类方法”的探讨 …… 57
一、关于“分类方法”的科学界定 …… 57
二、林沄关于“分类方法”的讨论与总结 …… 57
三、对“分类方法”的认识 …… 59
小结 …… 60
**第四章　宾组卜辞“分级划类”标准的设定** …… 61
第一节　依据字体“分级划类”的标准 …… 61
一、关于“分级划类”概念的界定 …… 61
二、依据字体“分级划类”标准的设定 …… 61
第二节　设定层级式的分类标准 …… 63
一、层级式分类标准的设定 …… 63
二、诸家所举的特征字例 …… 66
第三节　贞人名字体对“分级划类”的影响 …… 69

一、贞人名字体的特点 ……70
二、贞人名字体的作用 ……71
三、贞人名字体对“分级划类”的意义 ……72
第四节　“分级划类”中应注意的几种现象……73
一、特征性字形未同步变化的现象 ……73
二、特征字例不同的变化形式 ……74
三、特征字的设定与“分级划类”应避免的问题 ……74
小结……75
**第五章　宾组卜辞的字形特征及类型划分** ……76
第一节　对宾组卜辞的“分级划类”的基本认识 ……76
第二节　宾组卜辞的各类特征字例及构形解析 ……76
第三节　宾组卜辞设定“分级划类”标准的理据 ……82
一、设定第一级分类标准的理据 ……82
二、设定第二级分类标准的理据 ……83
三、设定第三级分类标准的理据 ……84
第四节　宾组卜辞“分级划类”的作用与价值 ……85
第五节　解构式分析与描述的特殊作用 ……86
第六节　宾组卜辞“分级划类”中应注意的一些现象 ……87
小结……88
**第六章　宾组卜辞的综合考察与整理** ……89
第一节　关于宾组材料的综合整理 ……89
第二节　宾组各类卜事及其他类项的综合整理 ……92
一、宾一类的综合整理 ……92
二、宾二类的综合整理 ……94
三、宾三类的综合整理 ……100
四、𠂤宾间类的综合整理……101
第三节　宾组卜辞各类时代的推定 ……105
第四节　宾组卜辞的缀合及校重 ……105
一、宾组卜辞的缀合及其成果 ……105
二、宾组卜辞的校重及其成果 ……106
第五节　宾组甲骨的非占卜性文辞、习刻等相关问题 ……107
一、甲骨署辞 ……107
二、干支表刻辞及习刻 ……109
第六节　宾组甲骨所见的笔书 ……110
小结……110

**参考文献**……111
**附录**……121
附录一　殷墟卜辞各组类演变及断代一览表……121
附录二　《史记 · 殷本纪》与甲骨文所见商王世系……122
附录三　宾组各类典型片占卜内容分项解读……123
附录四　宾组卜辞（《合补》部分）类型划分及其他类项一览表……274
附录五　宾组卜辞（《英国》部分）类型划分及其他类项一览表……479
附录六　宾组卜辞（《北大》部分）类型划分及其他类项一览表……531
附录七　宾组卜辞（《合集》部分）类型划分及其他类项一览表……595
**后记**……1229

# 附录七　宾组卜辞（《合集》部分）类型划分及其他类项一览表

| 著录号 | 缀合 | 重片 | 类型划分 | 贞人 | 专家分类 | 其他说明 |
|---|---|---|---|---|---|---|
| 1 | 黄拼 1+ 合补 657（合补 624） | | 宾二类 | | | |
| 2 | | | 宾二类 | | | 此为《国博》046 彩色照片 |
| 3 | | | 宾二类 | | | |
| 4 | | | 宾二类 | | | |
| 5 | | | 宾二类 | 㱿 | | 贞人名用隶定字，其他描述皆用通行字 |
| 6 | | | 宾三类 | 穷 | 黄宾三 | |
| 7 | | | 宾三类 | 爭 | | |
| 8 | | | 宾三类 | | | |
| 9 | | | 宾三类 | 爭 | | |
| 10 | | | 宾三类 | 穷 | | |
| 11 | | | 宾三类 | 古 | | |
| 12 | | | 宾三类 | | | |
| 13 | 13+18384+ 山东 0632 | | 宾三类 | 穷 | | |
| 14 正反 | | | 宾一类 | 穷、古 | | 此系同版所见贞人，下同 |
| 15 | | | 宾三类 | | | |
| 16 | | | 宾二类 | 爭 | | |
| 17 | | | 宾三类 | | | |
| 18 | | | 宾三类 | 爭 | 李彭宾二 | |
| 19 | | | 宾三类 | | | |
| 20 | | | 宾三类 | | | |
| 21 正反 | | | 宾三类 | | | 甲桥刻辞 |
| 22 | 黄拼 22+10520 | | 宾三类 | 爭、吅 | 黄宾三 | |
| 23 | | | 宾三类 | 爭 | 黄宾三 | |
| 24 | | | 宾三类 | 爭 | | |
| 25 | | | 宾三类 | | 李彭宾二 | |
| 26 | | | 宾三类 | 爭 | | |

续表

| 著录号 | 缀合 | 重片 | 类型划分 | 贞人 | 专家分类 | 其他说明 |
|---|---|---|---|---|---|---|
| 27 | | | 宾三类 | 爭 | | |
| 28 | | | 宾三类 | | | |
| 29 | 黄拼 29+3706 | | 宾三类 | | | |
| 30 | | | 宾三类 | | 黄宾三 | |
| 31 | | | 宾三类 | | | |
| 32 正反 | 32 正反 + | | 宾二类 | 㱿 | 李彭宾一 B | |
| 33 | | | 宾二类 | 穷、㱙 | | |
| 34 正反 | | | 宾二类 | | | |
| 35 | 35+ | | 宾三类 | | | |
| 36 | | | 宾三类 | | | |
| 37 | | | 宾二类 | | | |
| 38 正反 | | | 宾三类 | | | |
| 39 | | | 宾三类 | | | |
| 40 | | | 宾二类 | 爭 | | |
| 41 | | | 宾二类 | 爭 | | |
| 42 | | | 宾三类 | | | |
| 43 | 黄拼 43+ 合补 3166+ 16116+25974 | | 宾三类 | | | |
| 44 | | | 宾三类 | | | |
| 45 | | 15330 | 宾一类 | 㱿 | | |
| 46 正臼 | | | 宾三类 | 古 | | |
| 47 | | | 宾三类 | | | |
| 48 | | | 宾三类 | | | |
| 49 | | | 宾三类 | | | |
| 50 | | | 宾三类 | | | |
| 51 | | | 宾三类 | | | |
| 52 | | | 宾三类 | 古 | 黄宾三 | |
| 53 | 黄拼 53+4673+ 7024+19193+22482 | 19191 | 𠂤宾间类 | | 黄𠂤宾间 A | |
| 54 | | | 𠂤小字类 | 王 | 黄李彭𠂤小 | 非宾 |
| 55 | | | 𠂤宾间类 | | | |
| 56 | | | 宾三类 | | | |
| 57 | | | 宾三类 | | | |
| 58 | | | 宾三类 | | | |

续表

| 著录号 | 缀合 | 重片 | 类型划分 | 贞人 | 专家分类 | 其他说明 |
|---|---|---|---|---|---|---|
| 59 | | | 宾三类 | 宂 | | |
| 60 | | | 宾三类 | 宂 | | |
| 61 | | | 𠂤宾间类 | | | |
| 62 | 62+ | | 𠂤宾间类 | | | |
| 63 正反 | | | 宾三类 | | 黄宾三 | |
| 64 | | | 宾三类 | 㕣 | | |
| 65 | | | 宾三类 | | | 背甲 |
| 66 | | | 宾二类 | | | |
| 67 正反 | | | 宾二类 | | | |
| 68 | 68+80 | 合补 32 | 宾二类 | | | |
| 69 | | | 宾三类 | | | |
| 70 | | | 𠂤小字类 | | | |
| 71 | | | 宾二类 | 㱿 | | |
| 72 正反 | | | 𠂤宾间类 | | | |
| 73 | | | 宾三类 | | | |
| 74 | | | 𠂤宾间类 | | | |
| 75 | | | 宾三类 | | | |
| 76 | | | 宾三类 | | 崎川待考 | |
| 77 | | 合补 35 | 宾二类 | | | |
| 78 | | | 宾二类 | | | |
| 79 | | | 宾二类 | 争 | | |
| 80 | 80+68 | 合补 32 | 宾二类 | | | |
| 81 | | | 宾二类 | | | |
| 82 | | | 宾三类 | | | |
| 83 | | | 宾三类 | 宂 | | |
| 84 | | | 宾三类 | | | |
| 85 | | | 宾三类 | | | |
| 86 | | | 宾三类 | | | |
| 87 | | | 宾三类 | | | |
| 88 | | | 宾三类 | 宂 | | |
| 89 | | | 宾三类 | | | |
| 90 | | | 𠂤宾间类 | | | |
| 91 | | | 宾三类 | | | |
| 92 | | | 宾二类 | | | |

续表

| 著录号 | 缀合 | 重片 | 类型划分 | 贞人 | 专家分类 | 其他说明 |
|---|---|---|---|---|---|---|
| 93 | | | 宾二类 | 㱿 | | 笔书（反） |
| 94 正反 | | | 宾二类 | 穷、㱿、亘 | 黄典宾 | |
| 95 | | | 宾二类 | | | |
| 96 | | | 宾一类 | 穷 | | |
| 97 正反 | | | 宾一类 | | | |
| 98 正反 | | | 宾一类 | 㱿、爭 | | |
| 99 | 99 +8990 正反 | | 宾二类 | | | |
| 100 | | | 宾一类 | | | |
| 101 | | | 宾三类 | | | |
| 102 | 黄拼 102+15475+1520+ 存补 5.431.1 | | 宾三类 | | 李彭宾二 | |
| 103 | | | 宾一类 | | | |
| 104 | | | 宾一类 | | | |
| 105 | | | 宾一类 | | | |
| 106 | | | 𠂤宾间类 | 王 | | |
| 107 | | | 宾二类 | | | |
| 108 | | | 宾一类 | | | |
| 109 | | | 宾三类 | | | |
| 110 正反 | | | 宾二类 | 穷、㱿 | | |
| 111 正反 | | | 宾一类 | | | |
| 112 | | | 𠂤大字类 | | | 非宾 |
| 113 正反 | | | 正，宾一类<br>反，宾二类 | 爭、永 | | |
| 114 | | | 宾一类 | | | |
| 115 | | | 宾一类 | | | |
| 116 正反 | | | 宾二类 | 穷 | | 甲桥署辞（反） |
| 117 | | | 𠂤宾间类 | | 黄方𠂤宾间 | |
| 118 | | | 宾一类 | 穷 | 黄宾一 | 背甲 |
| 119 | 119+ | | 宾一类 | | 黄宾 | |
| 120 | | | 宾一类 | | | |
| 121 | | | 宾一类 | | | |
| 122 | | | 宾一类 | | | |
| 123 | | | 宾一类 | | | |

续表

| 著录号 | 缀合 | 重片 | 类型划分 | 贞人 | 专家分类 | 其他说明 |
| --- | --- | --- | --- | --- | --- | --- |
| 124 | | | 宾一类 | | | |
| 125 | | | 宾一类 | | | |
| 126 | | | 宾一类 | | | |
| 127 | | | 宾一类 | | | |
| 128 | | | 宾二类 | 古 | | |
| 129 | | | 宾一类 | | | |
| 130 正臼 | | | 宾二类 | 爭 | | |
| 131 | | | 宾二类 | | | |
| 132 | | | 宾二类 | | | |
| 133 | | | 宾一类 | | | |
| 134 | | | 宾二类 | 穷 | | |
| 135 正甲，正乙反甲 | 135+ | | 宾一类 | | | |
| 136 | | | 宾二类 | 古 | | |
| 137 正反 | 137 正反 +16878+16890 | | 宾二类 | 爭 | 黄典宾<br>李彭宾一 B | |
| 138 | | | 宾二类 | | | |
| 139 正反 | | | 宾二类 | 爭 | | |
| 140 正反 | 黄拼 140 正 +11416 | | 宾二类 | 王 | | |
| 141 | | | 宾二类 | | | |
| 142 | | | 宾二类 | 古 | | |
| 143 | | | 宾二类 | 穷 | | |
| 144 | | | 宾二类 | | | |
| 145 | | | 宾二类 | | | |
| 146 | | | 宾二类 | | | |
| 147 | | | 宾二类 | | | |
| 148 | | | 宾二类 | | | |
| 149 | | | 宾二类 | | | |
| 150 | | | 宾二类 | | | |
| 151 | | | 宾一类 | 穷、爭 | 李彭宾一 A | |
| 152 | | | 宾二类 | 穷、内 | | |
| 153 | | | 宾二类 | | | |
| 154 | | | 宾二类 | 㕜 | | |
| 155 | | | 宾二类 | | | |

续表

| 著录号 | 缀合 | 重片 | 类型划分 | 贞人 | 专家分类 | 其他说明 |
|---|---|---|---|---|---|---|
| 156 | | | 宾二类 | | | |
| 157 | | | 宾二类 | | | |
| 158 | | | 宾二类 | | | |
| 159 | | | 宾三类 | | | |
| 160 | | | 宾一类 | | | |
| 161 | | | 宾三类 | | | |
| 162 | | | 宾二类 | 㱿 | | |
| 163 | | | 宾二类 | 㱿 | | |
| 164 | | | 宾二类 | | | |
| 165 | | | 宾二类 | 㞢 | | |
| 166 | | | 宾二类 | 㱿 | | |
| 167 | | | 宾二类 | | | |
| 168 | | | 宾二类 | | | |
| 169 | | | 宾二类 | | | |
| 170 | | | 宾二类 | | | |
| 171 | | | 宾二类 | 㱿 | | |
| 172 | | | 宾二类 | | | |
| 173 | | | 宾二类 | | | |
| 174 | 174 遥缀 175 | | 宾二类 | 㱿 | | |
| 175 | 174 遥缀 175 | | 宾二类 | | | |
| 176 | | | 宾二类 | | | |
| 177 | | | 宾二类 | 㱿、争 | 黄典宾<br>李彭宾一 B | |
| 178 | 黄拼 178+7700 | | 宾二类 | 㱿、永 | | |
| 179 正反 | | | 宾二类 | | | |
| 180 | | | 宾二类 | 㱿 | | |
| 181 | | | 宾二类 | 宊 | 黄典宾 | |
| 182 | | | 宾二类 | | | |
| 183 | | | 宾二类 | 㱿 | | |
| 184 | | | 宾二类 | | | |
| 185 | 黄拼 185+5175 | | 宾二类 | | | |
| 186 | 186 遥缀合补 6 | | 𠂤宾间类 | 王 | | |
| 187 | | | 𠂤宾间类 | | 黄𠂤宾间 A | |
| 188 正反 | | | 宾二类 | | | |

续表

| 著录号 | 缀合 | 重片 | 类型划分 | 贞人 | 专家分类 | 其他说明 |
|---|---|---|---|---|---|---|
| 189 正反 | | | 宾二类 | | | |
| 190 正反 | | | 宾一类 | 穷、㱿 | | 甲桥署辞（反） |
| 191 | | | 宾一类 | | | |
| 192 | | | 宾一类 | | | |
| 193 | | | 宾二类 | | | |
| 194 | | | 宾一类 | | | |
| 195 | | | 宾一类 | | | |
| 196 | | | 宾二类 | 争 | | |
| 197 | | | 宾二类 | | | |
| 198 | | | 宾二类 | | | |
| 199 | | | 宾二类 | 争 | | |
| 200 | | | 宾二类 | 穷 | | |
| 201 正反 | | | 宾二类 | 穷 | 李彭宾一 | 笔书（反） |
| 202 | | | 宾二类 | | | |
| 203 正反 | | | 宾一类 | 穷 | | |
| 204 | | 8365 | 宾二类 | | | |
| 205 | | | 宾二类 | | | |
| 206 | | | 宾二类 | | | |
| 207 | | | 宾二类 | | | |
| 208 | | | 宾二类 | | | |
| 209 | | | 宾二类 | | | |
| 210 | | | 宾二类 | | | |
| 211 | | | 宾二类 | | | |
| 212 | | | 宾二类 | | | |
| 213 | | | 宾二类 | | | |
| 214 | | | 宾二类 | | | |
| 215 | | | 宾二类 | 㱿 | | |
| 216 | | | 宾二类 | | | |
| 217 | 217+ | | 宾二类 | | | |
| 218 | | | 宾二类 | | | |
| 219 | | | 宾二类 | | | |
| 220 | | | 宾二类 | | | |
| 221 | | | 宾二类 | | | |
| 222 | | | 宾二类 | | | |

续表

| 著录号 | 缀合 | 重片 | 类型划分 | 贞人 | 专家分类 | 其他说明 |
|---|---|---|---|---|---|---|
| 223 | | | 宾二类 | 穷、爭 | | |
| 224 | | | 宾二类 | 亘 | | |
| 225 | | | 宾二类 | 爭 | | |
| 226 正反 | | | 宾二类 | 㱿 | | |
| 227 | 黄拼 227+9486+3307 | | 宾三类 | | | 同文见 1471 |
| 228 | | | 宾三类 | 爭 | | |
| 229 | | | 宾三类 | 穷 | | |
| 230 | | | 宾三类 | | | |
| 231 | | | 宾三类 | | | |
| 232 正反 | 232 正反 +249+1208 | | 宾二类 | | | 崎川分 232 宾三、249 过渡②，232+249= 合补 24，崎川所分似有矛盾 |
| 233 | | | 宾三类 | | | |
| 234 正反 | | | 宾二类 | 㱿、爭 | 黄典宾 | |
| 235 正反 | | | 宾二类 | 古 | | |
| 236 | | | 宾三类 | 穷 | 黄宾三 | |
| 237 | | | 宾三类 | | | |
| 238 | | | 宾三类 | | | 背甲 |
| 239 | | | 宾三类 | 爭 | 李彭宾二 | |
| 240 | | | 宾三类 | | 李彭宾二 | |
| 241 | | | 宾三类 | 穷 | | |
| 242 | | | 宾三类 | 穷 | | |
| 243 正反 | | | 宾二类 | | | |
| 244 | | | 宾二类 | | | |
| 245 正反 | | | 宾二类 | | | |
| 246 | | | 宾三类 | 穷 | | |
| 247 | | | 宾三类 | | | |
| 248 正反 | 248 正反 + | | 宾二类 | 㱿、爭、古 | | 甲桥署辞（反） |
| 249 | 249+232+1208 | | 宾二类 | 穷 | | |
| 250 | | | 宾二类 | 㱿、爭 | | |
| 251 | | | 宾二类 | | | |
| 252 | | | 宾二类 | | | |
| 253 | 253+ | | 宾三类 | 穷 | | |
| 254 | | | 宾二类 | | | |

续表

| 著录号 | 缀合 | 重片 | 类型划分 | 贞人 | 专家分类 | 其他说明 |
|---|---|---|---|---|---|---|
| 255 | | | 宾二类 | 古 | | |
| 256 | | | 宾二类 | 爭 | | |
| 257 | | | 宾二类 | | | |
| 258 | | | 𠂤宾间类 | | 黄𠂤宾间 A | |
| 259 | | | 宾三类 | | | |
| 260 | | | 宾二类 | | | |
| 261 | | | 宾二类 | 穷 | 黄典宾 | |
| 262 | | | 宾二类 | | | |
| 263 正反 | | | 宾二类 | | | |
| 264 正反 | | | 宾三类 | | | |
| 265 | | | 宾三类 | | | |
| 266 | | | 宾三类 | | | |
| 267 正反 | 267 正反 +10534 | | 宾一类 | 穷 | | 甲桥署辞（反） |
| 268 正臼 | | | 宾二类 | 𠮚、𡧊 | | |
| 269 | | | 宾三类 | | | |
| 270 正反 | | | 宾二类 | 㱿 | | |
| 271 正反 | | | 宾二类 | 㱿 | | |
| 272 正反 | | | 宾二类 | 穷 | | |
| 273 正反 | | | 宾二类 | 㱿 | | |
| 274 正反 | | | 宾二类 | 㱿 | | |
| 275 正反 | | | 宾二类 | 㱿 | | |
| 276 正反 | | | 宾二类 | | | |
| 277 | | | 宾三类 | 穷 | 黄宾三<br>李彭宾二 | |
| 278 | 黄拼 278+3228 | | 宾二类 | | | |
| 279 | | | 宾三类 | | | |
| 280 | | | 宾三类 | 穷 | 黄宾三<br>李彭宾二 | |
| 281 | | | 宾三类 | | | |
| 282 | | | 宾三类 | | | |
| 283 | | 39499 | 宾三类 | | | |
| 284 | | | 宾三类 | | | |
| 285 | | | 宾三类 | | | |
| 286 | | | 宾二类 | | | |

续表

| 著录号 | 缀合 | 重片 | 类型划分 | 贞人 | 专家分类 | 其他说明 |
|---|---|---|---|---|---|---|
| 287 正反 | | | 宾三类 | | | |
| 288 | | | 宾三类 | | | |
| 289 | | | 宾三类 | | | |
| 290 | | | 宾三类 | 争 | | |
| 291 | | 合补 10 | 宾三类 | 争 | | |
| 292 | | | 宾三类 | | | |
| 293 | | | 宾三类 | 宾 | 黄宾三<br>李彭宾二 | |
| 294 | | | 宾三类 | 宾 | 黄宾三 | |
| 295 | 295+340 | | 宾三类 | | 李彭宾二 | |
| 296 | 296+10048 | | 宾三类 | | | |
| 297 | 黄拼 297+431 | | 宾三类 | | | |
| 298 | | | 宾三类 | | | |
| 299 | | | 宾二类 | 宾 | | |
| 300 | | | 宾二类 | | | |
| 301 | | | 宾二类 | 㱿 | 黄典宾 | |
| 302 | 302+1477 | | 宾二类 | | | |
| 303 | 303+304 | | 宾二类 | 㱿 | | |
| 304 | 304+303 | | 宾二类 | | | |
| 305 | | 合补 12 | 宾二类 | 㱿 | | |
| 306 | | | 宾三类 | 宾 | | |
| 307 | | | 宾一类 | | | |
| 308 | | | 宾二类 | | | |
| 309 正反 | | | 宾一类 | 内 | | |
| 310 | | | 宾二类 | | | |
| 311 | | | 宾一类 | | | |
| 312 | | | 宾一类 | | | |
| 313 | | | 𠂤宾间类 | | | |
| 314 | | | 宾三类 | | | |
| 315 | | | 宾三类 | | | |
| 316 | | | 宾三类 | | | |
| 317 | | | 宾二类 | | | |
| 318 | 318+11150 | | 宾二类 | | 黄典宾 | |
| 319 | | | 宾三类 | | 黄宾三 | |

续表

| 著录号 | 缀合 | 重片 | 类型划分 | 贞人 | 专家分类 | 其他说明 |
|---|---|---|---|---|---|---|
| 320 | | | 宾三类 | | | |
| 321 | | | 宾二类 | | | |
| 322 | | | 宾三类 | 穷 | | |
| 323 | | | 宾三类 | | | |
| 324 | | | 宾三类 | | | |
| 325 | | | 宾二类 | | | |
| 326 | | | 宾三类 | 穷 | 黄宾三 | |
| 327 | | | 宾二类 | | | |
| 328 | | | 宾三类 | | | |
| 329 | | | 宾三类 | | | |
| 330 | | | 宾三类 | | | |
| 331 | | | 宾三类 | 穷 | | |
| 332 | | | 宾三类 | | | |
| 333 | | | 宾二类 | | | |
| 334 | 黄拼 334+16182 | | 宾二类 | | | |
| 335 | | | 宾二类 | | | |
| 336 | | | 宾三类 | 穷 | | |
| 337 | | | 宾三类 | | | |
| 338 | 338+ 人 B0791+ 人 B1065 | | 宾二类 | | | |
| 339 | | | 宾三类 | 穷、古 | 黄宾三 | |
| 340 | 340+295 | | 宾三类 | 穷 | | |
| 341 | | | 宾三类 | | | 背甲 |
| 342 | | | 宾三类 | | | |
| 343 | | | 宾三类 | | | |
| 344 | | | 宾三类 | | | |
| 345 | | | 宾三类 | | | |
| 346 | | | 宾三类 | | | |
| 347 | | | 宾三类 | | | |
| 348 | 348+ 合补 3434 | | 宾二类 | | | |
| 349 | 黄拼 349+358+14737 | | 宾二类 | | | |
| 350 | | | 宾三类 | | | |
| 351 | | | 宾二类 | | | |
| 352 | | | 宾三类 | | | |

续表

| 著录号 | 缀合 | 重片 | 类型划分 | 贞人 | 专家分类 | 其他说明 |
|---|---|---|---|---|---|---|
| 353 | | | 宾三类 | | | |
| 354 | | | 宾二类 | | | |
| 355 | | | 宾二类 | | | |
| 356 | | | 宾三类 | | 李彭宾二 | |
| 357 | | | 宾二类 | | | |
| 358 | 黄拼 358+349+14737 | | 宾二类 | | | |
| 359 | 黄拼 359+5154 | | 宾二类 | | | |
| 360 | 360+40430（英 1175） | | 宾二类 | | | |
| 361 | | | 宾三类 | | | |
| 362 | | | 宾三类 | | | |
| 363 | | | 宾三类 | | | |
| 364 | | | 宾三类 | | | |
| 365 | | | 出一类 | | | 非宾 |
| 366 | | | 宾一类 | | | |
| 367 正反 | | | 宾二类 | 𣪊 | 李彭宾一 B | |
| 368 | 368+ | | 宾一类 | | | |
| 369 | | | 宾二类 | 𣪊 | 黄典宾 | |
| 370 | 370+ 山本竟山旧藏拓 39 | | 宾二类 | 𣪊 | | |
| 371 正反 | | | 宾二类 | 𣪊 | | 甲桥署辞（反） |
| 372 | | | 宾三类 | | | |
| 373 | | | 宾二类 | | | |
| 374 | | | 宾二类 | | | |
| 375 | | | 宾二类 | | | |
| 376 正反 | | | 宾二类 | 𣪊、古 | | 甲桥署辞（反） |
| 377 | | | 宾三类 | | | |
| 378 正反 | | | 宾二类 | | | |
| 379 | | | 宾二类 | 穷 | | |
| 380 | | | 宾三类 | 争 | | |
| 381 | | | 宾三类 | | | |
| 382 | | | 𠂤宾间类 | | | |
| 383 | | | 宾三类 | 争 | 黄宾三 | |
| 384 | | | 宾三类 | | | |
| 385 | | | 宾三类 | | | |

续表

| 著录号 | 缀合 | 重片 | 类型划分 | 贞人 | 专家分类 | 其他说明 |
|---|---|---|---|---|---|---|
| 386 | | | 宾二类 | | 黄典宾 | |
| 387 正反 | | 8945 反 | 宾二类 | | 黄典宾 | |
| 388 | | | 宾二类 | | | |
| 389 | | | 宾二类 | | | |
| 390 正反 | | | 宾二类 | 永 | 黄典宾 | |
| 391 | | | 宾二类 | | | |
| 392 | | | 宾二类 | | | |
| 393 | 393+397 | | 宾二类 | | | |
| 394 | | | 宾二类 | | | |
| 395 | 395+ 东文研 B0276 | | 宾二类 | | | |
| 396 | | | 宾二类 | | | |
| 397 | 397+393 | | 宾二类 | | | |
| 398 | | | 宾二类 | | | |
| 399 | | | 宾三类 | | | |
| 400 | | | 宾三类 | | | |
| 401 | | | 宾三类 | | | |
| 402 | | | 宾三类 | | | |
| 403 | | | 宾三类 | | | |
| 404 | | | 宾三类 | | | |
| 405 | 405+5117 | | 宾一类 | | | |
| 406 | | | 宾三类 | | | |
| 407 | | | 宾三类 | | | |
| 408 | | | 宾二类 | 爭 | | |
| 409 | 黄拼 409+14911 | | 宾二类 | 爭 | | |
| 410 正反 | | | 宾二类 | 𡧊 | | |
| 411 | | | 宾二类 | 爭 | | |
| 412 正反 | | | 宾二类 | | | |
| 413 | | | 宾二类 | | | |
| 414 | | | 宾三类 | | | |
| 415 | | | 宾三类 | | | |
| 416 正反 | 416+13969 | | 宾三类 | | | |
| 417 | | | 宾三类 | | | |
| 418 | | | 宾二类 | 𡧊、内 | | |
| 419 | | | 宾二类 | 韋 | | |

续表

| 著录号 | 缀合 | 重片 | 类型划分 | 贞人 | 专家分类 | 其他说明 |
|---|---|---|---|---|---|---|
| 420 | | | 宾三类 | | | |
| 421 | | | 宾三类 | | | |
| 422 | | | 宾三类 | | | |
| 423 | | | 宾一类 | | 黄宾ꟼ | |
| 424 正反 | 424 正反 +<br>存补 5.147.1 正反 | | 宾二类 | | | |
| 425 | | | 宾三类 | | | |
| 426 | | | 宾三类 | | | |
| 427 | | | 宾三类 | | | |
| 428 | 黄拼 428+17172 | | 宾三类 | | 李彭宾二 | |
| 429 | | | 宾二类 | | | |
| 430 | | | 宾三类 | | | |
| 431 | 黄拼 431+297 | | 宾三类 | | | |
| 432 正反 | | | 宾三类 | | | |
| 433 | | | 宾三类 | | | |
| 434 | | | 宾三类 | | | |
| 435 | | | 自宾间类 | | | |
| 436 | 5045+5044+39812（436）<br>遥缀 19106+ 黄拼 11584 | | 宾三类 | | | |
| 437 | | | 宾三类 | | | |
| 438 正反 | | | 宾二类 | 争 | | |
| 439 | 黄拼 439+21791 | | 宾三类 | 穷 | | 背甲 |
| 440 正反 | | | 宾二类 | | | |
| 441 | | | 宾二类 | | | |
| 442 | | | 宾二类 | | | |
| 443 | | | 宾二类 | | | |
| 444 | | | 宾二类 | 争、亘 | | |
| 445 | | | 宾二类 | | | |
| 446 | | | 宾二类 | 敨 | | |
| 447 | | | 宾三类 | | | |
| 448 | | | 宾三类 | | | |
| 449 | | | 宾三类 | | | |
| 450 | | | 宾三类 | | | |
| 451 | | | 宾三类 | | | |

续表

| 著录号 | 缀合 | 重片 | 类型划分 | 贞人 | 专家分类 | 其他说明 |
|---|---|---|---|---|---|---|
| 452 | | | 宾三类 | | | |
| 453 | | | 宾三类 | | | |
| 454 正反 | 454 正反 + | | 宾二类 | 𡆥、古 | | |
| 455 | | | 宾三类 | | | |
| 456 正反 | | | 宾二类 | 宕、𡆥、争 | 黄典宾 | |
| 457 正反 | | | 宾二类 | | | |
| 458 正反 | 8402 遥缀珠 458 | | 宾二类 | 𡆥 | | |
| 459 正反 | | | 宾二类 | | | |
| 460 | | | 宾三类 | | | |
| 461 | | | 宾二类 | | | |
| 462 正反 | 462+13260 | | 宾二类 | | | |
| 463 正反 | | | 宾二类 | | | |
| 464 正反 | | | 宾二类 | 𡆥 | | |
| 465 | 黄拼 465+4025 | | 宾三类 | | | |
| 466 | | | 宾一类 | 古 | | |
| 467 | | | 宾二类 | | | |
| 468 | | | 宾一类 | | | |
| 469 | | | 宾一类 | | | |
| 470 | | | 宾二类 | | | |
| 471 | | 25983 | 宾三类 | | | |
| 472 | | | 宾三类 | | | |
| 473 | | | 宾三类 | | | |
| 474 | | | 宾二类 | | | |
| 475 | | | 宾二类 | 宕 | | |
| 476 正反 | | | 宾二类 | | | 笔书（反） |
| 477 | | | 宾二类 | | | |
| 478 正反 | | | 宾二类 | 𡆥、内 | | |
| 479 | 黄拼 479+ 合补 3477 | | 宾二类 | | | |
| 480 | | | 宾二类 | | | |
| 481 | | | 宾三类 | | | |
| 482 正反 | | | 宾三类 | | | |
| 483 | | | 宾三类 | 宕 | 李彭宾二 | |
| 484 | | | 宾三类 | | | |

续表

| 著录号 | 缀合 | 重片 | 类型划分 | 贞人 | 专家分类 | 其他说明 |
|---|---|---|---|---|---|---|
| 485 | | 39509 | 宾二类 | | | |
| 486 | | | 宾三类 | | | |
| 487 | | | 宾三类 | | | |
| 488 正反 | | | 宾二类 | | | 笔书（反） |
| 489 | | | 宾三类 | | | |
| 490 | | 4871 | 宾二类 | 𣪊 | | |
| 491 | | | 宾二类 | | | |
| 492 | | | 宾二类 | | | |
| 493 正臼 | | | 宾二类 | 穷 | | |
| 494 | | | 宾二类 | | | |
| 495 | | | 宾二类 | 穷、爭 | | |
| 496 | | | 宾二类 | | | |
| 497 | | | 宾二类 | | | |
| 498 | | | 宾二类 | 𣪊 | | |
| 499 | | | 宾二类 | | | |
| 500 正反 | | | 宾二类 | | | |
| 501 | | | 宾三类 | | | |
| 502 | | | 宾二类 | | | |
| 503 | | | 宾一类 | | | |
| 504 | | | 宾一类 | | | |
| 505 | | | 宾一类 | | | |
| 506 正 | 506 正反 + | | 宾一类 | | | |
| 507 | | | 宾二类 | | | |
| 508 | | | 宾二类 | | | |
| 509 | | | 宾二类 | | | |
| 510 | | | 宾二类 | | | |
| 511 | | | 宾二类 | 𣪊、亘、䑣 | 黄典宾 | |
| 512 | | | 宾二类 | | | |
| 513 | | | 宾二类 | | | |
| 514 | | | 宾二类 | | | |
| 515 | | | 宾二类 | 𣪊、韋 | | |
| 516 | | | 宾二类 | | | |
| 517 正反 | | | 宾三类 | 古 | | |

续表

| 著录号 | 缀合 | 重片 | 类型划分 | 贞人 | 专家分类 | 其他说明 |
|---|---|---|---|---|---|---|
| 518 | | | 宾二类 | | | |
| 519 | | | 𠂤宾间类 | | | |
| 520 | | | 𠂤宾间类 | | | |
| 521 正反 | | | 宾二类 | | | |
| 522 正反 | 黄拼 522 反 +7150 反 + 合补 5501 | | 宾二类 | 永 | | |
| 523 正反 | | | 宾二类 | | | |
| 524 | | | 宾二类 | | | |
| 525 | | | 𠂤宾间类 | 王 | | |
| 526 | | | 宾一类 | | | |
| 527 | | | 宾二类 | | | |
| 528 | | | 宾一类 | | | |
| 529 | | | 宾二类 | | | |
| 530 正反 | | | 宾二类 | | | |
| 531 | | | 宾二类 | | | |
| 532 | | | 宾三类 | | | |
| 533 | | | 宾三类 | | | |
| 534 | | | 𠂤宾间类 | | | |
| 535 | | | 𠂤宾间类 | | | |
| 536 | | | 宾一类 | 㱿、争、内 | 李彭宾一 A | |
| 537 | | | 宾二类 | | | |
| 538 甲乙 | | | 宾二类 | | | |
| 539 | | | 宾二类 | | | |
| 540 | 540 遥缀 545+ 英 554（金 682） | | 宾二类 | 㱿 | | |
| 541 | | | 宾二类 | | | |
| 542 | | | 宾二类 | 㱿、争 | | |
| 543 | 543+ | | 宾二类 | | | |
| 544 | 544 遥缀 540+ 英 554（金 682） | | 宾二类 | | | |
| 545 | 540 遥缀 545+ 英 554（金 682） | | 宾二类 | | | |
| 546 | | | 宾二类 | | | |
| 547 | | | 宾二类 | 争 | 黄典宾 | |

续表

| 著录号 | 缀合 | 重片 | 类型划分 | 贞人 | 专家分类 | 其他说明 |
|---|---|---|---|---|---|---|
| 548 | 黄拼 548+9539（=547、549） | | 宾二类 | 爭 | | 缀后同文见 547、549 |
| 549 | | | 宾二类 | | | |
| 550 正反 | | | 宾二类 | 㱿 | | |
| 551 | | | 宾二类 | | | |
| 552 | | | 宾二类 | | | |
| 553 | | | 宾三类 | 宕 | | |
| 554 正反 | 554+ | | 宾一类 | | | |
| 555 正反 | | | 宾一类 | 永 | | |
| 556 正反 | | | 宾一类 | 古 | 黄典宾 | |
| 557 | | | 宾三类 | 宕 | 黄宾三<br>李彭宾二 | |
| 558 | | | 宾二类 | 㱿 | 李彭宾一 B | |
| 559 正反 | | | 宾二类 | 㱿、亘 | 黄典宾 | |
| 560 | | | 宾二类 | 㱿 | | |
| 561 | | | 宾二类 | 宕 | | |
| 562 正反 | 黄拼 562 正反 + 7715 正反 | | 宾二类 | 㱿 | 黄典宾 | 缀后同文见 559 |
| 563 | 563+13250 | | 宾二类 | | | |
| 564 正反 | | | 宾二类 | | | 骨臼署辞 |
| 565 | | | 宾二类 | 宕 | | |
| 566 | | | 宾二类 | | | |
| 567 | | | 宾二类 | | | |
| 568 正反 | | | 宾二类 | | | |
| 569 | | | 宾三类 | | | |
| 570 | | | 宾二类 | 古 | | |
| 571 正反 | | | 宾二类 | | | |
| 572 | | | 宾二类 | | | |
| 573 正反 | | | 宾二类 | 㱿 | | |
| 574 | | | 𠂤宾间类 | | | |
| 575 | | | 宾一类 | 爭 | | |
| 576 | | | 宾一类 | | | |
| 577 | | | 𠂤宾间类 | | | |
| 578 | | | 宾三类 | 宕 | | |
| 579 | | | 宾二类 | | | |

续表

| 著录号 | 缀合 | 重片 | 类型划分 | 贞人 | 专家分类 | 其他说明 |
|---|---|---|---|---|---|---|
| 580 正反 | | | 宾二类 | | | |
| 581 | | | 宾二类 | | | |
| 582 | | | 宾二类 | | | |
| 583 正反 | 583 正 +7139 | | 宾二类 | 争 | | |
| 584 正反 | 肖（584 正 +9498 正）+<br>黄拼 7143 正反 +<br>东大 B0571b（= 合补 6523 正反） | | 宾二类 | 㱿 | 黄典宾<br>李彭宾一 B | 前两版系萧良琼缀合，合 7143 正 + 合补 5597 为黄加缀 |
| 585 | | | 𠂤宾间类 | 王 | | |
| 586 | 586+4240 | | 宾二类 | 宊、㱿、韋 | | |
| 587 正反 | | | 宾一类 | | | |
| 588 正反 | 黄拼 588 正 +589 | | 宾二类 | | | |
| 589 | 黄拼 589+588 正 | | 宾二类 | | | |
| 590 | | | 宾一类 | 宊、㱿 | | |
| 591 | | | 宾二类 | 宊、亘 | | |
| 592 | | | 宾二类 | | | |
| 593 | | | 宾二类 | | | |
| 594 正反 | | | 宾二类 | | | |
| 595 正反 | 595 正反 +6000 正反 | | 宾二类 | 亘 | 黄典宾 | |
| 596 | 黄拼 596 正反 +<br>7718 正反 | | 宾二类 | | | |
| 597 | | | 宾二类 | | | |
| 598 | | | 宾二类 | | | |
| 599 | | | 宾二类 | | | |
| 600 | | | 宾一类 | | | |
| 601 | | | 宾一类 | 㱿 | | |
| 602 | | | 宾二类 | | | |
| 603 | | | 宾二类 | | | |
| 604 | | | 宾二类 | | | |
| 605 正反 | | | 宾二类 | | | |
| 606 正反 | | | 宾二类 | | | |
| 607 正反 | | | 宾二类 | | | |
| 608 | | | 宾二类 | 㱿 | | |
| 609 | | | 宾二类 | | | |

续表

| 著录号 | 缀合 | 重片 | 类型划分 | 贞人 | 专家分类 | 其他说明 |
|---|---|---|---|---|---|---|
| 610 | | | 宾二类 | | | |
| 611 | | | 宾二类 | | | |
| 612 | | | 宾二类 | | | |
| 613 | 613+ 英 557（库 1574） | | 宾二类 | 爭 | | |
| 614 | | | 宾二类 | | | |
| 615 | | | 宾二类 | | | |
| 616 | | | 宾二类 | | | |
| 617 | | | 宾二类 | | | |
| 618 | | | 宾二类 | | | |
| 619 | | | 宾二类 | | | |
| 620 | | | 宾二类 | | | |
| 621 | | | 宾二类 | | | |
| 622 | | | 宾二类 | | | |
| 623 | | | 宾二类 | | | 背甲 |
| 624 | | | 宾二类 | | | |
| 625 | 625+6286+<br>黄拼《辑佚》118 | | 宾二类 | | | 缀后同文见 613+ 英 557 |
| 626 | | | 宾二类 | | | |
| 627 | | | 宾二类 | 穷 | | |
| 628 正反 | | | 宾二类 | 㱿 | | |
| 629 | | | 宾二类 | | | |
| 630 | | | 宾二类 | | | |
| 631 | | | 宾二类 | | | |
| 632 | | | 宾二类 | | | |
| 633 | | | 宾二类 | | | |
| 634 正反 | | | 宾二类 | 㱿 | | |
| 635 正反 | | | 宾二类 | | | |
| 636 | | | 宾三类 | 爭 | | |
| 637 | | | 宾三类 | 爭 | 黄宾三<br>李彭宾二 | |
| 638 | | | 宾三类 | 爭 | | |
| 639 | | | 自历间类 | | | 非宾 |
| 640 | | | 自历间类 | | | 非宾 |
| 641 正反 | 641 正反 + | | 宾二类 | 㱿、亘、<br>古、韋 | 黄典宾 | |

续表

| 著录号 | 缀合 | 重片 | 类型划分 | 贞人 | 专家分类 | 其他说明 |
|---|---|---|---|---|---|---|
| 642 正反 | | | 宾二类 | | | |
| 643 正反 | 643 正反 + | | 宾二类 | 穷 | 黄典宾 | |
| 644 | | | 宾三类 | | | |
| 645 | | | 宾三类 | 穷 | | |
| 646 | | | 宾三类 | | | |
| 647 | | | 宾三类 | | | |
| 648 | | | 宾三类 | | | |
| 649 | 黄拼 649+10538 | | 宾二类 | 爭 | | 缀后同文见 9504、10537、10539、1583 |
| 650 | | | 宾三类 | | | |
| 651 | | | 宾三类 | 爭 | | |
| 652 | | | 宾三类 | | | |
| 653 | | | 宾三类 | | | |
| 654 | | | 宾三类 | | | |
| 655 正甲 | | | 宾二类 | 㱿、爭 | 黄宾一 / 典宾 | |
| 655 正乙 | | | 宾二类 | 㱿 | | |
| 655 反甲 | | | 宾二类 | | | |
| 656 正反 | | | 宾二类 | 古 | | 甲桥署辞（反） |
| 657 | | | 宾一类 | 爭 | | |
| 658 | | | 宾二类 | | | |
| 659 | | | 宾二类 | | | |
| 660 | | 40436 | 宾二类 | | | |
| 661 | | | 宾二类 | | | |
| 662 | | | 宾二类 | | | |
| 663 | 黄拼 14074+663+东文库 111 正倒 +英 125 正（40384 正） | | 宾二类 | | | |
| 664 | 664+35128+35331 | 32163 | 历二类 | | | 非宾 |
| 665 | | | 宾二类 | | | |
| 666 | | | 宾二类 | | | |
| 667 | | | 宾二类 | 㱿、爭、亘 | | |
| 668 | | | 宾三类 | | | |
| 669 | | | 宾二类 | | | |

续表

| 著录号 | 缀合 | 重片 | 类型划分 | 贞人 | 专家分类 | 其他说明 |
|---|---|---|---|---|---|---|
| 670 | | | 宾三类 | | | |
| 671 正反 | | | 宾二类 | 㱿 | | |
| 672 正反 | 672+1403+7176+14725+15453 | | 宾一类 | 㱿、爭 | 黄宾一 | |
| 673 | | | 宾一类 | | | |
| 674 | | | 宾一类 | | | |
| 675 正反 | | | 宾一类 | | | |
| 676 正反 | | | 宾一类 | | | |
| 677 | | | 宾一类 | | | |
| 678 | | | 𠂤宾间类 | | | |
| 679 正臼 | | | 宾二类 | 㱿 | | |
| 680 正臼 | | | 宾一类 | 爭 | | |
| 681 正臼 | | | 宾一类 | | | |
| 682 正臼 | | | 宾二类 | 爭 | 黄典宾 | |
| 683 | | | 宾二类 | | | |
| 684 | | | 宾二类 | | | |
| 685 正反 | | | 宾一类 | | | |
| 686 | | | 𠂤宾间类 | | | |
| 687 | | | 宾二类 | 穷 | | |
| 688 | | | 宾一类 | | | |
| 689 | | | 𠂤宾间类 | | | |
| 690 | | | 宾三类 | | | |
| 691 | | | 宾三类 | 㱿 | | |
| 692 | | | 宾三类 | | | |
| 693 | | | 宾三类 | | | |
| 694 | | | 宾三类 | | | 背甲 |
| 695 | | | 𠂤宾间类 | | | |
| 696 | | | 宾一类 | | 黄宾一 | |
| 697 正反 | | | 宾一类 | | 黄宾一 | |
| 698 正反 | | | 宾一类 | | | |
| 699 | | | 宾一类 | | | |
| 700 | | | 宾一类 | | | |
| 701 | | | 宾一类 | | | |
| 702 正反 | | | 宾一类 | | | |

续表

| 著录号 | 缀合 | 重片 | 类型划分 | 贞人 | 专家分类 | 其他说明 |
|---|---|---|---|---|---|---|
| 703 正反 | | | 宾一类 | | | |
| 704 | | | 宾一类 | | | |
| 705 | | | 宾一类 | | | |
| 706 | | | 宾一类 | | | |
| 707 正反 | | | 宾一类 | | | |
| 708 | | | 宾一类 | | | |
| 709 | | | 宾一类 | 亘 | | |
| 710 | | | 宾一类 | 穷 | | |
| 711 | | | 宾一类 | | | |
| 712 | | | 宾二类 | 㗊 | | |
| 713 | | | 宾一类 | | | |
| 714 | | | 宾一类 | | | |
| 715 正反 | 715+9088 | | 宾一类 | | | |
| 716 正反 | | | 宾一类 | | | |
| 717 正反 | | | 宾二类 | 𣪊 | | |
| 718 正反 | | | 宾一类 | | | |
| 719 正反 | | | 宾二类 | | | |
| 720 正 | | | 宾一类 | | | 背甲 |
| 721 正反 | | | 宾二类 | | | |
| 722 正反 | | | 宾二类 | | | |
| 723 正臼 | | | 宾二类 | 古 | | |
| 724 正反 | | | 宾一类 | | | |
| 725 正反 | | | 宾一类 | | | |
| 726 | | | 宾一类 | | | |
| 727 正反 | | | 宾一类 | | | |
| 728 | 黄拼 728+9906+15101 | | 宾一类 | 爭 | | |
| 729 | 729+792 | | 宾二类 | 𣪊 | | |
| 730 正反 | | | 宾二类 | | | |
| 731 | | | 宾二类 | 𣪊 | | |
| 732 | | | 宾二类 | | | |
| 733 | | | 宾二类 | | | |
| 734 正反 | | | 宾一类 | 𣪊 | 黄典宾 | 笔书（反） |
| 735 | | | 宾一类 | | | |

续表

| 著录号 | 缀合 | 重片 | 类型划分 | 贞人 | 专家分类 | 其他说明 |
|---|---|---|---|---|---|---|
| 736 | | | 宾一类 | | | |
| 737 正反 | | | 宾一类 | | | |
| 738 正反 | | | 宾二类 | 㱿、争 | | |
| 739 | | | 宾一类 | | | |
| 740 | | | 宾一类 | | | |
| 741 | | | 宾一类 | | | |
| 742 | | | 宾一类 | | | |
| 743 | | | 宾一类 | | | |
| 744 | | | 宾一类 | | | |
| 745 | 745+19284+1485 | | 宾一类 | | | |
| 746 | | | 宾一类 | | | |
| 747 | | | 宾一类 | | | |
| 748 | | | 宾一类 | | | |
| 749 | | | 宾一类 | | | |
| 750 | | | 宾一类 | | | |
| 751 | | | 宾一类 | | | |
| 752 | | | 宾一类 | | | 背甲 |
| 753 | | | 宾一类 | | | |
| 754 | | | 宾一类 | 穷 | | |
| 755 | | | 宾一类 | | | |
| 756 | | | 宾一类 | | | |
| 757 | | | 宾一类 | | | |
| 758 | | | 宾一类 | 王 | | |
| 759 | | | 宾一类 | | | |
| 760 正反 | | | 宾一类 | | | |
| 761 | | | 宾一类 | | | |
| 762 | 762+7176+1403+15453 | | 宾一类 | | | |
| 763 | | | 宾一类 | | | |
| 764 | | | 宾一类 | | | |
| 765 | | | 宾一类 | | | |
| 766 正反 | 766+3332 | | 宾一类 | 亘 | | |
| 767 正反 | 767 正反 +938 正反 | | 宾二类 | 㱿 | | |
| 768 正反 | | | 宾一类 | | | |

续表

| 著录号 | 缀合 | 重片 | 类型划分 | 贞人 | 专家分类 | 其他说明 |
|---|---|---|---|---|---|---|
| 769 | | | 宾一类 | | | |
| 770 | | | 宾一类 | | | |
| 771 | | | 宾一类 | | | |
| 772 正反 | | | 宾一类 | 㱿 | | |
| 773 甲乙 | | | 宾一类 | | | 背甲 |
| 774 | 774+778 正反 | | 宾二类 | | | |
| 775 正反 | | | 宾一类 | 爭 | | |
| 776 正反 | 776 正 + 乙 7618+ 乙 7619+ 乙 7620（林） | | 宾一类 | 㱿、爭 | 李彭宾一 B | |
| 777 正反 | 777+9274 | | 宾一类 | | | |
| 778 正反 | 778 正反 +774 | | 宾二类 | 㱿 | | |
| 779 正反 | | | 宾二类 | 穷、爭 | | |
| 780 | | | 宾二类 | | | |
| 781 | | | 宾二类 | | | |
| 782 | | | 宾二类 | | | |
| 783 | | | 宾一类 | | | |
| 784 | | | 宾一类 | | | |
| 785 | | | 宾一类 | | | |
| 786 正反 | | | 宾一类 | | | |
| 787 | | | 宾一类 | 爭 | | |
| 788 | | | 宾一类 | | | |
| 789 | | | 宾一类 | | | |
| 790 | | | 宾一类 | | | |
| 791 | | | 宾一类 | | | |
| 792 正反 | 769+792 | 16138 | 宾二类 | | | |
| 793 正反 | | | 宾三类 | 爭 | | |
| 794 | | | 宾三类 | | | |
| 795 正反 | | | 宾二类 | 㱿 | | 甲桥署辞（反） |
| 796 | | | 宾二类 | | | |
| 797 | | | 宾三类 | | | |
| 798 | | | 宾三类 | | | |
| 799 | | | 𠂤宾间类 | 王 | | |
| 800 | | | 宾二类 | 爭 | 黄典宾 | |
| 801 | | | 宾二类 | 爭 | | |

续表

| 著录号 | 缀合 | 重片 | 类型划分 | 贞人 | 专家分类 | 其他说明 |
|---|---|---|---|---|---|---|
| 802 | | | 宾二类 | | 黄典宾 | |
| 803 | | | 宾三类 | | | |
| 804 | | | 宾三类 | | | |
| 805 | | | 宾三类 | 爭 | 黄宾三 | |
| 806 | | | 宾三类 | | | |
| 807 | | | 宾一类 | | | |
| 808 正反 | | | 宾一类 | 亘 | | |
| 809 正反 | | | 宾二类 | 㝌 | | |
| 810 正反 | | | 宾二类 | | | |
| 811 正反 | | | 宾二类 | 𣪊、爭、亘 | | |
| 812 正反 | | | 宾一类 | 爭 | | |
| 813 | | | 宾二类 | | | |
| 814 | | | 𠂤宾间类 | | | |
| 815 | 815+6834+16125 | | 宾一类 | | | |
| 816 正反 | | | 宾一类 | | | |
| 817 | | | 宾三类 | 㝌 | | |
| 818 | | | 宾三类 | | | |
| 819 | | | 宾一类 | | | |
| 820 | | | 𠂤宾间类 | | | |
| 821 | | | 宾一类 | | | |
| 822 正反 | | | 宾一类 | 𣪊、古 | | |
| 823 | | | 宾三类 | | | |
| 824 | | | 宾三类 | 㝌 | | |
| 825 | | | 宾一类 | | | 背甲 |
| 826 | | 39525 | 宾二类 | 㝌、𣪊 | 黄典宾 | |
| 827 | | | 宾二类 | 㝌 | | |
| 828 正反 | | | 宾二类 | | | |
| 829 正反 | | | 宾二类 | 𣪊 | | |
| 830 | | | 宾三类 | | | |
| 831 | | | 宾三类 | | | |
| 832 | | | 宾三类 | | | |
| 833 | | | 宾三类 | | | |
| 834 | | | 宾三类 | 爭 | | |

续表

| 著录号 | 缀合 | 重片 | 类型划分 | 贞人 | 专家分类 | 其他说明 |
| --- | --- | --- | --- | --- | --- | --- |
| 835 | | | 宾三类 | | | 背甲 |
| 836 | | | 宾二类 | | | |
| 837 | | | 宾三类 | | | |
| 838 正反 | | | 宾二类 | 争 | 李彭宾一 B | 甲桥署辞（反） |
| 839 | | | 宾二类 | | | |
| 840 | | | 宾二类 | | | |
| 841 | | | 宾二类 | 古 | | |
| 842 | | | 宾二类 | | | |
| 843 | | | 宾二类 | | | |
| 844 | | | 宾二类 | | | |
| 845 | | | 宾二类 | | | |
| 846 | 黄拼 10104（=846）+847 | | 宾二类 | | | |
| 847 | 黄拼 847+10104（=846） | | 宾二类 | | | |
| 848 | | | 宾二类 | | | |
| 849 正臼 | 849 正 +850 | | 宾二类 | 穷、彀 | | |
| 850 | 850+849 正 | | 宾二类 | | | |
| 851 | | | 宾二类 | | | |
| 852 正反 | | | 宾二类 | | | |
| 853 | | | 宾三类 | | | |
| 854 | | | 宾一类 | | | |
| 855 | | | 宾二类 | | | |
| 856 | | | 宾一类 | | | |
| 857 | | | 宾一类 | | | |
| 858 | | | 宾二类 | 争、亘 | | |
| 859 | | | 宾二类 | 争、古 | | |
| 860 | | | 宾二类 | | | |
| 861 | | | 宾二类 | 彀、争 | | |
| 862 | | | 宾三类 | | | |
| 863 | | | 宾二类 | | | |
| 864 | 864+11473 | | 自宾间类 | | | |
| 865 | | | 宾三类 | | | |
| 866 | | | 宾二类 | | | |
| 867 | | | 宾二类 | | | |

续表

| 著录号 | 缀合 | 重片 | 类型划分 | 贞人 | 专家分类 | 其他说明 |
|---|---|---|---|---|---|---|
| 868 | | | 宾一类 | | | |
| 869 | | | 宾二类 | 古 | | |
| 870 正反 | 870 正 +6232 正 | | 宾二类 | | | |
| 871 | | | 宾一类 | 爭 | | |
| 872 | | | 宾一类 | | | |
| 873 | | | 宾三类 | | | |
| 874 | | | 宾二类 | 穷 | 黄宾三 | |
| 875 正反 | | | 宾二类 | | | |
| 876 | | | 宾二类 | | | |
| 877 | | | 宾一类 | | | |
| 878 | | | 宾一类 | | | |
| 879 | | | 宾二类 | 𣪊 | | |
| 880 | | | 宾一类 | 爭、内 | 李彭宾一 A | |
| 881 | | | 宾一类 | | | |
| 882 | 882+1676 | | 宾二类 | | | |
| 883 正反 | | | 宾一类 | | | |
| 884 | | | 宾一类 | | | |
| 885 正反 | | | 宾二类 | 亘、𠀠 | | |
| 886 | | | 宾一类 | | | |
| 887 | | | 𠂤宾间类 | | | |
| 888 | | | 宾一类 | | | |
| 889 | | | 宾二类 | | | |
| 890 | | | 宾二类 | | | |
| 891 正反 | | | 宾一类 | 爭 | | |
| 892 正反 | | | 宾二类 | 𣪊 | | |
| 893 正反 | | | 宾二类 | | | |
| 894 | | | 宾一类 | 𣪊 | | |
| 895 甲乙丙 | | | 宾一类 | 𣪊、内 | | |
| 896 正反 | | | 宾二类 | 穷 | 黄典宾 | |
| 897 | | | 宾二类 | 𣪊 | | |
| 898 | 黄拼 898+11297+ 无号甲 + 乙补 4375 倒 + 乙补 4373+ 乙补 4359 | | 宾一类 | | | |

续表

| 著录号 | 缀合 | 重片 | 类型划分 | 贞人 | 专家分类 | 其他说明 |
|---|---|---|---|---|---|---|
| 899 | | | 𠂤宾间类 | 宁 | 黄𠂤历间 B | 黄非宾 |
| 900 正反 | | | 宾二类 | 㱿 | 黄宾一 / 典宾 | |
| 901 | | | 宾二类 | 㱿 | | |
| 902 正反 | | | 宾二类 | 㱿 | | 甲桥署辞（反） |
| 903 正反 | | | 宾二类 | 㱿 | 黄宾一 / 典宾 | |
| 904 正反 | | | 宾二类 | 宁、㱿 | | |
| 905 正反 | | | 宾一类 | 㱿、亘 | | |
| 906 正反 | | | 宾一类 | 争 | | |
| 907 正反 | 907 正反 +2947+ | | 宾二类 | | | |
| 908 | | | 𠂤宾间类 | | | |
| 909 | | | 宾一类 | 内、㱙 | 李彭宾一 B | |
| 910 | | | 宾一类 | | | |
| 911 | 黄拼 911+ 合补 4359 | 11682 | 宾二类 | 争 | | |
| 912 | | | 宾一类 | | | |
| 913 | | | 宾一类 | | | |
| 914 正反 | | | 宾二类 | 宁 | | |
| 915 正反 | | | 宾二类 | | | |
| 916 正反 | | | 宾二类 | 㱿、古 | | |
| 917 正反 | | | 宾一类 | | | |
| 918 正反 | | | 宾二类 | 宁 | | |
| 919 | | | 宾一类 | | | |
| 920 | | | 宾二类 | | | |
| 921 | | | 宾二类 | | | |
| 922 | | | 宾二类 | | | |
| 923 正反 | | | 宾二类 | | | |
| 924 正反 | | | 宾二类 | 㱿 | | |
| 925 | | | 𠂤宾间类 | | | |
| 926 正反 | | | 宾二类 | 宁 | | |
| 927 | | | 宾一类 | | | |
| 928 | | | 宾一类 | | | |
| 929 | | | 宾一类 | | | |
| 930 | 黄拼 930+14019 正反 +15127 | | 宾一类 | | | |

续表

| 著录号 | 缀合 | 重片 | 类型划分 | 贞人 | 专家分类 | 其他说明 |
|---|---|---|---|---|---|---|
| 931 | | | 宾一类 | 爭 | | |
| 932 | | | 宾一类 | | | |
| 933 | | 1017 | 宾一类 | | | |
| 934 | | | 宾一类 | | | |
| 935 正臼 | | | 宾二类 | 穷 | | |
| 936 | | | 宾二类 | | | |
| 937 | | | 宾二类 | | | |
| 938 正反 | 938 正反 +767 正反 | | 宾二类 | | | 甲桥署辞（反） |
| 939 正反 | | | 宾一类 | 爭 | | |
| 940 正反 | | | 宾二类 | 穷、古 | | |
| 941 | 941+14722 | | 宾二类 | 亘 | | |
| 942 | | | 宾二类 | | | |
| 943 正反 | | | 宾二类 | | | |
| 944 正反 | | | 宾一类 | | | |
| 945 正反 | | | 宾一类 | 㱿、爭 | | |
| 946 正反 | | | 宾二类 | 㱿 | | |
| 947 正反 | 947 正反 +1726 | | 宾二类 | | | |
| 948 | | 14855+16023 | 宾三类 | | | |
| 949 | | | 宾一类 | | | |
| 950 | | | 宾一类 | | | |
| 951 | | | 宾二类 | | | |
| 952 正反 | | | 宾一类 | 爭 | | |
| 953 | | | 宾一类 | | | |
| 954 | | | 宾二类 | 爭 | | |
| 955 | | | 宾二类 | 穷 | | |
| 956 | | | 宾二类 | | | |
| 957 | | | 宾一类 | | | |
| 958 | | | 宾一类 | | | |
| 959 | | | 宾一类 | | | |
| 960 | | | 宾一类 | | | |
| 961 | | | 𠂤宾间类 | | | |
| 962 | | | 宾三类 | 爭 | 黄宾三 | |
| 963 | | 15780 | 宾一类 | 㱿 | | |
| 964 | | | 𠂤历间类 | | 黄𠂤历间 A | 非宾 |

续表

| 著录号 | 缀合 | 重片 | 类型划分 | 贞人 | 专家分类 | 其他说明 |
|---|---|---|---|---|---|---|
| 965 正反 | | | 宾一类 | | | |
| 966 | | | 宾一类 | | | |
| 967 | | | 宾二类 | 耳 | | |
| 968 | | | 𠂤宾间类 | | 黄𠂤宾间 A | |
| 969 | | | 宾一类 | | 黄宾一 | |
| 970 | | | 宾二类 | 㱿 | | |
| 971 | | | 𠂤宾间类 | | | |
| 972 | | | 宾一类 | | | 笔书（反） |
| 973 正反 | | | 宾二类 | 穷、古 | | |
| 974 正反 | 974 正反 + | | 宾二类 | | | |
| 975 正反 | | | 宾二类 | 争 | | |
| 976 | | | 宾一类 | | | |
| 977 | | | 宾一类 | | | |
| 978 | | | 宾二类 | 穷 | | |
| 979 | | | 宾一类 | | | |
| 980 正反 | | | 宾一类 | | | |
| 981 | | | 宾二类 | | | |
| 982 | | | 宾二类 | | | |
| 983 | | | 宾一类 | | | |
| 984 | | 39536 | 宾三类 | | | 背甲 |
| 985 | | | 宾三类 | | | |
| 986 | | | 宾一类 | | | |
| 987 | | | 宾一类 | 内 | | |
| 988 | | | 宾一类 | 㱿 | | |
| 989 | | | 宾三类 | | | |
| 990 | | | 宾三类 | | | |
| 991 正反 | | | 宾一类 | 穷 | | |
| 992 正反 | | | 宾一类 | | | |
| 993 正反 | 黄拼 993+ 英 1101 | | 宾一类 | | | |
| 994 | | | 宾一类 | | | |
| 995 | | | 宾一类 | | | |
| 996 | | | 宾三类 | | | |
| 997 | | | 宾二类 | | | |
| 998 | | | 宾一类 | | | |

续表

| 著录号 | 缀合 | 重片 | 类型划分 | 贞人 | 专家分类 | 其他说明 |
|---|---|---|---|---|---|---|
| 999 | | | 自宾间类 | | | |
| 1000 | | | 宾三类 | | | |
| 1001 | | | 宾二类 | 穷 | | |
| 1002 | | | 宾二类 | | | |
| 1003 | | | 宾三类 | | | |
| 1004 正反 | 黄拼 1004 正反 +115103 + 乙 7982+ 乙补 1926 +16075+ 乙补 2093 +2461+ 乙补 6878+ 无号甲 | | 宾一类 | | | |
| 1005 | 1005+6468 | | 宾二类 | | | |
| 1006 | 1006+13167 | | 宾一类 | 永 | | |
| 1007 | | | 宾二类 | | | |
| 1008 | | | 宾一类 | | | |
| 1009 | | | 宾二类 | | | |
| 1010 | | | 宾一类 | | | |
| 1011 | | | 自宾间类 | | | |
| 1012 | | | 宾二类 | | | |
| 1013 | | 19795 | 自宾间类 | | | 背甲 |
| 1014 | | | 宾三类 | | | |
| 1015 | | | 宾一类 | | | |
| 1016 | | | 宾一类 | | | |
| 1017 | | 933 | 宾一类 | | | |
| 1018 | | | 自宾间类 | | | |
| 1019 | | | 宾三类 | | | |
| 1020 | | | 宾二类 | 王 | | |
| 1021 | | | 宾二类 | 𠬝 | | |
| 1022 甲乙 | | | 自宾间类 | | 黄自宾间 A<br>李彭自宾间 | |
| 1023 | | | 自宾间类 | 王 | | |
| 1024 | | | 自宾间类 | | | |
| 1025 | | | 自宾间类 | | | |
| 1026 | | | 自宾间类 | | 黄自宾间 A<br>李彭自宾间 | |
| 1027 正反 | 1027 正反 + | | 宾一类 | 㱿、爭 | 李彭宾一 A | |

续表

| 著录号 | 缀合 | 重片 | 类型划分 | 贞人 | 专家分类 | 其他说明 |
|---|---|---|---|---|---|---|
| 1028 | | | 宾一类 | | | |
| 1029 | | | 𠂤宾间类 | | 黄𠂤宾间 A | |
| 1030 | | | 宾一类 | | | |
| 1031 | | | 𠂤宾间类 | | | |
| 1032 正反 | | （新）反 =6863 | 宾一类 | 𣪕 | | |
| 1033 | | | 𠂤宾间类 | | | |
| 1034 | 1034+9103 | | 宾一类 | | | |
| 1035 | | | 𠂤宾间类 | | | |
| 1036 | | | 𠂤宾间类 | | | |
| 1037 | | | 宾一类 | | | |
| 1038 正反 | | | 𠂤宾间类 | | | |
| 1039 | | | 宾一类 | | | |
| 1040 | | | 宾一类 | | | |
| 1041 | | | 宾三类 | | | |
| 1042 | | | 宾一类 | | | |
| 1043 | | | 宾二类 | | | |
| 1044 | | | 宾一类 | | | |
| 1045 | | | 𠂤宾间类 | | | |
| 1046 | | | 宾一类 | 爭 | | |
| 1047 | | 17222 | 宾二类 | 𣪕 | | |
| 1048 | | | 𠂤宾间类 | | | |
| 1049 | | | 𠂤宾间类 | | | |
| 1050 正反 | | | 𠂤宾间类 | | | |
| 1051 正反 | | | 宾二类 | 𣪕、爭 | | |
| 1052 正反 | | | 宾一类 | 爭 | | |
| 1053 | | | 宾一类 | | | |
| 1054 | | | 宾一类 | | | |
| 1055 | | | 宾二类 | | | |
| 1056 | | | 宾一类 | | | |
| 1057 | | | 宾一类 | | | 背甲 |
| 1058 | | | 宾一类 | | | |
| 1059 | | | 𠂤宾间类 | | | |
| 1060 | | | 𠂤宾间类 | | | |
| 1061 | | | 宾一类 | | | |

续表

| 著录号 | 缀合 | 重片 | 类型划分 | 贞人 | 专家分类 | 其他说明 |
|---|---|---|---|---|---|---|
| 1062 | | | 宾三类 | | | |
| 1063 | | | 𠂤宾间类 | | | |
| 1064 | | | 宾二类 | | | |
| 1065 | | | 宾一类 | | | |
| 1066 正反 | | | 宾二类 | 㱿 | | |
| 1067 | | | 宾三类 | | | |
| 1068 | | | 宾三类 | | | |
| 1069 | | | 宾二类 | | | |
| 1070 | | | 宾三类 | | | |
| 1071 正反 | | | 宾一类 | | | |
| 1072 | | | 宾三类 | | | |
| 1073 | | | 宾三类 | 争 | 黄宾三 | |
| 1074 | | | 宾二类 | | | |
| 1075 正反 | | | 宾二类 | 王、亘 | 黄典宾 | |
| 1076 正反 | 黄拼 1076 正反 + 14315 正反 | | 宾二类 | 宀 | | |
| 1077 | | 22601 | 宾一类 | 古 | | |
| 1078 | 1078+4203 遥缀 3397 | | 宾二类 | | | |
| 1079 | | | 𠂤宾间类 | | | |
| 1080 正反 | | | 宾二类 | 宀 | | |
| 1081 | | | 宾三类 | | | |
| 1082 | | | 宾一类 | | | |
| 1083 | | | 宾二类 | | | |
| 1084 | | | 宾一类 | | | |
| 1085 | | | 宾一类 | | | |
| 1086 正反 | | | 宾一类 | 古 | | |
| 1087 | | | 𠂤宾间类 | | | |
| 1088 | | | 𠂤宾间类 | | | |
| 1089 | 1089+5913 | | 宾一类 | | | |
| 1090 | | | 宾一类 | 宀 | | |
| 1091 | | | 𠂤宾间类 | | | |
| 1092 | | | 𠂤宾间类 | | | |
| 1093 | | | 𠂤宾间类 | | 黄𠂤宾间 A | |
| 1094 正反 | | | 宾二类 | | | |

续表

| 著录号 | 缀合 | 重片 | 类型划分 | 贞人 | 专家分类 | 其他说明 |
|---|---|---|---|---|---|---|
| 1095 | 1095+18707 | | 宾二类 | | | |
| 1096 | | | 宾三类 | | | |
| 1097 | | | 宾二类 | | | |
| 1098 | | | 宾一类 | | | |
| 1099 正反 | | | 宾三类 | 穷 | | |
| 1100 正反 | | | 宾二类 | 穷 | | |
| 1101 正反 | | | 宾一类 | | | |
| 1102 | | | 宾一类 | | | |
| 1103 | | | 宾一类 | | | |
| 1104 | | | 宾一类 | | | |
| 1105 | | | 宾一类 | | | |
| 1106 正反 | 1106+12063 | | 宾一类 | 古 | | 背甲 |
| 1107 | | | 宾二类 | 㱿 | | |
| 1108 正反 | | | 宾二类 | 㱿 | 黄典宾 | |
| 1109 正反 | | | 宾二类 | 㱿 | 黄典宾 | |
| 1110 正反 | | | 宾二类 | 㱿 | 黄典宾 | |
| 1111 正反 | 黄拼 1111 正 + 英 730 | | 宾二类 | | | |
| 1112 | | | 宾二类 | | | |
| 1113 | | | 宾二类 | | | |
| 1114 正反 | | | 宾二类 | 争 | | 甲桥署辞（反） |
| 1115 正反 | | | 宾二类 | 亘 | | |
| 1116 | | | 宾二类 | | | |
| 1117 | | | 𠂤宾间类 | | | |
| 1118 | | | 宾三类 | 古 | | |
| 1119 | | | 宾三类 | | | |
| 1120 | | | 𠂤宾间类 | | | |
| 1121 正臼 | | | 宾一类 | | | |
| 1122 | | | 宾一类 | | | |
| 1123 正臼 | 1123+ | | 宾二类 | 穷 | | |
| 1124 | 黄拼 1124+12317 | | 宾二类 | | | |
| 1125 | | | 宾二类 | 争 | | |
| 1126 | | | 宾一类 | | | |
| 1127 | | | 宾一类 | | | |
| 1128 | | | 宾一类 | | | |

续表

| 著录号 | 缀合 | 重片 | 类型划分 | 贞人 | 专家分类 | 其他说明 |
|---|---|---|---|---|---|---|
| 1129 | | | 宾一类 | | | |
| 1130 正反 | | | 宾二类 | | | |
| 1131 正反 | | | 宾二类 | | | |
| 1132 | | | 宾二类 | | | |
| 1133 | | | 宾一类 | | | |
| 1134 | | | 宾三类 | | | |
| 1135 | | | 宾二类 | 爭 | | |
| 1136 | | | 宾二类 | | | |
| 1137 | 1137+15674 | | 宾二类 | | | |
| 1138 | | | 宾三类 | | | |
| 1139 | | | 宾三类 | 穷 | 李彭宾二 | 背甲 |
| 1140 正反 | | | 宾一类 | 穷、𣪘 | 李彭宾一 A | |
| 1141 正反 | | | 宾一类 | | | |
| 1142 正反 | | | 宾三类 | | | 习刻（反） |
| 1143 | | | 宾一类 | 爭 | | |
| 1144 | | | 宾一类 | 穷 | 黄宾一 | 背甲 |
| 1145 | | | 宾一类 | | | |
| 1146 | | | 宾一类 | | | |
| 1147 | | | 宾一类 | 爭 | | |
| 1148 | | | 宾一类 | | | |
| 1149 | | | 宾一类 | | | |
| 1150 | | | 宾一类 | | | |
| 1151 | | | 宾一类 | 𣪘 | | |
| 1152 | | | 宾一类 | | | |
| 1153 | | | 宾一类 | | | |
| 1154 | | | 宾一类 | | | |
| 1155 | | | 宾一类 | 𣪘 | | |
| 1156 正反 | | | 宾二类 | | | |
| 1157 正反 | | | 宾二类 | 爭 | | |
| 1158 | | | 宾三类 | 爭 | | |
| 1159 | 1159+14852+14863 | | 宾三类 | | 李彭宾二 | |
| 1160 | | | 宾三类 | | | |
| 1161 | | | 宾一类 | | | |
| 1162 | | | 宾一类 | | | |

续表

| 著录号 | 缀合 | 重片 | 类型划分 | 贞人 | 专家分类 | 其他说明 |
|---|---|---|---|---|---|---|
| 1163 | | | 宾三类 | | | |
| 1164 | | | 宾三类 | | | |
| 1165 | | | 宾二类 | | | |
| 1166 甲乙 | 1166 甲乙 + | | 自宾间类 | | | |
| 1167 正反 | | | 宾二类 | | | |
| 1168 正反 | | | 宾二类 | | | |
| 1169 | | | 宾三类 | 㱿 | | |
| 1170 | | | 宾一类 | | | |
| 1171 正反 | | | 宾一类 | | | |
| 1172 | | | 宾一类 | | | |
| 1173 | | | 宾二类 | | | |
| 1174 | | | 宾三类 | | | |
| 1175 | | | 宾二类 | 爭 | | |
| 1176 | | | 宾一类 | 㱿 | | |
| 1177 | | | 宾一类 | | | |
| 1178 | | | 宾一类 | | | |
| 1179 | | | 宾一类 | | | |
| 1180 | | | 宾一类 | | | |
| 1181 正反 | | | 宾二类 | | | |
| 1182 | | | 宾三类 | 穷 | | |
| 1183 | | | 宾三类 | | | |
| 1184 | | | 宾二类 | | | |
| 1185 | | | 宾二类 | 亘 | | |
| 1186 | | | 宾二类 | | | |
| 1187 | | | 宾二类 | | | |
| 1188 | | | 宾三类 | | | |
| 1189 | | | 宾二类 | 穷 | | |
| 1190 | | | 宾一类 | | | |
| 1191 正反 | | | 宾一类 | 穷 | | |
| 1192 | | | 宾一类 | | | |
| 1193 | | | 宾三类 | | | |
| 1194 | | | 宾三类 | | | |
| 1195 | | | 宾二类 | | | |
| 1196 | | | 宾二类 | | | |

续表

| 著录号 | 缀合 | 重片 | 类型划分 | 贞人 | 专家分类 | 其他说明 |
|---|---|---|---|---|---|---|
| 1197 | 黄拼 1197+1202 | | 宾二类 | | | |
| 1198 | | | 宾三类 | | | |
| 1199 | | | 宾二类 | | | |
| 1200 | | | 宾三类 | | | |
| 1201 | | | 宾三类 | | | |
| 1202 | 黄拼 1202+1197 | | 𠂤宾间类 | | 黄宾一<br>李彭宾一 A | |
| 1203 正反 | 黄拼 1203+ 合补 6038 | | 宾二类 | | | |
| 1204 | | | 宾一类 | | | |
| 1205 | | | 宾二类 | | | |
| 1206 | | | 宾一类 | | | |
| 1207 | | | 宾二类 | | | |
| 1208 | 1208+232 正反 +249 | | 宾二类 | | | |
| 1209 | | | 宾二类 | | | |
| 1210 | | | 宾二类 | 㱿 | | |
| 1211 | | | 𠂤宾间类 | | | |
| 1212 | | | 𠂤宾间类 | | | |
| 1213 | | | 宾一类 | | | |
| 1214 | | | 宾三类 | | | |
| 1215 | | | 宾一类 | | | |
| 1216 | | | 宾一类 | | | |
| 1217 | | | 宾一类 | 㱿 | | |
| 1218 | | | 宾一类 | | | |
| 1219 | | | 宾一类 | | | |
| 1220 | | | 宾三类 | | | |
| 1221 | | | 宾三类 | | | |
| 1222 | | | 宾三类 | | | |
| 1223 | | | 宾一类 | | | |
| 1224 | 黄拼 1224+6149<br>（合补 1846） | | 宾二类 | | | |
| 1225 | | | 宾二类 | | | |
| 1226 | | | 宾二类 | | | |
| 1227 | | | 宾三类 | 爭 | | |
| 1228 | | | 宾三类 | | | |
| 1229 正反 | | | 宾一类 | | | |

续表

| 著录号 | 缀合 | 重片 | 类型划分 | 贞人 | 专家分类 | 其他说明 |
|---|---|---|---|---|---|---|
| 1230 | | | 宾一类 | | | |
| 1231 | 1231+ | | 自宾间类 | | 黄宾一 | 背甲 |
| 1232 | | | 自宾间类 | | | |
| 1233 正反 | 1233 正反 + | | 宾二类 | | | |
| 1234 | | | 宾二类 | | | |
| 1235 | | | 宾二类 | | | |
| 1236 | | | 宾二类 | | | |
| 1237 | | | 宾一类 | | | |
| 1238 | | | 宾一类 | | | |
| 1239 | | | 宾一类 | | | |
| 1240 | | | 宾二类 | 穷 | | |
| 1241 | | 39563 | 宾二类 | | | |
| 1242 正反 | | | 宾二类 | 穷、箙 | | |
| 1243 | 1243+4916+15812 | | 自宾间类 | | | |
| 1244 | | | 宾二类 | | | |
| 1245 | | | 宾一类 | | | |
| 1246 | | | 宾二类 | | | |
| 1247 | | | 宾二类 | | | |
| 1248 正反 | 黄拼 1248+13642+<br>合补 2653+ 乙 1617+<br>乙 3367 乙 +2934 | | 宾二类 | 㱿、争 | 李彭宾一 B | 甲桥署辞（反） |
| 1249 | | | 自宾间类 | 王 | | |
| 1250 | | | 宾一类 | | | |
| 1251 | | | 宾三类 | 充、事 | 黄宾三 | |
| 1252 | | | 宾一类 | | | |
| 1253 正反 | | | 宾二类 | | | |
| 1254 | | | 宾二类 | 㱿 | | |
| 1255 | | | 宾三类 | 穷 | | |
| 1256 | | | 宾二类 | | | |
| 1257 | | | 宾二类 | | | |
| 1258 | | 22720 | 宾三类 | | | |
| 1259 | | | 宾一类 | | | |
| 1260 | | | 宾一类 | | | |
| 1261 | | | 宾一类 | | | |

续表

| 著录号 | 缀合 | 重片 | 类型划分 | 贞人 | 专家分类 | 其他说明 |
|---|---|---|---|---|---|---|
| 1262 | | | 自宾间类 | | | |
| 1263 | | | 自宾间类 | | | |
| 1264 | | | 自宾间类 | | | |
| 1265 | | | 宾三类 | | | |
| 1266 | | | 自宾间类 | | | |
| 1267 | | | 宾一类 | | | |
| 1268 | | | 宾三类 | | | |
| 1269 | | | 宾一类 | | | |
| 1270 | | | 宾一类 | | | |
| 1271 | | | 宾二类 | | | |
| 1272 | | | 宾二类 | 㱿 | | |
| 1273 | | | 宾二类 | | | |
| 1274 | | | 宾二类 | | | |
| 1275 | | | 宾二类 | 古 | | |
| 1276 | 黄拼 1276（=1277）+ 6244+8571+39859 | | 宾二类 | | | |
| 1277 | 黄拼 1277（=1276）+ 6244+8571+39859 | | 宾二类 | | | |
| 1278 | | | 宾二类 | | | |
| 1279 | | | 宾二类 | | | |
| 1280 | 1280+ | | 宾二类 | | | |
| 1281 | | | 宾二类 | | | |
| 1282 | | | 宾二类 | | | |
| 1283 | | | 宾二类 | 宁 | | |
| 1284 | | | 宾二类 | | | |
| 1285 正反 | | | 宾一类 | | | 笔书（反） |
| 1286 | | | 宾二类 | | | |
| 1287 | | | 宾二类 | 㱿 | | |
| 1288 | | | 宾二类 | | | |
| 1289 | | | 宾一类 | | | |
| 1290 | | | 宾二类 | | | |
| 1291 | | | 宾三类 | 事 | 黄宾三<br>李彭宾二 | 背甲 |
| 1292 | | | 宾三类 | 宁 | 李彭宾二 | |
| 1293 | 1293+1294+1473 | | 宾三类 | | | |

续表

| 著录号 | 缀合 | 重片 | 类型划分 | 贞人 | 专家分类 | 其他说明 |
|---|---|---|---|---|---|---|
| 1294 | 1294+1293+1473 | | 宾三类 | 王 | | |
| 1295 | | | 宾二类 | 㱿 | | |
| 1296 | | | 宾二类 | 穷 | | |
| 1297 | | | 宾二类 | | | |
| 1298 | 1298+5808 | | 宾二类 | | | |
| 1299 | | | 宾三类 | | | |
| 1300 | | | 宾二类 | | | |
| 1301 | | | 宾二类 | 爭 | | |
| 1302 | | | 宾三类 | | | |
| 1303 正反 | | | 宾二类 | | | |
| 1304 | | | 宾二类 | | | |
| 1305 正反 | 黄拼 1305 正反 +<br>合补 4980 正反<br>+1506+14431 | | 宾二类 | 㱿 | | |
| 1306 | 1306+8094 | | 宾三类 | 穷 | 黄宾三 | |
| 1307 正反 | | | 宾二类 | 㱿 | | |
| 1308 | | | 宾二类 | | | |
| 1309 | | | 宾三类 | | | |
| 1310 正反 | | | 宾三类 | | | |
| 1311 | | | 宾三类 | | | |
| 1312 | | | 宾一类 | | | |
| 1313 | | | 宾一类 | | | |
| 1314 | | | 宾二类 | | | |
| 1315 | | | 宾三类 | | | |
| 1316 | | | 宾二类 | | | |
| 1317 正反 | | | 宾三类 | | | |
| 1318 正反 | | | 宾三类 | | | |
| 1319 | | | 宾三类 | 亘 | | |
| 1320 | | | 宾三类 | | | |
| 1321 | | | 宾三类 | | | |
| 1322 正反 | | | 宾三类 | | | |
| 1323 | | | 宾三类 | | | |
| 1324 | | | 宾三类 | | | |
| 1325 | 黄拼 1325+11107 | | 宾二类 | | | |
| 1326 | | | 宾三类 | | | |

续表

| 著录号 | 缀合 | 重片 | 类型划分 | 贞人 | 专家分类 | 其他说明 |
|---|---|---|---|---|---|---|
| 1327 | | | 宾三类 | | | |
| 1328 | | | 宾三类 | | | |
| 1329 | | | 宾三类 | | | |
| 1330 | | | 宾三类 | 亘 | | |
| 1331 | | | 宾三类 | | | |
| 1332 | | | 宾三类 | | | |
| 1333 | | | 宾三类 | | | |
| 1334 | | | 宾三类 | | | |
| 1335 | | | 宾三类 | | | |
| 1336 正臼 | | | 宾二类 | 㱿 | | |
| 1337 | | | 宾二类 | | | |
| 1338 | | | 宾二类 | | | |
| 1339 | | | 宾三类 | 穷 | | |
| 1340 | | | 自宾间类 | | | |
| 1341 | | | 自宾间类 | | | |
| 1342 | | | 自宾间类 | | | |
| 1343 | | | 自宾间类 | | | |
| 1344 | | | 自宾间类 | | | |
| 1345 | | | 宾一类 | 爭 | | |
| 1346 | | | 宾一类 | 㱿 | | |
| 1347 | | | 宾二类 | | | |
| 1348 | | | 自宾间类 | 王 | | |
| 1349 正反 | | | 宾一类 | | | |
| 1350 | | | 宾一类 | | | |
| 1351 | 1351+ | | 宾二类 | 㱿 | | |
| 1352 | 黄拼 1352 正反 +6143 正反 | | 自宾间类 | | | |
| 1353 | | | 宾一类 | | | |
| 1354 | | | 宾一类 | | | |
| 1355 | | | 宾一类 | | | |
| 1356 | | | 宾一类 | | | |
| 1357 | | | 宾一类 | | | |
| 1358 | | | 宾一类 | | | |
| 1359 | | | 宾一类 | | | |
| 1360 | | | 宾一类 | | | |

续表

| 著录号 | 缀合 | 重片 | 类型划分 | 贞人 | 专家分类 | 其他说明 |
|---|---|---|---|---|---|---|
| 1361 | | | 宾一类 | | | |
| 1362 | | | 宾一类 | | | |
| 1363 | | | 宾一类 | | | |
| 1364 正反 | 1364+1410+1463+5381 | | 宾二类 | | | |
| 1365 | | | 宾二类 | 穷 | | |
| 1366 | | | 宾二类 | | | |
| 1367 | | | 宾三类 | | | |
| 1368 | | | 宾三类 | | | |
| 1369 | | | 宾一类 | | | |
| 1370 | | | 宾一类 | 穷 | | |
| 1371 | | | 宾三类 | | | |
| 1372 | | | 宾一类 | | | |
| 1373 | | | 宾三类 | | | |
| 1374 | | | 宾一类 | | | |
| 1375 | | | 宾三类 | | | |
| 1376 | | | 宾三类 | | | |
| 1377 | | | 宾一类 | | | |
| 1378 | | | 宾一类 | | | |
| 1379 | | 4917 | 宾一类 | | | |
| 1380 | | | 宾一类 | | | |
| 1381 | 黄拼 1381+5565 | | 宾二类 | | | |
| 1382 | | | 宾一类 | | | |
| 1383 | | | 宾一类 | | | |
| 1384 | | | 宾一类 | | | |
| 1385 正反 | | | 宾二类 | | | 笔书（反） |
| 1386 正反 | | | 待考 | | | 漫漶，疑非宾 |
| 1387 正反 | | | 宾二类 | 爭 | | |
| 1388 | | | 宾一类 | | | |
| 1389 | | | 宾一类 | | | |
| 1390 | | | 宾二类 | | | |
| 1391 正反 | | | 宾一类 | | | |
| 1392 | | | 宾二类 | | | |
| 1393 | | | 宾二类 | | | |
| 1394 正反 | | | 宾二类 | 亘 | | |

续表

| 著录号 | 缀合 | 重片 | 类型划分 | 贞人 | 专家分类 | 其他说明 |
|---|---|---|---|---|---|---|
| 1395 正反 | | | 宾二类 | 㱿 | | |
| 1396 | | | 宾二类 | | | |
| 1397 | | | 宾二类 | | | |
| 1398 | | | 宾二类 | | | |
| 1399 | | | 宾二类 | | | |
| 1400 | | | 宾二类 | | | |
| 1401 | | | 宾二类 | | | |
| 1402 正反 | 1402 正反 + | | 宾二类 | 㱿 | | |
| 1403 | 1403+672+7176+14725+15453 | | 宾一类 | | | |
| 1404 | | | 宾二类 | 争 | | |
| 1405 | | | 宾二类 | | | |
| 1406 | | | 宾一类 | | | |
| 1407 | | | 宾二类 | | | |
| 1408 | | | 宾二类 | | | |
| 1409 | | | 宾二类 | | | |
| 1410 正反 | 1410+1364+1463+5381 | | 宾二类 | | | |
| 1411 | | | 宾三类 | | | |
| 1412 | | | 宾三类 | | | |
| 1413 | | | 宾三类 | | | |
| 1414 | | | 宾三类 | | | |
| 1415 | | | 宾三类 | 㝊 | | |
| 1416 | | | 𠂤宾间类 | | | |
| 1417 | | | 宾一类 | | | |
| 1418 | | | 宾三类 | | | |
| 1419 | | | 宾三类 | | | |
| 1420 | | | 宾三类 | | | |
| 1421 | | | 宾一类 | | | |
| 1422 | | | 宾一类 | | | |
| 1423 | | | 宾一类 | 㱿 | | |
| 1424 | | | 𠂤宾间类 | | 李彭宾一 B | |
| 1425 | | | 宾一类 | | | |
| 1426 | | | 宾一类 | | | |
| 1427 | | | 𠂤宾间类 | | | |

续表

| 著录号 | 缀合 | 重片 | 类型划分 | 贞人 | 专家分类 | 其他说明 |
|---|---|---|---|---|---|---|
| 1428 | | | 宾一类 | | | |
| 1429 正反 | | | 宾一类 | 㱿 | | |
| 1430 甲乙 | 1430 甲乙 + | | 宾一类 | | | |
| 1431 | | | 宾一类 | | | |
| 1432 | | | 宾一类 | | | |
| 1433 | | | 𠂤宾间类 | | | |
| 1434 | | | 宾二类 | 韦 | | |
| 1435 | | | 宾三类 | | | |
| 1436 | | 39564 | 宾三类 | | | |
| 1437 | | | 宾三类 | | | |
| 1438 | 黄拼 11231+1438 | | 宾二类 | 王 | | |
| 1439 | | | 宾一类 | 亘 | | |
| 1440 | | | 宾一类 | | | |
| 1441 | | | 宾三类 | | | |
| 1442 | | 15652 | 宾二类 | | | |
| 1443 | | | 宾一类 | 㱿 | | |
| 1444 | | | 宾三类 | | | |
| 1445 | | | 𠂤宾间类 | | | |
| 1446 正反 | | | 宾二类 | 争 | | |
| 1447 | | | 𠂤宾间类 | 王 | | |
| 1448 | | | 宾一类 | | | |
| 1449 | | | 𠂤宾间类 | | | |
| 1450 | | | 宾三类 | 穷 | | |
| 1451 | | | 宾二类 | | | |
| 1452 | 黄拼 1452+5764+合补 4277 | | 宾二类 | | | |
| 1453 | | | 宾二类 | | | |
| 1454 | | | 宾二类 | | | |
| 1455 | | | 宾一类 | | | |
| 1456 | | | 宾一类 | | | |
| 1457 | | | 宾二类 | | | |
| 1458 | | | 宾一类 | | | |
| 1459 | | | 宾二类 | 㱿 | | |
| 1460 | | | 宾二类 | 亘 | | |

续表

| 著录号 | 缀合 | 重片 | 类型划分 | 贞人 | 专家分类 | 其他说明 |
|---|---|---|---|---|---|---|
| 1461 | | | 宾二类 | | | |
| 1462 | | | 宾二类 | | | |
| 1463 | 1463+1364+1410+5381 | | 宾二类 | | | |
| 1464 | | | 宾二类 | | | |
| 1465 | | | 宾二类 | | | |
| 1466 | | | 宾二类 | | | |
| 1467 | | | 宾三类 | | | |
| 1468 | | | 宾二类 | | | |
| 1469 | 黄拼 1469+2292 | | 宾一类 | | | |
| 1470 | | | 宾一类 | | | |
| 1471 | 黄拼 1471+3308+<br>合补 8（3309）+<br>合补 502 | | 宾三类 | | | |
| 1472 | 1472+39857<br>（=英 546 正） | | 宾二类 | | | |
| 1473 | 1473+1293+1294 | | 宾三类 | | | |
| 1474 | | | 宾二类 | | | |
| 1475 | | | 宾一类 | | | |
| 1476 | | | 宾一类 | | | |
| 1477 | 1477+302 | | 宾二类 | 𣪊 | | |
| 1478 | | | 𠂤宾间类 | | | |
| 1479 | | | 宾二类 | | | |
| 1480 正反 | | | 宾二类 | 𣪊 | | |
| 1481 | | | 宾二类 | | | |
| 1482 | | | 宾二类 | | | |
| 1483 | | | 宾二类 | 内 | | |
| 1484 | | | 宾二类 | | | |
| 1485 | 1485+19284+745 | | 宾一类 | | | |
| 1486 | | | 宾一类 | | | |
| 1487 | | | 宾三类 | 穷 | 黄宾三<br>李彭宾二 | |
| 1488 | | | 𠂤宾间类 | | | |
| 1489 | | | 宾三类 | | | |
| 1490 | | | 宾一类 | | | |
| 1491 | | | 𠂤宾间类 | | | |

续表

| 著录号 | 缀合 | 重片 | 类型划分 | 贞人 | 专家分类 | 其他说明 |
|---|---|---|---|---|---|---|
| 1492 | | | 自宾间类 | | | |
| 1493 | | | 自宾间类 | | | |
| 1494 | | | 宾一类 | | | |
| 1495 | | | 宾一类 | | | |
| 1496 | | | 宾一类 | | | |
| 1497 | | | 宾一类 | | | |
| 1498 | | | 宾一类 | | | |
| 1499 | | | 宾三类 | | | |
| 1500 | | | 宾三类 | | | |
| 1501 | | | 宾三类 | 穷 | | |
| 1502 | | | 宾一类 | | | |
| 1503 | | | 宾一类 | | | |
| 1504 | | | 宾一类 | | | |
| 1505 | | | 宾一类 | | | |
| 1506 正反 | 黄拼 1506+1305 正反 + 合补 4980 正反 + 14431 | | 宾二类 | 穷、﨧 | | 蔡续 4.1= 合 14431+ 合 1506 |
| 1507 | | | 宾二类 | | | |
| 1508 | | | 宾二类 | | | |
| 1509 | | | 宾一类 | | | |
| 1510 | | | 宾一类 | | | |
| 1511 正反 | | | 宾一类 | | | |
| 1512 | | | 宾一类 | | | |
| 1513 | | | 自宾间类 | | | |
| 1514 | | | 宾一类 | | | |
| 1515 | | | 宾二类 | | | |
| 1516 正反 | | | 宾二类 | | | |
| 1517 正反 | | | 宾二类 | | | |
| 1518 正反 | | | 宾二类 | | | |
| 1519 | | | 宾一类 | | | |
| 1520 | 黄拼 1520+15475+ 102+ 存补 5.431.1 | | 宾三类 | | 李彭宾二 | 同文见 102（即前 7.32.4 通 466） |
| 1521 | | | 宾一类 | | | |
| 1522 | | | 宾一类 | 王 | | |
| 1523 正反 | | | 宾二类 | | 黄典宾 | |

续表

| 著录号 | 缀合 | 重片 | 类型划分 | 贞人 | 专家分类 | 其他说明 |
|---|---|---|---|---|---|---|
| 1524 | | | 宾二类 | 宾 | | |
| 1525 | | | 𠂤宾间类 | | | |
| 1526 | | | 𠂤宾间类 | | | |
| 1527 | 1527+5155 | | 宾二类 | | | |
| 1528 正反 | | | 宾一类 | 宾 | | |
| 1529 | | | 宾一类 | | | |
| 1530 | | | 宾三类 | | | |
| 1531 正反 | | | 宾一类 | | | |
| 1532 正反 | | | 宾二类 | | | |
| 1533 | | | 宾三类 | 宾 | 李彭宾二 | |
| 1534 正反 | | | 宾二类 | 㱿、亘 | | |
| 1535 | | | 宾二类 | | | |
| 1536 正反 | | | 宾二类 | 㱿 | | |
| 1537 | | | 宾二类 | | | |
| 1538 正反 | | | 宾二类 | | | |
| 1539 | | | 宾二类 | | | |
| 1540 | | | 宾二类 | 宾 | | |
| 1541 | | | 宾二类 | | | |
| 1542 | | | 宾二类 | 㱿 | | |
| 1543 正反 | | | 宾二类 | 㱿 | | |
| 1544 | | | 宾二类 | 永 | | |
| 1545 | | | 宾二类 | 㱿 | | |
| 1546 | | | 宾二类 | | | |
| 1547 | | | 宾二类 | | | |
| 1548 | | | 宾二类 | | | |
| 1549 | | | 宾二类 | | | |
| 1550 | | | 宾二类 | | | |
| 1551 | | | 宾二类 | | | |
| 1552 | | | 宾一类 | 争 | | |
| 1553 | | | 宾二类 | | | |
| 1554 | | | 宾三类 | 争 | | |
| 1555 | | | 宾三类 | | | |
| 1556 | | | 宾一类 | | | |
| 1557 | | | 宾三类 | | | |

续表

| 著录号 | 缀合 | 重片 | 类型划分 | 贞人 | 专家分类 | 其他说明 |
|---|---|---|---|---|---|---|
| 1558 | 1558+13385 | | 宾二类 | | | |
| 1559 | 1559+4288 | | 宾二类 | | | |
| 1560 | | | 宾一类 | | | |
| 1561 | | | 宾一类 | | | |
| 1562 | | | 宾二类 | | | |
| 1563 | | | 宾一类 | | | |
| 1564 正反 | | | 宾二类 | | | |
| 1565 | | | 𠂤小字类 | | 黄𠂤小字 | 非宾 |
| 1566 | | | 宾一类 | 王 | | |
| 1567 | | | 宾三类 | | | |
| 1568 | | | 宾二类 | | | |
| 1569 | | | 宾三类 | | | |
| 1570 | | 15848 | 𠂤小字类 | | | 非宾 |
| 1571 | 1571+39514 | | 宾三类 | 穷 | | |
| 1572 | | | 宾二类 | | | |
| 1573 | | | 宾二类 | | | |
| 1574 | | | 𠂤宾间类 | | | |
| 1575 | | | 𠂤宾间类 | | | |
| 1576 | | 1576 | 宾一类 | | | |
| 1577 | | | 宾二类 | 穷 | | |
| 1578 | | | 宾一类 | | | |
| 1579 | | | 宾一类 | | | |
| 1580 甲乙 | | | 宾一类 | | | |
| 1581 正臼 | | | 宾二类 | 亘 | | |
| 1582 正反 | | | 宾二类 | | | |
| 1583 | | | 宾一类 | 争 | | |
| 1584 甲乙 | | | 宾二类 | | | |
| 1585 | | | 宾二类 | 穷 | | |
| 1586 | | | 宾二类 | | | |
| 1587 | | 6347 | 宾二类 | | | |
| 1588 | | | 宾二类 | 穷 | | |
| 1589 | | | 宾二类 | | | |
| 1590 | 1590+19152 | | 宾三类 | | | |
| 1591 | | | 宾三类 | 争 | | |

续表

| 著录号 | 缀合 | 重片 | 类型划分 | 贞人 | 专家分类 | 其他说明 |
|---|---|---|---|---|---|---|
| 1592 | | | 宾二类 | | | |
| 1593 | | | 宾一类 | | | |
| 1594 | | | 宾三类 | | | |
| 1595 | | | 宾三类 | | | |
| 1596 | | | 宾二类 | | | |
| 1597 | | | 宾三类 | 穷 | 黄宾三<br>李彭宾二 | |
| 1598 正反 | | | 宾三类 | | | |
| 1599 | | | 宾三类 | 爭 | 黄宾三 | |
| 1600 | | | 宾二类 | 㱿 | | |
| 1601 | | | 宾三类 | | | |
| 1602 | | | 宾三类 | | | |
| 1603 | | | 宾三类 | | | |
| 1604 | | | 宾三类 | | | |
| 1605 | 黄拼 1605+15046 | | 宾三类 | | | |
| 1606 | | | 宾一类 | | | |
| 1607 | | | 宾一类 | 爭 | | |
| 1608 | | | 宾三类 | | | |
| 1609 | | | 宾二类 | | | |
| 1610 | | | 𠂤宾间类 | | | |
| 1611 | | | 宾二类 | 穷 | | |
| 1612 | | | 宾二类 | | | |
| 1613 | | | 宾二类 | | | |
| 1614 | | | 宾二类 | | | |
| 1615 | | | 𠂤宾间类 | | | |
| 1616 | | | 𠂤宾间类 | | 黄𠂤宾间 B | |
| 1617 | | | 宾三类 | 爭 | | |
| 1618 | | | 宾二类 | | | |
| 1619 | | | 宾一类 | | | |
| 1620 | | | 宾二类 | | | |
| 1621 正反 | | | 宾二类 | 穷 | | |
| 1622 | | | 宾三类 | | | |
| 1623 正反 | | | 宾一类 | | | |
| 1624 | | | 宾二类 | 㱿 | | |

续表

| 著录号 | 缀合 | 重片 | 类型划分 | 贞人 | 专家分类 | 其他说明 |
|---|---|---|---|---|---|---|
| 1625 | | | 宾二类 | | | |
| 1626 | | | 宾三类 | 穷 | 黄宾三 | |
| 1627 | | | 宾一类 | | | |
| 1628 正反 | | | 宾一类 | | | |
| 1629 | | | 待考 | | | 此片“王”字出头，疑为佝一类，非宾 |
| 1630 | | | 𠂤宾间类 | | | |
| 1631 | 黄拼 1631+17302+3518 | | 宾二类 | | | |
| 1632 正反 | | | 宾三类 | 穷 | | |
| 1633 | | | 宾一类 | | 黄宾ዓ | |
| 1634 | | | 宾一类 | | | |
| 1635 | | | 宾一类 | | | |
| 1636 | 黄拼 1636+17557 正 | | 宾二类 | | | |
| 1637 | | | 宾二类 | 㱿 | | |
| 1638 | | | 宾二类 | | | |
| 1639 | | | 宾二类 | | | |
| 1640 | | | 宾三类 | | | |
| 1641 | | | 宾二类 | 㱿 | | |
| 1642 正反 | | | 宾二类 | | | |
| 1643 正反 | | | 宾二类 | | | |
| 1644 正反 | | | 宾二类 | 穷 | | |
| 1645 | | | 宾二类 | | | |
| 1646 正反 | | | 宾一类 | | | |
| 1647 | | | 宾一类 | | | |
| 1648 | | | 宾一类 | | | |
| 1649 | | | 宾三类 | | | |
| 1650 | | | 宾一类 | | | |
| 1651 | | 14869/39579 | 宾一类 | | | |
| 1652 | | | 宾一类 | | | |
| 1653 | | | 宾一类 | 爭 | | |
| 1654 | | | 宾三类 | 爭 | 黄宾三 | |
| 1655 正反 | | | 宾一类 | | | |
| 1656 正反 | 1656+ | | 宾二类 | 爭 | | |
| 1657 正反 | | | 宾二类 | | | |

续表

| 著录号 | 缀合 | 重片 | 类型划分 | 贞人 | 专家分类 | 其他说明 |
|---|---|---|---|---|---|---|
| 1658 | 1658+1802 | | 宾三类 | | | |
| 1659 | | | 宾二类 | | | |
| 1660 正反 | | | 宾二类 | | | |
| 1661 正反 | | | 宾二类 | 穷 | | |
| 1662 | | | 宾三类 | | | |
| 1663 | | | 宾三类 | | 黄宾三 | |
| 1664 | | | 宾三类 | | | |
| 1665 | | | 宾二类 | | | |
| 1666 | | | 宾一类 | 争 | | |
| 1667 | | | 宾三类 | | 黄宾三 | |
| 1668 | 1668+15637 | | 宾二类 | 争 | | |
| 1669 | | | 宾二类 | | | |
| 1670 | 黄拼 1670+15726+乙补 5398 | | 宾二类 | | | |
| 1671 | | | 宾二类 | | | |
| 1672 | | | 宾二类 | | | |
| 1673 | | | 宾一类 | | | |
| 1674 | 黄拼 1674+5486 | | 宾二类 | | | |
| 1675 | | | 宾一类 | | | |
| 1676 正反 | 1676 正反 +882 | | 宾二类 | 㱿 | | |
| 1677 正反 | 1677+ | | 宾二类 | 㱿 | | |
| 1678 | | | 宾二类 | | | |
| 1679 | | | 宾二类 | 㱿 | | |
| 1680 | | | 𠂤宾间类 | | | |
| 1681 | | | 𠂤宾间类 | | | |
| 1682 | | | 宾三类 | | | |
| 1683 | | | 宾一类 | | | |
| 1684 | | | 宾一类 | | | |
| 1685 | | | 𠂤宾间类 | | | |
| 1686 | | | 宾一类 | | | |
| 1687 正反 | | | 宾二类 | | | |
| 1688 | | | 宾二类 | | | |
| 1689 | | | 宾一类 | | | |
| 1690 | | | 𠂤宾间类 | | | |

续表

| 著录号 | 缀合 | 重片 | 类型划分 | 贞人 | 专家分类 | 其他说明 |
|---|---|---|---|---|---|---|
| 1691 | | | 宾二类 | | | |
| 1692 | | | 宾二类 | 𡧊 | | |
| 1693 | | | 宾二类 | | | |
| 1694 正反 | 1694 正反 + | | 宾一类 | | | |
| 1695 | | | 宾二类 | | | |
| 1696 | | | 宾一类 | | | |
| 1697 | | | 宾一类 | | | |
| 1698 | | | 宾一类 | | | |
| 1699 正反 | | | 宾二类 | | | |
| 1700 | | | 宾一类 | | | |
| 1701 | | | 宾一类 | | | |
| 1702 | | | 宾三类 | | | |
| 1703 | | | 宾二类 | 𡧊 | | |
| 1704 | | | 宾二类 | | | |
| 1705 | 黄拼 14474+1705（1754） | | 宾一类 | | | |
| 1706 | 黄拼 1706+ 合补 4589 | | 宾二类 | | | |
| 1707 | 1707+ | | 宾一类 | | | |
| 1708 | | | 宾二类 | 𡧊 | | |
| 1709 | | | 宾三类 | | | |
| 1710 | | | 宾二类 | | | |
| 1711 正反 | | | 宾二类 | | | 甲桥署辞（反） |
| 1712 正反 | | | 宾二类 | | | |
| 1713 | | | 宾二类 | | | |
| 1714 | | | 宾二类 | | | |
| 1715 | | | 宾二类 | | | |
| 1716 | | | 宾二类 | | | |
| 1717 | 1717+13721 | | 宾一类 | | | |
| 1718 | | | 宾二类 | 宕 | | |
| 1719 正反 | | | 宾二类 | | | |
| 1720 | | | 宾一类 | | | |
| 1721 | | | 宾二类 | | | |
| 1722 | | | 宾二类 | 𡧊 | | |
| 1723 正反 | | | 宾二类 | 亘 | | |
| 1724 正反 | | | 宾二类 | | | |

续表

| 著录号 | 缀合 | 重片 | 类型划分 | 贞人 | 专家分类 | 其他说明 |
|---|---|---|---|---|---|---|
| 1725 | | | 宾二类 | | | |
| 1726 | 1726+947 | | 宾二类 | | | |
| 1727 正反 | 1727 正反 + | | 宾一类 | | | 甲桥署辞（反） |
| 1728 | | | 宾二类 | | | |
| 1729 | | | 宾一类 | | | |
| 1730 | | | 宾一类 | | | |
| 1731 | | | 宾一类 | | | |
| 1732 | | | 宾二类 | | | |
| 1733 | | | 自宾间类 | | | |
| 1734 | | | 宾一类 | 亘 | | |
| 1735 甲乙 | | | 宾一类 | | | |
| 1736 | | | 宾二类 | | | |
| 1737 | | | 宾三类 | | | |
| 1738 | | | 宾二类 | | | |
| 1739 | | | 宾一类 | | | |
| 1740 | | | 宾一类 | | | |
| 1741 | | | 宾二类 | | | |
| 1742 | | | 宾二类 | | | |
| 1743 | | | 宾二类 | | | |
| 1744 | | | 宾三类 | | | |
| 1745 | | | 宾三类 | 争 | | |
| 1746 | | | 宾二类 | | | |
| 1747 正反 | | | 宾二类 | 㱿、内 | | |
| 1748 | | | 宾二类 | | | |
| 1749 正反 | | | 宾一类 | | | |
| 1750 正反 | | | 宾二类 | | | |
| 1751 | | | 宾一类 | | | |
| 1752 | | | 宾一类 | | | |
| 1753 | | | 宾一类 | 亘 | | |
| 1754 | 黄拼 1754+（=1705）+ 14474 | 1705 | 宾一类 | | | |
| 1755 | | | 宾一类 | | | |
| 1756 | | | 宾一类 | | | |
| 1757 | | | 宾一类 | | | |

续表

| 著录号 | 缀合 | 重片 | 类型划分 | 贞人 | 专家分类 | 其他说明 |
|---|---|---|---|---|---|---|
| 1758 | | | 宾一类 | | | |
| 1759 | | | 宾一类 | | | |
| 1760 正反 | 1760+3175+3200+13975+14109+14798+18194 | | 宾一类 | | | |
| 1761 | | | 自宾间类 | | | |
| 1762 | | | 宾一类 | | | |
| 1763 | 1763+10431 | | 宾一类 | | | |
| 1764 | | | 宾一类 | | | |
| 1765 | | | 宾一类 | | | |
| 1766 | | | 宾三类 | | | |
| 1767 正反 | | | 宾三类 | | | |
| 1768 | | | 宾一类 | | | |
| 1769 | 黄拼 1769+14946 | | 宾一类 | | | |
| 1770 | | | 宾一类 | | | |
| 1771 | | | 宾二类 | | | |
| 1772 正反 | | | 宾二类 | 㱿、韋 | | |
| 1773 正反 | | | 宾二类 | 㱿 | | |
| 1774 正反 | | | 宾二类 | | | |
| 1775 | | | 宾一类 | | | |
| 1776 | | | 宾一类 | | | |
| 1777 | 黄拼 1777+10044 | | 宾二类 | | | |
| 1778 正反 | | | 宾二类 | 㱿 | | |
| 1779 正反 | | | 宾二类 | 㱿 | | |
| 1780 正反 | | | 宾一类 | 穷、㱿 | | 笔书（反） |
| 1781 | | | 宾三类 | | | |
| 1782 | | | 宾二类 | | | |
| 1783 正反 | | | 宾二类 | 亘 | | |
| 1784 | 1784+1829 | | 自宾间类 | | | |
| 1785 | | | 宾二类 | 㱿 | | |
| 1786 | | | 宾二类 | | | |
| 1787 | | | 宾二类 | | | |
| 1788 | | | 宾二类 | | | |
| 1789 | | | 宾二类 | | | |

续表

| 著录号 | 缀合 | 重片 | 类型划分 | 贞人 | 专家分类 | 其他说明 |
|---|---|---|---|---|---|---|
| 1790 | | | 宾二类 | | | |
| 1791 | | | 宾二类 | | | |
| 1792 | | | 宾二类 | | | |
| 1793 正反 | | | 宾二类 | | | |
| 1794 | | | 宾二类 | | | |
| 1795 正反 | | | 宾二类 | | | |
| 1796 | | | 宾二类 | | | |
| 1797 | | | 宾二类 | | | |
| 1798 | | | 宾二类 | | | |
| 1799 | | | 宾二类 | | | |
| 1800 | | | 宾二类 | | | |
| 1801 | | | 宾一类 | | | |
| 1802 | 1802+1658 | | 宾三类 | | | |
| 1803 | | | 宾一类 | | | |
| 1804 | | | 宾三类 | | | |
| 1805 | | | 宾三类 | | | 背甲 |
| 1806 | | | 宾二类 | | | |
| 1807 | | | 宾二类 | 古 | | |
| 1808 | | | 宾一类 | | | |
| 1809 | | | 宾一类 | | | |
| 1810 | | | 宾一类 | | | |
| 1811 | | （新）22359 | 待考 | | | 此片“未”字，上部出现平折垂直向上的笔画，疑非宾类 |
| 1812 | | | 宾二类 | | | |
| 1813 正反 | | | 宾二类 | | | |
| 1814 | | | 宾一类 | | | |
| 1815 | | | 宾一类 | | | |
| 1816 | | | 宾一类 | | | |
| 1817 正反 | | | 宾一类 | | | |
| 1818 | | | 宾二类 | | | |
| 1819 | | | 宾二类 | | | |
| 1820 | | | 宾二类 | | | |
| 1821 正反 | | | 宾二类 | 古 | | |

续表

| 著录号 | 缀合 | 重片 | 类型划分 | 贞人 | 专家分类 | 其他说明 |
|---|---|---|---|---|---|---|
| 1822 正反 | | | 宾二类 | 㱿 | | |
| 1823 正反 | | | 宾二类 | 穷 | | 背甲 |
| 1824 正反 | | | 宾二类 | 穷 | | |
| 1825 | | | 宾二类 | | | |
| 1826 | | | 宾三类 | | | |
| 1827 | | | 宾三类 | | | |
| 1828 | | | 𠂤宾间类 | | | |
| 1829 | 1829+1784 | | 𠂤宾间类 | | 黄𠂤宾间 A<br>李彭宾一 A | |
| 1830 | | | 𠂤宾间类 | | | |
| 1831 | | | 宾一类 | | | |
| 1832 正反 | | 39592 | 𠂤宾间类 | | | |
| 1833 | | | 𠂤宾间类 | | | |
| 1834 | | | 𠂤宾间类 | | | |
| 1835 | | | 宾二类 | | | |
| 1836 | | | 宾一类 | 永 | | |
| 1837 | | | 𠂤宾间类 | | | |
| 1838 | | | 宾二类 | | | |
| 1839 | | | 宾二类 | | | |
| 1840 | | | 𠂤宾间类 | | | |
| 1841 | | | 宾二类 | | | |
| 1842 | | | 宾二类 | | | |
| 1843 | | | 𠂤宾间类 | | | |
| 1844 | | | 宾一类 | | | |
| 1845 | | | 𠂤宾间类 | | | |
| 1846 | | | 𠂤宾间类 | | | |
| 1847 | | | 宾一类 | | | |
| 1848 | | | 宾一类 | 王 | | |
| 1849 | | | 宾二类 | 王 | | |
| 1850 正反 | | | 宾三类 | | 李彭宾一 A | |
| 1851 | | | 宾一类 | | | |
| 1852 正反 | | | 宾二类 | | | |
| 1853 正臼 | | | 宾二类 | 亘 | | |
| 1854 | | | 宾一类 | 穷、爭、内 | | |

续表

| 著录号 | 缀合 | 重片 | 类型划分 | 贞人 | 专家分类 | 其他说明 |
|---|---|---|---|---|---|---|
| 1855 正反 | 1855 正反 +2073 | | 宾二类 | | | |
| 1856 | | | 宾二类 | | | |
| 1857 | | | 宾二类 | | | |
| 1858 | | | 宾二类 | | | |
| 1859 | | | 宾二类 | 㱿 | | |
| 1860 | | | 宾一类 | | | |
| 1861 | | | 宾一类 | | | |
| 1862 | | | 宾一类 | | | |
| 1863 | | 40227 | 宾一类 | 㱿 | 李彭宾一 A | |
| 1864 | | | 宾二类 | | | |
| 1865 | | | 宾一类 | | | |
| 1866 | | | 宾三类 | | | |
| 1867 | | | 𠂤宾间类 | | | |
| 1868 正反 | | | 宾二类 | 㱿 | | |
| 1869 正反 | | | 宾二类 | 爭 | | |
| 1870 | 1870+17377+2437+ | | 宾一类 | | | |
| 1871 | | | 宾一类 | | | 此片较漫漶 |
| 1872 | | | 宾二类 | | | |
| 1873 | | | 宾二类 | | | |
| 1874 | | | 宾二类 | | | |
| 1875 | | | 宾二类 | | | |
| 1876 | | | 宾二类 | 韋 | | |
| 1877 | | | 宾二类 | | | |
| 1878 | | | 宾二类 | | | |
| 1879 | | | 宾二类 | | | |
| 1880 | | | 宾二类 | | | |
| 1881 | | 1890 | 宾二类 | 王 | | |
| 1882 | | | 宾二类 | | | |
| 1883 | | | 宾二类 | | | |
| 1884 | | | 宾二类 | | | |
| 1885 | | | 宾一类 | | | |
| 1886 | | | 宾一类 | | | |
| 1887 | | | 宾一类 | | | |
| 1888 正反 | | | 宾二类 | | | |

续表

| 著录号 | 缀合 | 重片 | 类型划分 | 贞人 | 专家分类 | 其他说明 |
|---|---|---|---|---|---|---|
| 1889 | | | 宾二类 | | | |
| 1890 | | 1881 | 宾二类 | 古 | | |
| 1891 | | | 宾二类 | | | |
| 1892 | | | 宾一类 | | | |
| 1893 | | | 宾三类 | | | |
| 1894 | | | 宾三类 | | | |
| 1895 | | | 宾三类 | | | |
| 1896 | | | 宾三类 | 穷 | | |
| 1897 | | | 宾三类 | | | |
| 1898 正反 | | | 宾三类 | | | |
| 1899 正反 | | | 宾二类 | | | |
| 1900 正反 | | | 宾二类 | | | |
| 1901 正反 | 1901 正反 + | | 宾二类 | 穷 | | |
| 1902 | | | 宾一类 | | | |
| 1903 | | | 𠂤宾间类 | | | |
| 1904 | | | 𠂤宾间类 | | | |
| 1905 | | | 宾一类 | | | |
| 1906 正反 | | | 宾二类 | | 黄典宾 | |
| 1907 | | | 宾二类 | | | |
| 1908 | | | 宾三类 | 穷 | | |
| 1909 | | | 宾三类 | 穷 | | |
| 1910 | | | 宾三类 | 穷 | | |
| 1911 | | | 宾三类 | | | |
| 1912 | | | 宾三类 | | | |
| 1913 | | | 宾三类 | | | |
| 1914 | | | 宾三类 | | | 笔书（反） |
| 1915 | | | 宾三类 | | | |
| 1916 | | | 宾三类 | | | |
| 1917 | | | 宾三类 | | | |
| 1918 | | | 宾二类 | 穷 | | |
| 1919 | | | 宾三类 | | | |
| 1920 | | | 宾三类 | | | |
| 1921 | | | 宾三类 | | | 背甲 |
| 1922 正反 | | | 宾二类 | | | |

续表

| 著录号 | 缀合 | 重片 | 类型划分 | 贞人 | 专家分类 | 其他说明 |
|---|---|---|---|---|---|---|
| 1923 | | | 宾二类 | | | |
| 1924 | 黄拼 1924 +11115 | | 宾二类 | 穷 | | |
| 1925 | | | 宾三类 | | | |
| 1926 | | | 宾三类 | | | |
| 1927 | | | 宾三类 | | | |
| 1928 | | | 宾三类 | 穷 | 黄宾三 | |
| 1929 | | | 宾三类 | | | |
| 1930 | | | 宾三类 | | | |
| 1931 | | | 宾三类 | | | |
| 1932 正反 | | | 宾三类 | 穷 | | |
| 1933 | | | 宾三类 | | | |
| 1934 | | | 宾三类 | 争 | | |
| 1935 | | | 宾三类 | 穷 | | |
| 1936 | | | 宾三类 | | | |
| 1937 | | | 宾三类 | 穷 | | |
| 1938 | | | 宾三类 | | | 背甲 |
| 1939 | | | 宾一类 | | | |
| 1940 | | | 宾三类 | 穷 | | |
| 1941 | | | 宾三类 | | | |
| 1942 | | | 宾三类 | | | |
| 1943 | | 40464 | 宾三类 | | | |
| 1944 | | | 宾三类 | | | |
| 1945 | | | 宾三类 | | | |
| 1946 | | | 宾三类 | | | |
| 1947 | | | 宾三类 | | | |
| 1948 正反 | | | 宾三类 | | | |
| 1949 | | | 宾三类 | | | |
| 1950 正反 | | | 宾三类 | | 黄典宾 / 宾三 | |
| 1951 | | | 宾三类 | | | 背甲 |
| 1952 | | | 宾三类 | | | |
| 1953 | | | 宾三类 | | | |
| 1954 | | | 宾三类 | | | |
| 1955 | | | 宾三类 | | | 背甲 |

续表

| 著录号 | 缀合 | 重片 | 类型划分 | 贞人 | 专家分类 | 其他说明 |
|---|---|---|---|---|---|---|
| 1956 | | | 宾三类 | 穷 | | |
| 1957 | | | 宾三类 | 爭 | | |
| 1958 | | | 宾三类 | | | |
| 1959 | | | 宾三类 | | | |
| 1960 | | | 宾三类 | | | |
| 1961 正臼 | 1961 正遥缀 14835 | | 宾三类 | 穷 | | |
| 1962 | | | 宾三类 | | | |
| 1963 | | | 宾三类 | | | |
| 1964 | | | 宾三类 | | | |
| 1965 | | | 宾二类 | | | |
| 1966 | | | 宾三类 | | | |
| 1967 | | | 宾三类 | | | |
| 1968 | | | 宾三类 | | | |
| 1969 | | | 宾三类 | | | |
| 1970 | | | 宾三类 | | 黄宾三 | 背甲 |
| 1971 | 1971+5626 | | 宾三类 | | | |
| 1972 | | | 宾三类 | | | |
| 1973 | | | 宾三类 | | | |
| 1974 | | | 宾三类 | | | |
| 1975 | | | 宾三类 | | | |
| 1976 | | | 宾三类 | | | |
| 1977 | | | 宾三类 | 穷 | | |
| 1978 | | | 宾三类 | | | |
| 1979 | | | 宾三类 | | | |
| 1980 正反 | | | 宾二类 | | | |
| 1981 | | | 宾三类 | | | |
| 1982 | | | 宾三类 | 爭 | | |
| 1983 | | | 宾三类 | | | |
| 1984 | | | 宾三类 | 穷 | | |
| 1985 | | | 宾三类 | | | |
| 1986 | | | 宾二类 | | | |
| 1987 | | | 宾三类 | | | |
| 1988 | | | 宾二类 | | | |
| 1989 | | | 宾三类 | | | |

续表

| 著录号 | 缀合 | 重片 | 类型划分 | 贞人 | 专家分类 | 其他说明 |
|---|---|---|---|---|---|---|
| 1990 | | | 宾三类 | 穷 | | |
| 1991 | | | 宾三类 | | | |
| 1992 | | | 宾三类 | | | |
| 1993 | | | 宾三类 | | | |
| 1994 | | | 宾三类 | | | |
| 1995 | | | 宾三类 | | | |
| 1996 | | | 宾三类 | | | |
| 1997 | 黄拼 1997+14335 | | 宾一类 | | | |
| 1998 | | | 宾一类 | | | |
| 1999 | | | 自小字类 | | 黄自小字 | 非宾 |
| 2000 | | | 宾二类 | | | |
| 2001 | | | 宾二类 | | | |
| 2002 正反 | | | 宾二类 | | | |
| 2003 正反 | 黄拼 2003 正 +10261 | | 宾二类 | 亘、古 | | |
| 2004 | | | 宾二类 | | | |
| 2005 | | | 宾二类 | | | |
| 2006 | | 8746 | 宾二类 | | | |
| 2007 | | | 宾二类 | | | |
| 2008 | | | 宾二类 | | | |
| 2009 | | | 宾二类 | | | |
| 2010 | | | 宾二类 | | | |
| 2011 | | | 宾二类 | | | |
| 2012 | | | 宾二类 | | | |
| 2013 正臼 | | | 宾二类 | 穷 | | |
| 2014 | | | 宾二类 | 穷 | | |
| 2015 | | | 宾二类 | 穷 | | |
| 2016 正反 | | | 宾二类 | | | |
| 2017 | | | 宾二类 | | | |
| 2018 | | | 宾二类 | 彀 | | |
| 2019 | | | 宾三类 | 穷 | | |
| 2020 | | | 宾二类 | 彀 | | |
| 2021 | | | 宾二类 | | | |
| 2022 | | | 宾二类 | | | |
| 2023 正反 | | | 宾二类 | | | |

续表

| 著录号 | 缀合 | 重片 | 类型划分 | 贞人 | 专家分类 | 其他说明 |
|---|---|---|---|---|---|---|
| 2024 | | | 宾二类 | | | |
| 2025 | | | 宾二类 | | | |
| 2026 | | | 宾二类 | | | |
| 2027 正反 | | | 宾一类 | | | |
| 2028 | | | 宾二类 | | | |
| 2029 | | | 宾二类 | | | |
| 2030 | | | 宾一类 | | | |
| 2031 | | | 宾三类 | | | |
| 2032 | | | 宾一类 | | | |
| 2033 | 黄拼 2033+ 合补 3263 | | 宾二类 | | | |
| 2034 | | | 宾一类 | | | |
| 2035 | | | 宾一类 | | | |
| 2036 | | | 宾一类 | | | |
| 2037 正反 | 2037 正反 +17615 | | 宾二类 | | | |
| 2038 | | | 宾一类 | | | |
| 2039 | | | 宾一类 | | | |
| 2040 | | | 宾一类 | | | |
| 2041 | | | 宾二类 | | | |
| 2042 | | | 宾一类 | | | |
| 2043 | | | 宾一类 | | | |
| 2044 | | | 宾一类 | | | |
| 2045 | | | 宾一类 | | | |
| 2046 | | | 宾一类 | | | |
| 2047 | | 15142 | 宾一类 | | | |
| 2048 | | | 宾一类 | | | |
| 2049 | | | 宾三类 | | | |
| 2050 | | | 宾一类 | | | |
| 2051 | | | 宾一类 | | | |
| 2052 正反 | 黄拼 2052 正 +15917 | | 宾二类 | 𣪊 | | |
| 2053 | | | 宾一类 | | | 背甲 |
| 2054 | 2054+15322 | | 宾一类 | | | |
| 2055 | | | 宾一类 | | | |
| 2056 | | | 宾一类 | | 李彭宾一 A | |
| 2057 | | | 宾一类 | | | |

续表

| 著录号 | 缀合 | 重片 | 类型划分 | 贞人 | 专家分类 | 其他说明 |
|---|---|---|---|---|---|---|
| 2058 | | | 宾一类 | | | |
| 2059 | | | 宾一类 | | | |
| 2060 | 黄拼 2060+9829 | | 宾一类 | | | |
| 2061 | | | 宾三类 | | | |
| 2062 | | | 自宾间类 | | | |
| 2063 | | | 宾一类 | | 李彭宾一 A | |
| 2064 | | | 宾一类 | | | |
| 2065 | | | 宾一类 | | | |
| 2066 | | 11727 | 宾一类 | | | |
| 2067 | | | 宾一类 | | | |
| 2068 | | | 宾一类 | | | |
| 2069 | | | 宾一类 | | | |
| 2070 | | | 宾一类 | | | |
| 2071 | | | 宾二类 | | | |
| 2072 | | | 宾三类 | | | |
| 2073 正反 | 2073 正反 +1855 正反 | | 宾一类 | | | |
| 2074 | | | 宾二类 | | | |
| 2075 | | | 宾二类 | | | |
| 2076 正反 | | | 宾二类 | | | |
| 2077 | | | 宾二类 | | | |
| 2078 正反 | | | 宾三类 | | | |
| 2079 | | | 宾二类 | | | |
| 2080 | | | 自宾间类 | | | |
| 2081 | | | 宾二类 | | | |
| 2082 | | | 宾二类 | | | |
| 2083 | | | 宾三类 | | | |
| 2084 | | | 宾三类 | | | |
| 2085 | | | 自宾间类 | | | |
| 2086 | | | 宾二类 | | | |
| 2087 | | | 宾二类 | | | |
| 2088 | | | 宾二类 | | | |
| 2089 | | | 宾二类 | | | |
| 2090 | | | 自宾间类 | | | |
| 2091 正反 | 黄拼 2091+ 合补 865 | | 宾二类 | | | |

续表

| 著录号 | 缀合 | 重片 | 类型划分 | 贞人 | 专家分类 | 其他说明 |
|---|---|---|---|---|---|---|
| 2092 | | | 宾二类 | | | |
| 2093 | | | 宾二类 | | | |
| 2094 | | | 宾二类 | | | |
| 2095 | | | 宾二类 | | | |
| 2096 | | | 宾三类 | | | 背甲 |
| 2097 | | | 宾三类 | | | |
| 2098 | | | 宾二类 | | | |
| 2099 | | | 𠂤宾间类 | | | |
| 2100 | | | 宾三类 | | | |
| 2101 | | | 宾三类 | | | |
| 2102 | | | 宾三类 | | | |
| 2103 | | | 宾三类 | | | |
| 2104 | | | 宾三类 | | | |
| 2105 | | | 宾二类 | | | |
| 2106 正反 | | | 宾二类 | | | |
| 2107 | 2107+2110 正反 | | 宾二类 | | | |
| 2108 | 2108+5466 | | 宾二类 | 亘 | | |
| 2109 | | | 宾二类 | | | |
| 2110 正反 | 2110 正反 +2107 | | 宾二类 | | | |
| 2111 正反 | | | 宾二类 | | | |
| 2112 | | | 宾二类 | | | |
| 2113 | | | 宾二类 | | | |
| 2114 | | | 宾二类 | | | |
| 2115 | | | 宾二类 | | | |
| 2116 | | | 宾二类 | | | |
| 2117 | 2117+2168 | | 宾二类 | | | |
| 2118 | | | 宾二类 | | | |
| 2119 | | | 宾二类 | | | |
| 2120 | | | 宾二类 | | | |
| 2121 | | | 宾二类 | | | |
| 2122 | 2122 遥缀 2124 | | 宾二类 | | | |
| 2123 | | | 宾二类 | | | |
| 2124 | 2124 遥缀 2122 | | 宾二类 | | | |
| 2125 | | | 宾二类 | | | |

续表

| 著录号 | 缀合 | 重片 | 类型划分 | 贞人 | 专家分类 | 其他说明 |
|---|---|---|---|---|---|---|
| 2126 | | | 宾二类 | | | |
| 2127 正反 | | | 宾二类 | | | |
| 2128 | | | 宾二类 | | | |
| 2129 | | | 宾二类 | | | |
| 2130 | | | 宾二类 | | | |
| 2131 | | | 宾二类 | | 黄典宾 | |
| 2132 | | | 宾二类 | | | |
| 2133 | | | 宾二类 | 亘 | | |
| 2134 | | | 宾二类 | | | |
| 2135 | | | 宾二类 | | | |
| 2136 | | | 宾三类 | 爭 | | |
| 2137 | | | 宾二类 | | | |
| 2138 | | | 宾二类 | | | |
| 2139 | | | 宾二类 | | | |
| 2140 | | | 𠂤宾间类 | | 黄𠂤宾间 A | |
| 2141 | | | 宾三类 | | | |
| 2142 | | | 宾三类 | | | |
| 2143 | | | 宾二类 | | | |
| 2144 | | | 宾二类 | | | |
| 2145 正反 | | | 宾二类 | | | |
| 2146 正反 | 2146 遥缀 2148 | | 宾一类 | 爭 | | |
| 2147 | | | 宾一类 | | | |
| 2148 | 2148 遥缀 2146 | | 宾一类 | | | |
| 2149 | | | 宾二类 | | | |
| 2150 | | | 宾二类 | | | |
| 2151 | | | 宾二类 | | | |
| 2152 正反 | | | 宾二类 | | | |
| 2153 正反 | | | 宾一类 | | | |
| 2154 | | | 宾一类 | | | |
| 2155 | | | 宾一类 | | | |
| 2156 正反 | | | 宾二类 | | | |
| 2157 | | | 宾二类 | | | |
| 2158 正反 | | | 宾二类 | | | 背甲 |
| 2159 | | | 𠂤宾间类 | | | |

续表

| 著录号 | 缀合 | 重片 | 类型划分 | 贞人 | 专家分类 | 其他说明 |
|---|---|---|---|---|---|---|
| 2160 | | | 无名类 | | 黄无名 | 非宾　背甲 |
| 2161 | | | 自小字类 | | | 非宾 |
| 2162 | | | 自小字类 | | 黄自小字 | 非宾 |
| 2163 | | | 宾一类 | | 黄宾一 | 背甲 |
| 2164 | | | 宾二类 | | | |
| 2165 | | | 自宾间类 | | | |
| 2166 | | | 宾三类 | | | |
| 2167 | | | 自小字类 | | 黄自小字 | 非宾 |
| 2168 | 2168+2117 | | 宾二类 | | | |
| 2169 | | | 宾三类 | | | |
| 2170 | | | 宾一类 | | | |
| 2171 | | | 宾二类 | | | |
| 2172 | | | 宾二类 | | | |
| 2173 | | | 宾一类 | | | |
| 2174 | | | 宾一类 | | | |
| 2175 | | | 宾一类 | | | |
| 2176 | | | 宾一类 | | | |
| 2177 | | | 宾一类 | | | |
| 2178 | | | 宾一类 | | | |
| 2179 正反 | | | 宾一类 | | | |
| 2180 | | | 宾二类 | | | |
| 2181 | | | 宾二类 | | | |
| 2182 | | | 宾一类 | | | |
| 2183 | | | 宾一类 | | | |
| 2184 正反 | | | 宾一类 | | | |
| 2185 | | | 自宾间类 | 王 | 黄自宾间 A | |
| 2186 | | | 宾二类 | | | |
| 2187 正反 | | | 宾一类 | | | |
| 2188 | | | 宾一类 | | | |
| 2189 | | | 宾一类 | | | |
| 2190 正反 | | | 宾一类 | | | |
| 2191 正反 | 黄拼 2191 正反 +18242 | | 宾一类 | | | |
| 2192 | 黄拼 2192 正遥缀 +13599+4632 | | 宾二类 | | | |

续表

| 著录号 | 缀合 | 重片 | 类型划分 | 贞人 | 专家分类 | 其他说明 |
|---|---|---|---|---|---|---|
| 2193 | | | 宾三类 | | | 背甲 |
| 2194 | 2194+2299+2379+14339 | | 宾二类 | | | |
| 2195 正反 | | | 宾二类 | | | |
| 2196 | | | 宾二类 | | | |
| 2197 | | | 宾一类 | | | |
| 2198 | | | 宾二类 | | | |
| 2199 正反 | | | 宾一类 | | | |
| 2200 | 2200+16991+17245 | | 宾一类 | | | |
| 2201 | | | 宾二类 | | | |
| 2202 | | | 宾一类 | | | |
| 2203 | | | 宾二类 | | | |
| 2204 | 黄拼 2204+17309+17796 正 +17992 | | 宾二类 | | | |
| 2205 | | | 宾二类 | | | |
| 2206 | | | 宾二类 | 亘 | | |
| 2207 | | | 宾二类 | | | |
| 2208 | | | 自小字类 | | | 非宾 |
| 2209 正反 | | | 宾一类 | 㱿 | | |
| 2210 | | 19934 | 宾二类 | | | |
| 2211 | | | 宾一类 | 内 | 黄宾一 | |
| 2212 | | | 宾一类 | | | |
| 2213 正反 | | | 宾一类 | | | |
| 2214 | | | 宾一类 | | | |
| 2215 | | | 宾二类 | 㱿 | | |
| 2216 | | | 宾二类 | | | |
| 2217 | | | 宾二类 | | | |
| 2218 正反 | | | 宾二类 | | | |
| 2219 正反 | | | 宾三类 | | | |
| 2220 | 2220+2221 | | 宾一类 | | | |
| 2221 | 2221+2220 | | 宾一类 | | | |
| 2222 | | | 宾二类 | | | |
| 2223 | | | 宾二类 | | | |
| 2224 | | | 宾一类 | | | |
| 2225 正臼 | | | 宾一类 | | | |

续表

| 著录号 | 缀合 | 重片 | 类型划分 | 贞人 | 专家分类 | 其他说明 |
|---|---|---|---|---|---|---|
| 2226 | | | 宾一类 | | | |
| 2227 | | | 宾一类 | 穷 | | |
| 2228 | | | 宾一类 | | | |
| 2229 | 2229+ | | 宾二类 | | | |
| 2230 正反 | | | 宾二类 | | | |
| 2231 | | | 宾二类 | 𣪊、古 | | |
| 2232 正反 | | | 宾二类 | | | |
| 2233 | | | 宾三类 | | | |
| 2234 正反 | | | 宾二类 | | | |
| 2235 正反 | | | 宾二类 | 𣪊 | | |
| 2236 | | | 宾一类 | | | |
| 2237 | | | 宾一类 | | | |
| 2238 正反 | | | 宾二类 | | | |
| 2239 | | | 宾二类 | | | |
| 2240 | | | 宾二类 | | | |
| 2241 | | | 宾二类 | | | |
| 2242 | | | 宾二类 | | | |
| 2243 正反 | | | 宾二类 | | | |
| 2244 | | | 宾二类 | | | |
| 2245 正反 | | | 宾二类 | | | |
| 2246 | 黄拼 2246 正甲 +18599 | | 宾二类 | 穷 | | |
| 2247 | | | 宾二类 | | | |
| 2248 | | | 宾二类 | | | |
| 2249 | | | 宾二类 | | | |
| 2250 | | | 宾二类 | | | |
| 2251 | | | 宾二类 | | | |
| 2252 | | | 宾二类 | | | |
| 2253 | | | 宾二类 | | | |
| 2254 | | | 宾二类 | | | |
| 2255 | | | 宾二类 | | | |
| 2256 正反 | | | 宾二类 | | | |
| 2257 | | | 宾二类 | | | |
| 2258 | | | 宾二类 | | | |
| 2259 | | | 宾二类 | | | |

续表

| 著录号 | 缀合 | 重片 | 类型划分 | 贞人 | 专家分类 | 其他说明 |
|---|---|---|---|---|---|---|
| 2260 正反 | | | 宾二类 | | | |
| 2261 | 黄拼 2261+13695+乙补 2571 | | 宾一类 | | | |
| 2262 | | | 宾二类 | | | |
| 2263 正反 | | | 宾一类 | | | |
| 2264 | | | 宾二类 | 𣪊 | | |
| 2265 | | | 宾二类 | | | |
| 2266 | | | 宾二类 | | | |
| 2267 | | | 宾一类 | | | |
| 2268 正反 | | | 宾一类 | | | |
| 2269 | | | 宾一类 | | | |
| 2270 | | | 宾一类 | | | |
| 2271 | | | 宾一类 | | | |
| 2272 | | | 宾一类 | | | |
| 2273 正反 | 2273 正反 +2822 | | 宾二类 | 爭 | | |
| 2274 正反 | | | 宾一类 | 爭 | | |
| 2275 | | 17701 | 宾三类 | | | |
| 2276 | | | 宾二类 | | | |
| 2277 | | | 宾二类 | 穷 | | |
| 2278 | | | 宾二类 | | | |
| 2279 正反 | | | 宾二类 | | | |
| 2280 正反 | | | 宾二类 | 穷 | | |
| 2281 正反 | 2281 正反 +2304 | | 宾二类 | | | |
| 2282 | | | 宾一类 | | | |
| 2283 | | | 宾一类 | | | |
| 2284 | | | 宾一类 | | | |
| 2285 | | | 宾二类 | | | |
| 2286 | | | 宾一类 | | | |
| 2287 | | | 宾一类 | | | |
| 2288 | | | 宾一类 | | | |
| 2289 正反 | | | 宾二类 | 穷 | | |
| 2290 | | | 𠂤小字类 | | 黄𠂤小字 | 非宾 |
| 2291 | | | 宾二类 | 爭 | | |
| 2292 | 黄拼 2292+1469 | | 宾一类 | 内 | | |

续表

| 著录号 | 缀合 | 重片 | 类型划分 | 贞人 | 专家分类 | 其他说明 |
|---|---|---|---|---|---|---|
| 2293 | | | 自小字类 | | 黄自小字 | 非宾 |
| 2294 正反 | | | 宾二类 | | | |
| 2295 | | | 宾二类 | | | |
| 2296 | | | 宾二类 | | | |
| 2297 | | | 宾二类 | | | |
| 2298 | | | 宾二类 | | | |
| 2299 | 2299+2194+2379+14339 | | 宾二类 | | | |
| 2300 | | | 自宾间类 | | 黄自宾间 A | |
| 2301 | | | 自宾间类 | | 黄自宾间 A | |
| 2302 | | | 自宾间类 | | | |
| 2303 | | | 宾一类 | | | |
| 2304 | 2304+2281 正反 | | 宾二类 | | | |
| 2305 正反 | | | 宾一类 | | | |
| 2306 | | | 宾一类 | | | |
| 2307 | | | 宾一类 | | | |
| 2308 | | | 宾一类 | | | |
| 2309 | | | 宾二类 | | | |
| 2310 | | | 宾二类 | | | |
| 2311 正反 | | | 宾一类 | | | |
| 2312 | | | 宾一类 | | | |
| 2313 | | | 宾一类 | | | |
| 2314 正反 | | | 宾二类 | | | |
| 2315 正反 | | | 宾二类 | | | |
| 2316 正反 | | | 宾二类 | | | |
| 2317 正反 | | | 宾二类 | | | |
| 2318 | | | 宾二类 | | | |
| 2319 正反 | | | 宾二类 | | | |
| 2320 | | | 自宾间类 | | | |
| 2321 正反 | | | 宾二类 | | | |
| 2322 | | | 宾一类 | 穷 | | |
| 2323 | | | 宾二类 | | | |
| 2324 | | | 宾二类 | | | |
| 2325 正反 | | | 宾二类 | | | |
| 2326 | | | 宾二类 | | | |

续表

| 著录号 | 缀合 | 重片 | 类型划分 | 贞人 | 专家分类 | 其他说明 |
|---|---|---|---|---|---|---|
| 2327 | | | 宾二类 | | | |
| 2328 | | | 宾二类 | 穷 | | |
| 2329 | | | 宾二类 | | | |
| 2330 | | | 宾二类 | 𡧊 | | |
| 2331 | | | 𠂤宾间类 | | | |
| 2332 正反 | | | 宾二类 | | | |
| 2333 | | 17026 | 宾二类 | | | |
| 2334 | | | 宾二类 | | | |
| 2335 | | | 宾二类 | 㱿 | | |
| 2336 | | | 宾二类 | | | |
| 2337 正反 | | | 宾二类 | 古 | | |
| 2338 | | | 宾三类 | | | 背甲 |
| 2339 | 2339+5531 | | 宾二类 | | | |
| 2340 | | | 宾二类 | | | |
| 2341 | 黄拼 2341+14095 | | 宾二类 | 穷 | | |
| 2342 | | | 宾二类 | | | |
| 2343 | | | 宾一类 | | | |
| 2344 | | | 宾一类 | | | |
| 2345 | | | 宾一类 | | | |
| 2346 | | | 宾二类 | 亘 | | |
| 2347 | | | 宾二类 | | | |
| 2348 | | | 宾二类 | | | |
| 2349 | | | 宾二类 | | | |
| 2350 | | | 宾二类 | | | |
| 2351 | | | 宾二类 | 亘 | | |
| 2352 | | | 宾二类 | | | |
| 2353 正反 | 黄拼 2353 正反+2358+18442 | | 宾一类 | 争 | | |
| 2354 正臼 | | | 宾二类 | | | |
| 2355 | | | 宾二类 | | | |
| 2356 甲乙 | 2356+16327 | | 宾一类 | | | |
| 2357 正反 | | | 宾二类 | 㱿 | | |
| 2358 正反 | 黄拼 2358+2353 正反+18442 | | 宾一类 | | | |
| 2359 | 2359+2371 正 | | 宾二类 | | | |

续表

| 著录号 | 缀合 | 重片 | 类型划分 | 贞人 | 专家分类 | 其他说明 |
|---|---|---|---|---|---|---|
| 2360 | | | 宾二类 | | | |
| 2361 正反 | | 反 =39632 | 宾二类 | | | |
| 2362 正臼 | | | 宾二类 | 㱿 | 黄典宾 | |
| 2363 | | | 宾二类 | 㱿 | | |
| 2364 正反 | | | 宾二类 | | | |
| 2365 | | | 宾二类 | 㱿 | | |
| 2366 | | | 宾二类 | 宾 | | |
| 2367 | | | 宾二类 | 㱿 | | |
| 2368 | | | 宾二类 | | | |
| 2369 | | | 宾三类 | | | |
| 2370 | | | 宾三类 | | | |
| 2371 正反 | 2371 正反 +2359 | | 宾二类 | 古 | | |
| 2372 正反 | | | 宾三类 | | | |
| 2373 正反 | | | 宾二类 | 㱿、亘、古 | | |
| 2374 | | | 宾二类 | | | |
| 2375 正反 | | | 宾二类 | | | |
| 2376 | | 39630 | 宾二类 | | | |
| 2377 | | | 宾二类 | | | |
| 2378 | | | 宾二类 | 㱿 | | |
| 2379 正反 | 2379+2194+2299+14339 | | 宾二类 | | | |
| 2380 | 2380+2381 | | 宾二类 | | | |
| 2381 | 2381+2380 | | 宾二类 | | | |
| 2382 | | | 宾二类 | | | |
| 2383 | | | 宾二类 | | | |
| 2384 | | | 宾二类 | 古 | 黄典宾 | |
| 2385 | | | 宾二类 | | | |
| 2386 | | | 𠂤小字类 | | 黄𠂤小字 | 非宾 |
| 2387 正反臼 | | | 宾二类 | | | |
| 2388 正反 | | | 宾二类 | 宾 | | |
| 2389 正反 | 2389 正反 +13992 | | 宾一类 | | | |
| 2390 | | | 宾一类 | | | |
| 2391 | | | 宾一类 | | | |
| 2392 | | | 宾一类 | | | |

续表

| 著录号 | 缀合 | 重片 | 类型划分 | 贞人 | 专家分类 | 其他说明 |
| --- | --- | --- | --- | --- | --- | --- |
| 2393 | 黄拼 2393+2399+13881 | | 宾一类 | | | |
| 2394 | 2394+2433 | | 宾一类 | | | |
| 2395 | | | 宾一类 | | | |
| 2396 | | | 宾二类 | | | |
| 2397 | | | 宾一类 | | | |
| 2398 正反 | | | 宾一类 | | | |
| 2399 正反 | 黄拼 2399 正反 + 2393+13881 | | 宾一类 | | | |
| 2400 | | | 𠂤宾间类 | | | |
| 2401 正反 | | | 宾一类 | | | |
| 2402 | 2402+19976+21172 | | 𠂤小字类 | | | 非宾 |
| 2403 | | | 𠂤小字类 | | | 非宾 |
| 2404 | | | 宾三类 | | | |
| 2405 | | | 宾一类 | | | |
| 2406 | | | 𠂤小字类 | | 黄𠂤小字 | 非宾 |
| 2407 | | | 宾一类 | | | |
| 2408 | | | 宾二类 | | | |
| 2409 | | | 宾二类 | | | |
| 2410 正反 | | | 宾二类 | | | |
| 2411 | | | 宾二类 | | | |
| 2412 | | | 宾二类 | | | |
| 2413 | | | 宾一类 | | | |
| 2414 | | | 宾三类 | | | |
| 2415 | | | 宾一类 | | | |
| 2416 | | | 宾一类 | | | |
| 2417 | | | 宾三类 | | | |
| 2418 正反 | | | 宾二类 | | | |
| 2419 | | | 宾一类 | | | |
| 2420 | | | 宾一类 | | | |
| 2421 | | | 𠂤宾间类 | | | |
| 2422 | | | 宾二类 | 永 | 黄典宾 | |
| 2423 | | | 宾一类 | | | |
| 2424 | | | 宾一类 | | | |
| 2425 | | | 宾一类 | | | |

续表

| 著录号 | 缀合 | 重片 | 类型划分 | 贞人 | 专家分类 | 其他说明 |
|---|---|---|---|---|---|---|
| 2426 | | | 宾一类 | | | |
| 2427 | | | 宾二类 | | | |
| 2428 | | | 宾一类 | | | |
| 2429 正反 | | | 宾一类 | | | |
| 2430 | | | 宾一类 | 亘 | | |
| 2431 正反 | | | 宾一类 | | | |
| 2432 正反 | | | 宾二类 | | | |
| 2433 | 2433+2394+ | | 宾一类 | | | |
| 2434 正反 | | | 宾二类 | 㱿 | | |
| 2435 | | | 宾二类 | | | |
| 2436 | | | 宾二类 | | | |
| 2437 正反 | 2437 正反 +1870+17377+ | | 宾一类 | | | |
| 2438 正反 | | | 宾二类 | 㱿 | | |
| 2439 | | | 宾二类 | | | |
| 2440 | | | 宾二类 | | | |
| 2441 | | | 宾二类 | | | |
| 2442 | | | 宾二类 | | | |
| 2443 | | | 宾二类 | | | |
| 2444 正反 | | | 宾二类 | | | |
| 2445 | | | 宾一类 | | | |
| 2446 | | | 宾一类 | | | |
| 2447 | 黄拼 2447 正反 +15777 正反 | | 宾三类 | | | |
| 2448 | | | 宾三类 | | | |
| 2449 | | | 宾三类 | | | |
| 2450 | | | 宾三类 | | | |
| 2451 | | | 宾三类 | | | |
| 2452 正反 | | | 宾二类 | | | |
| 2453 | | | 宾二类 | | | |
| 2454 | | | 宾一类 | 爭 | | |
| 2455 | | | 宾一类 | | | |
| 2456 | 2456+ | | 宾一类 | | | |
| 2457 | | | 宾一类 | | | |
| 2458 | | | 宾一类 | | | |

续表

| 著录号 | 缀合 | 重片 | 类型划分 | 贞人 | 专家分类 | 其他说明 |
|---|---|---|---|---|---|---|
| 2459 | | | 宾二类 | | | |
| 2460 | | | 宾一类 | | | |
| 2461 | 黄拼2461+15103+乙7982+乙补1926合16075+乙补2093+乙补6878合1004甲乙+无号甲 | | 宾一类 | 㱿 | | |
| 2462 | | | 宾一类 | | | |
| 2463 | | | 宾二类 | | | |
| 2464 正反 | | | 宾二类 | | | |
| 2465 | | | 宾二类 | | | |
| 2466 | | | 宾二类 | | | |
| 2467 | | | 宾二类 | | | |
| 2468 正反 | | | 宾二类 | | | |
| 2469 | | | 宾三类 | | | |
| 2470 正反 | | | 宾三类 | | | |
| 2471 | | | 宾二类 | 㱿 | | |
| 2472 | | 15837 | 宾二类 | 㱿 | | |
| 2473 | | | 自宾间类 | | | |
| 2474 | | | 宾二类 | | | |
| 2475 | | | 宾一类 | | | |
| 2476 正反 | 黄拼 2476 正 +15232 | | 宾一类 | | | |
| 2477 | | | 宾一类 | | | |
| 2478 | 2478+ | | 宾二类 | 古 | | |
| 2479 | | | 宾一类 | | | |
| 2480 | | | 宾一类 | | | |
| 2481 | | | 宾一类 | | | |
| 2482 | | | 宾一类 | | | |
| 2483 | | | 宾二类 | 古 | | |
| 2484 正反 | | | 宾二类 | | | |
| 2485 | | | 宾二类 | | | |
| 2486 | | | 宾二类 | | | |
| 2487 正反 | | | 宾二类 | | | |
| 2488 正臼 | 黄拼 2488 正 +11372 | | 宾二类 | 古 | | |
| 2489 正反 | | | 宾一类 | | | |
| 2490 | | | 自宾间类 | | | |

续表

| 著录号 | 缀合 | 重片 | 类型划分 | 贞人 | 专家分类 | 其他说明 |
|---|---|---|---|---|---|---|
| 2491 | | | 𠂤宾间类 | | | |
| 2492 | | | 𠂤小字类 | | | 非宾 |
| 2493 | | | 宾二类 | | | |
| 2494 正反 | | | 宾二类 | | | |
| 2495 正反 | | | 宾二类 | | | |
| 2496 | | | 宾二类 | 爭 | | |
| 2497 | | | 宾二类 | 穷 | | |
| 2498 正反 | | | 宾一类 | 内 | | |
| 2499 | | | 宾一类 | | | |
| 2500 正反 | | | 宾二类 | 亘 | | |
| 2501 | | | 宾二类 | 㱿 | | |
| 2502 | | | 宾一类 | | | |
| 2503 | | | 宾一类 | | | |
| 2504 正反 | | | 宾一类 | | | |
| 2505 正反 | | | 宾一类 | | | |
| 2506 | | | 宾一类 | | | |
| 2507 | | | 宾一类 | | | |
| 2508 | | | 𠂤宾间类 | | | |
| 2509 | | | 𠂤宾间类 | | | |
| 2510 | | | 𠂤宾间类 | | 黄𠂤宾间 A | |
| 2511 | | | 𠂤宾间类 | | | |
| 2512 | | | 宾一类 | | | |
| 2513 | | | 宾二类 | | | |
| 2514 | | | 宾二类 | 𠱠 | | |
| 2515 | | | 宾二类 | | | |
| 2516 | | | 宾二类 | | | |
| 2517 | | | 宾二类 | | | |
| 2518 正反 | | | 宾二类 | 㱿 | | |
| 2519 | | | 宾二类 | | | |
| 2520 | | | 宾二类 | | | |
| 2521 正反 | 黄拼 2521+13673+14222 | | 宾一类 | | | |
| 2522 | | | 宾二类 | 亘、韋 | | |
| 2523 | | | 宾二类 | | | |
| 2524 | | | 宾二类 | | | |

续表

| 著录号 | 缀合 | 重片 | 类型划分 | 贞人 | 专家分类 | 其他说明 |
|---|---|---|---|---|---|---|
| 2525 正反 | | | 宾二类 | | | |
| 2526 | | | 宾二类 | | | |
| 2527 | 黄拼 2527+12652 | | 宾二类 | | | |
| 2528 | | | 宾二类 | | | |
| 2529 | | | 宾二类 | | | |
| 2530 正反 | | | 宾二类 | 永 | | |
| 2531 | | | 宾二类 | | | |
| 2532 | | | 宾三类 | | | |
| 2533 | | | 宾三类 | | | |
| 2534 | | | 宾三类 | | | |
| 2535 | | | 宾一类 | | | |
| 2536 | | | 宾一类 | | | |
| 2537 | | | 宾二类 | | | |
| 2538 | | | 宾一类 | | | |
| 2539 | | | 宾二类 | | | |
| 2540 | | | 宾一类 | | | |
| 2541 | | 18447 | 宾一类 | | | |
| 2542 | | | 宾二类 | | | |
| 2543 | | | 宾三类 | | | |
| 2544 | | | 宾一类 | | | |
| 2545 | | | 宾二类 | 穷 | | |
| 2546 | | | 宾一类 | | | |
| 2547 | | | 宾一类 | | | |
| 2548 | 2548+2555 | | 宾一类 | | | |
| 2549 | | | 𠂤宾间类 | | | |
| 2550 | | | 𠂤宾间类 | | | |
| 2551 | | | 宾三类 | | | |
| 2552 | | | 𠂤宾间类 | | | |
| 2553 | | | 𠂤宾间类 | | | |
| 2554 | | | 𠂤宾间类 | | | |
| 2555 | 2555+2548 | | 宾一类 | | | |
| 2556 正反 | | | 宾二类 | 穷 | | |
| 2557 | | | 宾一类 | | | |
| 2558 | 2558+13349+15147+22237 | | 𠂤宾间类 | | | |

续表

| 著录号 | 缀合 | 重片 | 类型划分 | 贞人 | 专家分类 | 其他说明 |
|---|---|---|---|---|---|---|
| 2559 | | | 宾二类 | | | |
| 2560 正反 | | | 宾二类 | | | |
| 2561 | | | 宾二类 | 古 | | |
| 2562 | | | 宾二类 | 爭 | | |
| 2563 | | 23412 | 自宾间类 | | | |
| 2564 | | | 自宾间类 | | | |
| 2565 | | | 自宾间类 | | | |
| 2566 | | | 自宾间类 | | | |
| 2567 | | | 宾二类 | | | |
| 2568 正反 | | | 宾二类 | | | |
| 2569 | | | 宾三类 | | | |
| 2570 | | | 宾三类 | | | |
| 2571 正反 | | | 宾二类 | | | |
| 2572 正反 | | | 宾二类 | | | |
| 2573 | | | 宾二类 | 㱿 | | |
| 2574 | | | 宾二类 | | | |
| 2575 | | | 宾三类 | | | |
| 2576 | | | 宾三类 | | | |
| 2577 | | | 自宾间类 | | | |
| 2578 正反 | | | 宾三类 | | | |
| 2579 正反 | | | 宾三类 | | | |
| 2580 | | | 宾一类 | | | |
| 2581 | 2581+18254+19312+ | | 宾一类 | | | |
| 2582 | | | 宾一类 | | | |
| 2583 | | | 宾三类 | | | 背甲 |
| 2584 | | | 宾二类 | | | |
| 2585 | | | 宾二类 | | | |
| 2586 | | | 宾二类 | | | |
| 2587 | | | 自宾间类 | | | |
| 2588 | | | 宾二类 | | | |
| 2589 | | | 自宾间类 | | | |
| 2590 | | | 宾二类 | | | |
| 2591 | | | 宾二类 | | | |
| 2592 | | | 宾二类 | | | |

续表

| 著录号 | 缀合 | 重片 | 类型划分 | 贞人 | 专家分类 | 其他说明 |
|---|---|---|---|---|---|---|
| 2593 | | | 宾三类 | | | |
| 2594 | | | 宾三类 | | | |
| 2595 | | | 自宾间类 | | | |
| 2596 | | | 宾二类 | | | |
| 2597 | | | 宾二类 | | | |
| 2598 | 2598+12311 | | 宾一类 | | | |
| 2599 | | | 宾二类 | | | |
| 2600 | | | 自宾间类 | | | |
| 2601 | | | 宾三类 | | | |
| 2602 | | | 宾三类 | | | |
| 2603 | | | 宾三类 | | | |
| 2604 | | | 宾三类 | | | |
| 2605 | | | 宾三类 | | | |
| 2606 | | | 宾二类 | 韋 | | |
| 2607 | | | 宾二类 | | | |
| 2608 | | | 宾二类 | | | |
| 2609 | | | 宾二类 | | | |
| 2610 | | | 宾二类 | | | |
| 2611 | | | 宾二类 | | | |
| 2612 | | | 宾二类 | | | |
| 2613 | | | 宾二类 | | | |
| 2614 | | | 宾二类 | 爭 | | |
| 2615 | | | 宾二类 | 穷 | | 臼 |
| 2616 | | | 宾二类 | | | |
| 2617 | | | 宾二类 | | | |
| 2618 | | | 宾二类 | | | |
| 2619 | | | 宾二类 | | | |
| 2620 | | | 宾二类 | 爭 | | |
| 2621 | | | 宾二类 | 殻 | | |
| 2622 | | | 宾二类 | | | |
| 2623 | | | 宾二类 | | | |
| 2624 | | | 宾二类 | | | |
| 2625 | | | 宾二类 | | | |
| 2626 | | | 宾二类 | | | |

续表

| 著录号 | 缀合 | 重片 | 类型划分 | 贞人 | 专家分类 | 其他说明 |
|---|---|---|---|---|---|---|
| 2627 | | | 宾二类 | 㱿 | | |
| 2628 | | | 宾二类 | 㱿 | | |
| 2629 | | | 宾二类 | | | |
| 2630 | | | 宾二类 | 㱿 | | |
| 2631 | | | 宾二类 | | | |
| 2632 | | | 宾二类 | | | |
| 2633 | 2633+苏美德日 126 | | 宾二类 | | | |
| 2634 | | | 宾二类 | | | |
| 2635 | | | 宾二类 | | | |
| 2636 | | | 宾二类 | | | |
| 2637 | | | 宾二类 | | | |
| 2638 | | | 宾二类 | | | |
| 2639 | | | 宾二类 | | | |
| 2640 | | | 宾二类 | | | |
| 2641 | | | 宾二类 | | | |
| 2642 | 2642+2658 | | 宾二类 | | | |
| 2643 | | | 宾二类 | | | |
| 2644 | | | 宾二类 | | | |
| 2645 | | | 宾二类 | | | |
| 2646 | | | 宾二类 | 㱿 | | |
| 2647 | | | 宾一类 | | | |
| 2648 | | | 宾二类 | | | |
| 2649 | 2649+7292 | | 宾一类 | 争 | | |
| 2650 | | | 宾二类 | | | |
| 2651 | | | 宾二类 | | | |
| 2652 | | | 宾二类 | | | |
| 2653 | | | 宾二类 | 亘 | | |
| 2654 | | | 宾二类 | | | |
| 2655 | | | 宾二类 | | | |
| 2656 | | | 宾二类 | | | |
| 2657 | | | 宾二类 | 㱿、争 | | |
| 2658 | 2658+2642 | | 宾二类 | | | |
| 2659 | | | 宾二类 | 亘 | | |
| 2660 | | | 宾二类 | | | |

续表

| 著录号 | 缀合 | 重片 | 类型划分 | 贞人 | 专家分类 | 其他说明 |
|---|---|---|---|---|---|---|
| 2661 | | | 宾二类 | | | |
| 2662 | | | 宾二类 | | | |
| 2663 | | | 宾二类 | | | |
| 2664 | | | 宾二类 | 爭 | | |
| 2665 | | | 宾二类 | | | |
| 2666 | | | 宾二类 | | | |
| 2667 | | | 宾二类 | | | |
| 2668 | | | 宾二类 | 爭 | | |
| 2669 | | | 宾二类 | | | |
| 2670 | | | 宾二类 | | | |
| 2671 | | | 宾二类 | | | |
| 2672 | | | 宾二类 | | | |
| 2673 | | | 宾二类 | | | |
| 2674 | | | 宾二类 | | | |
| 2675 | | | 宾二类 | | | |
| 2676 | | | 宾二类 | | | |
| 2677 | 2677+ | | 宾二类 | | | |
| 2678 | | | 宾二类 | | | |
| 2679 | | | 宾二类 | | | |
| 2680 | | | 宾二类 | | | |
| 2681 | | | 宾二类 | 𡧊 | | |
| 2682 | | | 宾二类 | 爭 | | |
| 2683 | | | 宾二类 | | | |
| 2684 | | | 宾二类 | | | |
| 2685 | | | 宾二类 | | | |
| 2686 | | | 宾二类 | 宄 | | |
| 2687 | | | 宾二类 | | | |
| 2688 | 2688+ | | 宾二类 | | | |
| 2689 | | | 宾二类 | | | |
| 2690 | | | 宾二类 | | | |
| 2691 | | | 宾二类 | | | |
| 2692 | | | 宾二类 | | | |
| 2693 | | | 宾二类 | | | |
| 2694 | | | 宾二类 | | | |

续表

| 著录号 | 缀合 | 重片 | 类型划分 | 贞人 | 专家分类 | 其他说明 |
|---|---|---|---|---|---|---|
| 2695 | | | 宾二类 | 宾 | | |
| 2696 | | | 宾二类 | | | |
| 2697 | | | 宾二类 | | | |
| 2698 | | | 宾二类 | | | |
| 2699 | | | 宾二类 | | | |
| 2700 | | | 宾二类 | | | |
| 2701 | | | 宾二类 | | | |
| 2702 | | | 宾二类 | | | |
| 2703 | | | 宾二类 | | | |
| 2704 | | | 宾二类 | | | |
| 2705 | | | 宾二类 | 𣪊 | | |
| 2706 | | | 宾二类 | | | |
| 2707 | 黄拼 2707+14030 | | 宾二类 | | | |
| 2708 | | | 宾二类 | | | |
| 2709 | | | 宾二类 | | | |
| 2710 | | | 宾二类 | | | |
| 2711 | | | 宾二类 | | | |
| 2712 正反 | | | 宾二类 | | | |
| 2713 | | | 宾二类 | | | |
| 2714 | | | 宾二类 | | | |
| 2715 正反 | | | 宾二类 | | | |
| 2716 | | | 宾二类 | | | |
| 2717 | | | 宾二类 | | | |
| 2718 | | | 宾二类 | | | |
| 2719 | | | 宾二类 | | | |
| 2720 | | | 宾二类 | | | |
| 2721 | | | 宾二类 | | | |
| 2722 | | | 宾二类 | | | |
| 2723 | 黄拼 2723+ 合补 948 | | 宾二类 | | | |
| 2724 | | | 宾二类 | | | |
| 2725 正臼 | | | 宾二类 | 宾 | | |
| 2726 正反 | | | 宾二类 | 𣪊 | | |
| 2727 正反 | | | 宾二类 | | | |
| 2728 | | | 宾二类 | | | |

续表

| 著录号 | 缀合 | 重片 | 类型划分 | 贞人 | 专家分类 | 其他说明 |
|---|---|---|---|---|---|---|
| 2729 | | | 宾二类 | | | |
| 2730 | | | 宾二类 | 宁 | | |
| 2731 正反 | | | 宾二类 | | | |
| 2732 | | | 宾二类 | | | |
| 2733 | 黄拼 2733+2752+<br>合补 415+ 戬朱 9.6 | | 宾二类 | | | |
| 2734 正反 | 黄拼 2734+9534+40078 | | 宾二类 | | | |
| 2735 | | | 宾二类 | | | |
| 2736 | | | 宾二类 | | | |
| 2737 正臼 | | | 宾二类 | 亘 | | |
| 2738 | | 15308 | 宾二类 | | | 背甲 |
| 2739 | | | 宾二类 | | | |
| 2740 | | | 宾二类 | | | |
| 2741 | | | 宾二类 | | | |
| 2742 正反 | | | 宾二类 | | | |
| 2743 | | | 宾二类 | 㱿 | | |
| 2744 | | | 宾二类 | | | |
| 2745 | | | 宾二类 | | | |
| 2746 | | | 宾二类 | | | |
| 2747 | | | 宾二类 | | | |
| 2748 正反 | | | 宾二类 | 爭 | | |
| 2749 正反 | | | 宾二类 | | | |
| 2750 | | | 宾二类 | | | |
| 2751 正反 | | | 宾二类 | | | |
| 2752 | 黄拼 2752+2733+<br>合补 415+ 戬朱 9.6 | | 宾二类 | | | |
| 2753 | | | 宾二类 | | | |
| 2754 | | | 宾二类 | | | |
| 2755 | | | 宾二类 | | | |
| 2756 | | | 宾二类 | | | |
| 2757 | | | 宾二类 | | | |
| 2758 | | | 宾二类 | | | |
| 2759 正反 | | | 宾二类 | | | |
| 2760 正臼 | | | 宾二类 | 𠬝 | | |
| 2761 正反 | | | 宾二类 | | | |

续表

| 著录号 | 缀合 | 重片 | 类型划分 | 贞人 | 专家分类 | 其他说明 |
|---|---|---|---|---|---|---|
| 2762 | | 39664 | 宾二类 | | | |
| 2763 正反 | 黄拼 2763 正 +14288+ 3524+4249+18684+18799 | | 宾二类 | 争 | | |
| 2764 | | | 宾二类 | | | |
| 2765 | | | 宾二类 | | | |
| 2766 | | | 宾二类 | | | |
| 2767 | | | 宾二类 | | | |
| 2768 正反 | | | 宾二类 | 㱿 | | |
| 2769 | | | 宾二类 | | | |
| 2770 | 2770+8991 正 +39663（= 英 163） | | 宾二类 | | | |
| 2771 正反 | | | 宾二类 | | | |
| 2772 | | | 宾二类 | | | |
| 2773 | | | 宾二类 | 争 | | |
| 2774 正臼 | | | 宾二类 | 争 | | |
| 2775 | | | 宾二类 | | | |
| 2776 | | | 宾二类 | | | |
| 2777 | | | 宾二类 | | | |
| 2778 | 黄拼 2778+19724 正 + 合补 2136 正 | | 宾二类 | | | |
| 2779 甲乙 | | | 宾二类 | | | |
| 2780 正反 | | | 宾二类 | | | |
| 2781 | | 3670 | 宾二类 | 穷 | | |
| 2782 正反 | | | 宾二类 | | | |
| 2783 | | | 宾三类 | 争 | 黄宾三 | |
| 2784 | | | 宾三类 | 争 | 黄宾三 | |
| 2785 | | | 宾三类 | 争 | 黄宾三 | |
| 2786 | | | 宾一类 | | | |
| 2787 | | | 宾一类 | | | |
| 2788 | | | 宾一类 | | | |
| 2789 | | | 宾二类 | | | |
| 2790 正反 | | | 宾一类 | | | |
| 2791 正反 | | | 宾二类 | | | |
| 2792 | | | 宾二类 | | | |
| 2793 | | | 宾三类 | | | |

续表

| 著录号 | 缀合 | 重片 | 类型划分 | 贞人 | 专家分类 | 其他说明 |
|---|---|---|---|---|---|---|
| 2794 | | | 宾二类 | | | |
| 2795 正反 | | | 宾二类 | | | |
| 2796 | | | 宾二类 | | | |
| 2797 正反 | | | 宾二类 | | | |
| 2798 正反 | | | 宾二类 | | | |
| 2799 | | | 宾三类 | 宾 | 黄宾三<br>李彭宾二 | |
| 2800 | | | 宾二类 | | | |
| 2801 | | | 宾三类 | | | |
| 2802 | | | 宾二类 | | | |
| 2803 | | | 宾二类 | | | |
| 2804 | | | 𠂤宾间类 | 王 | 黄𠂤宾间 A | |
| 2805 | | | 𠂤宾间类 | | | |
| 2806 | | | 𠂤宾间类 | | 黄𠂤小字 | 非宾 |
| 2807 | | | 𠂤宾间类 | | | |
| 2808 | | | 宾三类 | 宾 | 黄宾三 | |
| 2809 | | | 宾三类 | | | |
| 2810 | | | 宾一类 | | | |
| 2811 | | | 宾一类 | | | |
| 2812 | | | 宾二类 | | | |
| 2813 正反 | | | 宾二类 | | | |
| 2814 正反 | | | 宾二类 | | | |
| 2815 | 2815+22370 | | 宾二类 | | | |
| 2816 | | | 宾一类 | | | |
| 2817 正反 | | | 宾二类 | 㱿 | | |
| 2818 | | | 宾三类 | | | |
| 2819 | | | 𠂤宾间类 | | | |
| 2820 正反 | | | 宾二类 | | | |
| 2821 | | | 宾二类 | | | |
| 2822 正反 | 2822+2273 正反 | | 宾二类 | | | |
| 2823 | | | 𠂤宾间类 | | | |
| 2824 | | | 宾二类 | | | |
| 2825 | | | 宾二类 | | | |
| 2826 | | | 𠂤宾间类 | | | |

续表

| 著录号 | 缀合 | 重片 | 类型划分 | 贞人 | 专家分类 | 其他说明 |
|---|---|---|---|---|---|---|
| 2827 正反 | | | 宾三类 | | | |
| 2828 | | | 宾三类 | | | |
| 2829 | | | 宾三类 | | | |
| 2830 | | | 宾三类 | | | |
| 2831 | | | 宾二类 | | | |
| 2832 正反 | 2832 正反 +2273 | | 宾二类 | | | |
| 2833 | | | 宾一类 | | | |
| 2834 | | | 宾一类 | | | |
| 2835 | | | 宾一类 | | | |
| 2836 | | | 宾一类 | | | |
| 2837 | | | 宾二类 | | | |
| 2838 | | | 宾一类 | | | |
| 2839 正反 | | | 宾二类 | | | |
| 2840 | | | 宾二类 | | | |
| 2841 | | | 宾二类 | | | |
| 2842 正反 | | | 宾二类 | | | |
| 2843 | | | 宾二类 | | | |
| 2844 正反 | | | 宾二类 | 亘 | | |
| 2845 | | | 宾二类 | | | |
| 2846 | | | 宾二类 | | | |
| 2847 | | | 宾二类 | | | |
| 2848 | | | 宾一类 | | | |
| 2849 | | | 宾二类 | | | |
| 2850 | | | 自宾间类 | | | |
| 2851 | | | 自宾间类 | | | |
| 2852 | | | 宾一类 | | | |
| 2853 | | | 宾一类 | | | |
| 2854 | | | 宾一类 | | | |
| 2855 | | | 宾一类 | | | |
| 2856 | | | 宾一类 | | | |
| 2857 | | | 宾一类 | | | 背甲 |
| 2858 | | | 宾一类 | | | |
| 2859 | 黄拼 2859+3301 | | 宾二类 | | | 同文见 3297、合 3298 |
| 2860 | | 39674 | 自宾间类 | | | |

续表

| 著录号 | 缀合 | 重片 | 类型划分 | 贞人 | 专家分类 | 其他说明 |
|---|---|---|---|---|---|---|
| 2861 | | | 𠂤宾间类 | | | |
| 2862 | | | 宾一类 | | 黄何二 | 黄非宾 |
| 2863 | | | 宾二类 | | | |
| 2864 | | | 宾二类 | | | |
| 2865 | | | 宾二类 | | | |
| 2866 | | | 宾二类 | 穷 | | |
| 2867 | | | 宾三类 | | | |
| 2868 | | | 宾二类 | 穷 | | |
| 2869 正反 | | | 宾二类 | 穷 | | |
| 2870 | | | 𠂤宾间类 | | | |
| 2871 | | | 𠂤小字类 | | 黄𠂤小字 | 非宾 |
| 2872 | | | 宾二类 | | | |
| 2873 | | | 宾二类 | | | |
| 2874 | | | 宾二类 | 殸 | | |
| 2875 | | | 宾二类 | | | |
| 2876 | | | 宾二类 | | | |
| 2877 | | | 宾二类 | | | |
| 2878 | | | 宾二类 | | | |
| 2879 | | | 宾二类 | | | |
| 2880 | | | 宾二类 | | | |
| 2881 | | | 𠂤宾间类 | | | |
| 2882 正反 | | | 宾二类 | | | |
| 2883 | | | 宾二类 | | | |
| 2884 | | | 𠂤宾间类 | | | |
| 2885 | | | 𠂤宾间类 | | | |
| 2886 | | | 𠂤宾间类 | | 黄𠂤宾间 A | 甲尾署辞 |
| 2887 | | | 𠂤宾间类 | | | |
| 2888 | | | 宾三类 | | | |
| 2889 | | | 宾三类 | | | |
| 2890 | | | 宾二类 | | | |
| 2891 正反 | 2891+5908 | | 宾二类 | | | |
| 2892 正反 | | | 宾一类 | | | |
| 2893 正反 | | | 宾二类 | | | |
| 2894 | | | 宾二类 | | | |

续表

| 著录号 | 缀合 | 重片 | 类型划分 | 贞人 | 专家分类 | 其他说明 |
|---|---|---|---|---|---|---|
| 2895 | | | 宾二类 | | | |
| 2896 | 2896+4467 | | 宾二类 | | | |
| 2897 | | | 自宾间类 | | | |
| 2898 | | | 自宾间类 | | | |
| 2899 | | | 宾二类 | | | |
| 2900 | | | 宾二类 | | | |
| 2901 | | | 宾二类 | | | |
| 2902 | | | 宾二类 | | | |
| 2903 正反 | | | 宾二类 | | | |
| 2904 | | | 宾三类 | | | |
| 2905 | | | 宾一类 | | | |
| 2906 | | | 宾三类 | | | |
| 2907 | | | 宾一类 | | | |
| 2908 | | | 宾三类 | | | |
| 2909 | | | 宾三类 | | | |
| 2910 | | | 自宾间类 | | | |
| 2911 | | | 自宾间类 | | | |
| 2912 | | | 宾二类 | | | |
| 2913 | | | 宾二类 | | | |
| 2914 | | | 宾二类 | | | |
| 2915 正反 | | | 宾二类 | | | |
| 2916 | | | 自小字类 | | 黄自小字 | 非宾 |
| 2917 | | | 宾三类 | | | |
| 2918 | | | 宾二类 | | | |
| 2919 | | | 宾三类 | | | |
| 2920 正反 | | | 宾二类 | | | |
| 2921 | | | 宾三类 | | | |
| 2922 | | | 宾三类 | | | |
| 2923 | | | 宾二类 | | | |
| 2924 | | | 宾三类 | 穷、古 | | |
| 2925 | | | 宾三类 | | | |
| 2926 | | | 宾二类 | | | |
| 2927 | | | 宾二类 | | | |
| 2928 | | | 宾二类 | | | |

续表

| 著录号 | 缀合 | 重片 | 类型划分 | 贞人 | 专家分类 | 其他说明 |
|---|---|---|---|---|---|---|
| 2929 | | | 宾一类 | | | |
| 2930 | | | 宾一类 | | | |
| 2931 | | | 宾一类 | | | |
| 2932 | | | 宾二类 | | | |
| 2933 | | | 宾一类 | | | |
| 2934 | | | 宾一类 | | | |
| 2935 | | | 宾一类 | | | |
| 2936 | 2936+17002+17922 | | 宾二类 | | | |
| 2937 | | | 宾一类 | | | |
| 2938 | | | 宾一类 | | | |
| 2939 | | | 宾一类 | | | |
| 2940 | | | 宾一类 | 王、爭、内 | | |
| 2941 | 2941+3256+15143 | | 宾一类 | | | |
| 2942 | | | 宾一类 | | | |
| 2943 | | | 自宾间类 | | 黄自宾间 B | |
| 2944 | | | 宾一类 | | | |
| 2945 | | | 宾二类 | 㱿 | | |
| 2946 | | | 宾一类 | | | |
| 2947 正反 | 2947 正反 +907 | | 宾二类 | | | |
| 2948 | | | 宾一类 | | | |
| 2949 | | | 宾一类 | | | |
| 2950 | | | 宾一类 | | | |
| 2951 | | | 宾一类 | | | |
| 2952 | | | 宾一类 | | | |
| 2953 正反 | | | 宾一类 | | | |
| 2954 | | | 宾二类 | 亘、㱿 | | |
| 2955 | | | 宾二类 | 亘、㱿 | 黄典宾 | |
| 2956 | | | 宾三类 | | | |
| 2957 | | | 宾二类 | | | |
| 2958 | | | 宾二类 | 㱿 | | |
| 2959 | | | 宾一类 | | | |
| 2960 正反 | | | 宾一类 | | | |
| 2961 正反 | | | 宾一类 | | | |

续表

| 著录号 | 缀合 | 重片 | 类型划分 | 贞人 | 专家分类 | 其他说明 |
|---|---|---|---|---|---|---|
| 2962 | | | 宾二类 | | | |
| 2963 | | | 宾二类 | | | |
| 2964 | | | 宾二类 | | | |
| 2965 | | | 宾二类 | 爭 | | |
| 2966 | | | 宾一类 | | | |
| 2967 正反 | | | 宾一类 | | | |
| 2968 | | | 宾一类 | 㱿 | | |
| 2969 | | | 宾一类 | | | |
| 2970 | | | 宾三类 | | | |
| 2971 | | | 宾三类 | | | |
| 2972 | | | 宾二类 | | | |
| 2973 | | | 宾二类 | | | |
| 2974 | | | 宾二类 | | | |
| 2975 正臼 | 2975 正 +6597 正 | | 宾二类 | 㱿 | | |
| 2976 | | | 宾二类 | | | |
| 2977 正反 | | | 宾二类 | | | |
| 2978 正臼 | 黄拼 2978 正 +<br>12657 正 | | 宾二类 | 穷 | | |
| 2979 正反 | | | 宾二类 | | | |
| 2980 正反 | | | 宾二类 | | | |
| 2981 | | | 宾二类 | | | |
| 2982 | | | 宾二类 | | | |
| 2983 | | | 宾二类 | | | |
| 2984 | | | 宾二类 | | | |
| 2985 | | | 宾二类 | 亘、𠬝 | | |
| 2986 | | | 宾二类 | | | |
| 2987 | 2987+6191 正<br>遥缀 13305 | | 宾二类 | | | |
| 2988 | 2988+6189 | | 宾二类 | | | |
| 2989 | | | 宾二类 | | | |
| 2990 | | | 宾二类 | | | |
| 2991 | | | 宾二类 | | | |
| 2992 | | | 宾二类 | | | |
| 2993 | | | 宾二类 | | | |
| 2994 | | | 宾二类 | | | |

续表

| 著录号 | 缀合 | 重片 | 类型划分 | 贞人 | 专家分类 | 其他说明 |
|---|---|---|---|---|---|---|
| 2995 | | | 宾二类 | | | |
| 2996 | | | 宾二类 | | | |
| 2997 | | | 宾二类 | | | |
| 2998 | | | 宾二类 | | | |
| 2999 | | | 宾二类 | | | |
| 3000 | | | 宾二类 | | | |
| 3001 正反 | | | 宾二类 | 爭 | | |
| 3002 | | 14782 | 宾二类 | | | |
| 3003 | | | 宾二类 | | | |
| 3004 | | | 宾二类 | 穷 | | |
| 3005 | | | 宾二类 | | | |
| 3006 | | | 宾二类 | | | |
| 3007 | | | 宾二类 | | | |
| 3008 | | | 宾二类 | | | |
| 3009 | | | 宾三类 | | | |
| 3010 正反 | 黄拼 3010 正 + 合补 2019 正 | | 宾二类 | 穷 | | |
| 3011 | | | 宾二类 | | | |
| 3012 正反 | | | 宾二类 | | | |
| 3013 | | | 宾二类 | | | |
| 3014 | | | 宾二类 | | | |
| 3015 | | | 宾二类 | | | |
| 3016 | | 39686 | 宾二类 | | | |
| 3017 | | | 宾二类 | | | |
| 3018 | 黄拼 3018+15417+17333 | | 宾三类 | | | |
| 3019 | | | 宾三类 | | | |
| 3020 | 3020+11048 | | 宾三类 | 亘 | | |
| 3021 | | | 宾二类 | | | |
| 3022 | | | 宾二类 | | | |
| 3023 | | | 宾二类 | | | |
| 3024 | | | 宾二类 | | | |
| 3025 | | （新）11430 | 宾二类 | | | |
| 3026 | | | 宾二类 | | | |

续表

| 著录号 | 缀合 | 重片 | 类型划分 | 贞人 | 专家分类 | 其他说明 |
|---|---|---|---|---|---|---|
| 3027 | | | 宾二类 | | | |
| 3028 | | | 宾三类 | | | |
| 3029 | | | 宾三类 | | | |
| 3030 | | | 宾二类 | | | |
| 3031 | | | 宾二类 | | | |
| 3032 | | | 宾二类 | 㱿 | | |
| 3033 正反 | | | 宾二类 | 㱿 | | |
| 3034 | | | 自小字类 | | | 非宾 |
| 3035 | | | 自小字类 | | | 非宾 |
| 3036 | | | 自小字类 | | | 非宾 |
| 3037 | 3037+7187 | | 宾二类 | 永 | | |
| 3038 | | | 宾二类 | | | |
| 3039 | | | 自小字类 | | | 非宾 |
| 3040 | | | 宾二类 | | | |
| 3041 正反 | | | 宾二类 | | | |
| 3042 | | | 宾一类 | | | |
| 3043 | | | 宾一类 | | | |
| 3044 | | | 宾二类 | | | |
| 3045 | | | 宾二类 | | | |
| 3046 | | | 宾三类 | | | |
| 3047 | | | 宾二类 | 品 | | |
| 3048 | | | 宾二类 | | | |
| 3049 | | | 宾二类 | | | |
| 3050 | | | 宾三类 | | | |
| 3051 正反 | | | 宾三类 | | | |
| 3052 | | | 宾三类 | | | |
| 3053 正反 | | | 宾二类 | 爭 | | |
| 3054 正臼 | | | 宾三类 | 穷 | | |
| 3055 | | | 宾三类 | | | |
| 3056 | | | 宾二类 | | | |
| 3057 | | | 宾二类 | | | |
| 3058 | | | 宾二类 | 穷 | | |
| 3059 | | | 宾一类 | | | |
| 3060 | | | 宾二类 | | | |

续表

| 著录号 | 缀合 | 重片 | 类型划分 | 贞人 | 专家分类 | 其他说明 |
|---|---|---|---|---|---|---|
| 3061 正反 | | | 宾一类 | 宊、㱿、争 | 李彭宾一 B | |
| 3062 | | | 宾一类 | | | |
| 3063 正反 | | | 宾一类 | | | |
| 3064 | | | 宾一类 | | | |
| 3065 | | | 宾一类 | | | |
| 3066 | | | 宾一类 | | | |
| 3067 | | | 宾一类 | | | |
| 3068 | | | 宾三类 | | | |
| 3069 | | | 宾一类 | | | |
| 3070 | | | 宾一类 | | | |
| 3071 | | | 宾一类 | | | |
| 3072 | | | 宾一类 | | | |
| 3073 | | | 宾一类 | | | |
| 3074 | | | 宾一类 | 争 | | |
| 3075 | | | 宾一类 | | | |
| 3076 | | | 宾二类 | | | |
| 3077 | | | 宾三类 | 宊、争 | 黄宾三 | |
| 3078 | | | 宾三类 | | | |
| 3079 | | | 宾二类 | | | |
| 3080 | | | 宾二类 | | | |
| 3081 | | | 宾二类 | | | |
| 3082 | | | 𠂤宾间类 | | | |
| 3083 正反 | | | 宾二类 | 亘 | | |
| 3084 正反 | | | 宾二类 | | | |
| 3085 | | | 宾二类 | | | |
| 3086 | | | 宾二类 | 宊 | | |
| 3087 | | | 宾三类 | | 黄宾三 | |
| 3088 | | | 宾三类 | 争 | 黄宾三 | |
| 3089 | | | 宾三类 | 宊 | 黄宾三 | |
| 3090 | | | 宾二类 | | 黄典宾 | |
| 3091 | | | 𠂤宾间类 | | 黄𠂤宾间 B | |
| 3092 | | | 𠂤小字类 | | 黄𠂤小字 | 非宾 |
| 3093 | 3093+ | | 宾二类 | 争 | | |

续表

| 著录号 | 缀合 | 重片 | 类型划分 | 贞人 | 专家分类 | 其他说明 |
|---|---|---|---|---|---|---|
| 3094 | | | 宾二类 | | | |
| 3095 | | | 宾二类 | | | |
| 3096 | | | 宾三类 | 争 | | |
| 3097 | | | 宾三类 | 争 | | |
| 3098 | | | 宾三类 | | | |
| 3099 | | | 宾三类 | 古 | 黄宾三 | |
| 3100 | | | 宾二类 | | | |
| 3101 | | | 宾三类 | | | |
| 3102 | 3102+3103（同文库 156） | | 宾二类 | | | |
| 3103 | 3103（同文库 156）+3102 | | 宾二类 | | | |
| 3104 | 黄拼 3104+18404 | | 宾一类 | | | |
| 3105 | | | 宾三类 | | | |
| 3106 | | | 宾三类 | | | |
| 3107 正反 | | | 宾一类 | | | |
| 3108 | | | 宾二类 | | | |
| 3109 | | | 宾二类 | | | |
| 3110 | | | 宾二类 | | | |
| 3111 | | | 宾二类 | | | |
| 3112 正反 | | | 宾二类 | | | |
| 3113 | | | 宾一类 | | | |
| 3114 | | | 宾一类 | | | |
| 3115 | | | 宾二类 | | | |
| 3116 正反 | | | 宾二类 | | | |
| 3117 | | | 宾二类 | | | |
| 3118 | | | 宾二类 | | | |
| 3119 | | | 宾二类 | | | |
| 3120 正反 | | | 宾二类 | | | |
| 3121 | | | 宾一类 | | | |
| 3122 | | | 自宾间类 | | | |
| 3123 | 黄拼 3123+9474 | | 宾三类 | | | |
| 3124 | | | 宾三类 | | | |
| 3125 | | | 宾三类 | 穷 | | |
| 3126 | 3126+ | | 宾三类 | | | |

续表

| 著录号 | 缀合 | 重片 | 类型划分 | 贞人 | 专家分类 | 其他说明 |
|---|---|---|---|---|---|---|
| 3127 | | | 宾三类 | | | |
| 3128 | | | 宾三类 | | | |
| 3129 | | | 宾三类 | | | |
| 3130 | | | 宾三类 | 穷 | | |
| 3131 | | | 宾三类 | | | |
| 3132 | 3132+ | 3652 | 宾二类 | | | |
| 3133 | | | 宾二类 | | | |
| 3134 | 3134+ | | 宾二类 | | | |
| 3135 正反 | | | 宾二类 | | | |
| 3136 | | | 宾二类 | | | |
| 3137 | | | 宾二类 | | 黄典宾 | |
| 3138 | | | 𠂤宾间类 | | 黄𠂤宾间 B | |
| 3139 | 3139+ | | 𠂤宾间类 | | 黄𠂤宾间 B | |
| 3140 | | | 𠂤宾间类 | | | |
| 3141 | | | 𠂤宾间类 | | | |
| 3142 | 3142+11151 | | 𠂤宾间类 | | | |
| 3143 | | | 𠂤宾间类 | | | |
| 3144 | | | 𠂤宾间类 | | | |
| 3145 | | | 𠂤宾间类 | | | |
| 3146 | | | 𠂤宾间类 | | | |
| 3147 | 黄拼 3147+11149+3155+ 史购 108 | | 宾一类 | | | |
| 3148 | | | 宾二类 | | | |
| 3149 正反 | 3149+11049 | | 宾二类 | | | |
| 3150 | | | 宾二类 | | | |
| 3151 | | | 宾二类 | | | |
| 3152 | | | 宾二类 | | 黄典宾 | |
| 3153 | | | 宾二类 | | 黄典宾 | |
| 3154 | | | 宾二类 | | | |
| 3155 | 黄拼 3155+11149+3147+ 史购 108 | | 宾一类 | | | |
| 3156 | | | 宾二类 | | 黄典宾 | |
| 3157 | | | 宾二类 | | | |
| 3158 | | | 宾三类 | | | |

续表

| 著录号 | 缀合 | 重片 | 类型划分 | 贞人 | 专家分类 | 其他说明 |
|---|---|---|---|---|---|---|
| 3159 | | | 宾三类 | | | |
| 3160 | | | 宾三类 | | | |
| 3161 正反 | | | 宾三类 | | | |
| 3162 正反 | | | 宾三类 | | | |
| 3163 正反 | | | 宾三类 | | | |
| 3164 | | | 宾三类 | | | |
| 3165 正反 | | | 宾三类 | | | |
| 3166 | | | 宾三类 | | | |
| 3167 正反 | | | 宾三类 | | | |
| 3168 | | | 宾一类 | | 李彭宾一 A | |
| 3169 正反 | | | 宾二类 | 㱿 | | |
| 3170 | | | 宾二类 | 㝉 | | |
| 3171 正反 | | | 宾一类 | | | |
| 3172 | | | 宾一类 | | | |
| 3173 | | | 宾二类 | | | |
| 3174 | | | 宾二类 | | | |
| 3175 正反 | 3175+1760+3200+13975+14109+14798+18194 | | 宾一类 | | 黄宾一 | |
| 3176 | | | 宾三类 | | | |
| 3177 | | 39724 | 宾二类 | 㱿 | | |
| 3178 | | | 宾二类 | 㱿 | | |
| 3179 | | | 宾三类 | | | |
| 3180 | | | 宾二类 | | | |
| 3181 正反 | | | 宾二类 | 㝉 | | |
| 3182 | | | 宾二类 | | 黄典宾 | |
| 3183 | | | 宾一类 | | | |
| 3184 | | | 宾二类 | | | |
| 3185 | | | 宾二类 | | | |
| 3186 | | | 宾一类 | 㝉 | 黄宾一 | |
| 3187 | | | 宾二类 | 㱿 | | |
| 3188 | | | 宾二类 | | | |
| 3189 | | | 宾二类 | | | |
| 3190 | | | 宾二类 | 㱿、爭 | | |

续表

| 著录号 | 缀合 | 重片 | 类型划分 | 贞人 | 专家分类 | 其他说明 |
|---|---|---|---|---|---|---|
| 3191 | | | 宾二类 | | | |
| 3192 | | | 宾二类 | 爭 | | |
| 3193 | | | 宾二类 | | | |
| 3194 正反 | | | 宾二类 | 古 | | |
| 3195 甲乙 | | | 宾一类 | 爭 | | |
| 3196 正反 | | | 宾一类 | 爭 | | |
| 3197 | | | 宾一类 | | | |
| 3198 | | | 宾二类 | 㱿 | | |
| 3199 正反 | | | 宾二类 | 宕 | | |
| 3200 | 3200+1760+3175+13975+14109+14798+18194 | | 宾一类 | | | |
| 3201 正反 | | | 宾二类 | | | |
| 3202 | | | 𠂤宾间类 | | 黄𠂤宾间 B | |
| 3203 | | 15386 | 𠂤宾间类 | | | |
| 3204 | | | 𠂤宾间类 | | | |
| 3205 | | | 𠂤宾间类 | | | |
| 3206 | 3206+ | | 𠂤宾间类 | | 黄𠂤宾间 B | |
| 3207 | | | 𠂤宾间类 | | 黄𠂤宾间 B | |
| 3208 | | | 𠂤宾间类 | | | |
| 3209 | | | 𠂤宾间类 | | | |
| 3210 | 黄拼 3210+14271 | | 𠂤宾间类 | | | |
| 3211 | | | 𠂤宾间类 | | | |
| 3212 | | | 𠂤宾间类 | | | |
| 3213 | | | 𠂤宾间类 | | | |
| 3214 | | | 𠂤宾间类 | | | |
| 3215 | | | 宾三类 | | | |
| 3216 正反 | 3216+ | | 宾二类 | 宕、㱿 | | |
| 3217 正反 | | | 宾一类 | 宕 | | |
| 3218 | | | 宾一类 | | | |
| 3219 | | | 宾二类 | | | |
| 3220 | | | 宾二类 | | | |
| 3221 | | | 宾二类 | 㱿 | | |
| 3222 正反 | | | 宾二类 | 宕 | | |

续表

| 著录号 | 缀合 | 重片 | 类型划分 | 贞人 | 专家分类 | 其他说明 |
|---|---|---|---|---|---|---|
| 3223 | | | 宾二类 | 穷、㱿 | | |
| 3224 | | | 宾二类 | | | |
| 3225 | | | 宾二类 | | | |
| 3226 正臼 | | | 宾二类 | 古、韋 | | |
| 3227 | | | 𠂤宾间类 | | 黄𠂤宾间 B | |
| 3228 | 3228+278 | 5755 | 宾二类 | 穷 | | |
| 3229 | | | 宾三类 | | 黄宾三 | |
| 3230 | | 13873 | 宾二类 | 爭 | | |
| 3231 | | | 𠂤宾间类 | | 黄𠂤宾间 B | |
| 3232 正反 | | | 宾二类 | 㱿 | | |
| 3233 | | | 宾二类 | | | |
| 3234 | 3234+ | | 宾一类 | | | |
| 3235 正反 | | | 宾二类 | | | |
| 3236 | | | 宾一类 | | | |
| 3237 | | | 宾一类 | | | |
| 3238 正反 | | | 宾二类 | 穷 | | |
| 3239 | | | 𠂤宾间类 | | | |
| 3240 | 黄拼 3240+4884 | | 宾三类 | | | |
| 3241 正反 | | | 𠂤宾间类 | | | |
| 3242 | | | 宾二类 | | | |
| 3243 | 黄拼 3243+10331+3244+15205+乙 5217+乙 2935+乙 2986 | | 宾一类 | | | |
| 3244 | 黄拼 3244+3243+10331+15205+乙 5217+乙 2935+乙 2986 | | 宾一类 | | | 背甲 |
| 3245 | | | 𠂤宾间类 | | | |
| 3246 | | | 宾三类 | | | |
| 3247 | | | 宾二类 | | | |
| 3248 | | | 宾二类 | 穷 | | |
| 3249 | | | 宾三类 | | | |
| 3250 | | | 宾二类 | | | |
| 3251 | 3251+6815 | | 宾三类 | 爭 | | |

续表

| 著录号 | 缀合 | 重片 | 类型划分 | 贞人 | 专家分类 | 其他说明 |
|---|---|---|---|---|---|---|
| 3252 | | | 宾三类 | | | |
| 3253 | | | 宾二类 | | | |
| 3254 | | | 宾三类 | | | |
| 3255 正反臼 | | | 宾二类 | | | |
| 3256 | 3256+2941+15143 | | 宾一类 | | | |
| 3257 | | 23548 | 宾三类 | | | |
| 3258 | | 20056 | 自小字类 | | 黄自小字 | 非宾 |
| 3259 | | | 宾二类 | | | |
| 3260 | | 23554 | 宾三类 | | | |
| 3261 | | | 自宾间类 | | | |
| 3262 | | | 自宾间类 | | | |
| 3263 | | 18790 | 宾三类 | | | |
| 3264 | | | 宾三类 | | | |
| 3265 | | | 宾三类 | | | |
| 3266 | | | 宾三类 | | | 背甲 |
| 3267 正反 | | | 宾二类 | 穷、韋 | | |
| 3268 | | | 宾三类 | | | |
| 3269 | | | 宾二类 | | | |
| 3270 | | | 自宾间类 | | 黄自宾间 B | |
| 3271 正反 | | | 宾二类 | 穷、爭 | | |
| 3272 | | | 宾三类 | | | |
| 3273 正反 | | | 宾二类 | | 黄典宾 | |
| 3274 | | | 宾二类 | | | |
| 3275 | | | 宾二类 | | | |
| 3276 | | | 宾二类 | | | |
| 3277 | | | 宾二类 | | | |
| 3278 | | | 宾二类 | | | |
| 3279 | | | 宾二类 | 㱿 | | |
| 3280 | | | 宾二类 | | | |
| 3281 | | | 宾二类 | | | |
| 3282 | 黄拼 3282+ | | 宾二类 | | | 林《醉古集》309 |
| 3283 | 黄拼 3283+19682 | | 宾二类 | | | |
| 3284 | | | 宾二类 | | | |

续表

| 著录号 | 缀合 | 重片 | 类型划分 | 贞人 | 专家分类 | 其他说明 |
|---|---|---|---|---|---|---|
| 3285 | | | 宾二类 | | 黄宾三 | |
| 3286 正反 | 3286 正反 +4570 | | 宾二类 | 亘 | 李彭宾一 B | 骨臼署辞（正） |
| 3287 | 黄拼 3287+6522 | 39699 | 宾二类 | | | |
| 3288 | 3288+10208 | | 宾二类 | 㱿 | | |
| 3289 正反 | | | 宾二类 | | | |
| 3290 | 3290 遥缀 39698（英 184） | | 宾二类 | 宊 | | |
| 3291 | | | 宾二类 | | | |
| 3292 | | | 宾二类 | | | |
| 3293 | | | 宾二类 | | | |
| 3294 | | | 宾二类 | | | |
| 3295 | | | 宾二类 | | | |
| 3296 正反 | 黄拼 3296 正 +3299 | | 宾二类 | 㱿、亘 | | 同文见合 3297 正，亦见 3298、3301、6130 正 +18377 正 |
| 3297 正反 | | | 宾二类 | 宊、㱿、爭、永 | | |
| 3298 | | | 宾二类 | | | |
| 3299 | 黄拼 3299+3296 正 | | 宾二类 | | | |
| 3300 | 黄拼 3300+4620 正 | | 宾二类 | | | 同文见 6128、6129 |
| 3301 | 黄拼 3301+2859 | | 宾二类 | 㱿 | | |
| 3302 | | | 宾二类 | | | |
| 3303 | | | 宾二类 | | | |
| 3304 | | | 宾二类 | 宊 | | |
| 3305 | | | 宾二类 | | | |
| 3306 | | | 宾三类 | | | |
| 3307 | 黄拼 3307+9486+227 | | 宾三类 | | | |
| 3308 | 黄拼 3308+1471+ 合补 8（3309）+ 合补 502 | | 宾三类 | | | |
| 3309 | 黄拼 3309+3308+ 1471+ 合补 502 | 合补 8 | 宾三类 | | | |
| 3310 | | | 宾三类 | | | |
| 3311 | | | 宾三类 | | | |
| 3312 正反 | | | 宾三类 | 㱿 | | |
| 3313 | | | 宾三类 | 宊 | | |

续表

| 著录号 | 缀合 | 重片 | 类型划分 | 贞人 | 专家分类 | 其他说明 |
|---|---|---|---|---|---|---|
| 3314 | | | 宾三类 | 宁 | 黄宾三 | |
| 3315 | | | 宾三类 | | | |
| 3316 | | | 宾三类 | | | 背甲 |
| 3317 | | | 宾三类 | | | |
| 3318 | | | 宾三类 | | 黄宾三 | |
| 3319 | | | 𠂤小字类 | | 黄𠂤小字 | 非宾 |
| 3320 | | | 𠂤宾间类 | | | |
| 3321 | | | 𠂤宾间类 | | | |
| 3322 | | | 宾三类 | | | |
| 3323 | | | 宾三类 | | | |
| 3324 | | | 𠂤宾间类 | | 李彭宾一 B | |
| 3325 | | | 宾一类 | | | |
| 3326 | | | 𠂤宾间类 | | | |
| 3327 | | | 宾三类 | | | |
| 3328 | 3328+8144 | | 宾三类 | | | |
| 3329 | | | 宾二类 | | | |
| 3330 | | | 宾二类 | | | |
| 3331 | | | 𠂤宾间类 | | | |
| 3332 | 3332+766 | | 宾一类 | | | |
| 3333 | | | 宾一类 | 永 | | |
| 3334 | | | 𠂤宾间类 | | | |
| 3335 | | | 𠂤宾间类 | | | |
| 3336 正反 | | | 宾三类 | | 黄宾三<br>李彭宾二 | |
| 3337 | | | 宾三类 | | 黄宾三 | |
| 3338 | | | 宾一类 | | | |
| 3339 | | | 宾一类 | 㱿 | 黄宾一 | |
| 3340 | | | 宾一类 | | 黄宾一 | |
| 3341 | | | 宾一类 | 爭 | | |
| 3342 | | | 宾二类 | 㱿 | | |
| 3343 | | | 宾一类 | 宁 | | |
| 3344 | | | 宾一类 | | | |
| 3345 | | | 宾一类 | 爭 | | |
| 3346 | | | 宾一类 | 王 | | |

续表

| 著录号 | 缀合 | 重片 | 类型划分 | 贞人 | 专家分类 | 其他说明 |
|---|---|---|---|---|---|---|
| 3347 | | | 宾一类 | | | |
| 3348 | | | 宾一类 | | | |
| 3349 | | | 宾一类 | | | |
| 3350 | | | 宾一类 | | | |
| 3351 | | | 宾一类 | | | |
| 3352 | | | 宾三类 | | | |
| 3353 | | | 宾二类 | | | |
| 3354 | | | 宾三类 | | | |
| 3355 正反 | | | 宾一类 | | | |
| 3356 | | | 宾一类 | | | |
| 3357 | | | 𠂤宾间类 | 㱿 | 黄𠂤宾间 A<br>李彭𠂤宾间 | |
| 3358 | | | 宾三类 | | | |
| 3359 | | | 宾三类 | | | |
| 3360 | | | 宾三类 | | | |
| 3361 | | | 宾二类 | | | |
| 3362 | | | 宾一类 | | | |
| 3363 | | | 宾二类 | | | |
| 3364 | | | 宾一类 | 争 | | |
| 3365 | | | 宾二类 | | | |
| 3366 | | | 宾一类 | | | |
| 3367 | | | 宾一类 | | | |
| 3368 | | | 宾一类 | | | |
| 3369 | | | 宾一类 | | | |
| 3370 | | | 宾三类 | | | |
| 3371 | | | 宾三类 | | | |
| 3372 | | | 宾一类 | | | |
| 3373 | | | 宾一类 | | | |
| 3374 | | | 宾二类 | 㱿 | | |
| 3375 | 黄拼 3375+6840 | | 𠂤宾间类 | | | 同文见 6841+39923 |
| 3376 | | | 宾二类 | | | |
| 3377 | | | 宾二类 | | | |
| 3378 | | | 宾二类 | | | |
| 3379 | | | 宾二类 | | | |

续表

| 著录号 | 缀合 | 重片 | 类型划分 | 贞人 | 专家分类 | 其他说明 |
|---|---|---|---|---|---|---|
| 3380 | | | 宾二类 | 𣪊 | | |
| 3381 | | | 宾二类 | 𣪊 | | |
| 3382 | | | 宾二类 | | | |
| 3383 | | | 宾二类 | | | |
| 3384 | | | 宾二类 | 𣪊 | | |
| 3385 | | | 宾一类 | | | |
| 3386 | | | 宾一类 | | | |
| 3387 | | | 宾一类 | | | |
| 3388 | | | 宾一类 | | | |
| 3389 | | | 宾二类 | | | |
| 3390 | | | 宾二类 | | | |
| 3391 | | | 宾二类 | 𣪊 | | |
| 3392 | | | 宾一类 | | | |
| 3393 | | | 宾二类 | | | |
| 3394 | | | 宾二类 | | | |
| 3395 | | | 宾一类 | 争 | | |
| 3396 | | | 宾二类 | | | |
| 3397 | 黄拼 3397+3782+ 合补 39 | | 宾二类 | | | 4203 遥缀 3397+1078 |
| 3398 | | | 宾三类 | | | |
| 3399 | | | 宾二类 | | | |
| 3400 | 3400+18288+19529 | | 宾一类 | | | |
| 3401 | | | 宾三类 | 穷 | | |
| 3402 | | | 宾三类 | | | |
| 3403 | | | 宾三类 | | | |
| 3404 | | | 宾三类 | | | |
| 3405 | | | 宾三类 | 王 | | |
| 3406 | | | 宾三类 | | | |
| 3407 | | | 宾二类 | | | |
| 3408 | | | 宾三类 | | | |
| 3409 | | | 宾二类 | 亘 | | |
| 3410 | | | 𠂤宾间类 | | | |
| 3411 | | | 𠂤宾间类 | | | |
| 3412 | | | 𠂤宾间类 | | | |
| 3413 | | | 𠂤宾间类 | 王 | 李彭𠂤宾间 | |

续表

| 著录号 | 缀合 | 重片 | 类型划分 | 贞人 | 专家分类 | 其他说明 |
|---|---|---|---|---|---|---|
| 3414 | | | 𠂤小字类 | | 黄𠂤小字 | 非宾 |
| 3415 | | | 𠂤小字类 | 王 | 黄𠂤小字 | 非宾 |
| 3416 | | | 宾二类 | | | |
| 3417 | | | 𠂤宾间类 | | | 背甲 |
| 3418 | | | 𠂤宾间类 | | 黄𠂤宾间 A | |
| 3419 | | | 𠂤宾间类 | | | |
| 3420 | | | 𠂤宾间类 | | 黄𠂤宾间 A | |
| 3421 | | | 𠂤宾间类 | | 黄𠂤宾间 A | |
| 3422 | | | 𠂤宾间类 | | | |
| 3423 | | | 𠂤宾间类 | | | |
| 3424 | | | 𠂤宾间类 | | | |
| 3425 | | | 𠂤宾间类 | | | |
| 3426 | | | 𠂤宾间类 | | | |
| 3427 | | | 𠂤宾间类 | | | |
| 3428 | | | 𠂤宾间类 | | | |
| 3429 | | | 𠂤宾间类 | | | |
| 3430 | | | 𠂤小字类 | | 黄𠂤小字 | 非宾 |
| 3431 | | | 𠂤宾间类 | 王 | | |
| 3432 | | | 𠂤宾间类 | | | |
| 3433 | | | 𠂤宾间类 | | | |
| 3434 | | | 𠂤宾间类 | | | |
| 3435 | | | 𠂤宾间类 | | | |
| 3436 | | | 𠂤小字类 | | | 非宾 |
| 3437 | | | 𠂤小字类 | | | 非宾 |
| 3438 甲乙 | | | 宾一类 | 争 | | |
| 3439 | | | 𠂤宾间类 | | | |
| 3440 | | | 宾二类 | | | |
| 3441 | | | 𠂤宾间类 | | | |
| 3442 | | | 宾二类 | | | |
| 3443 | | | 宾三类 | | | |
| 3444 | | 20078 | 宾三类 | | | |
| 3445 | | | 宾三类 | | | |
| 3446 | | | 𠂤小字类 | | | 非宾 |
| 3447 正反 | | | 宾二类 | | | |

续表

| 著录号 | 缀合 | 重片 | 类型划分 | 贞人 | 专家分类 | 其他说明 |
|---|---|---|---|---|---|---|
| 3448 | | | 𠂤宾间类 | | | |
| 3449 | | | 宾二类 | | | |
| 3450 | | | 宾一类 | | | |
| 3451 | | | 宾二类 | | | |
| 3452 | | | 𠂤宾间类 | | | |
| 3453 | | | 宾二类 | 𡧊 | | |
| 3454 | | | 𠂤宾间类 | | | |
| 3455 | | | 𠂤宾间类 | | | |
| 3456 | | | 宾三类 | | | |
| 3457 | | | 𠂤宾间类 | | | |
| 3458 正反 | | | 宾二类 | 𡧊 | | |
| 3459 正反 | | | 宾二类 | | | |
| 3460 正反 | | | 宾二类 | | | |
| 3461 | | | 宾一类 | 宊、内 | 黄宾一<br>李彭宾一 A | |
| 3462 | | | 宾一类 | | | |
| 3463 | | | 宾一类 | | | |
| 3464 | | | 宾三类 | | | |
| 3465 | | | 宾三类 | 宊 | | |
| 3466 | | | 宾二类 | | | |
| 3467 正臼 | | | 宾二类 | 𡧊 | | |
| 3468 | 3468 遥缀 15320 | | 宾二类 | | | |
| 3469 | 3469+ | | 宾二类 | | | |
| 3470 | | | 宾二类 | 争 | | |
| 3471 | | | 宾三类 | 争 | | |
| 3472 | | | 宾二类 | | | |
| 3473 | 3473+ | | 宾二类 | | | |
| 3474 | | | 宾二类 | | | |
| 3475 | 黄拼 3475+11073+<br>14361+ 合补 524 | | 宾一类 | | | |
| 3476 | | | 宾一类 | | | |
| 3477 正反 | | | 宾一类 | | | |
| 3478 | | | 宾二类 | | | |
| 3479 正反 | | | 宾二类 | | | |

续表

| 著录号 | 缀合 | 重片 | 类型划分 | 贞人 | 专家分类 | 其他说明 |
|---|---|---|---|---|---|---|
| 3480 正反 | | | 宾二类 | 宂 | | |
| 3481 | | | 待考 | 古 | | |
| 3482 正反 | | | 宾一类 | | | |
| 3483 正反 | | | 宾一类 | | | |
| 3484 | 3484+ | | 宾二类 | | | |
| 3485 | | | 自宾间类 | | | |
| 3486 正反 | | | 宾二类 | | | |
| 3487 正反 | | | 宾二类 | 𡧊 | | |
| 3488 | | | 宾二类 | | | |
| 3489 | | | 宾二类 | | | |
| 3490 | | | 自宾间类 | | | |
| 3491 | | | 宾一类 | | | |
| 3492 | | | 宾二类 | | | |
| 3493 | | | 自宾间类 | | 黄自宾间 A | 甲尾署辞 |
| 3494 正反 | | | 宾二类 | | | |
| 3495 | | | 宾二类 | | | |
| 3496 | | | 宾二类 | 宂 | | |
| 3497 正反 | | | 宾一类 | 宂 | | |
| 3498 | | | 宾一类 | 宂 | | |
| 3499 | | | 宾二类 | 宂 | | |
| 3500 | | | 宾三类 | | | |
| 3501 | | | 宾二类 | | | |
| 3502 | | | 自宾间类 | | | |
| 3503 | | | 自宾间类 | | | |
| 3504 | | | 自宾间类 | | | |
| 3505 正反 | 3505 反 +17277 | | 宾二类 | | | |
| 3506 | | | 宾一类 | | | |
| 3507 | | | 宾二类 | | | |
| 3508 正反 | | | 宾二类 | | | |
| 3509 正反 | | | 宾二类 | | | |
| 3510 | | | 宾一类 | | | |
| 3511 | | | 宾一类 | 亘、 | | |
| 3512 | | | 宾一类 | | | |
| 3513 | | | 宾一类 | | | |

续表

| 著录号 | 缀合 | 重片 | 类型划分 | 贞人 | 专家分类 | 其他说明 |
|---|---|---|---|---|---|---|
| 3514 | | | 宾一类 | | | |
| 3515 | | | 宾一类 | | | |
| 3516 | | | 宾一类 | 𣪊 | 李彭宾一 A | |
| 3517 | | | 宾一类 | | | |
| 3518 | 黄拼 3518+17302+1631 | | 宾二类 | | | |
| 3519 | | | 宾一类 | | | |
| 3520 | | | 宾一类 | | | |
| 3521 正反 | | | 宾一类 | | | |
| 3522 正反 | | | 宾二类 | | | |
| 3523 | | | 宾二类 | | | |
| 3524 | 黄拼 3524+14288+2763+4249+18684+18799 | | 宾二类 | | | |
| 3525 | | | 宾二类 | 𣪊 | | |
| 3526 | | | 宾二类 | 𣪊 | | |
| 3527 | 3527+6392 | | 宾二类 | 𣪊 | | |
| 3528 正反 | | | 宾二类 | 𣪊 | | |
| 3529 | 3529+12813 正 | | 宾二类 | 𣪊 | | |
| 3530 正反 | | | 宾二类 | 𣪊 | | |
| 3531 | | | 宾二类 | 𣪊 | | |
| 3532 | | | 宾二类 | 𣪊 | | |
| 3533 | | | 宾二类 | 𣪊 | | |
| 3534 正反 | | | 宾二类 | 𣪊 | | |
| 3535 正反 | | | 宾二类 | 𣪊 | | |
| 3536 | | | 宾二类 | 𣪊 | | |
| 3537 正反 | | | 宾二类 | 𣪊 | | |
| 3538 正反 | | | 宾二类 | 𣪊 | | |
| 3539 | 黄拼 3539+ 合补 1340 | | 宾二类 | 𣪊 | | |
| 3540 | | | 宾一类 | 𣪊 | | |
| 3541 | | | 宾一类 | 𣪊 | | |
| 3542 | | | 宾二类 | 𣪊 | | |
| 3543 | | | 宾二类 | 𣪊 | | |
| 3544 正反 | | | 宾一类 | 𣪊 | | |
| 3545 | | | 宾二类 | 𣪊 | | |
| 3546 | | | 宾二类 | 𣪊 | | |

续表

| 著录号 | 缀合 | 重片 | 类型划分 | 贞人 | 专家分类 | 其他说明 |
|---|---|---|---|---|---|---|
| 3547 | | | 宾二类 | 㱿 | | |
| 3548 正反 | | | 宾二类 | 㱿 | | |
| 3549 正反 | | | 宾二类 | 㱿 | | |
| 3550 | | | 宾一类 | 㱿 | | |
| 3551 | | | 宾二类 | 㱿 | | |
| 3552 | | | 宾二类 | 㱿 | | |
| 3553 | | | 宾二类 | 㱿 | | |
| 3554 | 3554+5846 | | 宾二类 | 㱿 | | |
| 3555 正反 | | | 宾二类 | 㱿 | | |
| 3556 | | | 宾二类 | 㱿 | | |
| 3557 | | | 宾二类 | 㱿 | | |
| 3558 | | | 宾二类 | 㱿 | | |
| 3559 | | | 宾二类 | 㱿 | | |
| 3560 | | | 宾二类 | 㱿 | | |
| 3561 | | | 宾二类 | 㱿 | | |
| 3562 | | | 宾二类 | 㱿 | | |
| 3563 | | | 宾二类 | 㱿 | | |
| 3564 | 3564+ | | 宾二类 | 㱿 | | |
| 3565 正反 | | | 宾二类 | 㱿 | | |
| 3566 | | | 宾二类 | 㱿 | | |
| 3567 正反 | | | 宾二类 | 㱿 | | |
| 3568 甲乙 | | | 宾一类 | 㱿 | | |
| 3569 | | | 宾一类 | 㱿 | | |
| 3570 正反 | | | 宾二类 | 㱿 | | |
| 3571 正反 | | | 宾二类 | 㱿 | | |
| 3572 | 黄拼 3572+ 合补 2105 | | 宾二类 | 㱿 | | |
| 3573 正反 | | | 宾二类 | 㱿 | | |
| 3574 | | | 宾二类 | 㱿 | | |
| 3575 | | 5304 | 宾二类 | 㱿 | | |
| 3576 | | | 宾二类 | 㱿 | | |
| 3577 正反 | | | 宾二类 | 㱿 | | |
| 3578 | 黄拼 3578+ 合补 687 | | 宾二类 | 㱿 | | |
| 3579 | | | 宾一类 | 㱿 | | |
| 3580 | | | 宾二类 | 㱿 | | |

续表

| 著录号 | 缀合 | 重片 | 类型划分 | 贞人 | 专家分类 | 其他说明 |
|---|---|---|---|---|---|---|
| 3581 | | | 宾一类 | 𣪊 | | |
| 3582 | | | 宾一类 | 𣪊 | | |
| 3583 | | | 宾二类 | 𣪊 | | |
| 3584 正反 | | | 宾二类 | 𣪊 | | |
| 3585 正反 | | | 宾二类 | 𣪊 | | |
| 3586 正反 | | | 宾二类 | 𣪊 | | |
| 3587 | | | 宾一类 | 𣪊 | | |
| 3588 | 3588+6912 | | 宾二类 | 𣪊 | | |
| 3589 正反 | | | 宾二类 | 𣪊 | | |
| 3590 | | | 宾一类 | 𣪊 | | |
| 3591 | | | 宾二类 | 𣪊 | | |
| 3592 正反 | | | 宾二类 | 𣪊 | | |
| 3593 | | | 宾二类 | 𣪊 | | |
| 3594 | | | 宾二类 | 𣪊 | | |
| 3595 正反 | | | 宾二类 | 𣪊 | | |
| 3596 正反 | | | 宾二类 | 𣪊 | | |
| 3597 | | 19384 | 宾二类 | 𣪊 | | |
| 3598 | | | 宾二类 | 𣪊 | | |
| 3599 | | | 宾二类 | 𣪊 | | |
| 3600 | | | 宾二类 | 𣪊、争 | | |
| 3601 | | | 宾二类 | 𣪊、争 | | |
| 3602 | | | 宾二类 | 𣪊、争 | | |
| 3603 | | | 宾二类 | 𣪊、争 | | |
| 3604 | 3604+5105 | | 宾二类 | 𣪊、争 | | |
| 3605 正反 | | | 宾二类 | 𣪊 | | |
| 3606 | 黄拼 3606+10607 | | 宾二类 | 𣪊、亘 | | |
| 3607 | | | 宾二类 | 𣪊、永 | | |
| 3608 | | | 宾二类 | 𣪊、永 | | |
| 3609 正反 | | | 宾二类 | 𣪊 | | |
| 3610 | | | 宾二类 | 𣪊、㞢 | | |
| 3611 正反 | 3611 正反 +14235+14184+17341 | | 宾二类 | 𣪊 | | |
| 3612 | | | 宾一类 | 𣪊 | | 背甲 |
| 3613 | | | 宾一类 | 𣪊 | | 背甲 |

续表

| 著录号 | 缀合 | 重片 | 类型划分 | 贞人 | 专家分类 | 其他说明 |
|---|---|---|---|---|---|---|
| 3614 | | | 宾一类 | 𣪊 | | 背甲 |
| 3615 | | | 宾一类 | 𣪊 | | 背甲 |
| 3616 | | | 宾一类 | 𣪊 | | 背甲 |
| 3617 | | | 宾一类 | 𣪊 | | 背甲 |
| 3618 | | | 宾一类 | 𣪊 | | 背甲 |
| 3619 | | | 宾一类 | 𣪊 | | 背甲 |
| 3620 正反 | | | 宾一类 | 𣪊 | | 背甲 |
| 3621 | | | 宾一类 | 𣪊 | | 背甲 |
| 3622 | | | 宾一类 | 𣪊 | | 背甲 |
| 3623 | | | 宾一类 | 𣪊 | | 背甲 |
| 3624 | | | 宾一类 | 𣪊 | | 背甲 |
| 3625 | | | 宾一类 | 𣪊 | | 背甲 |
| 3626 | | | 宾一类 | 𣪊 | | 背甲 |
| 3627 | | | 宾一类 | 𣪊 | | 背甲 |
| 3628 | | | 宾一类 | 𣪊 | | 背甲 |
| 3629 | | | 宾一类 | 𣪊 | | 背甲 |
| 3630 | | | 宾一类 | 𣪊 | | 背甲 |
| 3631 | | | 宾一类 | 𣪊 | | 背甲 |
| 3632 | | | 宾一类 | 𣪊 | | 背甲 |
| 3633 | | | 宾一类 | 𣪊 | | 背甲 |
| 3634 | | | 宾一类 | 𣪊 | | 背甲 |
| 3635 | | | 宾一类 | 𣪊 | | 背甲 |
| 3636 | | | 宾一类 | 𣪊 | | 背甲 |
| 3637 正反 | | | 宾一类 | 𣪊 | | 背甲 |
| 3638 | | | 宾一类 | 𣪊、韋 | | 背甲 |
| 3639 | | | 宾一类 | 𣪊 | | 背甲 |
| 3640 | | | 宾一类 | 𣪊 | | |
| 3641 | | | 宾一类 | | | |
| 3642 正反 | | | 宾一类 | | | |
| 3643 正反 | | | 宾二类 | | | |
| 3644 | | | 宾一类 | | | |
| 3645 | | | 宾一类 | 𣪊 | | |
| 3646 | | | 宾一类 | | | |
| 3647 | | | 宾二类 | 穷 | | |

续表

| 著录号 | 缀合 | 重片 | 类型划分 | 贞人 | 专家分类 | 其他说明 |
|---|---|---|---|---|---|---|
| 3648 | | | 宾二类 | 穷 | | |
| 3649 | | | 宾一类 | 穷 | | |
| 3650 正反 | 黄拼 3650+ 合补 1505 | | 宾二类 | 穷 | | |
| 3651 正臼 | | | 宾二类 | 穷 | | |
| 3652 | 黄拼 3652+13158 | 3132 | 宾二类 | 穷 | | |
| 3653 | | | 宾二类 | 穷 | | |
| 3654 | | | 宾二类 | 穷 | | |
| 3655 | 3655+ | | 子组<br>劣体类 | | 蒋子组<br>劣体类 | 非宾<br>背甲 |
| 3656 | | | 宾二类 | 穷 | | |
| 3657 正臼 | | | 宾二类 | 穷 | | |
| 3658 | | | 宾二类 | 穷 | | |
| 3659 正反 | | | 宾二类 | 穷 | | |
| 3660 | | | 宾二类 | 穷 | | |
| 3661 | | | 宾二类 | 穷 | | |
| 3662 | 黄拼合 3662+ 合补 520+<br>合补 5415 | | 宾二类 | 穷 | | |
| 3663 正反 | | | 宾二类 | 穷 | | |
| 3664 | 黄拼 3664+6158+13536 正 | | 宾二类 | 穷 | | 13536 正为黄后来加缀 |
| 3665 正反 | | | 宾二类 | 穷 | | |
| 3666 | | 16024 | 宾二类 | 穷 | | |
| 3667 | | | 宾二类 | 穷 | | |
| 3668 正反 | | | 宾二类 | 穷 | | |
| 3669 正反 | | | 宾二类 | 穷 | | |
| 3670 | | 2781 | 宾二类 | 穷 | | |
| 3671 | | | 宾一类 | 穷 | | |
| 3672 | | | 宾一类 | 穷 | | |
| 3673 | | | 宾二类 | 穷 | | |
| 3674 | | | 宾三类 | 穷 | | |
| 3675 | 3675+5516 | | 宾一类 | 穷 | | |
| 3676 | | | 宾三类 | 穷 | | |
| 3677 | | | 宾三类 | 穷 | | |
| 3678 | | | 宾二类 | 穷 | | |
| 3679 | | | 宾二类 | 穷 | | |

续表

| 著录号 | 缀合 | 重片 | 类型划分 | 贞人 | 专家分类 | 其他说明 |
|---|---|---|---|---|---|---|
| 3680 | | | 宾三类 | 宁 | | |
| 3681 | | | 宾一类 | 宁 | | |
| 3682 | | | 宾三类 | 宁 | | |
| 3683 | | | 宾三类 | 宁 | | |
| 3684 | | | 宾三类 | 宁 | | |
| 3685 | | | 宾一类 | 宁 | | |
| 3686 | | | 宾一类 | 宁 | | |
| 3687 | | | 宾一类 | 宁 | | |
| 3688 | | | 宾一类 | 宁 | 黄𠂤小字 | |
| 3689 正反 | | | 宾二类 | 宁 | | |
| 3690 正反 | | | 宾二类 | 宁 | | |
| 3691 正反 | | | 宾二类 | 宁 | | |
| 3692 正反 | | | 宾二类 | 宁 | | |
| 3693 | | | 宾二类 | 宁 | | |
| 3694 | | | 宾二类 | 宁 | | |
| 3695 正反 | 3695 正反 + | | 宾一类 | 宁、韋 | 黄宾{ | |
| 3696 正反 | | | 宾二类 | 宁、爭 | | |
| 3697 正臼 | 黄拼 3697 正 +19246 | | 宾二类 | 宁、爭 | | |
| 3698 | | | 宾二类 | 宁、亘 | | |
| 3699 | | | 宾二类 | 宁、𡆥 | | |
| 3700 | | | 宾一类 | 宁 | | |
| 3701 正反 | | 17836 | 宾二类 | 宁 | | 背甲 |
| 3702 | | | 宾三类 | 爭 | | |
| 3703 | | | 宾二类 | 爭 | | |
| 3704 | | | 宾一类 | 爭 | | |
| 3705 | | | 宾一类 | 爭 | | |
| 3706 | 黄拼 29+3706 | | 宾三类 | 爭 | | |
| 3707 | 3707+40360 | | 宾二类 | 爭 | | |
| 3708 | | | 宾二类 | 爭 | | |
| 3709 | 黄拼 3709+7530+合补 971 | | 宾二类 | 爭 | | |
| 3710 | | | 宾一类 | 爭 | | |
| 3711 正反 | | | 宾二类 | 爭 | | |
| 3712 | | | 宾二类 | 爭 | | |

续表

| 著录号 | 缀合 | 重片 | 类型划分 | 贞人 | 专家分类 | 其他说明 |
|---|---|---|---|---|---|---|
| 3713 | | | 宾二类 | 爭 | | |
| 3714 | | | 宾二类 | 爭 | | |
| 3715 正反 | | | 宾一类 | 爭 | | |
| 3716 | | | 宾二类 | 爭 | | |
| 3717 | | | 宾二类 | | | |
| 3718 | | | 宾三类 | 爭 | | 背甲 |
| 3719 | | | 宾三类 | 爭 | | |
| 3720 | | | 宾二类 | 爭 | | |
| 3721 | 3721+ | | 宾二类 | 爭 | | |
| 3722 正反 | | | 宾二类 | 爭 | | |
| 3723 | 3723+39720 | | 宾二类 | 爭 | | |
| 3724 | | | 宾二类 | 爭 | | |
| 3725 正反 | | | 宾二类 | 爭 | | |
| 3726 | | | 宾三类 | 爭 | | |
| 3727 | | | 宾一类 | 爭 | | |
| 3728 | 黄拼 3728+ 合补 5209 + 甲释 143+ 甲 3320 | | 宾二类 | | | |
| 3729 | | | 宾二类 | 爭 | | |
| 3730 | | | 宾三类 | 爭、事 | 黄宾三 | 背甲 |
| 3731 | | | 宾三类 | 穷 | | |
| 3732 正反 | | | 宾二类 | 穷 | | |
| 3733 | | | 宾二类 | 穷 | | |
| 3734 | | | 宾二类 | 穷 | | |
| 3735 正反 | | | 宾三类 | 穷 | | |
| 3736 正反 | | | 宾一类 | 爭 | | |
| 3737 正反 | | | 宾二类 | 爭 | | |
| 3738 | | | 宾三类 | 爭 | | |
| 3739 正反 | | | 宾二类 | 爭 | | |
| 3740 | | | 宾二类 | 爭 | | |
| 3741 | | | 宾三类 | 爭 | | |
| 3742 | | | 宾一类 | 爭 | | |
| 3743 | | | 宾一类 | 爭 | | |
| 3744 | | | 宾二类 | 爭 | | |
| 3745 正反 | | | 宾一类 | 爭 | | |

续表

| 著录号 | 缀合 | 重片 | 类型划分 | 贞人 | 专家分类 | 其他说明 |
|---|---|---|---|---|---|---|
| 3746 | | | 宾一类 | 爭 | | |
| 3747 正反 | | | 宾三类 | 爭 | | |
| 3748 | | | 宾三类 | 爭 | | |
| 3749 | | | 宾三类 | 爭 | | |
| 3750 | 3750+8600 | | 宾三类 | 爭 | | |
| 3751 | | | 宾二类 | 爭 | | |
| 3752 | | | 宾三类 | 爭 | | |
| 3753 正反 | | | 宾二类 | 爭、亘、凸 | | |
| 3754 | 3754+（同文研 B0366）+16271 | | 宾二类 | 爭、亘 | | |
| 3755 | | | 宾一类 | 爭 | | |
| 3756 | | | 宾二类 | 爭 | | |
| 3757 正反 | | | 宾一类 | 爭 | | 反，署贞人爭 |
| 3758 正反 | | | 宾二类 | 爭 | | 反，署贞人爭 |
| 3759 正反 | | | 宾一类 | 爭 | | |
| 3760 正反 | | | 宾一类 | 爭 | | 反，署贞人爭 |
| 3761 正反 | | | 宾二类 | 亘 | | |
| 3762 | | | 宾二类 | 亘 | | |
| 3763 | | | 宾二类 | 亘 | | |
| 3764 | | | 宾二类 | 亘 | | |
| 3765 | | | 宾二类 | 亘 | | |
| 3766 | | | 宾二类 | 亘 | | |
| 3767 | | | 宾二类 | 亘 | | |
| 3768 | | | 宾二类 | 亘 | | |
| 3769 | | | 宾二类 | 亘 | | |
| 3770 | | | 宾二类 | 亘 | | |
| 3771 | | | 宾二类 | 亘 | | |
| 3772 | | | 宾二类 | 亘 | | |
| 3773 | 黄拼 3773+17360 正 | | 宾二类 | 亘 | | |
| 3774 正反 | | | 宾二类 | 亘 | | |
| 3775 | | | 宾二类 | 亘 | | |
| 3776 | | | 宾二类 | 亘 | | |
| 3777 | | | 宾二类 | 亘 | | |

续表

| 著录号 | 缀合 | 重片 | 类型划分 | 贞人 | 专家分类 | 其他说明 |
|---|---|---|---|---|---|---|
| 3778 正反 | | 40656 | 宾二类 | 亘 | | |
| 3779 | | | 宾二类 | 亘 | | |
| 3780 | 黄拼 3780+7890 | 7571 | 宾二类 | 亘 | | |
| 3781 | | 5052 | 宾二类 | 亘 | | |
| 3782 | 黄拼 3782+3397+ 合补 39 | | 宾二类 | 亘 | | |
| 3783 正反 | | | 宾二类 | 亘 | | |
| 3784 | | | 宾二类 | 亘 | | |
| 3785 | | | 宾二类 | 亘 | | |
| 3786 | | 16433 | 宾二类 | 亘 | | |
| 3787 | | | 宾二类 | 亘 | | |
| 3788 | | | 宾二类 | 亘 | | |
| 3789 正反 | | | 宾二类 | 亘 | | |
| 3790 正反 | | | 宾二类 | 穷、亘 | | |
| 3791 正反 | | | 宾二类 | 亘 | | |
| 3792 | | | 宾二类 | 亘 | | |
| 3793 正反 | | | 宾二类 | 亘 | | |
| 3794 正反 | | | 宾二类 | 亘 | | |
| 3795 | | | 宾二类 | 亘 | | |
| 3796 正反 | | | 宾二类 | 亘 | | |
| 3797 | | | 宾一类 | 亘 | | |
| 3798 正反 | | | 宾二类 | 亘 | | |
| 3799 正反 | | | 宾二类 | 亘 | | |
| 3800 正反 | | | 宾二类 | 亘 | | |
| 3801 | | | 宾二类 | 亘 | | |
| 3802 | | | 宾二类 | 亘 | | |
| 3803 | | | 宾二类 | 亘、吕 | | |
| 3804 | | | 宾二类 | 亘、吕 | | |
| 3805 正反 | | | 宾二类 | 亘、永 | | |
| 3806 | | | 宾二类 | 亘 | | |
| 3807 | | | 宾二类 | 亘 | | |
| 3808 正反 | | | 宾二类 | 亘 | | 反，署贞人争 |
| 3809 | | | 宾一类 | 亘 | | |
| 3810 | | | 宾二类 | 内 | | |
| 3811 | | | 宾一类 | 内 | | |

续表

| 著录号 | 缀合 | 重片 | 类型划分 | 贞人 | 专家分类 | 其他说明 |
|---|---|---|---|---|---|---|
| 3812 | | | 宾一类 | 内 | | |
| 3813 | | | 宾一类 | 内 | | |
| 3814 | 黄拼 3814+13034+13485+14295 | | 宾一类 | 内 | | |
| 3815 | | | 宾一类 | | | |
| 3816 | | | 宾一类 | 内 | 黄 | |
| 3817 | | | 宾二类 | 古 | | |
| 3818 | | | 宾二类 | 古 | | |
| 3819 | | | 宾一类 | 古 | | |
| 3820 | | | 宾二类 | 古 | | |
| 3821 正反 | | | 宾二类 | 古 | | |
| 3822 | | | 宾二类 | 古 | | |
| 3823 | | | 宾三类 | 古 | | 背甲 |
| 3824 | | | 宾三类 | 古 | | |
| 3825 | | | 宾一类 | 古 | | |
| 3826 | | | 宾二类 | 古 | | |
| 3827 | | | 宾二类 | 古 | | |
| 3828 | | | 宾一类 | 古 | | |
| 3829 | | | 宾二类 | 古 | | |
| 3830 | | 19322 | 宾一类 | 古 | | |
| 3831 正反 | | | 宾二类 | 古 | | |
| 3832 | 3832+11762+17293 | | 宾二类 | 古 | | 背甲 |
| 3833 | | | 宾三类 | 古 | | |
| 3834 正反 | | | 宾二类 | 古 | | |
| 3835 | | | 宾三类 | 古 | | |
| 3836 | | | 宾二类 | 古 | | |
| 3837 正反 | | | 宾二类 | 古 | | |
| 3838 正反 | | 39741 | 宾二类 | 古 | 黄典宾 | |
| 3839 正反 | | | 宾二类 | 古 | | |
| 3840 | | | 宾二类 | 古 | | |
| 3841 | | | 宾一类 | 古 | | |
| 3842 | | | 宾三类 | 古 | | |
| 3843 正反 | | | 宾二类 | 古 | | |
| 3844 正反 | | | 宾二类 | 古 | | |

续表

| 著录号 | 缀合 | 重片 | 类型划分 | 贞人 | 专家分类 | 其他说明 |
|---|---|---|---|---|---|---|
| 3845 | | | 宾一类 | 韋 | | |
| 3846 | 3846+ | | 宾一类 | 韋 | | |
| 3847 | | | 宾二类 | 韋 | | |
| 3848 正反 | | 4454 | 宾二类 | 韋 | | |
| 3849 | | | 宾二类 | 韋 | | |
| 3850 | | | 宾一类 | 韋 | | |
| 3851 正反 | | | 宾二类 | 韋 | | |
| 3852 | | | 宾二类 | 㱿、韋 | | |
| 3853 | | | 宾二类 | 韋 | | |
| 3854 | | | 宾二类 | 韋 | | |
| 3855 正反 | | | 宾二类 | 韋 | | |
| 3856 | | | 宾二类 | 韋 | | |
| 3857 | | | 宾二类 | 韋 | | |
| 3858 | | | 宾二类 | 韋 | | |
| 3859 | | | 宾二类 | 韋 | | |
| 3860 | | | 宾二类 | 韋 | | |
| 3861 | 3861+9213 | | 宾一类 | 韋 | | |
| 3862 | | | 宾二类 | 㱿 | | |
| 3863 正反 | | | 宾二类 | 㱿 | | |
| 3864 | | | 宾二类 | 㱿 | | |
| 3865 | | | 宾二类 | 㱿 | | |
| 3866 | | | 宾二类 | 㱿 | | |
| 3867 | | | 宾二类 | 㱿 | | |
| 3868 正反 | | | 宾二类 | 㱿 | | |
| 3869 正反 | | | 宾一类 | 㱿 | | |
| 3870 正反 | | | 宾二类 | 㱿 | | |
| 3871 正反 | | | 宾一类 | 㱿 | | |
| 3872 正反 | | | 宾二类 | 㱿 | | |
| 3873 | | | 宾三类 | 㱿 | | 背甲 |
| 3874 | | | 宾二类 | 㱿 | | |
| 3875 | | | 宾三类 | | | 背甲 |
| 3876 | | | 宾三类 | 亢 | | 背甲 |
| 3877 正反 | | | 宾三类 | 亢 | | 背甲 |
| 3878 | | | 宾三类 | 㱿、亢 | | |

续表

| 著录号 | 缀合 | 重片 | 类型划分 | 贞人 | 专家分类 | 其他说明 |
|---|---|---|---|---|---|---|
| 3879 | | | 宾一类 | | | 背甲 |
| 3880 | | | 宾三类 | 事 | | 背甲 |
| 3881 | | | 宾三类 | 事 | | 背甲 |
| 3882 | | | 宾三类 | 事 | | 背甲 |
| 3883 | | | 宾三类 | 事 | | 背甲 |
| 3884 | | | 宾三类 | 事 | | 背甲 |
| 3885 正反 | | | 宾三类 | 事 | | 背甲 |
| 3886 正反 | | | 宾二类 | 永 | | |
| 3887 | | | 宾二类 | 永 | | |
| 3888 | | | 宾二类 | 永 | 黄典宾 | |
| 3889 正反 | | | 宾二类 | 永 | | |
| 3890 正反 | | | 宾二类 | 永 | | |
| 3891 | | 8817 | 宾二类 | 永 | | |
| 3892 | | | 宾二类 | 永 | | |
| 3893 | | | 宾二类 | 永 | | |
| 3894 正反 | | | 宾二类 | 永 | | |
| 3895 正反 | | | 宾二类 | 永 | | |
| 3896 | 3896+ | | 宾二类 | 永 | | |
| 3897 正反 | | | 宾二类 | | | |
| 3898 正反 | | | 宾二类 | 永 | | 崎川辨出犯兆 |
| 3899 | | | 宾二类 | 永 | | |
| 3900 正反 | | | 宾二类 | 永 | | |
| 3901 正反 | 3901 正遥缀 7153 反 | | 宾二类 | 永 | | |
| 3902 正反 | | | 宾二类 | 𣪘 | | |
| 3903 | | | 宾二类 | 𣪘 | | |
| 3904 | | | 宾二类 | 𡧊、𣪘 | | |
| 3905 | | | 宾二类 | 𣪘 | | |
| 3906 | | | 宾二类 | 𣪘 | | |
| 3907 正反 | | | 宾二类 | 𣪘 | | |
| 3908 正反 | | | 宾二类 | 𣪘 | | |
| 3909 | | | 宾二类 | 𣪘 | | |
| 3910 | | | 宾三类 | 𣪘 | | |
| 3911 | | | 宾一类 | 𣪘 | | |
| 3912 正反 | | | 宾一类 | 𢌳 | 黄宾一 | |

续表

| 著录号 | 缀合 | 重片 | 类型划分 | 贞人 | 专家分类 | 其他说明 |
|---|---|---|---|---|---|---|
| 3913 | | | 宾一类 | 孚 | | |
| 3914 | | | 宾二类 | 孚 | | |
| 3915 | | | 宾二类 | | | |
| 3916 | | | 宾二类 | 叡 | | |
| 3917 | | | 宾二类 | 叡 | | |
| 3918 正反 | | | 宾二类 | | | |
| 3919 | | | 宾二类 | | | |
| 3920 | | | 宾二类 | | | |
| 3921 | | | 宾二类 | | | |
| 3922 | | | 宾二类 | | | |
| 3923 | | 39796 | 宾三类 | | | |
| 3924 | | | 宾二类 | | | |
| 3925 | | | 宾二类 | | | |
| 3926 | | | 宾三类 | 爭 | | 背甲 |
| 3927 | | | 宾三类 | | | 背甲 |
| 3928 | | | 宾三类 | 盧 | | 背甲 |
| 3929 | | | 自小字类 | 盧 | 黄自小字 | 非宾 |
| 3930 | | | 宾三类 | 盧 | 黄宾三 | 背甲 |
| 3931 | | | 宾三类 | 盧 | 黄宾三 | 背甲 |
| 3932 | | | 宾三类 | | 黄宾三 | 背甲 |
| 3933 | | | 宾三类 | 屰 | 黄宾三 | |
| 3934 | | | 宾三类 | 屰 | 黄宾三 | |
| 3935 | | | 宾一类 | 侢 | | |
| 3936 正反 | | | 宾二类 | | | |
| 3937 | | | 宾三类 | | | 背甲 |
| 3938 | 3938+3940 | | 宾三类 | 宦 | | 背甲 |
| 3939 | | | 宾三类 | 宦 | | 背甲 |
| 3940 | 3940+3938 | | 宾三类 | 宦 | | 背甲 |
| 3941 | | | 宾二类 | 耳 | | |
| 3942 | | | 宾三类 | 耳 | | 背甲刻辞 |
| 3943 | | | 宾二类 | 卯 | | |
| 3944 正反 | | | 宾三类 | 彘 | | |
| 3945 正反 | | | 宾二类 | 㱿 | | |
| 3946 正反 | | | 宾二类 | 㱿 | | |

续表

| 著录号 | 缀合 | 重片 | 类型划分 | 贞人 | 专家分类 | 其他说明 |
|---|---|---|---|---|---|---|
| 3947 正反 | | | 宾二类 | 𡧊 | | |
| 3948 | | | 宾二类 | | | |
| 3949 | | | 宾二类 | | | |
| 3950 | 3950+ | | 宾二类 | 王 | | |
| 3951 | 3951（=7491）+10088+USB49（库 1023） | 7491 | 宾二类 | | | |
| 3952 正反 | | | 宾二类 | 宊 | 黄典宾 | |
| 3953 正反 | | | 宾二类 | | | |
| 3954 正反 | | | 宾二类 | | | |
| 3955 | | | 宾二类 | | | |
| 3956 正反 | | | 宾二类 | 𢀛 | | |
| 3957 | | | 宾二类 | | | |
| 3958 | | | 宾二类 | 𡧊 | | |
| 3959 正反 | | | 宾二类 | | | |
| 3960 | | | 宾二类 | | | |
| 3961 正反 | | | 宾三类 | | | |
| 3962 | | | 宾二类 | | | |
| 3963 正反 | 3963+ | | 宾二类 | 𡧊 | | |
| 3964 | | | 宾二类 | | | |
| 3965 | | | 宾二类 | | | |
| 3966 | | | 宾二类 | 争 | | |
| 3967 正反 | | | 宾二类 | | | |
| 3968 | | | 宾二类 | | | |
| 3969 正反 | | | 宾二类 | | | |
| 3970 正反 | | | 宾一类 | | | |
| 3971 正反 | | | 宾一类 | | | |
| 3972 | | | 宾二类 | | | |
| 3973 | | | 宾二类 | | | |
| 3974 | 3974+8408 | | 宾三类 | | | |
| 3975 | | | 宾三类 | | | |
| 3976 | | | 宾二类 | | | |
| 3977 | | | 宾一类 | | | |
| 3978 | | 39772 | 宾一类 | | | |
| 3979 正反 | | | 宾一类 | 𡧊 | | |

续表

| 著录号 | 缀合 | 重片 | 类型划分 | 贞人 | 专家分类 | 其他说明 |
|---|---|---|---|---|---|---|
| 3980 | | | 宾二类 | | | |
| 3981 | | | 宾二类 | | | |
| 3982 | | | 宾二类 | | | |
| 3983 | | | 宾二类 | | | |
| 3984 | | | 宾二类 | | | |
| 3985 | | | 宾二类 | | | |
| 3986 | | | 宾二类 | | | |
| 3987 | | | 宾二类 | 亘 | | |
| 3988 | | | 宾二类 | | | |
| 3989 正反 | | | 宾二类 | | | |
| 3990 正反 | | | 宾一类 | | | |
| 3991 | | | 宾三类 | | | |
| 3992 | | | 宾三类 | | | |
| 3993 | | | 宾二类 | | | |
| 3994 | | | 宾二类 | | | |
| 3995 | | 39769 | 宾三类 | 穷 | | |
| 3996 | | | 宾三类 | | | |
| 3997 | | | 宾一类 | | | |
| 3998 | | | 宾三类 | | | |
| 3999 | | | 宾二类 | | | |
| 4000 | 4000+ | | 宾二类 | | | |
| 4001 正反 | 4001+7493 | | 宾二类 | 㱿 | | |
| 4002 | | | 宾二类 | 㱿 | | |
| 4003 正反 | | | 宾二类 | | | |
| 4004 | | | 宾三类 | 穷 | | |
| 4005 | | | 宾一类 | | | |
| 4006 | | | 宾二类 | 韦 | | |
| 4007 | | | 宾三类 | | | |
| 4008 | | | 宾三类 | | | |
| 4009 | | | 宾二类 | 爭 | | |
| 4010 | | | 宾三类 | | 黄宾三 | |
| 4011 | | | 宾二类 | | | |
| 4012 | | | 宾二类 | | | |
| 4013 | 4013+13557+15348 | | 宾三类 | | | |

续表

| 著录号 | 缀合 | 重片 | 类型划分 | 贞人 | 专家分类 | 其他说明 |
|---|---|---|---|---|---|---|
| 4014 | | | 宾三类 | | | |
| 4015 | | | 宾二类 | | | |
| 4016 | 4016+4316 | | 宾二类 | | | |
| 4017 | | | 宾二类 | | | |
| 4018 正反 | | | 宾三类 | | | |
| 4019 | | | 宾二类 | | | |
| 4020 | | | 宾三类 | | | |
| 4021 正反 | | | 宾一类 | 㱿、𠭰 | | |
| 4022 | | | 宾二类 | | | |
| 4023 | | 11116 | 𠂤小字类 | | | 非宾 |
| 4024 正反 | | | 宾二类 | 㱿 | | |
| 4025 | 黄拼 4025+465 | | 宾三类 | | | 背甲 |
| 4026 | | | 宾三类 | | | |
| 4027 | | | 宾二类 | | | |
| 4028 | | | 宾二类 | | | |
| 4029 | | | 宾三类 | | | |
| 4030 | | | 宾三类 | | | |
| 4031 | | | 宾二类 | 㱿 | 黄典宾 | |
| 4032 | | | 宾二类 | 㱿 | | |
| 4033 正反 | | | 宾二类 | | | |
| 4034 正反 | | | 宾二类 | 宊 | | |
| 4035 | | | 宾二类 | | | |
| 4036 | 4036+40076 | | 宾二类 | 争 | | |
| 4037 | 黄拼 4037 正 +<br>英 835（=40076） | | 宾三类 | | | 黄 40075= 英 834<br>（金 569） |
| 4038 | | | 宾二类 | | | |
| 4039 | | | 宾二类 | | | |
| 4040 | | | 宾二类 | | | |
| 4041 正反 | | | 宾二类 | 宊 | | |
| 4042 | | | 宾二类 | | | |
| 4043 | | | 宾三类 | | | |
| 4044 | | | 宾三类 | | | |
| 4045 | | | 宾三类 | | | |
| 4046 | | | 宾三类 | | | |

续表

| 著录号 | 缀合 | 重片 | 类型划分 | 贞人 | 专家分类 | 其他说明 |
|---|---|---|---|---|---|---|
| 4047 正反 | | | 宾二类 | | | |
| 4048 | | | 宾三类 | | | |
| 4049 正反 | | | 宾三类 | | | |
| 4050 | | | 宾二类 | | | 背甲 |
| 4051 | | | 宾二类 | 爭 | 黄典宾 | |
| 4052 | | | 宾三类 | 穷 | | |
| 4053 | | | 宾三类 | | 黄宾三 | |
| 4054 正反 | | | 宾三类 | | | |
| 4055 正反 | | | 宾二类 | 𣪊、爭 | 李彭宾一 B | |
| 4056 | | | 宾二类 | 𣪊 | 李彭宾一 B | |
| 4057 | | | 宾二类 | | 李彭宾一 B | |
| 4058 | | | 宾二类 | 爭 | | |
| 4059 正反 | | | 宾二类 | 穷 | | |
| 4060 | | 10542 | 宾二类 | 王 | | |
| 4061 | | | 宾三类 | | | |
| 4062 | | | 宾三类 | | | |
| 4063 | | | 宾三类 | 穷 | | |
| 4064 | | | 宾三类 | 穷 | 黄宾三 | 背甲 |
| 4065 | | | 宾三类 | | | |
| 4066 | 4066+ | | 宾三类 | | | |
| 4067 | | | 宾三类 | | | 背甲 |
| 4068 | | | 宾三类 | | | |
| 4069 | | | 宾三类 | | | |
| 4070 正臼 | | | 宾三类 | 穷 | | |
| 4071 | | | 宾三类 | | | |
| 4072 | | | 宾三类 | | | |
| 4073 | | | 宾三类 | | | |
| 4074 | | | 宾三类 | | 李彭宾二 | |
| 4075 | | | 宾三类 | | 黄宾三 | |
| 4076 正反 | | | 宾三类 | | | |
| 4077 | | | 宾三类 | | | |
| 4078 | | | 宾三类 | 穷 | | |
| 4079 正反 | | | 宾三类 | | | |
| 4080 | | | 宾三类 | | | |

续表

| 著录号 | 缀合 | 重片 | 类型划分 | 贞人 | 专家分类 | 其他说明 |
|---|---|---|---|---|---|---|
| 4081 | | | 宾一类 | 宕 | | |
| 4082 | | | 宾三类 | 宕 | | |
| 4083 正反 | | | 宾三类 | 宕 | | |
| 4084 正反 | | | 宾二类 | | | |
| 4085 | | | 宾三类 | | | 背甲 |
| 4086 | | | 宾三类 | | | |
| 4087 | | | 宾三类 | | | |
| 4088 | | | 宾三类 | | | |
| 4089 | | | 宾二类 | | | |
| 4090 | 黄拼 4090+6450 | | 宾二类 | 宕 | | 背甲 |
| 4091 | | | 宾三类 | | | 背甲 |
| 4092 | | | 宾三类 | | | 背甲 |
| 4093 | | | 宾三类 | 爭 | | |
| 4094 | | | 宾三类 | | 李彭宾二 | |
| 4095 | | | 宾三类 | | | |
| 4096 正反 | | | 宾二类 | | 黄典宾 | |
| 4097 正反 | | | 宾三类 | | | |
| 4098 正反 | | | 宾三类 | | | |
| 4099 | | | 宾三类 | | | |
| 4100 | 4100+5093 | | 宾二类 | 𣪊 | | |
| 4101 | | | 宾二类 | 𣪊 | | |
| 4102 | | | 宾二类 | 𣪊 | | |
| 4103 | | | 宾二类 | 𣪊 | | |
| 4104 | | 10804 | 宾三类 | | | |
| 4105 正反 | | | 宾二类 | | | |
| 4106 | | | 宾二类 | | | |
| 4107 | | | 宾二类 | | | |
| 4108 | | | 宾二类 | 𣪊 | | |
| 4109 | | | 宾一类 | | | |
| 4110 | | | 宾一类 | | | |
| 4111 | | | 宾一类 | | | |
| 4112 | | | 宾一类 | 𣪊、爭 | | |
| 4113 | | | 宾一类 | 爭 | | |
| 4114 | | | 宾一类 | 王 | | |

续表

| 著录号 | 缀合 | 重片 | 类型划分 | 贞人 | 专家分类 | 其他说明 |
|---|---|---|---|---|---|---|
| 4115 | | | 宾一类 | | | |
| 4116 | | | 宾一类 | | | |
| 4117 | | | 宾一类 | | | 背甲 |
| 4118 | | | 宾一类 | | | |
| 4119 | | | 宾一类 | 争 | | |
| 4120 | | | 宾一类 | | | |
| 4121 | | | 宾一类 | 穷 | 李彭宾一 A | |
| 4122 | | | 宾一类 | 穷 | 黄宾一 | |
| 4123 | | | 宾一类 | 穷、㱿 | | |
| 4124 | | | 宾一类 | 㱿 | | |
| 4125 | | | 宾一类 | | | |
| 4126 | | | 宾一类 | | | |
| 4127 | | | 宾一类 | | | |
| 4128 | | | 宾一类 | 王 | | |
| 4129 | | | 宾一类 | | | |
| 4130 | | | 宾一类 | | | |
| 4131 | | | 宾一类 | | | |
| 4132 | | | 宾一类 | | | |
| 4133 | | | 宾一类 | | | |
| 4134 | | | 宾一类 | | | |
| 4135 | 黄拼 4135+4209+合补 749 | | 宾一类 | | | |
| 4136 | | | 宾一类 | | | |
| 4137 | | | 宾一类 | | | |
| 4138 | | | 宾一类 | | 黄宾一 | |
| 4139 | | | 宾一类 | | | |
| 4140 | 黄拼 4140+15754 | | 宾二类 | | | |
| 4141 | | | 宾一类 | 内 | 李彭宾一 A | |
| 4142 | | | 宾一类 | 㱿 | | |
| 4143 | | | 𠂤宾间类 | | 黄𠂤宾间 A | |
| 4144 | | | 𠂤宾间类 | 王 | | |
| 4145 | | | 𠂤宾间类 | | | |
| 4146 | | | 𠂤宾间类 | | | |
| 4147 | | | 𠂤宾间类 | | | |

续表

| 著录号 | 缀合 | 重片 | 类型划分 | 贞人 | 专家分类 | 其他说明 |
|---|---|---|---|---|---|---|
| 4148 | | | 𠂤宾间类 | | | |
| 4149 | | | 宾一类 | | | |
| 4150 | | | 宾三类 | | | |
| 4151 | | | 宾一类 | | | |
| 4152 | | | 宾一类 | | | |
| 4153 | | | 宾一类 | | | |
| 4154 | | | 宾一类 | | | |
| 4155 | | | 𠂤宾间类 | 王 | | |
| 4156 | | | 𠂤宾间类 | 王 | | |
| 4157 | | | 宾一类 | 𡆥 | | |
| 4158 | | | 𠂤宾间类 | | | |
| 4159 | | | 𠂤宾间类 | | | |
| 4160 | | | 𠂤宾间类 | | | |
| 4161 | | | 宾一类 | | | |
| 4162 | 黄拼 4162+11839 | | 𠂤宾间类 | | 黄𠂤宾间 A<br>李彭𠂤宾间 | |
| 4163 | | | 𠂤宾间类 | 王 | | |
| 4164 | | | 宾一类 | | | |
| 4165 | | | 宾一类 | 王 | | |
| 4166 | | | 𠂤宾间类 | | | |
| 4167 | | | 𠂤宾间类 | | | |
| 4168 | | | 𠂤宾间类 | | | |
| 4169 | | | 𠂤宾间类 | | | |
| 4170 | | | 𠂤宾间类 | | | |
| 4171 正反 | | | 𠂤宾间类 | | | |
| 4172 | | | 𠂤宾间类 | | | |
| 4173 | 黄拼 4173+ 北大 2341+<br>合补 2793 | | 宾一类 | | | |
| 4174 正反 | | | 宾一类 | | | |
| 4175 | | | 宾一类 | | | |
| 4176 | | | 宾一类 | | | |
| 4177 | | | 宾一类 | | | |
| 4178 正反 | | | 宾一类 | 穷 | | |
| 4179 | | | 宾一类 | 爭 | | |

续表

| 著录号 | 缀合 | 重片 | 类型划分 | 贞人 | 专家分类 | 其他说明 |
|---|---|---|---|---|---|---|
| 4180 | 4180+ | | 宾一类 | | | |
| 4181 | 4181+6650 | | 宾一类 | | | |
| 4182 | | | 宾一类 | | | |
| 4183 | | | 宾三类 | | | |
| 4184 | | | 宾三类 | | | |
| 4185 | | | 宾三类 | 宬 | | |
| 4186 | | | 宾一类 | | | |
| 4187 | | | 宾三类 | | 黄自小字 | 黄非宾 |
| 4188 正反 | | | 宾二类 | | | |
| 4189 | | | 宾二类 | 爭 | | |
| 4190 正反 | | | 宾二类 | 韋 | | |
| 4191 | | | 宾二类 | | | |
| 4192 | | | 宾二类 | 宬 | | |
| 4193 | | | 宾二类 | | | |
| 4194 | | | 宾二类 | 㱿 | | |
| 4195 | | | 宾二类 | 爭 | | |
| 4196 | | | 宾三类 | | 黄宾三 | |
| 4197 正反 | | | 宾二类 | 永 | | |
| 4198 正反 | | | 宾二类 | | | |
| 4199 | | | 宾二类 | | | |
| 4200 | | | 宾三类 | 宬、㱿 | | |
| 4201 | 4201+ | | 宾三类 | | | |
| 4202 | 明后 B（4202+5751）+5752 | | 宾二类 | | | |
| 4203 | 4203 遥缀 3397+1078 | | 宾二类 | | | |
| 4204 | | | 宾三类 | | | 背甲 |
| 4205 | | | 宾二类 | 㱿 | | |
| 4206 | | | 宾二类 | 㱿 | | |
| 4207 | | | 宾二类 | | | |
| 4208 | 4208+ | | 宾二类 | | | |
| 4209 | 黄拼 4209+4135 合补 749（善斋 7.33.9） | | 宾一类 | 㱿 | 黄宾一<br>李彭宾一 A | |
| 4210 正反 | | | 宾二类 | | | |
| 4211 正反 | | | 宾二类 | | | |

续表

| 著录号 | 缀合 | 重片 | 类型划分 | 贞人 | 专家分类 | 其他说明 |
|---|---|---|---|---|---|---|
| 4212 | | | 宾二类 | | | |
| 4213 | | | 宾二类 | | | |
| 4214 | | | 宾二类 | | | |
| 4215 | | | 宾二类 | | | |
| 4216 | | | 宾二类 | | | |
| 4217 | | | 宾二类 | | | |
| 4218 | | | 宾二类 | | | |
| 4219 | | | 宾二类 | | | |
| 4220 | | | 宾二类 | | | |
| 4221 | | | 宾二类 | | | |
| 4222 | | 8352 | 宾二类 | | | |
| 4223 | | | 宾二类 | 韋 | | |
| 4224 正反 | | | 宾二类 | 亘 | | |
| 4225 | | | 宾二类 | | | |
| 4226 | | | 宾二类 | | | |
| 4227 | | | 宾二类 | | | |
| 4228 | | | 宾二类 | | | |
| 4229 | | | 宾二类 | | | |
| 4230 | | | 宾二类 | | | |
| 4231 | | | 宾二类 | | | |
| 4232 | | | 宾二类 | | | |
| 4233 | | | 宾二类 | | | |
| 4234 | | | 宾二类 | 永 | 黄自小字 | |
| 4235 | | | 宾二类 | | | |
| 4236 | | | 宾二类 | | | |
| 4237 | | | 宾二类 | | | |
| 4238 | | | 宾三类 | 穷 | | |
| 4239 | 4239+ | | 宾二类 | | | |
| 4240 | 4240+586 | | 宾二类 | | | |
| 4241 | | | 宾一类 | | | |
| 4242 | | | 宾二类 | | | |
| 4243 | | | 自小字类 | 王 | | 非宾 |
| 4244 | | | 宾二类 | 殼 | | |
| 4245 | | | 自小字类 | | | 非宾 |

续表

| 著录号 | 缀合 | 重片 | 类型划分 | 贞人 | 专家分类 | 其他说明 |
|---|---|---|---|---|---|---|
| 4246 | | | 宾二类 | | | |
| 4247 | | | 宾二类 | | | |
| 4248 | 4248+ | | 宾二类 | 爭 | | |
| 4249 | 黄拼 4249+14288+2763+3524+18684+18799 | | 宾二类 | 爭 | | |
| 4250 | | | 宾二类 | 㱿 | | |
| 4251 | | | 宾二类 | | | |
| 4252 | | | 宾二类 | | | |
| 4253 | 4253+ | | 宾二类 | 穷 | | |
| 4254 | 4254+4719 | | 宾三类 | | | |
| 4255 | | | 宾三类 | | | |
| 4256 | | | 宾三类 | | | |
| 4257 | | | 宾二类 | | | |
| 4258 | 4258+ | | 宾二类 | | | |
| 4259 正反 | | | 宾二类 | 古 | | |
| 4260 | | | 宾二类 | | | |
| 4261 | | | 宾三类 | 㱿 | | |
| 4262 | | | 宾二类 | | | |
| 4263 | | | 宾二类 | | | |
| 4264 正反 | | | 宾二类 | 古 | | |
| 4265 | | | 宾三类 | | | |
| 4266 | | | 宾三类 | | | |
| 4267 | | | 宾二类 | 穷 | | |
| 4268 | | | 宾二类 | 永 | | |
| 4269 | 4269+ | | 宾二类 | | | |
| 4270 | | | 宾二类 | | | |
| 4271 | | | 宾二类 | 亘 | | |
| 4272 | | | 宾二类 | 㱿 | | |
| 4273 | | | 宾二类 | | | |
| 4274 | 黄拼 4274+ 合补 1961 | | 宾二类 | | | |
| 4275 正反 | 4275 正反 + | | 宾二类 | | | |
| 4276 | 4276+ 天理 B149 | | 宾二类 | | | |
| 4277 | | | 宾二类 | 㱿、爭、亘 | 李彭宾一 B | |

续表

| 著录号 | 缀合 | 重片 | 类型划分 | 贞人 | 专家分类 | 其他说明 |
|---|---|---|---|---|---|---|
| 4278 | | | 宾三类 | | | |
| 4279 | | | 宾二类 | | | |
| 4280 | 4280+5534 | | 宾二类 | | | |
| 4281 | | | 宾二类 | | | |
| 4282 | | | 宾二类 | 穷 | | |
| 4283 | | | 宾二类 | | | |
| 4284 | | | 宾二类 | 㱿 | 李彭宾一 B | |
| 4285 | 黄拼 4285+9807 | | 宾二类 | | | |
| 4286 正反 | | | 宾二类 | | 黄宾二 | |
| 4287 | | | 宾二类 | | | |
| 4288 正反 | 4288 正反 +1559 | | 宾二类 | 㱿、亘、古 | | |
| 4289 | | | 宾二类 | | | |
| 4290 | | | 宾二类 | 穷 | | |
| 4291 | | | 宾二类 | | | |
| 4292 | | | 宾二类 | | | |
| 4293 | | | 宾二类 | 㱿 | | |
| 4294 | | | 宾二类 | 㱿 | | |
| 4295 | | | 宾二类 | 㱿 | | |
| 4296 | | | 宾二类 | | | |
| 4297 | | | 宾二类 | | | |
| 4298 | | | 宾三类 | | | |
| 4299 正反 | | | 宾二类 | | | |
| 4300 正反 | | | 宾一类 | 古 | | |
| 4301 | | | 宾二类 | | | |
| 4302 | | | 宾三类 | | | |
| 4303 | | | 宾二类 | | | |
| 4304 | | | 宾二类 | 争 | | |
| 4305 | | | 宾一类 | | | |
| 4306 | | | 宾二类 | | | |
| 4307 正反 | | | 宾二类 | 㱿 | | |
| 4308 | | | 自宾间类 | | | |
| 4309 | | | 自宾间类 | 王 | | |
| 4310 | | | 自宾间类 | 王 | | |

续表

| 著录号 | 缀合 | 重片 | 类型划分 | 贞人 | 专家分类 | 其他说明 |
|---|---|---|---|---|---|---|
| 4311 | | | 𠂤宾间类 | | | |
| 4312 | | | 𠂤宾间类 | | | |
| 4313 | | | 𠂤宾间类 | | | |
| 4314 | | | 𠂤宾间类 | | | |
| 4315 | | | 𠂤宾间类 | | | |
| 4316 | 4316+4016 | | 宾三类 | | | |
| 4317 | | | 𠂤宾间类 | | | |
| 4318 | | | 𠂤宾间类 | 王 | | |
| 4319 | | | 𠂤宾间类 | | | |
| 4320 | | | 𠂤宾间类 | | | |
| 4321 | | | 𠂤宾间类 | 王 | | |
| 4322 | | | 𠂤宾间类 | | | |
| 4323 | | | 𠂤宾间类 | | | |
| 4324 | 4324+4325 | | 𠂤宾间类 | | 李彭𠂤宾间 | |
| 4325 | 4325+4324 | | 𠂤宾间类 | | | |
| 4326 | 黄拼 4326+18032+7015（国博 076）+合补 1991（8434） | | 𠂤宾间类 | 王 | | |
| 4327 | | | 𠂤宾间类 | | | |
| 4328 | | | 𠂤宾间类 | 王 | | |
| 4329 | | | 𠂤宾间类 | 王 | | |
| 4330 | | | 𠂤宾间类 | | | |
| 4331 | | | 𠂤宾间类 | | 李彭𠂤宾间 | |
| 4332 | | | 𠂤宾间类 | | | 此有“余曰” |
| 4333 | | | 𠂤小字类 | 王 | 黄𠂤小字 | 非宾 |
| 4334 | | | 𠂤宾间类 | 王 | | |
| 4335 | | | 宾三类 | 王 | | |
| 4336 | | | 𠂤宾间类 | 王 | | |
| 4337 | | | 宾三类 | | | |
| 4338 | | | 宾二类 | | | |
| 4339 | | | 宾三类 | | | |
| 4340 正臼 | | | 宾二类 | 𡆥 | | |
| 4341 正反 | | | 宾二类 | 争 | 黄宾二 | |
| 4342 | | | 𠂤宾间类 | | | |

续表

| 著录号 | 缀合 | 重片 | 类型划分 | 贞人 | 专家分类 | 其他说明 |
|---|---|---|---|---|---|---|
| 4343 | | | 宾三类 | | | |
| 4344 正反 | 4344 正反 +7348 正反 | | 宾二类 | | | |
| 4345 | | | 宾二类 | | | |
| 4346 | 4346+4016 | | 宾二类 | | | |
| 4347 | | | 宾二类 | | | |
| 4348 | | | 宾三类 | | | |
| 4349 正反 | 黄拼 4349+18321 | | 宾二类 | | | |
| 4350 | | | 宾二类 | | | |
| 4351 | | | 宾二类 | | | |
| 4352 | | | 宾二类 | | | |
| 4353 | | | 宾二类 | | | |
| 4354 | | | 宾二类 | | 黄宾二 | |
| 4355 | | | 宾二类 | | | |
| 4356 | | | 宾二类 | 亘 | | |
| 4357 | | | 宾二类 | 穷、𣪊 | | |
| 4358 | | | 宾二类 | | | |
| 4359 | | | 宾二类 | | | |
| 4360 | | | 待考 | | | |
| 4361 正反 | | | 宾二类 | | | |
| 4362 | | | 宾二类 | | | |
| 4363 正反 | | | 宾二类 | | | |
| 4364 正反 | | | 宾二类 | | | 背甲 |
| 4365 | | | 宾二类 | | | |
| 4366 | 4366+5709 | | 宾一类 | | | |
| 4367 | | | 宾二类 | | | |
| 4368 | | | 宾二类 | | | |
| 4369 正反 | | | 宾二类 | 𣪊 | | |
| 4370 | | | 宾二类 | 𣪊 | | |
| 4371 | | | 宾二类 | | | |
| 4372 | | 39787 | 宾二类 | | | |
| 4373 | | | 宾三类 | | | |
| 4374 | | | 宾三类 | | | |
| 4375 | | | 宾二类 | | | |
| 4376 | | | 宾二类 | | | |

续表

| 著录号 | 缀合 | 重片 | 类型划分 | 贞人 | 专家分类 | 其他说明 |
|---|---|---|---|---|---|---|
| 4377 | | | 宾二类 | | | |
| 4378 | | | 宾二类 | 古 | 黄宾二 | |
| 4379 | | 9638 | 宾三类 | | | |
| 4380 | | | 宾三类 | | | |
| 4381 | | | 宾三类 | 爭 | | |
| 4382 | | | 宾三类 | | | |
| 4383 正反 | | | 宾三类 | | | |
| 4384 | | | 宾三类 | | | |
| 4385 | 黄拼 4385+14915 | | 宾三类 | | | |
| 4386 | | | 宾三类 | | | |
| 4387 | 4387+4394（山东 1131） | | 宾二类 | | | |
| 4388 | | | 宾三类 | 穷 | 黄宾三 | |
| 4389 | | | 宾三类 | | | |
| 4390 | | | 宾三类 | | | |
| 4391 | | | 宾三类 | | | |
| 4392 | | | 宾三类 | | | |
| 4393 正反 | | | 宾三类 | | | |
| 4394 | 4394（山东 1131）+4387 | | 宾二类 | | | |
| 4395 | | | 宾三类 | | | |
| 4396 | | | 宾三类 | | | |
| 4397 | | | 宾三类 | | | |
| 4398 | | | 宾三类 | | | |
| 4399 正反 | | | 宾二类 | | | |
| 4400 | | | 宾三类 | | | |
| 4401 | | | 历二类 | | 李彭历二 | 非宾 |
| 4402 正反 | | | 宾三类 | | | |
| 4403 | | | 宾三类 | | | |
| 4404 | | | 宾三类 | | | |
| 4405 | | | 宾一类 | 内 | | |
| 4406 | | | 宾一类 | | | |
| 4407 | | | 宾三类 | | | |
| 4408 | | | 宾三类 | | | |
| 4409 | | | 宾三类 | 韋 | | |

续表

| 著录号 | 缀合 | 重片 | 类型划分 | 贞人 | 专家分类 | 其他说明 |
|---|---|---|---|---|---|---|
| 4410 | | | 宾二类 | 韋 | | |
| 4411 | | | 宾一类 | | | |
| 4412 | | | 宾二类 | | | |
| 4413 | | | 宾二类 | | | |
| 4414 | | 20166 | 宾二类 | 王 | | |
| 4415 正臼 | 黄拼 4415 正 +<br>合补 1173 正 | | 宾二类 | | | |
| 4416 | | | 宾二类 | | | |
| 4417 | | | 宾三类 | | 李彭宾二 | |
| 4418 | | | 宾三类 | | | |
| 4419 | | | 宾三类 | | | |
| 4420 | | | 宾三类 | | | |
| 4421 | | | 宾二类 | | | |
| 4422 正反 | | | 宾二类 | 宕 | | |
| 4423 | | | 宾二类 | | | |
| 4424 | | | 𠂤宾间类 | | | |
| 4425 | | | 𠂤宾间类 | | | 甲尾署辞 |
| 4426 | | | 𠂤宾间类 | 王 | 黄𠂤宾间 A | |
| 4427 | | | 𠂤宾间类 | | | |
| 4428 | | | 𠂤宾间类 | | | |
| 4429 | | | 𠂤宾间类 | | | |
| 4430 | | | 𠂤宾间类 | | | |
| 4431 | | | 𠂤宾间类 | | | |
| 4432 | | | 𠂤宾间类 | | | |
| 4433 | | | 𠂤宾间类 | | | |
| 4434 | | | 𠂤宾间类 | | | |
| 4435 | | | 𠂤宾间类 | | | |
| 4436 | | | 𠂤宾间类 | | | |
| 4437 | | | 𠂤小字类 | | | 非宾 |
| 4438 | | | 𠂤宾间类 | | | |
| 4439 | | | 𠂤宾间类 | | | |
| 4440 | | | 𠂤宾间类 | | | |
| 4441 | | | 𠂤宾间类 | | | |
| 4442 | | 20213 | 𠂤宾间类 | | | |

续表

| 著录号 | 缀合 | 重片 | 类型划分 | 贞人 | 专家分类 | 其他说明 |
|---|---|---|---|---|---|---|
| 4443 | | | 𠂤小字类 | | | 非宾 |
| 4444 | | | 宾二类 | | 黄宾二 | |
| 4445 | | | 宾二类 | | | |
| 4446 | | | 宾三类 | | | |
| 4447 正反 | | | 宾一类 | | | |
| 4448 | | | 𠂤宾间类 | | 李彭𠂤宾间 | |
| 4449 正反 | | | 宾三类 | | | |
| 4450 | | | 宾一类 | | | |
| 4451 | | （新）19115 | 宾三类 | | | |
| 4452 正反 | | | 宾二类 | 亘 | | |
| 4453 正反 | | | 宾二类 | | | |
| 4454 正反 | | 3848 | 宾二类 | 韋 | | |
| 4455 正反 | | | 宾二类 | | | |
| 4456 正反 | | | 宾二类 | | | |
| 4457 | | 17363 | 宾二类 | | | |
| 4458 | | | 宾二类 | | | |
| 4459 | | | 宾二类 | | | |
| 4460 | | | 宾二类 | | | |
| 4461 | | | 宾二类 | | | |
| 4462 正反 | | | 宾二类 | | | |
| 4463 | | | 宾一类 | | | |
| 4464 正反 | | | 宾一类 | 爭 | 李彭宾一 B | |
| 4465 正反 | | | 宾一类 | | | |
| 4466 | | | 宾一类 | | | |
| 4467 | 4467+2896 | | 宾二类 | | | |
| 4468 正反 | | | 宾二类 | | 黄宾二 | |
| 4469 正反 | | | 宾二类 | | | |
| 4470 正反 | | | 宾二类 | | | |
| 4471 正反 | | | 宾二类 | | | |
| 4472 | | | 宾三类 | | 李彭宾二 | |
| 4473 | | | 宾三类 | | | |
| 4474 | | | 宾二类 | | | |
| 4475 | | | 宾二类 | | | |
| 4476 | | | 宾二类 | 韋 | | |

续表

| 著录号 | 缀合 | 重片 | 类型划分 | 贞人 | 专家分类 | 其他说明 |
|---|---|---|---|---|---|---|
| 4477 正反 | | | 宾二类 | 㱿 | | |
| 4478 | | | 宾一类 | | | |
| 4479 | | | 宾一类 | | | |
| 4480 | | | 宾三类 | | | |
| 4481 | | | 宾二类 | 宁、亘 | | |
| 4482 | | | 宾二类 | | | |
| 4483 正反 | | | 宾二类 | 㱿 | | |
| 4484 | | | 宾二类 | | | |
| 4485 | | | 宾二类 | | | |
| 4486 | | | 宾二类 | | | |
| 4487 | | | 宾二类 | | | |
| 4488 | | | 𠂤宾间类 | 王 | | |
| 4489 | | | 𠂤宾间类 | | | |
| 4490 | | | 𠂤宾间类 | | | |
| 4491 | | | 宾三类 | | 黄宾三 | |
| 4492 | | | 宾二类 | | | |
| 4493 | | | 宾三类 | | | |
| 4494 | | | 宾二类 | | | |
| 4495 | | | 𠂤小字类 | | 黄𠂤小字 | 非宾 |
| 4496 | | | 宾一类 | 争 | | |
| 4497 | | | 宾一类 | | | |
| 4498 正反 | | | 宾一类 | | | |
| 4499 正反 | | | 宾一类 | 㱿、争 | | |
| 4500 | | | 宾一类 | | | |
| 4501 | | | 宾一类 | | | |
| 4502 正反 | | | 宾一类 | | | |
| 4503 甲乙 | | | 宾一类 | | | |
| 4504 | | | 宾一类 | | | |
| 4505 | | | 宾一类 | | | |
| 4506 | | | 宾二类 | | | |
| 4507 | | | 宾三类 | | | |
| 4508 | | | 宾一类 | | | |
| 4509 | 4509+4510+<br>4511+10463+ | | 宾一类 | | | |

续表

| 著录号 | 缀合 | 重片 | 类型划分 | 贞人 | 专家分类 | 其他说明 |
|---|---|---|---|---|---|---|
| 4510 | 4510+4509+<br>4511+10463+ | | 宾一类 | | | |
| 4511 | 4511+4510+<br>4509+10463+ | | 宾一类 | | | |
| 4512 | | | 宾三类 | | | |
| 4513 | | | 宾一类 | | | |
| 4514 | | | 宾一类 | | | |
| 4515 | | | 宾二类 | | 黄典宾 | |
| 4516 | | | 宾二类 | | | |
| 4517 | | | 宾一类 | | | |
| 4518 正反 | | | 宾二类 | 亘 | | |
| 4519 | | | 宾一类 | 内 | 李彭宾一 A | |
| 4520 | | | 宾一类 | | | |
| 4521 | | | 宾一类 | | | |
| 4522 | | | 宾一类 | | | |
| 4523 | | | 宾一类 | | | |
| 4524 | | | 宾一类 | | | |
| 4525 | | | 宾一类 | | | |
| 4526 | | | 宾一类 | | | |
| 4527 正反 | | 16247 | 宾二类 | | | |
| 4528 | | | 宾二类 | | | |
| 4529 | | | 宾一类 | 内 | | |
| 4530 正反 | | | 宾一类 | | | |
| 4531 | | | 宾一类 | 爭 | | |
| 4532 正反 | | | 宾三类 | | | |
| 4533 正反 | | | 宾二类 | | | |
| 4534 | | | 宾二类 | | | |
| 4535 正反 | | | 宾二类 | | | |
| 4536 | | | 宾二类 | | | |
| 4537 | | | 宾二类 | | | |
| 4538 | | | 宾一类 | | | |
| 4539 | 4539+15986 | | 宾一类 | | | |
| 4540 | | | 宾一类 | | | |
| 4541 | | | 宾二类 | | | |

续表

| 著录号 | 缀合 | 重片 | 类型划分 | 贞人 | 专家分类 | 其他说明 |
|---|---|---|---|---|---|---|
| 4542 | | | 宾二类 | | 黄典宾 | |
| 4543 | | | 宾三类 | | | |
| 4544 | | | 宾一类 | | | |
| 4545 | | | 宾一类 | | | |
| 4546 | | | 宾二类 | | | |
| 4547 | | | 宾二类 | 㱿 | | |
| 4548 | | | 宾一类 | 王 | | |
| 4549 | | | 宾一类 | 王 | 黄宾一 | |
| 4550 正反 | | | 宾一类 | 㱿 | 黄宾一 | |
| 4551 | | | 宾一类 | | 黄宾一 | |
| 4552 | | | 宾一类 | 王 | 黄宾一 | |
| 4553 | | | 宾二类 | 㱿 | | |
| 4554 | | | 宾二类 | | | |
| 4555 | | | 宾二类 | | | |
| 4556 | | | 宾二类 | | | |
| 4557 | | | 宾一类 | | | |
| 4558 | | | 宾二类 | | | |
| 4559 | | | 宾二类 | | | |
| 4560 | | | 宾二类 | | | |
| 4561 | | | 宾二类 | | | |
| 4562 | | | 宾二类 | 王 | | |
| 4563 | | | 宾一类 | 穷、爭 | | |
| 4564 正反 | | | 宾二类 | | | |
| 4565 | | | 宾二类 | | | |
| 4566 | | | 宾二类 | | | |
| 4567 | | | 宾一类 | 爭 | | |
| 4568 | | | 宾二类 | | | |
| 4569 正臼 | | | 宾二类 | 爭 | | |
| 4570 | 4570+3286 正反 | | 宾二类 | | | 骨臼署辞 |
| 4571 | | | 宾二类 | | | |
| 4572 正反 | | | 宾二类 | | | |
| 4573 | | | 宾二类 | | | |
| 4574 | | | 宾三类 | 穷 | | |
| 4575 正反 | | | 宾二类 | | | |

续表

| 著录号 | 缀合 | 重片 | 类型划分 | 贞人 | 专家分类 | 其他说明 |
|---|---|---|---|---|---|---|
| 4576 | | 39744 | 宾二类 | 亘 | | |
| 4577 正反 | | | 宾三类 | 爭 | | |
| 4578 | | | 宾二类 | | | |
| 4579 | | | 宾二类 | | | |
| 4580 | | | 宾二类 | | | |
| 4581 正反 | | | 宾一类 | | | |
| 4582 | | | 宾一类 | | | |
| 4583 | | | 宾一类 | | 黄宾一 | |
| 4584 | | | 宾一类 | | | |
| 4585 | | | 宾一类 | 王 | | |
| 4586 | | | 宾一类 | | | |
| 4587 | | | 宾一类 | | | |
| 4588 | | | 宾二类 | | | |
| 4589 正反 | | | 宾二类 | | | |
| 4590 | | | 宾一类 | | | |
| 4591 | | | 宾三类 | | | |
| 4592 | | | 宾三类 | | | |
| 4593 | | | 宾三类 | | 黄宾三 | |
| 4594 | | | 宾三类 | | | |
| 4595 | 黄拼 16184（合补 4981）+ 4595 | | 宾二类 | | | |
| 4596 | 4596+18874 | 4599+ 18874 | 宾二类 | 穷 | 黄典宾 | |
| 4597 | | | 宾三类 | 爭 | 黄宾三 | |
| 4598 | 4598+ | | 宾三类 | 爭 | 黄宾三 | |
| 4599 | 4599+18874 | 4596 | 宾二类 | | 黄典宾 | |
| 4600 | | | 宾三类 | | | |
| 4601 | | | 宾三类 | | | |
| 4602 | | | 宾三类 | | | |
| 4603 正反 | | | 宾二类 | | | |
| 4604 | 4604+4605 | | 宾三类 | | | |
| 4605 正反 | 4605+4604 | | 宾三类 | | | |
| 4606 | | | 宾三类 | | | |
| 4607 | | | 宾三类 | | | |

续表

| 著录号 | 缀合 | 重片 | 类型划分 | 贞人 | 专家分类 | 其他说明 |
|---|---|---|---|---|---|---|
| 4608 | | | 宾二类 | | | |
| 4609 | | | 宾三类 | | 黄宾三 | |
| 4610 | | | 宾二类 | | | |
| 4611 正反 | | | 宾一类 | | | |
| 4612 | | | 宾二类 | | | |
| 4613 | | | 宾三类 | | | |
| 4614 | | | 宾二类 | | | |
| 4615 | | | 宾二类 | | | |
| 4616 | | | 宾二类 | 爭 | | |
| 4617 | | | 宾二类 | | | |
| 4618 | | | 宾二类 | 爭 | | |
| 4619 | | | 宾二类 | 亘 | | |
| 4620 正反 | 黄拼 4620 正 +3300 | | 宾二类 | | | 同文见 6130 正+18377 正 |
| 4621 | | | 宾三类 | | | |
| 4622 | | | 宾二类 | | | |
| 4623 | | | 宾三类 | | | |
| 4624 | | | 宾一类 | | | |
| 4625 | | | 宾一类 | | | |
| 4626 | | | 宾一类 | | 黄宾一 | |
| 4627 | | | 宾三类 | | | |
| 4628 | | | 宾一类 | | 黄宾一 | |
| 4629 | | | 宾三类 | | 黄宾三 | |
| 4630 | | | 宾三类 | | 黄宾三 | |
| 4631 | 4631+ | | 宾二类 | | | |
| 4632 正臼 | 黄拼 4632+13599+<br>2192 正遥缀 | | 宾二类 | | | |
| 4633 | | | 宾三类 | | | |
| 4634 正反 | | | 宾二类 | | | |
| 4635 | | | 宾二类 | | | |
| 4636 | | | 宾三类 | | | |
| 4637 | | | 宾三类 | | | 背甲 |
| 4638 正反 | | | 宾二类 | | | |
| 4639 | | | 宾二类 | | | |
| 4640 | | | 宾三类 | | 黄宾三 | |

续表

| 著录号 | 缀合 | 重片 | 类型划分 | 贞人 | 专家分类 | 其他说明 |
|---|---|---|---|---|---|---|
| 4641 | | | 宾二类 | | | |
| 4642 | | | 宾二类 | | | |
| 4643 | | | 宾二类 | | | |
| 4644 正反 | | | 宾二类 | | | 背甲 |
| 4645 | | | 宾二类 | | | |
| 4646 | | | 宾二类 | | | |
| 4647 正反 | | | 宾二类 | 㱿 | | |
| 4648 | | | 宾一类 | | | |
| 4649 | | | 宾一类 | | | |
| 4650 | | | 宾三类 | | | |
| 4651 | | | 宾二类 | 㱿 | | |
| 4652 | | | 宾三类 | | | |
| 4653 正反臼 | | | 宾二类 | 古 | | |
| 4654 | 黄拼 4654+7855 | 12878 | 宾二类 | | | |
| 4655 | | | 宾一类 | | | |
| 4656 | | | 宾一类 | | | |
| 4657 | | | 宾一类 | | | |
| 4658 | | | 宾三类 | | | |
| 4659 | | | 宾三类 | | | |
| 4660 | | | 宾三类 | | | |
| 4661 | | | 出一类 | | | 非宾 |
| 4662 | | | 宾一类 | | | |
| 4663 | | | 宾一类 | 宊 | | |
| 4664 | | | 𠂤宾间类 | | | |
| 4665 | | | 𠂤宾间类 | | | |
| 4666 | | | 𠂤宾间类 | | | |
| 4667 | | | 𠂤宾间类 | | | 背甲 |
| 4668 | | | 𠂤宾间类 | | | |
| 4669 | | | 𠂤宾间类 | | | |
| 4670 | | | 宾三类 | 争 | | |
| 4671 | | | 宾三类 | 宊 | | 背甲 |
| 4672 | | | 宾三类 | | | |
| 4673 | 黄拼 19191+4673+7024+19193+22482 | | 𠂤宾间类 | | 黄𠂤宾间 B | 4673+ 山本竟山旧藏拓 40 |

续表

| 著录号 | 缀合 | 重片 | 类型划分 | 贞人 | 专家分类 | 其他说明 |
| --- | --- | --- | --- | --- | --- | --- |
| 4674 | 4674+ | | 𠂤宾间类 | | | |
| 4675 | | | 𠂤宾间类 | | 黄𠂤宾间 B | |
| 4676 | | | 𠂤宾间类 | | 黄𠂤宾间 B | |
| 4677 | | | 宾二类 | | | |
| 4678 正臼 | | | 宾二类 | 亘 | | |
| 4679 | | | 宾二类 | | 黄典宾 | 背甲 |
| 4680 正反 | | | 宾二类 | | | |
| 4681 | | | 宾二类 | | | |
| 4682 | | | 宾二类 | | | |
| 4683 | | | 宾二类 | | | |
| 4684 | | | 宾二类 | | | |
| 4685 | 4685+35216 | | 宾二类 | | | |
| 4686 | 4686+35204 | | 宾二类 | | | |
| 4687 正反 | | | 宾二类 | | | |
| 4688 | | | 宾二类 | | | |
| 4689 | | | 宾二类 | | | 背甲 |
| 4690 | | | 宾一类 | | | |
| 4691 正反 | | | 宾一类 | 宁 | | |
| 4692 | | | 宾一类 | | | |
| 4693 | | | 宾一类 | | | |
| 4694 | | | 宾一类 | | | |
| 4695 | | | 宾三类 | | | |
| 4696 | | | 宾一类 | | | |
| 4697 | | | 宾一类 | | 黄宾一 | |
| 4698 | | | 宾一类 | | | |
| 4699 | | | 𠂤小字类 | | 黄𠂤小字 | 非宾 |
| 4700 | | | 宾一类 | | | |
| 4701 | 4701+ | | 宾一类 | | | |
| 4702 | | | 宾一类 | | | |
| 4703 | | | 𠂤小字类 | | 黄𠂤小字 | 非宾 |
| 4704 | | | 宾一类 | | | |
| 4705 | | | 宾一类 | | | |
| 4706 | | | 宾一类 | | | |
| 4707 | | 18383 | 宾一类 | | | |

续表

| 著录号 | 缀合 | 重片 | 类型划分 | 贞人 | 专家分类 | 其他说明 |
|---|---|---|---|---|---|---|
| 4708 | | | 宾一类 | | | |
| 4709 | | | 宾三类 | | | |
| 4710 | | | 宾三类 | | | |
| 4711 | | | 宾三类 | | | |
| 4712 | | | 宾三类 | | | |
| 4713 | | | 宾二类 | | | |
| 4714 | | | 宾三类 | 穷 | | |
| 4715 | | | 宾三类 | | 黄宾三 | |
| 4716 | | | 宾三类 | | | |
| 4717 | | | 宾三类 | | | |
| 4718 | | | 宾三类 | | | |
| 4719 | 4719+4254 | | 宾三类 | | | |
| 4720 | | | 宾三类 | 争 | | |
| 4721 | | | 宾三类 | | | |
| 4722 | 4722+5316 | | 宾二类 | 𡧊 | | |
| 4723 | | | 宾二类 | | | |
| 4724 | | | 𠂤宾间类 | | | |
| 4725 | | | 𠂤宾间类 | | | |
| 4726 | | | 𠂤宾间类 | 王 | 黄𠂤宾间 A | |
| 4727 | | | 𠂤宾间类 | | | |
| 4728 | | | 𠂤宾间类 | | | |
| 4729 | | | 𠂤宾间类 | | | |
| 4730 正反 | | | 宾二类 | | | |
| 4731 | | | 𠂤宾间类 | 王 | 黄𠂤宾间 | |
| 4732 | | | 𠂤宾间类 | | | |
| 4733 | | | 𠂤宾间类 | | | |
| 4734 | | | 宾二类 | | | |
| 4735 正反 | | | 宾二类 | 穷 | | |
| 4736 | | | 宾一类 | | | |
| 4737 | | 39691 | 宾一类 | | | |
| 4738 | | | 宾一类 | | | |
| 4739 | 4739+4740 | | 宾一类 | | | |
| 4740 | 4740+4739 | | 宾一类 | | | |
| 4741 | | | 宾一类 | | | |

续表

| 著录号 | 缀合 | 重片 | 类型划分 | 贞人 | 专家分类 | 其他说明 |
|---|---|---|---|---|---|---|
| 4742 | | | 宾一类 | | | |
| 4743 | | | 宾一类 | | | |
| 4744 | | | 宾三类 | 穷 | | |
| 4745 | | | 宾三类 | | | |
| 4746 | | | 自小字类 | | 黄自小字 | 非宾 |
| 4747 | | | 宾三类 | 爭 | 黄宾三 | |
| 4748 | | | 宾二类 | | | |
| 4749 | | | 宾二类 | | 黄宾二 | |
| 4750 | | | 自小字类 | | 黄自小字 | 非宾 |
| 4751 | | | 宾一类 | | | |
| 4752 | | | 宾一类 | | | |
| 4753 | | | 宾一类 | | | |
| 4754 | | | 宾一类 | | | |
| 4755 正反 | | | 宾二类 | | | |
| 4756 | | | 宾三类 | | | |
| 4757 | 黄拼 4757+5799 | | 宾三类 | | | 背甲 |
| 4758 正反 | | | 宾三类 | | | |
| 4759 | | | 宾三类 | 爭、事 | | |
| 4760 | | | 宾三类 | 事 | | |
| 4761 | | | 宾三类 | | | |
| 4762 | | | 宾三类 | 穷 | 黄宾三 | |
| 4763 | | 10766 | 宾三类 | 穷 | | |
| 4764 | | | 宾三类 | | | |
| 4765 | | | 宾三类 | | | 背甲 |
| 4766 | | | 宾三类 | 穷 | | |
| 4767 | | | 宾三类 | | | |
| 4768 | | | 宾三类 | | | |
| 4769 | | | 宾二类 | 㱿 | | 甲桥署辞（反） |
| 4770 | | | 宾一类 | 穷 | | |
| 4771 | | | 宾一类 | | | |
| 4772 | | | 宾一类 | | | |
| 4773 正反 | 黄拼 4773 正 +19695 正 + 乙补 6104+17304 正 +9067 正 +18165 正 + 乙补 6252；黄拼 4773 反 +19695 反 + 乙补 6105+17304 反 +9067 反 +18165 反 + 乙补 6252 | | 宾一类 | | | |

续表

| 著录号 | 缀合 | 重片 | 类型划分 | 贞人 | 专家分类 | 其他说明 |
|---|---|---|---|---|---|---|
| 4774 | | | 宾三类 | | | |
| 4775 | | | 宾三类 | 争 | | |
| 4776 | | | 宾二类 | | | |
| 4777 | | | 宾二类 | | | |
| 4778 | | | 宾二类 | | 黄典宾 | |
| 4779 | | | 宾三类 | | | 背甲 |
| 4780 正反 | | | 宾二类 | | | |
| 4781 | | | 宾二类 | | | |
| 4782 | | | 宾一类 | | | |
| 4783 | | | 宾一类 | | | |
| 4784 | | | 宾二类 | | | |
| 4785 | | | 宾二类 | | | |
| 4786 | | | 宾二类 | | | |
| 4787 | 4787+ | | 宾二类 | 亘 | | 背甲 |
| 4788 | | | 宾三类 | | | |
| 4789 | | | 宾三类 | | | |
| 4790 | | | 宾三类 | | | |
| 4791 | | | 宾三类 | 穷 | | |
| 4792 | | | 宾三类 | | | |
| 4793 | 黄拼 4793+ 合补 1602 | | 宾三类 | 争 | | |
| 4794 | | | 宾三类 | | 黄宾三 | |
| 4795 | | | 𠂤宾间类 | | | |
| 4796 正反 | | | 宾二类 | | 黄典宾 | |
| 4797 | | | 𠂤小字类 | | 黄𠂤小字 | 非宾 |
| 4798 | | | 宾一类 | 穷 | | |
| 4799 | | | 宾三类 | | | |
| 4800 | | | 宾一类 | | | |
| 4801 | | | 宾一类 | | | |
| 4802 | | | 宾一类 | | | |
| 4803 | | | 宾一类 | | | |
| 4804 | | | 宾一类 | | | |
| 4805 | | | 宾三类 | | | |
| 4806 | | | 宾一类 | | | |
| 4807 | | | 宾三类 | 穷 | | |

续表

| 著录号 | 缀合 | 重片 | 类型划分 | 贞人 | 专家分类 | 其他说明 |
|---|---|---|---|---|---|---|
| 4808 | | | 宾三类 | | | |
| 4809 | | | 宾三类 | | 黄宾三 | |
| 4810 | | | 宾三类 | | | |
| 4811 | 黄拼 4811+7699+合补 1960（7687） | | 宾三类 | 穷 | | |
| 4812 | | | 宾一类 | | | |
| 4813 | | | 宾二类 | 穷 | | |
| 4814 | | | 宾三类 | 争 | | |
| 4815 | | | 宾三类 | | | |
| 4816 | | | 宾三类 | | | |
| 4817 | | | 宾三类 | | | |
| 4818 | | | 宾三类 | 穷 | | |
| 4819 | | | 宾二类 | 穷 | | |
| 4820 | 黄拼 4820+12080 | 合补 2284 | 宾二类 | | | |
| 4821 | | | 宾二类 | | | |
| 4822 | | | 宾二类 | | | |
| 4823 正反 | | | 宾二类 | | | |
| 4824 | | | 宾二类 | 争 | | |
| 4825 正反 | | | 宾二类 | 㱿 | | |
| 4826 | | | 宾三类 | 㱿 | | |
| 4827 | | | 宾二类 | | | |
| 4828 | | | 宾一类 | | | |
| 4829 | | | 宾一类 | | | |
| 4830 | | | 宾一类 | | | |
| 4831 | | | 宾三类 | | | |
| 4832 | | | 宾三类 | | | |
| 4833 | | | 宾三类 | | | |
| 4834 | | | 宾一类 | | | |
| 4835 | | | 宾二类 | | | |
| 4836 | | | 宾二类 | | | |
| 4837 | | | 宾二类 | | | |
| 4838 | 4838+7880 | | 宾二类 | | | |
| 4839 | | | 宾二类 | | | |
| 4840 | | | 宾二类 | | | |

续表

| 著录号 | 缀合 | 重片 | 类型划分 | 贞人 | 专家分类 | 其他说明 |
|---|---|---|---|---|---|---|
| 4841 正反 | | | 宾二类 | | | |
| 4842 正反 | | | 宾二类 | | | |
| 4843 | | | 宾二类 | | | |
| 4844 | | | 宾一类 | | | |
| 4845 | | 22412 | 非宾类 | | 蒋乙种子组 | 非宾 |
| 4846 | | | 宾三类 | | | |
| 4847 | | | 宾二类 | | | |
| 4848 | 4848 遥缀 19407（善斋 2.21.10） | | 宾二类 | | | |
| 4849 正反 | | | 宾二类 | 永 | | |
| 4850 | | | 宾二类 | | | |
| 4851 | | | 宾二类 | | | |
| 4852 正反 | | | 宾二类 | | | |
| 4853 | | | 宾三类 | 穷 | | |
| 4854 | | | 宾三类 | | | |
| 4855 | | | 宾三类 | | | |
| 4856 | | | 宾三类 | | 黄宾三 | |
| 4857 | | | 宾三类 | | | |
| 4858 | | | 宾三类 | | | |
| 4859 | | | 宾三类 | | | |
| 4860 | | | 宾三类 | | | |
| 4861 | | | 宾二类 | | | |
| 4862 | | | 宾三类 | | | |
| 4863 | | | 宾一类 | | | |
| 4864 | | | 宾一类 | | | |
| 4865 | | | 宾二类 | | | |
| 4866 | | | 宾一类 | | | |
| 4867 | 黄拼 4867+13420 | 北大 2441 | 宾二类 | | | |
| 4868 | | | 宾二类 | | | |
| 4869 | | | 宾一类 | 王 | | |
| 4870 | | | 宾一类 | | | |
| 4871 | | 490 | 宾二类 | | | |
| 4872 正反 | | | 宾三类 | 㱿 | | |
| 4873 | | | 宾一类 | 㱿 | | |

续表

| 著录号 | 缀合 | 重片 | 类型划分 | 贞人 | 专家分类 | 其他说明 |
|---|---|---|---|---|---|---|
| 4874 | | | 宾三类 | 王 | | |
| 4875 | | | 宾三类 | | | |
| 4876 | | | 宾一类 | | | |
| 4877 | | | 宾三类 | | | |
| 4878 | | | 宾三类 | | | |
| 4879 | 黄拼 4879+10189+10181 | | 宾三类 | | | |
| 4880 | | | 宾一类 | | | |
| 4881 | | | 宾一类 | | | |
| 4882 | | | 自宾间类 | | | |
| 4883 | | | 自宾间类 | | | |
| 4884 | 黄拼 4884+3240 | | 宾三类 | 穷 | | |
| 4885 | | | 宾三类 | | | |
| 4886 | | | 宾三类 | 王 | | |
| 4887 | | | 宾一类 | | | |
| 4888 | | | 宾三类 | 古 | | |
| 4889 | | | 宾二类 | | | |
| 4890 | | | 宾二类 | | | |
| 4891 | | | 宾一类 | | | |
| 4892 | | | 宾二类 | | | |
| 4893 | | | 自宾间类 | | | |
| 4894 | | | 自宾间类 | | | |
| 4895 | | | 自宾间类 | | | |
| 4896 正反 | | | 宾二类 | | | |
| 4897 | | | 宾二类 | | | |
| 4898 | | | 宾二类 | | | |
| 4899 | | | 宾二类 | 争 | | |
| 4900 | | | 宾二类 | | | |
| 4901 | | | 宾二类 | | | 背甲 |
| 4902 | | | 宾二类 | | | |
| 4903 正反 | | | 宾二类 | 㱿 | | |
| 4904 正反 | | | 宾二类 | | 黄自小字 | 黄非宾 |
| 4905 | | | 宾三类 | | | |
| 4906 | | | 宾二类 | | | |
| 4907 正反 | | | 宾一类 | | | |

续表

| 著录号 | 缀合 | 重片 | 类型划分 | 贞人 | 专家分类 | 其他说明 |
|---|---|---|---|---|---|---|
| 4908 | | | 宾一类 | | | |
| 4909 正反 | | | 宾三类 | | | |
| 4910 | | | 宾三类 | | | |
| 4911 正反 | | | 宾二类 | | | 背甲 |
| 4912 | | | 宾三类 | | | |
| 4913 | | | 宾一类 | | | |
| 4914 | | | 𠂤宾间类 | | | |
| 4915 | 黄拼 4915+14879 | | 宾一类 | | | |
| 4916 | 4916+1243+15812 | | 𠂤宾间类 | | | |
| 4917 | | 1379 | 宾一类 | | | |
| 4918 | | | 宾一类 | | | |
| 4919 | 黄拼 4919+15528 正 + 39987 | | 宾二类 | | | |
| 4920 | | | 宾二类 | | | |
| 4921 | | | 宾二类 | | | |
| 4922 | | | 宾二类 | | | |
| 4923 | | | 𠂤宾间类 | | | |
| 4924 | | | 宾二类 | | | |
| 4925 | 4925+ | | 宾二类 | | | |
| 4926 | | | 宾二类 | | | |
| 4927 | | | 宾一类 | | | |
| 4928 | | | 宾一类 | 穷 | | |
| 4929 甲乙 | | | 𠂤宾间类 | 王 | | |
| 4930 | | | 𠂤宾间类 | | | |
| 4931 | | | 宾三类 | | | |
| 4932 | | | 宾三类 | | | |
| 4933 | | | 宾三类 | | | |
| 4934 | | | 宾三类 | | | |
| 4935 | | | 𠂤宾间类 | | | |
| 4936 | | 20599 | 宾一类 | | | |
| 4937 | | | 宾一类 | | | |
| 4938 | | | 宾一类 | | | |
| 4939 | | | 宾一类 | 穷 | | |
| 4940 | | | 宾一类 | | | |

续表

| 著录号 | 缀合 | 重片 | 类型划分 | 贞人 | 专家分类 | 其他说明 |
|---|---|---|---|---|---|---|
| 4941 | | | 宾一类 | | | |
| 4942 | | | 宾一类 | | | |
| 4943 | | | 自小字类 | | | 非宾 |
| 4944 | | | 宾一类 | | | |
| 4945 | | | 宾一类 | | | |
| 4946 | | | 宾一类 | | | |
| 4947 | | | 宾一类 | | | |
| 4948 | | | 宾二类 | | | |
| 4949 | | | 宾一类 | | | |
| 4950 | | | 宾一类 | | | |
| 4951 | | | 自小字类 | | 黄自小字 | 非宾 |
| 4952 | | | 宾一类 | | | |
| 4953 | | | 宾一类 | | | |
| 4954 | | | 宾二类 | | | |
| 4955 正反 | | 40740 | 宾一类 | | | |
| 4956 | | | 非宾类 | | 蒋乙种子组 | 非宾 |
| 4957 | | | 宾三类 | | | |
| 4958 正反 | | | 宾三类 | | | |
| 4959 | | | 宾三类 | | | |
| 4960 | | | 宾三类 | 爭 | | |
| 4961 | | | 宾二类 | 穷 | | |
| 4962 | | | 宾三类 | | | |
| 4963 | | | 宾三类 | | | |
| 4964 | | | 宾二类 | | | |
| 4965 正反 | | | 宾二类 | | | |
| 4966 正反 | | | 宾二类 | | | |
| 4967 | | | 宾二类 | | | |
| 4968 | | | 宾二类 | | | |
| 4969 | | | 宾二类 | | | |
| 4970 | | | 宾二类 | | | |
| 4971 | | | 宾二类 | | | |
| 4972 | | | 宾二类 | | | |
| 4973 | | | 宾二类 | | | |
| 4974 | | | 宾二类 | | | |

续表

| 著录号 | 缀合 | 重片 | 类型划分 | 贞人 | 专家分类 | 其他说明 |
|---|---|---|---|---|---|---|
| 4975 | 4975+ | | 宾二类 | | | |
| 4976 | | | 宾三类 | | | |
| 4977 | 4977+ | | 宾三类 | | | |
| 4978 | | | 宾三类 | 爭 | | |
| 4979 | | | 宾三类 | | | |
| 4980 | | | 宾三类 | | | |
| 4981 | | | 宾三类 | | | |
| 4982 | | | 宾三类 | | 黄宾三 | |
| 4983 | | | 宾三类 | | 黄宾三 | |
| 4984 | | | 宾三类 | 爭 | | |
| 4985 | | | 宾三类 | | 黄宾三 | |
| 4986 | | | 𠂤宾间类 | | | |
| 4987 | | | 𠂤宾间类 | 王 | | |
| 4988 | 黄拼 4988+4992 | | 𠂤宾间类 | 王 | | |
| 4989 | | | 𠂤宾间类 | 王 | | |
| 4990 | | | 𠂤宾间类 | 王 | | |
| 4991 | | | 𠂤宾间类 | 王 | | |
| 4992 | 黄拼 4992+4988 | | 𠂤宾间类 | | | |
| 4993 | | | 宾二类 | | | 此片有“余曰” |
| 4994 | 4994+6940 | | 宾一类 | 王 | | |
| 4995 | | | 𠂤宾间类 | | | |
| 4996 | | 20314 | 𠂤宾间类 | 王 | | |
| 4997 | | | 宾一类 | 亘 | | |
| 4998 | | | 宾二类 | | | |
| 4999 | | | 宾一类 | 王 | | |
| 5000 | | | 宾一类 | 王 | | |
| 5001 | | | 宾一类 | | | |
| 5002 | | 17039 | 宾一类 | 王 | | |
| 5003 | | | 宾一类 | | | |
| 5004 | | | 宾一类 | | | |
| 5005 | | 11582 | 宾一类 | | | |
| 5006 | | | 宾一类 | | | |
| 5007 | | | 宾一类 | 王 | | |
| 5008 | 方 5008+6898 | | 宾一类 | | | 同文见 6894、6895、6896、6897 |

续表

| 著录号 | 缀合 | 重片 | 类型划分 | 贞人 | 专家分类 | 其他说明 |
|---|---|---|---|---|---|---|
| 5009 | | | 宾一类 | | | |
| 5010 | | | 宾一类 | | | |
| 5011 | 5011+20077 | | 宾一类 | | | |
| 5012 | | | 宾一类 | | | |
| 5013 | | | 宾一类 | | | |
| 5014 | | | 宾一类 | | | |
| 5015 | | | 宾一类 | | | |
| 5016 | | | 宾三类 | | | |
| 5017 | | | 宾三类 | | | |
| 5018 | | | 宾二类 | | | |
| 5019 | | | 宾二类 | | | |
| 5020 | | | 宾二类 | | | |
| 5021 | | | 宾二类 | | | |
| 5022 | | | 宾二类 | | | |
| 5023 | | | 宾二类 | | | |
| 5024 | | | 宾二类 | | | |
| 5025 正反 | | | 宾二类 | | | |
| 5026 正反 | | | 宾二类 | | | |
| 5027 正反 | | | 宾二类 | | | |
| 5028 | | | 宾二类 | | | |
| 5029 | | | 自小字类 | | 黄自小字 | 非宾 |
| 5030 | | 20021 | 自小字类 | 王 | 黄自小字 | 非宾 |
| 5031 | | | 自小字类 | 王 | | 非宾 |
| 5032 | | | 自小字类 | | 黄自小字 | 非宾 |
| 5033 | | | 自小字类 | | | 非宾 |
| 5034 | | | 宾二类 | | | |
| 5035 | 5035+5036 | | 宾二类 | | | |
| 5036 | 5036+5035 | | 宾二类 | 穷、嗀 | | |
| 5037 正反 | | | 宾二类 | 嗀 | | |
| 5038 | | | 宾一类 | | | |
| 5039 | | | 宾一类 | | | |
| 5040 正反 | | | 宾一类 | | | |
| 5041 | | | 宾一类 | | | |
| 5042 | | | 宾二类 | | | |

续表

| 著录号 | 缀合 | 重片 | 类型划分 | 贞人 | 专家分类 | 其他说明 |
| --- | --- | --- | --- | --- | --- | --- |
| 5043 | | | 宾二类 | | | |
| 5044 | 5044+5045+39812（=436）<br>遥缀 19106+ 黄拼 11584 | | 宾二类 | 㱿 | | 同文参合 4304 |
| 5045 | 5045+5044+39812（=436）<br>遥缀 19106+ 黄拼 11584 | | 宾二类 | | | |
| 5046 正反 | | | 宾二类 | 爭 | | 笔书（反）<br>甲桥署辞（反） |
| 5047 | | | 𠂤宾间类 | | | |
| 5048 | | | 𠂤宾间类 | | | |
| 5049 | | | 𠂤宾间类 | 王 | | |
| 5050 | | | 宾一类 | 㱿 | | |
| 5051 | | | 宾二类 | | | |
| 5052 | | 3781 | 宾二类 | 亘 | | |
| 5053 | | | 宾一类 | | | |
| 5054 | | | 宾二类 | | | |
| 5055 | | | 宾二类 | | | |
| 5056 正反 | 5056+ | | 宾二类 | 穷 | | |
| 5057 甲乙 | | | 宾一类 | 㱿、古 | | |
| 5058 | | | 宾二类 | 㱿 | | |
| 5059 | | | 宾二类 | | | |
| 5060 | | | 宾一类 | | | |
| 5061 | | | 宾一类 | | | |
| 5062 | | | 𠂤小字类 | | | 非宾 |
| 5063 | | | 宾一类 | 亘 | | |
| 5064 | | | 宾一类 | 韋 | | |
| 5065 | | | 宾一类 | | | |
| 5066 | | | 宾二类 | | | |
| 5067 | | | 宾二类 | | | |
| 5068 | 5068+5357 | | 宾二类 | 㱿 | | |
| 5069 | | | 宾二类 | | | |
| 5070 | | | 宾二类 | | | |
| 5071 | 黄拼 5071+ 合补 3215 | | 宾二类 | | | |
| 5072 | | | 宾二类 | | | |
| 5073 | | | 宾二类 | | | |
| 5074 | | | 宾二类 | 㱿 | | |

续表

| 著录号 | 缀合 | 重片 | 类型划分 | 贞人 | 专家分类 | 其他说明 |
|---|---|---|---|---|---|---|
| 5075 | | | 宾二类 | | | |
| 5076 | | | 宾二类 | | | |
| 5077 | | | 宾二类 | | | |
| 5078 | | | 宾二类 | | | |
| 5079 | | | 宾二类 | | | |
| 5080 | 黄拼 9572+5080+9583+16399+17331+17464 | | 宾三类 | | | |
| 5081 正反 | | | 宾二类 | | | |
| 5082 | | 合补 1451 正 | 宾二类 | | | |
| 5083 | | | 宾三类 | 㕣 | | 背甲 |
| 5084 | | | 宾三类 | | | |
| 5085 | | | 宾三类 | | | 背甲 |
| 5086 | | | 宾三类 | | | |
| 5087 | | | 宾三类 | 穷 | | |
| 5088 | | | 宾一类 | 㱿 | | |
| 5089 | | | 宾一类 | 古 | | |
| 5090 | | | 宾二类 | 㱿 | | |
| 5091 | | | 宾二类 | | | |
| 5092 | | | 宾二类 | | | |
| 5093 | 5093+4100 | | 宾二类 | | | |
| 5094 正反 | | | 宾二类 | | | |
| 5095 | | | 宾二类 | | | |
| 5096 正反 | | | 宾一类 | | | |
| 5097 正臼 | | | 宾二类 | 穷 | | |
| 5098 | | | 宾二类 | | | |
| 5099 | | | 宾二类 | | | |
| 5100 | | | 宾二类 | 亘 | | |
| 5101 | | | 宾一类 | | | |
| 5102 | | | 宾一类 | | | |
| 5103 | | | 宾一类 | | | |
| 5104 | | 7712 | 宾二类 | | | |
| 5105 | 5105+3604 | | 宾二类 | | | |
| 5106 正反 | | | 宾一类 | | | |
| 5107 | | | 宾二类 | | | |

续表

| 著录号 | 缀合 | 重片 | 类型划分 | 贞人 | 专家分类 | 其他说明 |
|---|---|---|---|---|---|---|
| 5108 | | | 宾二类 | | | |
| 5109 正反 | | | 宾二类 | | | |
| 5110 正反 | | | 宾二类 | 㗊 | | |
| 5111 | | | 宾二类 | 㱿 | | |
| 5112 正反 | | | 宾二类 | | | |
| 5113 正反 | | | 宾二类 | | | |
| 5114 | | | 宾二类 | | | |
| 5115 | 5115+8301 | | 宾一类 | | | |
| 5116 | | | 宾二类 | 古 | | |
| 5117 | 5117+405 | | 宾一类 | | | |
| 5118 | | | 宾二类 | | | |
| 5119 | | | 宾二类 | | | |
| 5120 | | | 宾一类 | | | |
| 5121 | | | 宾二类 | | | |
| 5122 | | | 宾三类 | | | |
| 5123 | | | 宾二类 | 穷 | | |
| 5124 正反 | | | 宾二类 | | | |
| 5125 | | | 宾二类 | 㱿 | | |
| 5126 | | | 宾二类 | | | |
| 5127 | | | 宾二类 | 㱿 | | |
| 5128 | | | 宾二类 | | | |
| 5129 | 5129+7861 下半（前 1.48.1） | | 宾二类 | 㱿 | | |
| 5130 正臼 | | | 宾二类 | | | |
| 5131 | | | 宾二类 | | | |
| 5132 | 黄拼 5132+16378+ 张世放所藏甲骨 42+3596 正 +5141 | | 宾二类 | | | |
| 5133 | | | 宾二类 | | | |
| 5134 | | | 宾二类 | 穷、争 | | |
| 5135 | | | 宾二类 | | | |
| 5136 | | | 宾二类 | | | |
| 5137 | 5137+ 合补 441（天理 B449） | | 宾二类 | | | |
| 5138 | | | 宾二类 | | | |
| 5139 | | | 宾二类 | | | |

续表

| 著录号 | 缀合 | 重片 | 类型划分 | 贞人 | 专家分类 | 其他说明 |
|---|---|---|---|---|---|---|
| 5140 | | | 宾二类 | | | |
| 5141 | | | 宾二类 | | | |
| 5142 | | | 宾二类 | | | |
| 5143 | | | 宾二类 | | | |
| 5144 | | | 宾二类 | | | |
| 5145 | 黄拼 5145+359 | | 宾二类 | | | |
| 5146 | | | 宾二类 | | | |
| 5147 | 5147+5148 | | 宾二类 | | | |
| 5148 | 5148+5147 | | 宾二类 | | | |
| 5149 | | | 宾二类 | | | |
| 5150 | | | 宾二类 | | | |
| 5151 | | | 宾二类 | | | |
| 5152 | | | 宾二类 | | | |
| 5153 | | | 宾二类 | | | |
| 5154 | | | 宾二类 | | | |
| 5155 | 5155+1527 | | 宾二类 | | | |
| 5156 | | | 宾二类 | | | |
| 5157 | | | 宾三类 | | | |
| 5158 甲乙 | | | 宾一类 | | | |
| 5159 | | | 宾一类 | | | |
| 5160 | 5160+7802 | | 宾一类 | | | |
| 5161 | | | 宾一类 | | | |
| 5162 | 5162+5164 | | 宾一类 | | | |
| 5163 | | | 宾一类 | | | |
| 5164 | 5164+5162 | | 宾一类 | | | |
| 5165 | | | 宾一类 | 爭 | | |
| 5166 | | | 宾一类 | | | |
| 5167 | | | 宾一类 | 㱿 | | |
| 5168 | | | 宾一类 | | | |
| 5169 | | | 宾一类 | | | |
| 5170 | | | 宾一类 | 爭 | | |
| 5171 | | | 宾一类 | | | |
| 5172 | | | 宾一类 | | | |
| 5173 | | | 宾二类 | 穷 | | |

续表

| 著录号 | 缀合 | 重片 | 类型划分 | 贞人 | 专家分类 | 其他说明 |
|---|---|---|---|---|---|---|
| 5174 | | | 宾二类 | | | |
| 5175 | 黄拼 5175+185 | | 宾二类 | | | |
| 5176 | | | 宾二类 | | | |
| 5177 正臼 | | | 宾二类 | 韋 | | |
| 5178 | | | 宾二类 | | | |
| 5179 | | | 宾一类 | | | |
| 5180 正反 | | | 宾一类 | 㱿 | | |
| 5181 | | | 宾二类 | | | |
| 5182 | | | 𠂤小字类 | | | 非宾 |
| 5183 | | | 宾一类 | | | |
| 5184 | | | 宾一类 | | | |
| 5185 | | | 宾一类 | | | |
| 5186 | | | 宾一类 | 爭 | | |
| 5187 | | | 宾二类 | | | |
| 5188 | | | 宾二类 | | | |
| 5189 | | | 宾二类 | | | |
| 5190 | | | 宾二类 | | | |
| 5191 | | | 宾二类 | 㱿 | | |
| 5192 | | | 宾二类 | | | |
| 5193 正反 | | | 宾二类 | 宊 | | |
| 5194 | 5194+ | | 宾二类 | | | |
| 5195 正反 | | | 宾二类 | 㱿 | | |
| 5196 | | | 宾二类 | 㱿 | | |
| 5197 | | | 宾二类 | 宊 | | |
| 5198 甲乙 | | | 宾二类 | 㱿 | | |
| 5199 | | | 宾二类 | 爭 | | |
| 5200 | | | 宾一类 | | | |
| 5201 | | | 宾二类 | | | |
| 5202 | | | 宾二类 | | | |
| 5203 | | | 宾二类 | | | |
| 5204 | | | 宾二类 | | 黄典宾 | |
| 5205 | | | 宾三类 | 㱿 | | |
| 5206 正反 | | | 宾二类 | | | |
| 5207 | | | 宾三类 | | 黄宾三 | |

续表

| 著录号 | 缀合 | 重片 | 类型划分 | 贞人 | 专家分类 | 其他说明 |
|---|---|---|---|---|---|---|
| 5208 | | | 宾二类 | | 黄典宾 | |
| 5209 | | | 宾二类 | | 黄典宾 | |
| 5210 正反 | | | 宾二类 | | | |
| 5211 | | | 宾一类 | | | |
| 5212 | 黄拼 5212+ 辑佚 35 | | 宾二类 | 爭 | | |
| 5213 正反 | | | 宾二类 | 㱿 | | |
| 5214 | | | 宾二类 | | | |
| 5215 | | | 宾二类 | | | |
| 5216 | | | 宾二类 | | | |
| 5217 正反 | | | 宾二类 | 古 | | |
| 5218 | | | 宾二类 | | | |
| 5219 | | | 宾二类 | | | |
| 5220 | | | 宾二类 | | | |
| 5221 | | | 宾一类 | | | |
| 5222 | | | 宾一类 | | | |
| 5223 | | | 宾三类 | | | |
| 5224 | | | 宾二类 | | | |
| 5225 | | | 宾三类 | | | |
| 5226 | | | 宾二类 | | | |
| 5227 | | | 宾二类 | | | |
| 5228 | | | 宾二类 | | | |
| 5229 正反 | | | 宾二类 | | | |
| 5230 正反 | | | 宾二类 | 穷 | | |
| 5231 | | | 宾二类 | 㱿 | | |
| 5232 正反 | | | 宾二类 | | | |
| 5233 | | | 宾二类 | 爭 | | |
| 5234 | | | 宾二类 | 爭 | | |
| 5235 | | | 宾二类 | | | |
| 5236 | | | 宾二类 | | | |
| 5237 | | | 宾二类 | 爭 | | |
| 5238 | | | 宾二类 | | | |
| 5239 | 5239+5243 | | 宾二类 | | | |
| 5240 | 黄拼 5240+5132+8538 | | 宾二类 | | | |
| 5241 | | | 宾二类 | | | |

续表

| 著录号 | 缀合 | 重片 | 类型划分 | 贞人 | 专家分类 | 其他说明 |
|---|---|---|---|---|---|---|
| 5242 | 5242+10000 | | 宾二类 | | | |
| 5243 | 5243+5239 | | 宾二类 | | | |
| 5244 | | | 宾二类 | | | |
| 5245 | | | 宾二类 | | | |
| 5246 | | | 宾二类 | 㱿、争 | | |
| 5247 正反 | 缀集 92 反（5247 反 +7372 反）+ 合补 4471 反 | | 宾二类 | 㱿 | | |
| 5248 | | | 宾二类 | | | |
| 5249 | | | 宾二类 | | | |
| 5250 | | | 宾三类 | | | 背甲 |
| 5251 | | | 宾三类 | 事 | 黄宾三 | 背甲 |
| 5252 | | | 𠂤宾间类 | | | |
| 5253 | | | 宾三类 | | | 背甲 |
| 5254 | | | 宾三类 | 事 | | 背甲 |
| 5255 | | | 宾三类 | 事 | | 背甲 |
| 5256 | | | 宾三类 | 事 | | 背甲 |
| 5257 | | | 宾三类 | | | |
| 5258 | | | 宾三类 | | | 背甲 |
| 5259 | | | 宾三类 | | | 背甲 |
| 5260 | | | 宾三类 | 事 | 黄宾三 | 背甲 |
| 5261 | | | 宾三类 | | | 背甲 |
| 5262 | | | 宾三类 | 事 | | 背甲 |
| 5263 | | | 宾三类 | 事 | 黄宾三 | 背甲 |
| 5264 | | | 宾三类 | | | 背甲 |
| 5265 | | | 宾三类 | 事 | 黄宾三 | 背甲 |
| 5266 | | | 宾三类 | 事 | 黄宾三 | 背甲 |
| 5267 | | | 宾三类 | | | 背甲 |
| 5268 | | | 宾三类 | | | 背甲 |
| 5269 | | | 宾三类 | | | 背甲 |
| 5270 | | | 宾三类 | | | 背甲 |
| 5271 | | | 宾三类 | | | 背甲 |
| 5272 | | | 宾三类 | | | 背甲 |
| 5273 | | | 宾三类 | | | 背甲 |
| 5274 | | | 宾二类 | | 黄宾三 | |

续表

| 著录号 | 缀合 | 重片 | 类型划分 | 贞人 | 专家分类 | 其他说明 |
|---|---|---|---|---|---|---|
| 5275 | | | 宾三类 | | | 背甲 |
| 5276 | | | 宾三类 | | | 背甲 |
| 5277 | | | 宾三类 | | | 背甲 |
| 5278 | | | 宾三类 | | | 背甲 |
| 5279 | | | 宾三类 | 事 | 黄宾三 | 背甲 |
| 5280 | | | 宾三类 | 事 | 黄宾三 | 背甲 |
| 5281 | | | 宾三类 | 事 | 黄宾三 | 背甲 |
| 5282 | | | 宾三类 | | | 背甲 |
| 5283 | | | 宾三类 | | | 背甲 |
| 5284 | | | 宾三类 | | | 背甲 |
| 5285 | | | 宾三类 | | | 背甲 |
| 5286 | | | 宾三类 | | | |
| 5287 | | | 宾三类 | | | 背甲 |
| 5288 | | | 宾三类 | | | |
| 5289 | | | 宾三类 | | | 背甲 |
| 5290 | | | 宾三类 | | | 背甲 |
| 5291 | | 15829 | 宾三类 | 事 | | |
| 5292 | | | 宾三类 | | | |
| 5293 | | | 宾三类 | | | |
| 5294 | | | 宾三类 | | | |
| 5295 | | | 宾三类 | | | |
| 5296 | | | 宾三类 | | | |
| 5297 | | | 宾三类 | | | |
| 5298 正反 | | | 宾二类 | | | |
| 5299 正反 | | | 宾二类 | 亘 | | |
| 5300 正反 | 5300 正反 + | | 宾二类 | 爭 | | |
| 5301 | | | 宾二类 | | | |
| 5302 | | | 宾二类 | | | |
| 5303 | | | 宾二类 | | | |
| 5304 | | 3575 | 宾二类 | 𡧊 | | |
| 5305 | | | 宾一类 | | | |
| 5306 | | | 宾一类 | | | |
| 5307 | | | 宾一类 | | | |
| 5308 | | | 宾一类 | | | |

续表

| 著录号 | 缀合 | 重片 | 类型划分 | 贞人 | 专家分类 | 其他说明 |
|---|---|---|---|---|---|---|
| 5309 | | | 宾二类 | 㱿 | | |
| 5310 | 5310+ | | 宾二类 | | | |
| 5311 | | | 宾二类 | | | |
| 5312 | | | 宾三类 | | | |
| 5313 | | | 宾二类 | | | |
| 5314 | | | 宾二类 | | | |
| 5315 | | | 宾二类 | 亘 | | |
| 5316 | 5316+4722 | | 宾二类 | | | |
| 5317 | | | 宾二类 | 古 | | |
| 5318 | | 17621 | 宾二类 | | | |
| 5319 | | | 宾二类 | 王 | | |
| 5320 | | | 宾一类 | 王、内 | | |
| 5321 | | | 自宾间类 | 王 | | |
| 5322 | | | 自宾间类 | 王 | | |
| 5323 | | | 自宾间类 | 王 | | |
| 5324 | | | 宾一类 | 王 | | |
| 5325 | 新 5325+12830；<br>黄拼 5325+12830 | | 自宾间类 | 王 | | |
| 5326 | | | 宾一类 | 王 | | |
| 5327 | | | 自小字类 | 王 | | 非宾 |
| 5328 | | | 自宾间类 | 王 | | |
| 5329 | | | 自宾间类 | 王 | | |
| 5330 | 黄拼 5330+10494 | | 自宾间类 | 王 | | |
| 5331 | | | 自宾间类 | 王 | | |
| 5332 | 黄拼 5332+10313+<br>10951 | | 自宾间类 | 王 | | |
| 5333 | | | 自宾间类 | 王 | | |
| 5334 | | | 自小字类 | 王 | | 非宾 |
| 5335 | | | 自宾间类 | 王 | | |
| 5336 | | | 自小字类 | 王 | | 非宾 |
| 5337 | | 5823 | 自小字类 | 王 | | 非宾 |
| 5338 | | | 自宾间类 | 王 | | |
| 5339 | | | 自小字类 | 王 | | 非宾 |
| 5340 | | | 自宾间类 | 王 | | |

续表

| 著录号 | 缀合 | 重片 | 类型划分 | 贞人 | 专家分类 | 其他说明 |
|---|---|---|---|---|---|---|
| 5341 | | | 自宾间类 | 王 | | |
| 5342 | | | 自宾间类 | 王 | | |
| 5343 | | | 宾一类 | | | |
| 5344 | | | 宾一类 | | | |
| 5345 | | | 宾一类 | | | |
| 5346 | | | 宾一类 | | 黄宾一 | |
| 5347 | | | 宾一类 | | | |
| 5348 | | | 宾一类 | | | |
| 5349 | | | 宾三类 | 争 | | 背甲 |
| 5350 | | | 宾一类 | | | |
| 5351 | | | 宾二类 | | | |
| 5352 | | | 宾二类 | | | |
| 5353 | | | 宾二类 | | | |
| 5354 | | | 宾一类 | 宁 | | |
| 5355 | | | 宾一类 | | | |
| 5356 | | | 宾三类 | 争 | | |
| 5357 | 5357+5068 | | 宾二类 | | | |
| 5358 正反 | | | 宾三类 | 争 | | |
| 5359 | | | 宾一类 | | | |
| 5360 | | | 宾一类 | | | |
| 5361 | | | 宾一类 | | | |
| 5362 | | | 宾三类 | | | 背甲 |
| 5363 | | | 宾二类 | 㱿 | | |
| 5364 | | | 宾二类 | | | |
| 5365 | | | 宾二类 | | | |
| 5366 | | | 宾一类 | | | |
| 5367 | | | 宾二类 | | | |
| 5368 | | | 宾二类 | | | |
| 5369 | | | 宾一类 | | | |
| 5370 | | | 宾二类 | 争 | | |
| 5371 | | | 宾三类 | | | |
| 5372 | | | 宾二类 | | | |
| 5373 | | | 宾三类 | 争 | | |
| 5374 | | | 宾二类 | | | |

续表

| 著录号 | 缀合 | 重片 | 类型划分 | 贞人 | 专家分类 | 其他说明 |
|---|---|---|---|---|---|---|
| 5375 | | | 宾三类 | | | |
| 5376 正反 | | | 宾二类 | 𡧊 | | |
| 5377 | | | 宾二类 | | | |
| 5378 | | | 宾一类 | | | |
| 5379 | | | 宾二类 | | | |
| 5380 | | | 宾一类 | | | |
| 5381 正反 | 5381+1364+1410+1463 | | 宾二类 | | | |
| 5382 | | | 宾一类 | 𡧊 | | |
| 5383 | | | 宾三类 | | 黄宾三 | |
| 5384 | | | 宾三类 | | 黄宾三 | |
| 5385 | | | 宾三类 | | | |
| 5386 | | | 宾二类 | | | |
| 5387 | | | 宾二类 | | | |
| 5388 | | | 宾一类 | 𡧊 | | |
| 5389 | | | 宾二类 | | | |
| 5390 | | | 𠂤宾间类 | | | |
| 5391 正反 | | | 宾二类 | 争 | | |
| 5392 | | | 宾三类 | 宂 | | |
| 5393 | | | 宾三类 | 争 | 黄宾三<br>李彭宾二 | |
| 5394 正反 | | | 宾二类 | | 李彭宾一 B | |
| 5395 | | | 宾二类 | 宂 | | |
| 5396 正反 | | | 宾二类 | | | 背甲 |
| 5397 | | | 宾二类 | | | |
| 5398 | | | 宾二类 | | | |
| 5399 | | | 宾二类 | 𡧊 | | |
| 5400 | 黄拼 5400+16112 | | 宾二类 | | | |
| 5401 | | | 宾一类 | | | |
| 5402 | | | 宾一类 | | | |
| 5403 正反 | | | 宾二类 | | | |
| 5404 | | | 宾二类 | | 黄典宾 | |
| 5405 | | | 宾三类 | | | |
| 5406 | | | 宾二类 | 古 | 黄典宾 | |
| 5407 | | | 宾一类 | 𡧊 | | |

续表

| 著录号 | 缀合 | 重片 | 类型划分 | 贞人 | 专家分类 | 其他说明 |
| --- | --- | --- | --- | --- | --- | --- |
| 5408 | | | 宾一类 | | | |
| 5409 | | | 宾一类 | 争 | | |
| 5410 | | | 宾一类 | 㱿 | | |
| 5411 | 黄拼 5411+ 合补 6191 | | 宾一类 | | | |
| 5412 正反 | | | 宾一类 | | | |
| 5413 | | | 宾一类 | 争 | | |
| 5414 | | | 宾一类 | | | |
| 5415 | | | 宾一类 | | | |
| 5416 | | | 宾一类 | | | |
| 5417 | | | 宾一类 | 穷 | | |
| 5418 | | | 宾一类 | | 黄宾一 | |
| 5419 | | | 宾一类 | 争 | | |
| 5420 | | | 宾一类 | | | |
| 5421 | | | 宾一类 | | | |
| 5422 | | | 宾三类 | | | |
| 5423 | | | 宾三类 | | | |
| 5424 | | | 宾二类 | | | |
| 5425 | 黄拼 5425+13603 | | 宾二类 | 㱿 | | |
| 5426 | | | 𠂤小字类 | | | 非宾 |
| 5427 | | | 𠂤小字类 | | | 非宾 |
| 5428 | | | 宾二类 | | | |
| 5429 | | | 𠂤小字类 | | | 非宾 |
| 5430 | | | 𠂤小字类 | | 黄𠂤小字 | 非宾 |
| 5431 | | | 𠂤小字类 | 王 | 黄𠂤小字 | 非宾 |
| 5432 正反 | | | 宾二类 | | | |
| 5433 | | | 𠂤小字类 | | | 非宾 |
| 5434 正反 | | | 宾一类 | | | |
| 5435 | | | 宾一类 | | | |
| 5436 | | | 宾一类 | | | |
| 5437 | | | 宾一类 | | | |
| 5438 | 黄拼 5438+10575 | | 宾二类 | | | |
| 5439 正反 | | | 宾一类 | 㱿、争 | | |
| 5440 正反 | | | 宾二类 | | 李彭宾一 B | |
| 5441 | | | 宾一类 | | 李彭宾一 B | |

续表

| 著录号 | 缀合 | 重片 | 类型划分 | 贞人 | 专家分类 | 其他说明 |
|---|---|---|---|---|---|---|
| 5442 | | | 宾一类 | 㝵 | | |
| 5443 | | | 宾一类 | | | |
| 5444 | | | 宾一类 | | | |
| 5445 正反 | | | 宾二类 | 王、亘 | | |
| 5446 正反 | | | 宾二类 | 𡧊 | | |
| 5447 甲乙丙丁 | | | 宾二类 | 𡧊 | | |
| 5448 | | | 宾一类 | 爭 | | |
| 5449 正反 | | | 宾一类 | | | |
| 5450 | 5450+5453 | | 宾三类 | 㱿 | 黄宾三 | |
| 5451 | 黄拼 5451+6820+17466+《洹宝》101 | | 宾三类 | | 黄宾三 | |
| 5452 | | | 宾三类 | 㱿 | | |
| 5453 | 5453+5450 | | 宾三类 | | 黄宾三 | |
| 5454 | | | 宾二类 | 㝵 | | |
| 5455 | | | 宾二类 | | 黄典宾 | |
| 5456 | | | 宾二类 | | | |
| 5457 | 5457+ 英 341（库 1679） | | 宾二类 | | | |
| 5458 | | | 宾二类 | 㝵 | | |
| 5459 | | | 宾二类 | 𡧊 | | |
| 5460 正反 | | | 宾二类 | | | |
| 5461 | | | 宾二类 | | | |
| 5462 | | | 宾一类 | | | |
| 5463 | | | 宾一类 | | | |
| 5464 | | | 宾二类 | | 黄典宾 | |
| 5465 | | | 宾一类 | | | |
| 5466 | 5466+2108 | | 宾二类 | | | |
| 5467 | | | 宾一类 | | | |
| 5468 正反 | 5468 正反 + 英 1276 正反（=40521） | | 宾二类 | 古 | | |
| 5469 | | | 宾二类 | | | 背甲 |
| 5470 | | | 宾二类 | | | |
| 5471 甲乙丙丁 | | | 宾二类 | | 黄典宾 | 背甲 |

续表

| 著录号 | 缀合 | 重片 | 类型划分 | 贞人 | 专家分类 | 其他说明 |
|---|---|---|---|---|---|---|
| 5472 正反 | | | 宾一类 | | | |
| 5473 正反 | | | 宾二类 | 㱿 | | |
| 5474 | | | 宾一类 | | | |
| 5475 | | | 宾二类 | 宊 | 黄典宾 | |
| 5476 | | | 宾三类 | 爭 | | |
| 5477 正反 | | | 宾二类 | | | |
| 5478 正臼 | | | 宾二类 | 宊、爭 | | |
| 5479 | | | 宾二类 | 宊 | | |
| 5480 正反 | | | 宾二类 | 宊 | 黄典宾 | |
| 5481 | | | 宾二类 | | | |
| 5482 | | | 宾二类 | | | |
| 5483 正反 | 5483 正反 +9249 | | 宾二类 | | | |
| 5484 正反 | | | 宾一类 | | | |
| 5485 | | | 宾三类 | | | |
| 5486 | 黄拼 5486+1674 | | 宾三类 | | | |
| 5487 | | | 宾三类 | 爭 | | |
| 5488 | | | 宾三类 | | | |
| 5489 | | | 宾三类 | | | |
| 5490 | | | 宾三类 | | | |
| 5491 正反 | | | 宾一类 | | | |
| 5492 | | | 宾三类 | | | |
| 5493 | | | 宾三类 | | | |
| 5494 | | | 𠂤宾间类 | | | 背甲 |
| 5495 | | | 宾一类 | 王 | | |
| 5496 | | | 宾一类 | | | |
| 5497 | | | 𠂤小字类 | 王 | 黄𠂤小字 | 非宾 |
| 5498 | | | 𠂤小字类 | | | 非宾 |
| 5499 | | | 𠂤小字类 | 王 | 黄𠂤小字 | 非宾 |
| 5500 | | | 宾一类 | | | |
| 5501 | | | 𠂤小字类 | | 黄𠂤小字 | 非宾 |
| 5502 | | | 宾一类 | | | |
| 5503 | | | 宾一类 | | | |
| 5504 | | | 𠂤小字类 | | | 非宾 |
| 5505 | | | 𠂤小字类 | | | 非宾 |

续表

| 著录号 | 缀合 | 重片 | 类型划分 | 贞人 | 专家分类 | 其他说明 |
|---|---|---|---|---|---|---|
| 5506 | | | 宾三类 | 穷 | | |
| 5507 | | | 宾三类 | | | |
| 5508 | | | 宾三类 | | | 背甲 |
| 5509 正反 | | | 宾二类 | 穷、殻 | | |
| 5510 正臼 | | | 宾二类 | 亘 | | |
| 5511 正反 | | | 宾二类 | 咼 | | |
| 5512 正臼 | 5512 +26091 | | 宾三类 | | | |
| 5513 | | | 宾二类 | 殻 | | |
| 5514 | | | 宾一类 | | | |
| 5515 | | | 宾一类 | | | |
| 5516 | 5516+3675 | | 宾一类 | 爭 | 黄𠂤宾间 A<br>李彭宾一 A | |
| 5517 | | | 𠂤宾间类 | 王 | | |
| 5518 | | | 宾二类 | | | |
| 5519 | | | 宾二类 | | | |
| 5520 | | | 宾二类 | | | |
| 5521 | | | 宾二类 | | | |
| 5522 正臼 | | | 宾三类 | | | |
| 5523 | | | 宾三类 | | | |
| 5524 | | | 宾二类 | | | |
| 5525 | | | 宾二类 | 韋 | | |
| 5526 | | | 宾二类 | 亘 | | |
| 5527 正反 | | | 宾二类 | 咼 | 黄典宾 | |
| 5528 | | | 宾二类 | | | |
| 5529 | | | 宾一类 | | | 背甲 |
| 5530 甲乙 | | | 宾一类 | | | |
| 5531 正反 | 5531+9305+ 乙 590 | | 宾二类 | | | |
| 5532 正反 | | | 宾一类 | | | |
| 5533 | 5533+2339 | | 宾二类 | | | |
| 5534 | 5534+4280 | | 宾二类 | | | |
| 5535 | | | 宾二类 | | | |
| 5536 | 5536+6079 | | 宾二类 | | | |
| 5537 | | | 宾二类 | 殻 | | |
| 5538 | | | 宾二类 | 殻 | | |

续表

| 著录号 | 缀合 | 重片 | 类型划分 | 贞人 | 专家分类 | 其他说明 |
|---|---|---|---|---|---|---|
| 5539 | 5539+7454 | | 宾二类 | | | |
| 5540 | 5540+7474 | | 宾二类 | | | |
| 5541 | 5541+7520 | | 宾二类 | | | |
| 5542 | | | 宾二类 | | | 背甲 |
| 5543 | | | 宾二类 | | | |
| 5544 | | | 宾二类 | | | |
| 5545 正臼 | | | 宾二类 | 亘 | | |
| 5546 | | | 宾二类 | | | |
| 5547 | | | 宾二类 | | | 背甲 |
| 5548 | | | 宾二类 | | | |
| 5549 正反 | | | 宾二类 | | | 背甲 |
| 5550 正反 | | | 宾二类 | | | |
| 5551 正臼 | | | 宾二类 | 𠬝 | | |
| 5552 正反 | | | 宾二类 | | | |
| 5553 正反 | | | 宾二类 | | | |
| 5554 | | | 宾二类 | | | |
| 5555 | | | 宾二类 | | | |
| 5556 | | | 宾二类 | | | |
| 5557 | | | 宾二类 | | | |
| 5558 | | | 𠂤宾间类 | | | |
| 5559 | | | 𠂤宾间类 | | | |
| 5560 | | | 宾一类 | | | |
| 5561 | | | 宾三类 | | | |
| 5562 | | | 宾三类 | | | |
| 5563 | | | 宾二类 | | | 背甲 |
| 5564 | | | 宾二类 | | | |
| 5565 | 黄拼 5565+1381 | | 宾二类 | 争 | | |
| 5566 | | | 宾二类 | 古 | | |
| 5567 | | | 宾二类 | | | |
| 5568 正反 | | | 宾二类 | | | |
| 5569 正反 | | | 宾二类 | 𣪊 | | |
| 5570 | | | 宾三类 | | | |
| 5571 正反 | | | 宾二类 | | | |
| 5572 正反 | | | 宾二类 | | | |

续表

| 著录号 | 缀合 | 重片 | 类型划分 | 贞人 | 专家分类 | 其他说明 |
|---|---|---|---|---|---|---|
| 5573 | 5573+ 正反 | | 宾二类 | | | |
| 5574 | | | 宾三类 | | 李彭宾二 | 骨面署辞 |
| 5575 | | | 宾三类 | | 黄宾三 | |
| 5576 正反 | | | 宾二类 | 㱿 | | |
| 5577 | | | 宾二类 | 宂 | | |
| 5578 | | | 宾二类 | | | |
| 5579 正反 | | | 宾三类 | 事 | | |
| 5580 | | | 宾三类 | | | |
| 5581 | | | 宾三类 | | | |
| 5582 | | | 宾三类 | | | |
| 5583 | | | 宾三类 | | | |
| 5584 | | | 宾一类 | | | |
| 5585 | | | 宾三类 | 争 | | |
| 5586 | | | 宾二类 | 㱿 | | |
| 5587 | | | 宾一类 | | | |
| 5588 | | | 宾二类 | | | |
| 5589 | | | 自宾间类 | | | |
| 5590 正反 | | | 宾三类 | | | |
| 5591 | | | 宾二类 | | | |
| 5592 | | | 宾一类 | | | |
| 5593 | | | 自宾间类 | | | |
| 5594 | | | 自宾间类 | | | |
| 5595 | | | 自宾间类 | | | |
| 5596 | 黄拼 5596+17810 | | 宾二类 | | | |
| 5597 | | | 宾二类 | | | |
| 5598 正反 | 黄拼 5598 正 +17394 | | 宾二类 | 亘 | | |
| 5599 正反 | | | 宾二类 | | | |
| 5600 | | | 宾二类 | | | |
| 5601 正反 | | | 宾二类 | | | |
| 5602 | | | 宾二类 | | | |
| 5603 | | | 宾三类 | | | |
| 5604 | 5604+9500 | | 宾三类 | | | |
| 5605 | | | 宾二类 | | | |
| 5606 | | | 宾三类 | | | |

续表

| 著录号 | 缀合 | 重片 | 类型划分 | 贞人 | 专家分类 | 其他说明 |
|---|---|---|---|---|---|---|
| 5607 | | | 宾三类 | | | |
| 5608 | | | 宾二类 | | | |
| 5609 | | | 宾三类 | | | |
| 5610 | | | 宾二类 | | | |
| 5611 正反 | | | 宾二类 | 韋 | 黄宾一 / 典宾 | |
| 5612 | | | 宾二类 | | | |
| 5613 | | | 宾三类 | | | |
| 5614 | | | 宾二类 | | | |
| 5615 | | | 宾三类 | | | |
| 5616 | | | 宾一类 | | | |
| 5617 | | | 宾三类 | | | |
| 5618 | 5618+16185+19561 | | 宾一类 | | | |
| 5619 | | | 宾二类 | | | |
| 5620 | 黄拼 5620+19479 | | 宾三类 | | 黄宾三 | |
| 5621 | | | 宾三类 | | | |
| 5622 | | | 宾三类 | 爭 | | |
| 5623 | | | 宾三类 | | | |
| 5624 | | | 宾三类 | 爭 | | |
| 5625 | | | 宾三类 | | | |
| 5626 | 5626+1971 | | 宾三类 | | | |
| 5627 | | | 宾三类 | | | |
| 5628 正臼 | | | 宾二类 | | | |
| 5629 正反 | | | 宾三类 | | | |
| 5630 正反 | | | 宾三类 | | | |
| 5631 | | | 宾三类 | | | 背甲 |
| 5632 | | | 宾三类 | | | |
| 5633 | | | 宾三类 | | | 背甲 |
| 5634 | | | 宾三类 | | | |
| 5635 甲乙 | | | 宾三类 | 亘 | | 背甲 |
| 5636 | 5636+6085 | | 宾二类 | | | |
| 5637 正反 | | | 宾一类 | 爭 | | |
| 5638 正反 | | | 宾一类 | | | |
| 5639 正反 | | | 宾二类 | | | |

续表

| 著录号 | 缀合 | 重片 | 类型划分 | 贞人 | 专家分类 | 其他说明 |
|---|---|---|---|---|---|---|
| 5640 | | | 宾三类 | | | 背甲 |
| 5641 | | | 宾三类 | | | |
| 5642 | | | 宾三类 | | | 背甲 |
| 5643 | | | 宾二类 | | | |
| 5644 | | 17973 | 宾三类 | | | |
| 5645 | | | 宾三类 | | | 背甲 |
| 5646 | | | 宾一类 | 事 | | |
| 5647 正臼 | | | 宾二类 | 亘 | | |
| 5648 | | | 宾三类 | | | |
| 5649 | | | 宾三类 | | | |
| 5650 | | | 宾二类 | 㱿 | | |
| 5651 | | | 宾一类 | | | |
| 5652 | | | 宾二类 | | | |
| 5653 | | | 宾三类 | | | |
| 5654 | | | 宾一类 | | | |
| 5655 | | | 宾一类 | | | |
| 5656 | | | 宾三类 | 永 | | |
| 5657 | | | 宾三类 | | | |
| 5658 正反 | | | 宾一类 | 㱿、争 | | |
| 5659 | | | 宾一类 | 王 | | |
| 5660 | | | 宾一类 | | | 背甲 |
| 5661 | | | 宾一类 | | | 背甲 |
| 5662 | | | 宾一类 | | | |
| 5663 | | | 宾二类 | | | |
| 5664 | | | 宾三类 | | 黄宾三 | |
| 5665 | | | 宾二类 | 亘 | 黄典宾 | |
| 5666 正反 | 5666+ | | 宾二类 | | | |
| 5667 | | | 宾二类 | | 黄典宾 | |
| 5668 | | | 宾二类 | | | |
| 5669 正反 | | | 宾二类 | | | |
| 5670 | | | 宾三类 | | | |
| 5671 | | | 宾三类 | | | |
| 5672 | | | 宾三类 | | | |
| 5673 | | | 宾三类 | | | |

续表

| 著录号 | 缀合 | 重片 | 类型划分 | 贞人 | 专家分类 | 其他说明 |
|---|---|---|---|---|---|---|
| 5674 正反 | 5674 正反 +<br>10896 正反 | | 宾二类 | | | |
| 5675 | | | 宾一类 | | | |
| 5676 | | | 宾一类 | | | |
| 5677 | | | 宾三类 | | | |
| 5678 | | | 宾三类 | | | |
| 5679 | | | 𠂤宾间类 | | | |
| 5680 | | | 宾三类 | | | |
| 5681 | | | 宾三类 | | 黄宾三 | |
| 5682 | | | 宾三类 | | | |
| 5683 | | | 宾三类 | | | 背甲 |
| 5684 | | | 宾三类 | | | |
| 5685 正反 | | | 宾二类 | | | |
| 5686 | | 27934 | 宾三类 | | | |
| 5687 | | | 宾三类 | | | |
| 5688 | | | 宾三类 | | | |
| 5689 | | | 宾三类 | | | |
| 5690 | | | 宾三类 | | | |
| 5691 | | | 宾三类 | | | |
| 5692 | | | 宾三类 | | | |
| 5693 | | | 宾三类 | | | |
| 5694 | | | 宾三类 | | | 背甲 |
| 5695 | | | 宾三类 | | | |
| 5696 | | | 宾三类 | | | 背甲 |
| 5697 | | | 宾三类 | | | |
| 5698 | | | 宾三类 | | | |
| 5699 | | | 宾三类 | | | |
| 5700 | | | 宾二类 | | | |
| 5701 正反 | | | 宾二类 | 𡧊 | | |
| 5702 | | | 宾二类 | | | |
| 5703 | | | 宾二类 | | | |
| 5704 | | | 宾三类 | | | |
| 5705 | | | 宾三类 | | | |
| 5706 | | | 宾三类 | | | |

续表

| 著录号 | 缀合 | 重片 | 类型划分 | 贞人 | 专家分类 | 其他说明 |
|---|---|---|---|---|---|---|
| 5707 | | | 宾一类 | | | |
| 5708 正臼 | | | 宾一类 | | | |
| 5709 | 5709 +4366 | | 宾一类 | | | |
| 5710 | | | 宾三类 | | | |
| 5711 | | | 宾三类 | 争、古 | 黄宾三 | |
| 5712 | | | 宾三类 | | | |
| 5713 正反 | | | 宾二类 | | 黄宾三 | 背甲 |
| 5714 | 黄拼 5714+5720 | | 宾三类 | | | 缀同文见 5711 |
| 5715 | | | 宾二类 | | | |
| 5716 | | | 宾三类 | | | 背甲 |
| 5717 正臼 | | | 宾三类 | | | 骨臼署辞 |
| 5718 | | | 宾一类 | | 李彭宾一 A | |
| 5719 | | | 宾二类 | | | |
| 5720 | 黄拼 5720+5714 | | 宾三类 | | | |
| 5721 | | | 宾一类 | | | |
| 5722 | | | 宾三类 | | | |
| 5723 | | | 宾一类 | | | |
| 5724 | | | 宾三类 | 争 | | |
| 5725 正反 | | | 宾二类 | | | |
| 5726 | | | 宾二类 | | | 背甲 |
| 5727 | | | 宾三类 | | | 背甲 |
| 5728 | | | 宾三类 | | 黄宾三 | |
| 5729 | | | 宾三类 | | | |
| 5730 | | | 宾一类 | | | |
| 5731 | | | 宾三类 | | | |
| 5732 | | | 宾三类 | | | |
| 5733 | 5733+13563+15388 | | 宾三类 | 争 | | |
| 5734 正反 | 5734 正遥缀 5735 | | 宾二类 | | | 甲桥署辞（反） |
| 5735 | 5735 正遥缀 5734 | | 宾二类 | | | |
| 5736 | | | 宾三类 | | | |
| 5737 | | | 宾三类 | | 黄宾三 | 背甲 |
| 5738 | | | 宾二类 | 争 | | |
| 5739 | | | 宾二类 | | | |
| 5740 | | | 宾二类 | 古 | | |

续表

| 著录号 | 缀合 | 重片 | 类型划分 | 贞人 | 专家分类 | 其他说明 |
|---|---|---|---|---|---|---|
| 5741 | | | 宾三类 | | | |
| 5742 | | | 宾二类 | | | |
| 5743 | | | 宾二类 | | | |
| 5744 | | | 宾三类 | | | 背甲 |
| 5745 | | | 宾三类 | | | 背甲 |
| 5746 | | | 宾三类 | | | |
| 5747 | | | 宾三类 | 充 | | |
| 5748 | | | 宾三类 | | 李彭宾二 | |
| 5749 | | | 宾二类 | 古 | | |
| 5750 正反 | | | 宾二类 | 古 | | |
| 5751 | 明后 B（4202+5751）+5752 | | 宾二类 | | | |
| 5752 | 5752+ 明后 B（4202+5751） | | 宾二类 | | | |
| 5753 | | | 宾二类 | | | |
| 5754 | | | 宾二类 | | | |
| 5755 | | 3228 | 宾二类 | | | |
| 5756 | | | 宾二类 | | | |
| 5757 | | | 宾二类 | | | |
| 5758 | 黄拼 19486+5758 | 8855 | 宾一类 | 㱿 | 黄宾一 | |
| 5759 | | | 宾一类 | | | |
| 5760 正反 | | | 宾二类 | 吕、永 | 黄典宾 | |
| 5761 | | | 宾二类 | 争、亘 | | |
| 5762 | | | 宾二类 | | 黄典宾 | |
| 5763 正反 | | | 宾二类 | 㱿 | | |
| 5764 | 黄拼 5764+1452+合补 4277 | | 宾二类 | | | |
| 5765 | | | 宾一类 | | 黄宾一<br>李彭宾一 A | |
| 5766 | | | 宾三类 | | | |
| 5767 | | | 宾一类 | | | |
| 5768 | | | 宾三类 | | | |
| 5769 正反 | | | 宾二类 | | | |
| 5770 | | | 宾二类 | 㱿 | | |
| 5771 甲乙丙丁 | | | 宾二类 | 㱿 | | |

续表

| 著录号 | 缀合 | 重片 | 类型划分 | 贞人 | 专家分类 | 其他说明 |
|---|---|---|---|---|---|---|
| 5772 | | | 宾二类 | 𣪊 | | |
| 5773 | | | 宾二类 | | | |
| 5774 | | | 宾二类 | | | |
| 5775 正反 | | | 宾二类 | | | |
| 5776 正反 | 5776 正反 + | | 宾一类 | | | |
| 5777 | | | 宾二类 | | | |
| 5778 正反 | | | 宾二类 | | | |
| 5779 | | | 宾二类 | | | |
| 5780 | | | 宾二类 | 𣪊 | | |
| 5781 | | | 宾二类 | | | |
| 5782 | | | 𠂤小字类 | | 黄𠂤小字 | 非宾 |
| 5783 | | | 宾一类 | | | |
| 5784 | | | 宾一类 | | | |
| 5785 | 黄拼 5785+ 英 564 + 英 569 | | 宾二类 | | | |
| 5786 正反 | | | 宾二类 | | | |
| 5787 | | | 宾二类 | | | |
| 5788 | | | 宾二类 | | | |
| 5789 | | | 宾二类 | | | |
| 5790 | | | 𠂤宾间类 | | | |
| 5791 | | | 𠂤宾间类 | | | |
| 5792 | | | 𠂤宾间类 | | | 背甲 |
| 5793 | | | 𠂤宾间类 | | 李彭𠂤宾间 | |
| 5794 | | | 𠂤宾间类 | | | |
| 5795 正反 | | | 宾二类 | | | |
| 5796 正反 | | | 宾二类 | | | |
| 5797 | | | 宾三类 | | | |
| 5798 | | | 宾二类 | | | |
| 5799 | 黄拼 5799+4757 | | 宾三类 | | | 背甲 |
| 5800 | | | 宾一类 | | | |
| 5801 | | | 宾一类 | | | |
| 5802 | | | 宾一类 | | | |
| 5803 | | | 宾一类 | | | |
| 5804 | | | 宾一类 | | | |

续表

| 著录号 | 缀合 | 重片 | 类型划分 | 贞人 | 专家分类 | 其他说明 |
|---|---|---|---|---|---|---|
| 5805 | | | 宾二类 | 㱿 | | |
| 5806 | | | 宾二类 | 㱿 | | |
| 5807 | | | 宾二类 | 争 | 黄典宾 | |
| 5808 | 5808+1298 | | 宾二类 | | | |
| 5809 | | | 宾二类 | 争 | | |
| 5810 | | | 𠂤宾间类 | | 黄𠂤宾间 A<br>李彭𠂤宾间 | |
| 5811 | | | 宾二类 | | | |
| 5812 | | | 宾二类 | | | |
| 5813 | | | 宾二类 | | 黄典宾 | |
| 5814 | | | 宾二类 | | | |
| 5815 | | | 宾二类 | 亘 | | |
| 5816 | | | 宾二类 | | | |
| 5817 正反 | | | 宾二类 | | | |
| 5818 | | | 待考 | | | 此疑𠂤宾间类 |
| 5819 | | | 宾一类 | | | |
| 5820 正反 | | | 宾一类 | | | |
| 5821 | | | 𠂤宾间类 | | | |
| 5822 | | | 宾二类 | | | |
| 5823 | | 5337 | 𠂤小字类 | | | 非宾 |
| 5824 | | | 宾一类 | | | |
| 5825 | | | 宾三类 | | | |
| 5826 | | | 宾三类 | | | |
| 5827 | | | 宾一类 | | | |
| 5828 | | | 宾一类 | 内 | | |
| 5829 | | | 宾一类 | | | |
| 5830 | | | 宾一类 | | | |
| 5831 | | | 宾二类 | | | |
| 5832 | | | 宾二类 | | | |
| 5833 正反 | | | 宾二类 | 韋 | | |
| 5834 | | | 宾二类 | 永 | | |
| 5835 | | | 宾二类 | | | |
| 5836 | | | 宾三类 | | | |
| 5837 | | | 𠂤宾间类 | | | |

续表

| 著录号 | 缀合 | 重片 | 类型划分 | 贞人 | 专家分类 | 其他说明 |
|---|---|---|---|---|---|---|
| 5838 | | | 宾二类 | | | |
| 5839 正反 | | | 宾二类 | | | |
| 5840 正臼 | | | 宾二类 | 㱿 | 黄典宾 | |
| 5841 | | | 𠂤宾间类 | | 黄𠂤宾间 A | |
| 5842 | | | 宾二类 | | | |
| 5843 | | | 宾二类 | | | |
| 5844 正反 | | | 宾二类 | 争 | | |
| 5845 | | | 宾二类 | 㡀 | | |
| 5846 | 5846+3554 | | 宾二类 | 㱿 | | |
| 5847 | | | 宾二类 | 㱿 | | |
| 5848 | | | 宾一类 | 㱿 | | |
| 5849 | | | 宾一类 | | | |
| 5850 | | | 宾二类 | | | |
| 5851 | | | 宾一类 | | | |
| 5852 | | | 宾一类 | | | |
| 5853 | | | 宾一类 | | | |
| 5854 | | | 宾三类 | | | |
| 5855 | | | 宾一类 | | | |
| 5856 | | | 宾二类 | | | |
| 5857 | | | 宾一类 | | | |
| 5858 | | | 宾一类 | | | |
| 5859 | | 39844 | 宾二类 | | | |
| 5860 | 5860 遥缀 7055 | | 𠂤宾间类 | | 黄𠂤宾间 A | |
| 5861 | | | 宾二类 | | | |
| 5862 | | | 𠂤宾间类 | | | |
| 5863 正反 | | | 宾二类 | | | |
| 5864 | | | 宾二类 | | 黄典宾 | |
| 5865 | | | 宾二类 | | | |
| 5866 | | | 𠂤小字类 | | | 非宾 |
| 5867 | | | 宾二类 | 争 | | |
| 5868 正反 | | | 宾二类 | | | |
| 5869 | | | 宾一类 | | | |
| 5870 | | | 宾一类 | | | |
| 5871 | | | 宾一类 | | | |

续表

| 著录号 | 缀合 | 重片 | 类型划分 | 贞人 | 专家分类 | 其他说明 |
|---|---|---|---|---|---|---|
| 5872 | | | 宾一类 | | | |
| 5873 | | | 宾一类 | | | |
| 5874 | | | 𠂤宾间类 | | | |
| 5875 | | | 宾二类 | | | |
| 5876 | | | 宾一类 | | | |
| 5877 | | | 宾一类 | | | |
| 5878 | | | 宾一类 | | | |
| 5879 | | | 宾一类 | 王 | | |
| 5880 | | | 宾二类 | | | |
| 5881 正反 | | | 宾二类 | | | |
| 5882 | | | 宾一类 | | | |
| 5883 | | | 宾一类 | | 黄宾一 | |
| 5884 正反 | | | 宾二类 | 古 | | |
| 5885 | | | 宾一类 | | | |
| 5886 | | | 宾一类 | | | |
| 5887 | | | 宾三类 | | | |
| 5888 | | | 宾三类 | | | |
| 5889 | | | 宾一类 | | | |
| 5890 | | | 宾三类 | | | |
| 5891 | | | 宾三类 | | | |
| 5892 | | | 宾三类 | | | |
| 5893 | | | 宾一类 | | | |
| 5894 | | | 宾一类 | | | |
| 5895 | | | 宾三类 | | | |
| 5896 | | | 宾二类 | 㱿、爭 | | |
| 5897 | | | 宾二类 | | | |
| 5898 | | | 宾二类 | | 李彭宾一 B | |
| 5899 | | | 宾三类 | 爭 | 黄宾三 | |
| 5900 | | | 宾三类 | 爭 | | |
| 5901 | | | 宾三类 | 爭 | | |
| 5902 | | | 宾三类 | | | |
| 5903 | | | 宾一类 | | | |
| 5904 | | | 宾三类 | | | |
| 5905 | | | 宾三类 | | | |

续表

| 著录号 | 缀合 | 重片 | 类型划分 | 贞人 | 专家分类 | 其他说明 |
|---|---|---|---|---|---|---|
| 5906 | | | 宾三类 | | | |
| 5907 | | | 宾二类 | | 黄典宾 | |
| 5908 | 5908+2891 | | 宾二类 | 𡗜 | | |
| 5909 | | | 宾三类 | | | |
| 5910 | | | 宾二类 | | | |
| 5911 | | | 宾一类 | | 黄典宾 | |
| 5912 | | | 宾一类 | | | |
| 5913 正反 | 5913 正反 +1089 | | 宾一类 | | | |
| 5914 | | | 宾二类 | | | |
| 5915 | | | 𠂤小字类 | | | 非宾 |
| 5916 | | | 𠂤小字类 | | | 非宾 |
| 5917 | | 20375 | 宾二类 | | | |
| 5918 | | | 宾二类 | | | |
| 5919 | | | 宾二类 | | | |
| 5920 | 5920+ | | 宾二类 | | | |
| 5921 | | | 宾二类 | | | |
| 5922 | | | 宾二类 | | | |
| 5923 | | | 宾二类 | | | |
| 5924 | | | 宾二类 | | | |
| 5925 | | | 宾三类 | | | |
| 5926 | | | 宾二类 | | | |
| 5927 | | | 宾二类 | | | |
| 5928 | | | 宾三类 | | | |
| 5929 | | | 宾二类 | | | |
| 5930 | | | 宾二类 | | 黄典宾 | |
| 5931 正反 | | | 宾二类 | | | |
| 5932 | | | 宾二类 | | | |
| 5933 | | | 宾三类 | | | |
| 5934 | | | 宾三类 | | | |
| 5935 | | | 宾一类 | | | |
| 5936 | | | 宾二类 | | | |
| 5937 | | | 宾二类 | | | |
| 5938 | | | 宾二类 | | | |
| 5939 | | | 宾三类 | | | |

续表

| 著录号 | 缀合 | 重片 | 类型划分 | 贞人 | 专家分类 | 其他说明 |
|---|---|---|---|---|---|---|
| 5940 | | | 宾三类 | | | |
| 5941 | | | 宾三类 | | | |
| 5942 | | | 宾一类 | 内 | | |
| 5943 | | | 宾一类 | | | |
| 5944 | | | 宾一类 | 王 | | |
| 5945 正反 | | | 𠂤宾间类 | | 李彭𠂤宾间 | |
| 5946 | | | 𠂤宾间类 | | | |
| 5947 | | | 子组 | | | 非宾 |
| 5948 | | | 宾二类 | | | |
| 5949 | | | 待考 | | | |
| 5950 | | | 宾二类 | | | |
| 5951 正反 | | | 宾二类 | 韋 | | |
| 5952 | | | 宾二类 | | | 背甲 |
| 5953 | | | 宾二类 | | | |
| 5954 | | | 宾一类 | | 黄宾一 | |
| 5955 | | | 宾二类 | | | |
| 5956 | | | 宾二类 | | | |
| 5957 | | | 宾二类 | | | |
| 5958 | | | 宾二类 | | | |
| 5959 | | | 宾二类 | | | |
| 5960 正反 | | | 宾二类 | | | |
| 5961 | | | 宾三类 | | | |
| 5962 | | | 宾二类 | 㱿 | | |
| 5963 | | | 宾二类 | | | |
| 5964 | | | 宾二类 | | | |
| 5965 | | | 宾二类 | | | |
| 5966 | | | 宾二类 | 爭 | | |
| 5967 | | | 宾三类 | | | |
| 5968 | | | 宾三类 | | | |
| 5969 | | | 宾一类 | 韋 | 李彭宾一 A | |
| 5970 | | | 待考 | | | |
| 5971 | | | 𠂤宾间类 | | | |
| 5972 | | | 宾一类 | | | |
| 5973 | | | 宾三类 | | | |

续表

| 著录号 | 缀合 | 重片 | 类型划分 | 贞人 | 专家分类 | 其他说明 |
|---|---|---|---|---|---|---|
| 5974 | | | 宾一类 | | | |
| 5975 | | | 宾一类 | | | |
| 5976 | | | 宾二类 | | | |
| 5977 | 黄拼 5977+9974 | | 宾二类 | 穷 | | |
| 5978 | | | 宾二类 | 㱿 | | |
| 5979 | | | 宾二类 | 穷 | | |
| 5980 | | | 宾二类 | | | |
| 5981 | | | 宾二类 | | | |
| 5982 | | | 宾二类 | | | |
| 5983 | | | 宾二类 | | | |
| 5984 | | | 宾二类 | | | |
| 5985 | | | 宾一类 | | | |
| 5986 | | | 宾一类 | | | |
| 5987 | | | 宾一类 | | | |
| 5988 | | | 宾二类 | | | |
| 5989 | | | 宾二类 | | | |
| 5990 | | | 宾三类 | | | |
| 5991 | | | 宾一类 | | | |
| 5992 | | | 宾一类 | 穷 | | |
| 5993 | | | 宾一类 | | | |
| 5994 | | | 宾三类 | | | |
| 5995 正反 | | | 宾一类 | | | |
| 5996 | | | 宾二类 | | | 背甲 |
| 5997 | | | 宾二类 | | | |
| 5998 | | | 宾二类 | | | |
| 5999 | | | 宾二类 | | | |
| 6000 正反 | 6000 正反 +595 | | 宾二类 | 𠬝 | | |
| 6001 正反 | | | 宾二类 | 亘 | | |
| 6002 正反 | | | 宾二类 | 㱿、争 | 黄典宾<br>李彭宾一 B | |
| 6003 | | | 宾二类 | 㱿 | 李彭宾一 B | |
| 6004 | | | 宾二类 | | 李彭宾一 B | |
| 6005 | | | 宾二类 | 亘 | | |
| 6006 | | | 宾二类 | | | |

续表

| 著录号 | 缀合 | 重片 | 类型划分 | 贞人 | 专家分类 | 其他说明 |
|---|---|---|---|---|---|---|
| 6007 | | | 宾二类 | 殻、𠱩 | | |
| 6008 | | | 宾二类 | | | |
| 6009 | | | 宾三类 | | | |
| 6010 | | | 宾三类 | | 黄宾三 | |
| 6011 | | | 宾二类 | 穷 | 黄典宾 | |
| 6012 | | | 宾三类 | | | 背甲 |
| 6013 | | | 待考 | | | |
| 6014 | | | 宾二类 | | | |
| 6015 | | | 宾二类 | | | |
| 6016 正反 | | | 宾一类 | 争 | 李彭宾一 A | |
| 6017 正反 | 黄拼 6017 正反 +16124 正反 +17282 | | 宾二类 | | 黄典宾 | |
| 6018 | | | 宾二类 | | | |
| 6019 | | | 宾二类 | | | |
| 6020 | | | 宾二类 | | | |
| 6021 | | | 宾二类 | | 黄宾二 | |
| 6022 | | | 宾二类 | | | |
| 6023 | | | 宾二类 | | | |
| 6024 | | | 宾二类 | | | |
| 6025 | | | 宾二类 | 争 | | |
| 6026 | | | 宾二类 | | | |
| 6027 | | | 宾二类 | | | |
| 6028 | | | 宾三类 | 争 | | |
| 6029 | | | 宾三类 | 穷 | | |
| 6030 | | | 宾三类 | | | |
| 6031 | | | 宾一类 | | | |
| 6032 正反 | | | 宾二类 | 殻、争 | | |
| 6033 正反 | | | 宾二类 | 韋 | | |
| 6034 正反 | | | 宾二类 | | | |
| 6035 | | | 宾一类 | | | |
| 6036 | | | 待考 | | | |
| 6037 正反 | | | 宾一类 | 殻 | | |
| 6038 正反 | | | 宾二类 | | | |
| 6039 正反 | | | 待考 | | | |

续表

| 著录号 | 缀合 | 重片 | 类型划分 | 贞人 | 专家分类 | 其他说明 |
|---|---|---|---|---|---|---|
| 6040 正反 | | | 宾二类 | 韋 | 李彭宾一 B | |
| 6041 | | | 宾三类 | 穷 | | |
| 6042 正反 | | | 宾二类 | | | |
| 6043 正反 | | | 宾三类 | | | |
| 6044 | 黄拼 6044+17902 | | 宾三类 | 争 | | |
| 6045 | | | 宾三类 | | | |
| 6046 | | | 宾三类 | | | |
| 6047 | | | 宾三类 | | | |
| 6048 | | | 宾三类 | 穷 | | |
| 6049 | | | 宾三类 | 穷 | 黄宾三<br>李彭宾二 | |
| 6050 | | > 合补 1210 | 宾三类 | 穷 | 李彭宾二 | |
| 6051 | | | 宾三类 | 穷 | 黄宾三<br>李彭宾二 | |
| 6052 | | | 宾一类 | | | |
| 6053 | | | 宾二类 | | | |
| 6054 | | | 宾三类 | | | |
| 6055 | | | 宾三类 | | | |
| 6056 | | | 宾三类 | 穷 | | |
| 6057 正反 | | | 宾二类 | 㱿 | 黄典宾 | |
| 6058 正反 | | | 宾二类 | 永 | 黄典宾 | |
| 6059 | 黄拼 6059+7152 正 | | 宾二类 | | | 缀合同文见 6057、6060 |
| 6060 | | | 宾二类 | | | |
| 6061 | | | 宾二类 | | | |
| 6062 | 黄拼 6062+ 合补 6438 | | 宾二类 | | | |
| 6063 正反 | 6063 正反 + | | 宾二类 | | | |
| 6064 正反 | | | 宾二类 | 争 | 黄典宾 | |
| 6065 | 6065+8236 | | 宾二类 | | | |
| 6066 正反 | | | 宾二类 | | | |
| 6067 | 6067+7866 正 | | 宾二类 | | | |
| 6068 正反 | | | 宾二类 | 永 | 黄典宾 | |
| 6069 | | | 宾二类 | | | |
| 6070 正反 | | | 宾二类 | 㱿 | | |
| 6071 | | | 宾二类 | | | |

续表

| 著录号 | 缀合 | 重片 | 类型划分 | 贞人 | 专家分类 | 其他说明 |
|---|---|---|---|---|---|---|
| 6072 正反 | | | 宾二类 | | | |
| 6073 | 黄拼 6073+18596 | | 宾三类 | 穷 | 黄宾三 | |
| 6074 | | | 宾二类 | | | |
| 6075 正反 | | | 宾二类 | | | |
| 6076 | | | 宾二类 | | | |
| 6077 | | | 宾二类 | | | |
| 6078 | | | 宾二类 | 穷 | | |
| 6079 | 6079+5536 | | 宾二类 | 穷 | | |
| 6080 | | | 宾二类 | 王 | | |
| 6081 | | | 宾二类 | | | |
| 6082 | 6082+7326 | | 宾二类 | | | |
| 6083 | | | 宾二类 | | | |
| 6084 | | | 宾二类 | | | |
| 6085 | 6085+5636 | | 宾二类 | | | |
| 6086 | | | 宾二类 | | | |
| 6087 正反 | 6087 正 +16473<br>遥缀 6402 正 +<br>存补 5.141.2 | | 宾二类 | 𡧊、争 | 黄典宾 | |
| 6088 | | | 宾二类 | | | |
| 6089 | | | 宾二类 | | | |
| 6090 正反 | | | 宾二类 | 𡧊 | | |
| 6091 | | | 宾二类 | 亘 | | |
| 6092 | | | 宾二类 | 穷 | | |
| 6093 正反 | | | 宾二类 | 𡧊、亘、<br>𠩺 | | |
| 6094 正反 | | | 宾二类 | | | |
| 6095 | | | 宾二类 | | | |
| 6096 正臼 | | | 宾二类 | 穷 | 李彭宾一 B | |
| 6097 | | | 宾二类 | 𠩺 | | |
| 6098 | | | 宾二类 | 𡧊 | | |
| 6099 | | | 宾二类 | | | |
| 6100 | | | 宾一类 | | | |
| 6101 | 6101+8547<br>（山东 1283） | | 宾二类 | | | |
| 6102 正反 | | | 宾二类 | | | |

续表

| 著录号 | 缀合 | 重片 | 类型划分 | 贞人 | 专家分类 | 其他说明 |
|---|---|---|---|---|---|---|
| 6103 正反 | | | 宾二类 | | | |
| 6104 | 6104+6105（合补 1777） | | 宾二类 | | | |
| 6105 | 6105+6104 | | 宾二类 | | | |
| 6106 | | | 宾二类 | | | |
| 6107 | | | 宾二类 | | | |
| 6108 | | | 宾二类 | | | |
| 6109 | | | 宾二类 | | | |
| 6110 正反 | | | 宾二类 | | | |
| 6111 | | | 宾二类 | 箙 | | |
| 6112 | 6112+7627 | | 宾一类 | | | |
| 6113 | | | 宾二类 | | | |
| 6114 | | | 宾二类 | | | |
| 6115 | | | 宾二类 | | | |
| 6116 | 6116+6120 正 | | 宾二类 | | | 合 6116 有正，而 6120 有正反 |
| 6117 | | | 宾二类 | | | |
| 6118 | | | 宾二类 | | | |
| 6119 | | | 宾二类 | | | |
| 6120 正反 | 6120 正 +6116 | | 宾二类 | | | |
| 6121 | | | 宾二类 | | | |
| 6122 | | | 宾二类 | | 李彭宾一 B | |
| 6123 | | | 宾二类 | | 李彭宾一 B | |
| 6124 | | | 宾二类 | | 李彭宾一 B | |
| 6125 | | | 宾二类 | | 李彭宾一 B | |
| 6126 | | | 宾二类 | | 李彭宾一 B | |
| 6127 | | | 宾二类 | | 李彭宾一 B | |
| 6128 | | | 宾二类 | 𣪕 | | |
| 6129 | 黄拼 6129+17317 | | 宾二类 | 𣪕 | | |
| 6130 正臼 | 6130+6132+17362 遥缀 17360 正、6131 正 | | 宾二类 | 𣪕 | 李彭宾一 B | 6130+18377 |
| 6131 正反 | 6130+6132+17362 遥缀 17360 正、6131 正 | | 宾二类 | 𣪕、亘 | | |
| 6132 | 6130+6132+17362 遥缀 17360 正、6131 正 | | 宾二类 | | | |

续表

| 著录号 | 缀合 | 重片 | 类型划分 | 贞人 | 专家分类 | 其他说明 |
| --- | --- | --- | --- | --- | --- | --- |
| 6133 | | | 宾二类 | | | |
| 6134 | | | 宾二类 | | | |
| 6135 | | | 宾二类 | | | |
| 6136 正反 | | | 宾二类 | | | |
| 6137 | 6137+6147 | | 宾二类 | | | |
| 6138 | | | 宾二类 | | | |
| 6139 | | | 宾二类 | | | |
| 6140 | | | 宾二类 | | | |
| 6141 | | | 宾二类 | | | |
| 6142 | | | 宾二类 | | | |
| 6143 正反 | 黄拼 6143 正反 + 1352 正反 | | 宾二类 | | | |
| 6144 | 6144+12642 | | 宾二类 | | | |
| 6145 | | | 宾二类 | 𡧊 | | |
| 6146 | | | 宾二类 | | | |
| 6147 | 6147+6137 | | 宾二类 | | | |
| 6148 | 黄拼 6148+ 合补 1976 | | 宾二类 | | | |
| 6149 | | | 宾二类 | | | |
| 6150 | | | 宾二类 | | | |
| 6151 正反 | | | 宾二类 | | | |
| 6152 | | | 宾二类 | | | |
| 6153 | | | 宾二类 | 𡧊、古 | | |
| 6154 | | | 宾二类 | 𡧊 | | |
| 6155 | | | 宾二类 | | | |
| 6156 正臼 | | | 宾二类 | 爭 | | |
| 6157 | 6157+7318 | | 宾二类 | | | |
| 6158 | 黄拼 6158+ 3664+13536 正 | | 宾二类 | | | |
| 6159 正反 | | | 宾二类 | 𠚤 | | |
| 6160 | | | 宾二类 | | | |
| 6161 | | | 宾二类 | | | |
| 6162 | | | 宾二类 | | | |
| 6163 正反 | 黄拼 6163 正反 + 合补 1360 正反 + 山东 1177 | | 宾二类 | | | 英 476=6163 反 + 合补 1360 正（7405 反） |
| 6164 | 6164+8524 | | 宾二类 | | | |

续表

| 著录号 | 缀合 | 重片 | 类型划分 | 贞人 | 专家分类 | 其他说明 |
|---|---|---|---|---|---|---|
| 6165 | | | 宾二类 | | | |
| 6166 | 黄拼 6166+7405 正 | | 宾二类 | | | |
| 6167 | | | 宾二类 | | | |
| 6168 | | | 宾二类 | | | |
| 6169 | | | 宾二类 | 穷、爭 | 李彭宾一 B | |
| 6170 正反 | | | 宾二类 | 㱿 | 李彭宾一 B | |
| 6171 | | | 宾二类 | 㱿 | 李彭宾一 B | |
| 6172 | 黄拼 6172+7299 | | 宾二类 | 㱿 | | 39863+ 合补 1997（=6172、6173、6174、39864） |
| 6173 | 黄拼 6173+ 合补 562 | | 宾二类 | 㱿 | 李彭宾一 B | |
| 6174 | | | 宾二类 | 㱿 | 李彭宾一 B | |
| 6175 | | | 宾二类 | | | |
| 6176 | 6176+19693+黄拼 7219 | | 宾二类 | | | 蔡缀 6176+19693 见《甲骨缀合集》第 233 组黄加缀 7219 |
| 6177 正臼 | | | 宾二类 | 穷 | 李彭宾一 B | |
| 6178 | | | 宾二类 | | | |
| 6179 正反 | | | 宾二类 | | | |
| 6180 | | | 宾二类 | | | |
| 6181 正反 | | | 宾二类 | | | |
| 6182 | | | 宾二类 | | | |
| 6183 | | | 宾二类 | | | |
| 6184 | | | 宾二类 | 㱿 | | |
| 6185 | 黄拼 6185+ 合补 2873 | | 宾二类 | 㱿 | | |
| 6186 | | | 宾二类 | | 黄典宾 | |
| 6187 | | | 宾二类 | | | |
| 6188 | | | 宾二类 | 爭 | | |
| 6189 | 6189+2988 | | 宾二类 | | | |
| 6190 | 6190 遥缀 USB52 | | 宾二类 | | | |
| 6191 正反 | 6191 正遥缀 13305+2987 | | 宾二类 | | | |
| 6192 | | | 宾二类 | | | |
| 6193 | | | 宾二类 | | | |
| 6194 | | | 宾二类 | | | |

续表

| 著录号 | 缀合 | 重片 | 类型划分 | 贞人 | 专家分类 | 其他说明 |
| --- | --- | --- | --- | --- | --- | --- |
| 6195 | 6195+存补 5.140.2 | | 宾二类 | | | |
| 6196 | | | 宾二类 | | | |
| 6197 | | | 宾二类 | 𣪊 | | |
| 6198 | 6198 遥缀 39856（英 555） | | 宾二类 | 𣪊 | | |
| 6199 | | | 宾二类 | 𣪊 | | |
| 6200 | 6200+山本竟山旧臧拓 14 | | 宾二类 | 𣪊 | | |
| 6201 | | | 宾二类 | 爭 | | |
| 6202 | | | 宾二类 | 爭 | | |
| 6203 | 黄拼 6203+合补 4565 | | 宾二类 | 𣪊 | | 同文见 6204 |
| 6204 正反 | | | 宾二类 | 𣪊 | | |
| 6205 | | | 宾二类 | 亘 | | |
| 6206 正反 | | | 宾二类 | | | |
| 6207 | | | 宾二类 | | | |
| 6208 | | | 宾二类 | | | |
| 6209 | 6209+7206 | | 宾二类 | | | |
| 6210 | | | 宾二类 | | | |
| 6211 | | | 宾二类 | | | |
| 6212 | 黄拼 6212+7595 | | 宾二类 | | | |
| 6213 | | | 宾二类 | | | |
| 6214 | | | 宾二类 | 爭 | | |
| 6215 | | | 宾二类 | 爭 | | |
| 6216 | | | 宾二类 | | | |
| 6217 | 黄拼 6217+17276 正 + 合补 759 | | 宾二类 | | | |
| 6218 | | | 宾二类 | | | |
| 6219 | | | 宾二类 | 爭 | | |
| 6220 | | | 宾二类 | 𣪊 | | |
| 6221 | 黄拼 6221+8562 | | 宾二类 | 𣪊 | | |
| 6222 正反 | 6222 正反 + 合补 2119 正反 + 合补 1859 正反 | | 宾二类 | 𣪊 | | 善斋著录号略去 |
| 6223 | | | 宾二类 | 古 | | |
| 6224 | | | 宾二类 | | | |

续表

| 著录号 | 缀合 | 重片 | 类型划分 | 贞人 | 专家分类 | 其他说明 |
|---|---|---|---|---|---|---|
| 6225 | | | 宾二类 | | | |
| 6226 | 6226+7815 | | 宾二类 | 爭、亘 | | |
| 6227 正臼 | | | 宾二类 | 爭 | | |
| 6228 | | | 宾二类 | | | |
| 6229 | | | 宾二类 | 爭 | | |
| 6230 | | | 宾二类 | 爭 | | |
| 6231 | | | 宾二类 | | | |
| 6232 | 6232+870 | | 宾二类 | 穷 | | |
| 6233 正臼 | | | 宾二类 | | | 骨臼署辞 |
| 6234 正反 | | | 宾二类 | 爭 | 黄典宾 | |
| 6235 | | | 宾二类 | | | |
| 6236 | | | 宾二类 | | | |
| 6237 | | | 宾二类 | | | |
| 6238 | 6238+6262 | | 宾二类 | | | |
| 6239 | | | 宾二类 | | | |
| 6240 | | | 宾二类 | 亘 | | |
| 6241 | | | 宾二类 | | | |
| 6242 正反 | 新 6242 正反+6276 | | 宾二类 | 韋 | | |
| 6243 | | | 宾二类 | | | |
| 6244 | 黄拼 6244+8571<br>1276（=1277） | | 宾二类 | | | |
| 6245 | | | 宾二类 | | | |
| 6246 | | | 宾二类 | 亘 | | |
| 6247 | | | 宾二类 | 永 | | |
| 6248 | | | 宾二类 | 爭 | | |
| 6249 | 黄拼 6249+合补 4507 | | 宾二类 | 㱿 | | |
| 6250 | | | 宾二类 | | | |
| 6251 | | | 宾二类 | | | |
| 6252 | | | 宾二类 | 古 | | |
| 6253 | | | 宾二类 | | | |
| 6254 | | | 宾二类 | | | |
| 6255 | | | 宾二类 | | | |
| 6256 | | | 宾二类 | | | |

续表

| 著录号 | 缀合 | 重片 | 类型划分 | 贞人 | 专家分类 | 其他说明 |
|---|---|---|---|---|---|---|
| 6257 | | | 宾二类 | 穷 | | |
| 6258 | 6258+6282 | | 宾二类 | 㱿 | | |
| 6259 | | | 宾二类 | 穷、㱿 | | |
| 6260 | | | 宾二类 | | | |
| 6261 | | | 宾二类 | | | |
| 6262 | 6262+6238 | | 宾二类 | | | |
| 6263 | | | 宾二类 | | | |
| 6264 | | | 宾二类 | | | |
| 6265 | | | 宾二类 | | | |
| 6266 | 黄拼 6266+16281 | | 宾二类 | 争 | | |
| 6267 | | | 宾二类 | | | |
| 6268 | | | 宾二类 | | | |
| 6269 | | | 宾二类 | | | |
| 6270 正臼 | | | 宾二类 | 㱿 | | |
| 6271 | | | 宾二类 | 㱿 | | |
| 6272 | | | 宾二类 | | | |
| 6273 | | | 宾二类 | | | |
| 6274 | | | 宾二类 | | | |
| 6275 | | | 宾二类 | | | |
| 6276 | 新 6276+6242 | | 宾二类 | | | |
| 6277 | | | 宾二类 | | | |
| 6278 | | | 宾二类 | | | |
| 6279 | 林（6279+11918）+黄拼 11981 正 | | 宾二类 | | | 前两片为林宏明所缀 |
| 6280 | | | 宾二类 | | | |
| 6281 | | | 宾二类 | | | |
| 6282 | 6282+6258 | | 宾二类 | | | |
| 6283 | | | 宾二类 | | | |
| 6284 | | | 宾二类 | 㱿 | | |
| 6285 | | | 宾二类 | | | |
| 6286 | 6286+625+ 黄拼《辑佚》118 | | 宾二类 | | | |
| 6287 正臼 | | | 宾二类 | | | |
| 6288 | | | 宾二类 | | | |

续表

| 著录号 | 缀合 | 重片 | 类型划分 | 贞人 | 专家分类 | 其他说明 |
|---|---|---|---|---|---|---|
| 6289 | | | 宾二类 | | | |
| 6290 | | | 宾二类 | | | |
| 6291 正反 | | | 宾二类 | 争 | | |
| 6292 | | | 宾二类 | 宀 | | |
| 6293 | | | 宾二类 | | | |
| 6294 | | | 宾二类 | 㱿 | | |
| 6295 | | | 宾二类 | 㱿 | | |
| 6296 | | | 宾二类 | 宀 | | |
| 6297 | | | 宾二类 | | 李彭宾一 B | |
| 6298 | | | 宾二类 | | 李彭宾一 B | |
| 6299 | | | 宾二类 | | | |
| 6300 | | | 宾二类 | 㱿、争 | 李彭宾一 B | |
| 6301 | | | 宾二类 | 㱿 | | |
| 6302 | | | 宾二类 | | 李彭宾一 B | |
| 6303 | | | 宾二类 | 古 | | |
| 6304 | | | 宾二类 | | | |
| 6305 | | | 宾二类 | | | |
| 6306 | | | 自小字类 | | 黄自小字 | 非宾 |
| 6307 | 缀集 361（6307+ 瑞典 13 照片）+39911 | | 宾二类 | | | |
| 6308 | 黄拼 6308+6371 | 合补 1801 | 宾二类 | | | |
| 6309 | | | 宾二类 | | | |
| 6310 | 黄拼 6310+6370+ 合补 1860 | | 宾二类 | | | |
| 6311 | | | 宾二类 | | | |
| 6312 | | | 宾二类 | | | |
| 6313 | | 9007+ 39666 | 宾二类 | 争 | | |
| 6314 | | | 宾二类 | | | |
| 6315 | | | 宾二类 | 㱿 | | |
| 6316 | | | 宾二类 | 㱿 | | |
| 6317 | | | 宾二类 | 㱿 | | |
| 6318 | | | 宾二类 | 㱿 | | |
| 6319 | | | 宾二类 | 㱿 | | |
| 6320 | | | 宾二类 | 㱿 | | |

续表

| 著录号 | 缀合 | 重片 | 类型划分 | 贞人 | 专家分类 | 其他说明 |
|---|---|---|---|---|---|---|
| 6321 | | | 宾二类 | 㱿 | | |
| 6322 | | | 宾二类 | | | |
| 6323 | | | 宾二类 | | | |
| 6324 | | | 宾二类 | 宾 | | |
| 6325 正反 | | | 宾二类 | | | |
| 6326 | | | 宾二类 | | | |
| 6327 正反 | | | 宾二类 | | | |
| 6328 | | | 宾二类 | | | |
| 6329 正反 | | | 宾二类 | | | |
| 6330 正反 | | | 宾二类 | 㱿 | | |
| 6331 | 黄拼 6331+15770 | | 宾二类 | 宾 | | |
| 6332 | | | 宾二类 | | | |
| 6333 | | | 宾二类 | 爭 | | |
| 6334 正反 | | | 宾二类 | 㱿 | | |
| 6335 | | | 宾二类 | | 黄𠂤小字 | |
| 6336 | | | 宾二类 | | | |
| 6337 正反 | | | 宾二类 | 爭 | | |
| 6338 | | | 宾二类 | 爭 | | |
| 6339 | | | 宾二类 | | | |
| 6340 正臼 | | | 宾二类 | 古 | | |
| 6341 | | | 宾二类 | 爭 | | |
| 6342 | | | 宾二类 | 㱿 | | |
| 6343 | | | 宾二类 | | | |
| 6344 | | | 宾二类 | 㱿 | 李彭宾一 B | |
| 6345 | 6345+8026 | | 宾二类 | 㱿 | 李彭宾一 B | |
| 6346 | | | 宾二类 | | | |
| 6347 | | 1587 | 宾二类 | | 李彭宾一 B | |
| 6348 | | | 宾二类 | | | |
| 6349 | | | 宾二类 | 㱿 | 李彭宾一 B | |
| 6350 | | | 宾二类 | | | |
| 6351 | | | 宾二类 | | | |
| 6352 | | | 宾二类 | 宾 | | |
| 6353 | | | 𠂤小字类 | | 黄𠂤小字 | 非宾 |
| 6354 正反 | | | 宾二类 | 㱿、爭 | 李彭宾一 B | |

续表

| 著录号 | 缀合 | 重片 | 类型划分 | 贞人 | 专家分类 | 其他说明 |
|---|---|---|---|---|---|---|
| 6355 | | | 宾二类 | | 李彭宾一 B | |
| 6356 | | | 宾二类 | | | |
| 6357 | | | 宾二类 | | 李彭宾一 B | |
| 6358 | | | 宾二类 | | | |
| 6359 | | | 宾二类 | | | |
| 6360 | | | 宾二类 | 古 | 李彭宾一 B | |
| 6361 | | | 宾二类 | | | |
| 6362 | | | 宾二类 | | 李彭宾一 B | 背甲 |
| 6363 正反 | | | 宾二类 | | | |
| 6364 | | | 宾二类 | | | |
| 6365 | | | 宾二类 | 箙 | 李彭宾一 B | |
| 6366 | 黄拼 6366+12803 | | 宾二类 | | | |
| 6367 | | | 宾二类 | | | |
| 6368 | | | 宾二类 | | | |
| 6369 | 黄拼 6369+ 英 570 | | 宾二类 | | | |
| 6370 | 黄拼 6310+6370+ 合补 1860 | | 宾二类 | 㱿 | | |
| 6371 | 黄拼 6371+ 合补 1801（合 6308） | | 宾二类 | 㱿 | | |
| 6372 | | | 宾二类 | | | |
| 6373 | | | 宾二类 | 㱿 | | |
| 6374 | | 39982 | 宾二类 | | | |
| 6375 | | | 宾二类 | 亘 | | |
| 6376 | | | 宾二类 | | | |
| 6377 | | | 宾二类 | | | |
| 6378 | | | 宾二类 | | | |
| 6379 正反 | | | 宾二类 | 㱿 | | |
| 6380 | | | 宾二类 | | | |
| 6381 | | | 宾二类 | | | |
| 6382 | | | 𠂤小字类 | | 黄𠂤小字 | 非宾 |
| 6383 正反 | | 反 =40669 | 宾二类 | 㱿 | | |
| 6384 | 6384+6387 | | 宾二类 | | | |
| 6385 正臼 | | | 宾二类 | 争 | | |
| 6386 | | | 宾二类 | | | |

续表

| 著录号 | 缀合 | 重片 | 类型划分 | 贞人 | 专家分类 | 其他说明 |
| --- | --- | --- | --- | --- | --- | --- |
| 6387 | 6387+6384 | 39879 | 宾二类 | | | |
| 6388 | | | 宾二类 | | | |
| 6389 | | | 宾二类 | | | |
| 6390 | | | 宾二类 | 爭 | | |
| 6391 | | | 宾二类 | | | |
| 6392 | 6392+3527 | | 宾二类 | | | |
| 6393 | 黄拼 6393+6396 | | 宾二类 | | | |
| 6394 | | | 宾二类 | | | |
| 6395 | | | 宾二类 | | | |
| 6396 | 黄拼 6396+6393 | | 宾二类 | | | |
| 6397 | 缀集 20（7570 正 +11529 正）+6397 | | 宾二类 | | | |
| 6398 | | 17562 | 宾二类 | 㱿 | | |
| 6399 | 6399+6430 | 17561 | 宾二类 | 㱿 | | |
| 6400 | | | 宾二类 | | | |
| 6401 | | | 宾二类 | 㱿 | 李彭宾一 B | |
| 6402 正臼 | 6087 正 +16473 遥缀 6402 正 + 存补 5.141.2 | | 宾二类 | | 李彭宾一 B | |
| 6403 | | | 宾二类 | | | |
| 6404 正反 | | | 宾二类 | | 李彭宾一 B | |
| 6405 正反 | | | 宾二类 | 㱿 | 李彭宾一 B | |
| 6406 | 6406+ | | 宾二类 | | | |
| 6407 | 6407+7228 | | 宾二类 | | 李彭宾一 B | |
| 6408 | 6408+7314 | | 宾二类 | | | |
| 6409 | | | 宾二类 | 㱿 | 李彭宾一 B | |
| 6410 | | | 宾二类 | 㱿 | | |
| 6411 | | | 宾二类 | | | |
| 6412 | | | 宾二类 | 爭 | 黄典宾 李彭宾一 B | |
| 6413 | | | 宾二类 | 穷 | 黄典宾 | |
| 6414 | | | 宾二类 | | | |
| 6415 | | | 宾二类 | 㱿 | | |
| 6416 | | | 宾二类 | 㱿 | | |
| 6417 正臼 | | | 宾二类 | 穷 | | |

续表

| 著录号 | 缀合 | 重片 | 类型划分 | 贞人 | 专家分类 | 其他说明 |
|---|---|---|---|---|---|---|
| 6418 | | | 宾二类 | 㱿 | | |
| 6419 | | | 宾二类 | | | |
| 6420 | 6420+ 合补 2077（善斋 7.31.8） | | 宾二类 | | | |
| 6421 | | | 宾二类 | 㱿 | | |
| 6422 | | | 宾二类 | | | |
| 6423 | | | 宾二类 | | | |
| 6424 | | | 宾二类 | 𠱓 | | |
| 6425 | | | 宾二类 | | | |
| 6426 | | | 宾二类 | 㱿 | | |
| 6427 | | | 宾二类 | 㱿 | | |
| 6428 | | | 宾二类 | | | |
| 6429 | | | 宾二类 | | | |
| 6430 | 6430+6399 | | 宾二类 | 㱿 | | |
| 6431 | | | 宾二类 | 㱿 | | |
| 6432 | | | 宾二类 | | | |
| 6433 | | | 宾二类 | | 黄典宾 | |
| 6434 | | | 宾二类 | | | |
| 6435 | 6435+ 英 582（金 384） | | 宾二类 | 㱿 | | |
| 6436 | 6436+ 合补 2817（尊六室 114）+7508 | | 宾二类 | | | |
| 6437 | | | 宾二类 | | | |
| 6438 | | | 宾二类 | 爭 | | |
| 6439 | | | 宾二类 | | | |
| 6440 正反 | | | 宾二类 | | | |
| 6441 | | | 宾二类 | 㱿 | | |
| 6442 | | | 宾二类 | 㱿 | 李彭宾一 B | |
| 6443 | | | 宾二类 | 㱿 | 李彭宾一 B | |
| 6444 | | | 宾二类 | | 李彭宾一 B | |
| 6445 正臼 | | | 宾二类 | | 李彭宾一 B | |
| 6446 正臼 | | | 宾二类 | | | |
| 6447 | | | 宾二类 | | | |
| 6448 | | | 宾二类 | | | |
| 6449 | | | 宾二类 | | | |

续表

| 著录号 | 缀合 | 重片 | 类型划分 | 贞人 | 专家分类 | 其他说明 |
|---|---|---|---|---|---|---|
| 6450 | 黄拼 6450+4090 | | 宾二类 | | | |
| 6451 正臼 | | | 宾二类 | 爭 | 李彭宾一 B | |
| 6452 | | | 宾二类 | 亘 | 李彭宾一 B | |
| 6453 | | | 宾二类 | | | |
| 6454 | | | 宾二类 | 㱿、𠕋 | | |
| 6455 | | | 宾一类 | | | |
| 6456 | | | 宾一类 | | | |
| 6457 正反 | | | 宾一类 | | | |
| 6458 | | | 宾一类 | 王 | | |
| 6459 | 6459+6465 | | 宾二类 | 宂 | | |
| 6460 正反 | | | 宾一类 | 㱿 | | |
| 6461 正反 | | | 宾一类 | 宂 | | |
| 6462 | | | 宾一类 | | | |
| 6463 | | | 宾一类 | | | |
| 6464 | | | 宾一类 | | | |
| 6465 | 6465+6459 | | 宾二类 | | | |
| 6466 | | | 宾一类 | | | |
| 6467 | | | 宾一类 | | | |
| 6468 | 6468+1005 | | 宾二类 | 㱿 | | 笔书（反） |
| 6469 | | | 宾二类 | 㱿 | | |
| 6470 正反 | | | 宾二类 | 爭 | | |
| 6471 正反 | | | 宾二类 | 宂 | | |
| 6472 正反 | | | 宾二类 | | | |
| 6473 正反 | | | 宾二类 | 宂、爭 | | |
| 6474 正反 | | | 宾一类 | | | |
| 6475 正反 | | | 宾一类 | | | 笔书（反） |
| 6476 | | | 宾一类 | 爭 | | 笔书 |
| 6477 正反 | | | 宾一类 | 宂、亘 | | |
| 6478 正反 | | | 宾一类 | | | |
| 6479 正臼 | | | 宾一类 | 爭 | | |
| 6480 | | | 宾二类 | 爭 | 黄典宾 | |
| 6481 | 6481+7502 | | 宾二类 | | | |
| 6482 正反 | | | 宾二类 | 㱿 | | |
| 6483 正反 | | | 宾二类 | 㱿 | | |

续表

| 著录号 | 缀合 | 重片 | 类型划分 | 贞人 | 专家分类 | 其他说明 |
|---|---|---|---|---|---|---|
| 6484 正反 | | | 宾二类 | 㱿 | | |
| 6485 正反 | | | 宾二类 | 㱿 | | |
| 6486 正反 | | | 宾二类 | 㱿 | | |
| 6487 | | | 宾二类 | 爭 | | |
| 6488 | | | 宾二类 | 㱿 | | |
| 6489 | | | 宾二类 | 爭 | 李彭宾一 B | |
| 6490 | | | 宾二类 | 爭 | 李彭宾一 B | |
| 6491 | 黄拼 6491（=6492）+ 合补 5529 | | 宾二类 | 穷 | 李彭宾一 B | |
| 6492 | | | 宾一类 | 穷 | 李彭宾一 B | |
| 6493 | | | 宾二类 | | 李彭宾一 B | |
| 6494 | | | 宾二类 | 㱿 | | |
| 6495 | 黄拼 6495+11525 | | 宾一类 | | | |
| 6496 | | | 宾二类 | 爭 | | |
| 6497 | | | 宾一类 | | | |
| 6498 | | | 宾一类 | 㱿 | | |
| 6499 | | | 宾二类 | | | |
| 6500 | | | 宾二类 | | | |
| 6501 | 黄拼 6501+6914+ 合补 5356 | | 宾二类 | | | 合补 5356 乃黄后来加缀 |
| 6502 | 黄拼 6502+16278 | | 宾二类 | | | |
| 6503 | | | 宾二类 | 穷 | | |
| 6504 | | | 宾二类 | | | |
| 6505 正臼 | | | 宾二类 | | | |
| 6506 | | | 宾二类 | | | |
| 6507 | 6507+6511 | | 宾二类 | 㱿 | | |
| 6508 | 6508+6510+ 黄拼 18917 | | 宾二类 | | | 同文见 6507+6511（合补 1885）前两片系蔡缀，又收入合补 2022，黄加缀 18917 |
| 6509 | | | 宾二类 | | | |
| 6510 | 6510+6508+ 黄拼 16917 | | 宾二类 | | | |
| 6511 | 6511+6507 | | 宾二类 | | 黄典宾 | |
| 6512 | | | 宾二类 | | 黄典宾 | |

续表

| 著录号 | 缀合 | 重片 | 类型划分 | 贞人 | 专家分类 | 其他说明 |
|---|---|---|---|---|---|---|
| 6513 | | | 宾二类 | 𣪕 | 黄典宾 | |
| 6514 | | | 宾二类 | | | |
| 6515 正反 | | | 宾二类 | | 黄典宾 | |
| 6516 | | | 宾二类 | 𣪕 | 黄典宾 | |
| 6517 | 6517+7532 | | 宾二类 | | 黄典宾 | |
| 6518 | 6518+6519 | | 宾二类 | 𣪕 | | |
| 6519 | 6519+6518 | | 宾二类 | 𣪕 | | |
| 6520 正反 | | | 宾二类 | 宂 | | |
| 6521 | | | 宾二类 | | | |
| 6522 | 黄拼 6522+3287 | | 宾二类 | | | |
| 6523 | | | 宾二类 | | | |
| 6524 正反臼 | | | 宾二类 | 宂 | 黄典宾 | |
| 6525 正臼 | | | 宾二类 | 宂 | | |
| 6526 | | | 宾二类 | | | |
| 6527 正臼 | 黄拼 6527+6529+7537 | | 宾二类 | 宂 | | |
| 6528 | | | 宾一类 | 争 | | |
| 6529 | 黄拼 6529+6527+7537 | | 宾二类 | | | |
| 6530 正反 | 6530 正反 + | | 宾一类 | 争、亘 | 黄宾一 | |
| 6531 | | | 宾一类 | | | |
| 6532 正臼 | 6532 正 +6533 | | 宾二类 | 宂 | | |
| 6533 | 6533+6532 | | 宾二类 | | | |
| 6534 | | | 宾二类 | 𣪕 | | |
| 6535 | | | 宾二类 | | | |
| 6536 | | | 宾二类 | 𣪕 | | |
| 6537 | 黄拼 6537+19667 | | 宾二类 | 𣪕 | | |
| 6538 | | | 宾二类 | | | |
| 6539 | | | 宾二类 | | | |
| 6540 | | | 宾二类 | | | |
| 6541 | | | 宾二类 | | | |
| 6542 | | | 宾二类 | 争 | | |
| 6543 | | | 宾二类 | 𣪕、争 | | |

续表

| 著录号 | 缀合 | 重片 | 类型划分 | 贞人 | 专家分类 | 其他说明 |
|---|---|---|---|---|---|---|
| 6544 | | | 宾二类 | | | |
| 6545 | | | 宾二类 | | | |
| 6546 | | | 宾二类 | | | |
| 6547 | | | 宾二类 | | | |
| 6548 | | | 宾二类 | | | |
| 6549 | | | 宾二类 | | | |
| 6550 | 6550+ 乙补 1836 | | 宾二类 | 㱿 | | |
| 6551 | | | 宾二类 | | | |
| 6552 正臼 | | | 宾二类 | 㱿 | 李彭宾一 B | |
| 6553 | 黄拼 6553+7543+ 英 669 | | 宾二类 | | | |
| 6554 | 黄拼 6554 +7549+ 英 667 | | 宾二类 | | | |
| 6555 | | | 宾二类 | | | |
| 6556 | | | 宾二类 | | | |
| 6557 | | | 𠂤宾间类 | | | |
| 6558 | | | 𠂤宾间类 | 王 | 黄𠂤宾间 A | |
| 6559 | | | 𠂤宾间类 | 王 | 黄𠂤宾间 A | |
| 6560 | | | 𠂤宾间类 | 王 | 黄𠂤宾间 A | |
| 6561 | | | 𠂤宾间类 | | | |
| 6562 | | | 𠂤宾间类 | | 黄𠂤宾间 A | |
| 6563 | | | 𠂤宾间类 | | 黄𠂤宾间 A | |
| 6564 | | | 𠂤宾间类 | | 黄𠂤宾间 A | |
| 6565 | | | 𠂤宾间类 | | | |
| 6566 正反 | 6566 正反 + | 反 =17703 | 宾二类 | 穷、㱿 | | |
| 6567 | | | 宾二类 | 亘、𠋫 | | |
| 6568 正反 | 6568 正反 +7693+<br>7702+13799 | | 宾二类 | 㱿 | | |
| 6569 | | | 宾二类 | 㱿 | | |
| 6570 | | | 宾一类 | 内 | 李彭宾一 A | |
| 6571 正反 | | | 宾一类 | 㱿 | 黄宾一<br>李彭宾一 A | |
| 6572 | | | 宾一类 | 争、内 | 李彭宾一 A | |
| 6573 | | | 宾一类 | 㱿 | 李彭宾一 A | |
| 6574 | | | 宾一类 | | | |
| 6575 | | | 宾一类 | | | |

续表

| 著录号 | 缀合 | 重片 | 类型划分 | 贞人 | 专家分类 | 其他说明 |
|---|---|---|---|---|---|---|
| 6576 | | | 宾一类 | 𡧊 | 黄宾一<br>李彭宾一 A | |
| 6577 | | | 宾一类 | 𡧊、内 | 黄宾一<br>李彭宾一 A | |
| 6578 | | | 宾一类 | 𡧊 | 李彭宾一 A | |
| 6579 | | | 宾一类 | 𡧊 | 李彭宾一 A | |
| 6580 | | | 宾一类 | 𡧊 | | |
| 6581 | | | 宾一类 | 𡧊 | | |
| 6582 | | | 宾一类 | | | |
| 6583 | | | 宾一类 | | | |
| 6584 | | | 宾一类 | | | |
| 6585 正反 | | | 宾二类 | | | |
| 6586 | | | 宾一类 | | | |
| 6587 | | | 宾一类 | | | |
| 6588 | | | 宾二类 | 古、韋 | | |
| 6589 正反 | | | 宾二类 | | | |
| 6590 | | | 宾二类 | 𡧊 | | |
| 6591 | 黄拼 6591+9535 | | 宾一类 | | | |
| 6592 | | | 宾一类 | | 黄宾一 | |
| 6593 | | | 宾一类 | | 黄宾一 | |
| 6594 | | | 宾一类 | | 黄宾一 | |
| 6595 | | | 宾一类 | | 黄宾一 | |
| 6596 | | | 宾一类 | | 黄宾一 | |
| 6597 正反 | 6597 正 +2975 正 | | 宾一类 | 穷 | 黄宾一 | |
| 6598 | | | 宾一类 | | 黄宾一 | |
| 6599 | | | 𠂤宾间类 | 王 | 李彭𠂤宾间 | |
| 6600 | | | 𠂤宾间类 | | | |
| 6601 | 6601+7029 | | 𠂤宾间类 | | | |
| 6602 | | | 𠂤宾间类 | | | |
| 6603 | 黄拼 10060+6603 | | 宾一类 | | | |
| 6604 | | | 𠂤宾间类 | | | |
| 6605 | | | 𠂤宾间类 | | | |
| 6606 | | | 𠂤宾间类 | | | |
| 6607 | | | 𠂤宾间类 | | | |
| 6608 | | | 宾二类 | | | |

续表

| 著录号 | 缀合 | 重片 | 类型划分 | 贞人 | 专家分类 | 其他说明 |
|---|---|---|---|---|---|---|
| 6609 | | | 宾二类 | 㱿 | | |
| 6610 正反 | | | 宾二类 | 㱿 | | |
| 6611 | | | 宾二类 | | | |
| 6612 | | | 宾二类 | 㱿 | 黄宾三 | 在武丁晚期宾三类，未见“㱿卜辞”，待证 |
| 6613 | | | 宾二类 | 㱿 | 黄典宾 | |
| 6614 正臼 | | | 宾二类 | 㱿 | | |
| 6615 | | | 宾二类 | 㱿 | | |
| 6616 正臼 | | | 宾二类 | 㱿 | | |
| 6617 甲乙 | | | 宾二类 | | 黄典宾 | |
| 6618 正反 | | | 宾二类 | | 黄典宾 | |
| 6619 | | | 宾二类 | | 黄典宾 | |
| 6620 | | | 宾一类 | 爭 | | |
| 6621 | | | 宾二类 | | | |
| 6622 | | | 宾一类 | | | |
| 6623 | | | 宾二类 | 宂 | | |
| 6624 | | | 宾二类 | 爭 | | |
| 6625 | | | 宾二类 | | | |
| 6626 | | | 宾一类 | 㱿 | | |
| 6627 | | | 宾一类 | 㱿 | | |
| 6628 | | | 宾一类 | | | |
| 6629 | | | 宾一类 | | | 背甲 |
| 6630 正反 | | | 宾一类 | 㱿 | | |
| 6631 | | | 宾一类 | | | |
| 6632 | | | 宾一类 | | | |
| 6633 | | | 宾一类 | | | |
| 6634 | | | 宾一类 | | | |
| 6635 | | | 宾一类 | | | |
| 6636 正反 | 6636+ | | 宾二类 | 㱿 | | |
| 6637 正反 | | | 宾一类 | | | |
| 6638 | | | 宾一类 | | 黄宾一 | |
| 6639 | | | 宾一类 | 㱿 | 黄宾一<br>李彭宾一 A | |
| 6640 | | | 宾一类 | 㱿 | 黄宾一 | |

续表

| 著录号 | 缀合 | 重片 | 类型划分 | 贞人 | 专家分类 | 其他说明 |
|---|---|---|---|---|---|---|
| 6641 | | | 宾一类 | 㱿 | 黄宾一<br>李彭宾一 A | |
| 6642 | | | 宾一类 | | 黄宾一 | |
| 6643 | 黄拼 6643+18071 | | 宾一类 | 㱿 | 黄宾一<br>李彭宾一 A | |
| 6644 | 6644+39952 | | 宾一类 | | 黄宾一<br>李彭宾一 A | |
| 6645 | | | 宾一类 | | 黄宾一 | |
| 6646 | | | 宾一类 | | 黄宾一<br>李彭宾一 A | |
| 6647 正反 | | | 宾一类 | 宊、爭 | | |
| 6648 正反 | | | 宾一类 | 㱿、古 | 黄宾一 /<br>典宾 | |
| 6649 正反 | 黄拼 6649+13713+<br>乙 6599+ 乙补 641 | 16660 | 宾一类 | 宊 | | |
| 6650 正反 | 6650 正反 +4181 | | 宾一类 | 古 | 李彭宾一 A | |
| 6651 | | | 宾一类 | | | |
| 6652 | | | 宾一类 | 爭 | | |
| 6653 正反 | 6653 正反 + | | 宾一类 | 㱿 | | |
| 6654 正反 | | | 宾二类 | 宊 | | |
| 6655 正反 | | | 宾二类 | 宊 | | |
| 6656 | | | 宾二类 | 㱿 | 黄典宾 | |
| 6657 正反 | | | 宾二类 | 宊 | | |
| 6658 | | | 𠂤宾间类 | | | |
| 6659 | | | 𠂤宾间类 | | 黄𠂤宾间 A | |
| 6660 | | | 𠂤宾间类 | | 黄𠂤宾间 A | |
| 6661 | | | 𠂤宾间类 | | | |
| 6662 | | | 宾二类 | | 黄典宾 | |
| 6663 | | | 宾三类 | | | |
| 6664 正反 | | | 宾一类 | 王、㱿、<br>爭 | | |
| 6665 正臼 | 黄拼 6665 正 +<br>16900 正 | | 宾一类 | | | |
| 6666 | | | 宾三类 | 宊 | | |
| 6667 | | | 宾二类 | 爭 | 黄典宾 | |

续表

| 著录号 | 缀合 | 重片 | 类型划分 | 贞人 | 专家分类 | 其他说明 |
| --- | --- | --- | --- | --- | --- | --- |
| 6668 正反 | | | 宾二类 | | 黄典宾 | |
| 6669 | | | 宾三类 | | | |
| 6670 | | | 宾三类 | | | |
| 6671 | | | 宾三类 | 充 | | |
| 6672 | | | 宾三类 | 穷 | 李彭宾二 | |
| 6673 | | | 宾一类 | | | |
| 6674 | 黄拼 6674+ 怀 B0913 | | 宾二类 | | | |
| 6675 | | | 宾一类 | | | |
| 6676 | | | 宾一类 | 王 | | |
| 6677 | | | 宾一类 | 王 | | |
| 6678 | | | 𠂤宾间类 | | | |
| 6679 | | | 宾二类 | | | |
| 6680 | | | 宾二类 | | 李彭宾一 B | |
| 6681 | | | 宾三类 | | | 背甲 |
| 6682 | | | 宾三类 | | | 背甲 |
| 6683 | | | 𠂤宾间类 | 王 | | |
| 6684 | | | 𠂤宾间类 | | | |
| 6685 | | | 𠂤宾间类 | | | |
| 6686 正反 | | | 宾三类 | | | |
| 6687 | | | 宾三类 | | | |
| 6688 | | | 𠂤宾间类 | | | |
| 6689 | | | 𠂤宾间类 | | 李彭𠂤宾间 | |
| 6690 | 黄拼 6690+ 合补 4615 | | 𠂤宾间类 | | 李彭𠂤宾间 | 蔡 1.85=合 16438+合 16478 |
| 6691 | | | 𠂤宾间类 | | | |
| 6692 | | | 𠂤宾间类 | | 李彭𠂤宾间 | |
| 6693 | | | 𠂤宾间类 | | | |
| 6694 | | | 𠂤宾间类 | | | |
| 6695 | | | 𠂤宾间类 | | | |
| 6696 | | | 𠂤宾间类 | | 李彭𠂤宾间 | |
| 6697 | 6697+11535 | | 𠂤宾间类 | | | |
| 6698 | | | 宾二类 | 穷 | | |
| 6699 | | | 𠂤宾间类 | | | |

续表

| 著录号 | 缀合 | 重片 | 类型划分 | 贞人 | 专家分类 | 其他说明 |
|---|---|---|---|---|---|---|
| 6700 | | | 𠂤宾间类 | | | |
| 6701 | | | 𠂤宾间类 | | | |
| 6702 | 6702+6769+15222 | | 宾三类 | 穷 | 李彭宾二 | |
| 6703 | 黄拼 6703 + 英 623 | | 宾一类 | | | |
| 6704 正反 | | | 宾三类 | | | |
| 6705 | | | 𠂤宾间类 | | | |
| 6706 | | | 宾二类 | | | |
| 6707 | | | 𠂤宾间类 | | | |
| 6708 | | | 𠂤宾间类 | | 黄𠂤宾间 A | |
| 6709 | | | 𠂤宾间类 | | | |
| 6710 | | | 𠂤宾间类 | | | |
| 6711 | | | 𠂤宾间类 | | | |
| 6712 | | | 𠂤宾间类 | | | |
| 6713 | | | 𠂤宾间类 | | | |
| 6714 | | | 𠂤宾间类 | | | |
| 6715 | 6715+6716 | | 𠂤宾间类 | | 黄𠂤宾间 A | |
| 6716 | 6716+6715 | | 𠂤宾间类 | | 黄𠂤宾间 A | |
| 6717 | 6717+ | | 宾二类 | 𣪊 | | |
| 6718 | | | 𠂤宾间类 | | | |
| 6719 | | | 𠂤宾间类 | | 李彭𠂤宾间 | |
| 6720 | | | 宾二类 | | | |
| 6721 | | | 宾三类 | 穷 | 黄宾三<br>李彭宾一 B | |
| 6722 | | | 宾三类 | | 黄宾三 | |
| 6723 正反 | | | 宾二类 | | | |
| 6724 | | | 宾三类 | | | |
| 6725 | | | 𠂤宾间类 | | | |
| 6726 | | | 宾二类 | | 黄宾二 | |
| 6727 | | | 𠂤宾间类 | | 李彭𠂤宾间 | |
| 6728 | | | 宾二类 | | | |
| 6729 | | | 𠂤宾间类 | | | |
| 6730 | | | 𠂤宾间类 | | | |
| 6731 | | | 𠂤宾间类 | | | |
| 6732 | | | 𠂤宾间类 | | | |

续表

| 著录号 | 缀合 | 重片 | 类型划分 | 贞人 | 专家分类 | 其他说明 |
|---|---|---|---|---|---|---|
| 6733 正反 | | | 宾二类 | 争 | | |
| 6734 | | | 宾二类 | | | |
| 6735 | 6735+14187 | | 宾二类 | | | |
| 6736 | | | 宾二类 | | | |
| 6737 | | | 宾二类 | 㱿 | | |
| 6738 | | | 宾二类 | | | |
| 6739 | | | 宾二类 | | | |
| 6740 正臼 | | | 宾二类 | 古 | | |
| 6741 | | | 宾二类 | | | |
| 6742 | | | 宾三类 | | | |
| 6743 | | | 宾三类 | | | |
| 6744 | | | 宾三类 | | 黄宾三 | |
| 6745 | | | 宾三类 | | | |
| 6746 | 6746+19129 | | 宾二类 | | | |
| 6747 | | | 宾二类 | | | |
| 6748 | | | 宾二类 | 㱿 | | |
| 6749 | | | 𠂤宾间类 | | 李彭𠂤宾间 | |
| 6750 | | | 𠂤宾间类 | | | |
| 6751 | | | 𠂤宾间类 | | | |
| 6752 | | | 𠂤宾间类 | | | |
| 6753 | | 20439 | 𠂤宾间类 | | | |
| 6754 | | | 𠂤宾间类 | | | |
| 6755 | | | 𠂤宾间类 | | | |
| 6756 | | | 𠂤小字 | | | 非宾 |
| 6757 | | | 宾二类 | 争 | | |
| 6758 | | | 宾二类 | | | |
| 6759 | | | 宾二类 | | | |
| 6760 | | | 宾二类 | | | |
| 6761 | | | 宾二类 | 宕 | | |
| 6762 | | | 宾二类 | | | |
| 6763 | | | 宾二类 | | | |
| 6764 | | | 宾二类 | 㱿 | | |
| 6765 | | | 宾二类 | 㱿 | | |
| 6766 | | | 宾二类 | | | |

续表

| 著录号 | 缀合 | 重片 | 类型划分 | 贞人 | 专家分类 | 其他说明 |
|---|---|---|---|---|---|---|
| 6767 | | | 宾二类 | 㱿 | | |
| 6768 正臼 | 6768 正 +15221 | | 宾三类 | 亘 | 黄宾三 | |
| 6769 正臼 | 6769 正臼 +6702+15222 | | 宾三类 | 亘 | 黄宾三<br>李彭宾二 | |
| 6770 正反 | | | 宾二类 | | | |
| 6771 正反 | | | 宾二类 | 爭 | | |
| 6772 | | | 宾二类 | | | |
| 6773 | | | 𠂤宾间类 | | 黄𠂤宾间 A | |
| 6774 | | | 𠂤宾间类 | | | |
| 6775 | | | 𠂤小字类 | | | 非宾 |
| 6776 | | | 宾二类 | | | |
| 6777 | | | 宾二类 | | | |
| 6778 正反 | | | 宾二类 | 亘 | | |
| 6779 | | | 宾二类 | | | |
| 6780 | 6780+8612 | | 宾二类 | | | |
| 6781 | | | 宾一类 | | | |
| 6782 | | | 𠂤宾间类 | | | |
| 6783 | | | 𠂤宾间类 | | | |
| 6784 | | | 宾二类 | | | |
| 6785 | | | 𠂤宾间类 | | | |
| 6786 | | | 𠂤宾间类 | | | |
| 6787 | | | 宾一类 | | 黄宾一 /<br>典宾 | |
| 6788 | | | 𠂤宾间类 | | 黄𠂤宾间 A | |
| 6789 | | | 𠂤宾间类 | | 黄𠂤宾间 A | |
| 6790 | | | 𠂤宾间类 | | 黄𠂤宾间 A | |
| 6791 | | | 𠂤宾间类 | | 黄𠂤宾间 A | |
| 6792 正反 | | | 宾二类 | 永 | | |
| 6793 | | | 𠂤宾间类 | | | |
| 6794 | | | 𠂤宾间类 | | | |
| 6795 | | | 𠂤宾间类 | | | |
| 6796 | | | 宾三类 | 亘 | 黄宾三 | |
| 6797 | | | 𠂤宾间类 | | | |
| 6798 | 方 6798+5008 | | 宾一类 | | 黄宾一 | |

续表

| 著录号 | 缀合 | 重片 | 类型划分 | 贞人 | 专家分类 | 其他说明 |
|---|---|---|---|---|---|---|
| 6799 | | | 𠂤宾间类 | | 黄𠂤宾间 A | |
| 6800 | | | 宾一类 | | 黄宾一 | |
| 6801 | | | 宾一类 | | 黄宾一 | |
| 6802 | | | 宾二类 | | 黄宾二 | |
| 6803 | | | 宾二类 | | 黄宾二 | |
| 6804 | | | 宾三类 | | 黄宾三 | |
| 6805 | | | 宾二类 | | 黄宾二 | |
| 6806 | | | 宾二类 | | | |
| 6807 | | | 宾二类 | | | |
| 6808 | | | 宾一类 | | | |
| 6809 | | | 宾一类 | | | |
| 6810 | | | 宾二类 | | | |
| 6811 | | | 宾二类 | 㱿 | | |
| 6812 正臼 | | | 宾三类 | | | |
| 6813 | | | 宾三类 | 爭 | 黄宾三 | |
| 6814 | | | 宾三类 | 爭 | 黄宾三 | |
| 6815 | 6815+3251 | | 宾三类 | | 黄宾三 | |
| 6816 | | （新）17599 | 宾三类 | 亢 | 黄宾三 | |
| 6817 | | | 宾三类 | | 黄宾三 | |
| 6818 | | | 宾三类 | | | |
| 6819 | | | 宾三类 | | | |
| 6820 正反 | 黄拼 6820+5451+17466+《洹宝》101 | | 宾三类 | | 黄宾三 | |
| 6821 | | | 宾三类 | | | |
| 6822 | | | 宾三类 | | | |
| 6823 | | | 宾三类 | | | |
| 6824 | | | 宾三类 | | | |
| 6825 | | | 宾三类 | | | |
| 6826 正反 | | | 宾一类 | | | |
| 6827 正反 | | | 宾一类 | 古 | | |
| 6828 | | | 宾一类 | 爭 | | |
| 6829 | | | 宾一类 | 爭 | | |
| 6830 | | | 宾一类 | 㱿 | | |
| 6831 | | | 宾一类 | | | |

续表

| 著录号 | 缀合 | 重片 | 类型划分 | 贞人 | 专家分类 | 其他说明 |
|---|---|---|---|---|---|---|
| 6832 | | | 宾一类 | 内 | | |
| 6833 | | | 宾一类 | | | |
| 6834 正反 | 6834+815+16125 | | 宾一类 | 王、㱿 | 黄宾一<br>李彭宾一 A | |
| 6835 | | | 𠂤宾间类 | | 黄𠂤宾间 A<br>李彭𠂤宾间 | |
| 6836 | | | 𠂤宾间类 | | 黄𠂤宾间 A<br>李彭𠂤宾间 | |
| 6837 | | | 𠂤宾间类 | | 黄𠂤宾间 A<br>李彭𠂤宾间 | |
| 6838 | | | 𠂤宾间类 | | 黄𠂤宾间 A<br>李彭𠂤宾间 | |
| 6839 | | | 宾一类 | 争 | 黄宾一<br>李彭宾一 A | |
| 6840 | 黄拼 6840+3375 | | 𠂤宾间类 | | | |
| 6841 | | | 𠂤宾间类 | | | |
| 6842 | | | 𠂤宾间类 | 王 | | |
| 6843 | | | 𠂤宾间类 | | | |
| 6844 | | | 𠂤宾间类 | | | |
| 6845 | | | 𠂤宾间类 | | 黄𠂤宾间 A<br>李彭𠂤宾间 | |
| 6846 | | | 𠂤宾间类 | | 黄𠂤宾间 A<br>李彭𠂤宾间 | |
| 6847 | | | 𠂤宾间类 | | 黄𠂤宾间 A<br>李彭𠂤宾间 | |
| 6848 | | | 𠂤宾间类 | | 黄𠂤宾间 A<br>李彭𠂤宾间 | |
| 6849 | | | 𠂤宾间类 | | 黄𠂤宾间 A<br>李彭𠂤宾间 | |
| 6850 | | | 𠂤宾间类 | | 黄𠂤宾间 A<br>李彭𠂤宾间 | |
| 6851 | | | 𠂤宾间类 | | 黄𠂤宾间 A<br>李彭𠂤宾间 | |
| 6852 | | | 𠂤宾间类 | | 黄𠂤宾间 A<br>李彭𠂤宾间 | 甲尾署辞 |
| 6853 | | | 𠂤宾间类 | | | |

续表

| 著录号 | 缀合 | 重片 | 类型划分 | 贞人 | 专家分类 | 其他说明 |
|---|---|---|---|---|---|---|
| 6854 | | | 自宾间类 | | | |
| 6855 正反 | | | 宾二类 | | | |
| 6856 | | | 宾二类 | | | |
| 6857 正反 | | | 宾二类 | | 黄典宾<br>李彭宾一 A | |
| 6858 | | | 宾一类 | 㱿 | 黄宾一 | |
| 6859 | | | 宾一类 | 㱿 | 黄宾一<br>李彭宾一 B | |
| 6860 | | | 宾一类 | 㱿 | 黄宾一<br>李彭宾一 A | |
| 6861 | | | 宾一类 | 㱿 | 黄宾一<br>李彭宾一 A | |
| 6862 | | | 宾一类 | 㱿 | 黄宾一<br>李彭宾一 A | |
| 6863 | | （新）1032 反 | 宾一类 | 㱿 | 黄宾一<br>李彭宾一 A | |
| 6864 正反 | | | 宾一类 | 㱿 | 黄宾一 | |
| 6865 | | | 宾一类 | | | |
| 6866 | | | 宾一类 | | | |
| 6867 | | | 宾一类 | 㱿 | 黄宾一 | |
| 6868 | | | 宾一类 | | | |
| 6869 | | | 宾一类 | | | |
| 6870 | | | 宾一类 | | | |
| 6871 | | | 宾一类 | | | |
| 6872 | | | 宾一类 | | | |
| 6873 | | | 宾一类 | | | |
| 6874 | | | 宾一类 | 㱿 | | |
| 6875 | | | 宾一类 | | | |
| 6876 | | | 宾一类 | | | |
| 6877 正反 | | | 宾二类 | 㱿 | | |
| 6878 | | | 宾二类 | | | |
| 6879 | | | 宾一类 | | | |
| 6880 | | | 宾一类 | | | |
| 6881 | | | 宾一类 | | 黄宾一 /<br>典宾<br>李彭宾一 A | |

续表

| 著录号 | 缀合 | 重片 | 类型划分 | 贞人 | 专家分类 | 其他说明 |
|---|---|---|---|---|---|---|
| 6882 | | | 宾一类 | | 黄宾一<br>李彭宾一 A | |
| 6883 | | | 宾一类 | 㱿 | | |
| 6884 | | | 宾一类 | 㱿 | 黄宾一<br>李彭宾一 A | |
| 6885 | | | 宾一类 | 㱿 | | |
| 6886 | | | 宾一类 | 㱿 | 黄宾一 | |
| 6887 | | | 宾一类 | 㱿 | 黄宾一<br>李彭宾一 A | |
| 6888 | | | 宾一类 | 内 | 黄宾一 | |
| 6889 | | | 宾一类 | | 黄宾一 | |
| 6890 | | | 宾一类 | 㱿 | 黄宾一 | |
| 6891 | | | 宾一类 | | 黄宾一<br>李彭宾一 A | |
| 6892 正反 | 黄拼 6892 正 +6893 | | 宾一类 | 㱿 | 黄宾一<br>李彭宾一 A | |
| 6893 | 黄拼 6893+6892 | | 宾一类 | 㱿 | 黄宾一<br>李彭宾一 A | |
| 6894 | | | 宾一类 | 㱿 | 黄宾一<br>李彭宾一 A | |
| 6895 | | | 宾一类 | 内 | 黄宾一<br>李彭宾一 A | |
| 6896 | | | 宾一类 | 㱿 | 黄宾一<br>李彭宾一 A | |
| 6897 | | | 宾一类 | 㱿 | 黄宾一<br>李彭宾一 A | |
| 6898 | 6898+5008 | | 宾一类 | 王 | 黄宾一<br>李彭宾一 A | |
| 6899 | | | 宾一类 | | 黄宾一<br>李彭宾一 A | |
| 6900 | | | 宾一类 | | 黄宾一<br>李彭宾一 A | |
| 6901 | | | 宾一类 | | 黄宾一<br>李彭宾一 A | |
| 6902 | | | 宾一类 | | | |
| 6903 | | | 宾一类 | | | |

续表

| 著录号 | 缀合 | 重片 | 类型划分 | 贞人 | 专家分类 | 其他说明 |
|---|---|---|---|---|---|---|
| 6904 | | | 宾一类 | 㱿 | 黄宾一<br>李彭宾一 A | |
| 6905 | | | 𠂤小字类 | | 黄𠂤小字 | 非宾 |
| 6906 | | | 𠂤小字类 | 王 | 黄𠂤小字<br>李彭𠂤小字 | 非宾 |
| 6907 | | | 宾二类 | | 黄典宾 | |
| 6908 | | | 宾二类 | 㱿 | | |
| 6909 | | | 宾二类 | 㱿 | | |
| 6910 | | | 宾二类 | 宾 | | |
| 6911 | | | 宾二类 | | | |
| 6912 | 6912+3588 | | 宾二类 | 㱿 | 黄典宾 | |
| 6913 | | | 宾二类 | | 黄典宾 | |
| 6914 | 6914+6501 | | 宾二类 | | 黄典宾 | |
| 6915 | | | 宾二类 | | | |
| 6916 | | | 宾二类 | | | |
| 6917 | | | 宾二类 | | | |
| 6918 | | | 宾一类 | | | |
| 6919 | | | 宾一类 | | | |
| 6920 | | | 宾一类 | | | |
| 6921 | 6921+ | | 宾一类 | | | |
| 6922 | | | 宾一类 | | | |
| 6923 | | | 宾一类 | | | |
| 6924 | | | 宾一类 | | | |
| 6925 | | | 宾一类 | | | |
| 6926 | | | 宾一类 | 王 | | |
| 6927 | | | 宾一类 | 王 | | |
| 6928 | | | 宾一类 | 王 | 黄宾一 /<br>典宾 | |
| 6929 | | | 宾一类 | 㱿 | | |
| 6930 | | | 宾一类 | | | |
| 6931 | | | 宾一类 | 㱿 | 黄宾一 | |
| 6932 | | | 宾一类 | 㱿 | | |
| 6933 | | | 宾一类 | | | |
| 6934 | | | 宾一类 | | | |
| 6935 | | | 宾一类 | | | |

续表

| 著录号 | 缀合 | 重片 | 类型划分 | 贞人 | 专家分类 | 其他说明 |
|---|---|---|---|---|---|---|
| 6936 | | | 宾一类 | | | |
| 6937 | | | 宾一类 | | 黄宾一 | |
| 6938 | | | 宾一类 | | | |
| 6939 | | | 宾一类 | | | |
| 6940 | 6940+4994 | | 宾一类 | | 黄宾三 | |
| 6941 | | | 宾一类 | | | |
| 6942 | | | 宾一类 | | 黄宾一 | |
| 6943 | | | 宾二类 | 王、爭 | | |
| 6944 | | | 宾二类 | 㱿 | | |
| 6945 | | | 宾二类 | 㱿、爭 | | |
| 6946 正反 | | | 宾二类 | 穷、㱿、爭 | 李彭宾一 A | |
| 6947 正反 | | | 宾一类 | 王、㱿、爭 | 黄宾一 | |
| 6948 正反 | | | 宾二类 | 穷、㱿 | 黄宾二 | |
| 6949 正反 | 6949 正反 + | | 宾二类 | 㱿、爭 | 黄宾二 | |
| 6950 | | | 宾二类 | | 黄宾二 | |
| 6951 正反 | | | 宾二类 | 穷、㱿 | 黄宾二 | |
| 6952 正反 | | | 宾二类 | 爭、㱿 | 黄宾二 | |
| 6953 | | | 宾一类 | | | |
| 6954 | | | 宾一类 | | 黄宾一 | |
| 6955 | | | 宾一类 | | 黄宾一 | |
| 6956 | | | 宾一类 | | 黄宾一 | |
| 6957 | | | 宾一类 | 爭 | 黄宾一 | |
| 6958 | | | 宾一类 | | 黄宾一<br>李彭宾一 A | |
| 6959 | | | 宾一类 | | 黄宾一 | |
| 6960 | | | 𠂤宾间类 | 王 | 黄𠂤宾间 A | |
| 6961 | | | 𠂤宾间类 | | 黄𠂤宾间 A | |
| 6962 | | | 𠂤宾间类 | | | |
| 6963 | | | 𠂤宾间类 | 王 | | |
| 6964 | | | 𠂤宾间类 | | | |
| 6965 | | | 𠂤宾间类 | | | |
| 6966 | | | 𠂤宾间类 | | | |

续表

| 著录号 | 缀合 | 重片 | 类型划分 | 贞人 | 专家分类 | 其他说明 |
|---|---|---|---|---|---|---|
| 6967 | | | 𠂤宾间类 | | 黄𠂤宾间 A<br>李彭𠂤宾间 | |
| 6968 | | | 宾一类 | | 黄宾一<br>李彭宾一 A | |
| 6969 | | | 宾一类 | | | |
| 6970 | | | 𠂤宾间类 | | 黄𠂤宾间 A<br>李彭宾一 A | |
| 6971 | | | 𠂤宾间类 | | 黄𠂤宾间 A<br>李彭宾一 B | |
| 6972 | | | 𠂤宾间类 | | | |
| 6973 | | | 𠂤宾间类 | | 黄𠂤宾间 A | |
| 6974 | | | 𠂤宾间类 | | | |
| 6975 | | | 𠂤宾间类 | | 黄𠂤宾间 A | |
| 6976 甲乙 | | | 𠂤宾间类 | | | |
| 6977 | | | 𠂤宾间类 | | 黄𠂤宾间 A<br>李彭𠂤宾间 | |
| 6978 | | | 𠂤宾间类 | | 黄𠂤宾间 A<br>李彭𠂤宾间 | |
| 6979 | | | 𠂤宾间类 | | 黄𠂤宾间 A<br>李彭𠂤宾间 | |
| 6980 | | | 宾一类 | | | |
| 6981 | | | 宾一类 | | 黄𠂤宾间 A<br>李彭𠂤宾间 | |
| 6982 | | | 宾一类 | | | |
| 6983 | | | 宾二类 | 争 | 李彭𠂤宾间 | |
| 6984 | | | 宾一类 | | | |
| 6985 | | | 宾一类 | | 黄宾一 | |
| 6986 | | | 宾一类 | | 黄宾一 | |
| 6987 正反 | | | 宾二类 | 宂 | 黄宾三 | |
| 6988 | | | 宾一类 | | 黄宾一 | |
| 6989 | | | 宾一类 | 争 | 黄宾一 | |
| 6990 正反 | | | 宾一类 | 永 | | |
| 6991 | | | 宾一类 | | | |
| 6992 | | | 𠂤宾间类 | | | |
| 6993 | | | 𠂤宾间类 | | | |

续表

| 著录号 | 缀合 | 重片 | 类型划分 | 贞人 | 专家分类 | 其他说明 |
|---|---|---|---|---|---|---|
| 6994 | | | 𠂤宾间类 | | 黄𠂤宾间 A | |
| 6995 | 6995 遥缀 6996 | | 𠂤宾间类 | | 黄𠂤宾间 A | |
| 6996 | 6996 遥缀 6995 | | 𠂤宾间类 | | 黄𠂤宾间 A | |
| 6997 | | | 𠂤宾间类 | | 黄𠂤宾间 A | |
| 6998 | | | 𠂤宾间类 | | 黄𠂤宾间 A | |
| 6999 | | | 𠂤宾间类 | | 黄𠂤宾间 A | |
| 7000 | | | 𠂤宾间类 | | | |
| 7001 | | | 𠂤宾间类 | | | |
| 7002 | | | 𠂤宾间类 | | 黄𠂤宾间 A | |
| 7003 | | | 𠂤宾间类 | | 黄𠂤宾间 A | |
| 7004 | | | 𠂤宾间类 | | 黄𠂤宾间 A | |
| 7005 | | | 𠂤宾间类 | | 黄𠂤宾间 A | |
| 7006 | | | 𠂤宾间类 | 王 | 黄𠂤宾间 A | |
| 7007 | | | 𠂤宾间类 | | | |
| 7008 | | | 𠂤宾间类 | 王 | 黄𠂤宾间 A | |
| 7009 | 7009 遥缀 7010+14701 | | 𠂤宾间类 | | | |
| 7010 | 7009 遥缀 7010+14701 | | 𠂤宾间类 | | | |
| 7011 | | | 宾二类 | | | |
| 7012 | | | 宾一类 | | | |
| 7013 | | | 宾一类 | | | |
| 7014 | | | 𠂤宾间类 | 王 | 黄𠂤宾间 A<br>李彭𠂤宾间 | |
| 7015 | 黄拼 7015+18032+4326+ 合补 1991（8434） | 国博 076 | 𠂤宾间类 | | 黄𠂤宾间 A<br>李彭𠂤宾间 | |
| 7016 | | | 𠂤宾间类 | | | |
| 7017 | | | 𠂤宾间类 | | 黄𠂤宾间 A<br>李彭𠂤宾间 | |
| 7018 | | | 𠂤宾间类 | | 黄𠂤宾间 A | |
| 7019 | | | 𠂤宾间类 | | | |
| 7020 | | | 𠂤宾间类 | 王 | 黄𠂤宾间 A | |
| 7021 | | | 𠂤宾间类 | | | |
| 7022 | | | 𠂤小字类 | | 黄𠂤小字 | 非宾 |

续表

| 著录号 | 缀合 | 重片 | 类型划分 | 贞人 | 专家分类 | 其他说明 |
|---|---|---|---|---|---|---|
| 7023 正反 | | | 宾二类 | 穷 | | |
| 7024 | 黄拼 7024+19191（53）+4673+19193+22482 | | 𠂤宾间类 | | 黄𠂤宾间 A<br>李彭𠂤宾间 | |
| 7025 | | | 𠂤宾间类 | | 黄𠂤宾间 A<br>李彭𠂤宾间 | |
| 7026 | | | 𠂤宾间类 | | 黄𠂤宾间 A<br>李彭𠂤宾间 | |
| 7027 | 黄拼 7027+ 合补 3859 | | 𠂤宾间类 | | | |
| 7028 | 7028 遥缀 40082、40825（英 1813）、库 1556 | | 𠂤宾间类 | | 黄𠂤宾间 A<br>李彭𠂤宾间 | |
| 7029 | 7029+6601 | | 𠂤宾间类 | | 黄𠂤宾间 A<br>李彭𠂤宾间 | |
| 7030 | | | 𠂤宾间类 | | | |
| 7031 | | | 𠂤宾间类 | | | |
| 7032 | | | 宾一类 | | 黄宾一 | |
| 7033 | | | 宾一类 | 王 | 黄宾一 | |
| 7034 | | | 宾一类 | | 黄宾一 | |
| 7035 | 7035+7036 | | 宾一类 | | 黄宾一 | |
| 7036 | 7036+7035 | | 宾一类 | | 黄宾一 | |
| 7037 | | | 宾二类 | 𣪕 | | |
| 7038 | | | 𠂤宾间类 | | | |
| 7039 | | | 宾二类 | | | |
| 7040 正反 | | | 宾二类 | | | |
| 7041 | | | 𠂤宾间类 | | | |
| 7042 | | | 𠂤宾间类 | | | |
| 7043 | | | 𠂤宾间类 | | | |
| 7044 | | | 𠂤宾间类 | | | |
| 7045 | | | 𠂤宾间类 | | | |
| 7046 | | | 𠂤宾间类 | | | |
| 7047 | | | 𠂤宾间类 | | | |
| 7048 | | | 𠂤宾间类 | | | |
| 7049 | | | 𠂤宾间类 | | 黄𠂤宾间 A | |
| 7050 | | | 𠂤宾间类 | | | |
| 7051 | | | 𠂤宾间类 | 王 | | |

续表

| 著录号 | 缀合 | 重片 | 类型划分 | 贞人 | 专家分类 | 其他说明 |
|---|---|---|---|---|---|---|
| 7052 | | | 𠂤宾间类 | | | |
| 7053 正反 | | | 宾二类 | 㱿 | | |
| 7054 | | | 𠂤宾间类 | | 黄𠂤宾间 A | |
| 7055 | 7055 遥缀 5860 | | 𠂤宾间类 | | | |
| 7056 | | | 𠂤宾间类 | | | |
| 7057 | | | 𠂤宾间类 | | | |
| 7058 | | | 宾一类 | | | |
| 7059 | | | 宾二类 | | | |
| 7060 | | | 宾二类 | | | |
| 7061 正反 | 7061 正 +14151 | | 宾二类 | | | |
| 7062 | | | 𠂤宾间类 | 王 | | |
| 7063 | | | 𠂤宾间类 | | 黄𠂤宾间 A | 甲尾署辞 |
| 7064 | | | 宾二类 | 亘 | 黄𠂤宾间 A | |
| 7065 甲乙 | | | 宾二类 | 穷 | | |
| 7066 | | | 宾二类 | 穷 | | |
| 7067 正反 | 7067 正 +7068 | | 宾二类 | | | |
| 7068 | 7068+7067 正 | | 宾二类 | | | |
| 7069 | | | 𠂤宾间类 | | | |
| 7070 | | | 𠂤宾间类 | | | |
| 7071 | | | 𠂤宾间类 | | | |
| 7072 | | | 宾二类 | | | |
| 7073 正反 | | | 宾二类 | | | |
| 7074 | | | 宾二类 | | | |
| 7075 正反 | | | 宾二类 | 㱿、亘 | | |
| 7076 正反 | | | 宾一类 | 㱿、爭、内 | 黄宾一 | |
| 7077 | | | 𠂤宾间类 | | | |
| 7078 | 黄拼 7078+ 合补 1680 | | 宾二类 | | | |
| 7079 | | | 𠂤宾间类 | | | |
| 7080 | | | 𠂤宾间类 | | | |
| 7081 正反臼 | | | 宾二类 | 穷 | | |
| 7082 | | | 宾二类 | | | |
| 7083 | 7083+32946 | | 宾二类 | | | |

续表

| 著录号 | 缀合 | 重片 | 类型划分 | 贞人 | 专家分类 | 其他说明 |
|---|---|---|---|---|---|---|
| 7084 | | | 宾二类 | | | |
| 7085 | | 39943 | 宾二类 | 㱿 | | |
| 7086 | | | 宾二类 | 㱿 | | |
| 7087 | | | 宾三类 | | | 背甲 |
| 7088 | | | 宾三类 | | | 背甲 |
| 7089 | | | 宾三类 | 穷 | | |
| 7090 | | | 宾一类 | | | 背甲 |
| 7091 正反 | | | 宾一类 | | | |
| 7092 | 7092+7118 | | 宾一类 | | | 背甲 |
| 7093 | | | 宾一类 | | | |
| 7094 | | | 宾一类 | | | 背甲 |
| 7095 | | | 宾二类 | | | |
| 7096 正反 | | | 宾二类 | | | |
| 7097 正反 | | | 宾二类 | | | |
| 7098 | | | 宾二类 | | | |
| 7099 正反 | | | 宾二类 | | | |
| 7100 | | | 宾二类 | | | |
| 7101 | | | 宾二类 | | | |
| 7102 | | | 宾二类 | | | |
| 7103 正反 | | | 宾二类 | | | 笔书（反） |
| 7104 | | | 宾二类 | | | |
| 7105 | | | 宾二类 | | | |
| 7106 | | | 宾二类 | | | |
| 7107 | | | 宾二类 | | | |
| 7108 | | | 宾一类 | | | |
| 7109 | | | 宾二类 | | | |
| 7110 | | | 宾二类 | | | |
| 7111 | 7111 遥缀 13256 正 | | 宾二类 | 穷 | | |
| 7112 | | | 宾一类 | 古 | | |
| 7113 | | | 宾二类 | | | |
| 7114 | | | 宾二类 | | | |
| 7115 | | | 宾二类 | | | |
| 7116 | | | 宾二类 | | | |
| 7117 | | | 宾二类 | | | |

续表

| 著录号 | 缀合 | 重片 | 类型划分 | 贞人 | 专家分类 | 其他说明 |
|---|---|---|---|---|---|---|
| 7118 | 7118+7092 | | 宾二类 | | | |
| 7119 | | | 宾二类 | | | |
| 7120 | | | 宾二类 | | | |
| 7121 正反 | | | 宾一类 | 韋 | | |
| 7122 | | | 自宾间类 | | | |
| 7123 | | | 自宾间类 | | | |
| 7124 | | | 自宾间类 | | | |
| 7125 | | | 自宾间类 | | | |
| 7126 | | | 宾三类 | | | 背甲 |
| 7127 | | | 宾一类 | | | |
| 7128 | | | 宾三类 | | | |
| 7129 正反 | | | 宾二类 | | | |
| 7130 | | | 宾一类 | | | |
| 7131 | | | 宾一类 | | | |
| 7132 | | | 宾二类 | | | |
| 7133 | | | 宾二类 | | | |
| 7134 | | | 宾一类 | 王 | | |
| 7135 正反 | 7135 正 +7140 | | 宾一类 | | | 背甲 |
| 7136 正反 | 黄拼 7136 正 +7164 正 | | 宾一类 | | | |
| 7137 | | | 宾一类 | 𣪕 | | |
| 7138 正反 | | | 宾一类 | | | 背甲 |
| 7139 | 7139+583 | | 宾二类 | 爭 | | |
| 7140 | 7140+7135 正 | | 宾一类 | | | 背甲 |
| 7141 | | | 宾一类 | | | |
| 7142 正反 | | | 宾二类 | | | |
| 7143 正反 | 肖（584 正 +9498 正）+ 黄拼 7143 正反 + 东大 B0571b（= 合补 6523 正反） | | 宾二类 | | | |
| 7144 正反 | | | 宾二类 | | | |
| 7145 | | | 宾二类 | | | |
| 7146 正反 | | | 宾二类 | | | |
| 7147 正反 | | | 宾二类 | | | 骨臼署辞 |
| 7148 | | | 宾二类 | | | |

续表

| 著录号 | 缀合 | 重片 | 类型划分 | 贞人 | 专家分类 | 其他说明 |
|---|---|---|---|---|---|---|
| 7149 正反 | 7149 正反 + 11703 正反 | | 宾二类 | 永 | | |
| 7150 正反 | 7150+522 | | 宾二类 | | | |
| 7151 正反 | 7151+ | | 宾二类 | | | 同文见 6068 正反、137 反、584 |
| 7152 正反 | 7152+6059 | | 宾二类 | | | |
| 7153 正反 | 7153+3901 | | 宾二类 | | | |
| 7154 | | | 宾二类 | | | |
| 7155 | | | 宾二类 | | | |
| 7156 正反 | 黄拼 7156 正 +9841+ 16910 | | 宾二类 | | | |
| 7157 正反 | | | 宾二类 | | | |
| 7158 | | | 宾二类 | | | |
| 7159 正反 | 黄拼 7159 正反 + 17697 正反 + 合补 4838 | | 宾二类 | | | |
| 7160 正反 | | | 宾二类 | 永 | | |
| 7161 正反 | | | 宾二类 | | | |
| 7162 正反 | | | 宾二类 | | | |
| 7163 | | | 宾二类 | | | |
| 7164 正反 | 7164+7136 | | 宾二类 | 㱿 | | |
| 7165 正反 | | | 宾二类 | | | |
| 7166 正反 | 黄拼 7166+16948 | | 宾二类 | | | |
| 7167 | 黄拼 7167+15026 | | 宾二类 | | | |
| 7168 | | | 宾二类 | | | |
| 7169 | | | 宾二类 | | | |
| 7170 正反 | | | 宾二类 | | | |
| 7171 正反 | | | 宾二类 | | | |
| 7172 | | | 宾一类 | | | |
| 7173 | | | 宾二类 | | | |
| 7174 | | | 宾一类 | | | |
| 7175 正反 | | | 宾一类 | | | |
| 7176 | 7176+762+1403+ 14725+15453 | | 宾一类 | | | |

续表

| 著录号 | 缀合 | 重片 | 类型划分 | 贞人 | 专家分类 | 其他说明 |
|---|---|---|---|---|---|---|
| 7177 正反 | | | 宾二类 | | | |
| 7178 | | | 宾二类 | | | |
| 7179 | | | 宾二类 | | | |
| 7180 | | | 宾二类 | | 李彭宾一 B | |
| 7181 | | | 宾二类 | 𣪊 | | |
| 7182 | | | 宾三类 | | | |
| 7183 正反 | | | 宾二类 | | | |
| 7184 | | | 宾二类 | | | |
| 7185 | | | 宾三类 | | | |
| 7186 | | | 宾二类 | | | |
| 7187 正反 | 7187+3037 | | 宾二类 | | | |
| 7188 | | | 宾三类 | | | |
| 7189 正反 | 黄拼 7189+17827 正 | | 宾一类 | 亘 | | |
| 7190 | | | 宾二类 | | | |
| 7191 | | | 宾一类 | 古 | | |
| 7192 | | | 宾一类 | | 黄宾一 | |
| 7193 | | | 宾二类 | | | |
| 7194 | | | 宾二类 | | | |
| 7195 | | | 宾二类 | | | |
| 7196 | | | 宾二类 | | | |
| 7197 | | | 宾二类 | | | |
| 7198 | | | 宾三类 | 穷 | | |
| 7199 | | | 宾三类 | | | |
| 7200 | | | 宾一类 | | | |
| 7201 | | 7540 反 | 宾二类 | | | |
| 7202 正反 | 黄拼 7202 正 + 16936 正 | | 宾二类 | 𣪊 | | |
| 7203 | | | 宾二类 | | | |
| 7204 | 7204+7205 | | 宾二类 | | | |
| 7205 | 7205+7204 | | 宾二类 | | | |
| 7206 | | | 宾二类 | | | |
| 7207 | | | 宾二类 | | | |
| 7208 | | | 宾二类 | | | |
| 7209 | | | 宾二类 | | | |

续表

| 著录号 | 缀合 | 重片 | 类型划分 | 贞人 | 专家分类 | 其他说明 |
|---|---|---|---|---|---|---|
| 7210 | | | 宾二类 | | | |
| 7211 | | | 宾二类 | | 黄典宾 | |
| 7212 | | | 宾二类 | | | |
| 7213 | | | 宾二类 | | | |
| 7214 | | | 宾二类 | 宕 | | |
| 7215 | | | 宾二类 | 爭 | | |
| 7216 正反 | | | 宾二类 | | | |
| 7217 | | | 宾二类 | | | |
| 7218 | | | 宾二类 | | | |
| 7219 | 黄拼 7219+ 合补 1773 | | 宾二类 | | | 黄拼 7219+19693+6176 |
| 7220 | | | 宾一类 | | | |
| 7221 | | | 宾二类 | | | |
| 7222 | | | 宾二类 | | | |
| 7223 | 7223+ | | 宾一类 | | | |
| 7224 | | 40793 | 𠂤宾间类 | | | |
| 7225 | | | 宾一类 | | | |
| 7226 | | | 宾一类 | | | |
| 7227 | | | 𠂤宾间类 | | 李彭𠂤宾间 | |
| 7228 | 7228+6407 下半（前 6.61.5） | | 宾二类 | 爭 | | |
| 7229 | | | 宾二类 | 爭 | | |
| 7230 | 黄拼 7230+ 合补 833 | | 宾二类 | | | |
| 7231 | | | 宾二类 | 㱿 | | |
| 7232 | | | 宾二类 | | | |
| 7233 | | | 宾二类 | | | |
| 7234 | | | 宾二类 | | | |
| 7235 | | | 𠂤宾间类 | | | |
| 7236 | | | 𠂤宾间类 | | | 甲尾署辞 |
| 7237 | | | 宾一类 | | | |
| 7238 | | | 宾一类 | | | |
| 7239 正反 | | | 宾二类 | 㱿 | 黄典宾 | |
| 7240 | | | 宾一类 | | | |
| 7241 | | | 𠂤宾间类 | | | |

续表

| 著录号 | 缀合 | 重片 | 类型划分 | 贞人 | 专家分类 | 其他说明 |
|---|---|---|---|---|---|---|
| 7242 | | | 𠂤宾间类 | | | |
| 7243 | | | 𠂤宾间类 | | | |
| 7244 | 7244+7245 | | 宾二类 | 爭 | | |
| 7245 | 7245+7244 | | 宾二类 | 爭、永 | | |
| 7246 正反 | | | 宾一类 | | | |
| 7247 | | | 宾三类 | | | |
| 7248 | | | 宾一类 | | | |
| 7249 | | | 宾二类 | | | |
| 7250 正反 | | | 宾二类 | | | |
| 7251 | | | 宾二类 | | | |
| 7252 | | | 宾二类 | | | |
| 7253 正反 | | | 宾二类 | | | |
| 7254 | | | 宾二类 | | | |
| 7255 | 7255+19053 | | 宾二类 | | | |
| 7256 | | | 宾一类 | | | |
| 7257 | | | 𠂤宾间类 | | | |
| 7258 | | | 𠂤小字类 | 王 | 黄𠂤小字 | 非宾 |
| 7259 | 7259+7263 | | 宾二类 | | | |
| 7260 | 7260+6209 | | 宾二类 | 亘 | | |
| 7261 | | | 宾二类 | 爭 | | |
| 7262 | | | 宾二类 | 韋 | | |
| 7263 | 7263+7259 | | 宾二类 | | | |
| 7264 正反 | | | 宾二类 | | | |
| 7265 | | | 宾二类 | | | |
| 7266 | | | 𠂤宾间类 | 王 | | |
| 7267 正反 | | | 宾一类 | | | |
| 7268 | | | 宾一类 | | | |
| 7269 正反 | | | 宾一类 | 爭 | | |
| 7270 | | | 宾一类 | | | |
| 7271 | | | 宾一类 | | | |
| 7272 | | | 宾一类 | | | |
| 7273 | | | 宾一类 | | | |
| 7274 正反 | | | 宾一类 | | | |
| 7275 | | | 宾二类 | 亘 | | |

续表

| 著录号 | 缀合 | 重片 | 类型划分 | 贞人 | 专家分类 | 其他说明 |
|---|---|---|---|---|---|---|
| 7276 | | | 宾二类 | | | |
| 7277 | 7277+ | | 宾二类 | 韦 | | |
| 7278 | 黄拼 7278+ 英 188 | | 宾二类 | | | |
| 7279 | | | 宾二类 | | | |
| 7280 正反 | | | 宾二类 | 㱿 | | |
| 7281 | | | 宾二类 | | | |
| 7282 | | | 宾二类 | | | |
| 7283 | | | 宾一类 | 㱿 | 黄宾一 | |
| 7284 | | | 宾二类 | 㱿 | | |
| 7285 | | | 宾二类 | 㱿 | | |
| 7286 | | | 宾二类 | | | |
| 7287 正臼 | | | 宾二类 | 㱿 | | 骨臼署辞 |
| 7288 | | | 宾二类 | 争 | | |
| 7289 | | | 宾二类 | 争 | | |
| 7290 | | | 宾二类 | | | |
| 7291 | | | 宾二类 | | | |
| 7292 | 7292+2649 | | 宾一类 | | | |
| 7293 | | | 宾二类 | | | |
| 7294 正反 | 7294 正遥缀 7295 正 | | 宾二类 | | | |
| 7295 正反 | 7295 正遥缀 7294 正 | | 宾二类 | | | |
| 7296 正反 | | | 宾二类 | | | |
| 7297 正反 | | | 宾二类 | | | |
| 7298 | | | 宾二类 | | | |
| 7299 | 黄拼 7299+6172 | | 宾二类 | | | |
| 7300 | | | 宾二类 | | | |
| 7301 | | | 宾二类 | | | |
| 7302 | | | 宾二类 | 宂、争 | | |
| 7303 | | | 宾二类 | | | |
| 7304 | | | 宾一类 | | | |
| 7305 | | | 宾二类 | | | |
| 7306 | | | 宾二类 | | | |
| 7307 | | | 宾二类 | | | |
| 7308 | | | 宾二类 | | | |
| 7309 | | | 宾一类 | | | |

续表

| 著录号 | 缀合 | 重片 | 类型划分 | 贞人 | 专家分类 | 其他说明 |
|---|---|---|---|---|---|---|
| 7310 | | | 宾二类 | | | |
| 7311 | | | 宾二类 | | | |
| 7312 | | | 宾二类 | 𡧊 | | |
| 7313 | | | 宾二类 | | | |
| 7314 | 7314+6408 | | 宾二类 | 爭 | | |
| 7315 | | | 宾二类 | | | |
| 7316 | | | 宾二类 | | 黄典宾 | |
| 7317 | | | 宾二类 | | | |
| 7318 | 7318+6157 | | 宾二类 | | | |
| 7319 | | | 宾二类 | | | |
| 7320 | 7320 右半 +13421（续 2.25.1）+ 善斋 7.60.1 | | 宾二类 | 𡧊、爭 | | |
| 7321 | 7321+ 人 B0922 | | 宾二类 | | | |
| 7322 正臼 | | | 宾二类 | | | 骨臼署辞 |
| 7323 | | | 宾二类 | 𡧊 | | |
| 7324 | | | 宾二类 | | | |
| 7325 | 黄拼 7325+ 英 477 | | 宾二类 | | | |
| 7326 正反 | 7326+6082 | | 宾二类 | 𡧊 | | |
| 7327 | 黄拼 7327+7333 正 | | 宾二类 | | | 同文见 11648 |
| 7328 | | | 宾二类 | | | |
| 7329 正反 | | | 宾二类 | 韋 | | |
| 7330 | | | 宾二类 | 穷 | | |
| 7331 | | | 宾二类 | 𡧊 | | |
| 7332 | 7332+7511 | | 宾二类 | | | |
| 7333 正反 | 黄拼 7333 正 +7327 | | 宾二类 | | | |
| 7334 | | | 宾二类 | 𡧊 | | |
| 7335 | | | 宾二类 | | | |
| 7336 | | | 宾二类 | | | |
| 7337 | | | 宾二类 | 穷、𡧊 | | |
| 7338 | | | 宾一类 | | | |
| 7339 | | | 宾三类 | | | |
| 7340 | 7340 左半 +13421 | | 宾二类 | | | |
| 7341 正反 | | | 宾二类 | | | |

续表

| 著录号 | 缀合 | 重片 | 类型划分 | 贞人 | 专家分类 | 其他说明 |
|---|---|---|---|---|---|---|
| 7342 | | | 宾二类 | | | |
| 7343 | | | 宾二类 | 宁 | | |
| 7344 | | | 宾二类 | | | |
| 7345 | | | 宾二类 | 宁、𣪊、㕮 | | |
| 7346 正反 | | | 宾二类 | | | |
| 7347 | | | 宾二类 | | | |
| 7348 正反 | 7348 正反 +4344 正反 | | 宾二类 | | | |
| 7349 | | | 宾二类 | | | |
| 7350 正反 | | | 宾二类 | 𣪊、亘 | | |
| 7351 | | | 宾一类 | 𣪊 | | |
| 7352 正反 | | | 宾二类 | 𣪊、争 | | |
| 7353 | | | 宾二类 | 𣪊 | | |
| 7354 | | | 宾二类 | 𣪊 | | |
| 7355 | | | 宾二类 | 𣪊 | | |
| 7356 | | | 宾二类 | | | |
| 7357 | | | 宾二类 | | | |
| 7358 | | | 宾二类 | | | |
| 7359 | 7359+19616 | | 宾二类 | 争 | | |
| 7360 | | | 宾二类 | | | |
| 7361 | | | 宾二类 | | | |
| 7362 | | | 宾二类 | 亘 | | |
| 7363 正反 | 7363 正遥缀 7364+ 黄拼 11482 | | 宾二类 | 永 | 黄典宾 | |
| 7364 | 7363 正遥缀 7364+ 黄拼 11482 | | 宾二类 | 永 | | |
| 7365 | | | 宾二类 | 争 | | |
| 7366 | | | 宾二类 | 争 | | |
| 7367 | | | 宾二类 | 争 | | |
| 7368 | | | 宾二类 | 争 | | |
| 7369 | | | 宾二类 | | | |
| 7370 | 黄拼 7370+ 东文研 B0327 | | 宾二类 | 亘、宁 | | 7370+ 东文研 B0327（同文见 7369、7371、13357、40354） |
| 7371 | | | 宾二类 | | | |

续表

| 著录号 | 缀合 | 重片 | 类型划分 | 贞人 | 专家分类 | 其他说明 |
|---|---|---|---|---|---|---|
| 7372 | 7372 正反 +5247 | | 宾二类 | | | |
| 7373 | | | 宾二类 | 㱿 | | |
| 7374 | | | 宾二类 | | | |
| 7375 | | | 宾二类 | | | |
| 7376 | | | 宾二类 | | | |
| 7377 正反 | | | 宾二类 | | | |
| 7378 | | | 宾二类 | | | |
| 7379 正反 | 7379+ | | 宾二类 | | | |
| 7380 正臼 | | | 宾二类 | 㱿 | | |
| 7381 正臼 | | | 宾二类 | 㱿 | | 骨臼署辞 |
| 7382 正反臼 | | | 宾二类 | 㱿 | | |
| 7383 | | | 宾二类 | 㱿 | | |
| 7384 | | | 宾二类 | 㱿 | | |
| 7385 正反 | | | 宾二类 | 㱿、争 | | |
| 7386 | 黄拼 7386+ 合补 5670 | | 宾二类 | 㱿、争 | | |
| 7387 | | | 宾二类 | 㱿 | | |
| 7388 正反 | | 反 =7669 | 宾二类 | 㱿 | | |
| 7389 | | | 宾二类 | 㱿 | | |
| 7390 | 7390+ | | 宾二类 | 㱿 | | |
| 7391 正臼 | | | 宾二类 | | | |
| 7392 | | | 宾二类 | | | |
| 7393 | | | 宾二类 | | | |
| 7394 正反 | | | 宾二类 | 王 | 黄典宾 | |
| 7395 | | | 宾二类 | | 黄典宾 | |
| 7396 | 新 7396+7404 | | 宾二类 | | | |
| 7397 | | | 宾二类 | | | |
| 7398 | | | 宾二类 | 㱿 | | |
| 7399 正反 | | | 宾二类 | 㱿 | | |
| 7400 | | | 宾二类 | | | |
| 7401 | | | 宾二类 | | | |
| 7402 | | | 宾二类 | | | |
| 7403 | | | 宾二类 | | | |
| 7404 | 新 7404+7396 | | 宾二类 | 㱿 | | |

续表

| 著录号 | 缀合 | 重片 | 类型划分 | 贞人 | 专家分类 | 其他说明 |
|---|---|---|---|---|---|---|
| 7405 | 黄拼 7405 正 +6166 | | 宾二类 | 㱿 | | |
| 7406 | | | 宾二类 | | | |
| 7407 正反甲乙 | | | 宾二类 | 亘 | | |
| 7408 | | | 宾一类 | 争 | | |
| 7409 | | | 宾一类 | | | |
| 7410 | | | | 争 | | |
| 7411 | | | 宾一类 | 争 | | |
| 7412 | | | 宾一类 | 争 | | |
| 7413 | | | 宾一类 | | | |
| 7414 | | | 宾一类 | | | |
| 7415 正臼 | | | 宾三类 | 穷 | | |
| 7416 | | | 宾三类 | | | |
| 7417 | | | 𠂤宾间类 | | | |
| 7418 | | | 宾三类 | | | |
| 7419 | | | 宾三类 | | | |
| 7420 | 黄拼 7420+ 合补 1344 | | 宾三类 | 穷 | | |
| 7421 | | | 宾三类 | | | |
| 7422 | | | 宾二类 | 㱿 | | |
| 7423 | | | 宾二类 | | | |
| 7424 | | | 宾三类 | | | |
| 7425 | | | 宾一类 | | | |
| 7426 正反 | | | 宾一类 | | | |
| 7427 正反 | | | 宾一类 | | | |
| 7428 | | | 宾二类 | | | |
| 7429 | | | 宾二类 | 㱿、争 | | |
| 7430 正反 | | | 宾二类 | | | |
| 7431 | | | 宾二类 | | | |
| 7432 | | | 宾二类 | | | |
| 7433 | | | 宾一类 | | | |
| 7434 | | | 宾一类 | | | |
| 7435 | | | 宾一类 | | | |
| 7436 | | | 宾一类 | | | |
| 7437 | | | 宾一类 | | | |

续表

| 著录号 | 缀合 | 重片 | 类型划分 | 贞人 | 专家分类 | 其他说明 |
|---|---|---|---|---|---|---|
| 7438 | | | 宾一类 | | | |
| 7439 | | | 宾一类 | | | |
| 7440 正反 | | | 宾二类 | 爭 | 黄典宾 | |
| 7441 正反 | 7441+8437 | | 宾二类 | 㱿 | 黄典宾 | |
| 7442 | | | 宾二类 | | | |
| 7443 | | | 宾二类 | | | |
| 7444 | | | 宾二类 | 㱿 | | |
| 7445 正反 | | | 宾二类 | | | |
| 7446 | | | 宾二类 | | | |
| 7447 | | | 宾二类 | 㱿 | | |
| 7448 | | | 宾二类 | | | |
| 7449 | | | 宾二类 | | | |
| 7450 | | | 宾二类 | | | |
| 7451 | | | 宾二类 | | | |
| 7452 | | | 宾二类 | | | |
| 7453 | | | 宾二类 | | | |
| 7454 | 7454+5539 | | 宾二类 | | | |
| 7455 | | | 宾二类 | | | |
| 7456 | | | 宾二类 | 㱿 | | |
| 7457 | | | 宾二类 | | | |
| 7458 | | | 宾二类 | 㱿 | | |
| 7459 | | | 宾二类 | | | |
| 7460 | | | 宾二类 | | | |
| 7461 | | | 宾二类 | | | |
| 7462 | | | 宾二类 | | | |
| 7463 | 7463+ | 17638 | 宾二类 | | | |
| 7464 | | | 宾二类 | | | |
| 7465 | | | 宾二类 | | | |
| 7466 | | | 宾二类 | | | |
| 7467 | | | 宾二类 | | | |
| 7468 | | | 宾二类 | | | |
| 7469 | | | 宾二类 | | | |
| 7470 | | | 宾二类 | | | |
| 7471 | | | 宾二类 | | | |

续表

| 著录号 | 缀合 | 重片 | 类型划分 | 贞人 | 专家分类 | 其他说明 |
|---|---|---|---|---|---|---|
| 7472 | | | 宾二类 | | | |
| 7473 | | | 宾二类 | | | |
| 7474 | 7474+5540 | | 宾二类 | | | |
| 7475 | 7475+ 合补 2005（善斋 7.69.15） | | 宾二类 | | | |
| 7476 正反 | | | 宾二类 | | | |
| 7477 | | | 宾二类 | 㱿 | | |
| 7478 | | | 宾二类 | | | |
| 7479 | | | 宾二类 | | | |
| 7480 | | | 宾二类 | | | |
| 7481 | | | 宾二类 | | | |
| 7482 | | | 宾二类 | | | |
| 7483 | | | 宾二类 | | | |
| 7484 | | | 宾二类 | | | |
| 7485 | | | 宾二类 | | | |
| 7486 | 7486+7515 | | 宾二类 | | | |
| 7487 | | | 宾二类 | | | |
| 7488 | | | 宾二类 | 爭 | | |
| 7489 | | | 宾二类 | 爭 | | |
| 7490 正反 | 7490 正 + 合补 1534（= 合补 2948） | | 宾二类 | 㱿 | | |
| 7491 | 7491+10088 | 3951 | 宾二类 | | | |
| 7492 | | | 宾二类 | 㱿 | | |
| 7493 | 7493+4001 | | 宾二类 | 㱿 | | |
| 7494 | | | 宾二类 | | | |
| 7495 | | | 宾二类 | 爭 | | |
| 7496 | | | 宾二类 | | | |
| 7497 正臼 | 黄拼 7497+ 合补 1881 | | 宾二类 | 㱿 | | 同文见 6424、合补 1881 |
| 7498 | | | 宾二类 | | | |
| 7499 | | | 宾一类 | 王 | | |
| 7500 | | | 宾一类 | | | |
| 7501 | | | 宾一类 | | | |
| 7502 | 7502+6481 | | 宾二类 | 㱿 | | |
| 7503 | | | 宾二类 | | 黄典宾 | |

续表

| 著录号 | 缀合 | 重片 | 类型划分 | 贞人 | 专家分类 | 其他说明 |
|---|---|---|---|---|---|---|
| 7504 | 7504+3010+7540 | | 宾二类 | | | |
| 7505 | | | 宾二类 | | | |
| 7506 | | | 宾二类 | | | |
| 7507 | | | 宾二类 | | | |
| 7508 | 7508+6436+合补2817（尊六室114） | | 宾二类 | | | |
| 7509 | 7509+ | | 宾二类 | | | |
| 7510 | | | 宾二类 | | | |
| 7511 | 7511+7332 | | 宾二类 | 㱿 | | |
| 7512 | | | 宾二类 | | | |
| 7513 | | | 宾二类 | | | |
| 7514 | | | 宾二类 | | | |
| 7515 | 7515+7486 | | 宾二类 | | | |
| 7516 | | | 宾二类 | | | |
| 7517 | | | 宾二类 | | | |
| 7518 | | | 宾二类 | | | |
| 7519 | | | 宾二类 | | | |
| 7520 | 7520+5541 | | 宾二类 | | | |
| 7521 | | | 宾二类 | | | |
| 7522 | | 39961 | 宾二类 | | | |
| 7523 | | | 宾二类 | | | |
| 7524 | | | 宾二类 | | | |
| 7525正反 | | | 宾二类 | | | |
| 7526 | | | 宾二类 | | | |
| 7527 | | | 宾二类 | | | |
| 7528 | | | 宾二类 | 争 | | |
| 7529 | 黄拼7529+合补982+合补1430 | | 宾二类 | | | |
| 7530 | 黄拼7530+3709+合补971 | | 宾二类 | | | |
| 7531 | | | 宾二类 | 穷 | | |
| 7532 | 7532+6517 | | 宾二类 | | | |
| 7533 | | | 宾二类 | | | |
| 7534 | | | 宾二类 | | | |

续表

| 著录号 | 缀合 | 重片 | 类型划分 | 贞人 | 专家分类 | 其他说明 |
|---|---|---|---|---|---|---|
| 7535 | | | 宾二类 | | | |
| 7536 正反 | | | 宾二类 | | | |
| 7537 | | | 宾二类 | | | |
| 7538 | | | 宾二类 | | | |
| 7539 | | | 宾二类 | | | |
| 7540 | 7540+7504+3010 | 7201 | 宾二类 | | | |
| 7541 | | | 宾二类 | | | |
| 7542 | | | 宾二类 | | | |
| 7543 | 黄拼 7543+6553+英 669 | | 宾二类 | | | |
| 7544 | | | 宾二类 | | | |
| 7545 | | | 宾二类 | | | |
| 7546 | | | 宾二类 | | | |
| 7547 | | | 宾二类 | | | |
| 7548 | | | 宾二类 | | | |
| 7549 | 黄拼 7549 +6554 +英 667 | | 宾二类 | | | |
| 7550 | | | 宾二类 | | 黄𠂤宾间 A | |
| 7551 | | | 宾二类 | | | |
| 7552 | | | 𠂤宾间类 | | | |
| 7553 | | | 宾一类 | 争 | | |
| 7554 | | | 宾二类 | 㱿 | | |
| 7555 | | | 宾二类 | 㱿 | | |
| 7556 | | | 宾二类 | 争 | | |
| 7557 | | | 宾二类 | | | |
| 7558 正反 | | | 宾二类 | | | |
| 7559 正反 | | | 宾一类 | | | |
| 7560 | | | 宾二类 | | | |
| 7561 | | | 宾一类 | | | |
| 7562 正反 | | | 宾二类 | | | |
| 7563 | | | 宾三类 | | | |
| 7564 | | | 宾三类 | 穷 | | |
| 7565 正臼 | | | 宾二类 | 穷 | | |
| 7566 | | | 宾二类 | | | |

续表

| 著录号 | 缀合 | 重片 | 类型划分 | 贞人 | 专家分类 | 其他说明 |
|---|---|---|---|---|---|---|
| 7567 正反 | | | 宾二类 | 㱿 | | |
| 7568 | | | 宾二类 | | | |
| 7569 正反 | | | 宾三类 | | | |
| 7570 正反 | 缀集 20（7570 正 +11529 正）+6397 | | 宾二类 | 㱿 | | |
| 7571 正反 | 黄拼 7571+7890 | 3780 | 宾二类 | 亘 | | |
| 7572 | 7572+17869+ 黄拼 英 476（6163 反 + 合补 1360 正、7405 反） | | 宾二类 | | | 英 476 与 6163 反 + 合补 1360 正、7405 反系同文 |
| 7573 | | | 宾三类 | | | |
| 7574 | | | 自小字类 | | | 非宾 |
| 7575 | 7575+ | | 宾一类 | | | |
| 7576 | | | 宾二类 | | | |
| 7577 | | | 宾二类 | | | |
| 7578 | | | 宾二类 | | | |
| 7579 | | | 宾二类 | | | |
| 7580 正反 | | | 宾二类 | 㱿 | | |
| 7581 | | | 宾二类 | | | |
| 7582 | | | 宾二类 | | | |
| 7583 | （7583+ 珠 776）中岛 B34+ 铁四百 50+ 铁四百 173 | | 宾二类 | | | |
| 7584 | 7584 正反 + | | 宾二类 | 穷 | | |
| 7585 | | | 宾二类 | | | |
| 7586 | | | 宾二类 | | | |
| 7587 正反 | | | 宾二类 | | | |
| 7588 | | | 宾二类 | 㱿 | | |
| 7589 | | | 宾二类 | 韦 | | |
| 7590 | | | 宾二类 | | | |
| 7591 | | | 宾二类 | 争 | | |
| 7592 | | | 宾二类 | | | |
| 7593 正反 | 黄拼 7593+39975（= 英 686） | | | | | |
| 7594 | | | 宾二类 | | | |
| 7595 | 黄拼 7595+6216 | | 宾二类 | | | |

续表

| 著录号 | 缀合 | 重片 | 类型划分 | 贞人 | 专家分类 | 其他说明 |
|---|---|---|---|---|---|---|
| 7596 | | | 自宾间类 | | | |
| 7597 | | | 宾一类 | | | |
| 7598 | | | 宾二类 | 亘 | | |
| 7599 | | | 宾二类 | 㱿 | | |
| 7600 | | | 宾二类 | 㱿 | | |
| 7601 | | | 宾二类 | | | |
| 7602 | | | 宾二类 | | | |
| 7603 正反 | | | 宾二类 | 穷 | | |
| 7604 | | | 宾二类 | 㱿 | | |
| 7605 甲乙 | | | 宾二类 | 内 | | |
| 7606 | | | 宾二类 | | | |
| 7607 | | | 宾二类 | | | |
| 7608 | | | 宾三类 | | | |
| 7609 | | | 宾二类 | | | 背甲 |
| 7610 | | | 自宾间类 | | | |
| 7611 | | | 自宾间类 | | | |
| 7612 | | | 宾二类 | | | |
| 7613 | | | 宾二类 | | | |
| 7614 | | | 宾二类 | 㱿 | | |
| 7615 正反 | | | 宾二类 | | | |
| 7616 | | | 宾二类 | | | |
| 7617 | | | 自宾间类 | 王 | | |
| 7618 | | | 宾二类 | | | |
| 7619 | | | 宾一类 | 㱿 | | |
| 7620 | | | 宾一类 | | | |
| 7621 正反 | | | 宾二类 | | | |
| 7622 | | | 宾二类 | | | |
| 7623 | | | 宾二类 | | | |
| 7624 | | | 宾一类 | | | |
| 7625 | | | 宾一类 | | | |
| 7626 | | | 自宾间类 | | | |
| 7627 | 7627+6112 | | 宾一类 | 穷 | | |
| 7628 | | | 自宾间类 | | | |
| 7629 正反 | | | 宾二类 | 亘 | | |

续表

| 著录号 | 缀合 | 重片 | 类型划分 | 贞人 | 专家分类 | 其他说明 |
|---|---|---|---|---|---|---|
| 7630 | | | 宾一类 | 王 | | |
| 7631 | | | 宾一类 | | | |
| 7632 | | | 宾一类 | | | |
| 7633 | | | 宾一类 | | | |
| 7634 正反 | | | 宾二类 | 㱿 | 黄典宾 | |
| 7635 | | | 𠂤宾间类 | | | |
| 7636 | | | 宾一类 | 内 | | |
| 7637 | | | 宾一类 | | | |
| 7638 | | | 宾一类 | | | |
| 7639 | | | 宾二类 | | | |
| 7640 正反 | 7640 正反 +<br>天理 195ab | | 宾二类 | | | |
| 7641 | | | 宾二类 | | | |
| 7642 | | | 宾一类 | | | |
| 7643 | | 39972 | 宾一类 | | | |
| 7644 | | | 宾一类 | | | |
| 7645 | | | 宾一类 | | | |
| 7646 | | | 宾一类 | | | |
| 7647 | | | 宾一类 | | | |
| 7648 | | | 宾一类 | | | |
| 7649 | | | 宾一类 | | | |
| 7650 | | | 宾一类 | | | |
| 7651 | | | 𠂤宾间类 | | | |
| 7652 | | | 𠂤宾间类 | | | |
| 7653 | | | 宾三类 | | | |
| 7654 | | | 宾一类 | | | |
| 7655 | | | 宾一类 | | | |
| 7656 | | | 宾二类 | | | |
| 7657 | | | 宾一类 | | | |
| 7658 | | | 宾一类 | 爭 | | |
| 7659 | | | 宾一类 | | | |
| 7660 | | | 宾二类 | 㱿 | | |
| 7661 | | | 宾一类 | 㱿 | | |
| 7662 | | | 宾一类 | | | |

续表

| 著录号 | 缀合 | 重片 | 类型划分 | 贞人 | 专家分类 | 其他说明 |
|---|---|---|---|---|---|---|
| 7663 | | | 宾一类 | 王、内 | | |
| 7664 | | | 宾三类 | 王 | | |
| 7665 | | | 㠯宾间类 | | | |
| 7666 | | | 宾三类 | | | |
| 7667 正反 | | | 宾二类 | 穷 | | |
| 7668 | | | 宾一类 | | | |
| 7669 | | 7388 | 宾二类 | | | |
| 7670 | | 34120 | 㠯宾间类 | | | |
| 7671 | | | 㠯宾间类 | | | |
| 7672 | | | 㠯宾间类 | | | |
| 7673 | | | 宾一类 | | | |
| 7674 | | | 宾一类 | | | |
| 7675 | | | 宾二类 | | | |
| 7676 | | | 宾二类 | | | |
| 7677 | | | 宾一类 | 内 | | |
| 7678 | | | 宾一类 | | | |
| 7679 | | | 宾二类 | | | |
| 7680 | | | 宾二类 | | | |
| 7681 | | | 㠯宾间类 | | 黄㠯宾间 A | |
| 7682 正反 | | | 宾二类 | 㱿 | | |
| 7683 | | | 宾二类 | | | |
| 7684 | | | 宾二类 | | | |
| 7685 | | | 宾二类 | 㱿 | | |
| 7686 | | | 宾二类 | | | |
| 7687 | 黄拼 7687（合补 1960）+4811+7699 | | 宾三类 | | | |
| 7688 | | | 宾二类 | | | |
| 7689 | | | 宾二类 | | | |
| 7690 | 黄拼 7690+《存补》4.1.1 | | 宾二类 | | 黄无名 | 缀后同文见 349+358、475、14739。黄非宾 |
| 7691 | | | 宾二类 | | | |
| 7692 | | | 宾二类 | 爭 | | |
| 7693 | 7693+6568 正反 +7702+13799 | | 宾二类 | | | |
| 7694 | | | 宾二类 | 爭 | | |

续表

| 著录号 | 缀合 | 重片 | 类型划分 | 贞人 | 专家分类 | 其他说明 |
|---|---|---|---|---|---|---|
| 7695 正反 | | | 宾二类 | | | |
| 7696 | | | 宾二类 | 争 | | |
| 7697 | | | 宾二类 | | | |
| 7698 | | | 宾二类 | | | |
| 7699 正反 | 黄拼 7699+7687（合补 1960）+4811 | | 宾三类 | | | |
| 7700 | 黄拼 7700+178 | | 宾二类 | | | |
| 7701 | 7701（东文研 B0411a）+7703 | | 宾二类 | 㱿、争 | | |
| 7702 | 6568 正反 +7693+7702+13799 | | 宾二类 | | | |
| 7703 | 7703+7701（东文研 B0411a） | | 宾二类 | | | |
| 7704 | | | 宾二类 | | | |
| 7705 | | | 宾二类 | | | |
| 7706 | | | 宾二类 | | | |
| 7707 | | | 宾二类 | 㱿 | | |
| 7708 | | | 宾二类 | 㱿 | | |
| 7709 正反 | | | 宾二类 | | | |
| 7710 | | | 宾二类 | | | |
| 7711 正反 | | | 宾二类 | 㱿 | | |
| 7712 | | 5104 | 宾二类 | | | |
| 7713 | | | 宾一类 | 㱿 | | |
| 7714 | | | 宾二类 | | | |
| 7715 正反 | 黄拼 562 正反 +7715 正反 | | 宾二类 | 亘 | | |
| 7716 | | | 宾二类 | | | |
| 7717 | | | 𠂤宾间类 | | | |
| 7718 正反 | 黄拼 7718 正反 +596 正反 | | 宾二类 | | | |
| 7719 | | | 宾一类 | 内 | | |
| 7720 正反 | | | 宾二类 | | | |
| 7721 | | | 宾一类 | | | |
| 7722 | | | 宾一类 | | | |
| 7723 | | | 宾三类 | | | |

续表

| 著录号 | 缀合 | 重片 | 类型划分 | 贞人 | 专家分类 | 其他说明 |
|---|---|---|---|---|---|---|
| 7724 | | | 宾二类 | | | |
| 7725 | | | 宾一类 | | | |
| 7726 正反 | | | 宾一类 | | | |
| 7727 | | | 宾一类 | | | |
| 7728 正反 | | | 宾二类 | 㱿 | | |
| 7729 正反 | | | 宾二类 | 㱿 | | |
| 7730 | | | 宾二类 | | | 习刻 |
| 7731 | | | 宾二类 | | | |
| 7732 正反 | | | 宾二类 | | | 甲桥署辞（反） |
| 7733 正反 | | | 宾二类 | 爭 | | |
| 7734 | | | 宾二类 | 㱿 | | |
| 7735 | | | 宾二类 | | | |
| 7736 | | | 宾三类 | | | |
| 7737 | | | 𠂤宾间类 | | | |
| 7738 | | | 𠂤宾间类 | | | |
| 7739 | | | 𠂤宾间类 | | | |
| 7740 | | | 𠂤宾间类 | | | |
| 7741 | | | 宾二类 | | | |
| 7742 | | | 宾二类 | | | |
| 7743 | | | 宾三类 | 王 | | |
| 7744 | | | 宾二类 | 穷 | | |
| 7745 | | | 宾二类 | | | |
| 7746 | | | 宾二类 | | | |
| 7747 | | | 𠂤宾间类 | 王 | | |
| 7748 | | | 宾二类 | | | |
| 7749 | | | 宾二类 | | | |
| 7750 | | | 宾二类 | | | |
| 7751 | | | 宾二类 | | | |
| 7752 | | | 宾二类 | | | |
| 7753 | | | 𠂤宾间类 | | | |
| 7754 | | | 𠂤宾间类 | | | |
| 7755 | | | 𠂤宾间类 | | | |
| 7756 | | | 宾二类 | | | |
| 7757 正反 | 黄拼 7757 正反 + 合补 576 正反 | | 宾二类 | | | |

续表

| 著录号 | 缀合 | 重片 | 类型划分 | 贞人 | 专家分类 | 其他说明 |
|---|---|---|---|---|---|---|
| 7758 | | 17958 | 宾二类 | | | |
| 7759 | | | 𠂤宾间类 | 王 | | |
| 7760 | | | 宾二类 | | | |
| 7761 | | | 宾二类 | | | |
| 7762 | | | 宾二类 | | | |
| 7763 | 7763+ | | 宾二类 | | | |
| 7764 | | | 宾二类 | | | |
| 7765 正反 | 正：7765 反 + 合补 791 正；<br>反：7765 正 + 合补 791 反 | | 宾二类 | 宁 | 李彭宾二 | |
| 7766 | | | 宾三类 | 宁 | | |
| 7767 | | | 宾三类 | 宁 | | |
| 7768 | | | 宾一类 | 㱿 | | |
| 7769 | | | 宾一类 | | | |
| 7770 | | | 宾一类 | | | |
| 7771 | | | 𠂤宾间类 | | | |
| 7772 | 7772+ | | 宾一类 | 宁、争、内 | | |
| 7773 | | | 宾一类 | | | |
| 7774 | | | 宾一类 | 㱿 | | |
| 7775 | 黄拼 7775+7782+<br>合补 7775 | | 宾一类 | 㱿 | 黄典宾 | |
| 7776 | | | 宾一类 | 争 | | |
| 7777 | | | 宾一类 | 争 | | |
| 7778 | | | 宾一类 | 争 | | |
| 7779 | | | 宾一类 | 㱿 | | |
| 7780 正反 | 黄拼合 7780+13281 正乙<br>（合补 3338）+ 合补 543 | | 宾一类 | 㱿 | 黄宾一 /<br>𠂤宾间 A | 7780 正 + 合 534<br>（善斋 7.38.5） |
| 7781 | | | 宾一类 | 㱿 | | |
| 7782 | 黄拼 7782+7775+<br>合补 565 | | 宾一类 | 㱿 | | |
| 7783 | | | 宾一类 | 争 | | |
| 7784 | | | 宾一类 | | | |
| 7785 | | | 宾一类 | 㱿 | | |
| 7786 | | | 宾一类 | 㱿 | | |
| 7787 | | | 宾一类 | 㱿 | | |

续表

| 著录号 | 缀合 | 重片 | 类型划分 | 贞人 | 专家分类 | 其他说明 |
|---|---|---|---|---|---|---|
| 7788 | | | 宾一类 | 㱿 | | |
| 7789 | 7789+7793 | | 宾一类 | 㱿 | | |
| 7790 | | | 宾一类 | | | |
| 7791 | | | 宾一类 | | | |
| 7792 | | | 宾一类 | | | |
| 7793 | 7793+7789 | | 宾一类 | | | |
| 7794 正反 | | | 宾一类 | 㱿 | 黄宾一 | |
| 7795 | 黄拼 7795+ 合补 2216 | | 宾一类 | 㱿 | 黄典宾 | 7799 遥缀 39990（英 716）<br>黄拼遥缀 7795 |
| 7796 | | | 宾一类 | | | |
| 7797 | | | 宾一类 | 㱿 | | |
| 7798 | | | 宾一类 | | | |
| 7799 | 7799 遥缀 39990（英 716）<br>黄拼遥缀 7795 | | 宾一类 | 㱿 | | |
| 7800 | | | 宾一类 | | | |
| 7801 | | | 宾一类 | | | |
| 7802 | 7802+5160 | | 宾一类 | | | |
| 7803 | | | 宾一类 | 争 | | |
| 7804 | | | 宾一类 | | | |
| 7805 | | | 宾一类 | | | |
| 7806 | | | 宾二类 | | | |
| 7807 | | | 宾一类 | | | |
| 7808 | | | 宾二类 | | | |
| 7809 | | | 宾三类 | | | |
| 7810 | | | 宾三类 | | | |
| 7811 | | | 宾一类 | | | |
| 7812 | | | 宾一类 | | | |
| 7813 | | | 宾一类 | | 黄宾一 | |
| 7814 正反 | | | 宾一类 | 争 | | |
| 7815 | 7815+6226 | | 宾二类 | | 黄典宾 | |
| 7816 | | | 宾二类 | | | |
| 7817 | | | 宾二类 | | | |
| 7818 | | | 宾三类 | | | |
| 7819 | | | 宾二类 | | | |

续表

| 著录号 | 缀合 | 重片 | 类型划分 | 贞人 | 专家分类 | 其他说明 |
|---|---|---|---|---|---|---|
| 7820 | | | 宾二类 | | | |
| 7821 | | | 宾一类 | | | |
| 7822 | | | 宾三类 | | | |
| 7823 | | | 宾二类 | | | |
| 7824 | | | 宾二类 | | | |
| 7825 | | | 宾二类 | | | |
| 7826 | | | 宾二类 | | | |
| 7827 | | | 宾二类 | | | |
| 7828 | | | 宾二类 | 𣪊 | | |
| 7829 正反 | | | 宾二类 | 𣪊 | | |
| 7830 | | | 宾一类 | | | |
| 7831 | | | 宾一类 | | | |
| 7832 | | | 宾一类 | | | 背甲 |
| 7833 | | | 宾一类 | | | |
| 7834 | | | 宾一类 | | | |
| 7835 | | | 宾一类 | | | |
| 7836 | | | 宾三类 | | | |
| 7837 | | | 宾三类 | | | |
| 7838 | | | 𠂤宾间类 | | | |
| 7839 | | | 𠂤宾间类 | | 黄𠂤宾间 A | |
| 7840 | | | 𠂤宾间类 | | | |
| 7841 | | | 宾二类 | | | |
| 7842 | | | 待考 | | | |
| 7843 | | | 宾一类 | 𣪊 | 黄无名 | 黄非宾 |
| 7844 | | | 宾一类 | 𣪊 | | |
| 7845 | | | 宾一类 | | | |
| 7846 | | | 宾一类 | 𣪊 | | |
| 7847 | | | 宾一类 | | | |
| 7848 | | | 宾一类 | 𣪊 | | |
| 7849 | | | 宾一类 | | | |
| 7850 | | | 宾一类 | | | |
| 7851 正反 | | | 宾一类 | 宄 | | |
| 7852 | | | 宾一类 | 宄 | | |
| 7853 | | | 宾二类 | 宄 | | |

续表

| 著录号 | 缀合 | 重片 | 类型划分 | 贞人 | 专家分类 | 其他说明 |
|---|---|---|---|---|---|---|
| 7854 正反 | 黄拼 7854+ 英 1106 | | 宾二类 | 𣪊 | | |
| 7855 | 黄拼 7855+4654（12878 反） | | 宾二类 | | | |
| 7856 甲乙 | | | 宾一类 | | | |
| 7857 | | | 宾一类 | | | |
| 7858 | | | 𠂤宾间类 | | | |
| 7859 正反 | 黄拼 7859+14097 | | 宾二类 | | 黄典宾 | |
| 7860 | | | 宾二类 | | | |
| 7861 | 7861 下半（前 1.48.1）+5129 | | 宾二类 | | | |
| 7862 | 黄拼 7862+ 合补 769 | | 宾二类 | | 黄典宾 | |
| 7863 | | | 宾一类 | | | |
| 7864 正反 | | | 宾二类 | | | |
| 7865 | | | 宾二类 | | | |
| 7866 正反 | 7866 正 +6067 正 | | 宾二类 | | | 合 6067 只著录正面，故该缀为正面 |
| 7867 | | | 宾二类 | | | |
| 7868 | | | 宾二类 | | | |
| 7869 | | | 𠂤宾间类 | | | |
| 7870 | | | 𠂤小字类 | | | 非宾 |
| 7871 | | | 𠂤宾间类 | 王 | | |
| 7872 | | | 宾二类 | | | |
| 7873 | | | 宾二类 | | | |
| 7874 | | | 宾二类 | | | |
| 7875 | | | 宾二类 | | | |
| 7876 | | | 宾二类 | | | |
| 7877 | | | 宾二类 | | | |
| 7878 | | | 宾三类 | 穷 | | |
| 7879 | | | 宾三类 | | | |
| 7880 | 7880+4838 | | 宾一类 | | | |
| 7881 | | | 宾一类 | | | |
| 7882 | | | 𠂤宾间类 | | | |
| 7883 正反 | | | 宾一类 | | | |
| 7884 | | | 宾二类 | | | |
| 7885 | | | 宾二类 | 𣪊 | | |

续表

| 著录号 | 缀合 | 重片 | 类型划分 | 贞人 | 专家分类 | 其他说明 |
|---|---|---|---|---|---|---|
| 7886 | | | 宾一类 | | | |
| 7887 | | | 宾一类 | | | |
| 7888 | | | 宾二类 | 㱿 | | |
| 7889 正反 | | | 宾三类 | | | 背甲 |
| 7890 | 7890+7571 | | 宾二类 | | 黄无名 | 黄非宾 |
| 7891 | | 40046 | 宾一类 | | | |
| 7892 | | 40067 | 宾一类 | | | |
| 7893 | | | 宾二类 | 𡆥 | | |
| 7894 | | | 宾三类 | | | 背甲 |
| 7895 | | | 宾三类 | | | 背甲 |
| 7896 | | | 宾三类 | | | |
| 7897 | 7897+14591 | | 宾三类 | | | |
| 7898 | | | 自宾间类 | | | |
| 7899 正反 | | | 宾二类 | | | |
| 7900 | | | 宾一类 | | | |
| 7901 | | | 宾一类 | | | |
| 7902 | | | 宾一类 | | | |
| 7903 | | | 宾二类 | | | |
| 7904 | | | 宾一类 | | | |
| 7905 | | | 宾一类 | | | |
| 7906 | | | 宾二类 | | | |
| 7907 | | | 宾一类 | | | |
| 7908 正反 | | | 宾一类 | | | |
| 7909 | | | 宾一类 | | | |
| 7910 | | | 宾三类 | | | |
| 7911 | | | 宾一类 | | | |
| 7912 | | | 宾一类 | | | |
| 7913 | | | 宾一类 | | | |
| 7914 | | | 宾一类 | | | |
| 7915 | | | 宾一类 | | | |
| 7916 | | | 宾一类 | | | |
| 7917 正反 | | | 宾一类 | | | |
| 7918 | | | 宾一类 | | | |
| 7919 正反 | | | 宾二类 | | | |

续表

| 著录号 | 缀合 | 重片 | 类型划分 | 贞人 | 专家分类 | 其他说明 |
|---|---|---|---|---|---|---|
| 7920 | 黄拼 7920+9725 | | 宾二类 | | | |
| 7921 | | | 宾二类 | | | |
| 7922 | | | 宾二类 | | | |
| 7923 | | | 宾二类 | | | |
| 7924 | | | 宾一类 | | | |
| 7925 | | 18459 | 宾三类 | | | |
| 7926 | | | 自宾间类 | | | |
| 7927 | | | 自宾间类 | | | |
| 7928 正反 | | | 宾二类 | | | |
| 7929 正反 | | | 宾二类 | | | |
| 7930 | | | 宾二类 | 㱿 | | |
| 7931 | | | 宾一类 | | | |
| 7932 | | | 宾三类 | | | |
| 7933 | | | 宾一类 | | | |
| 7934 | | | 宾三类 | | | |
| 7935 | | | 宾三类 | | | |
| 7936 | | | 宾三类 | | | |
| 7937 | | | 宾三类 | | | |
| 7938 | | | 宾三类 | | | |
| 7939 | | | 宾一类 | | | |
| 7940 | | | 宾二类 | | | |
| 7941 正反 | 黄拼 7941+14766 | | 宾二类 | | | |
| 7942 | 7942+ | | 宾一类 | | | |
| 7943 | | | 宾二类 | | | |
| 7944 | | | 宾二类 | | | |
| 7945 | | | 宾二类 | 争、韋 | | |
| 7946 | | | 宾二类 | 亘 | | |
| 7947 | | | 宾二类 | | | |
| 7948 | | | 宾二类 | | | |
| 7949 | | | 宾二类 | | | |
| 7950 | | | 宾二类 | 㱿 | | |
| 7951 正反 | | | 宾二类 | | 黄典宾 | |
| 7952 | | | 宾二类 | | | |
| 7953 正反 | | | 宾二类 | | | |

续表

| 著录号 | 缀合 | 重片 | 类型划分 | 贞人 | 专家分类 | 其他说明 |
|---|---|---|---|---|---|---|
| 7954 | | | 宾二类 | 亘 | | |
| 7955 正反 | | | 宾三类 | | | |
| 7956 | | | 宾三类 | | | |
| 7957 | | | 宾二类 | 争 | | |
| 7958 | | | 宾二类 | | | |
| 7959 | | | 宾二类 | | | 背甲 |
| 7960 正反 | | | 宾二类 | | | |
| 7961 | | | 自小字类 | | 黄自小字 | 非宾 |
| 7962 | 黄拼 7962+17947（合补 2294）+13377+18792+18795 | | 宾二类 | | | |
| 7963 正反 | | | 宾二类 | | | |
| 7964 正反 | 黄拼 7964 正反 + 2159 正反 | | 宾二类 | | | |
| 7965 | | 19614 | 宾二类 | | | |
| 7966 正反 | | | 宾三类 | | | |
| 7967 | 黄拼 7967+11170 正 | | 宾二类 | | | |
| 7968 正反 | | | 宾二类 | | | |
| 7969 | | | 宾二类 | | | |
| 7970 | | | 宾二类 | | | |
| 7971 | | | 宾二类 | | | |
| 7972 | | | 宾二类 | | | |
| 7973 正反 | | | 宾二类 | | | |
| 7974 | | | 宾二类 | | | |
| 7975 | | | 宾一类 | | | |
| 7976 | | | 宾一类 | | 李彭宾一 A | |
| 7977 | | | 宾一类 | | | |
| 7978 | | 40626 | 宾一类 | | | |
| 7979 | | | 宾一类 | | | |
| 7980 | | | 宾一类 | | | |
| 7981 | | | 自小字类 | | 李彭自小字 | 非宾 |
| 7982 | | | 宾二类 | 㱿 | 黄典宾 | |
| 7983 正反 | | | 宾二类 | | | |
| 7984 正反 | | | 宾二类 | | | |

续表

| 著录号 | 缀合 | 重片 | 类型划分 | 贞人 | 专家分类 | 其他说明 |
|---|---|---|---|---|---|---|
| 7985 | | | 宾一类 | | | |
| 7986 正反 | | | 宾二类 | | | |
| 7987 | | | 宾二类 | | | |
| 7988 正反 | | | 宾二类 | | | |
| 7989 | | | 宾二类 | | | |
| 7990 正反 | | | 宾二类 | 爭 | | |
| 7991 | | | 𠂤宾间类 | | | |
| 7992 | | | 𠂤宾间类 | | | |
| 7993 | | | 𠂤宾间类 | | | |
| 7994 | | | 𠂤宾间类 | | | |
| 7995 | | | 𠂤宾间类 | | | |
| 7996 甲乙 | 黄拼 7996 甲乙 +13360 | | 宾一类 | 爭 | | |
| 7997 | | | 宾一类 | | | |
| 7998 | | | 𠂤小字类 | | 黄𠂤小字 | 非宾 |
| 7999 | | | 宾二类 | | | |
| 8000 | | | 宾一类 | | | |
| 8001 正反 | | | 宾二类 | | | |
| 8002 | | | 宾二类 | | | |
| 8003 | | | 宾二类 | | | |
| 8004 | | | 宾一类 | | | |
| 8005 正反 | | | 宾一类 | | | |
| 8006 | | | 𠂤宾间类 | | | |
| 8007 | | | 𠂤宾间类 | | | |
| 8008 | | | 宾一类 | 㱿 | 黄宾一 | |
| 8009 | | | 𠂤宾间类 | | | |
| 8010 | | | 𠂤宾间类 | | | |
| 8011 | | | 𠂤宾间类 | | | |
| 8012 | | | 𠂤宾间类 | | | |
| 8013 | | | 宾一类 | | | |
| 8014 | 8014+8597 | | 宾一类 | | | |
| 8015 | 8015+ | | 宾一类 | | | |
| 8016 | | | 宾一类 | | | |
| 8017 | | | 宾一类 | | | |
| 8018 正反 | | | 宾一类 | | | |

续表

| 著录号 | 缀合 | 重片 | 类型划分 | 贞人 | 专家分类 | 其他说明 |
|---|---|---|---|---|---|---|
| 8019 | | | 宾一类 | | | |
| 8020 | | | 宾一类 | | | |
| 8021 | | | 宾二类 | 𠬝 | | |
| 8022 正反 | | | 宾二类 | | | |
| 8023 | | | 宾二类 | | 李彭宾一 B | |
| 8024 | | | 自宾间类 | | | |
| 8025 | | | 宾二类 | | | |
| 8026 | 8026+6345 | | 宾二类 | | | |
| 8027 | | | 宾二类 | | | |
| 8028 | | | 宾二类 | | 李彭宾一 B | |
| 8029 | | | 宾二类 | | | |
| 8030 | | | 宾二类 | | | |
| 8031 | | | 宾二类 | | | |
| 8032 | | | 宾二类 | | | |
| 8033 | | | 宾二类 | 亘 | | |
| 8034 | | | 宾一类 | | | |
| 8035 | | | 宾二类 | | | |
| 8036 | | | 宾二类 | | | |
| 8037 | 黄拼 8037+13165+上博 54796.8 | | 宾二类 | | | |
| 8038 | | | 宾二类 | | | |
| 8039 | 黄拼 8039+13308 | | 宾三类 | 穷 | | |
| 8040 | | | 宾三类 | | | |
| 8041 | | | 宾二类 | 穷 | | |
| 8042 | | | 宾二类 | | | |
| 8043 | | | 宾二类 | | | |
| 8044 正反 | | | 宾二类 | | | |
| 8045 | | | 宾一类 | | 黄宾一 | |
| 8046 | | | 宾一类 | | | |
| 8047 正反 | | | 宾一类 | | | |
| 8048 | | | 宾一类 | | | |
| 8049 | | | 宾二类 | | | |
| 8050 | | | 宾一类 | | | |
| 8051 | | | 宾一类 | | | |

续表

| 著录号 | 缀合 | 重片 | 类型划分 | 贞人 | 专家分类 | 其他说明 |
|---|---|---|---|---|---|---|
| 8052 | | | 宾一类 | | | |
| 8053 | | 40014 | 宾一类 | | | |
| 8054 | | | 宾一类 | | | |
| 8055 | | | 宾一类 | | | |
| 8056 | | | 宾一类 | | | |
| 8057 | | | 宾一类 | | | |
| 8058 | | | 宾一类 | | 李彭宾一 A | |
| 8059 | | | 宾一类 | | | |
| 8060 | | | 宾一类 | | 李彭宾一 A | |
| 8061 | | | 宾一类 | | 李彭宾一 A | |
| 8062 | | | 宾一类 | | | |
| 8063 | | | 宾一类 | | | |
| 8064 | | 40025 | 宾一类 | | | |
| 8065 | 黄拼 8065 + 合补 109 | 15586 | 宾一类 | | | |
| 8066 | | | 宾一类 | | | |
| 8067 正反 | | | 宾一类 | | | |
| 8068 | | | 宾一类 | | | |
| 8069 | | | 宾一类 | | | |
| 8070 | 黄拼 8070+13355 | | 宾二类 | | | 相关骨面卜辞见 7369、7370+ 东文研 B0327、7371、13355、英 680 等 |
| 8071 | | | 宾一类 | | | 背甲 |
| 8072 | | | 宾一类 | | | |
| 8073 | | | 宾一类 | | | |
| 8074 | 8074+11450 | | 宾一类 | | | |
| 8075 | | | 宾一类 | | | |
| 8076 | | | 宾一类 | | | |
| 8077 | | | 宾一类 | | | |
| 8078 | | | 宾二类 | | | |
| 8079 | | | 宾一类 | | | |
| 8080 | | | 宾二类 | | | |
| 8081 正反 | | | 宾二类 | 韋 | | |
| 8082 | | | 宾二类 | | | |
| 8083 | | | 宾一类 | | | |
| 8084 | | | 宾三类 | | | 背甲 |

续表

| 著录号 | 缀合 | 重片 | 类型划分 | 贞人 | 专家分类 | 其他说明 |
|---|---|---|---|---|---|---|
| 8085 | | | 宾三类 | | | |
| 8086 | 8086+18475 | | 宾二类 | | | |
| 8087 | | | 宾二类 | | | 背甲 |
| 8088 正反 | | | 宾二类 | | | |
| 8089 | | | 宾二类 | | | |
| 8090 | | | 宾二类 | | | |
| 8091 正反 | | | 宾二类 | | | |
| 8092 | | | 宾三类 | | 黄宾三 | |
| 8093 | | | 宾三类 | | | |
| 8094 | 8094+1306 | | 宾三类 | | | |
| 8095 | | | 宾三类 | | | |
| 8096 | | | 宾三类 | | | |
| 8097 | | | 宾三类 | | | |
| 8098 | | | 宾三类 | | | |
| 8099 | | | 宾三类 | | | |
| 8100 | | | 宾三类 | | | |
| 8101 | | | 宾三类 | | | |
| 8102 | | | 宾二类 | 爭 | | |
| 8103 | | | 宾二类 | | | |
| 8104 | | | 宾二类 | | | |
| 8105 正反 | | | 宾三类 | | 李彭宾二 | |
| 8106 | | | 宾三类 | | | |
| 8107 | | | 宾三类 | | 黄宾三<br>李彭宾二 | |
| 8108 | | | 宾三类 | | 李彭宾二 | |
| 8109 正反 | | | 宾二类 | | | |
| 8110 正反 | | | 宾二类 | | | |
| 8111 | | | 宾二类 | | | |
| 8112 | | | 宾二类 | | | |
| 8113 | | | 宾三类 | | | |
| 8114 | | | 宾三类 | | | |
| 8115 | | | 宾一类 | | 黄宾一 | |
| 8116 | | | 宾一类 | | | |
| 8117 | | | 宾一类 | | | |

续表

| 著录号 | 缀合 | 重片 | 类型划分 | 贞人 | 专家分类 | 其他说明 |
|---|---|---|---|---|---|---|
| 8118 | | | 宾一类 | | | |
| 8119 正反 | | | 宾一类 | | | |
| 8120 | | | 宾三类 | | | |
| 8121 | | | 宾一类 | | | |
| 8122 | | | 宾一类 | | | |
| 8123 | | | 宾三类 | | | |
| 8124 正反 | | | 宾二类 | 爭 | | |
| 8125 | | | 宾一类 | | | |
| 8126 正反 | | | 宾一类 | | | |
| 8127 | | | 宾二类 | | | |
| 8128 | | | 𠂤宾间类 | | | |
| 8129 正反 | 黄拼 8129 正 +16178+ 乙 7820+ 乙 8457+ 乙补 6919 + 乙补 5389+ 乙补 2811+ 乙补 2391 | | 宾二类 | | | |
| 8130 | | | 宾一类 | | | |
| 8131 | | | 宾二类 | | | |
| 8132 | | | 宾三类 | | | |
| 8133 | | | 宾三类 | | | |
| 8134 | | | 宾三类 | | | |
| 8135 | | | 宾二类 | | | |
| 8136 | | | 宾三类 | | | |
| 8137 正反 | | | 宾三类 | | | |
| 8138 正反 | | | 宾二类 | | | |
| 8139 | | | 宾二类 | | | |
| 8140 | | | 宾三类 | | | |
| 8141 正反 | | | 宾二类 | | | |
| 8142 | | | 宾三类 | | | |
| 8143 | | | 宾一类 | | | |
| 8144 | 8144+3328 | | 宾三类 | | | |
| 8145 | | | 宾三类 | | | |
| 8146 | | | 宾三类 | | | |
| 8147 | | | 宾三类 | | | |
| 8148 | | | 宾三类 | | | |

续表

| 著录号 | 缀合 | 重片 | 类型划分 | 贞人 | 专家分类 | 其他说明 |
|---|---|---|---|---|---|---|
| 8149 | | | 宾三类 | | | |
| 8150 | | | 宾三类 | | | |
| 8151 | | | 宾三类 | | | |
| 8152 | | | 宾三类 | | | |
| 8153 | | | 宾三类 | | | |
| 8154 | | | 宾三类 | 争 | 黄宾三 | |
| 8155 | | | 宾三类 | 穷 | | |
| 8156 | | | 宾三类 | | | 背甲 |
| 8157 | | | 宾三类 | | | 背甲 |
| 8158 | | | 宾三类 | | | |
| 8159 | | | 宾三类 | | | |
| 8160 | | | 宾三类 | | | |
| 8161 | | | 宾三类 | | | |
| 8162 | | | 宾三类 | 古 | 黄宾三 | |
| 8163 | | | 宾三类 | | | |
| 8164 | | | 宾三类 | | | |
| 8165 | | | 宾一类 | 古 | | |
| 8166 | | | 宾三类 | | | |
| 8167 | | | 宾一类 | | | |
| 8168 | | | 宾二类 | | | |
| 8169 | | | 宾三类 | | | |
| 8170 | | | 宾三类 | | | |
| 8171 | | | 宾三类 | | | |
| 8172 | | | 宾二类 | 王 | | |
| 8173 | | | 宾二类 | | | |
| 8174 | | | 宾三类 | | | |
| 8175 | | | 宾二类 | | | |
| 8176 | | | 宾二类 | | | |
| 8177 | | | 宾二类 | | | |
| 8178 | | | 宾二类 | 亘 | | |
| 8179 | 8179+9776 | | 宾二类 | | | |
| 8180 | | | 宾二类 | | | |
| 8181 | | | 宾二类 | 㱿 | | |
| 8182 | | | 宾三类 | | | |

续表

| 著录号 | 缀合 | 重片 | 类型划分 | 贞人 | 专家分类 | 其他说明 |
|---|---|---|---|---|---|---|
| 8183 | | | 宾三类 | 㱿 | | |
| 8184 | | | 宾三类 | | | |
| 8185 正反 | | | 宾二类 | 𡆥 | | |
| 8186 正反 | | | 宾二类 | | | |
| 8187 | | 18437 | 宾二类 | | | |
| 8188 | | | 宾二类 | 争 | | |
| 8189 | | | 宾二类 | | 黄典宾 | |
| 8190 正臼 | | | 宾二类 | | | |
| 8191 | | | 宾三类 | | | |
| 8192 | | | 宾二类 | | | |
| 8193 | | | 宾二类 | | | |
| 8194 | | | 宾二类 | | 黄典宾 | |
| 8195 | | | 宾二类 | | | |
| 8196 | | | 宾一类 | | | |
| 8197 | | | 宾三类 | | | |
| 8198 | | | 宾三类 | | | |
| 8199 | | | 宾三类 | | | |
| 8200 | | 21767 | 宾三类 | | | |
| 8201 | | | 宾三类 | | | |
| 8202 | | | 宾二类 | | | |
| 8203 | | | 𠂤宾间类 | | | |
| 8204 | | | 宾一类 | | | |
| 8205 | | | 宾三类 | | | |
| 8206 | | | 宾三类 | | | |
| 8207 | | | 宾二类 | | | |
| 8208 | | | 宾二类 | 㱿 | | |
| 8209 | | | 宾三类 | | | |
| 8210 | | | 宾二类 | | | |
| 8211 | | | 𠂤宾间类 | | | |
| 8212 | | | 宾三类 | | | |
| 8213 | | | 宾三类 | | | |
| 8214 | | | 宾二类 | | | |
| 8215 | | | 宾三类 | | | |
| 8216 | | | 宾二类 | | | |

续表

| 著录号 | 缀合 | 重片 | 类型划分 | 贞人 | 专家分类 | 其他说明 |
|---|---|---|---|---|---|---|
| 8217 | | | 宾二类 | | | |
| 8218 正反 | | | 宾二类 | | | |
| 8219 | | | 宾一类 | 𡧊 | | |
| 8220 正反 | | | 宾二类 | 𡧊 | | |
| 8221 | | | 宾二类 | | | |
| 8222 | | | 宾二类 | | | |
| 8223 | | | 宾二类 | | | |
| 8224 | | | 宾一类 | | | |
| 8225 | | | 宾一类 | | | |
| 8226 正反 | | | 宾一类 | 古 | | |
| 8227 | | | 宾二类 | | | 背甲 |
| 8228 | | | 宾二类 | | | |
| 8229 | | | 宾二类 | | | |
| 8230 | | | 宾二类 | | | |
| 8231 | | | 宾二类 | | | |
| 8232 | | | 宾二类 | | | |
| 8233 | | | 宾二类 | 永 | | |
| 8234 | | | 宾二类 | | | |
| 8235 | | | 宾二类 | | | |
| 8236 | 8236+6065 | | 宾二类 | | 黄典宾 | |
| 8237 | | | 宾三类 | | | |
| 8238 | | | 宾三类 | | | |
| 8239 | | | 宾二类 | | | |
| 8240 正反 | | | 宾一类 | | | |
| 8241 正 | | | 宾三类 | | 黄典宾 / 宾三 | |
| 8241 反 | | | 宾三类 | 宁 | | |
| 8242 | | | 宾三类 | | | |
| 8243 | | | 宾三类 | | | |
| 8244 | | | 宾二类 | | | |
| 8245 | | | 宾二类 | | | |
| 8246 | | | 宾二类 | 爭 | | |
| 8247 | | | 宾二类 | 𡧊 | | |
| 8248 | | | 宾二类 | | | |

续表

| 著录号 | 缀合 | 重片 | 类型划分 | 贞人 | 专家分类 | 其他说明 |
|---|---|---|---|---|---|---|
| 8249 | | | 宾二类 | | | |
| 8250 正反 | | | 宾二类 | | | |
| 8251 正反 | | | 宾二类 | | | |
| 8252 | | | 𠂤宾间类 | | | |
| 8253 | | | 宾二类 | | | |
| 8254 | | | 宾二类 | | | |
| 8255 | | | 宾二类 | | | |
| 8256 | | | 出一类 | | | 非宾 |
| 8257 | | | 宾三类 | | | 背甲 |
| 8258 | | | 出一类 | | | 非宾 |
| 8259 | | | 宾二类 | | | |
| 8260 正反 | | | 宾二类 | | | |
| 8261 | | | 宾二类 | | | |
| 8262 正反 | | | 宾二类 | | | |
| 8263 | | | 宾二类 | | | |
| 8264 | | | 宾二类 | | 李彭𠂤宾间 | |
| 8265 | | | 𠂤宾间类 | | | |
| 8266 | | | 𠂤宾间类 | | | |
| 8267 | | | 𠂤宾间类 | | | |
| 8268 | | | 𠂤宾间类 | | | |
| 8269 正反 | | | 宾一类 | | | |
| 8270 | | | 宾一类 | | | |
| 8271 | | | 宾一类 | | | |
| 8272 正反 | | | 宾二类 | | | |
| 8273 | | | 宾一类 | | | |
| 8274 | | | 宾一类 | 王 | | |
| 8275 正反 | | | 宾一类 | | | |
| 8276 | | | 宾一类 | | | |
| 8277 | | | 宾三类 | | | |
| 8278 | | | 宾一类 | | | |
| 8279 | | | 宾一类 | | | |
| 8280 正反 | | | 宾一类 | | | |
| 8281 | | 19257 | 宾一类 | | | |
| 8282 | | | 宾三类 | | | |

续表

| 著录号 | 缀合 | 重片 | 类型划分 | 贞人 | 专家分类 | 其他说明 |
|---|---|---|---|---|---|---|
| 8283 | | | 宾一类 | | | |
| 8284 | | | 宾一类 | 宕 | | |
| 8285 | | | 宾一类 | | | |
| 8286 | | | 宾一类 | | | |
| 8287 | | | 宾二类 | | | |
| 8288 | | | 宾二类 | | | |
| 8289 正反 | | | 宾三类 | | | |
| 8290 | | | 宾三类 | | | |
| 8291 | | | 宾二类 | | | |
| 8292 | | | 宾三类 | | | |
| 8293 | | | 宾一类 | | | |
| 8294 | | | 宾一类 | | | |
| 8295 | | | 宾三类 | | | |
| 8296 | | | 宾三类 | | | |
| 8297 | | | 宾三类 | | | |
| 8298 | | | 宾三类 | | | |
| 8299 | | | 宾三类 | | | |
| 8300 | | | 宾一类 | | | |
| 8301 | 8301+5115 | | 宾一类 | | | |
| 8302 | | | 宾二类 | | | |
| 8303 | | | 宾二类 | 𡧊 | | |
| 8304 | | | 宾一类 | | | |
| 8305 | | | 宾三类<br>宾三类 | | | |
| 8306 | | | 宾三类 | | | |
| 8307 | | | 宾三类 | | | |
| 8308 | | | 宾二类 | | | |
| 8309 | 黄拼 8309+17508 | | 宾二类 | | | |
| 8310 | | | 宾一类 | 古 | | |
| 8311 | | | 宾一类 | | 李彭自宾间 | |
| 8312 | | | 宾一类 | | | |
| 8313 | | | 宾一类 | | | |
| 8314 | | | 宾一类 | | | |
| 8315 | | | 宾一类 | | | |

续表

| 著录号 | 缀合 | 重片 | 类型划分 | 贞人 | 专家分类 | 其他说明 |
|---|---|---|---|---|---|---|
| 8316 正反 | | | 宾二类 | 穷 | | |
| 8317 | | | 宾一类 | | | |
| 8318 | | | 宾二类 | | | |
| 8319 | | | 宾二类 | | | |
| 8320 | | | 宾一类 | | | |
| 8321 | | | 宾一类 | | | |
| 8322 | | | 宾二类 | | | |
| 8323 | | | 宾一类 | 㱿 | | |
| 8324 | | | 宾二类 | | | |
| 8325 | | | 宾三类 | | | |
| 8326 | | | 宾三类 | | | |
| 8327 | | | 宾一类 | | | |
| 8328 | | | 宾二类 | | | |
| 8329 | | | 宾二类 | 㱿、亘 | | |
| 8330 正反 | | | 宾二类 | | | |
| 8331 | 黄拼 8331+12688 | | 宾二类 | | | 同文见 8333、34254 |
| 8332 正反 | 8332 正反 + | | 宾二类 | 古 | | |
| 8333 | 黄拼 8333+14420 | | 宾二类 | | | |
| 8334 | | | 宾二类 | | | |
| 8335 | | | 宾二类 | | | |
| 8336 | | | 宾一类 | | | |
| 8337 | | | 宾二类 | | | |
| 8338 | | | 宾二类 | | | |
| 8339 | 8339 遥缀 8340（合补 4582、余 12.4） | | 宾二类 | | | |
| 8340 | 8340+8339 | | 宾二类 | | | |
| 8341 | | | 宾二类 | | | |
| 8342 | | | 宾二类 | | | |
| 8343 | | | 宾二类 | | | |
| 8344 | | | 宾二类 | | | |
| 8345 | 8345 遥缀 8346 | | 宾二类 | | | |
| 8346 | 8346 遥缀 8345 | | 宾二类 | 穷 | | |
| 8347 | | | 𠂤小字类 | | | 非宾 |
| 8348 | | | 宾三类 | | | |

续表

| 著录号 | 缀合 | 重片 | 类型划分 | 贞人 | 专家分类 | 其他说明 |
|---|---|---|---|---|---|---|
| 8349 | | | 宾三类 | | | |
| 8350 | | | 宾三类 | 古 | | |
| 8351 | | | 宾三类 | | | |
| 8352 正反 | | 4222 | 宾二类 | | | |
| 8353 | | | 宾二类 | 穷 | | |
| 8354 | | | 宾三类 | | | 背甲 |
| 8355 | | | 宾三类 | | | |
| 8356 | | | 宾三类 | | | |
| 8357 | | | 宾三类 | | | |
| 8358 | | | 宾一类 | | | |
| 8359 | 8359+36417 | | 宾三类 | | | |
| 8360 | | | 宾三类 | | | |
| 8361 | | | 宾三类 | | | |
| 8362 | | | 宾三类 | | | |
| 8363 | | | 宾二类 | | | |
| 8364 | | | 自宾间类 | | | |
| 8365 | | 204 | 宾二类 | | | |
| 8366 | | | 宾三类 | | | |
| 8367 | | | 宾三类 | | | |
| 8368 | | | 宾三类 | | | |
| 8369 | | | 宾一类 | | | |
| 8370 | | | 宾二类 | | | |
| 8371 | | | 宾一类 | | | |
| 8372 | | | 宾二类 | | | |
| 8373 正反 | | | 宾二类 | | | |
| 8374 正反 | | | 宾三类 | | 黄宾三 | |
| 8375 | | 27798 | 宾三类 | | | |
| 8376 | | | 宾一类 | | | |
| 8377 | | | 宾二类 | | 黄典宾 | |
| 8378 | | | 宾一类 | | | |
| 8379 | | | 宾二类 | | | |
| 8380 正反 | | | 宾三类 | | | |
| 8381 | | | 宾三类 | | | |
| 8382 | | | 宾三类 | | 黄宾三 | |

续表

| 著录号 | 缀合 | 重片 | 类型划分 | 贞人 | 专家分类 | 其他说明 |
|---|---|---|---|---|---|---|
| 8383 | | | 宾三类 | | | |
| 8384 | | | 宾三类 | | | |
| 8385 | | | 宾二类 | | | |
| 8386 | | | 宾二类 | | | |
| 8387 | | | 宾一类 | | | |
| 8388 | | | 宾二类 | 古 | | |
| 8389 | | | 宾一类 | | | |
| 8390 | | | 宾一类 | | | |
| 8391 | | | 宾一类 | | | |
| 8392 正反 | | | 宾一类 | | | |
| 8393 | | | 宾三类 | | | |
| 8394 | | | 宾三类 | | | |
| 8395 | | | 宾三类 | 亘 | | |
| 8396 | | | 宾一类 | | | |
| 8397 | | | 宾三类 | | | |
| 8398 正臼 | | | 宾二类 | 亘 | | |
| 8399 | | | 宾三类 | | | |
| 8400 | | | 宾一类 | | | |
| 8401 | 黄拼 8401+18937 | | 宾三类 | 争 | | |
| 8402 | 8402 遥缀珠 458 | | 宾二类 | | | |
| 8403 | | | 宾一类 | | | |
| 8404 | | | 宾三类 | | | |
| 8405 | | | 宾一类 | 争 | | |
| 8406 | | | 宾二类 | 古 | | |
| 8407 | | 27758 | 宾一类 | | | |
| 8408 | 8408+3974 | | 宾三类 | | | |
| 8409 | 8409+ | | 宾三类 | | | |
| 8410 正反 | | | 宾一类 | | | |
| 8411 | | | 宾二类 | | | |
| 8412 | | | 宾二类 | 亘 | | |
| 8413 | | | 宾二类 | | | |
| 8414 | | | 宾二类 | | | |
| 8415 | | | 宾二类 | | | |
| 8416 | | | 宾二类 | | | |

续表

| 著录号 | 缀合 | 重片 | 类型划分 | 贞人 | 专家分类 | 其他说明 |
|---|---|---|---|---|---|---|
| 8417 正反 | | | 宾二类 | | | |
| 8418 | | | 宾二类 | | | |
| 8419 | | | 宾二类 | | | |
| 8420 正反 | | | 宾二类 | | | |
| 8421 | | | 𠂤宾间类 | | 黄𠂤宾间 A | |
| 8422 | | | 𠂤宾间类 | | | |
| 8423 | | | 𠂤宾间类 | | | |
| 8424 | | | 𠂤宾间类 | | | |
| 8425 | | | 𠂤宾间类 | | | |
| 8426 | | | 𠂤宾间类 | 王 | 黄𠂤宾间 A | |
| 8427 | | | 𠂤宾间类 | 王 | | |
| 8428 | | | 𠂤宾间类 | 王 | | |
| 8429 | | | 𠂤宾间类 | | 黄𠂤宾间 A | |
| 8430 | | | 𠂤宾间类 | | | |
| 8431 | | | 𠂤宾间类 | | | |
| 8432 | | | 𠂤宾间类 | | | |
| 8433 | | | 𠂤宾间类 | | | |
| 8434 | 黄拼 8434+7015+18032+4326 | 合补 1991 | 𠂤宾间类 | | | |
| 8435 | | | 宾二类 | | | |
| 8436 | | | 宾二类 | | | |
| 8437 正反 | 8437+7441 | | 宾二类 | | | |
| 8438 | | | 宾二类 | 㱿 | | |
| 8439 | | | 宾二类 | 爭 | | |
| 8440 | | | 宾二类 | | | |
| 8441 正反 | | | 宾二类 | | | |
| 8442 正反 | | | 宾二类 | 㱿 | | |
| 8443 | | | 宾二类 | | | |
| 8444 | | | 宾一类 | 㱿 | | |
| 8445 | | | 宾一类 | | 黄宾一 | |
| 8446 | | | 宾一类 | 㱿 | | |
| 8447 | | | 宾一类 | | | |
| 8448 | | | 宾一类 | | | |
| 8449 | | | 宾一类 | | | |

续表

| 著录号 | 缀合 | 重片 | 类型划分 | 贞人 | 专家分类 | 其他说明 |
|---|---|---|---|---|---|---|
| 8450 | | | 宾一类 | | | |
| 8451 | | | 宾二类 | | | 背甲 |
| 8452 | | | 宾二类 | | | |
| 8453 正反 | 8453 反 +40027 反 | | 宾二类 | 亘 | | 合 40027 反，崎川误为重片 |
| 8454 | | | 宾二类 | 王 | | |
| 8455 | | 23699 | 宾三类 | | 李彭宾二 | |
| 8456 | | | 宾二类 | | | |
| 8457 | | | 宾一类 | | | |
| 8458 | | | 宾二类 | | | |
| 8459 正反 | | | 宾一类 | | | |
| 8460 正反 | | | 宾一类 | | | |
| 8461 | | | 宾三类 | | | |
| 8462 | | | 宾三类 | 穷 | | |
| 8463 | | | 宾一类 | | | |
| 8464 | | | 宾一类 | | | |
| 8465 | | | 宾一类 | | | |
| 8466 正反 | | | 宾三类 | | | |
| 8467 正反 | | | 宾一类 | | | |
| 8468 | | | 宾二类 | | | |
| 8469 | | | 宾一类 | | | |
| 8470 | | | 宾三类 | | | |
| 8471 | | | 宾一类 | | | |
| 8472 正反 | 8472+ | | 宾一类 | | | |
| 8473 | | | 宾三类 | 古、㕣 | 黄宾三 | 背甲 |
| 8474 | | | 宾一类 | | | |
| 8475 | | | 宾二类 | | | |
| 8476 | | | 宾二类 | | | |
| 8477 | | | 宾二类 | | | |
| 8478 | | | 宾二类 | | | |
| 8479 | | | 宾二类 | | | |
| 8480 | | | 宾二类 | 争 | | |
| 8481 | | | 宾二类 | | | |
| 8482 | | | 宾二类 | | | |

续表

| 著录号 | 缀合 | 重片 | 类型划分 | 贞人 | 专家分类 | 其他说明 |
|---|---|---|---|---|---|---|
| 8483 | | | 宾二类 | | | |
| 8484 正反 | | | 宾二类 | | | |
| 8485 | | | 宾二类 | | | |
| 8486 正反 | | | 宾二类 | | | |
| 8487 | | | 宾二类 | | | |
| 8488 | | | 宾一类 | | | |
| 8489 | | | 宾一类 | | | |
| 8490 正臼 | | | 宾一类 | | | |
| 8491 | | | 宾一类 | | | |
| 8492 | | | 宾一类 | | 黄宾一 | 背甲（鞋底） |
| 8493 | | | 宾一类 | | | |
| 8494 | | | 宾一类 | | | |
| 8495 | | | 宾一类 | | | |
| 8496 | | | 宾一类 | | | |
| 8497 | | | 宾一类 | | | |
| 8498 | | | 宾一类 | | | |
| 8499 | | | 宾一类 | | | |
| 8500 | | | 宾一类 | | | |
| 8501 正反 | 黄拼 8501 正 +18925 | | 宾二类 | 㱿 | | |
| 8502 | | | 宾二类 | | | |
| 8503 | | | 宾二类 | | | |
| 8504 | | | 宾二类 | 争 | | |
| 8505 | | | 宾二类 | | | |
| 8506 | | | 宾二类 | 穷 | | |
| 8507 | | | 宾二类 | 㱿 | 黄典宾 | |
| 8508 正反 | | | 宾二类 | | | |
| 8509 | | | 宾二类 | | | |
| 8510 | | | 宾二类 | 㱿 | | |
| 8511 | | | 宾二类 | 㱿 | | |
| 8512 | 黄拼 8512+ 合补 3925 | | 宾二类 | 㱿 | | |
| 8513 | | | 宾二类 | 㱿 | | |
| 8514 | | | 宾二类 | 争 | | |
| 8515 | | | 宾二类 | | | |
| 8516 | | | 宾二类 | | | |

续表

| 著录号 | 缀合 | 重片 | 类型划分 | 贞人 | 专家分类 | 其他说明 |
|---|---|---|---|---|---|---|
| 8517 | | | 宾二类 | | | |
| 8518 | | | 宾二类 | | | |
| 8519 | | | 宾二类 | | | |
| 8520 | | | 宾二类 | | | |
| 8521 | | | 宾二类 | | | |
| 8522 | | | 宾二类 | | | |
| 8523 | | | 宾二类 | | | |
| 8524 | 8524+6164 | | 宾二类 | | | |
| 8525 | | | 宾二类 | | | |
| 8526 | | | 宾二类 | 㱿 | | |
| 8527 | | | 宾二类 | 㱿 | | |
| 8528 | | | 宾二类 | 㱿 | | |
| 8529 | | | 宾二类 | 𡆥 | | |
| 8530 正反 | | | 宾二类 | 㱿 | | |
| 8531 | | | 宾二类 | 爭 | | |
| 8532 | | | 宾二类 | 穷 | | |
| 8533 | | | 宾二类 | | | |
| 8534 | | | 宾二类 | | | |
| 8535 | | | 宾二类 | | | |
| 8536 | | | 宾二类 | 穷 | 黄自小字 | 黄非宾 |
| 8537 | | | 宾二类 | 㱿 | | |
| 8538 | | | 宾二类 | | | |
| 8539 | 黄拼 8539+USB698 | | 宾二类 | | | 缀同文见 6110 |
| 8540 | | | 宾二类 | | | |
| 8541 | | | 宾二类 | | | |
| 8542 | | | 宾二类 | | | |
| 8543 正反 | | | 宾二类 | 𡆥 | | |
| 8544 | | | 宾二类 | | 黄典宾 | |
| 8545 | | | 宾二类 | 爭 | 黄典宾 | |
| 8546 | 黄拼 8546+16017+13951 | | 宾二类 | | | |
| 8547 | 8547（山东 1283）+6101 | | 宾二类 | | | |
| 8548 | | | 宾二类 | | | |
| 8549 | | | 宾二类 | | | |

续表

| 著录号 | 缀合 | 重片 | 类型划分 | 贞人 | 专家分类 | 其他说明 |
|---|---|---|---|---|---|---|
| 8550 | | | 宾二类 | 㱿 | 黄宾三 | |
| 8551 | | | 宾二类 | 亘 | | |
| 8552 | | | 宾二类 | 㱿 | | |
| 8553 | | | 宾二类 | | | |
| 8554 | 黄拼 8554+12812+<br>合补 1921+ 合补 2140 | | 宾三类 | 穷 | 黄宾三 | |
| 8555 正反 | | | 宾二类 | 㱿 | | |
| 8556 | | | 宾二类 | 㱿 | | |
| 8557 | | | 宾二类 | | | |
| 8558 | | | 宾一类 | | | |
| 8559 正反 | | | 宾二类 | | | |
| 8560 正反 | | | 宾二类 | | | |
| 8561 | | | 宾二类 | | | |
| 8562 | 黄拼 8562+6221 | | 宾二类 | | 黄典宾 | |
| 8563 | 8563+ | | 宾二类 | | | |
| 8564 | | | 宾三类 | | | |
| 8565 | | | 宾二类 | | | |
| 8566 正反 | | | 宾二类 | | | |
| 8567 | | | 宾一类 | | | |
| 8568 | | | 宾二类 | | | |
| 8569 正反 | | | 宾二类 | 穷 | | |
| 8570 | | | 宾二类 | | | |
| 8571 | 黄拼 8571+1276（=1277）+<br>6244 | | 宾二类 | | | |
| 8572 | | | 宾二类 | | | |
| 8573 正反 | | | 宾二类 | | | |
| 8574 | | | 宾二类 | 穷 | | |
| 8575 | | | 宾二类 | | | |
| 8576 | | | 宾二类 | | | |
| 8577 | | | 宾二类 | | | |
| 8578 | 8578+8587 | | 宾二类 | | | |
| 8579 | | | 宾二类 | | | |
| 8580 | | | 宾二类 | | | |
| 8581 | | | 宾二类 | | | |

续表

| 著录号 | 缀合 | 重片 | 类型划分 | 贞人 | 专家分类 | 其他说明 |
|---|---|---|---|---|---|---|
| 8582 正反 | | | 宾二类 | | | |
| 8583 | | | 宾一类 | | 黄自小字 | 黄非宾 |
| 8584 | | | 宾一类 | | | |
| 8585 | | | 宾三类 | | | |
| 8586 | | | 宾三类 | | | |
| 8587 | 8587+8578 | | 宾二类 | | | |
| 8588 | | | 宾三类 | 争 | | |
| 8589 | | | 宾三类 | | | |
| 8590 | | | 宾一类 | | | |
| 8591 | | | 宾一类 | 穷 | 黄宾一<br>李彭宾一 A | 背甲（鞋底） |
| 8592 | | | 宾一类 | 内 | 黄宾一 | |
| 8593 | 8593+10558 | | 宾一类 | 𣪊 | | |
| 8594 正反 | | | 宾一类 | | | |
| 8595 | | | 宾一类 | | | |
| 8596 | | | 宾二类 | | | |
| 8597 | 8597+8014 | | 宾二类 | 争 | 李彭宾一 B<br>黄典宾 /<br>宾三 | |
| 8598 | | | 宾二类 | 亘 | | |
| 8599 | | | 宾一类 | | | |
| 8600 | 8600+3750 | | 宾三类 | | | |
| 8601 | | | 宾三类 | | | |
| 8602 | | | 宾一类 | | | |
| 8603 | | | 宾三类 | | | |
| 8604 | | | 宾二类 | | | |
| 8605 正反 | | | 宾二类 | | | |
| 8606 | | | 宾一类 | | | |
| 8607 | | | 宾一类 | | | |
| 8608 | | | 宾一类 | | | |
| 8609 | | | 宾三类 | | 黄宾三 | |
| 8610 正反 | | | 宾二类 | 𣪊 | | |
| 8611 | | | 宾二类 | | | |
| 8612 | 8612+6780 | | 宾二类 | | | |
| 8613 | | | 宾二类 | 穷 | | |

续表

| 著录号 | 缀合 | 重片 | 类型划分 | 贞人 | 专家分类 | 其他说明 |
|---|---|---|---|---|---|---|
| 8614 | | | 宾二类 | | | |
| 8615 | | | 宾二类 | | | |
| 8616 | | | 宾二类 | | | |
| 8617 | | | 宾二类 | | | |
| 8618 | | | 宾二类 | | | |
| 8619 | | | 宾一类 | | | |
| 8620 | | | 宾二类 | | | |
| 8621 | | | 宾一类 | | | |
| 8622 | | | 宾二类 | | | |
| 8623 | | | 宾三类 | | | |
| 8624 | | | 宾三类 | | | |
| 8625 | 8625+8626 | | 宾二类 | | | |
| 8626 | 8626+8625 | | 宾二类 | | | |
| 8627 | | | 宾三类 | | | |
| 8628 | | | 宾二类 | | | |
| 8629 | | | 宾一类 | | | |
| 8630 | | | 自宾间类 | | | |
| 8631 | | | 自宾间类 | | | |
| 8632 | | | 自宾间类 | | | |
| 8633 | | | 自宾间类 | | | |
| 8634 | | | 自宾间类 | | | |
| 8635 | | | 自宾间类 | | | |
| 8636 | | | 自宾间类 | | | |
| 8637 | | | 自宾间类 | | | |
| 8638 | | | 自小字类 | 王 | 黄自小字 | 非宾 |
| 8639 | | | 自小字类 | | | 非宾 |
| 8640 | | | 自小字类 | | | 非宾 |
| 8641 | | | 宾三类 | 穷 | | |
| 8642 | | | 宾二类 | 争 | | |
| 8643 | | | 宾二类 | | | |
| 8644 | | | 自宾间类 | | 李彭自宾间 | |
| 8645 | | | 自宾间类 | | | |
| 8646 | | | 自宾间类 | | | |
| 8647 | | 8520 | 宾二类 | | | |

续表

| 著录号 | 缀合 | 重片 | 类型划分 | 贞人 | 专家分类 | 其他说明 |
|---|---|---|---|---|---|---|
| 8648 正反 | | | 宾二类 | 亘 | | |
| 8649 正反 | | | 宾一类 | | | |
| 8650 | | | 宾二类 | | | |
| 8651 | | | 宾二类 | | | |
| 8652 | | | 宾三类 | | | |
| 8653 正反 | | | 宾二类 | | | |
| 8654 | 黄拼 8654+15954 正 | | 宾二类 | 𣪊 | | |
| 8655 | | | 自宾间类 | | | |
| 8656 正反 | | 19327 | 宾一类 | | | |
| 8657 | | | 宾三类 | | | |
| 8658 | | | 宾三类 | 古 | | |
| 8659 | | | 宾三类 | | 李彭宾二 | |
| 8660 | | 41533 | 宾一类 | | | |
| 8661 | | | 宾一类 | 𣪊 | | |
| 8662 | | | 宾一类 | | | |
| 8663 | | | 宾一类 | | | |
| 8664 | | | 宾一类 | | | |
| 8665 | | | 宾一类 | | | |
| 8666 | | | 宾一类 | | | |
| 8667 | | | 宾一类 | | | |
| 8668 | | | 宾一类 | | | |
| 8669 | | | 宾一类 | | | |
| 8670 | | | 宾一类 | | | |
| 8671 | | | 宾二类 | | | |
| 8672 | 黄拼 8672+《殷墟甲骨拾遗（续五）》4 | | 宾二类 | | | |
| 8673 | | | 宾二类 | | | |
| 8674 | | | 宾二类 | | | |
| 8675 | | | 宾三类 | | | |
| 8676 | | | 自宾间类 | | | |
| 8677 | | | 宾一类 | | | |
| 8678 | | | 宾三类 | | | |
| 8679 | | | 宾二类 | | | |
| 8680 | | | 宾三类 | | | |

续表

| 著录号 | 缀合 | 重片 | 类型划分 | 贞人 | 专家分类 | 其他说明 |
|---|---|---|---|---|---|---|
| 8681 | | | 自宾间类 | | 黄自宾间 | |
| 8682 | | | 宾三类 | | | |
| 8683 | | 39909 | 宾二类 | 𡧊 | | |
| 8684 | | | 宾三类 | | | |
| 8685 | | | 宾一类 | | | |
| 8686 | | | 宾二类 | | | |
| 8687 | 黄拼 8687（18150/10917/18259）+合补 1306 | 18259/1091/18150 | 宾二类 | | | |
| 8688 | | | 宾三类 | | | |
| 8689 | | | 宾三类 | 充 | | |
| 8690 | | | 宾二类 | | | |
| 8691 | | | 宾二类 | | | |
| 8692 正反 | | | 宾二类 | | | |
| 8693 | | | 宾三类 | | | |
| 8694 | | | 宾三类 | | | |
| 8695 | | 28005 | 宾三类 | | | |
| 8696 | | | 宾三类 | | | |
| 8697 | | | 宾二类 | | | |
| 8698 | | | 宾三类 | | | |
| 8699 | | 21279 | 宾二类 | | | |
| 8700 | | | 宾二类 | | | |
| 8701 | | | 宾二类 | | | |
| 8702 | | | 宾二类 | | | |
| 8703 | | | 宾一类 | | | |
| 8704 | 黄拼 8704+16487+存补 5.378.2 | | 宾一类 | | | |
| 8705 | | | 宾二类 | | | |
| 8706 | | | 宾二类 | 㝊 | | |
| 8707 | | | 宾三类 | | | |
| 8708 | | | 宾二类 | | | |
| 8709 | | | 宾三类 | 古 | | |
| 8710 | | | 宾三类 | | | |
| 8711 | | 15759 | 宾三类 | | | |
| 8712 | | | 宾三类 | | | |

续表

| 著录号 | 缀合 | 重片 | 类型划分 | 贞人 | 专家分类 | 其他说明 |
|---|---|---|---|---|---|---|
| 8713 | | | 宾三类 | 王 | | |
| 8714 | | | 宾二类 | 王 | | |
| 8715 | | | 宾二类 | | | |
| 8716 | | | 宾二类 | | | |
| 8717 | | | 宾二类 | | | |
| 8718 | | | 宾二类 | | | |
| 8719 | | | 宾三类 | | | |
| 8720 | | | 宾一类 | | | |
| 8721 | | | 宾一类 | | | |
| 8722 | | | 自小字类 | | | 非宾 |
| 8723 | | | 宾二类 | | | |
| 8724 | | | 宾二类 | | | |
| 8725 | 8725+8726 | | 宾二类 | | | |
| 8726 | 8726+8725 | | 宾二类 | | | |
| 8727 | | | 宾一类 | | | |
| 8728 | | | 自小字类 | | 黄自小字 | 非宾 |
| 8729 | | | 宾一类 | | | |
| 8730 | | | 宾三类 | 爭 | | 背甲 |
| 8731 | | | 宾三类 | | | |
| 8732 | | | 宾三类 | | | |
| 8733 | | | 宾三类 | | | |
| 8734 | | | 宾一类 | | | |
| 8735 | | | 宾三类 | | | |
| 8736 | | | 宾一类 | | | |
| 8737 | | | 宾二类 | | | |
| 8738 | | | 宾一类 | 爭 | | |
| 8739 | | | 宾二类 | | | |
| 8740 | | | 宾二类 | | | |
| 8741 | | | 宾二类 | | | |
| 8742 | | | 宾二类 | | | |
| 8743 | | | 宾二类 | | | |
| 8744 | | | 宾二类 | | | |
| 8745 | 黄拼 8745+ 英 681 | | 宾二类 | | | |
| 8746 | | 2006 | 宾二类 | | | |

续表

| 著录号 | 缀合 | 重片 | 类型划分 | 贞人 | 专家分类 | 其他说明 |
|---|---|---|---|---|---|---|
| 8747 | | | 宾一类 | | | |
| 8748 | | | 宾二类 | | | |
| 8749 | | | 宾二类 | | | |
| 8750 | | | 宾一类 | | | |
| 8751 正反 | | | 宾一类 | 穷 | | |
| 8752 | | | 宾一类 | | | |
| 8753 | | | 宾一类 | | | |
| 8754 正臼 | | | 宾二类 | 古 | | |
| 8755 正反 | | | 宾二类 | | | |
| 8756 | | | 宾二类 | 亘 | | |
| 8757 | | | 宾二类 | | | |
| 8758 | | | 宾二类 | | | |
| 8759 | | | 宾二类 | | | |
| 8760 | | 40176 | 宾二类 | | | |
| 8761 正反 | | | 宾二类 | | | |
| 8762 正反 | | | 宾二类 | | | |
| 8763 | | | 宾二类 | | | |
| 8764 正反 | | | 宾二类 | | | |
| 8765 | | | 宾二类 | | | |
| 8766 | | | 宾二类 | | | |
| 8767 | | | 自小字类 | | | 非宾 |
| 8768 正反 | | | 宾二类 | | | |
| 8769 | | | 宾二类 | | | |
| 8770 | | | 宾三类 | | | |
| 8771 | | | 宾二类 | | | |
| 8772 | | | 宾二类 | | | |
| 8773 | | | 宾二类 | | | |
| 8774 | | | 宾二类 | | | |
| 8775 | | | 宾一类 | | | |
| 8776 | | | 宾一类 | | | |
| 8777 | | | 宾二类 | | | |
| 8778 | | | 宾一类 | | | |
| 8779 | | | 非宾类 | | 蒋丙种子组 | 非宾 |
| 8780 | | | 宾三类 | | | 背甲 |

续表

| 著录号 | 缀合 | 重片 | 类型划分 | 贞人 | 专家分类 | 其他说明 |
|---|---|---|---|---|---|---|
| 8781 | | | 宾二类 | | | |
| 8782 | | | 宾一类 | | | |
| 8783 | | | 宾二类 | | | |
| 8784 | | | 宾二类 | | | |
| 8785 | | | 宾一类 | | | |
| 8786 | | | 宾一类 | | | |
| 8787 | | 9752 | 宾三类 | | | |
| 8788 | | | 宾二类 | | | |
| 8789 | | | 宾一类 | | | |
| 8790 | | | 宾一类 | | | |
| 8791 | | | 宾三类 | | | |
| 8792 | | | 宾二类 | | | |
| 8793 | | | 宾二类 | | | |
| 8794 | | | 宾二类 | | | |
| 8795 | | | 宾二类 | | | |
| 8796 正反 | | | 宾二类 | 㱿 | | 笔书（反） |
| 8797 正反 | | | 宾二类 | 古 | | |
| 8798 | | | 宾二类 | | | |
| 8799 | | | 宾二类 | | | |
| 8800 | | | 宾二类 | | | |
| 8801 | | | 宾二类 | | | |
| 8802 | 8802+ | | 𠂤小字类 | | 黄𠂤小字 | 非宾 |
| 8803 | | | 宾二类 | 亘 | | |
| 8804 | | | 宾二类 | | | |
| 8805 | | | 宾二类 | | | |
| 8806 | | | 宾二类 | | | |
| 8807 | | | 宾二类 | | | |
| 8808 正反 | | | 宾一类 | | | |
| 8809 | | | 宾二类 | | | |
| 8810 正臼 | | | 宾二类 | 穷、亘 | | |
| 8811 正反 | | | 宾三类 | | | |
| 8812 正反 | 8812 正反 +8813 正反 | | 宾二类 | | | |
| 8813 | 8813 正反 +8812 正反 | | 宾二类 | | | |
| 8814 | | | 宾二类 | | | |

续表

| 著录号 | 缀合 | 重片 | 类型划分 | 贞人 | 专家分类 | 其他说明 |
|---|---|---|---|---|---|---|
| 8815 | | | 宾二类 | | | |
| 8816 | 8816+ | | 宾二类 | 㱿 | | |
| 8817 | | 3891 | 宾二类 | | | |
| 8818 | | | 宾二类 | | | |
| 8819 | | | 宾二类 | | | |
| 8820 | | | 宾二类 | | | |
| 8821 | | | 宾二类 | | | |
| 8822 | | | 宾一类 | | | |
| 8823 | | | 宾一类 | | | |
| 8824 | | | 宾一类 | | | |
| 8825 | | | 宾一类 | | | |
| 8826 | | | 宾一类 | | | |
| 8827 | | | 宾一类 | | | |
| 8828 | | | 宾二类 | | | |
| 8829 | | | 宾二类 | | | |
| 8830 | | | 宾一类 | | | |
| 8831 | | | 宾一类 | | | |
| 8832 | | | 宾一类 | 爭 | | |
| 8833 | | | 宾一类 | | | |
| 8834 | | | 宾三类 | | | |
| 8835 | | | 宾二类 | | | |
| 8836 | | | 宾二类 | 穷 | | |
| 8837 正反 | | | 宾二类 | 韋 | 黄宾二 | |
| 8838 | | | 宾二类 | | | |
| 8839 | | | 宾二类 | | | |
| 8840 | | | 宾二类 | | | |
| 8841 | | | 宾一类 | | | |
| 8842 | | | 宾一类 | | | |
| 8843 | | | 宾二类 | | | |
| 8844 | | | 宾二类 | 穷、亘 | | |
| 8845 | | | 宾二类 | | | |
| 8846 | | | 宾一类 | | | |
| 8847 | | | 宾一类 | | | |
| 8848 | | | 宾二类 | | | |

续表

| 著录号 | 缀合 | 重片 | 类型划分 | 贞人 | 专家分类 | 其他说明 |
|---|---|---|---|---|---|---|
| 8849 | | | 自小字类 | | 黄自小字 | |
| 8850 | | | 宾一类 | | | |
| 8851 | | | 宾一类 | | | |
| 8852 正反臼 | | | 宾二类 | 穷、亘、内 | | |
| 8853 | | | 宾二类 | | | |
| 8854 | | | 宾二类 | | | 背甲 |
| 8855 | 黄拼 19486+8855 | 5758 | 宾一类 | 㱿 | | |
| 8856 | | | 宾一类 | | | |
| 8857 正反 | | | 宾一类 | | | |
| 8858 | | | 宾二类 | | | |
| 8859 正反 | | | 宾二类 | | | |
| 8860 | | | 宾二类 | | | |
| 8861 | | | 宾二类 | | | |
| 8862 正反 | | | 宾二类 | | | |
| 8863 | | | 宾一类 | 争 | | |
| 8864 | | | 宾一类 | | | |
| 8865 | | | 宾一类 | | | |
| 8866 | | | 宾三类 | | | |
| 8867 | | | 宾三类 | 争 | | |
| 8868 | | | 宾二类 | | | |
| 8869 | | | 宾二类 | | | |
| 8870 | | | 宾二类 | | | |
| 8871 | | | 宾一类 | | | |
| 8872 | | | 宾一类 | | | |
| 8873 | | | 宾一类 | | | |
| 8874 正反 | | | 宾二类 | | | |
| 8875 | | | 宾一类 | | | |
| 8876 | | | 宾一类 | | | |
| 8877 | | | 宾一类 | | | |
| 8878 | | 14465 | 宾一类 | | | |
| 8879 | | | 宾二类 | 穷 | | |
| 8880 | | | 宾二类 | | | |
| 8881 | | | 宾二类 | | | |

续表

| 著录号 | 缀合 | 重片 | 类型划分 | 贞人 | 专家分类 | 其他说明 |
|---|---|---|---|---|---|---|
| 8882 正反 | | | 宾二类 | | | |
| 8883 正反 | | | 宾二类 | | | |
| 8884 | | | 宾二类 | 穷 | 黄典宾 | |
| 8885 正反 | | | 宾二类 | | | |
| 8886 正反 | | | 宾二类 | | | |
| 8887 正反 | | | 宾二类 | | | |
| 8888 正反 | | | 宾一类 | | | |
| 8889 正反 | | | 宾二类 | 㱿 | | |
| 8890 | | | 宾二类 | | | |
| 8891 | | | 宾二类 | | | |
| 8892 | | | 宾二类 | | | |
| 8893 正反 | | | 宾二类 | | | |
| 8894 正反 | | | 宾二类 | 古 | | |
| 8895 正反 | | | 宾二类 | | | |
| 8896 | | | 宾二类 | | | |
| 8897 | | | 宾二类 | | | 背甲 |
| 8898 正反 | | | 宾二类 | | | |
| 8899 | | | 宾二类 | | | |
| 8900 | | | 宾二类 | | | |
| 8901 | | | 宾二类 | | | |
| 8902 | | | 宾二类 | | | |
| 8903 | | | 宾二类 | | | |
| 8904 | | | 宾二类 | | | |
| 8905 | | | 宾三类 | | | 背甲 |
| 8906 | | | 宾二类 | | | |
| 8907 | | | 宾二类 | | | |
| 8908 | | | 宾二类 | | | |
| 8909 | | | 宾一类 | | | |
| 8910 | | | 宾一类 | | | |
| 8911 | | | 宾三类 | | | 背甲 |
| 8912 正反 | | | 宾一类 | 古 | | |
| 8913 正反 | | | 宾二类 | | | |
| 8914 | | | 宾二类 | | | |
| 8915 | | | 宾二类 | | | |

续表

| 著录号 | 缀合 | 重片 | 类型划分 | 贞人 | 专家分类 | 其他说明 |
|---|---|---|---|---|---|---|
| 8916 正反 | | | 宾二类 | | | |
| 8917 正反 | | | 宾一类 | | | |
| 8918 | | | 宾二类 | | | |
| 8919 正反 | | | 宾二类 | | | |
| 8920 正反 | | | 宾二类 | | | |
| 8921 | | 8922 | 宾二类 | | | |
| 8922 | | 8921 | 宾二类 | | | |
| 8923 | | | 宾二类 | | | |
| 8924 | | | 宾二类 | | | |
| 8925 正反 | | | 宾二类 | | | |
| 8926 | | | 宾二类 | | | |
| 8927 | | | 宾二类 | | | |
| 8928 | | | 宾三类 | | | |
| 8929 | | | 宾一类 | | | |
| 8930 | | | 宾一类 | | | |
| 8931 | | | 宾一类 | | | |
| 8932 | 8932+18046 | | 宾一类 | 古 | | |
| 8933 | | | 宾二类 | 永 | | |
| 8934 | | | 宾二类 | | | |
| 8935 正反 | | | 宾二类 | 穷 | | |
| 8936 | | | 宾二类 | | | |
| 8937 | | | 宾二类 | | | |
| 8938 甲乙 | | | 宾二类 | 亘 | | |
| 8939 | | | 自宾间类 | | | |
| 8940 | | | 宾二类 | | | |
| 8941 | | | 宾二类 | 㱿 | 黄典宾 | |
| 8942 | | | 宾二类 | | | |
| 8943 | | | 宾三类 | | | |
| 8944 | | | 宾三类 | | 李彭宾二 | |
| 8945 | | 387 | 宾二类 | | 李彭宾一 B | |
| 8946 | | | 宾一类 | | 李彭宾一 A | |
| 8947 正反 | | | 宾二类 | 㱿 | | |
| 8948 | | | 宾二类 | 永 | | |
| 8949 | | | 宾二类 | | | |

续表

| 著录号 | 缀合 | 重片 | 类型划分 | 贞人 | 专家分类 | 其他说明 |
|---|---|---|---|---|---|---|
| 8950 | | | 宾二类 | | | |
| 8951 | | | 宾二类 | | | |
| 8952 | | | 宾二类 | 𣪊 | | |
| 8953 正反 | | | 宾二类 | | | |
| 8954 | | | 宾二类 | | | |
| 8955 | | | 宾三类 | | | |
| 8956 正反 | | | 宾二类 | 穷 | | |
| 8957 | | | 宾二类 | | | |
| 8958 | | | 宾三类 | 爭 | | |
| 8959 | | | 宾二类 | | | |
| 8960 | | | 宾二类 | | | |
| 8961 正反 | | | 宾二类 | 𣪊 | | |
| 8962 | | | 宾二类 | | | |
| 8963 正反 | | | 宾二类 | | | |
| 8964 | | | 宾三类 | | | |
| 8965 | | | 宾一类 | | | |
| 8966 | | | 宾一类 | | | |
| 8967 | | | 宾二类 | | | |
| 8968 正反 | 黄拼 8968 正反 + 14647 正反 | | 宾二类 | | | |
| 8969 正反 | | | 宾一类 | 爭、古 | | |
| 8970 | | | 宾二类 | 永 | | |
| 8971 | | | 宾二类 | | | |
| 8972 | | | 宾二类 | | | |
| 8973 | 8973+ 怀 B0909 | | 宾二类 | | | |
| 8974 | | | 宾二类 | | | |
| 8975 | | | 宾三类 | | | |
| 8976 | | | 宾二类 | | | |
| 8977 正反 | | | 宾二类 | | | |
| 8978 | | | 宾二类 | | | |
| 8979 | | | 宾二类 | | | |
| 8980 | | | 宾二类 | | | |
| 8981 | | | 宾二类 | | | |
| 8982 | | | 宾三类 | 王 | | |

续表

| 著录号 | 缀合 | 重片 | 类型划分 | 贞人 | 专家分类 | 其他说明 |
|---|---|---|---|---|---|---|
| 8983 | | | 宾三类 | 穷 | | |
| 8984 | | | 𠂤宾间类 | 王 | | |
| 8985 正反 | | | 宾二类 | 韋 | | |
| 8986 正反 | | | 宾二类 | 穷 | | |
| 8987 | | | 宾一类 | 亘 | | |
| 8988 | 黄拼 8988+18647（20184） | | 𠂤小字类 | | 黄𠂤小字 | 非宾 |
| 8989 | | | 宾二类 | | | |
| 8990 | 8990 正反 +99 | | 宾二类 | | | |
| 8991 | 8991 正臼 +2770+39663 | | 宾二类 | 㱿 | 李彭宾一 B | |
| 8992 | | | 宾二类 | 㱿 | 李彭宾一 B | |
| 8993 | | | 宾二类 | 㱿 | 李彭宾一 B | |
| 8994 | 8994+9823 | | 宾一类 | | | |
| 8995 正臼 | | | 宾二类 | 㱃 | | |
| 8996 正反 | 黄拼 8996+ 英 38 | | 宾二类 | | | |
| 8997 | | | 宾二类 | | | |
| 8998 正反 | | | 宾二类 | 㱿 | | |
| 8999 | 8999+9000 | | 宾二类 | | | |
| 9000 | 9000+8999 | | 宾二类 | | | 背甲 |
| 9001 | | | 宾三类 | | | |
| 9002 | | | 宾一类 | 穷 | | |
| 9003 | | | 宾一类 | | | |
| 9004 | | | 宾一类 | | | |
| 9005 | | | 宾三类 | | | |
| 9006 | | | 宾二类 | | | |
| 9007 | | 6313+39866 | 宾二类 | 爭 | | |
| 9008 | | | 宾二类 | | | |
| 9009 | | | 宾二类 | | | |
| 9010 | | | 宾二类 | | | |
| 9011 正反 | | | 宾一类 | | | |
| 9012 正反 | | | 宾二类 | | | 甲桥署辞（反） |
| 9013 正反 | | | 宾二类 | 亘 | | 甲桥署辞（反） |
| 9014 | | | 宾二类 | | | |
| 9015 | | | 宾二类 | | | |

续表

| 著录号 | 缀合 | 重片 | 类型划分 | 贞人 | 专家分类 | 其他说明 |
|---|---|---|---|---|---|---|
| 9016 | | | 宾二类 | | | |
| 9017 正反 | 9017+9566 | | 宾一类 | | | |
| 9018 | | | 宾一类 | 永 | | |
| 9019 正反 | | | 宾二类 | | | |
| 9020 | | | 宾二类 | | | |
| 9021 正反 | | | 宾二类 | | | |
| 9022 | | | 宾三类 | | | |
| 9023 | | | 宾三类 | | | |
| 9024 | | | 宾二类 | | | |
| 9025 | | | 宾二类 | | | |
| 9026 正反 | | | 宾二类 | 爭 | | |
| 9027 正反 | | | 宾二类 | | | |
| 9028 | | | 宾二类 | | | |
| 9029 | | | 宾二类 | | | |
| 9030 | | | 宾三类 | 亘 | | |
| 9031 | | | 宾二类 | | | |
| 9032 正反 | | | 宾二类 | | | |
| 9033 | | | 宾二类 | | | |
| 9034 | | | 自宾间类 | | | |
| 9035 | | | 自宾间类 | | | |
| 9036 | | | 宾二类 | | | |
| 9037 | | | 宾二类 | | | |
| 9038 | | | 宾二类 | | | |
| 9039 | | | 宾二类 | 宕 | | |
| 9040 正反 | | | 宾二类 | 宕 | | |
| 9041 正反 | | | 宾二类 | | | |
| 9042 | | | 宾二类 | | | |
| 9043 | | | 宾二类 | 亘 | | |
| 9044 正反 | | | 宾二类 | | | |
| 9045 | | | 宾二类 | | | |
| 9046 | | | 宾二类 | | | |
| 9047 | | | 宾二类 | | | |
| 9048 | | | 宾二类 | | | |
| 9049 正反 | | | 宾二类 | | | |

续表

| 著录号 | 缀合 | 重片 | 类型划分 | 贞人 | 专家分类 | 其他说明 |
|---|---|---|---|---|---|---|
| 9050 正反 | | | 宾二类 | | | |
| 9051 | | | 宾二类 | | | |
| 9052 | | | 宾二类 | | | |
| 9053 正反 | 9053 正反 +7584+18695 | | 宾二类 | | | |
| 9054 正反 | 9054+11421 | | 宾二类 | | | |
| 9055 | | | 宾二类 | 爭 | | |
| 9056 正反 | | | 宾二类 | | | |
| 9057 正反 | | | 宾二类 | 古 | | |
| 9058 | | | 宾二类 | | | |
| 9059 正反 | 黄拼 9059+12897 | | 宾二类 | | 黄典宾 | |
| 9060 正反 | | | 宾二类 | | | |
| 9061 | | | 宾二类 | | | |
| 9062 | | | 宾二类 | | | |
| 9063 | | | 宾二类 | | | |
| 9064 | | | 宾二类 | | | |
| 9065 正臼 | | | 宾二类 | | | |
| 9066 | | | 宾二类 | | | |
| 9067 | 黄拼 9067 正 +19695 正 + 乙补 6104+17304 正 +4773 正 +18165 正 + 乙补 6252；黄拼 9067 反 +19695 反 + 乙补 6105+17304 反 +4773 反 +18165 反 + 乙补 6252 | | 宾一类 | 㱿、爭 | | |
| 9068 | | | 宾一类 | | | |
| 9069 | 黄拼 9069+9071 | | 宾一类 | 㱿、爭 | | |
| 9070 | | | 宾一类 | | | |
| 9071 | 黄拼 9071+9069 | | 宾一类 | | | |
| 9072 | | | 宾一类 | | | |
| 9073 | | | 宾一类 | | | |
| 9074 正反 | | | 宾二类 | 㱿 | | |
| 9075 | | | 宾二类 | 㱿 | | |
| 9076 | | | 宾二类 | | | |
| 9077 正反 | | | 宾二类 | | | |
| 9078 | | | 宾二类 | | | |

续表

| 著录号 | 缀合 | 重片 | 类型划分 | 贞人 | 专家分类 | 其他说明 |
|---|---|---|---|---|---|---|
| 9079 | | | 宾二类 | | | |
| 9080 | | | 宾二类 | | | |
| 9081 | | | 宾二类 | | | |
| 9082 | | | 宾一类 | | | |
| 9083 | | | 宾一类 | | | |
| 9084 | | | 自宾间类 | | | |
| 9085 | | | 宾一类 | | | |
| 9086 | | | 宾一类 | | | |
| 9087 正反 | | | 宾一类 | | | |
| 9088 | 9088+715 | | 宾一类 | | | |
| 9089 正反 | | | 宾二类 | | | |
| 9090 正反 | | | 宾二类 | | | |
| 9091 正反 | | | 宾二类 | | | |
| 9092 | | | 宾一类 | | | |
| 9093 | | | 宾一类 | | | |
| 9094 | | | 宾一类 | | | |
| 9095 | | | 宾二类 | | | |
| 9096 | | | 宾一类 | | | |
| 9097 | | | 宾二类 | | | |
| 9098 | | | 宾二类 | | | |
| 9099 | | | 宾二类 | | | |
| 9100 | | | 宾三类 | | | |
| 9101 正反 | | | 宾一类 | | | |
| 9102 正反 | | | 宾二类 | | | |
| 9103 | 9103+1034 | | 宾一类 | | | |
| 9104 | | | 宾三类 | | | |
| 9105 正反 | | | 宾二类 | | | |
| 9106 | | | 宾一类 | | 黄宾一 | |
| 9107 正反 | | | 宾二类 | | | |
| 9108 正反 | | | 宾三类 | | | |
| 9109 | | | 宾一类 | | | |
| 9110 正反 | | | 宾二类 | | | |
| 9111 正反 | | | 宾一类 | | | |
| 9112 正反 | | | 宾一类 | | | |

续表

| 著录号 | 缀合 | 重片 | 类型划分 | 贞人 | 专家分类 | 其他说明 |
|---|---|---|---|---|---|---|
| 9113 正反 | | | 宾一类 | | | |
| 9114 正反 | | | 宾二类 | | | |
| 9115 | | | 宾二类 | 㱿 | | |
| 9116 正反 | | | 宾二类 | | | |
| 9117 | | | 宾二类 | | | |
| 9118 | | | 宾二类 | | | |
| 9119 | | | 宾二类 | | | |
| 9120 正反 | | | 宾二类 | | | |
| 9121 | | | 宾二类 | | | |
| 9122 | | | 宾二类 | | | |
| 9123 | | | 宾一类 | | | |
| 9124 | | | 宾三类 | | | |
| 9125 | | | 宾一类 | | | |
| 9126 | | | 宾一类 | | | |
| 9127 | | | 宾二类 | | | |
| 9128 | | | 宾二类 | | | |
| 9129 | | | 宾三类 | | | |
| 9130 | | | 宾一类 | | | |
| 9131 正反 | | | 宾一类 | 亘 | | |
| 9132 | | | 宾一类 | | | |
| 9133 | | | 宾一类 | | | |
| 9134 | | | 宾一类 | | | |
| 9135 | | | 宾一类 | | | |
| 9136 正反 | | | 宾一类 | | | |
| 9137 | | | 宾二类 | | | |
| 9138 | | | 宾二类 | | | |
| 9139 正反 | | | 宾二类 | | | |
| 9140 | | | 宾二类 | 亘 | | |
| 9141 正反 | | | 宾二类 | | | |
| 9142 | | | 宾二类 | | | |
| 9143 | | | 宾二类 | | | |
| 9144 | 黄拼 9144+ 合补 3016 | | 宾二类 | 争 | | |
| 9145 正反 | | | 宾二类 | | | |
| 9146 | | | 宾二类 | | | |

续表

| 著录号 | 缀合 | 重片 | 类型划分 | 贞人 | 专家分类 | 其他说明 |
|---|---|---|---|---|---|---|
| 9147 正反 | | | 宾二类 | | | |
| 9148 正反 | | | 宾三类 | | | |
| 9149 | | | 宾二类 | | | |
| 9150 | | | 宾二类 | | | |
| 9151 正反 | | | 宾二类 | | | |
| 9152 | | | 宾二类 | | | |
| 9153 | | | 宾二类 | | | |
| 9154 | | | 宾二类 | | | |
| 9155 | | | 宾二类 | 亘 | | |
| 9156 正反 | | | 宾二类 | 穷 | | |
| 9157 | | | 宾二类 | | | |
| 9158 | | | 宾二类 | | | |
| 9159 | | | 宾三类 | | | |
| 9160 | | | 宾二类 | | | |
| 9161 正反 | | | 宾二类 | | | |
| 9162 | | | 宾三类 | | | |
| 9163 | | | 宾二类 | 穷 | | |
| 9164 | | | 宾一类 | | | |
| 9165 | | | 宾一类 | | | |
| 9166 正反 | | | 宾一类 | | | |
| 9167 | | | 宾三类 | | | |
| 9168 | | | 宾二类 | | | |
| 9169 | | | 宾三类 | | | |
| 9170 | | | 宾一类 | | | |
| 9171 正反 | | | 宾二类 | | | |
| 9172 正臼 | | | 宾二类 | 亘、𠂤 | | 𠂤多署臼处，是否与整治有关 |
| 9173 | | | 宾二类 | | | |
| 9174 | | | 𠂤宾间类 | | | |
| 9175 | | | 𠂤宾间类 | | | |
| 9176 正反 | | | 宾二类 | | | |
| 9177 正反 | | | 宾二类 | 㱿 | | 笔书（反） |
| 9178 甲乙 | | | 宾二类 | | | |
| 9179 | | | 宾一类 | | | |

续表

| 著录号 | 缀合 | 重片 | 类型划分 | 贞人 | 专家分类 | 其他说明 |
|---|---|---|---|---|---|---|
| 9180 | | | 宾一类 | | | |
| 9181 正反 | | | 宾二类 | | | |
| 9182 正反 | | | 宾二类 | | | |
| 9183 | | | 宾一类 | | | |
| 9184 | | | 宾一类 | | | |
| 9185 | | | 宾二类 | 㱿 | | |
| 9186 | | | 宾二类 | 㱿 | | |
| 9187 | | | 宾二类 | | | |
| 9188 正反 | | | 宾二类 | | | |
| 9189 正反 | | | 宾二类 | | | |
| 9190 | | | 宾二类 | | | |
| 9191 | | | 宾二类 | | | |
| 9192 | | | 宾二类 | | | |
| 9193 | | | 宾二类 | | | |
| 9194 正反 | | | 宾二类 | | | |
| 9195 | | | 宾一类 | | | |
| 9196 | | | 宾一类 | | | |
| 9197 正反 | 9197+16470+16471+17683 | | 宾二类 | | | |
| 9198 | | | 宾二类 | | | |
| 9199 正反 | | | 宾二类 | | | |
| 9200 正反 | | | 宾二类 | 内 | | |
| 9201 | | | 宾二类 | | | |
| 9202 | | | 宾二类 | | | 背甲 |
| 9203 正反 | | | 宾三类 | | | 背甲 |
| 9204 正反 | | | 宾一类 | | | |
| 9205 正反 | | | 宾二类 | | | |
| 9206 正反 | | | 宾二类 | | | |
| 9207 正反 | | | 宾二类 | | | |
| 9208 正反 | | | 宾一类 | | | |
| 9209 正反 | | | 宾二类 | | | |
| 9210 正反 | | | 宾二类 | | | |
| 9211 | | | 待考 | | | |
| 9212 | | | 宾一类 | | | |

续表

| 著录号 | 缀合 | 重片 | 类型划分 | 贞人 | 专家分类 | 其他说明 |
|---|---|---|---|---|---|---|
| 9213 正反 | 9213 正反 +3861 | | 宾一类 | | | |
| 9214 | | | 宾一类 | | | |
| 9215 | | | 宾一类 | 㱿 | | |
| 9216 | | | 宾一类 | | | |
| 9217 正反 | | | 宾一类 | | | |
| 9218 | | | 宾二类 | | | 背甲 |
| 9219 正反 | | | 宾二类 | | | |
| 9220 正反 | | | 宾二类 | | | |
| 9221 正反 | | | 宾二类 | | | |
| 9222 | | | 待考 | | | |
| 9223 正反 | | | 宾二类 | | | |
| 9224 | | | 宾二类 | | | |
| 9225 | | | 宾二类 | | | |
| 9226 正反 | | | 宾二类 | | | |
| 9227 正反 | | | 宾二类 | 永 | | |
| 9228 | | | 宾二类 | | | |
| 9229 | | | 宾二类 | | | |
| 9230 | | | 宾二类 | | | |
| 9231 | | | 宾一类 | | | |
| 9232 正反 | | | 宾一类 | | | |
| 9233 正反 | | | 宾一类 | 永 | | |
| 9234 正反 | | | 宾二类 | 㱿 | | |
| 9235 正反 | | | 宾二类 | | | |
| 9236 正反 | | | 宾二类 | | | |
| 9237 | | | 待考 | | | |
| 9238 | | | 待考 | | | |
| 9239 正反 | | | 待考 | | | |
| 9240 | | | 宾一类 | | | |
| 9241 | | | 宾一类 | | | |
| 9242 正反 | | | 宾一类 | 内 | | |
| 9243 | | | 宾二类 | | | |
| 9244 正反 | | | 宾一类 | | | |
| 9245 | | | 宾二类 | | | |
| 9246 | | 17405 | 宾二类 | | | |

续表

| 著录号 | 缀合 | 重片 | 类型划分 | 贞人 | 专家分类 | 其他说明 |
|---|---|---|---|---|---|---|
| 9247 | | | 待考 | | | |
| 9248 | | | 宾二类 | | | |
| 9249 正反 | 9249 正反 +5483 | | 宾二类 | | | |
| 9250 | | | 宾二类 | | | |
| 9251 正反 | | | 宾一类 | | | |
| 9252 正反 | | | 宾一类 | | | |
| 9253 | | | 宾二类 | | | |
| 9254 | | | 宾二类 | | | |
| 9255 | | | 宾二类 | | | |
| 9256 | | | 宾二类 | | | |
| 9257 正反 | 9257 正反 + | | 宾二类 | | | |
| 9258 | | | 宾二类 | | | |
| 9259 | | | 宾二类 | | | |
| 9260 | | | 宾二类 | | | |
| 9261 正反 | | | 宾二类 | 穷 | | |
| 9262 | | | 宾二类 | | | |
| 9263 正反 | | | 宾二类 | | | |
| 9264 | | | 宾二类 | | | |
| 9265 | | 15008 | 宾二类 | | | |
| 9266 | | | 宾二类 | | | |
| 9267 | | | 宾一类 | | | |
| 9268 正反 | | | 宾一类 | | | |
| 9269 | | | 宾一类 | | | |
| 9270 | | | 宾一类 | | | |
| 9271 | | | 宾一类 | | | |
| 9272 | | | 宾二类 | | | |
| 9273 正反 | | | 宾二类 | | | |
| 9274 正反 | 9274 正反 +777 | | 宾二类 | | | 背甲 |
| 9275 正反 | | | 宾一类 | | | |
| 9276 正反 | 9276 正反 + | | 宾一类 | | | |
| 9277 | | | 宾一类 | | | |
| 9278 | | | 宾一类 | | | |
| 9279 正反 | | | 宾一类 | | | |
| 9280 正反 | | | 宾二类 | | | |

续表

| 著录号 | 缀合 | 重片 | 类型划分 | 贞人 | 专家分类 | 其他说明 |
|---|---|---|---|---|---|---|
| 9281 正反 | | | 宾一类 | 穷 | | |
| 9282 | | | 宾一类 | | | |
| 9283 正反 | | | 宾二类 | | | |
| 9284 | | | 宾二类 | | | |
| 9285 | | | 宾二类 | | | |
| 9286 正反 | | | 宾二类 | | 黄典宾 | |
| 9287 正反 | | | 宾二类 | | 黄典宾 | |
| 9288 | | | 宾三类 | | | |
| 9289 | | | 宾一类 | | | |
| 9290 | | | 宾一类 | | 黄宾一 | |
| 9291 | | | 宾一类 | | 黄宾一 | |
| 9292 | | | 宾一类 | | 黄宾一 | |
| 9293 正反 | | | 宾二类 | | 黄典宾 | |
| 9294 正反 | | | 宾一类 | | | |
| 9295 | | | 宾二类 | | | |
| 9296 正反 | | | 宾二类 | | | |
| 9297 正反 | | | 宾二类 | | | |
| 9298 正反 | | | 宾二类 | | | |
| 9299 正反 | | | 宾二类 | 亘 | | |
| 9300 正反 | | | 宾二类 | | | |
| 9301 | | | 宾二类 | | 黄典宾 | |
| 9302 正反 | | | 宾二类 | | | |
| 9303 | | | 宾二类 | | 黄典宾 | |
| 9304 | | | 宾二类 | | | |
| 9305 正反 | 9305+5531+ 乙 590 | | 宾二类 | | 黄典宾 | |
| 9306 | | | 宾二类 | | | |
| 9307 正反 | | | 宾一类 | | | |
| 9308 正反 | | | 宾二类 | | | |
| 9309 | | | 宾二类 | | | |
| 9310 | | | 宾一类 | | | |
| 9311 | | | 宾一类 | | | |
| 9312 | | | 宾一类 | | | |
| 9313 | | | 宾一类 | | | |
| 9314 | | | 宾一类 | | 黄宾一 | |

续表

| 著录号 | 缀合 | 重片 | 类型划分 | 贞人 | 专家分类 | 其他说明 |
|---|---|---|---|---|---|---|
| 9315 | | | 宾一类 | | | |
| 9316 | | | 宾一类 | | | |
| 9317 | | | 宾一类 | | | |
| 9318 | | | 宾一类 | | | |
| 9319 | | | 宾二类 | | | |
| 9320 | | | 宾一类 | | 黄宾一 | |
| 9321 正反 | | | 宾一类 | | 黄宾一 | |
| 9322 正反 | 9322 正反 +9505 | | 宾一类 | | | |
| 9323 | | | 宾一类 | | | |
| 9324 正反 | | | 宾一类 | | | |
| 9325 | | | 宾一类 | | | |
| 9326 | | | 宾一类 | | | |
| 9327 | | | 宾一类 | | 黄宾一 | |
| 9328 正反 | | | 宾二类 | | | |
| 9329 | | | 宾二类 | | | |
| 9330 | | | 宾一类 | | | |
| 9331 | | | 宾一类 | | | 甲尾署辞 |
| 9332 | | | 宾一类 | | | 甲尾署辞 |
| 9333 | | | 𠂤宾间类 | | 黄𠂤宾间 A | 甲尾署辞 |
| 9334 | | | 𠂤宾间类 | | 黄𠂤宾间 A | 甲尾署辞 |
| 9335 | | | 𠂤宾间类 | | | 甲尾署辞 |
| 9336 | | | 𠂤宾间类 | | | 甲尾署辞 |
| 9337 | | | 𠂤宾间类 | | 黄𠂤宾间 A | 甲尾署辞 |
| 9338 | | | 𠂤宾间类 | | 黄𠂤宾间 A | 甲尾署辞 |
| 9339 | | | 𠂤宾间类 | | 黄𠂤宾间 A | 甲尾署辞 |
| 9340 | | | 𠂤宾间类 | | | 甲尾署辞 |
| 9341 | | | 𠂤宾间类 | | | 甲尾署辞 |
| 9342 | | | 𠂤宾间类 | | | 甲尾署辞 |
| 9343 | | | 𠂤宾间类 | | | 甲尾署辞 |
| 9344 | | | 𠂤宾间类 | | | 甲尾署辞 |
| 9345 | | | 𠂤宾间类 | | | 甲尾署辞 |
| 9346 | | | 𠂤宾间类 | | | 甲尾署辞 |
| 9347 | | | 𠂤宾间类 | | | 甲尾署辞 |
| 9348 | | | 𠂤宾间类 | | 黄𠂤宾间 A | 甲尾署辞 |

续表

| 著录号 | 缀合 | 重片 | 类型划分 | 贞人 | 专家分类 | 其他说明 |
|---|---|---|---|---|---|---|
| 9349 | | | 𠂤宾间类 | | | 甲尾署辞 |
| 9350 | | | 𠂤宾间类 | | 黄𠂤宾间 A | 甲尾署辞 |
| 9351 | | | 𠂤宾间类 | | | 甲尾署辞 |
| 9352 | | | 𠂤宾间类 | | 黄𠂤宾间 A | 甲尾署辞 |
| 9353 | | | 𠂤宾间类 | | | 甲尾署辞 |
| 9354 | | | 𠂤宾间类 | | | 甲尾署辞 |
| 9355 | | | 𠂤宾间类 | | | 甲尾署辞 |
| 9356 | | | 𠂤宾间类 | | | 甲尾署辞 |
| 9357 | | | 待考 | | | 尾甲 |
| 9358 | | | 𠂤宾间类 | | | 甲尾署辞 |
| 9359 | | | 𠂤宾间类 | | | 甲尾署辞 |
| 9360 | | 20641 | 𠂤宾间类 | | | 甲尾署辞 |
| 9361 | | | 𠂤宾间类 | | 黄𠂤宾间 B | 甲尾署辞 |
| 9362 | | | 𠂤宾间类 | | | 甲尾署辞 |
| 9363 | | | 𠂤宾间类 | | | 甲尾署辞 |
| 9364 | | | 𠂤宾间类 | | | 甲尾署辞 |
| 9365 | | | 𠂤宾间类 | | | 甲尾署辞 |
| 9366 | | | 𠂤宾间类 | | | 甲尾署辞 |
| 9367 | | | 𠂤小字类 | | 黄𠂤小字 | 非宾甲尾署辞 |
| 9368 | | | 𠂤历间 B | | 黄𠂤历间 B | 非宾甲尾署辞 |
| 9369 | | | 𠂤宾间类 | | | 非宾甲尾署辞 |
| 9370 | | | 𠂤宾间类 | | | 甲尾署辞 |
| 9371 | | | 𠂤宾间类 | | | 甲尾署辞 |
| 9372 | | | 𠂤宾间类 | | | 甲尾署辞 |
| 9373 | | | 𠂤宾间类 | | | 甲尾署辞 |
| 9374 | | | 𠂤历间 B | | 黄𠂤历间 B | 非宾甲尾署辞 |
| 9375 | | | 𠂤宾间类 | | | 甲尾署辞 |
| 9376 | | | 𠂤宾间类 | | | 甲尾署辞 |
| 9377 | | | 𠂤宾间类 | | | 甲尾署辞 |
| 9378 | | | 𠂤宾间类 | | | 甲尾署辞 |
| 9379 | | | 𠂤宾间类 | | | 甲尾署辞 |
| 9380 | | | 𠂤宾间类 | | | 甲尾署辞 |
| 9381 | | | 𠂤宾间类 | | | 甲尾署辞 |
| 9382 | | | 宾二类 | | | |

续表

| 著录号 | 缀合 | 重片 | 类型划分 | 贞人 | 专家分类 | 其他说明 |
|---|---|---|---|---|---|---|
| 9383 | | | 宾二类 | | | |
| 9384 | | | 宾二类 | | | |
| 9385 | | | 宾二类 | | | |
| 9386 正反 | | | 宾二类 | | | |
| 9387 正反 | | | 宾二类 | | | |
| 9388 | | | 宾二类 | | | |
| 9389 | | | 宾二类 | | | |
| 9390 | | | 宾二类 | | | |
| 9391 | | | 宾二类 | | | |
| 9392 | | | 宾二类 | | | |
| 9393 | | | 宾二类 | | | 背甲 |
| 9394 正反 | | | 宾二类 | | | |
| 9395 | | | 宾二类 | | | |
| 9396 | | | 宾二类 | | | |
| 9397 | | | 宾二类 | | | |
| 9398 | | | 宾二类 | | | |
| 9399 | | | 宾二类 | | | |
| 9400 | | | 宾二类 | | | |
| 9401 | | | 宾二类 | | | |
| 9402 | | | 宾二类 | | | |
| 9403 正反 | | | 宾二类 | | | |
| 9404 | | | 宾二类 | | | |
| 9405 | | | 宾二类 | | | |
| 9406 正反 | | | 宾二类 | | | |
| 9407 | | 17018 | 宾二类 | | | |
| 9408 | | | 宾三类 | | 李彭宾一 B | |
| 9409 | | | 宾三类 | | | |
| 9410 正臼 | | | 宾二类 | 穷 | 黄典宾 | |
| 9411 | | | 宾三类 | | | |
| 9412 正臼 | | | 宾三类 | | | |
| 9413 | | 16230 | 宾三类 | | | |
| 9414 | | | 宾三类 | | | |
| 9415 | | 40678 | 宾三类 | | | |
| 9416 正臼 | | | 宾三类 | | | |

续表

| 著录号 | 缀合 | 重片 | 类型划分 | 贞人 | 专家分类 | 其他说明 |
|---|---|---|---|---|---|---|
| 9417 | | | 宾三类 | | | |
| 9418 | | | 宾三类 | | | 背甲 |
| 9419 正反 | | | 宾三类 | | | 背甲 |
| 9420 | | | 宾三类 | | | 背甲 |
| 9421 | | | 宾三类 | | | 背甲 |
| 9422 | | | 宾三类 | | | 背甲 |
| 9423 正反 | | | 宾三类 | | | 背甲 |
| 9424 | | | 宾三类 | | | 背甲 |
| 9425 | | | 非宾类 | | 蒋丙种子组 | 非宾 背甲 |
| 9426 正反 | | | 宾三类 | | 黄宾三 | 背甲 |
| 9427 | | | 宾三类 | | | 背甲 |
| 9428 | | | 宾三类 | | | 背甲 |
| 9429 | | | 宾三类 | | | 背甲 |
| 9430 | | | 宾三类 | | | 背甲 |
| 9431 | | | 宾三类 | | | 背甲 |
| 9432 | | | 宾三类 | | | |
| 9433 | | | 宾三类 | | | |
| 9434 | | | 宾三类 | | | |
| 9435 | 9435+9450 | | 宾三类 | | | |
| 9436 正反 | | | 宾二类 | 争 | | |
| 9437 正反 | | | 宾二类 | | | |
| 9438 | | | 宾三类 | | | |
| 9439 正反 | | | 宾二类 | | | 背甲 |
| 9440 正反 | | | 宾二类 | | | |
| 9441 | | | 宾一类 | | | |
| 9442 | | | 宾三类 | | | |
| 9443 | | | 宾三类 | | | |
| 9444 | | 40690 | 宾二类 | | | |
| 9445 | | | 宾二类 | | | |
| 9446 | | | 宾二类 | | | |
| 9447 正反 | | | 宾三类 | | | |
| 9448 正反 | | | 宾二类 | | | |
| 9449 正反 | 黄拼 9449+11545+16685 | | 宾三类 | 穷 | | |

续表

| 著录号 | 缀合 | 重片 | 类型划分 | 贞人 | 专家分类 | 其他说明 |
|---|---|---|---|---|---|---|
| 9450 | 9450+9435 | | 宾三类 | | | |
| 9451 正反 | | | 宾二类 | | 黄典宾 | 背甲 |
| 9452 正反 | | | 宾三类 | | | 背甲 |
| 9453 | | | 宾三类 | | | 背甲 |
| 9454 | | | 宾三类 | | | 背甲 |
| 9455 | | | 宾三类 | | | 背甲 |
| 9456 正反 | | | 宾二类 | | 黄典宾 | |
| 9457 | | | 宾二类 | | | 背甲 |
| 9458 正反 | | | 宾三类 | | | 背甲 |
| 9459 正反 | | | 宾二类 | | 黄典宾 | |
| 9460 | | | 宾二类 | | | |
| 9461 正反 | | | 宾三类 | | | |
| 9462 正反 | | | 宾三类 | | | |
| 9463 正反 | | | 宾三类 | 穷 | | |
| 9464 正反 | | | 宾一类 | 亘 | | |
| 9465 | | | 宾二类 | 亘 | | |
| 9466 正反 | | | 宾一类 | | | |
| 9467 | | | 宾三类 | | | |
| 9468 | | | 宾三类 | | | |
| 9469 | | | 宾三类 | | | |
| 9470 | | | 宾二类 | | | |
| 9471 | | | 宾二类 | | | |
| 9472 正反 | | | 宾二类 | 殸 | | |
| 9473 | 黄拼 9473+9475 | | 宾三类 | 穷 | 黄宾三 | |
| 9474 | 黄拼 9474+3123 | | 宾三类 | | | |
| 9475 | 黄拼 9475+9473 | | 宾三类 | | | |
| 9476 | | | 宾三类 | 穷 | 李彭宾二 | |
| 9477 | | | 宾三类 | | | |
| 9478 | | | 宾三类 | | | |
| 9479 | | | 宾三类 | | | |
| 9480 | | | 宾三类 | 穷 | | |
| 9481 | | | 宾三类 | 穷 | | |
| 9482 | | | 宾三类 | 穷 | | |
| 9483 | | | 宾三类 | | | |

续表

| 著录号 | 缀合 | 重片 | 类型划分 | 贞人 | 专家分类 | 其他说明 |
|---|---|---|---|---|---|---|
| 9673 | | | 宾二类 | 韋 | | |
| 9674 | | | 宾二类 | 爭 | | |
| 9675 | | | 宾二类 | 爭 | | |
| 9676 | | | 宾二类 | | | |
| 9677 | | | 宾二类 | 穷 | | |
| 9678 | | | 宾二类 | 内 | | |
| 9679 | | | 宾二类 | 古 | | |
| 9680 | | | 宾二类 | | | |
| 9681 正反 | | | 宾二类 | 㱿 | | |
| 9682 | | | 宾二类 | 韋 | | |
| 9683 | | | 宾二类 | | | |
| 9684 正反 | | | 宾二类 | 㱿 | | |
| 9685 | | | 宾二类 | | | |
| 9686 | | | 宾二类 | | 黄典宾 | |
| 9687 | | | 宾二类 | | | |
| 9688 | | | 宾二类 | | | |
| 9689 | | | 宾二类 | | | |
| 9690 正反 | | | 宾二类 | | | |
| 9691 | | | 宾二类 | 爭 | | |
| 9692 正反 | | | 宾二类 | | | |
| 9693 | 9693+ | | 宾二类 | | | |
| 9694 | | | 宾二类 | 穷 | | |
| 9695 | | | 宾二类 | | | |
| 9696 | | | 宾二类 | 㱿 | | |
| 9697 | | | 宾二类 | | | |
| 9698 | | | 宾二类 | | | |
| 9699 | | | 宾二类 | | | |
| 9700 | | | 宾二类 | 㱿、箙 | | |
| 9701 正反 | | | 宾二类 | | | |
| 9702 | | | 宾二类 | 穷 | | |
| 9703 正反 | | | 宾二类 | 㱿 | | |
| 9704 | | | 宾二类 | | | |
| 9705 | | | 宾二类 | | | |
| 9706 | | | 宾二类 | | | |

续表

| 著录号 | 缀合 | 重片 | 类型划分 | 贞人 | 专家分类 | 其他说明 |
|---|---|---|---|---|---|---|
| 9484 | | | 宾三类 | | | |
| 9485 | | | 宾三类 | | | |
| 9486 | 黄拼 9486+3307+227 | | 宾三类 | | | |
| 9487 | | | 宾三类 | | | |
| 9488 | | | 宾二类 | | | |
| 9489 | | | 宾二类 | 亘 | | |
| 9490 | | | 宾三类 | | | |
| 9491 | | | 宾三类 | | | |
| 9492 | | | 宾三类 | | | |
| 9493 | | | 宾三类 | | | |
| 9494 | | | 宾三类 | | | |
| 9495 | | | 宾三类 | | | |
| 9496 | | 21486 | 宾三类 | | | |
| 9497 | 黄拼 9497+21288 | | 宾三类 | | | |
| 9498 正反 | 黄拼 9498 反 +584 反甲 + 东大 B571b+7143 反；黄拼 9498 正 + 合补 5597+ 东大 B571a+7143 正 | | 宾二类 | | 黄典宾 | |
| 9499 | | | 宾三类 | | | |
| 9500 | 9500+5604 | | 宾三类 | | | |
| 9501 | | | 宾三类 | | | |
| 9502 | 9502+ | | 宾二类 | | | |
| 9503 正反 | | | 宾二类 | 㱿 | 黄典宾 | |
| 9504 正反 | 9504+ | | 宾二类 | 㱿、争、古 | | |
| 9505 | 9505+9322 正反 | | 宾一类 | 㱿 | | |
| 9506 | 黄拼 9506+9848 | | 宾二类 | 𠂤 | 黄典宾 | |
| 9507 正反 | | | 宾一类 | 穷、㱿 | 李彭宾一 A | |
| 9508 正反 | 9508+ | | 宾二类 | 㱿 | | |
| 9509 | | | 宾一类 | | | |
| 9510 正反 | | | 宾二类 | | | |
| 9511 | | | 宾二类 | | | |
| 9512 | | | 宾二类 | | | |
| 9513 | | | 宾二类 | | 黄典宾 | |

续表

| 著录号 | 缀合 | 重片 | 类型划分 | 贞人 | 专家分类 | 其他说明 |
|---|---|---|---|---|---|---|
| 9514 | | | 宾一类 | | | |
| 9515 | | | 宾一类 | | | |
| 9516 | | | 宾二类 | | | |
| 9517 | | 40089 | 宾二类 | | | |
| 9518 | | | 宾二类 | 爭 | | |
| 9519 | | | 宾二类 | 爭 | | |
| 9520 | | | 宾二类 | 𣪊 | | |
| 9521 | | | 宾二类 | 𣪊 | | |
| 9522 | | | 宾二类 | 𣪊 | | |
| 9523 | | | 宾二类 | 𣪊 | 黄典宾 | |
| 9524 | | | 宾二类 | 𣪊 | | |
| 9525 正反 | | | 宾二类 | 𣪊 | 黄宾一 | |
| 9526 正反 | | | 宾一类 | | | |
| 9527 | | | 宾二类 | | | |
| 9528 | | | 宾一类 | | 黄宾一 | |
| 9529 | | | 宾二类 | | | |
| 9530 | | | 宾二类 | 爭 | | |
| 9531 正反 | | | 宾二类 | | | |
| 9532 | | | 宾二类 | | | |
| 9533 | | | 宾二类 | | | |
| 9534 正反 | 黄拼 9534+2734+40078 | | 宾二类 | | | |
| 9535 | 黄拼 9535+6591 | | 宾一类 | | | |
| 9536 | | | 宾二类 | | | |
| 9537 | | | 宾二类 | 穷 | | |
| 9538 | | | 宾二类 | 爭 | | |
| 9539 | 黄拼 9539（=547、549）+548 | | 宾二类 | | | |
| 9540 | | | 宾二类 | | | |
| 9541 正反 | | | 宾二类 | | | |
| 9542 | | | 宾一类 | | | |
| 9543 | | | 宾一类 | | | |
| 9544 正反 | | | 宾一类 | 古 | | |
| 9545 | | | 宾二类 | | | |
| 9546 | | | 宾三类 | | | |

续表

| 著录号 | 缀合 | 重片 | 类型划分 | 贞人 | 专家分类 | 其他说明 |
|---|---|---|---|---|---|---|
| 9547 | | | 宾三类 | 穷 | | |
| 9548 | | | 宾一类 | 古 | | |
| 9549 | | | 宾二类 | | | |
| 9550 | | | 宾二类 | | | |
| 9551 | | | 宾二类 | | | |
| 9552 | | | 宾一类 | | | |
| 9553 正反 | | | 宾一类 | | | |
| 9554 | 黄拼 9554+9555+19426+ 乙 3362+乙补 2870 | | 宾一类 | | | |
| 9555 | 黄拼 9554+9555+19426+ 乙 3362+乙补 2870 | | 宾一类 | | | |
| 9556 | | | 宾一类 | | | |
| 9557 正反 | 黄拼 9557 反 +11897 | | 宾二类 | 𣪊 | | |
| 9558 | | | 宾二类 | | | |
| 9559 | | | 宾三类 | | | |
| 9560 | 黄拼 9560+ 甲骨文集 3.0.1817+ 甲骨文集 3.0.1823 | | 宾三类 | 穷 | 黄宾三 | |
| 9561 | | | 宾三类 | 穷 | | |
| 9562 | | | 宾二类 | | | |
| 9563 | | | 𠂤宾间类 | | | |
| 9564 | | | 宾一类 | | | 背甲 |
| 9565 | | | 宾一类 | | | |
| 9566 | 9566+9017 | | 宾一类 | | | |
| 9567 | | | 宾二类 | | | |
| 9568 正反 | | | 宾三类 | | | |
| 9569 | | | 宾三类 | | | |
| 9570 | | | 宾三类 | 充 | 黄宾三<br>李彭宾二 | |
| 9571 | | | 宾三类 | | | |
| 9572 | 黄拼 9572+5080+9583+16399+17331+17464 | | 宾三类 | 穷 | 黄宾三<br>李彭宾二 | |
| 9573 | | | 宾三类 | | 黄宾三 | |

续表

| 著录号 | 缀合 | 重片 | 类型划分 | 贞人 | 专家分类 | 其他说明 |
|---|---|---|---|---|---|---|
| 9574 | | | 宾三类 | 争 | 黄宾三 | |
| 9575 | | | 宾三类 | 争 | 黄宾三<br>李彭宾二 | |
| 9576 | 14990 遥缀 9576 | | 宾二类 | | 黄典宾 | |
| 9577 | | | 宾三类 | 穷 | 黄宾三 | |
| 9578 | | | 宾三类 | | | |
| 9579 | | | 宾三类 | | 黄宾三 | |
| 9580 | 9580+9582 正 | | 宾二类 | 𣪊 | | |
| 9581 | | | 宾二类 | 箙 | 李彭宾一 B | |
| 9582 正反 | 9582 正 +9580 | | 宾二类 | | | |
| 9583 | 黄拼 9572+5080+<br>9583+16399+17331+17464 | | 宾三类 | | | |
| 9584 | | | 宾三类 | 古 | 李彭宾二 | 背甲 |
| 9585 | | | 宾三类 | | | |
| 9586 | | | 宾三类 | | | |
| 9587 正反 | | | 宾三类 | | | |
| 9588 | | | 宾三类 | | | |
| 9589 | | | 宾三类 | | | |
| 9590 | | | 宾三类 | | | |
| 9591 | | | 宾三类 | 穷 | 黄宾三 | |
| 9592 | | | 宾二类 | 𣪊 | 黄典宾 | |
| 9593 | | | 宾二类 | | | |
| 9594 | 9594+9605 | | 宾二类 | | | |
| 9595 | | | 宾一类 | | | |
| 9596 | | | 宾二类 | 㱿 | | |
| 9597 | | | 宾二类 | | 黄典宾 | |
| 9598 | | | 宾二类 | | | |
| 9599 | | | 宾二类 | 穷 | | |
| 9600 正反 | | | 宾二类 | 穷 | | |
| 9601 | | | 宾二类 | | | |
| 9602 正反 | | | 宾二类 | 穷 | | |
| 9603 | | | 宾二类 | | | |
| 9604 | | | 宾二类 | | | |
| 9605 | 9605+9594 | | 宾二类 | | | |

续表

| 著录号 | 缀合 | 重片 | 类型划分 | 贞人 | 专家分类 | 其他说明 |
|---|---|---|---|---|---|---|
| 9606 | | | 宾二类 | | | |
| 9607 正反 | | | 宾二类 | | | |
| 9608 正反 | | | 宾二类 | 穷、争 | | |
| 9609 | | | 宾二类 | 箙 | | |
| 9610 | | | 宾二类 | 古 | | |
| 9611 | | | 宾二类 | 永 | | |
| 9612 | | | 宾二类 | | | |
| 9613 正反 | 9613 正反 + | | 宾二类 | | | |
| 9614 | | | 宾一类 | 古 | | |
| 9615 | | | 宾三类 | | | |
| 9616 | | | 宾二类 | | | |
| 9617 | | | 宾二类 | | | |
| 9618 | | | 宾二类 | 穷 | | |
| 9619 | | | 𠂤宾间类 | | | |
| 9620 | 9620+9625 | | 宾一类 | 穷 | 李彭宾一 A | |
| 9621 | | | 宾一类 | | 黄宾一 | |
| 9622 | | | 宾一类 | | 黄宾一 | |
| 9623 | | | 宾一类 | | 黄宾一 | |
| 9624 | | | 宾一类 | | 黄宾一<br>李彭宾一 A | |
| 9625 | 9625+9620 | | 宾一类 | | 李彭宾一 A | |
| 9626 | | | 宾一类 | | 黄宾一 | |
| 9627 | | | 宾一类 | 穷 | | |
| 9628 | | | 宾三类 | 穷 | 李彭宾二 | |
| 9629 | | | 宾一类 | | | |
| 9630 | | | 宾一类 | | | |
| 9631 | | | 宾三类 | | | |
| 9632 | | | 宾三类 | 穷 | | |
| 9633 | | | 宾一类 | | | |
| 9634 | | | 宾一类 | | | |
| 9635 | | | 宾三类 | | | |
| 9636 | | | 宾三类 | | | |
| 9637 | | | 宾三类 | | | |
| 9638 | | 4379 | 宾三类 | | 黄宾三 | |

续表

| 著录号 | 缀合 | 重片 | 类型划分 | 贞人 | 专家分类 | 其他说明 |
|---|---|---|---|---|---|---|
| 9639 | | | 宾三类 | | 黄宾三 | |
| 9640 | | | 宾三类 | | | |
| 9641 | | | 宾三类 | | | |
| 9642 | | | 宾三类 | | | |
| 9643 | | | 宾三类 | | | |
| 9644 | 9644+10047 | | 宾三类 | 争 | | |
| 9645 | | 18664 | 宾三类 | | | |
| 9646 | | | 宾三类 | | | |
| 9647 | | | 宾三类 | | | |
| 9648 | | | 宾二类 | | | |
| 9649 | | | 自宾间类 | | | |
| 9650 | | | 自宾间类 | 王 | | |
| 9651 | | | 自宾间类 | | | |
| 9652 | | | 自宾间类 | | | |
| 9653 正反 | | | 宾三类 | | | |
| 9654 | | | 宾一类 | | | |
| 9655 | | | 宾一类 | | | |
| 9656 | | | 宾二类 | | | |
| 9657 | | | 宾三类 | | | |
| 9658 正反 | | | 宾一类 | 亘 | | |
| 9659 | | | 宾一类 | | | |
| 9660 正臼 | | | 宾一类 | | | |
| 9661 | | | 宾三类 | 争 | | |
| 9662 | | | 宾三类 | 争 | | |
| 9663 | | | 宾二类 | 亘、古 | | |
| 9664 | | | 自宾间类 | | | |
| 9665 | | | 宾二类 | | | |
| 9666 | | | 宾一类 | | | |
| 9667 | | | 宾一类 | | | |
| 9668 正反 | | | 宾一类 | 争 | | |
| 9669 正反 | | | 宾二类 | 𠂤 | | |
| 9670 | | | 宾二类 | 㱿 | | |
| 9671 正反 | | | 宾二类 | 古 | 李彭宾一 B | |
| 9672 正反 | | | 宾二类 | 争 | | |

续表

| 著录号 | 缀合 | 重片 | 类型划分 | 贞人 | 专家分类 | 其他说明 |
|---|---|---|---|---|---|---|
| 9707 | | | 宾二类 | | | |
| 9708 | | | 宾二类 | | | |
| 9709 | 黄拼 9709+<br>上博 2426.474 | | 宾二类 | | | |
| 9710 | | | 宾二类 | 㱿 | | |
| 9711 | | | 宾二类 | | 黄典宾<br>李彭宾一 B | |
| 9712 | | | 宾一类 | | | |
| 9713 | 黄拼 9713+10089 | 40096 | 宾二类 | | | |
| 9714 | | | 宾二类 | 㱿 | | |
| 9715 | | | 宾二类 | 㱿 | | |
| 9716 | | | 宾二类 | 㱿 | | |
| 9717 正反 | | | 宾二类 | 㱿 | | |
| 9718 | 黄拼 9718+9831 | | 宾二类 | 㱿 | | |
| 9719 | | | 宾二类 | | | |
| 9720 | | | 宾二类 | | | |
| 9721 | | | 宾二类 | | | |
| 9722 正臼 | 黄拼 9722+ 合补 5308 | | 宾二类 | 亘 | | |
| 9723 | | | 宾一类 | | | |
| 9724 | | | 宾一类 | | | |
| 9725 | 黄拼 9725+7920 | | 宾二类 | | | |
| 9726 | | | 宾二类 | | | |
| 9727 | | | 宾一类 | | | |
| 9728 | | | 宾一类 | | | |
| 9729 | | | 宾一类 | | | |
| 9730 | | | 宾二类 | | | |
| 9731 正反臼 | | | 宾二类 | 穷 | | |
| 9732 | | | 宾二类 | | | |
| 9733 正反 | | | 宾一类 | 争 | 黄宾一 | |
| 9734 | 9734+24429 | | 宾二类 | | 黄宾一 | |
| 9735 | | | 宾一类 | 彶 | | |
| 9736 | | | 宾二类 | | | |
| 9737 | | | 宾一类 | | | |
| 9738 | | | 宾一类 | 亘 | | |

续表

| 著录号 | 缀合 | 重片 | 类型划分 | 贞人 | 专家分类 | 其他说明 |
|---|---|---|---|---|---|---|
| 9739 | | | 宾三类 | | | |
| 9740 | | | 宾三类 | | | |
| 9741 正反 | | | 宾一类 | 穷、爭 | | |
| 9742 正反 | | | 宾一类 | 穷 | | |
| 9743 正反 | | | 宾一类 | 韋 | | |
| 9744 | | | 宾一类 | 㱿 | | |
| 9745 | | | 宾一类 | 寧 | | |
| 9746 | | | 宾一类 | | | |
| 9747 | | | 宾一类 | | | |
| 9748 | | | 宾三类 | | | |
| 9749 | | | 宾一类 | | | |
| 9750 甲乙 | 黄拼 9750+ | | 宾一类 | | | 林《醉古集》348 |
| 9751 正反 | | | 宾二类 | | | |
| 9752 | | 8787 | 宾三类 | | | |
| 9753 | | | 宾二类 | | | |
| 9754 | | | 宾三类 | | | |
| 9755 | | | 宾二类 | 穷 | | |
| 9756 | | | 宾二类 | | 黄典宾 | |
| 9757 | 黄拼 9757+24435 | | 宾三类 | | | |
| 9758 正反 | | | 𠂤宾间类 | | 黄𠂤宾间 A<br>李彭𠂤宾间 | |
| 9759 | | | 𠂤宾间类 | | | |
| 9760 | | | 𠂤宾间类 | | | |
| 9761 | | | 𠂤宾间类 | | | |
| 9762 | | | 𠂤宾间类 | | | |
| 9763 | | | 𠂤宾间类 | | | |
| 9764 | | | 𠂤宾间类 | | | |
| 9765 | | | 宾二类 | | | |
| 9766 | | | 宾二类 | | | |
| 9767 | | | 宾二类 | | | |
| 9768 | | | 宾一类 | | | |
| 9769 正反 | | | 宾二类 | | 黄典宾 | |
| 9770 | | | 宾二类 | 古 | | |
| 9771 | | | 宾一类 | | | |

续表

| 著录号 | 缀合 | 重片 | 类型划分 | 贞人 | 专家分类 | 其他说明 |
|---|---|---|---|---|---|---|
| 9772 | | | 自宾间类 | | | |
| 9773 | | | 自宾间类 | | | |
| 9774 正反 | | | 宾二类 | 𣪊 | | |
| 9775 正反 | | | 宾一类 | | | 笔书（反） |
| 9776 | 9776+8179 | | 宾一类 | | | |
| 9777 | | | 宾一类 | | | |
| 9778 | | | 宾一类 | | | |
| 9779 | | | 宾一类 | | | |
| 9780 | | | 宾二类 | | | |
| 9781 | | | 待考 | | | |
| 9782 | | | 宾二类 | | | |
| 9783 正反 | | | 宾二类 | | | 笔书（反）甲桥署辞（反），疑署有"宾" |
| 9784 | | | 宾二类 | | | |
| 9785 | | | 宾二类 | | | |
| 9786 | | | 宾二类 | | | |
| 9787 | | | 宾二类 | | | |
| 9788 正反 | | | 宾一类 | 韦 | | |
| 9789 | | | 宾二类 | 吕 | | |
| 9790 正臼 | | | 宾二类 | 争、亘 | | |
| 9791 正反 | | | 宾一类 | | | |
| 9792 | | | 宾一类 | 亘 | | |
| 9793 | | | 宾一类 | | | |
| 9794 | | | 宾二类 | | | |
| 9795 | | | 非宾类 | | 蒋乙种子组 | 非宾 |
| 9796 | | | 宾一类 | | | |
| 9797 | | | 宾一类 | | | |
| 9798 | | | 宾一类 | | | |
| 9799 | | | 宾一类 | | | |
| 9800 | | | 宾一类 | | | |
| 9801 | | | 宾一类 | | | |
| 9802 | 黄拼 9802+ | | 宾一类 | | | 林《醉古集》348 |
| 9803 | | | 自宾间类 | | 黄自宾间 A | |
| 9804 | | | 自宾间类 | | | |

续表

| 著录号 | 缀合 | 重片 | 类型划分 | 贞人 | 专家分类 | 其他说明 |
|---|---|---|---|---|---|---|
| 9805 | | | 自宾间类 | | | |
| 9806 | | | 宾二类 | | | |
| 9807 | 黄拼 9807+4285 | | 宾二类 | | | |
| 9808 | | | 宾二类 | | | |
| 9809 | | | 宾三类 | | 黄宾三 | |
| 9810 | | | 宾一类 | 亘 | | |
| 9811 | | | 宾一类 | 穷 | | |
| 9812 | | | 自宾间类 | | | |
| 9813 | | | 自宾间类 | | | |
| 9814 | 黄拼 9814= 合补 1787 | | 宾二类 | | | |
| 9815 | | | 自宾间类 | | | |
| 9816 | | | 自宾间类 | 王 | 黄自小字 / 自宾间 A | |
| 9817 | | | 宾二类 | | | |
| 9818 | | | 宾三类 | 穷 | | 背甲 |
| 9819 | | | 宾三类 | | | |
| 9820 | | | 宾一类 | | | |
| 9821 | 9821+ 天理 B320 | | 宾二类 | | | |
| 9822 | 9822+ | | 宾二类 | | | |
| 9823 | 9823+8994 | | 宾二类 | | | |
| 9824 | | | 宾二类 | | | |
| 9825 | | | 宾二类 | | | |
| 9826 | | | 宾二类 | 穷 | | |
| 9827 | | | 宾二类 | | | |
| 9828 | | | 宾二类 | | | |
| 9829 | 黄拼 9829+2060 | | 宾一类 | | | |
| 9830 | | | 宾一类 | | | |
| 9831 | 黄拼 9831+9718 | | 宾二类 | | | |
| 9832 | | | 宾一类 | | | |
| 9833 | | | 宾一类 | | | |
| 9834 | | | 宾一类 | | | |
| 9835 | | | 宾一类 | | | |
| 9836 | | | 宾二类 | | | |
| 9837 | | | 宾一类 | | | |

续表

| 著录号 | 缀合 | 重片 | 类型划分 | 贞人 | 专家分类 | 其他说明 |
|---|---|---|---|---|---|---|
| 9838 | | | 宾一类 | | | |
| 9839 | | | 宾一类 | | | |
| 9840 | | | 宾一类 | 永 | | |
| 9841 | 黄拼 9841+7156 正+16910 | | 宾二类 | | | |
| 9842 | | | 宾一类 | | | |
| 9843 | | | 宾二类 | | | |
| 9844 正反 | | | 宾二类 | | | |
| 9845 | | | 宾一类 | | | |
| 9846 | | | 宾一类 | | | |
| 9847 | | | 宾一类 | | | |
| 9848 | 黄拼 9848+9506 | | 宾二类 | | | |
| 9849 | 黄拼 9849+ | | 宾二类 | | | 林《醉古集》376 |
| 9850 | | | 宾二类 | | 黄典宾 | |
| 9851 | | | 宾二类 | | | |
| 9852 | | | 宾二类 | | | |
| 9853 | | | 宾二类 | | | |
| 9854 | | | 宾二类 | | | |
| 9855 正反 | | | 宾一类 | | | |
| 9856 | 9856+9965 | | 宾二类 | | | |
| 9857 | | | 宾二类 | | | |
| 9858 | | | 宾二类 | | | |
| 9859 | | | 宾二类 | | | |
| 9860 | | | 宾二类 | | | |
| 9861 | | | 宾二类 | | | |
| 9862 | 黄拼 9862+9971 | | 宾二类 | | | |
| 9863 | | | 宾二类 | | | |
| 9864 | | | 宾二类 | | | |
| 9865 | | | 宾二类 | | | |
| 9866 | | | 宾一类 | | | |
| 9867 | | | 宾一类 | | | |
| 9868 | | | 宾一类 | | | |
| 9869 | | | 宾二类 | | | |
| 9870 | | | 宾一类 | | | |
| 9871 | | | 宾一类 | | | |

续表

| 著录号 | 缀合 | 重片 | 类型划分 | 贞人 | 专家分类 | 其他说明 |
|---|---|---|---|---|---|---|
| 9872 | | | 宾一类 | | | |
| 9873 | | | 宾二类 | | | |
| 9874 | | | 宾二类 | | | |
| 9875 | | | 宾一类 | | | |
| 9876 | | | 宾一类 | | | |
| 9877 正反 | | | 宾一类 | | | |
| 9878 正反 | | | 宾二类 | | | |
| 9879 正反 | | | 宾二类 | | | |
| 9880 | | | 宾二类 | | | |
| 9881 | | | 宾二类 | | | |
| 9882 | | | 宾二类 | | | |
| 9883 | | | 宾二类 | | | |
| 9884 | | | 宾二类 | | | |
| 9885 | | | 宾二类 | | | |
| 9886 | | | 宾一类 | | | |
| 9887 | | | 宾一类 | | | |
| 9888 | | | 宾二类 | | | |
| 9889 | | | 宾二类 | | | |
| 9890 | | | 宾二类 | | | |
| 9891 | | | 宾二类 | | | |
| 9892 | | | 宾三类 | | | |
| 9893 | | | 宾一类 | | | |
| 9894 | | | 宾一类 | | | |
| 9895 | | | 宾二类 | | | |
| 9896 | | | 宾二类 | | | |
| 9897 | | | 宾二类 | | | |
| 9898 | | | 宾二类 | | | |
| 9899 | | | 宾二类 | | | |
| 9900 | 黄拼 9900+12988 | | 宾二类 | | | |
| 9901 | | | 宾二类 | | | |
| 9902 | | | 宾二类 | | | |
| 9903 | | | 宾二类 | | 黄典宾 | |
| 9904 | | | 宾二类 | | | |
| 9905 | | | 宾三类 | | | |

续表

| 著录号 | 缀合 | 重片 | 类型划分 | 贞人 | 专家分类 | 其他说明 |
|---|---|---|---|---|---|---|
| 9906 | 黄拼 9906+728+15101 | | 宾一类 | 古 | | |
| 9907 | | | 宾三类 | | | |
| 9908 | | | 宾一类 | | | |
| 9909 | | 18583 | 宾三类 | | | |
| 9910 正反 | | | 宾二类 | | | |
| 9911 | | | 宾一类 | | | |
| 9912 | | | 宾三类 | | | |
| 9913 | | | 宾一类 | | | |
| 9914 正反 | | | 宾一类 | | | |
| 9915 | | | 宾二类 | | | |
| 9916 | | | 自小字类 | | | 非宾 |
| 9917 | | | 宾一类 | | | |
| 9918 | | | 宾一类 | | | |
| 9919 正反 | | | 宾二类 | 韋 | | |
| 9920 | | | 宾二类 | | | |
| 9921 | | | 宾二类 | | | |
| 9922 | | | 宾二类 | | | |
| 9923 正反 | | | 宾一类 | | | |
| 9924 | | | 宾一类 | | | |
| 9925 | | | 宾一类 | | | |
| 9926 | | | 宾三类 | | | |
| 9927 | | | 宾一类 | | | |
| 9928 | | | 宾二类 | | | |
| 9929 | | | 宾二类 | | | |
| 9930 | | | 宾二类 | | | |
| 9931 | | 18082 | 宾一类 | | | |
| 9932 | | | 宾一类 | | | |
| 9933 | | | 宾一类 | 亘 | | |
| 9934 正反 | 黄拼 9934 正反 +9955 | | 宾一类 | 古 | | 林《醉古集》344 |
| 9935 | | | 宾二类 | | | |
| 9936 | 黄拼 9934＋乙补 3502 倒＋乙补 3568+ 乙 3830 正＋乙补 3517+ 乙 3824 | | 宾二类 | | | |
| 9937 | | | 宾二类 | 𣪊 | | |
| 9938 正臼 | | | 宾二类 | | | |

续表

| 著录号 | 缀合 | 重片 | 类型划分 | 贞人 | 专家分类 | 其他说明 |
|---|---|---|---|---|---|---|
| 9939 | | | 宾二类 | | | |
| 9940 | | | 宾二类 | | | |
| 9941 | 黄拼 9941+ 英 824+10042 | | 宾二类 | | | 前两片为蔡缀，后一片为黄加缀 |
| 9942 | | | 宾二类 | | | |
| 9943 | | | 宾二类 | | | |
| 9944 | | | 宾二类 | | | |
| 9945 | 9945+9946 | | 宾二类 | | | |
| 9946 正反 | 9946+9945 | | 宾二类 | | | |
| 9947 | | | 宾一类 | 内 | | |
| 9948 | | | 宾二类 | | | |
| 9949 | | | 宾一类 | | | |
| 9950 正反 | | | 宾二类 | 𡧊 | | |
| 9951 | | | 宾二类 | 亘 | | |
| 9952 | | | 宾二类 | | | |
| 9953 | | | 宾二类 | | | |
| 9954 正反 | | | 宾二类 | 宊 | | |
| 9955 | 黄拼 9955+9934 | | 宾一类 | | | 林《醉古集》344 |
| 9956 | | | 宾二类 | | | |
| 9957 | | | 宾二类 | | | |
| 9958 | | | 宾二类 | | | |
| 9959 | | | 宾二类 | | | |
| 9960 | | | 宾二类 | 宊 | | |
| 9961 | | | 宾二类 | 宊 | | |
| 9962 | | | 宾二类 | | | |
| 9963 | | | 𠂤宾间类 | | | |
| 9964 | | | 𠂤宾间类 | | | |
| 9965 | 9965+9856 | | 宾二类 | 𠭁 | | |
| 9966 | | | 宾二类 | 宊、亘 | | |
| 9967 | 黄拼 9967+10143 | | 宾二类 | 韋 | | |
| 9968 正反 | | | 宾二类 | 古 | | |
| 9969 | | | 宾二类 | 韋 | | |
| 9970 | | | 宾二类 | | | |
| 9971 | 黄拼 9971+9862 | | 宾二类 | | | |

续表

| 著录号 | 缀合 | 重片 | 类型划分 | 贞人 | 专家分类 | 其他说明 |
|---|---|---|---|---|---|---|
| 9972 | 黄拼 9972+<br>中历藏 263 | | 宾二类 | | | |
| 9973 | 黄拼 9973+<br>东文库 170 | | 宾二类 | | 黄典宾 | |
| 9974 | 黄拼 9974+5977 | | 宾二类 | | | |
| 9975 正反 | | | 宾二类 | | | |
| 9976 正反 | 9976 正反 +8179 | | 宾二类 | 𡧊、古 | | |
| 9977 | | | 宾二类 | | | |
| 9978 | | | 宾二类 | | | |
| 9979 | | | 宾二类 | | | |
| 9980 | | | 宾二类 | | | |
| 9981 | | | 宾三类 | | | |
| 9982 | | | 宾三类 | | | |
| 9983 | | | 宾二类 | | | |
| 9984 正反 | | | 宾二类 | 穷、韋 | | |
| 9985 | | | 宾一类 | | | |
| 9986 | | | 宾二类 | | | |
| 9987 | | | 宾二类 | | | |
| 9988 | | | 宾三类 | | | |
| 9989 | | | 宾二类 | | 李彭宾一 B | |
| 9990 | | | 宾二类 | 𡧊 | | |
| 9991 正反 | | | 宾二类 | | | |
| 9992 | | | 宾二类 | | | |
| 9993 | | 22345 | 宾二类 | | | |
| 9994 | | | 宾二类 | | | |
| 9995 | | | 宾二类 | 亘 | | |
| 9996 | | | 宾二类 | | | |
| 9997 | 黄拼 9997+10052 | | 宾二类 | | | |
| 9998 | | | 宾一类 | | | |
| 9999 | | | 宾一类 | | | |
| 10000 | 10000+5242 | | 宾二类 | | | |
| 10001 | | | 宾二类 | | 黄典宾 | |
| 10002<br>正反 | | | 宾二类 | 韋 | 黄典宾<br>李彭宾一 B | |
| 10003 | | | 宾二类 | | | |

续表

| 著录号 | 缀合 | 重片 | 类型划分 | 贞人 | 专家分类 | 其他说明 |
|---|---|---|---|---|---|---|
| 10004 | | | 宾二类 | | | |
| 10005 | | | 宾二类 | | | |
| 10006 正反 | | | 宾二类 | | | |
| 10007 正反 | | | 宾一类 | | | |
| 10008 | | | 宾二类 | | | |
| 10009 | | | 宾二类 | | | |
| 10010 | | | 宾二类 | | | |
| 10011 正反 | | | 宾二类 | | | |
| 10012 | | | 宾二类 | | | |
| 10013 | | | 宾二类 | | | |
| 10014 | | | 宾三类 | | | |
| 10015 | | | 宾二类 | | | |
| 10016 | | | 宾二类 | | | |
| 10017 正反 | | | 宾二类 | | | |
| 10018 | | | 宾二类 | | | |
| 10019 | | | 宾二类 | 韋 | | |
| 10020 | | | 𠂤宾间类 | | 黄𠂤宾间 A | |
| 10021 | | | 宾二类 | | 李彭宾一 B | |
| 10022 甲乙丙丁 | | | 宾一类 | 宁 | | |
| 10023 | 10023+ | | 宾一类 | | | |
| 10024 正反 | | | 𠂤宾间类 | | | |
| 10025 | | | 𠂤宾间类 | | | |
| 10026 正反 | 黄拼 10026 正反 +10034 | | 宾一类 | 韋 | | 林《醉古集》48 |
| 10027 | | | 𠂤宾间类 | | | |
| 10028 | | | 𠂤宾间类 | | | |
| 10029 | 黄拼 10029+<br>合补 5658 | | 𠂤宾间类 | | | |
| 10030 | | | 宾一类 | 王 | | |

续表

| 著录号 | 缀合 | 重片 | 类型划分 | 贞人 | 专家分类 | 其他说明 |
|---|---|---|---|---|---|---|
| 10031 | | | 𠂤宾间类 | | | |
| 10032 | | | 𠂤宾间类 | | | |
| 10033 | | | 𠂤宾间类 | | | |
| 10034 | 黄拼 10034+10026 | | 宾一类 | | | 林《醉古集》48 |
| 10035 | | | 𠂤宾间类 | | 李彭𠂤宾间 | |
| 10036 | | | 宾一类 | | | |
| 10037 | | | 宾一类 | | 黄宾一<br>李彭宾一 A | |
| 10038 | | | 𠂤宾间类 | | | |
| 10039 | | | 𠂤宾间类 | | | |
| 10040 | 黄拼 10040+ | | 宾二类 | | | 林《醉古集》360 |
| 10041 | | 10045 正 | 宾二类 | 㱿 | | |
| 10042 | 黄拼 10042+9941+<br>英 824 | | 宾二类 | 穷、𠱩 | | |
| 10043 | | | 宾二类 | | | |
| 10044 | 黄拼 10044+1777 | | 宾二类 | 穷、争 | | |
| 10045<br>正臼 | | | 宾二类 | 㱿 | | |
| 10046 | 黄拼 10046+ 通 444 | | 宾二类 | | | |
| 10047 | 10047+9644 | | 宾三类 | 争 | 黄宾三 | |
| 10048 | 10048+296 | | 宾三类 | 穷 | 黄宾三<br>李彭宾二 | |
| 10049<br>正反 | 10049 正反 + | | 宾二类 | | | |
| 10050 | | | 宾二类 | | | |
| 10051 | | | 宾二类 | 㱿 | | |
| 10052 | 黄拼 10052+9997 | | 宾二类 | 㱿 | | |
| 10053 | | | 宾一类 | | | |
| 10054 | | | 宾一类 | | | |
| 10055 | 黄拼 10055+14469 正 | | 宾二类 | | | |
| 10056 | | | 宾二类 | | | |
| 10057 | | | 宾二类 | | | |
| 10058 | | | 宾二类 | | | |
| 10059 | | | 宾一类 | 王 | | |
| 10060 | 黄拼 10060+6603 | | 宾一类 | | | |

续表

| 著录号 | 缀合 | 重片 | 类型划分 | 贞人 | 专家分类 | 其他说明 |
|---|---|---|---|---|---|---|
| 10061 | | | 宾三类 | | | |
| 10062 | | | 宾三类 | | | |
| 10063 | | | 宾三类 | | | |
| 10064 | | | 宾三类 | | 李彭宾二 | |
| 10065 | | | 宾三类 | | | |
| 10066 | | | 宾三类 | | | |
| 10067 | | | 宾三类 | 爭 | | |
| 10068 | | | 宾三类 | | | |
| 10069 | | | 宾二类 | | | |
| 10070 | | | 宾二类 | 爭 | | |
| 10071 | | | 宾三类 | | | |
| 10072 | | | 宾二类 | | | |
| 10073 | | | 宾三类 | 爭 | | |
| 10074 | | | 宾三类 | | | |
| 10075正反 | | | 宾二类 | 亘 | 黄典宾 | |
| 10076 | | | 宾二类 | 穷 | | |
| 10077正反 | | | 宾二类 | | | |
| 10078正反 | | | 宾二类 | | | |
| 10079 | | | 宾二类 | | | |
| 10080 | | | 宾二类 | | | |
| 10081 | | | 宾二类 | | | |
| 10082 | | | 宾二类 | | | |
| 10083 | | | 宾二类 | | 黄宾三<br>李彭宾一 B | |
| 10084 | | | 宾三类 | 穷、爭 | | |
| 10085正臼 | | | 宾二类 | | | |
| 10086 | | | 宾二类 | | | |
| 10087 | | | 宾二类 | | | |
| 10088 | 10088+3951（=7491）<br>+USB49（库 1023） | | 宾二类 | | | |
| 10089 | 黄拼 10089+9713（40096） | | 宾二类 | | | 甲尾署辞 |

续表

| 著录号 | 缀合 | 重片 | 类型划分 | 贞人 | 专家分类 | 其他说明 |
|---|---|---|---|---|---|---|
| 10090 | | | 宾二类 | | | |
| 10091 正臼 | | | 宾二类 | 㱿、𠬝 | | |
| 10092 | | | 宾二类 | 㱿 | | |
| 10093 | | | 宾二类 | 亘 | | |
| 10094 正反 | | | 宾二类 | 穷、㱿 | | |
| 10095 | | | 宾三类 | 穷 | | |
| 10096 | | | 宾二类 | | | |
| 10097 | | | 宾一类 | | | |
| 10098 | | | 宾三类 | 穷 | | |
| 10099 | 黄拼 10099+14141 | | 宾二类 | | | 缀后同文见 10139 |
| 10100 | | | 宾二类 | | | |
| 10101 正反 | | | 宾二类 | | | |
| 10102 | | | 宾二类 | | | |
| 10103 | | | 宾二类 | | | |
| 10104 | 黄拼 10104（=846）+847 | | 宾二类 | 穷、亘 | | |
| 10105 | | | 宾二类 | | | |
| 10106 | | | 宾二类 | | | |
| 10107 | | | 宾二类 | 㱿 | | |
| 10108 | | | 宾二类 | | | |
| 10109 | | | 宾二类 | 穷 | | |
| 10110 | | | 宾一类 | | | |
| 10111 | | | 宾三类 | 古 | 李彭宾二 | |
| 10112 正反 | | | 宾一类 | | | |
| 10113 | | | 宾二类 | | | |
| 10114 | | | 宾三类 | | | |
| 10115 | | | 宾一类 | 㱿 | | |
| 10116 | 10116+10117 | | 宾三类 | | | |
| 10117 | 10117+10116 | | 宾三类 | | | |
| 10118 | | | 宾三类 | | | |
| 10119 | 10119+23395+24582 | 10119+23395 | 出一类 | | | 非宾 |

续表

| 著录号 | 缀合 | 重片 | 类型划分 | 贞人 | 专家分类 | 其他说明 |
|---|---|---|---|---|---|---|
| 10120 | | | 宾三类 | | | |
| 10121 | | | 宾二类 | 𡧊 | 李彭宾一B | |
| 10122 | | | 宾二类 | | | |
| 10123 | | | 宾二类 | | | |
| 10124正反 | | | 宾一类 | | | |
| 10125 | | | 宾一类 | 𡧊 | 李彭宾一A | |
| 10126 | | | 宾三类 | | | |
| 10127 | | | 宾二类 | | | |
| 10128 | | | 宾二类 | | | |
| 10129 | | | 宾二类 | 𡧊 | | |
| 10130正反 | | | 宾二类 | | | |
| 10131 | | | 宾二类 | | | |
| 10132正反 | | | 宾二类 | 古 | | |
| 10133正反 | | | 宾二类 | 𡧊 | | |
| 10134正反 | | | 宾二类 | 𡧊 | | |
| 10135 | | | 宾二类 | | | |
| 10136正反 | | | 宾二类 | 𡧊、爭 | | |
| 10137正反 | | | 宾二类 | | 李彭宾一B | |
| 10138 | | | 宾二类 | | | |
| 10139 | | | 宾二类 | | | |
| 10140 | | | 宾二类 | | | |
| 10141 | | | 宾二类 | | | |
| 10142 | | | 宾二类 | | | |
| 10143 | 黄拼10143+9967 | | 宾二类 | | | |
| 10144 | | | 宾三类 | | | |
| 10145 | | | 宾三类 | 爭 | | |
| 10146 | 黄拼10146+10147 | | 宾三类 | 穷 | | |
| 10147 | 黄拼10147+10146 | | 宾三类 | | | |

续表

| 著录号 | 缀合 | 重片 | 类型划分 | 贞人 | 专家分类 | 其他说明 |
|---|---|---|---|---|---|---|
| 10148 | | | 宾三类 | 穷 | 黄宾三 | |
| 10149 | | | 宾三类 | | | |
| 10150 | | | 宾三类 | | | |
| 10151 正反 | | | 宾一类 | | | |
| 10152 | | | 宾三类 | | | |
| 10153 | | | 宾一类 | | | |
| 10154 | | | 宾一类 | 爭 | | |
| 10155 正反 | | | 宾三类 | | | |
| 10156 | | | 宾一类 | | | |
| 10157 | | | 宾二类 | | | 背甲 |
| 10158 | | | 宾三类 | | | |
| 10159 | | | 宾三类 | | | |
| 10160 | | | 宾三类 | | | |
| 10161 | | | 宾一类 | | | |
| 10162 | | | 宾一类 | | | |
| 10163 | | | 宾二类 | | | |
| 10164 | | | 宾二类 | | | |
| 10165 正反 | | | 宾二类 | 爭 | | |
| 10166 | | | 宾三类 | 爭 | | |
| 10167 | | | 宾三类 | | | |
| 10168 | | | 宾三类 | | 李彭宾一 B | |
| 10169 | | | 宾二类 | | | |
| 10170 | | | 宾一类 | | | |
| 10171 正反 | 黄拼 10171+14293 正 | | 宾一类 | 穷、㱿、爭 | | |
| 10172 | | | 宾一类 | 㱿 | | |
| 10173 正反 | | | 宾一类 | | | |
| 10174 正反 | | | 宾一类 | 亘 | | |
| 10175 正反 | | | 宾二类 | | | |

续表

| 著录号 | 缀合 | 重片 | 类型划分 | 贞人 | 专家分类 | 其他说明 |
|---|---|---|---|---|---|---|
| 10176 | | | 宾二类 | 穷 | | |
| 10177 | | | 宾二类 | | | |
| 10178 | | | 宾二类 | | | |
| 10179 | | | 宾一类 | 内 | | |
| 10180 | | | 宾一类 | | | |
| 10181 | 黄拼 10181+10189+4879 | | 宾三类 | | | |
| 10182 | | | 宾一类 | | 黄宾一 | |
| 10183 正反 | | | 宾二类 | | | |
| 10184 | | | 宾一类 | 㱿 | 黄宾一 | |
| 10185 | | 40044 | 宾一类 | | | |
| 10186 | | | 宾一类 | | | |
| 10187 | | | 宾一类 | | | |
| 10188 | | | 宾一类 | | | |
| 10189 | 黄拼 10189+10181+4879 | | 宾三类 | 爭 | | |
| 10190 | | | 宾一类 | | | |
| 10191 | | | 宾一类 | | | |
| 10192 | | | 宾一类 | | | |
| 10193 正反 | | | 宾一类 | | | |
| 10194 | | | 宾一类 | | | |
| 10195 | | | 宾二类 | | | |
| 10196 | 黄拼 10196+18338 | | 宾三类 | | | |
| 10197 | | | 宾一类 | | | |
| 10198 正反 | 黄拼 10198 正 + 乙 306+ 乙 318+ 乙 5104+ 乙 4138 | | 宾一类 | 㱿 | | |
| 10199 正反 | | | 宾二类 | 穷 | | |
| 10200 | | | 宾一类 | | | |
| 10201 | | | 宾一类 | | 黄宾一 | |
| 10202 | | 39828 | 宾一类 | | 黄宾一 | |
| 10203 | | | 宾三类 | | | 背甲 |

续表

| 著录号 | 缀合 | 重片 | 类型划分 | 贞人 | 专家分类 | 其他说明 |
|---|---|---|---|---|---|---|
| 10204 | | | 宾三类 | | | |
| 10205 | | | 宾二类 | | | |
| 10206 | | | 宾二类 | | | |
| 10207正反 | | | 宾二类 | | | 背甲 |
| 10208 | 黄拼 10208+3288 | | 宾二类 | | | |
| 10209 | | | 宾二类 | | | |
| 10210 | | | 𠂤宾间类 | | | |
| 10211 | | | 𠂤宾间类 | | | |
| 10212 | | | 宾二类 | | | |
| 10213 | | | 宾二类 | | | |
| 10214 | | | 宾三类 | | | |
| 10215 | | | 宾三类 | | | |
| 10216 | | | 宾一类 | 㱿 | | |
| 10217 | | | 宾二类 | | | |
| 10218 | | | 宾一类 | | | |
| 10219 | | | 宾三类 | | | |
| 10220 | | | 宾一类 | | | |
| 10221 | | | 宾三类 | 王 | | |
| 10222 | | | 宾二类 | | | |
| 10223 | | | 宾一类 | | | |
| 10224 | | | 宾一类 | | | |
| 10225正反 | | | 宾一类 | | | |
| 10226 | | | 宾一类 | | | |
| 10227 | | | 宾二类 | 穷、亘 | | |
| 10228正臼 | | | 宾二类 | 亘 | | |
| 10229正反 | | | 宾二类 | 亘、韋 | 黄典宾 | |
| 10230 | | | 𠂤宾间类 | | | |
| 10231正反 | | | 宾二类 | | | |
| 10232 | | | 宾一类 | | | |
| 10233正反 | | | 宾二类 | | | |

续表

| 著录号 | 缀合 | 重片 | 类型划分 | 贞人 | 专家分类 | 其他说明 |
|---|---|---|---|---|---|---|
| 10234 | | | 宾二类 | | | |
| 10235 | | | 宾二类 | | | |
| 10236 正反 | | | 宾二类 | | | |
| 10237 | | | 宾二类 | | | |
| 10238 | | | 宾二类 | | | |
| 10239 | | | 宾二类 | | | |
| 10240 | | | 𠂤宾间类 | | | |
| 10241 | | | 𠂤宾间类 | | | |
| 10242 | | | 𠂤宾间类 | | | |
| 10243 | | | 𠂤宾间类 | | | |
| 10244 正反 | | | 宾二类 | | | |
| 10245 | | | 𠂤宾间类 | | | |
| 10246 | | | 宾二类 | | | |
| 10247 | | | 宾二类 | | | |
| 10248 | | | 宾三类 | 事 | | |
| 10249 | | | 𠂤宾间类 | | 黄𠂤宾间 A | |
| 10250 | | | 𠂤宾间类 | | | |
| 10251 | | | 𠂤宾间类 | | | |
| 10252 | | | 𠂤宾间类 | | | |
| 10253 | | | 𠂤宾间类 | | | |
| 10254 | | | 宾一类 | | | |
| 10255 | | | 宾一类 | | 黄宾一/典宾 | |
| 10256 | | | 宾一类 | | | |
| 10257 | | | 𠂤小字类 | | 黄𠂤小字 | 非宾 |
| 10258 | | | 宾一类 | | | |
| 10259 | | | 宾一类 | | | |
| 10260 | | | 宾二类 | | | |
| 10261 | 10261+2003 | | 宾二类 | | | |
| 10262 | | | 宾二类 | | | |
| 10263 | | | 宾二类 | | | |
| 10264 正反 | | | 宾二类 | | | |

续表

| 著录号 | 缀合 | 重片 | 类型划分 | 贞人 | 专家分类 | 其他说明 |
|---|---|---|---|---|---|---|
| 10265 | | | 宾二类 | | | |
| 10266正反 | | | 宾二类 | | | 背甲 |
| 10267正反 | | | 宾二类 | | | |
| 10268 | | | 宾二类 | | | |
| 10269 | | | 宾二类 | | | |
| 10270 | | | 𠂤宾间类 | | | |
| 10271 | | | 𠂤宾间类 | | | |
| 10272 | | | 𠂤宾间类 | | | |
| 10273 | | | 宾三类 | | | 背甲 |
| 10274 | | | 宾二类 | | | |
| 10275正反 | | | 宾一类 | | | |
| 10276 | | | 宾二类 | | | |
| 10277 | | | 宾三类 | | | |
| 10278 | | | 宾三类 | | | |
| 10279正臼 | | | 宾二类 | | | |
| 10280 | | | 宾二类 | | | |
| 10281 | | 40152 | 宾二类 | | | |
| 10282 | 10282+10692 | | 宾二类 | | | |
| 10283 | | 40135 | 宾二类 | | | |
| 10284 | | | 宾二类 | | | |
| 10285 | | | 𠂤宾间类 | | | |
| 10286 | | | 𠂤宾间类 | | | |
| 10287 | | | 𠂤宾间类 | | | |
| 10288 | | | 𠂤宾间类 | | | 背甲 |
| 10289 | | | 𠂤宾间类 | | | |
| 10290 | | | 𠂤宾间类 | | | |
| 10291 | | | 宾一类 | | | |
| 10292 | 黄拼 10292+12309 | | 宾一类 | | | |
| 10293 | | | 宾一类 | | | |
| 10294 | | | 宾一类 | | | |
| 10295 | | | 宾一类 | | | |

续表

| 著录号 | 缀合 | 重片 | 类型划分 | 贞人 | 专家分类 | 其他说明 |
|---|---|---|---|---|---|---|
| 10296 | | | 宾一类 | | | |
| 10297 | | | 宾一类 | | 李彭宾一 A | |
| 10298 | | | 宾一类 | | 李彭宾一 A | |
| 10299 正反 | | | 宾一类 | | 李彭宾一 A | |
| 10300 | | | 宾一类 | | | |
| 10301 | | | 宾一类 | | | |
| 10302 正反 | | | 宾二类 | 㱿 | 黄宾一 / 典宾 | |
| 10303 | | | 宾三类 | 事 | 黄宾三 | |
| 10304 | | | 宾一类 | | | |
| 10305 | | | 宾一类 | | | |
| 10306 正反 | | | 宾一类 | 爭 | | |
| 10307 | | | 宾二类 | | | |
| 10308 | 10308+13331 | | 宾二类 | | | |
| 10309 | | | 宾一类 | | | |
| 10310 | | | 𠂤宾间类 | | | |
| 10311 | | | 𠂤宾间类 | | | |
| 10312 | | | 𠂤宾间类 | | | |
| 10313 | 黄拼 10313+5332+10951 | | 𠂤宾间类 | | | |
| 10314 | | | 𠂤宾间类 | | | |
| 10315 正反 | | | 宾一类 | 宊、㱿 | | |
| 10316 | | | 宾一类 | | | |
| 10317 | | | 宾一类 | | | |
| 10318 | | | 宾一类 | | | |
| 10319 | | | 宾一类 | | | |
| 10320 正反 | | | 宾一类 | | | |
| 10321 | | | 宾一类 | | | |
| 10322 | | | 宾一类 | | | |
| 10323 | | | 宾二类 | 宊 | | |
| 10324 | | | 宾一类 | 亘 | | |

续表

| 著录号 | 缀合 | 重片 | 类型划分 | 贞人 | 专家分类 | 其他说明 |
|---|---|---|---|---|---|---|
| 10325 | | | 宾一类 | | | |
| 10326 | | | 宾一类 | | | |
| 10327 | | | 宾一类 | | | |
| 10328 正反 | | | 宾一类 | | | |
| 10329 | | | 宾一类 | | | |
| 10330 | | 19199 | 宾一类 | | | |
| 10331 | 黄拼 10331+3243+3244+15205+乙 5217+乙 2935+乙 2986 | | 宾一类 | | | |
| 10332 | | | 宾一类 | | | |
| 10333 | | | 宾一类 | | | |
| 10334 | | | 宾一类 | | | |
| 10335 | | | 宾一类 | | | |
| 10336 | | | 宾一类 | | | |
| 10337 | | | 宾一类 | | | |
| 10338 | | | 宾一类 | | | |
| 10339 | | | 自宾间类 | | | |
| 10340 | | | 自宾间类 | | | |
| 10341 | | | 宾一类 | | | |
| 10342 | | | 宾一类 | | 黄宾一 | |
| 10343 正反 | | | 宾一类 | | | |
| 10344 正反 | | | 宾一类 | 㱿 | 李彭宾一 A | |
| 10345 正反 | | | 宾一类 | 爭 | 李彭宾一 A | |
| 10346 正反 | | | 宾一类 | 㱿 | 李彭宾一 A | |
| 10347 正臼 | | | 宾二类 | | | |
| 10348 | 10348+ | | 宾一类 | | | 背甲 |
| 10349 | 10349+13643 | | 宾一类 | 㱿 | 黄典宾 | |
| 10350 | 黄拼 10350+10364 | | 宾三类 | 㱿 | | |
| 10351 | | | 宾一类 | | | |

续表

| 著录号 | 缀合 | 重片 | 类型划分 | 贞人 | 专家分类 | 其他说明 |
|---|---|---|---|---|---|---|
| 10352 | | | 宾一类 | | | |
| 10353 | | | 宾一类 | | | |
| 10354 | | | 宾一类 | | | |
| 10355 | | | 宾二类 | | | |
| 10356 | | | 宾一类 | | | |
| 10357 | | | 宾一类 | | | |
| 10358 | | | 宾一类 | | 黄宾一 | |
| 10359 | | | 宾一类 | | | |
| 10360 | 黄拼 10360+19345 | | 宾二类 | | | |
| 10361 | | | 宾二类 | | | |
| 10362 | 黄拼 10362+10749（合补 2630） | | 宾二类 | | | |
| 10363 | | | 宾二类 | | 黄典宾 | |
| 10364 | 黄拼 10364+10350 | | 宾三类 | | | |
| 10365 | | | 宾三类 | | 黄宾三 | |
| 10366 | | | 宾二类 | | | |
| 10367 | | | 宾二类 | | | 背甲 |
| 10368 正反 | | | 宾二类 | | | |
| 10369 | | | 宾二类 | | | |
| 10370 | | | 宾二类 | | | |
| 10371 | | | 宾二类 | | | |
| 10372 | | | 自宾间类 | | | |
| 10373 | | | 自宾间类 | | | |
| 10374 | | | 自宾间类 | 王 | | |
| 10375 | | | 自宾间类 | | | |
| 10376 | | | 宾二类 | | | |
| 10377 | | | 宾一类 | 王 | | |
| 10378 | | | 宾一类 | 王 | 黄宾一 | |
| 10379 | | | 宾一类 | | | |
| 10380 | | | 宾一类 | | | |
| 10381 | | | 宾一类 | | | |
| 10382 | | | 自宾间类 | | | |
| 10383 | | | 宾三类 | | | |
| 10384 | | | 自宾间类 | | | |

续表

| 著录号 | 缀合 | 重片 | 类型划分 | 贞人 | 专家分类 | 其他说明 |
|---|---|---|---|---|---|---|
| 10385 | | | 宾三类 | | 李彭宾二 | |
| 10386正反 | | | 宾二类 | | | |
| 10387 | | | 宾三类 | | | 背甲 |
| 10388 | | | 宾三类 | | | |
| 10389 | | | 宾三类 | | 黄宾三 | 背甲 |
| 10390 | | | 宾一类 | | 黄宾一 | |
| 10391 | | | 宾二类 | | | |
| 10392 | | | 宾二类 | | | |
| 10393 | | | 宾二类 | | | |
| 10394 | | | 宾二类 | | | |
| 10395 | | | 宾二类 | | | |
| 10396 | | | 宾二类 | | | |
| 10397 | | | 宾一类 | | | |
| 10398 | | | 宾二类 | 亘 | | |
| 10399正反 | | 13471 | 宾二类 | 㱿 | | |
| 10400 | | | 宾二类 | 㱿 | | |
| 10401 | | 40126 | 宾二类 | | | |
| 10402 | | | 宾三类 | | | |
| 10403 | | | 宾二类 | | | |
| 10404 | | | 宾二类 | | | |
| 10405 | | | 宾二类 | 㱿 | 黄典宾<br>李彭宾一 B | |
| 10406正反 | | | 宾二类 | 㱿 | | |
| 10407正反 | | | 宾一类 | | | |
| 10408正反 | | | 宾一类 | 穷 | | |
| 10409 | | | 宾一类 | | | |
| 10410正反 | | | 𠂤宾间类 | | 黄𠂤宾间 B | |
| 10411 | | | 𠂤宾间类 | | | |
| 10412 | | | 宾一类 | 穷 | 黄宾一<br>李彭宾一 A | |

续表

| 著录号 | 缀合 | 重片 | 类型划分 | 贞人 | 专家分类 | 其他说明 |
|---|---|---|---|---|---|---|
| 10413 | | | 宾一类 | | | |
| 10414 | | | 𠂤宾间类 | | | |
| 10415 | | | 宾一类 | | | |
| 10416 | | | 宾一类 | | | |
| 10417 | | | 宾一类 | | | |
| 10418 | | | 宾一类 | | | |
| 10419 | | | 宾二类 | | | |
| 10420 | | | 宾二类 | | 黄典宾 | |
| 10421 | | | 宾二类 | | | |
| 10422 | | | 宾三类 | | | |
| 10423 | | | 宾三类 | | | |
| 10424 | | | 宾二类 | | 黄典宾 | |
| 10425 | | | 宾二类 | | 黄典宾 | |
| 10426 正反 | | | 宾二类 | | | |
| 10427 | | | 宾二类 | | | |
| 10428 | | | 宾一类 | | | |
| 10429 | | | 宾一类 | | | |
| 10430 | | | 宾二类 | | | |
| 10431 正反 | 10431 正反 +1763 | | 宾一类 | | | 背甲 |
| 10432 | | | 𠂤宾间类 | | | |
| 10433 | | | 𠂤宾间类 | | | |
| 10434 | | | 𠂤宾间类 | | | |
| 10435 | | | 𠂤宾间类 | | | |
| 10436 | | | 宾一类 | | | |
| 10437 | | | 宾三类 | | 黄宾三 | |
| 10438 正反 | | | 宾一类 | | | |
| 10439 | | | 宾二类 | | | |
| 10440 | | | 宾二类 | | | 背甲 |
| 10441 | | | 宾二类 | | | |
| 10442 | | | 宾二类 | | | 背甲 |
| 10443 正反 | | | 宾二类 | | | |

续表

| 著录号 | 缀合 | 重片 | 类型划分 | 贞人 | 专家分类 | 其他说明 |
|---|---|---|---|---|---|---|
| 10444 | | | 宾二类 | | | |
| 10445 | | | 宾三类 | | | |
| 10446 | | | 宾三类 | | | |
| 10447 | | | 宾三类 | | | |
| 10448 | | | 宾三类 | | | |
| 10449 | | | 宾三类 | | | |
| 10450 | | | 宾三类 | | | |
| 10451 | | | 宾三类 | | | |
| 10452 | | | 宾三类 | | | 背甲 |
| 10453 | | | 宾三类 | | | |
| 10454 | | | 𠂤宾间类 | | | |
| 10455 | | | 宾三类 | | | |
| 10456 | | | 宾三类 | | | 背甲 |
| 10457 | | | 宾一类 | | | |
| 10458 | | | 宾一类 | | | |
| 10459 | | | 宾一类 | | | |
| 10460正反 | | | 宾一类 | | | |
| 10461 | | | 𠂤小字类 | | | 非宾 |
| 10462 | | | 宾一类 | | | |
| 10463 | 10463+4506+4510+4511+ | | 宾一类 | | | |
| 10464 | | | 宾一类 | | | |
| 10465 | | | 宾一类 | | | |
| 10466 | | | 𠂤宾间类 | | | |
| 10467 | | | 𠂤宾间类 | | 黄𠂤宾间A | |
| 10468 | | | 𠂤宾间类 | | | |
| 10469 | | | 𠂤宾间类 | | | |
| 10470 | | | 𠂤宾间类 | | | |
| 10471 | | | 𠂤宾间类 | | 黄𠂤宾间A | |
| 10472 | | | 𠂤宾间类 | | 黄𠂤宾间A | |
| 10473 | | | 𠂤宾间类 | | | |
| 10474 | | | 𠂤宾间类 | | | |
| 10475 | | | 宾二类 | | | |

续表

| 著录号 | 缀合 | 重片 | 类型划分 | 贞人 | 专家分类 | 其他说明 |
|---|---|---|---|---|---|---|
| 10476 | | | 宾一类 | | | |
| 10477 | | | 宾一类 | | | |
| 10478 | | | 𠂤小字类 | | | 非宾 |
| 10479 | | | 宾三类 | | | |
| 10480 | | | 宾三类 | | | |
| 10481 | | | 宾二类 | | | |
| 10482 | | | 宾二类 | 𣪊 | | |
| 10483 | | | 宾二类 | | | |
| 10484 | | | 宾二类 | | | |
| 10485 | | | 宾二类 | | | |
| 10486 | | | 𠂤宾间类 | | | |
| 10487 | | | 𠂤宾间类 | | | 背甲 |
| 10488 正反 | | | 宾一类 | | | |
| 10489 | | | 宾一类 | | | |
| 10490 | | | 宾一类 | | | |
| 10491 | | | 宾二类 | | | |
| 10492 | | | 宾三类 | | | |
| 10493 | 黄拼 10493+10660 | | 宾二类 | | | |
| 10494 | | | 宾一类 | | | |
| 10495 | | | 宾一类 | | | 背甲 |
| 10496 | | | 宾一类 | | | |
| 10497 | | | 宾一类 | | | 背甲 |
| 10498 | | | 宾一类 | | | 背甲 |
| 10499 | | | 宾一类 | | | |
| 10500 | | | 宾二类 | | | |
| 10501 正反 | | | 宾二类 | | | |
| 10502 | | | 𠂤宾间类 | | | |
| 10503 | | | 𠂤宾间类 | | | |
| 10504 | | | 𠂤宾间类 | | | |
| 10505 | | | 𠂤宾间类 | | | |
| 10506 | 10506 遥缀 18765 | | 宾三类 | | | |
| 10507 | | | 宾三类 | | | |

续表

| 著录号 | 缀合 | 重片 | 类型划分 | 贞人 | 专家分类 | 其他说明 |
|---|---|---|---|---|---|---|
| 10508 | | | 宾三类 | | | |
| 10509 | | | 宾三类 | | | |
| 10510 | | | 待考 | | | |
| 10511 | | | 𠂤宾间类 | | | |
| 10512 | | | 𠂤宾间类 | | | |
| 10513 | | | 𠂤宾间类 | | | |
| 10514 | | | 𠂤宾间类 | 㱿 | 黄𠂤宾间 A | |
| 10515 | | | 宾一类 | | | |
| 10516 | | | 宾一类 | 争 | | |
| 10517 | | | 宾三类 | | | 背甲 |
| 10518 | | | 宾三类 | | | 背甲 |
| 10519 | 黄拼 10519+10548 | | 宾三类 | 争 | | |
| 10520 | 黄拼 10520+22 | | 宾三类 | | | |
| 10521 | | | 宾二类 | | | |
| 10522 正反 | | | 宾二类 | 争 | | |
| 10523 | | | 宾二类 | 穷 | | |
| 10524 | | | 宾二类 | | | |
| 10525 | | | 宾二类 | | | |
| 10526 | | | 宾二类 | 穷 | | |
| 10527 | | | 宾三类 | | | |
| 10528 | | | 宾三类 | | | 背甲 |
| 10529 | | | 宾三类 | | | |
| 10530 | | | 宾三类 | | | 背甲 |
| 10531 | | | 宾三类 | | | |
| 10532 | | | 宾三类 | | | 背甲 |
| 10533 | | | 宾三类 | | | 背甲 |
| 10534 | 10534+267 | | 宾一类 | | | |
| 10535 | | | 宾一类 | | | |
| 10536 正反 | | | 宾二类 | | | |
| 10537 | | | 宾二类 | | | |
| 10538 | 黄拼 10538+649 | | 宾二类 | | | |
| 10539 正反 | | | 宾一类 | | | |

续表

| 著录号 | 缀合 | 重片 | 类型划分 | 贞人 | 专家分类 | 其他说明 |
|---|---|---|---|---|---|---|
| 10540 | | | 宾二类 | | | |
| 10541 | | | 宾三类 | | | |
| 10542 | | 4060 | 宾二类 | | | |
| 10543 | | | 自宾间类 | | | |
| 10544 | | | 宾三类 | | | |
| 10545 | | | 自宾间类 | | | |
| 10546 | | | 宾一类 | | | |
| 10547 | | | 宾一类 | | | |
| 10548 | 黄拼 10548+10519 | | 宾三类 | | | |
| 10549 | | | 宾一类 | | | |
| 10550 | | | 宾三类 | | | |
| 10551 | | | 宾二类 | 穷 | | |
| 10552 | | | 宾一类 | | | |
| 10553 正反 | | | 宾二类 | | | |
| 10554 | | | 宾二类 | | | |
| 10555 | | | 自宾间类 | | | |
| 10556 | | | 自宾间类 | | | |
| 10557 | | | 自宾间类 | | | |
| 10558 | 10558+8593 | | 宾一类 | 㱿 | | |
| 10559 | | | 宾一类 | | | |
| 10560 | | | 宾一类 | | | |
| 10561 | | | 宾二类 | | | |
| 10562 | 黄拼 10562+10968 | | 宾一类 | | | |
| 10563 | | | 宾一类 | | | |
| 10564 | | | 宾三类 | | | |
| 10565 | | | 宾一类 | | | |
| 10566 | | | 宾三类 | | | |
| 10567 | | | 宾一类 | 王 | | |
| 10568 | | | 自小字类 | | | 非宾 |
| 10569 | | | 宾一类 | | 黄宾一 | |
| 10570 | | | 宾一类 | | | 背甲 |
| 10571 | | | 宾一类 | | | |
| 10572 | | | 宾一类 | | | |

续表

| 著录号 | 缀合 | 重片 | 类型划分 | 贞人 | 专家分类 | 其他说明 |
|---|---|---|---|---|---|---|
| 10573 | | | 宾一类 | | | |
| 10574 | | | 宾一类 | | | |
| 10575 | 黄拼 10575+5438 | | 宾二类 | | | |
| 10576 | | | 宾三类 | | | |
| 10577 | | | 宾一类 | | | |
| 10578 | | | 自小字类 | | | 非宾 背甲 |
| 10579 | | | 宾二类 | | | |
| 10580 | | | 宾三类 | 穷 | 李彭宾二 | |
| 10581 | | | 宾二类 | | | |
| 10582 | | | 宾二类 | | | |
| 10583 | | | 宾二类 | | | |
| 10584 | 黄拼 10584+ 合补 6113 | | 宾二类 | | | |
| 10585 | | | 宾二类 | | | |
| 10586 | | | 宾一类 | | | |
| 10587 | | | 宾二类 | 穷 | | |
| 10588 | | | 宾二类 | | | |
| 10589 正反 | | | 宾一类 | | | |
| 10590 正反 | | | 宾二类 | 㱿 | | |
| 10591 | | | 宾三类 | | | |
| 10592 | | | 宾二类 | 㱿 | | |
| 10593 | 10593+17195 | | 宾三类 | | | |
| 10594 | | | 宾二类 | 穷、古 | | |
| 10595 | | | 宾二类 | | | |
| 10596 | | | 宾二类 | | | |
| 10597 | | | 宾二类 | | | |
| 10598 | | | 宾二类 | 爭 | | |
| 10599 | | | 宾二类 | | | |
| 10600 | | | 宾二类 | 穷 | | |
| 10601 正反 | | | 宾二类 | | | |
| 10602 | | | 宾二类 | 穷 | | |
| 10603 | | | 宾二类 | 㱿 | | |

续表

| 著录号 | 缀合 | 重片 | 类型划分 | 贞人 | 专家分类 | 其他说明 |
|---|---|---|---|---|---|---|
| 10604 | | | 宾二类 | | | |
| 10605 | | | 宾二类 | | | |
| 10606 | 10606+乙4789+乙4533+乙5714 | | 宾二类 | | | 《合集》10606左下角疑误缀 |
| 10607 | 黄拼10607+3606 | | 宾二类 | | | |
| 10608正反 | | | 宾二类 | 争 | | |
| 10609 | | | 宾二类 | | | |
| 10610正反 | | | 宾二类 | 㱿 | | |
| 10611 | | | 宾三类 | 穷 | | |
| 10612 | | | 宾一类 | 穷 | | |
| 10613正反 | | | 宾二类 | 穷、㱿 | | |
| 10614 | | 40162 | 宾一类 | | | |
| 10615 | | | 宾二类 | | 黄宾一 | |
| 10616 | | | 宾三类 | | | |
| 10617 | | | 宾三类 | | | |
| 10618 | | | 宾二类 | | | |
| 10619 | | | 𠂤小字类 | | | 非宾 |
| 10620正反 | 黄拼10620+10970 | | 宾一类 | | | 缀10970正右半 |
| 10621 | | | 宾一类 | | | 非宾 |
| 10622 | | | 宾一类 | | | |
| 10623 | | | 宾一类 | | | |
| 10624 | | | 宾一类 | | | |
| 10625 | | | 宾一类 | | | |
| 10626 | | | 宾一类 | | 李彭宾一A | |
| 10627 | | | 宾一类 | | | |
| 10628 | | | 宾一类 | | | |
| 10629正反 | | | 宾二类 | | | |
| 10630 | | | 宾二类 | 穷 | | |
| 10631 | | | 宾一类 | | | |

续表

| 著录号 | 缀合 | 重片 | 类型划分 | 贞人 | 专家分类 | 其他说明 |
|---|---|---|---|---|---|---|
| 10632 正反 | | | 宾二类 | | | |
| 10633 正反 | | | 宾二类 | 穷 | | |
| 10634 | | | 宾一类 | | | |
| 10635 | | | 宾一类 | 王 | | |
| 10636 | | | 宾三类 | | | |
| 10637 | | | 宾二类 | | | 背甲 |
| 10638 | | | 自小字类 | | | 非宾 |
| 10639 | | | 宾三类 | | | |
| 10640 | | | 自小字类 | | | 非宾 |
| 10641 | | | 宾一类 | | | |
| 10642 | | | 宾二类 | | | |
| 10643 正反臼 | | | 宾一类 | | | |
| 10644 | | | 宾一类 | | | |
| 10645 正反 | | | 宾一类 | | | |
| 10646 | | | 宾一类 | | | 背甲 |
| 10647 | | | 宾一类 | | | |
| 10648 正反 | | | 宾一类 | | | |
| 10649 | | | 宾一类 | | | |
| 10650 | | | 宾三类 | | | |
| 10651 | | | 宾二类 | | | |
| 10652 正反 | | | 宾一类 | | | |
| 10653 | | | 宾一类 | | | |
| 10654 | | | 宾一类 | | | |
| 10655 | | | 宾一类 | 㱿 | | |
| 10656 | | | 宾二类 | 㱿、𡧊 | | |
| 10657 | | | 宾一类 | | | |
| 10658 | | | 宾三类 | | | |
| 10659 | | | 宾三类 | | | |
| 10660 | 黄拼 10660+10493 | | 宾二类 | | | |

续表

| 著录号 | 缀合 | 重片 | 类型划分 | 贞人 | 专家分类 | 其他说明 |
|---|---|---|---|---|---|---|
| 10661 | | | 宾一类 | | | |
| 10662正反 | | | 宾一类 | | | |
| 10663 | | | 宾一类 | | | |
| 10664 | | | 宾一类 | | | |
| 10665 | | | 宾一类 | 古 | | |
| 10666 | | | 宾一类 | | | |
| 10667 | | | 宾一类 | | | |
| 10668 | | | 宾二类 | | | |
| 10669 | | | 宾二类 | | | |
| 10670 | | | 宾二类 | | | |
| 10671 | | | 宾二类 | | | |
| 10672 | | | 宾二类 | | | |
| 10673 | | | 宾三类 | | 李彭宾二 | |
| 10674 | | | 宾三类 | | | |
| 10675 | | | 宾三类 | | | |
| 10676 | | | 宾三类 | | | |
| 10677 | | | 自宾间类 | | | |
| 10678 | | | 宾三类 | | | |
| 10679 | | | 宾一类 | | | |
| 10680 | | | 宾一类 | | | |
| 10681 | | 16015 | 宾一类 | | | |
| 10682 | | | 宾三类 | | | |
| 10683 | | | 宾一类 | | | |
| 10684 | | | 宾一类 | | | |
| 10685 | | | 宾一类 | | | |
| 10686 | | | 宾一类 | | | |
| 10687 | | | 宾一类 | | | |
| 10688 | | | 宾一类 | | | |
| 10689 | | | 宾一类 | | | |
| 10690 | | | 宾一类 | | | |
| 10691 | | | 宾一类 | | | |
| 10692正反 | 10692+10282 | | 宾二类 | | | |
| 10693 | | | 自宾间类 | | | |

续表

| 著录号 | 缀合 | 重片 | 类型划分 | 贞人 | 专家分类 | 其他说明 |
| --- | --- | --- | --- | --- | --- | --- |
| 10694 | | | 自宾间类 | | | |
| 10695 | | | 宾二类 | | | |
| 10696 正反 | | | 宾二类 | 㱿 | | |
| 10697 | | | 宾二类 | 㱿 | | |
| 10698 | | | 宾三类 | | | |
| 10699 | | | 宾三类 | | | 背甲 |
| 10700 | | | 宾三类 | | | |
| 10701 | | | 宾三类 | | | 背甲 |
| 10702 | 黄拼 10702 正 +10895 | | 宾二类 | | | |
| 10703 | | | 宾三类 | | | |
| 10704 | | | 宾二类 | | | |
| 10705 正反 | | | 宾二类 | | | |
| 10706 | | | 宾二类 | | | |
| 10707 | | | 宾二类 | 亘 | | |
| 10708 正反 | | | 宾二类 | | | |
| 10709 | | | 宾二类 | | | |
| 10710 | | | 宾三类 | | | |
| 10711 | | | 宾三类 | | | |
| 10712 | | | 宾三类 | | | |
| 10713 | | | 宾一类 | 王 | | |
| 10714 | | | 宾一类 | | | |
| 10715 | | | 宾一类 | | | |
| 10716 | | | 宾一类 | | | |
| 10717 正反 | | | 宾一类 | | 黄宾一 | |
| 10718 | | | 宾二类 | | | |
| 10719 | | | 宾二类 | | | |
| 10720 | | | 宾一类 | | | |
| 10721 | | | 宾一类 | | | |
| 10722 | | | 宾二类 | | | |
| 10723 | | | 宾一类 | | | |
| 10724 | 黄拼 10724+ 英 1920 | | 非宾类 | | 蒋乙种子组 | 非宾 |

续表

| 著录号 | 缀合 | 重片 | 类型划分 | 贞人 | 专家分类 | 其他说明 |
|---|---|---|---|---|---|---|
| 10725 | | | 宾一类 | | | |
| 10726 | | | 宾二类 | | | |
| 10727 | 10727+10730 | | 宾二类 | | | |
| 10728 | | | 宾二类 | | | |
| 10729 | 黄拼 10729+<br>合补 2651 | | 宾二类 | | | 蔡 1.32=<br>10727+10730 |
| 10730 | 10730+10727 | | 宾二类 | | | |
| 10731 | | | 宾二类 | | | |
| 10732 | | | 宾二类 | | | |
| 10733 | | | 宾二类 | | | |
| 10734 | | | 宾三类 | | | 背甲 |
| 10735 | | | 宾三类 | | | |
| 10736 | | | 宾二类 | | | |
| 10737 | | | 宾二类 | | | |
| 10738 | | | 宾二类 | | | |
| 10739 | | | 宾二类 | | | 背甲 |
| 10740 | | | 宾二类 | | | |
| 10741<br>正反 | | | 宾二类 | | | |
| 10742 | | | 宾二类 | | | |
| 10743 | | | 宾一类 | | 黄宾一 | |
| 10744 | | | 宾一类 | | | |
| 10745 | | | 宾一类 | | | |
| 10746 | | | 宾二类 | | | |
| 10747 | | | 宾一类 | | | |
| 10748<br>甲乙 | 10748+17188 | | 宾一类 | | | |
| 10749 | 黄拼 10749+10362 | 合补 2630 | 宾二类 | | | 合补 2630 正反 |
| 10750 | | | 宾一类 | 王 | | |
| 10751 | | | 宾一类 | | | 习刻 |
| 10752 | | | 宾一类 | | | |
| 10753 | | | 宾一类 | | | |
| 10754 | | | 宾一类 | | | |
| 10755 | | | 宾一类 | | | |
| 10756 | | | 宾三类 | | | |

续表

| 著录号 | 缀合 | 重片 | 类型划分 | 贞人 | 专家分类 | 其他说明 |
|---|---|---|---|---|---|---|
| 10757 | | | 宾三类 | | | |
| 10758 | | | 宾三类 | | | |
| 10759 | | | 宾三类 | | | |
| 10760 | | | 宾二类 | | | |
| 10761 | | | 宾一类 | | | |
| 10762 | | | 𠂤宾间类 | | | |
| 10763 | | | 𠂤宾间类 | | | |
| 10764 | | | 𠂤宾间类 | | 黄𠂤宾间 A | |
| 10765 | | | 宾二类 | | | |
| 10766 | | | 宾三类 | | | |
| 10767 | | | 宾三类 | | | |
| 10768 | | 4763 | 宾三类 | 穷 | | |
| 10769 | | | 宾二类 | | | |
| 10770 | | | 宾二类 | | | |
| 10771 | | | 宾二类 | 爭 | | |
| 10772 | | | 宾二类 | 爭 | | |
| 10773 | | | 𠂤宾间类 | | | |
| 10774 | | | 宾二类 | | | |
| 10775 正反 | | | 宾二类 | | | |
| 10776 | | | 宾三类 | | | |
| 10777 | | | 宾三类 | | | |
| 10778 | | | 宾三类 | | | |
| 10779 | | | 宾三类 | | | |
| 10780 | 10780+ | | 宾三类 | | | |
| 10781 | | | 宾一类 | | | |
| 10782 | | | 宾一类 | | | |
| 10783 | | | 宾一类 | | | |
| 10784 | | | 宾一类 | | | |
| 10785 正反 | | | 宾二类 | | | |
| 10786 | | | 宾二类 | | | |
| 10787 | | | 宾二类 | | | |
| 10788 | | | 宾二类 | | | |

续表

| 著录号 | 缀合 | 重片 | 类型划分 | 贞人 | 专家分类 | 其他说明 |
|---|---|---|---|---|---|---|
| 10789 | | | 宾三类 | 爭 | | |
| 10790 正反 | | | 自小字类 | | 黄自小字 | 非宾 |
| 10791 | | | 宾一类 | | | |
| 10792 | | | 宾二类 | | | |
| 10793 | | | 宾二类 | | | |
| 10794 正反 | | | 宾一类 | 㱿 | | |
| 10795 | | | 宾二类 | | | |
| 10796 | 黄拼 10796+ 安明 525 | | 宾二类 | | | |
| 10797 正反 | | | 宾二类 | | | |
| 10798 | | | 宾二类 | | | |
| 10799 正反 | | | 宾二类 | | | |
| 10800 | | | 自小字类 | | | 非宾 |
| 10801 | | | 宾三类 | | 黄典宾 | |
| 10802 | | | 宾一类 | | | |
| 10803 | | | 宾一类 | | | |
| 10804 | | | 宾一类 | | | |
| 10805 | | | 宾一类 | | | |
| 10806 | | | 宾一类 | | | |
| 10807 | | | 宾二类 | | | |
| 10808 甲乙 | | | 宾一类 | 穷 | | |
| 10809 | | | 宾三类 | | | |
| 10810 | | | 宾二类 | | | |
| 10811 | | | 宾二类 | 爭 | 黄典宾 | |
| 10812 甲乙 | | | 宾一类 | | | |
| 10813 | | | 宾一类 | | | |
| 10814 | | | 宾二类 | | | |
| 10815 | | | 宾二类 | | | |
| 10816 正反 | | | 宾二类 | | | |

续表

| 著录号 | 缀合 | 重片 | 类型划分 | 贞人 | 专家分类 | 其他说明 |
|---|---|---|---|---|---|---|
| 10817 | | | 宾二类 | | | |
| 10818 | | | 宾一类 | | | |
| 10819 | | | 宾二类 | | | |
| 10820 正反 | | | 𠂤宾间类 | | | |
| 10821 | | | 宾三类 | | | |
| 10822 | | | 宾三类 | | | |
| 10823 | | | 宾一类 | | | |
| 10824 | | | 宾一类 | | | |
| 10825 | | | 宾一类 | | | |
| 10826 | | 19743 | 宾一类 | 𡆥 | | |
| 10827 | | | 宾二类 | | | |
| 10828 | | 19743 | 宾二类 | | | |
| 10829 | | | 𠂤宾间类 | | | |
| 10830 正反 | | | 宾二类 | | | |
| 10831 | | | 宾二类 | | | |
| 10832 | | | 𠂤宾间类 | | | |
| 10833 | | | 宾二类 | | | |
| 10834 | | | 𠂤宾间类 | | | |
| 10835 | | | 𠂤宾间类 | | | |
| 10836 | | | 𠂤宾间类 | | | |
| 10837 正反 | | | 宾二类 | 宕 | | |
| 10838 | | | 宾二类 | | | |
| 10839 | | | 𠂤宾间类 | | | |
| 10840 | | | 𠂤宾间类 | | | |
| 10841 | | | 𠂤宾间类 | | | |
| 10842 | | | 𠂤宾间类 | | | |
| 10843 | | | 宾二类 | | | |
| 10844 | | | 𠂤宾间类 | | | |
| 10845 正反 | | | 宾二类 | | | |
| 10846 | | | 𠂤宾间类 | | | |
| 10847 | | | 宾二类 | | | |

续表

| 著录号 | 缀合 | 重片 | 类型划分 | 贞人 | 专家分类 | 其他说明 |
|---|---|---|---|---|---|---|
| 10848 | | | 宾一类 | | | |
| 10849 | 10849+ | | 宾二类 | | | |
| 10850 | | | 宾二类 | | | |
| 10851 | | | 宾二类 | | | |
| 10852 正反 | | | 宾一类 | | | |
| 10853 | | | 宾二类 | | | |
| 10854 | | | 宾二类 | | | |
| 10855 | | | 𠂤宾间类 | 王 | | |
| 10856 | | | 𠂤宾间类 | 王 | | |
| 10857 | | | 𠂤宾间类 | | | |
| 10858 | | | 𠂤宾间类 | | | |
| 10859 正反 | | | 宾一类 | | 黄宾一 | |
| 10860 | | | 宾一类 | | | |
| 10861 | | | 宾一类 | | | |
| 10862 | | | 宾三类 | | | |
| 10863 正反 | 黄拼 10863 反 + 合补 3275 反 | | 宾一类 | 争 | | 10863 正已缀入林《醉古集》150 |
| 10864 | | | 宾一类 | 㱿 | | |
| 10865 正反 | | | 宾一类 | 争 | | |
| 10866 | | | 宾一类 | | | |
| 10867 | | | 宾一类 | | | |
| 10868 | | | 宾一类 | | | |
| 10869 | | | 宾二类 | | | |
| 10870 | | | 宾一类 | | 黄宾一 | |
| 10871 | | | 宾一类 | | | |
| 10872 正反 | | | 宾二类 | | | |
| 10873 | | | 宾一类 | | | |
| 10874 | | | 宾二类 | 㱿 | | |
| 10875 | | | 宾二类 | | | |
| 10876 | | | 宾二类 | | | |
| 10877 | | | 宾一类 | | | |

续表

| 著录号 | 缀合 | 重片 | 类型划分 | 贞人 | 专家分类 | 其他说明 |
|---|---|---|---|---|---|---|
| 10878 正反 | | | 宾一类 | | | |
| 10879 | | | 宾一类 | | | |
| 10880 | | | 宾二类 | | | |
| 10881 | | 16015 | 宾三类 | | 黄宾一 | |
| 10882 | | | 宾二类 | | | |
| 10883 | | | 宾二类 | | | |
| 10884 | | | 宾二类 | | | |
| 10885 | | | 宾二类 | | | 背甲 |
| 10886 | | | 宾二类 | | | |
| 10887 正反 | | | 宾二类 | | | |
| 10888 | | | 宾三类 | | | |
| 10889 | | | 宾三类 | | 黄宾三 | |
| 10890 | | | 宾三类 | | | |
| 10891 | | | 宾二类 | | | |
| 10892 | | | 宾一类 | 㱿 | | |
| 10893 | | | 宾一类 | | | |
| 10894 | | 40415 | 宾一类 | | | |
| 10895 | 黄拼 10895+10702 正 | | 宾二类 | | | |
| 10896 正反 | 10896 正反 + 5674 正反 | | 宾二类 | | | |
| 10897 | | | 宾一类 | | | |
| 10898 | | | 宾一类 | | | |
| 10899 正反 | 黄拼 10899+ 乙补 4796 | | 宾二类 | | | |
| 10900 | | | 宾二类 | | | |
| 10901 | | | 宾二类 | | | |
| 10902 | 黄拼 10902+ 乙 3909 | | 宾一类 | 亐 | | |
| 10903 | | | 宾二类 | | 黄典宾 | |
| 10904 | | | 宾二类 | | | |
| 10905 | | | 宾二类 | 亐 | | |
| 10906 | | | 宾三类 | | 黄宾三 李彭宾二 | |
| 10907 | | | 宾一类 | | | |

续表

| 著录号 | 缀合 | 重片 | 类型划分 | 贞人 | 专家分类 | 其他说明 |
|---|---|---|---|---|---|---|
| 10908 | | | 宾一类 | | 李彭宾一 A | |
| 10909 | | | 宾一类 | | | |
| 10910 正反 | | | 宾一类 | | | |
| 10911 | | | 宾二类 | | | |
| 10912 | | | 宾二类 | 穷 | | |
| 10913 | | | 宾二类 | | | |
| 10914 正反 | | | 宾二类 | 争 | | |
| 10915 | | | 宾二类 | | | |
| 10916 正反 | | | 宾二类 | 㱿 | | |
| 10917 | 黄拼 10917（8687/18150/18259）+合补 1306 | 18150/8687/18259 | 宾二类 | 事 | 黄宾三 | |
| 10918 | | | 宾三类 | | | |
| 10919 | | | 宾二类 | | | |
| 10920 | | | 宾三类 | | | |
| 10921 | | | 宾二类 | | | |
| 10922 | | | 宾二类 | | | |
| 10923 | | | 宾二类 | | | |
| 10924 | | | 宾二类 | 争 | | |
| 10925 | | | 宾三类 | | | |
| 10926 | | | 宾二类 | | | |
| 10927 正反 | | | 宾二类 | | | |
| 10928 | | | 宾二类 | | | |
| 10929 | | | 宾一类 | | 黄宾一 | |
| 10930 | | | 宾三类 | | | |
| 10931 | | | 宾三类 | 穷 | | |
| 10932 | | | 宾二类 | | | 背甲 |
| 10933 | | | 宾二类 | | | |
| 10934 | | | 宾一类 | | | |
| 10935 正反 | | | 宾一类 | 穷 | | 甲桥署辞（反） |

续表

| 著录号 | 缀合 | 重片 | 类型划分 | 贞人 | 专家分类 | 其他说明 |
|---|---|---|---|---|---|---|
| 10936 正反 | | | 宾一类 | | 黄宾一 | |
| 10937 正反 | | | 宾一类 | | | |
| 10938 正反 | | | 宾一类 | | | |
| 10939 | | | 宾二类 | | | |
| 10940 | 黄拼 10940+14336 | | 宾二类 | | | |
| 10941 | | | 宾二类 | | | |
| 10942 | | | 宾二类 | 穷、㱿 | 黄典宾 | |
| 10943 | | | 宾二类 | | | |
| 10944 | | | 宾二类 | 㱿 | | |
| 10945 | 10945+17915 | | 宾一类 | | | |
| 10946 | | | 宾二类 | 㱿 | | |
| 10947 | 黄拼 10947+33368 | | 宾三类 | | | |
| 10948 正反 | 黄拼 10948 正上、下半、反 | | 宾一类 | | | 林《醉古集》377，背甲 |
| 10949 | | | 宾一类 | | | |
| 10950 | | | 宾一类 | | 黄𠂤宾间 B | |
| 10951 | 黄拼 10951+10313+5332 | | 𠂤宾间类 | | | |
| 10952 | | | 𠂤宾间类 | | | |
| 10953 | | | 𠂤宾间类 | | | |
| 10954 | | | 𠂤小字类 | | | 非宾 |
| 10955 | | | 𠂤宾间类 | | | |
| 10956 | | | 宾三类 | | 李彭宾二 | |
| 10957 | | | 宾三类 | | | |
| 10958 | | | 宾一类 | | | |
| 10959 | | | 宾一类 | | | |
| 10960 | | | 宾一类 | | | |
| 10961 | | | 宾二类 | 㱿 | | |
| 10962 | | | 宾三类 | | | |
| 10963 正反 | | | 宾三类 | | | |
| 10964 正反 | | | 宾一类 | 内 | | |

续表

| 著录号 | 缀合 | 重片 | 类型划分 | 贞人 | 专家分类 | 其他说明 |
|---|---|---|---|---|---|---|
| 10965 | 10965+40125（尊古斋 97.1） | | 宾二类 | 㱿、古 | | |
| 10966 | | | 宾二类 | | | |
| 10967 | | | 宾一类 | | | |
| 10968 | 黄拼 10968+10562 | | 宾一类 | | | |
| 10969 正反 | | | 宾二类 | 爭 | | |
| 10970 正反 | 黄拼 10970+10620 | | 宾二类 | | | 此为 10970 正右半；左半 + 辑佚 3+ 明后 0341 |
| 10971 | | | 宾三类 | | | |
| 10972 | | | 宾三类 | | | |
| 10973 | | | 宾三类 | | | 背甲 |
| 10974 | | | 宾三类 | 宂 | 李彭宾二 | |
| 10975 | | | 宾二类 | | | |
| 10976 正反 | | | 宾一类 | 内 | 黄宾一 | |
| 10977 | | | 宾一类 | 㱿 | | |
| 10978 | | | 宾一类 | | | |
| 10979 | | | 宾一类 | 王 | | 崎川 10979 误作 10989 |
| 10980 | 10980+21043 | | 待考 | | | |
| 10981 正反 | | | 宾二类 | | | |
| 10982 正反 | | | 宾一类 | | | |
| 10983 | | | 宾一类 | | | |
| 10984 | | | 宾一类 | | | |
| 10985 | | | 宾一类 | | | |
| 10986 | | | 宾三类 | | | |
| 10987 | | | 宾二类 | | | 背甲 |
| 10988 | | | 宾二类 | | | |
| 10989 正反 | | | 宾二类 | 爭 | 黄典宾 | |
| 10990 | | | 自宾间 A | | 黄自宾间 A | |
| 10991 | | | 宾三类 | | | |

续表

| 著录号 | 缀合 | 重片 | 类型划分 | 贞人 | 专家分类 | 其他说明 |
|---|---|---|---|---|---|---|
| 10992 | | | 宾三类 | | | |
| 10993 | | | 宾三类 | | | |
| 10994 | | | 宾三类 | | | |
| 10995 | | | 宾三类 | | | |
| 10996 | | | 宾一类 | | | |
| 10997 | 黄拼 10997+18685 | | 𠂤宾间类 | | 李彭宾一 A | |
| 10998 正反 | | | 宾二类 | | | |
| 10999 | | | 宾三类 | | | |
| 11000 | | | 宾一类 | | | |
| 11001 | | | 宾二类 | 穷 | | |
| 11002 | | | 宾三类 | | | |
| 11003 | | | 宾二类 | 古 | | |
| 11004 | | | 𠂤小字类 | | | 非宾 |
| 11005 正反 | | | 宾三类 | 事 | | |
| 11006 正反 | | | 宾一类 | 𡧊、争 | | |
| 11007 正反 | | | 宾一类 | | | |
| 11008 | | | 宾一类 | | | |
| 11009 | | | 宾三类 | | | |
| 11010 | | | 宾三类 | | | |
| 11011 | | | 宾一类 | | | |
| 11012 | | | 宾一类 | | | |
| 11013 | | | 宾三类 | 事 | | 背甲 |
| 11014 | | 19154 | 宾一类 | | | |
| 11015 | | | 宾三类 | | | |
| 11016 | | | 宾三类 | 𡆥 | | |
| 11017 | | | 宾二类 | | | |
| 11018 正反 | 11018 正反 + | | 宾一类 | 争 | | |
| 11019 | | | 宾二类 | | | 背甲 |
| 11020 | | | 宾一类 | | | |
| 11021 | | | 宾一类 | | | |
| 11022 | | | 宾一类 | | | |

续表

| 著录号 | 缀合 | 重片 | 类型划分 | 贞人 | 专家分类 | 其他说明 |
|---|---|---|---|---|---|---|
| 11023 | | | 宾一类 | | | |
| 11024 | | | 宾二类 | | | |
| 11025 | | | 宾一类 | | | |
| 11026 | | | 宾二类 | 穷 | | |
| 11027 | | | 宾三类 | | | |
| 11028 | | | 宾二类 | | | |
| 11029 | | | 宾三类 | | | |
| 11030 | | | 宾二类 | | | |
| 11031 | | | 宾一类 | | | |
| 11032 | | | 宾一类 | | | |
| 11033 | | | 宾一类 | | | |
| 11034 | | | 宾一类 | | | |
| 11035 | | | 宾一类 | | | |
| 11036 | | | 宾一类 | | | |
| 11037 正反 | | | 宾一类 | | 黄𠂤宾间 A | |
| 11038 | | | 宾三类 | | | |
| 11039 | | | 宾三类 | | | |
| 11040 | | | 宾一类 | | | |
| 11041 | | | 宾一类 | | | |
| 11042 | | | 宾三类 | 穷 | | 背甲 |
| 11043 | | | 宾一类 | | | |
| 11044 | | | 宾二类 | | | |
| 11045 | | | 宾二类 | | | |
| 11046 | | | 宾二类 | | | |
| 11047 | | | 宾二类 | | | |
| 11048 | 11048+3020 | | 宾三类 | | | |
| 11049 | 11049+3149 | | 宾二类 | | | |
| 11050 | | 17853 | 宾二类 | | | |
| 11051 | 11051+ | | 宾三类 | | | |
| 11052 | | | 宾一类 | | | |
| 11053 | | | 宾一类 | | | |
| 11054 | | | 宾三类 | | | |
| 11055 | | | 宾一类 | | | |

续表

| 著录号 | 缀合 | 重片 | 类型划分 | 贞人 | 专家分类 | 其他说明 |
|---|---|---|---|---|---|---|
| 11056 | | | 待考 | | | |
| 11057 | | | 宾二类 | | | |
| 11058 | | | 宾二类 | | | |
| 11059 | | | 宾一类 | | | |
| 11060 | | | 宾一类 | | | |
| 11061 | | | 宾三类 | | | |
| 11062 | | | 宾三类 | 穷 | | |
| 11063 | | | 宾三类 | | | |
| 11064 | | | 宾三类 | | | |
| 11065 | | | 宾三类 | | | |
| 11066 | | | 宾二类 | | | |
| 11067 | | | 宾二类 | | | |
| 11068 | | | 宾二类 | | | |
| 11069 | | | 宾三类 | | | |
| 11070 | | | 宾三类 | | | |
| 11071 | | | 宾一类 | | | |
| 11072 | | | 宾一类 | | | |
| 11073 | 黄拼 11073+3475+14361+ 合补 524 | | 宾一类 | | | |
| 11074 | | | 宾一类 | | | |
| 11075 正反 | | | 宾一类 | | | |
| 11076 | | | 宾一类 | | | |
| 11077 | | | 宾二类 | | | |
| 11078 | | | 宾一类 | | | |
| 11079 | | | 宾一类 | | | |
| 11080 | | | 宾一类 | | | |
| 11081 | | | 宾一类 | | | |
| 11082 | | | 宾一类 | | | |
| 11083 | | | 宾一类 | | | |
| 11084 | | | 宾一类 | | | |
| 11085 | | | 宾二类 | 㱿 | | |
| 11086 | | | 宾一类 | | | |
| 11087 | | | 宾一类 | | | |

续表

| 著录号 | 缀合 | 重片 | 类型划分 | 贞人 | 专家分类 | 其他说明 |
|---|---|---|---|---|---|---|
| 11088 | | | 宾一类 | | | |
| 11089 | | | 宾一类 | | | |
| 11090 | | | 宾一类 | | | |
| 11091 | | | 宾一类 | | | |
| 11092 | | | 宾一类 | | | |
| 11093 | | | 宾一类 | 𡧊 | | |
| 11094 | | | 宾二类 | | | |
| 11095 | | | 宾三类 | | | |
| 11096 | | | 宾一类 | | | |
| 11097 | | | 宾一类 | | | |
| 11098 | | | 宾三类 | | | |
| 11099 | | | 宾一类 | | | |
| 11100 | | | 宾一类 | | | |
| 11101 | | | 宾一类 | | | |
| 11102 | | | 宾一类 | | | |
| 11103 | | | 宾一类 | | | |
| 11104 | | | 宾三类 | | | |
| 11105 | | | 宾三类 | | | |
| 11106 | | | 自宾间类 | | | |
| 11107 | 黄拼 11107 +1325 | | 宾二类 | | | |
| 11108 | | | 宾三类 | | | |
| 11109 | | | 宾三类 | | | |
| 11110 | | | 宾三类 | | | |
| 11111 | | | 宾三类 | | | |
| 11112 | | | 宾三类 | | | |
| 11113 | | | 宾一类 | | | |
| 11114 | | | 宾一类 | | | |
| 11115 | 黄拼 11115 +1924 | 40185 | 宾二类 | 穷 | | |
| 11116 | | 4023 | 自小字类 | | | 非宾 |
| 11117 | | | 宾一类 | | | |
| 11118 | | | 宾三类 | | | |
| 11119 | | | 宾三类 | | | |
| 11120 | | | 宾一类 | | | |
| 11121 | | | 宾二类 | | | |

续表

| 著录号 | 缀合 | 重片 | 类型划分 | 贞人 | 专家分类 | 其他说明 |
|---|---|---|---|---|---|---|
| 11122 | | | 宾二类 | | | |
| 11123 | | | 宾三类 | | 黄宾三 | |
| 11124 | | | 宾三类 | | 黄宾三 | |
| 11125 | | | 宾三类 | | | |
| 11126 | | | 宾一类 | | | |
| 11127 | | | 宾一类 | | | |
| 11128 | | | 宾一类 | | | |
| 11129 | | | 宾一类 | | | |
| 11130 | | | 宾一类 | | | |
| 11131 | | | 宾一类 | | | |
| 11132 正反 | | | 宾一类 | | | |
| 11133 | | | 宾三类 | | | |
| 11134 | | | 宾三类 | | | |
| 11135 | | | 宾一类 | | | |
| 11136 正反 | | | 宾二类 | | | |
| 11137 | | | 宾二类 | | | |
| 11138 | | | 宾三类 | | | |
| 11139 | | | 宾三类 | | | |
| 11140 | | | 宾一类 | 古 | | |
| 11141 | | | 宾二类 | | | |
| 11142 | | | 𠂤小字类 | | | 非宾 |
| 11143 | | | 宾一类 | | | |
| 11144 | | | 宾三类 | | | |
| 11145 | | | 宾三类 | | | 背甲 |
| 11146 正反 | | | 宾三类 | | | |
| 11147 | | | 宾三类 | | | |
| 11148 | | | 宾三类 | | | |
| 11149 | 黄拼 11149+3147+3155+ 史购 108 | | 宾二类 | | | |
| 11150 | 11150+318 | | 宾二类 | | | |
| 11151 | 11151+3142 | | 宾二类 | | | |
| 11152 | | | 宾三类 | | | |

续表

| 著录号 | 缀合 | 重片 | 类型划分 | 贞人 | 专家分类 | 其他说明 |
|---|---|---|---|---|---|---|
| 11153 | | | 宾二类 | 亘 | | |
| 11154 | | | 宾二类 | | | |
| 11155 | | | 宾二类 | | | |
| 11156 | | | 宾一类 | | | |
| 11157 | | | 宾三类 | | | |
| 11158 | | | 宾二类 | | | |
| 11159 | | | 宾二类 | | | 背甲 |
| 11160正反 | | | 宾二类 | | | |
| 11161 | | | 宾三类 | | | 背甲 |
| 11162 | | | 宾二类 | | | |
| 11163 | | | 宾二类 | | | |
| 11164 | | | 宾二类 | | | |
| 11165 | | | 宾三类 | | | |
| 11166 | | | 宾三类 | | | |
| 11167 | | | 宾三类 | | | 背甲 |
| 11168 | | | 宾三类 | | | |
| 11169 | | | 自宾间类 | | | |
| 11170正反 | 黄拼11170正+7967 | | 宾二类 | | 黄典宾 | 缀后同文见7950、11171正+11176、11172 |
| 11171正 | 11171正（辅）+11176 | | 宾二类 | | 黄典宾 | |
| 11172 | | | 宾二类 | | | |
| 11173 | 黄拼11173+合补6443 | | 宾二类 | | | |
| 11174正反 | | | 宾二类 | | | |
| 11175 | | | 宾二类 | | | |
| 11176 | 11176+11171正（辅） | | 宾二类 | | | |
| 11177 | | | 宾二类 | 宁 | | |
| 11178 | | | 宾二类 | | | |
| 11179 | | | 宾二类 | 宁 | | |
| 11180 | | | 宾二类 | | | |
| 11181 | | | 宾二类 | | | |
| 11182正反 | | | 宾二类 | 㱿 | | |

续表

| 著录号 | 缀合 | 重片 | 类型划分 | 贞人 | 专家分类 | 其他说明 |
|---|---|---|---|---|---|---|
| 11183 | | | 自宾间类 | | | |
| 11184 | | | 自宾间类 | | | |
| 11185 | | | 自宾间类 | | | |
| 11186 | | | 宾三类 | | | |
| 11187 | | | 自宾间类 | | | |
| 11188 | | | 自宾间类 | | | |
| 11189 | | | 自宾间类 | | | |
| 11190 | | | 宾一类 | | | |
| 11191 | | | 宾三类 | | | |
| 11192 | | | 宾三类 | | | |
| 11193 | | | 宾三类 | | | 背甲 |
| 11194 | | | 宾二类 | 亘 | | |
| 11195 | | | 宾一类 | | | |
| 11196 | | | 宾一类 | | 黄宾一 | |
| 11197 | | | 宾一类 | | | |
| 11198 | | | 宾一类 | | | |
| 11199 | | 40186 | 宾二类 | 㱿 | | |
| 11200 | | | 宾二类 | | | |
| 11201 | | 24413 | 待考 | | | |
| 11202 | | | 宾二类 | | | |
| 11203 | 黄拼 11203+ 安明 97 | | 宾三类 | | | |
| 11204 | | | 宾三类 | | | |
| 11205 | | | 宾三类 | | | |
| 11206 | | | 宾三类 | | | |
| 11207 | | | 宾三类 | | | |
| 11208 | | | 宾三类 | | | |
| 11209 | | | 宾一类 | | | |
| 11210 | | | 宾一类 | | | |
| 11211 | | | 宾一类 | | | |
| 11212 | | | 自宾间类 | | | |
| 11213 | | | 宾三类 | | | |
| 11214 | | | 宾二类 | | | |
| 11215 | | | 宾一类 | 争 | | |
| 11216 | | | 宾一类 | | | |

续表

| 著录号 | 缀合 | 重片 | 类型划分 | 贞人 | 专家分类 | 其他说明 |
|---|---|---|---|---|---|---|
| 11217 | | | 宾一类 | | | |
| 11218 | | | 宾一类 | | | |
| 11219 | | | 宾一类 | | | |
| 11220 | | | 宾一类 | | | |
| 11221 | | | 宾一类 | | | |
| 11222 | | | 宾二类 | | | |
| 11223 正反 | | | 宾二类 | | | 背甲 |
| 11224 | | | 宾三类 | | | |
| 11225 | | 20689 | 待考 | | | |
| 11226 | | | 自宾间类 | | | |
| 11227 | | | 自宾间类 | | | |
| 11228 | | | 自宾间类 | | | |
| 11229 | | | 宾二类 | | | |
| 11230 | 黄拼 11230+ 碎骨 1+ 碎骨 2 + 碎骨 3 | | 宾二类 | 争 | | |
| 11231 | 黄拼 11231+1438 | | 宾二类 | | | |
| 11232 | | | 宾二类 | 㱿 | | |
| 11233 | | | 宾二类 | | | |
| 11234 | | | 宾二类 | | | |
| 11235 | | | 宾二类 | | | |
| 11236 | | | 宾二类 | | | |
| 11237 | | | 宾三类 | | | |
| 11238 | | | 宾一类 | | | |
| 11239 正反 | | | 宾一类 | | | |
| 11240 正反 | | | 宾一类 | | | |
| 11241 | | | 宾三类 | 穷 | | |
| 11242 | | | 宾一类 | | | |
| 11243 | | 14080 | 自小字类 | | 黄自小字 | 非宾 |
| 11244 | | | 宾一类 | | | |
| 11245 | | | 宾一类 | | | |
| 11246 | | | 宾一类 | | | |
| 11247 | | | 宾二类 | 㱿 | | |

续表

| 著录号 | 缀合 | 重片 | 类型划分 | 贞人 | 专家分类 | 其他说明 |
|---|---|---|---|---|---|---|
| 11248 | | | 宾二类 | | | |
| 11249 正反 | | | 宾三类 | | | |
| 11250 | | | 宾二类 | | | |
| 11251 | | | 宾二类 | | | |
| 11252 | | | 𠂤宾间类 | | | |
| 11253 | | | 𠂤宾间类 | | | |
| 11254 | | | 宾二类 | | | |
| 11255 | | | 宾二类 | | | |
| 11256 | | | 宾二类 | | | |
| 11257 | | | 宾二类 | | | |
| 11258 | | | 宾二类 | | | |
| 11259 | | | 宾二类 | 爭 | | |
| 11260 | | | 宾三类 | | | |
| 11261 | | | 宾一类 | | | |
| 11262 | | | 宾三类 | | | |
| 11263 | | | 宾三类 | | | |
| 11264 | | | 宾二类 | | | |
| 11265 | 11265+ | | 宾二类 | | | |
| 11266 | | | 宾一类 | | | |
| 11267 | | | 宾一类 | | | |
| 11268 | | | 宾一类 | | | |
| 11269 正反 | | | 宾一类 | | | |
| 11270 | | | 宾一类 | | | 背甲 |
| 11271 | | | 宾一类 | | | |
| 11272 | | | 宾一类 | | | |
| 11273 | | | 宾一类 | | | |
| 11274 正反 | | | 宾二类 | 爭 | | |
| 11275 | | | 宾二类 | | | |
| 11276 | | | 宾一类 | | | |
| 11277 | | | 宾一类 | | | |
| 11278 正反 | | | 宾二类 | | | |

续表

| 著录号 | 缀合 | 重片 | 类型划分 | 贞人 | 专家分类 | 其他说明 |
|---|---|---|---|---|---|---|
| 11279 | | | 宾二类 | | | |
| 11280 | | | 宾三类 | | | |
| 11281 | | | 宾三类 | | | |
| 11282 | | | 宾三类 | | | |
| 11283 | | | 宾三类 | | | |
| 11284 | | | 待考 | | | |
| 11285 | | | 宾一类 | | | |
| 11286 | | | 宾一类 | | | |
| 11287 | | | 宾一类 | | | |
| 11288 | | | 宾一类 | | | |
| 11289 | | | 宾一类 | | | |
| 11290 | | | 宾一类 | | | |
| 11291 | | | 宾一类 | | | |
| 11292 | | | 宾一类 | | | |
| 11293 | | | 宾一类 | | | |
| 11294 | | | 宾一类 | | | |
| 11295 | | | 宾一类 | | | |
| 11296 | | | 宾二类 | | | |
| 11297 | 黄拼 11297+898+ 无号甲 + 乙补 4375 倒 + 乙补 4373+ 乙补 4359 | | 宾一类 | | | |
| 11298 | | | 宾一类 | | | |
| 11299 | | | 宾三类 | 爭 | | |
| 11300 | | | 宾一类 | | | |
| 11301 | | | 宾一类 | | | |
| 11302 | | | 宾一类 | | | |
| 11303 | 黄拼 11303+22511+ 乙 9049+ 乙补 7437 | | 宾一类 | | | |
| 11304 | | | 宾一类 | | | |
| 11305 | | | 宾一类 | | | |
| 11306 | | | 宾一类 | | | |
| 11307 | | | 宾一类 | | | |
| 11308 | | | 宾一类 | | | |
| 11309 | | | 宾一类 | | | |
| 11310 | | | 宾一类 | | | |

续表

| 著录号 | 缀合 | 重片 | 类型划分 | 贞人 | 专家分类 | 其他说明 |
|---|---|---|---|---|---|---|
| 11311 | | | 宾三类 | | | |
| 11312 | | | 待考 | | | |
| 11313 | | | 宾三类 | | | |
| 11314 | | | 宾三类 | | | |
| 11315 | | | 宾三类 | | | |
| 11316 | | | 自宾间类 | | | |
| 11317 | | | 宾三类 | | | |
| 11318 | | | 宾一类 | | | |
| 11319 | | | 宾一类 | | | |
| 11320 | | | 宾一类 | | | |
| 11321 | | | 待考 | | | |
| 11322 | | | 宾一类 | | | |
| 11323 | | | 宾一类 | | | |
| 11324 | | | 宾一类 | | | |
| 11325 | | | 宾一类 | | | |
| 11326 | | | 宾二类 | | | |
| 11327 | | | 自宾间类 | | | |
| 11328 | | | 自宾间类 | | | |
| 11329 | | | 宾三类 | | | |
| 11330 | | | 宾三类 | | | |
| 11331 | | | 宾一类 | | | |
| 11332 | | | 宾一类 | | | |
| 11333 | | | 宾一类 | | | |
| 11334 | | 11335 | 宾一类 | | | 背甲 |
| 11335 正反 | | 11334 | 宾一类 | | | 背甲 |
| 11336 | | | 宾一类 | | | 背甲 |
| 11337 | | | 宾二类 | | | |
| 11338 | | | 宾一类 | | | |
| 11339 | | | 宾一类 | | | |
| 11340 | | | 宾一类 | | | |
| 11341 | | | 宾一类 | | | |
| 11342 | | | 宾一类 | | | |
| 11343 正反 | | | 宾一类 | | | |

续表

| 著录号 | 缀合 | 重片 | 类型划分 | 贞人 | 专家分类 | 其他说明 |
|---|---|---|---|---|---|---|
| 11344 | | | 宾三类 | | | |
| 11345 | | | 宾三类 | | | |
| 11346 | | | 宾一类 | | | |
| 11347 | | | 宾一类 | | | |
| 11348 | | | 宾一类 | | | |
| 11349 | | | 宾一类 | | | |
| 11350 | | | 宾一类 | | | |
| 11351 | | | 宾二类 | | | |
| 11352 | | | 宾一类 | | | |
| 11353 | | | 宾一类 | | | |
| 11354 | | | 宾三类 | | | |
| 11355 正反 | | | 宾三类 | | | |
| 11356 | | | 宾三类 | | | |
| 11357 | | | 宾三类 | | | |
| 11358 | | | 宾三类 | | | |
| 11359 | | | 宾三类 | | | |
| 11360 | | | 宾三类 | | | |
| 11361 | | | 宾三类 | | | |
| 11362 | | | 宾三类 | | | |
| 11363 | | | 宾三类 | | | |
| 11364 | | | 宾三类 | | | |
| 11365 | | | 宾三类 | | | |
| 11366 | | | 宾三类 | | | |
| 11367 | | | 宾三类 | | | |
| 11368 | | | 宾三类 | | | |
| 11369 | | | 宾三类 | | | |
| 11370 | | | 宾三类 | | | |
| 11371 | | | 宾三类 | 古 | | |
| 11372 | 黄拼 11372+2488 正 | | 宾二类 | | | |
| 11373 | 黄拼 11373+37706 | | 宾一类 | | | |
| 11374 | | | 宾一类 | | | |
| 11375 正反 | | | 宾一类 | | | |

续表

| 著录号 | 缀合 | 重片 | 类型划分 | 贞人 | 专家分类 | 其他说明 |
|---|---|---|---|---|---|---|
| 11376 | | | 宾一类 | | | |
| 11377 | | | 宾一类 | | | |
| 11378 | | | 宾二类 | 穷 | | |
| 11379 | | | 宾二类 | | | |
| 11380 | | | 宾三类 | | | |
| 11381 | | | 宾三类 | | | |
| 11382 | | | 宾三类 | | | |
| 11383 | | | 宾三类 | | | |
| 11384 | | | 非宾类 | | 蒋甲种子组 | 非宾 |
| 11385 | | | 宾三类 | | | |
| 11386 | | | 宾三类 | | | |
| 11387 | | | 宾二类 | | | |
| 11388 | | | 宾三类 | 爭 | | |
| 11389正反 | | | 宾二类 | | | |
| 11390 | | | 宾三类 | | | |
| 11391 | | | 宾三类 | | | |
| 11392 | | | 宾三类 | | | |
| 11393正反 | | 18378 | 宾三类 | | | |
| 11394 | | | 宾三类 | | | |
| 11395 | | | 宾二类 | | | |
| 11396 | | | 宾一类 | | | |
| 11397 | | | 宾一类 | | | |
| 11398 | | | 宾三类 | | | |
| 11399 | | | 宾三类 | | | |
| 11400 | | | 宾二类 | | | |
| 11401正反 | | | 宾二类 | | | |
| 11402正反 | | | 宾三类 | | | |
| 11403 | 黄拼 11403+合补 829+安明 624 | | 宾三类 | | | |
| 11404 | | | 宾一类 | | | |
| 11405 | | | 宾一类 | 𡧊 | | |

续表

| 著录号 | 缀合 | 重片 | 类型划分 | 贞人 | 专家分类 | 其他说明 |
|---|---|---|---|---|---|---|
| 11406 | | | 宾二类 | 亘 | | |
| 11407 | | | 宾二类 | | | |
| 11408正反 | | | 𠂤宾间类 | | | |
| 11409 | | | 宾二类 | | | |
| 11410正反 | | | 宾三类 | | | |
| 11411 | | | 宾二类 | | | |
| 11412正反 | | | 宾二类 | | | |
| 11413正反 | | | 宾二类 | | | |
| 11414 | | | 宾二类 | | | |
| 11415 | | | 宾二类 | | | |
| 11416 | 黄拼11416+140正 | | 宾二类 | | | |
| 11417正反 | | | 宾二类 | | | |
| 11418 | | | 宾二类 | | | |
| 11419 | | | 宾三类 | | | |
| 11420 | | | 宾二类 | | 黄典宾 | |
| 11421正反 | 11421+9054 | | 宾二类 | | | |
| 11422正反 | | | 宾二类 | | | |
| 11423正反 | | | 宾二类 | 宊 | | |
| 11424正反 | | | 宾二类 | | | |
| 11425 | | | 宾二类 | | | 背甲 |
| 11426 | | | 宾一类 | 𣪊 | | |
| 11427 | | | 宾二类 | | | |
| 11428 | | | 宾二类 | | | |
| 11429 | | | 宾二类 | | | |
| 11430 | | （新）3025 | 宾一类 | | | |
| 11431 | | | 宾一类 | | | |

续表

| 著录号 | 缀合 | 重片 | 类型划分 | 贞人 | 专家分类 | 其他说明 |
|---|---|---|---|---|---|---|
| 11432 | | | 宾一类 | | | |
| 11433 | | | 宾一类 | | | |
| 11434 | | | 非宾类 | | 蒋甲种子组 | 非宾 |
| 11435<br>正反 | | | 宾一类 | | 黄宾一 | |
| 11436<br>正反 | | | 宾一类 | | | |
| 11437<br>正反 | | | 宾一类 | | 黄宾一 | |
| 11438 | | | 宾三类 | | 黄宾三 | |
| 11439 | | | 宾二类 | | | |
| 11440 | | | 宾二类 | | | |
| 11441 | | | 宾二类 | | | |
| 11442 | | | 宾一类 | | | |
| 11443 | | | 宾一类 | | | |
| 11444 | | | 宾一类 | | | |
| 11445 | | | 宾一类 | | | |
| 11446 | | | 宾二类 | | | |
| 11447 | 11447 遥缀 11449 | | 宾二类 | | | |
| 11448 | 黄拼 11448+17031 | | 宾二类 | | | |
| 11449 | 11449 遥缀 11447 | | 宾二类 | | | |
| 11450 | 11450+8074 | | 宾一类 | | 黄宾一 | |
| 11451 | | | 宾一类 | | | |
| 11452<br>正臼 | | | 宾二类 | 穷 | | |
| 11453 | | | 宾二类 | | | |
| 11454 | | | 宾二类 | | | |
| 11455 | | 40768 | 宾二类 | | | |
| 11456 | | | 宾二类 | | | |
| 11457 | | | 自宾间类 | | | |
| 11458 | | | 自宾间类 | | | |
| 11459 | | | 宾一类 | | | |
| 11460<br>正反 | | | 宾一类 | 爭 | | |
| 11461 | | | 宾二类 | | | |

续表

| 著录号 | 缀合 | 重片 | 类型划分 | 贞人 | 专家分类 | 其他说明 |
|---|---|---|---|---|---|---|
| 11462 正反 | | | 宾二类 | 古 | | |
| 11463 | | | 自宾间类 | | | |
| 11464 | | | 自宾间类 | | | |
| 11465 | | | 自宾间类 | | | |
| 11466 | | | 自宾间类 | | | |
| 11467 | | | 自宾间类 | | 黄自宾间 A | |
| 11468 | | | 自宾间类 | | | |
| 11469 | | | 自宾间类 | | | |
| 11470 | | | 自宾间类 | | | |
| 11471 | | | 自宾间类 | | | |
| 11472 | | | 自宾间类 | | | |
| 11473 | 11473+864 | | 自宾间类 | | | |
| 11474 | | | 自宾间类 | | | |
| 11475 | | | 自宾间类 | | | |
| 11476 | | | 自宾间类 | | | |
| 11477 | | | 宾三类 | 争 | | |
| 11478 | | | 宾一类 | | | |
| 11479 | 黄拼 11479+ | | 宾一类 | | | 林《醉古集》367 |
| 11480 | | | 宾三类 | | | |
| 11481 | | | 宾一类 | | | |
| 11482 正反 | 7363 正遥缀 7364+ 黄拼 11482 | | 宾二类 | | 黄典宾 | 黄拼 11482 正 + 合补 462；黄拼 11482 反 + 7363 反 |
| 11483 正反 | | | 宾二类 | 争 | | |
| 11484 正反 | 黄拼 11484+ 乙 3349+ 乙 3879 | | 宾二类 | 穷、𣪊 | 黄典宾 | |
| 11485 | | | 宾二类 | 争 | 黄典宾 / 宾三 | |
| 11486 | | | 宾三类 | | | 背甲 |
| 11487 | | | 宾二类 | | | |
| 11488 | | | 宾二类 | | | |
| 11489 | | 40207 | 宾二类 | | | |
| 11490 | | | 宾二类 | | | |

续表

| 著录号 | 缀合 | 重片 | 类型划分 | 贞人 | 专家分类 | 其他说明 |
|---|---|---|---|---|---|---|
| 11491 | | | 宾二类 | | | |
| 11492 | | | 宾二类 | | | |
| 11493 | | | 宾二类 | | | |
| 11494 | | | 宾二类 | | | |
| 11495 正反 | | | 宾二类 | 争 | | |
| 11496 正反 | | | 宾二类 | | | |
| 11497 正反 | | | 宾二类 | 㱿、争 | 黄典宾 | |
| 11498 正反 | | | 宾二类 | 㱿 | | |
| 11499 正反 | | | 宾二类 | 争 | | |
| 11500 正反 | | | 宾二类 | | 黄宾一 | |
| 11501 | 11501+11726 | | 宾一类 | | | |
| 11502 | | | 宾二类 | | | |
| 11503 正反 | | | 宾二类 | | | |
| 11504 | | | 宾二类 | | | |
| 11505 | | | 宾二类 | | | |
| 11506 正反 | | | 宾二类 | 㱿 | | |
| 11507 | | | 宾一类 | | | |
| 11508 | | | 宾二类 | | | |
| 11509 | | | 宾一类 | | | |
| 11510 | | | 𠂤宾间类 | | | |
| 11511 | | | 宾一类 | | | |
| 11512 | | | 𠂤宾间类 | | | |
| 11513 | | | 宾三类 | | | |
| 11514 | | | 宾二类 | 争 | | |
| 11515 | | | 宾二类 | 㱿 | | |
| 11516 | | | 宾二类 | | | |
| 11517 | | | 宾二类 | 㱿 | | |

续表

| 著录号 | 缀合 | 重片 | 类型划分 | 贞人 | 专家分类 | 其他说明 |
|---|---|---|---|---|---|---|
| 11518 | | | 宾一类 | | | |
| 11519正反 | | | 宾二类 | 争 | | |
| 11520 | | | 宾一类 | | | |
| 11521 | | | 宾一类 | | | |
| 11522 | | | 宾二类 | | | |
| 11523 | | | 宾二类 | | | |
| 11524 | | | 宾一类 | | | |
| 11525 | 黄拼 11525+6495 | | 宾一类 | | | |
| 11526 | | | 宾一类 | | | |
| 11527 | | | 宾二类 | 争 | | |
| 11528 | | | 宾三类 | | | |
| 11529正反 | 缀集 20（7570 正 + 11529 正）+6397 | | 宾二类 | | | |
| 11530 | | | 宾二类 | | | |
| 11531 | | | 宾二类 | | | |
| 11532 | | | 宾三类 | | | |
| 11533 | | | 宾二类 | | | |
| 11534 | | | 子组 | | | 非宾 |
| 11535 | 11535+6697 | | 𠂤宾间类 | | | |
| 11536 | | | 𠂤宾间类 | | | |
| 11537 | | | 宾三类 | 穷 | | |
| 11538正反 | | | 宾二类 | 𣪊 | | |
| 11539 | | | 宾三类 | | | |
| 11540 | | | 宾三类 | 穷 | | |
| 11541 | | | 宾二类 | | | |
| 11542 | | | 宾二类 | | | |
| 11543 | | | 宾三类 | | | |
| 11544 | | | 宾三类 | | | |
| 11545 | 黄拼 11545+9449 正 + 16685 | | 宾三类 | | | |
| 11546 | 黄拼 11546+ 甲骨文集 3.0.1819 | | 宾三类 | 穷、古、吕、𠰥、充 | | |
| 11547正反 | | | 宾一类 | | | |

续表

| 著录号 | 缀合 | 重片 | 类型划分 | 贞人 | 专家分类 | 其他说明 |
|---|---|---|---|---|---|---|
| 11548 | 11548+12489 | | 宾一类 | | | |
| 11549 | | | 宾二类 | | | |
| 11550 | | | 宾一类 | | | |
| 11551 | | | 宾二类 | 亘 | | |
| 11552 | | | 宾二类 | | | |
| 11553 | 黄拼 11553+ | | 宾一类 | | | 林《醉古集》93 |
| 11554 | | | 宾一类 | | | |
| 11555 | | | 宾一类 | | | |
| 11556 正反 | | | 宾一类 | | | |
| 11557 | | | 宾一类 | | | |
| 11558 正反 | | | 宾一类 | 穷 | | |
| 11559 | | | 宾二类 | 㱿 | | |
| 11560 | | | 宾一类 | | | |
| 11561 正反 | | | 宾二类 | | | |
| 11562 正反 | | | 宾二类 | | | |
| 11563 | | | 宾二类 | | | |
| 11564 | | | 宾二类 | | | |
| 11565 正反 | | | 宾二类 | | | |
| 11566 | | | 宾二类 | | | |
| 11567 | | | 宾二类 | | | |
| 11568 | | | 宾二类 | | | |
| 11569 | 黄拼 11569+11657+续 5.22.11 | | 宾二类 | | | |
| 11570 | | | 宾三类 | | 黄宾三 | |
| 11571 | 11571+ | | 宾二类 | | | |
| 11572 | | | 宾二类 | | | |
| 11573 | | | 宾三类 | | | |
| 11574 | | | 宾二类 | | | |
| 11575 正反 | | | 宾二类 | | | |

续表

| 著录号 | 缀合 | 重片 | 类型划分 | 贞人 | 专家分类 | 其他说明 |
|---|---|---|---|---|---|---|
| 11576 | | | 宾三类 | | | |
| 11577正反 | | | 宾一类 | | | |
| 11578 | | | 宾三类 | | | |
| 11579 | | | 宾一类 | | | |
| 11580 | | | 宾一类 | | | |
| 11581 | | | 宾一类 | | | |
| 11582 | | 5005 | 宾一类 | | 黄宾一 | |
| 11583 | | | 宾三类 | 爭 | | |
| 11584 | 5044+5045+39812（=436）遥缀 19106+ 黄拼 11584 | | 宾一类 | | | |
| 11585 | | | 宾三类 | | | |
| 11586 | | | 宾二类 | | | |
| 11587 | | | 宾一类 | | | |
| 11588 | | | 宾一类 | | | |
| 11589 | | | 宾一类 | | | |
| 11590 | | | 宾二类 | | | |
| 11591 | | | 宾一类 | | | |
| 11592 | | | 宾一类 | 王 | | 背甲 |
| 11593 | | | 宾一类 | 㱿 | | |
| 11594 | | | 宾三类 | | | 背甲 |
| 11595 | | 19456 | 宾二类 | | | |
| 11596正反 | 黄拼 11596+ 乙补 2136 | | 宾一类 | | | |
| 11597 | | | 宾三类 | 穷 | | |
| 11598 | | | 宾三类 | | | |
| 11599 | | | 宾一类 | | | |
| 11600 | | | 宾一类 | | | |
| 11601 | | | 宾一类 | | | |
| 11602 | | | 宾一类 | | | |
| 11603 | | | 宾一类 | | | |
| 11604 | | | 宾二类 | | | |
| 11605 | | | 宾三类 | | | |
| 11606 | | | 宾二类 | | | 背甲 |

续表

| 著录号 | 缀合 | 重片 | 类型划分 | 贞人 | 专家分类 | 其他说明 |
|---|---|---|---|---|---|---|
| 11607 正反 | | | 宾三类 | | | |
| 11608 | | | 宾三类 | | | |
| 11609 | | | 宾三类 | | | |
| 11610 正反 | | | 宾二类 | | | |
| 11611 | | | 宾一类 | | | |
| 11612 | | | 宾二类 | | | |
| 11613 | | | 宾三类 | | | |
| 11614 | | | 宾一类 | | 黄典宾 | |
| 11615 | | | 宾三类 | | | |
| 11616 | | | 宾三类 | | | |
| 11617 | | | 𠂤宾间类 | | 黄𠂤宾间 A | 甲尾署辞 |
| 11618 | | | 宾三类 | | | |
| 11619 | | | 宾二类 | | | |
| 11620 | | 23724 | 宾三类 | | | |
| 11621 | | | 宾三类 | | | |
| 11622 | | | 宾三类 | | | |
| 11623 | | | 宾三类 | | | |
| 11624 | | | 宾二类 | | | |
| 11625 | | | 宾三类 | | | |
| 11626 | | | 宾二类 | | | |
| 11627 | | | 宾二类 | | | |
| 11628 | | | 宾二类 | | | |
| 11629 | | | 𠂤小字类 | | | 非宾 |
| 11630 | | | 宾二类 | | | |
| 11631 | | | 宾三类 | | | |
| 11632 | | | 宾三类 | | | |
| 11633 | | | 宾三类 | | | |
| 11634 | | | 宾三类 | | | |
| 11635 | | | 宾三类 | | | |
| 11636 | | | 宾三类 | | | |
| 11637 | | | 宾二类 | | | |
| 11638 | | | 宾三类 | | | |

续表

| 著录号 | 缀合 | 重片 | 类型划分 | 贞人 | 专家分类 | 其他说明 |
|---|---|---|---|---|---|---|
| 11639 | | | 宾三类 | | | |
| 11640 | | | 宾三类 | | | |
| 11641 | | | 宾二类 | | | |
| 11642 | | | 宾二类 | | | |
| 11643 | | | 宾二类 | | | |
| 11644 | | 17152 | 宾二类 | | | |
| 11645 正反 | | | 宾二类 | | | |
| 11646 | | | 宾二类 | | | |
| 11647 | | | 宾二类 | | | |
| 11648 | | | 宾二类 | | | |
| 11649 | | | 宾二类 | 㱿 | | |
| 11650 | | | 宾三类 | | | 背甲 |
| 11651 | | | 宾一类 | | | |
| 11652 | | | 宾一类 | | | |
| 11653 | | | 宾三类 | | | |
| 11654 | | | 宾二类 | | | |
| 11655 | | | 宾三类 | | 黄宾三 | 背甲 |
| 11656 正反 | | | 宾二类 | | | |
| 11657 | 黄拼 11657+11569+续 5.22.11 | | 宾二类 | | | |
| 11658 | | | 宾一类 | | | |
| 11659 | | | 宾一类 | | | |
| 11660 | | | 宾一类 | | | |
| 11661 正反 | | | 宾一类 | | | |
| 11662 | | | 宾一类 | | | |
| 11663 | | | 宾二类 | 穷 | | |
| 11664 | | | 宾二类 | 穷 | | |
| 11665 | | 24657 | 𠂤宾间类 | | | |
| 11666 | | | 宾二类 | | | |
| 11667 正反 | | | 𠂤宾间类 | | | |
| 11668 | | | 𠂤宾间类 | | | |

续表

| 著录号 | 缀合 | 重片 | 类型划分 | 贞人 | 专家分类 | 其他说明 |
|---|---|---|---|---|---|---|
| 11669 | | | 𠂤宾间类 | | | |
| 11670 | | | 𠂤宾间类 | | | |
| 11671 | 黄拼 11671+11672 | | 宾二类 | 争 | | 背甲 |
| 11672 | 黄拼 11672+11671 | | 宾二类 | | | |
| 11673 | | | 宾一类 | | | |
| 11674 正反 | 黄拼 11674 正 + | | 宾一类 | | | 林《醉古集》68 |
| 11675 | | | 宾一类 | | | |
| 11676 | | | 宾一类 | | | |
| 11677 | | | 宾二类 | 㱿 | | |
| 11678 | | | 宾二类 | | | |
| 11679 | | | 宾三类 | 宂 | | |
| 11680 | | | 宾三类 | | | |
| 11681 | | | 宾三类 | 争 | | |
| 11682 | 黄拼 11682+ 合补 4359 | 911 | 宾二类 | | | |
| 11683 | | | 宾三类 | | | |
| 11684 | | | 宾二类 | | | |
| 11685 | | | 宾二类 | | | |
| 11686 | | | 宾二类 | | | |
| 11687 | | | 宾二类 | | | 背甲 |
| 11688 | | | 宾一类 | | | |
| 11689 | | | 宾二类 | | | |
| 11690 | | | 𠂤宾间类 | | | |
| 11691 | | | 𠂤宾间类 | | | |
| 11692 | | | 宾三类 | | | |
| 11693 | | | 宾三类 | | | |
| 11694 | | | 宾三类 | | | |
| 11695 | | | 宾二类 | | | |
| 11696 | | 15256 | 宾二类 | 争 | | |
| 11697 正反 | 11697 正甲（张）+ 11697 正乙（张）+ 乙补 4376（张）+ 乙补 5526+ 乙补 4251（张） | | 宾二类 | 㱿 | | |

续表

| 著录号 | 缀合 | 重片 | 类型划分 | 贞人 | 专家分类 | 其他说明 |
|---|---|---|---|---|---|---|
| 11698 | | | 宾二类 | | | |
| 11699 正反 | | | 宾二类 | | | |
| 11700 | | | 宾二类 | | | |
| 11701 | | | 宾二类 | | | |
| 11702 | 新 11702+17710 | | 宾二类 | 𣪊 | | 黄拼 11702+11710 |
| 11703 正反 | 11703 正反 +7149 正反 | | 宾二类 | | | |
| 11704 | | | 宾二类 | | | |
| 11705 | 黄拼 11705+ 桧垣 6 | | 宾二类 | | | |
| 11706 正反 | 黄拼 11706+17305 | | 宾二类 | | | |
| 11707 | | | 宾二类 | | | |
| 11708 正反 | | | 宾二类 | | | |
| 11709 | | | 宾二类 | | | |
| 11710 | 黄拼 11710+11702 | | 宾二类 | | | |
| 11711 | | | 宾二类 | | | |
| 11712 | | | 宾二类 | | | |
| 11713 | | | 宾二类 | | | |
| 11714 正反 | | | 宾二类 | | | |
| 11715 正反 | | | 宾二类 | | | |
| 11716 | | | 宾二类 | | | |
| 11717 | | | 宾二类 | | | |
| 11718 | | | 宾二类 | | | |
| 11719 | | | 宾二类 | | | |
| 11720 | | | 宾二类 | | | |
| 11721 | | | 宾一类 | | | |
| 11722 正反 | 黄拼 11722 正 +17468 | | 宾二类 | 争 | | |
| 11723 | | 14047 | 宾二类 | | | |
| 11724 | | | 宾二类 | | | |

续表

| 著录号 | 缀合 | 重片 | 类型划分 | 贞人 | 专家分类 | 其他说明 |
|---|---|---|---|---|---|---|
| 11725 正反 | 黄拼 11725+ 合补 4180 | | 宾二类 | | | |
| 11726 | 11726+11501 | | 宾一类 | | | |
| 11727 | | 2066 | 宾一类 | | | |
| 11728 正反 | 黄拼 11728 正反 + 13159 正反 | | 宾一类 | | | |
| 11729 | | | 宾三类 | | | |
| 11730 | | | 宾三类 | | | 习刻 |
| 11731 正反 | | | 宾三类 | | | 习刻 |
| 11732 正反 | | | 宾二类 | | | 习刻 |
| 11733 正反 | | | 宾二类 | | | 习刻 |
| 11734 | | | 宾三类 | | | 习刻 |
| 11735 | | | 宾二类 | | | 习刻 |
| 11736 正反 | | | 宾二类 | | | 习刻 |
| 11737 | | | 宾二类 | | | 习刻 |
| 11738 | | | 宾二类 | | | 习刻 |
| 11739 | | | 宾三类 | | | |
| 11740 | | | 宾三类 | | | |
| 11741 | | | 宾二类 | | | |
| 11742 | | | 𠂤大字类 | | | 非宾 |
| 11743 | | | 宾一类 | | | |
| 11744 | | | 宾二类 | | | |
| 11745 | | | 宾三类 | | | |
| 11746 | 黄拼 11746+ | | 宾一类 | | | 林《醉古集》328 |
| 11747 | | | 宾二类 | | | |
| 11748 | | | 宾二类 | | | |
| 11749 | | | 宾三类 | | | |
| 11750 | | | 宾二类 | | | |
| 11751 正臼 | | | 宾二类 | 㱿 | | |
| 11752 | | | 宾一类 | 㱿 | | |

续表

| 著录号 | 缀合 | 重片 | 类型划分 | 贞人 | 专家分类 | 其他说明 |
|---|---|---|---|---|---|---|
| 11753 | | | 宾一类 | 㱿 | | |
| 11754 | | | 宾一类 | 㱿 | | |
| 11755 | | | 宾二类 | 宾 | | |
| 11756 | | | 宾二类 | 宾 | | |
| 11757 | | | 宾二类 | 宾 | | |
| 11758 | | | 宾二类 | 争 | | |
| 11759 | | | 宾二类 | 韋 | | |
| 11760 | | | 宾一类 | 㑣 | | |
| 11761 | | | 宾二类 | 彶 | | |
| 11762 正反 | 黄拼 11762 正反 +3832+17293 | | 宾二类 | 古 | | 习刻，林《醉古集》364 |
| 11763 | | | 宾一类 | 韋 | | 习刻 |
| 11764 | | | 宾二类 | 亘 | | |
| 11765 | | | 宾三类 | | | 背甲 |
| 11766 | | | 宾二类 | | | 习刻 |
| 11767 | | | 宾二类 | | | 背甲 |
| 11768 | | | 宾一类 | | | |
| 11769 | | | 宾一类 | | | |
| 11770 正反 | | | 宾一类 | | | 习刻 |
| 11771 | | | 宾三类 | 事 | | 背甲 |
| 11772 | | | 宾三类 | | | 背甲 |
| 11773 | | | 宾二类 | | | |
| 11774 | | | 宾二类 | | | |
| 11775 | | | 宾三类 | | | |
| 11776 | | 12041 | 宾一类 | | | |
| 11777 | | | 宾三类 | | | 背甲 |
| 11778 | | | 宾二类 | | | |
| 11779 正反 | | | 宾一类 | | | |
| 11780 | | | 宾三类 | | | 背甲 |
| 11781 | | | 宾三类 | | | 背甲 |
| 11782 | | | 宾二类 | | | |
| 11783 正反 | | | 宾二类 | | | |

续表

| 著录号 | 缀合 | 重片 | 类型划分 | 贞人 | 专家分类 | 其他说明 |
|---|---|---|---|---|---|---|
| 11784 | | | 宾一类 | | | |
| 11785 | 黄拼 11785+34159 | | 宾一类 | | | |
| 11786 | | | 宾一类 | | | |
| 11787 | | | 宾一类 | | | 背甲 |
| 11788 | | | 宾一类 | | | 背甲 |
| 11789 | | | 宾一类 | | | |
| 11790 | | | 宾一类 | | | |
| 11791 | | | 宾二类 | | | |
| 11792 | | | 宾二类 | | | |
| 11793 | | | 宾二类 | | | |
| 11794 正反 | | | 宾二类 | | | |
| 11795 | | | 宾二类 | | | 背甲 |
| 11796 | | | 宾三类 | | | 背甲 |
| 11797 | | | 宾三类 | | | |
| 11798 | | | 宾三类 | | | 背甲 |
| 11799 | | | 宾一类 | | | |
| 11800 | | | 宾三类 | | | |
| 11801 | | | 宾三类 | | | 背甲 |
| 11802 | | | 宾二类 | | | 背甲 |
| 11803 正反 | | | 宾二类 | | | |
| 11804 | 黄拼 11804+合补 3751+上博 496.537 | | 宾二类 | | | |
| 11805 正反 | | | 宾二类 | 㱿 | | |
| 11806 | | | 宾三类 | | | 背甲 |
| 11807 | 黄拼 11807+12321+12019 | | 宾一类 | | | |
| 11808 | | | 宾三类 | | | 背甲 |
| 11809 | | | 宾三类 | | | 背甲 |
| 11810 | | | 宾一类 | | | |
| 11811 | | 41397 | 宾一类 | | | |
| 11812 | | | 宾一类 | | | |
| 11813 | | | 宾一类 | | | |

续表

| 著录号 | 缀合 | 重片 | 类型划分 | 贞人 | 专家分类 | 其他说明 |
|---|---|---|---|---|---|---|
| 11814 | 黄拼 11814+12907 | | 宾一类 | | | |
| 11815 | | | 宾一类 | | | 背甲 |
| 11816 | | | 宾一类 | | | |
| 11817 | | | 宾一类 | | | |
| 11818 | | | 宾一类 | | | |
| 11819 | | | 宾一类 | | | |
| 11820 | | | 宾一类 | 内 | | |
| 11821 正反 | | | 宾二类 | | | |
| 11822 | | | 自宾间类 | | | |
| 11823 | | | 自宾间类 | | | |
| 11824 | | | 自宾间类 | | | 背甲 |
| 11825 | | | 自宾间类 | | | |
| 11826 | | | 宾一类 | | | 背甲 |
| 11827 | 黄拼 11827+12350 | | 宾一类 | | | 背甲 |
| 11828 | | | 宾一类 | | | |
| 11829 | | | 宾一类 | | | |
| 11830 | | | 宾一类 | | | |
| 11831 正反 | | | 宾一类 | | | |
| 11832 | 黄拼 11832+20771+乙 0084 | | 宾三类 | | | |
| 11833 | | | 宾一类 | | | |
| 11834 | | | 宾一类 | | | |
| 11835 正反 | 黄拼 11835 正反 + | | 宾一类 | | | 林《醉古集》258 |
| 11836 | | | 宾一类 | | | |
| 11837 | | | 宾一类 | 古 | | |
| 11838 正反 | | | 宾二类 | | | |
| 11839 | 黄拼 11839+4162 | | 自宾间类 | | | |
| 11840 | | | 宾一类 | | | 背甲 |
| 11841 | | | 宾一类 | | | |
| 11842 | | | 宾三类 | | | |
| 11843 | | | 宾一类 | | | |

续表

| 著录号 | 缀合 | 重片 | 类型划分 | 贞人 | 专家分类 | 其他说明 |
|---|---|---|---|---|---|---|
| 11844 | | | 宾一类 | | | |
| 11845 | 黄拼 11845+20957 | | 宾一类 | | 黄宾ᑫ | 背甲 |
| 11846 | | | 宾一类 | | | |
| 11847 | | | 宾一类 | | | |
| 11848 | | | 宾二类 | | | |
| 11849 正反 | | | 宾二类 | | | |
| 11850 | | | 宾一类 | 韦 | | |
| 11851 正反 | 11851 正 + 珠 1404；11851 反 +11869 | | 宾二类 | 殸 | 黄宾ᑫ | |
| 11852 | | | 宾二类 | 𠬝 | | |
| 11853 正反 | 11853 正反 + | | 宾二类 | 内 | | 背甲 |
| 11854 | | | 宾二类 | 永 | | |
| 11855 | | | 宾二类 | | | 背甲 |
| 11856 | | | 宾一类 | | | 背甲 |
| 11857 | | | 宾一类 | | | |
| 11858 | | | 宾三类 | | | |
| 11859 | | | 宾二类 | | | 背甲 |
| 11860 | | | 宾二类 | 王 | | |
| 11861 | | | 宾三类 | 事 | | 背甲 |
| 11862 | | | 宾三类 | | | 背甲 |
| 11863 正反 | | | 宾二类 | | | 背甲 |
| 11864 正反 | | 11869 | 宾二类 | | | 背甲 |
| 11865 | | | 宾二类 | | | |
| 11866 | | | 宾二类 | | | 背甲 |
| 11867 | | | 宾三类 | | | 背甲 |
| 11868 | | | 宾三类 | | | |
| 11869 正反 | 11869 反 +11851 反 | 11864 | 宾二类 | | | |
| 11870 | | | 宾三类 | | | 背甲 |
| 11871 | | | 宾三类 | | | 背甲 |
| 11872 | | | 宾三类 | | | 背甲 |

续表

| 著录号 | 缀合 | 重片 | 类型划分 | 贞人 | 专家分类 | 其他说明 |
|---|---|---|---|---|---|---|
| 11873 | | | 宾三类 | | | 背甲 |
| 11874 | | | 宾三类 | | | |
| 11875 | | | 宾一类 | | | |
| 11876 | | | 宾一类 | | 黄宾ꟼ | 背甲 |
| 11877 | | | 宾二类 | | | 背甲 |
| 11878 | | | 宾三类 | | | 背甲 |
| 11879 | | | 宾三类 | | | |
| 11880 | | | 宾三类 | | | |
| 11881 | | | 宾二类 | | | |
| 11882 正反 | 黄拼 11882+ | | 宾二类 | | | 林《醉古集》359 |
| 11883 | | | 宾二类 | | | |
| 11884 | | | 宾二类 | | | |
| 11885 | | | 宾一类 | | | |
| 11886 正反 | | | 宾二类 | | | |
| 11887 | | | 宾二类 | | | |
| 11888 | | | 宾三类 | | | 背甲 |
| 11889 | | | 宾三类 | | | 背甲 |
| 11890 | | | 宾二类 | | | |
| 11891 | 黄拼 11891 正 + 林（6279+11918） | | 宾二类 | | | 黄拼 11891+6279 +11918 |
| 11892 正反 | | | 宾一类 | 韋 | 黄宾ꟼ | 笔书 |
| 11893 | | | 宾一类 | 永 | | |
| 11894 | | | 自宾间类 | | | |
| 11895 | | | 宾二类 | | | |
| 11896 | 11896+11851 反 | | 宾一类 | | | |
| 11897 | 黄拼 11897 +9557 反 | | 宾二类 | | | |
| 11898 | | | 宾一类 | 内 | 黄宾ꟼ 李彭宾一 A | |
| 11899 | | | 宾一类 | | 李彭宾一 A | |
| 11900 | | | 宾一类 | | | |
| 11901 | | | 宾一类 | | | |
| 11902 正反 | | | 自宾间类 | | | |

续表

| 著录号 | 缀合 | 重片 | 类型划分 | 贞人 | 专家分类 | 其他说明 |
| --- | --- | --- | --- | --- | --- | --- |
| 11903 | | | 待考 | | | 笔书 |
| 11904 | | | 宾一类 | | | |
| 11905 正反 | | | 宾一类 | | | |
| 11906 正反 | | | 宾一类 | | | |
| 11907 | | | 宾二类 | | 黄自宾间 B | |
| 11908 | | | 宾一类 | | | |
| 11909 | | | 宾二类 | 㱿 | | |
| 11910 | | | 宾一类 | | | 背甲 |
| 11911 | | | 宾一类 | | | |
| 11912 | 黄拼 11912 +13384 | | 宾二类 | | | 背甲 |
| 11913 | | | 宾二类 | | | |
| 11914 | | | 宾二类 | | | 背甲 |
| 11915 正反 | | | 宾一类 | 韋 | | |
| 11916 正反 | | | 宾二类 | | | |
| 11917 | | | 宾二类 | 穷、㱿、爭 | | |
| 11918 | 林（6279+11918）+ 黄拼 11891 正 | | 宾二类 | | 黄典宾 | |
| 11919 | 黄拼 11919+ 合补 5530 | | 宾二类 | | | |
| 11920 | | | 宾二类 | 古 | | |
| 11921 正反 | | | 宾二类 | 爭 | | |
| 11922 | | | 宾一类 | 穷 | | |
| 11923 | 11923+Y5528+ Y6051+Y6361 | | 宾一类 | | 黄宾ዐ | |
| 11924 | | | 宾二类 | | | |
| 11925 | | | 宾二类 | | | 背甲 |
| 11926 | | | 宾二类 | | | 背甲 |
| 11927 | | | 宾二类 | | | 背甲 |
| 11928 | | | 宾一类 | | | |
| 11929 | | | 宾二类 | | | |

续表

| 著录号 | 缀合 | 重片 | 类型划分 | 贞人 | 专家分类 | 其他说明 |
|---|---|---|---|---|---|---|
| 11930 | | | 宾三类 | | | 背甲 |
| 11931 | | | 宾三类 | | | 背甲 |
| 11932 | | | 宾三类 | | | |
| 11933 | | | 宾三类 | | | 背甲 |
| 11934 | | | 宾三类 | | | 背甲 |
| 11935 | | | 宾三类 | | | 背甲 |
| 11936 | | | 宾三类 | | | 背甲 |
| 11937 | 黄拼 11937+12107 | | 宾三类 | | | 背甲 |
| 11938 | | | 宾三类 | | | 背甲 |
| 11939 | | | 宾三类 | | | 背甲 |
| 11940 | | | 宾一类 | | | |
| 11941 | | | 宾二类 | | | |
| 11942 | | | 宾二类 | 亘 | | |
| 11943 | | | 宾三类 | | | |
| 11944 | | | 宾三类 | | | 背甲 |
| 11945 | | | 宾三类 | | | 背甲 |
| 11946 | | | 宾二类 | | | |
| 11947 | | | 宾三类 | | | 背甲 |
| 11948 | | | 宾二类 | | | |
| 11949 | | | 宾三类 | | | 背甲 |
| 11950 | | | 宾三类 | | | 背甲 |
| 11951 | | | 宾三类 | | | 背甲 |
| 11952 | | | 宾一类 | | | |
| 11953 | | | 宾一类 | | | |
| 11954 | | | 非宾类 | | 蒋甲种异卜 | 非宾 |
| 11955 正反 | | | 宾一类 | | 黄自宾间 B | |
| 11956 | | | 宾一类 | | | |
| 11957 | | | 宾一类 | | | |
| 11958 | | | 宾一类 | | | |
| 11959 | | | 宾一类 | | | |
| 11960 | | | 宾一类 | | | |
| 11961 | | | 宾一类 | | | |
| 11962 | | | 宾一类 | 穷 | | |

续表

| 著录号 | 缀合 | 重片 | 类型划分 | 贞人 | 专家分类 | 其他说明 |
| --- | --- | --- | --- | --- | --- | --- |
| 11963 | | | 宾二类 | | | |
| 11964 | | | 宾一类 | | | |
| 11965 正反 | 11965 正反 + | | 宾一类 | | | |
| 11966 | | | 宾二类 | | | |
| 11967 | | | 宾一类 | | | |
| 11968 正反 | 11968+ | | 宾一类 | | | |
| 11969 | | | 宾二类 | | | 背甲 |
| 11970 | | | 宾一类 | | | |
| 11971 正反 | 黄拼 11971 正反 + 12976+14577+14579+ 14580+14599+16189 | | 宾二类 | 爭 | | 林《醉古集》338，蔡加缀 14577 正 + 乙 4646+16189+14580 |
| 11972 | | | 宾一类 | | | |
| 11973 | | | 宾二类 | | | |
| 11974 | | | 宾三类 | | | 背甲 |
| 11975 | | | 宾二类 | | | |
| 11976 | | | 宾一类 | | | |
| 11977 | | 40275 | 宾一类 | | | |
| 11978 | | | 宾三类 | | | |
| 11979 | | | 宾二类 | | | |
| 11980 正反 | 11980 正反 + | | 宾一类 | | | |
| 11981 | | | 宾一类 | | | |
| 11982 | | | 宾三类 | | | |
| 11983 正反 | | | 宾三类 | 充 | | |
| 11984 | | | 宾三类 | 充 | | 背甲 |
| 11985 | | | 宾三类 | 充 | | |
| 11986 | | | 宾三类 | 事 | | 背甲 |
| 11987 正反 | | | 宾二类 | 㱿 | | |
| 11988 正反 | | | 宾一类 | 亘 | | |

续表

| 著录号 | 缀合 | 重片 | 类型划分 | 贞人 | 专家分类 | 其他说明 |
|---|---|---|---|---|---|---|
| 11989 | | | 宾三类 | 𠬝 | | 背甲 |
| 11990 | | | 宾二类 | 㱿 | | |
| 11991 | | | 宾三类 | 争 | | |
| 11992 | | | 宾三类 | 争 | | |
| 11993 | | | 宾三类 | 卯 | | |
| 11994 | | | 宾三类 | | | 背甲 |
| 11995 | | | 宾三类 | | | 背甲 |
| 11996 | | | 宾一类 | | | |
| 11997 | | | 宾三类 | | | |
| 11998 | | | 宾三类 | | | |
| 11999 | | | 宾三类 | | | 背甲 |
| 12000 | | | 宾一类 | | | 背甲 |
| 12001正反 | | | 宾三类 | | | 背甲 |
| 12002 | | | 宾三类 | | | 背甲 |
| 12003 | | | 宾三类 | | | 背甲 |
| 12004 | 12004+ | | 宾二类 | | | |
| 12005 | | | 宾二类 | | | |
| 12006 | 黄拼 12006+ 合补 1074 | | 宾二类 | | | |
| 12007 | | | 宾二类 | | | |
| 12008 | | | 𠂤宾间类 | | | |
| 12009 | | | 𠂤宾间类 | | | |
| 12010 | | | 𠂤宾间类 | | | |
| 12011 | | | 𠂤宾间类 | | | |
| 12012 | | | 宾三类 | | | 背甲 |
| 12013 | | | 宾三类 | | | |
| 12014 | | | 宾三类 | | | |
| 12015 | | | 𠂤宾间类 | | | |
| 12016 | | | 宾二类 | | | |
| 12017 | | | 待考 | | | |
| 12018 | | | 宾二类 | | | |
| 12019 | 黄拼 12019+11807+12321 | | 宾一类 | | | |
| 12020 | | | 宾二类 | | | |

续表

| 著录号 | 缀合 | 重片 | 类型划分 | 贞人 | 专家分类 | 其他说明 |
|---|---|---|---|---|---|---|
| 12021 | | | 宾三类 | | | 背甲 |
| 12022 | | | 宾一类 | | | |
| 12023 | | | 宾一类 | | | |
| 12024 | | | 宾三类 | | | |
| 12025 | | | 宾三类 | | | 背甲 |
| 12026 | | | 宾三类 | 穷 | | |
| 12027 | | | 宾三类 | | | 背甲 |
| 12028 | | | 宾一类 | 爭 | | |
| 12029 | | | 宾一类 | | | 背甲 |
| 12030 正反 | | | 宾一类 | | | |
| 12031 | | | 宾二类 | | | |
| 12032 | | | 宾三类 | | | |
| 12033 | | | 宾三类 | | | 背甲 |
| 12034 | | | 宾三类 | | | 背甲 |
| 12035 | | | 宾三类 | | | 背甲 |
| 12036 | | | 宾三类 | | | |
| 12037 | | | 宾三类 | | | 背甲 |
| 12038 | | | 宾三类 | | | 背甲 |
| 12039 | | | 宾三类 | | | |
| 12040 | | | 宾三类 | | | |
| 12041 | | 11776 | 宾一类 | | | |
| 12042 | | | 宾二类 | 𡧊 | | |
| 12043 | | | 宾二类 | | | |
| 12044 | | 12406 | 自宾间类 | | | |
| 12045 正反 | | | 宾三类 | | | |
| 12046 | | | 自宾间类 | | | |
| 12047 | | | 宾三类 | 卯 | | 背甲 |
| 12048 | | | 宾三类 | 卯 | | 背甲 |
| 12049 | 黄拼 12049+ 合补 3694 | | 宾三类 | 卯 | | 背甲 |
| 12050 | | | 宾三类 | 卯 | | |
| 12051 正反 | | | 宾一类 | 㑋 | | |

续表

| 著录号 | 缀合 | 重片 | 类型划分 | 贞人 | 专家分类 | 其他说明 |
| --- | --- | --- | --- | --- | --- | --- |
| 12052 正反 | 黄拼 12052 正反 + 17412 正反 | | 宾二类 | 宂、㕚 | | |
| 12053 | | | 宾二类 | 韋 | | |
| 12054 | | | 宾二类 | 宂 | | |
| 12055 | | | 宾二类 | 宂 | | |
| 12056 | | | 宾二类 | | 黄自小字 | |
| 12057 | 黄拼 12057+ | | 宾二类 | 𣪊 | | 林《醉合集》161 |
| 12058 | | | 宾二类 | 亘 | | |
| 12059 | | | 宾二类 | 亘 | | |
| 12060 正反 | | | 宾二类 | 亘 | | |
| 12061 | | | 宾三类 | | | 背甲 |
| 12062 | | | 宾一类 | | | |
| 12063 正反 | 12063 正反 + | | 宾一类 | | | 背甲 |
| 12064 | | | 宾一类 | | | |
| 12065 | | | 宾二类 | | | |
| 12066 | 黄拼 12066 正 + 合补 1074 | | 宾二类 | | | |
| 12067 正反 | | | 宾二类 | | | |
| 12068 | | | 宾二类 | | | |
| 12069 | | | 宾三类 | | | 背甲 |
| 12070 | | | 宾二类 | | | |
| 12071 | | | 宾三类 | | | 背甲 |
| 12072 | | 41102 | 宾三类 | | | 背甲 |
| 12073 | | | 宾三类 | | | 背甲 |
| 12074 | | | 宾二类 | | | |
| 12075 | | | 宾三类 | | | 背甲 |
| 12076 | | | 宾三类 | | | 背甲 |
| 12077 | | | 宾二类 | | | |
| 12078 | | | 宾三类 | | | 背甲 |
| 12079 | | | 宾二类 | | | |
| 12080 | 黄拼 12080+4820（合补 2284） | | 宾二类 | | | |

续表

| 著录号 | 缀合 | 重片 | 类型划分 | 贞人 | 专家分类 | 其他说明 |
|---|---|---|---|---|---|---|
| 12081 | | | 宾三类 | | | 背甲 |
| 12082 | | | 宾三类 | | | 背甲 |
| 12083 | | | 宾三类 | | | 背甲 |
| 12084 | | | 宾三类 | | | 背甲 |
| 12085 正反 | | | 宾二类 | | | |
| 12086 | | | 宾三类 | | | 背甲 |
| 12087 | 12087+ | | 宾三类 | | | 背甲 |
| 12088 | | | 宾三类 | | | 背甲 |
| 12089 | | | 宾三类 | | | 背甲 |
| 12090 | | | 宾一类 | | | |
| 12091 | | | 宾一类 | | | |
| 12092 | | | 宾一类 | | | |
| 12093 | | | 宾三类 | | | 背甲 |
| 12094 | | | 宾二类 | | | |
| 12095 正反 | | | 宾一类 | | | |
| 12096 | | | 宾三类 | | | 背甲 |
| 12097 | | | 宾三类 | | | 背甲 |
| 12098 | | | 宾三类 | | | 背甲 |
| 12099 | | | 宾三类 | | | 背甲 |
| 12100 | | | 宾一类 | | | |
| 12101 | | | 宾三类 | | | |
| 12102 正反 | | | 宾二类 | 爭 | | |
| 12103 | | | 宾一类 | | 黄自小字 | 黄非宾 |
| 12104 | | | 宾一类 | | | |
| 12105 | | | 宾三类 | 事 | | |
| 12106 | | | 宾三类 | 事 | | |
| 12107 | 黄拼 12107+11937 | | 宾三类 | | | 背甲 |
| 12108 | | | 宾二类 | 㞢 | | |
| 12109 | 黄拼 12109+16620 | | 宾三类 | | | 背甲 |
| 12110 | | | 宾一类 | | | 背甲 |
| 12111 | | | 宾三类 | 穷 | | |
| 12112 | | 41097 | 宾一类 | | | 背甲 |

续表

| 著录号 | 缀合 | 重片 | 类型划分 | 贞人 | 专家分类 | 其他说明 |
|---|---|---|---|---|---|---|
| 12113 | | | 宾一类 | | | 背甲 |
| 12114 | | | 宾一类 | | | 背甲 |
| 12115 | | | 宾三类 | | | 背甲 |
| 12116 | | | 宾三类 | | | 背甲 |
| 12117 | | | 宾三类 | | | 背甲 |
| 12118 | | | 宾一类 | | | 背甲 |
| 12119 | | | 宾三类 | | | 背甲 |
| 12120 | | | 宾一类 | | | 背甲 |
| 12121 | | | 宾一类 | | | 背甲 |
| 12122 | | | 宾一类 | | | 背甲 |
| 12123 | | | 宾三类 | | | 背甲 |
| 12124 | | | 宾一类 | | | 背甲 |
| 12125 | | | 宾一类 | | | 背甲 |
| 12126 | | 40293 | 宾一类 | | | 背甲 |
| 12127 | | | 宾一类 | | | 背甲 |
| 12128 | | | 宾一类 | | | 背甲 |
| 12129 | | | 宾一类 | | | 背甲 |
| 12130 | | | 宾一类 | | | 背甲 |
| 12131 | | | 宾三类 | | | 背甲 |
| 12132 | | | 宾一类 | | | 背甲 |
| 12133 | | | 宾三类 | | | 背甲 |
| 12134 | | | 宾三类 | | | 背甲 |
| 12135 | | | 宾三类 | | | 背甲 |
| 12136 | | | 宾一类 | | | 背甲 |
| 12137 | | | 宾二类 | | | 背甲 |
| 12138 | | | 宾三类 | | | 背甲 |
| 12139 | | | 宾一类 | | | 背甲 |
| 12140 | | | 宾一类 | | | |
| 12141 正反 | | | 宾二类 | | | |
| 12142 | | | 宾三类 | | | 背甲 |
| 12143 | | | 宾二类 | | | 背甲 |
| 12144 | | | 宾一类 | | | |
| 12145 | | | 宾三类 | | | 背甲 |

续表

| 著录号 | 缀合 | 重片 | 类型划分 | 贞人 | 专家分类 | 其他说明 |
|---|---|---|---|---|---|---|
| 12146 | | | 宾三类 | | | 背甲 |
| 12147 | | | 宾一类 | | | 背甲 |
| 12148 | | | 宾一类 | | | 背甲 |
| 12149 正反 | | | 宾二类 | | | |
| 12150 | | | 宾一类 | | | 背甲 |
| 12151 | | | 宾一类 | | | 背甲 |
| 12152 正反 | | （新）12149 | 宾一类 | | | |
| 12153 | | | 宾三类 | | | 背甲 |
| 12154 | | | 宾三类 | | | 背甲 |
| 12155 | | | 宾一类 | | | 背甲 |
| 12156 | | 41600 | 宾一类 | | | 背甲 |
| 12157 | | | 宾一类 | | | 背甲 |
| 12158 | | | 宾三类 | | | 背甲 |
| 12159 | | | 宾一类 | | | 背甲 |
| 12160 | 黄拼 12160+ 乙 7503+ 乙 7354 | | 宾一类 | | | 背甲 |
| 12161 | | | 宾三类 | 古 | | 背甲 |
| 12162 | | | 宾三类 | | | 背甲 |
| 12163 正反 | | | 宾一类 | 爭 | | |
| 12164 | 黄拼 12164+17349+19655 | | 宾三类 | | | 背甲 |
| 12165 | | | 宾三类 | | | 背甲 |
| 12166 | | | 宾三类 | | | 背甲 |
| 12167 | | | 宾三类 | | | 背甲 |
| 12168 | | | 宾三类 | | | 背甲 |
| 12169 | | | 宾三类 | | | 背甲 |
| 12170 | | | 宾三类 | | | 背甲 |
| 12171 | | | 宾二类 | | | 背甲 |
| 12172 | | | 宾三类 | | | 背甲 |
| 12173 | | | 宾三类 | | | 背甲 |
| 12174 | | | 宾三类 | | | 背甲 |
| 12175 | | | 宾二类 | | | 背甲 |
| 12176 | | | 宾三类 | | | 背甲 |

续表

| 著录号 | 缀合 | 重片 | 类型划分 | 贞人 | 专家分类 | 其他说明 |
|---|---|---|---|---|---|---|
| 12177 | | | 宾三类 | | | 背甲 |
| 12178 | | | 宾三类 | | | 背甲 |
| 12179 | | | 宾三类 | | | 背甲 |
| 12180 | | | 宾二类 | | | 背甲 |
| 12181 | | | 宾二类 | | | 背甲 |
| 12182 | | | 宾三类 | | | 背甲 |
| 12183 | | | 宾三类 | | | 背甲 |
| 12184 | | | 宾三类 | | | 背甲 |
| 12185 | | | 宾三类 | | | 背甲 |
| 12186 | | | 宾三类 | | | 背甲 |
| 12187 | | | 宾三类 | | | 背甲 |
| 12188 | | | 宾三类 | | | 背甲 |
| 12189 | | | 宾三类 | | | 背甲 |
| 12190 | | | 宾三类 | | | 背甲 |
| 12191 | | | 宾三类 | | | 背甲 |
| 12192 | | | 宾三类 | | | 背甲 |
| 12193 | | | 宾二类 | | | 背甲 |
| 12194 | | | 宾三类 | | | 背甲 |
| 12195 | | | 宾三类 | | | 背甲 |
| 12196 | | | 宾二类 | | | 背甲 |
| 12197 | | | 宾三类 | | | 背甲 |
| 12198 | | | 宾三类 | | | 背甲 |
| 12199 | | | 宾三类 | | | 背甲 |
| 12200 | | | 宾三类 | | | 背甲 |
| 12201 | | | 宾三类 | | | |
| 12202 | | | 宾二类 | | | 背甲 |
| 12203 正反 | | | 宾二类 | | | |
| 12204 | | | 宾三类 | | | 背甲 |
| 12205 | | | 宾二类 | | | 背甲 |
| 12206 | | | 宾三类 | | | 背甲 |
| 12207 正反 | | | 宾二类 | | | |
| 12208 | | | 宾二类 | | | 背甲 |
| 12209 | | | 宾三类 | | | 背甲 |
| 12210 | | | 宾二类 | | | |

续表

| 著录号 | 缀合 | 重片 | 类型划分 | 贞人 | 专家分类 | 其他说明 |
|---|---|---|---|---|---|---|
| 12211 | | | 宾三类 | | | 背甲 |
| 12212 | | | 宾三类 | | | 背甲 |
| 12213 | | | 宾一类 | | | 背甲 |
| 12214 | | | 宾一类 | | | 背甲 |
| 12215 | | | 宾一类 | | | 背甲 |
| 12216 | | | 宾一类 | | | 背甲 |
| 12217 | | | 宾三类 | | | 背甲 |
| 12218 | | | 宾一类 | | | |
| 12219 | | | 宾三类 | | | 背甲 |
| 12220 | | | 宾三类 | | | 背甲 |
| 12221 | | | 宾三类 | | | 背甲 |
| 12222 | | | 宾二类 | | | 背甲 |
| 12223 | | | 宾二类 | 㱿 | | |
| 12224 | | | 宾一类 | | | |
| 12225 | | | 宾二类 | | | |
| 12226 | | | 宾三类 | | | 背甲 |
| 12227 | | | 宾三类 | | | 背甲 |
| 12228 | | | 宾二类 | | | 背甲 |
| 12229 | | | 宾三类 | | | 背甲 |
| 12230 | | | 宾三类 | | | 背甲 |
| 12231正反 | | | 宾二类 | | | |
| 12232 | | | 宾三类 | | | 背甲 |
| 12233 | | | 宾一类 | | | 背甲 |
| 12234 | | | 宾一类 | | | 背甲 |
| 12235 | | | 宾三类 | | | 背甲 |
| 12236 | | | 宾二类 | | | |
| 12237甲乙 | 12237甲乙 | | 宾三类 | | | 背甲 |
| 12238 | | | 宾三类 | | | 背甲 |
| 12239 | | | 宾三类 | | | 背甲 |
| 12240 | | | 宾二类 | | | 背甲 |
| 12241正反 | 黄拼12241正+合补723 | | 宾二类 | | | |
| 12242 | | | 宾一类 | | | 背甲 |

续表

| 著录号 | 缀合 | 重片 | 类型划分 | 贞人 | 专家分类 | 其他说明 |
|---|---|---|---|---|---|---|
| 12243 | | | 宾二类 | | | 背甲 |
| 12244 | | | 宾三类 | | | 背甲 |
| 12245 | | | 宾二类 | | | 背甲 |
| 12246 | | | 宾二类 | | | 背甲 |
| 12247 | | | 宾二类 | | | 背甲 |
| 12248 | 黄拼 12248+12640 | | 宾三类 | | | 背甲 |
| 12249 | | | 宾二类 | | | 背甲 |
| 12250 | | | 宾三类 | | | 背甲 |
| 12251 | | | 宾三类 | | | 背甲 |
| 12252 | | | 宾二类 | | | 背甲 |
| 12253 | | | 宾二类 | | | |
| 12254 | | | 宾二类 | | | 背甲 |
| 12255 | | | 宾二类 | | | 背甲 |
| 12256 | | | 宾二类 | | | 背甲 |
| 12257 | | | 宾三类 | | | 背甲 |
| 12258 | | | 宾三类 | | | 背甲 |
| 12259 | | | 宾三类 | | | 背甲 |
| 12260 | 黄拼 12260+ 山东 1420 | | 宾二类 | | | 背甲 |
| 12261 | | | 宾三类 | | | 背甲 |
| 12262 | | | 宾二类 | | | 背甲 |
| 12263 | | | 宾三类 | | | 背甲 |
| 12264 | | | 宾二类 | | | 背甲 |
| 12265 | | | 宾三类 | | | 背甲 |
| 12266 | | | 宾二类 | | | 背甲 |
| 12267 | | | 宾二类 | | | 背甲 |
| 12268 | | | 宾二类 | | | 背甲 |
| 12269 | | | 宾二类 | | | 背甲 |
| 12270 | | | 宾三类 | | | |
| 12271 | | | 宾二类 | | | 背甲 |
| 12272 | | | 宾二类 | | | 背甲 |
| 12273 | | | 宾二类 | | | 背甲 |
| 12274 | | | 宾二类 | | | 背甲 |
| 12275 | | | 宾二类 | | | 背甲 |

续表

| 著录号 | 缀合 | 重片 | 类型划分 | 贞人 | 专家分类 | 其他说明 |
|---|---|---|---|---|---|---|
| 12276 | | | 宾三类 | | | 背甲 |
| 12277 | | | 宾三类 | | | 背甲 |
| 12278 | | | 宾三类 | | | 背甲 |
| 12279 | | | 宾二类 | | | 背甲 |
| 12280 | | | 宾二类 | | | 背甲 |
| 12281 | | | 宾二类 | | | 背甲 |
| 12282 | | | 宾二类 | | | 背甲 |
| 12283 正反 | | | 宾二类 | | | |
| 12284 正反 | | | 宾二类 | | | |
| 12285 | | | 宾二类 | | | |
| 12286 | | | 宾二类 | | | |
| 12287 正反 | | | 宾二类 | | 黄典宾 | |
| 12288 | | | 宾三类 | | | |
| 12289 | | | 宾三类 | | | 背甲 |
| 12290 正反 | | | 宾二类 | 亘 | | |
| 12291 | | | 宾二类 | 事 | | 背甲 |
| 12292 | | | 宾一类 | | | 背甲 |
| 12293 | | | 宾三类 | | | 背甲 |
| 12294 | | | 宾二类 | | | 背甲 |
| 12295 | | | 宾二类 | | | 背甲 |
| 12296 | | | 宾三类 | | | 背甲 |
| 12297 正反 | | | 宾二类 | | | |
| 12298 | | | 宾三类 | | | 背甲 |
| 12299 正反 | | | 宾二类 | | | |
| 12300 | | | 宾三类 | | | 背甲 |
| 12301 | | | 宾三类 | | | 背甲 |
| 12302 | | | 宾二类 | | | 背甲 |
| 12303 | | | 宾二类 | | | 背甲 |
| 12304 | | | 宾三类 | | | 背甲 |

续表

| 著录号 | 缀合 | 重片 | 类型划分 | 贞人 | 专家分类 | 其他说明 |
|---|---|---|---|---|---|---|
| 12305 | | | 宾二类 | | | 背甲 |
| 12306 | | | 宾三类 | | | 背甲 |
| 12307 | | | 宾三类 | | | 背甲 |
| 12308 | | | 宾三类 | | | 背甲 |
| 12309 | 黄拼 12309+10292 | | 宾一类 | | | |
| 12310 | | | 宾一类 | 𣪊 | | |
| 12311 正反 | 12311 正反 +2598 | | 宾一类 | 𣪊 | | |
| 12312 正反 | 黄拼 12312 正反 + | | 宾一类 | 宂 | | 林《醉古集》315 |
| 12313 | | | 宾二类 | 宂 | | |
| 12314 | | | 待考 | 亘 | | 背甲 |
| 12315 正反 | | | 宾二类 | 永 | | |
| 12316 | | | 宾二类 | | | |
| 12317 正反 | 黄拼 12317+1124 | | 宾二类 | | | |
| 12318 正反 | 黄拼 12318+ | | 宾一类 | | | 林《醉古集》249 |
| 12319 | | | 宾二类 | | | |
| 12320 | | | 宾一类 | | | |
| 12321 | 12321+ 东文研 B0321a（12019 已缀入） | | 宾一类 | | | 黄拼 11807+ 12321+12019 |
| 12322 正反 | | | 宾二类 | 㕣 | | 背甲 |
| 12323 正反 | | | 宾一类 | | | |
| 12324 正反 | 黄拼 12324 正反 + | | 宾一类 | 𣪊、亘 | | 林《醉古集》226 |
| 12325 | | | | | | |
| 12326 | | | 宾二类 | | | 背甲 |
| 12327 | | | 宾一类 | 韋 | | |
| 12328 正反 | | | 宾一类 | | | |
| 12329 | | | 宾三类 | | | |
| 12330 | | | 宾二类 | | | |

续表

| 著录号 | 缀合 | 重片 | 类型划分 | 贞人 | 专家分类 | 其他说明 |
|---|---|---|---|---|---|---|
| 12331 正反 | | | 宾二类 | | | |
| 12332 | | | 宾一类 | | | |
| 12333 正反 | 黄拼 12333+ 英 1740 | | 宾一类 | | | |
| 12334 | | | 宾一类 | | | 背甲 |
| 12335 | | | 宾一类 | 亘 | | |
| 12336 正反 | | | 宾二类 | 㱿 | | 背甲 |
| 12337 | | | 待考 | | | |
| 12338 | | | 宾二类 | | | |
| 12339 | | | 宾二类 | | | |
| 12340 | | | 宾二类 | 逆 | | |
| 12341 | | | 宾二类 | | | |
| 12342 | | | 宾一类 | 永 | | |
| 12343 | | | 宾一类 | 旬 | | |
| 12344 | | | 宾二类 | 争 | | |
| 12345 | | | 宾三类 | | | 背甲 |
| 12346 | | | 宾一类 | 韋 | | |
| 12347 | | | 宾一类 | 𠳋 | | |
| 12348 | 黄拼 12348+ 乙补 1621+ 乙补 1850 | | 待考 | 㪤 | | 背甲 |
| 12349 | | | 宾一类 | | | |
| 12350 | 黄拼 12350+11827 | | 宾一类 | | | |
| 12351 | | | 宾三类 | | | |
| 12352 | | | 宾三类 | | | |
| 12353 | | | 宾三类 | | | |
| 12354 正反 | | | 宾一类 | | | |
| 12355 | | | 宾三类 | | | |
| 12356 | | | 宾三类 | | | 背甲 |
| 12357 | 12357+12456+13446+ 英 1017（金 475） | | 宾一类 | 内 | | |
| 12358 | 黄拼 12358+12971 | | 宾一类 | | | |
| 12359 | | | 𠂤宾间类 | | | |

续表

| 著录号 | 缀合 | 重片 | 类型划分 | 贞人 | 专家分类 | 其他说明 |
|---|---|---|---|---|---|---|
| 12360 | | | 宾三类 | | | |
| 12361 | | | 𠂤宾间类 | | | |
| 12362 | | | 𠂤宾间类 | | | |
| 12363 | | | 宾二类 | | | |
| 12364 | | | 宾三类 | | | |
| 12365 | | | 宾二类 | | | |
| 12366 | | | 𠂤宾间类 | | | |
| 12367 | 黄拼 12367+ 乙 5195+ 乙 5136 | | 𠂤宾间类 | | | |
| 12368 | | | 宾一类 | | | |
| 12369 | | | 宾三类 | 爭 | | |
| 12370 | | | 宾三类 | 爭 | | |
| 12371 | | | 宾三类 | 爭 | | |
| 12372 | | | 宾三类 | 事 | | |
| 12373 | | | 宾三类 | 充 | | |
| 12374 | | | 宾三类 | | | |
| 12375 | | | 宾三类 | 穷 | | 背甲 |
| 12376 | 黄拼 12376+ | | 宾一类 | 内 | | 林《醉古集》368 |
| 12377 | | | 宾一类 | 𣪊 | | |
| 12378 | | | 宾一类 | 𣪊 | | |
| 12379 | | | 宾二类 | 𠕋 | | |
| 12380 | | | 宾二类 | | | |
| 12381 | | | 宾三类 | | | 背甲 |
| 12382 | | | 宾二类 | | | |
| 12383 正反 | | | 宾二类 | | | |
| 12384 | | | 宾一类 | | | |
| 12385 | | | 宾一类 | | | |
| 12386 正反 | | | 宾二类 | | | |
| 12387 正反 | | | 宾二类 | | | |
| 12388 | | | 宾二类 | | 黄典宾 | |
| 12389 | | | 宾二类 | | 黄典宾 | |
| 12390 | | | 宾二类 | | | |

续表

| 著录号 | 缀合 | 重片 | 类型划分 | 贞人 | 专家分类 | 其他说明 |
|---|---|---|---|---|---|---|
| 12391 | | 40259 | 宾二类 | | | |
| 12392 | | | 宾二类 | | | |
| 12393 | 黄拼 12393+12413 | | 宾二类 | | | |
| 12394 | | | 宾二类 | | | |
| 12395 | | | 宾二类 | | | |
| 12396 正反 | | | 宾二类 | 穷、㱿 | | |
| 12397 正反 | | | 宾二类 | | | |
| 12398 | | | 宾二类 | | | |
| 12399 | | | 宾一类 | | 黄宾ꟼ | |
| 12400 | 黄拼 12400+12442 | | 宾一类 | | 黄宾ꟼ | |
| 12401 | | | 宾一类 | | 黄宾ꟼ | |
| 12402 | | | 宾一类 | | | |
| 12403 | | | 宾三类 | | 黄宾三 | |
| 12404 | 12404+ | | 宾三类 | | | 背甲 |
| 12405 | | | 宾一类 | | | |
| 12406 | | 12044 | 𠂤宾间类 | | | |
| 12407 | | | 宾二类 | 㱿 | | |
| 12408 | | | 宾二类 | | | |
| 12409 | 12409+ | | 宾一类 | 亘 | | |
| 12410 | | | 宾二类 | 韋 | | |
| 12411 | | | 宾二类 | 爭 | | |
| 12412 | | | 宾二类 | | | |
| 12413 | 黄拼 12413+12393 | | 宾二类 | | | |
| 12414 | | | 宾二类 | | | |
| 12415 | | | 宾二类 | | | |
| 12416 | | | 宾二类 | | | 背甲 |
| 12417 | | | 宾二类 | | | |
| 12418 | | | 宾二类 | | | |
| 12419 | | | 宾二类 | | | |
| 12420 | | | 宾二类 | | | |
| 12421 | | | 宾二类 | | | |
| 12422 正反 | | | 宾二类 | | | |

续表

| 著录号 | 缀合 | 重片 | 类型划分 | 贞人 | 专家分类 | 其他说明 |
|---|---|---|---|---|---|---|
| 12423 正反 | | | 宾二类 | | | |
| 12424 | | | 宾二类 | | | |
| 12425 | 12425+ 珠 766 | | 宾二类 | | | |
| 12426 | | | 宾二类 | | | |
| 12427 | | | 宾二类 | | | |
| 12428 | | | 宾二类 | | | |
| 12429 正反 | | | 宾二类 | | | |
| 12430 | | | 宾二类 | | | |
| 12431 | | | 宾二类 | | | 背甲 |
| 12432 | 黄拼 12432+19251 | | 宾二类 | | | |
| 12433 | | 40211 | 宾二类 | | | |
| 12434 正反 | | | 宾一类 | | | |
| 12435 | | | 宾二类 | | | |
| 12436 | | | 宾一类 | | 李彭宾一 A | |
| 12437 | | | 宾一类 | 𣪊 | 黄宾一 | |
| 12438 正反 | | | 宾一类 | | | |
| 12439 正反 | | | 宾一类 | | | |
| 12440 | | | 宾二类 | | 黄典宾 | |
| 12441 甲乙 | | | 宾一类 | | | |
| 12442 | 黄拼 12442+12400 | | 宾一类 | | | |
| 12443 | | | 宾三类 | | | |
| 12444 | | | 宾一类 | | | |
| 12445 | | | 宾一类 | | | |
| 12446 甲乙 | 黄拼 12446 部分 + | | 宾一类 | | 黄宾𠂤 | 林《醉古集》284 |
| 12447 甲乙 | 12447 甲遥缀乙 3562；黄拼 12447+（林《醉古集》63） | | 宾一类 | | 黄宾𠂤 | 12447 乙 + 乙补 956（张）+ 乙补 2101+ 乙补 1333（林） |
| 12448 甲乙 | | | 宾一类 | | 黄宾𠂤 | |

续表

| 著录号 | 缀合 | 重片 | 类型划分 | 贞人 | 专家分类 | 其他说明 |
|---|---|---|---|---|---|---|
| 12449 甲乙 | 12449 乙 + 乙补 5924（林）+12449 甲（乙 2611） | | 𠂤宾间类 | | | |
| 12450 | | | 宾三类 | | 黄宾三 | |
| 12451 | | | 宾二类 | 穷 | | |
| 12452 | | | 宾二类 | | | |
| 12453 | | | 宾一类 | | | |
| 12454 | | | 宾二类 | | | |
| 12455 | | | 宾二类 | 内 | | 背甲 |
| 12456 | 12456+12357+13446+英 1017（金 475） | | 宾一类 | 内 | | |
| 12457 | | | 𠂤宾间类 | | | |
| 12458 | | | 𠂤宾间类 | | | |
| 12459 | | | 𠂤宾间类 | | | |
| 12460 | | | 𠂤宾间类 | | | |
| 12461 | | | 宾一类 | | | |
| 12462 | | | 𠂤宾间类 | | | |
| 12463 | | | 𠂤宾间类 | | | |
| 12464 | | | 宾一类 | 古 | | |
| 12465 正反 | | | 宾二类 | 爭 | | |
| 12466 正反 | 黄拼 12466 正反 + | | 宾二类 | 亘 | | 背甲，林《醉古集》361 |
| 12467 | | | 宾二类 | | | |
| 12468 | | | 宾一类 | | | |
| 12469 正反 | | | 宾二类 | 穷 | | |
| 12470 | | | 宾二类 | 𣪊 | | |
| 12471 | | | 宾二类 | | | |
| 12472 正反 | | | 宾二类 | | | |
| 12473 | | | 宾二类 | | | |
| 12474 正反 | | | 宾二类 | | | |
| 12475 | | | 宾三类 | | | |

续表

| 著录号 | 缀合 | 重片 | 类型划分 | 贞人 | 专家分类 | 其他说明 |
|---|---|---|---|---|---|---|
| 12476 | 黄拼 12476+13447+合补 4759 | | 宾三类 | 宁 | | |
| 12477 | | | 宾一类 | | | |
| 12478 | | | 宾三类 | | | 背甲 |
| 12479 | | | 宾三类 | | | 背甲 |
| 12480 | | | 宾一类 | 𣪊 | | |
| 12481 | | | 宾一类 | | | |
| 12482 | | | 宾一类 | | | |
| 12483 | | | 宾一类 | | | |
| 12484 | | | 宾一类 | | | |
| 12485 | | | 宾三类 | | | |
| 12486 | | | 宾一类 | | | |
| 12487 正反 | | | 宾一类 | 爭 | 黄典宾 | |
| 12488 甲乙 | | | 宾一类 | 宁、爭 | | |
| 12489 | 12489+11548 | | 宾一类 | | | |
| 12490 | | | 宾三类 | | | |
| 12491 | | | 宾三类 | | | 背甲 |
| 12492 | | | 宾三类 | | | 背甲 |
| 12493 | | | 宾三类 | | | 背甲 |
| 12494 | | | 宾一类 | | | |
| 12495 正反 | | | 宾二类 | 亘 | | |
| 12496 | | | 自宾间类 | | | |
| 12497 | | | 宾三类 | | | 背甲 |
| 12498 | | | 宾三类 | | | 背甲 |
| 12499 | | | 宾三类 | | | 背甲 |
| 12500 | | | 宾三类 | 宁、古 | | |
| 12501 | | | 宾二类 | | | |
| 12502 正反 | | | 宾三类 | | | 背甲 |
| 12503 | | | 待考 | | | 背甲 |
| 12504 | | | 待考 | | | 背甲 |
| 12505 | | | 待考 | | | |

续表

| 著录号 | 缀合 | 重片 | 类型划分 | 贞人 | 专家分类 | 其他说明 |
|---|---|---|---|---|---|---|
| 12506 | | | 宾一类 | | | |
| 12507 | | | 宾一类 | | | 背甲 |
| 12508 | | | 宾二类 | 㱿 | | |
| 12509 | | | 𠂤宾间类 | | 黄𠂤宾间 A | |
| 12510 | | | 宾二类 | | | |
| 12511 正反 | | | 宾二类 | 亘、古 | | |
| 12512 | | | 宾一类 | | | 背甲 |
| 12513 | | | 宾一类 | | | 背甲 |
| 12514 | | | 宾一类 | | | 背甲 |
| 12515 | 黄拼 12515+14508 正 | | 宾一类 | | | 缀后同文见 14487 |
| 12516 | | | 宾一类 | | | |
| 12517 | | | 宾二类 | | | |
| 12518 | | | 宾三类 | | | |
| 12519 | | | 宾三类 | | | 背甲 |
| 12520 | | | 宾一类 | | | |
| 12521 | | | 宾三类 | | | 背甲 |
| 12522 正反 | | | 宾三类 | | | |
| 12523 | | | 𠂤宾间类 | | | 背甲 |
| 12524 | | | 𠂤宾间类 | | | |
| 12525 | | | 宾三类 | | | |
| 12526 | | | 宾一类 | | | |
| 12527 | | | 宾三类 | 卯 | | 背甲 |
| 12528 | | | 宾二类 | | | |
| 12529 正反 | | | 宾二类 | | | |
| 12530 正反 | | | 宾二类 | 穷 | | |
| 12531 | | | 宾二类 | | | |
| 12532 | | | 宾二类 | | | |
| 12533 | | | 宾二类 | | | |
| 12534 | | | 宾三类 | | | |
| 12535 正反 | | | 宾三类 | | | |

续表

| 著录号 | 缀合 | 重片 | 类型划分 | 贞人 | 专家分类 | 其他说明 |
|---|---|---|---|---|---|---|
| 12536 | | | 宾一类 | | | |
| 12537正反 | | | 宾一类 | | | |
| 12538 | | | 宾三类 | | | 背甲 |
| 12539 | | | 宾三类 | | | 背甲 |
| 12540 | | | 宾三类 | | | 背甲 |
| 12541 | | | 宾三类 | | | 背甲 |
| 12542 | | | 宾二类 | | | |
| 12543 | | | 宾二类 | | | 背甲 |
| 12544 | | | 宾三类 | | | |
| 12545 | | | 宾三类 | | | |
| 12546 | | | 宾一类 | | | |
| 12547 | | | 宾一类 | | | |
| 12548 | | | 宾三类 | | | 背甲 |
| 12549 | | | 宾三类 | | | |
| 12550 | | | 宾二类 | | | |
| 12551 | | | 宾三类 | | | 背甲 |
| 12552 | | | 宾三类 | | | 背甲 |
| 12553 | | | 宾三类 | | | 背甲 |
| 12554 | | | 宾二类 | | | |
| 12555 | | | 宾三类 | | | 背甲 |
| 12556 | | | 宾三类 | | | 背甲 |
| 12557 | | | 宾三类 | | | 背甲 |
| 12558 | | | 宾一类 | | | |
| 12559 | | | 宾三类 | | | 背甲 |
| 12560 | | | 宾三类 | | | 背甲 |
| 12561 | | | 宾二类 | | | |
| 12562 | | 24584 | 宾三类 | | | 背甲 |
| 12563 | | | 宾三类 | | | |
| 12564 | | | 宾三类 | | | 背甲 |
| 12565 | | | 宾三类 | 穷 | | |
| 12566 | | | 宾一类 | | | |
| 12567 | | | 宾二类 | | | |
| 12568 | | | 宾一类 | | | 背甲 |

续表

| 著录号 | 缀合 | 重片 | 类型划分 | 贞人 | 专家分类 | 其他说明 |
|---|---|---|---|---|---|---|
| 12569 | | | 宾一类 | | | |
| 12570 | | | 宾三类 | 充 | | 背甲 |
| 12571 | | | 宾三类 | | | 背甲 |
| 12572 | | | 宾三类 | | | |
| 12573 | 黄拼 12573+23679（24878）+ 合补 4481 | | 宾三类 | | | 背甲 |
| 12574 | | | 宾三类 | 事 | | 背甲 |
| 12575 | | | 宾三类 | | | 背甲 |
| 12576 | | | 宾三类 | | | 背甲 |
| 12577 正反 | | | 宾一类 | | | |
| 12578 正反 | | | 宾二类 | | | |
| 12579 | | | 宾二类 | | | |
| 12580 | | | 宾三类 | | | 背甲 |
| 12581 | | | 宾三类 | | | 背甲 |
| 12582 | | | 宾三类 | | | 背甲 |
| 12583 | | | 宾一类 | | | |
| 12584 | | | 宾三类 | 事 | | 背甲 |
| 12585 | | | 宾三类 | | | 背甲 |
| 12586 | | | 宾三类 | | | 背甲 |
| 12587 | | | 宾一类 | | | |
| 12588 | | | 宾三类 | | | 背甲 |
| 12589 | | | 宾三类 | | | 背甲 |
| 12590 | | | 宾三类 | | | |
| 12591 | | | 宾三类 | | | 背甲 |
| 12592 | | | 宾三类 | | | 背甲 |
| 12593 | | | 宾三类 | | | 背甲 |
| 12594 | | | 宾二类 | | | |
| 12595 | | | 宾三类 | | | |
| 12596 | | | 宾三类 | | 黄宾三 | 背甲 |
| 12597 | | | 宾三类 | | | 背甲 |
| 12598 | | | 宾三类 | | | 背甲 |
| 12599 | | | 宾二类 | | | |

续表

| 著录号 | 缀合 | 重片 | 类型划分 | 贞人 | 专家分类 | 其他说明 |
|---|---|---|---|---|---|---|
| 12600 | | | 宾二类 | | | |
| 12601 | | | 宾二类 | | | |
| 12602 | | | 宾二类 | | | |
| 12603 | | | 宾三类 | | | 背甲 |
| 12604 | | | 宾三类 | | | 背甲 |
| 12605 | | | 宾三类 | | | 背甲 |
| 12606 | | | 宾三类 | | | 背甲 |
| 12607 | | | 宾三类 | 充 | | 背甲 |
| 12608 | | | 宾三类 | | | 背甲 |
| 12609 | | | 宾三类 | | | 背甲 |
| 12610 | | | 宾三类 | | | 背甲 |
| 12611 | | | 宾三类 | | | |
| 12612 | | | 宾一类 | | | 背甲 |
| 12613 | | | 宾二类 | | | |
| 12614 | | 24878 | 宾三类 | | | 背甲 |
| 12615 | | | 宾三类 | | | 背甲 |
| 12616 | 12616+ | | 宾三类 | 事 | | 背甲 |
| 12617正反 | | | 宾一类 | | | |
| 12618 | | | 宾三类 | | | |
| 12619 | | | 宾三类 | | | |
| 12620 | | | 𠂤宾间类 | | | |
| 12621 | | | 𠂤宾间类 | | | |
| 12622 | | | 𠂤宾间类 | | | 背甲 |
| 12623甲乙丙 | | | 宾三类 | 事 | | 背甲 |
| 12624 | | | 宾三类 | 事 | | |
| 12625 | | | 待考 | | | 背甲 |
| 12626 | | | 待考 | | | |
| 12627 | | | 待考 | | | |
| 12628 | | | 宾三类 | 韋 | | |
| 12629 | | | 宾一类 | 㱿 | | |
| 12630 | | | 宾二类 | 㱿 | | 背甲 |
| 12631 | | | 待考 | | | |

续表

| 著录号 | 缀合 | 重片 | 类型划分 | 贞人 | 专家分类 | 其他说明 |
|---|---|---|---|---|---|---|
| 12632 | | | 待考 | | | |
| 12633 | | | 宾一类 | | | |
| 12634 | | | 宾一类 | | | 背甲 |
| 12635正反 | | | 宾二类 | 㱿 | | |
| 12636 | | | 宾二类 | 争 | | |
| 12637 | | | 宾二类 | 𡆥 | | |
| 12638 | | | 宾三类 | | | |
| 12639 | | | 宾三类 | | | 背甲 |
| 12640 | 黄拼 12640+12248 | | 宾三类 | | | 背甲 |
| 12641 | | | 宾三类 | | | 背甲 |
| 12642 | 12642+6144 | | 宾二类 | | | |
| 12643 | | | 宾三类 | 穷 | 黄宾三 | |
| 12644正臼 | | | 宾二类 | | | |
| 12645 | | | 宾三类 | | | 背甲 |
| 12646 | | | 宾三类 | | | 背甲 |
| 12647 | | | 宾二类 | | | |
| 12648 | | | 宾二类 | 㱿 | | |
| 12649 | | | 宾二类 | | | |
| 12650 | | | 宾一类 | | | |
| 12651 | | | 宾一类 | | | |
| 12652 | 黄拼 12652+2527 | | 宾二类 | | | |
| 12653 | | | 宾二类 | | | |
| 12654 | | | 宾二类 | | | |
| 12655 | | | 宾二类 | | | |
| 12656 | | | 宾二类 | | | |
| 12657 | 黄拼 12657 正反 +2978 正 | | 宾二类 | 穷 | | |
| 12658 | | | 宾二类 | | | |
| 12659正反 | | | 宾二类 | | | 背甲 |
| 12660 | | | 宾二类 | | | |
| 12661 | | | 宾二类 | | | |
| 12662正反 | | | 宾二类 | | | |

续表

| 著录号 | 缀合 | 重片 | 类型划分 | 贞人 | 专家分类 | 其他说明 |
|---|---|---|---|---|---|---|
| 12663 | | | 宾二类 | | | |
| 12664 | | | 宾二类 | | | 背甲 |
| 12665 | | | 宾二类 | | | |
| 12666 | | | 宾二类 | 亘 | | |
| 12667 | | | 宾三类 | | | 背甲 |
| 12668 | | | 宾一类 | | | 背甲 |
| 12669 | | | 宾一类 | | | |
| 12670 | | | 宾二类 | | | |
| 12671 正反 | | | 宾二类 | | | |
| 12672 正反 | | | 宾二类 | | | |
| 12673 | | | 宾二类 | | | |
| 12674 | | | 宾二类 | | | |
| 12675 | | | 宾二类 | | | |
| 12676 | | | 宾二类 | | | |
| 12677 | | | 宾二类 | | | |
| 12678 正反 | | | 宾二类 | 㱿 | | |
| 12679 | | | 宾一类 | | | |
| 12680 | | | 宾一类 | | | |
| 12681 | | | 宾三类 | | | |
| 12682 正反 | | | 宾二类 | | | |
| 12683 | | | 宾三类 | | | |
| 12684 | | | 自小字类 | | 黄自小字 | 非宾 |
| 12685 | | | 待考 | | | |
| 12686 | | | 宾三类 | | | |
| 12687 | | | 宾二类 | | | |
| 12688 | 黄拼 12688+8330 | | 宾二类 | | | |
| 12689 | | | 宾三类 | | | |
| 12690 | | | 待考 | | | |
| 12691 | 12691+40416 | | 待考 | | | |
| 12692 正反 | | | 宾二类 | | | |

续表

| 著录号 | 缀合 | 重片 | 类型划分 | 贞人 | 专家分类 | 其他说明 |
|---|---|---|---|---|---|---|
| 12693 | | | 宾一类 | | | |
| 12694正反 | | | 宾一类 | | | |
| 12695正反 | | | 宾一类 | | | |
| 12696 | | | 宾一类 | | | |
| 12697 | | | 宾一类 | | | |
| 12698 | | | 宾一类 | | | |
| 12699 | | | 宾一类 | | | |
| 12700 | | | 宾三类 | | | |
| 12701 | | | 宾一类 | | | |
| 12702 | | | 宾三类 | | | 背甲 |
| 12703 | | | 宾三类 | | | |
| 12704 | | | 宾三类 | | | |
| 12705 | | | 宾二类 | | | |
| 12706 | | | 宾三类 | | | |
| 12707 | | | 宾三类 | | | |
| 12708 | | | 宾三类 | | | |
| 12709 | | | 宾三类 | | | 背甲 |
| 12710 | | | 宾二类 | | | |
| 12711 | | | 宾三类 | | | 背甲 |
| 12712 | | | 宾三类 | | | 背甲 |
| 12713 | | | 宾三类 | | | |
| 12714 | | | 宾三类 | 𣪊 | | 背甲 |
| 12715 | | | 宾二类 | | | |
| 12716 | | | 宾二类 | | | |
| 12717 | | | 宾一类 | | | |
| 12718 | | | 宾二类 | | | 背甲 |
| 12719正反 | | | 宾二类 | | | 背甲 |
| 12720 | | | 宾一类 | | | |
| 12721 | | | 宾一类 | | | |
| 12722 | | | 宾二类 | | | |
| 12723 | | | 宾二类 | | | |

续表

| 著录号 | 缀合 | 重片 | 类型划分 | 贞人 | 专家分类 | 其他说明 |
|---|---|---|---|---|---|---|
| 12724 | | | 宾二类 | | | |
| 12725 正反 | | | 宾二类 | 爭 | | |
| 12726 | | | 宾二类 | | | |
| 12727 | | | 宾三类 | | | 背甲 |
| 12728 | | | 宾二类 | | | |
| 12729 | | | 宾二类 | 㕮 | | |
| 12730 | | | 宾三类 | | | 背甲 |
| 12731 | | | 宾二类 | | | |
| 12732 | | | 宾二类 | | | 背甲 |
| 12733 | | | 宾三类 | | | 背甲 |
| 12734 | | | 宾三类 | | | |
| 12735 | | | 宾三类 | | | 背甲 |
| 12736 正反 | | 反 =37619 | 宾三类 | | | 背甲 |
| 12737 | | | 宾三类 | | | 背甲 |
| 12738 | | | 宾三类 | | | 背甲 |
| 12739 | 黄拼 12739+27064 | | 宾三类 | | | 背甲 |
| 12740 | | | 宾三类 | | | |
| 12741 | | | 宾三类 | | | |
| 12742 | | | 宾三类 | | | |
| 12743 | | | 宾三类 | | | 背甲 |
| 12744 | | | 宾三类 | | | 背甲 |
| 12745 | | | 宾三类 | | | 背甲 |
| 12746 | | | 宾三类 | | | 背甲 |
| 12747 | | | 宾三类 | | | 背甲 |
| 12748 | | | 宾三类 | | | 背甲 |
| 12749 | | | 宾二类 | | | 背甲 |
| 12750 | | | 宾二类 | | | |
| 12751 | | | 宾二类 | | | 背甲 |
| 12752 | | | 宾二类 | | | |
| 12753 | | | 宾三类 | | 黄宾三 | 背甲 |
| 12754 | | | 宾二类 | | | 背甲 |
| 12755 | | | 宾二类 | | | 背甲 |

续表

| 著录号 | 缀合 | 重片 | 类型划分 | 贞人 | 专家分类 | 其他说明 |
|---|---|---|---|---|---|---|
| 12756 | | | 宾二类 | | | 背甲 |
| 12757 | | | 宾二类 | | | 背甲 |
| 12758 | | | 宾二类 | | | 背甲 |
| 12759 正反 | | | 宾二类 | | | |
| 12760 | | | 宾三类 | | | 背甲 |
| 12761 | | | 宾二类 | | | |
| 12762 | 黄拼 12762+ 合补 3792 | | 宾二类 | 亘 | | |
| 12763 | | | 宾二类 | 亘 | | |
| 12764 正臼 | | | 宾二类 | 亘 | | |
| 12765 | | | 宾二类 | 穷 | | |
| 12766 | | | 宾一类 | | | |
| 12767 正反 | | | 宾二类 | | | |
| 12768 | | | 宾二类 | | | |
| 12769 | | | 宾二类 | 古 | | |
| 12770 | | | 宾二类 | | | |
| 12771 | | | 宾二类 | 古 | | |
| 12772 | | | 宾三类 | | | |
| 12773 | | | 宾三类 | | | |
| 12774 | | | 宾三类 | | | |
| 12775 | | | 宾一类 | | | |
| 12776 | | | 宾三类 | | | |
| 12777 | 黄拼 12777+ 善斋藏契卷 5 | | 宾三类 | | | |
| 12778 | | | 宾三类 | | | |
| 12779 | | | 宾三类 | | | |
| 12780 正反 | | | 宾二类 | | | |
| 12781 | | | 宾一类 | | | |
| 12782 | | | 宾一类 | | | |
| 12783 | | | 宾一类 | | | |
| 12784 | | | 宾三类 | | | |

续表

| 著录号 | 缀合 | 重片 | 类型划分 | 贞人 | 专家分类 | 其他说明 |
|---|---|---|---|---|---|---|
| 12785 正反 | | | 宾一类 | | | |
| 12786 | | | 宾二类 | | | |
| 12787 | | | 宾三类 | | | |
| 12788 正反 | | | 宾二类 | | | |
| 12789 | | | 宾三类 | | | |
| 12790 | | | 宾三类 | | | |
| 12791 | | | 宾二类 | | | |
| 12792 | | | 宾二类 | | | |
| 12793 | | | 宾二类 | | | |
| 12794 正反 | | | 宾一类 | | | |
| 12795 | | | 宾三类 | | | |
| 12796 | | | 宾三类 | | | |
| 12797 | | | 宾二类 | | | |
| 12798 | | | 宾三类 | | | |
| 12799 | | | 宾三类 | | | |
| 12800 | | | 宾三类 | | 黄宾三 | |
| 12801 正反 | | | 宾一类 | | | |
| 12802 正反 | | | 宾一类 | | | |
| 12803 | 黄拼 12803+6366 | | 宾二类 | | | |
| 12804 正反 | | | 宾二类 | | | |
| 12805 | | | 宾一类 | | | |
| 12806 | | | 宾一类 | | | |
| 12807 | | | 宾一类 | | | |
| 12808 | | | 宾三类 | | | 背甲 |
| 12809 | | | 宾二类 | | | |
| 12810 | | | 宾二类 | | | |
| 12811 | | | 宾二类 | | | |
| 12812 | 黄拼 12812+8554+ 合补 1921 + 合补 2140 | | 宾三类 | | | |

续表

| 著录号 | 缀合 | 重片 | 类型划分 | 贞人 | 专家分类 | 其他说明 |
|---|---|---|---|---|---|---|
| 12813 正反 | 12813 正反 + | | 宾二类 | 𣪊 | | |
| 12814 正反 | 黄拼 12814 反 + 合补 1515；黄拼 12814 正 +13601 | | 宾二类 | 𣪊 | | |
| 12815 | | | 宾二类 | | | |
| 12816 | | | 宾一类 | | | |
| 12817 | | | 宾一类 | | | |
| 12818 | | | 𠂤宾间类 | | | |
| 12819 | | | 𠂤宾间类 | | 黄𠂤宾间 A | |
| 12820 | | | 𠂤宾间类 | | | |
| 12821 | | | 𠂤宾间类 | | | |
| 12822 | | | 𠂤宾间类 | | | |
| 12823 | | | 𠂤宾间类 | | | 背甲 |
| 12824 | | | 𠂤宾间类 | | | 背甲 |
| 12825 | | | 𠂤宾间类 | 爭 | | |
| 12826 | | | 𠂤宾间类 | | | |
| 12827 | | | 𠂤宾间类 | | | |
| 12828 | | | 𠂤宾间类 | | | |
| 12829 | | | 𠂤宾间类 | | | |
| 12830 正反 | 新 12830 正反 +5325；黄拼 12830+5325 | | 𠂤宾间类 | | | |
| 12831 正反 | 12831 正反 + | | 宾二类 | 穷 | | |
| 12832 | | | 宾一类 | | | 背甲 |
| 12833 | | | 宾一类 | | | |
| 12834 | | | 宾一类 | | | |
| 12835 | | | 宾一类 | | | |
| 12836 正反 | | | 宾二类 | | | |
| 12837 | | | 宾一类 | | | |
| 12838 | | | 宾一类 | | | |
| 12839 | | | 宾一类 | | | |
| 12840 | | | 宾一类 | | | |
| 12841 正反 | 黄拼 12841 正 + | | 宾一类 | | | 林《醉古集》123 |

续表

| 著录号 | 缀合 | 重片 | 类型划分 | 贞人 | 专家分类 | 其他说明 |
|---|---|---|---|---|---|---|
| 12842 | | | 宾一类 | | | |
| 12843 正反 | | | 宾一类 | | | |
| 12844 | | | 宾一类 | | | |
| 12845 | | | 宾一类 | | | |
| 12846 | | | 宾一类 | | | |
| 12847 | | | 宾三类 | | | |
| 12848 | | | 宾一类 | | | |
| 12849 | | | 宾一类 | | | |
| 12850 | | | 宾一类 | | | |
| 12851 | 黄拼 12851+ 无号甲 + 乙补 4540 | | 宾二类 | | | |
| 12852 | | | 宾一类 | 㱿 | | |
| 12853 | | | 自宾间类 | | | |
| 12854 | | | 自宾间类 | | | |
| 12855 | | | 自宾间类 | | | |
| 12856 | | | 宾三类 | | | |
| 12857 | | | 宾一类 | | | |
| 12858 正反 | | | 宾一类 | | | |
| 12859 | | | 宾一类 | | | |
| 12860 | | | 宾一类 | | | |
| 12861 | | | 宾二类 | 㱿 | 黄典宾 | |
| 12862 正反 | | | 宾二类 | 宊 | 黄典宾 | |
| 12863 | 黄拼 12863+ | | 宾三类 | 争 | | 背甲，林《醉古集》332 |
| 12864 | | | 宾三类 | 宊 | 李彭宾二 | |
| 12865 | | | 宾三类 | | | |
| 12866 | | | 宾三类 | 宊 | | |
| 12867 | | | 宾三类 | 宊 | | |
| 12868 | | | 宾三类 | 宊 | | |
| 12869 正反 | | | 宾一类 | | | |
| 12870 正反 | | | 宾一类 | | | |

续表

| 著录号 | 缀合 | 重片 | 类型划分 | 贞人 | 专家分类 | 其他说明 |
|---|---|---|---|---|---|---|
| 12871 | | | 宾一类 | | | |
| 12872 | | | 宾一类 | | | |
| 12873 正反 | | | 宾一类 | | | |
| 12874 | | | 宾三类 | | | |
| 12875 | | | 宾三类 | | | |
| 12876 正反 | | | 宾三类 | 古 | | |
| 12877 正反 | | | 宾三类 | | | |
| 12878 正反 | 黄拼 12878 反（4654）+7855；黄拼 12878 正 +14167 | | 宾二类 | | | |
| 12879 | | | 宾二类 | | | |
| 12880 | | | 宾三类 | | | |
| 12881 | | | 宾一类 | | | |
| 12882 | | | 宾一类 | | | |
| 12883 | | | 宾一类 | 争 | | |
| 12884 | | | 宾二类 | | | |
| 12885 正反 | | | 宾二类 | | | |
| 12886 | | | 宾一类 | | | |
| 12887 | 黄拼 12887+ 合补 4609 | | 宾一类 | | | |
| 12888 | | | 宾二类 | | | |
| 12889 | | | 宾二类 | 亘 | | |
| 12890 | | | 宾三类 | | | |
| 12891 | | 17348 | 宾三类 | | | |
| 12892 | | | 宾二类 | | | |
| 12893 | | | 宾二类 | | | |
| 12894 | | | 宾二类 | | | 背甲 |
| 12895 | | | 宾二类 | 宀 | | |
| 12896 | | | 宾二类 | | | |
| 12897 | 黄拼 12897+ 合 9059 | | 宾二类 | | | |
| 12898 正反 | | | 宾一类 | 永 | | |

续表

| 著录号 | 缀合 | 重片 | 类型划分 | 贞人 | 专家分类 | 其他说明 |
|---|---|---|---|---|---|---|
| 12899 正反 | | | 宾二类 | 古、韋 | | |
| 12900 | | | 宾一类 | | | |
| 12901 | | | 宾一类 | 㱿 | 黄宾一 | |
| 12902 | | | 宾一类 | | | |
| 12903 | | | 宾一类 | | | |
| 12904 | | | 宾一类 | | | |
| 12905 | | | 宾一类 | | | |
| 12906 | | | 宾一类 | 㱿 | | |
| 12907 | 黄拼 12907+11814 | | 宾一类 | | | |
| 12908 | | | 𠂤宾间类 | | 黄𠂤宾间 A | |
| 12909 正反 | | | 𠂤宾间类 | | 黄𠂤宾间 A | |
| 12910 | | | 𠂤宾间类 | | | |
| 12911 | | | 宾二类 | | | |
| 12912 | | | 宾二类 | | | |
| 12913 | | | 宾三类 | | | 背甲 |
| 12914 | | | 宾二类 | 韋 | | |
| 12915 | | | 𠂤宾间类 | | | |
| 12916 | | | 𠂤宾间类 | | | 背甲 |
| 12917 | | | 𠂤宾间类 | | | 背甲 |
| 12918 | | | 𠂤宾间类 | | | |
| 12919 | | | 𠂤宾间类 | | | |
| 12920 | | | 𠂤宾间类 | | | |
| 12921 正反 | | | 宾二类 | 亘、㱿 | | |
| 12922 | | | 宾三类 | | | |
| 12923 | | | 宾三类 | | | 背甲 |
| 12924 | | | 宾三类 | | 黄宾三 | 背甲 |
| 12925 | | | 宾三类 | | | 背甲 |
| 12926 | | 13448 | 宾一类 | | | |
| 12927 | | | 宾三类 | | 黄宾三 | |
| 12928 | | | 宾三类 | | | |
| 12929 | | | 宾三类 | | | 背甲 |
| 12930 | | | 宾一类 | | | |

续表

| 著录号 | 缀合 | 重片 | 类型划分 | 贞人 | 专家分类 | 其他说明 |
|---|---|---|---|---|---|---|
| 12931 | | | 宾三类 | | | 背甲 |
| 12932 | | | 宾三类 | | | 背甲 |
| 12933 | | | 宾三类 | | 黄宾三 | 背甲 |
| 12934 | | | 宾三类 | | | 背甲 |
| 12935 | | | 宾三类 | 㱿 | | |
| 12936 | | | 宾三类 | | | 背甲 |
| 12937 | | | 宾三类 | | | 背甲 |
| 12938 | | | 宾三类 | | | 背甲 |
| 12939 正反 | | | 宾一类 | | | |
| 12940 | | | 宾二类 | 争 | | |
| 12941 正反 | | | 宾二类 | | | |
| 12942 | | | 宾二类 | | | |
| 12943 | | | 宾三类 | 事 | | 背甲 |
| 12944 | | | 宾三类 | | | 背甲 |
| 12945 | | | 宾三类 | | | 背甲 |
| 12946 | | | 宾三类 | | | 背甲 |
| 12947 | | | 宾三类 | | | 背甲 |
| 12948 正反 | | | 宾二类 | 㱿 | 黄典宾 | |
| 12949 | | | 宾二类 | | | |
| 12950 | | | 宾一类 | | | |
| 12951 | | | 宾二类 | | | |
| 12952 | | | 宾三类 | | | 背甲 |
| 12953 | | | 宾三类 | | | 背甲 |
| 12954 正反 | 黄拼 12954 正反 +15620 | | 宾三类 | | | |
| 12955 | | | 宾三类 | | | |
| 12956 | | | 宾二类 | | | |
| 12957 正反 | | | 宾二类 | | | |
| 12958 | | | 宾二类 | | | |
| 12959 | | | 宾一类 | | | |

续表

| 著录号 | 缀合 | 重片 | 类型划分 | 贞人 | 专家分类 | 其他说明 |
|---|---|---|---|---|---|---|
| 12960 | | | 宾二类 | | 黄典宾 | 背甲 |
| 12961 | | | 宾三类 | | | 背甲 |
| 12962 | | | 宾一类 | 爭 | | |
| 12963 正反 | | | 宾二类 | | | |
| 12964 | | | 宾一类 | | | |
| 12965 | | | 宾一类 | | | |
| 12966 | | | 宾一类 | 㱿 | | |
| 12967 | | | 宾三类 | | | |
| 12968 | | | 宾一类 | | | |
| 12969 | | | 宾二类 | | 黄典宾 | |
| 12970 | | | 宾三类 | | | |
| 12971 | 黄拼 12971+12358 | | 宾一类 | 内 | 黄宾一 | |
| 12972 正反 | | | 宾一类 | 爭 | 黄宾一 | |
| 12973 | 12973+ | | 宾一类 | 㱿 | | |
| 12974 | | | 宾一类 | 爭 | | |
| 12975 | | | 宾一类 | | | |
| 12976 | 黄拼 12976+11971+14577+14579+14580+14599+16189 | | 宾二类 | | | 林《醉古集》338；蔡又遥缀 14577 正 +14580 +16189+ 乙 4646 |
| 12977 | 黄拼 12977+ | | 宾一类 | | | 林《醉古集》382 |
| 12978 | | | 𠂤宾间类 | | | 背甲 |
| 12979 | | | 𠂤宾间类 | | | 背甲 |
| 12980 | | | 𠂤宾间类 | | 黄𠂤宾间 A | |
| 12981 | | | 宾二类 | | | |
| 12982 | | | 宾二类 | | | |
| 12983 | | | 宾一类 | | | |
| 12984 | | | 宾一类 | | | |
| 12985 | | | 宾三类 | | | |
| 12986 正反 | | | 宾二类 | | | |
| 12987 | | | 宾二类 | | | |
| 12988 | 黄拼 12988+9900 | | 宾二类 | | | |

续表

| 著录号 | 缀合 | 重片 | 类型划分 | 贞人 | 专家分类 | 其他说明 |
|---|---|---|---|---|---|---|
| 12989 正反 | | | 宾二类 | | | |
| 12990 | | | 宾三类 | | | |
| 12991 | | | 宾一类 | | | |
| 12992 | | | 宾一类 | | | |
| 12993 | | | 宾一类 | | | |
| 12994 | | | 待考 | | | |
| 12995 | | | 宾一类 | | | 背甲 |
| 12996 | | | 宾一类 | | | |
| 12997 正反 | | | 宾二类 | | | |
| 12998 正反 | | | 宾二类 | | | |
| 12999 | | | 宾一类 | | | |
| 13000 | | | 宾一类 | | | 背甲 |
| 13001 | | | 待考 | | | |
| 13002 | | | 宾一类 | | | |
| 13003 | 13003+13004 | | 宾一类 | | | |
| 13004 | 13004+13003 | | 宾一类 | | | |
| 13005 | | 41609 | 待考 | | | |
| 13006 | | | 宾三类 | | | |
| 13007 正反 | | | 宾二类 | | 黄典宾 | |
| 13008 | | | 宾一类 | | | |
| 13009 | | | 宾一类 | | | |
| 13010 | | | 宾一类 | | | |
| 13011 | | | 宾三类 | | | |
| 13012 | | | 宾一类 | | | |
| 13013 正反 | | | 宾一类 | | | |
| 13014 | | 26048 | 宾三类 | | | |
| 13015 | | | 宾一类 | | | |
| 13016 | | | 宾三类 | 穷 | | |
| 13017 | | | 宾二类 | | | |
| 13018 | | | 宾三类 | | | 背甲 |
| 13019 | | | 宾三类 | 事 | 黄宾三 | 背甲 |
| 13020 | | | 宾三类 | 事 | | 背甲 |
| 13021 | | 20546 | 宾一类 | 王 | | |
| 13022 | | | 宾一类 | 王 | | |

续表

| 著录号 | 缀合 | 重片 | 类型划分 | 贞人 | 专家分类 | 其他说明 |
|---|---|---|---|---|---|---|
| 13023 | | | 宾一类 | | | |
| 13024 | | | 宾一类 | | | |
| 13025 | | | 宾二类 | | | |
| 13026 | | | 宾一类 | | | |
| 13027 正反 | | | 宾二类 | | | |
| 13028 | | | 宾二类 | | | |
| 13029 | | | 宾三类 | | | 背甲 |
| 13030 | | | 宾二类 | | | |
| 13031 | | | 宾二类 | | | |
| 13032 | | | 自宾间类 | | | |
| 13033 | | | 宾三类 | | | |
| 13034 | 黄拼 13034+3814+13485+14295 | | 宾一类 | | | 背甲，林《醉古集》73 |
| 13035 | | | 宾一类 | | | |
| 13036 | | | 宾三类 | | | |
| 13037 | 黄拼 13037+ 掇一 19 | | 宾二类 | | | |
| 13038 | | | 待考 | | | |
| 13039 | | | 宾三类 | 争 | | |
| 13040 | | | 宾三类 | | | |
| 13041 | | | 待考 | 宊 | | |
| 13042 | | | 待考 | | | |
| 13043 | | | 宾一类 | | | |
| 13044 | | | 宾一类 | 王 | | |
| 13045 | | | 宾一类 | | | |
| 13046 | | | 宾一类 | | | |
| 13047 | | | 宾二类 | | | |
| 13048 | | | 宾一类 | | | |
| 13049 | | | 宾一类 | | | |
| 13050 正反 | | | 宾二类 | | | |
| 13051 | | | 宾二类 | | | |
| 13052 | | | 宾二类 | 㱿 | | |
| 13053 | | | 宾二类 | 宊、㱿 | | |
| 13054 | | | 宾二类 | | | |
| 13055 正反 | | | 宾二类 | 亘 | | |

续表

| 著录号 | 缀合 | 重片 | 类型划分 | 贞人 | 专家分类 | 其他说明 |
|---|---|---|---|---|---|---|
| 13056 | | | 宾一类 | | | |
| 13057 | | | 宾一类 | | | |
| 13058 | | | 宾三类 | | | 背甲 |
| 13059 | | | 宾三类 | | | |
| 13060 | | | 宾三类 | | | |
| 13061 | | | 宾三类 | | | |
| 13062 | 黄拼 13062+ 合补 3078 | | 宾三类 | | 黄宾三 | 背甲 |
| 13063 | | | 宾三类 | | | 背甲 |
| 13064 | | | 宾一类 | | | |
| 13065 | | | 宾二类 | | | |
| 13066 | | | 宾三类 | | | 背甲 |
| 13067 | | | 宾三类 | | | |
| 13068 | | | 宾三类 | | | |
| 13069 | | | 宾一类 | 王 | | |
| 13070 | | | 宾一类 | | | |
| 13071 | | | 宾一类 | | | |
| 13072 | | | 宾三类 | | | 背甲 |
| 13073 | | | 宾一类 | | | |
| 13074 | 13074 甲 +13074 乙；<br>黄拼 13074 甲、乙 +13449 | | 宾一类 | 穷 | | |
| 13075<br>正反 | | | 宾一类 | | 黄宾一 | |
| 13076 | | | 宾二类 | 𠱾 | | |
| 13077 | | | 宾三类 | | | |
| 13078 | | | 宾三类 | | | |
| 13079 | 黄拼 13079+15236 | | 宾二类 | | | |
| 13080 | | | 宾三类 | | | 背甲 |
| 13081 | | | 宾三类 | | | 背甲 |
| 13082 | | | 宾三类 | | | 背甲 |
| 13083 | | | 宾三类 | | | 背甲 |
| 13084 | | | 宾三类 | 事 | | 背甲 |
| 13085 | | | 宾三类 | | | 背甲 |
| 13086 | | | 宾三类 | | | 背甲 |
| 13087 | | | 宾三类 | | | 背甲 |

续表

| 著录号 | 缀合 | 重片 | 类型划分 | 贞人 | 专家分类 | 其他说明 |
|---|---|---|---|---|---|---|
| 13088 | | | 宾三类 | | | 背甲 |
| 13089 | | | 宾三类 | | | 背甲 |
| 13090 | | | 宾三类 | | | 背甲 |
| 13091 | | | 宾三类 | | | 背甲 |
| 13092 | | | 宾三类 | | | 背甲 |
| 13093 | | | 宾三类 | | 黄宾三 | 背甲 |
| 13094 | | | 宾三类 | | | 背甲 |
| 13095 | | | 宾三类 | | | 背甲 |
| 13096 | | | 宾三类 | | | 背甲 |
| 13097 | | | 宾三类 | | | 背甲 |
| 13098 | | | 宾二类 | | | 背甲 |
| 13099 | | | 宾三类 | | | 背甲 |
| 13100 | | | 宾三类 | | | 背甲 |
| 13101 | | | 宾一类 | | | 背甲 |
| 13102 | | | 宾三类 | | | 背甲 |
| 13103 | | | 宾三类 | | | 背甲 |
| 13104 | | | 宾三类 | | | 背甲 |
| 13105 | | | 宾二类 | 㱿 | | |
| 13106 | | | 宾一类 | 宁 | | |
| 13107 | | | 宾一类 | 宁 | | |
| 13108 | 黄拼 13108+17927 | | 宾一类 | 宁 | | |
| 13109 | | | 宾一类 | 内 | 黄宾一 | |
| 13110 | 黄拼 13110+13140+13126 | | 宾一类 | 内 | 黄宾一 | |
| 13111 | | | 宾一类 | 内 | | |
| 13112 | | | 宾二类 | 争 | | |
| 13113 | | | 宾一类 | | | |
| 13114 | | | 宾二类 | | | |
| 13115 | 13115+13118 正 | | 宾二类 | | | |
| 13116 正反 | | | 宾二类 | | | |
| 13117 | 13117+15619 | | 宾二类 | | | |
| 13118 | 13118 正 +13115 | | 宾二类 | | | |
| 13119 | | | 宾三类 | | | 背甲 |
| 13120 | | | 宾一类 | | | |

续表

| 著录号 | 缀合 | 重片 | 类型划分 | 贞人 | 专家分类 | 其他说明 |
|---|---|---|---|---|---|---|
| 13121 | | | 宾一类 | | | |
| 13122 | | | 宾一类 | 争 | 黄宾一 | |
| 13123 | | | 宾一类 | 争 | | |
| 13124 | | | 宾一类 | 内 | | |
| 13125 | | | 宾一类 | 内 | | |
| 13126 | 黄拼 13126+13110+13140 | | 宾一类 | | | |
| 13127 | | | 宾一类 | | | |
| 13128 | | | 宾一类 | | | |
| 13129 | | | 宾二类 | | | 背甲 |
| 13130 | | | 宾三类 | | | 背甲 |
| 13131 | | | 宾二类 | | | |
| 13132 | | | 宾三类 | | | 背甲 |
| 13133 正反 | | | 宾三类 | | | |
| 13134 | 新 13134+13126 | 40324 | 宾三类 | | | 背甲 |
| 13135 | | | 宾三类 | | | 背甲 |
| 13136 | | | 宾一类 | | | |
| 13137 | | | 宾一类 | | | |
| 13138 | | | 宾三类 | | | 背甲 |
| 13139 | | | 宾三类 | | | |
| 13140 | 黄拼 13140+13110+13126 | | 宾一类 | 内 | 黄宾一 | |
| 13141 | | | 宾一类 | 内 | | |
| 13142 | | | 宾三类 | | | 背甲 |
| 13143 | | | 宾二类 | | | |
| 13144 | | | 宾三类 | | | 背甲 |
| 13145 | | | 宾二类 | | | |
| 13146 | | | 宾一类 | | | |
| 13147 | | | 宾一类 | | | |
| 13148 | | | 宾二类 | 亘、 | | |
| 13149 | | | 宾二类 | | | |
| 13150 | | | 宾二类 | | | |
| 13151 正反 | 13151+17129+17116 | | 宾二类 | 𡧊 | | |

续表

| 著录号 | 缀合 | 重片 | 类型划分 | 贞人 | 专家分类 | 其他说明 |
|---|---|---|---|---|---|---|
| 13152 | | | 宾一类 | | | |
| 13153 | | | 宾一类 | | | |
| 13154 正反 | | | 宾一类 | | | |
| 13155 | 13155+13194 | | 宾三类 | | | |
| 13156 | 13156+13309 | | 宾三类 | | | |
| 13157 | | | 宾二类 | | | |
| 13158 | 黄拼 13158+3652（合补 465 正） | | 宾二类 | | | |
| 13159 正反 | 黄拼 13159 正反 + 11728 正反 | | 宾一类 | | | |
| 13160 | | | 宾一类 | | | |
| 13161 | | | 宾二类 | | | |
| 13162 | | | 宾二类 | | | |
| 13163 | | | 宾一类 | | | |
| 13164 | | | 宾二类 | | | |
| 13165 | 黄拼 13165+8037+ 上博 54796.8 | | 宾二类 | | | |
| 13166 | | | 宾二类 | | | |
| 13167 正反 | 黄拼 13167 正反 +1006 | | 宾一类 | | | 林《醉古集》362 |
| 13168 | 13168+ 善斋 7.57.6 | | 宾二类 | | | |
| 13169 | 黄拼 13169+21008 正 | | 宾三类 | | | |
| 13170 | | | 宾一类 | | | |
| 13171 | | | 宾一类 | | | |
| 13172 | | | 宾一类 | | | |
| 13173 | | | 宾一类 | | | |
| 13174 | | | 宾一类 | | | |
| 13175 | | | 宾一类 | | | |
| 13176 | | | 宾三类 | | | 背甲 |
| 13177 | | | 宾二类 | | | |
| 13178 | 黄拼 13178+ 合补 1330 | | 宾三类 | | | 背甲 |
| 13179 | 13179+ | | 宾三类 | | | |
| 13180 | | | 宾一类 | | | |

续表

| 著录号 | 缀合 | 重片 | 类型划分 | 贞人 | 专家分类 | 其他说明 |
|---|---|---|---|---|---|---|
| 13181 | | | 宾二类 | | | |
| 13182 | | | 宾三类 | | | |
| 13183 | | | 宾一类 | | | |
| 13184 | | | 宾二类 | | | |
| 13185 | | | 宾二类 | | | |
| 13186 | | | 宾二类 | | | |
| 13187 | | | 宾二类 | | | |
| 13188 | | | 宾二类 | | | |
| 13189 | | | 宾二类 | | | |
| 13190 | | | 宾一类 | | | |
| 13191 正反 | | | 宾二类 | | | |
| 13192 | | | 宾一类 | | | |
| 13193 | | | 宾一类 | | | |
| 13194 | 13194+13155 | | 宾三类 | | | |
| 13195 | 13195+25971 | | 宾三类 | | | |
| 13196 | | | 宾二类 | | | |
| 13197 | | | 宾三类 | | | |
| 13198 | | | 宾三类 | | | |
| 13199 | | | 宾三类 | | | |
| 13200 | 黄拼 13200 正反 + | | 宾二类 | | | 林《醉古集》156 |
| 13201 | | | 宾二类 | | | |
| 13202 | | | 宾一类 | | | |
| 13203 正反 | | | 宾二类 | | | |
| 13204 | | | 宾一类 | | | |
| 13205 | | | 宾二类 | | | |
| 13206 正反 | | | 宾二类 | | | |
| 13207 | | | 宾二类 | | | |
| 13208 | | | 宾二类 | | | |
| 13209 | | | 宾二类 | | | |
| 13210 | | | 宾二类 | | | |
| 13211 | | | 宾二类 | | | |
| 13212 | | | 宾二类 | | | |

续表

| 著录号 | 缀合 | 重片 | 类型划分 | 贞人 | 专家分类 | 其他说明 |
|---|---|---|---|---|---|---|
| 13213 | 黄拼 13213+13312（15162） | | 宾二类 | | | |
| 13214 | | | 宾一类 | | | |
| 13215 | | | 宾一类 | | | |
| 13216 正反 | 黄拼 13216+ 英 1079（40326 正反） | | 宾二类 | 㱿 | | |
| 13217 | | | 宾一类 | 㱿 | | |
| 13218 | | | 宾一类 | 㱿 | | |
| 13219 | | | 宾一类 | 㱿 | | |
| 13220 正反 | | | 宾二类 | 古 | | |
| 13221 | 黄拼 13221+ 天理 255 | | 宾二类 | 穷 | | |
| 13222 正反 | | | 宾二类 | 穷 | | |
| 13223 | | | 宾二类 | | | |
| 13224 | | | 宾一类 | 穷 | 黄宾一 | |
| 13225 | 黄拼 13225+39588（英 39） | | 宾二类 | 𠳋 | | |
| 13226 | | | 宾二类 | 𠳋、永 | | |
| 13227 | | | 宾二类 | | | |
| 13228 | | | 宾二类 | 亘 | | |
| 13229 | | | 宾二类 | 亘 | | |
| 13230 | | | 宾二类 | 㑌 | | |
| 13231 | | | 宾二类 | | | |
| 13232 | | | 宾三类 | | | |
| 13233 | | | 宾一类 | | | |
| 13234 | | | 宾一类 | | | |
| 13235 | | | 宾一类 | | | |
| 13236 | | | 宾一类 | | | |
| 13237 | | | 宾二类 | | | |
| 13238 | | | 宾二类 | | | |
| 13239 正反 | | | 宾二类 | | | |
| 13240 | | | 宾二类 | | | |
| 13241 | | | 宾一类 | | | |
| 13242 | | | 宾二类 | | | |

续表

| 著录号 | 缀合 | 重片 | 类型划分 | 贞人 | 专家分类 | 其他说明 |
|---|---|---|---|---|---|---|
| 13243 正反 | | | 宾二类 | | | |
| 13244 | | | 宾二类 | 𣪊 | | |
| 13245 | | | 宾二类 | | | |
| 13246 正反 | | | 宾二类 | | | |
| 13247 正反 | | | 宾二类 | | | |
| 13248 | | | 宾二类 | | | |
| 13249 | | | 宾二类 | | | |
| 13250 | 13250+563 | | 宾二类 | | | |
| 13251 | | | 宾二类 | | | |
| 13252 | | | 宾二类 | | | |
| 13253 | | | 宾一类 | | | |
| 13254 | | | 宾三类 | | | |
| 13255 | | | 宾二类 | | | |
| 13256 正反 | 7111 遥缀 13256 正 | | 宾二类 | | | |
| 13257 | | | 宾二类 | | | |
| 13258 正反 | | | 宾一类 | | | |
| 13259 | | | 宾一类 | | | |
| 13260 甲乙 | 13260+462 | | 宾二类 | 𣪊、爭 | 黄典宾 | |
| 13261 | | | 宾三类 | 爭 | 黄宾三 | |
| 13262 | | | 宾二类 | 永 | | |
| 13263 | | | 宾二类 | 穷 | | |
| 13264 | | | 宾一类 | 𣪊 | | |
| 13265 | | | 宾一类 | 𣪊 | | |
| 13266 | | | 宾二类 | | | |
| 13267 | | | 宾二类 | | | |
| 13268 | | | 宾二类 | | | |
| 13269 | 13269（=13285）+ 合补 3965 | 13285 | 宾二类 | | | |
| 13270 正反 | | | 宾二类 | | | |

续表

| 著录号 | 缀合 | 重片 | 类型划分 | 贞人 | 专家分类 | 其他说明 |
|---|---|---|---|---|---|---|
| 13271 | | | 宾二类 | | 黄典宾 | |
| 13272 | | | 宾二类 | | | |
| 13273 | | | 宾二类 | | | |
| 13274 | | | 宾二类 | | | |
| 13275 | | | 宾二类 | | | |
| 13276正反 | | | 宾二类 | | | |
| 13277 | | | 宾二类 | | | |
| 13278 | | | 宾二类 | | | |
| 13279 | | | 宾二类 | | | |
| 13280 | | | 宾二类 | 宕 | | |
| 13281正反 | 黄拼合13281正乙（合补3338）+7780+合补543 | | 宾二类 | | | 黄拼13281甲正反+林《醉古集》367 |
| 13282正反 | | | 宾一类 | | | |
| 13283 | 13283正反+ | | 宾一类 | | | |
| 13284 | | | 宾一类 | | | |
| 13285 | 13285+ | 13269 | 宾二类 | | | |
| 13286 | | | 宾二类 | | | |
| 13287 | | | 宾二类 | | | |
| 13288 | | | 宾二类 | | | |
| 13289 | | | 宾二类 | | | |
| 13290 | | | 宾二类 | | | |
| 13291 | | | 宾二类 | | | |
| 13292 | 黄拼13292+东文研576 | | 宾二类 | 亘 | | |
| 13293 | | | 宾二类 | | | |
| 13294 | | | 宾二类 | | | |
| 13295 | | | 宾二类 | | | |
| 13296 | | | 宾一类 | | | |
| 13297 | | | 宾一类 | | | |
| 13298 | | | 宾一类 | | | |
| 13299 | | | 宾一类 | | | |
| 13300 | | | 宾一类 | | | |
| 13301 | | | 宾一类 | | | |
| 13302 | | | 宾二类 | | | |

续表

| 著录号 | 缀合 | 重片 | 类型划分 | 贞人 | 专家分类 | 其他说明 |
|---|---|---|---|---|---|---|
| 13303 | | | 宾二类 | | | |
| 13304 | | | 宾二类 | | | |
| 13305 | 6191 正遥缀<br>13305+2987 | | 宾二类 | | | |
| 13306 | | | 宾二类 | | | |
| 13307 | | | 宾二类 | 宕 | 黄典宾 | |
| 13308 | 黄拼 13308+8039 | | 宾三类 | 宕 | 黄宾三 | |
| 13309 | 13309+13156 | | 宾三类 | 宕 | | |
| 13310 | | | 自宾间类 | | | |
| 13311<br>正臼 | | | 宾二类 | 争 | | |
| 13312 | 黄拼 13312+13213 | 15162 | 宾二类 | 争 | 黄典宾 | |
| 13313<br>正反 | | | 宾一类 | | | |
| 13314<br>正反 | | | 宾二类 | | | |
| 13315 | | | 宾三类 | | 李彭宾二 | |
| 13316<br>正反 | | | 宾二类 | 亘 | | |
| 13317 | 黄拼 13317+ 瑞斯 24 | | 宾一类 | | | |
| 13318 | | | 宾一类 | | | |
| 13319 | | | 宾一类 | | | |
| 13320 | | | 宾一类 | | | |
| 13321 | | | 宾一类 | | | |
| 13322 | | | 宾一类 | | | |
| 13323 | | | 宾一类 | | | |
| 13324 | 黄拼 13324 正反 +<br>16998 正 | | 宾二类 | | | 林《醉古集》156 |
| 13325 | | | 宾二类 | | | |
| 13326 | | | 宾一类 | | | |
| 13327 | | | 宾三类 | | | |
| 13328 | | | 宾一类 | | | |
| 13329 | | | 宾三类 | 宕 | | |
| 13330 | | | 宾一类 | 宕 | | |
| 13331 | 13331+10308 | | 宾二类 | 宕、争 | | |

续表

| 著录号 | 缀合 | 重片 | 类型划分 | 贞人 | 专家分类 | 其他说明 |
|---|---|---|---|---|---|---|
| 13332 | 13332+英2661 | | 宾二类 | 㱿 | | |
| 13333正反 | 黄拼13333正+16998 | | 宾一类 | 㱿 | | 笔书（反） |
| 13334 | | | 宾一类 | | | |
| 13335 | | | 宾一类 | | | |
| 13336 | | | 宾一类 | | | |
| 13337 | | | 宾三类 | | | |
| 13338正反 | | | 宾一类 | 永 | | |
| 13339 | | | 宾一类 | 永 | | |
| 13340 | | | 宾一类 | | | |
| 13341 | | | 宾一类 | | | |
| 13342 | | | 宾一类 | | | |
| 13343 | | | 宾一类 | | | |
| 13344 | | | 宾一类 | 㱿 | | |
| 13345 | | | 宾三类 | | | 背甲 |
| 13346正反 | | | 宾三类 | 充 | | |
| 13347甲乙 | 黄拼13347+ | | 宾一类 | | | 林《醉古集》340 |
| 13348 | | | 宾三类 | | | |
| 13349 | 13349+2558+15147+22237 | | 宾一类 | | | |
| 13350 | | | 宾二类 | | | |
| 13351 | | | 宾三类 | | | 背甲 |
| 13352 | | | 宾一类 | | | |
| 13353 | | | 宾二类 | | | |
| 13354 | | | 宾二类 | | | |
| 13355 | 黄拼13355+8070 | | 宾二类 | | | |
| 13356 | | | 宾二类 | | | |
| 13357 | | | 宾二类 | 争 | | |
| 13358 | | | 宾二类 | | | |
| 13359 | | | 自小字类 | | 黄自小字 | 非宾 |
| 13360 | 黄拼13360+7996甲乙 | | 宾一类 | | | 林《醉古集》150 |

续表

| 著录号 | 缀合 | 重片 | 类型划分 | 贞人 | 专家分类 | 其他说明 |
|---|---|---|---|---|---|---|
| 13361 | | | 宾一类 | | | |
| 13362 正反 | | | 宾二类 | | | |
| 13363 | | | 宾一类 | | 李彭宾一 B | |
| 13364 | | | 宾一类 | | | |
| 13365 | | | 宾一类 | | | |
| 13366 | | | 宾二类 | 王 | | |
| 13367 | | | 宾二类 | | | |
| 13368 | | | 宾一类 | | | |
| 13369 | | | 宾二类 | 亘 | | |
| 13370 | | | 𠂤宾间 A | | 黄𠂤宾间 A | |
| 13371 | | | 宾二类 | | | |
| 13372 | | | 宾三类 | | | |
| 13373 | | | 宾一类 | | 李彭宾一 A | |
| 13374 | | | 宾一类 | | | |
| 13375 正反 | | | 宾二类 | | | |
| 13376 正反 | | | 宾一类 | | | |
| 13377 | 黄拼 13377+18792+18795+合补 2294（合 7962+合 17947） | | 宾二类 | | | |
| 13378 | | | 宾一类 | | | |
| 13379 | | | 宾一类 | | | |
| 13380 | | | 宾一类 | | | |
| 13381 | | | 宾二类 | | | |
| 13382 | | | 宾二类 | | | |
| 13383 | | | 宾二类 | | | |
| 13384 | 黄拼 13384+11912 | | 宾二类 | 古 | | 背甲 |
| 13385 | 黄拼 13385+1558 | | 宾二类 | | | |
| 13386 | | 40349 | 宾二类 | | | |
| 13387 | | | 宾二类 | | | |
| 13388 正反 | | | 宾二类 | | | 背甲 |
| 13389 | | | 宾一类 | | | |

续表

| 著录号 | 缀合 | 重片 | 类型划分 | 贞人 | 专家分类 | 其他说明 |
|---|---|---|---|---|---|---|
| 13390 正反 | | | 宾一类 | 㱿 | | |
| 13391 正反 | | | 宾二类 | | | |
| 13392 | | | 宾二类 | | | |
| 13393 | | | 宾三类 | | | 背甲 |
| 13394 | | | 宾一类 | | | |
| 13395 正反 | | | 宾二类 | | | |
| 13396 | | | 宾二类 | | | |
| 13397 | | | 宾二类 | | | |
| 13398 | | | 宾三类 | | | |
| 13399 | | | 宾二类 | | | |
| 13400 | | | 宾二类 | 𣪊 | | |
| 13401 | | | 宾一类 | | | |
| 13402 | | | 宾一类 | | | |
| 13403 | 黄拼 13403+ | | 宾二类 | | | 林《醉古集》259 |
| 13404 | | | 宾二类 | | | |
| 13405 正反 | | | 宾二类 | | | |
| 13406 | | | 宾二类 | 古 | | |
| 13407 正反 | | | 宾一类 | 㱿 | | |
| 13408 正反 | | | 宾二类 | | | |
| 13409 | | | 宾二类 | | | |
| 13410 | | | 宾一类 | | | |
| 13411 | | | 宾一类 | | | |
| 13412 正反 | | | 宾一类 | | | |
| 13413 | | | 宾三类 | | | |
| 13414 | | | 宾二类 | | | |
| 13415 | | | 宾三类 | | | 笔书（反） |
| 13416 | | | 宾二类 | | | |
| 13417 | | | 宾一类 | | 黄自宾间 A | |

续表

| 著录号 | 缀合 | 重片 | 类型划分 | 贞人 | 专家分类 | 其他说明 |
|---|---|---|---|---|---|---|
| 13418 | | | 宾一类 | | | |
| 13419 | | | 宾一类 | | | |
| 13420 | 黄拼 13420+<br>北大 2441（合 4867） | | 宾二类 | 爭 | 李彭宾一 B | |
| 13421 | 13421+7340 左半 | | 宾二类 | | | |
| 13422 | | | 宾三类 | | | 背甲 |
| 13423 | | | 宾二类 | | | |
| 13424 | | | 宾三类 | | | |
| 13425 | | | 宾二类 | | | |
| 13426 | | | 宾三类 | | | |
| 13427 | | | 宾三类 | | | 背甲 |
| 13428 | | | 宾三类 | | | |
| 13429 | | | 宾三类 | | | |
| 13430 | | | 宾三类 | | | |
| 13431 | | | 宾三类 | | | |
| 13432 | | | 宾三类 | | | |
| 13433 | | | 宾三类 | | | |
| 13434 | | | 宾一类 | | | 背甲 |
| 13435 | | | 宾三类 | | | |
| 13436 | | | 宾三类 | | | |
| 13437 | | | 宾三类 | | | |
| 13438 | | | 宾三类 | | | |
| 13439 | | | 宾三类 | | | |
| 13440 | | | 宾三类 | | | |
| 13441 | | | 宾二类 | | | |
| 13442 | 黄拼 13442 反 +17274 | | 宾二类 | | | |
| 13443<br>正臼 | | | 宾一类 | 古 | 黄宾一 | |
| 13444 | | | 宾二类 | | | |
| 13445 | | | 宾一类 | 爭 | | |
| 13446 | 13446+12357+12456+<br>英 1017 | | 宾一类 | | | |
| 13447 | 黄拼 13447+12476+<br>合补 4759 | 12926 | 宾三类 | 穷 | | |
| 13448 | | | 宾一类 | | | |

续表

| 著录号 | 缀合 | 重片 | 类型划分 | 贞人 | 专家分类 | 其他说明 |
|---|---|---|---|---|---|---|
| 13449 | 黄拼 13449+13074 甲、乙 | | 宾一类 | 㱿 | | |
| 13450 | | | 宾一类 | 王 | | |
| 13451 | | | 宾一类 | | | |
| 13452 | | | 宾一类 | | | |
| 13453 正反 | | | 宾二类 | | | |
| 13454 | | | 宾一类 | 王 | | |
| 13455 | | | 宾二类 | | | |
| 13456 | | | 宾一类 | | | |
| 13457 | | 40343 | 宾一类 | | | |
| 13458 | | | 宾一类 | | 黄宾一 | |
| 13459 正反 | | | 宾二类 | 亘 | | |
| 13460 正反 | | | 宾二类 | | | |
| 13461 | | | 宾一类 | | | |
| 13462 | | | 宾一类 | | | |
| 13463 | | | 宾一类 | | | |
| 13464 | | | 宾一类 | | | |
| 13465 | | | 宾二类 | 㱿、争 | | |
| 13466 | | | 宾二类 | | | |
| 13467 正反 | | | 宾二类 | | 黄典宾 | |
| 13468 | | | 宾一类 | | | |
| 13469 | | | 宾二类 | | | |
| 13470 | | 40779 | 宾二类 | | | |
| 13471 | | 10399 | 宾二类 | 㱿 | | |
| 13472 | 13472+14020 | | 𠂤宾间类 | | | |
| 13473 | | | 宾三类 | | | |
| 13474 | | | 𠂤宾间类 | | | |
| 13475 | | | 宾二类 | | | |
| 13476 | | | 宾二类 | | | |
| 13477 | | 17212 | 宾二类 | | | |
| 13478 | | | 宾二类 | | | |

续表

| 著录号 | 缀合 | 重片 | 类型划分 | 贞人 | 专家分类 | 其他说明 |
|---|---|---|---|---|---|---|
| 13479 | | 40399 | 宾三类 | | | 背甲 |
| 13480 | | | 宾二类 | | | |
| 13481 | | | 宾二类 | | | |
| 13482 | | | 宾二类 | | | |
| 13483 | | | 宾一类 | | | |
| 13484 | | | 宾一类 | | | |
| 13485 | 黄拼 13485+13034+3814+14295 | | 宾一类 | | | 林《醉古集》73 |
| 13486 | | | 宾一类 | | | |
| 13487 | | | 宾一类 | | | |
| 13488 | | | 宾三类 | | | |
| 13489 正反 | | | 宾一类 | | | |
| 13490 | 13490+ | | 宾二类 | 爭 | 黄宾一 | |
| 13491 | | | 宾二类 | 㱿 | | |
| 13492 | 黄拼 13492+ 国博 50 | | 宾一类 | | | |
| 13493 | | | 宾二类 | 㱿 | | |
| 13494 | | | 宾二类 | 㱿 | | |
| 13495 | | | 宾二类 | 㱿 | | |
| 13496 | | | 宾一类 | 爭 | | |
| 13497 | | | 宾一类 | 穷 | | |
| 13498 | 黄拼 13498+ 合补 580 | 合补 2776 部分 | 宾一类 | | | |
| 13499 | | | 宾一类 | | | |
| 13500 | 黄拼 13500+ 瑞典 28+ 苏德 221 | | 宾二类 | 㱿 | | |
| 13501 | | | 宾二类 | 㱿 | | |
| 13502 | | | 宾一类 | | | |
| 13503 | | | 宾一类 | | | |
| 13504 正反 | | | 宾二类 | 永 | | |
| 13505 正反 | | | 宾二类 | 㱿、爭、内 | | |
| 13506 正反 | | | 宾二类 | | 黄典宾 | 笔书（反） |

续表

| 著录号 | 缀合 | 重片 | 类型划分 | 贞人 | 专家分类 | 其他说明 |
|---|---|---|---|---|---|---|
| 13507 | | | 宾二类 | | | |
| 13508 | | | 宾一类 | | | |
| 13509 | | | 宾一类 | | | |
| 13510 | | | 宾一类 | | | |
| 13511 | | | 宾一类 | | | |
| 13512 | | | 宾一类 | | | |
| 13513 正反 | | | 宾一类 | | | |
| 13514 正反 | | | 宾一类 | 𣪊 | 黄宾一 | |
| 13515 | 黄拼 12515+ 史购 46 正 | | 宾三类 | 穷 | | |
| 13516 | | | 宾三类 | | | |
| 13517 | 黄拼 13517+ 乙 6087 | | 宾一类 | | | 背甲 |
| 13518 | | | 宾二类 | | | |
| 13519 | 黄拼 13519+13927 | | 宾二类 | | | 缀后同文见 217、13929 正反 + 怀 B0897 ab |
| 13520 | | | 宾三类 | | | |
| 13521 正臼 | | | 宾二类 | 亘 | | |
| 13522 正臼 | | | 宾二类 | | | |
| 13523 正臼 | | | 宾三类 | 穷 | | |
| 13524 | | | 宾一类 | | | |
| 13525 | | | 宾一类 | 爭 | | |
| 13526 | | | 宾一类 | | | |
| 13527 | | | 宾一类 | 𣪊 | | |
| 13528 | | | 宾一类 | 𣪊 | | |
| 13529 | | | 宾一类 | 𣪊 | | |
| 13530 | | | 宾一类 | 爭 | | |
| 13531 | | | 宾一类 | | | |
| 13532 | | | 宾三类 | | | |
| 13533 | | | 宾三类 | | | |
| 13534 | | 40364 | 宾三类 | | | |

续表

| 著录号 | 缀合 | 重片 | 类型划分 | 贞人 | 专家分类 | 其他说明 |
|---|---|---|---|---|---|---|
| 13535 | | | 宾三类 | 㱿 | | |
| 13536 正反 | 黄拼 3664+6158+13536 正 | | 宾二类 | 㱿 | | |
| 13537 正反 | | | 宾二类 | | | |
| 13538 | | | 宾三类 | 㱿 | | 笔书（反） |
| 13539 | 13539+19536 | | 宾二类 | 㱿 | | |
| 13540 | 黄拼 13540+ 英 1399（合 40748） | | 宾三类 | | | |
| 13541 | | | 宾三类 | | | |
| 13542 | | | 宾三类 | 爭 | | |
| 13543 | 黄拼 13543+13544 | | 𠂤小字类 | | | 非宾 |
| 13544 | 黄拼 13544+13543 | | 𠂤小字类 | | | 非宾 |
| 13545 正臼 | | | 宾二类 | 㱿 | | |
| 13546 | | | 宾二类 | 㱿 | | |
| 13547 | | | 宾三类 | 爭 | | |
| 13548 | | | 宾三类 | 爭 | | |
| 13549 | | | 宾三类 | | | |
| 13550 | | | 宾三类 | | | |
| 13551 | | | 宾三类 | | | |
| 13552 正反 | | | 宾二类 | | | |
| 13553 | | | 宾三类 | 㱿 | | |
| 13554 | | | 宾三类 | | | |
| 13555 正反 | | | 宾一类 | 㱿 | | |
| 13556 正反 | | | 宾三类 | | | |
| 13557 | 13557+4013+15348 | | 宾三类 | | | |
| 13558 正反 | | | 宾二类 | | | |
| 13559 | | | 宾三类 | 永 | | |
| 13560 | | | 宾二类 | | | |
| 13561 | 黄拼 13561+ 英 2187 | | 宾三类 | | | 缀后同文见 13559、13560 |
| 13562 | | | 宾三类 | | | |

续表

| 著录号 | 缀合 | 重片 | 类型划分 | 贞人 | 专家分类 | 其他说明 |
|---|---|---|---|---|---|---|
| 13563 | 13563+5733+15388 | | 宾三类 | 爭 | | |
| 13564 | | | 宾三类 | | | |
| 13565 | | | 宾三类 | | | |
| 13566 | | | 宾三类 | | | |
| 13567 | | | 宾三类 | | | |
| 13568 | | | 宾三类 | 穷 | | 背甲 |
| 13569 | | | 宾二类 | | | |
| 13570 | | | 宾三类 | 穷 | | |
| 13571 | | | 宾三类 | | | |
| 13572 | | | 宾二类 | | | |
| 13573 | | | 宾一类 | | | |
| 13574 | | | 宾一类 | | | |
| 13575 | | | 宾三类 | 穷 | | |
| 13576 | | | 宾三类 | | | |
| 13577 | | | 宾三类 | | | |
| 13578 | | | 宾一类 | | | |
| 13579正反 | | | 宾一类 | | | |
| 13580 | | 合补63 | 宾一类 | 王 | | |
| 13581 | | | 宾三类 | | | |
| 13582 | | | 宾二类 | | | |
| 13583 | | | 宾三类 | | | |
| 13584正反 | | | 宾一类 | 爭 | 黄宾一 | |
| 13585正反 | | | 宾一类 | | | |
| 13586 | | | 宾一类 | | | |
| 13587 | 黄拼13587+18006 | | 宾一类 | | | |
| 13588 | | | 宾二类 | | | |
| 13589 | | | 宾二类 | | | |
| 13590 | | | 宾一类 | | | |
| 13591 | | | 宾一类 | | | |
| 13592 | | | 宾一类 | 㱿 | | |
| 13593 | | | 宾二类 | | | |
| 13594正反 | | | 宾二类 | | | |

续表

| 著录号 | 缀合 | 重片 | 类型划分 | 贞人 | 专家分类 | 其他说明 |
|---|---|---|---|---|---|---|
| 13595正反 | | | 宾一类 | | | |
| 13596正反 | | 33144 | 宾一类 | | 黄宾一 | |
| 13597 | | | 宾二类 | | | |
| 13598 | 13598+怀B0956 | | 宾二类 | | | |
| 13599 | 黄拼13599+2192正遥缀+4632 | | 宾二类 | | | |
| 13600 | | | 宾二类 | | | |
| 13601 | 黄拼13601+12814正 | | 宾二类 | | 黄典宾 | |
| 13602 | | | 宾二类 | | | |
| 13603 | 黄拼13603+5425 | | 宾二类 | | | |
| 13604正反 | 13604正反+ | | 宾一类 | | | |
| 13605 | | | 宾二类 | | | |
| 13606正反 | | | 宾一类 | | | |
| 13607 | | | 宾一类 | | | |
| 13608正反 | | | 宾一类 | | | |
| 13609 | | | 宾一类 | 穷 | | |
| 13610 | | | 宾一类 | | | |
| 13611 | | | 宾一类 | | | |
| 13612正反 | | | 宾一类 | | | |
| 13613 | | | 宾三类 | | | |
| 13614 | | | 宾二类 | | | |
| 13615 | | | 宾二类 | 㱿 | | |
| 13616 | | | 宾二类 | 㱿 | | |
| 13617 | | | 宾二类 | | | |
| 13618 | | | 宾二类 | | | |
| 13619 | | | 宾二类 | 㱿 | | |
| 13620正反 | | | 宾一类 | | | |
| 13621 | | | 宾二类 | | | |

续表

| 著录号 | 缀合 | 重片 | 类型划分 | 贞人 | 专家分类 | 其他说明 |
|---|---|---|---|---|---|---|
| 13622 | | | 宾二类 | | | |
| 13623 正反 | 13623+ | | 宾一类 | 争 | | |
| 13624 正反 | | | 宾一类 | | | |
| 13625 正反 | 黄拼 13625 正反 + | | 宾二类 | 穷、古 | | 林《醉古集》268 |
| 13626 | | | 宾一类 | 争 | | |
| 13627 | 黄拼 13627+ | | 非宾类 | | 蒋乙种子组 | 非宾 |
| 13628 | | | 宾二类 | | | |
| 13629 | | | 宾一类 | | | |
| 13630 | | | 宾二类 | | | |
| 13631 | | | 𠂤宾间类 | | 黄𠂤宾间 A | 甲尾署辞 |
| 13632 正反 | | | 宾二类 | | | |
| 13633 | | | 宾二类 | | | |
| 13634 正臼 | | | 宾二类 | 古 | | |
| 13635 | | | 宾二类 | | | |
| 13636 | | | 宾二类 | | | |
| 13637 正反 | | | 宾二类 | | | |
| 13638 | | | 宾二类 | | | |
| 13639 | | | 宾二类 | | | |
| 13640 | | | 宾二类 | | | |
| 13641 | | | 宾三类 | | | |
| 13642 | 黄拼 13642+1248+ 合补 2653 + 乙 1617+ 乙 3367 + 乙 2934 | | 宾二类 | | | |
| 13643 | 13643+10349 | | 宾一类 | 㱿 | 黄典宾 | |
| 13644 | | | 宾二类 | 亘 | | |
| 13645 正反 | | | 宾二类 | | | |
| 13646 正反 | 13646 正反 +13649 | | 宾一类 | | | |
| 13647 正反 | | | 宾二类 | 穷 | | |

续表

| 著录号 | 缀合 | 重片 | 类型划分 | 贞人 | 专家分类 | 其他说明 |
|---|---|---|---|---|---|---|
| 13648 正反 | 黄拼 13648 正反 + | | 宾二类 | 㱿 | 黄典宾 | 林《醉古集》306 |
| 13649 | 13649+13646 | | 宾一类 | 古 | | |
| 13650 | | | 宾二类 | | | |
| 13651 | | | 宾二类 | 爭 | | |
| 13652 | | | 宾二类 | | | |
| 13653 | | | 宾二类 | 亘 | | |
| 13654 | | | 宾一类 | | | |
| 13655 | | | 宾一类 | | | |
| 13656 正反 | | | 宾一类 | | | |
| 13657 正反 | | | 宾二类 | | | |
| 13658 | | | 宾一类 | 穷 | 黄𠂤宾间 A | |
| 13659 | | | 宾三类 | | | |
| 13660 | | | 宾一类 | | | |
| 13661 | | | 宾一类 | | | |
| 13662 | | | 宾一类 | | | |
| 13663 正反 | | | 宾一类 | | | |
| 13664 | | | 宾一类 | | | |
| 13665 正反 | | | 宾一类 | | | |
| 13666 正反 | | | 宾一类 | | 李彭宾一 A | |
| 13667 | | | 宾一类 | | | 林《醉古集》380 |
| 13668 正反 | 黄拼 13668 正反 + | | 宾一类 | | | 林《醉古集》380 |
| 13669 | 13669+ | | 宾一类 | | | 林《醉古集》255 |
| 13670 | | | 宾一类 | | | |
| 13671 | | | 宾一类 | | | |
| 13672 正反 | | | 宾一类 | | | |
| 13673 | 黄拼 13673+2521+14222 | | 宾一类 | | | 林《醉古集》377 |
| 13674 | | | 宾一类 | 爭 | | |

续表

| 著录号 | 缀合 | 重片 | 类型划分 | 贞人 | 专家分类 | 其他说明 |
|---|---|---|---|---|---|---|
| 13675正反 | | | 宾一类 | 古、内 | | |
| 13676正反 | | | 宾二类 | 穷 | | |
| 13677正反 | | | 宾一类 | | 黄宾一 | |
| 13678 | | | 宾一类 | | | |
| 13679正反 | | | 宾一类 | | | |
| 13680 | | | 宾三类 | 穷 | | |
| 13681 | | | 宾三类 | | | |
| 13682 | | | 宾二类 | 嗀 | | |
| 13683 | | | 宾二类 | | | |
| 13684 | 黄拼 13684+6393+6396 | | 宾二类 | | | |
| 13685正反 | | | 宾二类 | | | |
| 13686 | | | 宾三类 | | 黄宾三 | |
| 13687 | | | 宾二类 | 爭、亘 | | |
| 13688正反 | | | 宾三类 | | 黄宾三 | |
| 13689 | | | 宾二类 | | | |
| 13690 | | | 宾二类 | | | |
| 13691 | | | 宾二类 | | | |
| 13692 | 黄拼 13692+15664 | 17984 | 宾三类 | | | |
| 13693 | 黄拼 13693+13964 | | 宾二类 | | | |
| 13694 | 黄拼 13694+13693 | | 宾二类 | | 黄典宾 | |
| 13695正反 | 黄拼 13695+2261+乙补 2571 | | 宾一类 | 内 | | |
| 13696正反 | | | 宾一类 | | | |
| 13697正反 | | | 宾一类 | | | |
| 13698 | | | 宾二类 | | | |
| 13699 | | | 宾三类 | | | |
| 13700 | | | 宾一类 | | 黄宾一 | |

续表

| 著录号 | 缀合 | 重片 | 类型划分 | 贞人 | 专家分类 | 其他说明 |
|---|---|---|---|---|---|---|
| 13701 | | | 宾一类 | | | |
| 13702 | 黄拼 13702+ | | 宾一类 | | | 林《醉古集》305 |
| 13703 | | | 宾二类 | | 黄典宾 | |
| 13704 | | | 宾二类 | | | |
| 13705 | | | 宾一类 | | 黄𠂤宾间 A | 甲尾署辞 |
| 13706 正反 | | | 宾一类 | | 黄宾一 | |
| 13707 正反 | | | 宾一类 | 㱿、古 | | |
| 13708 正反 | | | 宾二类 | | | |
| 13709 正反 | | | 宾二类 | 穷 | | |
| 13710 | | | 宾三类 | | | |
| 13711 | | | 宾二类 | | | |
| 13712 正反 | | | 宾二类 | 㱿 | 黄典宾 | |
| 13713 正反 | 黄拼 13713+6649（16660）+ 乙 6599+ 乙补 641 | | 宾一类 | 穷、古 | 黄宾一 李彭宾一 A | |
| 13714 | | | 宾二类 | 㱿 | | |
| 13715 | | | 宾一类 | 王 | | |
| 13716 正反 | | | 宾一类 | 穷 | | |
| 13717 | | | 宾二类 | | | |
| 13718 | | | 宾二类 | | | |
| 13719 正反 | | | 宾二类 | | | |
| 13720 | | | 宾一类 | | | |
| 13721 | 黄拼 13721+1717 | | 宾一类 | | | 林《醉古集》105 |
| 13722 | 13722+13723 | | 宾二类 | 㱿 | | |
| 13723 | 13723+13722 | | 宾二类 | | | |
| 13724 | | | 宾一类 | 王 | 李彭𠂤小字 | 李彭非宾，据字体倾向分在𠂤组小字类 |
| 13725 | | | 宾一类 | | | |
| 13726 | | | 宾二类 | 𡆥 | | |
| 13727 | | | 宾一类 | | | |

续表

| 著录号 | 缀合 | 重片 | 类型划分 | 贞人 | 专家分类 | 其他说明 |
|---|---|---|---|---|---|---|
| 13728 正反 | | | 宾一类 | | | |
| 13729 | | | 宾一类 | | | |
| 13730 | | | 宾一类 | | | |
| 13731 | | | 宾一类 | | | |
| 13732 | | | 宾一类 | | | |
| 13733 | | | 宾三类 | | 黄宾三 | |
| 13734 | | | 宾一类 | 王 | | |
| 13735 | | | 宾三类 | 穷 | 黄宾三 | |
| 13736 | | | 宾三类 | | | |
| 13737 | | | 宾三类 | | | |
| 13738 | | | 宾三类 | 古 | | |
| 13739 | | | 宾三类 | | | |
| 13740 | | | 宾三类 | | | |
| 13741 | | | 宾二类 | | 黄典宾 | |
| 13742 | | | 宾二类 | | | |
| 13743 | | | 宾二类 | 穷 | | |
| 13744 | | | 宾二类 | | | |
| 13745 | | | 宾二类 | | | |
| 13746 | | | 宾二类 | | | 背甲 |
| 13747 | | | 宾三类 | | 黄宾三 | |
| 13748 | | | 宾三类 | | | |
| 13749 | | | 𠂤宾间类 | | | |
| 13750 正反 | 黄拼 13750 正反 + | | 宾一类 | 古 | 黄典 | 林《醉古集》248 |
| 13751 正反 | | | 宾一类 | 㱿 | | |
| 13752 正反 | | | 宾一类 | | | |
| 13753 | | | 宾一类 | | 黄宾一 | |
| 13754 | | | 𠂤宾间类 | | | |
| 13755 | | | 宾一类 | | | |
| 13756 | | | 宾一类 | | | 甲尾署辞 |
| 13757 | | | 宾一类 | | | |
| 13758 正反 | | | 宾一类 | 㱿、争 | | |

续表

| 著录号 | 缀合 | 重片 | 类型划分 | 贞人 | 专家分类 | 其他说明 |
|---|---|---|---|---|---|---|
| 13759 正反 | | | 宾一类 | | 黄宾一 | 背甲（鞋底） |
| 13760 | | | 𠂤宾间类 | 王 | 黄𠂤宾间 A | |
| 13761 正反 | | | 宾一类 | | | |
| 13762 | | | 宾三类 | | | |
| 13763 | | | 宾三类 | | | |
| 13764 | | | 宾一类 | | | |
| 13765 | | | 宾一类 | | | |
| 13766 | | | 宾二类 | | | |
| 13767 | | | 宾二类 | 㱿 | | |
| 13768 | | | 宾二类 | | | |
| 13769 | | | 宾二类 | | | |
| 13770 | | | 宾二类 | 㱿 | | |
| 13771 正反 | | | 宾一类 | 亘 | | |
| 13772 | | | 宾一类 | | | |
| 13773 | | | 宾二类 | 争 | | |
| 13774 | | | 宾二类 | | | |
| 13775 正反 | | | 宾二类 | | | |
| 13776 | | | 宾二类 | 㱿 | | |
| 13777 | | | 宾二类 | | | |
| 13778 | | | 宾二类 | 㱿 | | |
| 13779 | | | 宾二类 | | | |
| 13780 正反 | | | 宾二类 | | | |
| 13781 | | | 宾二类 | | | |
| 13782 | 黄拼 13782+ | | 宾二类 | | | 林《醉古集》317 |
| 13783 | | | 宾二类 | | | |
| 13784 | | | 宾二类 | | | |
| 13785 | | | 宾二类 | | | |
| 13786 | | | 宾二类 | | | |
| 13787 | | | 宾二类 | | | |
| 13788 | | | 宾二类 | | | |

续表

| 著录号 | 缀合 | 重片 | 类型划分 | 贞人 | 专家分类 | 其他说明 |
|---|---|---|---|---|---|---|
| 13789 正反 | | | 宾二类 | | | |
| 13790 正反 | | | 宾三类 | | | |
| 13791 | | | 宾二类 | | | |
| 13792 | | | 宾二类 | | | |
| 13793 正反 | | | 宾一类 | 穷、亘 | | |
| 13794 | | | 宾三类 | | | |
| 13795 | | | 非宾类 | | 蒋乙种子组 | 非宾 |
| 13796 | | | 宾一类 | | | |
| 13797 | | | 宾一类 | | | |
| 13798 | | | 宾一类 | | | |
| 13799 | 6568 正反 +7693+7702+13799 | | 宾二类 | | | 黄加缀焦智勤藏甲骨 13799+ 缀集 306（7693+7702）+6568 正 |
| 13800 | | | 宾二类 | | | |
| 13801 | | | 宾三类 | 穷 | | |
| 13802 | | | 宾三类 | | | |
| 13803 | 黄拼 13803+13804 | | 宾一类 | | | |
| 13804 | 黄拼 13804+13803 | | 宾一类 | | | |
| 13805 | 黄拼 13805+17800 | | 宾一类 | | | 林《醉古集》370 |
| 13806 正反 | | | 宾一类 | | | |
| 13807 | | | 宾一类 | | | |
| 13808 | | | 宾一类 | | | |
| 13809 正反 | | | 宾一类 | | | |
| 13810 | | | 宾一类 | | | |
| 13811 | | | 宾一类 | | | |
| 13812 | | | 宾一类 | | | 背甲 |
| 13813 | | | 宾三类 | | | |
| 13814 | | | 宾三类 | | | |
| 13815 | | | 宾三类 | | | |
| 13816 | | | 宾三类 | | | |

续表

| 著录号 | 缀合 | 重片 | 类型划分 | 贞人 | 专家分类 | 其他说明 |
|---|---|---|---|---|---|---|
| 13817 | | | 自宾间类 | | | |
| 13818 | | | 宾一类 | | | |
| 13819 | | | 宾一类 | | | |
| 13820 | | | 宾一类 | | | |
| 13821 | | | 宾一类 | | 黄宾一 | |
| 13822 | | | 宾三类 | | | |
| 13823 | | | 宾一类 | | | |
| 13824 | | | 宾一类 | 㱿 | | |
| 13825 | | | 宾一类 | | | 笔书（反） |
| 13826 | | | 宾一类 | | | |
| 13827 | | | 宾一类 | | | |
| 13828 | | | 宾一类 | | | |
| 13829 | | | 宾二类 | 㱿 | | |
| 13830 | | | 自宾间类 | | | |
| 13831 | | | 自宾间类 | | | |
| 13832 | | | 宾三类 | | 黄宾三 | |
| 13833 | | | 自宾间类 | | | |
| 13834 | | | 宾二类 | | | |
| 13835 | | | 宾三类 | | | |
| 13836 正反 | | | 宾二类 | | | |
| 13837 | | | 宾三类 | | | |
| 13838 | | | 宾一类 | | | |
| 13839 正反 | | | 宾一类 | | | |
| 13840 正反 | | | 宾一类 | | | |
| 13841 | 13841+29416 | | 宾一类 | | | |
| 13842 | | | 宾三类 | | | |
| 13843 | | | 宾三类 | 穷 | | |
| 13844 | | | 宾一类 | | | |
| 13845 | | | 宾三类 | | 黄宾三 | |
| 13846 | | | 宾二类 | | | |
| 13847 | | | 宾一类 | | | |
| 13848 | | | 宾二类 | | | |

续表

| 著录号 | 缀合 | 重片 | 类型划分 | 贞人 | 专家分类 | 其他说明 |
|---|---|---|---|---|---|---|
| 13849 | | | 宾二类 | | | |
| 13850 | | | 宾一类 | | | |
| 13851 | | | 宾二类 | | | |
| 13852 | | | 宾二类 | | | |
| 13853 | | | 宾二类 | | | |
| 13854 | | | 宾二类 | | | |
| 13855正臼 | | | 宾一类 | | | |
| 13856 | | | 宾一类 | | | |
| 13857 | | | 宾一类 | 穷 | | |
| 13858 | 黄拼 13858+ | | 宾一类 | | | 林《醉古集》380 |
| 13859 | | | 宾一类 | | | |
| 13860 | | | 宾一类 | | | |
| 13861 | | | 宾一类 | | | |
| 13862 | | | 宾一类 | | | |
| 13863 | | | 宾一类 | | | |
| 13864 | | | 宾一类 | | | |
| 13865 | | 40556 | 宾一类 | | | |
| 13866 | | | 宾二类 | | | |
| 13867 | | | 宾二类 | | | |
| 13868 | 黄拼 13868+ 合补 5066 | | 宾三类 | 穷 | 黄宾三 | |
| 13869 | | | 宾一类 | | | |
| 13870 | | | 宾一类 | | | |
| 13871 | | | 宾二类 | | | |
| 13872 | | | 宾二类 | | | |
| 13873 | | 3230 | 宾二类 | 爭 | | |
| 13874 | | | 宾二类 | 穷 | | |
| 13875 | | | 宾二类 | | | |
| 13876 | 黄拼 13876+13877 | | 宾二类 | 爭 | | |
| 13877 | 黄拼 13877+13876 | | 宾二类 | | | |
| 13878 | | | 宾三类 | 古 | 黄宾三 | |
| 13879 | | | 宾三类 | | 黄宾三 | |
| 13880 | | 17514 | 宾二类 | 穷 | 黄典宾 | |

续表

| 著录号 | 缀合 | 重片 | 类型划分 | 贞人 | 专家分类 | 其他说明 |
|---|---|---|---|---|---|---|
| 13881 | 黄拼 13881+2393+2399 | | 宾一类 | | | 林《醉古集》250 |
| 13882 | | | 宾一类 | | | |
| 13883 | | | 宾一类 | | | |
| 13884 | | | 宾三类 | | | |
| 13885 正反 | | | 宾二类 | | | |
| 13886 | 黄拼 13886+ 善斋 2-52-11 | | 宾二类 | 㱿 | | |
| 13887 | | | 宾二类 | 争 | | |
| 13888 | | | 宾二类 | 㱿 | 黄典宾 | |
| 13889 | | | 宾二类 | | 黄典宾 | |
| 13890 | | | 宾二类 | 㱿 | | |
| 13891 | | | 宾二类 | | | |
| 13892 | | | 宾一类 | | 黄宾一 | |
| 13893 | | | 宾一类 | | | |
| 13894 | | | 宾二类 | | | |
| 13895 | | | 宾二类 | | | |
| 13896 | | | 宾二类 | | | |
| 13897 正反 | | | 宾一类 | | | |
| 13898 | | | 宾一类 | | | |
| 13899 | | | 宾一类 | | | |
| 13900 正反 | | | 宾一类 | | | |
| 13901 | | | 宾一类 | | | |
| 13902 | | | 宾一类 | | | |
| 13903 | | | 宾一类 | | | |
| 13904 | | | 宾一类 | | | |
| 13905 | | | 宾二类 | | | |
| 13906 | | | 宾一类 | | | |
| 13907 | | | 宾二类 | | 黄典宾 | |
| 13908 | | | 宾二类 | | | |
| 13909 | 黄拼 13909+ 合补 4005 | | 宾二类 | | | |
| 13910 | | | 宾一类 | | | |
| 13911 | | | 宾三类 | | | |

续表

| 著录号 | 缀合 | 重片 | 类型划分 | 贞人 | 专家分类 | 其他说明 |
|---|---|---|---|---|---|---|
| 13912 | | | 宾一类 | | | |
| 13913 | | | 宾一类 | | 黄宾一 | |
| 13914 | | | 宾二类 | | | |
| 13915 | | | 宾二类 | | | |
| 13916 | | | 宾一类 | | | |
| 13917 | | | 宾一类 | | | |
| 13918 | | | 宾一类 | | | |
| 13919 | | | 宾一类 | | | |
| 13920 | | | 宾一类 | | | |
| 13921 | | | 宾一类 | | 黄宾一 | |
| 13922 | | 40382 | 宾一类 | | | |
| 13923 | | | 宾二类 | | | |
| 13924 | | | 宾二类 | | | |
| 13925 正反 | | | 宾二类 | 穷 | | |
| 13926 | | 40386 正 | 宾二类 | 㱿 | | |
| 13927 | 黄拼 13927+13519 | | 宾二类 | | | |
| 13928 | | | 宾二类 | 㱿 | | |
| 13929 正反 | 13929 正反 + 怀 B0897ab | | 宾二类 | | | 黄拼 13929 正 + 怀 897 正的缀合与蔡缀重 |
| 13930 正反 | | | 宾二类 | 㱿 | | |
| 13931 | | | 宾一类 | 㱿、争 | | |
| 13932 | | | 宾二类 | 穷 | | |
| 13933 正反 | | | 宾一类 | | | |
| 13934 正反 | | | 宾一类 | | | |
| 13935 | | | 𠂤宾间类 | | 黄𠂤宾间 B | |
| 13936 正反 | | | 宾二类 | 㱿 | 黄典宾 | |
| 13937 | | | 宾二类 | | | |
| 13938 | | | 宾二类 | | | |
| 13939 | | | 𠂤宾间类 | | | |
| 13940 | | | 宾一类 | 王 | | |

续表

| 著录号 | 缀合 | 重片 | 类型划分 | 贞人 | 专家分类 | 其他说明 |
|---|---|---|---|---|---|---|
| 13941 | | | 宾二类 | | | |
| 13942 | | | 宾二类 | | | |
| 13943 | | | 宾二类 | 王、争 | | |
| 13944 | | | 宾二类 | | | |
| 13945 | | | 宾二类 | | | |
| 13946 正反 | | | 宾一类 | | | |
| 13947 正反 | | | 宾一类 | | | |
| 13948 | | | 宾一类 | 穷、㱿 | | |
| 13949 | 13949+13967 正反 + 14087 | | 宾二类 | 㱿 | | |
| 13950 | | | 宾二类 | | | |
| 13951 | 黄拼 13951+8546+ 16017 | | 宾二类 | | | |
| 13952 | 13952（合补 419、合补 4037）+13976 | | 宾二类 | | | |
| 13953 正反 | | | 宾二类 | | | |
| 13954 | | | 𠂤小字类 | | 黄𠂤小字 | 非宾 |
| 13955 | | | 宾二类 | | | |
| 13956 | | | 宾二类 | | | |
| 13957 | | | 宾一类 | | | |
| 13958 | 黄拼 13958+ | | 宾一类 | | | 林《醉古集》372 |
| 13959 | | | 宾二类 | | | |
| 13960 | | | 𠂤小字类 | 王 | 黄𠂤小字 | 非宾 |
| 13961 | | | 宾一类 | | | |
| 13962 | | | 宾一类 | | | |
| 13963 | | | 𠂤宾间类 | 王 | | |
| 13964 | | | 宾二类 | | | |
| 13965 | | | 𠂤小字类 | 王 | 黄𠂤小字 | 非宾 |
| 13966 | 13966+14092 | | 宾二类 | | | |
| 13967 正反 | 13967 正反 +13949+ 14087 | | 宾二类 | | | |
| 13968 | | | 𠂤小字类 | | 黄𠂤小字 | 非宾 |

续表

| 著录号 | 缀合 | 重片 | 类型划分 | 贞人 | 专家分类 | 其他说明 |
|---|---|---|---|---|---|---|
| 13969正反 | 13969+416 | | 宾三类 | | 黄宾三 | |
| 13970 | 黄拼 13970+14054 | | 宾二类 | | | |
| 13971 | | | 宾二类 | | | |
| 13972 | | | 宾二类 | | | |
| 13973 | | | 宾二类 | | 黄典宾 | |
| 13974 | | | 宾二类 | 㱿、争 | | |
| 13975 | 13975+3175+1760+3200+14109+14798+18194 | | 宾一类 | 㱿 | | |
| 13976 | 13976+13952（合补 419、合补 4037） | | 宾二类 | | | |
| 13977 | | | 宾二类 | 㱿 | | |
| 13978 | | | 宾二类 | | | |
| 13979 | | | 宾二类 | | | |
| 13980 | | | 宾二类 | | | |
| 13981正反 | | | 宾二类 | | | |
| 13982 | | | 𠂤宾间类 | | | |
| 13983 | | | 𠂤宾间类 | | | |
| 13984 | | | 宾二类 | | | |
| 13985 | | | 宾二类 | | | |
| 13986 | | | 宾二类 | | | |
| 13987 | 13987+ 合补 4035（京 1998） | | 宾二类 | | | |
| 13988 | | | 宾二类 | | | |
| 13989 | | | 宾二类 | | | |
| 13990 | | | 宾二类 | | | |
| 13991 | | | 宾二类 | | | |
| 13992 | 黄拼 13992+2389 正反 | | 宾一类 | | | 林《醉古集》44 |
| 13993 | | | 宾二类 | 㱿 | | |
| 13994 | | | 宾三类 | | | |
| 13995 | | | 宾二类 | | | |
| 13996 | 黄拼 13996+14092+史购 063 正 | | 宾二类 | 穷 | | |

续表

| 著录号 | 缀合 | 重片 | 类型划分 | 贞人 | 专家分类 | 其他说明 |
|---|---|---|---|---|---|---|
| 13997 | | | 宾二类 | 穷 | | |
| 13998 | | | 宾二类 | 㱿 | | |
| 13999 | 黄拼 13999+19597 | | 宾二类 | 㱿 | | |
| 14000 | | | 宾二类 | | | |
| 14001 正反 | | | 宾二类 | 㱿 | | |
| 14002 正反 | | | 宾二类 | 㱿 | 黄典宾 | |
| 14003 正反 | | | 宾二类 | 㱿 | | |
| 14004 | | | 宾二类 | 爭 | | |
| 14005 | | | 宾二类 | 爭 | | |
| 14006 正反 | | | 宾二类 | 㱿 | 黄典宾 | |
| 14007 | | | 宾二类 | | | |
| 14008 正反 | | | 宾二类 | 韋 | | |
| 14009 正反 | 黄拼 14009 正 + 合补 867+ 史购 116 | | 宾二类 | 爭、亘 | | |
| 14010 正反 | | | 宾二类 | | | |
| 14011 正反 | | | 宾二类 | | | |
| 14012 | | | 宾二类 | | 黄典宾 | |
| 14013 | | | 宾二类 | | | |
| 14014 | | | 宾二类 | | | |
| 14015 甲乙 | | | 宾二类 | 㱿 | 黄典宾 | |
| 14016 | | | 𠂤小字类 | | 黄𠂤小字 | 非宾 |
| 14017 正反 | | | 宾二类 | | | |
| 14018 | | | 宾二类 | 亘 | | |
| 14019 正反 | 黄拼 14019 正反 + 930+15127 | | 宾一类 | 爭 | | 林《醉古集》87，林有加缀乙 4496 |
| 14020 | 14020+13472 | | 𠂤宾间类 | | 黄𠂤宾间 B | |
| 14021 正反 | | | 宾二类 | 爭 | 黄典宾 | |
| 14022 正反 | | | 宾一类 | | | |

续表

| 著录号 | 缀合 | 重片 | 类型划分 | 贞人 | 专家分类 | 其他说明 |
|---|---|---|---|---|---|---|
| 14023 | | | 宾三类 | 爭 | | |
| 14024 | | | 宾三类 | 爭 | | |
| 14025 | | | 宾一类 | | | |
| 14026 | | | 宾二类 | | | |
| 14027 | | | 宾一类 | | | |
| 14028 | | | 宾一类 | | | |
| 14029 | | | 宾二类 | | | |
| 14030 | 黄拼 14030+2707 | | 宾二类 | | | |
| 14031 | | | 宾一类 | | | |
| 14032 正反 | 黄拼 14032 + 乙补 5787+ 乙 7110+ 乙补 5965 | | 宾二类 | 㱿 | | |
| 14033 正反 | 黄拼 14033 正 +14506 +14507+19707+ 乙 4188+ 乙补 3926+ 乙补 3924 + 乙 3887+ 乙 3893 | | 宾一类 | 爭、亘 | | |
| 14034 正反 | | | 宾一类 | 穷 | | |
| 14035 正反 | 黄拼 14035 正反 + | | 宾一类 | 穷 | | 林《醉古集》157 |
| 14036 | | | 宾二类 | 亘 | | |
| 14037 | | | 宾一类 | 爭 | | |
| 14038 | | | 宾二类 | | | |
| 14039 正反 | | | 宾二类 | 亘 | | |
| 14040 | | | 宾二类 | | | |
| 14041 | | | 宾二类 | | | |
| 14042 正反 | 黄拼 14042+ 合补 1008 | | 宾二类 | | | |
| 14043 | | 14009 | 宾二类 | 穷 | | |
| 14044 | | | 宾二类 | | | |
| 14045 正反 | | | 宾二类 | | | |
| 14046 正反 | | | 宾二类 | | | |
| 14047 | | 11723 | 宾二类 | | | |

续表

| 著录号 | 缀合 | 重片 | 类型划分 | 贞人 | 专家分类 | 其他说明 |
|---|---|---|---|---|---|---|
| 14048 | | | 宾二类 | | | |
| 14049 | | | 宾二类 | | | |
| 14050 | | | 宾二类 | | | |
| 14051 | 14051+14111 | | 宾二类 | | | |
| 14052 | | | 宾二类 | | | |
| 14053 | | | 宾二类 | | | |
| 14054 | 黄拼 14054+13970 | | 宾二类 | 穷 | | |
| 14055 | | | 宾二类 | | | |
| 14056 正反 | | | 宾二类 | | | |
| 14057 正反 | | | 宾二类 | | | |
| 14058 | | | 宾一类 | | | |
| 14059 | | | 𠂤小字类 | | 黄𠂤小字 | 非宾 |
| 14060 | 黄拼 14060 正反 + 乙补 3989 + 乙补 3972+ 乙补 3967 倒 + 乙补 3970+ 乙补 3951+ 乙补 3956 倒 + 乙补 3977 + 乙 4214 | | 宾一类 | | | |
| 14061 | | | 宾一类 | | | |
| 14062 | | | 𠂤小字类 | | 黄𠂤小字 | 非宾 |
| 14063 | | | 𠂤宾间类 | | 黄𠂤宾间 A | |
| 14064 | | | 宾一类 | | | |
| 14065 正反 | | | 宾二类 | | | |
| 14066 | | 18065 | 宾三类 | | | |
| 14067 | | | 宾二类 | | | |
| 14068 | | | 𠂤宾间类 | 㞢 | 黄𠂤宾间 A | |
| 14069 | | | 𠂤宾间类 | | | |
| 14070 | | | 宾三类 | | 黄宾三 | |
| 14071 | | | 宾二类 | | | |
| 14072 | | | 宾二类 | | 黄典宾 | |
| 14073 | | | 宾二类 | | 黄典宾 | |
| 14074 | 黄拼 14074+663+ 东文库 111 正倒 + 英 125 正（40384 正） | | 宾二类 | | 黄典宾 | |

续表

| 著录号 | 缀合 | 重片 | 类型划分 | 贞人 | 专家分类 | 其他说明 |
|---|---|---|---|---|---|---|
| 14075 | | | 宾一类 | 王 | | |
| 14076 正反 | | | 宾二类 | 爭 | | |
| 14077 | | | 宾二类 | | | |
| 14078 | | | 宾二类 | | | |
| 14079 | | | 宾一类 | | | |
| 14080 | | 11243 | 𠂤小字类 | 叶 | | 非宾 |
| 14081 | | | 宾二类 | | | |
| 14082 | | | 宾二类 | | | |
| 14083 | | | 宾二类 | 永 | | |
| 14084 | | | 宾二类 | | | |
| 14085 | | | 宾二类 | | | |
| 14086 | | | 宾一类 | | | |
| 14087 | 14087+13967 正反 +13949 | | 宾二类 | | | |
| 14088 | | | 宾二类 | | | |
| 14089 | | | 宾二类 | | | |
| 14090 | | | 宾二类 | | | |
| 14091 | | | 宾二类 | | | |
| 14092 | 黄拼 14092+13996+史购 063 正 | | 宾二类 | | | |
| 14093 | | | 宾二类 | | | |
| 14094 | | | 宾二类 | | | |
| 14095 | 黄拼 14095+2341 | | 宾二类 | | | |
| 14096 | | | 宾二类 | | | |
| 14097 | 黄拼 14097+7859 正 | | 宾二类 | | | |
| 14098 | | | 宾二类 | | | 背甲 |
| 14099 | | | 宾一类 | | | |
| 14100 | | | 宾一类 | | | |
| 14101 | | | 宾二类 | | | |
| 14102 | | | 宾二类 | | | |
| 14103 | | | 宾二类 | | | |
| 14104 | | | 宾二类 | | | |
| 14105 | | | 宾一类 | | | |
| 14106 | | | 宾二类 | | 黄典宾 | |

续表

| 著录号 | 缀合 | 重片 | 类型划分 | 贞人 | 专家分类 | 其他说明 |
|---|---|---|---|---|---|---|
| 14107 正反 | | | 宾一类 | | | |
| 14108 | | | 宾一类 | | | |
| 14109 正反 | 14109+3175+1760+3200 +13975+14798+18194 | | 宾一类 | | | |
| 14110 正反 | | | 宾二类 | | | |
| 14111 | 14111+14051 | | 宾二类 | | | |
| 14112 | | | 宾一类 | | | |
| 14113 正反 | | | 宾三类 | | | |
| 14114 | | | 宾二类 | | | |
| 14115 | 黄拼 14115+14116 | | 自小字类 | 王 | 黄自小字 | 非宾 |
| 14116 | 黄拼 14116+14115 | | 自小字类 | | 黄自小字 | 非宾 |
| 14117 | | | 自小字类 | 王 | 黄自小字 | 非宾 |
| 14118 | | | 自宾间类 | | | |
| 14119 | | | 自小字类 | | 黄自小字 | 非宾 |
| 14120 | | | 自小字类 | 王 | 黄自小字 | 非宾 |
| 14121 | | | 自小字类 | | 黄自小字 | 非宾 |
| 14122 | | | 宾三类 | | | |
| 14123 | | | 宾二类 | | | |
| 14124 | | | 宾三类 | | | |
| 14125 | | | 宾三类 | | | |
| 14126 | | | 宾二类 | | | |
| 14127 正反 | | | 宾一类 | 争 | | |
| 14128 正反 | | | 宾一类 | 㱿、争 | | |
| 14129 | 14129 正反 + | | 宾二类 | 古、韋 | | 笔书（反） 背甲 |
| 14130 正反 | | | 宾二类 | | | |
| 14131 | 黄拼 14131+ | | 宾二类 | | | 林《醉古集》328 |
| 14132 正反 | | | 宾二类 | | | |

续表

| 著录号 | 缀合 | 重片 | 类型划分 | 贞人 | 专家分类 | 其他说明 |
|---|---|---|---|---|---|---|
| 14133 | | | 宾二类 | | | |
| 14134 | | | 宾二类 | | | 背甲 |
| 14135 正反 | | | 宾一类 | | | 甲桥署辞（反） |
| 14136 | | | 宾二类 | 𡆥 | | |
| 14137 | | | 宾一类 | | | |
| 14138 | | | 宾二类 | 𣪊 | | |
| 14139 正反 | | | 宾二类 | 宕 | | |
| 14140 正反 | | | 宾一类 | | | |
| 14141 | 黄拼 14141+10099 | | 宾二类 | | | |
| 14142 | | | 宾二类 | | | |
| 14143 | | | 宾一类 | | | |
| 14144 | | | 宾一类 | | | |
| 14145 正反 | | | 宾二类 | | | |
| 14146 | 黄拼 14146+ | | 宾一类 | | | 林《醉古集》252 |
| 14147 正反 | | | 宾一类 | | | |
| 14148 | | | 宾一类 | 争 | | |
| 14149 | | | 宾二类 | 𣪊 | | |
| 14150 | | | 宾二类 | | | |
| 14151 | 14151+7061 | | 宾二类 | | | |
| 14152 | | | 宾一类 | | | |
| 14153 正反 | | | 宾一类 | 𣪊 | 黄宾一 | |
| 14154 | | | 宾一类 | | | |
| 14155 | | | 宾一类 | 古 | | |
| 14156 | 黄拼 14156+ 合补 1312+ 乙 8002 | | 宾一类 | 争 | | |
| 14157 | | | 宾三类 | | | |
| 14158 | | | 宾三类 | | | |
| 14159 | | | 𠂤宾间类 | 宕 | | |
| 14160 | | 14163 | 宾二类 | | | |

续表

| 著录号 | 缀合 | 重片 | 类型划分 | 贞人 | 专家分类 | 其他说明 |
| --- | --- | --- | --- | --- | --- | --- |
| 14161 正反 | | | 宾二类 | 穷、争、古 | | |
| 14162 | | | 宾二类 | | | |
| 14163 | | 14160 | 宾二类 | | | |
| 14164 | | | 宾二类 | | | |
| 14165 | | | 宾二类 | | | |
| 14166 | 14166+14576 | | 宾二类 | | | |
| 14167 | 黄拼 14167+12878 正 | | 宾二类 | | | |
| 14168 正反 | 黄拼 14168 正反 + | | 宾一类 | | | 林《醉古集》100 |
| 14169 | | | 宾一类 | | | |
| 14170 | | | 宾一类 | | | |
| 14171 | | | 宾一类 | | | |
| 14172 | | 40392 | 宾二类 | | | |
| 14173 正反 | | | 宾二类 | 𡧊 | | |
| 14174 | | | 宾二类 | | | |
| 14175 | | | 宾二类 | | | |
| 14176 | | | 宾二类 | | | |
| 14177 | 黄拼 14177+ 掇三 331 | | 宾二类 | | | |
| 14178 | | | 宾一类 | | | |
| 14179 | | | 宾一类 | | | |
| 14180 | | | 宾一类 | | | |
| 14181 | | | 宾一类 | | | |
| 14182 | 黄拼 14182+ | | 宾一类 | | | 林《醉古集》101 |
| 14183 | | | 宾一类 | | | |
| 14184 | 黄拼 3611 正反 + 14235+14184+ 17341 | | 宾二类 | | | 林《醉古集》100 |
| 14185 | | | 宾二类 | 𡧊 | | |
| 14186 | | | 宾一类 | | | |
| 14187 | 14187+6735 | | 宾二类 | | | |
| 14188 | | | 宾二类 | | | |
| 14189 | | | 𠂤宾间类 | | | |
| 14190 | | | 宾二类 | | | |

续表

| 著录号 | 缀合 | 重片 | 类型划分 | 贞人 | 专家分类 | 其他说明 |
|---|---|---|---|---|---|---|
| 14191 | | | 宾二类 | | | |
| 14192 | | | 宾二类 | | | |
| 14193 正反 | | | 宾一类 | | | |
| 14194 | | | 宾一类 | 争 | | |
| 14195 | | | 宾一类 | | | |
| 14196 | | | 宾一类 | | | |
| 14197 正反 | | | 宾一类 | | | |
| 14198 正反 | 黄拼 14198 正 + | | 宾二类 | 㱿 | | 林《醉古集》299 |
| 14199 | 14199 正反 +16163+ 16162 | | 宾二类 | | | |
| 14200 | | | 宾二类 | 争 | | |
| 14201 | | | 宾一类 | 争、内 | | |
| 14202 | | | 宾二类 | 㱿 | | |
| 14203 | | | 宾二类 | | | |
| 14204 | | | 宾二类 | | | |
| 14205 | | | 宾二类 | 争 | | |
| 14206 正反 | 14206 正反 + | | 宾二类 | 争 | | 甲桥署辞（反） |
| 14207 正反 | | | 宾二类 | 㱿、争 | | |
| 14208 正反 | | | 宾一类 | | | 笔书（反）<br>甲桥署辞（反） |
| 14209 正反 | | | 宾一类 | 㱿 | | |
| 14210 正反 | | | 宾一类 | 㱿 | | |
| 14211 正反 | | | 宾一类 | 争 | | |
| 14212 | | | 宾二类 | 㱿 | | |
| 14213 | | | 宾二类 | | | |
| 14214 | | | 宾二类 | | | |
| 14215 | | | 宾二类 | | | |
| 14216 | | | 宾二类 | 宊 | | |

续表

| 著录号 | 缀合 | 重片 | 类型划分 | 贞人 | 专家分类 | 其他说明 |
|---|---|---|---|---|---|---|
| 14217 正反 | | | 宾二类 | | | |
| 14218 | | | 宾二类 | | | |
| 14219 正反 | | | 宾二类 | 𡧊 | | |
| 14220 | | | 宾二类 | | | |
| 14221 正反 | | 15937 | 宾二类 | | | |
| 14222 正反 | 黄拼 14222+13673+2521 | | 宾一类 | 穷 | 黄宾一 | 林《醉古集》305 |
| 14223 | | | 宾二类 | | | |
| 14224 | | | 宾二类 | | | |
| 14225 | | | 宾二类 | | | |
| 14226 | | | 宾二类 | | | |
| 14227 | | | 宾二类 | | | |
| 14228 正反 | | | 宾一类 | | | |
| 14229 正反 | 黄拼 14229 反 + 乙补 6800+ 乙 8231+17220 + 乙补 6814；黄拼 14229 正 + | | 宾二类 | | | 林《醉古集》147 |
| 14230 正反 | | | 宾二类 | | | |
| 14231 | | | 宾二类 | | | |
| 14232 | | | 宾二类 | | | |
| 14233 | | | 宾二类 | | | |
| 14234 | | | 宾一类 | | | |
| 14235 | 黄拼 3611 正反 +14235 +14184+17341 | | 宾二类 | | | 林《醉古集》100 |
| 14236 | | | 宾三类 | | | |
| 14237 | | | 宾二类 | | | |
| 14238 | 14238+ | | 宾二类 | 争 | | |
| 14239 | | | 宾一类 | | | |
| 14240 | | | 宾二类 | 争 | | |
| 14241 | | | 宾二类 | 𡧊 | | |

续表

| 著录号 | 缀合 | 重片 | 类型划分 | 贞人 | 专家分类 | 其他说明 |
|---|---|---|---|---|---|---|
| 14242 | | | 宾二类 | | | |
| 14243 | | | 宾一类 | | | |
| 14244 | | | 宾一类 | | | |
| 14245 | | | 宾三类 | 争 | | |
| 14246 | 黄拼 14246+ | | 宾一类 | | | 林《醉古集》134 |
| 14247 | | | 宾一类 | | | |
| 14248 | | | 宾一类 | 王 | | |
| 14249 | | | 宾一类 | | | |
| 14250 | | | 宾二类 | 㱿 | | |
| 14251 正反 | | | 宾二类 | | | |
| 14252 | | | 宾二类 | | | |
| 14253 | | | 宾一类 | | | |
| 14254 | | | 宾二类 | | | |
| 14255 | | | 宾三类 | | | |
| 14256 | | | 宾二类 | | | |
| 14257 | 黄拼 14257+14258+北大 1154+ 北大 1748 | | 宾二类 | | | |
| 14258 | 黄拼 14258+14257+北大 1154+ 北大 1748 | | 宾二类 | | | |
| 14259 | | | 宾二类 | | | |
| 14260 | | | 宾二类 | | | |
| 14261 | | | 宾二类 | | | |
| 14262 | 黄拼 14262+ 合补 2051 | | 宾二类 | 㱿 | | |
| 14263 | | | 宾二类 | | | |
| 14264 | | | 宾二类 | | | |
| 14265 | | | 宾二类 | | | |
| 14266 | | | 宾二类 | | | |
| 14267 | | | 宾二类 | | | |
| 14268 | | | 宾二类 | | | |
| 14269 | | | 宾三类 | | 黄宾三 | |
| 14270 | | | 宾二类 | | | |
| 14271 | 黄拼 14271+3210 | | 𠂤宾间类 | 王 | | |
| 14272 | | | 宾二类 | | | |

续表

| 著录号 | 缀合 | 重片 | 类型划分 | 贞人 | 专家分类 | 其他说明 |
|---|---|---|---|---|---|---|
| 14273 | | | 宾一类 | | | |
| 14274 | | | 宾一类 | | | |
| 14275 | | | 宾一类 | | | |
| 14276 | | | 宾一类 | | | |
| 14277 | | | 宾一类 | | | |
| 14278 | | | 宾二类 | | | |
| 14279 | | | 宾一类 | | | |
| 14280 | | | 宾一类 | | | |
| 14281 | | | 宾一类 | | | |
| 14282 | | | 宾一类 | | | |
| 14283 | | | 宾二类 | | | |
| 14284 | | | 宾一类 | | | |
| 14285 | | | 宾一类 | | | |
| 14286 | | | 宾一类 | | | |
| 14287 | | | 宾二类 | | | |
| 14288 | 黄拼 14288+2763 正 +3524+4249+18684+18799 | | 宾二类 | | | |
| 14289 | | | 宾一类 | | | |
| 14290 | | | 宾一类 | | | |
| 14291 | | | 宾一类 | | | |
| 14292 | | | 宾一类 | | | |
| 14293 正反 | 黄拼 14293 正 +10171 | | 宾一类 | | | 林《醉古集》347 |
| 14294 | | | 宾二类 | | | 习刻 |
| 14295 | 黄拼 14295+13034+3814+13485 | | 宾一类 | 内 | | 林《醉古集》73 |
| 14296 | | | 宾三类 | | | |
| 14297 | | | 宾一类 | | | |
| 14298 | | | 宾三类 | 争 | | |
| 14299 | | | 宾二类 | | | |
| 14300 | | | 宾二类 | 亘 | | |
| 14301 | | | 宾三类 | | | |
| 14302 | | | 宾二类 | | | |
| 14303 | | | 宾二类 | | | |

续表

| 著录号 | 缀合 | 重片 | 类型划分 | 贞人 | 专家分类 | 其他说明 |
|---|---|---|---|---|---|---|
| 14304 | | | 宾三类 | | | |
| 14305 | | | 宾三类 | | | |
| 14306 | | | 宾一类 | | | |
| 14307 | | | 宾一类 | | | |
| 14308 | | | 宾一类 | | | |
| 14309 | | | 宾一类 | | | |
| 14310 | | | 宾一类 | | | |
| 14311 | | | 宾一类 | 穷 | | |
| 14312 | | | 宾三类 | | | |
| 14313 正反 | | | 宾二类 | | | |
| 14314 | | | 宾二类 | 穷、㱿、争 | | |
| 14315 正反 | 黄拼 14315 正反 + 1076 正反 | | 宾二类 | | | |
| 14316 | | | 宾一类 | 㱿 | | |
| 14317 | | | 宾一类 | | 黄宾一<br>李彭宾一 A | |
| 14318 | | | 宾一类 | | | |
| 14319 正反 | | | 宾二类 | 穷 | | |
| 14320 | | | 宾二类 | | | |
| 14321 | | | 宾二类 | | | |
| 14322 | | | 宾二类 | | 黄典宾 | |
| 14323 | | | 宾二类 | | | |
| 14324 | | | 宾二类 | | | |
| 14325 | | | 宾二类 | | | 背甲 |
| 14326 | | | 宾二类 | | | |
| 14327 | | | 宾二类 | | | |
| 14328 | 黄拼 14328+15981+ 乙补 6103+ 乙补 1859 + 乙 3565+ 乙补 3094 | | 宾二类 | 穷 | | |
| 14329 正反 | | | 宾二类 | 㱿 | | |
| 14330 | | | 宾二类 | | | |

续表

| 著录号 | 缀合 | 重片 | 类型划分 | 贞人 | 专家分类 | 其他说明 |
|---|---|---|---|---|---|---|
| 14331 | | | 宾二类 | | | |
| 14332 | | | 宾一类 | | | |
| 14333 | | | 宾一类 | | 黄宾一 | |
| 14334 | | | 宾二类 | | 李彭宾一 B | |
| 14335 | 黄拼 14335+1997 | | 宾一类 | | 李彭宾一 A | |
| 14336 | 黄拼 14336+10940 | | 宾二类 | | | |
| 14337 正反 | | | 宾二类 | 㱿 | | |
| 14338 | 黄拼 14338+15125 | | 宾二类 | | | |
| 14339 | 14339+2194+2299+2379 | | 宾二类 | | | |
| 14340 | | | 宾二类 | 亘 | | |
| 14341 | | | 宾二类 | | | |
| 14342 | | | 宾二类 | | | |
| 14343 | | | 宾二类 | | | |
| 14344 | | | 宾二类 | | | |
| 14345 | | | 宾二类 | | | |
| 14346 | | | 宾二类 | | | |
| 14347 正反 | | | 宾二类 | | | |
| 14348 | | | 宾二类 | | | |
| 14349 | | | 宾二类 | | | |
| 14350 | | | 宾二类 | | | |
| 14351 | | | 宾二类 | | | |
| 14352 | | | 宾三类 | | | |
| 14353 | | | 宾三类 | | | |
| 14354 | 14354+14822+14824 | | 宾三类 | | | |
| 14355 | | | 宾一类 | | | |
| 14356 | | | 宾三类 | 宎 | | |
| 14357 | | | 宾二类 | 宎、亘 | | |
| 14358 | | | 自宾间类 | | | |
| 14359 | | | 宾一类 | | | |
| 14360 | 14360+ 英 1225 | | 宾二类 | | | |
| 14361 | 黄拼 14361+3475+11073+ 合补 524 | | 宾一类 | | | |
| 14362 | | | 宾一类 | | | |

续表

| 著录号 | 缀合 | 重片 | 类型划分 | 贞人 | 专家分类 | 其他说明 |
|---|---|---|---|---|---|---|
| 14363 | | | 宾一类 | | 黄宾一<br>李彭宾一A | |
| 14364正反 | | | 宾一类 | 宕、㱿 | | |
| 14365 | | | 宾三类 | | | |
| 14366 | | | 宾三类 | | | |
| 14367 | | | 宾三类 | | | |
| 14368 | | | 宾一类 | | | |
| 14369 | | | 宾二类 | 宕 | 黄典宾 | |
| 14370甲乙丙丁 | | | 宾三类 | 宕 | | |
| 14371 | | | 宾二类 | | | |
| 14372 | | | 宾三类 | | | |
| 14373 | | | 宾三类 | | | |
| 14374 | | | 宾一类 | | | |
| 14375 | | | 宾三类 | | | |
| 14376 | | | 宾一类 | | | |
| 14377 | | | 宾一类 | | | |
| 14378 | | | 宾一类 | | | |
| 14379 | | | 宾三类 | 古 | 黄宾三 | 背甲 |
| 14380 | | | 宾三类 | 宕 | 李彭宾二 | |
| 14381 | | | 宾三类 | 宕 | 李彭宾二 | |
| 14382 | | | 宾三类 | 宕 | | |
| 14383 | | | 宾三类 | | | |
| 14384 | | | 宾三类 | | | |
| 14385 | | | 宾三类 | | | |
| 14386 | | | 宾一类 | | | |
| 14387 | | | 宾三类 | | | |
| 14388 | | | 宾三类 | | | |
| 14389 | | | 宾三类 | | | |
| 14390 | | 40440 | 宾二类 | | | |
| 14391 | | | 宾三类 | | | |
| 14392 | | | 宾二类 | | | |
| 14393正反 | | | 宾一类 | | | |
| 14394 | | | 宾一类 | | | |

续表

| 著录号 | 缀合 | 重片 | 类型划分 | 贞人 | 专家分类 | 其他说明 |
|---|---|---|---|---|---|---|
| 14395正反 | | | 宾一类 | 爭 | | |
| 14396 | | | 宾一类 | 爭 | | |
| 14397 | | | 宾一类 | | | |
| 14398 | | | 宾二类 | | | |
| 14399正反 | | | 宾二类 | | | |
| 14400 | | | 宾二类 | | | |
| 14401 | | | 宾二类 | | | |
| 14402 | | | 宾一类 | | | |
| 14403 | | | 宾一类 | | | |
| 14404 | | | 宾一类 | 㱿 | | |
| 14405 | | | 宾三类 | 爭 | | |
| 14406 | | | 宾二类 | | | |
| 14407 | | | 宾二类 | | | |
| 14408 | | | 宾二类 | | | |
| 14409 | | | 宾二类 | 古 | | |
| 14410 | | | 宾二类 | 㱿 | | |
| 14411 | | | 宾二类 | | | |
| 14412 | | | 宾二类 | | | |
| 14413 | | | 宾二类 | | | |
| 14414 | | | 宾二类 | | | |
| 14415 | | | 宾二类 | | | |
| 14416 | | | 宾三类 | | | |
| 14417 | | | 宾一类 | | | |
| 14418 | | | 宾二类 | | | |
| 14419 | | | 宾二类 | | | |
| 14420 | 黄拼 14420+8333 | | 宾二类 | | | |
| 14421 | | | 宾二类 | | | |
| 14422 | | | 宾二类 | | | |
| 14423 | | | 宾三类 | | | |
| 14424 | | | 宾二类 | | | |
| 14425 | | | 宾三类 | | | |
| 14426 | | | 宾二类 | 穷 | | |

续表

| 著录号 | 缀合 | 重片 | 类型划分 | 贞人 | 专家分类 | 其他说明 |
|---|---|---|---|---|---|---|
| 14427 | | | 宾二类 | | | |
| 14428 | | | 宾一类 | | | |
| 14429 | | | 宾二类 | | | 背甲 |
| 14430 | | | 宾二类 | | | |
| 14431 正反臼 | 黄拼 14431+1305 正反 + 合补 4980 正反 +1506 | | 宾二类 | 穷、㱿 | | |
| 14432 | | | 宾二类 | | | |
| 14433 正反臼 | | | 宾二类 | 韋、箙 | | |
| 14434 | | | 宾二类 | | | |
| 14435 | | | 宾二类 | | | |
| 14436 | | | 宾三类 | | 黄宾三 | |
| 14437 | | | 宾二类 | 㱿 | | |
| 14438 正臼 | | | 宾二类 | 㱿 | | |
| 14439 | | | 宾二类 | 㱿 | | |
| 14440 | | | 宾二类 | 韋 | | |
| 14441 | | | 宾二类 | | 黄典宾 | |
| 14442 | | | 宾二类 | | | |
| 14443 正反 | | | 宾一类 | | | |
| 14444 | | | 宾三类 | | | |
| 14445 | | | 宾二类 | | | |
| 14446 | | | 宾二类 | | | |
| 14447 | | | 宾二类 | | | |
| 14448 | | | 宾二类 | | | |
| 14449 | | | 宾二类 | | | |
| 14450 正反 | | | 宾二类 | | | |
| 14451 | | | 宾二类 | | | |
| 14452 正反 | | | 宾一类 | | | |
| 14453 | | | 宾二类 | | | |
| 14454 | | | 宾二类 | | | |
| 14455 | | | 宾二类 | | | |

续表

| 著录号 | 缀合 | 重片 | 类型划分 | 贞人 | 专家分类 | 其他说明 |
|---|---|---|---|---|---|---|
| 14456 正反 | | | 宾二类 | | | |
| 14457 | | | 宾三类 | 爭 | | |
| 14458 | | | 宾一类 | | | |
| 14459 | | | 宾一类 | | | |
| 14460 | | | 宾一类 | | | |
| 14461 正反 | | | 宾一类 | | | |
| 14462 | | | 宾一类 | | | |
| 14463 | | | 宾一类 | | | |
| 14464 | | | 宾一类 | | | |
| 14465 | | 8878 | 宾一类 | | | |
| 14466 | | | 宾一类 | 爭 | | |
| 14467 | | | 宾一类 | | | |
| 14468 正反 | | | 宾一类 | | | 笔书（反） |
| 14469 正反 | 黄拼 14469 正 +10055 | | 宾二类 | 穷、𠷎 | | |
| 14470 正反 | | | 宾二类 | 穷 | | |
| 14471 正臼 | | | 宾三类 | | | |
| 14472 | | | 宾一类 | 爭 | | |
| 14473 | | | 宾一类 | | | |
| 14474 正反臼 | 黄拼 14474+ 合补 1705 | | 宾二类 | 穷 | | |
| 14475 | | | 宾二类 | | | |
| 14476 | | | 宾二类 | | | |
| 14477 | | | 宾三类 | | | |
| 14478 | | | 宾二类 | | | |
| 14479 | 14479+14494 | | 宾二类 | | 李彭宾一 B | |
| 14480 | | | 宾三类 | 爭 | | |
| 14481 | | | 宾三类 | | | |
| 14482 | | | 宾三类 | | | |
| 14483 | | | 宾三类 | | | |

续表

| 著录号 | 缀合 | 重片 | 类型划分 | 贞人 | 专家分类 | 其他说明 |
|---|---|---|---|---|---|---|
| 14484 | | | 宾三类 | | | |
| 14485 | | | 宾一类 | | | |
| 14486 正反 | | | 宾一类 | | | |
| 14487 | | | 宾二类 | 㱿 | | |
| 14488 | | | 宾一类 | 爭、古 | | 背甲（鞋底） |
| 14489 | | | 宾一类 | | | |
| 14490 正反 | | | 宾二类 | | | |
| 14491 正反 | | | 宾二类 | | | |
| 14492 | | | 宾二类 | | | |
| 14493 | | | 宾二类 | | | |
| 14494 | 14494+14479 | | 宾二类 | | | |
| 14495 | | | 宾二类 | | | |
| 14496 | | | 宾二类 | 穷 | | |
| 14497 | | | 宾二类 | | | |
| 14498 | | 9298 | 宾二类 | | | |
| 14499 | | | 宾三类 | | | |
| 14500 | | | 宾一类 | | | |
| 14501 | | | 宾一类 | | | |
| 14502 | | | 宾三类 | | | |
| 14503 | | | 宾一类 | | | |
| 14504 | | | 宾一类 | | | |
| 14505 | | | 宾一类 | | | |
| 14506 | 黄拼 14506+14033 正 +14507+19707+ 乙 4188+乙补 3926+ 乙补 3924+乙 3887+ 乙 3893 | | 宾一类 | | | |
| 14507 | 黄拼 14507+14033 正 +14506+19707+ 乙 4188+乙补 3926+ 乙补 3924+乙 3887+ 乙 3893 | | 宾一类 | | | |
| 14508 | 黄拼 14508 正 +12515 | | 宾二类 | | | |
| 14509 | | | 宾一类 | | | |

续表

| 著录号 | 缀合 | 重片 | 类型划分 | 贞人 | 专家分类 | 其他说明 |
| --- | --- | --- | --- | --- | --- | --- |
| 14510 | | | 宾一类 | | | |
| 14511 | | | 宾二类 | 㱿 | | |
| 14512 | | | 宾二类 | | | |
| 14513 | 14513+ 东文库 207 正（1401 正） | | 宾二类 | 㱿、亘 | | |
| 14514 | | | 宾二类 | | | |
| 14515 | | | 宾二类 | 内 | | |
| 14516 | | | 宾二类 | | | |
| 14517 | | | 宾二类 | | | |
| 14518 | | | 宾一类 | 内 | 黄宾三 | |
| 14519 | | | 宾一类 | | | |
| 14520 | | | 宾二类 | | | |
| 14521 | | | 宾三类 | 争 | | |
| 14522 | | | 宾二类 | 穷 | | |
| 14523 | | | 宾二类 | | | |
| 14524 | 黄拼 14524+14547 部分 + 15582 | | 宾二类 | | | 背甲 |
| 14525 | | | 宾一类 | | | |
| 14526 正臼 | | | 宾二类 | 㱿、争 | 李彭宾一 B | |
| 14527 正反 | 黄拼 14527 正部分 + 14524+15582 | | 宾二类 | | | 背甲 |
| 14528 正反 | | | 宾二类 | | | |
| 14529 | 黄拼 14529+15206 倒 | | 宾一类 | | | |
| 14530 | | | 宾二类 | | | |
| 14531 | | | 宾一类 | | | |
| 14532 | | | 宾二类 | | | |
| 14533 | | | 宾三类 | 穷 | | |
| 14534 | | | 宾一类 | | 黄宾一 | |
| 14535 | | | 宾三类 | | | |
| 14536 正反 | | | 宾二类 | 㱿 | | |
| 14537 | | | 宾一类 | | | |
| 14538 | | | 宾二类 | | | |

续表

| 著录号 | 缀合 | 重片 | 类型划分 | 贞人 | 专家分类 | 其他说明 |
|---|---|---|---|---|---|---|
| 14539 | | | 宾一类 | | | |
| 14540 | | | 宾一类 | | | |
| 14541 | | | 宾一类 | | | |
| 14542<br>正反 | | | 宾一类 | | | 笔书（反） |
| 14543 | | | 宾二类 | | | |
| 14544 | | | 宾一类 | | | |
| 14545<br>甲乙 | | | 宾一类 | | | |
| 14546 | | | 宾二类 | | | |
| 14547 | | | 宾一类 | | | |
| 14548 | | | 宾二类 | | | |
| 14549<br>正反 | | | 宾一类 | 爭 | | |
| 14550 | | | 宾一类 | | | |
| 14551 | | | 宾一类 | 爭 | | |
| 14552 | | | 宾一类 | 内 | | |
| 14553 | | | 宾三类 | 穷、爭 | | 背甲 |
| 14554 | | | 宾三类 | | | |
| 14555<br>正反 | | | 宾二类 | 爭 | | |
| 14556 | | | 宾三类 | | | |
| 14557 | | | 宾一类 | | | |
| 14558<br>正反 | | | 宾一类 | | | |
| 14559 | | | 宾一类 | | | |
| 14560 | | | 宾二类 | | | |
| 14561 | | | 宾二类 | 内 | | |
| 14562 | | | 宾三类 | | | |
| 14563 | 14563+ | | 宾二类 | | | |
| 14564 | | | 宾二类 | 穷 | | |
| 14565 | | | 宾一类 | | | |
| 14566 | | | 宾一类 | | | |
| 14567 | 黄拼 14567+ 京 617 | | 宾二类 | 穷 | | |
| 14568 | | | 宾一类 | | | |

续表

| 著录号 | 缀合 | 重片 | 类型划分 | 贞人 | 专家分类 | 其他说明 |
|---|---|---|---|---|---|---|
| 14569 | | | 宾二类 | 争 | | |
| 14570 | | | 宾二类 | 争 | | |
| 14571 | | | 宾二类 | | | |
| 14572 正反 | | | 宾一类 | | | |
| 14573 正反 | | | 宾一类 | 宊、亘 | | |
| 14574 | | | 宾二类 | 争 | | |
| 14575 | | | 宾二类 | 㱿 | | |
| 14576 | 14576+14166 | | 宾二类 | | | |
| 14577 | 黄拼 14577+12976+11971+14579+14580+14599+16189 | | 宾二类 | 争 | | 林《醉古集》338，蔡加缀 14577 正 + 乙 4646+16189+14580 |
| 14578 | | | 宾二类 | | | |
| 14579 | 黄拼 12976+11971+14577+14579+14580+14599+16189 | | 宾二类 | | | |
| 14580 | 黄拼 14580+12976+11971+14577+14579+14599+16189 | | 宾二类 | | | 林《醉古集》338，蔡加缀 14577 正 + 乙 4646+16189+14580 |
| 14581 | | | 宾三类 | 宊 | | |
| 14582 | | | 宾三类 | | | |
| 14583 | | | 宾三类 | 争 | | |
| 14584 | | | 宾一类 | | | |
| 14585 正臼 | | | 宾二类 | 㱿 | | |
| 14586 正臼 | | | 宾二类 | 㱿 | | |
| 14587 正臼 | | | 宾二类 | 㱿 | | |
| 14588 | | | 宾二类 | 宊 | | |
| 14589 | | | 宾一类 | | | |
| 14590 | | | 宾一类 | 争 | | |
| 14591 | 14591+7897 | | 宾三类 | 争 | | |
| 14592 | | | 宾三类 | 争 | | |

续表

| 著录号 | 缀合 | 重片 | 类型划分 | 贞人 | 专家分类 | 其他说明 |
|---|---|---|---|---|---|---|
| 14593 | | | 宾三类 | | | |
| 14594 | | | 宾二类 | | | |
| 14595 | | | 宾二类 | | | |
| 14596 | | | 宾二类 | | | |
| 14597 | | | 宾二类 | | | |
| 14598 正反 | | | 宾二类 | | | |
| 14599 | 黄拼 14599+12976+11971+14577+14579+14580+16189 | | 宾二类 | | | |
| 14600 | 黄拼 14600+14577+乙 4646 | | 宾二类 | | | |
| 14601 | | | 宾一类 | | | |
| 14602 | | | 宾一类 | | | |
| 14603 | | | 宾一类 | 穷 | | |
| 14604 | | | 宾一类 | | | |
| 14605 | | | 宾一类 | | | |
| 14606 正反 | | | 宾一类 | | | |
| 14607 | | | 宾三类 | 穷 | | |
| 14608 | | | 宾二类 | | | |
| 14609 | | | 宾一类 | | | |
| 14610 | | | 宾二类 | | | |
| 14611 | | | 宾一类 | | | |
| 14612 | | 40404 | 宾一类 | | | |
| 14613 | | | 宾一类 | | | |
| 14614 | 14614+ | | 宾二类 | 穷、争 | | |
| 14615 | | | 宾二类 | 穷 | | |
| 14616 | | | 宾一类 | | | |
| 14617 | | | 自宾间类 | | | |
| 14618 | | | 自宾间类 | | | |
| 14619 | | | 宾三类 | | | 背甲 |
| 14620 | | | 宾一类 | 永 | | |
| 14621 | 黄拼 14621+ | | 宾一类 | 亘 | | 林《醉古集》154 |
| 14622 | | | 宾二类 | | | |

续表

| 著录号 | 缀合 | 重片 | 类型划分 | 贞人 | 专家分类 | 其他说明 |
|---|---|---|---|---|---|---|
| 14623 | | | 宾二类 | | | |
| 14624 | | | 宾三类 | | | |
| 14625 | | | 宾一类 | 爭 | | |
| 14626 | | 40408 | 宾一类 | | | |
| 14627 | | | 宾一类 | | | |
| 14628 | | | 宾三类 | | | |
| 14629 | | | 宾三类 | 旡 | | |
| 14630 | 14630+19374 | | 宾一类 | | | |
| 14631 | | | 宾三类 | | | |
| 14632 | | | 宾三类 | | | |
| 14633 | | | 宾三类 | | | |
| 14634 | | | 宾三类 | | | |
| 14635 正反 | | | 宾二类 | | | |
| 14636 | | | 宾二类 | | | |
| 14637 | | | 宾二类 | | | |
| 14638 正反 | | | 宾一类 | | | |
| 14639 | | | 宾一类 | | | |
| 14640 | | | 宾二类 | | | |
| 14641 | | | 宾一类 | | | |
| 14642 | | | 宾一类 | | | |
| 14643 | | | 宾三类 | | | |
| 14644 | | | 宾三类 | | | |
| 14645 | | | 宾一类 | | | |
| 14646 正反 | | | 宾二类 | | | |
| 14647 正反 | 黄拼 14647 正反 + 8968 正反 | | 宾二类 | 韋 | | |
| 14648 正反 | | | 宾一类 | | | |
| 14649 | | | 宾一类 | | | |
| 14650 | | | 宾一类 | | | |
| 14651 | | | 宾一类 | | | |
| 14652 | | | 宾一类 | | | |

续表

| 著录号 | 缀合 | 重片 | 类型划分 | 贞人 | 专家分类 | 其他说明 |
|---|---|---|---|---|---|---|
| 14653 | | | 宾一类 | | | |
| 14654正臼 | | | 宾二类 | 穷 | | |
| 14655 | | | 宾二类 | | | |
| 14656 | | | 宾二类 | | | |
| 14657 | | | 宾一类 | | | |
| 14658 | | | 宾一类 | | | |
| 14659 | | | 宾一类 | | | |
| 14660 | | | 宾一类 | | 黄宾一 | |
| 14661 | | | 宾一类 | | | |
| 14662正臼 | | | 宾二类 | 穷 | | |
| 14663 | | | 宾二类 | | | |
| 14664 | | | 宾一类 | | | |
| 14665正反 | | | 宾一类 | | | |
| 14666 | | | 宾一类 | 㱿 | | |
| 14667 | | | 宾一类 | 㱿 | | |
| 14668 | | | 宾一类 | 争 | | |
| 14669正反 | | | 宾一类 | | | |
| 14670正反 | | | 宾一类 | | | |
| 14671 | | | 宾二类 | | | |
| 14672 | | | 宾二类 | | | |
| 14673 | | | 宾二类 | | | |
| 14674 | | | 宾三类 | | | |
| 14675 | | | 宾一类 | | | |
| 14676 | | | 宾三类 | | | |
| 14677 | | | 宾一类 | | | |
| 14678正反 | | | 宾一类 | | | |
| 14679 | | | 宾二类 | | | |
| 14680 | | | 宾二类 | | | |
| 14681 | | | 宾二类 | | | |

续表

| 著录号 | 缀合 | 重片 | 类型划分 | 贞人 | 专家分类 | 其他说明 |
|---|---|---|---|---|---|---|
| 14682 | | | 宾三类 | | | |
| 14683 | | | 宾二类 | | | |
| 14684 | | | 宾二类 | 亘 | | |
| 14685 | | 15217 | 宾二类 | | | |
| 14686 正反 | | | 宾二类 | | | |
| 14687 | | | 宾二类 | | | |
| 14688 | | | 宾三类 | | | |
| 14689 | | | 宾二类 | 穷 | | |
| 14690 | | | 宾二类 | | | |
| 14691 | | | 宾二类 | | | |
| 14692 | | | 宾二类 | 亘 | | |
| 14693 | | | 宾二类 | | | |
| 14694 | | | 宾二类 | | | |
| 14695 正反 | | | 宾二类 | | | |
| 14696 | | | 宾一类 | | | |
| 14697 | | | 宾一类 | | | |
| 14698 | | | 宾一类 | | | |
| 14699 | | | 宾一类 | | | |
| 14700 | | | 宾一类 | | | |
| 14701 | 14701+7009 遥缀 7010 | | 子组 | | | 非宾 |
| 14702 | | | 宾一类 | | | |
| 14703 | | | 宾一类 | | | |
| 14704 | | | 宾一类 | | | |
| 14705 | | | 宾一类 | | | |
| 14706 | | | 宾一类 | | | |
| 14707 | | | 宾一类 | 㱿 | 黄宾一 | 背甲（鞋底） |
| 14708 | | | 宾二类 | | | |
| 14709 | | | 宾二类 | | 黄典宾 | |
| 14710 | | | 宾二类 | | | |
| 14711 | | | 宾二类 | | | |
| 14712 正反 | | | 宾二类 | | | |

续表

| 著录号 | 缀合 | 重片 | 类型划分 | 贞人 | 专家分类 | 其他说明 |
|---|---|---|---|---|---|---|
| 14713 | | | 宾二类 | | | |
| 14714正反 | | | 宾二类 | | | |
| 14715 | | | 宾二类 | | | |
| 14716 | | | 宾二类 | 爭 | | |
| 14717 | | | 宾二类 | | 黄典宾 | |
| 14718 | | | 宾二类 | | | |
| 14719 | | | 宾一类 | | | |
| 14720 | | | 宾二类 | 宁、呂 | | |
| 14721正反 | | | 宾二类 | 㱿、古 | | |
| 14722正反 | 黄拼 14722 正反 +941 | | 宾二类 | | | 林《醉古集》324 |
| 14723 | | | 宾二类 | | | |
| 14724 | | | 宾二类 | | | |
| 14725 | 14725+672+1403+7176+15453 | 672 部分 | 宾一类 | | | |
| 14726 | | | 宾二类 | | | |
| 14727 | | | 宾二类 | | | |
| 14728 | | | 宾二类 | | | |
| 14729 | | | 宾二类 | | | |
| 14730 | | | 宾二类 | | | |
| 14731 | 黄拼 14731+ 明后 B1888 | | 宾二类 | | | |
| 14732 | | | 宾一类 | 㱿、内 | | |
| 14733 | | | 宾一类 | 㱿 | | |
| 14734正反 | | | 宾一类 | | | |
| 14735正反 | | | 宾一类 | 爭 | | |
| 14736 | | | 宾二类 | | | |
| 14737 | 黄拼 14737+349+358 | | 宾二类 | | | |
| 14738 | | | 宾二类 | | | |
| 14739 | | | 宾二类 | | | |
| 14740正反 | | | 宾二类 | | | |

续表

| 著录号 | 缀合 | 重片 | 类型划分 | 贞人 | 专家分类 | 其他说明 |
|---|---|---|---|---|---|---|
| 14741 | | | 宾三类 | | | |
| 14742 | | | 宾一类 | | | |
| 14743 | | | 宾三类 | 㱿 | | |
| 14744 | | | 宾一类 | | | |
| 14745 | | | 宾一类 | | | |
| 14746 | | | 宾二类 | 㱿 | | |
| 14747 | | | 宾二类 | | | |
| 14748 | | | 宾二类 | | | |
| 14749 正反 | | | 宾二类 | | | |
| 14750 | | | 宾二类 | 㱿 | | |
| 14751 正反 | | | 宾一类 | | | |
| 14752 | | | 宾一类 | | | |
| 14753 | | | 宾三类 | | | |
| 14754 正反 | | | 宾二类 | | | |
| 14755 正反 | | | 宾一类 | 㱿 | | |
| 14756 | | | 自宾间类 | | 黄自宾间 B | |
| 14757 正反 | | | 宾一类 | | | |
| 14758 正反 | | | 宾二类 | | | |
| 14759 | | | 宾一类 | | | |
| 14760 | | | 宾二类 | | 黄典宾 | |
| 14761 | | | 宾二类 | | | |
| 14762 | | | 宾二类 | 㱿 | | |
| 14763 | | | 宾二类 | | | |
| 14764 | | | 宾二类 | | 黄典宾 | |
| 14765 | | | 宾二类 | | | |
| 14766 | 黄拼 14766+7941 | | 宾二类 | | | |
| 14767 正反 | | | 宾二类 | 韋 | | |
| 14768 | | | 宾二类 | | | |

续表

| 著录号 | 缀合 | 重片 | 类型划分 | 贞人 | 专家分类 | 其他说明 |
|---|---|---|---|---|---|---|
| 14769 | | | 宾一类 | | | |
| 14770 | | | 宾三类 | | | |
| 14771 | | | 宾一类 | | | |
| 14772 | | | 宾一类 | 古 | | |
| 14773 | | | 宾三类 | 古 | | |
| 14774 | | | 宾一类 | | | |
| 14775 | | | 宾一类 | | | |
| 14776 | | | 宾一类 | | | |
| 14777 | | | 宾一类 | | | |
| 14778 | | | 宾二类 | | | |
| 14779 | | | 宾二类 | | | |
| 14780 | | | 宾二类 | | | |
| 14781 | | | 宾二类 | | | |
| 14782 | | 3002 | 宾二类 | 㱿、内 | 黄典宾 | |
| 14783正反 | | | 宾二类 | | | |
| 14784 | | | 宾二类 | | | |
| 14785正反 | | | 宾三类 | | 黄宾三 | |
| 14786 | | | 宾二类 | | | |
| 14787 | | | 宾一类 | | | |
| 14788 | | | 宾二类 | | | |
| 14789 | | | 宾一类 | | | |
| 14790 | | | 宾一类 | | | |
| 14791 | | | 宾一类 | 穷 | | |
| 14792 | | | 宾一类 | | | |
| 14793 | | | 宾一类 | | | |
| 14794正反 | | | 宾三类 | | | |
| 14795正反 | | | 宾一类 | 韋 | | |
| 14796 | | | 宾一类 | | | |
| 14797 | | | 宾一类 | | | |
| 14798 | 14798+3175+1760+3200+13975+14109+18194 | | 宾一类 | | | |

续表

| 著录号 | 缀合 | 重片 | 类型划分 | 贞人 | 专家分类 | 其他说明 |
|---|---|---|---|---|---|---|
| 14799 | | | 宾一类 | | | |
| 14800 | | | 宾一类 | | | |
| 14801 | | | 宾一类 | 穷 | | |
| 14802 | | | 宾一类 | | | |
| 14803 | | | 宾一类 | | | |
| 14804 | | | 宾一类 | | | |
| 14805 | | | 宾一类 | | | |
| 14806 | | | 宾一类 | | | |
| 14807 正臼 | | | 宾二类 | 㱿 | 黄典宾 | |
| 14808 | | | 宾二类 | | | |
| 14809 正反 | | | 宾一类 | 亘 | | |
| 14810 | | | 宾二类 | | | |
| 14811 | | | 宾一类 | | | 余 |
| 14812 正反 | | | 宾三类 | | 黄宾三 | |
| 14813 | | | 宾二类 | | | |
| 14814 | | | 宾二类 | | | |
| 14815 | | | 宾二类 | | | |
| 14816 正反 | | | 宾二类 | 㱿 | | |
| 14817 | | | 宾二类 | | | |
| 14818 | | | 宾二类 | | | |
| 14819 | | | 宾二类 | | | |
| 14820 | | | 宾一类 | | | |
| 14821 | | | 宾一类 | | | |
| 14822 | 14822+14824+14354 | | 宾三类 | | | |
| 14823 | | | 宾三类 | | | |
| 14824 | 14824+14822+14354 | | 宾三类 | | | |
| 14825 | 14825+14863+1159 | | 宾三类 | | | |
| 14826 | | | 宾三类 | | | |
| 14827 | | | 宾三类 | | | |
| 14828 | | | 宾二类 | | | |
| 14829 | | | 宾三类 | 爭 | 黄宾三 | |

续表

| 著录号 | 缀合 | 重片 | 类型划分 | 贞人 | 专家分类 | 其他说明 |
|---|---|---|---|---|---|---|
| 14830 | | | 宾三类 | | | |
| 14831 | | | 宾二类 | | | |
| 14832 正臼 | | | 宾三类 | 穷 | 黄宾三 / 出一 | |
| 14833 正反 | | | 宾二类 | | | |
| 14834 | | | 宾三类 | 穷 | | |
| 14835 | 1961 正遥缀 14835 | | 宾三类 | | | |
| 14836 | | | 宾三类 | | | |
| 14837 | | | 宾三类 | | | |
| 14838 | | | 宾三类 | | | |
| 14839 | | | 宾一类 | | | |
| 14840 | | | 宾一类 | | | |
| 14841 | | | 宾二类 | | | 背甲 |
| 14842 | | | 宾二类 | | | |
| 14843 | | | 宾二类 | | | |
| 14844 | | | 宾三类 | | | |
| 14845 | | | 宾三类 | | | |
| 14846 | | | 宾三类 | | | |
| 14847 | | | 宾三类 | 内 | | |
| 14848 | | | 宾一类 | | | |
| 14849 | | | 宾三类 | | | |
| 14850 | | | 宾三类 | | | |
| 14851 | | | 宾三类 | 爭 | | |
| 14852 | | | 宾一类 | | | |
| 14853 | | | 宾三类 | | | |
| 14854 | | | 宾三类 | 爭 | | |
| 14855 | | 948+16023 | 宾三类 | 爭 | | |
| 14856 | | | 宾三类 | 穷 | | |
| 14857 | | | 宾三类 | | | |
| 14858 | | | 宾三类 | | | |
| 14859 正反 | | | 宾三类 | 爭 | 黄宾三 / 出一 | |
| 14860 | | | 宾三类 | 穷 | | |
| 14861 | | | 宾三类 | 古 | | |

续表

| 著录号 | 缀合 | 重片 | 类型划分 | 贞人 | 专家分类 | 其他说明 |
|---|---|---|---|---|---|---|
| 14862 正反 | | | 宾二类 | | | |
| 14863 | 14863+14825+1159 | | 宾三类 | | | |
| 14864 | | | 宾三类 | | | |
| 14865 | | | 宾三类 | | | |
| 14866 | | | 宾三类 | | 黄宾三 | |
| 14867 | | | 宾三类 | | | |
| 14868 | | | 宾一类 | | | |
| 14869 | | 1651/ 39579 | 宾一类 | | | |
| 14870 | | | 宾三类 | | | |
| 14871 | | | 宾三类 | | | |
| 14872 | | | 宾一类 | | | |
| 14873 | | | 宾一类 | | | |
| 14874 | | | 宾二类 | | | |
| 14875 | | | 宾二类 | | | |
| 14876 | | | 宾二类 | | | |
| 14877 | | | 宾二类 | | | |
| 14878 | | | 宾二类 | | | |
| 14879 | 黄拼 14879+4915 | | 宾一类 | | | |
| 14880 | | | 宾一类 | | | |
| 14881 | | | 宾三类 | | | |
| 14882 | | | 宾一类 | | | |
| 14883 | | | 宾一类 | 㱿 | | |
| 14884 | | | 宾一类 | 㱿 | | |
| 14885 | | | 宾三类 | | | |
| 14886 | | 21280 | 非宾类 | | 蒋甲种子组 | 非宾 |
| 14887 | | | 宾二类 | | | |
| 14888 | | | 宾一类 | 穷、㱿 | | |
| 14889 正反 | | | 宾一类 | | | |
| 14890 | 14890+40450 | | 宾一类 | | | |
| 14891 | | | 宾一类 | | 黄宾一 | |
| 14892 | | | 宾一类 | | | |
| 14893 | | | 宾二类 | | | |

续表

| 著录号 | 缀合 | 重片 | 类型划分 | 贞人 | 专家分类 | 其他说明 |
|---|---|---|---|---|---|---|
| 14894 | | | 宾一类 | | | |
| 14895 | | | 宾三类 | | | |
| 14896 | | | 宾一类 | | | |
| 14897 | | | 宾一类 | | | |
| 14898 | | | 宾三类 | | | 背甲 |
| 14899 | | 40449 | 宾三类 | | | |
| 14900 | | | 宾三类 | | | |
| 14901 | | | 宾一类 | | | |
| 14902 | | | 宾一类 | | | |
| 14903 | | | 宾二类 | | | |
| 14904 | | | 宾三类 | | | |
| 14905 | | | 宾三类 | | | |
| 14906 正反 | | | 宾二类 | | | |
| 14907 | | | 宾二类 | | | |
| 14908 | | | 宾三类 | | | |
| 14909 | 黄拼 14909+22218+22287 | | 甲种子组 | | 蒋甲种子组 | 非宾 |
| 14910 | | | 宾三类 | | | |
| 14911 | 黄拼 14911+409 | | 宾二类 | 宁 | | |
| 14912 | | | 宾一类 | | | |
| 14913 | | | 宾二类 | | 黄典宾 | |
| 14914 | | | 宾三类 | | | |
| 14915 | 黄拼 14915+4385 | | 宾三类 | 爭 | | |
| 14916 | | | 宾三类 | | | |
| 14917 | | | 宾三类 | 𣪊 | | |
| 14918 正反 | | | 宾三类 | | | |
| 14919 | | | 宾二类 | 爭 | | |
| 14920 | 黄拼 14920+33035 | | 宾一类 | | | |
| 14921 | | | 宾三类 | | | |
| 14922 | | | 宾一类 | 𣪊 | | |
| 14923 | | | 宾三类 | | | |
| 14924 | | | 宾三类 | | | 背甲 |
| 14925 | | | 宾一类 | | | 表谱刻辞 |

续表

| 著录号 | 缀合 | 重片 | 类型划分 | 贞人 | 专家分类 | 其他说明 |
|---|---|---|---|---|---|---|
| 14926 | | | 宾一类 | | | |
| 14927 正臼 | | | 宾二类 | 宾 | | |
| 14928 | | | 宾三类 | 宾 | | |
| 14929 正反 | | | 宾一类 | | | |
| 14930 | | | 宾一类 | | | |
| 14931 | | | 宾二类 | 亘 | | |
| 14932 | | | 宾一类 | | | |
| 14933 | | | 宾一类 | | | |
| 14934 正反 | | | 宾二类 | | | |
| 14935 | | | 宾二类 | 争 | | |
| 14936 | | | 宾二类 | | | |
| 14937 | | | 宾二类 | | | |
| 14938 | | | 𠂤宾间类 | | 黄𠂤宾间 B | |
| 14939 | | | 𠂤宾间类 | | | |
| 14940 | | | 𠂤宾间类 | | | |
| 14941 | | | 𠂤宾间类 | | | |
| 14942 | | | 𠂤宾间类 | | | |
| 14943 | | | 𠂤宾间类 | | | |
| 14944 | | | 𠂤宾间类 | | | |
| 14945 | | | 𠂤宾间类 | | | |
| 14946 | 黄拼 14946+1769 | | 宾一类 | 宾 | | |
| 14947 | | | 宾一类 | | | |
| 14948 | | | 宾二类 | | | |
| 14949 | | 19125 | 宾一类 | | | |
| 14950 | | | 宾一类 | | | |
| 14951 正反 | | | 宾一类 | | | |
| 14952 正反 | | | 宾二类 | | | |
| 14953 | | | 宾一类 | | | |
| 14954 | | | 宾一类 | | | |
| 14955 | | | 宾一类 | | | |

续表

| 著录号 | 缀合 | 重片 | 类型划分 | 贞人 | 专家分类 | 其他说明 |
|---|---|---|---|---|---|---|
| 14956 | | | 宾一类 | | | |
| 14957 | | | 宾二类 | | | |
| 14958 | | | 宾二类 | | | |
| 14959 | | | 宾二类 | | | |
| 14960 正反 | | | 宾二类 | | | |
| 14961 | | | 宾二类 | | | |
| 14962 | | | 宾二类 | | | |
| 14963 | | | 宾二类 | | | |
| 14964 | | | 宾二类 | | | |
| 14965 | | | 宾二类 | 亘 | | |
| 14966 | | | 宾三类 | | | |
| 14967 | | | 宾二类 | 亘 | | |
| 14968 | | | 宾二类 | 亘 | | |
| 14969 | | 17758 | 宾二类 | | | |
| 14970 正反 | | | 宾二类 | 㱿 | | |
| 14971 | | | 宾三类 | | | |
| 14972 | | | 宾三类 | | | |
| 14973 正反 | | | 宾二类 | | | |
| 14974 | | | 宾三类 | 㝉 | | |
| 14975 | | | 宾二类 | | | |
| 14976 正反 | 黄拼 14976 反 + 合补 2163 反；黄拼 14976 正 + 合补 2163 正 | | 宾二类 | | | |
| 14977 正反 | | | 宾二类 | | | |
| 14978 | | | 宾三类 | | | |
| 14979 | | | 宾三类 | | | |
| 14980 正反 | | | 宾二类 | | | |
| 14981 | | | 宾二类 | | | |
| 14982 | | | 宾二类 | 㱿 | | |

续表

| 著录号 | 缀合 | 重片 | 类型划分 | 贞人 | 专家分类 | 其他说明 |
|---|---|---|---|---|---|---|
| 14983 | | | 宾二类 | | | |
| 14984 正反 | | | 宾二类 | 穷 | | |
| 14985 | | | 宾一类 | 古 | | |
| 14986 | | | 宾一类 | | | |
| 14987 | 黄拼 14987+ | | 宾一类 | | | 林《醉古集》143 |
| 14988 | | | 宾一类 | | | |
| 14989 | | | 宾一类 | | | |
| 14990 | 14990 遥缀 9576 | | 宾二类 | | | |
| 14991 正反 | | | 宾一类 | | | |
| 14992 | | 19972 | 宾三类 | | | |
| 14993 | | | 宾三类 | | | |
| 14994 | | | 宾三类 | | | |
| 14995 | | | 宾三类 | | | |
| 14996 | | | 宾三类 | | | |
| 14997 | | | 宾三类 | | | |
| 14998 | | | 宾一类 | | | |
| 14999 | | | 宾一类 | | | |
| 15000 正反 | | | 宾三类 | | | |
| 15001 | | | 宾三类 | | | |
| 15002 | | | 宾三类 | | | |
| 15003 | | | 宾二类 | 亘 | | |
| 15004 | | | 宾三类 | | | 背甲 |
| 15005 | | | 宾二类 | | | |
| 15006 正反 | | | 宾二类 | | | |
| 15007 | | | 宾二类 | | | |
| 15008 正反 | | 反 =9265 | 宾二类 | | | |
| 15009 | | | 宾二类 | | | |
| 15010 | | | 宾二类 | | | |
| 15011 | | | 宾二类 | | | |
| 15012 | | | 宾二类 | | | |

续表

| 著录号 | 缀合 | 重片 | 类型划分 | 贞人 | 专家分类 | 其他说明 |
|---|---|---|---|---|---|---|
| 15013 | | | 宾二类 | | | |
| 15014 正反 | | | 宾二类 | 永 | | |
| 15015 | | | 宾二类 | | | |
| 15016 | | | 宾三类 | 宁 | | |
| 15017 | | | 宾三类 | | | |
| 15018 正反 | | | 宾二类 | | | |
| 15019 | | | 宾二类 | | | |
| 15020 正反 | 黄拼 15020 正反 + 15047 正反 | | 宾二类 | | | |
| 15021 正臼 | | | 宾二类 | 㱿 | | |
| 15022 | | | 宾三类 | 争 | | |
| 15023 | | | 宾二类 | | | |
| 15024 | | | 宾二类 | | | |
| 15025 | | | 宾二类 | | | |
| 15026 正反 | 黄拼 15026+7167 | | 宾二类 | | | |
| 15027 正反 | | | 宾二类 | | | |
| 15028 | | | 宾三类 | | | |
| 15029 | | | 宾一类 | | | |
| 15030 | | | 宾一类 | | | |
| 15031 | | | 宾三类 | | | |
| 15032 | | | 宾二类 | | | |
| 15033 | | | 宾二类 | | | |
| 15034 | | | 宾二类 | | | |
| 15035 | | | 宾二类 | | | 背甲 |
| 15036 | | | 宾二类 | | | |
| 15037 正反 | | | 宾二类 | | | |
| 15038 正反 | | | 宾二类 | | | |
| 15039 | | | 宾一类 | | | |

续表

| 著录号 | 缀合 | 重片 | 类型划分 | 贞人 | 专家分类 | 其他说明 |
|---|---|---|---|---|---|---|
| 15040 | | | 宾三类 | | | |
| 15041 | | | 宾一类 | | | |
| 15042 | | | 宾二类 | | | 背甲 |
| 15043正反 | | | 宾二类 | | | |
| 15044 | | | 宾一类 | | | |
| 15045 | | | 宾二类 | 㱿 | | |
| 15046 | 黄拼 15046+1605 | | 宾三类 | | | |
| 15047正反 | 黄拼 15047 正反 + 15020 正反 | | 宾二类 | | | |
| 15048 | | | 宾二类 | | | |
| 15049正反 | | | 宾二类 | 亘 | | |
| 15050 | | | 宾三类 | | | |
| 15051正反 | | | 宾二类 | 㱿 | | |
| 15052 | | | 宾二类 | | | |
| 15053 | | | 宾二类 | | | |
| 15054 | | | 宾三类 | | | 背甲 |
| 15055 | | | 宾三类 | | | |
| 15056 | | | 宾三类 | | | |
| 15057 | | | 𠂤宾间类 | | | |
| 15058 | | | 宾二类 | 㱿 | | |
| 15059 | | | 宾三类 | | | |
| 15060 | | | 𠂤宾间类 | | | |
| 15061 | | | 宾一类 | | | |
| 15062 | | | 宾三类 | | | |
| 15063正反 | | | 宾一类 | | | |
| 15064正反 | | | 宾一类 | | | |
| 15065甲乙 | 黄拼 15065+ | | 宾一类 | | | 林《醉古集》337 |
| 15066 | | | 宾一类 | | | |
| 15067 | | | 宾一类 | | | |

续表

| 著录号 | 缀合 | 重片 | 类型划分 | 贞人 | 专家分类 | 其他说明 |
|---|---|---|---|---|---|---|
| 15068 | | | 宾三类 | | | 背甲 |
| 15069 | 15069+ | | 宾三类 | | | |
| 15070 | | | 宾二类 | | | |
| 15071 | | | 宾一类 | | | |
| 15072 | | | 宾二类 | | | |
| 15073 | | | 宾一类 | | | |
| 15074 | | | 宾一类 | | | |
| 15075 | | | 宾一类 | | | |
| 15076 | | | 宾一类 | | | |
| 15077 | | | 宾三类 | 穷 | | |
| 15078 | | | 宾一类 | | | |
| 15079 | | | 宾一类 | | | |
| 15080 | | | 宾一类 | | | |
| 15081 | | | 宾一类 | | | |
| 15082 | | | 宾一类 | | | |
| 15083 | | | 宾二类 | | | |
| 15084 | | | 宾三类 | | | |
| 15085 | | | 宾三类 | | | |
| 15086 | | | 宾三类 | | | |
| 15087 | | | 宾三类 | 穷 | | |
| 15088 | | | 宾三类 | | | |
| 15089 | | | 宾三类 | | | 背甲 |
| 15090 | | | 宾二类 | | | |
| 15091 | | | 宾二类 | | | |
| 15092 | | | 宾二类 | | | |
| 15093 | | | 宾三类 | | | |
| 15094 | | | 宾三类 | | | |
| 15095 | | | 宾三类 | | | 背甲 |
| 15096 | 15096+ | | 宾三类 | | | |
| 15097 正反 | | | 宾二类 | | | |
| 15098 正反 | | | 宾二类 | 穷 | | |
| 15099 | | | 宾二类 | 㱿 | | |

续表

| 著录号 | 缀合 | 重片 | 类型划分 | 贞人 | 专家分类 | 其他说明 |
|---|---|---|---|---|---|---|
| 15100 | | | 宾二类 | | | |
| 15101 | 黄拼 15101+9906+728 | | 宾一类 | | | |
| 15102 | | | 宾二类 | | | |
| 15103 | 黄拼 15103+ 乙 7982+ 乙补 1926+16075+ 乙补 2093+2461+ 乙补 6878 +1004 甲乙 + 无号甲 | | 宾一类 | 㱿 | | |
| 15104 | | | 宾二类 | | | |
| 15105 | | | 宾二类 | | | |
| 15106 | | | 宾一类 | | | |
| 15107 | | | 宾三类 | 穷 | | |
| 15108 | 黄拼 15108+22045 | | 非宾类 | | 蒋乙种子组 | 非宾 |
| 15109 | | | 自宾间类 | | | |
| 15110 | | | 宾一类 | | | |
| 15111 正反 | | | 宾三类 | | | |
| 15112 | | | 宾一类 | | | |
| 15113 | | | 宾一类 | | | |
| 15114 正反 | | | 宾一类 | | | |
| 15115 | | | 宾一类 | | | |
| 15116 | | | 宾二类 | 㱿 | | |
| 15117 | | | 自宾间类 | | | |
| 15118 | | 40475 | 宾二类 | | | |
| 15119 | | | 宾二类 | | | |
| 15120 正反 | | | 宾一类 | | | |
| 15121 | | | 宾一类 | | | |
| 15122 | | | 宾一类 | | | |
| 15123 | | | 自宾间类 | | | |
| 15124 | | | 宾三类 | | | |
| 15125 | 黄拼 15125+14338 | | 宾二类 | | | 缀后同文见《甲骨缀合集》第 136 组（合 2194+ 合 14339） |
| 15126 | | | 宾三类 | | | |

续表

| 著录号 | 缀合 | 重片 | 类型划分 | 贞人 | 专家分类 | 其他说明 |
|---|---|---|---|---|---|---|
| 15127 正反 | 黄拼 15127 正反 + 930+14019 | | 宾一类 | | | 林《醉古集》87，林有加缀乙 4496 |
| 15128 | | | 宾二类 | | | |
| 15129 | | | 宾二类 | | | |
| 15130 | | | 宾二类 | | | |
| 15131 | | | 宾二类 | | | |
| 15132 | | | 宾三类 | | | |
| 15133 | | | 宾一类 | | | |
| 15134 正反 | | | 宾二类 | | | |
| 15135 | | | 宾一类 | | | |
| 15136 | | | 宾三类 | 亘 | | |
| 15137 | | | 宾三类 | 古 | | |
| 15138 | | | 宾三类 | | | |
| 15139 | | | 宾三类 | | | |
| 15140 | | | 宾二类 | | | |
| 15141 正反 | | | 宾一类 | 争 | | |
| 15142 | | 2047 | 宾一类 | | | |
| 15143 | 15143+2941+3256 | | 宾一类 | | | |
| 15144 | | | 宾三类 | | | |
| 15145 | | | 宾二类 | | | |
| 15146 | | | 宾三类 | | | |
| 15147 | 15147+2558+13349+ 22237 | | 宾一类 | | | |
| 15148 | | | 宾一类 | | | |
| 15149 | | | 宾一类 | | | |
| 15150 | | | 宾一类 | | | |
| 15151 | | | 宾二类 | | | |
| 15152 | | | 宾二类 | | | |
| 15153 | 15153+ | | 宾一类 | 亘 | | |
| 15154 正反 | | | 宾一类 | | | |
| 15155 | | | 宾一类 | | | |
| 15156 | | | 宾一类 | | | |

续表

| 著录号 | 缀合 | 重片 | 类型划分 | 贞人 | 专家分类 | 其他说明 |
|---|---|---|---|---|---|---|
| 15157 正反 | | | 宾一类 | 争 | | |
| 15158 正反 | | | 宾一类 | | | |
| 15159 正反 | | | 宾一类 | | | |
| 15160 | | | 宾三类 | | | |
| 15161 | | | 宾二类 | 亘 | | |
| 15162 | | 13312 | 宾二类 | | | |
| 15163 | | | 宾二类 | | | |
| 15164 | | | 宾二类 | | | |
| 15165 | | | 宾三类 | | | 背甲 |
| 15166 | | | 宾三类 | | | 背甲 |
| 15167 | | | 宾三类 | | | 背甲 |
| 15168 | | | 宾三类 | | | 背甲 |
| 15169 | | 18162 | 宾三类 | | | |
| 15170 | | | 宾三类 | 宕 | | |
| 15171 正反 | | | 宾二类 | | | |
| 15172 | | | 宾二类 | | | |
| 15173 | | | 宾二类 | | | |
| 15174 | | | 宾二类 | | | |
| 15175 正反 | | | 宾二类 | | | |
| 15176 | | | 宾二类 | | | |
| 15177 | | | 宾二类 | | | |
| 15178 | | | 宾二类 | | | |
| 15179 | | | 宾一类 | 㱿 | | |
| 15180 | | | 宾一类 | | | |
| 15181 | | | 宾一类 | | | |
| 15182 | | | 宾一类 | 㱿 | | |
| 15183 | | | 宾一类 | | | |
| 15184 | | | 宾一类 | 㱿 | | |
| 15185 | | | 宾一类 | | | |
| 15186 | | | 宾一类 | | | |

续表

| 著录号 | 缀合 | 重片 | 类型划分 | 贞人 | 专家分类 | 其他说明 |
|---|---|---|---|---|---|---|
| 15187 | | | 宾一类 | | | |
| 15188 | | | 宾一类 | | | |
| 15189 | | | 宾一类 | 㱿 | | |
| 15190 | | | 宾一类 | | | |
| 15191 | | | 宾一类 | 㱿 | | |
| 15192 | | | 宾一类 | 㱿 | | |
| 15193<br>正臼 | 黄拼 15193+ 合补 714 | | 宾一类 | | | 缀后同文见<br>15194、合补 714 |
| 15194<br>正臼 | | | 宾一类 | 㱿 | | |
| 15195 | | | 宾一类 | | | |
| 15196 | | | 宾一类 | 㱿 | | |
| 15197 | 15197+ | | 宾一类 | | | |
| 15198 | | | 宾二类 | 㱿 | | |
| 15199 | | | 宾二类 | | | |
| 15200 | | | 宾三类 | | | |
| 15201 | | | 宾三类 | | | |
| 15202 | | | 宾三类 | | | |
| 15203 | | | 宾一类 | | | |
| 15204 | | | 宾一类 | | | |
| 15205 | 黄拼 15205+10331+<br>3243+3244+ 乙 5217+<br>乙 2935+ 乙 2986 | | 宾一类 | | | |
| 15206 | 黄拼 15206 倒 +14529 | | 宾一类 | | | |
| 15207 | | | 宾一类 | | | |
| 15208 | 黄拼 15208+25965 | | 宾三类 | | | |
| 15209 | | | 宾三类 | | | |
| 15210 | | | 宾三类 | | | |
| 15211 | 黄拼 15211 | | 宾一类 | | | 林《醉古集》297 |
| 15212 | | | 宾一类 | | | |
| 15213 | | | 宾一类 | | | |
| 15214 | | | 宾三类 | | | |
| 15215 | | | 宾一类 | | | |
| 15216 | | | 宾一类 | | | |
| 15217 | | 14685 | 宾二类 | | | |

续表

| 著录号 | 缀合 | 重片 | 类型划分 | 贞人 | 专家分类 | 其他说明 |
|---|---|---|---|---|---|---|
| 15218 | | | 宾一类 | | | |
| 15219 | | | 宾一类 | | | |
| 15220 | | | 宾一类 | | | |
| 15221 | 15221+6768 正 | | 宾三类 | | | |
| 15222 | 15222+6702+6769 | | 宾三类 | 王、穷 | | |
| 15223 | | | 宾三类 | 爭 | | |
| 15224 | | | 宾一类 | | | |
| 15225 | | | 宾一类 | | | |
| 15226 | | | 宾二类 | 穷 | | |
| 15227 正反 | | | 宾二类 | | | |
| 15228 | 15228+ 怀 B0938 | | 宾二类 | | | |
| 15229 | 15229+15420 | 15415 | 宾二类 | | | |
| 15230 | | | 宾二类 | | | |
| 15231 正反 | | | 宾二类 | | | |
| 15232 | 黄拼 15232+2476 正 | | 宾二类 | | | |
| 15233 | | | 宾三类 | | | |
| 15234 正反 | | | 宾二类 | 爭 | | |
| 15235 | | | 宾三类 | | | |
| 15236 | 黄拼 15236+13079 | | 宾二类 | | | |
| 15237 正反 | 黄拼 15237 正反 + | | 宾一类 | 亘 | | 林《醉古集》360 |
| 15238 | | | 宾一类 | | | |
| 15239 | | 19648 | 宾二类 | | | |
| 15240 | | | 宾三类 | | | |
| 15241 正反 | | | 宾二类 | | | |
| 15242 | | | 宾三类 | 穷 | | |
| 15243 | | | 宾二类 | | | |
| 15244 | | | 宾一类 | | | |
| 15245 | | | 宾一类 | | | |
| 15246 | | | 宾二类 | | | |

续表

| 著录号 | 缀合 | 重片 | 类型划分 | 贞人 | 专家分类 | 其他说明 |
|---|---|---|---|---|---|---|
| 15247 | | | 宾二类 | | | |
| 15248 正反 | | | 宾二类 | | | |
| 15249 | | | 宾二类 | | | |
| 15250 正反 | | | 宾二类 | | | |
| 15251 | | | 宾一类 | | | |
| 15252 | | | 宾一类 | | | |
| 15253 | 黄拼 15253+19290 | | 宾二类 | 争 | | |
| 15254 | | | 宾二类 | | | |
| 15255 | | | 宾二类 | 争 | | |
| 15256 | 黄拼 15256（=15255）+15560 | 11696 | 宾二类 | 争 | | |
| 15257 | | | 宾一类 | | | |
| 15258 正反 | | | 宾二类 | 穷 | | |
| 15259 | | | 宾二类 | | | |
| 15260 | | | 宾二类 | | | |
| 15261 | | | 宾二类 | | | |
| 15262 | | | 宾二类 | 争 | | |
| 15263 正反 | | | 宾二类 | | | |
| 15264 | | 40113 | 宾三类 | 穷 | | |
| 15265 | | | 宾二类 | | | |
| 15266 正反 | | | 宾二类 | 㱿 | | |
| 15267 | | | 宾二类 | | | |
| 15268 | | | 宾二类 | | | |
| 15269 | | | 宾二类 | | | |
| 15270 | | | 宾二类 | | | |
| 15271 | | | 宾二类 | | | |
| 15272 | | | 宾二类 | 穷 | | |
| 15273 | | 40532 | 宾一类 | | | |
| 15274 | | | 宾一类 | 㱿 | | |
| 15275 | | | 宾三类 | 争 | | |

续表

| 著录号 | 缀合 | 重片 | 类型划分 | 贞人 | 专家分类 | 其他说明 |
|---|---|---|---|---|---|---|
| 15276 | | | 宾一类 | | | |
| 15277 | | | 非宾类 | | 蒋乙种子组 | 非宾 |
| 15278 | | | 宾一类 | | | |
| 15279 | | | 宾一类 | | | |
| 15280 | | | 宾一类 | | | |
| 15281 | | | 宾三类 | | | |
| 15282 | | | 宾三类 | | | |
| 15283 | | | 宾一类 | | | |
| 15284 | | | 宾一类 | 王 | | |
| 15285 | | | 宾一类 | | | |
| 15286 | | | 宾三类 | | | |
| 15287 | | | 宾一类 | | | |
| 15288 | | | 宾一类 | | | |
| 15289 | | | 宾三类 | | | |
| 15290 | | | 宾一类 | | | |
| 15291 | | | 宾二类 | | | |
| 15292正反 | | | 宾三类 | | | |
| 15293 | | | 宾一类 | | | |
| 15294 | | | 宾二类 | | | |
| 15295正反 | | | 宾二类 | | | |
| 15296 | | | 宾三类 | | | 背甲 |
| 15297 | | | 宾一类 | | | |
| 15298 | | | 宾二类 | | | |
| 15299 | | | 宾一类 | | | |
| 15300 | | | 宾一类 | | | |
| 15301 | | | 宾一类 | | | |
| 15302 | | | 宾二类 | | | 背甲 |
| 15303 | | | 宾一类 | | | |
| 15304 | | | 宾一类 | | | |
| 15305 | | | 宾一类 | | | |
| 15306 | | | 宾一类 | | | |
| 15307 | | | 宾一类 | | | |

续表

| 著录号 | 缀合 | 重片 | 类型划分 | 贞人 | 专家分类 | 其他说明 |
|---|---|---|---|---|---|---|
| 15308 正反 | | 2738 | 宾二类 | | | 背甲 |
| 15309 | | | 宾一类 | | | |
| 15310 | | | 宾一类 | | | |
| 15311 | | | 宾三类 | | | |
| 15312 | | | 宾三类 | | | |
| 15313 | | | 宾一类 | | | |
| 15314 正臼 | 15314+ | | 宾二类 | 亘 | | |
| 15315 | | | 宾一类 | | | |
| 15316 | | | 宾一类 | 㱿 | | |
| 15317 | | | 宾一类 | | | |
| 15318 | | | 宾一类 | | | |
| 15319 | | | 宾二类 | | | |
| 15320 | 3468 遥缀 15320 | | 宾三类 | | | |
| 15321 | | | 宾三类 | | | |
| 15322 | 15322+2054 | | 宾一类 | | | |
| 15323 | | | 宾三类 | | | |
| 15324 | | | 宾一类 | | | |
| 15325 | | | 宾三类 | | | |
| 15326 | | | 宾二类 | | | |
| 15327 | | | 宾二类 | | | |
| 15328 | | | 宾二类 | | | |
| 15329 | | | 宾一类 | | | |
| 15330 | | 45 | 宾一类 | | | |
| 15331 | | | 𠂤宾间类 | | | |
| 15332 | | | 𠂤宾间类 | | | |
| 15333 | | | 𠂤宾间类 | | | |
| 15334 | | | 𠂤宾间类 | | | |
| 15335 | | | 𠂤宾间类 | | | |
| 15336 | | | 宾一类 | | | |
| 15337 | | | 宾一类 | | | |
| 15338 | | | 宾一类 | | | |
| 15339 | | | 宾一类 | | | |

续表

| 著录号 | 缀合 | 重片 | 类型划分 | 贞人 | 专家分类 | 其他说明 |
|---|---|---|---|---|---|---|
| 15340 | | | 宾一类 | | | |
| 15341 | | | 宾一类 | | | |
| 15342 | | | 宾一类 | | | |
| 15343 | | | 宾一类 | | | |
| 15344 | | | 宾一类 | | | |
| 15345 | | | 宾一类 | | | |
| 15346 | | | 宾三类 | | | |
| 15347 | | | 宾三类 | | | |
| 15348 | 15348+4013+13557 | | 宾三类 | | | |
| 15349 | | | 宾一类 | | | |
| 15350 | | | 宾一类 | | | |
| 15351 | | | 宾一类 | | | |
| 15352 | | | 宾三类 | | | |
| 15353 | | | 宾二类 | | | |
| 15354正反 | | | 宾三类 | | 李彭宾二 | |
| 15355 | | | 宾三类 | | | |
| 15356 | | | 宾三类 | | | |
| 15357 | | | 宾一类 | | | |
| 15358 | | | 宾一类 | | | |
| 15359 | | | 宾三类 | 穷 | | |
| 15360 | | | 宾一类 | | | |
| 15361 | | | 宾三类 | 穷 | | |
| 15362 | | | 宾三类 | 穷 | | |
| 15363正反 | | | 宾一类 | 箙 | | |
| 15364 | | | 宾一类 | | | |
| 15365 | | | 自小字类 | | | 非宾 |
| 15366 | | | 宾一类 | | | |
| 15367 | | | 宾三类 | | | |
| 15368 | | | 宾三类 | | | |
| 15369 | | | 宾三类 | | | 背甲 |
| 15370 | | | 宾三类 | | | |
| 15371 | | | 宾三类 | | | |
| 15372 | | | 宾二类 | | | |

续表

| 著录号 | 缀合 | 重片 | 类型划分 | 贞人 | 专家分类 | 其他说明 |
|---|---|---|---|---|---|---|
| 15373 | | | 宾一类 | | | |
| 15374 | | | 宾三类 | | | |
| 15375 | | | 宾二类 | | | |
| 15376 | | | 宾二类 | | | |
| 15377 | | | 宾二类 | | | |
| 15378 | | | 宾一类 | | | |
| 15379 正反 | | | 宾二类 | | | |
| 15380 | | | 宾二类 | | | |
| 15381 | | | 宾二类 | | | |
| 15382 | | | 宾二类 | | | |
| 15383 | 15383+15515 正 | | 宾三类 | | | |
| 15384 | | | 宾二类 | | | |
| 15385 | | | 宾三类 | | | |
| 15386 | | 3203 | 自宾间类 | | | |
| 15387 | | | 宾三类 | | | |
| 15388 | 15388+5733+13563 | | 宾三类 | 爭 | | |
| 15389 | | | 宾三类 | | | |
| 15390 | | | 宾三类 | | | |
| 15391 | | | 宾三类 | | | |
| 15392 | 15392+17667 | | 宾三类 | | | |
| 15393 | | | 宾三类 | | | |
| 15394 | | | 宾三类 | | | |
| 15395 | | | 宾二类 | | | |
| 15396 正反 | | | 宾二类 | 㱿、咼 | | |
| 15397 | | | 宾二类 | | | |
| 15398 | | | 宾二类 | | | |
| 15399 | | | 宾三类 | | | |
| 15400 | | | 宾二类 | | | |
| 15401 | | | 自宾间类 | | | |
| 15402 | | | 自宾间类 | | | |
| 15403 正反 | | | 宾二类 | | | 背甲 |
| 15404 | | | 宾一类 | | | |

续表

| 著录号 | 缀合 | 重片 | 类型划分 | 贞人 | 专家分类 | 其他说明 |
|---|---|---|---|---|---|---|
| 15405 | | 17593 | 宾一类 | | | |
| 15406 | | | 宾一类 | | | |
| 15407 | | | 宾二类 | | | |
| 15408 | | | 𠂤小字类 | | | 非宾 |
| 15409 | | | 宾一类 | | | |
| 15410 | | | 宾一类 | | | |
| 15411 | | | 宾一类 | | | |
| 15412 | | | 宾一类 | | | |
| 15413 | | | 宾一类 | | | |
| 15414 | | | 宾二类 | | | |
| 15415 | 15415+15420 | 15229 | 宾二类 | | | |
| 15416 | | | 宾三类 | | | |
| 15417 | 黄拼 15417+3018+17333 | | 宾三类 | | | |
| 15418 | | | 宾二类 | | | |
| 15419 | | | 宾二类 | | | |
| 15420 | 15420+15229 | | 宾二类 | | | |
| 15421 | | | 宾二类 | | | |
| 15422 | | | 𠂤宾间类 | | | |
| 15423 正反 | | | 𠂤宾间类 | | | |
| 15424 | | | 宾二类 | | | |
| 15425 | | | 𠂤宾间类 | | | |
| 15426 | | | 𠂤宾间类 | | | |
| 15427 | | | 𠂤宾间类 | | | |
| 15428 | | 40499 | 𠂤宾间类 | | | |
| 15429 | | | 宾二类 | | | |
| 15430 | | | 宾三类 | | | |
| 15431 | | | 宾三类 | | | |
| 15432 | | | 宾一类 | | | |
| 15433 | | | 宾三类 | | | |
| 15434 | | | 宾一类 | | | |
| 15435 | | | 宾一类 | | 黄宾一 | |
| 15436 | | | 宾三类 | | | |

续表

| 著录号 | 缀合 | 重片 | 类型划分 | 贞人 | 专家分类 | 其他说明 |
|---|---|---|---|---|---|---|
| 15437 | | | 宾三类 | | | |
| 15438 | | | 宾三类 | | | |
| 15439 | | | 宾三类 | | | 背甲 |
| 15440 | | | 宾三类 | | | |
| 15441 | | | 宾三类 | | | |
| 15442 | | | 宾三类 | | | 背甲 |
| 15443 | | | 宾三类 | | | |
| 15444 | | | 宾三类 | | | 背甲 |
| 15445 | | | 宾三类 | | | 背甲 |
| 15446 | | | 宾一类 | | | 背甲 |
| 15447 | | | 宾一类 | | | |
| 15448 | | | 宾一类 | | | |
| 15449 | | | 宾三类 | | | 背甲 |
| 15450 | | | 宾三类 | | | 背甲 |
| 15451 | | | 非宾类 | | 蒋乙种子组 | 非宾 |
| 15452 | | | 宾三类 | | | 背甲 |
| 15453 | 15453+7176+762+1403+14725 | | 宾一类 | | | |
| 15454 | | | 宾二类 | | | |
| 15455 | | | 自小字类 | | | 非宾 |
| 15456 | | | 宾三类 | 争 | | |
| 15457 | | | 宾三类 | | | |
| 15458 | | | 宾三类 | | | |
| 15459 | | | 宾三类 | | | |
| 15460 | | | 宾二类 | 古 | | |
| 15461 | | | 宾三类 | | | |
| 15462 | 黄拼 15462 +19037 | | 宾三类 | | | |
| 15463 | | | 宾三类 | | | |
| 15464 | | | 宾三类 | 古 | | |
| 15465 | | | 宾三类 | | | |
| 15466 | | | 宾三类 | | | |
| 15467 | | | 宾三类 | | | |
| 15468 | | | 宾三类 | | 李彭宾二 | |
| 15469 | | | 宾三类 | | | |

续表

| 著录号 | 缀合 | 重片 | 类型划分 | 贞人 | 专家分类 | 其他说明 |
|---|---|---|---|---|---|---|
| 15470 | | | 宾三类 | | | |
| 15471 | | | 宾二类 | 㱿 | | |
| 15472 | | | 宾三类 | | | |
| 15473 | | | 宾三类 | | | |
| 15474 | | | 宾二类 | | | |
| 15475 | 黄拼 15475+1520+102+ 存补 5.431.1 | | 宾三类 | | | |
| 15476 | 黄拼 15476+16217 | | 宾三类 | | | |
| 15477 | | | 宾三类 | | | |
| 15478 | | | 宾二类 | | | |
| 15479 | | | 宾二类 | | | |
| 15480 | | 25202 | 宾二类 | | | |
| 15481 | | | 宾二类 | | | |
| 15482 | | | 宾三类 | 爭 | | |
| 15483 正反 | 黄拼 15483 正 + 15484 | | 宾二类 | | | |
| 15484 | | | 宾三类 | | | |
| 15485 | | | 宾三类 | 穷 | | |
| 15486 | | | 宾三类 | 穷 | | |
| 15487 | | | 宾三类 | | | |
| 15488 | | | 宾三类 | | | |
| 15489 | | | 宾二类 | 爭 | | |
| 15490 | | | 宾一类 | | | |
| 15491 正反 | | | 宾一类 | | | |
| 15492 | | | 宾二类 | | | |
| 15493 | | | 宾一类 | | | |
| 15494 正反 | | | 宾二类 | | | |
| 15495 | | | 宾二类 | | | |
| 15496 | | | 𠂤宾间类 | 王 | | |
| 15497 | | | 宾三类 | | | |
| 15498 | | | 宾三类 | | | 背甲 |
| 15499 | 15499+ | | 宾二类 | | | |
| 15500 | | | 宾二类 | | | |

续表

| 著录号 | 缀合 | 重片 | 类型划分 | 贞人 | 专家分类 | 其他说明 |
|---|---|---|---|---|---|---|
| 15501 | | | 宾二类 | | | |
| 15502 | | | 宾二类 | | | |
| 15503 | | | 宾二类 | | | |
| 15504 | | | 宾二类 | | | |
| 15505 | | | 宾二类 | | | |
| 15506 正反 | | 16395 | 宾二类 | | | |
| 15507 | | | 宾三类 | | | 背甲 |
| 15508 | | | 宾三类 | | | |
| 15509 | | | 宾三类 | | 李彭宾二 | |
| 15510 | | | 宾二类 | | | |
| 15511 | | | 宾三类 | | | |
| 15512 | | | 宾三类 | | | 背甲 |
| 15513 正反 | | | 宾二类 | | | |
| 15514 | | | 宾三类 | | | |
| 15515 正反 | 15515 正反 +15383 | | 宾三类 | 宊、爭、古 | 李彭宾一 B | |
| 15516 | | | 宾三类 | | | |
| 15517 | | | 宾三类 | | | |
| 15518 | | | 宾三类 | | | |
| 15519 | | | 宾三类 | | | |
| 15520 | | | 宾三类 | | | |
| 15521 | | | 宾三类 | | | |
| 15522 | | | 宾三类 | 宊 | | |
| 15523 | | | 宾三类 | | | |
| 15524 | | | 宾三类 | | | |
| 15525 | 黄拼 15525+15984 | | 宾三类 | | | |
| 15526 | 黄拼 15526+19031+ 辑佚 23 | | 宾三类 | | | |
| 15527 正反 | | | 宾二类 | | | |
| 15528 正臼 | 黄拼 15528 正 +4919+ 39987 | | 宾二类 | 爭 | | |
| 15529 | | 17258/40504 | 宾二类 | | | |

续表

| 著录号 | 缀合 | 重片 | 类型划分 | 贞人 | 专家分类 | 其他说明 |
|---|---|---|---|---|---|---|
| 15530 | | | 宾二类 | | | |
| 15531 | | | 宾二类 | 𡧊 | | |
| 15532 | | | 宾二类 | | | |
| 15533 | | | 宾二类 | | | |
| 15534 | | | 宾二类 | | | |
| 15535 | | | 宾二类 | | | |
| 15536 | | | 宾二类 | | 李彭宾一 A | |
| 15537 | | | 宾二类 | 永 | | |
| 15538 | | | 待考 | | | |
| 15539 | | | 宾二类 | | | |
| 15540 正反 | | | 宾二类 | 𡧊 | | |
| 15541 | | 9036 | 宾二类 | | | |
| 15542 | | | 宾二类 | | | |
| 15543 正反 | | | 宾二类 | | | |
| 15544 | | | 宾二类 | | | |
| 15545 | | | 宾一类 | | | |
| 15546 | | | 宾一类 | 宀 | | |
| 15547 正反 | | | 宾二类 | | | |
| 15548 | | | 宾三类 | | | |
| 15549 正反 | | | 宾二类 | | | |
| 15550 正反 | | | 宾二类 | | | |
| 15551 | | | 宾二类 | | | |
| 15552 | | | 宾一类 | | | |
| 15553 | | | 宾二类 | 𡧊 | | |
| 15554 | | | 宾二类 | | | |
| 15555 | | | 宾二类 | | | |
| 15556 | | | 宾一类 | 宀 | | |
| 15557 | | | 宾一类 | | | |
| 15558 | | | 宾三类 | | | |
| 15559 | | | 宾二类 | | | |

续表

| 著录号 | 缀合 | 重片 | 类型划分 | 贞人 | 专家分类 | 其他说明 |
|---|---|---|---|---|---|---|
| 15560 | 黄拼 15560+15256 | | 宾二类 | 爭 | | |
| 15561 | | | 宾二类 | | | |
| 15562 正臼 | | | 宾二类 | 穷 | | |
| 15563 正反 | | | 宾二类 | 爭 | | 笔书（反） |
| 15564 | | | 宾二类 | | | |
| 15565 | | | 宾二类 | | | |
| 15566 正反 | | | 宾二类 | | | |
| 15567 | | | 宾二类 | | | |
| 15568 | | | 宾二类 | 爭 | | |
| 15569 | | | 宾二类 | | | |
| 15570 | | | 宾二类 | | | |
| 15571 正反 | | | 宾二类 | | | |
| 15572 | | | 宾二类 | | | |
| 15573 | | | 宾二类 | | | |
| 15574 | | | 宾二类 | | | |
| 15575 | | | 宾二类 | | | |
| 15576 | | | 宾二类 | | | |
| 15577 正臼 | | | 宾三类 | | | |
| 15578 | | | 宾二类 | | | |
| 15579 | | | 宾二类 | | | |
| 15580 | 黄拼 15580+ 合补 2496 | | 宾二类 | 亘 | | |
| 15581 | | | 宾二类 | | | |
| 15582 | 黄拼 15582+14524+14527 部分 | | 宾二类 | | | |
| 15583 | | | 宾二类 | | | |
| 15584 正反 | | | 宾二类 | | | |
| 15585 正臼 | | | 宾二类 | | | |
| 15586 | 黄拼 15586 + 合补 109 | 8065 | 宾一类 | | | |

续表

| 著录号 | 缀合 | 重片 | 类型划分 | 贞人 | 专家分类 | 其他说明 |
|---|---|---|---|---|---|---|
| 15587 | | | 宾三类 | | | |
| 15588 正反 | | | 自宾间类 | | | |
| 15589 正反 | | | 宾二类 | | | |
| 15590 | | | 宾二类 | | | |
| 15591 | | | 宾二类 | | | |
| 15592 | | | 宾二类 | 𡧊 | | |
| 15593 | | | 宾二类 | | | |
| 15594 正反 | | | 宾二类 | | | |
| 15595 | | | 宾二类 | 爭 | | |
| 15596 | | | 宾二类 | 韋 | | |
| 15597 | | | 宾三类 | | | |
| 15598 | | | 宾三类 | | | |
| 15599 正反 | | | 宾三类 | | | |
| 15600 | | | 宾二类 | 𡧊 | | |
| 15601 | | | 宾二类 | | | |
| 15602 | | | 宾二类 | | | |
| 15603 | | | 宾二类 | | | |
| 15604 | | | 宾二类 | | | |
| 15605 | | | 宾三类 | | | |
| 15606 | | | 宾二类 | | | |
| 15607 正反 | | 反 = 17546 | 宾二类 | | | |
| 15608 | | | 宾二类 | 𡧊 | | |
| 15609 | | | 宾二类 | | | |
| 15610 | | | 宾二类 | | | |
| 15611 | | | 宾二类 | 穷 | | |
| 15612 | | | 宾二类 | 穷 | | |
| 15613 | | | 宾二类 | | | |
| 15614 正臼 | | | 宾二类 | 𡧊 | | |
| 15615 | | | 宾二类 | | | |

续表

| 著录号 | 缀合 | 重片 | 类型划分 | 贞人 | 专家分类 | 其他说明 |
|---|---|---|---|---|---|---|
| 15616 | 15616 遥缀 15617 | | 宾一类 | 㱿 | | |
| 15617 | 15617 遥缀 15616 | | 宾二类 | | | |
| 15618 | | | 宾二类 | | | |
| 15619 | 15619+13117 | | 宾二类 | 亘 | | |
| 15620 | 黄拼 15620+12954 正反 | | 宾二类 | | | |
| 15621 | | | 宾二类 | | | |
| 15622 | | 41631 | 宾二类 | | | |
| 15623 | | | 宾二类 | | | |
| 15624 | | | 宾二类 | | | |
| 15625 正反 | | | 宾二类 | | | |
| 15626 | | | 宾二类 | | | |
| 15627 | | | 宾二类 | | | |
| 15628 正反 | | | 宾二类 | | | |
| 15629 | | | 宾二类 | | | |
| 15630 正反 | | | 宾二类 | 㱿 | | |
| 15631 | | | 宾一类 | | | |
| 15632 | | | 宾二类 | | | |
| 15633 正反 | | | 宾二类 | | | |
| 15634 | | | 宾二类 | | | |
| 15635 正反 | | | 宾二类 | | | |
| 15636 | | | 宾二类 | | | |
| 15637 正反 | 15637 正反 +1668 | | 宾二类 | | | |
| 15638 | | | 宾二类 | 㱿 | | |
| 15639 | | | 宾二类 | | | |
| 15640 | | | 宾二类 | | | |
| 15641 正反 | | | 宾一类 | 古 | | |
| 15642 | | | 宾二类 | 㱿 | | |

续表

| 著录号 | 缀合 | 重片 | 类型划分 | 贞人 | 专家分类 | 其他说明 |
|---|---|---|---|---|---|---|
| 15643 | | | 宾二类 | 王 | | |
| 15644 | | | 宾二类 | | | |
| 15645 正反 | | | 宾二类 | | | |
| 15646 | | | 宾二类 | | | |
| 15647 | | | 宾二类 | 㱿、爭 | | |
| 15648 | | | 宾二类 | | | |
| 15649 正反 | | | 宾二类 | | | |
| 15650 | 黄拼 15650 +21039+ 21785 | | 宾三类 | | | |
| 15651 | | | 𠂤宾间类 | | | |
| 15652 | | 1442 | 宾二类 | | | |
| 15653 | 黄拼 15653+ 乙 8988 | | 𠂤宾间类 | | | |
| 15654 | | | 𠂤宾间类 | | | |
| 15655 | | | 宾二类 | | | |
| 15656 正反 | | | 宾二类 | | | |
| 15657 | | | 宾二类 | | | |
| 15658 | | | 宾二类 | | | |
| 15659 正臼 | | | 宾二类 | 穷 | | |
| 15660 | | | 宾一类 | | | |
| 15661 | | | 宾三类 | | | |
| 15662 | | | 宾三类 | | | |
| 15663 | | | 宾三类 | | | |
| 15664 | 黄拼 15664+13692（17984） | | 宾三类 | 穷、爭 | | 背甲 |
| 15665 | | | 宾三类 | | | |
| 15666 | | | 宾三类 | | | |
| 15667 | | | 宾三类 | 爭 | | |
| 15668 | | | 宾一类 | | | |
| 15669 | | | 宾一类 | | | |
| 15670 | | | 宾一类 | | | |
| 15671 | | | 宾一类 | | | |

续表

| 著录号 | 缀合 | 重片 | 类型划分 | 贞人 | 专家分类 | 其他说明 |
|---|---|---|---|---|---|---|
| 15672 | | | 宾一类 | | | |
| 15673 | | | 宾三类 | | | |
| 15674 | 15674+1137 | | 宾二类 | | | |
| 15675 | | | 宾三类 | | | |
| 15676 | | | 宾二类 | | | |
| 15677 | | | 待考 | | | |
| 15678 | | | 待考 | | | |
| 15679 | | | 宾一类 | | | |
| 15680 | | | 待考 | | | |
| 15681 | | | 待考 | | | |
| 15682 | | | 宾三类 | | | |
| 15683 | 15683+34360 | | 历二类 | | | 非宾<br>笔书（反） |
| 15684<br>正反 | | | 宾一类 | | | |
| 15685 | | | 宾三类 | | | |
| 15686 | | | 宾二类 | | | |
| 15687 | | | 宾三类 | | | |
| 15688 | | | 宾一类 | | | |
| 15689 | | | 宾三类 | | | |
| 15690 | | | 宾三类 | | | |
| 15691 | | | 宾一类 | | | |
| 15692 | | | 宾二类 | | | |
| 15693 | | | 宾一类 | | | |
| 15694 | | | 宾三类 | | | |
| 15695<br>正臼 | | | 宾三类 | 穷 | | |
| 15696 | | | 宾二类 | | | |
| 15697<br>正反 | | | 宾二类 | | | |
| 15698 | | | 宾二类 | | | |
| 15699 | | | 宾二类 | | | |
| 15700<br>正臼 | | | 宾二类 | | | |
| 15701 | | | 宾三类 | | | |

续表

| 著录号 | 缀合 | 重片 | 类型划分 | 贞人 | 专家分类 | 其他说明 |
|---|---|---|---|---|---|---|
| 15702 | | | 宾一类 | | | 背甲 |
| 15703 | | | 宾三类 | | | |
| 15704 | | | 宾三类 | | | |
| 15705 | | | 宾三类 | | | |
| 15706 | | | 宾三类 | | | |
| 15707 | | | 宾三类 | 争 | | |
| 15708 | | | 宾三类 | | | |
| 15709 | | | 宾二类 | | | |
| 15710 | | | 宾三类 | | | |
| 15711 | | | 宾二类 | | | |
| 15712 | | | 宾三类 | | | |
| 15713 | | | 自小字类 | | | 笔书（反）<br>非宾 |
| 15714 | | | 宾一类 | | | |
| 15715 | | | 宾二类 | 亘 | | |
| 15716 | | | 宾二类 | | | |
| 15717 | | | 宾二类 | 㱿 | | |
| 15718 | | | 宾二类 | | | |
| 15719 | | | 宾二类 | | | |
| 15720 | | | 宾一类 | | | |
| 15721 | | | 宾三类 | 争 | | |
| 15722 | | | 宾二类 | | | |
| 15723 | | | 宾二类 | 㱿 | | |
| 15724 | | | 宾二类 | 㱿 | | |
| 15725 | | | 宾二类 | | | |
| 15726 | 黄拼 15726+1670+ 乙补 5398 | | 宾二类 | | | |
| 15727 | | | 宾二类 | | | |
| 15728 | | | 宾二类 | 争 | | |
| 15729 | | | 宾二类 | | | |
| 15730 | | | 宾二类 | | | |
| 15731 | | | 宾二类 | | | |
| 15732 | | | 宾二类 | | | |
| 15733 | | | 宾三类 | 争 | | |
| 15734<br>正反 | | | 宾一类 | | | |

续表

| 著录号 | 缀合 | 重片 | 类型划分 | 贞人 | 专家分类 | 其他说明 |
|---|---|---|---|---|---|---|
| 15735 | | | 宾一类 | | | |
| 15736 | | | 宾二类 | | | |
| 15737 正反 | | | 宾一类 | 爭 | | |
| 15738 | | | 宾一类 | 㱿 | | |
| 15739 | | | 宾二类 | | | |
| 15740 | | | 宾三类 | | | |
| 15741 正反 | | | 宾二类 | | | |
| 15742 正反 | | | 宾二类 | | | |
| 15743 | | | 宾二类 | | | |
| 15744 | | | 宾三类 | | | |
| 15745 | | | 宾二类 | | | |
| 15746 | | | 宾二类 | | | |
| 15747 | | | 宾二类 | | | |
| 15748 | | | 宾二类 | | | |
| 15749 | | | 宾二类 | | | |
| 15750 | | | 宾二类 | | | |
| 15751 | | | 宾二类 | | | |
| 15752 | | | 宾二类 | | | |
| 15753 | | | 宾三类 | | | |
| 15754 | 黄拼 15754 +4140 | | 宾二类 | | | |
| 15755 | | | 宾一类 | | | |
| 15756 | | 8711 | 宾三类 | | | |
| 15757 | | | 宾二类 | | | |
| 15758 | | | 宾二类 | | 黄典宾 | |
| 15759 | | | 宾三类 | | | |
| 15760 | | | 宾二类 | | | |
| 15761 | | | 宾二类 | 𠂤 | | |
| 15762 | | | 宾二类 | | | |
| 15763 | | | 宾二类 | | | |
| 15764 | | | 宾二类 | | | |
| 15765 | | | 自宾间类 | | | |
| 15766 | | | 自宾间类 | | | |

续表

| 著录号 | 缀合 | 重片 | 类型划分 | 贞人 | 专家分类 | 其他说明 |
|---|---|---|---|---|---|---|
| 15767 | | | 宾二类 | | | |
| 15768 正反 | | | 宾二类 | | | |
| 15769 | | | 宾二类 | | | |
| 15770 | 黄拼 15770 +6331 | | 宾二类 | | | |
| 15771 | | | 宾三类 | | | |
| 15772 | | | 宾二类 | | | |
| 15773 | | | 宾二类 | | | |
| 15774 | | | 宾二类 | 𣪊 | | |
| 15775 | | | 宾一类 | | | |
| 15776 | | | 宾二类 | | | |
| 15777 正反 | 黄拼 15777 正反 + 合补 2447 正反 | | 宾二类 | | | |
| 15778 | | | 宾三类 | | | |
| 15779 | | | 宾二类 | | 黄典宾 | |
| 15780 | | 963 | 宾一类 | | | |
| 15781 正反 | | | 宾一类 | | | |
| 15782 | | | 宾一类 | | 李彭宾一 A | |
| 15783 | | | 宾一类 | | 李彭宾一 A | |
| 15784 | | | 宾一类 | | | |
| 15785 | | | 宾三类 | | | |
| 15786 | | | 宾三类 | | | |
| 15787 | | | 宾三类 | | | |
| 15788 | | | 宾三类 | | | |
| 15789 | | | 宾三类 | 事 | | |
| 15790 | | | 宾三类 | | | |
| 15791 | | | 宾三类 | | 黄宾三 | |
| 15792 | | | 宾三类 | | | |
| 15793 | | | 宾三类 | | | |
| 15794 | | | 宾三类 | | | |
| 15795 | | 41420 | 宾三类 | | | |
| 15796 | | | 宾三类 | | | |
| 15797 | | | 宾三类 | | | |
| 15798 | | | 宾三类 | | | |

续表

| 著录号 | 缀合 | 重片 | 类型划分 | 贞人 | 专家分类 | 其他说明 |
|---|---|---|---|---|---|---|
| 15799 | | | 宾三类 | | | |
| 15800 | | 26803 | 宾三类 | | | |
| 15801 | | | 宾三类 | | | |
| 15802 | | | 宾三类 | | | |
| 15803 | | | 宾三类 | | | |
| 15804 | | | 宾三类 | | | |
| 15805 | | | 宾三类 | 穷 | 黄宾三 | |
| 15806 | | | 宾二类 | | | |
| 15807 | | | 宾二类 | | | |
| 15808 | | | 宾二类 | | | |
| 15809 | | | 待考 | | | |
| 15810 | | | 宾三类 | | | |
| 15811 | | | 宾二类 | | | |
| 15812 | 15812+1243+4916 | | 宾二类 | | | |
| 15813 | | | 宾三类 | | | |
| 15814 | | | 宾二类 | | | |
| 15815 | | | 宾二类 | | | |
| 15816 | | | 宾三类 | 争 | | |
| 15817 | | | 宾三类 | 穷 | | |
| 15818 | | | 宾三类 | | | |
| 15819 | | | 宾三类 | | | |
| 15820 | | | 宾三类 | | | |
| 15821 | | | 宾一类 | | 黄宾一 | |
| 15822 | | | 宾一类 | | | |
| 15823 | | | 宾一类 | | | |
| 15824 | | | 宾二类 | | | |
| 15825 | | | 宾二类 | | | |
| 15826 | | | 宾三类 | 穷 | 黄宾三 | |
| 15827正反 | | | 宾三类 | | | |
| 15828 | | | 宾三类 | | | |
| 15829 | | 5291 | 宾三类 | 事 | | |
| 15830 | 15830+15831 | | 宾三类 | | 李彭宾二 | |
| 15831 | 15831+15830 | | 宾三类 | | 李彭宾二 | |

续表

| 著录号 | 缀合 | 重片 | 类型划分 | 贞人 | 专家分类 | 其他说明 |
|---|---|---|---|---|---|---|
| 15832 | | | 宾三类 | | | 背甲 |
| 15833 | | | 宾三类 | | | |
| 15834 正反 | | | 宾三类 | | | 背甲 |
| 15835 | | | 宾三类 | | | |
| 15836 | | | 宾二类 | | | |
| 15837 | | 2472 | 宾二类 | | | |
| 15838 | | | 宾三类 | 吕 | 黄宾三 | |
| 15839 | | | 宾二类 | | | |
| 15840 | | 41184 | 宾三类 | | | 背甲 |
| 15841 | | | 宾三类 | | | |
| 15842 | 黄拼 15842+ 掇三 779 | 25629 | 宾三类 | | | |
| 15843 | | | 宾三类 | 穷 | | |
| 15844 | | | 宾二类 | | | |
| 15845 | | | 宾二类 | | | |
| 15846 | | | 宾一类 | | | |
| 15847 | 15847+ | | 宾一类 | | | |
| 15848 | | 1570 | 自小字类 | | | 笔书（反） |
| 15849 | 15849 正反 + | | 宾一类 | | | |
| 15850 | | | 宾三类 | | | |
| 15851 | | | 宾一类 | | | |
| 15852 | | | 宾一类 | | | |
| 15853 | | | 宾一类 | | | |
| 15854 正反 | 黄拼 15854 正反 + | | 宾一类 | 亘 | | 林《醉古集》50 |
| 15855 | | | 宾三类 | | | |
| 15856 | | | 宾二类 | | | |
| 15857 | | | 宾三类 | | | |
| 15858 | | | 宾一类 | | | |
| 15859 | | | 宾一类 | | | |
| 15860 | | | 宾一类 | | | |
| 15861 | | | 宾一类 | | | |
| 15862 正反 | | | 宾一类 | | | |
| 15863 | | 19581 | 宾一类 | | | |

续表

| 著录号 | 缀合 | 重片 | 类型划分 | 贞人 | 专家分类 | 其他说明 |
|---|---|---|---|---|---|---|
| 15864 | | | 宾二类 | | | |
| 15865 | | | 宾二类 | | | |
| 15866 | | | 宾二类 | | | |
| 15867 | | | 宾二类 | | | |
| 15868 | | | 自小字类 | | 黄自小字 | 笔书（反）<br>非宾 |
| 15869 | | | 宾一类 | | | |
| 15870 | | | 宾一类 | | | 背甲 |
| 15871正反 | | | 宾一类 | | | |
| 15872 | | | 宾一类 | | | |
| 15873 | | | 宾一类 | | | |
| 15874 | | | 宾三类 | | | |
| 15875 | | | 宾一类 | 争 | | |
| 15876 | | | 宾三类 | | | |
| 15877 | | | 宾三类 | | | |
| 15878 | | | 宾三类 | | | |
| 15879 | | | 宾三类 | | | |
| 15880 | | | 宾三类 | | | |
| 15881 | | | 宾三类 | | 黄宾三 | |
| 15882 | | | 宾一类 | | | |
| 15883 | | | 宾一类 | | | |
| 15884 | | | 宾一类 | | 黄宾一 | |
| 15885 | | | 宾一类 | | | |
| 15886 | | | 宾三类 | | | |
| 15887 | | | 宾三类 | | | |
| 15888 | | | 宾二类 | 㱿 | | |
| 15889 | | | 宾二类 | 穷、亘、古 | | |
| 15890 | | | 宾二类 | 㱿 | | |
| 15891 | | | 宾二类 | 争 | | |
| 15892 | | | 宾二类 | | | |
| 15893正反 | | | 宾二类 | | | |
| 15894 | | | 宾二类 | | | |

续表

| 著录号 | 缀合 | 重片 | 类型划分 | 贞人 | 专家分类 | 其他说明 |
|---|---|---|---|---|---|---|
| 15895 | | | 宾二类 | | | |
| 15896 | | | 宾二类 | | | |
| 15897 | | | 宾二类 | | | |
| 15898 | | | 宾二类 | | | |
| 15899 | | | 宾三类 | | | |
| 15900 | | | 宾二类 | | | |
| 15901 正反 | | | 宾二类 | | | |
| 15902 正反 | | | 宾二类 | 穷 | | |
| 15903 | | | 宾二类 | | | |
| 15904 | | | 宾二类 | | | |
| 15905 | | | 宾二类 | | | |
| 15906 | | | 宾二类 | | | |
| 15907 正反 | | | 宾二类 | | | |
| 15908 | | | 宾二类 | | | |
| 15909 | | | 宾二类 | | | |
| 15910 | | | 宾二类 | | | |
| 15911 | | | 宾二类 | | | |
| 15912 | | | 宾二类 | | | |
| 15913 正反 | | | 宾二类 | | | |
| 15914 | | | 宾三类 | | | |
| 15915 | | | 宾二类 | | | |
| 15916 | | | 宾三类 | 穷 | | |
| 15917 | 黄拼 15917+2052 正 | | 宾二类 | | | |
| 15918 | | | 宾二类 | 㱿 | | |
| 15919 | | | 宾二类 | | | |
| 15920 正反 | | | 宾二类 | | | |
| 15921 | | | 宾三类 | | | |
| 15922 | | | 宾一类 | | | |
| 15923 | | | 宾一类 | | | |
| 15924 | | | 宾一类 | | | |

续表

| 著录号 | 缀合 | 重片 | 类型划分 | 贞人 | 专家分类 | 其他说明 |
|---|---|---|---|---|---|---|
| 15925 | | | 宾一类 | | | |
| 15926 | | | 宾一类 | | | |
| 15927 | | | 宾一类 | 古 | | |
| 15928 | | | 自小字类 | | 黄自小字 | 非宾 |
| 15929 | | | 宾一类 | | | |
| 15930 | | | 宾一类 | | | |
| 15931 | | | 宾一类 | | 黄宾一 | |
| 15932 | | | 宾一类 | | | |
| 15933 | | | 宾一类 | | | |
| 15934 | | | 宾一类 | | | |
| 15935 正臼 | | | 宾二类 | 永 | | |
| 15936 | | | 宾二类 | | | |
| 15937 正反 | | | 宾二类 | | | |
| 15938 | | 19446 | 宾二类 | | | |
| 15939 | | | 宾二类 | | | |
| 15940 正反 | | | 宾二类 | | | |
| 15941 | | | 宾三类 | | | |
| 15942 | | | 宾三类 | | | |
| 15943 | | | 宾二类 | | | |
| 15944 | | 40036 | 宾三类 | 穷 | | |
| 15945 | | | 宾二类 | | | |
| 15946 正反 | | | 宾二类 | | | |
| 15947 | | | 宾三类 | | | |
| 15948 | 黄拼 15948 +15949 | | 宾一类 | | | |
| 15949 | 黄拼 15949+15948 | | 宾一类 | 㱿 | | |
| 15950 | | | 宾一类 | | | |
| 15951 | | | 宾一类 | | | |
| 15952 | | | 宾一类 | 㱿 | | |
| 15953 | | | 宾一类 | | | |
| 15954 正反 | 黄拼 15954 反 +S0066b；黄拼 15954 正 +8654 | | 宾一类 | | | |

续表

| 著录号 | 缀合 | 重片 | 类型划分 | 贞人 | 专家分类 | 其他说明 |
|---|---|---|---|---|---|---|
| 15955 | | 15965 | 宾一类 | | | |
| 15956 | | | 宾二类 | 古 | | |
| 15957 | | | 宾一类 | | | |
| 15958 | | | 宾一类 | | | |
| 15959 正反 | | | 宾一类 | 王 | | |
| 15960 正反 | 15960 正反 + | | 宾二类 | 吅 | | |
| 15961 | | | 宾一类 | | | |
| 15962 | | | 宾二类 | | | |
| 15963 | | | 宾二类 | | 黄典宾 | |
| 15964 | | | 宾二类 | | | |
| 15965 | | 15955 | 宾一类 | | | |
| 15966 | | | 宾二类 | | | |
| 15967 | | | 宾二类 | | | |
| 15968 | | | 宾二类 | | | |
| 15969 | | | 宾二类 | | | |
| 15970 | | | 宾一类 | | | |
| 15971 | | | 宾一类 | | | |
| 15972 正反 | | | 宾二类 | | | |
| 15973 | | | 宾三类 | | | 背甲 |
| 15974 | | | 宾三类 | | | 背甲 |
| 15975 | | | 宾三类 | | | |
| 15976 | | | 宾三类 | | | |
| 15977 | | | 宾三类 | | | |
| 15978 | | | 宾三类 | | | |
| 15979 | | | 宾三类 | | | |
| 15980 | | | 宾三类 | | | |
| 15981 | 黄拼 15981+14328+乙补 6103+ 乙补 1859+乙 3565+ 乙补 3094 | | 宾二类 | | | |
| 15982 | | | 宾二类 | | | |
| 15983 | | | 宾一类 | | | |
| 15984 | 黄拼 15525+15984 | | 宾三类 | | | |

续表

| 著录号 | 缀合 | 重片 | 类型划分 | 贞人 | 专家分类 | 其他说明 |
|---|---|---|---|---|---|---|
| 15985 | | | 宾三类 | | | |
| 15986甲乙 | 15986+4539 | | 宾一类 | | | |
| 15987 | | | 宾三类 | | | |
| 15988 | | | 宾三类 | | | |
| 15989 | | | 宾三类 | | | 背甲 |
| 15990 | | | 宾三类 | | | |
| 15991 | | | 宾三类 | | | |
| 15992 | | | 宾三类 | | | |
| 15993 | | | 宾三类 | 爭 | | |
| 15994 | | | 𠂤宾间类 | | | |
| 15995 | 黄拼 15995+ 合 1311 | | 宾二类 | 𡧊 | | 缀后同文见 15996、15997、15998、合补 1311 |
| 15996 | | | 宾二类 | 𡧊 | | |
| 15997 | | | 宾二类 | 𡧊 | | |
| 15998 | | | 宾二类 | 𡧊 | | |
| 15999 | | | 宾二类 | 𡧊 | | |
| 16000 | | | 𠂤宾间类 | | | |
| 16001 | | | 𠂤宾间类 | | | |
| 16002 | | | 宾三类 | | | |
| 16003 | | | 宾三类 | | | 背甲 |
| 16004正反 | | | 宾一类 | 古 | | |
| 16005 | | | 宾一类 | | | |
| 16006 | | | 宾一类 | | | |
| 16007 | | | 宾二类 | | | |
| 16008 | | | 宾三类 | | | |
| 16009正反 | | | 宾二类 | | | |
| 16010 | | | 宾三类 | | | |
| 16011 | | | 宾三类 | | 黄宾三 | |
| 16012正反 | | | 宾一类 | | | |
| 16013 | | | 宾二类 | 𠱴 | 黄典宾 | |

续表

| 著录号 | 缀合 | 重片 | 类型划分 | 贞人 | 专家分类 | 其他说明 |
|---|---|---|---|---|---|---|
| 16014 | | | 宾三类 | 穷 | | |
| 16015 | | 10681 | 宾一类 | | | |
| 16016 | | | 宾三类 | | | |
| 16017 | 黄拼 16017+8546 +13951 | | 宾二类 | 穷、爭 | | |
| 16018 | | | 宾二类 | | | |
| 16019 | | | 宾二类 | | | |
| 16020 | | | 宾二类 | | | |
| 16021 | | | 宾二类 | 爭 | | |
| 16022 | | | 宾三类 | | | |
| 16023 | 16023+948 | 948+14855 | 宾三类 | 爭 | | |
| 16024 | | 3666 | 宾二类 | 穷 | | |
| 16025 | | | 宾一类 | | | |
| 16026 正反 | | | 宾一类 | | | |
| 16027 | | | 宾三类 | | | |
| 16028 | | | 宾二类 | | | |
| 16029 | | | 宾一类 | | | |
| 16030 | | | 宾一类 | | | |
| 16031 | | | 宾一类 | | | |
| 16032 | | | 宾三类 | | | |
| 16033 | | | 自宾间类 | | | |
| 16034 | | | 宾二类 | | | |
| 16035 正反 | | | 宾三类 | | | |
| 16036 | | | 宾一类 | | | |
| 16037 | 黄拼 16037 + 英 1149 | | 宾二类 | | | 此片缀合疑误 |
| 16038 | | | 宾一类 | | | |
| 16039 | | | 宾一类 | | | |
| 16040 | | | 宾一类 | | | |
| 16041 | | | 宾一类 | | | |
| 16042 | | | 宾一类 | | | |
| 16043 | | 18806 | 宾二类 | 穷 | | |
| 16044 | | | 宾三类 | | | |
| 16045 | | | 宾二类 | | | |

续表

| 著录号 | 缀合 | 重片 | 类型划分 | 贞人 | 专家分类 | 其他说明 |
|---|---|---|---|---|---|---|
| 16046 | | | 宾三类 | | | |
| 16047 正反 | | | 宾二类 | | | |
| 16048 正反 | 16048 反 +22966+ 23281 | | 宾三类 | | | |
| 16049 正反 | | | 宾二类 | | | |
| 16050 | 黄拼 16050+ 东文研 645 | | 宾三类 | | | |
| 16051 | | | 宾三类 | 争 | | |
| 16052 | | | 宾二类 | | | |
| 16053 | | | 宾三类 | | | |
| 16054 | | | 宾三类 | | | |
| 16055 | | | 宾三类 | | | |
| 16056 正反 | | | 宾二类 | 㱿 | | |
| 16057 | | | 宾二类 | | | |
| 16058 | | | 宾二类 | | | |
| 16059 | | | 宾二类 | | | |
| 16060 | | | 宾三类 | 事 | 黄宾三 | |
| 16061 | | | 宾二类 | 争 | | |
| 16062 | | | 宾二类 | | | |
| 16063 | | | 宾三类 | | | |
| 16064 | | | 宾二类 | | | |
| 16065 | | | 宾三类 | | | |
| 16066 | | | 宾一类 | 㱿 | | |
| 16067 | | | 宾一类 | | | |
| 16068 | | | 宾一类 | | | |
| 16069 | | | 宾一类 | | | |
| 16070 | | | 宾一类 | | | |
| 16071 | | | 宾一类 | | | |
| 16072 | | | 宾一类 | | | |
| 16073 | | | 宾三类 | 穷 | | |
| 16074 正反 | | | 宾三类 | | | |

续表

| 著录号 | 缀合 | 重片 | 类型划分 | 贞人 | 专家分类 | 其他说明 |
|---|---|---|---|---|---|---|
| 16075 | 黄拼 16075+15103+乙 7982+乙补 1926+乙补 2093+2461+乙补 6878+1004 甲乙 + 无号甲 | | 宾一类 | | | |
| 16076 | | | 宾二类 | 𣪊 | | |
| 16077 | | | 宾三类 | | | |
| 16078 | | | 宾三类 | | | |
| 16079 | | | 宾三类 | | | |
| 16080 | | | 宾三类 | 爭 | | 背甲 |
| 16081 | | | 宾三类 | | | |
| 16082 | | | 宾二类 | | | |
| 16083 | | | 宾三类 | | | |
| 16084 | | | 待考 | | | |
| 16085 | | | 宾一类 | | | |
| 16086 | | | 宾一类 | | | |
| 16087 | | | 宾一类 | | | |
| 16088 | | | 宾一类 | 㱿 | | |
| 16089 | | | 宾三类 | | | |
| 16090 | | | 宾二类 | | | |
| 16091 | | | 宾二类 | | | |
| 16092 | | | 宾一类 | | | |
| 16093 | | | 宾一类 | | | |
| 16094 | | | 宾一类 | | | |
| 16095 | | | 宾一类 | | | |
| 16096 | | | 宾一类 | | | |
| 16097 | | | 宾一类 | | | |
| 16098 | | | 宾一类 | | | |
| 16099 | | | 宾一类 | | | |
| 16100 | | | 𠂤宾间类 | | | |
| 16101 | | | 宾二类 | | | |
| 16102 | | | 宾二类 | | | |
| 16103 正反 | | | 宾二类 | | | |
| 16104 正反 | | | 宾三类 | | | |

续表

| 著录号 | 缀合 | 重片 | 类型划分 | 贞人 | 专家分类 | 其他说明 |
|---|---|---|---|---|---|---|
| 16105 | | | 宾二类 | | | |
| 16106 | | | 宾三类 | | | |
| 16107 正反 | | | 宾二类 | | | |
| 16108 | | | 宾二类 | 㱿 | | |
| 16109 | | | 宾二类 | | | |
| 16110 | | | 宾二、三类 | | | 据字体倾向分在宾三类 |
| 16111 | | | 宾二类 | 㱿 | | |
| 16112 | 黄拼 16112+5400 | | 宾二类 | 㱿 | | 缀后同文见 39781（英 353）相关同文亦见 16111、16113、合补 766 |
| 16113 | | | 宾二类 | | | |
| 16114 正反 | | | 宾二类 | | | |
| 16115 | | | 宾三类 | | | |
| 16116 | 黄拼 16116+43+25974+ 合补 3166 | | 宾三类 | | | |
| 16117 正反 | | | 宾二类 | 宊 | | |
| 16118 | | | 宾二类 | | | |
| 16119 正反 | | | 宾二类 | | | |
| 16120 | | | 宾二类 | | | |
| 16121 | | | 宾二类 | | | |
| 16122 | | | 宾三类 | | | |
| 16123 | | | 宾二类 | | | |
| 16124 正反 | 黄拼 16124 正反 +6017 正反 +17282 | | 宾二类 | | | |
| 16125 | 16125+815+6834 | | 宾一类 | | | |
| 16126 | | | 宾二类 | | | |
| 16127 | | | 宾二类 | | | |
| 16128 | | | 宾二类 | | | |
| 16129 | | | 宾二类 | | | |
| 16130 | | | 待考 | 宊 | | |

续表

| 著录号 | 缀合 | 重片 | 类型划分 | 贞人 | 专家分类 | 其他说明 |
|---|---|---|---|---|---|---|
| 16131 正反 | | | 宾一类 | | | |
| 16132 | | | 宾二类 | | | |
| 16133 正反 | 黄拼 16133 正反 + | | 宾二类 | | | 林《醉古集》373 |
| 16134 | | | 宾二类 | | | |
| 16135 | | | 宾二类 | | | |
| 16136 | | | 宾一类 | | | |
| 16137 | | | 宾一类 | | | |
| 16138 | | 792 | 宾二类 | | | |
| 16139 | | | 宾三类 | | | |
| 16140 | | | 宾三类 | | | |
| 16141 | | | 宾三类 | | | |
| 16142 | | | 宾三类 | | | |
| 16143 | 16143+ | | 宾三类 | | | |
| 16144 正反 | | | 宾三类 | | | |
| 16145 | | | 宾三类 | | | |
| 16146 | | | 宾二类 | | | |
| 16147 | | | 宾二类 | | | |
| 16148 | | | 宾二类 | | | |
| 16149 | | | 宾二类 | | | |
| 16150 | | | 宾二类 | | | |
| 16151 | | | 宾二类 | | | |
| 16152 正反 | | | 宾一类 | 争 | | |
| 16153 | | | 宾二类 | | | |
| 16154 | | | 宾二类 | | | |
| 16155 | | | 宾二类 | | | |
| 16156 | | | 宾三类 | | | |
| 16157 | | | 宾三类 | | | |
| 16158 | | | 宾三类 | 古 | | |
| 16159 正反 | | | 宾二类 | | | |
| 16160 | | | 宾二类 | | | |

续表

| 著录号 | 缀合 | 重片 | 类型划分 | 贞人 | 专家分类 | 其他说明 |
|---|---|---|---|---|---|---|
| 16161 | | | 宾二类 | | | |
| 16162正反 | 16162+14199+16163 | | 宾二类 | 争 | | |
| 16163 | 16163+16162+14199 | | 宾二类 | | | |
| 16164 | | | 宾三类 | | | |
| 16165 | | | 宾二类 | | | |
| 16166 | | | 宾一类 | | | |
| 16167 | | | 宾一类 | | | |
| 16168 | | | 宾一类 | | | |
| 16169 | | | 宾一类 | | | |
| 16170 | | | 宾一类 | | | |
| 16171 | | | 宾二类 | | | |
| 16172 | | | 宾三类 | | | |
| 16173 | | | 宾一类 | 穷 | | |
| 16174 | | | 宾二类 | | | |
| 16175正反 | | | 宾二类 | 亘 | | |
| 16176 | | | 宾三类 | | 黄宾三 | |
| 16177 | | | 宾三类 | | | |
| 16178 | 黄拼16178+8129正+乙7820+乙8457+乙补6919+乙补5389+乙补2811+乙补2391 | | 宾二类 | | | |
| 16179 | | 40546 | 宾一类 | | | |
| 16180正反 | | | 宾一类 | | | |
| 16181正反 | | | 宾二类 | | | |
| 16182 | 黄拼16182+334 | | 宾二类 | | | 缀后同文见283、333、39499 |
| 16183 | | | 宾三类 | | | |
| 16184 | 黄拼16184+4595 | 合补4981正 | 宾二类 | 箙 | | |
| 16185 | 16185+5618+19561 | | 宾三类 | | | |
| 16186 | | | 宾二类 | | | |
| 16187 | | | 宾二类 | | | |

续表

| 著录号 | 缀合 | 重片 | 类型划分 | 贞人 | 专家分类 | 其他说明 |
|---|---|---|---|---|---|---|
| 16188 | | | 宾二类 | | | |
| 16189 | 黄拼 16189+12976+11971+14577+14579+14580+14599 | | 宾二类 | | | 林《醉古集》338，蔡加缀 14577 正 + 乙 4646+16189+14580 |
| 16190 | | | 宾二类 | | | |
| 16191 | | | 宾二类 | | | |
| 16192 | | | 宾二类 | | | |
| 16193 | | | 宾一类 | | | |
| 16194 | | | 宾一类 | | | |
| 16195 | | | 宾三类 | | | |
| 16196 | | | 宾二类 | | | |
| 16197 | | | 宾二类 | 争、𡆥 | | |
| 16198 | | | 宾二类 | | | |
| 16199 | | | 宾一类 | | | |
| 16200 | | | 宾一类 | | | |
| 16201 | | | 宾一类 | | | |
| 16202 | | | 宾一类 | | | |
| 16203 | | | 宾一类 | | | |
| 16204 | | | 宾二类 | 㱿 | | |
| 16205 | | | 宾二类 | | | |
| 16206 | | | 宾二类 | | | |
| 16207 | | | 宾二类 | | | |
| 16208 正反 | | | 宾二类 | | | 背甲 |
| 16209 | | | 宾二类 | | | |
| 16210 | | | 宾二类 | | | |
| 16211 | | | 宾二类 | | | |
| 16212 | | | 宾二类 | | | |
| 16213 | | | 宾二类 | | | |
| 16214 | | | 宾一类 | | | |
| 16215 | | | 宾一类 | | | |
| 16216 | | | 宾三类 | | | |
| 16217 | 黄拼 16217+15476 | | 宾三类 | | | |
| 16218 | | | 宾二类 | 穷 | | |
| 16219 | | | 宾一类 | | | |

续表

| 著录号 | 缀合 | 重片 | 类型划分 | 贞人 | 专家分类 | 其他说明 |
|---|---|---|---|---|---|---|
| 16220 | | | 宾一类 | | | |
| 16221 | | | 宾一类 | 𣪊 | | |
| 16222 | | | 宾一类 | | | |
| 16223 正反 | | | 宾三类 | 穷 | 黄宾三 | |
| 16224 | | | 宾一类 | | | |
| 16225 | | | 宾一类 | | | |
| 16226 | | 25745 | 宾一类 | | | |
| 16227 | | | 宾一类 | | | |
| 16228 | | | 宾三类 | | | |
| 16229 | | | 宾三类 | | | |
| 16230 正反 | | 白 = 9413 | 宾三类 | | | |
| 16231 | | | 宾三类 | | | |
| 16232 | | | 宾三类 | | | |
| 16233 | | | 𠂤宾间类 | | | |
| 16234 | | | 𠂤宾间类 | | | |
| 16235 | | | 宾二类 | 𣪊 | | |
| 16236 | | | 宾二类 | | | |
| 16237 | | | 宾二类 | | | |
| 16238 | | | 宾二类 | 𣪊 | | |
| 16239 | | | 宾三类 | 古 | | |
| 16240 | | | 宾一类 | | | |
| 16241 | | | 宾一类 | | | |
| 16242 | | | 宾一类 | 爭 | | |
| 16243 | | | 宾一类 | 爭 | | |
| 16244 正反 | | | 宾二类 | 𣪊 | | |
| 16245 | | | 宾二类 | | | |
| 16246 | | 6915 | 宾二类 | | | |
| 16247 | | 4527 | 宾二类 | | | |
| 16248 | 16248+39773 正（英 362 正） | | 宾二类 | | | |
| 16249 | | | 宾二类 | 穷 | | |
| 16250 正反 | | | 宾一类 | | | |

续表

| 著录号 | 缀合 | 重片 | 类型划分 | 贞人 | 专家分类 | 其他说明 |
|---|---|---|---|---|---|---|
| 16251 | | | 宾一类 | | | |
| 16252 | | | 宾二类 | | | |
| 16253 正反 | | | 宾二类 | | | |
| 16254 | | | 宾二类 | 𣪊 | | |
| 16255 | | | 宾二类 | | | |
| 16256 | 16256+ | | 宾二类 | | | |
| 16257 | | | 宾二类 | | | |
| 16258 | | 19344 | 宾二类 | | | |
| 16259 | | | 宾二类 | | | |
| 16260 | | | 宾二类 | | | |
| 16261 正反 | | | 宾二类 | | | |
| 16262 | | | 宾二类 | | | |
| 16263 | | | 宾一类 | | | |
| 16264 | | | 宾一类 | | 黄宾一 | |
| 16265 | | | 宾三类 | 爭 | | |
| 16266 | | | 宾三类 | | | |
| 16267 | | | 宾一类 | | | |
| 16268 | | | 宾一类 | | | |
| 16269 正反 | | | 宾一类 | | | |
| 16270 | | | 宾二类 | 穷 | | |
| 16271 | 16271+3754+（东文研 B0366） | | 宾二类 | | | |
| 16272 | | | 宾二类 | | | |
| 16273 | | | 宾二类 | | | |
| 16274 | | | 宾二类 | | | |
| 16275 | | | 宾二类 | | | |
| 16276 | | | 宾二类 | | | |
| 16277 | | | 宾二类 | | | |
| 16278 | 黄拼 16278+6502 | | 宾二类 | | | 同文见 6500 |
| 16279 | | | 宾二类 | | | |
| 16280 | | | 宾二类 | 𣪊 | | |
| 16281 | 黄拼 16281+6266 | | 宾二类 | | | |

续表

| 著录号 | 缀合 | 重片 | 类型划分 | 贞人 | 专家分类 | 其他说明 |
|---|---|---|---|---|---|---|
| 16282 | | | 宾二类 | | | |
| 16283 | | | 宾二类 | | | |
| 16284 | | | 宾二类 | | | |
| 16285 | | | 宾二类 | | | |
| 16286 | | | 宾二类 | | | |
| 16287 | | | 宾二类 | | | |
| 16288 | | | 宾二类 | | | |
| 16289 | | | 宾二类 | | | |
| 16290 | | | 宾二类 | | | |
| 16291 | | | 宾二类 | | | |
| 16292 | | | 宾二类 | | | |
| 16293 正反 | | | 宾二类 | | | |
| 16294 | | | 宾二类 | | | |
| 16295 | | | 宾一类 | | | |
| 16296 正反 | | | 宾二类 | | | |
| 16297 | 黄拼 16297+39895 正 +40264 | | 宾二类 | | | 蔡已缀 39895 正（英 588）+40264（英 1005）缀后同文见 40264、6505 正、6506、39896+39897 |
| 16298 | | | 宾二类 | | | |
| 16299 | | | 宾二类 | | | |
| 16300 正反 | | | 宾二类 | | | |
| 16301 | | | 宾一类 | | | |
| 16302 正反 | 黄拼 16302+ | | 宾一类 | | | 林《醉古集》323 |
| 16303 | | | 宾二类 | | | |
| 16304 | | | 宾二类 | | | |
| 16305 | | | 宾二类 | | | |
| 16306 | 16306+ | | 宾二类 | | | |
| 16307 | | | 宾一类 | 古 | | |
| 16308 | | | 宾二类 | | | |
| 16309 正反 | | | 宾二类 | | | |

续表

| 著录号 | 缀合 | 重片 | 类型划分 | 贞人 | 专家分类 | 其他说明 |
|---|---|---|---|---|---|---|
| 16310 | | | 宾二类 | | | |
| 16311 | | | 宾三类 | 事 | 黄宾三 | 背甲 |
| 16312 | | | 宾二类 | | | |
| 16313 | | | 宾一类 | | | |
| 16314 | | | 宾二类 | | | |
| 16315 | | | 宾二类 | | | |
| 16316 | | | 宾二类 | | | |
| 16317 | | | 宾二类 | | | |
| 16318正反 | | | 宾二类 | | | |
| 16319 | | | 宾二类 | | | |
| 16320 | | | 宾二类 | | | |
| 16321 | | | 宾一类 | | | 背甲 |
| 16322 | | | 宾一类 | | | |
| 16323 | | | 宾二类 | | | |
| 16324 | | | 宾二类 | | | |
| 16325 | | | 宾二类 | | | |
| 16326 | | | 宾一类 | | | 背甲 |
| 16327 | 16327+2356 | | 宾一类 | | | |
| 16328 | | | 宾二类 | | | |
| 16329 | | | 宾二类 | | | |
| 16330 | | | 宾二类 | | | |
| 16331正反 | 黄拼16331正反+ | | 宾一类 | | | 林《醉古集》360 |
| 16332 | | | 宾二类 | | | |
| 16333正反 | | | 宾二类 | | | |
| 16334正反 | | | 宾二类 | | | |
| 16335正反 | 16335正反+ | | 宾二类 | 王、古 | | |
| 16336 | | | 宾一类 | | | |
| 16337 | | | 宾一类 | 㱿 | | |
| 16338 | | | 宾二类 | | | |
| 16339正反 | | | 宾二类 | 穷 | | |

续表

| 著录号 | 缀合 | 重片 | 类型划分 | 贞人 | 专家分类 | 其他说明 |
|---|---|---|---|---|---|---|
| 16340 | | | 宾二类 | | | |
| 16341 | | | 宾一类 | | | |
| 16342 | | | 宾一类 | | | |
| 16343 | | | 宾一类 | | | |
| 16344 | | | 宾一类 | 㱿 | | |
| 16345 正反 | | | 宾一类 | | | |
| 16346 | | | 宾三类 | 争 | | |
| 16347 | | | 宾一类 | | | |
| 16348 | | | 宾二类 | | | |
| 16349 | | | 宾二类 | | | |
| 16350 | | | 宾三类 | | | |
| 16351 | | | 宾二类 | | | |
| 16352 | | | 宾二类 | | | |
| 16353 | | | 宾三类 | | | |
| 16354 | | | 宾三类 | | | |
| 16355 正反 | | | 宾一类 | | | |
| 16356 | | | 宾三类 | | | |
| 16357 | | | 宾二类 | 㱿 | | |
| 16358 | | | 宾二类 | | | |
| 16359 | | | 宾二类 | 亘 | | |
| 16360 正反 | | | 宾二类 | | | |
| 16361 | | | 宾二类 | | | |
| 16362 | | | 宾二类 | | | |
| 16363 | | | 宾二类 | | | |
| 16364 | | | 宾三类 | | | |
| 16365 | | | 宾一类 | | | |
| 16366 | 16366+ | | 宾一类 | | | |
| 16367 正反 | | | 宾二类 | | | |
| 16368 | | | 宾一类 | | | |
| 16369 | | | 宾一类 | | | |
| 16370 | | | 宾三类 | | | |

续表

| 著录号 | 缀合 | 重片 | 类型划分 | 贞人 | 专家分类 | 其他说明 |
|---|---|---|---|---|---|---|
| 16371 | | | 待考 | | | |
| 16372 | | | 宾二类 | | | |
| 16373 | 黄拼 16373+21454 | | 宾三类 | | | |
| 16374 正反 | | | 宾二类 | | | |
| 16375 正反 | | | 宾二类 | 穷 | | |
| 16376 正反 | 黄拼 16376+北大 2166 | | 宾二类 | | | |
| 16377 | | | 自小字类 | | | 非宾 |
| 16378 | 黄拼 16378+5132+张世放所藏甲骨 42 | | 宾二类 | | | |
| 16379 正反 | | | 宾二类 | | | |
| 16380 正反 | | | 宾二类 | | | |
| 16381 | | | 宾一类 | | | |
| 16382 | | | 宾二类 | | | |
| 16383 | | | 宾一类 | 亘 | | |
| 16384 | | | 宾二类 | | | |
| 16385 | | | 宾二类 | | | |
| 16386 | | | 宾二类 | 㱿 | | |
| 16387 | | | 宾二类 | | | |
| 16388 | | | 宾二类 | | | |
| 16389 | | | 宾二类 | | | |
| 16390 | | | 宾二类 | | | |
| 16391 | | | 宾二类 | | | |
| 16392 | | | 宾二类 | | | |
| 16393 正反 | | | 宾二类 | | | |
| 16394 | | | 宾一类 | | | |
| 16395 | | 15506 | 宾二类 | | | |
| 16396 | | | 宾二类 | | | |
| 16397 | | | 宾二类 | | | |
| 16398 | | | 宾二类 | 穷、争 | | |

续表

| 著录号 | 缀合 | 重片 | 类型划分 | 贞人 | 专家分类 | 其他说明 |
|---|---|---|---|---|---|---|
| 16399 | 黄拼 9572+5080+9583+16399+17331+17464 | | 宾三类 | 㱿 | | |
| 16400 | | | 宾二类 | 永 | | |
| 16401 | | | 宾二类 | 永 | | |
| 16402 | | | 𠂤小字类 | | | 非宾 |
| 16403正反 | | 17677 | 宾二类 | | | |
| 16404 | | | 宾一类 | | | |
| 16405 | | | 宾一类 | | | |
| 16406 | | | 宾三类 | | | |
| 16407 | | 40566 | 宾二类 | | | |
| 16408 | | | 宾一类 | | | |
| 16409 | | | 宾三类 | | | |
| 16410 | | | 宾二类 | | | |
| 16411 | | | 宾一类 | | | |
| 16412 | | | 宾一类 | | | |
| 16413 | | | 宾一类 | | | |
| 16414 | | 21236 | 宾三类 | | | |
| 16415 | | | 宾一类 | | | |
| 16416 | | | 宾一类 | | | |
| 16417 | | | 宾一类 | | | |
| 16418正反 | | | 宾一类 | | | |
| 16419 | | | 宾二类 | | | |
| 16420 | | | 宾二类 | | | |
| 16421正反 | | | 宾二类 | | | |
| 16422 | | | 宾二类 | | | |
| 16423 | | | 宾三类 | 㱿 | | |
| 16424 | | | 宾一类 | 争 | | |
| 16425 | | 17663 | 宾一类 | 㱿 | | |
| 16426 | | | 宾三类 | | | |
| 16427 | | | 宾一类 | | | |
| 16428 | | | 宾一类 | | | |

续表

| 著录号 | 缀合 | 重片 | 类型划分 | 贞人 | 专家分类 | 其他说明 |
|---|---|---|---|---|---|---|
| 16429 | | | 宾一类 | | | |
| 16430 | | | 宾一类 | | | |
| 16431 正反 | | | 宾一类 | | | |
| 16432 | 黄拼 16432+19359 | | 宾二类 | | | |
| 16433 | | 3786 | 宾二类 | | | |
| 16434 | | | 宾二类 | | | |
| 16435 | | | 自宾间类 | | | |
| 16436 | | | 自宾间类 | | | |
| 16437 | 黄拼 16437+ | | 宾一类 | | | 林《醉古集》101 |
| 16438 | 黄拼 6690+16438+16478 | | 自宾间类 | | | |
| 16439 | | | 自宾间类 | 王 | | |
| 16440 | | | 自宾间类 | | | |
| 16441 正反 | | | 宾二类 | 㱿 | | |
| 16442 | 黄拼 16442+ | | 宾一类 | 亘 | | 林《醉古集》372 |
| 16443 正反 | | | 宾二类 | | | |
| 16444 | | | 宾二类 | | | |
| 16445 | | | 宾一类 | | | |
| 16446 | | | 宾一类 | 㱿 | | |
| 16447 | | | 宾一类 | 内 | | |
| 16448 | | | 宾三类 | | | |
| 16449 | 黄拼 16449+17387 | | 宾二类 | | | |
| 16450 | | | 宾二类 | | | |
| 16451 | | | 宾三类 | | | |
| 16452 | | | 宾一类 | | | |
| 16453 | | | 宾三类 | 穷 | | |
| 16454 | | | 宾二类 | | | |
| 16455 | | | 宾二类 | | | |
| 16456 | | | 宾二类 | | | |
| 16457 | 黄拼 16457+ | | 宾一类 | 争 | | 林《醉古集》150 |
| 16458 甲乙 | 16458 甲乙 + | | 宾一类 | | | |

续表

| 著录号 | 缀合 | 重片 | 类型划分 | 贞人 | 专家分类 | 其他说明 |
|---|---|---|---|---|---|---|
| 16459 | | | 宾二类 | | | |
| 16460 | | | 宾三类 | | | |
| 16461 | | | 宾三类 | | | |
| 16462 | | | 宾二类 | | | |
| 16463甲乙 | 黄拼16463甲乙+乙5533+乙补1786+乙补2070+乙补2197+乙补6207 | | 宾二类 | 内 | | |
| 16464 | | | 宾三类 | | | |
| 16465 | | | 宾二类 | | | |
| 16466 | | | 自宾间类 | | | |
| 16467正反 | | | 宾二类 | | | |
| 16468 | | | 宾二类 | | | |
| 16469 | | | 宾二类 | | | |
| 16470正反 | 16470+9197+16471+17683 | | 宾二类 | | | |
| 16471 | 16471+16470+9197+17683 | | 宾二类 | 争 | | |
| 16472正反 | | | 宾二类 | | | |
| 16473 | 6087正+16473遥缀6402正+存补5.141.2 | | 宾二类 | | | |
| 16474 | | | 宾二类 | | | |
| 16475 | | | 宾一类 | | | |
| 16476 | | | 宾一类 | | | 背甲 |
| 16477 | | | 自宾间类 | | | |
| 16478 | 16478+16438+黄拼6690 | | 自宾间类 | | | |
| 16479 | | | 宾一类 | 穷 | | |
| 16480正反 | | | 宾三类 | | | |
| 16481 | | | 自宾间类 | 王 | | |
| 16482正反 | | | 宾二类 | | | |

续表

| 著录号 | 缀合 | 重片 | 类型划分 | 贞人 | 专家分类 | 其他说明 |
|---|---|---|---|---|---|---|
| 16483 | | | 宾二类 | 宁 | | |
| 16484 | | | 宾二类 | | | |
| 16485 | | | 宾三类 | | | |
| 16486 | | 19462 | 宾三类 | | | |
| 16487 | 黄拼 16487+8704+存补 5.378.2 | | 宾一类 | | | |
| 16488 | | | 宾三类 | | | |
| 16489 | | 19296 | 宾三类 | | | |
| 16490 | | | 𠂤宾间类 | | | |
| 16491 | | | 𠂤小字类 | | | 非宾 |
| 16492 | | | 宾二类 | | | |
| 16493 | | | 宾三类 | | | |
| 16494 | | | 𠂤宾间类 | | | |
| 16495 | | | 宾三类 | | | |
| 16496 | | | 宾一类 | | | 背甲 |
| 16497 | 黄拼 16497+乙 3135+乙 3137+乙补 2751+乙补 2752 | | 宾一类 | | | |
| 16498 | | | 宾一类 | | | 背甲 |
| 16499 | | | 宾一类 | | | 背甲 |
| 16500 | | | 宾三类 | | | 背甲 |
| 16501 | | | 宾三类 | | | 背甲 |
| 16502 | | | 宾二类 | | | 背甲 |
| 16503 | | | 宾二类 | | | 背甲 |
| 16504 | | | 宾二类 | | | 背甲 |
| 16505 | | | 宾二类 | 𡧊 | | |
| 16506 正反 | | | 宾二类 | | | 甲桥署辞（反） |
| 16507 正反 | | | 宾二类 | | | 背甲 |
| 16508 | | | 宾二类 | | | |
| 16509 | | | 宾二类 | | | 背甲 |
| 16510 | | | 宾二类 | | | 背甲 |
| 16511 | | | 宾二类 | | | 背甲 |
| 16512 | | | 宾二类 | | | |

续表

| 著录号 | 缀合 | 重片 | 类型划分 | 贞人 | 专家分类 | 其他说明 |
|---|---|---|---|---|---|---|
| 16513 | | | 自宾间类 | | | 背甲 |
| 16514 | | | 宾二类 | | | |
| 16515 | | | 宾一类 | | | |
| 16516正反 | | | 宾一类 | | | |
| 16517 | | | 宾三类 | | | 背甲 |
| 16518 | | | 宾二类 | | | |
| 16519正反 | | | 自宾间类 | | | |
| 16520 | | | 自宾间类 | | | |
| 16521 | | 40576 | 自宾间类 | | | |
| 16522 | | | 自宾间类 | | | |
| 16523 | | | 宾三类 | | | 背甲 |
| 16524 | | | 宾一类 | | | |
| 16525 | | | 自小字类 | 王 | | 非宾 |
| 16526 | | | 自小字类 | | | 非宾 |
| 16527 | | | 宾二类 | | | |
| 16528 | | | 宾二类 | 古 | | |
| 16529 | | | 宾三类 | 爭 | | |
| 16530 | | | 宾二类 | | | |
| 16531 | | | 宾一类 | 㱿、𠬝 | | |
| 16532 | | | 宾三类 | 事 | | 背甲 |
| 16533 | | | 宾二类 | | | 背甲 |
| 16534 | | | 宾一类 | | | |
| 16535 | | | 宾二类 | 穷 | | |
| 16536 | | | 宾二类 | | | |
| 16537 | | | 宾三类 | | | |
| 16538正反 | | | 宾二类 | | | |
| 16539 | | | 自宾间类 | 爭 | | |
| 16540 | | | 宾一类 | | | |
| 16541 | | | 宾一类 | | | 背甲 |
| 16542 | | | 宾三类 | | | 背甲 |
| 16543 | | | 宾三类 | | | 背甲 |
| 16544 | | | 宾三类 | | | 背甲 |

续表

| 著录号 | 缀合 | 重片 | 类型划分 | 贞人 | 专家分类 | 其他说明 |
|---|---|---|---|---|---|---|
| 16545 | | | 宾二类 | | | |
| 16546 | | | 宾二类 | | | |
| 16547 | | | 宾二类 | | | 背甲 |
| 16548 | | | 宾二类 | | | |
| 16549 | | | 宾三类 | 事 | | 背甲 |
| 16550 | | | 宾三类 | 王 | | 背甲 |
| 16551 正反 | | | 宾三类 | | | 背甲 |
| 16552 | | | 宾三类 | 事 | | 背甲 |
| 16553 | | | 宾三类 | | 黄宾三 | 背甲 |
| 16554 | | | 宾三类 | | | |
| 16555 | | | 宾二类 | | | |
| 16556 | | | 宾三类 | | | |
| 16557 | | | 宾三类 | 事 | | 背甲 |
| 16558 | | | 宾三类 | | | 背甲 |
| 16559 正反 | | | 宾三类 | 王 | | |
| 16560 | | | 宾二类 | 宊 | | 背甲 |
| 16561 | 16561+16562+16563 | | 宾一类 | 宊 | | |
| 16562 | 16562+16561+16563 | | 宾一类 | 宊 | | |
| 16563 | 16563+16561+16562 | | 宾二类 | 宊 | | |
| 16564 | | | 宾一类 | | | |
| 16565 | | | 宾三类 | 古 | | 背甲 |
| 16566 | | | 宾三类 | 古 | | 背甲 |
| 16567 | | | 宾三类 | | | 背甲 |
| 16568 | | | 宾一类 | 㱿 | | |
| 16569 | | | 宾一类 | 㱿 | | |
| 16570 正反 | | | 宾三类 | 吅 | | 背甲 |
| 16571 | | | 宾三类 | 吅 | | 背甲 |
| 16572 | 黄拼 16572+ 合补 3067 | | 宾三类 | 吅 | | 背甲 |
| 16573 | | | 宾三类 | 吅 | | 背甲 |
| 16574 正反 | 16574 正反 + 16575 正反 | | 宾三类 | 吅 | | 背甲 |

续表

| 著录号 | 缀合 | 重片 | 类型划分 | 贞人 | 专家分类 | 其他说明 |
|---|---|---|---|---|---|---|
| 16575 正反 | 16575 正反 + 16576 正反 | | 宾三类 | 㱿 | | 背甲 |
| 16576 | | | 宾三类 | | | 背甲 |
| 16577 | | | 宾三类 | 㐱 | | 背甲 |
| 16578 | | | 宾三类 | 㐱 | | 背甲 |
| 16579 | | | 宾三类 | 㐱 | | 背甲 |
| 16580 | | | 宾二类 | 㐱 | | 背甲 |
| 16581 | | | 宾三类 | 㐱 | | 背甲 |
| 16582 | | | 宾二类 | 吕 | | 背甲 |
| 16583 | | | 宾二类 | 吕 | | 背甲 |
| 16584 | | | 宾三类 | 事 | | 背甲 |
| 16585 | | | 宾三类 | 事 | | 背甲 |
| 16586 | | | 宾三类 | 事 | | 背甲 |
| 16587 | | | 宾三类 | 事 | | 背甲 |
| 16588 | | | 宾三类 | 事 | | 背甲 |
| 16589 | | | 宾三类 | 事 | | 背甲 |
| 16590 | | | 宾三类 | 事 | | 背甲 |
| 16591 正反 | | | 宾三类 | 事 | | 背甲 |
| 16592 | | | 宾三类 | 事 | | 背甲 |
| 16593 | | | 宾三类 | 事 | 黄宾三 | 背甲 |
| 16594 | | | 宾三类 | 事 | | 背甲 |
| 16595 | | | 宾三类 | 事 | | 背甲 |
| 16596 | | | 宾三类 | 事 | | 背甲 |
| 16597 | | | 宾三类 | 事 | | 背甲 |
| 16598 | | | 宾三类 | 事 | | 背甲 |
| 16599 | | | 宾三类 | 事 | | 背甲 |
| 16600 | | | 宾三类 | 屰 | 黄宾三 | 背甲 |
| 16601 | | | 宾三类 | | | 背甲 |
| 16602 | | | 宾三类 | | | 背甲 |
| 16603 | | | 宾三类 | | | 背甲 |
| 16604 | | | 宾一类 | | | |
| 16605 | | | 宾二类 | | | 背甲 |
| 16606 | | | 宾二类 | | | 背甲 |

续表

| 著录号 | 缀合 | 重片 | 类型划分 | 贞人 | 专家分类 | 其他说明 |
|---|---|---|---|---|---|---|
| 16607 | | | 宾三类 | | | 背甲 |
| 16608 | | | 宾三类 | | | 背甲 |
| 16609 | | | 宾二类 | 㕛 | | 背甲 |
| 16610 | | | 宾二类 | | | 背甲 |
| 16611 | | | 宾二类 | | | 背甲 |
| 16612 | | | 宾一类 | | 黄宾一 | |
| 16613 | 黄拼 16613+16616 | | 宾三类 | | | 背甲 |
| 16614 | | | 宾三类 | | | 背甲 |
| 16615 | | | 宾三类 | | | 背甲 |
| 16616 | 黄拼 16616+16613 | | 宾三类 | | | |
| 16617 | | | 宾一类 | | | 背甲 |
| 16618 | | | 宾一类 | | | 背甲 |
| 16619 | | | 宾一类 | | | |
| 16620 | 黄拼 16620+12109 | | 宾三类 | | | 背甲 |
| 16621 | | | 宾三类 | | | 背甲 |
| 16622 | | | 宾三类 | | | 背甲 |
| 16623 | | | 宾二类 | | 黄典宾 | 背甲 |
| 16624 | | | 宾三类 | | | 背甲 |
| 16625 | | | 宾一类 | | | |
| 16626 | | | 𠂤宾间类 | | | |
| 16627 | | | 宾二类 | | | 背甲 |
| 16628 | | | 宾一类 | | | |
| 16629 | | | 宾三类 | | | 背甲 |
| 16630 | | | 宾三类 | | | 背甲 |
| 16631 | | | 宾三类 | | | 背甲 |
| 16632 | | | 宾三类 | | | 背甲 |
| 16633 | | | 宾三类 | | | 背甲 |
| 16634 | | | 宾三类 | | | 背甲 |
| 16635 | | | 宾三类 | | | 背甲 |
| 16636 | | | 宾三类 | | | 背甲 |
| 16637 | | | 宾一类 | | | |
| 16638 | | | 宾三类 | | | 背甲 |
| 16639 | | | 宾三类 | | | |
| 16640 | | | 宾三类 | 事 | 黄宾三 | |

续表

| 著录号 | 缀合 | 重片 | 类型划分 | 贞人 | 专家分类 | 其他说明 |
|---|---|---|---|---|---|---|
| 16641 | 16641+16760 | | 宾二类 | 争 | | |
| 16642 | | | 宾三类 | 事 | | 背甲 |
| 16643 | | | 宾三类 | 宂 | | |
| 16644 | 16644+16649+16660 | | 宾三类 | 宂 | | |
| 16645 | 16645+16659+16770+16777+16864 | | 宾三类 | | | |
| 16646 | 16646+ | 16943 | 宾二类 | 争 | | |
| 16647 | | | 宾三类 | 宂 | 黄宾三 | |
| 16648 | | | 宾三类 | 宂 | | |
| 16649 | 16649+16644+16660 | | 宾三类 | 宂 | | |
| 16650 | 16650+16699 | 16822 | 宾三类 | 事 | | |
| 16651 | | 16768 | 宾三类 | 宂 | | |
| 16652 | | | 宾三类 | 争 | | |
| 16653 | | | 宾三类 | 事 | | 背甲 |
| 16654 | | | 宾三类 | 宂 | | |
| 16655 | | | 宾二类 | 古 | | |
| 16656 | | | 宾二类 | | | |
| 16657 | | | 宾三类 | 宂 | | |
| 16658 | | | 宾三类 | | | |
| 16659 | 16659+16645+16770+16777+16864 | | 宾三类 | 事 | 黄宾三 | 背甲 |
| 16660 | 16660+16649+16644 | | 宾三类 | 宂、充 | | 黄拼 16649 乙 +13713+乙 6599+ 乙补 641 |
| 16661 | | | 宾三类 | 宂 | | |
| 16662 | | | 宾三类 | 事 | | |
| 16663 正反 | | | 宾三类 | 㔾 | | |
| 16664 正反 | | | 宾三类 | | | |
| 16665 | 16665+16693 | | 宾三类 | 宂 | | |
| 16666 | 16666+ 英 1591（金 619） | | 宾三类 | 古 | | |
| 16667 | | | 宾三类 | 事 | | |
| 16668 | | | 宾三类 | 宂 | | |
| 16669 | | | 宾三类 | | | |

续表

| 著录号 | 缀合 | 重片 | 类型划分 | 贞人 | 专家分类 | 其他说明 |
|---|---|---|---|---|---|---|
| 16670 | | | 𠂤小字类 | 𢏚 | | 非宾 |
| 16671 | | | 宾二类 | | | |
| 16672 | | | 宾三类 | | | |
| 16673 | | | 宾二类 | | | |
| 16674 | | | 宾二类 | 穷 | | |
| 16675 | | | 宾三类 | 穷 | | |
| 16676 | 16676+18933 | | 宾三类 | 古 | | |
| 16677 | | | 宾三类 | 吕 | | |
| 16678 | 16678+16679 | | 宾三类 | 穷 | | |
| 16679 | 16679+16678 | | 宾三类 | 穷 | | |
| 16680 | | | 宾二类 | | | |
| 16681 | | | 宾三类 | 古 | | |
| 16682 | | | 宾三类 | | | |
| 16683 | | | 宾二类 | | | |
| 16684 | | | 宾三类 | 穷 | | |
| 16685 | 黄拼 16685+9449+11545 | | 宾三类 | 穷 | | |
| 16686 | 黄拼 16686+16828 | | 宾二类 | 古 | | |
| 16687 | | | 宾三类 | 爭 | | |
| 16688 | | | 宾二类 | 穷、爭 | | |
| 16689 | | | 宾三类 | 穷 | | |
| 16690 | | | 宾一类 | 爭 | | |
| 16691 | | | 宾二类 | 古 | | |
| 16692 | | | 宾三类 | 古 | 黄宾三 | |
| 16693 | 16693+16665 | | 宾三类 | 穷 | | |
| 16694 | | | 宾三类 | 事 | 黄宾三 | |
| 16695 | | | 宾三类 | 吕 | | |
| 16696 | | | 宾三类 | 穷、爭、古 | 黄宾三 | |
| 16697 | | | 宾三类 | 穷 | 黄宾三 | |
| 16698 | | | 宾三类 | | | |
| 16699 | 16699+16822 | | 宾三类 | 事 | | |
| 16700 | | | 宾三类 | | | |
| 16701 | | | 宾三类 | 古 | | |
| 16702 | | | 宾三类 | 吕 | | |

续表

| 著录号 | 缀合 | 重片 | 类型划分 | 贞人 | 专家分类 | 其他说明 |
|---|---|---|---|---|---|---|
| 16703 | | | 宾三类 | | | |
| 16704 | | | 宾三类 | 争 | | |
| 16705 | | | 宾三类 | 古 | | |
| 16706 | | | 宾三类 | 争 | | |
| 16707 | | | 宾三类 | 穷 | | |
| 16708 | | | 宾三类 | 穷 | 黄宾三 | |
| 16709 | | | 宾三类 | 事 | 黄宾三 | 背甲 |
| 16710 | | | 宾三类 | 事 | | |
| 16711 | | | 宾三类 | 穷 | | |
| 16712 | | | 宾三类 | 穷 | | |
| 16713 | | | 宾三类 | | | |
| 16714 | | | 宾三类 | 穷 | | |
| 16715 | | | 宾三类 | 古 | | 背甲 |
| 16716 | | | 宾三类 | 穷 | | |
| 16717 | | | 宾三类 | | | |
| 16718 | | | 宾三类 | | | |
| 16719 | 16719+ 合补 5109 | | 宾三类 | 穷 | | |
| 16720 | | | 宾三类 | 穷 | | |
| 16721 | 16721+16725+16752 | | 宾三类 | 古 | | |
| 16722 | | | 宾二类 | 古 | | |
| 16723 | | | 宾三类 | 事 | | |
| 16724 | | | 宾二类 | 穷 | | |
| 16725 | 16725+16721+16752 | | 宾三类 | 古 | | |
| 16726 | | | 宾三类 | | | |
| 16727 | | | 宾三类 | | | |
| 16728 | | | 宾二类 | 㱿、事 | | |
| 16729 | | | 宾三类 | | | |
| 16730 | | | 宾二类 | 古 | | |
| 16731 | | | 宾二类 | | | |
| 16732 | | | 宾三类 | 穷 | | |
| 16733 | | | 宾三类 | | | |
| 16734 | | | 宾三类 | | | |
| 16735 | | | 宾三类 | 吕 | | |
| 16736 | | | 宾三类 | 穷 | | |

续表

| 著录号 | 缀合 | 重片 | 类型划分 | 贞人 | 专家分类 | 其他说明 |
|---|---|---|---|---|---|---|
| 16737 | | | 宾三类 | 穷 | | |
| 16738 | | | 宾三类 | 穷 | | |
| 16739 | | | 宾三类 | 㕯、事 | 黄宾三 | |
| 16740 | | | 宾三类 | 穷 | | |
| 16741 | | | 宾二类 | 穷 | | |
| 16742 | | | 宾二类 | 古 | | |
| 16743 | 16743+16744 | | 宾三类 | 穷 | 黄宾三 | |
| 16744 | 16744+16743 | | 宾三类 | 穷 | 黄宾三 | |
| 16745 | | | 宾三类 | | | |
| 16746 | | | 宾三类 | | | |
| 16747 | | | 宾三类 | 古 | | |
| 16748 | | | 宾三类 | 古 | | |
| 16749 | | | 宾三类 | 事 | | |
| 16750正反 | | | 宾三类 | 古 | | |
| 16751 | | | 宾三类 | 古 | | |
| 16752 | 16752+16721+16725 | | 宾三类 | 古 | | |
| 16753 | | | 宾三类 | 古 | | |
| 16754 | | | 宾三类 | | | |
| 16755正反 | | | 宾三类 | 穷 | 黄宾三 | |
| 16756 | | | 宾一类 | 古 | 黄宾三 | |
| 16757 | | | 宾三类 | | | |
| 16758 | | | 宾三类 | | | |
| 16759 | | | 宾二类 | 争 | | |
| 16760 | 16760+16641 | | 宾二类 | 争 | | |
| 16761 | | | 待考 | | | |
| 16762 | | | 宾二类 | | | |
| 16763 | | | 宾三类 | 事 | | |
| 16764 | | | 宾二、三类 | 穷 | | 据字体倾向分在宾三类 |
| 16765 | | | 宾三类 | 古 | | |
| 16766 | | | 宾三类 | | | |
| 16767 | | | 宾三类 | | | |
| 16768 | | 16651 | 宾三类 | 穷 | | |

续表

| 著录号 | 缀合 | 重片 | 类型划分 | 贞人 | 专家分类 | 其他说明 |
|---|---|---|---|---|---|---|
| 16769 | | | 宾三类 | 古、𠱠 | | |
| 16770 | 16770+16659+16645+16777+16864 | | 宾三类 | 事 | 黄宾三 | 背甲 |
| 16771 | | | 宾三类 | | | |
| 16772 | | | 宾三类 | 事 | | |
| 16773 | | | 宾三类 | | | |
| 16774 | | | 宾三类 | | | |
| 16775 | 黄拼 16775+16840 | | 宾二类 | 爭 | | |
| 16776 | | | 宾三类 | 古 | | |
| 16777 | 16777+16659+16645+16770+16864 | | 宾三类 | 事 | | 背甲 |
| 16778 | | | 宾三类 | | | |
| 16779 | | | 宾三类 | 事 | | |
| 16780 | | | 宾三类 | | | |
| 16781 | | | 宾二类 | | | |
| 16782 | 16782+16858 | | 宾二类 | 宕 | | |
| 16783 | | | 宾二类 | 宕 | | |
| 16784 | | | 宾二类 | 宕 | | |
| 16785 | | | 宾三类 | 宕 | | |
| 16786 | | | 宾一类 | 㱿 | | |
| 16787 | | | 宾一类 | 内 | | |
| 16788 | | | 宾一类 | 亘、古 | | |
| 16789 | | | 宾一类 | 古 | | |
| 16790 | | | 宾二类 | 爭 | | |
| 16791 | | | 宾一类 | 爭 | | |
| 16792 | | | 宾三类 | 爭 | | |
| 16793 | | | 宾一类 | 爭 | | |
| 16794 | | | 宾一类 | 爭 | | |
| 16795 | | | 宾一类 | 爭 | | |
| 16796 | | | 宾一类 | 爭 | | |
| 16797 | | | 宾二类 | 爭 | 黄宾三 | |
| 16798 | | | 宾三类 | | | |
| 16799 | | | 宾三类 | 爭 | | |
| 16800 | | | 宾二类 | 宕 | | |

续表

| 著录号 | 缀合 | 重片 | 类型划分 | 贞人 | 专家分类 | 其他说明 |
|---|---|---|---|---|---|---|
| 16801 | | | 宾二类 | | | |
| 16802 | | | 非宾类 | | 蒋甲种子组 | 非宾 |
| 16803 | | | 宾二类 | | 黄宾三 | |
| 16804 | | | 宾三类 | | | |
| 16805 正反 | | | 宾二类 | | | |
| 16806 正反 | | | 宾二类 | | | |
| 16807 | | | 宾三类 | 宁 | | |
| 16808 | | | 宾二类 | 宁 | | |
| 16809 | | | 宾一类 | 𡧊 | | |
| 16810 正反 | | 40606 | 宾二类 | 𡧊 | | |
| 16811 | | | 宾一类 | 𡧊 | | |
| 16812 | | 16881 | 宾二类 | 𡧊 | | |
| 16813 | | | 宾一类 | 内 | | |
| 16814 | | | 宾二类 | 争 | | |
| 16815 | | | 宾一类 | 争、充 | | |
| 16816 | | | 宾一类 | 争、充 | | |
| 16817 | | | 宾一类 | 争、充 | 黄宾三 | |
| 16818 | | | 宾三类 | 古 | | |
| 16819 正反 | | | 宾三类 | 古 | | |
| 16820 | | | 宾三类 | 亘 | | |
| 16821 | | | 宾三类 | 事 | | |
| 16822 | 16822+16699 | 16650 | 宾三类 | 事 | | |
| 16823 | | | 宾三类 | 事 | | |
| 16824 | | | 宾二类 | 永 | | |
| 16825 正反 | | | 宾二类 | 永 | | |
| 16826 | | | 宾三类 | | | |
| 16827 | 16827+16830 | | 宾二类 | | | |
| 16828 | 黄拼 16828+16686 | | 宾二类 | 古 | | |
| 16829 | | | 宾三类 | 争 | | |
| 16830 | 16830+16827 | | 宾二类 | 争 | | |

续表

| 著录号 | 缀合 | 重片 | 类型划分 | 贞人 | 专家分类 | 其他说明 |
|---|---|---|---|---|---|---|
| 16831 | | | 宾二类 | | | |
| 16832 | | | 宾一类 | 㱿 | 黄宾一 | |
| 16833 | | | 宾三类 | 宂 | | |
| 16834 | | | 宾二类 | 宂 | | |
| 16835 | | | 宾二类 | 宂 | | |
| 16836 | | | 宾三类 | | | |
| 16837 | | | 宾二类 | | | |
| 16838 | | | 宾二类 | 爭 | | |
| 16839 | 16839+ 天理 B105 | | 宾二类 | 爭 | | |
| 16840 | 黄拼 16840+16775 | | 宾二类 | 爭 | | |
| 16841 | | | 宾二类 | 爭 | | |
| 16842 | | | 宾三类 | 爭 | | |
| 16843 | | | 宾三类 | 古 | | |
| 16844 | | | 宾三类 | 古 | 黄宾三 | 背甲 |
| 16845 | | | 宾三类 | 㕯 | | |
| 16846 | | | 宾二类 | 永 | | |
| 16847 | | | 宾二类 | 孚 | | |
| 16848 | | | 宾一类 | 充 | | |
| 16849 | | | 宾三类 | 充 | | |
| 16850 | | | 宾三类 | 吕 | 黄宾三 | 背甲 |
| 16851 | | | 宾三类 | 事 | | |
| 16852 | | | 宾一类 | | | |
| 16853 | | | 宾二类 | | | |
| 16854 | | | 宾三类 | | | |
| 16855 | | | 宾三类 | | | |
| 16856 | | | 宾二类 | 宂 | | |
| 16857 | | | 宾二类 | 宂 | | |
| 16858 | 16858+16782 | | 宾二类 | 宂 | | |
| 16859 | | | 宾二类 | 爭 | | |
| 16860 | | | 宾二类 | 爭 | | |
| 16861 | | | 宾三类 | 爭 | | 背甲 |
| 16862 | | | 宾二类 | 爭、孚 | | |
| 16863 | | | 宾三类 | 事 | | |
| 16864 | 16864+16659+16645+16770+16777 | | 宾三类 | 事 | | |

续表

| 著录号 | 缀合 | 重片 | 类型划分 | 贞人 | 专家分类 | 其他说明 |
|---|---|---|---|---|---|---|
| 16865 | | | 宾二类 | 㱿 | | |
| 16866 | | | 宾二类 | 㱿 | | |
| 16867 正反 | | | 宾二类 | 亘 | | |
| 16868 | 16868+ 合补 4832（天理 B099） | | 宾二类 | 永 | | |
| 16869 | | | 宾二类 | 永 | | |
| 16870 | | | 宾一类 | 𠂤 | | |
| 16871 | | | 宾三类 | | | |
| 16872 | | | 宾二类 | | | |
| 16873 | | | 宾二类 | | | |
| 16874 | 黄拼 16874+ 苏德 · 附录二 | | 宾二类 | | | |
| 16875 | | | 宾二类 | | | |
| 16876 | | | 宾二类 | 㱿 | | |
| 16877 | | | 宾二类 | 古、吕 | | |
| 16878 正反 | 16878+137+16890 | | 宾二类 | 㱿 | | |
| 16879 正反 | | | 宾二类 | 㱿 | 黄典宾 | |
| 16880 | | | 宾二类 | 㱿 | | |
| 16881 | 16881+16904 | 16812 | 宾二类 | 宁、㱿 | | |
| 16882 | | | 宾一类 | 㱿 | | |
| 16883 | | | 宾一类 | | | |
| 16884 | | | 宾一类 | 㱿 | | |
| 16885 | | | 宾二类 | 宁 | | |
| 16886 | | | 宾二类 | 宁 | | |
| 16887 | 黄拼 16887+ 合补 5851 | | 宾二类 | 宁 | | |
| 16888 | | | 宾二类 | 争 | 黄典宾 | |
| 16889 | | | 宾二类 | 争 | | |
| 16890 正反 | 16890+137+16878 | | 宾二类 | 争 | | |
| 16891 | | | 宾一类 | | | |
| 16892 正反 | | | 宾二类 | 永 | | |

续表

| 著录号 | 缀合 | 重片 | 类型划分 | 贞人 | 专家分类 | 其他说明 |
|---|---|---|---|---|---|---|
| 16893 | | | 宾三类 | 事 | | |
| 16894 | | | 宾三类 | 事 | | |
| 16895正反 | | | 宾三类 | 古 | | |
| 16896正反 | | | 宾三类 | 穷 | | |
| 16897 | | | 宾二类 | | | |
| 16898 | | | 宾三类 | | | |
| 16899 | | | 宾三类 | | | |
| 16900正反 | 黄拼 16900 正 + 6665 正 | | 宾二类 | 穷 | | |
| 16901 | 黄拼 16901+合补 4845 | | 宾一类 | 穷、爭 | | |
| 16902 | | | 宾二类 | 穷 | | |
| 16903 | | | 宾二类 | 㱿 | | |
| 16904 | 16904+16881 | | 宾二类 | 㱿 | | |
| 16905 | | | 宾三类 | 古 | | |
| 16906 | | | 宾一类 | 内 | | |
| 16907正反 | | | 宾二类 | 吕 | | |
| 16908 | | | 宾三类 | 事 | | |
| 16909 | | | 宾二类 | | | |
| 16910正臼 | 黄拼 9841+7156 正 + 16910 | | 宾二类 | | | |
| 16911 | | | 宾二类 | | | |
| 16912 | | | 宾二类 | | | |
| 16913正反 | 黄拼 16913+17076 | | 宾二类 | | | |
| 16914 | | | 宾二类 | | | |
| 16915 | | | 宾二类 | 古 | | |
| 16916 | | | 宾二类 | 古 | | |
| 16917 | | | 宾二类 | | | |
| 16918 | | | 宾二类 | 穷 | | |
| 16919正反 | | | 宾二类 | 穷 | | |

续表

| 著录号 | 缀合 | 重片 | 类型划分 | 贞人 | 专家分类 | 其他说明 |
| --- | --- | --- | --- | --- | --- | --- |
| 16920 | | | 宾一类 | 争 | | |
| 16921 | | | 宾一类 | 争 | | |
| 16922 | | | 宾三类 | 事 | | 背甲 |
| 16923 | | | 宾一类 | 内 | | |
| 16924 | | | 宾二类 | | | |
| 16925 | | | 宾二类 | | | |
| 16926 | | | 宾二类 | | | |
| 16927 | | | 宾二类 | | | |
| 16928 | | | 宾一类 | | | |
| 16929 | | | 宾二类 | | | |
| 16930 | | | 宾二类 | 争 | | |
| 16931 | | | 宾二类 | | | |
| 16932 | | | 宾二类 | | | |
| 16933 | | | 宾三类 | | | |
| 16934 | | | 宾三类 | | | |
| 16935 | | | 宾二类 | 㱿 | 黄典宾 | |
| 16936 正反 | 黄拼 16936 正 + 7202 正；黄拼 16936 反 + 东大 B0392a | | 宾二类 | 㱿 | | |
| 16937 | | | 宾二类 | 争 | | |
| 16938 正反 | | | 宾二类 | 㱿、亘 | | |
| 16939 正反 | | | 宾二类 | | | |
| 16940 | | | 宾二类 | | | |
| 16941 | | | 宾二类 | | | |
| 16942 | | | 宾二类 | | | |
| 16943 正反 | 16943 正反 + | 16646 | 宾二类 | 争 | | |
| 16944 正反 | | | 宾二类 | 穷 | | |
| 16945 正反 | | | 宾二类 | | | |
| 16946 正反 | | | 宾二类 | | | |

续表

| 著录号 | 缀合 | 重片 | 类型划分 | 贞人 | 专家分类 | 其他说明 |
|---|---|---|---|---|---|---|
| 16947 | | | 宾二类 | | 黄典宾 | |
| 16948正反 | 黄拼16948+7166 | | 宾二类 | | | |
| 16949正反 | | | 宾二类 | | | |
| 16950 | | | 宾一类 | 古 | | |
| 16951 | | | 宾二类 | 穷 | | |
| 16952 | 黄拼16952+辑佚274 | 合补5046 | 宾三类 | 穷 | | |
| 16953 | | | 宾二类 | | | |
| 16954 | | | 宾二类 | | | |
| 16955 | | | 宾三类 | | | |
| 16956 | | | 宾二类 | | | |
| 16957 | | | 宾二类 | | | |
| 16958 | | | 宾二类 | | | |
| 16959正反 | | | 宾二类 | | | |
| 16960正反 | | | 宾二类 | | | |
| 16961正反 | | | 宾二类 | | | |
| 16962 | | | 宾二类 | | | |
| 16963 | 黄拼16963+22244+22269+22243+22259左+16982+18483+乙8767+乙8945+乙8839 | | 非宾类 | | 蒋甲种子组 | 非宾 |
| 16964 | | | 非宾类 | | 蒋甲种子组 | 非宾 |
| 16965正反 | | | 宾二类 | | | |
| 16966正反 | | | 宾二类 | | | |
| 16967 | | | 宾二类 | | | |
| 16968 | | | 宾二类 | | | |
| 16969 | | | 宾三类 | | | |
| 16970 | | | 宾一类 | | | |
| 16971 | | | 宾一类 | | | |

续表

| 著录号 | 缀合 | 重片 | 类型划分 | 贞人 | 专家分类 | 其他说明 |
|---|---|---|---|---|---|---|
| 16972 | | | 宾二类 | | | |
| 16973 | | | 宾三类 | | 黄宾三 | |
| 16974 | | | 宾一类 | | | |
| 16975 | | | 宾一类 | | | |
| 16976 正臼 | | | 宾一类 | | | |
| 16977 | | | 宾一类 | | | |
| 16978 | | | 宾二类 | | | |
| 16979 | | | 宾二类 | | | |
| 16980 | | | 宾二类 | | | |
| 16981 | | | 宾二类 | | | |
| 16982 | 黄拼 16982+16963+22244 +22269+22243+22259 左 +18483+ 乙 8767+ 乙 8945+ 乙 8839 | | 非宾类 | | 蒋甲种子组 | 非宾 |
| 16983 正反 | | | 宾二类 | | | |
| 16984 正反 | | | 宾二类 | | | |
| 16985 正反 | | | 宾二类 | | | |
| 16986 | | | 宾二类 | | | |
| 16987 | | | 宾二类 | | | |
| 16988 | | | 宾二类 | | | |
| 16989 | | | 宾一类 | 爭 | | |
| 16990 | | | 宾一类 | | | |
| 16991 | 16991+2200+17245 | | 宾一类 | | | |
| 16992 | | | 宾二类 | | | |
| 16993 | | | 宾二类 | | | |
| 16994 | | | 宾三类 | 穷 | 黄宾三 | |
| 16995 | | | 宾二类 | | | |
| 16996 | | | 宾二类 | | | |
| 16997 | | | 宾二类 | | | |
| 16998 | 黄拼 16998+13333 正 | | 宾一类 | | | |
| 16999 | | | 宾二类 | | | |
| 17000 正反 | | | 宾二类 | | | 背甲 |

续表

| 著录号 | 缀合 | 重片 | 类型划分 | 贞人 | 专家分类 | 其他说明 |
|---|---|---|---|---|---|---|
| 17001 正反 | | | 宾二类 | | | |
| 17002 | 黄拼 17002+2936+17922 | | 宾二类 | | | 林《醉古集》86 |
| 17003 | | | 宾二类 | | | |
| 17004 正反 | | | 宾一类 | | | |
| 17005 正反 | | | 宾一类 | | | |
| 17006 | 黄拼 17006+ | | 宾一类 | | | 林《醉古集》166 |
| 17007 | | | 宾二类 | | | |
| 17008 | | | 宾二类 | | | |
| 17009 | | | 宾三类 | | | 背甲 |
| 17010 | | | 宾二类 | | | |
| 17011 | | | 宾二类 | | | |
| 17012 正反 | | | 宾二类 | | | |
| 17013 | | | 宾二类 | | | |
| 17014 | | | 宾二类 | | | |
| 17015 | | | 宾二类 | | | |
| 17016 | | | 宾二类 | | | |
| 17017 正反 | | | 宾二类 | 㱿 | | |
| 17018 | | 反 =9407 | 宾二类 | | | |
| 17019 | | | 宾二类 | | | |
| 17020 | | | 宾二类 | | | |
| 17021 | | | 宾二类 | | | |
| 17022 | | | 宾二类 | | | |
| 17023 | | | 宾三类 | | | |
| 17024 | | | 宾二类 | | | |
| 17025 | | | 宾二类 | | | |
| 17026 | | 2333 | 宾二类 | | | |
| 17027 正反 | | | 宾三类 | | | 背甲 |

续表

| 著录号 | 缀合 | 重片 | 类型划分 | 贞人 | 专家分类 | 其他说明 |
|---|---|---|---|---|---|---|
| 17028正反 | 黄拼 17028+合补 3446 | | 宾二类 | | | |
| 17029 | | | 宾二类 | | | |
| 17030 | | | 宾二类 | | | |
| 17031 | 黄拼 17031+11448 | | 宾二类 | | | |
| 17032 | | | 宾二类 | | | |
| 17033 | | | 宾二类 | | | |
| 17034 | | | 宾二类 | | | |
| 17035 | | | 宾二类 | | | |
| 17036正反 | | | 宾二类 | | | |
| 17037 | | | 宾二类 | | | |
| 17038 | | | 宾一类 | | | |
| 17039正反 | | 5002 | 宾一类 | 王 | | |
| 17040正反 | | | 宾二类 | | | |
| 17041 | 黄拼 17041+乙补 365 | | 宾二类 | | | |
| 17042正反 | | | 宾二类 | | | |
| 17043正反 | | | 宾二类 | | | |
| 17044 | | | 宾二类 | | | |
| 17045 | | | 宾二类 | | | |
| 17046 | | | 宾二类 | | | |
| 17047 | | | 宾二类 | | | |
| 17048正反 | | | 宾三类 | | | |
| 17049正反 | | | 宾一类 | | | |
| 17050 | | | 宾三类 | | | |
| 17051 | | | 宾三类 | | | |
| 17052 | | | 宾三类 | | | |
| 17053 | | | 宾三类 | | | |
| 17054正反 | | | 宾二类 | | | |

续表

| 著录号 | 缀合 | 重片 | 类型划分 | 贞人 | 专家分类 | 其他说明 |
| --- | --- | --- | --- | --- | --- | --- |
| 17055 正反 | | | 宾二类 | 𡧊 | 黄典宾 | |
| 17056 | 黄拼 17056+ 史购 041 正 | | 宾二类 | | 黄典宾 | |
| 17057 | | | 宾二类 | | 黄典宾 | |
| 17058 正反 | | | 宾二类 | | | |
| 17059 | 17059+17060 | | 𠂤宾间类 | 王 | | |
| 17060 | 17060+17059 | | 𠂤宾间类 | 王 | | |
| 17061 | 黄拼 17061+ 善斋 2.61.5 | | 宾二类 | | | |
| 17062 | | | 宾二类 | | | |
| 17063 | | | 宾二类 | | | |
| 17064 | | | 宾二类 | | | |
| 17065 正反 | | | 宾二类 | | | |
| 17066 | 黄拼 17066+26628+ 26630+26680+26649 | | 宾三类 | | | |
| 17067 | | | 宾三类 | | 黄典宾 | |
| 17068 正反 | | | 宾二类 | | | |
| 17069 | | | 宾三类 | | | |
| 17070 | | | 宾二类 | | | |
| 17071 | | | 宾二类 | | | |
| 17072 | | | 宾二类 | | | |
| 17073 | | | 宾二类 | 宁 | | |
| 17074 正臼 | | | 宾二类 | 争 | | |
| 17075 正反臼 | | | 宾二类 | 争 | | |
| 17076 | 黄拼 17076+16913 正 | | 宾二类 | 𡧊 | 黄典宾 | |
| 17077 正反 | | | 宾二类 | 𡧊 | 黄典宾 | |
| 17078 正反 | | | 宾二类 | 争 | 黄典宾 | |
| 17079 正反 | | | 宾一类 | | | |

续表

| 著录号 | 缀合 | 重片 | 类型划分 | 贞人 | 专家分类 | 其他说明 |
|---|---|---|---|---|---|---|
| 17080 正反 | | | 宾二类 | 永 | 黄典宾 | |
| 17081 | | | 宾一类 | | 黄𠂤宾间 A | |
| 17082 | | | 宾三类 | 穷 | 黄宾三 | |
| 17083 甲乙 | 黄拼 17083 甲乙 + | | 宾一类 | 穷 | | 林《醉古集》35 |
| 17084 | 黄拼 17084+17105+ 乙 6186 + 乙 6591+ 乙补 0275+ 乙 6181+ 乙补 5512+ 乙补 5716+ 乙补 5737 | | 宾二类 | | | |
| 17085 正反 | | | 宾二类 | 穷 | | |
| 17086 | | | 宾二类 | 亘 | | |
| 17087 | | | 宾二类 | 古 | | |
| 17088 | | | 宾二类 | | | |
| 17089 正反 | | | 宾二类 | | | |
| 17090 | | | 宾二类 | 古 | | |
| 17091 | | | 宾二类 | 箙 | | |
| 17092 | | | 宾三类 | 箙 | | |
| 17093 | | | 宾一类 | | | |
| 17094 | | | 宾一类 | | | |
| 17095 | | | 宾一类 | | | |
| 17096 正反 | 黄拼 17096 正 +17139 | 合补 43 | 宾一类 | 王 | | |
| 17097 | | | 宾一类 | | | |
| 17098 | | | 宾一类 | | | |
| 17099 | | | 宾三类 | | 黄宾三 | |
| 17100 | | | 宾二类 | 爭 | 黄宾三 | |
| 17101 | | | 宾二类 | | | |
| 17102 | | | 宾二类 | | | |
| 17103 | | | 宾二类 | | | |
| 17104 | | | 宾三类 | 充 | | |
| 17105 正反 | 黄拼 17105+17084+ 乙 6186 + 乙 6591+ 乙补 0275+ 乙 6181 + 乙补 5512+ 乙补 5716+ 乙补 5737 | | 宾二类 | 爭、充 | | |

续表

| 著录号 | 缀合 | 重片 | 类型划分 | 贞人 | 专家分类 | 其他说明 |
|---|---|---|---|---|---|---|
| 17106 | | | 宾二类 | 㱿、爭 | | |
| 17107 | | | 宾一类 | | | |
| 17108 | | | 宾一类 | | | |
| 17109 | | | 宾一类 | | | |
| 17110 正反 | | | 宾二类 | 爭 | | |
| 17111 | | | 宾二类 | | | |
| 17112 | | | 宾二类 | | | |
| 17113 | | | 宾二类 | | | |
| 17114 | | | 宾三类 | | | |
| 17115 | 黄拼 17115+17169 | | 宾三类 | | | |
| 17116 | 17116+17129+13151 | | 宾二类 | | | |
| 17117 | | | 宾二类 | | | |
| 17118 | | | 宾三类 | | | |
| 17119 | | | 宾二类 | | | |
| 17120 | | | 宾一类 | | | |
| 17121 | | | 宾二类 | | | |
| 17122 | | | 宾二类 | | | |
| 17123 | | | 宾二类 | | | |
| 17124 | | | 宾二类 | | | |
| 17125 | | | 宾二类 | | | |
| 17126 | | | 宾二类 | | | |
| 17127 | | | 宾三类 | | | |
| 17128 | | | 宾一类 | | | |
| 17129 | 17129+13151+17116 | | 宾二类 | | | |
| 17130 | | | 宾一类 | | | |
| 17131 | | | 宾二类 | | | |
| 17132 正反 | | | 宾二类 | 穷 | | |
| 17133 | | | 宾一类 | | | |
| 17134 | | | 宾三类 | | | |
| 17135 | | | 宾一类 | | | |
| 17136 | | | 宾二类 | | | |
| 17137 | | | 宾一类 | | | |

续表

| 著录号 | 缀合 | 重片 | 类型划分 | 贞人 | 专家分类 | 其他说明 |
|---|---|---|---|---|---|---|
| 17138 | | | 宾二类 | | | |
| 17139 | 黄拼 17139+17096（合补 43） | | 宾一类 | | | |
| 17140 | | | 宾二类 | 㱿 | | |
| 17141 | | | 宾二类 | 㱿 | | |
| 17142 | | | 宾二类 | | | |
| 17143 | | | 宾三类 | | | |
| 17144 | | | 宾二类 | 㱿 | | |
| 17145 | | | 宾二类 | 㱿 | | |
| 17146 | | | 宾二类 | | | |
| 17147 | | | 宾三类 | | | |
| 17148 正反 | | | 宾二类 | | | |
| 17149 正反 | | | 宾二类 | | | |
| 17150 | | | 宾二类 | | | |
| 17151 | | | 宾三类 | | | |
| 17152 | | 11644 | 宾二类 | | | |
| 17153 | | | 宾二类 | | | |
| 17154 | | | 宾三类 | | | |
| 17155 | | | 宾二类 | | | 背甲 |
| 17156 | | | 宾二类 | | | |
| 17157 | | | 宾二类 | | | |
| 17158 | | | 宾二类 | | | |
| 17159 正反 | | | 宾二类 | | | |
| 17160 | | | 宾二类 | | | |
| 17161 | | | 宾一类 | | | |
| 17162 | | | 宾一类 | | | |
| 17163 | | | 宾一类 | | | 背甲 |
| 17164 | | | 宾一类 | | | |
| 17165 正反 | | | 宾二类 | | | |
| 17166 正反 | | | 宾二类 | 争 | | |

续表

| 著录号 | 缀合 | 重片 | 类型划分 | 贞人 | 专家分类 | 其他说明 |
| --- | --- | --- | --- | --- | --- | --- |
| 17167 | | | 宾二类 | | | |
| 17168 | 黄拼 17168+17171+17170 | | 宾三类 | 宊 | 黄宾三 | |
| 17169 | 黄拼 17169+17115 | | 宾三类 | | | |
| 17170 | 黄拼 17170+17168+17171 | | 宾三类 | | | |
| 17171 | 黄拼 17171+17168+17170 | | 宾三类 | 爭 | | |
| 17172 | 黄拼 17172+428 | | 宾三类 | | | |
| 17173 | | | 宾三类 | 爭 | | |
| 17174 | | | 宾三类 | | | |
| 17175 | | | 宾一类 | | | |
| 17176 | | | 宾一类 | | | |
| 17177 正反 | | | 宾二类 | | | |
| 17178 | | | 宾二类 | | | |
| 17179 | | | 宾三类 | | | |
| 17180 正反 | | | 宾二类 | | | |
| 17181 | | | 宾二类 | | | |
| 17182 | | | 宾二类 | | | |
| 17183 | | | 宾二类 | | | |
| 17184 | | | 宾二类 | 爭 | | |
| 17185 正反 | | | 宾二类 | 宊 | | |
| 17186 | | | 宾二类 | | | |
| 17187 | | | 宾二类 | | | |
| 17188 | 17188+10748 | | 宾一类 | | | |
| 17189 | | | 宾二类 | | | |
| 17190 | | | 宾二类 | | | |
| 17191 | | 18391 | 宾二类 | | | |
| 17192 正反 | | | 宾二类 | | | |
| 17193 | | 17946 | 宾二类 | | | |
| 17194 | | | 宾三类 | 㱿 | | |

续表

| 著录号 | 缀合 | 重片 | 类型划分 | 贞人 | 专家分类 | 其他说明 |
|---|---|---|---|---|---|---|
| 17195 | 17195+10593 | | 宾三类 | | | |
| 17196 | | | 宾三类 | | | |
| 17197 | | | 宾三类 | | | |
| 17198 | | | 宾三类 | | | |
| 17199 | | | 宾三类 | | | |
| 17200 | | | 宾三类 | | | |
| 17201 | | | 宾三类 | | | |
| 17202 | | | 宾二类 | | | |
| 17203 | | | 宾三类 | | | |
| 17204 | | | 宾二类 | | | |
| 17205 | | | 宾二类 | | | |
| 17206 | | | 宾二类 | | | |
| 17207 | | | 宾二类 | | | |
| 17208 | | | 宾二类 | | | |
| 17209 | | | 宾三类 | | | |
| 17210 | | | 宾二类 | | | |
| 17211 | | | 宾二类 | | | |
| 17212 | | 13477 | 宾二类 | | | |
| 17213 | | | 宾三类 | | | |
| 17214 | | | 宾三类 | | | |
| 17215 | | | 宾三类 | | | |
| 17216 | | | 宾三类 | | | |
| 17217 | | | 宾三类 | 穷 | | |
| 17218 | | | 宾三类 | | | |
| 17219 | | | 宾三类 | | | |
| 17220 | 黄拼 17220+14229 反 + 乙补 6800+ 乙 8231+ 乙补 6814 | | 宾三类 | | | 林《醉古集》147 |
| 17221 | | | 宾二类 | | | |
| 17222 | | 1047 | 宾二类 | 㱿 | | |
| 17223 | | | 宾二类 | | | |
| 17224 | | | 宾二类 | | | |
| 17225 | | | 宾二类 | | | |
| 17226 | 黄拼 17226+ | | 宾二类 | | | 林《醉古集》166 |

续表

| 著录号 | 缀合 | 重片 | 类型划分 | 贞人 | 专家分类 | 其他说明 |
|---|---|---|---|---|---|---|
| 17227 正反 | 17227 反 +3505 | | 宾二类 | | | 合 17227 有正反，故该缀合当为 17227 反 |
| 17228 | | | 宾二类 | | | |
| 17229 | 17229+ | | 宾三类 | | | |
| 17230 正反 | | | 宾二类 | | | |
| 17231 | 黄拼 17231+ | | 宾一类 | | | 林《醉古集》99 |
| 17232 | | | 宾二类 | | | |
| 17233 | | | 宾二类 | | | |
| 17234 | | | 宾二类 | | | |
| 17235 | | | 宾二类 | | | |
| 17236 正反 | | | 宾一类 | | | |
| 17237 | | | 宾一类 | | | |
| 17238 | | | 宾二类 | | | |
| 17239 | | | 宾一类 | | | |
| 17240 | | | 宾二类 | | | |
| 17241 | | | 宾二类 | | | |
| 17242 | | | 宾二类 | | | |
| 17243 | 17243+ | | 宾二类 | | | |
| 17244 | | | 宾二类 | | | |
| 17245 | 17245+2200+16991 | | 宾一类 | | | |
| 17246 | | | 宾二类 | | | |
| 17247 | | | 宾二类 | | | |
| 17248 | | | 宾二类 | | | |
| 17249 | | | 宾二类 | | | |
| 17250 | | | 宾二类 | | | |
| 17251 正反 | | | 宾二类 | | | |
| 17252 | | | 宾二类 | | | |
| 17253 正反 | | | 宾二类 | | | |
| 17254 | | | 宾二类 | | | |
| 17255 正反 | 黄拼 17255 正反 + | | 宾二类 | | | 林《醉古集》143 |

续表

| 著录号 | 缀合 | 重片 | 类型划分 | 贞人 | 专家分类 | 其他说明 |
| --- | --- | --- | --- | --- | --- | --- |
| 17256 | | | 宾一类 | | | |
| 17257 正反 | | | 宾一类 | | | |
| 17258 | | 15529/40504 | 宾二类 | | | |
| 17259 | | | 宾二类 | | | |
| 17260 | | | 宾二类 | | | |
| 17261 正反 | | | 宾二类 | | | |
| 17262 | | | 宾一类 | | | |
| 17263 | | | 宾一类 | | | |
| 17264 | 17264+17420 | | 宾二类 | | | |
| 17265 正反 | 黄拼 17265+ | | 宾三类 | | | 林《醉古集》365 |
| 17266 | | | 宾三类 | | | |
| 17267 | | | 宾二类 | | | |
| 17268 | | | 宾二类 | | | |
| 17269 | | | 宾二类 | | | |
| 17270 | | | 宾二类 | 穷 | | |
| 17271 正反 | | | 宾一类 | 古 | | |
| 17272 | | | 宾二类 | 㱿 | 黄典宾 | |
| 17273 | | | 宾二类 | 㱿 | | |
| 17274 | 黄拼 17274+13442 反 | | 宾二类 | | | |
| 17275 正反 | | | 宾二类 | | | |
| 17276 正反 | 黄拼 17276 正 +6217+ 合补 759；黄拼 17276 反 + 合补 759 反 | | 宾二类 | | | |
| 17277 | 17277+3505 | | 宾二类 | | | |
| 17278 | | | 宾二类 | | | |
| 17279 | | | 宾二类 | | | |
| 17280 | | | 宾二类 | | | |
| 17281 | | | 宾二类 | | | |
| 17282 | 黄拼 17282+16124 正反 + 6017 正反 | | 宾二类 | | | |

续表

| 著录号 | 缀合 | 重片 | 类型划分 | 贞人 | 专家分类 | 其他说明 |
|---|---|---|---|---|---|---|
| 17283正反 | | | 宾二类 | 㱿 | | |
| 17284 | | | 宾二类 | | | |
| 17285 | | | 宾二类 | | | |
| 17286 | | | 宾二类 | | | |
| 17287 | | | 宾二类 | | | |
| 17288 | | | 宾二类 | | | |
| 17289 | | | 宾二类 | | | |
| 17290 | | | 宾二类 | | | |
| 17291 | | | 宾二类 | | | |
| 17292 | | | 宾二类 | | | |
| 17293 | 黄拼 17293+11762 正反 +3832 | | 宾二类 | | | 林《醉古集》364 |
| 17294 | | | 宾二类 | | | |
| 17295 | | | 宾二类 | | | |
| 17296 | | | 宾二类 | 㱿 | | |
| 17297 | | | 宾二类 | | | |
| 17298 | | | 宾二类 | | | |
| 17299 | | 17713 | 宾二类 | 爭 | 黄典宾 | |
| 17300正反 | | | 宾二类 | | | |
| 17301正反 | | | 宾一类 | | | 笔书（反） |
| 17302 | 黄拼 17302+1631+3518 | | 宾二类 | | | |
| 17303正反 | | | 宾二类 | | | |
| 17304 | 黄拼 17304 正 +19695 正 +乙补 6104+4773 正 +9067 正+18165 正 + 乙补 6252；黄拼 17304 反 +19695 反 +乙补 6105+4773 反 +9067 反+18165 反 + 乙补 6252 | | 宾一类 | | | 林《醉古集》315 |
| 17305正反 | 黄拼 17305+11706 | | 宾二类 | 㱿 | | |
| 17306正反 | | | 宾二类 | 爭 | | |

续表

| 著录号 | 缀合 | 重片 | 类型划分 | 贞人 | 专家分类 | 其他说明 |
|---|---|---|---|---|---|---|
| 17307 正反 | | | 宾二类 | | | |
| 17308 | | | 宾二类 | 㱿 | | |
| 17309 | 黄拼 17309+17796 正 +17992+2204 | | 宾二类 | | | |
| 17310 | | | 宾二类 | | | |
| 17311 正反 | 黄拼 17311 正反 + | | 宾二类 | | | 林《醉古集》381 |
| 17312 | | | 𠂤宾间类 | | | |
| 17313 | | | 宾二类 | | | |
| 17314 | | | 宾二类 | 㱿 | | |
| 17315 | | | 宾二类 | | | |
| 17316 | | | 宾二类 | | | |
| 17317 | 黄拼 17317+6129 | | 宾二类 | | | |
| 17318 | | | 宾二类 | | | |
| 17319 正反 | | | 宾二类 | | | |
| 17320 | | | 宾三类 | | | |
| 17321 | | | 宾二类 | | | |
| 17322 | | | 宾二类 | | | |
| 17323 | | | 宾二类 | | | |
| 17324 | | | 宾二类 | | | |
| 17325 正反 | | | 宾一类 | | | |
| 17326 正反 | | | 宾一类 | | | |
| 17327 | | | 宾二类 | | | |
| 17328 | | | 宾二类 | | | |
| 17329 | | | 宾二类 | | | 背甲 |
| 17330 | | | 宾二类 | | | |
| 17331 | 黄拼 9572+5080+9583+16399+17331+17464 | | 宾三类 | | | |
| 17332 | | | 宾二类 | | | |
| 17333 | 黄拼 17333+15417+3018 | | 宾三类 | | | |

续表

| 著录号 | 缀合 | 重片 | 类型划分 | 贞人 | 专家分类 | 其他说明 |
|---|---|---|---|---|---|---|
| 17334 | | | 自宾间类 | | | |
| 17335 | | | 宾二类 | | | |
| 17336 | | | 宾二类 | | | |
| 17337 正反 | | | 宾二类 | | | |
| 17338 | | | 宾二类 | | | |
| 17339 | | | 宾二类 | | | |
| 17340 | | | 宾二类 | 争 | | |
| 17341 | 黄拼 17341+3611 正反 +14235+14184 | | 宾二类 | | | 林《醉古集》100 |
| 17342 | | | 宾二类 | | | |
| 17343 | | | 宾二类 | | | |
| 17344 | 黄拼 17344+ | | 宾二类 | | | 林《醉古集》150 |
| 17345 | | | 宾二类 | | | |
| 17346 | | | 宾二类 | | | |
| 17347 | | | 宾三类 | | | |
| 17348 | | 12893 | 宾二类 | | | |
| 17349 | 黄拼 12164+17349+19655 | | 宾三类 | | | 背甲 |
| 17350 | | | 宾二类 | | | |
| 17351 | | | 宾二类 | | | |
| 17352 | | | 宾二类 | | | |
| 17353 | | | 宾二类 | | | |
| 17354 | 黄拼 17354+ 英 82 | | 宾三类 | | | |
| 17355 | | | 宾三类 | | | |
| 17356 | | | 宾二类 | | | |
| 17357 | | 40648 | 宾二类 | | | |
| 17358 | | | 宾二类 | | | |
| 17359 正反 | | | 宾二类 | | | |
| 17360 正反 | 17360+17362+6131+6132 | | 宾二类 | 㱿 | | 黄拼 17360 正 +3773 |
| 17361 | 17361+ 后 1.8.12（通 286） | | 宾二类 | | | |
| 17362 | 17362+6131+6132+17360 | | 宾二类 | | | 习刻 |

续表

| 著录号 | 缀合 | 重片 | 类型划分 | 贞人 | 专家分类 | 其他说明 |
|---|---|---|---|---|---|---|
| 17363 | | 4457 | 宾二类 | 争 | | |
| 17364 正反 | | | 宾二类 | 㱿 | | |
| 17365 | | | 宾二类 | | | |
| 17366 正反 | | | 宾二类 | 㱿 | | |
| 17367 | | | 宾二类 | | | |
| 17368 | | | 宾二类 | | | |
| 17369 | | | 宾一类 | | | |
| 17370 | | | 宾一类 | | | |
| 17371 | | | 宾一类 | | | |
| 17372 | | | 宾一类 | | | |
| 17373 | | | 宾二类 | 㱿 | | |
| 17374 正反 | | | 宾一类 | | | |
| 17375 | | | 宾一类 | | | |
| 17376 | | | 宾一类 | | | |
| 17377 正反 | 17377 正 +1870+2437 | | 宾一类 | | | |
| 17378 | | | 宾二类 | 㱿 | | |
| 17379 | | | 宾二类 | | | |
| 17380 | | | 宾二类 | | | |
| 17381 | | | 宾二类 | | | |
| 17382 | | | 宾二类 | 㱿 | | |
| 17383 | | | 宾二类 | | | |
| 17384 | | | 宾二类 | | | |
| 17385 正反 | | | 宾二类 | | | |
| 17386 | 黄拼 17386+ 存补 6.198.2 | | 宾一类 | | | |
| 17387 | 黄拼 17387+16449 | | 宾二类 | | | |
| 17388 | | | 宾二类 | 穷 | | |
| 17389 | | | 宾二类 | 争 | | |
| 17390 正反 | | | 宾一类 | | | |
| 17391 | | | 宾二类 | | | |

续表

| 著录号 | 缀合 | 重片 | 类型划分 | 贞人 | 专家分类 | 其他说明 |
|---|---|---|---|---|---|---|
| 17392 | | | 宾二类 | | | |
| 17393正反 | | | 宾二类 | 宂 | 黄典宾 | |
| 17394 | 黄拼 17394+5598 正 | | 宾二类 | | | |
| 17395正反 | | | 宾二类 | | | |
| 17396 | | | 宾二类 | 宂 | | |
| 17397正反 | | | 宾一类 | 宂 | | |
| 17398 | | | 宾二类 | | | |
| 17399 | | | 宾三类 | 宂 | | |
| 17400正反 | | | 宾二类 | 㱿 | | |
| 17401 | | | 宾一类 | | | |
| 17402 | | | 宾二类 | | | |
| 17403 | | | 宾二类 | 㱿 | | |
| 17404 | | | 宾二类 | | | |
| 17405正反 | | 反 =9246 | 宾二类 | | | |
| 17406 | | | 宾二类 | 㱿 | | |
| 17407正反 | | | 宾一类 | 爭 | | |
| 17408正反 | | | 宾一类 | 宂 | | |
| 17409正反 | | | 宾一类 | 㱿 | | |
| 17410正反 | | | 宾二类 | 宂、古 | | |
| 17411 | | | 宾二类 | 咄 | | |
| 17412正反 | 黄拼 17412 正反+12052 正反 | | 宾二类 | | | |
| 17413 | | | 宾二类 | 爭 | | |
| 17414 | | | 宾二类 | 㱿 | | |
| 17415 | | | 宾二类 | 㱿 | | |
| 17416 | | | 宾二类 | | | |
| 17417正反 | | | 宾二类 | | | |
| 17418 | | | 宾二类 | 㱿 | | |

续表

| 著录号 | 缀合 | 重片 | 类型划分 | 贞人 | 专家分类 | 其他说明 |
|---|---|---|---|---|---|---|
| 17419 | | | 宾二类 | 㱿 | | |
| 17420 正反 | 17420 正反 +17264 | | 宾二类 | 㱿 | | |
| 17421 | | | 宾二类 | 亘 | | |
| 17422 | | | 宾二类 | 争 | | |
| 17423 正反 | | | 宾二类 | 穷 | | |
| 17424 正反 | | 17558 | 宾二类 | 穷 | | |
| 17425 正臼 | | | 宾二类 | 争 | | |
| 17426 | | | 宾二类 | | | |
| 17427 | | | 宾二类 | | | |
| 17428 | | | 宾二类 | | | |
| 17429 | | | 宾二类 | | | |
| 17430 | | | 宾二类 | | | |
| 17431 | | | 宾二类 | | | |
| 17432 | 黄拼 17432+ | | 宾二类 | | | 林《醉古集》85 |
| 17433 | | | 宾二类 | | | |
| 17434 | | | 宾一类 | | | |
| 17435 | | | 宾一类 | | | |
| 17436 | | | 宾一类 | | | |
| 17437 正反 | | | 宾一类 | | | |
| 17438 | | | 宾一类 | | | |
| 17439 正反 | | | 宾二类 | | | 背甲 |
| 17440 | | | 自宾间类 | 王 | | |
| 17441 | | | 自宾间类 | | | |
| 17442 | | | 自宾间类 | 王 | | |
| 17443 | 17443+ | | 宾三类 | 争 | | |
| 17444 | | | 宾三类 | 穷 | | |
| 17445 | | | 宾三类 | | | |
| 17446 | | | 宾二类 | | | 背甲 |
| 17447 | | | 宾三类 | 争 | | |

续表

| 著录号 | 缀合 | 重片 | 类型划分 | 贞人 | 专家分类 | 其他说明 |
|---|---|---|---|---|---|---|
| 17448 | | | 宾二类 | | | |
| 17449 | | | 宾三类 | | | 背甲 |
| 17450 | | | 宾三类 | | | |
| 17451 | | | 宾三类 | | | |
| 17452 | | | 宾二类 | 爭 | | |
| 17453 | | | 𠂤宾间类 | | | |
| 17454 | | | 宾二类 | | | |
| 17455 | | | 宾三类 | | | |
| 17456 | | | 宾一类 | | | |
| 17457 | | | 宾一类 | | | |
| 17458 | | | 宾二类 | | | |
| 17459 | | | 宾二类 | | | |
| 17460 正反 | | | 宾二类 | | | |
| 17461 | | | 𠂤宾间类 | | | |
| 17462 | | | 宾二类 | | | |
| 17463 | | | 宾二类 | 穷 | | |
| 17464 | 黄拼 9572+5080+9583 +16399+17331+17464 | | 宾三类 | 穷 | | |
| 17465 | | | 宾三类 | 古 | | |
| 17466 | 黄拼 6820+5451+ 17466+《洹宝》101 | | 宾三类 | 事 | | |
| 17467 | | | 宾二类 | | | |
| 17468 | 黄拼 17468+11722 正 | | 宾二类 | | | |
| 17469 正反 | | | 宾二类 | 爭 | | |
| 17470 | | | 宾二类 | 爭 | | |
| 17471 | | | 宾三类 | 穷 | | |
| 17472 | | | 宾三类 | | | |
| 17473 | | | 宾一类 | | | |
| 17474 | | | 宾一类 | 穷 | | |
| 17475 | | | 宾二类 | | | |
| 17476 | | | 宾三类 | | | |
| 17477 正反 | | | 宾二类 | | | |

续表

| 著录号 | 缀合 | 重片 | 类型划分 | 贞人 | 专家分类 | 其他说明 |
|---|---|---|---|---|---|---|
| 17478 | | | 宾二类 | | | |
| 17479 | | | 宾二类 | | | |
| 17480 正反 | | | 宾二类 | | | |
| 17481 | | | 宾二类 | | | |
| 17482 | | | 宾二类 | | | |
| 17483 | | | 宾二类 | | | |
| 17484 | | 12780 反、17723 | 宾二类 | | | |
| 17485 | | | 宾二类 | | | |
| 17486 | | | 宾二类 | | | |
| 17487 | | | 宾二类 | | | |
| 17488 | | | 宾二类 | | | |
| 17489 | | | 宾二类 | | | |
| 17490 | | | 宾二类 | | | |
| 17491 | | | 宾二类 | | | |
| 17492 | | | 宾二类 | | | |
| 17493 | | | 待考 | | | 背甲 |
| 17494 | | | 宾二类 | | | 背甲 |
| 17495 | | | 宾二类 | | | |
| 17496 | | | 宾二类 | | | |
| 17497 正臼 | | | 宾二类 | 穷 | | |
| 17498 正反 | | | 宾二类 | | | |
| 17499 正反 | | 19315 | 宾二类 | | | |
| 17500 正反 | | | 宾二类 | | | |
| 17501 | | | 宾二类 | | | |
| 17502 | | | 宾二类 | | | |
| 17503 正反 | | | 宾二类 | | | |
| 17504 | | | 宾二类 | | | |
| 17505 正反 | | | 宾二类 | | | |

续表

| 著录号 | 缀合 | 重片 | 类型划分 | 贞人 | 专家分类 | 其他说明 |
|---|---|---|---|---|---|---|
| 17506 正臼 | | | 宾二类 | 争 | | |
| 17507 | | | 宾二类 | | | |
| 17508 正臼 | 黄拼 17508+8309 | | 宾二类 | 争 | | |
| 17509 | | | 宾二类 | | | |
| 17510 | | | 宾二类 | | | |
| 17511 | | | 宾二类 | 㱿 | | |
| 17512 | | | 宾二类 | | | |
| 17513 | | | 宾二类 | | | |
| 17514 | | 13880 | 宾二类 | | | |
| 17515 | | | 宾二类 | | | |
| 17516 | | | 宾二类 | | | |
| 17517 正臼 | | 臼＝40684 | 宾三类 | | | |
| 17518 | | | 宾二类 | | | |
| 17519 | | | 宾二类 | | | |
| 17520 | | | 宾二类 | | | |
| 17521 | | | 宾二类 | | | 背甲 |
| 17522 正反 | | | 宾二类 | 韋 | | |
| 17523 正反臼 | | | 宾二类 | 韋 | | |
| 17524 | | | 宾二类 | | | |
| 17525 | | | 宾二类 | | | |
| 17526 | | | 宾二类 | | | |
| 17527 | | | 宾二类 | | | |
| 17528 | | | 宾二类 | | | |
| 17529 | 17529+ | | 宾二类 | | | |
| 17530 正反 | | | 宾二类 | 穷 | | |
| 17531 | | | 宾二类 | | | |
| 17532 正臼 | | | 宾二类 | 穷 | | 骨臼署辞 |
| 17533 正臼 | | | 宾二类 | 穷 | | |

续表

| 著录号 | 缀合 | 重片 | 类型划分 | 贞人 | 专家分类 | 其他说明 |
|---|---|---|---|---|---|---|
| 17534 | | | 宾二类 | | | |
| 17535 正臼 | | | 宾二类 | 爭 | | |
| 17536 正反 | | | 宾二类 | | | |
| 17537 正反 | | | 宾一类 | 古 | | |
| 17538 正臼 | | | 宾二类 | 㱿 | | |
| 17539 | | | 宾二类 | | | |
| 17540 | | | 宾二类 | 㱿 | | |
| 17541 正臼 | | | 宾二类 | | | |
| 17542 正臼 | | | 宾二类 | 㱿 | | 骨臼署辞 |
| 17543 | | | 宾二类 | 穷 | | |
| 17544 | | | 宾二类 | | | |
| 17545 | | | 宾二类 | | | |
| 17546 正臼 | | 15607 反 | 宾二类 | | | |
| 17547 | | | 宾二类 | 㱿 | | |
| 17548 | | | 宾二类 | | | |
| 17549 | | | 宾二类 | | | |
| 17550 正臼 | | | 宾二类 | | | |
| 17551 | | | 宾二类 | | | |
| 17552 正臼 | | | 宾二类 | | | |
| 17553 | | | 宾二类 | | | |
| 17554 正臼 | | | 宾三类 | | | |
| 17555 正反 | | | 宾二类 | 穷、㱿 | | |
| 17556 正反 | | | 宾二类 | | | |
| 17557 正臼 | 黄拼 17557 正 +1636 | | 宾二类 | 㱿 | | |

续表

| 著录号 | 缀合 | 重片 | 类型划分 | 贞人 | 专家分类 | 其他说明 |
|---|---|---|---|---|---|---|
| 17558 | | 17424 | 宾二类 | 穷 | | |
| 17559正臼 | | | 宾二类 | | | |
| 17560 | | | 宾二类 | | | |
| 17561 | | 6399 | 宾二类 | | | |
| 17562正臼 | | 6398 | 宾二类 | | | |
| 17563正反臼 | | | 宾二类 | | | |
| 17564 | | | 宾二类 | 㱿 | | |
| 17565 | | | 宾二类 | | | |
| 17566 | | | 宾二类 | | | |
| 17567 | | | 宾二类 | | | |
| 17568正臼 | | | 宾二类 | | | |
| 17569正臼 | | | 宾二类 | 亘 | | |
| 17570 | | | 宾二类 | | | |
| 17571 | | | 宾一类 | | | |
| 17572 | 17572+ | | 宾二类 | | | |
| 17573 | | | 宾二类 | | | |
| 17574正臼 | | | 宾二类 | | | |
| 17575正反 | | | 宾二类 | 穷 | 黄典宾 | |
| 17576正反 | | | 宾二类 | | | |
| 17577正反 | | | 宾二类 | | | |
| 17578 | | | 宾二类 | | | |
| 17579 | | | 宾二类 | | | |
| 17580 | | 40692 | 宾二类 | | | |
| 17581正反 | | | 宾二类 | | | |
| 17582 | | | 宾三类 | | | |
| 17583正臼 | | | 宾二类 | | | |

续表

| 著录号 | 缀合 | 重片 | 类型划分 | 贞人 | 专家分类 | 其他说明 |
|---|---|---|---|---|---|---|
| 17584 | | | 宾二类 | | | |
| 17585 正臼 | | | 宾二类 | | | |
| 17586 | | | 宾二类 | 韋、吙 | | |
| 17587 正反 | | | 宾二类 | | | |
| 17588 正反 | | | 宾二类 | | | |
| 17589 正反 | | | 宾二类 | | | 背甲 |
| 17590 | | | 宾二类 | | | |
| 17591 正反 | | | 宾二类 | | | |
| 17592 正反 | | | 宾二类 | | | |
| 17593 | | 15045 | 宾一类 | | | |
| 17594 | | | 宾二类 | | | |
| 17595 | | | 宾二类 | | | |
| 17596 | | | 宾二类 | | | |
| 17597 | | | 宾二类 | | | |
| 17598 正反 | | | 宾二类 | | | 背甲 |
| 17599 | | 6816 | 宾三类 | 宂 | | 骨面署辞（反） |
| 17600 | | | 宾三类 | | | 骨面署辞（反） |
| 17601 | | | 宾三类 | 㱿 | | 骨面署辞（反） |
| 17602 | | | 宾二类 | | | |
| 17603 | | | 宾二类 | | | |
| 17604 | | | 宾二类 | | | |
| 17605 | | | 宾二类 | | | |
| 17606 | | | 宾二类 | | | |
| 17607 正反 | | | 宾二类 | | | |
| 17608 | | | 宾二类 | | | |
| 17609 | | | 宾二类 | | | |
| 17610 | | | 宾二类 | | | |

续表

| 著录号 | 缀合 | 重片 | 类型划分 | 贞人 | 专家分类 | 其他说明 |
| --- | --- | --- | --- | --- | --- | --- |
| 17611 | | | 宾二类 | | | |
| 17612正臼 | | | 宾二类 | | | |
| 17613 | | | 宾二类 | 永 | | |
| 17614正反臼 | | | 宾二类 | | | |
| 17615 | 17615正反+2037正反 | | 宾二类 | | | |
| 17616 | | | 宾二类 | | | |
| 17617 | | | 宾二类 | | | |
| 17618 | | | 宾二类 | | | |
| 17619 | | 12736反 | 宾三类 | | | |
| 17620正臼 | | | 宾二类 | | | |
| 17621 | | 5518 | 宾二类 | | | |
| 17622 | | | 宾二类 | | | |
| 17623 | | | 宾二类 | | | |
| 17624 | | | 宾二类 | | | |
| 17625 | | | 宾二类 | | | |
| 17626正臼 | | | 宾二类 | | | |
| 17627 | | | 宾二类 | | | |
| 17628 | | | 宾三类 | | | |
| 17629正臼 | | | 宾二类 | | | 骨臼署辞 |
| 17630 | | | 宾二类 | | | |
| 17631 | | | 宾二类 | | | |
| 17632正臼 | | | 宾二类 | | | |
| 17633 | | 16425 | 宾一类 | 穷 | | |
| 17634正臼 | | | 宾一类 | | | |
| 17635正臼 | | | 宾二类 | 㱿 | | |
| 17636 | | | 宾三类 | | | |
| 17637 | | | 宾二类 | | | |

续表

| 著录号 | 缀合 | 重片 | 类型划分 | 贞人 | 专家分类 | 其他说明 |
|---|---|---|---|---|---|---|
| 17638 | | 7463 | 宾二类 | | | |
| 17639 | | | 宾二类 | | | |
| 17640正反 | | | 宾二类 | | | |
| 17641正反 | | | 宾二类 | 亘 | | |
| 17642正反 | | | 宾一类 | | | |
| 17643 | | | 宾二类 | | | |
| 17644 | | | 宾二类 | | | |
| 17645 | | | 宾三类 | | | |
| 17646正反 | | | 宾二类 | | | |
| 17647 | | | 宾二类 | | | |
| 17648正臼 | | | 宾二类 | | | |
| 17649正反 | | | 宾二类 | 穷 | | |
| 17650 | | | 宾二类 | | | |
| 17651 | | | 宾二类 | | | |
| 17652 | | | 宾一类 | | | |
| 17653 | | | 宾二类 | | | |
| 17654正臼 | | | 宾二类 | | | |
| 17655 | | | 宾二类 | | | |
| 17656 | | | 宾二类 | 争 | | |
| 17657 | | | 宾二类 | | | |
| 17658正反 | | | 宾二类 | | | |
| 17659 | | | 宾二类 | | | |
| 17660 | | | 宾三类 | 事 | | 背甲 |
| 17661 | | | 宾二类 | | | |
| 17662 | | | 宾二类 | | | |
| 17663正臼 | | | 宾二类 | | | |
| 17664 | | | 宾二类 | | | |

续表

| 著录号 | 缀合 | 重片 | 类型划分 | 贞人 | 专家分类 | 其他说明 |
|---|---|---|---|---|---|---|
| 17665 | | | 宾二类 | | | |
| 17666 | | | 宾二类 | | | |
| 17667 | 17667+15392 | | 宾一类 | | | |
| 17668 | | | 宾一类 | | | 背甲 |
| 17669 | | | 宾二类 | | | |
| 17670 | | | 宾二类 | | | |
| 17671 | | 21402 | 宾一类 | 王 | | |
| 17672 | | | 宾三类 | | | |
| 17673 | | 21404 | 宾二类 | | | |
| 17674 正反 | | | 宾二类 | | | |
| 17675 正反 | | | 宾一类 | | | |
| 17676 | | | 宾一类 | 亘 | | |
| 17677 正反 | | 16403 正反 | 宾二类 | | | |
| 17678 正反 | | | 宾二类 | | | |
| 17679 正反 | | | 宾二类 | | | |
| 17680 正反 | | | 宾二类 | | | |
| 17681 正反 | 黄拼 17681+ 明后 1814 | | 宾二类 | | | |
| 17682 | | | 宾一类 | | | |
| 17683 | 17683+16470+9197+16471 | | 宾二类 | | | |
| 17684 | | | 宾二类 | 穷 | | |
| 17685 | | | 宾二类 | | | |
| 17686 | | | 宾二类 | 㱿 | | |
| 17687 | | | 宾二类 | 㱿 | | |
| 17688 | | | 宾二类 | | | |
| 17689 正反 | | | 宾二类 | | | |

续表

| 著录号 | 缀合 | 重片 | 类型划分 | 贞人 | 专家分类 | 其他说明 |
|---|---|---|---|---|---|---|
| 17690 正反 | | | 宾二类 | | | |
| 17691 正反 | | | 宾二类 | | | |
| 17692 | | | 宾二类 | | | |
| 17693 正反 | | | 宾二类 | | | |
| 17694 正反 | | | 宾二类 | | | |
| 17695 正反 | | | 宾一类 | | | |
| 17696 | | | 宾二类 | | | |
| 17697 | 黄拼 17697 正反 + 7159 正反 + 合补 4838 | | 宾二类 | | | |
| 17698 正反 | | | 宾二类 | | | |
| 17699 | | | 宾二类 | | | |
| 17700 正反 | | | 宾二类 | | | |
| 17701 | | 2275 | 宾三类 | | | |
| 17702 | | | 宾二类 | 穷 | | |
| 17703 正反 | | 6566 | 宾二类 | | | |
| 17704 | | | 宾二类 | | | |
| 17705 | 黄拼 17705+ 乙补 3925 | | 宾一类 | | | |
| 17706 正反 | | | 宾二类 | | | |
| 17707 正反 | | | 宾二类 | | | |
| 17708 | | | 宾二类 | 穷 | | |
| 17709 | | | 宾二类 | | | |
| 17710 正反 | 新 17710+17702 | | 宾二类 | | | |

续表

| 著录号 | 缀合 | 重片 | 类型划分 | 贞人 | 专家分类 | 其他说明 |
|---|---|---|---|---|---|---|
| 17711 正反 | | | 宾二类 | | | |
| 17712 | | | 宾二类 | | | |
| 17713 正反 | | 17299 | 宾二类 | | | |
| 17714 正反 | | | 宾二类 | | | |
| 17715 | | | 宾二类 | 亘 | | |
| 17716 | | | 宾二类 | | | |
| 17717 | | | 宾二类 | | | |
| 17718 | | | 宾二类 | | | |
| 17719 | | | 宾二类 | | | |
| 17720 | 17720+乙补 6814（林）+14299+乙补 8231+乙补 6800（张） | | 宾二类 | | | |
| 17721 | | | 宾二类 | | | |
| 17722 正反 | | | 宾二类 | | | |
| 17723 | | 12780 反 / 17484 | 宾二类 | | | |
| 17724 正反 | | | 宾二类 | | | |
| 17725 | | | 宾二类 | | | |
| 17726 | | | 宾一类 | | | |
| 17727 | | | 宾二类 | | | |
| 17728 正反 | | | 宾二类 | | | |
| 17729 | | | 宾二类 | | | |
| 17730 正反 | | | 宾一类 | | | |
| 17731 | | | 宾二类 | | | |
| 17732 | 黄拼 17732 | | 宾二类 | | | 林《醉古集》143 |
| 17733 正反 | | | 宾三类 | | | |
| 17734 | | 40664 | 宾二类 | | | |
| 17735 | | | 宾二类 | | | |

续表

| 著录号 | 缀合 | 重片 | 类型划分 | 贞人 | 专家分类 | 其他说明 |
|---|---|---|---|---|---|---|
| 17736 | | | 宾一类 | | | |
| 17737 | | | 宾二类 | 穷 | | |
| 17738 | | 40668 | 宾二类 | | | |
| 17739正反 | | | 宾二类 | | | |
| 17740 | | | 宾二类 | | | |
| 17741正反 | | | 宾二类 | | | |
| 17742正反 | | 40667 | 宾二类 | | | |
| 17743 | | | 宾二类 | 爭 | | |
| 17744 | | | 宾二类 | | | |
| 17745正反 | | | 宾二类 | | | |
| 17746 | | | 宾二类 | | | |
| 17747 | | | 宾二类 | | | |
| 17748 | | | 宾一类 | 亘 | | |
| 17749 | | | 宾二类 | | | |
| 17750 | | | 宾二类 | | | |
| 17751正反 | | | 宾三类 | | | |
| 17752 | 17752+ | | 宾二类 | | | |
| 17753正反 | | | 宾二类 | | | |
| 17754 | | | 宾一类 | | | |
| 17755 | | | 宾一类 | | | |
| 17756 | | | 宾一类 | | | |
| 17757 | | | 宾二类 | | | |
| 17758 | | 14969 | 宾二类 | | | |
| 17759 | | | 宾二类 | | | |
| 17760正反 | | | 宾二类 | | | |
| 17761 | 17761+合补5304（甲释132） | | 宾二类 | | | |
| 17762 | | | 宾二类 | | | |

续表

| 著录号 | 缀合 | 重片 | 类型划分 | 贞人 | 专家分类 | 其他说明 |
|---|---|---|---|---|---|---|
| 17763 | | | 宾二类 | | | |
| 17764 | | | 宾二类 | | | |
| 17765 | | | 宾二类 | | | |
| 17766 | | | 宾三类 | 穷 | | |
| 17767 正反 | | | 宾二类 | | | |
| 17768 | | | 宾二类 | | | |
| 17769 | | | 宾二类 | | | |
| 17770 正反 | 17770+ | | 宾二类 | | | |
| 17771 | | | 宾二类 | | | |
| 17772 | | | 宾二类 | | | |
| 17773 | | | 宾二类 | | | |
| 17774 | | | 宾二类 | | | |
| 17775 | | | 宾二类 | | | |
| 17776 | | | 宾二类 | | | |
| 17777 | | | 宾二类 | | | |
| 17778 | | 17786 | 宾二类 | | | |
| 17779 正反 | | | 宾二类 | | | |
| 17780 正反 | | | 宾二类 | | | |
| 17781 | | | 宾二类 | | | |
| 17782 正反 | | | 宾二类 | | | |
| 17783 | 17783+ | | 宾二类 | | | |
| 17784 正反 | | | 宾一类 | | | |
| 17785 | | | 宾二类 | | | |
| 17786 | | 17778 | 宾二类 | | | |
| 17787 | | | 宾二类 | | | |
| 17788 | | | 宾二类 | | | |
| 17789 正反 | | | 宾二类 | | | |
| 17790 | | | 宾一类 | | | |

续表

| 著录号 | 缀合 | 重片 | 类型划分 | 贞人 | 专家分类 | 其他说明 |
|---|---|---|---|---|---|---|
| 17791 | | | 宾三类 | | | |
| 17792 正反 | | | 宾三类 | | | |
| 17793 正反 | | | 宾一类 | | | |
| 17794 正反 | | | 宾一类 | | | |
| 17795 正反 | | | 宾二类 | 爭 | | |
| 17796 | 黄拼 17796+17309+17992+2204 | | 宾二类 | | | |
| 17797 | | | 宾一类 | | | |
| 17798 | | | 待考 | | | |
| 17799 正反 | | | 宾一类 | | | |
| 17800 | 黄拼 17800+13805 | | 宾一类 | | | 背甲，林《醉古集》370 |
| 17801 正反 | | | 待考 | | | |
| 17802 | | | 待考 | | | |
| 17803 正反 | | | 待考 | | | |
| 17804 | | | 宾一类 | | | |
| 17805 正反 | | | 待考 | | | |
| 17806 正反 | | | 待考 | | | |
| 17807 | | | 宾一类 | | | |
| 17808 正反 | | | 宾一类 | | | |
| 17809 | | | 宾一类 | | | |
| 17810 | 黄拼 17810+合补 5596 | | 宾二类 | | | |
| 17811 | | | 待考 | | | |
| 17812 | | | 宾二类 | | | |
| 17813 正反 | 17813+ | | 宾二类 | | | 背甲 |

续表

| 著录号 | 缀合 | 重片 | 类型划分 | 贞人 | 专家分类 | 其他说明 |
|---|---|---|---|---|---|---|
| 17814 | | | 宾一类 | | | |
| 17815正反 | | | 待考 | | | |
| 17816 | | | 宾一类 | | | |
| 17817 | | | 宾二类 | | | |
| 17818正反 | | | 待考 | | | |
| 17819 | | | 宾一类 | | | |
| 17820 | | | 待考 | | | |
| 17821正反 | | | 待考 | | | |
| 17822正反 | | | 宾一类 | | | 背甲 |
| 17823正反 | | | 宾一类 | | | |
| 17824正反 | | | 宾一类 | | | |
| 17825 | | | 宾二类 | | | |
| 17826正反 | | | 宾二类 | | | |
| 17827 | 黄拼 17827 正 +7189 | | 宾一类 | | | |
| 17828 | | | 待考 | | | |
| 17829 | | | 待考 | | | |
| 17830正反 | 17830+ | | 待考 | | | |
| 17831 | | | 宾二类 | | | |
| 17832 | | | 待考 | | | |
| 17833正反 | | | 待考 | | | |
| 17834正反 | | | 宾二类 | | | |
| 17835正反 | | | 宾二类 | | | |
| 17836 | | 3701 | 宾二类 | | | 背甲 |
| 17837 | | | 待考 | | | |
| 17838正反 | | | 待考 | | | |

续表

| 著录号 | 缀合 | 重片 | 类型划分 | 贞人 | 专家分类 | 其他说明 |
|---|---|---|---|---|---|---|
| 17839正反 | | | 宾二类 | | | |
| 17840 | | | 宾二类 | | | |
| 17841 | | | 待考 | | | |
| 17842正反 | | | 待考 | | | |
| 17843 | | | 宾一类 | | | |
| 17844正反 | | | 宾三类 | | | |
| 17845正反 | | | 宾二类 | | | |
| 17846正反 | | | 宾一类 | | | |
| 17847 | | | 宾二类 | | | |
| 17848 | | | 待考 | | | |
| 17849 | | | 𠂤大字类 | | | 习刻　非宾 |
| 17850 | | | 宾一类 | | | 习刻 |
| 17851 | | | 宾一类 | | | 习刻 |
| 17852 | | | 宾二类 | | | 习刻 |
| 17853 | | 11050 | 宾二类 | | | 习刻 |
| 17854 | | | 宾三类 | | | 习刻　背甲 |
| 17855 | | | 待考 | | | 习刻 |
| 17856 | | | 待考 | | | 习刻 |
| 17857 | | | 待考 | | | 习刻 |
| 17858 | | | 待考 | | | 习刻 |
| 17859 | | | 待考 | | | 习刻 |
| 17860 | | | 𠂤小字类 | | | 习刻　非宾 |
| 17861 | | | 宾一类 | | | 习刻 |
| 17862 | | | 待考 | | 黄𠂤小字 | 习刻　非宾 |
| 17863 | | | 待考 | | | 习刻 |
| 17864 | | | 待考 | | | |
| 17865正反 | | | 宾二类 | | | |
| 17866正反 | | | 宾一类 | 亘 | | 习刻 |

续表

| 著录号 | 缀合 | 重片 | 类型划分 | 贞人 | 专家分类 | 其他说明 |
|---|---|---|---|---|---|---|
| 17867 | | | 宾一类 | 古 | | |
| 17868 | | | 宾一类 | | | |
| 17869正反 | 17869+7572 | | 宾二类 | | | |
| 17870 | | | 宾二类 | | | 习刻（反） |
| 17871 | | | 宾一类 | | | |
| 17872正反 | | | 待考 | | | |
| 17873 | | | 待考 | | | |
| 17874 | | | 宾一类 | | | |
| 17875正反 | | | 宾二类 | | | |
| 17876 | | | 宾一类 | | | |
| 17877 | | | 待考 | | | |
| 17878 | | | 宾一类 | | | |
| 17879 | | | 待考 | | | |
| 17880 | | | 待考 | | | |
| 17881 | | | 宾一类 | | | |
| 17882 | | | 宾一类 | | | |
| 17883 | | | 宾一类 | | | |
| 17884 | | | 待考 | | | |
| 17885 | | | 宾一类 | | | |
| 17886 | | | 待考 | | | |
| 17887 | | | 宾一类 | | | |
| 17888 | | | 宾一类 | | | |
| 17889 | | | 宾三类 | | | |
| 17890 | | | 宾三类 | 穷 | | |
| 17891 | | | 宾二类 | | | |
| 17892 | | | 宾二类 | | | |
| 17893 | | | 宾二类 | | | |
| 17894 | | | 宾二类 | | | |
| 17895 | | | 宾三类 | | | |
| 17896正反 | | | 宾三类 | | | |
| 17897 | | | 宾一类 | | | |

续表

| 著录号 | 缀合 | 重片 | 类型划分 | 贞人 | 专家分类 | 其他说明 |
|---|---|---|---|---|---|---|
| 17898 正反 | | | 宾一类 | | | |
| 17899 | | | 宾一类 | | | |
| 17900 | | | 待考 | | | |
| 17901 | | | 宾一类 | | | |
| 17902 | 黄拼 17902+6044 | | 宾三类 | | | |
| 17903 | | | 宾一类 | | | |
| 17904 | | | 宾三类 | | | |
| 17905 | | | 宾二类 | | | |
| 17906 | | | 宾二类 | | | |
| 17907 | | | 宾一类 | | | |
| 17908 | | | 宾二类 | | | |
| 17909 | | | 宾一类 | | | |
| 17910 | | | 宾二类 | | | |
| 17911 | | | 宾二类 | | | |
| 17912 | | | 宾二类 | | | |
| 17913 | | | 宾二类 | | | |
| 17914 | | | 宾一类 | | | |
| 17915 | 17915+10945 | | 宾一类 | | | |
| 17916 | | | 宾一类 | | | |
| 17917 | | | 非宾类 | | 崎川子组 | 非宾 |
| 17918 | | | 宾三类 | | | |
| 17919 | | | 宾一类 | 㱿 | | |
| 17920 | | | 宾一类 | 内 | | |
| 17921 | | | 待考 | | | |
| 17922 | 黄拼 17922+2936+17002 | | 宾二类 | | | 林《醉古集》86 |
| 17923 | | | 宾三类 | | | |
| 17924 | | | 宾二类 | | | |
| 17925 | | | 宾二类 | | | |
| 17926 | | | 宾三类 | | | |
| 17927 | 黄拼 17927+13108 | | 宾一类 | | | |
| 17928 | | | 宾三类 | | | |
| 17929 | | | 自宾间类 | | | |

续表

| 著录号 | 缀合 | 重片 | 类型划分 | 贞人 | 专家分类 | 其他说明 |
|---|---|---|---|---|---|---|
| 17930 | | | 宾一类 | | | |
| 17931 | | | 宾一类 | | | |
| 17932 | | | 宾一类 | | | |
| 17933 | | | 宾一类 | | | |
| 17934 | | | 宾一类 | | | |
| 17935 | | | 待考 | | | |
| 17936 | | | 宾二类 | | | |
| 17937 | | | 宾三类 | | | |
| 17938 | | | 宾三类 | | | |
| 17939 正反 | | | 宾二类 | 古 | | |
| 17940 | | | 宾二类 | | | |
| 17941 | | | 宾三类 | | | |
| 17942 | | | 宾二类 | | | |
| 17943 | | | 宾一类 | | | |
| 17944 | | | 宾一类 | | | |
| 17945 | | | 宾一类 | | | |
| 17946 | | 17193 | 宾二类 | 穷 | | |
| 17947 | 黄拼 17947+7962（合补 2294）+13377+18792+18795 | | 宾二类 | | | |
| 17948 | | | 宾二类 | | | |
| 17949 | | | 宾一类 | | | |
| 17950 | | | 宾一类 | | | |
| 17951 | | | 宾一类 | | | |
| 17952 | | | 宾一类 | | | |
| 17953 | | | 宾一类 | | | |
| 17954 | | | 宾一类 | | | |
| 17955 | | | 宾一类 | | | |
| 17956 | | | 宾一类 | | | |
| 17957 | | | 宾一类 | | | |
| 17958 | | 7758 | 宾二类 | 爭 | | |
| 17959 | | | 宾二类 | | | |
| 17960 正反 | | | 宾二类 | | | |

续表

| 著录号 | 缀合 | 重片 | 类型划分 | 贞人 | 专家分类 | 其他说明 |
|---|---|---|---|---|---|---|
| 17961 | | | 宾二类 | | | |
| 17962 | | 26843 | 宾二类 | | | |
| 17963 | | | 宾二类 | | | |
| 17964 | | | 宾二类 | | | |
| 17965 | | | 宾一类 | | | |
| 17966 | | | 宾二类 | | | |
| 17967 | | | 宾三类 | | | 背甲 |
| 17968 | | | 待考 | | | |
| 17969 | | | 宾一类 | | | |
| 17970 | | | 宾三类 | | | |
| 17971 | | | 宾三类 | | | 背甲 |
| 17972 | | | 宾一类 | | | |
| 17973 正反 | | 5644 | 宾三类 | | | |
| 17974 | | | 宾一类 | | | |
| 17975 | | | 宾二类 | | | |
| 17976 | | | 宾二类 | | | |
| 17977 | | | 宾二类 | | | |
| 17978 | | | 宾一类 | | | |
| 17979 | | | 宾一类 | | | |
| 17980 | | | 宾三类 | | | 背甲 |
| 17981 | | | 宾一类 | | | |
| 17982 | | | 宾一类 | | | |
| 17983 | | | 宾三类 | | | 背甲 |
| 17984 正反 | 黄拼 17984+15664 | 13692 | 宾三类 | | | |
| 17985 | | | 宾三类 | | | |
| 17986 正反 | | | 宾一类 | | | |
| 17987 | | | 宾一类 | | | |
| 17988 | | | 宾二类 | | | |
| 17989 | | | 宾一类 | | | 背甲 |
| 17990 | | | 宾一类 | | | |
| 17991 | | | 宾一类 | | | |
| 17992 | 黄拼 17992+17309+17796 正 +2204 | | 宾二类 | | | |

续表

| 著录号 | 缀合 | 重片 | 类型划分 | 贞人 | 专家分类 | 其他说明 |
|---|---|---|---|---|---|---|
| 17993 | | | 宾一类 | | | |
| 17994 | | | 宾一类 | | | |
| 17995 | | | 宾二类 | 㱿 | | |
| 17996 | | | 宾二类 | 充 | | |
| 17997 | | | 宾一类 | | | |
| 17998 | | | 宾一类 | 争 | | |
| 17999 | 黄拼 17999+ 缀集 262 | | 宾一类 | | | |
| 18000 | | | 宾一类 | | | |
| 18001 正反 | | | 宾一类 | | | |
| 18002 | | | 宾一类 | | | |
| 18003 | | | 宾一类 | | | 背甲 |
| 18004 | | | 宾二类 | | | |
| 18005 | | | 宾二类 | | | |
| 18006 | 黄拼 18006+13587 | | 宾一类 | | | |
| 18007 | | | 宾一类 | | | |
| 18008 | | | 宾二类 | | | |
| 18009 | | | 宾一类 | | | 背甲 |
| 18010 | | | 宾一类 | | | |
| 18011 | | | 宾一类 | | | |
| 18012 | | | 宾一类 | | | |
| 18013 | | | 宾一类 | | | |
| 18014 | | | 宾一类 | | | |
| 18015 | | | 宾一类 | | | |
| 18016 | | | 宾一类 | | | |
| 18017 | | | 宾一类 | | | |
| 18018 | | | 宾一类 | | | |
| 18019 | | | 宾一类 | | | |
| 18020 | | | 宾二类 | | | |
| 18021 | | 24987 | 宾三类 | | | |
| 18022 | | | 宾三类 | | | |
| 18023 | | | 宾三类 | | | |
| 18024 正反 | | | 宾三类 | | | |
| 18025 | | | 宾一类 | | | |

续表

| 著录号 | 缀合 | 重片 | 类型划分 | 贞人 | 专家分类 | 其他说明 |
|---|---|---|---|---|---|---|
| 18026 | | | 宾三类 | | | |
| 18027 | | | 宾三类 | | | |
| 18028 | | | 宾三类 | | | 背甲 |
| 18029 正反 | | | 宾三类 | | | |
| 18030 | | | 宾三类 | | | |
| 18031 | | | 𠂤宾间类 | 王 | 黄𠂤宾间 A | |
| 18032 | 黄拼 18032+7015（国博 076）+4326+8434（合补 1991） | | 𠂤宾间类 | | | |
| 18033 | | | 𠂤宾间类 | | | |
| 18034 | | | 宾一类 | | | |
| 18035 | | | 宾一类 | | | |
| 18036 | | | 宾一类 | | | |
| 18037 | | | 宾一类 | | | |
| 18038 | | | 宾一类 | | | |
| 18039 | | | 宾一类 | | | |
| 18040 | | | 宾一类 | | | |
| 18041 | | | 宾三类 | | | |
| 18042 | | | 宾三类 | 穷 | | |
| 18043 | | | 宾三类 | 亘 | | |
| 18044 | | | 宾三类 | | | |
| 18045 | | | 宾三类 | | | |
| 18046 | 18046+8932 | | 宾一类 | | | |
| 18047 | | | 宾一类 | | | |
| 18048 | | | 宾一类 | | | |
| 18049 | | | 宾一类 | | | |
| 18050 | | | 宾一类 | 亘 | | |
| 18051 | | | 宾一类 | | | |
| 18052 | | | 宾一类 | | | |
| 18053 | | | 宾一类 | | | |
| 18054 正反 | | | 宾一类 | | | |
| 18055 | | | 宾一类 | | | |
| 18056 | | | 宾一类 | | | |

续表

| 著录号 | 缀合 | 重片 | 类型划分 | 贞人 | 专家分类 | 其他说明 |
|---|---|---|---|---|---|---|
| 18057 | | | 宾一类 | | | |
| 18058 | | | 宾二类 | | | |
| 18059 正反 | | | 宾二类 | | | |
| 18060 | | | 宾二类 | | | |
| 18061 | | | 宾一类 | | | |
| 18062 | | | 宾一类 | | | |
| 18063 | | | 宾一类 | | | |
| 18064 | | | 宾三类 | | | |
| 18065 | | | 宾三类 | | | 人头骨刻辞? |
| 18066 | | | 宾三类 | | | |
| 18067 | | | 宾三类 | | | |
| 18068 | | | 宾二类 | | | |
| 18069 | | | 宾一类 | | | |
| 18070 | | | 宾一类 | | | |
| 18071 | 黄拼 18071+6643 | | 宾一类 | | | |
| 18072 | | | 宾一类 | | | |
| 18073 | | | 宾一类 | | | |
| 18074 | | | 宾一类 | | | |
| 18075 | | | 宾二类 | | | |
| 18076 | | | 宾二类 | | | |
| 18077 正反 | | | 宾二类 | | | |
| 18078 | | | 宾二类 | | | |
| 18079 | | | 宾二类 | | | |
| 18080 | | | 宾二类 | | | |
| 18081 | | | 宾一类 | | | |
| 18082 | | 9931 | 宾一类 | | | |
| 18083 正反 | | | 宾二类 | | | |
| 18084 | | | 宾一类 | | | |
| 18085 | | | 宾一类 | | | |
| 18086 正反 | | | 宾一类 | | | |
| 18087 | | | 宾二类 | | | |

续表

| 著录号 | 缀合 | 重片 | 类型划分 | 贞人 | 专家分类 | 其他说明 |
|---|---|---|---|---|---|---|
| 18088 正反 | | | 宾二类 | | | |
| 18089 | | | 宾二类 | | | |
| 18090 | | | 宾三类 | 爭 | | |
| 18091 | | | 宾三类 | | | |
| 18092 | | | 宾三类 | | | 背甲 |
| 18093 | | | 宾三类 | | | 背甲 |
| 18094 | | | 宾三类 | | | |
| 18095 | | | 宾一类 | | | |
| 18096 | | | 宾一类 | | | |
| 18097 | | | 宾一类 | | | |
| 18098 | | 35303 | 宾一类 | | | |
| 18099 | | 23466 | 宾一类 | | | |
| 18100 | | | 宾一类 | | | |
| 18101 | | | 宾二类 | | | |
| 18102 | | | 宾二类 | | | |
| 18103 | | | 宾二类 | | | |
| 18104 | | | 宾二类 | | | |
| 18105 | | | 宾二类 | | | |
| 18106 | 18106+ | | 宾二类 | | | |
| 18107 正反 | | | 宾二类 | | | |
| 18108 | | | 宾一类 | | | |
| 18109 | | | 宾一类 | | | |
| 18110 | | | 宾一类 | | | |
| 18111 | | | 宾一类 | | | |
| 18112 | | | 宾二类 | | | |
| 18113 正反 | | | 宾二类 | | | |
| 18114 | | | 宾二类 | | | |
| 18115 | | | 宾二类 | | | |
| 18116 | | | 宾一类 | | | |
| 18117 | | | 宾一类 | | | |
| 18118 正反 | | | 宾二类 | | | |

续表

| 著录号 | 缀合 | 重片 | 类型划分 | 贞人 | 专家分类 | 其他说明 |
|---|---|---|---|---|---|---|
| 18119 | | | 宾一类 | | | |
| 18120 | | | 宾二类 | | | |
| 18121 | | | 宾一类 | | | |
| 18122 | | | 宾一类 | | | |
| 18123 | | | 非宾类 | | 蒋乙种子组 | 非宾 |
| 18124 | | | 宾三类 | | | |
| 18125 | | | 宾一类 | | | |
| 18126 | | | 宾一类 | | | |
| 18127 | | | 宾一类 | | | |
| 18128 | | | 自小字类 | | | 非宾 |
| 18129 | | | 待考 | 𡆥 | | |
| 18130 | | | 宾二类 | 古 | | |
| 18131 | | | 宾一类 | | | |
| 18132正反 | | | 宾二类 | | | |
| 18133 | | | 宾一类 | | | |
| 18134 | | | 宾一类 | | | |
| 18135 | | | 宾一类 | | | |
| 18136 | | | 宾一类 | | | |
| 18137 | | | 宾一类 | | | |
| 18138 | | | 宾一类 | | | |
| 18139 | | | 宾一类 | | | |
| 18140正反 | | | 宾一类 | | | |
| 18141 | | | 宾二类 | | | |
| 18142 | | | 宾二类 | | | |
| 18143 | | | 宾一类 | | | |
| 18144 | 黄拼 18144 | | 宾二类 | | | 林《醉古集》336 |
| 18145 | | | 自小字类 | | 黄自小字 | 非宾　背甲 |
| 18146 | | | 待考 | | | |
| 18147甲乙 | | | 宾一类 | | | |
| 18148 | | | 宾一类 | | | |
| 18149正反 | | | 宾一类 | | | |

续表

| 著录号 | 缀合 | 重片 | 类型划分 | 贞人 | 专家分类 | 其他说明 |
|---|---|---|---|---|---|---|
| 18150 | 黄拼 18150（8687/10917/18259）+ 合补 1306 | 10917/8687/18259 | 宾二类 | | | |
| 18151 | | | 宾一类 | | | |
| 18152 | | | 宾一类 | | | |
| 18153 | | | 宾一类 | | | |
| 18154 | | | 宾一类 | | | |
| 18155 | | | 宾一类 | | | |
| 18156 | | | 宾二类 | | | |
| 18157 | | | 宾二类 | | | |
| 18158 | | | 宾一类 | | | |
| 18159 | | | 宾一类 | | | |
| 18160 | | | 宾一类 | | | |
| 18161 | | | 宾三类 | | | |
| 18162 | | 15169 | 宾三类 | 穷 | | |
| 18163 | | | 宾二类 | | | |
| 18164 | | | 宾二类 | | | |
| 18165 | 黄拼 18165 正 +19695 正 + 乙补 6104+17304 正 +4773 正 +9067 正 + 乙补 6252；黄拼 18165 反 +19695 反 + 乙补 6105+17304 反 +4773 反 +9067 反 + 乙补 6252 | | 宾一类 | | | |
| 18166 | | | 宾二类 | | | |
| 18167 正反 | | | 宾一类 | | | 背甲 |
| 18168 | | | 宾一类 | | | |
| 18169 | | | 宾二类 | 亘 | | |
| 18170 正反 | | | 宾二类 | | | |
| 18171 | | | 宾二类 | | | |
| 18172 | | | 宾三类 | | | |
| 18173 | | | 宾三类 | | | 背甲 |
| 18174 | 黄拼 18174+18614 | | 宾三类 | | | |
| 18175 | | | 宾二类 | | | |

续表

| 著录号 | 缀合 | 重片 | 类型划分 | 贞人 | 专家分类 | 其他说明 |
|---|---|---|---|---|---|---|
| 18176 | | | 宾二类 | | | |
| 18177甲乙 | | | 宾二类 | 穷、㱿 | | |
| 18178 | | | 宾三类 | | | |
| 18179正反 | | | 宾二类 | 穷、㱿 | | |
| 18180 | | | 宾二类 | | | |
| 18181 | | | 宾二类 | | | |
| 18182 | | | 宾二类 | | | |
| 18183 | | | 宾二类 | 事 | | 背甲 |
| 18184 | | | 宾二类 | | | |
| 18185 | | | 宾三类 | | | 背甲 |
| 18186 | | | 宾三类 | 穷 | | |
| 18187 | | | 宾二类 | | | 背甲 |
| 18188 | | | 宾二类 | | | |
| 18189 | | | 宾二类 | | | |
| 18190 | | | 宾二类 | 㱿 | | |
| 18191 | | | 宾二类 | | | |
| 18192 | | | 宾二类 | | | |
| 18193 | | | 宾一类 | | | |
| 18194 | 18194+3175+1760+3200+13975+14109+14798 | | 宾一类 | | | |
| 18195 | | | 宾二类 | | | |
| 18196 | | | 宾二类 | | | |
| 18197 | | | 宾二类 | | | |
| 18198 | | | 宾二类 | | | |
| 18199正反 | | | 宾二类 | | | |
| 18200 | | | 宾三类 | | | |
| 18201 | | | 宾一类 | | | |
| 18202正反 | | | 宾三类 | | | |
| 18203 | | | 宾二类 | | | |
| 18204 | | | 宾一类 | | | |

续表

| 著录号 | 缀合 | 重片 | 类型划分 | 贞人 | 专家分类 | 其他说明 |
|---|---|---|---|---|---|---|
| 18205 | | | 宾一类 | 王 | | |
| 18206 | | | 宾一类 | 王 | | |
| 18207 | | | 宾三类 | | | |
| 18208 | 18208+3288 | | 宾二类 | | | |
| 18209 | | | 宾三类 | | | |
| 18210 | | | 宾三类 | | | |
| 18211 正反 | | | 宾一类 | | | |
| 18212 | | | 宾一类 | | | |
| 18213 | | | 宾一类 | | | |
| 18214 | | | 宾二类 | | | |
| 18215 | | | 宾一类 | | | |
| 18216 | | | 宾三类 | | | |
| 18217 | 黄拼 18217+23611 | | 宾三类 | | | |
| 18218 | | | 宾三类 | | | |
| 18219 | | | 宾三类 | 古 | | |
| 18220 | | | 宾三类 | | | |
| 18221 | | | 宾三类 | | | |
| 18222 | | | 宾二类 | | | |
| 18223 | | | 宾二类 | | | |
| 18224 | | | 宾三类 | | | |
| 18225 | | | 宾二类 | 㱿 | | |
| 18226 | | | 宾二类 | | | |
| 18227 | | | 宾二类 | | | |
| 18228 | | | 宾二类 | | | |
| 18229 | | | 宾二类 | 穷 | | |
| 18230 | | | 自宾间类 | 王 | | |
| 18231 | | | 宾二类 | | | |
| 18232 | | | 宾二类 | | | |
| 18233 | | | 宾三类 | | | |
| 18234 | | | 宾一类 | | | |
| 18235 | | | 宾一类 | | | |
| 18236 | | | 非宾类 | | 蒋乙种子组 | 非宾 |
| 18237 | | | 宾二类 | | | |

续表

| 著录号 | 缀合 | 重片 | 类型划分 | 贞人 | 专家分类 | 其他说明 |
|---|---|---|---|---|---|---|
| 18238 | | | 宾二类 | | | 背甲 |
| 18239 | | | 宾一类 | | | |
| 18240 | | | 宾二类 | | | |
| 18241 | | | 宾一类 | | | |
| 18242 | 黄拼 18242+2191 | | 宾一类 | | | 林《醉古集》165 |
| 18243 | | | 宾一类 | | | |
| 18244 | | | 宾二类 | | | |
| 18245 | | | 宾二类 | | | |
| 18246 | | | 宾一类 | | | |
| 18247 | | | 宾一类 | | | |
| 18248 | | | 宾一类 | | | |
| 18249 | | | 宾三类 | | | |
| 18250 | | | 宾一类 | | | 背甲 |
| 18251 | | | 宾二类 | | | |
| 18252 | | | 宾二类 | | | |
| 18253 | | | 宾三类 | 亘 | | |
| 18254 | 黄拼 18254+2581+19312 | | 宾一类 | | | 林《醉古集》195 |
| 18255 | | | 宾一类 | | | |
| 18256 | | | 宾一类 | | | |
| 18257 | | | 宾一类 | | | |
| 18258 | | | 宾一类 | 穷 | | |
| 18259 | 黄拼 18259+8687（10917/18150）+ 合补 1306 | | 宾二类 | | | |
| 18260 | | | 宾一类 | | | |
| 18261 | | 18954 | 宾一类 | | | |
| 18262 | | | 宾一类 | | | |
| 18263 | | | 宾一类 | 亘 | | 背甲 |
| 18264 | | | 宾二类 | | | |
| 18265 | | | 宾一类 | | | |
| 18266 | | | 宾一类 | | | |
| 18267 | | | 宾一类 | | | |
| 18268 | | | 宾三类 | | | |
| 18269 | | | 宾三类 | | | |

续表

| 著录号 | 缀合 | 重片 | 类型划分 | 贞人 | 专家分类 | 其他说明 |
|---|---|---|---|---|---|---|
| 18270 | | | 宾一类 | | | |
| 18271 | | | 宾一类 | | | |
| 18272 | | | 宾三类 | | | |
| 18273 | | | 宾一类 | | | |
| 18274 | | | 宾二类 | | | |
| 18275 | | | 宾二类 | | | |
| 18276 | | | 宾一类 | | | |
| 18277 | | | 宾一类 | | | |
| 18278 | | | 宾一类 | | | |
| 18279 | | | 宾二类 | | | |
| 18280 | | | 宾二类 | | | |
| 18281 | | | 宾二类 | 𡧊 | | |
| 18282 | | | 宾二类 | | | |
| 18283 正反 | | | 宾二类 | | | |
| 18284 | | | 宾一类 | | | |
| 18285 | | | 宾二类 | | | |
| 18286 正反 | | | 宾一类 | | | |
| 18287 | | | 宾一类 | 𡧊 | | |
| 18288 | 18288+3400+19529 | | 宾一类 | | | |
| 18289 | | | 宾一类 | | | |
| 18290 | | | 宾二类 | | | |
| 18291 | | | 宾二类 | | | |
| 18292 | | | 宾二类 | | | |
| 18293 | | | 宾一类 | | | |
| 18294 | | | 宾二类 | 𡧊 | | |
| 18295 | | | 宾二类 | | | |
| 18296 | | | 待考 | | | |
| 18297 | | | 宾二类 | | | |
| 18298 | | | 宾二类 | | | |
| 18299 | | | 宾二类 | | | |
| 18300 | | | 宾一类 | | | |
| 18301 | | | 宾一类 | 争 | | |
| 18302 | | | 宾一类 | | | |

续表

| 著录号 | 缀合 | 重片 | 类型划分 | 贞人 | 专家分类 | 其他说明 |
|---|---|---|---|---|---|---|
| 18303 | | | 宾二类 | | | |
| 18304 | | | 宾二类 | | | |
| 18305 | | | 宾三类 | | | |
| 18306 | | | 宾三类 | | | |
| 18307 | | | 宾二类 | | | |
| 18308 | | | 宾三类 | | | |
| 18309 | | | 宾二类 | | | |
| 18310 | | | 宾三类 | | | |
| 18311 | | | 宾三类 | | | |
| 18312 | | | 宾三类 | | | |
| 18313 | | | 宾一类 | | | 背甲 |
| 18314 | | | 宾一类 | | | |
| 18315 | | | 宾一类 | | | |
| 18316 | | | 宾二类 | | | |
| 18317 | | | 宾二类 | | | |
| 18318 | | | 宾二类 | | | |
| 18319 | | | 宾二类 | | | |
| 18320 | | | 宾二类 | | | |
| 18321 | 黄拼 18321+4349 | | 宾二类 | | | 林《醉古集》59 |
| 18322 | | | 宾一类 | | | |
| 18323 | | | 宾二类 | | | |
| 18324 | | | 宾二类 | | | |
| 18325 | | | 宾二类 | | | |
| 18326 | | | 宾一类 | | | |
| 18327 | | | 宾二类 | | | |
| 18328 | | | 宾二类 | | | |
| 18329 | | | 宾二类 | | | |
| 18330 | | | 宾一类 | | | |
| 18331 | | | 宾一类 | | | |
| 18332 | | | 宾一类 | | | |
| 18333 | | | 宾二类 | | | |
| 18334 | | | 宾一类 | | | |
| 18335 | | | 宾三类 | | | |
| 18336 | | | 宾三类 | | | |

续表

| 著录号 | 缀合 | 重片 | 类型划分 | 贞人 | 专家分类 | 其他说明 |
|---|---|---|---|---|---|---|
| 18337 | | | 宾三类 | | | |
| 18338 | 黄拼 18338+10196 | | 宾三类 | 古 | | |
| 18339 | | | 宾二类 | | | |
| 18340 | | | 宾二类 | | | |
| 18341 | | | 宾三类 | 爭 | | |
| 18342 | | | 宾二类 | | 黄何二 | 黄非宾 |
| 18343 | | | 宾三类 | | | |
| 18344 | | | 宾二类 | | | |
| 18345 | | | 宾二类 | | | 背甲 |
| 18346 | | | 宾二类 | 㱿 | | |
| 18347 正臼 | | | 待考 | | | |
| 18348 | | | 宾二类 | 宊、韋 | | |
| 18349 | | | 宾二类 | | | |
| 18350 | | | 宾二类 | | | |
| 18351 | | | 宾三类 | | | |
| 18352 | | | 宾三类 | | | |
| 18353 | | | 宾一类 | | | |
| 18354 | | | 宾一类 | | | |
| 18355 | | | 宾一类 | | | |
| 18356 | | | 宾一类 | | | |
| 18357 | | | 宾三类 | | | |
| 18358 | | | 宾三类 | 宊 | | |
| 18359 | | | 宾二类 | | | |
| 18360 正反 | | | 宾二类 | | | |
| 18361 | | | 无名类 | | 黄无名 | 非宾 |
| 18362 | | | 无名类 | | 黄无名 | 非宾 |
| 18363 | | | 宾一类 | | | |
| 18364 | | | 宾一类 | | | |
| 18365 | | | 宾一类 | | | |
| 18366 | | | 宾一类 | | | |
| 18367 | | | 待考 | | | |
| 18368 | | | 待考 | | | |

续表

| 著录号 | 缀合 | 重片 | 类型划分 | 贞人 | 专家分类 | 其他说明 |
|---|---|---|---|---|---|---|
| 18369 | | | 待考 | | | |
| 18370 | | | 宾二类 | | | |
| 18371 | | | 宾二类 | | | |
| 18372 | | | 宾一类 | | | |
| 18373 | | | 宾一类 | | | |
| 18374 | 18374+ | | 宾一类 | | | |
| 18375 | | | 宾一类 | | | |
| 18376 | | | 宾三类 | | | |
| 18377 | 18377 +6130 | | 宾二类 | | | |
| 18378 | | 11393 | 宾三类 | | | |
| 18379 | | | 宾一类 | | | |
| 18380 | | | 宾一类 | | | |
| 18381 | | | 宾一类 | | | |
| 18382 | | | 宾一类 | | | |
| 18383 | | 4707 | 宾一类 | | | |
| 18384 | 18384+13+ 山东 0632 | | 宾一类 | | | |
| 18385 | | | 宾二类 | | | |
| 18386 | | | 自小字类 | | | 非宾 |
| 18387 | | | 宾二类 | | | |
| 18388 | | | 宾二类 | | | |
| 18389 | 18389+18390 | | 宾一类 | | | |
| 18390 | 18390+18389 | | 宾一类 | | | |
| 18391 | | 17191 | 宾二类 | | | |
| 18392 | | | 宾一类 | | | |
| 18393 | | | 宾一类 | | | |
| 18394 | | | 宾一类 | | | |
| 18395 | | | 宾一类 | | | |
| 18396 | | | 宾一类 | | | |
| 18397 | | | 宾二类 | | | |
| 18398 | | | 宾二类 | | | |
| 18399 | | | 宾三类 | 亘 | | |
| 18400 | | | 宾二类 | | | |
| 18401 | | | 宾三类 | | | |
| 18402 | | | 宾一类 | | | |

续表

| 著录号 | 缀合 | 重片 | 类型划分 | 贞人 | 专家分类 | 其他说明 |
| --- | --- | --- | --- | --- | --- | --- |
| 18403 | | | 宾一类 | | | |
| 18404 | 黄拼 18404+3104 | | 宾一类 | | | |
| 18405 | | | 宾二类 | | | |
| 18406 | | | 宾二类 | | | |
| 18407 正反 | | | 宾二类 | | | |
| 18408 | | | 宾二类 | | | |
| 18409 | | | 宾二类 | | | |
| 18410 | | | 宾二类 | | | |
| 18411 | | | 宾一类 | | | |
| 18412 | | | 宾一类 | | | |
| 18413 | | | 宾二类 | | | |
| 18414 | | | 宾二类 | | | |
| 18415 | | | 宾二类 | | | |
| 18416 | | | 宾二类 | | | |
| 18417 | | | 宾一类 | | | |
| 18418 | | | 宾一类 | | | |
| 18419 | | | 宾一类 | | | |
| 18420 | | | 宾一类 | 王 | | |
| 18421 | | | 宾三类 | | | |
| 18422 | | | 宾三类 | | | |
| 18423 | | | 宾二类 | | | |
| 18424 | | | 宾三类 | | | |
| 18425 | | | 宾三类 | | | |
| 18426 | | | 宾三类 | | | |
| 18427 | | | 宾二类 | | | |
| 18428 | | 31267 | 宾三类 | | | |
| 18429 | | | 宾三类 | | | |
| 18430 | | | 𠂤小字类 | 王 | | 非宾 |
| 18431 | | | 𠂤宾间类 | | | |
| 18432 | | | 宾二类 | 爭 | | |
| 18433 | | | 宾三类 | | | |
| 18434 | | | 宾一类 | | | |
| 18435 | | | 宾一类 | | | |

续表

| 著录号 | 缀合 | 重片 | 类型划分 | 贞人 | 专家分类 | 其他说明 |
|---|---|---|---|---|---|---|
| 18436 | | | 宾三类 | | | |
| 18437 | | 反 =8187 | 宾二类 | | | |
| 18438 | | | 宾一类 | | | |
| 18439 | 黄拼 18439+22078+22106+22111+乙 1851 | | 非宾类 | | 蒋乙种子组 | 非宾 |
| 18440 | | | 宾三类 | | | |
| 18441 | | | 宾三类 | | | |
| 18442 | 黄拼 18442+2353 正反 +2358 | | 宾一类 | | | 林《醉古集》371 |
| 18443 | | | 宾三类 | | | |
| 18444 | | | 宾三类 | | | |
| 18445 | | | 宾二类 | | | |
| 18446 | | | 宾二类 | | | |
| 18447 | | 2541 | 宾一类 | | | |
| 18448 | | | 宾二类 | | | |
| 18449 | | | 宾三类 | | | |
| 18450 | | | 宾三类 | | | |
| 18451 | | | 宾一类 | | | |
| 18452 | | | 宾二类 | | | |
| 18453 | | | 宾三类 | 穷 | | |
| 18454 | | | 宾二类 | | | |
| 18455 | | | 宾二类 | | | |
| 18456 | | | 宾三类 | | | |
| 18457 | | | 宾三类 | | | |
| 18458 | | | 宾三类 | | | |
| 18459 | | 7925 | 宾三类 | | | |
| 18460 | | | 宾一类 | | | |
| 18461 | | | 宾三类 | | | |
| 18462 | | | 宾二类 | | | |
| 18463 | | | 宾三类 | | | |
| 18464 | | | 宾一类 | | | |
| 18465 | | | 宾一类 | | | |
| 18466 | | | 宾二类 | | | |
| 18467 | | | 宾三类 | | | |

续表

| 著录号 | 缀合 | 重片 | 类型划分 | 贞人 | 专家分类 | 其他说明 |
|---|---|---|---|---|---|---|
| 18468 | | | 宾二类 | | | |
| 18469 | | | 宾一类 | | | |
| 18470 | | | 宾一类 | | | |
| 18471 | | | 宾二类 | | | |
| 18472正反 | | | 宾二类 | | | |
| 18473 | | | 宾二类 | | | |
| 18474 | | | 宾二类 | | | |
| 18475 | 18475+8086 | | 宾二类 | | | |
| 18476 | | | 宾二类 | | | |
| 18477 | | | 宾一类 | | | |
| 18478 | | | 宾一类 | | | |
| 18479 | | | 宾一类 | | | |
| 18480 | | | 宾二类 | | | |
| 18481 | 18481+ | | 宾一类 | | | |
| 18482 | | | 宾二类 | | | |
| 18483 | 黄拼 18483+16963+22244+22269+22243+22259 左 +16982+ 乙 8767+ 乙 8945+ 乙 8839 | | 非宾类 | | 蒋甲种子组 | 非宾 |
| 18484正反 | | | 宾二类 | | | |
| 18485 | | | 宾三类 | | | |
| 18486 | | | 宾二类 | | | |
| 18487 | | | 宾三类 | | | |
| 18488 | | | 宾三类 | | | |
| 18489 | | | 宾三类 | | | |
| 18490 | | | 宾三类 | | | |
| 18491 | | | 宾二类 | | | |
| 18492 | | | 宾二类 | | | |
| 18493 | | | 宾二类 | | | |
| 18494 | | | 宾一类 | | | |
| 18495 | | 31140 | 宾二类 | | | |
| 18496 | | | 宾二类 | | | |

续表

| 著录号 | 缀合 | 重片 | 类型划分 | 贞人 | 专家分类 | 其他说明 |
|---|---|---|---|---|---|---|
| 18497 | | | 宾一类 | | | |
| 18498 | | | 宾二类 | | | |
| 18499 | | | 宾二类 | | | |
| 18500 | | | 宾二类 | | | |
| 18501 | | | 宾二类 | | | |
| 18502 | | | 宾二类 | | | |
| 18503 | | | 宾一类 | | | |
| 18504 | | | 宾三类 | | | |
| 18505 | | | 宾三类 | | | |
| 18506 | | | 宾三类 | | | |
| 18507 | | | 宾二类 | | | |
| 18508 | | | 宾一类 | | | |
| 18509 | | | 宾一类 | | | |
| 18510 | 黄拼 18510+22003+21988 | | 自小字类 | | | 非宾 |
| 18511 | | | 宾三类 | | | |
| 18512 | | | 宾二类 | | | |
| 18513 | | 21416 | 宾一类 | | | |
| 18514 正反 | | 40751 | 宾二类 | | | |
| 18515 | | | 宾二类 | | | |
| 18516 | | | 宾二类 | | | |
| 18517 | | | 宾二类 | 㱿 | | |
| 18518 | | | 宾三类 | | | |
| 18519 | | | 宾三类 | | | |
| 18520 | | | 宾一类 | | | |
| 18521 | | | 宾二类 | 㱿 | | |
| 18522 | | | 宾三类 | | | |
| 18523 | | | 宾二类 | | | |
| 18524 | | | 宾二类 | | | |
| 18525 | | | 宾二类 | | | |
| 18526 | | | 宾二类 | | | |
| 18527 | | | 宾二类 | | | |
| 18528 | | | 宾二类 | | | |
| 18529 | | | 宾二类 | | | |

续表

| 著录号 | 缀合 | 重片 | 类型划分 | 贞人 | 专家分类 | 其他说明 |
| --- | --- | --- | --- | --- | --- | --- |
| 18530 | | | 宾二类 | | | |
| 18531 | | | 宾二类 | | | |
| 18532 | | | 宾二类 | | | |
| 18533 | | | 宾二类 | | | |
| 18534 | | | 宾二类 | | | |
| 18535 正反 | | | 宾二类 | | | |
| 18536 | | | 宾二类 | | | |
| 18537 | | | 宾三类 | | | |
| 18538 | | | 宾二类 | | | |
| 18539 | | | 宾二类 | | | |
| 18540 | | | 宾二类 | | | |
| 18541 | | | 宾二类 | | | |
| 18542 | | | 宾三类 | | | |
| 18543 | | | 宾三类 | | | |
| 18544 | | | 宾一类 | | | |
| 18545 | | | 宾一类 | | | |
| 18546 | | | 自小字类 | | | 非宾 |
| 18547 | | | 宾二类 | | | |
| 18548 | | | 宾三类 | | | |
| 18549 | | | 宾三类 | | | |
| 18550 | | | 宾三类 | | | |
| 18551 | | | 宾三类 | | | |
| 18552 | | | 宾三类 | | | |
| 18553 | | | 宾三类 | | | |
| 18554 | | | 宾三类 | | | |
| 18555 | | | 宾三类 | | | |
| 18556 | | | 宾三类 | | | |
| 18557 | | | 宾三类 | | | |
| 18558 | | | 待考 | | | |
| 18559 | | | 宾一类 | | | |
| 18560 正反 | | | 宾一类 | | | |
| 18561 | | | 宾一类 | | | |

续表

| 著录号 | 缀合 | 重片 | 类型划分 | 贞人 | 专家分类 | 其他说明 |
|---|---|---|---|---|---|---|
| 18562 | | | 宾一类 | | | |
| 18563 | | | 宾一类 | | | |
| 18564 | | | 宾一类 | 㱿 | | |
| 18565正反 | | | 宾一类 | | | |
| 18566 | | | 宾一类 | | | |
| 18567 | | | 宾一类 | | | |
| 18568 | | | 宾二类 | | | |
| 18569 | | | 宾二类 | | | |
| 18570 | | | 宾二类 | | | |
| 18571 | | | 宾一类 | | | |
| 18572 | | | 宾二类 | | | |
| 18573 | | | 宾二类 | 古 | | |
| 18574 | | | 宾三类 | | | |
| 18575 | | | 宾二类 | | | |
| 18576 | | | 宾二类 | | | |
| 18577 | | | 宾三类 | | | |
| 18578 | 黄拼 18578+ 乙 310 倒 | | 宾一类 | | | |
| 18579 | | | 宾二类 | | | |
| 18580 | | | 宾一类 | | | |
| 18581 | | 15863 | 宾一类 | | | |
| 18582 | | | 宾三类 | | | |
| 18583 | | 9909 | 宾三类 | | | |
| 18584 | | | 宾三类 | | | |
| 18585 | | | 宾三类 | | | |
| 18586 | | | 宾一类 | | | |
| 18587 | | | 宾三类 | | | |
| 18588 | | | 宾三类 | | | |
| 18589 | | | 宾二类 | | | |
| 18590正反 | | | 宾二类 | | | |
| 18591正反 | | | 宾一类 | | | |
| 18592 | | | 宾二类 | | | |
| 18593 | | | 宾二类 | | | |

续表

| 著录号 | 缀合 | 重片 | 类型划分 | 贞人 | 专家分类 | 其他说明 |
|---|---|---|---|---|---|---|
| 18594 | | | 宾二类 | | | |
| 18595 | | | 宾二类 | | | |
| 18596 | 黄拼 18596+6073 | | 宾三类 | | | |
| 18597 | | | 宾一类 | | | |
| 18598 | | | 宾二类 | | | |
| 18599 正反 | 黄拼 18599+2246 正甲 | | 宾二类 | | | |
| 18600 | | | 宾一类 | | | |
| 18601 | | | 宾一类 | | | |
| 18602 | | | 宾一类 | | | |
| 18603 | | | 宾一类 | | | |
| 18604 | | | 宾一类 | | | |
| 18605 | | 14066 | 宾三类 | | | |
| 18606 | | | 宾二类 | | | |
| 18607 | | | 宾二类 | | | |
| 18608 | | | 宾三类 | | | 背甲 |
| 18609 | | | 宾一类 | | | |
| 18610 | | | 宾一类 | | | |
| 18611 | | | 宾二类 | 王 | | |
| 18612 | | | 宾二类 | 吕 | | |
| 18613 | | | 宾三类 | | | |
| 18614 | 黄拼 18614+18174 | | 宾三类 | | | |
| 18615 | | | 宾三类 | 穷 | | |
| 18616 | | | 宾一类 | | | |
| 18617 | | | 宾二类 | | | |
| 18618 | | | 宾二类 | | | |
| 18619 | | | 宾二类 | | | |
| 18620 | | | 宾三类 | | | |
| 18621 | | | 宾二类 | | | |
| 18622 | | | 宾二类 | | | |
| 18623 | | | 宾二类 | | | |
| 18624 正臼 | | | 宾二类 | | | |
| 18625 | | | 宾一类 | | | |

续表

| 著录号 | 缀合 | 重片 | 类型划分 | 贞人 | 专家分类 | 其他说明 |
|---|---|---|---|---|---|---|
| 18626 | | | 宾三类 | | | |
| 18627 | | | 宾三类 | | | |
| 18628 | | | 宾一类 | | | |
| 18629 正反 | | | 宾一类 | | | |
| 18630 | | | 宾一类 | | | |
| 18631 | | | 宾一类 | | | |
| 18632 | | | 宾一类 | | | |
| 18633 | | | 宾一类 | | | |
| 18634 | | | 宾二类 | | | |
| 18635 | | | 宾一类 | | | |
| 18636 | | | 宾一类 | | | |
| 18637 | | | 宾一类 | | | |
| 18638 | | | 宾二类 | | | |
| 18639 | | | 宾一类 | | | |
| 18640 | | | 宾一类 | | | |
| 18641 | | | 宾二类 | | | |
| 18642 | | | 宾一类 | | | |
| 18643 | | | 宾二类 | | | |
| 18644 | | | 宾二类 | | | |
| 18645 | | | 宾一类 | | | |
| 18646 | | | 宾一类 | | | |
| 18647 | 黄拼 18647+8988 | 20184 | 𠂤小字类 | | | 非宾 |
| 18648 | | | 宾一类 | | | 背甲 |
| 18649 | | | 宾一类 | | | |
| 18650 | | | 宾一类 | | | |
| 18651 | | | 宾一类 | | | |
| 18652 | | | 宾一类 | | | |
| 18653 | | | 宾二类 | | | |
| 18654 正臼 | | | 宾二类 | 穷 | | |
| 18655 | | | 宾一类 | | | |
| 18656 | | | 宾一类 | | | |
| 18657 | | | 宾二类 | | | |

续表

| 著录号 | 缀合 | 重片 | 类型划分 | 贞人 | 专家分类 | 其他说明 |
|---|---|---|---|---|---|---|
| 18658 | | | 宾一类 | | | |
| 18659 | | | 宾一类 | | | |
| 18660 | | | 宾一类 | | | |
| 18661 | 黄拼 18661+<br>北大 2455 | 北大 1584 | 宾一类 | | | |
| 18662 | | | 宾一类 | | | |
| 18663<br>正反 | | | 宾二类 | | | |
| 18664 | | 9645 | 宾三类 | | | 背甲 |
| 18665 | | | 宾三类 | | | |
| 18666 | | | 宾三类 | | | |
| 18667 | | | 宾三类 | | | |
| 18668 | | | 非宾类 | | 蒋乙种子组 | 非宾 |
| 18669 | | | 宾三类 | | | |
| 18670 | | | 宾三类 | | | |
| 18671 | | | 宾二类 | | | |
| 18672 | | | 宾二类 | | | |
| 18673 | | | 宾一类 | | | |
| 18674 | 黄拼 18674+ | | 宾一类 | | | 林《醉古集》367 |
| 18675 | | | 宾三类 | | | |
| 18676 | | | 宾一类 | | | |
| 18677 | | | 宾三类 | | | |
| 18678 | | | 宾二类 | | | |
| 18679<br>正反 | | | 宾三类 | | | |
| 18680 | | | 宾一类 | | | |
| 18681 | | | 宾三类 | | | |
| 18682 | | | 宾二类 | | | |
| 18683 | | | 宾二类 | 爭 | | |
| 18684 | 黄拼 18684+14288+<br>2763 正 +3524+4249+<br>18799 | | 宾二类 | | | |
| 18685 | 黄拼 18685+10997 | | 𠂤宾间类 | | | |
| 18686 | | 21358 | 𠂤小字类 | | | 非宾 |
| 18687 | | | 宾一类 | 古 | | |

续表

| 著录号 | 缀合 | 重片 | 类型划分 | 贞人 | 专家分类 | 其他说明 |
|---|---|---|---|---|---|---|
| 18688 | | | 宾一类 | | | |
| 18689 | | | 宾一类 | | | |
| 18690 | | | 宾一类 | | | |
| 18691 | | | 宾一类 | | | |
| 18692 | | | 宾一类 | | | |
| 18693正反 | | | 宾三类 | | | |
| 18694 | | | 宾三类 | | | |
| 18695 | 18695+7584+9053 | | 宾一类 | | | |
| 18696 | | | 宾一类 | | | |
| 18697 | | | 宾三类 | | | |
| 18698 | | | 宾一类 | | | |
| 18699 | | | 宾三类 | | | |
| 18700 | | | 宾一类 | | | |
| 18701 | | | 宾一类 | | | |
| 18702 | | | 宾三类 | | | |
| 18703 | | | 宾一类 | | | |
| 18704 | | | 宾一类 | | | |
| 18705 | | | 宾一类 | | | |
| 18706 | | | 宾一类 | | | |
| 18707 | 18707+1095 | | 宾二类 | | | |
| 18708 | | | 宾三类 | | | |
| 18709正反 | | | 宾三类 | | | |
| 18710 | | | 宾一类 | | | |
| 18711 | | | 宾一类 | | | |
| 18712 | | | 宾三类 | | | |
| 18713 | | | 待考 | | | |
| 18714 | | | 待考 | | | |
| 18715 | | | 待考 | | | |
| 18716 | 18716+20603 | | 宾一类 | | | |
| 18717 | | | 宾一类 | | | |
| 18718 | | | 宾一类 | | | |
| 18719 | | | 宾二类 | | | |

续表

| 著录号 | 缀合 | 重片 | 类型划分 | 贞人 | 专家分类 | 其他说明 |
|---|---|---|---|---|---|---|
| 18720 | | | 宾二类 | | | |
| 18721 | | | 宾三类 | 争 | | |
| 18722 | | | 宾三类 | 穷 | | |
| 18723 | | | 宾一类 | | | |
| 18724 | 黄拼 18724+ 乙补 4142+ 乙补 4212+ 乙补 4221 | | 宾一类 | | | |
| 18725 | | | 宾二类 | 古 | | |
| 18726 正反 | | | 宾一类 | | | |
| 18727 | | | 宾二类 | 㱿 | | |
| 18728 | | | 宾二类 | | | |
| 18729 | | | 宾二类 | | | |
| 18730 正反 | 黄拼 18730 正反 + | | 宾一类 | | | 林《醉古集》259 |
| 18731 | | | 宾一类 | | | |
| 18732 | | | 宾一类 | | | |
| 18733 | | | 宾一类 | | | |
| 18734 | | | 宾一类 | | | |
| 18735 | | | 宾一类 | | | |
| 18736 | | | 宾三类 | | | |
| 18737 | | | 宾三类 | | | |
| 18738 | | | 宾一类 | | | |
| 18739 | | | 宾二类 | | | |
| 18740 | | | 宾二类 | | | |
| 18741 | | | 宾二类 | | | |
| 18742 | | | 宾一类 | | | |
| 18743 | | | 宾一类 | | | |
| 18744 | | | 宾一类 | | | |
| 18745 | | | 宾一类 | 永 | | |
| 18746 | | | 宾三类 | | | |
| 18747 | | | 宾一类 | | | |
| 18748 正反 | | | 宾一类 | | | |
| 18749 | 黄拼 18749+18750 | | 宾二类 | | | |

续表

| 著录号 | 缀合 | 重片 | 类型划分 | 贞人 | 专家分类 | 其他说明 |
|---|---|---|---|---|---|---|
| 18750 | 黄拼 18750+18749 | | 宾二类 | | | |
| 18751<br>正反 | | | 宾二类 | | | |
| 18752 | | | 宾二类 | | | |
| 18753 | | | 宾三类 | | | |
| 18754 | | | 宾三类 | | | |
| 18755 | | | 宾三类 | | | |
| 18756 | | | 非宾类 | | 蒋乙种子组 | 非宾 |
| 18757 | | | 宾三类 | | | |
| 18758 | | | 宾二类 | | | |
| 18759 | | | 宾二类 | | | |
| 18760 | | | 宾二类 | | | |
| 18761 | | | 宾二类 | | | |
| 18762 | | | 宾二类 | | | |
| 18763 | | | 自小字类 | | | 非宾 |
| 18764 | | | 宾三类 | | | |
| 18765 | 10506 遥缀 18765 | | 宾三类 | | | |
| 18766 | | | 自宾间类 | | | |
| 18767 | | | 宾三类 | | | |
| 18768 | | | 宾一类 | | | |
| 18769 | | | 宾三类 | | | |
| 18770 | | | 宾一类 | | | |
| 18771 | | | 宾二类 | | | |
| 18772 | | | 宾三类 | | | |
| 18773 | | | 宾三类 | | | |
| 18774 | | | 宾一类 | | | |
| 18775 | | | 宾一类 | | | |
| 18776 | | | 宾一类 | | | |
| 18777 | 黄拼 18777+24508 | | 宾三类 | | | |
| 18778<br>正反 | | | 宾一类 | | | |
| 18779 | | | 待考 | | | |
| 18780 | | | 宾三类 | | | |
| 18781<br>正反 | | | 宾二类 | | | |

续表

| 著录号 | 缀合 | 重片 | 类型划分 | 贞人 | 专家分类 | 其他说明 |
|---|---|---|---|---|---|---|
| 18782 | | | 待考 | | | |
| 18783 | | | 待考 | | | |
| 18784 | | | 待考 | | | |
| 18785 | | | 宾一类 | | | |
| 18786 | | | 待考 | | | |
| 18787 | | | 宾三类 | 穷 | 黄宾三 | |
| 18788 | | | 宾三类 | 古 | 黄宾三 | |
| 18789 | | | 宾三类 | | 黄宾三 | |
| 18790 | | 3263 | 宾三类 | | | |
| 18791 | | | 宾一类 | | | |
| 18792 | 黄拼 13377+18792+18795+ 合补 2294（7962+17947） | | 宾二类 | | | |
| 18793 | | | 宾三类 | 事 | 黄宾三 | |
| 18794 | | | 宾三类 | | | |
| 18795 | 黄拼 13377+18792+18795+ 合补 2294（7962+17947） | | 宾二类 | | | |
| 18796 | | | 宾三类 | | | |
| 18797 正反 | 黄拼 18797 反 + 史购 43 反；黄拼 18797 正 +18996+ 史购 43 正 | | 宾二类 | | | |
| 18798 | | | 宾三类 | | | |
| 18799 | 黄拼 18799+14288+2763 正 +3524+4249+18684 | | 宾二类 | | | |
| 18800 | | | 宾一类 | | | |
| 18801 | 黄拼 18801+24739 | | 宾三类 | | | |
| 18802 | | | 宾三类 | | | |
| 18803 | | | 宾三类 | | | |
| 18804 | | 24376 | 宾三类 | | | |
| 18805 | | | 宾一类 | | | |
| 18806 | | 16043 | 宾二类 | 穷 | | |
| 18807 正反 | | | 宾三类 | | | |

续表

| 著录号 | 缀合 | 重片 | 类型划分 | 贞人 | 专家分类 | 其他说明 |
|---|---|---|---|---|---|---|
| 18808 | | | 宾三类 | | | |
| 18809 | | | 宾三类 | | | |
| 18810 | 18810+无号碎甲（张）+19709 | | 宾一类 | | | |
| 18811 | | | 宾三类 | | | |
| 18812 | | | 宾三类 | 穷 | | |
| 18813 | | | 宾三类 | | | |
| 18814 | | | 宾三类 | 古 | 黄宾三 | |
| 18815 | | 16795 | 宾三类 | 古 | | 背甲 |
| 18816 | | | 宾一类 | | | |
| 18817 | | | 宾三类 | | | |
| 18818 | | | 宾三类 | | | |
| 18819 | | | 宾三类 | | | |
| 18820 | | | 宾三类 | | | |
| 18821 | | | 宾三类 | | | |
| 18822 | | | 宾一类 | | | |
| 18823 | | | 宾一类 | | | |
| 18824 | | | 宾三类 | | | |
| 18825 | | | 宾一类 | | | |
| 18826 | | | 宾一类 | | | |
| 18827 | | | 宾一类 | | | |
| 18828 | | | 宾一类 | | | |
| 18829 | | | 宾一类 | | | |
| 18830 | | | 宾一类 | | | |
| 18831 | | | 宾三类 | | | |
| 18832 | | | 宾三类 | | | |
| 18833 | | | 宾一类 | | | |
| 18834 | | | 宾一类 | | | 背甲 |
| 18835 | | | 宾一类 | | | |
| 18836正反 | | | 宾一类 | 穷 | | |
| 18837 | | | 宾三类 | 穷 | | |
| 18838 | | | 宾一类 | | | |
| 18839 | | 21453 | 𠂤大字类 | | | 非宾 |

续表

| 著录号 | 缀合 | 重片 | 类型划分 | 贞人 | 专家分类 | 其他说明 |
|---|---|---|---|---|---|---|
| 18840 | | | 宾一类 | | | |
| 18841 | | | 宾一类 | | | |
| 18842 | | | 宾一类 | | | |
| 18843 | | | 宾一类 | | | |
| 18844 | | | 宾一类 | | | |
| 18845 | 18845+ | | 非宾类 | | 蒋丙种子组 | 非宾 |
| 18846 | | | 宾三类 | | | 背甲 |
| 18847 | | | 宾一类 | | | |
| 18848 | | | 宾一类 | | | |
| 18849 | | | 宾一类 | | | |
| 18850 | | | 宾三类 | | | |
| 18851 | | | 宾三类 | 争 | | |
| 18852 | | | 宾三类 | 争 | | |
| 18853 | | | 宾三类 | | | |
| 18854 | | | 宾三类 | | | |
| 18855 | | | 宾三类 | | | |
| 18856 | | | 宾一类 | | | |
| 18857 | | | 宾一类 | | | |
| 18858 | | | 宾一类 | | | |
| 18859 | | | 宾一类 | | | |
| 18860正反 | | | 宾二类 | 穷 | | |
| 18861 | | | 宾一类 | | | |
| 18862正反 | | | 宾一类 | 穷 | | |
| 18863 | | | 宾二类 | | | |
| 18864 | | | 宾二类 | | | |
| 18865 | | | 宾二类 | | | |
| 18866 | | | 宾二类 | | | |
| 18867正反 | | | 宾二类 | | | |
| 18868 | | | 宾二类 | | | |
| 18869 | | | 自宾间类 | | | |
| 18870 | | | 宾一类 | | | |
| 18871 | | | 宾三类 | | | |

续表

| 著录号 | 缀合 | 重片 | 类型划分 | 贞人 | 专家分类 | 其他说明 |
|---|---|---|---|---|---|---|
| 18872 | | | 宾三类 | | | |
| 18873 | | | 宾二类 | | | |
| 18874 | 18874+4599 | 4596 | 宾二类 | | | |
| 18875 | | | 宾二类 | | | |
| 18876 | | | 宾二类 | | | |
| 18877 | | 18887 | 宾一类 | | | |
| 18878 | | | 宾二类 | | | |
| 18879 | | | 宾一类 | | | |
| 18880 | | | 宾一类 | | | |
| 18881 | | | 宾一类 | | | |
| 18882 | | | 宾一类 | | | |
| 18883 | | | 宾二类 | | | |
| 18884 | | | 宾一类 | | | 背甲 |
| 18885 | | | 宾三类 | | | |
| 18886 | | | 宾三类 | | | |
| 18887 | 18887+18888 | | 宾二类 | | | |
| 18888 | 18888+18887 | | 宾二类 | | | |
| 18889 | | | 宾二类 | | | |
| 18890 | | | 宾二类 | | | |
| 18891 | | | 宾一类 | | | |
| 18892 | | | 宾二类 | | | |
| 18893正反 | | | 宾二类 | | | |
| 18894 | | | 宾二类 | | | |
| 18895 | | | 宾二类 | | | |
| 18896 | | | 宾二类 | | | |
| 18897 | | | 宾一类 | | | |
| 18898 | | | 宾三类 | | | |
| 18899正反 | 18899正反+ | | 宾二类 | 爭 | | 笔书（反） |
| 18900 | 黄拼18900正反+ | | 宾二类 | 㱿 | | 笔书（反），林《醉古集》315 |
| 18901 | | | 待考 | | | 笔书 |
| 18902 | | | 宾一类 | | | 笔书 |
| 18903 | | | 待考 | | | 笔书 |

续表

| 著录号 | 缀合 | 重片 | 类型划分 | 贞人 | 专家分类 | 其他说明 |
|---|---|---|---|---|---|---|
| 18904 | | | 待考 | | | 笔书 |
| 18905 正反 | | | 宾一类 | | | 笔书（反）<br>甲桥署辞（反） |
| 18906 | | | 宾一类 | | | 笔书 |
| 18907 | | | 待考 | | | 笔书 |
| 18908 | | | 待考 | | | 笔书 |
| 18909 | | | 宾一类 | | | 笔书 |
| 18910 | | | 宾二类 | 㱿 | | 习刻 |
| 18911 正反 | | | 宾一类 | 韋 | | |
| 18912 | | | 宾一类 | | | |
| 18913 | | | 宾三类 | | | |
| 18914 | | | 宾三类 | | | |
| 18915 | 18915+34150<br>遥缀 35290 | | 历一类 | | | 非宾 |
| 18916 正反 | | | 待考 | | | |
| 18917 | 黄拼 18917+ 合补 2022<br>（6510+6508） | | 宾二类 | | | |
| 18918 | | | 宾二类 | | | |
| 18919 | 黄拼 18919+<br>合补 5854 | | 宾二类 | | | |
| 18920 | | | 宾一类 | | | |
| 18921 | | | 宾一类 | | | |
| 18922 | | | 宾一类 | | | |
| 18923 | | | 宾一类 | | | |
| 18924 | | | 宾三类 | | | |
| 18925 | 黄拼 18925+8501 正 | | 宾二类 | 㱿、爭 | | |
| 18926 | | | 宾二类 | 爭 | | |
| 18927 正反 | | | 宾二类 | | | 缺刻 |
| 18928 正反 | | | 宾二类 | 㝵 | | |
| 18929 | | | 宾二类 | | | |
| 18930 | | | 宾三类 | 㝵 | | |

续表

| 著录号 | 缀合 | 重片 | 类型划分 | 贞人 | 专家分类 | 其他说明 |
|---|---|---|---|---|---|---|
| 18931 | | | 宾一类 | | | |
| 18932 | | | 待考 | | | |
| 18933 | 18933+16676 | | 宾三类 | 古 | | |
| 18934 | | | 待考 | | | |
| 18935 | 黄拼 18935+ | | 宾一类 | | | 林《醉古集》360 |
| 18936 正反 | | | 宾三类 | | | |
| 18937 | 黄拼 18937+8401 | | 宾三类 | 争 | | |
| 18938 | | | 宾二类 | | | |
| 18939 | | | 宾二类 | | | |
| 18940 | | | 宾二类 | 㱿 | | 习刻 |
| 18941 正臼 | | | 宾二类 | 穷 | | 习刻 |
| 18942 | | | 待考 | | | 习刻 |
| 18943 正反 | | | 宾二类 | | | 习刻 |
| 18944 正反 | | | 宾二类 | | | 习刻 |
| 18945 | | | 宾一类 | | | 习刻 |
| 18946 | | | 宾二类 | | | 习刻　干支表刻辞（正反） |
| 18947 | | | 宾二类 | | | |
| 18948 正反 | | | 待考 | | | 习刻 |
| 18949 | | | 自宾间类 | | | 非宾 |
| 18950 | | | 宾三类 | | | |
| 18951 | | | 宾二类 | | | |
| 18952 | | 40724 | 宾二类 | | | |
| 18953 | | | 宾一类 | | | |
| 18954 正反 | | 18261 | 宾一类 | | | |
| 18955 | | | 宾一类 | | | |
| 18956 正反 | 黄拼 18956+ | | 宾一类 | | | 林《醉古集》230 |
| 18957 | | | 自宾间类 | | | |

续表

| 著录号 | 缀合 | 重片 | 类型划分 | 贞人 | 专家分类 | 其他说明 |
|---|---|---|---|---|---|---|
| 18958 | | | 𠂤宾间类 | | | |
| 18959 | | | 宾一类 | | | |
| 18960 | | | 待考 | | | |
| 18961 | | | 宾三类 | | | |
| 18962 | | | 宾三类 | | | |
| 18963 | | | 𠂤宾间类 | | | |
| 18964 | | | 宾三类 | | | |
| 18965 | | | 宾三类 | | | |
| 18966 | | | 宾三类 | | | |
| 18967 | | | 宾二类 | | | |
| 18968 | | | 宾三类 | | | |
| 18969 | | | 宾三类 | | | |
| 18970 | | | 宾三类 | | | |
| 18971 | | | 宾一类 | | | |
| 18972 | | | 宾一类 | | | |
| 18973 | | | 𠂤小字类 | | | 非宾 |
| 18974 | | | 宾二类 | | | |
| 18975 | | | 宾一类 | | | 背甲 |
| 18976 | | | 宾一类 | | | |
| 18977 | | | 宾二类 | | | |
| 18978 | | | 宾二类 | | | |
| 18979 | | | 宾二类 | | | |
| 18980 | | | 宾三类 | | | |
| 18981正反 | | | 非宾类 | | 蒋丙种子组 | 非宾 |
| 18982 | | | 宾二类 | | | |
| 18983 | | | 宾二类 | | | |
| 18984 | | | 宾一类 | | | |
| 18985 | | | 宾一类 | | | |
| 18986 | | | 宾二类 | | | |
| 18987 | | | 宾一类 | | | |
| 18988正反 | | | 宾二类 | | | |
| 18989 | | | 宾二类 | | | |

续表

| 著录号 | 缀合 | 重片 | 类型划分 | 贞人 | 专家分类 | 其他说明 |
|---|---|---|---|---|---|---|
| 18990 | | | 宾二类 | | | |
| 18991 | | | 宾二类 | 㝉、爭 | | |
| 18992 | | | 宾一类 | 古 | | |
| 18993 | | | 宾二类 | | | |
| 18994 | | | 宾三类 | | | |
| 18995 | | | 宾三类 | | | |
| 18996 | 黄拼 18996+18797 正 + 史购 43 正 | | 宾二类 | | | |
| 18997 | | | 宾一类 | | | |
| 18998 | | | 宾一类 | | | |
| 18999 | | | 宾二类 | | | |
| 19000 | | | 宾二类 | | | |
| 19001 | | | 宾一类 | | | |
| 19002 | | | 宾二类 | | | |
| 19003 | | | 宾一类 | 王 | | |
| 19004 | | | 宾二类 | | | |
| 19005 | | | 宾二类 | | | |
| 19006 | | | 宾二类 | | | |
| 19007 | | | 宾二类 | | | |
| 19008 | | | 宾二类 | | | |
| 19009 | | | 宾二类 | | | |
| 19010 | | | 宾二类 | | | |
| 19011 正反 | | | 宾二类 | | | |
| 19012 | | | 宾一类 | | | |
| 19013 | | | 𠂤小字类 | | | 非宾 |
| 19014 | | | 宾一类 | | | |
| 19015 | | | 宾二类 | | | |
| 19016 | | | 宾二类 | 㱿 | | |
| 19017 | | | 宾三类 | | | |
| 19018 正反 | | | 宾二类 | | | |
| 19019 | | | 宾二类 | | | |
| 19020 | | | 宾二类 | | | |

续表

| 著录号 | 缀合 | 重片 | 类型划分 | 贞人 | 专家分类 | 其他说明 |
|---|---|---|---|---|---|---|
| 19021 | | | 宾二类 | | | |
| 19022 | | | 宾二类 | | | |
| 19023 | | | 宾二类 | | | |
| 19024 | | | 宾二类 | | | |
| 19025 | | | 宾一类 | | | |
| 19026 | | | 宾二类 | | | |
| 19027 | | | 宾二类 | | | |
| 19028 | | | 宾二类 | | | |
| 19029 | | | 宾一类 | | | |
| 19030 | | | 宾一类 | | | |
| 19031 | 黄拼 19031+15526+ 辑佚 23 | | 宾三类 | | | |
| 19032 | | | 宾三类 | | | |
| 19033 | | | 宾二类 | | | |
| 19034 | | | 宾一类 | | | |
| 19035 | | | 宾一类 | | | |
| 19036 | | | 宾三类 | | | |
| 19037 | 黄拼 19037+15462 | | 宾三类 | 穷 | | |
| 19038 | | | 宾三类 | | | |
| 19039 | | | 宾二类 | | | |
| 19040 | | | 宾三类 | | | |
| 19041 | | | 宾一类 | | | |
| 19042 | | | 宾三类 | | | |
| 19043 正反 | | | 宾二类 | | | |
| 19044 | | | 宾二类 | | | |
| 19045 | | | 宾一类 | | | |
| 19046 | | | 宾一类 | | | |
| 19047 | | | 宾三类 | | | |
| 19048 | | | 宾三类 | | | |
| 19049 | | | 宾三类 | | | 背甲 |
| 19050 | | | 宾一类 | | | |
| 19051 | | | 宾三类 | | | |
| 19052 | | | 宾三类 | | | |

续表

| 著录号 | 缀合 | 重片 | 类型划分 | 贞人 | 专家分类 | 其他说明 |
|---|---|---|---|---|---|---|
| 19053 | 19053+7255 | | 宾二类 | | | |
| 19054 | | | 宾二类 | | | |
| 19055 | | | 宾二类 | | | |
| 19056 | | | 宾一类 | | | |
| 19057正反 | | | 宾一类 | | | |
| 19058 | | | 宾一类 | | | |
| 19059 | | | 宾一类 | | | |
| 19060正反 | | | 宾二类 | 爭 | | |
| 19061 | | | 宾一类 | | | |
| 19062正反 | | | 宾一类 | | | |
| 19063 | | | 宾一类 | | | 背甲 |
| 19064 | | | 自小字类 | | | 非宾 |
| 19065 | | | 宾一类 | | | |
| 19066 | | | 宾二类 | | | |
| 19067 | | | 宾二类 | 㱿 | | |
| 19068 | | | 宾三类 | | | |
| 19069 | | | 宾三类 | | | |
| 19070 | | | 宾三类 | | | |
| 19071 | | | 宾三类 | | | |
| 19072 | | | 宾三类 | | | |
| 19073正反 | | | 宾三类 | | | |
| 19074 | | | 宾一类 | | | |
| 19075 | | | 宾三类 | | | |
| 19076 | | | 宾三类 | | | |
| 19077 | | | 宾三类 | | | |
| 19078 | | | 宾二类 | | | |
| 19079 | | | 宾三类 | | | |
| 19080 | | | 宾三类 | | | |
| 19081 | | | 宾三类 | | | |
| 19082 | | | 宾三类 | 爭 | | |

续表

| 著录号 | 缀合 | 重片 | 类型划分 | 贞人 | 专家分类 | 其他说明 |
|---|---|---|---|---|---|---|
| 19083 | | | 宾三类 | 宀 | | |
| 19084 | | | 宾三类 | | | |
| 19085 | | | 宾三类 | 内 | | |
| 19086 | | | 宾一类 | | | |
| 19087 | | | 宾二类 | | | |
| 19088 正反 | | | 宾三类 | | | |
| 19089 | | | 宾三类 | | | |
| 19090 | 19090+19530 | | 宾三类 | | | |
| 19091 | | | 宾三类 | | | |
| 19092 正反 | | | 宾三类 | | 黄宾三 | |
| 19093 | | | 自宾间类 | 王 | | |
| 19094 | | | 宾一类 | | | |
| 19095 正反 | | | 宾二类 | | | |
| 19096 | | | 宾一类 | | | |
| 19097 正反 | | | 宾三类 | | | |
| 19098 | | | 宾三类 | | | |
| 19099 | 19099+19530 | | 宾三类 | | | |
| 19100 | | | 宾三类 | | | |
| 19101 | | | 宾三类 | 宀 | | |
| 19102 | | | 宾三类 | | | |
| 19103 | | | 宾三类 | 爭 | | |
| 19104 | | | 宾二类 | 㱿 | | |
| 19105 | | | 宾二类 | | | |
| 19106 | 黄拼 11584+5045+5044+39812（英 436）遥缀 19106 | | 宾二类 | 㱿 | | |
| 19107 | | | 宾二类 | | | |
| 19108 | | | 宾二类 | 爭 | | |
| 19109 | | | 宾三类 | 宀 | | |
| 19110 正反 | | | 宾三类 | | | |

续表

| 著录号 | 缀合 | 重片 | 类型划分 | 贞人 | 专家分类 | 其他说明 |
|---|---|---|---|---|---|---|
| 19111 | | | 宾三类 | | | |
| 19112 | | | 宾二类 | | | |
| 19113 | | | 宾二类 | 㱿 | | |
| 19114 | | | 宾三类 | | | |
| 19115 | | （新）4451 | 宾三类 | | | |
| 19116 | | 40770 | 宾三类 | | | |
| 19117 | | | 宾一类 | | | |
| 19118 正反 | | | 宾一类 | | | |
| 19119 | | | 宾一类 | | | |
| 19120 | | | 宾一类 | | | |
| 19121 | | | 宾一类 | | | |
| 19122 正反 | | | 宾一类 | | | |
| 19123 | | | 宾一类 | | | |
| 19124 | | | 宾二类 | | | |
| 19125 | | 14949 | 宾一类 | | | |
| 19126 | | | 宾二类 | | | |
| 19127 | | | 宾二类 | 穷 | | |
| 19128 | | | 宾二类 | | | |
| 19129 | 19129+6746 | | 宾二类 | | | |
| 19130 | | | 宾一类 | | | |
| 19131 | | | 宾一类 | | | |
| 19132 | | | 宾一类 | | | |
| 19133 正反 | | | 宾一类 | | | |
| 19134 | | | 宾一类 | | | |
| 19135 | | | 宾一类 | | | |
| 19136 | 黄拼 19136+ 乙 1785 | | 宾一类 | | | |
| 19137 | | | 宾三类 | | | |
| 19138 | | | 宾三类 | | | |
| 19139 | 黄拼 19139+ | | 宾二类 | 㱿 | | 林《醉古集》57 |
| 19140 | | | 宾二类 | | | |
| 19141 | | | 宾二类 | | | |

续表

| 著录号 | 缀合 | 重片 | 类型划分 | 贞人 | 专家分类 | 其他说明 |
|---|---|---|---|---|---|---|
| 19142 | | | 宾二类 | | | |
| 19143 | | | 宾二类 | 穷 | | |
| 19144 | | | 宾二类 | | | |
| 19145 | | | 宾二类 | | | |
| 19146 正反 | | | 宾二类 | | | |
| 19147 | | | 宾二类 | | | |
| 19148 正反 | | | 宾二类 | | | |
| 19149 | | | 宾二类 | 𣪊 | | |
| 19150 | | | 宾一类 | | | |
| 19151 | | | 宾二类 | | | |
| 19152 正反 | 黄拼 19152 正 +1590 | | 宾三类 | | | |
| 19153 | | | 宾二类 | | | |
| 19154 | | 11014 | 宾一类 | | | |
| 19155 | | | 宾三类 | | | |
| 19156 | | | 宾二类 | | | |
| 19157 正反 | | | 宾三类 | | | |
| 19158 正反 | | | 宾三类 | | | |
| 19159 | | | 宾一类 | | | |
| 19160 | | | 宾一类 | | | |
| 19161 | | | 宾二类 | | | |
| 19162 | | | 宾二类 | | | |
| 19163 正反 | | | 宾二类 | | | |
| 19164 | | | 宾三类 | | | |
| 19165 | | | 宾二类 | | | |
| 19166 | | | 宾三类 | 穷 | | |
| 19167 | | | 宾二类 | | | |
| 19168 | | | 宾一类 | | | |
| 19169 | | | 宾二类 | | | |
| 19170 | | | 宾二类 | | | |

续表

| 著录号 | 缀合 | 重片 | 类型划分 | 贞人 | 专家分类 | 其他说明 |
|---|---|---|---|---|---|---|
| 19171 | | | 宾二类 | | | |
| 19172 正反 | | | 宾二类 | | | |
| 19173 | | | 宾二类 | | | |
| 19174 | | | 宾一类 | | | |
| 19175 | | | 宾一类 | | | |
| 19176 | | | 宾一类 | | | |
| 19177 | | | 宾一类 | | | |
| 19178 正反 | | | 宾二类 | | | |
| 19179 | | | 宾一类 | 穷 | | |
| 19180 | | | 宾二类 | 𣪊 | | |
| 19181 | | | 宾一类 | | | |
| 19182 | | | 宾一类 | | | |
| 19183 | | | 宾一类 | | | |
| 19184 正反 | | | 宾一类 | 争 | | |
| 19185 | | | 宾一类 | | | |
| 19186 | | | 宾一类 | | | 背甲 |
| 19187 正反 | | | 宾一类 | | | |
| 19188 正反 | | | 宾二类 | | | |
| 19189 | | | 宾二类 | | | |
| 19190 | | | 宾二类 | | | |
| 19191 | 黄拼 19191+4673+7024+19193+22482 | 53 | 𠂤宾间类 | | 黄𠂤宾间 A | |
| 19192 | | | 宾一类 | | | |
| 19193 | 黄拼 19193（53）+19191+4673+7024+22482 | | 𠂤宾间类 | | | |
| 19194 | | | 宾一类 | 𣪊 | | |
| 19195 | | | 宾一类 | | | |
| 19196 | | | 宾二类 | | | |
| 19197 | | | 宾二类 | | | |

续表

| 著录号 | 缀合 | 重片 | 类型划分 | 贞人 | 专家分类 | 其他说明 |
|---|---|---|---|---|---|---|
| 19198 | | | 宾二类 | | | |
| 19199 | | 10330 | 宾一类 | | | |
| 19200 | | | 宾二类 | | | |
| 19201 | | | 宾一类 | | | |
| 19202 | | | 宾一类 | | | |
| 19203 | | | 宾一类 | | | |
| 19204正反 | | | 宾一类 | | | |
| 19205 | | | 宾三类 | | | |
| 19206 | | | 待考 | | | |
| 19207 | 19207+19437 | | 宾三类 | | | |
| 19208 | | | 宾一类 | | | |
| 19209 | | | 宾三类 | | | |
| 19210 | | | 宾三类 | | | |
| 19211 | | | 宾二类 | | | |
| 19212 | | | 宾三类 | | | |
| 19213 | | | 宾二类 | 穷 | | |
| 19214 | | | 宾一类 | | | |
| 19215 | | | 宾二类 | 㱿 | | |
| 19216 | | | 宾二类 | | | |
| 19217 | | | 宾一类 | | | |
| 19218 | | | 宾三类 | | | |
| 19219 | | | 宾三类 | | | |
| 19220 | | | 宾三类 | | 黄宾三 | |
| 19221 | | | 宾三类 | | 黄宾三 | |
| 19222 | | | 宾三类 | | 黄宾三 | |
| 19223 | | 39443 | 宾三类 | | | |
| 19224 | | | 宾三类 | | | |
| 19225 | | | 宾三类 | | | |
| 19226 | | | 宾三类 | 穷 | | |
| 19227 | | | 宾三类 | | | |
| 19228 | | | 宾二类 | | | |
| 19229 | 黄拼 19229+ | | 宾一类 | | | 林《醉古集》131 |
| 19230 | | | 宾二类 | | | |

续表

| 著录号 | 缀合 | 重片 | 类型划分 | 贞人 | 专家分类 | 其他说明 |
|---|---|---|---|---|---|---|
| 19231 | | | 宾二类 | | | |
| 19232 | | | 宾三类 | | | |
| 19233 | | | 宾一类 | | | |
| 19234 正反 | | | 宾一类 | | | |
| 19235 | | | 宾三类 | | | |
| 19236 | 黄拼 19236+ 历 20 | | 宾三类 | | | |
| 19237 | | | 宾一类 | | | |
| 19238 | | | 宾二类 | | | |
| 19239 正反 | | | 宾二类 | | | |
| 19240 | | | 宾二类 | | | |
| 19241 | | | 宾一类 | | | |
| 19242 | | | 宾一类 | | | |
| 19243 | | | 宾二类 | | | |
| 19244 | | | 宾二类 | | | |
| 19245 甲乙 | | | 宾一类 | | | |
| 19246 | 黄拼 19246+3697 正 | | 宾二类 | | | 缀后同文见 495 |
| 19247 | | | 宾二类 | | | |
| 19248 | 19248+19249 | | 宾二类 | | | |
| 19249 | 19249+19248 | | 宾二类 | | | |
| 19250 | | | 宾二类 | 爭 | | |
| 19251 | 黄拼 19251+12432 | | 宾二类 | | | |
| 19252 | | | 宾二类 | 𡧊 | | |
| 19253 | | | 宾二类 | | | |
| 19254 | | | 宾二类 | | | |
| 19255 | | | 宾二类 | | | |
| 19256 | | | 宾一类 | 𡧊 | | |
| 19257 | | 8281 | 宾一类 | | | |
| 19258 | | | 宾二类 | | | |
| 19259 | | | 宾二类 | | | |
| 19260 | | | 宾二类 | | | |
| 19261 | | | 宾二类 | | | |
| 19262 | | | 宾一类 | | | |

续表

| 著录号 | 缀合 | 重片 | 类型划分 | 贞人 | 专家分类 | 其他说明 |
|---|---|---|---|---|---|---|
| 19263 | | | 宾二类 | 古 | | |
| 19264 | | | 宾二类 | | | |
| 19265 | | | 宾二类 | | | |
| 19266 | | | 宾二类 | | | |
| 19267 | | | 宾三类 | | | |
| 19268 | | | 宾二类 | | | |
| 19269 | | | 宾一类 | 㱿 | | |
| 19270 | | | 宾一类 | | | |
| 19271 | | | 宾一类 | | | |
| 19272 | | | 宾一类 | | | |
| 19273 | | | 宾一类 | | | |
| 19274正反 | | | 宾一类 | | | |
| 19275 | | | 宾一类 | | | |
| 19276 | | | 宾一类 | | | |
| 19277 | | | 宾一类 | | | |
| 19278 | | | 宾二类 | | | |
| 19279正反 | | | 宾二类 | | | |
| 19280 | | | 宾二类 | 爭 | | |
| 19281 | | | 宾一类 | | | |
| 19282 | | | 宾二类 | 㱿 | | |
| 19283 | 黄拼 19283+合补 5744 | | 宾二类 | 㱿 | | |
| 19284 | 19284+745+1485 | | 宾一类 | | | |
| 19285 | | | 宾三类 | | | |
| 19286 | | | 宾三类 | | | |
| 19287正反 | 黄拼 19287+乙 8890 | | 非宾类 | | 蒋甲种子组 | 非宾 |
| 19288 | | | 宾二类 | | | |
| 19289 | 19289+ | | 宾二类 | 亘 | | |
| 19290 | 黄拼 19290+15253 | | 宾二类 | | | |
| 19291 | | | 宾三类 | | | |
| 19292 | | | 宾二类 | | | |
| 19293 | | | 宾三类 | | | |

续表

| 著录号 | 缀合 | 重片 | 类型划分 | 贞人 | 专家分类 | 其他说明 |
|---|---|---|---|---|---|---|
| 19294 | | | 宾三类 | | | |
| 19295 | | | 宾二类 | 爭 | | |
| 19296 | | 16489 | 宾三类 | | | |
| 19297 | | | 宾一类 | | | |
| 19298 | | | 宾一类 | | | |
| 19299 | | | 待考 | | | |
| 19300 | | | 宾二类 | | | |
| 19301 | | | 宾一类 | | | |
| 19302 | | | 宾一类 | | | |
| 19303 | | | 宾一类 | | | |
| 19304正反 | | | 宾二类 | | | |
| 19305 | | | 宾三类 | | | |
| 19306 | | | 宾三类 | | | |
| 19307 | | | 宾一类 | | | 背甲 |
| 19308 | | | 宾二类 | | | |
| 19309正反 | 19309 正反 + | | 宾二类 | | | |
| 19310 | | | 宾二类 | | | |
| 19311 | | | 自宾间类 | | | |
| 19312正反 | 黄拼 19312+2581+18254 | | 待考 | | | 林《醉古集》196 |
| 19313 | | | 宾三类 | | | |
| 19314 | | | 宾三类 | | | |
| 19315 | | 17499 | 宾二类 | | | |
| 19316 | | | 宾二类 | | | |
| 19317正反 | | | 宾二类 | | | |
| 19318正反 | | | 宾三类 | | | |
| 19319 | | | 宾三类 | | | |
| 19320 | | | 宾一类 | | | |
| 19321 | | | 宾一类 | | | |
| 19322 | | 3830 | 宾一类 | 凸 | | |
| 19323 | | | 宾一类 | | | |

续表

| 著录号 | 缀合 | 重片 | 类型划分 | 贞人 | 专家分类 | 其他说明 |
|---|---|---|---|---|---|---|
| 19324 | | | 宾一类 | | | |
| 19325 正反 | | | 宾二类 | | | |
| 19326 | | | 宾二类 | | | |
| 19327 正反 | | 8656 | 宾一类 | | | |
| 19328 正反 | | | 宾二类 | | | |
| 19329 正反 | | | 宾二类 | | | |
| 19330 | | | 宾二类 | | | |
| 19331 | | | 宾二类 | | | |
| 19332 | | | 宾二类 | | | |
| 19333 | | | 宾一类 | | | |
| 19334 | | | 宾三类 | | | |
| 19335 | | | 宾三类 | | | |
| 19336 | | | 宾二类 | | | |
| 19337 正反 | | | 宾一类 | | | |
| 19338 | | | 宾二类 | | | |
| 19339 | | | 宾三类 | | | 背甲 |
| 19340 | | | 宾三类 | | | |
| 19341 | | | 自小字类 | | | 非宾 |
| 19342 正反 | | | 宾二类 | | | |
| 19343 | | | 宾一类 | | | |
| 19344 | | 16258 | 宾二类 | | | |
| 19345 | 黄拼 19345+10360 | | 宾二类 | 穷 | | |
| 19346 正反 | | | 宾二类 | | | |
| 19347 | | | 宾二类 | | | |
| 19348 | | 3597 | 宾二类 | 穷、𣪘 | | |
| 19349 | | | 宾二类 | 爭 | | |
| 19350 | | | 宾二类 | 爭 | | |
| 19351 正反 | | | 宾二类 | | | |

续表

| 著录号 | 缀合 | 重片 | 类型划分 | 贞人 | 专家分类 | 其他说明 |
| --- | --- | --- | --- | --- | --- | --- |
| 19352 | | | 宾二类 | | | |
| 19353 | | | 宾三类 | | | |
| 19354 | | | 宾一类 | | | |
| 19355 | | | 宾一类 | | | |
| 19356 | | | 宾一类 | | | |
| 19357 | | | 宾一类 | | | |
| 19358 | | | 宾一类 | | | |
| 19359 | 黄拼 19359+16432 | | 宾一类 | | | |
| 19360 | | | 宾一类 | | | |
| 19361 | | | 宾三类 | | | |
| 19362 | | | 宾一类 | | | |
| 19363 | | | 宾一类 | | | |
| 19364 | | | 宾三类 | | | |
| 19365 | | | 宾三类 | | | |
| 19366 正反 | | | 宾二类 | | | |
| 19367 | | | 宾三类 | | | 背甲 |
| 19368 | | | 𠂤宾间类 | | | |
| 19369 正反 | | | 𠂤宾间类 | | | |
| 19370 | | | 宾三类 | | | |
| 19371 | | | 宾三类 | | | |
| 19372 | 黄拼 19372+ 乙 5331+ 乙 5294+ 乙补 4888 | | 宾一类 | | | |
| 19373 | | | 宾二类 | 穷 | | |
| 19374 | 19374+14630 | | 宾一类 | | | |
| 19375 | | | 宾二类 | | | |
| 19376 | | | 宾二类 | | | |
| 19377 | | | 宾一类 | | | |
| 19378 正反 | | | 宾二类 | | | |
| 19379 | | | 𠂤宾间类 | 王 | | |
| 19380 | | | 𠂤宾间类 | | | |
| 19381 | | | 宾二类 | | | |
| 19382 | | | 宾一类 | | | |

续表

| 著录号 | 缀合 | 重片 | 类型划分 | 贞人 | 专家分类 | 其他说明 |
|---|---|---|---|---|---|---|
| 19383 | | | 宾二类 | | | |
| 19384正反 | | | 宾一类 | | | |
| 19385 | | | 宾一类 | | | |
| 19386 | | | 宾二类 | | | |
| 19387 | | | 宾三类 | | | |
| 19388正反 | | | 宾二类 | | | |
| 19389 | | | 宾二类 | 事 | | |
| 19390 | | | 宾二类 | | | |
| 19391正反 | | | 宾一类 | | | |
| 19392 | | | 宾二类 | | | |
| 19393 | | | 宾二类 | | | |
| 19394 | | | 宾二类 | | | |
| 19395 | | | 宾二类 | | | |
| 19396正反 | | | 宾二类 | | | |
| 19397 | | | 宾二类 | | | |
| 19398 | | | 宾一类 | | | |
| 19399正反 | | | 宾二类 | | | |
| 19400 | | | 待考 | | | |
| 19401 | | | 宾二类 | | | |
| 19402 | | | 宾一类 | | | |
| 19403 | 19403+ | | 宾二类 | | | |
| 19404 | | | 宾二类 | | | 背甲 |
| 19405 | | | 宾一类 | | | |
| 19406 | | | 宾一类 | | | |
| 19407 | 4848 遥缀 19407 | | 宾一类 | | | |
| 19408正反 | | | 宾一类 | | | |
| 19409 | | | 宾二类 | | | |
| 19410 | | | 宾一类 | | | |
| 19411 | | | 宾一类 | | | |

续表

| 著录号 | 缀合 | 重片 | 类型划分 | 贞人 | 专家分类 | 其他说明 |
|---|---|---|---|---|---|---|
| 19412 | | | 宾一类 | | | |
| 19413 | | | 宾二类 | | | |
| 19414 正反 | | | 宾二类 | | | |
| 19415 | | | 宾二类 | 王 | | |
| 19416 | | | 宾二类 | | | |
| 19417 | | | 宾一类 | | | |
| 19418 | | | 宾一类 | | | |
| 19419 | | | 宾三类 | | | |
| 19420 正反 | | | 宾二类 | | | |
| 19421 正反 | | | 宾二类 | | | |
| 19422 | | | 宾一类 | | | |
| 19423 | | | 宾三类 | | | |
| 19424 | | | 宾一类 | | | |
| 19425 正反 | | | 宾二类 | | | |
| 19426 | 黄拼 19426+9554+9555+ 乙 3362+乙补 2870 | | 宾一类 | | | |
| 19427 正反 | | | 宾二类 | | | |
| 19428 | | | 宾二类 | | | |
| 19429 | | | 宾二类 | | | |
| 19430 | | | 宾一类 | | | |
| 19431 | | | 宾二类 | | | |
| 19432 | | | 宾二类 | | | |
| 19433 | | | 宾三类 | 事 | 黄宾三 | |
| 19434 | | | 宾三类 | | | 背甲 |
| 19435 | | | 宾二类 | | | |
| 19436 正反 | | | 宾二类 | | | |
| 19437 | 19437+19207 | | 宾三类 | | | |
| 19438 | | | 待考 | | | |

续表

| 著录号 | 缀合 | 重片 | 类型划分 | 贞人 | 专家分类 | 其他说明 |
|---|---|---|---|---|---|---|
| 19439 | | | 宾二类 | | | |
| 19440 | | | 宾二类 | | | |
| 19441 | | | 宾二类 | 爭 | | |
| 19442 | | | 宾二类 | | | |
| 19443 | | | 宾二类 | | | |
| 19444 | | | 宾二类 | | | |
| 19445 | | | 宾二类 | | | |
| 19446 | | 15938 | 宾二类 | | | |
| 19447 | | | 宾三类 | | | |
| 19448 | | | 宾二类 | | | |
| 19449正反 | | | 宾一类 | | | |
| 19450正反 | | | 宾一类 | | | |
| 19451 | | | 宾三类 | | | |
| 19452正反 | | | 宾二类 | | | |
| 19453 | | | 宾三类 | | | |
| 19454 | | | 宾一类 | | | |
| 19455 | | | 宾一类 | | | |
| 19456正反 | | 11595 | 宾二类 | | | |
| 19457 | | | 宾三类 | | | 背甲 |
| 19458 | | | 宾三类 | | | 背甲 |
| 19459 | | | 宾二类 | | | |
| 19460 | | | 宾二类 | 㱿 | | |
| 19461 | | | 宾二类 | | | |
| 19462 | | 16486 | 宾三类 | | | |
| 19463 | | | 宾三类 | | | 背甲 |
| 19464 | | | 宾三类 | | | |
| 19465 | | | 宾三类 | | | 背甲 |
| 19466 | | | 宾二类 | | | |
| 19467 | | | 宾二类 | | | |
| 19468 | | | 宾二类 | | | |
| 19469 | | | 宾二类 | | | |

续表

| 著录号 | 缀合 | 重片 | 类型划分 | 贞人 | 专家分类 | 其他说明 |
|---|---|---|---|---|---|---|
| 19470 | | | 宾一类 | | | |
| 19471 | | | 宾一类 | | | 背甲 |
| 19472 | | | 宾一类 | | | |
| 19473 | | | 待考 | | | |
| 19474 | | | 宾一类 | | | |
| 19475 | | | 宾一类 | | | |
| 19476 | | | 宾一类 | | | |
| 19477 | | | 宾三类 | | | |
| 19478 | | | 宾一类 | | | |
| 19479正反 | 黄拼 19479 正反 +5620 | | 宾三类 | | | |
| 19480 | | | 宾一类 | | | |
| 19481 | | | 宾二类 | | | |
| 19482正反 | | | 宾二类 | | | |
| 19483 | | | 宾二类 | | | |
| 19484 | | | 宾一类 | | | |
| 19485 | | | 宾一类 | | | 背甲 |
| 19486 | 黄拼 19486+5758（8855） | | 宾一类 | | | |
| 19487 | | | 宾一类 | | | |
| 19488 | | | 宾一类 | | | |
| 19489 | | | 宾一类 | | | |
| 19490 | | | 宾一类 | 㱿 | | |
| 19491 | | | 宾一类 | | | |
| 19492 | | | 宾一类 | 亐 | | |
| 19493 | | | 宾一类 | | | |
| 19494 | | | 宾三类 | | | |
| 19495 | | | 宾二类 | | | |
| 19496 | | | 宾二类 | | | |
| 19497 | | | 宾二类 | | | |
| 19498 | | | 宾一类 | | | |
| 19499正反 | | | 宾一类 | | | |
| 19500 | | | 宾一类 | | | |
| 19501 | | | 宾一类 | | | |

续表

| 著录号 | 缀合 | 重片 | 类型划分 | 贞人 | 专家分类 | 其他说明 |
|---|---|---|---|---|---|---|
| 19502 | | | 宾二类 | | | 背甲 |
| 19503 | | | 宾三类 | 穷 | | |
| 19504 | | | 宾二类 | | | |
| 19505 | | | 宾一类 | | | |
| 19506 | | | 待考 | | | |
| 19507 | | | 宾二类 | 王 | | |
| 19508 | | | 宾二类 | | | |
| 19509正反 | | | 宾二类 | | | |
| 19510 | | | 宾二类 | | | |
| 19511 | | | 宾一类 | | | |
| 19512 | | | 宾三类 | | | |
| 19513 | | | 宾一类 | | | |
| 19514 | | | 宾一类 | | | |
| 19515 | | | 宾一类 | | | |
| 19516 | | | 宾一类 | | | |
| 19517 | | | 宾一类 | 穷 | | |
| 19518 | | | 宾一类 | | | |
| 19519 | | | 待考 | | | |
| 19520 | | | 宾二类 | | | |
| 19521 | | | 宾二类 | | | |
| 19522正反 | | | 宾二类 | | | |
| 19523 | | | 宾一类 | | | |
| 19524 | | | 宾三类 | | | 背甲 |
| 19525 | | | 宾二类 | | | |
| 19526 | | | 宾二类 | | | |
| 19527 | | | 宾二类 | 㱿 | | |
| 19528 | | | 宾二类 | | | |
| 19529正反 | 黄拼 19529 正反 +18288+3400 | | 宾一类 | | | 林《醉古集》55 |
| 19530 | 19530+19090 | | 宾三类 | | | |
| 19531 | | | 宾一类 | | | |
| 19532 | | | 宾一类 | 王 | | |
| 19533 | | | 宾三类 | | | |

续表

| 著录号 | 缀合 | 重片 | 类型划分 | 贞人 | 专家分类 | 其他说明 |
|---|---|---|---|---|---|---|
| 19534 | | | 宾一类 | | | 背甲 |
| 19535 | | | 宾三类 | | | |
| 19536 | 19536+13539 | | 宾二类 | 宁 | | |
| 19537 | | | 宾三类 | | | 背甲 |
| 19538 | | | 宾一类 | | | |
| 19539 | | | 宾三类 | | | 背甲 |
| 19540 | | | 宾三类 | | | |
| 19541 正反 | | | 宾二类 | | | |
| 19542 | | | 宾二类 | | | |
| 19543 | | | 宾三类 | | | |
| 19544 | | | 宾三类 | | | |
| 19545 | | | 宾二类 | | | |
| 19546 | | | 宾三类 | | | 背甲 |
| 19547 | | | 宾三类 | | | |
| 19548 | | | 宾三类 | | | |
| 19549 | | | 宾二类 | 咼 | | 背甲 |
| 19550 正反 | | | 宾三类 | | | 背甲 |
| 19551 | | | 宾三类 | | | 背甲 |
| 19552 | | | 宾三类 | | | 背甲 |
| 19553 | | | 宾三类 | | | |
| 19554 | | | 宾二类 | | | |
| 19555 | | | 宾二类 | | | |
| 19556 | | | 宾三类 | | | |
| 19557 | | | 宾二类 | | | |
| 19558 | | | 宾三类 | | | |
| 19559 | | | 宾三类 | | | |
| 19560 | | | 宾二类 | | | |
| 19561 | 19561+5618+16185 | | 宾二类 | | | |
| 19562 正反 | | | 宾二类 | | | |
| 19563 | | | 宾三类 | 宁 | | |
| 19564 | 19564+ 怀 B0922 | | 宾三类 | | | |
| 19565 | | | 宾三类 | | | |

续表

| 著录号 | 缀合 | 重片 | 类型划分 | 贞人 | 专家分类 | 其他说明 |
|---|---|---|---|---|---|---|
| 19566 | | | 宾一类 | | | 背甲 |
| 19567 正反 | | | 宾三类 | | | 背甲 |
| 19568 | | | 宾三类 | | | 背甲 |
| 19569 | | | 宾一类 | | | 背甲 |
| 19570 | | | 宾一类 | | | |
| 19571 | | | 宾三类 | | | 背甲 |
| 19572 | | | 宾三类 | | | 背甲 |
| 19573 | | | 宾三类 | | | |
| 19574 | | | 宾三类 | | | |
| 19575 | | | 宾二类 | | | |
| 19576 | | | 宾三类 | | | |
| 19577 | | | 宾三类 | | | |
| 19578 | | | 宾三类 | | | 背甲 |
| 19579 | | | 宾三类 | | | |
| 19580 正反 | | | 宾一类 | | | |
| 19581 | | | 宾一类 | | | |
| 19582 | | | 宾二类 | | | |
| 19583 | | | 宾三类 | | | |
| 19584 | | 27812 | 宾三类 | | | |
| 19585 | | | 宾三类 | | | |
| 19586 | | | 宾三类 | | | |
| 19587 | | | 待考 | | | |
| 19588 | | | 宾三类 | | | 背甲 |
| 19589 | | | 宾二类 | | | |
| 19590 | | | 宾三类 | | | |
| 19591 | | | 宾二类 | | | |
| 19592 | | | 宾二类 | | | |
| 19593 | 19593+ | | 宾三类 | | | 背甲 |
| 19594 | | | 宾三类 | | | |
| 19595 | | | 宾一类 | | | |
| 19596 | | | 宾二类 | | | 背甲 |
| 19597 正反 | 黄拼 19597+13999 | | 宾二类 | | | |

续表

| 著录号 | 缀合 | 重片 | 类型划分 | 贞人 | 专家分类 | 其他说明 |
|---|---|---|---|---|---|---|
| 19598 | | | 宾二类 | | | |
| 19599 | | | 宾一类 | | | |
| 19600 | | | 宾一类 | | | |
| 19601 正反 | | | 宾一类 | | | |
| 19602 正反 | | | 宾二类 | | | |
| 19603 正反 | | | 宾二类 | | | |
| 19604 | | | 宾二类 | | | 背甲 |
| 19605 | | | 宾一类 | | | |
| 19606 | | | 宾二类 | | | 背甲 |
| 19607 | | | 宾二类 | | | |
| 19608 | | | 宾三类 | | | |
| 19609 | | | 宾三类 | | | |
| 19610 正反 | | | 宾三类 | | | |
| 19611 | | | 宾三类 | 穷 | | |
| 19612 正反 | | | 宾一类 | | | |
| 19613 | | | 宾一类 | | | |
| 19614 | | 7965 | 宾二类 | | | |
| 19615 | | | 宾一类 | | | |
| 19616 | 19616+7359 | | 宾二类 | | | |
| 19617 | 黄拼 19617+合补 2184 | | 宾二类 | | | |
| 19618 正反 | | | 宾三类 | | | |
| 19619 正反 | | | 宾一类 | | | |
| 19620 | | | 宾三类 | | | |
| 19621 | | | 宾三类 | 穷 | | |
| 19622 | | | 宾三类 | | | |
| 19623 | | | 宾三类 | | | |
| 19624 | | | 宾三类 | | | |

续表

| 著录号 | 缀合 | 重片 | 类型划分 | 贞人 | 专家分类 | 其他说明 |
|---|---|---|---|---|---|---|
| 19625 | | | 宾三类 | | | |
| 19626 | | | 宾一类 | | | |
| 19627 | | | 宾一类 | | | |
| 19628 | | | 宾一类 | | | |
| 19629 | | | 宾一类 | | | |
| 19630 | | | 宾一类 | | | |
| 19631 | | | 宾一类 | | | |
| 19632 | | | 宾一类 | | | |
| 19633 正反 | | | 宾一类 | | | |
| 19634 | | | 宾一类 | | | |
| 19635 | | | 宾一类 | | | |
| 19636 | | | 宾三类 | | | |
| 19637 | | | 宾三类 | | | |
| 19638 | 黄拼 19638+ | | 宾一类 | | | 林《醉古集》328 |
| 19639 | | | 宾二类 | | | |
| 19640 正反 | | | 宾一类 | 爭 | | |
| 19641 | | | 宾一类 | | | |
| 19642 正反 | | | 宾一类 | 爭 | | |
| 19643 | | | 宾二类 | | | |
| 19644 | | | 宾二类 | 㱿 | | |
| 19645 | | | 宾一类 | | | |
| 19646 | | | 宾一类 | | | |
| 19647 | | | 宾一类 | | | |
| 19648 正反 | | 15239 | 宾二类 | | | |
| 19649 | | | 宾三类 | | | |
| 19650 | | | 宾二类 | | | |
| 19651 正反 | | | 宾二类 | | | |
| 19652 | | | 宾二类 | | | |
| 19653 | | | 𠂤宾间类 | | | |
| 19654 | | | 宾二类 | | | |

续表

| 著录号 | 缀合 | 重片 | 类型划分 | 贞人 | 专家分类 | 其他说明 |
|---|---|---|---|---|---|---|
| 19655 | 黄拼 12164+17349+19655 | | 宾三类 | | | 背甲 |
| 19656 | | | 宾三类 | | | |
| 19657 | | | 宾一类 | | | |
| 19658 | | | 宾一类 | | | |
| 19659 | | | 宾二类 | | | 背甲 |
| 19660 | | 7132 | 宾二类 | | | |
| 19661 | | | 宾三类 | | | |
| 19662 | 黄拼 19662+存补 6.103.3 | | 宾二类 | 㱿 | | |
| 19663 | | | 宾一类 | | | |
| 19664 | | | 宾一类 | | | |
| 19665 | | | 出一类 | | 黄出一 | 黄非宾 |
| 19666 | | | 宾一类 | | | |
| 19667 | 黄拼 19667+6537 | | 宾二类 | | | |
| 19668 | | | 宾二类 | | | |
| 19669正反 | | | 宾二类 | | | |
| 19670 | | | 宾二类 | | | |
| 19671 | | | 宾二类 | | | |
| 19672 | | | 宾二类 | | | |
| 19673正反 | | | 宾二类 | | | |
| 19674正反 | | | 宾二类 | 㱿 | | |
| 19675正反 | | | 宾一类 | | | |
| 19676 | | | 宾二类 | | | |
| 19677 | | | 宾二类 | | | |
| 19678 | | | 宾二类 | 穷 | | |
| 19679 | | | 宾一类 | | | |
| 19680 | | | 宾一类 | | | |
| 19681正反 | | | 宾二类 | 穷 | | |
| 19682 | 黄拼 19682+3283 | | 宾二类 | | | |
| 19683 | | | 宾一类 | | | |

续表

| 著录号 | 缀合 | 重片 | 类型划分 | 贞人 | 专家分类 | 其他说明 |
|---|---|---|---|---|---|---|
| 19684 | | | 宾二类 | 古 | | |
| 19685 | | | 宾一类 | | | |
| 19686正反 | | | 宾一类 | | | |
| 19687 | | | 宾二类 | 争 | | |
| 19688 | | | 宾二类 | 争 | | |
| 19689 | | | 宾一类 | | | |
| 19690正反 | | | 宾一类 | | | |
| 19691正反 | | | 宾二类 | | | |
| 19692 | | | 宾一类 | | | |
| 19693 | 19693+6176+黄拼 7219 | | 宾二类 | 㱿 | | |
| 19694 | | | 宾二类 | 穷、争 | | |
| 19695 | 黄拼19695正+乙补 6104+17304正+4773正+9067正+18165正+乙补 6252；黄拼 19695反+乙补 6105+17304反+4773反+9067反+18165反+乙补 6252 | | 宾一类 | | | |
| 19696 | | | 宾二类 | | | |
| 19697正反 | 黄拼 19697+存上 1841 | | 宾二类 | | | |
| 19698 | | | 宾一类 | | | |
| 19699 | | | 宾一类 | | | |
| 19700 | | | 宾二类 | | | |
| 19701 | | | 宾二类 | | | |
| 19702 | | | 宾二类 | | | |
| 19703正反 | | | 宾二类 | | | |
| 19704 | | | 宾三类 | | | 背甲 |
| 19705 | | | 宾一类 | | | |
| 19706 | | | 宾一类 | | | |
| 19707 | 黄拼 19707+14033正+14506+14507+乙 4188+乙补 3926+乙补 3924+乙 3887+乙 3893 | | 宾一类 | | | |

续表

| 著录号 | 缀合 | 重片 | 类型划分 | 贞人 | 专家分类 | 其他说明 |
|---|---|---|---|---|---|---|
| 19708 | | | 宾一类 | | | |
| 19709 | 19709+ 无号碎甲（张）+ 18810 | | 宾一类 | | | |
| 19710 | | | 宾一类 | | | |
| 19711 正反 | | | 宾一类 | | | |
| 19712 | | | 宾三类 | | | |
| 19713 | | | 宾三类 | | | |
| 19714 | | | 宾二类 | | | |
| 19715 | | | 宾二类 | | | |
| 19716 | | | 宾一类 | | | |
| 19717 | | | 宾一类 | 㱿 | | |
| 19718 正反 | | | 宾二类 | 宕 | | |
| 19719 | | | 宾一类 | | | |
| 19720 | | | 宾二类 | | | |
| 19721 正反 | 黄拼 19721+ 合补 2907 | | 宾二类 | | | |
| 19722 | | | 宾三类 | | | |
| 19723 | | | 宾三类 | | | |
| 19724 正反 | 黄拼 19724 反 + 合补 2136 反；黄拼 19724 正 +2778+ 合补 2136 正 | | 宾二类 | 㱿 | | |
| 19725 | | | 宾二类 | | | |
| 19726 | | | 宾一类 | | | |
| 19727 正反 | | | 宾二类 | | | |
| 19728 | | | 宾一类 | | | |
| 19729 | | | 宾二类 | | | |
| 19730 | | | 宾一类 | | | |
| 19731 | | | 宾三类 | 事 | | 背甲 |
| 19732 | | | 宾三类 | | | |
| 19733 正反 | | | 宾一类 | | | |

续表

| 著录号 | 缀合 | 重片 | 类型划分 | 贞人 | 专家分类 | 其他说明 |
|---|---|---|---|---|---|---|
| 19734 | | | 宾二类 | | | |
| 19735 | | | 宾二类 | | | |
| 19736 | | | 宾二类 | | | |
| 19737 | | | 宾二类 | | | |
| 19738正反 | | | 宾一类 | | 黄宾一 | |
| 19739 | | | 宾二类 | | | |
| 19740 | | | 宾二类 | | | |
| 19741 | | | 宾三类 | | | |
| 19742 | 19742遥缀东文研S1000（珠1009） | | 宾二类 | | | |
| 19743 | | 10828 | 宾二类 | | | 背甲 |
| 19744 | 19744+ | | 宾三类 | 爭 | | |
| 19745 | | | 宾三类 | | | |
| 19746 | | | 宾三类 | | | 背甲 |
| 19747 | | | 宾三类 | 事 | | 背甲 |
| 19748 | | | 宾三类 | | | |
| 19749 | | | 宾三类 | | | |
| 19750 | | | 宾二类 | | | |
| 19751 | | | 宾二类 | 㱿 | | |
| 19752 | 黄拼19752+拾遗1036 | | 宾一类 | | | |
| 19753 | | | 宾一类 | | | |

# 后　记

本书是在我博士学位论文基础上尽心尽力修改完成的，但我内心尚有诸多意犹未尽之感。因为近些年，学界借助新技术与新方法，在宾组甲骨缀合、校重以及排谱等方面不断取得新成果。这不仅为更科学的宾组分类提供了条件，还为我们“讲好武丁时期的故事”奠定了基础。我的博士学位论文选题缘于对宾组甲骨比较系统的认识，开题之后，重点对《合集》《合补》《英国》和《北大》四部著录中的宾组材料进行了认真释读，并对学界缀合与分类的成果进行了全面梳理和量化统计。本书通过“简单、直接又便于操作的‘分级划类’”方法，对29328片宾组甲骨进行了分类。在此前提下，又分别考察了典型片中占问祭祀、战争、农业、田猎、天象、旬夕、疾幻、生育、人物、建筑以及书风共十一项“卜事”的重点内容与内在关系。通过解读与分析，我更加深切地感受到武丁时期的甲骨占卜，不仅是殷商王朝举国上下的一种精神寄托，而且还充分反映了当时的殷商文化正处在一个继往开来、承前启后的历史新阶段。

博士学位论文的原题是《宾组卜辞的字形特征与类型划分》，此次出版采用了《宾组卜辞研究·分类卷》这一题目。这本书虽对博士学位论文的论证与分析部分改动不大，但对附录中的《宾组卜辞类型划分及其他类项一览表》进行了较大幅度的修订与补充。

提及研读甲骨文，我没有任何的遗憾与痛苦！因为从一开始，我就对其产生了浓厚兴趣，随着时间的推移，“她”便融入了我的全部生活以及我生命中所有的喜怒哀乐。我清楚地记得，1996年11月22日，就在女儿出生后的第七天，我便踏上了漫长而曲折的“探寻甲骨文”之旅。尽管一路辛苦，但我一直用舅父的“只有前进的山水，哪有倒退的河流”这句话来勉励自己。我于2003年3月16日开始做甲骨资料的基础整理工作，至8月30日，在北京京友饭店举办的《安阳·中国文字博物馆布展文本大纲》通过专家组评审后的第二天，导师王蕴智先生便叮嘱我：接下来要认真做好甲骨卜辞的分类研究，并用“耐住寂寞心似海”七字劝勉。经过五年的研读、选片、校勘释文等前期准备工作，我于2008年初开始撰写本书，到2010年9月基本完成，屈指数来，距今已有十个年头了。

首先，要特别感谢导师王蕴智先生在我求知、探索以及论文选题、写作过程中，给予的精心指导与倾力付出。先生曾多次强调“学习古文字，就是要与古人对话”。我理解，只有一步一步地走进历史，才能真切地认识历史、感悟历史；只有一点一点地融入甲骨，才能真正地体味殷人的生活苦乐与精神诉求。先生还常说：“用材料说话，不要随意发挥。”这始终是我论文写作恪守的原则。十多年来，先生对我的学术栽培与眷顾，让我铭感于心，永志不忘！

在论文写作的后半段时间里，全国著名的“三礼”学家杨天宇先生给予了我许多学术指导与精神支撑。我是2010年12月17日进行博士学位论文答辩的，就在这一天，先生最后一次为我留下了珍贵的笔迹。2011年春季开学不久，先生因积劳成疾，突发脑溢血。我在他的病榻前，曾多次聆听他的教诲。先生曾亲切地嘱咐我："课堂教学一定要准备充足，做好课件；课前要把心里打扫干净！"这或许是他几十个春秋"教书育人"最具体、最本质的追求。在先生去世后，尽管艰难，我还是在院领导的鼓励下，选择了留校做教学与科研工作。此后八年《古文字学》的课堂坚守与无私奉献，是我对先生所有付出的默默回报。

在博士学位论文盲审过程中，盲审专家从内容到形式，甚至在一些关键字、词、句上，既给予了充分肯定，又有诸多悉心指导。在论文后期修改时，我积极采纳了专家们提出的一些中肯意见。这些饱含学术前辈们辛勤劳动的指导性意见，使我在今后的学术生涯中不断地受益！

答辩会上，郝本性研究员、孙新民研究员、韩国河教授、张旭华教授、张国硕教授以及导师杨天宇教授，都对论文提出了各自的意见和建议，这对本书的修改帮助很大，在此谨向各位先生表示衷心的感谢！

在十多年的求学生活中，历史学院的老师、同门学友、其他专业的同窗以及至朋亲友曾给予我许多方面的知识传授，并在生活上慷慨相助，借此机会也向他们致以深深的谢意！

这里，需要郑重感谢的还有郑州大学历史学院将本书纳入"中原历史文化"丛书研究，并一直承蒙丛书编委会学术顾问刘庆柱先生、主编韩国河教授以及安国楼、许俊平、谢晓鹏、陈可猛等院领导的诚挚关怀。科学出版社的编辑张亚娜和闫广宇老师认真审阅和编校，才使本书得以顺利出版。在校稿过程中，我的研究生杜佳浩付出了很多努力。他对校对工作的执着与认真，使我非常感动！

最后，还要向一直支持我求学、研读的妻子郭江珍老师和女儿王雪菲亲切地说一声："谢谢，你俩真的辛苦啦！"

王建军

2018 年 7 月 18 日于省己斋